DIESER BAND IST DER VIERUNDSECHZIGSTE DES GESAMTWERKES

DIE
KUNSTDENKMÄLER
DER SCHWEIZ

HERAUSGEGEBEN VON DER

GESELLSCHAFT FÜR SCHWEIZERISCHE KUNSTGESCHICHTE

MIT EIDGENÖSSISCHEN, KANTONALEN,

KOMMUNALEN UND PRIVATEN SUBVENTIONEN

BIRKHÄUSER VERLAG BASEL

1976

DIE KUNSTDENKMÄLER DES KANTONS WALLIS

BAND I

DAS OBERGOMS

DIE EHEMALIGE GROSSPFARREI MÜNSTER

VON

WALTER RUPPEN

MIT 367 ABBILDUNGEN UND 3 FARBTAFELN

BIRKHÄUSER VERLAG BASEL

1976

HERSTELLUNGSREDAKTION UND LAYOUT

GESELLSCHAFT FÜR SCHWEIZERISCHE KUNSTGESCHICHTE, BERN

CIP-Kurztitelaufnahme der Deutschen Bibliothek

DIE KUNSTDENKMÄLER DER SCHWEIZ
hrsg. von d. Ges. für Schweizer. Kunstgeschichte
Basel: Birkhäuser
NE: Gesellschaft für Schweizerische Kunstgeschichte
Bd. 64. – Die Kunstdenkmäler des Kantons Wallis

DIE KUNSTDENKMÄLER DES KANTONS WALLIS
Basel: Birkhäuser
Bd. 1. Das Obergoms. Die ehemalige Großpfarrei Münster
Von Walter Ruppen
1. Aufl. – 1976
(Die Kunstdenkmäler der Schweiz; Bd. 64)
ISBN 3-7643-0728-5
NE: Ruppen, Walter [Mitarb.].

DRUCK: BIRKHÄUSER AG, BASEL
KLISCHEES: STEINER & CO., BASEL
PRINTED IN SWITZERLAND

INHALTSVERZEICHNIS

DAS OBERGOMS. DIE EHEMALIGE GROSSPFARREI MÜNSTER

Die geprägte Einbandvignette gibt in der um
etwa ein Drittel vergrößerten Umzeichnung
das älteste erhaltene Siegel des Zenden Goms
von 1368 wieder. Umschrift: +s CONMVNITATV
A MONTE.DEI.SVPERIVS. Staatsarchiv Luzern.
Vgl. Text S. 58 und Abb. 2.

VORWORT DER GESELLSCHAFT
FÜR SCHWEIZERISCHE KUNSTGESCHICHTE

Wallis I ist da. Freude und Genugtuung herrschen im Tal der Rhone und im Schoß der Gesellschaft für Schweizerische Kunstgeschichte über diesen lang erwarteten Zuwachs in der Kunstdenkmälerreihe. Ein neues Tor zu den Alpen tut sich auf.

1954 leitete André Donnet mit dem «Walliser Kunstführer» die systematische Inventarisation ein. Damals stand der Alpenkanton unmittelbar vor einer stürmischen wirtschaftlichen Entwicklung, die leider allzurasch bedauerliche Verluste an alten Kirchen, Profanbauten und Siedlungsbildern zeitigte. Mit Erleichterung nahm man Ende der sechziger Jahre die Schaffung zweier Inventarisationsstellen im Ober- und Unterwallis zur Kenntnis.

Als erste Schatzkammer wird das Obergoms erschlossen. Wer kennt nicht jenes weiträumige Hochtal mit dem weißen Saum von Dreitausendern, den jungen, durch üppige Wiesen schäumenden Rotten, die steilen, dürftig bewaldeten Bergflanken, an denen da und dort noch Kartoffel- und Roggenäcker hängen? Was wäre aber die grandiose Landschaft ohne die Dörfer und Weiler, die in schöner Regelmäßigkeit aus den grünen Wogen auftauchen und von Kirchen und Kapellen überstrahlt werden? Kaum anderswo in der Schweiz spürt man das Zusammenspiel von Erschaffenem und Geschaffenem, von Landschaft und Siedlung so intensiv wie in diesem abgeschiedenen Bergkessel. Aber gleichzeitig erinnern wir uns der Lawinenkatastrophe 1970 bei Reckingen, welche uns den harten Existenzkampf jener Bergbevölkerung und ihre wirtschaftlichen Nöte ins schweizerische Bewußtsein rief. Von unserer Solidarität hängt es ab, ob dieses urtümliche Siedlungs- und Landschaftsbild die heutige Strukturkrise in Gewerbe und Landwirtschaft überwinden kann. Die Lebendigerhaltung des Goms ist zweifellos eine nationale Aufgabe. Der Kunstdenkmälerband ist ein wichtiger Beitrag zur Förderung des Gommer Selbstbewußtseins und der kulturellen Eigenständigkeit. Die typologische und künstlerische Bedeutung der Holzbauten und Siedlungsbilder im Goms hat uns bewogen, den Rahmen des bis heute üblichen selektiven Kunstdenkmälerinventars zu sprengen. Nur eine ganzheitliche Schau des organisch gewachsenen Baubestandes vom 15. bis 20. Jahrhundert ermöglicht eine kunstgeschichtliche Durchdringung des Phänomens Ortsbild und liefert die notwendigen Grundlagen für die siedlungs- und raumplanerischen Maßnahmen der nahen Zukunft. Daß ein Kunstdenkmälerband einmal auch wesentliche Vorarbeit für das im Wallis gleichzeitig betriebene Bauernhausinventar leistete, liegt in der klaren Aufgabenstellung von seiten der Redaktionskommission. Wir waren uns über die Tragweite, ja die Gefahr eines solchen Globalinventars voll bewußt, zumal nach wie vor der Publikationsraum beschränkt bleibt; aber die Einzigartigkeit der Gommer Siedlungslandschaft, die nicht nur in der Schweiz, sondern im ganzen Alpenraum ihresgleichen sucht, hat uns zu diesem aufwendigen und anspruchsvollen Vorgehen legitimiert. Auch im Goms häufen sich die Verluste kostbarer Bausubstanz, und die im Zusammenhang des Furkatunnels sich anbahnenden Verkehrssanierungen werden zweifellos ihre optischen Wunden schlagen.

Walter Ruppen hat die Aufgabe mit großem Pflichtbewußtsein und wachsendem Sachverstand angepackt. Seine zuerst tastende Arbeitsmethode hat sich zu einem tragbaren System entwickelt, das vor allem in der Ortsbilderfassung eine eigenwillige, aber informative Darstellungsart gefunden hat. Das Koordinatennetz bietet sich deshalb an, weil das Gommer Dorf einen engverflochtenen, «weglosen» Organismus verkörpert, in welchem die Lokalisierung des Einzelbaus schwerfällt. Die wertvolle Häuserstatistik wie auch die bewegliche Ausstattung mußten leider aus Platznot ins Prokrustesbett des Kleindrucks gezwängt werden. Die im Zusammenhang mit den Walliser Bänden geprüfte Zweispaltigkeit des Textbildes hätte tatsächlich eine bessere Lesbarkeit ermöglicht! Besonders wertvoll ist das einleitende Bauernhauskapitel, das eine reiche Formenskala zur künstlerischen Entfaltung des Profanbaus im

Laufe der Jahrhunderte vermittelt. Unsere Augen werden geschärft für die Konstruktions-
formen, die Haustypen, die plastischen Details und die Nutzungsarten. Die kunst- und for-
mengeschichtlichen Kriterien sind für die künftige Walserhausforschung von grundlegender
Bedeutung, um so mehr als Walter Ruppen auch die ortsgebräuchlichen Benennungen reak-
tiviert und im Glossar etymologische Tabus berührt.

In der Sakralkunst liegt das Hauptgewicht eindeutig auf der Bildhauerkunst. Jener 1509
vom Luzerner Jörg Keller signierte, an Ulmer Plastik gemahnende Hochaltar in Münster ist
ein sprechendes Zeugnis des internationalen Kunstaustausches im Wallis zur Zeit Kardinal
Schiners. Den Genius loci verkörpern im Barock die Künstlerfamilien Ritz, Sigristen und
Lagger, die Othmar Steinmann in den fünfziger Jahren ins Licht gerückt hat und deren
Künstlerpersönlichkeiten und Werkstattbetriebe Walter Ruppen mit stilistischem Spürsinn
durchdringt. Die Gommer Plastik des 17. und 18. Jahrhunderts ist ein Glanzlicht im Schweizer
Barock, zumal sich in diesem Hochtal kirchliche Ausstattungen von eindrücklicher Dichte
und künstlerischer Geschlossenheit erhalten haben. Die tiefe Frömmigkeit der Gommer Bevölkerung, die schon Goethe auf seiner Durchreise am 11./12. November 1779 mit Verwun-
derung zur Kenntnis nahm, schlägt sich noch heute in den zahlreichen Kapellen nieder. Sie
sind treue Begleiter der Dörfer und isolierten Häusergruppen oder vermitteln in stiller Ein-
samkeit zwischen Himmel und Erde.

Walter Ruppen verkörpert den liebenswürdigen, sensiblen, wenn auch etwas eigenwilligen
Oberwalliser, der seiner kulturellen und sprachlichen Heimat in hohem Maß verpflichtet ist.
Wir sind ihm für seinen großen Einsatz zugunsten des künstlerischen Patrimoniums zu Dank
verpflichtet. Die Walliser Regierung bringt ihm zu Recht Vertrauen und Wohlwollen ent-
gegen und darf nun stolz die erste sichtbare Frucht vom langjährig gewachsenen Baum der
Kunstdenkmälerinventarisation pflücken. Wir möchten allen Mitverantwortlichen, welche
einen Beitrag auf politischer, wissenschaftlicher und technischer Ebene geleistet haben, von
Herzen danken. Der Einsatz hat sich gelohnt.

Franco Masoni
Präsident der Gesellschaft

Bernhard Anderes
Präsident der Redaktionskommission

GRUNDSÄTZE FÜR DIE HERAUSGABE
DER «KUNSTDENKMÄLER DER SCHWEIZ»

I. ZIELE UND CHARAKTER DES KUNSTDENKMÄLERWERKES

1. *Das Werk «Die Kunstdenkmäler der Schweiz»* bildet die wissenschaftliche Beschreibung der heimischen Kunstaltertümer vom frühen Mittelalter bis zur Schwelle der Gegenwart. Damit schaffen diese Bände die Grundlage für die Erforschung, den Schutz und die Pflege des schweizerischen Denkmälerbestandes. Sie vermitteln ein anschauliches Bild der künstlerischen Kultur unserer Vergangenheit und wollen in allen Landesteilen Liebe und Verantwortungsgefühl für diese hohen nationalen Werte wachrufen.

2. *Als Kunstdenkmäler* werden alle Werke betrachtet, die durch die Schönheit ihrer Form über den Durchschnitt des Handwerklichen hinausragen oder wegen ihrer historischen und kulturellen Bedeutung erhaltenswert erscheinen. Es sind dies zunächst die kirchlichen und profanen Bauten mit ihrer Ausstattung, ferner alle beweglichen Kunstwerke schweizerischer Herkunft, soweit sie von den genannten Bauten oder bestimmten Körperschaften stammen und noch in öffentlichem oder privatem Besitz zugänglich sind. Denkmäler der prähistorischen und römischen Epoche werden nur in Einleitungen behandelt; jene der Volkskunde scheiden vorwiegend aus. Aus den für eine Gegend charakteristischen Bautypen der Stadt- und Bauernhäuser sind, unter Aufzählung des wichtigen Bestandes, geeignete Beispiele herauszuheben. Denkmäler, die nicht mehr vorhanden sind, werden knapper behandelt.

II. ART DER BESCHREIBUNG

1. *Die «Richtlinien»* («Die Inventarisation der Kunstdenkmäler der Schweiz. Organisation und Richtlinien 1965») regeln den Aufbau unseres Werkes auf Grund von langjährigen Erfahrungen der Inventarisation. Innerhalb des schweizerischen Gesamtplanes erscheinen die Bände eines jeden Kantons als abgeschlossene Einheit, aufgeteilt nach Gemeinden in politischer, geographischer oder alphabetischer Anordnung.

2. *Eine kulturgeschichtliche Einleitung* schildert zunächst den Kanton als Ganzes. Sie faßt seine politische, kirchliche und kulturelle Entwicklung zusammen und skizziert Siegel, Wappen und Münzen, behandelt aber die genannten Abschnitte nur so weit, als sie für das Verständnis der lokalen Kunstdenkmäler notwendig sind.

3. *Die Beschreibung jeder Gemeinde* erhält eine der kantonalen ähnliche Einführung. Dann folgt die Darstellung der Gesamtanlage, der kirchlichen Gebäude, der öffentlichen und privaten Profanbauten mit ihren beweglichen Beständen. Das einer Gegend eigentümliche Kunsthandwerk ist kurz zu charakterisieren. Sammlungsgegenstände werden stets an ihrem ursprünglichen Aufbewahrungsort behandelt. Dabei ist der öffentliche Museumsbesitz summarisch zu bearbeiten als halböffentliche und private Sammlungen, deren ungeschmälertes Fortbestehen nicht völlig gesichert ist.

4. *Die Ausführlichkeit der Beschreibung* richtet sich nach der künstlerischen Bedeutung jedes Denkmals. Angaben über Maße, Technik und Bedeutung wollen es eindeutig erfassen. Wichtige Werke werden in Abbildungen, Bauten auch durch Strichzeichnungen wiedergegeben. Ein gründliches Studium des Erhaltungszustandes, der Inschriften, Urkunden und der Literatur sucht die Geschichte der Entstehung und der Veränderungen jedes Denkmals abzuklären. Danach hat die kunsthistorische Forschung so genau wie möglich Künstler und Zeit zu bestimmen und dem Werk in klarer Wertung und Charakteristik seinen Platz in unserer Kunstgeschichte anzuweisen.

5. *Das kunsthistorische Schlußwort* vermittelt ein zusammenfassendes Bild von einzelnen Denkmälergruppen und Meistern und ihrer Bedeutung innerhalb der regionalen und allgemeinen Kunstgeschichte. Ausführliche Register und Tabellen dienen der Übersicht über das veröffentlichte Material.

III. DIE HERAUSGABE DES KUNSTDENKMÄLERWERKES

1. *Kantonale Arbeitsausschüsse* übertragen, in ständiger Verbindung mit der Redaktionskommission der Gesellschaft, den Autoren die Beschaffung von Text und Bildvorlagen.

2. *Die Redaktionskommission* der Gesellschaft begutachtet jedes Manuskript; sie läßt durch den Herstellungsredaktor die einheitliche Drucklegung aller Bände ausführen.

3. *Der Vorstand* der Gesellschaft für Schweizerische Kunstgeschichte gibt die Bände mit Bundeshilfe heraus und bringt sie durch den Verleger in den Handel; Mitglieder der Gesellschaft erhalten sie als Jahresgabe. Jeder Band erscheint in der Schriftsprache des behandelten Landesteiles unter dem entsprechenden Titel: «Die Kunstdenkmäler der Schweiz» – «Les Monuments d'art et d'histoire de la Suisse» – «I Monumenti d'arte e di storia della Svizzera».

Gesellschaft für Schweizerische Kunstgeschichte

VORWORT DES VERFASSERS

Manche Mitglieder der Gesellschaft für Schweizerische Kunstgeschichte und Freunde des Wallis haben mit Ungeduld auf diesen ersten Band gewartet. Gewiß nicht nur, weil sich das Wallis als einer der letzten Schweizer Kantone zur Inventarisation seiner Kunstschätze aufgerafft hat. Das Wallis ist für viele, ungeachtet des Aufbruchs in den Jahren der Hochkonjunktur, immer noch so etwas wie eine abseits stehende verschlossene Truhe. Wird der Deckel einer solchen Truhe geöffnet, so macht sich Enttäuschung oder Bewunderung breit. Es ist Aufgabe dieses ersten Bandes, eine sachliche Beurteilung des Wallis als Kunstlandschaft einzuleiten, was nicht ohne Zerstörung von Tabus wird geschehen können.

Warum die Reihe der Walliser Kunstdenkmälerbände mit dem Goms beginnt und nicht mit dem kunstreichen Sitten oder mit der kunstgeschichtlich bedeutsamen Abtei von St-Maurice? Der Grund liegt darin, daß sich im deutschsprachigen Oberwallis zuerst ein Inventarisator fand. Für den Einstieg ins Wallis bot sich dann das Quellgebiet des Rottens an, zumal das Goms als Heimat namhafter, auch im übrigen Wallis tätiger Barockbildhauer eine intensive Begegnung mit der Kunst dieser Meister versprach, was für die weitere Inventarisation nur von Nutzen sein konnte.

Das Goms war zur Barockzeit eine eigenständige Kunstlandschaft, weshalb Kunst und Volkskunst eng verflochten waren. Der Autor hat zwischen diesen beiden Kunstbereichen daher keine hohen Schranken errichtet, um so mehr als das heutige Kunstverständnis auf eine ganzheitlichere Betrachtung des Kunstwerks vor dem kulturellen Hintergrund abzielt. In dieselbe Richtung drängt die wachsende Relativierung der alten Kriterien und Maßstäbe angesichts des derzeitigen jähen Kulissenwechsels auf dem Kunstmarkt wie in der Wissenschaft.

Am Scheideweg der Kunstbetrachtung sah sich der Autor auch angesichts des Gommer Dorfes mit seinem wertvollen Bestand an Häusern und Nutzbauten. Die bäuerliche Architektur bildet hier zusammen mit dem Mobiliar – wir denken an Schränke, Truhen, Hauskruzifixe – die breite Infrastruktur einer Kunstlandschaft, in der sich noch so bemerkenswerte Importkunstwerke zu bescheiden haben. Zudem ist im letzten Jahrzehnt der Sinn für den Wert unserer Siedlungsbilder erwacht und immer weiteren Kreisen der Bevölkerung bewußt geworden. Dennoch rechnen wir damit, daß unsere «apertura» zur Volkskunde hin auf Kritik stoßen wird, zumal vielleicht ihretwegen nicht das ganze Goms in einem Kunstdenkmälerband Platz gefunden hat. Dem Problem der Siedlungsbilder und ihrer Struktur wird man aber bei der Inventarisation ländlicher Gegenden mit historischem Erbe nicht mehr ausweichen können.

Bei der Inventarisation der Dörfer ließen wir uns von folgenden Grundsätzen leiten: War ein Dorfbild unseres Erachtens als «Kunstdenkmal» einzustufen, so wurde dessen Baubestand bis 1900 erfaßt, freilich in einer dem Wert der einzelnen Bauten angemessenen Ausführlichkeit. Dorfbauliche Aspekte lassen sich vom Baubestand nicht wie eine Haut ablösen; eine gewisse wissenschaftliche Durchdringung der Einzelobjekte ist unerläßlich. Dabei sollte uns ein neuer Typ von Siedlungsplänen helfen, der Aufschluß über die chronologische Struktur der Dörfer, über ihre Zusammensetzung aus den verschiedenen Gebäudetypen und über die siedlungsbestimmende Giebelrichtung der Häuser gibt. Eine solche Vielfalt der Aussage war nur bei Verwendung abstrakter Zeichen zu erreichen. Der dadurch bedingte geringere Orientierungswert der Pläne fällt für unsere kleinen Dörfer nur wenig ins Gewicht.

Getreu dem Geist eines Inventarwerks, haben wir uns dazu entschlossen, für die bäuerliche Architektur die lokalen, d.h. die in der Region gewachsenen Ausdrücke zu verwenden, denen wir höheren Realitätswert beimessen als Benennungen, die gleichsam am Gelehrtentisch auf Grund einer Konvention entstanden sind. Man verleiht diesen althergebrachten Bezeichnungen dadurch weit mehr Gewicht, als wenn man sie einmal in Klammer hinter dem «künstlichen» Terminus duldet. Die Verwendung im Inventarband dürfte nicht wenig zu ihrem Fortbestand in der Region beitragen. Ihr kräftiges Lokalkolorit möchte man nicht missen. Gegenüber solchen Vorzügen wird man selbst einem ausländischen Benützer des Bandes zumuten dürfen, sich auf dem bequemen Weg eines Glossars über den Sinn von rund zwanzig zum Teil im Text nicht einmal häufig gebrauchten Ausdrücken zu orientieren.

Der Zwang, das Manuskript in einen Normalband von 480 Seiten zu fassen, hat sich auf die typographische Gestaltung insofern günstig ausgewirkt, als man zu einem geschlosseneren Satzspiegelbild gelangte. Petitsatz über Seiten hin wird man in einem Nachschlagewerk – als solches ist der Inventarband letztlich ja zu betrachten – noch in Kauf nehmen können. Die Altäre werden wegen ihrer Bedeutung in unserer Kunstlandschaft in Normalsatz vorgestellt; daß im übrigen die Letterngröße nicht einfach Rückschlüsse auf den künstlerischen Wert der Objekte gestattet, versteht sich. Als schmerzliche Einbuße an künstlerischer wie dokumentarischer Aussage wird man dagegen die Beschränkung der Illustrationen in Zahl und Format betrachten müssen.

Die Inventarisation im Wallis wirksam eingeleitet zu haben, ist das Verdienst von Staatsrat Marcel Groß und von Kantonsarchivar Prof. Dr. André Donnet. Ihre Nachfolger im Amte, Staatsrat Antoine Zufferey und Kantonsarchivar Dr. Grégoire Ghika, stehen dem kulturellen Unternehmen mit dem gleichen Wohlwollen gegenüber.

Der Autor ist seinen Mitarbeitern zu großem Dank verpflichtet. Planzeichner Norbert Jungsten leistete seine Arbeit mit innerer Anteilnahme und mit viel Geduld dem Autor gegenüber. Er unterstand zuerst dem Service des Ponts et Chaussées unter Kantonsarchitekt Charles Zimmermann, später dem Kantonsarchäologen Dr. François-Olivier Dubuis, der zusammen mit dem Adjunkten Raymond Eggs nicht nur die Entstehung des Planmaterials überwachte, sondern den Band auch entscheidend mitbestimmte, als es galt, das System der Siedlungsdarstellungen nach den Weisungen des Autors zu entwickeln. Mit derselben Liebe wie der Zeichner und mit einem für das Schöne offenen Auge ging Pfarrer Josef Sarbach, Visperterminen, den Objekten nach, um sie im Lichtbild festzuhalten. Wir danken aber auch den Fachphotographen, die immer zur Stelle waren, wenn die Zeit drängte oder besondere Vorkehren notwendig waren.

Dank schuldet der Autor ferner zahlreichen Ratgebern und Helfern. Stanislaus Noti, Fr. O. Cap., gewährte als bester Kenner der alten Großpfarrei Münster in selbstloser Weise Einblick in alle seine historischen Untersuchungen und eröffnete zum Teil ganz neue Perspektiven. Dr. Hans Anton von Roten, Raron, machte auf den Standort zahlreicher verstreuter Kunstgegenstände aufmerksam und begutachtete wohlwollend das Manuskript zusammen mit Domherrn Dr. Albert Carlen, Sitten. Zahlreiche Museumsfachleute wiesen den Weg zu den abgewanderten Objekten: Albert de Wolff und Maurice Wenger in den Museen von Majoria und Valeria, Sitten, Dr. Heinz Matile im Bernischen Historischen Museum, Direktor Dr. Claude Lapaire und Fräulein Wanda Kalwaryska im Musée d'Art et d'Histoire, Genf, ferner die Abteilungsleiter des Schweizerischen Landesmuseums, hier vor allem Werner K. Jaggi, der manches Kunstwerk stilistisch orten half. Zahlreiche wertvolle Hinweise auf den Zustand von Farbfassungen verdankt der Autor Restaurator Walter Furrer, Visp.

Das einleitende Kapitel über die Gommer Gebäudetypen wurde dem Leiter der «Aktion Bauernhausforschung in der Schweiz», Dr. Max Gschwend, Basel, zur Begutachtung unterbreitet. Für das Glossar wurde neben Dr. Gschwend auch noch Dr. Rudolf Trüb, Zollikon, als Begutachter beigezogen. Entsprechend dem fortgeschrittenen Stand der Drucklegung wurden deren Vorschläge nach Möglichkeit berücksichtigt.

Dr. Bernhard Anderes hat als Präsident der Redaktionskommission den Reifungsprozeß des Manuskripts mit zahlreichen wertvollen Anregungen und Vorschlägen beschleunigt. Lic. phil. Hans Haller, Zürich, machte als Herstellungsredaktor bei der Gesellschaft die ersten Kapitel satzbereit. Der Löwenanteil an Arbeit fiel dann seinem Nachfolger, dem Herstellungsredaktor und wissenschaftlichen Assistenten Peter Christian Bener, zu, der das Manuskript zum Vorteil von Gesellschaft ‚und Kanton mit außerordentlicher Akribie für den Druck vorbereitete und den Band bis zu seiner Auslieferung führte. Die engere Auswahl der Illustrationen und deren Anordnung erfolgte in freundschaftlichem Teamwork zwischen Herstellungsredaktor und Autor. Dr. Bernhard Anderes und Dr. Hans Maurer, Delegierter des Vorstandes, unterzogen sich ebenfalls der mühsamen Lektüre von Fahnen und Umbruchbögen.

Allen, die sich um das Zustandekommen des Bandes verdient gemacht haben, möchten wir unseren aufrichtigen Dank aussprechen. In diesen Dank schließen wir auch die Angestellten der Firmen Birkhäuser und Steiner in Basel ein.

Walter Ruppen

WEGLEITUNG

ZU DEN SIEDLUNGSPLÄNEN UND ZU DEN INVENTARTEXTEN DER PROFANBAUTEN

Alle *Siedlungspläne*, bei deren Herstellung man sich auf die Karte der Eidg. Landestopographie von 1924 stützte, sind genordet. In den Legenden sind die Angaben zu jenen Häusern fett gedruckt, deren Texte wegen des historischen oder baulichen Wertes des Objektes nicht in Klein-, sondern in Normaldruck gegeben sind. Das Satzbild der Legenden und der Textseiten «führt» daher nicht nur zu den sehenswerten Wohnhäusern, es gestattet auch Rückschlüsse auf die bauliche Substanz der Dörfer, die dank den einheitlichen Maßstäben auch in ihrer Größe verglichen werden können.

Bei den *Inventartexten der Profanbauten* wurde für die Abfolge der Angaben, Zeichen und Abkürzungen ein gewisser «Kanon» gewählt:

Allgemeines

Koord. = *Koordinaten*, die auf den Siedlungsplan der Ortschaft Bezug nehmen
Kat.-Nr. = *Katasternummer*
Derzeitiger Besitzer
Baudaten

Äußeres des Hauses

Wandfriese, vor allem wo diese zur Datierung herangezogen werden
Weitere Angaben zur *äußeren Erscheinung*
⌐———⌐ = *gestufter Mauersockel*
⌐———⌐ = *nichtgestufter Mauersockel*
(Ka) = *Kammer* («Chammere») im Kellergeschoß
Ka = *eigenes Kammergeschoß*
Ziffer = *Anzahl der Geschosse* über dem Mauersockel
Bruchzahl $1/2$ hinter der Ziffer = «*Loibe*»-*Geschoß*, d. h. ein ursprünglich nicht ausgezimmertes Geschoß (Vollstockwerk oder Kniestock)

Inneres des Hauses

Großbuchstabe = *Disposition der Räume* entsprechend den Grundrissen A–H in Abb. 28. Stubji und Kammer können an der linken oder rechten Traufwand liegen; die Grundrißtypen sagen darüber nichts aus. Zu bemerken ist ferner, daß spätere Veränderungen an den Grundrissen – wie die bei älteren Bauten nachträglich hinzugefügte Täfelwand zwischen der Küche und dem erst durch diese Wand ausgeschiedenen Hausgang – nicht berücksichtigt wurden. Auch fehlen öfters die Grundrisse der «Loibe»-Geschosse, da diese bei Vollstockwerken meist denjenigen der unteren Geschosse gleichen oder dann sehr willkürlich unterteilt sein können.

Inschriften, auf den Dielbäumen, wenn kein anderer Standort angegeben ist. Im Sinne der Bestandesaufnahme werden sie in ihrer zufälligen oder fehlerhaften Schreibweise festgehalten und auch bei nur geringfügigen Abweichungen wiederholt.

Öfen, ohne Angabe des Materials, weil sie ausnahmslos aus Giltstein, d. h. Lavez- oder Speckstein, bestehen.

Bewegliche Ausstattung. Erfaßt ist der Bestand des alten Mobiliars der Häuser bis 1900. Die in spätere Neubauten übertragenen Möbelstücke wurden nicht systematisch aufgesucht. Die *Privatsammlungen* sind ortsgebunden und nur nach Abmachung mit dem Besitzer zugänglich.

In den *Grundrissen und Schnitten* sind die Blockwände mit ausgezogenen fetten Linien wiedergegeben, die Mauerpartien mit Konturen umrissen.

VERZEICHNIS DER ABKÜRZUNGEN

A	Archiv.
AGVO	Archiv des Geschichtsforschenden Vereins von Oberwallis, Stockalperpalast Brig.
AMHERD	PAUL AMHERD, Denkwürdigkeiten von Ulrichen, Bern 1879.
ANDEREGG	KLAUS ANDEREGG, Votiv-Inventarisation. Goms und Östlich-Raron. Wallis, Ms 1974, Expl. in StAS und Volkskundl. Seminar der Universität Zürich.
ASA	Anzeiger für schweizerische Altertumskunde, Zürich 1855f., 1899–1939 [N.F.]. Darnach unter neuem Titel, s. ZAK.
BÉNÉZIT	EMMANUEL BÉNÉZIT, Dictionnaire critique et documentaire des peintres, sculpteurs, dessinateurs et graveurs de tous les temps et de tous les pays, Nouv. Edition, Paris 1954–1957.
BEUQUE	EMILE BEUQUE, Dictionnaire des poinçons officiels français & étrangers, anciens & modernes de leur création (XIVe siècle) à nos jours, Paris 1924.
BOSSARD	GUSTAV BOSSARD, Die Zinngießer der Schweiz und ihr Werk, I und II, Zug 1920 und 1934.
BRIW	ADOLF BRIW, Reckingen, BWG VII (1930), S. 35–101.
BRUCKNER	ALBERT und BERTHA BRUCKNER, Schweizer Fahnenbuch, St. Gallen 1942.
BRUHIN	RUDOLF BRUHIN, Die Orgeln des Oberwallis, Vallesia XV (1960), S. 179–230.
Bürgerhaus	Das Bürgerhaus in der Schweiz, 27. Band, Kanton Wallis, Zürich und Leipzig 1935.
BURGENER	LAURENZ BURGENER, Die Wallfahrtsorte der kath. Schweiz, I und II, Ingenbohl 1864.
BWG	Blätter aus der Walliser Geschichte, hg. vom Geschichtsforschenden Verein von Oberwallis 1889 ff.
A. CARLEN, Verzeichnis	ALBERT CARLEN, Verzeichnis der Kunstgegenstände des Bezirkes Goms (bis 1850), Ms 1943, im Besitz des Verfassers.
L. CARLEN, Gericht und Gemeinde	LOUIS CARLEN, Gericht und Gemeinde im Goms vom Mittelalter bis zur französischen Revolution, Freiburg 1967.
DONNET	ANDRÉ DONNET, Walliser Kunstführer, Sitten 1954.
ETHZ	Eidg. Technische Hochschule, Zürich.
FURRER	SIGISMUND FURRER, Geschichte, Statistik und Urkundensammlung über Wallis, Sitten 1852. I: Geschichte von Wallis (Sitten 1850); II: Statistik von Wallis; III: Urkunden, welche Bezug haben auf Wallis.
FURRER-WICK	Wie FURRER, jedoch nur Band II, mit später eingefügten Zeichnungen von EMIL WICK, Universitätsbibliothek Basel.
GARBELY	LEO GARBELY, Die Pfarrkirche von Münster (Goms), Vallesia IV (1949), S. 47–74.
GATTLEN, Porträtverzeichnis	ANTON GATTLEN, Porträtverzeichnis des Malers Lorenz Justin Ritz, Vallesia XVIII (1963), S. 217–259.
GdeA	Gemeindearchiv.
GRAESER	GERD GRAESER, Aus der Ur- und Frühgeschichte des Kantons Wallis, Naters 1967.
GREMAUD	JEAN GREMAUD, Documents relatifs à l'histoire du Valais, I–VIII, Lausanne 1875–1898.
Gr. Slg.	Graphische Sammlung.
GRUBER	EUGEN GRUBER, Die Stiftungsheiligen der Diözese Sitten im Mittelalter, Freiburg 1932.
HBLS	Historisch-Biographisches Lexikon der Schweiz, I–VIII, Neuenburg 1921–1934.
HUNZIKER	JACOB HUNZIKER, Das Schweizerhaus. Das Wallis, Aarau 1900.
IMESCH	DIONYS IMESCH, Die Gründung der Pfarreien, Pfründen und frommen Stiftungen des Oberwallis, BWG III (1904), S. 247–273.
Kat. Ausst.	Ausstellungskatalog.

KATHRINER,
  Alte Orgeln
LEO KATHRINER, Alte Orgeln und Orgelbauer im Wallis, Schweizerisches Jahrbuch für Musikwissenschaft III (1928), S. 97–121.

Kdm
Die Kunstdenkmäler der Schweiz, hg. von der Gesellschaft für Schweizerische Kunstgeschichte, Basel 1927 ff.

KÜNSTLE
KARL KÜNSTLE, Ikonographie der christlichen Kunst, I und II, Freiburg i. Br. 1926–1928.

LAUBER,
  Zendenbeamte
JOSEF LAUBER, Verzeichnis der Zehnden-Beamten von Goms, Walliser Landeschronik 3 (1925), Nr. 1 und 2; 4 (1926), Nr. 1–3; 5 (1927), Nr. 1; 7 (1929), Nr. 1; 8 (1930), Nr. 1 und 2.

Manuskr. *oder* Ms
Manuskript.

MÜLLER,
  Der Gotthard-Raum
Iso MÜLLER, Der Gotthard-Raum in der Frühzeit (7.–13. Jh.), Schweizerische Zeitschrift für Geschichte, 7 (1957), Heft 4, S. 433–479.

MÜLLER, Paßverkehr
Iso MÜLLER, Der Paßverkehr über Furka–Oberalp um 1200, BWG X (1950), S. 401–437.

MÜLLER, Pfarreien
Iso MÜLLER, Zur Entstehung der Pfarreien im Wallis, Vallesia XXII (1967), S. 5–69.

NOTI, Manuskr. *oder*
NOTI, Ms
STANISLAUS NOTI Fr. O. Cap., Manuskripte zur Pfarrei Münster 1963–1964, Heft 1: Allgemeines; Heft 2: Pfarrei und Pfründen; Heft 3: Zur Geschichte der Pfarrei, ihren Pfründen und Filialen; Heft 4: Kirchen und Kapellen der Pfarrei Münster; Heft 5: Pfarrherren von Münster; je ein Expl. in PfA Münster.

NOTI, Palast
STANISLAUS NOTI Fr. O. Cap., Die Adelsfamilie v. Riedmatten v. Münster und ihr einstiger Palast, heute Hôtel Croix d'or et Poste, Ms 1971, Expl. in PfA Münster.

PfA
Pfarreiarchiv.

RITZ, Notizen
Notizen aus meinem Leben. Aufzeichnungen des Walliser Malers Lorenz Justin Ritz (1796–1870), hg. von ANTON GATTLEN, Vallesia XVI (1961), S. 1–224, XVI Tf.

ROSENBERG
MARC ROSENBERG, Der Goldschmiede Merkzeichen, 3. Auflage, I–IV, Frankfurt a. M. 1922–1928.

VON ROTEN, Chronik
HANS ANTON VON ROTEN, Die Chronik des Johann Jakob von Riedmatten, W. Jb. 1950–1963 (außer 1958).

VON ROTEN,
  Landeshauptmänner
HANS ANTON VON ROTEN, Die Landeshauptmänner von Wallis, BWG X (1946), S. 5–72; (1948), S. 99–269; (1950), S. 438–452; XI (1952), S. 93–149; XII (1956), S. 167–225; XV (1969/70), S. 7–111; XVI (1971), S. 7–42.

ROTT
HANS ROTT, Quellen und Forschungen zur südwestdeutschen und schweizerischen Kunstgeschichte im XV. und XVI. Jh., III. Der Oberrhein, Stuttgart 1938.

RUPPEN
WALTER RUPPEN, Raphael Ritz (1829–1894). Das künstlerische Werk (Katalog der Werke), Vallesia XXVII (1972), S. 75–239.

SAUTER
MARC-R. SAUTER, Préhistoire du Valais des origines aux temps mérovingiens, Vallesia V (1950), S. 1–165; 1er supplément à l'inventaire archéologique (1950–1954), Vallesia X (1955), S. 1–38; 2e supplément à l'inventaire archéologique (1955–1959), Vallesia XV (1960), S. 241–296.

SCHMID
JOSEF SCHMID, Jörg Keller, Hans Viktor Wegmann, Niklaus Hartmann. Drei Luzerner Künstler und deren Werke in der Pfarrkirche Unserer Lieben Frau und in der St. Peterskirche Münster im Oberwallis (Goms), Quellen und Forschungen zur Kulturgeschichte von Luzern und der Innerschweiz, I, Luzern 1948.

SCHMID, LAUBER,
  Verzeichnis
Verzeichnis von Priestern aus dem deutschen Wallis. Begonnen 1891/92 von FERDINAND SCHMID, fortgesetzt 1902–1934 von JOSEF LAUBER, BWG.

SCHNEIDER
HUGO SCHNEIDER, Zinn. Katalog der Sammlung des Schweizerischen Landesmuseums, Olten 1970.

SCHROEDER
ALFRED SCHROEDER, Augsburger Goldschmiede, Markendeutungen und Würdigungen, erschienen im Archiv für die Geschichte des Hochstiftes Augsburg, VI (1926), S. 541–607.

Schweizerische Kunstführer	Schweizerische Kunstführer, hg. von der Gesellschaft für Schweizerische Kunstgeschichte, Basel 1936 ff.
SIMONETT	CHRISTOPH SIMONETT, Die Bauernhäuser des Kantons Graubünden, I und II, Basel 1965.
SKL	Schweizerisches Künstlerlexikon, hg. von CARL BRUN, I–IV, Frauenfeld 1905–1917.
SLM	Schweizerisches Landesmuseum Zürich.
StAS	Staatsarchiv Sitten.
STEBLER	FRIEDRICH GOTTLIEB STEBLER, Das Goms und die Gomser, Beilage zum Jahrbuch des SAC, XXXVIII, Zürich 1903.
STEINMANN, Ritz	OTHMAR STEINMANN, Der Bildhauer Johann Ritz von Selkingen und seine Werkstatt 1666–1727, Vallesia VII (1952), S. 169–363. Zitiert nach dem Separatum.
STEINMANN, Sigristen	OTHMAR STEINMANN, Der Bildhauer Anton Sigristen von Brig († 1745), Vallesia IX (1954), S. 195–270.
THIEME-BECKER	Allgemeines Lexikon der bildenden Künstler von der Antike bis zur Gegenwart, begründet von U. THIEME und F. BECKER, Leipzig 1907 ff.
Vallesia	Vallesia, Jahrbuch der Walliser Kantonsbibliothek, des Staatsarchivs und der Museen von Valeria und Majoria, 1946 ff.
WEISS	RICHARD WEISS, Häuser und Landschaften der Schweiz, Erlenbach–Zürich 1959.
W. Jb.	Walliser Jahrbuch, 1932 ff.
WIRZ	CASPAR WIRZ, Regesten zur Schweizer Geschichte aus den päpstlichen Archiven 1447–1513, Heft 6, Bern 1918.
W. Wb.	Walliser Wappenbuch, Zürich o. J.
ZAK	Zeitschrift für Schweizerische Archäologie und Kunstgeschichte, hg. vom SLM (Fortsetzung der ASA), Basel 1939 ff.
ZSK oder ZSKG	Zeitschrift für Schweizerische Kirchengeschichte 1945 ff.

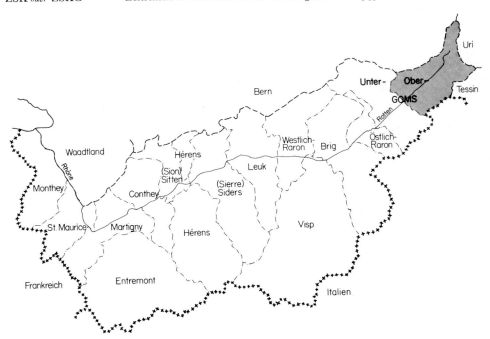

Abb. 1. Übersichtskarte des Kantons Wallis. Maßstab 1 : ~ 960 000.

DAS OBERGOMS

DIE EHEMALIGE GROSSPFARREI MÜNSTER

2

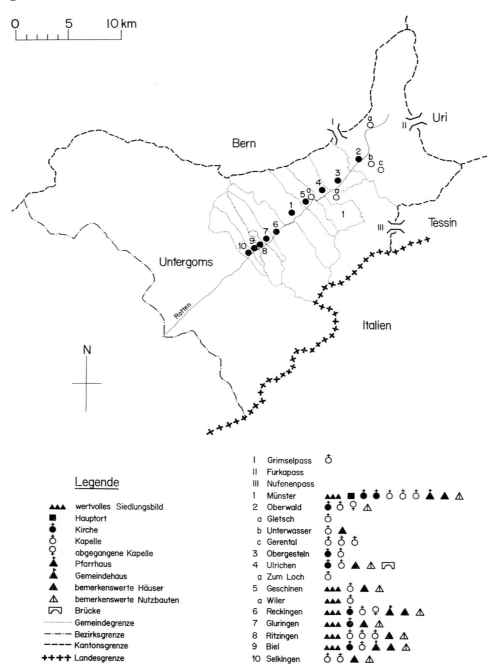

Abb. 1a. Übersichtskarte des Obergoms. Maßstab 1:~360000.

GESCHICHTLICHER ÜBERBLICK

Das Goms liegt im Zwickel zwischen den Walliser und Berner Alpen, wo diese Ketten vom Gotthardmassiv bzw. von der Hochwanne des Urserentals ausstrahlen. Am obersten Lauf des Rottens liegend, wie man hierzulande die Rhone (franz. Rhône) nennt, umfaßt das Goms den östlichen Einstieg in das Tal des «Wallis», was wiederum nichts anderes als Tal besagt. So ist auch das Goms zur Hauptsache *ein* Tal. Aber während in der Hochwanne des Obergoms mit ihrer großartigen Einförmigkeit das Haupttal des Wallis anklingt, kündet sich im landschaftlich bewegteren und in gewissem Sinne idyllischeren Untergoms der Rhythmus der rechts und links ins Haupttal einmündenden Seitentäler an. Die von den Gletscherkatarakten der Eiszeit herrührenden Talstufen gliedern und begrenzen das Goms, eine Stufe oberhalb Fiesch als Scheide zwischen Ober- und Untergoms – die Pfarreizugehörigkeit zu Ernen verband Niederwald und Blitzingen zwar mit dem Untergoms – und eine zweite Stufe bei Deisch als Grenze zum Bezirk Östlich Raron. «Von Deisberg vff» heißt der Zenden im Mittelalter und mitunter noch in barocker Zeit.

Daß dieses Hochgebirgstal sich erst spät der menschlichen Besiedelung erschloß, versteht sich. Aus dem Neolithikum sind keine Funde bezeugt. Die frühe Bronzezeit ist bloß mit einer Axt aus dem Untergoms belegt. Eine Grabstätte im Obergoms aus der Hallstattzeit berichtet von der ins obere Hochtal vortastenden Besiedelung. Es lockten nicht die Alptriften. Die sich entlang der Straße ins Binntal häufenden Funde aus der La-Tène-Zeit lassen erkennen, was Leben in die Täler brachte: der Paßverkehr[1]. Römische Funde auf dem Grimsel- und auf dem Nufenenpaß belegen es. Geographisch muß die endende Wanne des Goms in ein Netz früh begangener Paßwege hineinreichen. Vom Norden her stieg man über die Grimsel, vom Osten her über die Furka. Gegen Süden konnte man Nufenen, Gries oder, im Untergoms, den Albrun wählen. Zur Zeit des Augustus, als die Vallis Poenina der Rätischen Provinz angegliedert war, muß die Furka neben den Verbindungswegen nach Italien eine außerordentliche Bedeutung erreicht haben wie später erst wieder als Ausfallstor der Walserbewegung im 12./13. Jahrhundert und ein weiteres Mal im 14. Jahrhundert, als die Innerschweiz in die Geschicke des Goms eingriff. Im Zuge der innerschweizerischen Italienpolitik, d.h. vom Beginn des 15. Jahrhunderts an, gewannen dann die Nord-Süd-Pässe zunehmend an Bedeutung.

Doch kehren wir an die Schwelle der Vorgeschichte zurück. Nach der «Ora maritima» des spätrömischen Dichters Rufus Festus Avienus hätten jene ligurischen Bewohner der vorkeltischen Zeit, die am weitesten dem Lauf des Rottens entlang ins Gebirge hinaufgestiegen sind, Tylangier geheißen. In der keltischen Epoche, die, nach den Funden der La-Tène-Zeit zu schließen, erstmals kräftiger ins Untergoms ausgriff, war es der keltische Stamm der Uberer[2]. Die Kelten blieben auch unter den Römern im Tal. Wenn für das Wallis die geschichtliche Zeit mit der Herrschaft der Römer beginnt, verharrt das Goms noch ein Jahrtausend in der Vorgeschichte. Aus der Römerzeit sind neben Fundobjekten nur vereinzelte Namen

1 Zum Verkehr über die Gommer Pässe vgl. GRAESER, S. 28, und FELIX STÄHELIN, Die Schweiz in römischer Zeit, Basel 1948, S. 378/79.

2 GERD GRAESER vermutet, daß die Uberer eher mit den südlichen Lepontiern als mit den Kelten verwandt waren (GRAESER, S. 38).

wie Obergesteln (Castellum) auf uns gekommen. Und die für das Goms so schicksalsschwere Einwanderung der Alemannen läßt sich nur durch sprachgeschichtliche
Rückschlüsse ins 8./9. Jahrhundert weisen. Man kennt daher auch die Straßen dieser
Postvölkerwanderung nicht genau, was um so bedauerlicher ist, als vielleicht sogar
der historische Gegensatz zwischen Ober- und Untergoms in diese Frühzeit der
ersten dichteren Besiedelung des ganzen Tals zurückreicht: Im Obergoms neben
ausgeprägten Lokalnamen wie Unterwassern, Ober- und Niederwald die lange
Reihe der Ortsnamen auf -ingen, die, wie Eigentümlichkeiten der Sprache und
Gebräuche, auf das Tal von Meiringen, auf das Haslital, weisen – H. U. Rübel
schließt denn auch auf einen starken Schub alemannischer Zuwanderung über die
Grimsel[3]; im Untergoms kein einziger Dorfname auf -ingen[4], dagegen Namen
keltischen Ursprungs wie Ernen. Die freiheitliche Struktur und die ausgedehnten
Weidetriften mit einer für das Wallis hohen Niederschlagsmenge – im Obergoms
erübrigten sich größere Bewässerungsanlagen – dürften den geringen Anteil des
Goms an der Walserwanderung erklären; bisher konnte nur eine stärkere Durchdringung des westlichen Urserentals und des Pomat nachgewiesen werden.

Mit der Schenkung des Wallis an Bischof Hugo 999 durch Rudolf III. von Hoch-
burgund ist rechtlich auch das Goms in den Herrschaftsbereich des Fürstbischofs
von Sitten übergegangen. Wieweit sich die erst seit hundert Jahren ansässigen Alemannen dem Krummstab beugten, ist nicht bekannt.

Mit der tatsächlichen oder fiktiven Macht des Bischofs wird die im dunkeln liegende
frühe Pfarreigeschichte zusammenhängen: vom Westen her stetig vorangetriebene
Inbesitznahme durch die Diözese oder eigenständige kirchliche Ordnung der Obergommer im Anschluß an ihr Ursprungsland nördlich der Berner Alpen[5]. In diesem
Licht können der Name «Minster» (Münster) und die Beziehungen zum Kloster
Interlaken bedeutungsvoll erscheinen. Kommt für das Obergoms noch die Rolle
seiner Paßstraßen hinzu, die, öfters auch Pilgerwege, Klöster zu Niederlassungen ver-
anlaßten. Den Gegensatz von Ober- und Untergoms bestätigen auch die beiden unab-
hängigen Großpfarreien von Münster und Ernen. Im Oberwallis fiel das Territorium des Zenden[6] in der Regel mit demjenigen der Großpfarrei zusammen, wie der
Hauptort zugleich kirchlicher Mittelpunkt war. Im Goms fehlt jeglicher Hinweis,
daß die Kirche von Münster je Filialkirche des Gotteshauses von Ernen gewesen
wäre; im Gegenteil, Zehntenbesitz der Kirche von Münster in den heutigen Pfarreien
von Blitzingen und Niederwald läßt eher an eine ehemals größere Ausdehnung der
Obergommer Pfarrei denken.

Aus dem Untergoms sind im Hoch- und Spätmittelalter zahlreiche Vertreter
der Adelsfamilien von Ernen und Mühlebach bekannt, die mit dem Ministerialen-

3 H. U. Rübel, Viehzucht im Oberwallis, Beiträge zur Schweizerdeutschen Mundartforschung,
in Verbindung mit dem Schweizerdeutschen Wörterbuch, hg. von Rudolf Hotzenköcherle, II,
Frauenfeld 1950, S. 133 ff.

4 Charles Biermann nennt zwar einzelne verschwundene Siedlungen des Untergoms auf -ingen
(Charles Biermann, La Vallée de Conches en Valais, Lausanne 1907, S. 34).

5 In diesem Zusammenhang mag die Tatsache von Bedeutung sein, daß Münster als einzige
Großpfarrei des Oberwallis nicht der Kollatur durch das Domkapitel unterstand.

6 Der seit dem Mittelalter bekannte Ausdruck «Zenden» für Bezirke des Wallis bleibt wie die Entstehung dieser Bezirke im dunkeln. Man hat ihn als fränkische Centena gedeutet, als Decima bzw.
Zehntteil des bischöflichen Wallis oder als Zehntbezirk der Mensa episcopalis, als «Urgemeinde»
(vgl. L. Carlen, Gericht und Gemeinde, S. 7–15).

Abb. 2 und 3. Ältestes Siegel des Zenden Goms an einer Urkunde von 1368. Staatsarchiv Luzern. Text S. 58. – Banner des Zenden Goms, 1683 von Landeshauptmann Peter von Riedmatten geschenkt. Text S. 58.

geschlecht der aus Oberitalien stammenden Manegoldi von Naters versippt waren. Im Obergoms sind die feudalen Herrschaftsrechte wohl deswegen verwickelter, weil ein namhafter ortsansässiger Adel fehlte. Im 14. Jahrhundert griffen auch innerschweizerische Adelsgeschlechter auf das Obergommer Territorium. Wenn man bedenkt, daß im 14. Jahrhundert in Ulrichen auch die Herren von Raron Rechte beanspruchten und die Gerener ihr Tal 1405 von den Herren von Ernen loskauften, ermißt man, wie sich hier die Machtsphären von Ost und West durchdrangen.

In dieses Puzzle der Rechtsverhältnisse mischen sich noch die Freigerichte, die eine Art Unmittelbarkeit unter dem Landesbischof bei schließlich selbst gewähltem Ammann innehatten. Die «Grafschaft» mit ihren freigerichtlichen Institutionen aus dem Ende des Hochmittelalters dürfte den späteren vornehmlich in Randgebieten gelegenen Freigerichten wie Gerental und Fieschertal zum Vorbild gedient haben. Die Freigerichte des frühen 15. Jahrhunderts wurden durch die Burgerschaften von den verschuldeten Rittern losgekauft. Das aus grundherrlichem Eigenbesitz der Grafen von Savoyen herausgewachsene bischöfliche Meiertum von Binn verdankte seine Eigenständigkeit dagegen dem wichtigen Paßverkehr über den Albrun.

Lehensherr des ganzen Zenden 7 «von Deisberg vff» war indessen der Bischof von Sitten, der das Gebiet durch Ministeriale verwaltete, bis die Ämter an die Burger übergingen und ihm schließlich die weltliche Macht aus der Hand glitt. Das Erb-

7 Die Ausführungen über die Zendengeschichte des Goms stützen sich auf ein Manuskript von STANISLAUS NOTI, Fr. O.M.Cap.

lehen des Meiertums war in den Händen der Edlen von Venthône (bis 1215), der Manegoldi von Mühlebach und Ernen (bis 1272) und der Rodier von Ernen (14. Jh.). Das ursprünglich mit dem Meiertum nicht verbundene Richteramt übten, sicher ab 1266, als Vizedome des Bischofs die Blandrate von Visp und deren Nachkommen, die de Compeys, aus. Nach Rückkauf des Meiertums durch Bischof Witschard Tavelli amtete 1344 ein bischöflicher Kastlan, der zugleich Meier war. Aus nicht bekannten Gründen tritt 1368/69, kurz nach der Gefangensetzung des Bischofs Tavelli in Münster im Jahre 1361, Johann Borter von Reckingen als «judex in parrochia de Conches», d.h. als Richter des Obergoms, auf. Wie die Pfarrei Münster bis gegen die Mitte des 13. Jahrhunderts eine eigene Mistralie neben dem Majorat von Ernen gebildet hatte – 1247 gehörte sie zum Majorat –, so bestand nun der Zenden Goms aus den Majoraten Ernen und Münster. Nachdem Ernen der Pfarrei Münster das Recht auf ihren eigenen Meier und die Gerichtsbank streitig gemacht hatte, führte ein Schiedsgerichtsspruch 1447 zum Kompromiß eines jährlich alternierenden Meiers aus der obern oder untern Pfarrei im ganzen Zenden Goms. Bei der entschiedenen Parteinahme der Pfarrei Münster für Matthäus Schiner schieden sich im 16. Jahrhundert die Majorate wieder zusehends, so daß sich schließlich die obere Pfarrei nicht mehr zur gemeinsamen Meierwahl auf dem Kastelbiel von Blitzingen einfand; jede Pfarrei wählte nun allein den Meier bzw. je nach dem Turnus den Statthalter, der fast wie der Meier amtete. Die neuen Statuten von 1561, die Münster Ernen gleichsetzten, wurden 1598 nach langwierigen Prozessen endgültig bekräftigt. So wechselten bis zum Zusammenbruch der Zendenherrlichkeit während der Französischen Revolution Ernen und Münster als «caput deseni» (Zendenhauptort) mit dem auf Lebenszeit gewählten Bannerherrn. Ernen schwang indessen als Hochgerichtsstätte obenauf, was es durch den Bau des Zendenrathauses nicht zu demonstrieren versäumte, während anderseits Conches oder Goms, wie Münster im Mittelalter hieß, dem ganzen Zenden seinen Namen lieh und das Emblem des Zendensiegels (Abb. 2) im Wappen führte.

Das 14. Jahrhundert, welches das Wallis – wie das übrige Europa – in existenzbedrohenden Krisen schüttelte, schien das Goms aus dem Verband der übrigen Zenden herauszulösen und in die Schutz- und Trutzgemeinschaft der Innerschweiz zu führen. Den tief ins Wallis geführten Feldzügen der welschen Grafen von Savoyen unter savoyenfreundlichen Landesfürsten antwortete Goms mit engerem Anschluß an die Innerschweiz. Das bis Brig hinabreichende Rektorat des Johann von Attinghausen läßt eine erstaunlich weit gediehene Entwicklung in dieser Richtung vermuten. Die historischen Zusammenhänge sind freilich noch nicht geklärt. War es lediglich Expansionsdrang des innerschweizerischen Adels oder bereits jene auf den Gotthard gerichtete Politik der Innerschweizer, die sich zu Beginn des 15. Jahrhunderts dann in Bündnissen formulierte? 1416 erneuerte der Zenden Goms das Burg- und Landrecht, das Luzern, Uri und Unterwalden 1413 zum Schutz der Flanke des Gotthards mit dem Bischof und den Zenden des Wallis eingegangen waren.

Aus der Krise ging Goms gestärkt hervor. Nur so erklärt sich sein Anteil an der nun einsetzenden, über Jahrhunderte anhaltenden Expansion der deutschen Kultur im Wallis. 1457 bestieg Walther Supersaxo von Ernen den Bischofsthron. Es begann die nur durch Jost von Silenen (1482–1496), Philipp de Platea (1522–1529), Adrian I. von Riedmatten (1529–1548) und Johann Jordan (1548–1565) unterbrochene Ära der Gommer oder doch aus dem Goms stammenden Fürstbischöfe, die bis gegen die Mitte des 18. Jahrhunderts dauerte. Da Bischof Walther Supersaxo 1475 die Unterwerfung des Unterwallis einleitete, welche Adrian I. von Riedmatten 1536 mit der Eroberung von Evian und Monthey abschloß, ist auch dieses schicksalsschwere Ereignis der Walliser Geschichte in der Gommer Geschichte zu erwähnen. Von der europäischen Politik des Gommers Matthäus Schiner aus Mühlebach sei hier nicht mehr die Rede.

Nach den innern Wirren um Matthäus Schiner und Jörg Supersaxo zu Beginn des 16. Jahrhunderts brach mit dem Frieden auch eine Epoche des Wohlstandes an. Im Gegensatz zur weithin versumpften Rottentalebene bot die weidenreiche grüne Wanne vorab des Obergoms die Grundlage für eine Kultur, von deren bäuerlichen Struktur die mächtigen Stadel an aussichtsreichstem Standort des Dorfes wie z.B. auf dem Geschiner Biel noch Zeugnis ablegen. Wie schon JOHANNES STUMPF schrieb, blühte der Viehhandel mit Italien über die vielbegangenen Pässe, die man auszubauen begann[8]. Vertreter des Dorfpatriziats, die in hohen militärischen Stellen ihre eigenen Kompagnien in Frankreich, Spanien oder Italien anführten, brachten schon seit der Mitte des 16. Jahrhunderts mit dem Reichtum auch kulturellen Glanz in ihr Dorf heim. So blieb die politische wie die kulturelle Initiative bei diesem Tal. Es besteht gewiß ein Zusammenhang zwischen der langen Reihe der Obergommer Bischöfe und der Tatsache, daß das Obergoms zu Beginn des 17. Jahrhunderts einen Typ des Walliser Hauses entwickelte, den man seiner Behäbigkeit wegen als Renaissancehaus wird bezeichnen dürfen. Obergommer Bischöfe waren es denn auch, die der katholischen Erneuerung am Anfang des 17. Jahrhunderts zum Durchbruch verhalfen und damit die große Blüte der Barockkultur heraufbeschworen. Im Goms blieb die Kunst vornehmlich den Kultbauten vorbehalten. Barock besagt hier nicht höfische Kultur, sondern die Kunst einer umfassenden religiösen Erneuerung. Von der mächtigen Flutwelle des Barocks rührt die eindrückliche kulturelle Geschlossenheit des Goms, aber auch seine kulturelle Einförmigkeit her; seine Kunst reicht nur mehr mit spärlichen Wurzeln in die voraufgehenden Jahrhunderte der Gotik und Romanik hinab. Bezeichnenderweise erneuerte das politisch regsamere Münster das Kirchenschiff seiner Pfarrkirche, während Ernen sein gotisches Gotteshaus beibehielt. Die nun auflebende Tendenz zur kirchlichen Verselbständigung räumte vor allem in den kleineren Dörfern mit den alten kirchlichen Bauten auf, da ein neues Gotteshaus öfters Vorbedingung für die Errichtung einer Pfründe und Ausdruck des Stolzes auf die neue, meist mühsam ertrotzte Pfründe war. Anderseits erhielt nun jeder Weiler sein Gebetshaus. Kapellen entstanden an den Feldwegen, auf den Hügeln am Eingang zu den wilden Seitentälern – die übernatürlichen «Burgen» des Barocks gegen die Naturgewalten. Ein zum Teil sehr eigenständiges Wallfahrtswesen schuf die großen Wallfahrtskapellen. Privatkapellen schossen so zahlreich aus dem Boden, daß sich Landrat und Bischof um 1700 zu einschränkenden Maßnahmen genötigt sahen[9]. Die künstlerische Nachfrage rief in der Blüte des Barocks nach dem einheimischen Kunsthandwerk. Gommer Bildhauer, Maler, Orgelbauer

---

8 In den Jahren 1590 und 1619 (L. CARLEN, Zur Geschichte der Furkastraße, Straße und Verkehr 41, Nr. 7 [1955], S. 273).

9 ANTON CARLEN, Ein Inventar vom Jahre 1662 in Ernen, BWG XIII (1961), S. 56, und Visitationsakt von 1704 (PfA Münster D 73).

und Glockengießer veränderten das kulturelle Antlitz der Heimat und trugen die
Kunst des Tals nach Graubünden, Savoyen und in die Innerschweiz.

In den barocken Kirchen und Kapellen kehrt monoton ein gediegener, traditionsverhafteter Typ wieder. Es ist immer der rechteckige gewölbte Saalraum mit
eingezogenem, dreiseitig schließendem Chor. In der zweiten Hälfte des 17. Jahrhunderts taucht vereinzelt der im Wallis vertraute alte Gedanke an einen kreuzförmigen
Kirchengrundriß auf, am Ende des Jahrhunderts kurz die Tendenz zum Rechteckchor. Dann erschöpfen sich die Variationen in kleinen Änderungen der Tonnenform
oder der Außengliederung, wo die Joche etwa als flache Stich- oder Rundbogennischen ausgestaltet werden. An der beweglichen Kirchenausstattung, d. h. vor
allem an den Altären, sind denn auch die feineren Intervalle des Stilablaufs abzu-
lesen. Charakter und Bedeutung der Gommer Altarwerke im schweizerischen
Raum sind nur zum Teil der Leistung einheimischer Werkstätten zu verdanken.
Noch entscheidender ist die zeitliche Interferenz zwischen der religiösen Erneuerung
des Wallis und derjenigen der übrigen katholischen Orte. Im Gegensatz zu den andern
Orten alten Glaubens fiel im Wallis die mächtigste Entfaltung der Reform in die Zeit
des stark von Italien geprägten Hochbarocks nördlich der Alpen.

In der Barockzeit sind zahlreiche kleinere Siedlungen hoch an den Talhängen
verlassen worden. Ob darin eine im Barock ausgelöste Bewegung zur Konzentration
in den Taldörfern oder eher die Endphase einer wirtschaftlichen Entwicklung des
Spätmittelalters zu erblicken ist, läßt sich nicht mehr ermitteln.

Obwohl das Goms im letzten Viertel des 18. Jahrhunderts nicht mehr in der
Fülle des Barocks stand, bewunderte doch noch Goethe auf seiner Schweizer Reise
des Jahres 1779 dessen ländliche Kultur. Die allgemeine Armut im Gefolge des Ein-
bruchs der Franzosen zog auch jene Täler in Mitleidenschaft, die von ihnen nicht
gebrandschatzt wurden. Die Franzosen drangen bis Fiesch vor; doch waren die
Truppen der «Kaiserlichen» eine kaum mindere Plage.

In den folgenden Auseinandersetzungen um eine neue Verfassung auf den Grundsätzen der Aufklärung war Goms eine Hochburg des konservativen Geistes. Darin
verriet sich schon eine Verhärtung des barocken Weltbildes, dessen innere Aushöhlung
im 19. Jahrhundert voranschritt. Neue Impulse der Wirtschaft erreichten das Goms
bloß am Rande. Im Zuge der romantischen Entdeckung der Alpen war man auf das
außerordentliche Panorama des Eggishorns aufmerksam geworden. In Fiesch und
am Hang des Eggishorns entstand je ein Hotel. Der Fremdenverkehr in dieser Region
hatte zur Folge, daß die neue, besonders vom Eidg. Militärdepartement geförderte
Furkastraße 1860/61 über Lax und Fiesch führte und nicht mehr über Ernen[10]. Auf
das einst so rege kulturelle Zentrum des Untergoms fiel nun die Zeit wie auf Pompeji
die Lava. Ähnlich erging es dem ganzen Goms, sobald die Tunnels durch Gotthard,
Simplon und Lötschberg sowie der Ausbau der Paßstraßen über Gotthard und Simplon den Verkehr auf den Gommer Nord-Süd-Pässen[11] stillegten und der europäische
Nationalismus auch die früher so regen Zwischenwanderungen der Walser als

---

[10] Die Erner weigerten sich, die Straße durch das fruchtbare Erner Feld führen zu lassen. (Freundliche Mitteilung von Dr. Albert Carlen, Brig.)

[11] Obwohl schon im Mittelalter die Rede ist von den Ballen, «quae veniunt de francia et de
lombardia», führte nach der Chronik des ANDREAS MÜLLER († 1910), Geschinen, bis zum Bau der
«Wagenstraße» von Fiesch nach Oberwald 1860/61 doch nur ein stellenweise gefahrvoller Maultier-

alpiner Bevölkerung gemeinsamen Ursprungs unterband. Die 1915 auf der Teilstrecke Brig–Gletsch eröffnete Furkabahn konnte die Not nicht wenden. Am 8. Juni 1973 wurde in Oberwald mit dem Bau des Furkabahn-Basistunnels begonnen, von dem man eine Förderung des Fremdenverkehrs erhofft.

Heute nimmt die Abwanderung aus dem Goms dermaßen zu, daß ganze Dörfer vom Aussterben bedroht sind. Rettung kann dem Tal wohl nur von der Fremdenindustrie kommen, die man in großem Stil anzukurbeln versucht. In den kulturellen Werten seiner Vergangenheit liegen Schätze der Gegenwart verborgen, wenn es der Gommer versteht, den Individualismus zurückzustellen und in weitsichtiger Planung eine neue Wirtschaft aufzubauen, die nicht an seinem Erbe zehrt, d. h. die weder die Landschaft noch seine geschlossenen Dörfer mit dem darin webenden Hauch einer großen Vergangenheit zerstört.

Literatur. Zur Geschichte des Goms. CHARLES BIERMANN, La Vallée de Conches en Valais, essai sur la vie dans une haute vallée fermée des Alpes suisses sous l'influence de l'altitude, du climat et du relief, extrait du Bulletin de la Société vaudoise des Sciences naturelles, vol. XLIII, n° 158, Lausanne 1907. – LOUIS CARLEN, Zur Geschichte der Furkastraße, Straße und Verkehr 41, Nr. 7 (1955), S. 271–275. – Derselbe, Die Gerichtsbarkeit des Bischofs von Sitten in Goms, Zeitschrift für Schweizerische Kirchengeschichte 51 (1957), S. 136–146. – Derselbe, Die Wahl der Zendenbehörden im alten Goms, W. Jb. 1964, S. 49–52. – Derselbe, Das Goms, Schweizer Heimatbücher Nr. 128, Bern 1966. – Derselbe, Gericht und Gemeinde. – SIGISMUND FURRER, Die Blandrate oder die Herren in Visp und Goms, Walliser Monatsschrift für vaterländische Geschichte, 1862, Nrn. 3, 4 und 5. – ANTON GATTLEN, Die Furkastraße von 1800 bis 1935, Straße und Verkehr 41, Nr. 7 (1955), S. 275–280. – ULRICH KLOPSCH, Anthropogeographische Veränderungen und deren Ursachen in den Obergommer Gemeinden Münster, Reckingen, Gluringen, Biel, Selkingen seit der Jahrhundertwende, Diss. Kiel 1969. – JOSEF LAUBER, Zendenbeamte. – Derselbe, Die Entstehung des Meiertums im Goms und der Meierstreit zwischen Ober- und Untergoms, Walliser Landeschronik 1931. – ISO MÜLLER, Die Wanderung der Walser über Furka–Oberalp und ihr Einfluß auf den Gotthardweg (ca. 11.–14. Jh.), Zeitschrift für Schweizer Geschichte 16 (1936), S. 353–428. – Derselbe, Paßverkehr. – Derselbe, Der Gotthard-Raum. – STANISLAUS NOTI, Die Adeligen und Ritter des Untergoms im 13. Jahrhundert, Walliser Bote 128, 14., 16., 19., 20. Dez. 1968. – Derselbe, Geschlechter und Familien im Untergoms vor 450 Jahren, Walliser Bote 130, 7. und 10. Juli 1970. – Derselbe, Ritter und Junker im Majorat Ernen vom 12. bis 15. Jh., Manuskr. 1970. Expl. im PfA Münster. – Derselbe, Geschlechter, die einst den Meier des Zenden Goms stellten, Walliser Bote 131, 2. März 1971. – A. ROOS, Kulturzerfall und Zahnverderbnis, eine neue Feldforschung im Hochtal Goms, Bern 1962. – HANS ANTON VON ROTEN, Chronik. – Derselbe, Landeshauptmänner (darin die Monographien der Gommer Landeshauptmänner). – HANS ULRICH RÜBEL, Viehzucht im Oberwallis, Frauenfeld 1950. – GUNTRAM SALADIN, Namenkundliche Wanderungen durch das Goms, W. Jb. 1943, S. 21–33. – STEBLER. – F.-O. WOLF, Von der Furka bis Brig, Heft 81/82 der europäischen Wanderbilder, Zürich o. J.

Zur Bau- und Kunstgeschichte des Goms. KLAUS ANDEREGG. – ANDRÉ BEERLI, Wallis, 26 Reisevorschläge, aus dem Französischen übertragen von Irmgard Vogelsanger-de Roche, Touring-Club der Schweiz und Shell Switzerland, Bern 1961, S. 278–311. – JOSEF BIELANDER, Die im Wege standen … Furkastraße, Straße und Verkehr 41, Nr. 7 (1955), S. 301–303. – ALBERT CARLEN, Verzeichnis. – Derselbe, Barock im Walliser Dorf, Freundesgabe für Eduard Korrodi, zum 60. Geburtstag, Zürich-Erlenbach 1945, S. 95–100. – Derselbe, Kleine Gommer Kunstreise, Straße und Verkehr 41, Nr. 7 (1955), S. 316–320. – Derselbe, Einführung in die Walliser Kunst, Wir Walser, Nr. 2 (1963), S. 15–24. –

---

weg von Brig herauf, weshalb die Bewohner des Obergoms ihren Bedarf an Reis und Mehl größtenteils über die Pässe vom Pomat her auf dem Rücken trugen. Und selbst die neue Straße wurde auf der Strecke Brig–Fiesch nie einheitlich vollendet, obschon die Furkastraße damals eine der bestausgebauten Paßverbindungen war (A. GATTLEN, Die Furkastraße von 1800 bis 1935, Straße und Verkehr 41, Nr. 7 [1955], S. 276–278).

ANTON CARLEN, Zwischen zwei Brücken. Die Pfarrgemeinde Ernen, ihre alten Häuser und ihre einstigen Bewohner, BWG XIII (1963), S. 269–433. – DONNET, S. 107–116. – ANDRÉ DONNET, Deux esquisses de retables baroques valaisans, Genava, revue d'archéologie et d'histoire de l'art publiée par le Musée d'art et d'histoire de Genève [n.s.] XI (1963), S. 505–517. – JOSEF LAUBER, Bildhauerfamilie Ritz v. Selkingen. Ein Kulturbild aus dem 17. und 18. Jahrhundert, BWG III (1905), S. 334–347. – JOSEF LAUBER und EDUARD WYMANN, Die Künstlerfamilie Ritz von Selkingen im Wallis, XX. Hist. Neujahrsblatt, hg. auf das Jahr 1914, S. 69–93. – ST. NOTI, Von den Gotteshäusern im obern Goms, Walliser Bote 124, 30. Dez. 1964; 125, 8. Jan. 1965. – Derselbe, Kirchen und Kirchliches im oberen Goms, Walliser Bote 125, 22. Jan. 1965. – Derselbe, Häuser im Goms – die zur Geschichte gehören, Walliser Bote 127, 12. und 14. Juli 1967. – WALTER RUPPEN, Das Obergommer Haus, Schweizerische Kunstführer, Basel 1974. – STEINMANN, Ritz.

Peter I. von Riedmatten (†1683), Landeshauptmann 1682–1683, Schwiegersohn und Neffe des «Großen Stockalper», Vetter von Bischof Adrian V. von Riedmatten (1672–1701). Repräsentant der Vormachtstellung des Obergoms zu Beginn der Barockzeit. (Stockalperpalast Brig.) Vgl. Text S. 56f.

DIE GEBÄUDETYPEN DER GOMMER SIEDLUNGEN

DAS WOHNHAUS

Während «Dachhäuser» wie etwa das Emmentaler Walmhaus, ihre Individualität betonend, Streu- oder Hofsiedlung bevorzugen, fügt sich das Gommer Haus mit seiner im Grunde elementaren Gestalt mühelos der Dorfsiedlung ein.

ÄUSSERES. *Das Holzwerk.* Das Gommer Haus wirkt vornehmlich als Blockbau. Dies trifft nicht nur für das oberste Goms[1] – Unterwassern, Oberwald und Ulrichen – zu, wo der Mauersockel im Vorderhaus öfters nur wenig oder gar nicht über die Erdoberfläche hinaufragt. Auch im übrigen Goms bietet sich die Hausfassade über dem Mauersockel als Blockwand-Schauseite dar. Den so reizvollen Wechsel ineinander verschränkter Mauer- und Holzpartien an der Giebelfront gibt es im Obergoms sozusagen nie; im Untergoms, wo auch ein gemauertes Saalstockwerk dem Stein größere Bedeutung verleihen kann, tritt er etwas häufiger auf, aber auch hier meistens als Folge späterer Anbauten. Das im Hinterhaus bei der Küchenecke oder in der ganzen Hausbreite auf Wohngeschoßhöhe, seltener bis zur Trauflinie hochgezogene Mauerwerk hält in seiner Wirkung zurück; bestimmend bleibt die Blockwand. Wir betrachten daher zuerst das Holzwerk und seine Zier.

Im Goms wurden ausnahmslos Kanthölzer verwendet, die verkämmt, d.h. in gegenseitiger Nut verschränkt, mit öfters unregelmäßigen Gwätten vorkragen. Wenn möglich, wählte man Lärchenholz oder «gälbi Thela»[2], was den Häusern eine lange Lebensdauer verlieh. Wo diese Holzarten fehlen wie in Weilern des Fieschertals, reichen keine Bauten vor 1600 zurück, und Häuser aus der Mitte des 17. Jahrhunderts zeigen schon von Wurmfraß und Witterung völlig verdorbene Wände. Bis ins 19. Jahrhundert schnitt man die Kanthölzer aus dem Mark der Bäume, d.h. man durchschnitt diese so, daß je eine Hälfte des Marks in die Balken zu liegen kam. Während die in der Regel niedrigen Balken der «Heidehischer» öfters von Marksprüngen tief aufgerissen sind, überraschen die Blockwände aus der ersten Hälfte des 16. Jahrhunderts durch Mächtigkeit und Kompaktheit der Balken, deren gesundes sammetschwarzes Holz immer noch leicht von Rot durchglüht wird. Später begnügte man sich wieder mit bescheideneren Balkenmaßen. Fachwerk[3] wurde im Goms äußerst selten in untergeordneten Partien, z.B. in einer Trennwand des Kellergeschosses oder in Teilen des Hinterhauses, verwendet und blieb nie unverputzt. Kaum häufiger benutzte man nach 1500 Ständerstuden mit Nut an den Seiten, wenn es etwa galt, Mauer- und Holzwerk zu verbinden oder Teile einer Wand mit Balken von einem älteren Hause aufzurichten.

1 Vgl. WEISS, S.42 (Karte). WEISS erklärt den reinen Blockbau in diesem Gebiet mit dem Waldreichtum infolge einer verhältnismäßig großen Niederschlagsmenge und zieht auch das Beispiel des Val d'Illiez am andern Ende des Wallis heran (S.53).

2 Man nennt sie auch «Rot»- oder «Späckthela»; gemeint ist die Bergkiefer oder -föhre, die rhoneaufwärts bis Niederwald Verwendung fand. (Freundl. Hinweis von Adrian Weger, Münster, und Andreas Tenisch, Schmidigenhäusern.)

3 In diesem Zusammenhang überrascht es, daß 1775 zwei Meister aus dem Goms nach Leuk gerufen wurden, um dort in Riegelwerk zu bauen (StAS, A der Familie Jost, JJ 320).

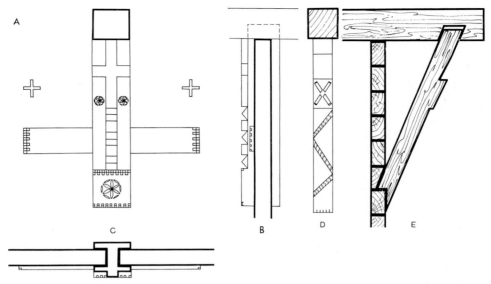

Abb. 4 und 5. «Heidechriz» (Giebelständer): *A* Ansicht, *B* Längsschnitt, *C* Querschnitt (Haus Leo Schmidt in Steinhaus, 15. Jh.). – Giebelbug oder -strebe: *D* Ansicht, *E* Längsschnitt (schematische Zeichnung nach dem Haus Stephanie Walther, Selkingen, 1513). – Text S. 12 und 13.

Die Konstruktion des *Giebels* wandelte sich auf der Schwelle zur Neuzeit von Grund auf. Beim «Heidehüs»[4] kam in beiden Giebeln ein Firstständer zur Anwendung, der in die Firstpfette verzapft war (Abb. 4). In seitlichen Nuten nahm diese Ständerstud die horizontalen Balken der Giebelhälften auf. Schräge Giebelroste gibt es im Goms nicht. Um die Giebelwand auch nach unten sicher zu verankern, überlappte der Ständer vorn und hinten einige durchlaufende Balken. Bei der Renovation des Gemeindehauses von Mühlebach 1968 war zu beobachten, daß die Stud mit einem mittleren Dorn diese durchlaufenden Balken auch noch durchdrang[5]. Der Ausdruck «Heidechriz» für diese Firstständer leitet sich vom später üblichen Kreuz auf den Studen her und meint zugleich vorgeschichtlich hohes Alter. Innerhalb der Geschichte des Gommer Hauses haftet diesen spätmittelalterlichen Häusern tatsächlich etwas Vorgeschichtliches an, sind sie doch in unserer Region nie original beschriftet und datiert. In Mühlebach gibt es vermutlich ältere Firstständer, die als einzigen Schmuck eingeritzte Zimmermannswerkzeuge zeigen. Die z. B. in den Vispertälern noch recht häufige schmale, lange Giebelständerstud nur mit eingelassenem oder erhabenem Wellenfries an der Stirn ohne Kreuz, ein wohl alter Typ, ist uns im Goms nie begegnet. Um 1500 gab man die Ständerstud auf[6], aber

4 Diese Bezeichnung ist auch in andern Gegenden üblich. Zu Uri vgl. JOSEF MÜLLER, Geschichtliche Notizen über die Pfarr-Gemeinde Spiringen, VII. Historisches Neujahrs-Blatt, hg. vom Verein für Geschichte und Alterthümer von Uri auf das Jahr 1901, S. 48/49.

5 Freundliche Auskunft von Eduard Clausen, Mühlebach.

6 Nach 1500 ist im Goms kein original versetztes «Heidechriz» bekannt. Um das Holz der Giebelwand nicht verwerfen zu müssen, verwendete man bei Aufstockungen etwa wieder das vorhandene «Heidechriz». Auf die Schwelle zur Neuzeit weist das auf 1461 datierbare «Heidechriz» im Pfarrhaus von Naters. Wie hier ein Relikt des Ständerbaus aus dem Blockbau verdrängt wurde, mutet wie ein

nicht ohne Vorkehrungen zu treffen. So spannte man zwischen First und Giebelwand erst einen Bug (Abb. 5), der das Ausbiegen der Wand verhindern sollte.
Offenbar mißtraute man der statischen Festigkeit dieser neuen Giebelkonstruktion.
1501 tritt nämlich im Haus des Bannerherrn Hans Clausen (heute Prof. H. Straumann) in Mühlebach zusätzlich zum Giebelbug ein aufwendiger gestrickter Estricheinbau auf, den weitere Bauten des frühen 16. Jahrhunderts im linksufrigen Goms
nachahmten (Abb. 6). Die in wandartigen Pfettenkonsolen vorstoßenden Seitenwände dieses Dachraums stützten die Zwischenpfetten der Dachflanken, während
die hochgezogene Trennwand zwischen Vorder- und Hinterhaus als rückseitige
Abschlußwand des Raums den First tragen half. Nach den ersten Jahrzehnten des
16. Jahrhunderts[7] wich der Giebelbug dem rudimentären «Chrizgwätt» unter dem
First, das bei schmalen Häuschen etwa noch auf den axial streichenden Dielbaum
in der Hausmitte abgestützt wurde.

Für das *Dach* zog dieser Wandel in der Giebelkonstruktion keine Veränderungen
nach sich, war doch das «Heidechriz» im First verzapft, vor allem um die Giebelwand zu festigen und weniger um den First zu stützen, der ohnehin der Giebel-
blockwand aufruhte. Das Dach des Gommer Hauses blieb ein Pfettendach mit
dürftigem oder fehlendem Dachstuhl und, mit der Neigung seiner Flanken von 19
bis 21°, ein ausgeprägtes Tätschdach. Große brettartige Schindeln von 80 bis 100 cm
Länge deckten die Flanken[8]. In der zweiten Hälfte des 19. Jahrhunderts trat hin
und wieder ein Krüppelwalm auf. Handelte es sich hierbei um ein der kirchlichen
Architektur bzw. dem Erner Zendenrathaus entliehenes historistisches Motiv[9],
oder kündete das Motiv das Ende der eigenen Tradition an wie der in der ersten
Hälfte des 20. Jahrhunderts von ortsansässigen Tiroler Zimmerleuten eingeführte
Zwerchgiebel in Bellwald, den der Volksmund mit Recht «wälschs» Dach[10] nannte?

Die Erscheinung der Häuserfronten wurde wesentlich durch die Konstruktion der
Fenster und durch den Rhythmus ihrer Anordnung bestimmt. Beim ursprünglichen
Fenster (Abb. 7) wurde die Öffnung nur durch kräftige Seitenpfosten gerahmt, die
als einzige vertikale Elemente in der Blockwand bedeutsame Akzente darstellten,
wie sie auch augenfällig den horizontalen Fluß der Balken stauten, um die Lichtöffnung freizuhalten. Darüberhin kam diesen Seitenpfosten auch noch eine statische
Bedeutung zu. Da sie nicht nur oben und unten vernutet waren, sondern mit einem

---

später Beweis für die neuere Erkenntnis an, daß der Ständerbau dem Blockbau zeitlich vorangegangen ist. In einigen Gebieten von Graubünden hielt sich dieser Giebelständer sogar bis gegen 1600
(SIMONETT I, S. 21).

7 Außer dem vermutlich von einem fremden Zimmermeister erbauten, in mancher Beziehung
fremdartigen «Tellehüs» (1576) in Ernen ist das Schulhaus von Niederwald (1526) das jüngste datierte
Haus mit Giebelbug im Goms.

8 Da diese Brettschindeln, ursprünglich nur geschichtet, mit Stangen und Steinen beschwert waren,
durften die Dachflanken nur wenig geneigt sein. Als man später die Schindeln annagelte, behielt man
die herkömmliche Giebelform bei. Wertvolle Details zur früheren Konstruktion der Dächer gibt
CAMILL SCHMID, Bellwald (Sach- und Sprachwandel seit 1900, Basel 1969, S. 64–66). In Ernen waren
Schieferdächer beliebt (Hauskalender fürs Stadt- und Landvolk 1830, Der wandernde Bote durch
Wallis, gedruckt in Zug bei Johann Michael Aloys Blunschi, S. 5).

9 Der im Bernischen stark verbreitete «Geerschild» kam in Unterwalden an «junkerlichen Häusern» vor (WEISS, S. 94). Vielleicht wurde das Motiv vom Norden her zur Auszeichnung der Häuser
übernommen.

10 CAMILL SCHMID (vgl. Anm. 8), S. 66.

Nutkamm am Rücken auch in die seitlichen Balkenstirnen eingriffen, stützten sie diese zugleich und verhinderten so das Ausbiegen der Blockwandpartien in der geschwächten Fensterzone. Das kleinsprossige Fenster selbst war an die Innenseite der Wand angeschlagen, weshalb die Fensteröffnungen der Blockwand das kräftige Relief mit dem tiefen Schattenschlag verliehen. In die oben und unten vorbeistreichenden Balken waren am Rand der Fensteröffnung kleine Kehlen eingetieft; die obere lief in der Regel seitlich in einen Viertelkreisbogen aus. Die Kehlen hatten den geschlossenen Fensterladen aufzunehmen, damit dieser, bündig versenkt, die Blockwand wieder intakt verschließe. Im 18. Jahrhundert kamen zierkonturierte Fensterverkleidungen auf[11], die den neuen, besonders für Reihenfenster geeigneten Aufzugläden als Gleitrahmen dienten (Abb. 8). Die wenigen Relikte von solchen Verkleidungen im Goms lassen jedoch vermuten, daß die bislang üblichen Läden, nämlich Klappläden an den äußersten und Falläden an den mittleren Reihenfenstern, nicht verdrängt wurden. In den 30er Jahren dieses Jahrhunderts wurden im Untergoms und im Binntal reiche barockisierende Fensterbekrönungen geschaffen, die eine gewisse Beachtung verdienen. Man kann heute in Fassaden rechts oder links von einem Fenster zwei, drei abgetreppte alte Fensterpfosten entdecken. Beim wachsenden Bedürfnis nach Licht hatte man die Fenster zu wiederholten Malen in der althergebrachten Technik vergrößert und dabei die alten Pfosten auf der einen Seite belassen. Die mitunter nur 30 cm hohen Fensterchen[12] der «Heidehischer», zum Teil wohl noch aus der Zeit, da man kein Glas benützte, konnten nicht mehr genügen. Die zunehmend größeren Fensteröffnungen veränderten aber den Charakter der Fassaden von Grund auf. Mußte das frühe Haus verschlossen und fast scheunenartig abweisend wirken, so blickten nun die Schauseiten der jüngeren Häuser aufgeschlossen drein. Wie die auffallend großen Fensteröffnungen im Pfarrhaus von Ernen beweisen, hatte die Fenstergröße daneben wohl auch etwas mit Stand und Rang zu tun. Heute setzt man in die Fassaden ganze «Fensterwagen» mit

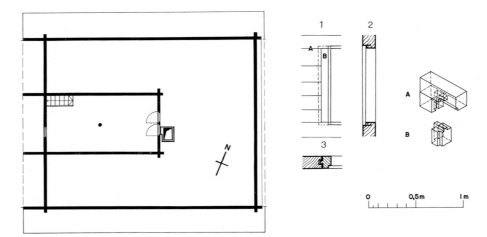

Abb. 6 und 7. Gestrickter Estricheinbau als Giebelstütze. Grundriß (Haus Heinrich Straumann, Mühlebach, 1501). – Fensterkonstruktion: *1* Ansicht, *2* Längsschnitt, *3* Querschnitt, *A* und *B* Details. Text S. 13 und 14.

Abb. 8 und 9. Vierteilige Fenstergruppe mit zierkonturierter Verkleidung, die als Fensterladen-Gleitrahmen diente (bis 1974 am «Fennerhüs», Selkingen). – Ursprüngliche, für Gemeinde- oder Bürgerhäuser charakteristische Fensterzeile (Schul- und Gemeindehaus in Steinhaus, 1794). Text S. 14 und 16.

protzigen Verkleidungen, welche die Blockwand aufzehren, und gibt zugleich die kleinteilige Sprossung preis. Die Beliebtheit des neuen Fenstertyps erklärt sich nur zu einem kleinen Teil aus einem wiederum gewachsenen echten Lichtbedürfnis; es handelt sich eher um ein Aushängeschild des Fortschritts, wenn nicht der eigentliche Grund beim Bauschreiner zu suchen ist, der diese Fensterverkleidungen nämlich in der Werkstatt vorfabrizieren kann und am Hause nur mehr die Lichtöffnung zu erweitern oder mit Füllmaterial zuzustopfen braucht. Die in jüngster Zeit beobachtete Hypertrophie der Fenster und Fensterverkleidungen auf Kosten der Blockwand, die bereits mit dem effektvollen Weißanstrich der Fenster im 19. Jahrhundert einsetzte, geht aber ganz allgemein auf romantische Strömungen zurück, die ja stets Beiwerk vor dem Wesentlichen betont haben. Die bunten Fensterläden mit den ausgeschnittenen Herzen, die an den dunklen Blockwänden wie Plakate kleben, beweisen es aufdringlich. Im alten Gommer Haus störten die Fenster weder durch Farbe und Ausmaß noch durch Aufwand der Rahmung die geschlossene Blockwand, deren Zierfriese die Fensterzonen zugleich hervorhoben und begrenzten. Im 17. Jahrhundert waren über den Fenstern öfters einfach oder doppelt geführte Kielbögen mit einem Kreuz auf der Spitze in die Balken geschnitzt, ein nachgotischer Dekor, der auch friesartig auf die Blockwand übergreifen konnte[13]. Neben der Konstruktion der

11 Auch in Graubünden traten ähnliche Fensterverkleidungen im 18. Jahrhundert auf (SIMONETT II, S. 166).

12 Zum umstrittenen «Seeleglotz» oder «Seelepalgge» verweisen wir auf PAUL ZINSLI, Walser Volkstum, 3. Aufl., Frauenfeld 1970, S. 108–110, wo auch die Literatur aufgeführt ist. Zum Wallis siehe ferner A. L. SCHNIDRIG, Der Seelenglotz im Wallis, Funde und Feststellungen, Wir Walser 9, Nr. 2 (1971), und 10, Nr. 1 (1972). Zu Graubünden vgl. SIMONETT I, S. 230.

13 In Graubünden hielt sich das Motiv noch länger (SIMONETT II, S. 163).

Fenster war deren Anordnung ein wesentliches Gestaltungselement der Blockwand. Bei der wohnlicheren Stube rückten an der Fassade drei bis vier nur durch Pfosten getrennte Reihenfenster zusammen, während die als Schlafraum dienende Kammer meist nur von einem Einzelfenster belichtet wurde. Die Befensterung an den Traufseiten war spannungsloser gegliedert oder überhaupt nicht rhythmisiert. Bei Burgerhäusern wurden an der Fassade ununterbrochene lange Fensterzeilen üblich (Abb. 9). Im Giebel saßen zumeist kleinere Fenster.

Traten schon beim Fenster bestimmte Ziermotive hervor, ist nun ausgiebiger von den *Zierfriesen* zu sprechen, die, obschon auf die Fensterzonen bezogen, doch in erster Linie eine Zierde der Blockwand darstellten. Friese bedeuteten eine Auszeichnung, weshalb häufig nur die Stirnfassade und die eingangseitige Traufwand damit geschmückt wurden. Die «Heidehischer» des Goms weisen keinerlei Friese auf. Als wohl erster Fries trat, vermutlich gegen Ende des 15. Jahrhunderts, der glatte Kammfries auf (Abb. 10, I). Er konnte bei datierten Häusern aus der ersten Hälfte des 16. Jahrhunderts als einziger Fries festgestellt werden und erscheint um die Jahrhundertmitte vereinzelt noch zusammen mit dem Rillenfries. Als «Augenbraue» der Fenster hätte er nach L. BIRCHLER ursprünglich praktischen Zwecken gedient[14], so etwa um das Regenwasser abzuschirmen. Um 1530 kamen zwei Varianten des Kammfrieses vor: der Kamm durch vertikale ziergekerbte Säge-Rinnen unterteilt (gekerbter Rinnenfries) (Abb. 10, II) oder oben trichterförmig ausgeweitet (Trichter-Rinnenfries) (Abb. 10, III). Der vereinzelt schon um 1500 auftretende Rillenfries (Abb. 10, IV)[15] verdrängte um die Jahrhundertmitte alle früheren Friese; er war um die Jahrhundertmitte besonders breit und endete seitlich im Viertelskreis (Abb. 11). Vielteilige Friese, wie sie das «Tellehüs» (1576) in Ernen aufweist, fanden vorerst keine Nachahmung; einzelne Motive daraus wie etwa der Zahnschnitt wurden erst ein halbes Jahrhundert später lebendig. Nachdem der lange herrschende Rillenfries wie ein Kanon der Wandzier erscheinen mußte, brach man um 1630 mit dem herkömmlichen Motiv, um mit einem komplizierteren Fries die neue, hinsichtlich der Friese regsamere Zeit des Barocks einzuleiten. Beim neuen Fries stützten zwei, drei nach vorn getreppte Zonen von Konsölchen einen glatten vorgezogenen Stab (Abb. 10, V). Die schon hier auftretende einzelne, meist größere Konsolenzeile, die sich auch als Zahnschnitt deuten ließ, leitete um die Mitte des 17. Jahrhunderts zum großen Würfelfries (Abb 10, VI) über, dessen Würfel gegen das Jahrhundertende hin kleiner wurden. Dafür strich nun der Wolfszahn darüber hin (Abb. 10, VII). Den Wolfszahn behielt man am Anfang des 18. Jahrhunderts bei, ersetzte aber den Würfelfries durch den Pfeilschwanzfries (Abb. 10, VIII)[16], der um die Jahrhundertmitte allein auftreten konnte und im dritten Viertel des Jahrhunderts zum Rautenfries (Abb. 10, IX) auseinanderrückte. Die Rauten dieser Friese konnten wie die

---

14 L. BIRCHLER, Vielfalt der Urschweiz, Olten 1969, S. 287.

15 Die horizontal gerillte Hohlkehle mit gekerbten Sternrosetten in der Mitte am «etwas vorstehenden Gurtbalken unter den Stubenfenstern» eines Hauses (1566!) in Trin, in der SIMONETT die älteste Ornamentierung am Holzhaus erkennt, ist uns im Goms nicht begegnet (SIMONETT II, S. 156). Immerhin liegt eine gewisse Ähnlichkeit mit dem Rillenfries und den Friesen am Erner «Tellehüs» (1576) vor.

16 Da dieser Fries mit den zwar wechselständig, aber symmetrisch aufgereihten Rauten immer wieder das Motiv eines Pfeilschwanzes suggeriert und sich gerade dadurch vom Rautenfries (S. 19) unterscheidet, haben wir die Bezeichnung «Pfeilschwanzfries» gewählt.

Quadrätchen oder Rechtecke des Würfelfrieses zu Konsölchen ausgebildet sein. Schon diese letzte Friesform erhielt nicht mehr die allgemeine Gültigkeit, wie dies bei den früheren Friesen der Fall gewesen war. In der zweiten Hälfte des 18. Jahrhunderts schmückte die Balken nämlich oft nur mehr ein Paar versenkter Rundstäbe (Abb. 10, X), die verwittert wie Doppelrillen aussehen. Anderseits brach eine bisher unbekannte Schmuckfreude auf. Einige Zimmerleute setzten an die Stelle der abstrakten Friese großblättrige Rankenfriese (Abb. 10, XI) oder fügten diese hinzu. Ganze Sprüche in formverspielten Buchstaben wurden auf die Giebelfassade oder in den Giebel geschnitzt. Die im frühen 19. Jahrhundert beliebte gebrochene Wellenlinie (Abb. 10, XII) konnte bereits erscheinen; sie war im Goms die letzte verbreitete Variante der Friese, vermutlich weil man nun ob der Fenster die Blockwand zu vergessen begann (S. 15). Der vielleicht als historistischer Rückgriff auf den Beginn des Barocks zu deutende große Konsolfries der ersten Hälfte des 19. Jahrhunderts erschien nur in Unterwassern (Abb. 12). Eine besondere Erwähnung verdient noch der dem Stilwandel weniger unterworfene Kielbogenfries. Im frühen 17. Jahrhundert, d.h. mit der kirchlichen Reform, setzte dieses gotische Motiv ein, um sich bis in die ersten Jahrzehnte des 18. Jahrhunderts zu halten. Erst als Fensterbekrönung in die Rillenfriese eingelassen, umspannten die Kielbögen in der Folge die Blockwände. Sie teilten sich mit andern Friesen in die Geschosse und schmückten vorzugsweise die Giebelzone. Stilverspätungen sind bei den Friesen sehr selten. Der Würfelkonsolfries hielt sich an wenigen Orten bis gegen Ende des 17. Jahrhunderts, der kleine Würfelfries unter dem Wolfszahn ausnahmsweise über die Wende zum 18. Jahrhundert hinaus. Varianten der geltenden Friese traten äußerst selten auf und fanden keine Nachfolge. In der Regel setzten sich die genannten Friese vielmehr rasch allerorts durch, so daß sie das sicherste Kriterium für eine Datierung darstellen, wo die Jahreszahl auf dem Dielbaum oder am Giebel fehlt. In den Friesen war die Wand Stilträger. Während der Blütezeit des Barocks wechselten die Friese in beschleunigtem Rhythmus, in der zweiten Hälfte des 18. Jahrhunderts erlahmte die zur Einheit zwingende Kraft des Barockstils, um den individuellen Wünschen von Regionen und Handwerkern stattzugeben.

Ein besonders wirkungsvolles Motiv der Hausarchitektur war der «Vorschutz», wie der Gommer das über den Mauersockel oder über ein Holzgeschoß vorkragende Holzwerk nennt. Meist zeichnet dieser die Stirnfassade aus. Bei den selteneren Auskragungen an der Traufseite klingt das im «Vorschutz» latent wirksame Erkermotiv jedoch deutlicher an. Der Raumgewinn konnte kaum Beweggrund sein, da der «Vorschutz» Raumverlust im Erdgeschoß bedeutete. Der dekorative Charakter tritt denn auch in all jenen Fällen rein hervor, wo die Blockwand in den obern Geschossen nicht einmal um eine ganze Balkenbreite vorgezogen wird. Das älteste datierte Gommer Haus mit «Vorschutz» auf Balken ist das Haus des Bannerherrn Hans Clausen aus dem Jahr 1501 in Mühlebach (Abb. 14); der älteste datierte «Vorschutz» auf Konsolen[17] findet sich am Haus Seiler aus dem Jahr 1530 in Wiler bei Blitzingen. Wenn auch in Niederernen am Haus Steffen (1533) erstmals datiert das in der Folge so beliebte Schmuckprogramm der Konsole – Wappen und Stäbe – erscheint, so hält sich

17 Bei dem auf das Jahr 1502 datierten Dielbaum im Selkinger «Präfektehüs» (Nr. 8), einem wohl 1603 erbauten Haus mit «Vorschutz» auf Konsolen, wird es sich um eine Spolie handeln.

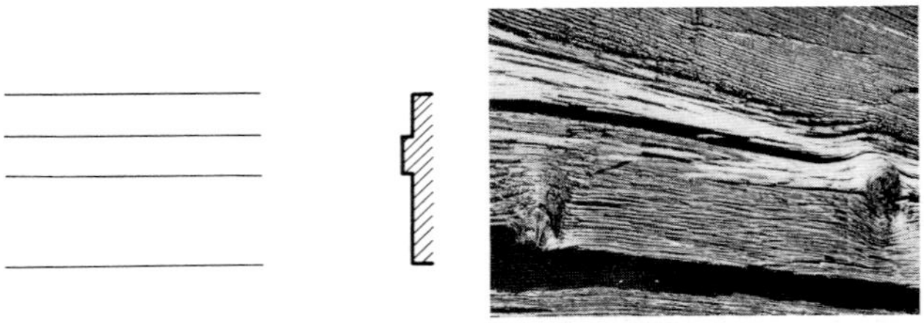

I
Glatter Kammfries
Wohl im 15. und selten noch
im 16. Jh. (Kammergeschoß).

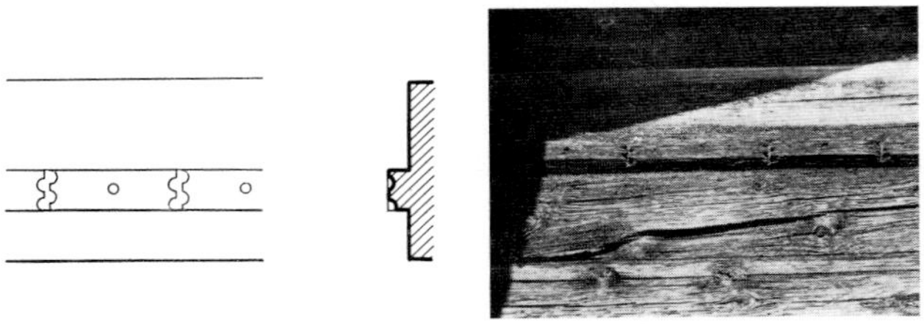

II
Gekerbter Rinnenfries
1. Drittel 16. Jh.

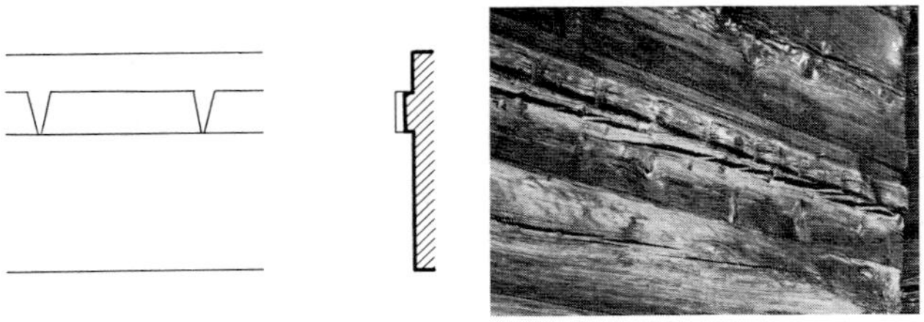

III
Trichter-Rinnenfries
1510–1540, besonders häufig
um 1530.

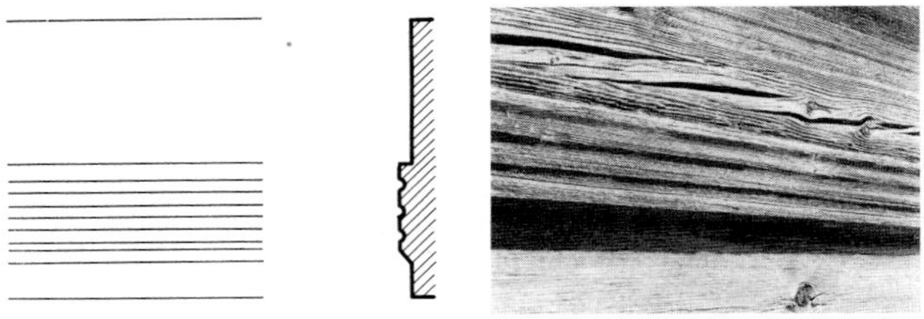

IV
Rillenfries
Um 1500 bis gegen 1630.

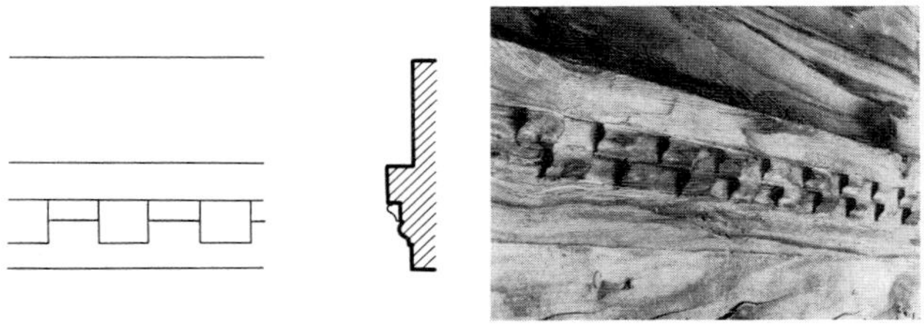

V
Konsölchenfries
2. Viertel 17. Jh.

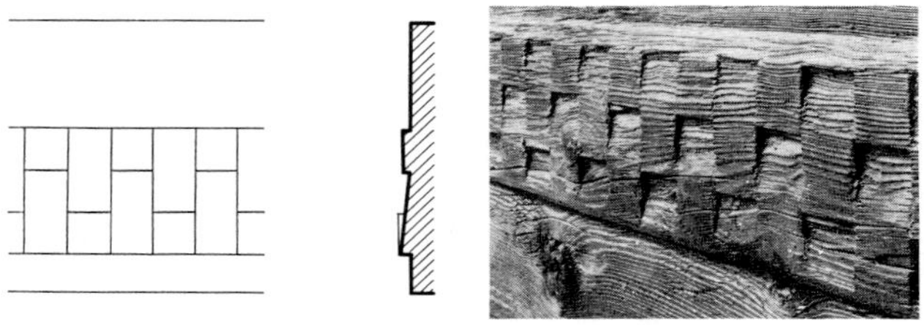

VI
Würfelfries
Mitte und 2. Hälfte 17. Jh.

Abb. 10, I–VI. Wandfriese. Ansicht und Schnitt, Detailaufnahme. – Text S. 16.

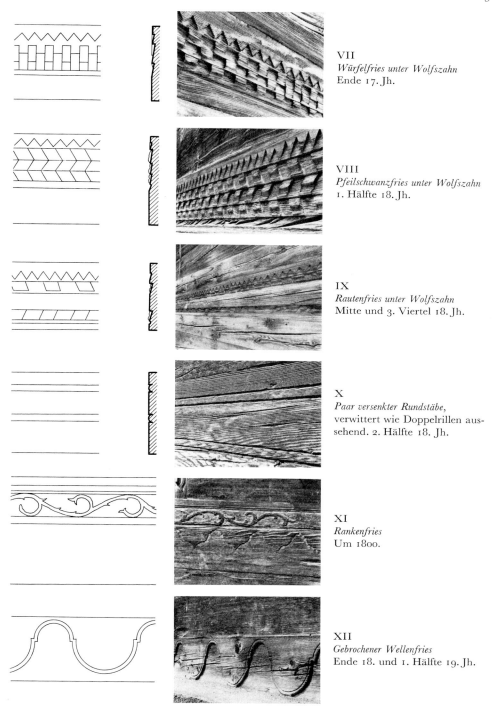

VII
Würfelfries unter Wolfszahn
Ende 17. Jh.

VIII
Pfeilschwanzfries unter Wolfszahn
1. Hälfte 18. Jh.

IX
Rautenfries unter Wolfszahn
Mitte und 3. Viertel 18. Jh.

X
Paar versenkter Rundstäbe,
verwittert wie Doppelrillen aus-
sehend. 2. Hälfte 18. Jh.

XI
Rankenfries
Um 1800.

XII
Gebrochener Wellenfries
Ende 18. und 1. Hälfte 19. Jh.

Abb. 10, VII–XII. Wandfriese. Ansicht und Schnitt, Detailaufnahme. – Text S. 16 und 17.

im Untergoms die elementare Form[18] des «Vorschutzes» auf Balken, zum Teil in rudimentärer Form, doch hartnäckig bis um die Mitte des 16. Jahrhunderts; noch 1581 wird Bannerherr und Meier Jost in Ernen diese urtümlichere Form wählen[19]. Im Obergoms tritt der «Vorschutz» auf Balken sonderbarerweise kein einziges Mal auf, während die wappenverzierte Konsole in der zweiten Hälfte des 16. Jahrhunderts nicht nur ausschließlich zum Zug kam, sondern mitunter in der Art, wie sie an undatierten Häusern Wappen und Stäbe verwendet, auch sehr altertümlich wirkt. Dieser Sachverhalt drängt zur Vermutung, das Motiv des «Vorschutzes» habe sich vom Untergoms her ausgebreitet, das Motiv der «Vorschutz»-Konsole (Abb. 15) dagegen vom Obergoms her[20]. Eine eigentümliche Wechselbeziehung besteht zwischen der Wandzier mit Friesen und dem «Vorschutz». Um 1530, als die gezierten «Vorschutz»-Konsolen einsetzten, traten kurz Varianten des alten Kammfrieses auf, um sogleich dem dann hundert Jahre herrschenden Rillenfries das Feld zu räumen. Die Periode des Rillenfrieses (etwa 1530–1630) fällt mit der klassischen Zeit des «Vorschutz»-Hauses zusammen. Es darf daher die im Goms mit Vorbehalt als Renaissance zu bezeichnende Zeit vor dem Barock den Typ des «Vorschutz»-Hauses in Anspruch nehmen, mochten vereinzelte «Vorschutz»-Häuser auch bis ins dritte Viertel des 18. Jahrhunderts entstehen. Wie das Jergen-Haus (1665) und das Imsand-Haus (1669/70) in Münster beweisen, sanken die Fluchten schmuckarmer Konsolen im Barock öfter zu einem untergeordneten Ziermotiv herab, das beim Volumen der mächtigen Häuser nur mehr leise mitzusprechen vermochte. Während im 16. Jahrhundert die Wandzier nach kurz einsetzendem Wandel erstarrte, entfaltete sich die Zierde am «Vorschutz» um so reicher. Die Konsolen (Abb. 13) unter den Balkenvorstößen weisen neben den rätselhaften Stäben oder Stabbündeln[21] meist Wappen auf, die, gegen Ende des 16. Jahrhunderts häufig in Hochrelief, später bloß eingeritzt, Hauszeichen(?), die Monogramme der Heiligen Familie, die Ziffern des Baujahres, die Initialen des Bauherrn und auch Wappenzeichen der Familien oder der Zenden zeigen können. Um die Mitte des 17. Jahrhunderts verloren sich sämtliche Ziermotive an der Konsolenstirn. Hatte der Balkenvorstoß früher der Konsole aufgeruht, so verschmolzen nun Balken und Konsole, weil der Konsolenzwickel in den Balken versetzt wurde. Als einzige Zier behielt der Balken an der Stirn das Roßkopfmotiv bei, das, im 16. Jahrhundert auf die Randbalken beschränkt, um die Jahrhundertwende langsam auch die Binnenbalken eroberte. Im 16. Jahrhundert hatte der Balkenvorstoß auf der Konsole Stilelemente wie die randgekerbte gotische Kehle oder, in seltenen Fällen, das Karnies aufgewiesen. Das 18. Jahrhundert hielt an der versetzten Roßkopfkonsole fest, begann aber in seltenen Fällen die Konsolenstirn mit eingeschnitzten neuen Motiven wie Akanthuspalmetten, Granatäpfeln u.a. zu schmücken. Verziert wurde auch der Fußbalken (Abb. 13) über den «Vorschutz»-Konsolen oder -Balken. In der zweiten Hälfte des 16. Jahrhunderts schmückten ihn

18 In Ernen am Haus Arthur Clausen (1552) nur auf Randbalken und am Haus Otto Heinen, Rosa und Klara Michel (1554) auf einem einzigen vorgezogenen Balken.

19 Am sogenannten Jost-Sigristen-Haus.

20 Auch die Tatsache, daß im Obergoms ein hölzernes Kammergeschoß unter «Vorschutz» beinahe zum festen Programm des Hauses im frühen 17. Jahrhundert gehörte, weist auf die Bedeutung der Konsole in diesem Raum hin.

21 BIRCHLER möchte den Stäben magischen Charakter zuschreiben (L. BIRCHLER [vgl. Anm. 14], S. 287/88).

Abb. 11 und 12. Im Viertelkreis endender Rillenfries, hier begleitet von Konsölchen («Tellehüs», Ernen, 1576). – Großer Konsolfries (Haus Hischier und Kämpfen, Unterwassern, 1832). Text S. 16 und 17.

zwischen den Balkenköpfen glatte oder häufiger gerillte Fasen, die seitlich in einer meist deutlich abgesetzten Spitze endeten. Um 1600 wurde diese gerillte Fase zu einem sehr aktiven Kielbogen geformt, was ein kräftiges Relief ergab. Doch schon im dritten Jahrzehnt des 17. Jahrhunderts beruhigte sich dieses Motiv zu jenen in flachem Relief doppelt geführten Kielbögen, die sich dann bis tief ins 18. Jahrhundert hinein an dieser Stelle hielten. Das 18. Jahrhundert wandelte gelegentlich bloß die Bekrönung der Kielbögen oder setzte an die Stelle der Bögen giebelförmige Spiralranken.

Die äußere Erscheinung des Holzwerks kann durch *Balkone* oder Lauben stark geprägt sein, die der Gommer «Díltini» (kleine Dielen) nennt. Das alte Gommer Haus kannte nur trauf- und ausnahmsweise rückseitige Lauben. Vorgezogene Balken bildeten die Träger, weshalb die Laube bei gestuftem Mauersockel nur im «Loibe»-Geschoß die ganze Traufseite säumen konnte, während sie sich im Wohngeschoß auf das Vorderhaus beschränken mußte. Lauben kommen denn auch im «Loibe»-Geschoß häufiger vor [22], worauf nicht nur die Bezeichnung «Loibe» hindeutet, sondern auch der im «Loibe»-Geschoß öfter verwendete Grundriß mit dem «getrennten Stubji» (S. 32), der beiläufig einen Quergang zur Balkontüre ausschied. Im Gegensatz zu den Traufseiten, wo das auf Eck-Laubenpfosten ausladende Vordach genügend Schirm bot, brauchte es an der Rückwand ein eigenes Pultdach auf vielteiligem Stützgestänge. In kräftigen Fuß- und Handlaufbalken vernutete, später oft zierkon-

22 Zu den traufseitigen Lauben des oberen Stockwerks in Graubünden vgl. SIMONETT I, S. 42, in Uri JOSEF MÜLLER (vgl. Anm. 4), S. 48/49.

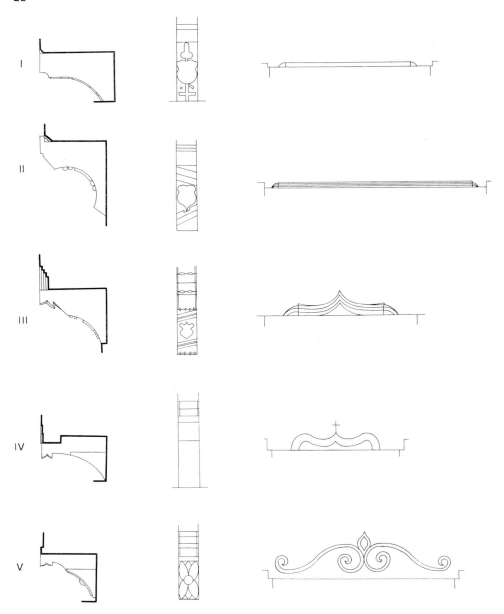

Abb. 13, *I–V*. «Vorschutz»-Zier. Links Längsschnitte durch «Vorschutz»-Konsolen und verzierte Fußbalken, in der Mitte Frontalansichten der Konsolen, rechts Ansichten der Fußbalkenzier zwischen den Konsolen. *I* 1585 (Haus Geschw. Walther, Selkingen). *II* 1583 (Haus des Meiers Johann Imoberdorf, Münster). *III* 1617 (Haus Konrad Carlen, Reckingen). Typ der Fußbalkenzier um 1600. *IV* Mitte 17. Jh. (Haus Cäsar Jentsch und Gottfried Hagen in Steinhaus). Typ der Fußbalkenzier 17. Jh. *V* 1715 (Kaplaneihaus, Münster). Seltene Fußbalkenzier nach 1700. – Text S. 20 und 21.

Abb. 14 und 15. «Vorschutz» auf Balken (Haus Heinrich Straumann, Mühlebach, 1501). – «Vorschutz» auf Konsolen (Haus Albert Kraft, Münster, Mitte[?] 16. Jh.). – Text S. 17–20.

turierte Bretter bildeten die Brüstung und zugleich ein spannungsreiches senkrechtes Formmotiv vor der waagrecht geschichteten Blockwand.

Am *Giebel* stehen häufig, auf beide Giebelhälften verteilt, die Ziffern des Baujahres, seltener die Initialen des Erbauers. Die an älteren Häusern üblichen Durchbrüche in der Form von Tatzenkreuzen in jeder Giebelhälfte werden oft irrtümlicherweise als «Heidechriz» bezeichnet. Die Firstbüge des frühen 16. Jahrhunderts waren in der Regel reich mit Rosetten und Stäben verziert. Am Fuße der Firstkonsole sitzt mitunter ein Wappen mit dem Haus- oder Wappenzeichen und den Initialen des Bauherrn oder mit den Ziffern des Baujahres; die Wappenfelder können jedoch auch leer sein. Die Form der Giebelpfettenkonsolen selbst steuert nur wenige Hinweise zur Datierung der Häuser bei. Am «Heidehüs» sind sie roh abgetreppt oder mit roßkopfähnlichen Enden versehen (Abb. 16); oft stehen sie wandartig vor, wobei der unterste Balkenvorstoß von eigentümlichen Tropfenmotiven gesäumt sein kann (Abb. 17). Von den «Konsolenwänden» an der Wende zur Neuzeit war bereits die Rede (S. 13). Im 16. Jahrhundert bildete sich dann die im Bogen vorkragende randgekerbte Roßkopfkonsole aus (Abb. 18), die im 17. und 18. Jahrhundert nur etwas weniger waagrecht auslädt. Erst das 19. Jahrhundert wird den Giebelkonsolen wiederum mehr Beachtung schenken. Neben historistischen Rückgriffen auf die Konsolenformen der «Heidehischer» entwickelte es die saftigen, wie Tulpenkelchhälften geschwungenen Konsolen (Abb. 19).

Das Mauerwerk. Allein schon die Tatsache, daß vereinzelte Häuser des obersten Goms geradezu ohne sichtbaren Mauersockel auskommen, beweist die untergeordnete Rolle des Mauerwerks. In der Regel besteht aber das Keller- bzw. Erdgeschoß aus Bruchsteinmauer in Pietra rasa, ausnahmsweise mit Fugenstrich, oder mit Kalkmörtel beworfen. (Das in unserem Jahrhundert bisweilen verwendete Sichtquaderwerk wirkt häßlich, weil es die horizontale Schichtung der Blockwand aufdringlich wiederholt.) An der Fassade tritt das Mauerwerk eigentlich nur in den wenigen Häusern des Untergoms mit gemauertem Saalgeschoß (Abb. 20) oder mit angebauter Mauerachse bestimmender hervor. Während beim steinernen Saalstockwerk nur die von der Blockwand in die oben offenen Mauernischen herabgesenkten, gekuppelten Fenster Holz und Stein malerisch verschränken, hebt dies Spiel besonders lebhaft in den Stirnfassaden der Häuser mit steinernen Seitenachsen an. Aus Gründen der Feuersicherheit wuchs der Anteil des Mauerwerks im Hinterhaus. Der Mauersockel ist in der Küchenecke oder im ganzen Hinterhaus bis auf Deckenhöhe des Wohngeschosses gestuft. Bei mehreren Wohnstockwerken kann das Mauerwerk auch diese umfassen; bis zum Giebel reicht es selten. Von der Mitte des 16. Jahrhunderts bis ins erste Viertel des 17. Jahrhunderts waren im linksufrigen Untergoms seitlich um etwa 1,50 m vorgezogene Mauerküchen (Abb. 21) beliebt, an die der Balkon des Vorderhauses anschließt; dann kehrte man wieder zum regelmäßigen Hinterhaus zurück. Mauerpartien über dem Sockel im Vorderhaus oder an der Stirnfassade sind, wie bereits erwähnt, fast ausnahmslos spätere Anbauten. Wie sich das Mauerwerk ganz allgemein am Haus bescheidet, so sind die Mauern auch wenig geschmückt. Gemalte Eckquadrierungen oder gar Fensterbekrönungen wie am Jost-Sigristen-Haus in Ernen sind eine Seltenheit. Etwas häufiger kommen tuffgerahmte Rundbogentüren im Kellergeschoß oder im gemauerten Hinterhaus vor. Die auf den Mauerpartien beruhende Wirkung einiger Untergommer Häuser überrascht bei einem Vergleich mit dem Häuserbestand der übrigen Gommer Dörfer dermaßen, daß man sich z. B. auf dem Dorfplatz von Ernen an das Engadin erinnert fühlt. Schuf sich das Dorfpatriziat hier im Hauptort des Untergoms bewußt «steinerne» Häuser? Noch fremder wirkt das mit Mauerwerk ganz ummantelte Blockhaus des Pfarrers Peter Carlen aus dem Jahre 1669 in Willern (Binn).

Proportionen der Häuser. Mit dem «Walliser Haus» wird meist etwas voreilig die Vorstellung an schmale Bauten mit einigen Wohnstockwerken verbunden. Das älteste Obergommer Haus war jedenfalls als Gebäudekomplex eher niedrig und langgestreckt (Abb. 22). Mit dem Mauersockel, einem Wohngeschoß und dem meist halbstöckigen «Loibe»-Geschoß erreichte die Schauseite zwar hochrechteckige Proportionen, welche durch die hoch unter das Tätschdach aufsteigenden Traufwände des «Wandhauses»[23] noch betont wurden. Demgegenüber stand aber die lange

23 Im Gegensatz zu den vom Dach beherrschten Stroh- und Walmdach-Haustypen spricht Brockmann-Jerosch beim alpinen Blockhaus von einem «Wandhaus» (H. Brockmann-Jerosch, Schweizer Bauernhaus, Bern 1933, S. 33).

24 Die «Heidehischer» des Obergoms mit den hinten angebauten Heuställen stellten einen unvollständigen Einhof im Dorf dar, der dann verkümmerte und vom ausgeprägten Streuhof abgelöst wurde (vgl. Weiss, S. 157). Zu einem kurzen späteren Auftreten einhofartiger Bauten um 1600 siehe S. 25–26.

25 Auch in den walserischen Gebieten von Graubünden treten übereinanderliegende Wohnungen spät auf (Simonett I, S. 162). Nach Weiss läßt sich anderseits Stockwerkeigentum im Wallis bis ins 12. Jahrhundert zurück nachweisen (Weiss, S. 303). Vgl. Josef Bielander, Das Stockwerkeigentum im Wallis und seine Überleitung in das neue Recht, Diss. Brig 1931, S. 19–29.

26 Es ist auch eigenartig, wie viele Ornamentmotive dieses wohl von einem fremden Zimmermeister erbaute Haus um ein halbes Jahrhundert vorwegnahm: neben dem genannten Zahnschnitt (S. 16) die in versenktem Relief flach gestuften Kielbögen am Fußbalken sowie die Roßköpfe an den Binnenkonsolen des «Vorschutzes».

Abb. 16–19.
Pfettenkonsolen.
Tropfen- oder rudimen-
täre Roßkopfmotive an
«Heidehischer» (oben).
Roßkopfkonsole.
16. bis 18. Jh. (links
unten).
Tulpenförmige Konsole.
19. Jh. (rechts unten).
Text S. 23.

Traufwand mit Vorder- und Hinterhaus, woran sich bei den ältesten Häusern in
gleicher Firsthöhe häufig noch der Heustall anschloß[24]. Der zurückhaltende Gommer
neigte nicht zum Stockwerkeigentum[25]. Wie das Binntal beweist, dessen Hänge zur
mehrstöckigen Bauweise einluden, errichteten in selteneren Fällen engste Verwandte
ein mehrstöckiges Wohnhaus. Auch das Untergoms zeigt nicht eine ausschließliche
Vorliebe für schmale, hohe Proportionen. Man denke nur an das stattliche «Tellehüs» in Ernen, dessen behäbige Breite an Häusertypen des Voralpengebietes erinnert. Beim Gommer Haus lassen sich in gewissem Sinn stiltypische Proportionen
unterscheiden. Nach dem öfters schmalbrüstigen, aber nicht sehr hohen «Heidehüs»
gibt es unter den Häusern mit Giebelbug im frühen 16. Jahrhundert etwas breiter
proportionierte Bauten. Das behäbige «Tellehüs» (1576) am Erner Dorfplatz leitete
die rund ein Jahrhundert dauernde Periode der breiteren namhaften Häuser ein[26].
Während Ernen dieser Tendenz durch meist nachträgliche steinerne Anbauten an
einer Traufseite entgegenkam und malerische Fassaden gestaltete (Abb. 24), entwickelte das Obergoms, wo um dieselbe Zeit bezeichnenderweise vereinzelte Wohn-

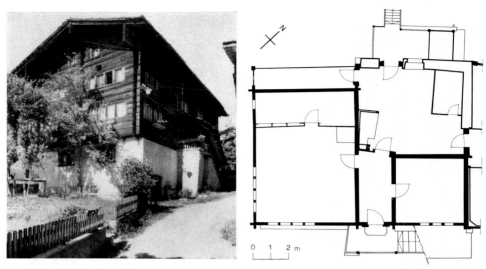

Abb. 20 und 21. Untergommer «Vorschutz»-Haus mit steinernem Saalgeschoß (Haus H. E. Riggenbach, Mühlebach, 1584). – Grundriß mit vorgezogener Mauerküche vom ersten Wohnstockwerk
dieses Hauses. – Text S. 28 und 24.

häuser mit ursprünglichen, seitlich angebauten Heuställen unter Schleppdach auftreten, am Anfang des 17. Jahrhunderts den Typ seines charakteristischen breiten
Renaissancehauses in Blockbau – ohne Zuhilfenahme des Steins (Abb. 25). Wie das
Motiv des Mittelgwätts an der Stirnfassade verrät, gingen die großen Münstiger
Wohnhäuser von Adrian Jergen, Nr. 49 (1665), und Peter Imsand, Nr. 50 (1669/70),
die im letzten Viertel des 17. Jahrhunderts den Erner Hausbau beeinflußten, von
jener Gruppe von Häusern aus, die wir als Typ des Obergommer Renaissancehauses bezeichnen. Am Jergen-Haus dominiert freilich wiederum[27] die hochrechteckige,
nun auch vom Manierismus geförderte Proportion, die fortan das Obergommer Haus
bestimmen sollte; Ernen verharrte unter dem Einfluß des Münstiger Imsand-Hauses
bis an das Jahrhundertende bei den breiten Proportionen. Sieht man vom Tätsch-
dachgiebel ab, sind die Proportionen des repräsentativen Obergommer Barockhau-
ses diejenigen eines imposanten hochrechteckigen Quaders (Abb. 23). Das längere
Intermezzo des breiteren Haustyps, der im obersten Goms während der ersten Hälfte
des 19. Jahrhunderts kurz noch ausgeprägter wiederkehrt (Abb. 26), beweist aber,
daß man sich den vom Blockbau aufgedrängten hohen und schmalen Proportionen
nicht einfachhin unterwarf.

INNERES. *Vertikale Gliederung.* Das gemauerte *Kellergeschoß* ist bei zahlreichen Häusern des Obergoms, besonders im ausgeprägten Blockbaugebiet des obersten Goms,
in die Erde versenkt, so daß man es über fallende Treppen erreicht. Häufiger steht
es aber als Mauersockel des Hauses je nach der Neigung des Geländes frei.

27 In Ulrichen herrschte wohl schon seit der Mitte des 16. Jahrhunderts ausschließlich der hohe
Haustyp mit zwei Wohnstockwerken und einem «Loibe»-Geschoß.

Abb. 22–25. Haustypen.

Obergommer «*Heidehüs*» mit
hinten angebautem Heustall
(Heinrich Imsand, Münster,
15. Jh.) (oben).
Obergommer Barockhaus
(Viktor Walther und Franz
Chastonay, Selkingen, 1718)
(Mitte links).
Text S. 24–26.

Untergommer Renaissancehaus
(Matlis-Schiner-Haus, Ernen,
1631) (Mitte rechts).
Obergommer Renaissancehaus
(Wwe. Josef Werlen, Geschinen,
1. Hälfte 17. Jh.) (unten).
Text S. 25 und 26.

Abb. 26.
Breites Unter-
wasserner Haus
(Geschw. Hischier
und Kämpfen, 1832).
Text S. 26.

Darüber folgt vor allem bei Häusern aus der ersten Hälfte des 17. Jahrhunderts öfters ein *Saal-* oder *Kammergeschoß;* nur der Untergommer spricht von «Sältini», der Obergommer von «Chammere». Im Obergoms, wo dies Geschoß zum Haustyp des frühen 17. Jahrhunderts gehört (Abb. 25), besteht es aus Holz. Im Untergoms liegt es in der Regel im erhöhten Mauersockel (Abb. 20), was den Häusern ein auffallend stattliches Aussehen verleiht[28]. Besitzt das Haus einen «Vorschutz», so setzt dieser immer erst über dem Saal- oder Kammergeschoß an. Die «Sältini» oder «Chammere» waren Abstell- und Werkstatträume wie die «Loibe» (s. unten)[29]. Dies wird es erklären, warum sich das Saal- oder Kammergeschoß nicht im ganzen Goms durchzusetzen vermochte. Der ganze Bellwalder Berg zum Beispiel kennt den Typ nicht. Im obersten Goms gibt es bei den versenkten Mauerkellern sehr oft ebenerdige Kammern ohne «Vorschutz».

Über dem Keller- oder Saalgeschoß folgten im älteren Gommer Haus ein einziges *Wohngeschoß* und ein «*Loibe*»*-Geschoß.* Unter «Loibe» versteht der Gommer das für Werkstätten, Schlaf- und Aufbewahrungsräume bestimmte Dachgeschoß, das öfters an der Traufseite nicht oder nur dürftig befenstert war, weil es zu sehr unter die Dachflanken hinaufstieg oder durch diese zu einem eigentlichen Kniestock abgeschrägt wurde. Als Schlaf- oder gar als Wohnräume hatten die «Loibe» nur bei Platzmangel im Wohngeschoß zu dienen. In der zweiten Hälfte des 17. Jahrhunderts ist eine Tendenz zu zwei vollen Wohngeschossen zu beobachten. Soweit sich das noch prüfen läßt, sind diese Häuser fast ausschließlich von einer einzigen Familie gebaut worden; an Stockwerkeigentum wurde daher nicht gedacht. Wo nicht die Hanglage einen bequemeren rück- oder traufseitigen Zugang zu den oberen Geschossen anbot wie etwa in Ried bei Bellwald, waren die Stockwerke in den Küchen durch Innen-

28 Die vereinzelten Saalgeschoßhäuser in Steinhaus und Mühlebach mögen den Herrenhäusern von Ernen nachgeeifert haben; anderseits weist das stattliche Kreig-Haus von Ernen (1677) wiederum kein eigentliches Saalgeschoß auf.

29 Sie entsprechen den bündnerischen Chaminadas (vgl. SIMONETT I, S. 84).

treppen miteinander verbunden. Seltener sind Kehrtreppen in der Mitte oder in einer Ecke des Hinterhauses anzutreffen. Bei den namhaften Erner Häusern der Jahrzehnte um 1600 steht das steinerne Treppenhaus mit Wendel- oder Wechseltreppe am Ende des Quergangs im Saalstockwerk, der als Vestibül diente. Durch Erbschaft oder Verkauf konnten dann die Stockwerke in verschiedene Hände gelangen, so daß man sich genötigt sah, die Innentreppen zu entfernen und außen jene Stiegen anzubringen, die heutzutage in unschönen Bretteranbauten verschwinden. Vereinzelte Stiegen an der Außenseite mögen original sein.

Der *Estrich*, das «Unnerdach», endlich war der nicht ausgebaute Raum im Giebel, den man über eine Treppe oder Leiter vom Hinterhaus her betrat.

Eine besondere Beachtung verdient hier noch das «*Firhüs*» des alten Gommer Hauses. Wie es die Überreste alter hölzerner Kaminbauten (S. 34–36) belegen, stand die Küche des Hinterhauses noch im 16. Jahrhundert bis zum Dach offen[30] – ein weiterer Beweis dafür, daß das alte Gommer Haus nur ein Wohngeschoß besaß; wo hätte denn die Küche des zweiten Wohnstockwerks liegen sollen! In der Küchenecke bzw. im ganzen Hinterhaus, wenn ein «Stubji» fehlte, fiel so die Gliederung in Geschosse weg. Zum «Stubji» und zum Vorderhaus des «Loibe»-Geschosses gelangte man aus dem «Firhüs» mittels Leitern oder Treppen über ein Podium.

Horizontale Gliederung. In allen Gommer Häusern scheidet über dem Mauersockel eine Quer-Blockwand das Vorderhaus – Stube und Kammer – vom Hinterhaus mit Küche und «Stubji», es sei denn, diese Raumdisposition sei quer zum Giebel nach einer der beiden Traufseiten hin orientiert, demzufolge die genannte Scheidewand samt ihrem Gwätt mitten in die Stirnfassade des Hauses zu stehen kommt.

Für das *Kellergeschoß* gab es keine feste Gliederung. Bei Hangbauten ist das Hinterhaus oft gar nicht unterkellert. Es können zwei Kellerräume der Achse des Hauses entlang oder quer zu ihr aufgereiht sein. Die Hälften sind öfters in weitere Räume unterteilt. Bisweilen diente ein Eckraum als Holzschopf, oder es wurden Kleinviehställe eingezimmert. Die Trennwände des Kellergeschosses sind in der Regel gemauert, seltener sind es Block- oder Fachwerkwände. In die Keller hinunter stieg man auch aus dem Quergang im Hinterhaus, oder die Kellerräume waren nur mittels «Fellpalgge» (Felladen) in Küche oder Kammer bzw. nur von einem andern Keller her erreichbar. Besondere Beachtung verdient die Gliederung des Kellergeschosses in einigen wenigen, eher stattlichen Häusern des 17. Jahrhunderts (Abb. 27 a); der Typ dürfte jedoch noch ins 16. Jahrhundert zurückreichen. Hier lädt ein oft tuffgerahmtes oder rundbogiges Portal in der Kellerzone der Stirnfassade ein, worauf der Hausgang mitten zwischen den Kellern hindurch ins Hinterhaus führt. Dort stieg man über Kehrtreppen in das erste Wohngeschoß und in ähnlichen Treppenanlagen weiter in die höheren Stockwerke empor. Es versteht sich, daß in diesen Fällen die Keller von innen, d. h. vom Mittelgang aus, zu betreten waren, während sie sonst in der Regel je eine Außentür besitzen. In späteren Herrschaftshäusern wird der einfahrtähnliche Kellergang auch etwa an eine Traufwand verlegt.

Im *Saalgeschoß* ist meist schon die Teilung in Vorder- und Hinterhaus vollzogen, auch wenn es in Stein gebaut ist. Im Vorderhaus liegen dann öfters zwei gleich große

---

30 Die «Firhischer» blieben in recht vielen alten Häusern bis in die ersten Jahrzehnte unseres Jahrhunderts erhalten.

Räume, die vom Hinterhaus her, seltener von einem Quergang aus, betreten werden
können. Letzteres ist bei den namhaften Erner Häusern der Jahrzehnte um 1600 der
Fall, wo sich das Eingangsportal des Hauses in den Quergang als Vestibül zur Treppe
am andern Ende des Ganges öffnet (Abb. 27b). Bei den Geschiner Häusern mit
Kammergeschoß besitzen die Kammern auch Außentüren an der Stirnfassade, die
auf einen Balkon führen. Steht das Haus am Hang, was ja häufig der Fall ist, so
dringen die Räume des Hinterhauses meistens wiederum in die Erde ein. Es sind
dann sehr oft noch richtige Keller, was den Übergangscharakter des Saal- oder
Kammergeschosses aufzeigt.

Mit der Trennung in Vorder- und Hinterhaus über dem Kellersockel, sicher über
dem Saal- oder Kammerstockwerk, war auch bereits der älteste Grundriß der
Wohngeschosse (Abb. 28) gegeben, der demjenigen der Maiensäßhäuser entsprach:
Wohnstube und Küche. Alle bis 1700 entstandenen Häuser von Schmidigenhäusern
und vom Dorf Imfeld, dessen Häuser größtenteils nach dem Brand von 1598 wieder
aufgebaut wurden, waren ursprünglich «zweiräumig» (Abb. 28 A), wie wir diesen
Typ nennen. Wegen des beschränkten Raumes war es der bevorzugte Grundriß für
Wohnungen in Doppelhäusern (Abb. 28 B) [31]. *Kammern* [32] an einer der Traufseiten
des Vorderhauses kannte schon das «Heidehüs», das die Binnenwand oft nur mittels einzelner Gwättköpfe in der Außenwand festigte. Aber das Bedürfnis danach
war nicht allgemein. Bei großen Stuben hatte man nun die Möglichkeit, durch Ein-
ziehen einer «Stutzwand» eine Kammer auszuscheiden. Die recht verbreitete Me-
thode, beim Bau des Hauses für die Scheidewand zwischen Stube und Kammer in
die Blockwand Kopf- und Fußnutbalken einzuzimmern, in die man hernach die
Bretter der «Stutzwand» einschieben konnte – es gibt auch mit der Blockwand nicht
verbundene Fußnutbalken –, spricht dafür, daß man die Kammer nicht als additive
Zutat, sondern als von der Stube abgezweigten Raum empfand. Da es sich im Goms
um einen späten Entwicklungsprozeß handelt, sehen wir darin nicht einen zwingen-
den Beweis gegen die Theorie von CHRISTOPH SIMONETT und andern, daß Feuer-,
Schlaf- und Wohnhaus einst isoliert bestanden und sich erst im Laufe der Entwick-

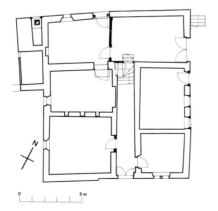
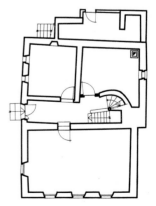

Abb. 27a und b. Grundrisse von Erdgeschossen (Mauersockel). Mit Mittelgang (Haus Ernst Imhof
und Johann Imhasly, Lax, 1698–1701). – Mit Quergang durch Saalstockwerk zum Treppenhaus
(Haus des Landeshauptmanns Matthäus Schiner, Ernen, 1603). – Text S. 23, 24 und 29.

lung zum Raumkomplex zusammengefunden hätten[33]. Die Beobachtung mahnt aber zur Vorsicht. Spätere Anbauten von Kammerachsen, wie dies z. B. in Bellwald beinahe die Regel ist, beweisen nicht die genannte Theorie, sondern waren beim Ausbau allzu kleiner Häuser in der Art der Maiensäßwohnungen notwendig. Im 18. Jahrhundert gehört dann die durch gewättete Zwischenwand abgetrennte Kammer mehr und mehr zum festen Raumprogramm. Wir nennen diesen Typ «dreiräumig mit Kammer» (Abb. 28 E). Die Kammer war von der Stube, seltener auch von der Küche her zugänglich. Ähnlich wie mit der Kammer verhält es sich mit dem «Stubji» im Hinterhaus, nur ist bei ihm der Prozeß der Raumdivision noch augenfälliger. Da sich das Hinterhaus, abgesehen von den vorstehenden Küchen (S. 24), in seiner Breite dem Vorderhaus anpaßte[34], schied hier die Möglichkeit des additiven Anbaus von vornherein aus; wir kennen denn auch keine später angebauten «Stubjini». Die Möglichkeit, daß sich dieser Nebenwohn- und -schlafraum aus dem Holzschopf oder Vorratsraum («Späntz») im Hinterhaus heraus entwickelte, ist nicht ganz von der Hand zu weisen. In der Folge gibt es zwei Typen von «Stubjini», die teilweise durch die Lage des Hauseingangs bedingt sind: das «getrennte Stubji» (Abb. 28 D) und das «verbundene Stubji» (Abb. 28 C). Saß die Eingangstür an der Traufseite unmittelbar hinter der Scheidewand von Vorder- und Hinterhaus – ihr entsprach oft an der gegenüberliegenden Traufseite an gleicher Stelle eine Tür, die zu den Nutzbauten führte –, so schied der Hausgang das von der Stube «getrennte Stubji» aus; dieses öffnete sich entweder auf den Hausgang oder auf die Küche. Von einer Traufseite zur andern geführte originale Quergänge sind äußerst selten[35]. Im «Loibe»-Geschoß bzw. in den oberen Wohnstockwerken diente der Gang zwischen Stube und «Stubji» ursprünglich als Zugang zum Balkon. Das «getrennte Stubji» erscheint um 1500 bereits voll ausgebildet und erfreute sich im 16. Jahrhundert vor allem im linksufrigen Untergoms größter Beliebtheit, um dann mehr und mehr vom «verbundenen» verdrängt zu werden. Das mit der Stube «verbundene Stubji» ergab sich vor allem dann, wenn die Haustür mitten in der Rückwand des Hauses saß, was sich bei sanfter Hanglage für das Hauptgeschoß aufdrängte. Die Innenwand des «Stubji» bildete zugleich die eine Wand des Hausgangs zur Stubentür hin. Beim älteren Gommer Haus trat man zwar unmittelbar in die Küche; die küchenseitigen Wände der Hausgänge sind ausnahmslos spätere Zutat und daher «Stutzwände». Das «verbundene Stubji» weist immer eine Tür zur Küche hin auf, häufig ist es auch mit der Stube durch eine Tür verbunden. Wie bereits erwähnt, setzte sich das «verbundene Stubji» in der Folge immer mehr durch. Wenn der ganze Bellwalder Berg im rechtsufrigen Untergoms fast nur den Typ des «verbundenen» kennt, möchte man darin einen Hinweis auf das geringere Alter der Siedlungen dieser Region erblicken. Wir haben bisher den Zusammenhang zwischen der Lage des

---

31 SIMONETT spricht von den «germanischen» Doppelhäusern der Walser (SIMONETT I, S. 193).

32 Diese Kammern waren im Goms nie «Nebenstuben», wie sie SIMONETT für Graubünden anführt (SIMONETT I, S. 235/36); es sei denn, das Vorderhaus wurde in zwei fast gleich große Stuben unterteilt.

33 Vgl. SIMONETT I, S. 190/91, 223, und WEISS, S. 157.

34 HUNZIKER spricht von einer Überlieferung, nach der zuerst das Vorder- und dann erst das Hinterhaus hochgeführt wurde (HUNZIKER, S. 210).

35 Im Saalstockwerk sind sie etwas häufiger. Nach den Untersuchungen von SIMONETT in Graubünden stellt der Quergang beinahe ein Charakteristikum für Walser Bauweise dar (SIMONETT I, S. 193). Auch im alten Urner Haus war er üblich (JOSEF MÜLLER [vgl. Anm. 4]).

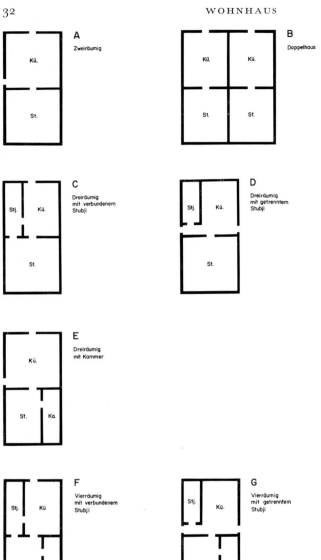

Abb. 28 *A–H*.
Schematische Grundrisse
der Wohnstockwerke.
Kü. = Küche,
St. = Stube,
Stj. = Stubji,
Ka. = Kammer.
Text S. 30–33.

Eingangs und dem Typ des «Stubji» vielleicht allzu stark betont. Allein schon die
Tatsache, daß es Küchen gibt mit einem Eingang an der Traufseite und an der Rückwand oder seitliche Eingänge, die unmittelbar in die Küche führen, lockert die
funktionale Abhängigkeit zwischen Eingang bzw. Hausgang und «Stubji». Grundrisse mit Kammer und «Stubji» nennen wir «vierräumig mit getrenntem Stubji»
(Abb. 28 G) oder «vierräumig mit verbundenem Stubji» (Abb. 28 F). Da das «Stubji»
älter als die Kammer sein dürfte, gibt es selbstverständlich auch dreiräumige Grundrisse mit einem «Stubji» (C und D). Das sind die gängigen Grundrißtypen des
Gommer Hauses. Daneben gibt es noch einen etwas aufwendigeren fünfräumigen
Grundriß von «Herrenhäusern» (Abb. 28 H), der sich sozusagen auf Ernen und
Münster beschränkt. Diese stattlichen Häuser besitzen im Vorderhaus zwei fast
gleich große Stuben (mit beschrifteten Dielbäumen), getrennt durch eine Kammer;
das Hinterhaus zeigt, abgesehen von einem möglichen Treppeneinbau, eine der übli-
chen Einteilungen, nur in größeren Ausmaßen. Die beiden Stuben sind durch die
Kammer hindurch miteinander verbunden und öffnen sich zum Hinterhaus hin.
Da das Jost-Sigristen-Haus in Ernen diesen Grundriß erst durch den Anbau aus dem
Jahre 1601 erhielt, das Kreig-Haus (1677) in Ernen sowie das Jergen-Haus (1656)
und das Imsand-Haus (1669/70) in Münster ihn aber von Anfang an verwirklichten,
darf man darin einen Typ des 17. Jahrhunderts erblicken. Besaß ein Haus ein zweites
Wohnstockwerk, so wies dies in der Regel den gleichen Grundriß auf. Es konnte etwa
die Kammer fehlen bzw. hinzukommen oder das «getrennte Stubji» an die Stelle
des «verbundenen» treten. Wie das «Loibe»-Geschoß erreichte man ursprünglich
auch das zweite Wohnstockwerk meist nur über eine Innentreppe, die einer der vier
Küchenwände entlang hochging. In zwei Häusern des Bellwalder Bergs führte die
Treppe in einem als Schrank getarnten Treppenhaus aus der Stube oder Kammer in
die «Loibe». Außentreppen in gedeckten Vorlauben sind selten.

Das «*Loibe*»-*Geschoß* besitzt, wenn es nicht von den Dachflanken beschnitten wird,
eine sehr ähnliche Einteilung wie die Wohngeschosse, nur sind meistens die beiden
Räume des Vorderhauses gleichmäßig, d.h. unter dem First, geteilt. Rückten die
«Loibe» hoch in den Giebel hinauf, so mußte die Gliederung der Wohngeschosse
preisgegeben werden. In diesen Fällen steht das Hinterhaus ungegliedert bis zum
Dach offen, während im Vorderhaus zwei kleinere Räume ausgeschieden sind. Die
seitlichen Schrägräume an den Traufseiten des Hauses wurden als Estriche benutzt,
wie diese Giebel-«Loibe» überhaupt eher den Charakter von Estrichen hatten. Zu
den Merkmalen der ursprünglichen «Loibe»-Geschosse gehört das Fehlen eines
eigenen Bretterbodens. Hier bildeten die Deckenbretter des Wohngeschosses auch
zugleich den Boden der «Loibe». So blieb der Dielbaum des darunter liegenden
Wohngeschosses frei und jene Stelle, wo zum Einschieben der Deckenbretter die
obere Wandung der Dielbaumnut fehlte, immer offen (Abb. 29). Das war dienlich,
wenn es galt, Deckenbretter auszuwechseln oder enger zusammenzutreiben.

Den *Estrich* des Gommer Hauses nennt man mit Recht «Unnerdach», bildet doch
die nahe Bretterlage der ganzen Dachhaube auch zugleich seine Decke, d.h. man
schied in der Regel gar keinen Raum mehr aus oder höchstens mit «Stutzwänden».
Vom eigentümlichen gestrickten Estricheinbau des frühen 16. Jahrhunderts war oben
die Rede (S. 13).

Schließlich ist noch das recht häufige *Withüs* zu erwähnen, ein der Eingangstür an der Rückfront vorgelagerter Raum aus Block- oder «Stutzwand», der, vielleicht als Übergangsraum zu den dahinter liegenden Nutzbauten entstanden – man denke an den Typ des alten Obergommer Hauses –, sich verselbständigte und heute willkommen die Außentreppen birgt. Gegen die genannte Entstehungshypothese spricht allerdings das späte, erst um die Mitte des 18. Jahrhunderts einsetzende Auftreten originaler «Withischer» an barocken Häusern [36]. Die meisten «Withischer» sind spätere Zutat, was bei der Holzkonstruktion leicht festzustellen ist. Häuser am Hang schieben hinter dem zweiten Wohnstockwerk mitunter ein «Withüs» ein, um die Brücke zum Hang zu schlagen. Das «Withüs» war zugleich Holzschopf, Aufbewahrungsort häufig gebrauchter Gegenstände und Windschutz; in Imfeld hat es auch Schutz vor dem Luftdruck der Lawinen zu bieten.

Charakter und Ausstattung der Räume. Die Küche des alten Gommer Hauses war, wie erwähnt, bis zur Decke offen. War es ein Hinterhaus ohne «Stubji», muß man sich einen weiten leeren Raum vorstellen, andernfalls einen eigentümlichen Raumschacht, den einzig ein kleines Podium vor dem «Stubji» und Vorderhaus des «Loibe»-Geschosses gliederte. Die russige und auch kalte Küche mit Erd- oder Plattenfliesboden diente meist wohl nur als Kochraum, worauf auch der spätere Typ des Stubenbüfetts hinzuweisen scheint (S. 42).

Entscheidende Bedeutung kam den *Kaminanlagen* zu. Ursprünglich entwich der Rauch zwischen Giebel und Dach sowie durch die undichten Stellen im Dach. Schon im jüngeren «Heidehüs» wohl aus der zweiten Hälfte des 15. Jahrhunderts begann man eine hölzerne Kaminanlage einzubauen. Reste dieser Kamine wie etwa ein Balkenkopfschlot (Abb. 31) oder Fragmente des Rauchfangs finden sich noch in vielen Häusern. Die letzte ganz intakte Anlage dieser Art ist 1973 im Haus Markus Carlen, Ernen, herausgerissen worden (Abb. 32). Bei diesem Kamintyp läuft ein kräftiger Balken in Deckenhöhe des «Loibe»-Geschosses über dem offenen Küchenraum längs nach hinten, um die Hausrückwand zu durchdringen. Etwa einen halben Meter vor der Wand bis zum Ende des Vorstoßes ist der Balken unterkehlt. In seinen Wangen sind schräg spitzwinklige Nuten eingetieft. Entsprechende Nuten sitzen etwas tiefer in der Traufwand des Hauses und, gegen die Hausmitte zu, in der Wand des «Stubji», sofern ein solches vorhanden war. Hier wurden nun Bretter zu zwei Flanken zusammengeschoben. So entstand ein satteldachförmiger Rauchfang mit Abzug durch das unterkehlte Balkenende (Balkenkopfschlot). Bei schmalen Häuschen mit durchgehender Küche übernahm ein Balken in der Firstlinie diese Rolle, während die Flankenbretter beidseits in den Traufwänden eingelassen waren. Im frühen 17. Jahrhundert zog man mit Vorliebe einen mächtigen Balken als «Rauchfangfirst» unmittelbar unter dem Hausfirst ein, oder man ersetzte eine Zwischenpfette durch den Kaminbaum. Die Ähnlichkeit der «Balkenkopfkamine» mit Rauchabzügen in alten Tessiner Häusern ist augenfällig [37]. Wurde hier ein südlicher Küchentyp geschickt in Holz übersetzt, oder haben im Gebiete des Holzbaus die

36 Der Ausdruck «Withüs» ist uns das erste Mal in einem Dokument von Fiesch aus dem Jahre 1801 begegnet (AGVO, O 361 b). Das rückseitige «Withüs» mit dem bündnerischen dreiraumtiefen Grundriß in Verbindung zu bringen, dessen hinterster Raum ein eigentlicher Vorratsraum war, geht wohl nicht an (SIMONETT I, S. 141).   37 Vgl. WEISS, S. 115.

Abb. 29 und 30. Dielbäume (Ausschnitte Jergen-Haus, Münster). Im Boden der «Loiba». Nuten zum Einschieben der Deckenbretter sichtbar. – In der Decke der Wohnstube. – Text S. 33 und 36–38.

gleichen Bedürfnisse nach ähnlichen Lösungen gerufen? Im dritten Jahrzehnt des 17. Jahrhunderts ging man zu angebauten Mauerkaminen oder «Härdsteck» über[38]. Es sind dies Mauerschächte an der hölzernen Trauf- oder Rückwand des Hinterhauses, die in recht komplizierter Anlage die Herdnischen und Schlote der Wohnstockwerke bergen (Abb. 33 und 34). Mittels Pflöcken, die man in die Blockwand trieb, sicherte man die Haftung der Mauer am Holz. Wenn sich die «Härdsteck» oder «Firgrüebe» zu den bekrönenden Kaminaufbauten abgetreppt verjüngen, gleichen sie Mauerkaminen des Tessins. Überreste dieser Anlagen finden sich häufiger im ausgeprägteren Blockbaugebiet des Obergoms bzw. des obersten Goms, während im Untergoms bloß Mühlebach (noch) zwei Beispiele aufweist. Die Beobachtung, daß an Häusern mit Balkenkopfkamin-Anlagen in der Folge Mauerkamine erstellt wurden, läßt auf feuerpolizeiliche Verordnungen[39] der Dörfer schließen, die darauf abzielten, die hölzernen Kaminhauben außer Gebrauch zu setzen. «Härdsteck» waren im frühen 18. Jahrhundert noch weit verbreitet. Indessen erscheint der Typ des gemauerten Binnenkamins an der Trennwand zwischen Vorder- und Hinterhaus als einzige Kaminanlage wohl schon 1656 voll ausgebildet im Jergen-Haus zu Münster. Die Entwicklung des gemauerten Binnenkamins, der nun Stubenheizung und Küchenherd miteinander vereinte, wird so rasch eingesetzt haben, weil der «Härdstock» als Herd- und Rauchabzuganlage außerhalb der Hauswände dem Problem der Stubenheizung keine Rechnung trug. Der neue Kamintyp ließ nun die großen gemauerten Kaminhauben über den steinernen Feuerstellen entstehen, die erst in der

38 Das verhältnismäßig frühe Auftreten der Steinkamine im Wallis bringt WEISS mit der geschlossenen Bauweise der Dörfer und der Berührung mit dem südlichen Steinbau in Verbindung (WEISS, S. 116, 118).

39 Feuerverordnung von Niederwald aus dem Jahr 1768: «Wäre sehr rathsam, und nützlich, daß die holtzene kamin/: Wo deren anzuo treffen/abgeschlissen, und anstatt deren kriden gemacht würden» (PfA Niederwald, D 56). Die Feuerverordnung war erlassen worden, nachdem es binnen 14 Tagen an fünf Orten gebrannt hatte.

Abb. 31 und 32. «Balkenkopfkamin»
(Haus Adolf Guntern, Mühlebach).
Kamintyp 15. Jh. bis um 1630 (oben).
«Balkenkopfkamin»-Anlage:
links Querschnitt, rechts Längsschnitt.
(Letzte intakte Anlage des Goms
im Haus Markus Carlen, Ernen;
1973 zerstört.) – Text S. 34.

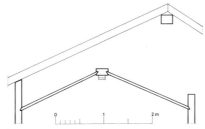

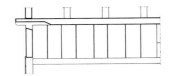

zweiten Hälfte des 19. und in unserem Jahrhundert dem Eisenofen und der Kombination mit den elektrischen Rechauds wichen. Die Haube war von Holzbalken gerahmt und ruhte häufig dielbaumartigen Balken auf. Im «Loibe»-Geschoß verjüngte sich der Kamin pyramidenartig, um in den durchs Dach stoßenden rechteckigen Mauerschlot überzugehen.

Vom Küchenmobiliar erwähnen wir einzig das zweiteilige *Büfett* mit Türachsen und einzelnen Schubladenzonen in der Kredenz, einer Abstellnische in der Breite des ganzen Möbelstücks und einem Aufsatz mit Türachsen. Während reichere Ausführungen des Typs auf die Stube als Standort weisen, gehörte das Möbelstück wohl vor allem dann in die Küche, wenn sein Aufsatz zusätzlich oder ausschließlich offene (Zinn-)Tellerregale enthielt.

Die *Stube* war beim zweiräumigen Haustyp sowohl Wohn- als auch Schlafraum. Dann wurden Räumlichkeiten wie das «*Stubji*» im Hinterhaus und vor allem die *Kammer* als Schlafräume ausgeschieden, wobei die Stube je nach Bedarf ihre Funktion als Schlafraum weiterhin beibehielt. Alle drei Räume unterscheiden sich denn auch nur in den Proportionen. Die weite, reich belichtete Stube war querrechteckig oder quadratisch, das kleinere «Stubji» als «verbundenes» meist länglich, als «getrenntes» eher quadratisch, die Kammer ein schmaler Längsraum. In der Beschaffenheit von Wänden und Decke glichen sie sich wiederum. Die entscheidende Wirkung ging von der *Decke* aus (Abb. 30). In schweren Dielbäumen oder Binden, wie man die Nutbalken nennt, ruhten die breiten, meist lärchenen Bretter. Die klare Erscheinung der Konstruktion war an dieser Decke ebenso wirkungsvoll wie der Kontrast ihrer

---

40 Hier tritt mitunter eingeritzt auch die offene Hand auf, der SIMONETT apotropäische Bedeutung zuschreibt (SIMONETT II, S. 196).

Elemente: der plastische Dielbaum gegenüber den quer dazu versetzten breiten Brettern. Bei kleiner Hausbreite verlief der Dielbaum häufig quer zur Hausachse mitten durch das Vorderhaus und bezog so die Kammer mit ein. Größere Häuser weisen bisweilen zwei solche Querbäume auf, öfters aber zwei längs streichende Dielbäume. Im «Stubji» waren längs und quer gerichtete Dielbäume gleicherweise üblich. Die Dielbäume der Stube sind nach 1500 in der Regel verziert. Das volle Programm umfaßt ein Wappen, die Monogramme der Heiligen Familie, eine historische Inschrift, die vom Erbauer berichtet und das Baujahr festhält, und einen religiösen oder weisen Spruch[40]. Neben Zierrillen beidseits der Inschrift kann der Dielbaum auch gerade oder schräge Konsölchenfriese an den Wangen aufweisen. Der Dielbaum des «Stubji» wiederholt meist nur das Baudatum; es gibt aber auch hier reichere Inschriften. Wenn sich der Spruch des Dielbaums von der Stube her nicht über die Kammer hinzieht, geht diese leer aus. Verschiedenerorts, besonders aber im Binntal, war die Sitte verbreitet, auch einzelne Deckenbretter zu beschriften. Die Jahreszahl auf den Dielbäumen ist mit Vorsicht als Baujahr des Hauses zu betrachten. Oft genug entsprechen die Daten nicht den Friesen der Blockwand, worauf dann außen in die Wand gerammte Holzfüllsel über den Dielbaumvorstößen bestätigen, daß man den Dielbaum später eingefügt oder ausgewechselt hat. Wie alt mag im Goms die Konstruktion mit den Nutbalken sein? Sie wird mit dem Aufkommen der Spaltsäge zusammenhängen, da es vorher umständlich gewesen wäre, für das Vernuten geeignete Bretter von genügendem Ausmaß bereitzustellen. Es gibt im Goms etwa im Fußboden von einem «Heidehüs» oder in einer Hinterhausdecke noch

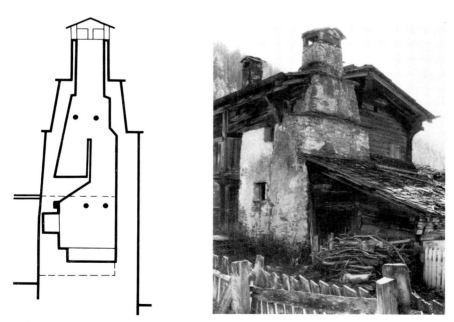

Abb. 33 und 34. Mauerkamin. Querschnitt vom abgebildeten Kamin. – Mauerkamin von 1620 (Haus Lukas Kreuzer, Unterwassern). Eine der frühesten Anlagen und schönste des Goms, 1973/74 zerstört. – Text S. 35.

Reste der älteren Technik, bei der man Balken von etwa 12 cm Dicke mit dem Beil zurechtschnitt und dann durch Holzdübel in den Schmalseiten untereinander verfestigte, um sie auf diese Weise gegenseitig abzustützen – eine Aufgabe, die in der Folge der Dielbaum allein übernahm. Von einigen wenigen noch erhaltenen Beispielen her wissen wir, daß die Bretterfelder beidseits des Dielbaums im 17. wie im 18. Jahrhundert auch etwa verkleidet wurden. So zeigt ein Haus von Niederernen eine Kassettendecke aus der zweiten Hälfte des 17. Jahrhunderts, deren geohrte Füllungen in profilierten Rahmen aus verschiedenen Holzarten stehen. Eine Stube des Jost-Sigristen-Hauses in Ernen entwickelt auf bemalten Kassetten von 1772 ein reiches Bildprogramm. In einem Haus von Fiesch umspannt ein zierkonturiertes Medaillon in spätem Régencestil die ganze Stubendecke über den Dielbaum hinweg. Die *Wände* konnten roh belassen oder mit Täfer ausgekleidet sein. Zur Anwendung kam zumindest später ein gestemmtes Täfer, d.h. ein Täfer mit ineinander versetzten Brettern. Im 17. Jahrhundert und in der ersten Hälfte des 18. Jahrhunderts deckte eine Profilleiste die vertikale Nutstelle. Dann kamen Füllungen mit ziergeschweiften Giebelabschlüssen auf, die dem Régencestil verpflichtet blieben. Unter dem Einfluß des Klassizismus verschwanden diese Giebel, worauf bis ins 20. Jahrhundert hinein nüchterne Rechteckfelder in Übung blieben.

Zum festen Mobiliarbestand der Stube gehörten ein Stubenofen, ein Wandbüfett, etwa eine Truhe, der Stubentisch und später(?) ein Hauskruzifix.

Der *Giltsteinofen*[41] (Giltstein = Lavez- oder Speckstein) hatte seinen Platz links oder rechts von der Stubentür auf der Seite der Kammer. Da konnte er von der Küchenecke her noch befeuert werden und reichte mit einem kleinen Abschnitt oder zumindest mit der Wange in die Kammer hinüber, um auch diese zu heizen. Der Ofen wurde in der Regel erst eingebaut, wenn man im Zuge der zweiten Etappe der Bauarbeiten das Hinterhaus in Mauerwerk an die schon im Vorjahr aufgeschlagenen Blockwände anfügte; daher sind die Öfen häufig um ein Jahr später datiert als die Dielbäume. Der ältere Typ, ein eingeschossiger Würfel[42] auf geschlossenem hölzernem Fußsockel, wirkt, eher zurückhaltend dekoriert, durch seine kubische Geschlossenheit (Abb. 35). Solche Würfel boten an langen Winterabenden eine bequeme Sitzgelegenheit. Um die Mitte des 17. Jahrhunderts setzte sich im Untergoms der vereinzelt schon zu Beginn des Jahrhunderts auftretende zweigeschossige Ofen durch, der nun in der Regel frei auf profilierten Füßen aus Giltstein stand (Abb. 38). Er ist meist quaderförmig. Das obere Geschoß ist im untern eingelassen und daher um die Breite einer kleinen Fase oder eines karniesförmigen Profils verjüngt. Das Obergoms kannte den zweigeschossigen Ofen auch, hielt daneben aber zäh am alten Typ fest, wobei es den Würfel reicher verzierte und ebenfalls auf profilierte Giltsteinfüße stellte. Das 19. Jahrhundert schuf dann häufig dreistöckige Öfen. *Zierde* des Ofens ist die Abschluß- oder Deckplatte, deren Profile sich im Lauf der Zeit, ohne

---

41 Hinweise auf nun zum Teil verschwundene Öfen in A. STÜCKELBERG, Die Entstehung der Lavez-und Specksteinöfen, ASA [N.F.] XXV (1923), 1. Heft, S. 55–57. Den Giltstein nannte man früher auch Topfstein (Hauskalender fürs Stadt- und Landvolk [vgl. Anm. 8], S. 47). Zur Technik des Ofenbaus vgl. MARCUS SEEBERGER, Der Giltsteinofenmacher, Schweizerische Gesellschaft für Volkskunde, Abteilung Film, Reihe: Altes Handwerk, Heft 34, Basel 1973. Mit Angabe weiterer Literatur.

42 Dieser Typ gleicht in seiner stereometrischen Gestalt den im deutschsprachigen Mittelland bis ins 19. Jahrhundert hinein gebräuchlichen Öfen (WEISS, S. 129).

Abb. 35–38. Ofentypen. *Würfel*. Holzsockel. Früher Typ (1599, im Jost-Sigristen-Haus, Ernen, mit den Wappen Jost und Neßler) (links oben). – *Oktogon*. Seltene Form (1624, im Haus Kamil Briw und Marie Clausen-Briw, Ernen, mit den heraldischen Medaillons Am Hengart und Im Hoff) (rechts oben). – *Zylinder*. Seltene Form (1760, im Hotel «Glacier du Rhône», Gletsch, aus dem Ritz-Haus, Selkingen, mit Wappen und Inschriften von Pfarrer Dr. Johann Georg Garin Ritz) (links unten). – *Zweigeschossiger Quader*. Später Typ (1811, im Haus Josef Clausen-Bortis, Ernen). – Text S. 38–41.

Abb. 39 und 40. Wandbüfetts.
Variante des früh- und
hochbarocken Typs (1728,
im Hotel «Glacier du Rhône»,
Gletsch, aus dem Pfrundhaus
von Gluringen) (oben). –

Verbreiteter Typ nach der
Mitte des 18. Jh. (1798,
im Haus Alfred Seiler,
Mühlebach).
Text S. 41–43.

wirkliche Stilträger zu sein, etwas änderten. Der Deckplatte entspricht bei freiste-
henden Öfen am untern Rand ein Sims, meist in der Form einer großen Fase oder
eines Karnieses. Die spätgotische Hohlkehle unter einem Steg ist an den Abschlußplatten noch das ganze 17. Jahrhundert hindurch in Schwung, während das Renaissancemotiv des fallenden Karnieses seltener auftritt. Gebiete wie der Bellwalder
Berg halten an der Hohlkehle, sie leicht modifizierend, fest. Dagegen erwacht z. B.
im linksufrigen Untergoms wie im Obergoms während des 18. Jahrhunderts eine
auffallende Vorliebe, durch Wechsel und Häufung der Profile das Abschlußsims zu

bereichern. Im historistischen 19.Jahrhundert taucht wieder die Hohlkehle auf, jedoch flacher als die spät- oder nachgotische.

Neben der Zier der Abschlußplatte gab es nun noch eine ganze Reihe von Möglichkeiten, den Ofen zu schmücken, Möglichkeiten, die vom Auftraggeber oder vom Ofner je nach Lust und Laune ausgeschöpft wurden. Ausgestaltet wurde die Stirn sowie die stubenseitige Wange; jene zur Kammer hin blieb kahl. Fast regelmäßig erscheinen in der obern Zone von Stirn oder Wange Wappenreliefs: das Wappen des Besitzers und oft auch dasjenige seiner Gattin. Die Initialen sowie die Jahreszahl sind meist im Wappen selbst eingehauen, seltener umgeben sie es in dekorativer Anordnung. Die Felder mit den Wappen wie auch alle übrigen wurden nun oft noch mit Spiegeln oder Medaillons ausgestattet. Liebten das 16. und das frühe 17. Jahrhundert hochrechteckige und quadratische Spiegelpolster, so traten später Rautenspiegel und dann zierkonturierte Medaillons auf, in welche Ornamente oder Inschriften, meistens jedoch die Monogramme der Heiligen Familie gesetzt wurden. Die vertikale Ofenkante konnte im 16. Jahrhundert, als Fase gestaltet, oben und unten in eine Spirale ausschlagen oder, seit dem 17. Jahrhundert, abgerundet und schräg gebändert sein, beides Motive, die das 19. und 20. Jahrhundert wiederum aufgriffen. Untrügliches Merkmal für eine Entstehung oder Umgestaltung nach 1800 ist ein kleiner Rücksprung an der abgerundeten bzw. gefasten Kante. Andersförmige Giltsteinöfen als Kuben und Quader – wir denken an sehr breit abgefaste Öfen oder an eigentliche Oktogone (Abb. 36) – stehen etwa in einem besonders stattlichen Haus und sind entsprechend selten anzutreffen. Zylindrische kennt das Goms sozusagen nicht (Abb. 37). Im Gegensatz zu den frühen Würfelöfen besitzen die späteren Öfen recht häufig an der Wange, nahe der Stubenwand, eine rechteckige Öffnung («Ofechachla»), die mitunter mit reich verziertem schmiedeisernem Türchen verschlossen ist (Abb. 38). Diese Einrichtung wurde erst üblich, als man in den Hohlraum des Ofens eine Steinzunge einbaute, welche, Flammen und Rauch ins Innere des Ofens leitend, eine bedeutend höhere Wärmeleistung erzielte. Schließlich ist noch auf die äußerst seltene «Plantíne» oder «Platíne»[43] hinzuweisen. Sie gleicht der in der übrigen Schweiz mancherorts als «Kunst»[44] bezeichneten Einrichtung, die dazu diente, das Kochfeuer der Herdstelle auch für die Erwärmung der Stube auszunützen. Unsere «Platine» ist eine in die Trennwand zwischen Stube und Küche eingelassene, also die Rückwand des Küchenherdes bildende Giltsteinplatte, die mit dem Stubenofen in Verbindung steht. Die handgroßen Mulden in den Abschlußplatten zahlreicher Öfen rühren daher, daß man an diesen Stellen über Generationen hin das Salz zerrieb. An der Decke über dem Ofen hing an vier Pflöcken ein oft zierkonturierter Holzkranz («Ofestengli»), an dem sich bequem Kleidungsstücke zum Trocknen aufhängen ließen.

Sehr oft an derselben Innenwand wie der Ofen, aber auf der anderen Seite der Stubentür stand das *Wandbüfett* («Schaft», «Púffet»). Außer einer ganz kleinen Zahl von stilistisch anspruchsvolleren Wandschränken in besseren Häusern, sozusagen Einzelstücken der Tischlerkunst, lassen sich zwei Arten von Büfetts nachweisen,

---

43 Schmid führt die Bezeichnung auf das althochdeutsche Wort für Platte zurück (vgl. Anm.8, S.72). Im Jura nannte man die dazu verwendeten gußeisernen Platten «Platines» (H.Brockmann-Jerosch, Schweizer Bauernhaus, Bern 1933, S.47).   44 Vgl. Weiss, S.119/20.

Abb. 41 und 42. Schmalbüfett. Seltener Typ (aus dem Haus
Heinrich Biderbost, Ritzingen; im Besitz von Dr. H. Wirthner,
Münster). – Text S. 43. – Konstruktionstypen der Truhe.
A 17. und 1. Hälfte 18. Jh., *B* 18. Jh. – Text S. 43.

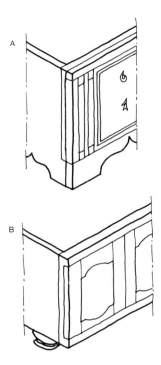

von denen die eine Art dem Typ des Geschirrschrankes folgt (Abb. 39) [45], wie er in
den Küchen anzutreffen war. Für die Stube bestimmt waren jene Stücke, auf deren
Türen, Schubladenstirnen und öfters auch in den Zwischenfeldern sich ein Dekor
wie an den Truhenfronten entfaltete.

Um die Mitte des 18. Jahrhunderts setzte sich ein Typ des Wandbüfetts (Abb. 40)
durch, der nun, entsprechend dem spätbarocken Empfinden, in das Täferwerk
miteinbezogen wurde: in der Mittelachse ein dreizoniger Schubladenblock (Kredenz), Kredenznische und zweitüriges Aufsatzschränkchen, an den Seiten je ein einachsiger Türschrank. Die eigentümliche Verbindung von Gewand- und Geschirr-
schrank in diesem Möbelstück verrät nicht nur die vielfältige Rolle der Stube als
Schlaf- und Eßraum [46], sondern deutet vielleicht auch auf einen entsprechenden Wandel der Lebensgewohnheiten um die Mitte des 18. Jahrhunderts. Dieses in der zweiten Hälfte des 18. und zu Beginn des 19. Jahrhunderts sehr verbreitete Wandbüfett,
das meistens in Tanne oder Lärche, seltener in Nußbaum gearbeitet war, verdrängte
größtenteils den früheren Büfettyp. Zur Zeit des Rokokos waren nicht nur die Füllun-

45 Freundlicher Hinweis von Dr. H. Wirthner, Münster.
46 Gemeinsame Küchen in Doppelhäusern deuten auf die Funktion der Stube als Eßraum hin.

gen sämtlicher Türen und Türchen ziergeschweift, auch der Schubladenteil schwang vor. Gegen 1800 wich ein Rokokoelement nach dem andern bis auf nüchterne Horizontalen und Vertikalen. Übergangsstücke gaben die Schweifung der Füllungen preis, behielten aber jene des Schubladenteils bei oder umgekehrt. Die eingelegten oder geschnitzten Initialen und Ziffern der Jahreszahl, gegebenenfalls auch Wappen, können in kleinen Zierfeldern über den seitlichen Türen stehen, in der Mittelzone zwischen den Füllungen dieser Türen, in den oberen Füllungen selbst oder auch auf den Schranktürchen über der Kredenznische. An der Rückwand der Nische werden sie bisweilen in einem Zierfeld wiederholt. Die heute so seltenen *Schmalbüfetts* (Abb. 41) mit Kredenznische kamen früh auf und mögen verbreitet gewesen sein. Ihnen gleichen die *Eckschränke*, bei denen es sich öfters nur um *Hängeschränkchen* handelt.

Was nicht im Wandbüfett Platz fand, versorgte man in der *Truhe* («Chaschte»), die meistens dicht an der Wange der zweigeschossigen Bettstatt mit «Unnerricker», d. h. mit Schiebebett darunter, als Stufe zum oberen Bett diente und die Wiege trug.

Von gotischen Wangen- und Stollentruhen blieben nur sehr wenige, größtenteils derbere Exemplare erhalten. Ihr Dekor beschränkt sich auf Kerben und eingeritzte oder gekerbte Rosetten. Bemerkenswert ist eine auf 1458 datierte Stollentruhe aus Gluringen. Der Sockeltruhentyp der ausgehenden Gotik wird einzig durch eine wertvolle Truhe des 15. Jahrhunderts(?) im Erner Pfarrhaus belegt[47]. Ihr tief in den Sockelrahmen eingelassener Kasten ist kräftig verzinkt. Der reichere Bestand an erhaltenen Truhen setzt erst nach 1600 ein. Haupttyp des 17. Jahrhunderts ist die tannene oder lärchene Wangentruhe mit dem von der Sockeltruhe entliehenen Motiv des zierkonturierten Sockelbretts (Abb. 42 A und 43). Bündig mit dem Sockelbrett wird die Truhenfront durch eine Stirnleiste und vertikale Profilstäbe oder -leisten in meist zwei Achsen unterteilt. Da die Rechteckfelder nur durch vorgeblendete Leisten auf durchgehender Truhenfront ausgeschieden werden, handelt es sich um «falsche Füllungen». An die Stelle der randprofilierten Trennleisten können schmale, durch Profilstäbe begrenzte Zwischenachsen treten, ein Dekorationstyp, der um 1625 nachzuweisen ist, sich im späteren 17. Jahrhundert besonderer Beliebtheit erfreute und vereinzelt bis um die Mitte des 18. Jahrhunderts wiederholt wurde. In den Rechteckfeldern, seltener in den Zwischenfeldern oder gar in den Trennleisten dieser Wangentruhen, sind die Ziffern der Jahreszahl und die Initialen der Besitzer mit Nußbaum oder Lärche eingelegt. Neben diesem Alltagstyp der Wangentruhe, zu dem bezeichnenderweise auch die Korntruhen («Chorechäschte») gehörten, ging im 17. Jahrhundert ein den führenden Familien und der Geistlichkeit vorbehaltener reicherer Truhentyp einher. Es sind dies eigentliche Spätrenaissancetruhen des Kastentruhentyps auf Kugelfüßen, gegliedert durch Giebel- oder Arkadennischen (Abb. 44). Während Motive wie die Herme und die üppige Schnitzerei der reichsten Truhen dieser Gruppe auf fremde Herkunft hindeuten, dürften die etwas bescheideneren Exemplare mit Blütenvasenkompositionen in Arkadennischen einheimischen Werkstätten zuzuweisen sein, um so mehr als ihr Relief dem «Wurmbanddekor», einer in Tälern des Berner Oberlandes verbreiteten Reliefziertechnik, gleicht. Die bei Geistlichen beliebte Dekoration mit Blütenkompositionen unter Arkaden kann sich

---

47 Abb. bei ANTON CARLEN, Zwischen zwei Brücken, BWG XIII (1963), S. 361.

von den zeitgenössischen Chorstühlen oder deren Werkstätten herleiten[48]. Um die Mitte des 18. Jahrhunderts wich die Wangentruhe der schon in der zweiten Hälfte des 17. Jahrhunderts einsetzenden Kastentruhe auf Kugelfüßen. Ihre Technik der «falschen Füllungen» wurde übernommen, erfuhr jedoch im 18. Jahrhundert insofern eine Wandlung, als nun das vorgeblendete Brett in die Truhenfront versetzt wurde (Abb. 42 B). Im Rokoko stufte man die Truhenfront dann sogar durch drei, vier Rahmenebenen (Abb. 46).

Die Ornamentmotive der Truhe lassen sich nur zum Teil und mit Vorsicht gewissen Epochen zuweisen. So wurden z. B. die formal schon in der frühen Wangentruhe angekündigten viereckigen Füllungen seit der zweiten Hälfte des 17. Jahrhunderts immer wieder benutzt. Die geohrte Füllung (Abb. 45) setzte in der zweiten Hälfte des 17. Jahrhunderts ein und hielt sich ein Jahrhundert lang. Ähnlich war es mit der Arkadennische, jedoch bei auffallender Bevorzugung in der zweiten Hälfte des 17. Jahrhunderts. Oktogonfüllungen und -spiegel traten erst im Anfang des 18. Jahrhunderts auf, erfreuten sich dann aber großer Beliebtheit bis ins frühe 19. Jahrhundert, wobei öfters oktogonale und rechteckige Füllungen zugleich verwendet wurden. Charakteristisch für die zweite Hälfte des 18. Jahrhunderts sind indessen eckgekehlte Füllungen, für das 19. Jahrhundert sehr plastische Rechteckspiegel. Rhombenspiegel erschienen um die Mitte des 18. Jahrhunderts, Füllungen in der Form komplexer Vielpässe ähnlich den Medaillons in den Gewölbescheiteln der Kapellen in der zweiten Hälfte des 18. Jahrhunderts. Die im letzten Viertel des 17. Jahrhunderts nachgewiesenen geschuppten, kanellierten oder glatten Pilaster hielten sich bis ins frühe 19. Jahrhundert. Palmetten- oder Blütenstollen an ihrer Stelle dürften auf das welsche Streifenfarnmotiv zurückgehen. Das bei den reicheren Truhen längst bekannte Motiv der geflammten Profilstäbe fand bei der Durchschnittstruhe erst um 1700 Eingang. Bei selteneren, durchwegs aus Nußbaum bestehenden Stücken der Rokokozeit sind die Felder bis in alle Zwickel mit Akanthus- oder Rocailleschnitzereien angefüllt. Nach den Prunktruhen der Spätrenaissance holte erst das Rokoko wieder zu aufwendigeren Dekorationen der Truhenfront aus. Motive des Stils Louis XVI fanden geradezu keinen Eingang in den Dekor des Gommer Möbels; die Ernüchterung vom Rokoko äußerte sich höchstens in der Wahl einfacher Rechteckfüllungen.

Älteren qualitätvollen *Stubentischen* (Abb. 47) begegnet man nicht mehr häufig. Es sind in der Regel nußbaumene, mit Eisenbeschlägen versehene Auszieh- oder Klapptische des 18. oder des frühen 19. Jahrhunderts, die mit ihren profilierten Balusterbeinen und dem Fußkranz den Typ des 17. Jahrhunderts im wesentlichen unverändert fortführen. Man nannte sie «französische Tische». Bei Tischen des 17. Jahrhunderts ist das Bein über dem Fußkranz etwas bestimmter zum geschwellten Baluster ausgestaltet. An der Zarge der Schauseite sind in Zierfüllungen häufig die Initialen und das Wappen des Besitzers sowie die Jahreszahl eingelegt oder geschnitzt. Die Beinschäfte an den Ecken der Zarge weisen etwa Blütenmotive (Tulpen) auf. An den Schmalseiten, in denen oft Schubladen sitzen, und an der hinteren Langseite ist die Zarge dagegen nur mit leeren, rillengerahmten Feldern oder gar nicht geschmückt. In der Grafschaft entstand wohl erst im frühen 19. Jahrhundert eine kleine Gruppe strenger Tische mit kantig abgesetzten Füßen im Stil Louis XVI.

---

48 Vermutung von Dr. W. Trachsler, Zürich.

Abb. 43–46. Truhen.
– Text S. 43 und 44.

Wangentruhe mit
Sockelbrett (1674,
im Haus Emil Furrer,
Münster).

Spätrenaissance-
Kastentruhe (1651,
von Domherr
Peter Guntern,
Hotel «Glacier du
Rhône», Gletsch).

Kastentruhe mit
geohrten Füllungen
(1736, im Haus
Raphael Diezig,
Ritzingen).

Rokokotruhe (1796,
aus der Grafschaft,
im Besitz von Dr. H.
Wirthner, Münster).

Hauskruzifixe, wie sie einst wohl jede Stube in einer der vorderen Ecken hängen hatte, sind noch in recht größer Zahl vorhanden. Auf die wenigen Hauskruzifixe aus der zweiten Hälfte des 17. Jahrhunderts folgen im 18. Jahrhundert chronologisch drei Typen, zu denen sich am Jahrhundertende individuellere Einzelstücke gesellen.

Der erste Typ ist derjenige der Selkinger Werkstatt von JOHANN und JODOK RITZ (Abb. 48). JOHANN RITZ († 1729) übernahm für den Korpus seiner Kruzifixe die Haltung der Altar- und Chorbogenkruzifixe des 17. Jahrhunderts mit der hoch-gerissenen linken Schulter und dem seitlich ausgebogenen Körper, fügte dann aber eine Reihe sehr charakteristischer Merkmale hinzu. So kreuzte er in der Frühzeit die Füße Christi zu expressiver Gebärde. Verzogene Gesichtshälften, schräge Augen sowie tiefe Gruben seitlich der Nasenwurzel drücken den Schmerz aus. Das goti-sierend bewegte Lendentuch mit dem Knopf an der rechten Hüfte wurde nach dem ersten Jahrzehnt des 18. Jahrhunderts ruhig verschlungen. Der brettartige Rumpf der frühen Ritzkruzifixe füllte sich organisch, wobei sich auch die manieristische Überlängtheit verlor. Als Sockel dient ein karniesförmig verjüngter rechteckiger Kern, der mit Akanthuspalmetten beschnitzt ist – ein altertümliches Motiv aus der ersten Hälfte des 17. Jahrhunderts[49]. Im Obergoms blieb der Typ beinahe auf die Grafschaft, d. h. auf den engsten Umkreis der Werkstatt, beschränkt.

Erst um die Mitte des 18. Jahrhunderts eroberte sich das Hauskruzifix die Stuben des ganzen Goms, und zwar von Reckingen aus. PETER LAGGER (1714–1788) schuf den Typ, den wir den *I. Reckinger Hauskruzifixtyp* nennen (Tafel I u. I a). Er zeigt alle Merkmale des Monumentalkruzifixes des Meisters von 1743 in der Vorhalle der Pfarr-kirche von Münster. Leitmotive der Lendentuchdrapierung wie den aus Knoten und Zipfel gebildeten Bogen sowie einen über den Oberschenkel herabfallenden quasten-artigen Zipfel dürfte LAGGER von ANTON SIGRISTEN († 1745) übernommen haben[50]. Während der Korpus beinahe stereotyp beibehalten wurde, änderte die Sockelform. Beim frühesten Sockeltyp der Laggerkreuze rahmt geknicktes Bandwerk auf ein-

Abb. 47. Balustertisch (1732, von Pfarrer Christian Gredig, im Besitz von Klara Rovina, Gießen, Binn). – Text S. 44.

Abb. 48 und 49. Hauskruzifixe. Typ der Ritz-Werkstatt (1725, im Haus Heinrich Biderbost, Ritzingen). – II. Reckinger Hauskruzifixtyp, wohl Werkstatt Josef Anton Lagger (1759–1833) (im Haus Heinrich Lagger, Reckingen). Vgl. Tafel I a. – Text S. 46–48.

gerollten Akanthuswedeln eine oder mehrere Blüten. Am häufigsten trifft man den Sockeltyp der reifen Laggerkreuze (Tafel I), einen zweizonigen abgetreppten Sockel mit meist leeren Zierfeldern unter geschweiftbogigen Giebelabschlüssen. Auf der kleinen Abschlußplatte liegt ein Schädel über gekreuzten Langknochen, als Schädel Adams ein Relikt östlicher Kreuzigungsikonographie[51] oder sprechendes Symbol des Todes mit Hinweis auf das Opfer (Langknochen!). Wohl im 3. Viertel des 18. Jahrhunderts gab es eine Variation dieses Sockeltyps ins Vegetabile (Abb. 292), die aber kaum der LAGGER-Werkstatt zuzuschreiben ist. Das Motiv der Profilknöpfe mit dem inseitigen Palmettenkranz als Balkenenden hatte schon die RITZ-Werkstatt von den spätgotischen Monumentalkruzifixen der Gommer Kirchen übernommen.

Der ebenso verbreitete *II. Reckinger Hauskruzifixtyp* (Abb. 49, Tf. I a) aus dem letzten Viertel des 18. Jahrhunderts und dem frühen 19. Jahrhundert bricht völlig mit dem Typ der spätbarocken Laggerkreuze. Das Predigerhand-Kruzifix an der Kanzel der

49 Vgl. Sockel von einem Reliquiar(?) mit Wappen des Bischofs Hildebrand Jost (1613 bis 1638) im Pfarreimuseum von Münster (S. 120).

50 Diese Merkmale finden sich am Chorbogenkruzifix (1733?) von Gamsen und, ohne den quastenartigen Zipfel, an einem Monumentalkruzifix von Ernen, beides Werke, die deutlich den Stil des ANTON SIEGRISTEN aufweisen.

51 Nach der Überlieferung barg der Golgothahügel Adams Grab. «Der zweite Adam erleidet den Tod über der Gruft des ersten.» (ALFRED A. SCHMID, Zum Torso eines Kruzifixes im Museum in Freiburg i. Ü. Der Mensch und die Künste, Festschrift für Heinrich Lützeler, zum 60. Geburtstag, Düsseldorf 1962, S. 381f. und 385).

Ritzingerfeldkapelle gestattet es, diesen letzten Typ ANTON LAGGER (1759–1833), dem Sohn von Peter, zuzuschreiben. Die in den Statuenköpfen des PETER LAGGER († 1788) noch verhaltene Symmetrie wird bei den Kruzifixen des Sohnes zum beherrschenden Prinzip; die Anlehnung an ein romanisches Vorbild ist möglich. Die Merkmale kehren recht stereotyp wieder: gerader Korpus mit geometrischem Rippenendenbogen; gegen Nase und Kinn hin zugespitztes Antlitz mit symmetrisch auseinanderstrebenden Bartenden; meist eingefallene Wangen; Dornenkrone in Form eines hohen steifen Reifens; quer gerafftes Lendentuch mit Mulden zwischen runden Faltensträngen (hochbarocke Faltenmotive fehlen); steil abwärts gespreizter Lendentuchzipfel unter dem Knoten an der rechten Hüfte (in späteren Kruzifixen kann das Lendentuch statt verknotet verschlungen sein). Bei der Wahl des Sockels schränkte sich dieser Hauskruzifixtyp nicht auf eine bestimmte Form ein. Gewiß sind dem Kreuzfuß auf der eckgekehlten Standplatte meistens flache ziergerahmte Medaillons vorgestellt; das Kruzifix kann jedoch auch auf geschwungenem Sockelkegel stehen. Die gleiche Freiheit herrscht bei den Balkenenden, wo neben dem herkömmlichen Motiv (s. oben) immer häufiger vegetabile Ornamentik oder Rokokodekor auftritt.

Wo barocke Hauskruzifixe fehlten, schuf sie in der zweiten Hälfte des 19. Jahrhunderts und im frühen 20. Jahrhundert im Goms wie in anderen Tälern des Oberwallis ein in Termen ansässiger Herrgottschnitzer namens PETER JOSEF EMMANUEL RÜTTIMANN (1832–1913)[52], dessen Geschlecht aus Lachen SZ stammen soll[53]. Die Kreuzchen sind am scharf geschnittenen Kinnbogen des nach rechts geneigten Hauptes[54] leicht zu erkennen. Für Balkenenden und Sockel verwendete RÜTTIMANN häufig Profilstab-Abschnitte. Seine Kruzifixe sind primitive Schnitzwerke, die den Bereich der Volkskunst nie überschreiten, aber öfters durch eigenwillige szenische Erweiterungen überraschen.

Da keine Hauskruzifixe vor der Mitte des 17. Jahrhunderts nachzuweisen sind und die allgemeine Nachfrage offenbar erst um die Mitte des 18. Jahrhunderts einsetzte, darf man in diesem Kunstgegenstand ein typisches Erzeugnis der barocken Religiosität erblicken, um so mehr als die Anstrengungen der kirchlichen Erneuerung ja darauf abzielten, der Religion jeglichen Bereich des menschlichen Lebens zurückzugewinnen. Wie das Religiöse in Flurprozessionen von der Natur Besitz ergriff, so fand es in den Hauskruzifixen bzw. in der Herrgottsecke Einlaß in jedes Haus. In diesem Zusammenhang dürfte es nicht belanglos sein, daß die vielen Altarkreuze der späteren Barockaltäre sich von den Hauskruzifixen in nichts unterscheiden; sie gehören gleicherweise den beiden genannten Reckinger Typen an. Das liegt an der Herkunft aus gleicher Werkstatt, mag aber auch als Ausdruck einer altarbezogenen Frömmigkeit zu werten sein, wie sie dem Geist der Tridentinischen Reform entsprach. Neben den Altarkreuzen, die im Goms bis zur Mitte des 17. Jahrhunderts zurückzuverfolgen sind, mögen auch die Monumentalkruzifixe[55] für Schnitzer und Besteller als Vorbilder gedient haben. Nachdem im dritten Viertel des 18. Jahrhunderts die Gommer

---

52 PfA Glis, Sterbebuch.   53 Freundliche Auskunft von Raymund Rüttimann, Termen.

54 Es wird vom Schnitzer der Ausspruch überliefert: «Am meischtu Arbeit git mer, ischum Hergott z'Hoipt z'heltu [zu neigen]». (Freundl. Auskunft von Maria Hischier, Unterwassern.)

55 Vgl. die Verwandtschaft des I. Reckinger Hauskruzifixtyps mit dem Monumentalkruzifix des Meisters (Abb. 77). Ein Hauskruzifix aus der Zeit um 1700 in Münster nimmt mit seinen symmetrisch angeordneten Lendentuchzipfeln an beiden Hüften z.B. ein Motiv auf, das wir von Monumental-, nicht aber von Altarkreuzen her kennen. (Im Besitz von Anton Imsand, Münster.)

Tafel I. Hauskruzifix. I. Reckinger Hauskruzifixtyp. Werkstatt Peter Lagger (1714–1788) (aus dem
«Taffinerhüs», Reckingen; im Besitz von Arnold de Kalbermatten, Sitten). – Text S. 46 und 47.
Siehe auch rückseitige Tafel I a.

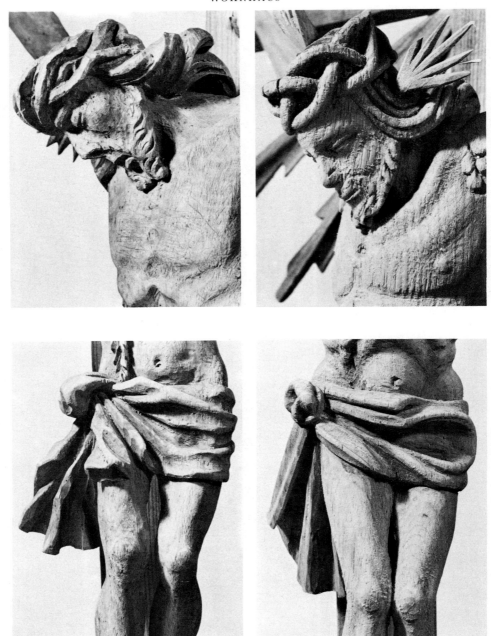

Tafel Ia. Hauskruzifixe. Ausschnitte. Links *I. Reckinger Hauskruzifixtyp* der Werkstatt von Peter Lagger (1714–1788), H. (Korpus) 27 cm (Reckingen, Privatbesitz). Text S. 46/47 und 293. – Rechts *II. Reckinger Hauskruzifixtyp* der Werkstatt von dessen Sohn Joseph Anton (1759–1833). Ausschnitte zu Abb. 49. H. (Korpus) 25 cm (Reckingen, Privatbesitz). – Text S. 47/48 und 294.

Kapellen der zweiten religiösen Welle mit Altären ausgestattet waren, muß die Herrgottschnitzerei der Werkstatt von ANTON LAGGER gelegen gekommen sein.

Kunstgeschichtlich sind die Hauskruzifixe nicht nur darum von Bedeutung, weil anerkannte Meister wie JOHANN und JODOK RITZ, PETER und ANTON LAGGER oder der MEISTER DER NIEDERERNER SEITENALTÄRE sie schufen; das Hauskruzifix, das in der Folge zum unveräußerlichen Inventar des Hauses gehörte[56], trug zeitgenössische barocke Kunst in jedes Haus, wodurch es die Anteilnahme des Volkes an seiner heimischen Kunst nicht unwesentlich gefördert hat.

DIE NUTZBAUTEN

Das Bild der Dörfer in dieser ehemals ausgeprägten Region der Viehzucht und Milchwirtschaft wird durch die Nutzbauten – Stadel, Speicher und Heustall – öfters markanter geprägt als durch die Wohnhäuser. Die Nutzbauten können ganze Straßenzeilen wie z.B. in Reckingen oder kleine Kerne im Haufendorf bilden; sie können an den Rand der Dörfer treten oder sich unter die Häuser mischen. Wir betrachten diese Bauten nach ihrer äußeren Erscheinung und ziehen die funktionellen Einrichtungen vor allem da heran, wo sie die Gestalt deuten helfen.

Der für das Getreide bestimmte *Stadel* (Abb. 50–52) baut sich aus dem ein- oder zweigeschossigen Unterbau, der niedrigen Zwischenzone der Stadelbeine (Stützel)[57] und dem Oberbau auf, der an beiden Giebelfronten mit seiner Oberzone vorkragt. Den Abschluß bildet ein schindelgedecktes Tätschdach. Der nach außen hin ungegliederte, meist hölzerne Unterbau birgt ein bis zwei Kammern, zu denen je eine Tür in der Vorderfront führt. Ist er an steilem Hang zweigeschossig, so sitzt die Tür zum oberen Geschoß an der Traufseite. Da die Eingänge ebenerdig liegen, brauchte man den Raum des Unterbaus als Abstellraum oder gar als Kleinviehstall. Darüber folgt die offene Zone der Stadelbeine, die den eigentlichen Stadelraum vom Unterbau abhebt, vielleicht um das Korn vor den Mäusen zu schützen. Die Stadelbeine sind mit Schwalbenschwanzkämmen in den axial streichenden schweren «Schlafboim» vernutet. Grob abgerundete Steinplatten («Plane») bilden die pilzhutartigen Auflager für den Oberbau. Dieser zeigt in der untern Zone eine Frontlaube vor ein oder zwei Stadeltüren. Darüber lädt der kräftige «Vorschutz» auf Balken oder Konsolen aus, was im Innern bequeme Laufgänge und Podien zu den obersten Tennrosten ergibt. Um die hohen ungegliederten Traufwände des Oberbaus zu stützen, bediente sich der Gommer der sogenannten «Spille» (Abb. 50), das sind nach unten leicht verjüngte Keilstangen, die man außen und innen, dicht der Wand entlang, durch Öffnungen in kurzen Klammerhölzern («Chlove») trieb.

Der Stadel diente eigentlich dazu, das geschnittene Getreide bis zum Dreschen aufzunehmen. Er war dann auch Dreschstätte. Hernach gelangte das Getreide in

---

56 Das Hauskruzifix hatte im Haus zu verbleiben, wenn dieses den Besitzer wechselte, offenbar weil man ihm sonst den Segen entzogen hätte.

57 Wir verwenden den Ausdruck Stadelbeine, jedoch nicht in Mundart, weil man heute im Obergoms zwar von «Stadelbei» spricht, der Ausdruck aber nicht sehr alt sein dürfte. Nach freundlicher Mitteilung von Dr. Camill Schmid, Bellwald, nannte man in Bellwald das ganze Stadelbein «Stadelplane», die Steinplatten allein «Plane».

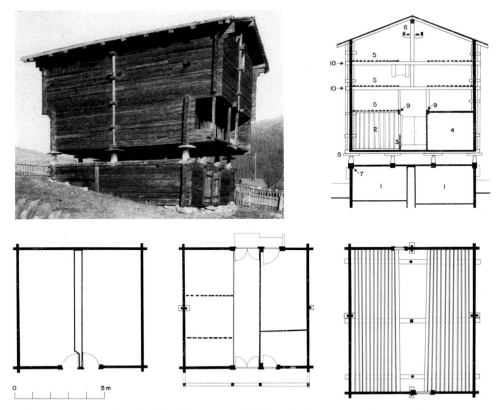

Abb. 50–52. Stadel (Z'Jülisch Stadel, Münster) (links oben). – Planzeichnungen (Stadel der Geschwister Müller, Geschinen, 17.Jh.). Querschnitt: *1* Chammere, *2* Chaschte (offen), *3* Chaschtlade,
4 Speicher (geschlossen), *5* Brigi, *6* Ärbesbrigi, *7* Schlafboim, *8* Stadelplane, *9* Brigiboim, *10* Tragboim
(rechts oben). – Grundrisse: Unterbau, Tenngeschoß, Brigizone. – Text S. 49/50.

den «Speicher» der untersten Zone des Oberbaus oder, wenn sich hier zu wenig
Platz fand, in den eigentlichen Speicher. Auf dem obersten Bretterrost («Brigi») im
Giebelraum des Stadels ließen sich bequem Hülsenfrüchte lagern, bis die Schoten
sprangen. Aus dem Umstand, daß der Stadel in erster Linie der Getreidegewinnung
zu dienen hatte, erklären sich die verquickten Eigentumsverhältnisse, teilen sich in
die Tenne doch oft mehrere Familien.

Die Aufbewahrungsräume für Fleisch, Korn, Gebrauchsgegenstände, unbenutzte
Kleider usw. bot der *Speicher* (Abb. 53–55), der, meist wie der Stadel auf Unterbau
und Beinen stehend, sich von diesem durch seine kleineren Ausmaße und seine Zier-
lichkeit unterscheidet. Diese Eigenart tritt besonders dann in Erscheinung, wenn er

Abb. 53–55. Speicher (Franz Werlen, Geschinen, 1728) (links oben). – Speicher (Albert Imoberdorf,
Münster) (rechts oben). – Planzeichnungen (Speicher Franz Werlen, Geschinen). Aufrisse: *a* Vorderfront, *b* Rückfront. Grundrisse: *c* Unterbau, *d* erstes Stockwerk des Oberbaus. – Text S. 50–54.

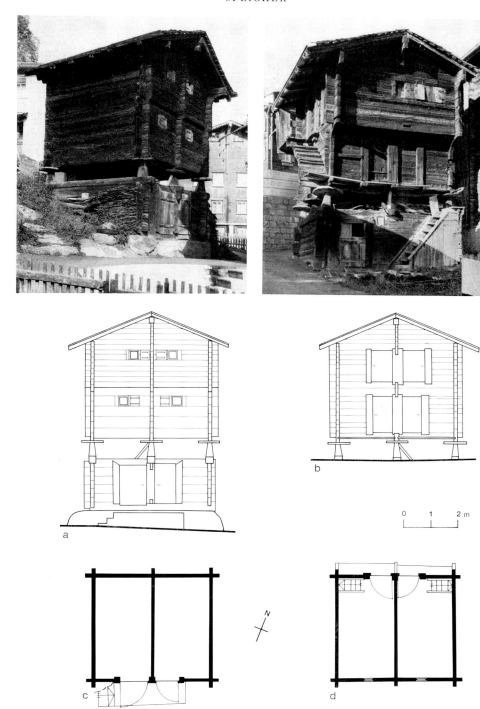

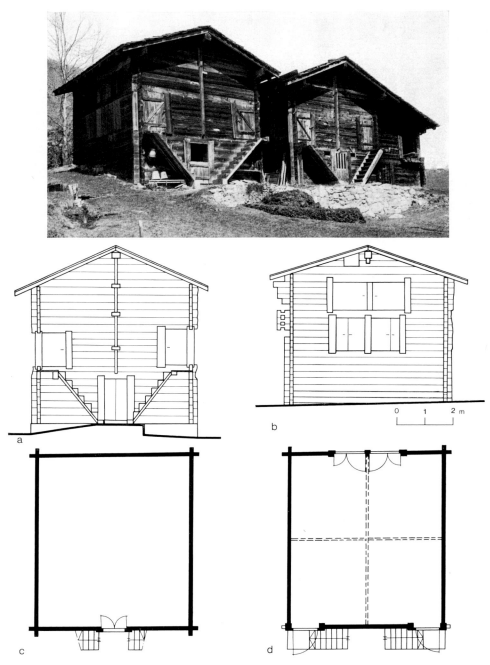

Abb. 56 und 57. Heuställe an der Westflanke des Schuttkegels vor Blitzingen. – Planzeichnungen (Heustall der Geschwister Müller, Geschinen). Aufrisse: *a* Vorderfront, *b* Rückfront. Grundrisse: *c* Stall und *d* Scheune. – Text S. 54.

Abb. 58 und 59. Turmartiges Speicherchen, ehemals mit «Stadelplane» (Reckingen, Mitte 16. Jh.). –
Backhaus (Oberwald). – Text S. 53 und 54.

den «Vorschutz» mit rein decorativer Auskragung nachahmt. Reizvoll wirken die
Speicherfensterchen mit ihren vegetabilen Füllblechen oder Gittern. Wie beim Stadel
erreicht man die Einzeltür oder die gekuppelten Türen des Oberbaus über eine Frontlaube. Von dieser streben bei hohen Speichern Holztreppen innen oder häufiger
außen schräg zu den Türen des obersten Geschosses dicht bei den Traufwänden
empor – ein Motiv, das an entsprechende Partien der Heuställe erinnert –, oder sie
gehen einer Traufwand entlang hoch (Abb. 54). Speicher können turmartig (Abb. 58)
wirken, wenn sie nicht in Unter- und Oberbau gegliedert sind wie die seltenen mehr-
geschossigen Kammerbauten[58], die später willkommene Schlafräume für raumknappe
Doppelhauswohnungen boten.

Der Bauer zierte auch die Stadel und Speicher mit den zeittypischen Friesen seiner
Häuser. Diese Bauten waren Ausdruck seines Besitzerstolzes. Die einzelnen hünen-
haften Stadel und die eindrücklichen Stadelquartiere – seien es nun Straßen oder
Plätze – sind daher zusammen mit den schmucken Speichern die beredtesten Zeugen
jener letzten großen Kulturepoche, die noch auf einer blühenden Gebirgslandwirt-
schaft beruhte. Da die heutigen Stadel und Speicher größtenteils im 16. und 17.
Jahrhundert entstanden sind, um dann die Ära der autarken landwirtschaftlichen
Struktur im Goms zu überdauern, können wir uns kaum mehr vorstellen, wie «selbst-
bewußt» nagelneue Nutzbauten dieser Gattung in den Dörfern gewirkt haben müssen.

58 So der mehrgeschossige Kammerbau beim großen Doppelhaus im Fieschertaler Weiler Sand.

Vielteilig im Aufbau, verfügen Stadel und Speicher besonders dank ihrem hohen «Vorschutz» über dynamischere Architekturformen als die Häuser. Geschlossene Gruppen dieser Nutzbauten wie «uf dr Stige» in Reckingen sowie auf dem Biel von Geschinen, Zeilen oder auch Einzelbauten an wichtigen Stellen der Gasse zählen im Gommer Dorf zu den wertvollsten Leistungen der «architettura spontanea».

Der zweigeschossige *Heustall* («Gade») (Abb. 56 und 57) zeigt in der Stallzone bisweilen Mauerwerk. Von der Stalltür in der Mitte der Vorderfront streben die Holztreppen schräg zu den Scheunentüren hoch, die so dicht bei der Traufwand sitzen, daß man sich hier mit einer Ständerstud als Scheunenecke und Türpfosten behalf. Durch diese «Etz»- oder «Wischporte» holt der Bauer das zum Füttern benötigte Heu. Eingefüllt wird das frische Heu durch die große «Lischport» im rückseitigen Giebel. Die «Brückentenne»[59], den in der Firstrichtung laufenden Bohlengang im Heuraum alpiner Ställe, in dem PAUL ZINSLI ein mögliches walserisches Element vermutet, gibt es im Goms nicht, worauf schon das Motiv der Randtüren hindeutet. Im Goms kann das Scheunengeschoß einräumig oder durch Stutzwände in zwei, vier oder gar acht Räume unterteilt sein. Heuställe stehen verstreut über das ganze Wies- und Weideland. In den Dörfern können sie zu dichten Reihen zusammenrücken oder sogar zu Gruppenscheunen verschmelzen, wo sich das Motiv der auseinanderstrebenden Scheunentreppen nicht mehr streng wiederholt. Im Gegensatz zu den hochstrebenden Stadeln und Speichern behauptet sich der Heustall mit seiner großen dunklen Giebelfront als behäbiger Baukörper.

WEITERE WIRTSCHAFTS- UND GEWERBEBAUTEN

Das eingeschossige *Backhaus* des Dorfes ist in der Regel leicht an seiner breiten oder niedrigen Gestalt zu erkennen (Abb. 59). Es umfaßt im Hinterhaus Backraum und Backofen, im Vorderhaus die Backstube, zu der sich vom Backraum her ein Paß öffnet. Das Hinterhaus besteht häufig aus Stein.

Mühle und *Säge* treten in der Siedlung nur wenig in Erscheinung, da sie öfters in der versenkten Bachrinne oder am Dorfrand stehen. Während die Säge meist ein unansehnlicher langer Bretterbau ist, erkennt man den kleinen viereckigen Blockbau der Mühle fast nur an Wasserrüß und Mühlrad.

59 PAUL ZINSLI, Walser Volkstum, 3. Aufl., Frauenfeld 1970, S. 105 und 108.

Fassaden-Cherub vom «Fennerhüs», Selkingen, 3. Viertel 17. Jh.

Abb. 60. Das Obergoms. Luftaufnahme 1955.

DIE SIEDLUNGSLANDSCHAFT DES OBERGOMS

Die einförmige Hochwanne des Obergoms wird beidseits von kahlen Bergkuppen mit bewaldeten Flanken begrenzt (Abb. 60). Diese im Sommer lieblichen «Galen», wie sie der Gommer zum Teil nennt (vgl. Galenstock), verbergen die unwirtliche Einöde des Hochgebirges dicht dahinter, in das nur wenige kurze Seitentäler wie das Münstiger, Bächji- oder Walital Einblick gewähren. Die Talsohle wird durch Schuttfächer aus diesen Tälern und aus gewässerlosen Erosionstrichtern vornehmlich des Nordhangs gegliedert, die mit ihrem straffen fallenden Horizontrücken die Dörfer fast wie Riegel scheiden. Da hinter den «Galen» das Hochgebirge mit seinen Gefahren lauert, wie die Katastrophe von Reckingen 1970 wiederum gezeigt hat, und auch an den kahlen Kuppen der «Galen» selbst Lawinen anbrechen können, haben die Siedlungen den Schutz der bewaldeten Flanken aufgesucht. Besonders häufig liegen sie am seitlichen Rand der Schuttfächer bzw. im Zwickel zwischen Schuttfächer und Talhang, wenn nicht eine besondere lokale Landschaftsformation den nötigen Lawinenschatten bot. Die obersten Dörfer breiten sich zum Teil im ebenen Talgrund aus, weil hier nur mehr unregelmäßige und meist kleinere Schuttfächer vortreten. Im Gegensatz zum Untergoms sind die Obergommer Dörfer fast ausnahmslos sonnenseitig aufgereiht. Die stellenweise enge Folge der Siedlungen hat das Obergoms mit dem auch landschaftlich verwandten Lötschental gemein. Die dunklen Haufendörfer setzen sich in kräftigem Farbkontrast ebenso von den baumlosen Wiesen der Talsohle wie von den Lärchenwäldern der Hänge ab.

MÜNSTER

GESCHICHTE. Das Dorf wird um 1221 das erste Mal erwähnt, sonderbarerweise unter dem an das Rätoromanische anklingenden Namen Musterium[1]. Der später übliche Name Monasterium weist, der mündlichen Tradition entsprechend, auf ein früh- oder hochmittelalterliches Kloster hin[2]. Tatsächlich nimmt sich der lateinische Dorfname inmitten der germanischen auf -ingen sonderbar aus. Monasterium wurde zu «Minster» verdeutscht[3]. Daneben hieß das Dorf «Comes»[4] oder «Conches»[5], was beides Talmulden bedeuten soll[6].

Die mittelalterliche Feudalzeit hat im Dorf keine Spuren hinterlassen. Bäuerliches Eigen tritt vereinzelt früh auf (1257), im 14. Jahrhundert dann öfters[7], doch sind grundherrliche Abgaben an ortsfremde Adelige, namentlich an die Rodier, de Platea[8] und die Herren von Niederernen[9], sowie Abgaben von Eigenleuten an den Bischof von Sitten[10] nachgewiesen. Einst als Mistralie[11] zum bischöflichen Vizedominat von Goms gehörend, rang Münster jahrhundertelang bis 1598 um das eigene Majorat seiner Pfarrei (S. 6). Der Streit mit Ernen um die Vorherrschaft im Zenden, der zur Barockzeit im Streit um den Zendenweibel[12] sein Nachspiel haben sollte, endete mit einem Sieg der oberen Talgemeinde. Münster prägte den Namen des Zenden (Conches oder Gomes → Goms) und führte das Wappenzeichen des ersten bekannten Zendensiegels von 1368 als dasjenige seiner «Kilcheri». Dorfstatuten 1468, Gemeindestatuten 1540 und 1549[13].

In der Barockzeit trat ein sehr kulturbewußtes Volkspatriziat in den Vordergrund, die Familie von Riedmatten, deren Mäzenatentum mit dem größten Teil der Kunst-

---

1 A Valeria Sitten, Nr. 10306. – CARLEN, Gericht und Gemeinde, S. 32.

2 Die große Zahl der urkundlich überlieferten mittelalterlichen Einsiedeleien für Beginen oder Klausner in der engsten Umgebung des Dorfes dürfte ebenfalls auf eine klösterliche Niederlassung hindeuten. Belegte Einsiedeleien: «im Moß», «in der Kummen», «in der Lowinen», beim Wyler in Geschinen und im «Winchilwald». (PfA Münster, B2, S. 145; D1; 14a; 23; 32; G45.) I. MÜLLER lehnt die Annahme eines Klosters ab und deutet «Monasterium» als im alemannischen Siedlungsgebiet gebräuchliche Bezeichnung für eine größere Pfarrkirche, während P. AEBISCHER das Wort mit dem rätischen Kulturraum verbindet und sogar die Frage der Betreuung eines Gotteshauses im Goms durch Disentiser Mönche aufwirft (MÜLLER, Der Gotthard-Raum, S. 456, und derselbe, Pfarreien, S. 65; P. AEBISCHER, La christianisation du Valais à la lumière de quelques faits linguistiques, Vallesia XVII [1962], S. 195, 202–204). – ST. NOTI vermutet einen Zusammenhang mit den Augustinern von Interlaken (NOTI, Ms, Heft 1, S. 23–28). Dagegen spricht die mündliche Tradition von Benediktinern.

3 GdeA Obergesteln, B2. Zu den Jahren 1470–1472.

4 GREMAUD II, S. 194 (1272).

5 Ebenda, S. 256 (1277).

6 Comes → gall. Kumbas (Talmulden); Conches → roman. Conchas (Talmulden). (U. RÜBEL, Viehzucht im Oberwallis, Frauenfeld 1950, S. 131.)

7 GREMAUD II, S. 21. – GdeA Münster, H1–10.

8 GREMAUD II, S. 151, und LAUBER, Zendenbeamte, 1925, S. 10.

9 1320 verkaufte Marquisa, Tochter des Conrad von Niederernen, Rechte und Einkünfte an Willermus Bluwil von Conches (StAS, A Louis de Riedmatten, Carton 1, Nr. 15).

10 Erst 1570 wurden die bischöflichen Gefälle und Tellen in der Pfarrei Münster losgekauft (PfA Münster, A45).

11 Amtsgebiet des Mistrals (Mechtrals), eines mit der wirtschaftlichen Verwaltung betrauten Unterbeamten des Vizedoms und später des Meiers.

12 Vgl. TH. SEILER, Dr. Johann Georg Garin Ritz, BWG I (1889/90), S. 189–190.

13 L. CARLEN, Gericht und Gemeinde, S. 50 und 178/79.

Abb. 61.
Münster. Dorfpartie
mit Pfarrkirche und
Peterskirche. Litho-
graphie nach einer
Zeichnung von
Lorenz Justin Ritz
1838. – Text S. 59.

werke des Dorfes verknüpft ist. Wie sehr in den Vertretern dieser Familie Münsters
Einfluß auf das ganze Wallis übergriff, beweist die Tatsache, daß im 16. und 17. Jahrhundert fünf Vertreter der Gommer Familie von Riedmatten in fast ununterbroche-
ner Folge als Fürstbischöfe die kirchlichen Geschicke des Landes leiteten. In den
späteren Jahrhunderten teilte Münster das Schicksal mit dem übrigen Goms (S. 8/9).

Die *Pfarreigeschichte* liegt bis ins Hochmittelalter herauf im dunkeln. Iso Müller
setzt die Gründung der 1247 erstmals erwähnten Pfarrei[14] ins 12. Jahrhundert, und
zwar ursprünglich mit Petruspatrozinium[15]. Nach der Überlieferung ist tatsächlich
die Peterskirche im Dorfkern die alte Pfarrkirche. Das Patrozinium von Mariä
Himmelfahrt der Marienkirche kann jedoch ebenso alt wie dasjenige des Apostel-
fürsten sein[16]. Bei der Standorttreue mittelalterlicher Heiligtümer überrascht der
Bau einer größeren Pfarrkirche nahe dem Dorfrand. Vielleicht war die Marienkirche
ursprünglich Gotteshaus einer Klostergemeinschaft, die sich der Pilger und Reisenden annahm (S. 66). Die Rivalität zwischen Zendenhauptort und Großpfarrei, die
in Visp und Leuk den Bau eigener Gotteshäuser durch die Burgerschaft des Haupt-
ortes veranlaßte, bestand im Obergoms nicht. Die Kollatur der Pfarrei lag beim
Landesbischof[17], d.h. bei der Mensa episcopalis[18]. Im Laufe der Jahrhunderte entstanden neben derjenigen des Sigristen noch fünf Altaristenpfründen[19]: hl. Katharina
(1309), hl. Nikolaus (1408), hl. Antonius (1442), hl. Michael (1644), hl. Rosenkranz
(1678). Während die Michaelspfründe als Familienstiftung der von Riedmatten bis

14 Gremaud I, S. 399.   15 Müller, Pfarreien, S. 65.
16 Seit dem Ende des 8. Jahrhunderts wurde Maria unter dem Titel ihrer Himmelfahrt(!) als
Patronin der Kathedrale und des Bistums Sitten verehrt (D. Imesch, Marienverehrung im Wallis,
Visp 1940, S. 5).
17 1493 nennt sich Bischof Jost von Silenen «verus Collator et Patronus curae parochialis Monasterii
in Conches» (PfA Münster, D 37). Die Kollatur sämtlicher Obergommer Pfarreien außer Reckingen
lag beim Bischof.
18 StA Freiburg, Collection Gremaud, Valais 8, S. 261. Zum Jahre 1444.
19 Vgl. die Geschichte der entsprechenden Altäre.

in unser Jahrhundert besetzt wurde, begann vielleicht schon im 16., sicher im 17. Jahrhundert die Verschmelzung der Altaristenpfründen zu einer Kaplanei. Die Großpfarrei Münster umfaßte alle Dörfer bis Selkingen, wobei das Gebiet in Viertel eingeteilt war[20]. Die Pfarreiversammlungen oder Viertelskonvente fanden in der Kirche von Münster statt. Vom Ende des 17. Jahrhunderts an begann, meist gegen den heftigsten Widerstand der Mutterkirche, die Loslösung der Filialen[21]: Biel (1678) mit Selkingen, Ritzingen und Gluringen; Reckingen (1695); Obergestein (etwa 1738) mit Oberwald und Unterwassern; Ulrichen (1868). Ihr endgültiger Loskauf, außer demjenigen von Biel, erfolgte sogar erst 1914[22].

Quellen. GdeA und PfA Münster. – StAS, A Louis de Riedmatten.

Literatur. Zur Geschichte. V. ATTINGER, Dictionnaire géographique de la Suisse III, Neuchâtel 1905, S.420. – L. MEYER, Die St. Jakobsbruderschaft in Münster Goms, ZSKG XXXIV (1940), S. 57–60. – NOTI, Manuskr. Heft 2, 3 und 5. – HENRY DE RIEDMATTEN, Herkunft und Schicksal einer St. Niklauser Familie: die Riedmatten, BWG XIII (1964), S.531–561. – H.A. VON ROTEN, Adrian I. von Riedmatten, Fürstbischof von Sitten 1529–1548, ZSKG XXXXII (1948), S. 1–10 und 81–106. – Derselbe, Die Landeshauptmänner von Wallis 1682–1699, Peter I. v. Riedmatten von Münster, BWG XVI (1971), S. 7–22. – E. TSCHERRIG, Bartholomäus Supersaxo 1638–1640 und Adrian III. von Riedmatten 1640 bis 1646, BWG XIII (1961), S. 1–80, und (1962), S.81–164. – W. Wb., S.178/79.

Zur Bau- und Kunstgeschichte. Allgemeines. J. BIELANDER, Die am Wege standen..., Straße und Verkehr 41, Nr. 7 (1955), S. 301–303. – Bürgerhaus, S. XXXI–XXXII und Pl. 97–103. – DONNET, S. 115. – FURRER-WICK, S.54–57 (Einschaltblätter). – NOTI, Manuskr. Heft 1 und 4. – ST. NOTI Fr. O. M. Cap., Zur Geschichte des Marterbildes von Münster, Manuskr. 1971, Expl. im PfA Münster. – Derselbe, Geschichtliches zur Verehrung des hl. Antonius von Padua in Münster Goms, Manuskr. 1972, Expl. im PfA Münster. – W. RUPPEN, Münster im Goms, Schweizerische Kunstführer, Basel 1968. – F. SCHMID, Ein Chronicon zu Münster, BWG I (1889/90), S.7–8, 15–16, 29–32, 48, 62–64, 79–80.

Bilddokumente. 1. Ansicht von Westen. Dorfpartie mit Pfarrkirche und Peterskirche, gezeichnet von LORENZ JUSTIN RITZ, lith. von SPENGLER et Cie, Lausanne. 1838 (Abb.61). – 2. Ansicht von Osten. Kirche und einige Gebäude. Zeichnung von RAPHAEL RITZ. 1845–1850. Skizzenbuch Nr. 20, Bl. 4 (Nachlaß, zurzeit bei Frau E. Darioli-Ritz, Zug). – 3. Sicht vom Platz vor dem Hotel «Croix d'Or et Poste» gegen die Pfarrkirche hin; «Münster bei gründlichem Regentag/26 Aug 09». Zeichnung von J.R. RAHN (ZBZ, Rahnsche Sammlung, Mappe V, Bl.91).

Siegel und Wappen. 1. *Zendensiegel* (Abb.2). Dm. etwa 48 mm. In einem Vierpaß geteiltes Wappen mit zwei Tatzenkreuzen auf gerautetem Grund, die auf die zwei Großpfarreien bzw. Gotteshäuser hinweisen dürften. Umschrift in gotischen Majuskeln: «+s CONMVNITATV A MONTE.DEI.SVPERIVS.». Erscheint seit 1368. StA Luzern, Urk. 82/1427, 11.Sept. 1368. Das Zendensiegel wurde nur bei Akten verwendet, die den ganzen Zenden betrafen, sei es, daß der Zenden von «Deisberg vff» mit Außenstehenden oder die Pfarreien Münster und Ernen unter sich Verträge schlossen. – 2. *Die Siegel der Meier und Statthalter.* Bei Angelegenheiten der einzelnen Großpfarreien Münster oder Ernen siegelte der Meier bzw. der Statthalter (S. 6) mit seinem persönlichen Petschaft; ebenso tat der Ammann der Grafschaft Biel. Die Umschrift nennt nur Vornamen und Namen, keine Amtsbezeichnung. In der ersten Hälfte des 15. Jahrhunderts verdrängte sich 1447 das Papiersiegel dasjenige aus Wachs.

Fahnen. In der Großpfarrei Münster, deren Gemeinden 1447 auf ein eigenes Banner beriefen[23], blieb nur das 1683 von Landeshauptmann Peter von Riedmatten geschenkte[24] *Zendenbanner*[25] erhalten (Abb.3). Aufbewahrt im neuen Schulhaus von Münster. H. 168 cm, B. 124,5 cm. Seidendamast mit erhaben gewirkten großen Motiven. Geteiltes Banner. Oben weißes Kreuz auf rotem Grund, unten in

---

20 Bereits 1323 ist von vier Vierteln die Rede (PfA Biel, A 2). Doch änderte die Viertelseinteilung zu wiederholten Malen.   21 IMESCH, S. 250.   22 PfA Münster, D 156.

23 A. HEUSLER, Rechtsquellen des Cantons Wallis, Basel 1890, Nr. 421.

24 StAS, A Louis de Riedmatten, livre 5, Nr. 2, S. 13/14, und VON ROTEN, Landeshauptmänner, 1971, S. 14.

25 H.A. von Roten, Raron, vermutet, es handle sich beim Münstiger Banner nicht um das eigentliche, wohl beim letzten Bannerherrn, Landeshauptmann Sigristen, in Ernen verbliebene Zenden-

vertauschten Farben. Mit Gold und Farbe aufgelegt sind eine rundum laufende Kettenborte sowie die Inschrift: «DAS PANNER DESS GANTZEN/ZEHENDEN GOMS FVR DEISCH/VFF». Ecke rechts unten ersetzt.

ANLAGE UND EIGENART DER SIEDLUNG (Abb. 62 und 63). Münster liegt 1388 m ü. M. an der Westflanke des großen Münstiger Schuttfächers und zugleich am Ausgang des kleinen Münstiger Tals, den der Biel (mit der Antoniuskapelle) bewacht[26]. Als imposantes Haufendorf bietet es sich dem talaufwärts Kommenden dar, der sich auf dem Aufschüttungskegel hinter Reckingen unverhofft der Siedlung gegenübersieht.

Der Münstiger Bach scheidet den östlichen Dorfteil mit seinen ausgeprägteren Haufendorfpartien vom westlichen Dorf, das, eingepreßt zwischen Wasserlauf und Talhang, vor allem im langen Siedlungsarm des «Unnerdorf» beinahe Straßendorfcharakter annimmt. An einigen Stellen sind eher platzähnliche Lichtungen als eigentliche Dorfplätze ausgeschieden, so vor dem Hotel «Croix d'Or et Poste», bei der Margaretenkapelle, der Pfarrkirche und der Peterskirche. Während die Peterskirche mitten im Dorfkern steht, erscheint die heutige Pfarrkirche an den östlichen Dorfrand gerückt.

Münster beeindruckt mehr als Flecken als durch den baulichen Wert der einzelnen Häuser. «Heidehischer», von denen ein Dutzend erhalten blieben, bilden eine kleine geschlossene Vierergruppe im «Pedel»-Viertel. «Uberbach» und «Unnerdorf» zählen ebensoviele, jedoch verstreut. Vereinzelte «Heidehischer» an den Dorfrändern aller vier Himmelsrichtungen beweisen, daß die mittelalterliche Siedlung die Ausdehnung des heutigen Dorfes erreichte. Der auffallend kleine Häuserbestand oberhalb der Peterskirche ist zum Teil eine Folge der Feuersbrunst von 1871. Auf der Brandstelle (Koord. um 270/370) wurden von anderswo hergeholte ältere Häuser wieder aufgerichtet. Typisch für Münster, und zwar gerade für den «Pedel»-Viertel mit seinem alten Baubestand, sind die großen Häuser, die neben einem älteren Häuschen meist aus dem 16. Jahrhundert als Kern noch eine später angefügte Kammer- oder zweite Stubenachse unter neuem Giebel umfassen. Einige sehr wirkungsvolle, nur von Nutzbauten gesäumte Straßenzüge schließen das Dorf im Norden und im Süden ab. Ähnlich wird das «Unnerdorf» von Nutzbauten umschlossen. Die Heuställe sind größtenteils am Dorfrand aufgereiht, während Stadel und Speicher, einzeln oder zu Gruppen vereint, häufiger im Dorfinnern stehen.

Siedlungsgeschichtliches[27]. Obschon «Uberbach» (trans ripam) schon in den ältesten Urkunden erscheint, liegt der historisch bedeutsamere Dorfkern doch östlich des Baches, und zwar, der heutigen Autostraße folgend, vom Hotel «Croix d'Or et Poste» (Nr. 46) bis zur Marienkirche. An diesem Straßenabschnitt stehen denn auch die Peterskirche sowie die Häuser der Meier Imoberdorf (Nr. 33) und Jergen (Nr. 49). Demgegenüber hat «Uberbach» neben der historisch jüngeren und bescheideneren

---

banner, sondern um eine freizügigere Zendenfahne des Zendenfenners, was bei der Rivalität zwischen Münster und Ernen durchaus möglich wäre. – BRUCKNER, S. 61, Nr. 349. – Bericht von alt Meier Johann Josef Jost über «den Verlauff der im jahr 1767, den 13 den heuwmonat gehaltenen Pannerebesatzung» (PfA Biel, A 12 b).

26 Vgl. die Sage vom hl. Antonius und dem Teufelstein am Weg zur Bielkapelle (STEBLER, S. 21).

27 Die Ausführungen über den Wandel des Dorfbildes stützen sich auf Mitteilungen von Br. Stanislaus Noti.

Abb. 62. Münster. Luftaufnahme 1973.

Margaretenkapelle nur das Haus des Peter Imsand (Nr. 50) aufzuweisen, das aller-
dings alle andern an Stattlichkeit übertrifft. Die alte «via regia» mündete schräg
in den genannten Dorfkern ein, was dessen Haufendorfcharakter noch betont. Im
Lauf der Jahrhunderte veränderten Brände das Dorfbild. So war die Siedlung beim
«Guferli» am Westrand des Dorfes vor dem Brand von 1619[28] und der schrecklichen
Pestepidemie von 1629 ausgedehnter, vielleicht gar ein zweiter Haufendorfkern. Die
Marienkirche war vor einer Feuersbrunst[29] im 18. Jahrhundert mehr ins Dorf einbezogen, da südlich von Kirche und Friedhof zahlreiche, zum Teil namhafte[30] Bauten
standen. An die «Chropfgasse» reihten sich im 16. Jahrhundert gegen Osten hin
noch zwei heute verschwundene Parallelgassen, die Kirch- und die Kreuzgasse.
Immerhin deutet die Ortsbezeichnung «Im Feld» darauf hin, daß sich das Dorf nicht
weit hinter der Marienkirche im Feld verlor. 1871 zerstörte ein Brand «ob der Peterskirche» zwölf Gebäulichkeiten[31]. Welche geschichtliche Bedeutung dem «Hof»
zukam, wo bis in die neueste Zeit ein steinernes Haus stand[32], kann nicht mehr ermittelt werden.

28 PfA Münster, F 1.   29 Mündliche Überlieferung.

30 Neben Riedmattenhäusern auch das Haus der Antoniuspfründe.

31 «1871 im Herbstmond große Feuersbrunst, angegangen im Hause des Anton Lagger», der
12 Firste, darunter 4 Häuser, zum Opfer fielen (Chronik des ANDREAS MÜLLER, Geschinen [† 1910]).
In GdeA Ernen, G 3, ist von einem Brand in Münster 1872 die Rede. Nach NOTI zerstörte dieser
Brand vom 25./26. September 28 Firste, darunter 3 Einfamilienhäuser und 2 Doppelhäuser (ST. NOTI,
Der «rote Hahn» in alter Zeit im oberen Goms, W. Jb. 1969, S. 50).

32 Nach Auskunft von Br. St. Noti handelte es sich bei dem vor einigen Jahrzehnten im Dorfteil
«Hof» abgebrochenen Steinhaus um einen sehr dickwandigen Bau. Vgl. S. 120, Anm. 357.

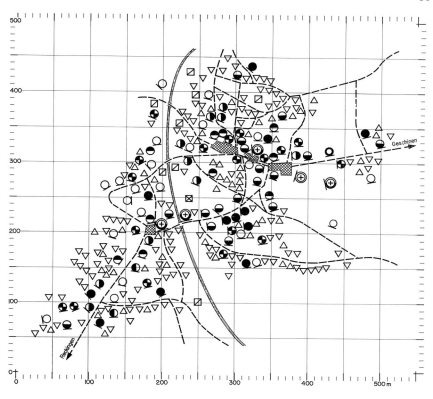

		Koordinaten								
		→ ↑								
		000/000	S.	Nr.	Koord.	S.	Nr.	Koord.	S.	Nr.

⊕ ◯ Hauptfassaden

▨ Platz

– – – Straße

⊕ Kirche   ⊕ Kapelle

◯ Gemeinde- oder Burgerhaus

◯ Wohnhaus

▽ Stallscheune

△ Stadel, Speicher

▨ Werkstätte, Mühle, Sennerei

⊠ Backhaus

● vor 1500

◗ 1500–1630

◖ 1630–1750

◗ 2. Hälfte 18. Jh.

◖ 19. Jh.

◯ 20. Jh.

⊕ Entstehungszeit unbekannt

Koord.	S.	Nr.	Koord.	S.	Nr.	Koord.	S.	Nr.
70/ 65	126	39	250/275	137	64	315/320	125	36
90/ 65	115	16	255/320	115	15	320/210	114	3
95/ 80	115	14	260/230	124	34	325/435	114	2
100/ 95	136	59	265/365	137	62	330/285	125	38
105/115	115	10	**270/210**	**120**	**27**	**335/290**	**123**	**33**
115/ 70	115	12	**270/285**	**129**	**49**	340/190	116	22
115/125	137	67	280/235	124	35	340/310	117	25
135/ 85	136	57	**280/340**	**127**	**46**	345/335	114	6
140/160	133	53	280/365	136	61	**350/255**	**133**	**54**
160/280	126	45	280/380	137	63	355/240	126	40
165/150	**135**	**56**	285/170	116	21	**355/285**	**117**	**26**
165/200	117	24	290/220	114	5	**355/310**	**134**	**55**
175/170	**132**	**50**	295/190	126	41	355/355	133	52
180/130	115	13	295/205	116	20	365/320	126	44
180/250	114	9	300/225	114	7	365/370	121	28
185/190	137	66	300/305	115	17	385/190	136	58
185/220	129	48	300/425	125	37	385/330	116	23
185/315	133	51	305/250	122	30	400/310	126	42
190/370	126	43	305/345	116	18	430/320	129	47
200/115	115	11	310/330	122	31	445/300	116	19
210/225	122	29	315/160	114	8	480/345	114	1
225/325	136	60	315/230	114	4	**500/330**	**122**	**32**
235/300	137	65						

Abb. 63. Münster. Siedlungsplan (vgl. «Wegleitung»). – Text S. 59/60.

PFARRKIRCHE HIMMELFAHRT MARIENS

BAUGESCHICHTE. *Turm.* Die Außengliederung und das streng geschichtete Bruch-steinmauerwerk vorab der unteren Geschosse weisen den Turm ins 12. oder 13. Jahrhundert[33]. Zugleich mit dem höheren barocken Kirchenschiff (1664–1678) werden die hölzerne Glockenstube und der Helm entstanden sein; im obersten Mauergeschoß mit den gekuppelten Fenstern sind noch Reste eines älteren Glocken-stuhls sichtbar. Im 19. Jahrhundert besaß das Glockengeschoß unter den Schall-öffnungen eine pyramidenstumpfförmige Abdachung, ähnlich den Türmen von Biel und Niederwald[34]. Die gekuppelten Fenster wurden erst bei der Restaurierung von 1964 bis 1968 wieder geöffnet[35]. 1920 Neubedachung des Helms[36].

Mittelalterliche Kirche. 1235 wird erstmals eine «ecclesia de Monasterio» genannt[37], wobei nicht feststeht, ob die Marien- oder die Peterskirche gemeint ist. Als Pfarrkirche mit Friedhof ist die Marienkirche erst 1309 bezeugt[38]. In der zweiten Hälfte des 15. Jahrhunderts[39] entstand das spätgotische Chor (Jahreszahl 1491 über der Sakristei-tür). Da nie Grabungen vorgenommen worden sind, ist über Lage und Ausmaße früherer Choranlagen nichts bekannt. Die mittelalterliche Kirche wird, niedrig und stumpfgiebelig, nur an das Erdgeschoß des Turms gestoßen haben[40]. Um die Mitte des 16. Jahrhunderts[41], sicher zu Beginn des 17. Jahrhunderts, plante man einen Neubau[42]. Doch führte man in der Folge so durchgreifende Reparaturen aus, daß der Gedanke des Neubaus in den Hintergrund trat: 1625 im untern Teil der Kirche (Schiff?) nach Süden hin Fenster eingefügt und vergrößert[43]; 1626 Inneres geweißt, beim Choreingang hölzerne Schranke errichtet[44]; 1628 Passionsdarstellungen im Chor gemalt[45] (in jenen Jahren scheint eine eigentliche Totalrenovation erfolgt zu

---

33 Die erste Kunde ist ein Hinweis auf die Turmuhr, welche 1462 bereits zu reparieren war (PfA Münster, D 30).

34 Zeichnung von RAPHAEL RITZ. Skizzenbuch Nr. 17, Nachlaß (zurzeit bei E. Darioli-Ritz, Zug). Um 1840–1860.

35 Der Turm wurde durch einen inneren Eisenbetonkranz unter dem Glockengeschoß und durch Eisenverstrebungen gefestigt; eine (spätere) Blendmauer vor dem Erdgeschoß wurde entfernt. Die blecherne Brüstung der Glockenstube wurde durch eine hölzerne ersetzt, wobei man Holz von alten Dielen (Böden) verwendete. 36 PfA Münster, G 52.

37 GREMAUD I, S. 532. – StAS, A Louis de Riedmatten, Cart. 1, Nr. 2. 38 PfA Münster, D 1.

39 Die Obergesteler Bauernzunft von 1472 stützt sich auf eine voraufgehende «Landung» der Güter «deß kostens halb zebauwen die kilchen zu minster». Die Stelle «Da ein yeklicher der selben landung nach kosten trug und gab» läßt auf Bauarbeiten vor 1472 schließen (GdeA Obergesteln, B 2).

40 Um 1500 fuhr jemand bei hohem Schnee mit Roß und Wagen auf den Giebel des Schiffs hin-auf, um dort zur Denkwürdigkeit das Tier zu füttern (PfA Münster, F 1). Sofern der Turm nicht allein stand wie etwa der Placiturm aus dem 12. Jahrhundert(?) in Disentis (Kdm Graubünden V, S. 9), wird das Kirchenschiff noch unter dessen erstem Geschoß an ihn gestoßen haben, weil sich an allen vier Seiten dieses Geschosses Fensterschlitze öffnen.

41 Entscheid von 1552, daß auch Geschinen zusammen mit Münster jenen Anteil Holz «ad struc-turam ecclesie videlizet interius murum cimiterii» liefere, wie es von seiten der drei andern Viertel schon geschehen sei (GdeA Geschinen, C 4).

42 Fragment eines Erkanntnisbuches «ad novam structuram Ecclesiae Parochialis», 1614 begon-nen, nur bis 1645 fortgeführt (PfA Münster, G 49).

43 PfA Münster, D 130. «... in compage inferiori Ecclie ad meridiem spicientes una cum stella altare S. Catharinae». 44 Ebenda.

45 Ebenda. «... deornatus est totus chorus suauj pictura de Mysterijy pasionis Chris.».

Abb. 64. Münster. Inneres der Pfarrkirche. Chor 1491. Schiff von Christian Raguz, um 1664.
Text S. 62–66.

sein) [46]; 1648 Reparatur des Dachstuhls durch Meister HANS STOFFER von Malters, wohnhaft in Stans [47]; 1649 sollte CASPAR STEPHAN von Reckingen, wohnhaft zu Naters, das «gantze gwelb machen» und auf Bestellung ausmalen [48]. Daß man vom Plan eines Kirchenneubaus abgekommen war, beweist der Verding einer Vorhalle mit den bestausgewiesenen Meistern CHRISTIAN und BALTHASSAR BODMER 1652 [49].

Barocke Kirche. Und doch machte man sich 1664, vielleicht auf Initiative der Familie von Riedmatten, an einen Neubau des Kirchenschiffs. «Ch[ristia]ne regutz begleitet mitt seinem dochterman Jo[hann]e laerie von Rimen Meylander gebiet... sambt Ihren acht werschafften und genugsam probierten Knecht» leisteten die Arbeit [50]. Kirchenvogt war Peter von Riedmatten, Bauleiter sein Bruder Johann [51]. Die wenigen Daten am Bauwerk gestatten es nicht, die Bauetappen klar zu rekonstruieren [52]: 1666 am Portalrahmen; 1670 am Schlußstein der rechten Seitenkapelle und am Deckenbalken der oberen Sakristei; 1677 an der Säule der Vorhalle. 1678 wurden Kirche und Altäre konsekriert [53]. Bischof Adrian IV. von Riedmatten kam für die Giltsteinrahmung des Portals auf [54], nach der Tradition auch für die Giltsteinpartien in Chor und Schiff [55]. In diesen Jahren wird man das Chor mit den Mauritius- und Jodrenzyklen geschmückt haben [56]. Auf der Zeichnung von JOHANN RUDOLF RAHN (s. Bilddokumente Nr. 5) ist zwischen Chorstirnokulus und Traufe eine Sonnenuhrstange(?) dicht unter einem Schriftband sichtbar, über dem die Jahreszahl 1686 in großen Ziffern steht. Zu den Veränderungen am Turm siehe Seite 62.

46 Ebenda. «... atque hic inde [1626] in diuersis partibus multa partius noua aedificata sunt, partius restaurata». 1629 weilte ein Freiburger Meister in Münster (Taufe eines Kindes «Magistri Patoris fryburgensis». Paten: Pfr. J. Stäli und Anna Riedmatten. PfA Münster, D69.).

47 PfA Münster, G24.   48 Ebenda.

49 Ebenda. Ehe abgeklärt ist, ob und wie die Kirche 1664–1678 vergrößert wurde, steht nicht fest, wieviel von der Bodmerschen Vorhalle in der heutigen fortbesteht.

50 Zahlungsvertrag vom 24. Nov. 1664 (PfA Münster, D49). In einem Verzeichnis der Bruderschaft des hl. Altarsakraments vom Ende des 17. Jahrhunderts(?) ist ein Melchior Iseman «de Brismel» aufgeführt (PfA Münster, D100).

51 H. DE RIEDMATTEN, Herkunft und Schicksal einer St. Niklauser Familie: die Riedmatten, BWG XIII (1964), S. 537.

52 «Vmb daß im jahr 1667 hat man die hauptkirchen In Minster in boden geschlissen, vnd ein neiwe gemacht. im 1672 fast geendet, darzu haben wier auch, wie bilich, vnßern theil gethan, haben die selbe schirr alle im taglohn gemacht zum tag ein 4 tel tugetun» (Aufzeichnungen von THOMAS WERLEN von Münster, Rektor und Pfarrer in Biel 1655–1687, in Taufbuch, S. 12. PfA Biel, D38).

53 Konsekrationsakt. PfA Münster, D54.

54 Inschrift über dem Türsturz des Portals (S. 68). Ferner StAS, A Louis de Riedmatten, Carton 5, fasc. 7, Nr. 8, im Inventar wohl irrtümlich 1653 datiert.

55 STEBLER, S. 20, und SCHMID, LAUBER, Verzeichnis, 1923, S. 273. Als man dem Bischof die Rechnung zur Begleichung vorlegte, soll er gesagt haben: «Hat man denn die ganze Kirche aus Serpentin gebaut?» (Freundl. Mitteilung von Br. St. Noti.) Nach der Überlieferung wurde der Giltstein für den damaligen Kirchenbau beim «Waldji» gegen den Lärchboden eingangs Mersebachtal gebrochen. (Freundl. Auskunft von Adolf Müller, Geschinen.)

56 Mit dem Jodrenzyklus an der Chorwange folgte Münster wohl dem Vorbild der Kathedrale von Sitten. «Jn Cathedrali Ecclia Seduni imago S. Theoduli picta in pariete a parte Epistolae uisitur cum 5 mysterys, totidem Versibus expssis, sed non omnes sunt legibiles ob antiquitatem». (Leben der Heiligen Theodul und Sigismund. Darin angefügte Notiz aus der 2. Hälfte des 17. Jh. PfA Niederwald, D57.) In Sitten hatte man jedoch durchwegs andere Szenen gewählt (die Offenbarung der Vergehen Karls d. Gr. bei der hl. Messe, die Übergabe des Wallis an den hl. Theodul und das Glockenwunder).

Spätere Veränderungen. 1684 wurde die Orgelempore von JOHANN WERLEN aus Reckingen nach dem Vorbild der Tribüne in der Gliser Kirche eingezogen[57]. Das 18. Jahrhundert stattete die Kirche mit Malereien aus: 1751 dekorative Ausmalung der Kassettenfelder in der Schiffsdecke (durch JOHANN GEORG PFEFFERLE?)[58]. 1752 malte J.G. PFEFFERLE die Prophetenbildnisse. Auf dem Medaillon des Propheten Joel steht rechts neben der Figur: «h: g: PFÖFFERLE/infentor pitore/1752». Da die Kreuzwegstationen mit den Prophetenmedaillons eine kompositionelle Einheit bilden, wird es sich um ein gleichzeitiges Werk desselben Malers handeln[59].

Im 19. Jahrhundert wurde das Innere historistisch ausgestaltet[60]. Vermutlich begann man damit schon 1836–1838[61]. 1882 wurde im Chor eine reiche Vergoldung angebracht, nachdem zuvor die früher (1838?) übergipsten Dienste abgelaugt worden waren. VINZENZ BLATTER von Sitten, der diese Vergoldungen vornahm, malte ferner 1883 zahlreiche Wandbilder, so zwölf Apostel in der Zone über dem Kranzgesims und Engel am Chorbogen; er übermalte also die Bilder des 18. Jahrhunderts. In den übertünchten Kassetten hingen schwere Gipsrosetten[62]. Glasfenster (aus dem Ausland), geschenkt von Rektor Peter von Riedmatten, wurden 1880/81 eingefügt. 1862 gußeiserne Kommunionbank, gefaßt von JOHANN JOSEF JERJEN. Nebenher gingen kleinere Reparaturen[63]. 1900–1903 neue Kirchenbänke mit neugotischen Docken aus Nußbaumholz.

Mit der Kirchenrenovation von 1932 bis 1938 begann die systematische Entfernung der historistischen Zutaten. Die Glasmalereien des 19. Jahrhunderts wichen Butzenscheiben. Die alten Wandbilder in Chor und Schiff wurden durch Kunstmaler JULIUS SALZGEBER, Raron, freigelegt und teilweise ergänzt[64]. Neu gemalt wurden die Bildnisse der Propheten Amos, Abdias, Zacharias und Malachias, da von ihnen nur mehr die Namen erkennbar waren, ferner in der Attikazone des Schiffs chorwärts von den Kapellenbögen jene vier Kreuzwegstationen, die früher die barocken Chorzyklen von Mauritius und Theodul bedeckt hatten. Dabei mußten die Bildnisse der

---

57 PfA Münster, D55. «... in simili et aequali forma prout illa Galleria orgenorum fuit aedificata Glisae». 1692 tritt auch ein «Casparus Werlen murarius de pago Reckigen» auf (GdeA Reckingen, Nr. 66).

58 Datum unter dem Allianzwappen am Gewölbe. Das kleine Kleeblatt unter den Wappen ist auch schon als Wappenzeichen der Familie von Riedmatten und damit als Hinweis auf einen Beitrag des Peter Valentin von Riedmatten an die Ausmalung der Decke gedeutet worden (NOTI, Palast, S. 81/82). Bei der Kirchenrenovation von 1938 fand man Spuren von Vergoldung an den Rahmen der Felder (PfA Münster, Tageb. der H. H. Pfarrer, o. Nr.).

59 Wohl noch 1752 suchte Pfarrer J.G. Garin Ritz von Münster beim Unterwaldner Maler [MARTIN] OBERSTÄG um ein Angebot für bewegliche Stationenbilder nach (PfA Biel, R41. – Weil J.G. PFEFFERLE mit den Malereien am Gewölbe der Kapelle von Geschinen im selben Jahr stark in Anspruch genommen war?). 1751 hatte MARTIN OBERSTEG für die Dorfkapelle Unserer Lieben Frau in Lungern einen (nun veräußerten) Kreuzweg gemalt. Es könnte sich freilich auch um den 1741 nachgewiesenen GEORG OBERSTEG oder den 1734 tätigen JOHANN JOSEPH OBERSTEG handeln (Kdm Unterwalden, S. 372/73, 824 und 873, Anm. 2).

60 Wo Quellennachweise fehlen, stützen sich die Angaben zu den Arbeiten des 19. und 20. Jahrhunderts auf PfA Münster, G52.

61 In der Kirchenrechnung des Jahres 1839 figuriert eine Ausgabe von 260 Pfd. an den Maler ANTON GUNTERN aus Ritzingen (PfA Münster, G51).   62 GARBELY, S. 57/58.

63 1782 Portaldach (PfA Münster, G42); 1851–1855 Kirchendach (PfA Münster, G51 und G50[?]; 1874–1879 Zementboden und Staffeln; 1912 Kirchendach aus galvanisiertem Eisenwellblech; 1920 Turmdach und Außenbewurf; 1923 Vorhalle; 1945 Vorportal).   64 GARBELY, S. 54–58.

Propheten Isaias und Jeremias übermalt werden, weshalb diese in den Reliefs der Flügelaufsätze des Hochaltars zur Darstellung gelangten. Da von den Passionsdarstellungen des Jahres 1628 nur unbedeutende Spuren zum Vorschein gekommen waren, entfernte man die späteren Mauritius- und Jodrenzyklen nicht[65]. 1932 Kommunionbank aus Gotthardserpentin. 1936 Renovation der Sakristei (Boden und Decke). 1964–1968 unbefriedigende Teilrenovation des Äußeren (schwere Putzschäden!), anschließend Restaurierung des Turms, durchgeführt von JOHANNES HORESTES BUNDSCHUH, Naters, unter Aufsicht der Experten der eidg. Denkmalpflege, Prof. Dr. ALFRED-A. SCHMID und Prof. Dr. EMIL MAURER. Schindeldach 1974/75.

Baugeschichtliche Probleme. 1. Zur Frage der «Grymsla». Im 19. Jahrhundert war die Tradition[66] noch lebendig, daß die heutige Sakristei der Pfarrkirche ein Teil des ehemaligen Klosters bzw. der «Grymsla» sei; diese hätte bis zur Kirchenvergrößerung von 1664 gestanden. 1464 wird die «Grymsla» neben dem neuen Pfarrhaus genannt[67]. Vielleicht diente sie einmal als Pfarrhaus, wie sie 1662 als Wohnung des Sakristans bezeugt ist[68]. Diese spärliche Kunde von der «Grymsla», deren Namen man als Hinweis auf ein Talhospiz[69] wird deuten dürfen, führt in die dunkle Frühgeschichte von Kloster(?) oder Kirche zurück. – *2. Erhöhung des gotischen Chorgewölbes zur Zeit des barocken Kirchenbaus?* Im Gewölbe der Sakristei ist an der Chorwange etwa 30 cm über den Strebepfeilerenden eine horizontale Baunaht mit ehemaligem Zugang(?) zum Chorgewölbe sichtbar. Der spätere(?) unverputzte Maueraufsatz stößt mit deutlicher Baunaht an die verputzte(!) Schiffsstirnwand. Wurde das Chor in Anpassung an das höhere barocke Kirchenschiff aufgestockt und das spätgotische Rippengewölbe unter Wiederverwendung der skulptierten Teile wiederum eingezogen[70]? In diesem Zusammenhang ist eine Baunaht der Dienste in etwa 3 m Höhe des Chors bemerkenswert. In den oberen Partien wurde ein Giltstein dunklerer Tönung von etwas kleinerem Durchmesser gewählt. Die niedrigen Rundbogenfenster der Schildbogenfelder im Chor können nicht vor dem 17. Jahrhundert entstanden sein; doch hat man vielleicht bloß gotische Okuli zu Rundbogenfenstern umgestaltet. Diese Veränderungen könnten 1686 vorgenommen worden sein (S. 64). – *3. Sakristeiumbauten.* Rätselhaft ist im Gewölbe der Sakristei auch eine als Giebelflanke erscheinende Blendmauer(?) an der Schiffsstirnwand, die, auf den Verputz der gotischen Chorwange stoßend, Relikt eines späteren Sakristeibaus sein dürfte (vgl. auch den Text zur «Grymsla», s. oben). – *4. Riedmatten-Kapelle.* Für 1633 ist eine Kapelle der Familie von Riedmatten bezeugt[71]. 1670 finden wir diese in der

---

65 Die hellen Farbflecken bezeichnen die Stelle der Spitzhammerlöcher. Von den Passionsdarstellungen wurden Stellen in den untern Feldern des Jodrenzyklus abgedeckt. (Freundl. Mitteilung von H. H. Ludwig Werlen, Brig.)   66 AMHERD, S. 38. Vgl. ferner GARBELY, S. 49, Anm. 7.

67 PfA Münster, D 11.   68 PfA Münster, D 30.

69 Vgl. SIMONETT I, S. 195. Die freilich erst 1573 erwähnte Jakobsbruderschaft in Münster dürfte mit der «Grymsla» in Zusammenhang stehen (L. MEYER, Die St. Jakobsbruderschaft in Münster, Goms, ZSK XXXIV [1940], S. 57–60).

70 Bei der «facies salvatoris in medio chori pendens», die Kirchenvogt Christian Gon 1642/43 stiftete (PfA Münster, D 131), wird es sich nicht um das vorhandene skulptierte Antlitz Christi am inneren Chorschlußstein handeln, sondern um ein doppelseitig bemaltes und daher frei hängendes Gemälde, wie sich eines aus der Zeit um 1700 im Pfarrhaus von Biel noch fand (S. 400).

71 Im Testament vom 9. Sept. 1646 spricht Bischof Adrian III. von Riedmatten von einer Schenkung des Dekans Adrian von Riedmatten an die Michaelskapelle: «... donaverit eidem sacello medie-

Kirche. Es könnten Teile der alten Kapelle in der rechten Seitenkapelle der Pfarrkirche fortbestehen. Die kleine Abweichung der Nordmauer der Seitenkapelle wird jedoch eher als bauliche Unregelmäßigkeit zu deuten sein. Wurden wegen der Riedmatten-Kapelle die Seitenkapellen, entgegen früherer Gepflogenheit[72], um eine Fensterachse nach Westen gerückt? Auch der Turm verlangte diese Verschiebung.

Literatur. [M. P. CONCINA], Chor und Hochaltar der Pfarrkirche U. L. Fr. in Münster nach der Restauration, Walliser Volksfreund 14, Nr. 14–17 (1933). – GARBELY. – ST. NOTI, Fr. O. M. Cap., Die Liebfrauenkirche und die von Riedmatten von Münster, W. Jb. 1966, S. 21–27. – J. A. WERLEN, Die Pfarrkirche von Münster im Goms, Naters 1958.

Bilddokumente. 1. Ansicht von Nordosten. 1864–1867. Zeichnung von E. WICK (FURRER-WICK, S. 54 A). – 2. Das Chorinnere mit dem Altar. 1864–1867. Zeichnung von E. WICK (Ebenda, S. 54 B). – 3. Sicht auf die Fassade der Pfarrkirche; «Münster/28/VIII 09/Rahn». Tuschzeichnung von J. R. RAHN (Zentralbibliothek Zürich, Rahnsche Sammlung, Mappe V, Bl. 92). – 4. Kirchturm und Kirche von Nordosten; «Münster 29/30 Aug. 09». Tuschzeichnung von J. R. RAHN (ebenda, Bl. 95). – 5. Pfarrkirche von Südosten (Chor); «Münster/29/VIII 09/Rahn». Tuschzeichnung von J. R. RAHN (ebenda, Bl. 93). – Siehe auch die Dorfansichten Seite 58.

BESCHREIBUNG. Die Marienkirche beherrscht als mächtiger Baukörper die Siedlung, obwohl sie am östlichen Dorfrand steht. Diese Wirkung verdankt sie aber nicht bloß ihrer Größe, sondern auch dem Umstand, daß heute eine weite Siedlungslücke am Hang unterhalb der Kirche den Blick auf die ganze Länge des geosteten Bauwerks freigibt.

Grundriß (Abb. 65). Das geräumige Rechteckschiff mündet in ein verhältnismäßig schmales, dreiseitig schließendes Chor, das um drei Grad nach Norden abweicht. Vor der innersten Fensterachse des Schiffs öffnen sich zwei nischenartige Kapellen. Der Turm schließt östlich an die Nordkapelle an und leitet über zur abgesetzten rechteckigen Sakristei an der Chorwange. Vor die Fassade tritt in der ganzen Breite des Schiffs eine Vorhalle.

Äußeres (Abb. 61). Der schlanke romanische Schaft des *Turms* in der Art verwandter Glockentürme der Innerschweiz[73] überragt den Schiffsfirst nur um 4,5 m. Optisch wird er zudem noch dadurch verkürzt, daß die Turmuhrzone unmittelbar unter der offenen hölzernen Glockenstube durch ihre Holzverkleidung zum trichterförmig auskragenden oktogonalen Spitzhelm geschlagen wird. Die Befensterung in den romanischen Zwergbogenfries-Nischen wird nach oben hin zusehends reicher.

Das von Strebepfeilern umstandene gotische *Chor* setzt sich auch im Dach deutlich vom Schiff ab. Die schmalen, hohen Wandabschnitte werden je von einem maßwerkgefüllten Spitzbogenfenster und einem niedrigen rundbogigen Oberlicht ge-

---

tatem cuius petiae agri [Stockacker]» (StAS, AV III, de Riedmatten, Fasc. 2, Nr. 4–6; Kopie). Während das Wort «capella» auch bloß eine Altarstiftung bezeichnen kann, dürfte dies für «sacellum» kaum zutreffen. Zudem ist im gleichen Testament auch von einem «Sacello Sanctm̄i Rosarij B. M. V. in templo Theoduli fundato» (Theodulskirche in Sitten) die Rede, wo es sich eindeutig um eine Seitenkapelle handelt. War der 1596/97 in Münster für die Familie von Riedmatten tätige Steinmetz MELCHER STUDIGER etwa auch für die Errichtung der Kapelle berufen worden? (NOTI, Ms, Heft 4, S. 16/17.)

72 Vgl. die Pfarrkirchen von Glis (1519) und Naters (1659–1661), deren Seitenkapellen in der Flucht der Schiffsstirnwand liegen.

73 So die Türme von Seedorf, Attinghausen, Bürglen und von St. Kolumban bei Andermatt (vgl. A. REINLE in: Uri, Land am Gotthard, Zürich 1965, S. 119).

gliedert. Am barocken *Schiff* scheiden einfache Lisenen [74] die Fensterachsen mit ihren giltsteingerahmten rechteckigen Hochfenstern. Es dominieren jedoch die mächtigen, durch die Schleppdächer der Anbauten noch herabgezogenen Flanken des Giebeldaches. In der rechten Schiffsstirnwand sitzt ein maßwerkgefüllter Okulus. Das Pultdach der Vorhalle mit zentraler Ädikula und ein Okulus [75] zwischen Stichbogenfenstern gliedern die Fassade, deren mächtiger Steilgiebel die Traufwand des Schiffs um 1,50 m an Höhe übertrifft.

Die seitlich geschlossene *Vorhalle* öffnet sich über Brüstungsmauern in einer dreiachsigen Bogenfolge, deren mittlere Arkade zusammen mit den breit gekuppelten toskanischen Säulen das Motiv der Serliana anklingen läßt. An der inneren Säule zur Linken Wappen der Familie von Riedmatten mit den Initialen «I[oannes] D[e] R[iedmatten] P[rocurator] M[onasterii]» und die Jahreszahl 1677 [76]. In der Dachädikula Michaelsstatue (S. 90). Die Kirchentür ruht in doppelter giltsteinerner Portalrahmung; eine plastische Portalarchitektur mit gesprengtem Segmentgiebel umfaßt das innere, bloß faszierte Türgericht. Der Fries ist beschriftet: «ADR[ianus] 4 us DE RIEDMATTEN 5 us EP[iscop]VS SEDVNENSIS/COMES ET PRAEFECT[us]/VAL[lesiae] s[acri] R[omani] I[mperii] PRINCEPS/ 1666» [77]. In der architekturgerahmten Wandkonche zwischen den Sprenggiebeln eine Kind-Jesu-Statue (S. 90). Die Vorhalle birgt ferner den gotischen Ölberg (S. 86–88) an der rechten Wange, gegenüber die Kreuzigungsgruppe von PETER LAGGER (S. 89), beidseits des Portals Einzelstatuen, links eine Muttergottes (S. 90), rechts einen männlichen Heiligen (hl. Jakobus?, S. 90) und ein Weihwasserbecken (S. 85). Die *Kirchentür* ist wohl eine Stiftung des Bischofs Adrian V. von Riedmatten; jedenfalls ließ er sie 1693 zugleich mit dem Michaelsaltar von Sitten herauf bis Brig führen [78]. Die zweiflügelige Nußbaumtür zeigt je drei hochrechteckige Reliefs in kräftigen Profilrahmen: von unten nach oben links der hl. Theodul, Justitia und Mariä Verkündigung, rechts die Heiligen Katha-

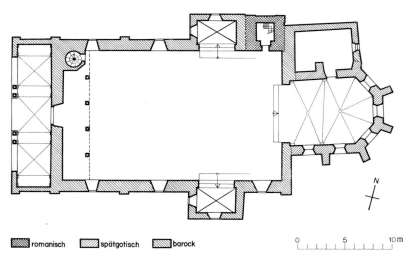

romanisch   spätgotisch   barock

0   5   10 m

Abb. 65. Münster. Pfarrkirche. Grundriß. – Text S. 67.

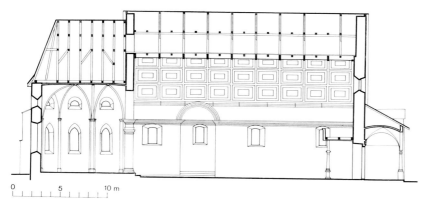

Abb. 66. Münster. Pfarrkirche. Längsschnitt. – Text S. 69/70.

rina und Michael sowie Mariä Himmelfahrt. Den Übergang von den untern statua-
rischen Einzelfiguren auf Konsolen zu den Szenen in der obersten Reihe – offenbar
eine Steigerung hin zur Darstellung der Assunta als Patrozinium der Kirche in der
rechten obern Ecke – bildet der hl. Michael auf dem liegenden Teufel. Die breiten
Rahmenleisten rundum sind mit versenkten symmetrischen Blütenrankenreliefs geziert, die kleinen Eckfelder mit ornamental angeordneten Nagelköpfen. Auf die
Herkunft aus einer Sittener Werkstatt[79] weisen auch Ähnlichkeiten mit der «Porte
des juges» am Rathaus, vor allem aber mit der Tür der Maison de la Diète in Sitten,
und zwar im Stil der Figuren und der Ornamentik wie in der Gliederung.

Inneres (Abb. 64). Die stärkste Wirkung geht vom weiten Saal des Schiffs aus, über
den sich eine mächtige polygonale Kassettentonne aus Holz spannt. Den Eindruck
verstärkt noch der Blick ins schlanke und heller belichtete Chor. Um den Chorbogen
legt sich als wuchtiger Rahmen die Schiffsstirnwand. Auch die zurückhaltende Wandgliederung betont die Monumentalität des Raumes. Ein fasziertes Gesims, das auch
die Kapellen, nicht aber die Kirchenrückwand umzieht, verkröpft sich bloß an den
Pfeilern der Kapelleneingänge. Darüber schiebt sich eine von den Kapellenbögen
durchbrochene Attikazone ein. Die Fensternischen schneiden mit flachen Stichbögen
in die Profile des Hauptgesimses ein. Lisenen fehlen. Die Wirkung vertikaler Glie-

74 Zeitgenössische Wandgliederungen dieser Art mit Lisenen finden sich in den oberitalienischen
Nachbartälern, so z.B. am Oratorio di S. Luguzzone in Pizzanco aus dem Jahre 1652 (T. BERTAMINI,
S. Lorenzo di Bognanco, Illustrazione Ossolana X, Nr. 1 [1968], Abb. S. 21).

75 Auf einer Zeichnung von L. J. RITZ († 1870) sitzt in diesem Fenster ein dreiarmiges Maßwerk
(Abb. 61).

76 Ob hier das Wappen dem Prokuratoren zu Ehren angebracht wurde oder ob der Prokurator
diese Säulen selber gestiftet hat, ist nicht bekannt.

77 Adrian IV. von Riedmatten V., Bischof von Sitten, Graf und Präfekt des Wallis, Fürst des
Heiligen Römischen Reiches 1666.

78 StAS, A Louis de Riedmatten, Cart. 5, fasc. 8, Nr. 63.

79 Lange galt die Tür als ein Werk des kunstliebenden Pfarrers J.G.G. RITZ († 1773). O. STEIN-
MANN hat dann mit Recht darauf hingewiesen, daß sie stilistisch ins 17. Jahrhundert gehöre und Ver-
wandtschaft mit den Portaltüren des Rathauses und der Maison de la Diète in Sitten zeige (STEINMANN,
Ritz, S. 199, Anm. 72).

derung geht von den schmalen, hohen Fensternischen aus und von den pfeilerartig gerahmten Seitenkapellen, die mit ihren Rundbögen die Attikazone aufreißen.

Die *Seitenkapellen* sind kreuzgratgewölbt. Am Schlußstein der Südkapelle Wappen der Familie von Riedmatten mit der Umschrift: «I[oannes].D[e].R[iedmatten]. C[omesiae].M[aior].C[urator].P[ro].T[empore].E[cclesiae] M[onasteriensis]. 1670», an demjenigen der Nordkapelle die Garbe als Wappenzeichen von Pfr. Leo Garbely mit der Umschrift: «R[everendus].D[ominus].G[arbely].L[eo].P[arochus].M[onasterii]. 1938».

Die *Orgelempore* ruht mit fünf Arkaden auf ionischen Giltsteinsäulen. In der Mitte vorkragende Brüstung auf Konsolen. Zwischen kannelierten Pilastern Nischen, von Fruchtgehängen aus Stuck gerahmt, mit Statuen der heiligen Kirchenlehrer Ambrosius, Gregor, Hieronymus und Augustinus aus dem Ende des 17. Jahrhunderts.

Malereien im Schiff. Die in neun Längsreihen angeordneten 63 *Kassettentafeln* der Decke zeigen auf akanthusgerahmten Feldern Variationen von Rosetten. Im Mittelfeld die identischen Wappen von Pfarrei und Zenden in Allianz über der Jahreszahl 1751. Bildfelder von J. G. PFEFFERLE (1752) mit *Prophetenbildnissen* und *Kreuzwegstationen* ziehen die Schmuckwirkung der bemalten Tonne gleichsam rundum in die obersten Wandabschnitte herab. Beide Zyklen sind ineinander verschränkt. Dabei übernehmen die Prophetenmedaillons, Halb- und Dreiviertelbildnisse vor landschaftlichem Hintergrund meist mit attributiver Szene, vornehmlich eine rahmende Funktion. Am Chorbogen und an der Rückwand sind drei Prophetenmedaillons in einem Dreieck angeordnet, vorn Daniel, Baruch [80] und Ezechiel, hinten Aggäus, David und Sophonias. Zwei Medaillons fassen die Kreuzwegstationen der Attikazonen vor den Seitenkapellen ein, an der Südseite Joel und Habakuk, im Norden Oseas und Nahum. Je ein Medaillon sitzt noch an der Kapellenstirn, Jonas in der Nord-, Micheas in der Südkapelle. Die rechteckigen Kreuzwegstationen [81] sind zur Hauptsache in den Attikazonen, von hinten nach vorne alternierend, aufgereiht. Die beiden letzten am Chorbogen erscheinen in Anpassung an die Prophetenbildnisse von einem Medaillon durchschossen. Die farbenfrohen Stationen überraschen durch die eigenwillige Erzählweise und die volksbühnenhafte Dramatik der öfters figurenreichen Szenen.

Chorraum. Zwei Stufen führen zum giltsteinernen Chorbogen, dessen Triglyphenfries unter weit vorkragendem Kranzgesims den Geist der Renaissance atmet (Abb. 67). Das Chor umfaßt zwei kreuzrippengewölbte Joche mit skulptierten Schlußsteinen: Haupt Christi und Lamm Gottes. Die dreiteiligen Bündelpfeiler, Einzeldienste und Rippen sind in Giltstein gehauen. Aus demselben Material schmuckes Profilgeläufe der Sakristeitür, über deren Schulterbogen, in den Sturz gehauen, die Jahreszahl «M CCCC LXXXXI». Meisterzeichen am Bogengewände (Tab. II, Nr. 2) wie an der Kirche St. Oswald und am Rathaus, Zug, sowie an der Pfarrkirche von Neuheim ZG [81a].

---

80 Baruch, dem Freund des Propheten Jeremias, wurde diese Stelle zugewiesen, obwohl er selbst nicht Prophet war.

81 Das Antlitz auf dem römischen Schild in der 10. Station (am Chorbogen) ist auch schon als Selbstbildnis J. G. PFEFFERLES gedeutet worden (GARBELY, S. 61). Man trifft ähnliche Maskarons aber auch an andern Werken der PFEFFERLE, so in den Nothelferbildern des JOHANN JOSEPH PFEFFERLE in der Katharinenkapelle von Wiler bei Geschinen (S. 266).

81a Kdm Zug, II. Halbband, S. 230 u. 370, I. Halbband, S. 247. Freundl. Hinweis von Br. St. Noti.

Abb. 67 und 68. Münster. Pfarrkirche. Chorbogenkapitell, um 1664. Text S. 70. – Sakramentshäuschen von 1491. – Text siehe unten.

Sakramentshäuschen (Abb. 68). H. 219 cm, B. 70 cm. Meisterzeichen Tab. II, Nr. 1.
Das wohl gleichzeitig mit dem Chor um 1491 entstandene giltsteinerne Sakramentshäuschen ist schmal und hoch. Die Bekrönung übertrifft den Schrein an Höhe.
Die Wimpergzone über der leeren Kielbogenarchivolte ist dicht mit Reliefs gefüllt.
Kapitelle mit teilweise à jour gehauenem Netzdekor, wie sie ähnlich ERHART KÜNG
für das Berner Münster entworfen hat[82]. Ursprüngliche rautenmaschige Blechtür.
Gemalte Rollwerkrahmung aus der Mitte des 17. Jahrhunderts. In seinen Proportionen wie in der scharfen, feinen Formgebung hat das Münstiger Sakramentshäuschen
nichts mit den breiten Schreinen der darauffolgenden «Ruffinerzeit» gemein, deren
Bekrönung meist bloß gemalt war[83]. Sehr verwandt ist es dagegen mit dem Sakramentshäuschen der Kirche Sankt Kolumban bei Andermatt[84].
Malereien im Chor. Die Gewölbezwickel sind mit (neuen?) Renaissance-Blütenran-
ken geschmückt. Mit Blumen und Quasten bereichertes Rollwerk im Stil der Spätrenaissance, wohl aus der Zeit des Kirchenbaus (1664–1678), rahmt die gotischen
Fensterkammern außer diejenige in der Chorstirn. In den Laibungen kleine Figuren
von Heiligen und Seligen: Anthäus, Karl Borromäus, Johannes der Evangelist,

82 Kdm Bern IV, S. 111 u. Abb. 88. Aus dem Wallis sind keine weiteren Beispiele bekannt.
83 So die Sakramentshäuschen von Ernen (um 1518) und Raron (1510).
84 Uri, Land am Gotthard, Zürich 1965, Abb. S. 120.

Laurentius, Stephanus, Karl der Große, Ludwig IX. von Frankreich, Markus, Bru-
der Klaus, Isidor und Matthäus. Über den Fensterscheiteln die Brustbildnisse der
Evangelisten mit ihren Symbolen. An der linken Chorwange, wo die Sakristei keine
Befensterung gestattete, stehen barocke Zyklen[85] mit Szenen aus dem Leben der
Heiligen Mauritius und Theodor (Jodren), entsprechend den gegenüberliegenden
Fenstern je in einem spitzbogigen Feld. Jeder der beiden Zyklen zerfällt in vier be-
schriftete Szenen. Mauritius: Der Heilige erbittet den Segen des Papstes; das Götzen-
opfer; des Kaisers Urteilsspruch; der Martertod. Jodren: Feier des hl. Meßopfers; das
Weinwunder; die Auffindung der Reliquien des hl. Mauritius und seiner Gefährten;
Auferweckung eines toten Kindes. Anspruchslose und stark überholte Malereien.

WÜRDIGUNG. In der spannungsvollen Verbindung von Baukörpern des romanischen, gotischen und des barocken Stils gleicht die Pfarrkirche von Münster derjenigen
von Glis. Einmalig ist in unserer Kunstlandschaft nicht nur die frühbarocke Dialek-
tik von Horizontale und Vertikale im Aufbau der Fassade und des inneren Wandauf-
risses; das weite, wenig artikulierte Schiff stellt auch den größten Gegensatz zu den
schmalen, in engen Intervallen von Gurten eingeschnürten Schiffsräumen von Glis
(1642) und Naters (1659) dar. Man behielt offenbar noch in der zweiten Hälfte des
17. Jahrhunderts die Raumproportionen des spätmittelalterlichen Saals bei wie in
Ernen zu Beginn des 16. Jahrhunderts. Das Schiff von Münster fand denn auch
keine unmittelbare Nachfolge, nur Einzelmotive kehrten wieder, so die hölzerne
Kassettentonne über der Attikazone in der Selkinger Dorfkapelle (1678) und, bei
schmalen, hohen Schiffsräumen, in Wiler bei Geschinen (um 1688) und Oberwald
(1710). Die Katharinenkapelle von Wiler folgte Münster zum Teil auch im Aufbau
der Fassade.

AUSSTATTUNG. *Hochaltar.* 1309 ist die Rede vom Hochaltar in der Marienkirche[86];
als Marienaltar bezeugt ist er 1476[87]. Der heutige Altar ist ein Werk des Luzerner
Bildhauers JÖRG KELLER. Inschriften an der Predella, hinter der rechten Apostel-
gruppe: «Ich jerg keller von lucern han gemacht diser daffell jm jar M cccc vnd
viiij jar 1509» (Abb. 69); hinter dem mittleren Abendmahlsrelief: «Johannes
trubman Curatus Johnes bertschen p[ro]curator 1509». In den Inschriften am
Mantelsaum von Schreinfiguren, nämlich der hl. Barbara und wohl auch des hl.
Johannes, erscheint die Jahreszahl 1509; man ist daher geneigt, die Inschrift auf dem
Mantelsaum der Mutter Anna «T.W.R.C(G?) RAN VON,MIR IN MINEM STERB(?) ...»
als Signatur[88] und Künstlerbitte des Faßmalers zu deuten. Der Beitrag von Matthäus

85 Der Vermutung von Br. St. Noti, es könnte sich wegen der verwandtschaftlichen Beziehungen
des Kirchenvogts Peter von Riedmatten zu Kaspar Jodok von Stockalper um dessen Schwiegersohn,
den Porträt- und Kirchenmaler GEORG CHRISTOPH MANNHAFT handeln (W.Wb., S. 159), ist ent-
gegenzuhalten, daß Peter von Riedmatten in eben diesen Jahren den Sturz seines ersten Schwieger-
vaters Stockalper betrieb. Für einen Stilvergleich fehlen passende Werke von MANNHAFT.

86 PfA Münster, D 1.

87 PfA Münster, D 33. Bei dem im Visitationsakt Bischof Wilhelms von Raron (1444) genannten
Marienaltar wird es sich kaum um den Hochaltar handeln, da als «Patroni» die Familie Imoberdorf
genannt wird (StA Freiburg, Collection Gremaud, Valais 8, S. 247).

88 Der Buchstabe C oder G könnte im Künstlermonogramm auf der bemalten Rückseite des alten
Altarflügels enthalten sein (S. 76/77). Ähnlich geheimnisvolle Wörter, in denen man die Signatur des
Meisters vermutet, stehen am Mantelsaum Mariens im Gemälde der Geburt des Franziskaneraltars

Abb. 69. Münster. Pfarrkirche. Hochaltar. Signatur von Jörg Keller. – Text S. 72.

Schiner an das Altarwerk muß bedeutend gewesen sein. Der linke Engel im Gespreng hält sein Wappen [89]; zudem traf das Retabel nicht zufällig an Vigil von St. Matthäus in Münster ein [90]. In den Jahren 1503–1509 sind jedoch auch testamentarische Schenkungen von Gläubigen der Pfarrei bezeugt, darunter von Pestkranken (hl. Sebastian!) [91].

1644 schnitzte Bildhauer MATTH. MANGOLT von Bellwald einen Tabernakel, den JOH. WEGMANN, Luzern, zugleich mit Reliquienkapseln vergoldete [92]. Ein 1697 von JOHANN SIGRISTEN, Glis, geschaffener neuer Tabernakel [93] mit Altarfuß, worunter wohl Leuchterbänke zu verstehen sind, erhöhte das Retabel um drei Schuh. Um 1810 schob man über der Leuchterbank zwei Zwischengeschosse mit Panneaus ein [94]. Infolge dieser Erhöhung mußte wohl das Fialenwerk des Gesprengs verkürzt werden. Die Flügel wurden entfernt und die Predellenreliefs ins Antependium verwiesen. 1869 wurde die Predella wiederhergestellt; die Flügelreliefs setzte man an den Altarstipes. FRANZ JOSEF LAGGER, Münster, schnitzte ein neugotisches Tabernakelgeschoß mit sechs kleinen Statuen [95]; auch Fialen des Gesprengs wurden dafür verwendet [96]. Erst 1932 wagte man sich an eine Restaurierung [97]. Die alten Reliefs der Flügel wurden allerdings irrtümlicherweise nicht in der richtigen Reihenfolge angeordnet. Der ursprüngliche rechte Flügel (S. 76/77) trug oben das Relief der Heimsuchung, unten die

von Freiburg i. Ü. aus der Zeit um 1480 (M. MOULLET, Les maîtres à l'œillet, Basel 1943, S. 32/33). Vielleicht besteht ein Zusammenhang zwischen den Wörtern GRIN (am Franziskaneraltar) und C(G?)RAN (am Münstiger Altar) im Sinne einer üblichen Wendung bei dergleichen Inschriften.

89 Heute hält der andere Engel das Pfarreiwappen. Zu E. WICKS Zeiten (Walliser Reise 1864–1867) war es ein gespaltenes Wappen mit einem ungefähr in der Mitte der Trennungslinie nach links oben abzweigenden Strich. WICK, der sich auf Heraldik verstand, konnte es nicht deuten (FURRER-WICK, S. 54 C). Anderseits sind die Wappenzeichen eingeritzt und scheinen ursprünglich zu sein.

90 PfA Münster, F 1. «Anno Domini millesimo quingentesimo nono in vigilia sancti Mathei apostoli et evangeliste erecta est tabula cum imaginibus in choro dicte ecclesie beatissime virginis Marie empta pretio octingentorum florenorum renesium absque expensis habitis conducendo huc à civitate Lucernensi». 91 PfA Münster, B 2. 92 PfA Münster, D 131.

93 PfA Münster, D 56 b. Vergoldet 1719 (PfA Münster, o. Nr., Buch der Jakobsbruderschaft).

94 Zu den Umbauten des Altars im 19. Jahrhundert vgl. W. RUPPEN (vgl. S. 74), S. 204/05.

95 PfA Münster, G 52. Geschoß und Statuetten werden im Sakristeigewölbe aufbewahrt. Zwei Statuen stehen heute im Altar der Peterskirche (S. 107/08).

96 Tageb. der H. H. Pfarrer, PfA Münster, o. Nr. Mit Hinweis auf CONCINA (vgl. S. 74).

97 PfA Münster, G 52.

Anbetung der Heiligen Drei Könige, so daß in sinnvoller Art zuerst die obere und dann die untere Reihe von links nach rechts zu «lesen» war [98]. Durch die neue Anordnung ging auch die enge Analogie zwischen Marien- und Christus-Szenen verloren, welche früher die Reliefs mit den Malereien der Rückseite verband, z. B. Begegnung bei der hl. Pforte und Heimsuchung [99]. Neu geschaffen wurden der Altartisch, Tabernakel und Leuchterbank, die Flügel, die Prophetenreliefs in den Flügelaufsätzen (PAYER & WIPPLINGER, Einsiedeln) und unwesentliche Teile der Gesprengsarchitektur [100], die nach dem Vorbild des Churer Altars ergänzt wurde. In die obersten Gesprengsädikulen wurden Statuen [101] aus der Peterskirche, der hl. Petrus (zweite Hälfte 15. Jh.) und der hl. Paulus (Mitte 17. Jh.), gestellt. Der eine der beiden Flügel wurde wieder aufgefunden; seine Malereien auf der Rückseite erschienen aber so beschädigt, daß er nicht mehr in den Altar eingefügt wurde. Die alte Vergoldung des Altars wurde aufgefrischt.

Quellen und Literatur. PfA Münster, F1. – J. BAUM, Die Luzerner Skulpturen bis zum Jahre 1600, Luzern 1965, S. 57–64. – [P. M. CONCINA], Chor und Hochaltar der Pfarrkirche U. L. Fr. in Münster nach der Restauration, Walliser Volksfreund 14, Nr. 14, 15 und 16 (1933). – FURRER-WICK, S. 54–55. – J. GANTNER, A. REINLE, Kunstgeschichte der Schweiz II, Frauenfeld 1947, S. 325/26. – ST. NOTI, Fr. O. M. Cap., Zur Geschichte des gotischen Hochaltares U. Lb. Frau in der Pfarrkirche v. Münster, Manuskr. 1971, PfA Münster. – R. RIGGENBACH, Les œuvres d'art du Valais au XVe et au début du XVIe siècle, traduit de l'allemand et revu avec le concours de l'auteur par ANDRÉ DONNET, Annales Valaisannes, IIe série, XXXIX, n°s 1–2 (juin 1964), S. 161–228. – H. [A. von]R.[OTEN]. Der Meister des Hochaltares von Münster, Walliser Bote 108, 21. Sept. 1948. – ROTT, S. 188 und Quellen II (Schweiz), Stuttgart 1936, S. 211/12. – W. RUPPEN, Der gotische Flügelaltar von Jörg Keller in der Pfarrkirche von Münster im Goms, ZAK 29 (1972), S. 198–218. – SCHMID. – A. SCHNYDER, Eine Bildnisstatue des Kardinals M. Schiner? W. Jb. 1942, S. 26–31.

Bilddokumente. 1. Zustand 1810–1869. FURRER-WICK, S. 54–55 (Einlageblätter). – 2. Rekonstruktionsversuch von E. WICK (ebenda). – 3. Zustand vor 1932. Photographie (A der Kdm des Kantons Wallis, zurzeit in Brig).

Beschreibung (Abb. 70). Auf ausladender Predella ruht der fünffachsige, in der Mitte hochgezogene Schrein von 263 cm Höhe und 260 cm Breite, beidseits von einer Ädikula gerahmt. Während der Schrein, das Gesprenge und die Seitenädikulen Statuen bergen, sind die Flügelinnenseiten und die Predella mit Reliefs geschmückt. Die Malereien der Flügelaußenseiten fehlen (S. 76/77).

Den mit Preßbrokat ausgekleideten Schrein unterteilen Wanddienste auf pilasterartigen Rücklagen in fünf Baldachinischen unter dichtem Korbbogen-Fialenwerk. In der Mittelnische steht auf einem Sockel, über dem liegenden Jesse, Maria mit dem Kind; schwebende Engelchen halten die Krone über ihrem Haupt. Die Muttergottes überragt die Seitenfiguren, links die hl. Mutter Anna und Johannes den Evangelisten, rechts die hl. Barbara und den hl. Sebastian. Die Mutter Anna streckt dem Jesuskind einen Apfel hin. Die übrigen Figuren sind mit ihren Attributen ausgezeichnet. Die Fassung der Schreinstatuen ist original und gut erhalten. Die Kleider sind damas-

98 Dies läßt sich aus den Umrissen der Preßbrokat-Hintergründe auf der Rückseite des erhaltenen Flügels schließen (S. 76).

99 Aus diesen Entsprechungen möchte man folgern, daß die Malereien des verschollenen linken Flügels die Geburt Mariens und Zacharias im Tempel darstellten.

100 Beide Baldachinreihen, das Zwischenrankenwerk und die Zinnenschnitzereien auf dem Schrein bestehen aus altem Holz. Ersetzt sind Teile des Gestänges.   101 Abb. in SCHMID, Tf. 38.

Abb. 70. Münster. Pfarrkirche. Hochaltar von Jörg Keller, 1509. – Text S. 74–76.

ziert, die Ornamente meist mit tremoliertem Gold in das Blau, Rot oder Grün des
Grundes eingebettet. Die vergoldeten Mäntel zeigen an ihren Säumen golden auf
Rot oder Blau gesetzte Inschriften [102] mit Texten zum Teil aus Hymnen. Der um den
ganzen Schrein laufende Stechakanthusrahmen mit den eingeflochtenen Statuetten
der Ahnen Christi auf Blüten sprießt als Stammbaum Christi aus dem schlafenden
Jesse. Die Flügelinnenseiten sind in zwei Geschosse unterteilt, so daß vier Szenen
aus dem Leben Mariens Platz finden, links Verkündigung und Anbetung, rechts
Heimsuchung und Geburt (in irrtümlicher Anordnung seit 1932). In den kleinen
Rechteckaufsätzen der Flügel Brustbildnisse der Propheten Jeremias und Isaias.

Die linke Seitenädikula birgt den hl. Georg, die rechte den hl. Mauritius. Die
Skulpturen des Gesprengs stehen in lichten Stabwerkädikulen, in der Mittelachse
unten Mariä Krönung, oben Petrus und Paulus. In den seitlichen Achsen links der
Evangelist Matthäus, rechts der hl. Theodor, oben je ein Engel. Im Gegensatz zum
fünfachsigen Schrein wird die Predellenzone durch Säulchen nur in drei Nischen
unterteilt. Hier ist mit Halbfiguren das Abendmahl dargestellt [103]. Auf der Altar-
rückseite sind Schrein und Predella mit zum Teil etwas flüchtig ausgeführten Malereien in Leimfarbe geschmückt [104]. Die Schreinfläche ist mittels breiter Rahmen in
drei Hochfelder gegliedert, in denen unter Ranken je eine Heilige mit Attribut steht,
von links nach rechts: Margareta, Ursula und Maria Magdalena. Die Figuren sind
zu Häupten beschriftet; im Mittelfeld ferner die Jahreszahl 1509. An der Predellen-
rückwand in Halbfiguren der Schmerzensmann zwischen Maria und Johannes,
die seine Arme stützen, und beidseits ein Engel mit Leidenswerkzeugen. Die leeren
Zwischenflächen der Predellenmalerei sind mit später hinzugefügten Jahreszahlen,
Signaturen und nichtidentifizierbaren Meisterzeichen(?) übersät.

Rechter Seitenflügel des gotischen Hochaltars (zurzeit im Pfarreimuseum). H. 233 cm,
B. 131 cm. Tempera auf Holz. Keine Spuren eines Eckaufsatzes. Der Flügel war von
R. Riggenbach identifiziert [105] und in der Peterskirche aufbewahrt worden. Bei der
Restaurierung 1968 durch HANS A. FISCHER, Bern, zeigte es sich, daß die obere Szene
noch beinahe intakt erhalten war und auch die Ausbrüche der untern Flügelhälfte
die Szene nicht empfindlich störten. Bei der untern Szene steht im Bildgeviert links
unten ein monogrammartiges Zeichen I[l?] und O[D?] oder C und D [106]. Auf der
Flügelrückseite (ehemals Vorderseite) blieben die Preßbrokat-Hintergründe zu den
Reliefs erhalten.

102 Hl. Barbara: «DV HAST VNS MACHT 1509 MARIA ZART VON EDLER ART EIN ROS ON ALLEN ...»
«..MARIA...OWI(?) RLMNRL»; hl. Anna: «..ARIA OR(?)A(?) P(?)R(?)O(?).... VOT SNT ANNA SAL(?)V(?)
T(?) «T.W.R.G(G?)RAN VON, MIR IN MINEM STERB(?)...GLOR»; hl. Johannes: «BIST UN(?)S(?)...». Alles
übrige ist nicht mehr lesbar. Für E und Z wurden nicht die üblichen Kapitale gewählt.

103 Man glaubte, in Aposteln Pfr. Joh. Trübmann (linkes Relief: Apostel mit Buch) und JÖRG
KELLER (rechtes Relief: Apostel mit Keule) dargestellt zu finden. GARBELY bezeichnet die vermeint-
lichen Porträtfiguren zwar nicht; aber diese beiden Apostel fallen durch Charakteristik des Kopfes
oder der Kleidung auf (GARBELY, S. 61).

104 Über sehr bestimmt modellierender Untermalung stehen Konturen in Schwarz.

105 SCHMID, S. 31, Anm. 1.

106 Als Urheber vermutete HANS ROTT den Maler HANS EFELDER, der 1509 vom Luzerner Gericht
mit einer Forderungsklage an den Bildhauer JÖRG abgewiesen wurde (ROTT, S. 31, Anm. 1). Als
Rudolf Riggenbach auf dem Flügel die Buchstabenligatur entdeckte, deutete ROTT diese als Signatur
des CASPAR BREITENMOSER, RIGGENBACH selbst als diejenige des in Luzern um 1512 tätigen CHRISTOPH
BOCKSTORFER (SCHMID, a.a.O.).

In beiden Bildfeldern gewährt ein stichbogiger Grisaillerahmen Durchblick auf die Szene. Auf dem Rahmen sind in Blatt- und Rankenwerk Gestalten aus der Antike, aus dem Alten und Neuen Testament einander gegenübergestellt[107]. Ein Putto steht auf einem Dienst im hohlkehligen Gewände. Die eigentlichen Szenen geben, zum Teil in enger Anlehnung an Stiche, die ALBRECHT DÜRER 1503/04 für sein 1511 erschienenes «Marienleben» geschaffen hat[108], oben die Begegnung an der hl. Pforte, unten Mariä Tempelgang wieder. Bei Mariä Tempelgang auf der Tempelarchitektur kleine Gruppe Johannes' des Täufers vor dem sitzenden Moses.

Die qualitätvollen Gemälde gelten als die ersten Malereien der Renaissance in Luzern. Ein Vergleich mit der Dürerschen Vorlage läßt jedoch die noch durchaus gotische Haltung erkennen, die, auf Gebärde und Topos gerichtet, das Erzählerische der Anekdote mied.

Würdigung[109]. Der Flügelaltar von JÖRG KELLER zählt zu den wertvollsten schweizerischen Retabeln der Spätgotik, wie die hohe Qualität der Schreinfiguren den Meister unter die großen oberdeutschen Künstler seiner Zeit einreiht. Der dem Blaubeurener Altar ähnliche Aufbau leitet sich zur Hauptsache von angestammten Ulmer Motiven der MULTSCHER-Nachfolge her sowie aus Motiven, welche die späteren Ulmer Meister J. SYRLIN d.Ä. und MICHEL ERHART wohl vom Konstanzer Hochaltar des NICOLAUS GERHAERT VON LEYDEN übernahmen. Im Aufbau konservativ – setzt es doch den Altartyp der ERHART-Zeit mit dem für Schwaben üblichen Programm fast unverändert fort –, überrascht das Retabel durch die Leidenschaft der Formgebung. Der in Luzern tätige (Ulmer?) Meister in der Nachfolge J. SYRLINS d.J. – auffallend sind die Anklänge an den Faltenstil von DANIEL MAUCH – setzte sich auch mit Anregungen aus andern Kunstlandschaften auseinander, woraus sich die stilistischen Spannungen zum Teil erklären. Die hohe Qualität der Schreinstatuen eignet freilich nicht dem gesamten Statuenbestand des Retabels. Für den Meister selbst sind die Schreinstatuen samt dem liegenden Jesse und möglicherweise das Flügelrelief der Anbetung der Heiligen Drei Könige in Anspruch zu nehmen, während die übrigen Bildwerke der Werkstatt zuzuweisen sind.

Michaelsaltar (in der rechten Seitenkapelle) (Abb. 74). 1497 wurde ein Streit um ein vielverehrtes Bild, das über dem Michaelsaltar hing, bis vor den Papst getragen[110]. Der gotische Altar wird schon 1627, als eine «tabula SS. Angelorum» aus den Gaben des Hauptmanns Peter von Riedmatten († 1626) aufgerichtet wurde[111], einem Spätrenaissance-Retabel gewichen sein. Oberst Peter von Riedmatten († 1644) äufnete 1641 das Benefizium für den Altar[112]. Bischof Adrian III. von Riedmatten verlieh als Testamentsvollstrecker seines Bruders das Patronatsrecht der «Linea recta»[113]. 1693 waren es Bischof Adrian V. von Riedmatten und wohl auch dessen Bruder Oberst Peter von Riedmatten († 1707), die den barocken, heute erhaltenen Altar

---

107 Identifizierbar sind links Veronika und Alexander, rechts Judith und König David.

108 Als Probedrucke waren die Blätter vor der Herausgabe des Zyklus im Umlauf (J. MEDER, Dürer-Katalog, Wien 1932, S. 167).

109 Ausführliche Würdigung mit Stilvergleich bei W. RUPPEN (vgl. S. 74).

110 WIRZ, S. 144. Vgl. S. 88, Anm. 184.

111 PfA Münster, D130. Dieser Michaelsaltar könnte auf dem Fresko links im Chor der Peterskirche wiedergegeben sein.

112 StAS, A Louis de Riedmatten, livre 4, Nr. 4.   113 Ebenda, Nr. 8.

stifteten[114]. Der Bischof ließ das Altarwerk in Sitten schnitzen und fassen[115]. Renovation 1945.

Der sehr hohe dreigeschossige Altar ist in den beiden unteren Zonen dreiachsig; in der obersten vertritt ein Paar Flankenstatuen die schmalen Seitenachsen. Die breitere Mittelachse tritt vor. Die Form der Nischen ändert mit den Säulenstellungen von Geschoß zu Geschoß. Charakteristisch sind die rankenumsponnenen gewundenen Säulen sowie die saftigen Appliken von einheimischen und fremden Früchten. Akanthus fehlt. Im auffallend reich ornamentierten zweiten Geschoß mit dem bischöflichen Wappen rankt Klee, die Wappenpflanze der von Riedmatten, um die Säulenschäfte. In den Nischen der Mittelachse szenisch erweiterte plastische Darstellungen, von unten nach oben: der hl. Michael mit dem Teufel, die Unbefleckte, der an der Sockelzone applizierte Engelchen zugeordnet sind, und ein Schutzengel mit Kind; in den Seitenachsen meist Einzelstatuen, vornehmlich Familienpatrone der von Riedmatten, links Petrus, Anna Selbdritt und Antonius von Padua, rechts Paulus, Franz Xaver und Ludwig IX. von Frankreich. Auf den Gesimsenden der Kapellenwand links der hl. Joseph, rechts die hl. Barbara. Die letzte Überfassung (1945) mit dem allzuvielen Gold hat den ursprünglichen Charakter des Altars verändert. Als einziges dreigeschossiges Retabel des Goms schließt es sich Altarwerken wie dem Hochaltar von Venthône VS an[116]. Der Typ wird über damals in Sitten tätige Bildhauer[117] aus dem Norden auf die süddeutschen Turmaltäre der ersten Hälfte des 17. Jahrhunderts zurückzuführen sein.

Rosenkranzaltar (rechter Seitenaltar) (Abb. 71). Die Abschlußfigur des hl. Nikolaus am heutigen Retabel erinnert noch daran, daß im 17. Jahrhundert der frühere Nikolausaltar[118] in demjenigen des hl. Rosenkranzes aufging[119]. 1309 hatte Johann Imoberdorf den Altar zu Ehren des hl. Nikolaus und der hl. Katharina errichtet[120]. 1408

---

114 Am Altar weist das große Wappen am Hauptgeschoß darauf hin, daß sich neben dem bischöflichen Stifter (Wappen am zweiten Geschoß) noch ein anderer Vertreter der Familie offenbar als Inhaber des Patronats der Pfründe am Werk beteiligte. Nach dem Erlöschen der ältesten Linie mit Landeshauptmann Peter († 1683) wird das Patronatsrecht an den Ältesten der nächstältesten Linie übergegangen sein, nämlich Oberst Peter († 1707).

115 «Waerumb iher empfangen werdett den altar undt die ganze port sampt der plagt undt schloß ... thein also hiemit die sachen in ganzen euch hinfüero anvertrauwen von bereig biß in gombß ... [wenn der Altar oben ist], sso werden wier den meisteer eermanen oder mit unß beringen, weil alhie noch zwey bilder thein verbleiben, die noch nit sindt vergilt» (Brief von Bischof Adrian V., Sitten, an seinen Bruder Oberst Peter von Riedmatten in Münster. StAS, Fonds Louis de Riedmatten, cart. 5, fasc. 8, Nr. 63. Vgl. auch ebenda Nr. 64.). Im 17. Jahrhundert lebte in Sitten ein Bildhauer aus dem Geschlechte derer VON RIEDMATTEN, namens JOHANN FRANZISKUS, Sohn des Kastlans Caspar von Riedmatten und der Sara Allet, vermählt mit Elisabeth Liviodi. Genannt sind nur die Lebensdaten von dessen Sohn Johann Josef Adrian: 1672–1719 (Stema Seu Genalogia Nobilis familiae Riedmattenorum, StAS, A Louis de Riedmatten, livres 5, Nr. 2).

116 Es gleichen sich überdies auch die Seitenstatuen der Hauptzone in beiden Altären.

117 Die Künstler des Chorgestühls in der Kirche von Valeria: BARTHOLOMÄUS RUOFF und HEINRICH KNECHT von Laufenburg, HANS GEORG ADAMER aus dem Tirol(?), MELCHIOR KÜRCHENBERGER. Vgl. J. SCHEUBER, Renaissance-Chorgestühle im Kanton Wallis, BWG V (1915), S. 131–140, und D. IMESCH, Die Rechnung für die Chorstühle auf Valeria, ebenda, S. 141–145.

118 1418 weihte Bistumsverweser Andreas Gualdo den Nikolausaltar (PfA Ulrichen, Nr. 4).

119 Noch im 18. Jahrhundert besaßen Nikolaus- und Liebfrauenaltar ein gemeinsames Kapital (PfA Münster, D80).   120 PfA Münster, D2.

Abb. 71 und 72. Münster. Pfarrkirche. Rosenkranzaltar von Christian Brunner, 1703. Text S. 78–80.
Katharinenaltar von 1705/06. – Text S. 81/82.

wurde von Clemens Sutor aus Ulrichen, Pfarrer in Ernen, ein neuer Altar gestiftet[121];
es beteiligten sich auch andere Spender und die Pfarrei[122]. Nebenpatrone sollen
Petrus und Paulus gewesen sein[123]. Die Änderung des Patroziniums dürfte auf Meier
Matth. Imoberdorf zurückgehen, der 1645 den Rosenkranzaltar errichtete[124]. 1678
Gründung der Pfründe des hl. Rosenkranzes[125] durch Domherr Peter Guntern, auch

121 PfA Münster, D 14 b. «Clemens, filius quondam Joannis Longi sutoris de Ulrichen». Nach
dieser Stelle könnte auch Longi den Namen bezeichnen.

122 Der Stifter durfte sich und seinen nächsten Freunden das Patronatsrecht vorbehalten, während
das Bestätigungsrecht beim Pfarrer von Münster lag. 1444 besaß jedoch der Pfarrer auch das Patronatsrecht (StA Fribourg, Collection Gremaud, Valais 8, S. 247).

123 SCHMID, S. 39, Anm. 4. 1678 werden in der Stiftungsurkunde der Rosenkranzpfründe Petrus
und Paulus ausdrücklich als Mitpatrone genannt (PfA Münster, D 50). Die Statuen der beiden Heiligen im Gespreng des Hochaltars (S. 74) könnten von diesen Altären stammen. Vgl. auch Anm. 297.

124 PfA Münster, D 131. Die Bekrönung des Altars stiftete Christian Gon aus Obergesteln («Tro-
phaeum mariani coetus arae scutorum 20». Ms des EUGEN WEGER [† 1849], PfA Münster, o. Nr.). Die
kurz zuvor im selben Jahr gegründete Erzbruderschaft der Jungfrau Maria wird Meier Imoberdorf
zur Stiftung bewogen haben. (Bischof Hildebrand Jost forderte die Errichtung von Rosenkranzkon-
gregationen. PfA Münster, D 70.) Zugleich griff Meier Imoberdorf damit aber auch eine alte Fa-
milientradition wieder auf (vgl. Anm. 87).

125 PfA Münster, D 50. Als Garanten seiner Stiftung bestimmte er den Apostolischen Nuntius.

zu Ehren der Heiligen Petrus und Paulus[126]. Von 1687 an flossen Gaben[127] an die 15 Rosenkranzgeheimnisse, die in den Medaillons des Barockaltars von 1703 zur Darstellung gelangten. Dieser Altar, das einzige bisher bekannte Werk des Bildhauers CHRISTIAN BRUNNER aus Siders, wurde im genannten Jahr unter Mithilfe von MORITZ BODMER aufgerichtet[128]; vergoldet wurde er 1705[129]. Für das Altarwerk kam zur Hauptsache eine Seitenlinie der Familie von Riedmatten auf[130]. 1738 erfuhr der Altar durch den Einbau eines Schreins mit der Reliquie des heiligen römischen Soldaten Bonifatius noch eine letzte Veränderung in der Predellazone[131].

Das Altarwerk besitzt zwei breite, untersetzte Architekturgeschosse und ein durchbrochenes Medaillon als Bekrönung. Formales Leitmotiv sind die runden Sprenggiebel[132] auf den Säulengebälken, welche die Akrotherfiguren zangenartig fassen. Rosenkranzmedaillons säumen die Hauptnische mit Maria vom Siege; in der obern Nische Taufe Christi. Flankenstatuen von unten nach oben: links die Heiligen Dominikus, Stephanus und Franziskus, rechts Katharina von Siena, Laurentius und Bernardin von Siena[133], also vornehmlich nach einem gegenreformatorischen Programm[134] ausgewählte Heilige. Herz Mariens im bekrönenden Medaillon. Die überdimensionierten Statuen, deren Körperfülle und Dynamik das bei Gommer Altären übliche Maß sprengen, lassen als rahmende «Pyramide» die kraftvolle, zurückhaltend ornamentierte Architektur in den Hintergrund treten. Gut erhaltene Originalfassung in Tempera und Polimentgold[135].

---

126 Er schenkte ferner ein rotes Antependium, Kelch, Kaseln, das übrige Meßgerät, sein Chorherrnkleid und einen Rosenkranz aus Kristall (identisch mit dem noch vorhandenen Rosenkranz im Pfarreimuseum, den der hl. Antonius im Hochaltar der Bielkapelle trug?) (PfA Münster, D 53, G 32 und D 138).   127 PfA Münster, G 51.

128 PfA Münster, D 90, und VON ROTEN, Chronik, 1951, S. 35/36.

129 VON ROTEN, Chronik, 1951, S. 37. Die Kosten bestritt Anna von Riedmatten mit ihrem Bruder Peter (StAS, Fonds Jean de Kalbermatten, Band «Variae divisiones Episcoporum ac parentum», S. 227. Freundl. Mitteilung von H. A. von Roten.)

130 VON ROTEN, Chronik, 1951, S. 35. PfA Münster, B 11. Testamentarische Schenkungen anderer sind ebenfalls in B 11 genannt.

131 PfA Münster, D 117. Es handelt sich um einen römischen Märtyrer, der Soldat war. Die Reliquie war von Rom einem «Ilmo Dno Adriano Reimatten [Riedmatten]» geschenkt worden. Ursprünglich war der Corpus sitzend. Da er die Statue der Hauptnische zu hoch hob, wurde er 1938 in liegende Stellung gebracht (PfA Münster, D 128).

132 Das Motiv der Statuen zwischen Sprenggiebeln auf den Gebälken gekuppelter Säulen hat der Altar mit den barocken Seitenaltären der Pfarrkirche von Glis gemeinsam, was sich aus verwandtschaftlichen Beziehungen des Meisters zur Bildhauerfamilie SIGRISTEN von Glis erklären dürfte. In einem Dokument der Familie Kuonen (PfA Glis, Kg 29) erscheint CHRISTIAN BRUNNER in Glis als Neffe oder Vetter einer Margareta Sigristen (Freundl. Hinweis von H. A. von Roten.)

133 Das IHS-Medaillon am Stab ist Attribut des hl. Bernardin (O. WIMMER, Die Attribute der Heiligen, Innsbruck 1966, S. 45), als Pendant zum Ordensgründer Franziskus könnte es sich aber dennoch um den hl. Ignatius von Loyola handeln.

134 Zum Teil war das Programm durch die Bruderschaft des hl. Rosenkranzes festgelegt. (Vgl. eine Notiz zum Jahre 1736: «Zuo diser bruoderschafft wird erfordert erstlich. Das ein Altar seye mit dem Bild der Muotter Gottes. ir geheimnussen. und das bild des hl. Dominici, und sant Catharina von Senis.». PfA Binn, D 17.)

135 Das Gewände auf Zinnober ziehend und schwarz gesprenkelt – wie am Altar des JOHANN SIGRISTEN(!) in der Katharinenkapelle bei Geschinen –, die Säulen grün marmoriert auf Steinkreide, Statuen und Schnitzwerk polimentvergoldet.

Katharinenaltar (linker Seitenaltar) (Abb. 72). 1309 errichtete Joh. Imoberdorf, Rektor des Fronleichnamaltars von Valeria, einen Katharinenaltar[136], der nach der Absicht des Stifters auch dem hl. Nikolaus geweiht war[137]. Im späteren Mittelalter kam noch der hl. Theodul hinzu[138], weshalb ihn die Abschlußstatue am Barockaltar als einzigen männlichen Heiligen darstellt. Nach Schenkungen in den Jahren 1507/08[139] ist wohl bald nach dem Hochaltar auch ein gotisches Retabel der verehrten Landesheiligen in Auftrag gegeben worden[140]. 1645 stiftete Pfarrer und Domherr Peter Guntern einen Altaraufsatz[141]. Da sich das aus Teilen verschiedener Epochen zusammengestückte Retabel gegenüber dem neuen Rosenkranzaltar (1703) vermutlich nicht mehr zu behaupten vermochte, spendete 1705 Cäcilia von Riedmatten, die Schwester Bischof Adrians V., 40 Pfund an einen neuen Altar[142]. Das Altarwerk kann schon 1706 entstanden sein[143]. Der Meister ist unbekannt. An die Kosten der Vergoldung steuerte 1717 Ursula Schillig[144]. Die Jahreszahl auf der Kartusche der Predella wird sich demnach auf Fassung oder Weihe beziehen: «CVI/NISI SOLI/ Sancta Catharina/ora pro nobis/p. p:/MDCCXIX».

Offensichtlich als Pendant zum Rosenkranzaltar geschaffen, besitzt der Katharinenaltar doch einen sehr verschiedenartigen Charakter. Der Unterschied liegt besonders im wuchernden Akanthus. Das Retabel ist fast ausschließlich weiblichen Heiligen vorbehalten. In der Mittelachse von unten nach oben: die hl. Katharina, eine Gruppe der Heimsuchung und das Herz Jesu im Medaillon der Bekrönung. Als Flankenstatuen links die Heiligen Agatha[145], Margareta und Apollonia, rechts die Heiligen Barbara, Magdalena und Ursula. Steif und üppig zugleich, entspricht der Akanthus den Figuren, um deren puppenhaften Körper sich die Gewänder manieristisch kräuseln. Die etwas bizarre Buntheit der Originalfassung steigert den volkskunsthaften Charakter des Altarwerks[146].

136 PfA Münster, D 1. Das Patronat sollte an seinen Neffen Walther übergehen, sofern dieser die höheren Weihen empfing, andernfalls an Johann von Reckingen, Kaplan in Mörel, nach deren Ableben dem Pfarrer von Münster zufallen.

137 In einem zweiten Testament wird der hl. Nikolaus sogar zuvor genannt (PfA Münster, D 2).

138 PfA Münster, D 72 (Visitationsakt von 1687).

139 PfA Münster, B 2. Hochaltar und Katharinenaltar wurden zugleich mit Spenden bedacht.

140 Stilistisch gehören ins zweite Viertel des 16. Jahrhunderts zwei Fragmente im Museum Valeria (Inv.-Nr. 161 und 162), die nach dem Inventar des Museums aus dem Binntal stammen sollen, wo aber jeglicher archivalische Hinweis auf einen Katharinenaltar fehlt. Sonderbarerweise spricht JOSEF LAUBER im Zusammenhang mit JOHANN RITZ von zwei den Martertod der hl. Katharina darstellenden Basreliefs im archäologischen Museum von Sitten (J. LAUBER, Bildhauerfamilie Ritz von Selkingen, BWG III [1905], S. 335). Eine Notiz im Nachlaß des Guillaume de Kalbermatten, Sitten, berichtet von deren Verkauf aus der Grafschaft. (Freundl. Hinweis von H. A. von Roten.) In die Grafschaft könnten die Reliefs aus der Mutterkirche sehr wohl gelangt sein. Vgl. S. 420.

141 PfA Münster, D 131.

142 GdeA Münster, F 16 bis. Unter der Bedingung, daß der Altar nach den Weisungen der Testamentsvollstrecker, Petermann und Adrian von Riedmatten, ausgeführt werde.

143 Cäcilia von Riedmatten starb 1705 (PfA Münster, D 91).

144 PfA Münster, B 14.

145 «Als zu Minster der Denigen Huß brunnen» (vor 1619) hatte man begonnen, das Fest der hl. Agatha als Feiertag zu begehen (PfA Münster, F 1).

146 Gewände: Kaseintempera. Rotbraun mit schwarzen schummerigen Flecken und weißen fleckigen Linienzügen. Säulen: kreidegrau, rot gesprenkelt. Statuen: Gold, Silber mit Lüster damasziert. Akanthus vergoldet.

Während das Ritzsche Motiv der gespreizten Mantelsäume auf eine Gommer Werkstatt weist, deuten verschiedene Merkmale insbesondere auf Reckingen[147]. Der buntmalerische, die Architektur verunklärende Charakter des Altars läßt an einen Bildhauer–Maler wie JOHANNES CARLEN († zwischen 1722 und 1726)[148] von Reckingen denken.

Antoniusaltar (in der linken Seitenkapelle) (Abb. 73). 1442 wurde das Altarbenefizium der Heiligen Christophorus, Antonius und Karl d. Gr. mit Gütern der verlassenen Einsiedeleien im Moß, in den Kumben und «zen Lowigadmen» neu geäufnet[149]. Der Pfarrer und je ein Vertreter der Viertel übten das Patronatsrecht aus[150]. Im ausgehenden Mittelalter rückte Antonius an die erste Stelle der Altarpatrone[151]. So wurde 1627 ein Altar zu Ehren «S. Antonij abbatis» aufgerichtet[152]. In der zweiten Hälfte des 17. Jahrhunderts trat der hl. Antonius von Padua als Patron hinzu[153]. 1746 schuf PETER AMHERDT(?) von Gamsen im Régencestil den heutigen Antoniusaltar[154], in dem, wohl auf Anregung des aufgeschlossenen Pfarrers Dr. Georg Garin Ritz, vornehmlich neukanonisierte Heilige zur Darstellung gelangten.

Das Altarwerk ist aus zwei einachsigen Architekturgeschossen und einer reichen Bekrönung aufgebaut. Das Gewände des Hauptgeschosses bildet ein konchenartiges Halbrund mit säulenumstandenen Anten an den Rändern. Da die Säulen auf isolierten Sockeln stehen und hohe eingeschnürte Imposte tragen, ergeben sich höhlenartige Durchblicke. Das Hauptgeschoß schließt mit Lambrequin auf Voluten, das Gebälk der Oberzone bleibt dagegen offen. In der Hauptachse der hl. Antonius Eremita mit Bischofsstab, Buch und Drachen; im Obergeschoß tragen zwei Putten ein Kreuz. Flankenstatuen von unten nach oben: links die Heiligen Bernhard von Aosta und Aloysius, rechts Johannes von Nepomuk und Stanislaus Kostka[155]. In der

---

147 Die Statuen nehmen in der Symmetrie der Köpfe und in den bunten geschnitzten Reliefdamaszierungen der Gewänder Leitmotive der Reckinger Bildhauer LAGGER der zweiten Hälfte des 18. Jahrhunderts vorweg. Symmetrische Akanthusgiebel finden sich auch am Hochaltar von Reckingen wie freilich auch am Hochaltar von Bellwald und an den Schnitzmedaillons der Erner Seitenaltäre aus der SIGRISTEN-Werkstatt.   148 PfA Biel, D 38, und AGVO, O 294.
149 PfA Münster, D 24. «..altare..de novo fundatum dotavit». Es tritt bei der Verurkundung bereits ein Prokurator und Verwalter des Altars auf.
150 Ebenda. Im Visitationsakt von 1444 steht allerdings: «Patroni(!) est communitas» (StA Freiburg, Collection Gremaud, Valais 8, S. 247).
151 PfA Münster, D 26 (1446), G 45 (1573). Doch wurden die andern Patrone weiter verehrt. Noch 1806 hatte der Sakristan in Oberwald «am Fest des großen Keysers Karole ... auff zu leutten» (PfA Oberwald, D 8).   152 PfA Münster, D 130.   153 PfA Münster, D 54 (Vis.akt 1678).
154 Die folgende Notiz von Pfr. J. G. G. Ritz im Sterbebuch von Münster läßt Zweifel an der Urheberschaft von PETER AMHERDT aufkommen: «[1746, 18. Febr.] ... obijt honestus et peritus Magister Scrinarius PETRUS AMHERDT oriundus de Gambsen, postquam duobus solum diebus in labore scrinario ad aedificationem novi Altaris St. Antonij laboraverat morbo lethali correptus defunctus est ...» (PfA Münster, D 91). Als Schreinermeister bezeichnet, war er beim Aufrichten des Altars auch mit Schreinerarbeiten beschäftigt. Aber man hätte auch im Goms einen Schreinermeister dafür gefunden. Den Rosenkranzaltar von Münster richtete der Bildhauer BRUNNER selbst unter Mithilfe des Bildhauers MORITZ BODMER auf. Wie erklären sich die Beziehungen AMHERDTS zu Bildhauer PETER LAGGER? (S. 248, Anm. 33).
155 Der 1726 kanonisierte Heilige gleicht mit dem Jesuskinde auf dem Arm dem hl. Antonius von Padua (J. BRAUN, Tracht und Attribute der Heiligen in der deutschen Kunst, Stuttgart 1943, Sp. 674/75). In Münster trüge dieser jedoch das Konventualenkleid. (S. 142. Freundl. Hinweis von St. Noti.) Sonderbarerweise fehlt Antonius von Padua als zweiter Patron des Altars.

Abb. 73 und 74. Münster. Pfarrkirche. Antoniusaltar von Peter Amherdt(?), 1746. Text S. 82/83.
Michaelsaltar von 1693. – Text S. 77/78.

Bekrönung der hl. Joseph mit dem Kind in einem Strahlenkranz vor bewegtem
Rollwerk. Die Schnitzornamentik wird fast völlig von der noch originalen reichen
Marmorierung[156] verdrängt. Am Gewände sind auf die Grundierung Rot und Grün
in schummerigen Fleckchen gesetzt. Die Anten hinter den blau gelüsterten Säulen
sind samt ihren Kapitellen silbern, belebt mit schrägen Linien in grünem und rotem
Lüster.

Der *Altar Crucifixi Martyris*, d. h. des Marterkreuzes oder «Martterbildts», der ein
einziges Mal 1623 erwähnt wird[157], dürfte mit dem Michaelsaltar identisch sein
(S. 77).

ANTEPENDIEN. Das Antependium des Michaelsaltars (1693?) zeigt in schwerem Akanthusrahmen
eine Lederfüllung[158], deren roten punzierten Lüstergrund schwarz konturierte, vergoldete Phantasieblumen dicht füllen. Die Antependien der übrigen Seitenaltäre erhielten 1938 Holzfüllungen mit neu-

---

156 Der Altar von Mauracker (Bürchen) weist eine sehr ähnliche Fassung auf. (Freundl. Hinweis
von Walter Furrer, Restaurator, Visp.) Gewisse Ähnlichkeiten bestehen auch im Rankenwerk der
Säulenwindungen und im Faltenstil mancher Statuen, nicht aber im Aufbau der Retabel.

157 Vgl. Anm. 184.

158 Im letzten Viertel des 17. Jahrhunderts waren Lederantependien beliebt. Der Visitationsakt
von 1687 empfiehlt die Anschaffung eines Antependiums «ex pelle pictâ» für die Kapelle von Gluringen (PfA Biel, D 28).

barocken Malereien nach Spuren der alten zerrissenen Antependien. – ALTARFRAGMENTE (im Gewölbe der Sakristei). *Drehtabernakel-Aufsatz*(?). H. (inkl. Strahlen) 90 cm, B. 70 cm. Holz, beidseits gleich beschnitzt. Originale Vergoldung. Ende 17. Jh. Herz Jesu in durchbrochener strahlenumsäumter Rundbogen-Muschelnische. An den Pfosten je zwei lebhafte Cherubine. Ein Gemälde im Pfarrhaus von Gluringen stellt diesen Aufsatz(?) dar (S. 345). – *Architekturgeschosse.* 1. H. 80 cm, B. 109 cm. Holz, vergoldet. Um 1709, vom Altar der Barbarakapelle z'Matt (S. 113)? Drei offene Arkaden mit akanthusbesetztem Bogen. – 2. Holz, vergoldet. Die beiden seitlichen Partien der 1864–1867 von JOSEPH ANTON LAGGER für den Hochaltar geschaffenen Tabernakelzone. Vier Ziererkerchen schmücken die Wand, auf deren Goldgrund die Silhouetten der Sigristenstatuen(?) Petrus und Paulus (S. 98) ausgespart sind. – KANZEL. Stiftung von Oberst Peter von Riedmatten († 1683) und seiner Gattin Maria Jacobea Supersaxo († 1679)[159], weshalb deren Allianzwappen an der Rückwand hängt[160]. Nußbaum, dunkel gebeizt und ziervergoldet. Der fünfseitige Korb ruht auf giltsteinerner Rollwerkkonsole. Im Geist der manieristischen Spätrenaissance wird ein vielschichtiger Aufbau angestrebt: außen, vor den Kanten, gewundene, rebenumrankte Kompositsäulen, eingespannt zwischen Standplatte und Gebälk. In jeder Achse sodann ein möglichst komplex aufgebauter Architekturrahmen und, darin eingelassen, das Relief des Evangelisten in gerahmtem Feld. Wuchernde Ornamentik mit den verschiedensten Motiven. Auf dem Schalldeckel tragen dünne krabbenbesetzte Rippen eine kleine Laterne mit bekrönendem Posaunenengel[161]. Die Münstiger Kanzel ist die älteste des Goms. Ihr gesteigerter Manierismus hat mit den Werken der damaligen Oberwalliser Tischler JOHANN SIEGEN und GEORG MATTIG nichts gemein[162]. Im Stil ist sie trotz verschiedenen Ornamentmotiven am ehesten der Kanzel[163] in der Kathedrale von Sitten vergleichbar. – TAUFSTEIN. Nachdem 1670 der giltsteinerne Taufstein gehauen worden war, schuf Bildhauer JOHANN SIGRISTEN 1698 den hölzernen Aufsatz[164] – nach dem Wappen an der Sockelzone eine Stiftung von Oberst Peter von Riedmatten († 1707). Das am oberen Rand mit der Jahreszahl 1670 versehene *Taufbecken* hat die Form eines Pokals. Dreizehiger Fuß. Am Becken von Keulenblättern gesäumter Blattkelch in Flachrelief. Achteckiger profilierter Beckenrand. Der nußbaumene ziervergoldete *Aufsatz* zählt zwei abgestufte hexagonale Säulenarchitekturgeschosse. Die vier dem Besucher zugewandten Achsen weisen Muschelnischen mit den Statuen der Evangelisten auf. In der Oberzone, einer rundbogig durchbrochenen Ädikula, Statuen der Taufe Christi und der Verkündigung. Das Motiv der Ädikula ist der Kanzelarchitektur entnommen, worauf auch die Radialvoluten der Bekrönung hinweisen. Die in Polierweiß gefaßten, bewegten und üppig gewandeten Statuen sind reife Bildwerke des Meisters. – CHORGESTÜHL. Peter Guntern von Reckingen, Pfarrer in Münster 1673–1697, versprach auf die Pfarrwahl hin, für die Anschaffung eines Chorgestühls aus eigenen Mitteln besorgt zu sein[165]. 1882 wurde das Gestühl bis an die goldgefaßten Partien nußbaumfarben angestrichen[166]. Ältere Malereien der Füllungen, Bandwerkmedaillons mit vereinzeltem Blattwerk, sind noch zu erkennen. Das anspruchslose zweiteilige Chorgestühl zählt

---

159 Ehe mit Peter von Riedmatten: 15. Mai 1664 (VON ROTEN, Landeshauptmänner, 1971, S. 16, Stammbaum).

160 Früher, als ein Bild des hl. Franz Xaver (S. 101) an der Rückwand hing, saß das Wappen an der Stirn des Schalldeckels.

161 Vor der Renovation von 1832 bis 1838 stand an seiner Stelle eine Madonna im Strahlenkranz, weiß gefaßt, mit goldgesäumtem Kleid. (Freundl. Mitteilung von Br. St. Noti.)

162 Vgl. die Chorstühle von Ernen und Naters (Jos. SCHEUBER, Renaissance-Chorgestühle im Wallis, BWG V [1915], S. 137–140).

163 Geschnitzt 1622–1626 von H. G. MILLER und B. MEGELIN (DONNET, S. 52).

164 VON ROTEN, Chronik, 1950, S. 28, und STEINMANN, Ritz, S. 178. – Ein geziemender Taufstein scheint in der alten Kirche gefehlt zu haben, da Peter Guntern, Kaplan von Münster 1646–1652, in seinem Empfehlungsschreiben von 1660(?) neben dem Chorgestühl auch einen Taufstein zu verschaffen versprach (vgl. Anm. 165).

165 GdeA Münster, D 24. Das ungenügend datierte Schreiben (Leucae 24 october) dürfte aus dem Jahre 1660 stammen, da Peter Guntern bereits Vikar in Leuk war und in Münster ein Pfarrwechsel stattfand. In den Jahren 1642–1645 wurde ein Beichtstuhl an die rechte Seite des Chors gestellt. Sofern überhaupt noch ein älteres Chorgestühl vorhanden war, dürfte es nur einteilig gewesen sein.

166 PfA Münster, G 52.

Abb. 75. Münster, Pfarrkirche. Ölberggruppe von 1509. Werkstatt des Jörg Keller? H. 75–144 cm.
Text S. 86–88.

vier Achsen. Leere Rechteckfüllungen an der Rücklehne. Am Fries des korinthischen Abschlußgesimses Blattranke mit Cherubinen, Rosen und Auberginen. Die Knielehne ist mit Rundbogenfüllungen und gewundenen Randsäulen trotz einfacherem Gesims etwas reicher gestaltet. – ORGEL. Das Entstehungsjahr der Orgel ist nicht bekannt. Der Prospekt weist auf die Mitte des 17. Jahrhunderts [167]. Das Datum 1719 auf einer Orgelpfeife muß von einem späteren Eingriff herrühren. Von den Flügeln sind nur mehr diejenigen des Rückpositivs erhalten und auch diese entfernt. Im Lauf der Jahrhunderte erfuhr das Orgelwerk zahlreiche Renovationen [168]. Angabe der Disposition bei BRUHIN, S. 206. 18registrige Orgel mit Hauptwerk und Rückpositiv. Bei der reichen Disposition, welche das umfangreichste Pedal alter Orgel besitzt, nämlich 21 Töne C–c′ [169], überrascht die Einfachheit des Gehäuses. Stattliche Seitentürme mit gesprengten Rundgiebeln und Obelisken als Bekrönung rahmen ein niedriges, gerade abgeschlossenes Mittelstück von drei Achsen. Ranken- und Rollwerk. Die originale Temperafassung ist mit brauner Ölfarbe überstrichen. Am gleich aufgebauten Prospekt des Rückpositivs fehlen die Turmbekrönungen. Auf den Flügeln des Rückpositivs Verkündigung und Geburt Christi, qualitätvolle Temperamalereien aus der Mitte des 18. Jahrhunderts, deren Formgebung an einigen Stellen auf eine Vor- oder Unterlage des 17. Jahrhunderts schließen läßt. Mit seinem fast vollständigen originalen Bestand gehört das Orgelwerk zu den bedeutendsten Denkmälern der schweizerischen Orgelbaukunst im 17. Jahrhundert. – WEIHWASSERBECKEN (in der Vorhalle). Giltstein. H. 84 cm, B. 59,5 cm. Am Fuß in flachem Relief die Wappen der Stifter, Pfarrer Johann Steli und Kirchenvogt Christian Gon, des letzteren Initialen «C G» und, darunter eingeritzt, die Jahreszahl 1625 [170]. Pokalförmig. Flaches geripptes Becken auf einem Balusterschaft mit tiefliegender Bauchung.

167 Die Stukkaturen der Orgelempore von 1684 nehmen auf das Rückpositiv Rücksicht.

168 1776(?) und 1781 durch JOH. WALPEN, Orgelmacher von Reckingen (PfA Münster, G 41). 1874, 1882 und durch J.M. BEILER, Sarnen, in den Jahren 1926 und 1934 (PfA Münster, G 52, und Tageb. der H. H. Pfarrer, o.Nr., sowie L. KATHRINER, Ein altes Werk, Der Chorwächter 51 [1926], S. 127–130, 142–144, 193–196).

169 KATHRINER, Alte Orgeln, S. 105. Auffallend an der Registrierung ist die große Zahl labialer Soloregister bei gänzlichem Fehlen von Mixturen (A. KNOEPFLI, Geschichte und Restauration der Psallierchor-Orgel zu Fischingen, Musik und Gottesdienst 12, Nr. 2 [1958], S. 47). KNOEPFLI nimmt italienische Einflüsse an (ebenda, S. 44), KATHRINER nennt dagegen Mixturen (ebenda, S. 106).

170 Der Stein wurde damals wohl nicht durch einen neuen ersetzt: «.. expolitus est lapis lustralis» (PfA Münster, D 131).

Abb. 76 und 77. Münster. Pfarrkirche. Gotisches Monumentalkruzifix von 1509. Werkstatt des Jörg Keller? H. 200 cm. Text S. 88. – Kreuzigungsgruppe. Kruzifix, 1743, von Peter Lagger. I. Reckinger Hauskruzifixtyp. H. 182 cm. – Text S. 89.

Quadratische Plinte aus Granit. – GRABMAL des Peter von Riedmatten. Das Grabmal, eine schwarz gefärbte Steintafel von 129 cm Höhe und 70 cm Breite, ist mit Klammern an die Südwand der rechten Seitenkapelle geheftet. Die Tafel besteht aus einem größeren Textfeld und einem um 12 cm eingezogenen Aufsatz mit rot und golden bemaltem Relief des Riedmatten-Wappens auf einem Spiegel. Die goldene Inschrift lautet: «IN/ HOC MONVMENTO/ IACET/ PRAENOBILIS MAG[NIFI]CVS D[OMI]NVS/ PETRVS DE RIEDMATTEN EQVES/ APOSTOLICVS, BANDERETVS ET/ SAEPIVS MAIOR DESENI GOMESIAE/ GVBERNATOR MONTHEOLI CAST[ELLA]NVS/ [171] ANIVISIJ CANCELLARIVS REIPVB[LI]CAE/ COLONELLVS INFRA MORGIAM ET/ INDE BALLIVVS, VIR INTEGER, ATQ[VE]/ RARVS, PATER PATRIAE/ QVID SVPEREST ILLI/ QVAM/ SI BONVM PRO SE, SI MALVM/ CONTRA SE/ TV BONVM PRAECARE VIATOR/ ETABI» [172]. An der anspruchslosen Bekrönung die Jahreszahl 1683. – SKULPTUREN. *Ölberg* (in der Vorhalle) (Abb. 75). Im gleichen Jahr wie der Hochaltar (1509) wurde auch der Ölberg angeschafft [173]. Trotz stilistischen Unterschieden zu

---

171 Suffix der gotischen Kursive für -us.

172 «Unter diesem Denkmal ruht der sehr adelige und großmächtige Peter von Riedmatten, Apostolischer Ritter, Bannerherr und öfters Meier des Zendens Goms, Landvogt von Monthey, Kastlan von Eifisch, Kanzler der Republik, Oberst unter der Morge und dann Landeshauptmann, ein unbescholtener und rarer Mann, Vater des Vaterlandes. Was bleibt ihm übrig als das Gute für ihn, das Schlechte wider ihn. Du, Wanderer, bitt um sein Heil und geh deines Weges».

173 «Item mons oliveti et imago crucifixi sunt empti precio octoginta florenorum renensium» (PfA Münster, F 1). Dieser Text ist in der Chronik, ohne Angabe der Jahreszahl und als neue Notiz klar abgesetzt, an die den Hochaltar betreffende Aufzeichnung (S. 73, Anm. 90) angefügt. Die darauffolgende Aufzeichnung beginnt dann wiederum mit der Jahreszahl 1509. Das Entstehungsjahr 1509 dürfte daher als gesichert gelten, weniger jedoch die Herkunft aus der Werkstätte des JÖRG KELLER.

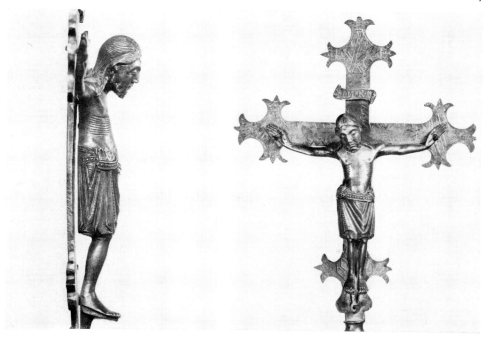

Abb. 78 und 79. Münster. Pfarrkirche. Romanischer Kruzifixus, 2. Hälfte 12. Jh., an Vortragekreuz
des frühen 17. Jh. H. 15 cm. – Text S. 93/94.

den Schreinfiguren des Hochaltars wird man die Gruppe der Werkstatt von JÖRG KELLER in Luzern
zuschreiben dürfen. Die Statuen wurden mehrmals neu gefaßt[174], das letzte Mal 1967/68 unter Aufsicht der eidgenössischen Denkmalpflege von HANS A. FISCHER, Bern, nachdem man nur mehr Spuren
der ursprünglichen Fassung vorgefunden hatte[175]. Schon 1652 ist der Standort im Portal bezeugt[176],
hingegen änderte man den Rahmen entsprechend dem jeweiligen Zeitempfinden[177]. Die heute rechts[178]

174 1945 waren die Figuren abgelaugt und neu gefaßt worden (PfA Münster, D 128). Der Soldaten-
kopf zwischen Judas und dem ganz sichtbaren Soldaten trug 1967 noch einen zweiten Kreidegrund
über einer älteren (ursprünglichen?) Fassung.

175 Sonderbarerweise fand sich an der Christusfigur als älteste zu ermittelnde Schicht Stahlgrau
mit Weißgoldspuren; die Innenseite des Leibrocks war blau (Bericht vom 22. März 1965 des Restau-
rators WALTER WILLISCH, Ried-Brig, der die Gruppe freilegte).

176 PfA Münster, G 24. Ölberggruppen, «Not Gottes» genannt, standen besonders in den Ge-
bieten am Rhein öfters beim Eingang der Kirche (M. BUCHBERGER, Lexikon für Theologie und Kirche
VII, Freiburg 1962, S. 1050 [L. LENHARDT]). – Der noch heute in Münster bestehende Brauch des
«Angst-Christi-Läutens» um 15 Uhr dürfte mit dem Ölberg in irgendeinem Zusammenhang stehen.

177 1908 malte LUDWIG WERLEN eine Leinwand für das Bogenfeld der nördlichen Abschlußwand
in der Vorhalle (heute im Estrich des Pfarrhauses). Die symbolistische Darstellung zeigt frontal einen
großflügeligen Engel, beidseits von einer knienden Figur im Profil gerahmt. Ob die Malereien hinter
der Ölberggruppe auch von WERLEN stammten, konnte nicht ermittelt werden. Rechts hinter den
schlafenden Jüngern war eine Tempelruine gemalt, im Mittelgrund, hinter einem Baum, die Stadt
Jerusalem (PfA Münster, Photoalbum der Pfarrei, o. Nr.).

178 Vor 1968 stand die Gruppe an der nördlichen Abschlußwand der Vorhalle.

in der Vorhalle aufgestellte Gruppe umfaßt die Einzelfiguren Christi und der drei schlafenden Jünger, ferner eine Figurengruppe des Judas und zweier Soldaten. Der auf Christus weisende Judas und ein Soldat sind aus einem Holzstück geschnitten, zwischen ihren Köpfen steckt das Haupt des zweiten Soldaten. Christus H. 144 cm, Johannes H. 81 cm, Jakobus H. 75 cm, Petrus L. 136 cm. Die in Linde geschnitzten Figuren sind heute matt gelüstert. Es sind spätgotische Bildwerke von hoher Qualität. Die scharfen, gespannten Gewandsäume von KELLERS Schreinfiguren treten nirgends auf. Selbst innerhalb der Gruppe gibt es erhebliche Unterschiede im Faltenstil. Alle Figuren verbindet aber die gleiche versonnene Innigkeit, wodurch sich das Münstiger Werk vom etwas älteren herben Erner Ölberg unterscheidet. Besonders die Apostelfiguren wirken bei eigenwilliger Körperstellung als geschlossene, monumentale Volumina. – KRUZIFIXE und KREUZIGUNGSGRUPPEN. *Gotisches Monumentalkruzifix* (Abb. 76). H. (Korpus) 200 cm. Linde, massiv. Das ebenfalls 1509 erworbene Kruzifix dürfte trotz stilistischen Eigentümlichkeiten aus der Werkstatt von JÖRG KELLER in Luzern stammen[179]. Ursprünglich als Chorbogenkruzifix verwendet[180], hing es bis 1938 in der Vorhalle der Kirche, seither innen an der rechten Schiffswand. 1938 wurde bei der Freilegung[181] durch JULIUS SALZGEBER auch größtenteils die alte Fassung entfernt; Lendentuch vergoldet. Kreuz und Inschriftband neu. Dem Ausdruck stillen Duldens im scharfgeschnittenen, edlen Antlitz entspricht das symmetrische Ebenmaß des Körpers ebenso wie das zurückhaltend drapierte, eng anschließende Lendentuch, das die Höhlung zwischen den Oberschenkeln dicht füllt. Die auf der Innenseite von einem spröden Palmettenkranz gesäumten Balkenendenplatten mit dem unterkehlten Knopf kehren in fast allen Gommer Kruzifixen bis gegen die Mitte des 18. Jahrhunderts wieder. Die Ähnlichkeit mit dem gotischen Chorbogenkruzifix von Raron[182] in einigen Zügen des Hauptes, vor allem aber in der Anordnung des Lendentuchs, läßt auf die gleiche Werkstatt oder doch auf einen Zusammenhang der Werkstätten schließen. – *Pestkruzifix* (Pfarreimuseum). H. (Korpus) 80 cm. Holz. Inkarnat mit Tempera überfaßt. Lendentuch versilbert mit blauen Lüsterstreifen. Fassung Mitte 18. Jh.? Geschnitzt Mitte 17. Jh. Bis 1967 in der oberen Sakristei aufbewahrt[183]. Mit den klaffenden Wunden und den Gehängen von Bluttrauben ist es ein drastisch expressives Kruzifix vom Typus der Pestkreuze. Eine Rippe ist sogar bloßgelegt. Stilistisch rätselvolles und in mancher Hinsicht zwiespältiges gotisierendes Werk, das aus der Not der Pestepidemie von 1629 hervorgegangen sein kann. Vielleicht lebt in dem Kruzifix ein unter dem Eindruck der Pest trotz kirchlichem Verbot neu aktiviertes Münstiger Kultbild des Spätmittelalters fort[184]. Die dem Bildhauer

179 Vgl. Anm. 173.

180 In diesen Jahren wurde das stilistisch so verwandte Monumentalkruzifix von Raron als Chorbogenkruzifix angeschafft.   181 Vgl. SCHMID, S. 34.

182 Der Rarner Korpus verjüngt sich nach unten und wirkt bei länglicherem Haupte auch in der Formgebung schärfer, was ihn vom lyrisch weichen Münstiger Kruzifixus unterscheidet (W. RUPPEN, Die Kirche «St. Roman» auf der Burg, in: Raron, Burg und Kirche, Basel 1972, S. 61 und 63).

183 Alois Lagger-Werlen († 1958) von Münster machte Stanislaus Noti darauf aufmerksam, daß in der oberen Sakristei – gemeint ist das zweite Geschoß der Sakristei – etwas aufbewahrt werde, das man nicht herunterholen dürfe(!). Noti fand dort dann dieses eigenartige Kruzifix.

184 1452 ist die Rede von Prokuratoren der «magne crucis» in Conches (StAS, A Louis de Riedmatten, Cart. 1, Nr. 46). Früheste Erwähnung: 13. Febr. 1437 (A Züren, Fiesch, Nr. 31, zurzeit bei Rektor L. Borter, Brig). Vor 1470 ist das «anniversarium magni crucifixi» genannt (PfA Münster, Einband des Minutenbandes B 5 b und ST. NOTI, Zur Geschichte des Marterbildes von Münster, Ms 1971, Anm. 13). Seit dem Ende des 16. Jahrhunderts wurde es häufiger «martterbildt» oder «heilig Crüz» bezeichnet (PfA Münster, G 25 [1595–1619], G 50 [1678], D 133 [1682], G 51 [1689 bis 1695]). Erkanntnisbuch «ad magnam crucem» der Jahre 1572–1592 (PfA Münster, G 48). Das Kruzifix muß über einem Altar gehangen haben, der noch 1623 «altare Crucifixi Martyris» hieß (S. 83). (Visitationsakt vom 30. April 1623, Vatikanisches Archiv. Freundl. Mitteilung von H. A. von Roten, Raron.) Nach den Umständen zu schließen, handelt es sich bei dem 1497 erwähnten Bild von St. Julius(?) über dem Altar des Erzengels Michael um das Marterkreuz (WIRZ, S. 144). Vgl. S. 77. Im Laufe heftiger Auseinandersetzungen zwischen Pfarrer Johannes Zussen und den Laienprokuratoren, die über Almosen und Opfer verfügten, wurde 1494 das Kreuz samt zwei Reliquiaren von einem Mönch aus der Kirche entfernt. (PfA Münster, G 2. – Noch 1619 im Buch der gemeinen Gelder der Burgerschaft aufgeführt; PfA Münster, G 25.) Auch nachdem Bischof Hildebrand Jost bei der Visitation 1623 die Entfernung des Kreuzbildnisses angeordnet hatte, hielt die Verehrung an. (Vatikanisches Archiv.

JOHANN RITZ zugeschriebenen Kruzifixe zeigen eigentümlicherweise einzelne Merkmale dieses Münstiger Kruzifixes[185]. – *Kreuzigungsgruppe* von PETER LAGGER (in der Vorhalle) (Abb. 77). H. (Korpus) 182 cm. Linde? Maria und Johannes[186] H. 150 cm. Arve. Seit 1965 nicht mehr gefaßt[187]. Anläßlich der Restaurierung von 1945, bei der man auch das Kreuz ersetzte, fand man am Rücken des Korpus ein Brettchen mit folgender Inschrift auf der Rückseite: «Dieszes Cruzifiyx han ich gemacht Petter Lagger zue Reckigen 1743»[188]. Diese Jahreszahl steht auch zu Füßen des Gekreuzigten unter den Initialen «C. G.», die den Stifter Cäsar Guntern bezeichnen sollen[189]. Im 19. Jahrhundert wohl als Chorbogenkruzifix verwendet[190]. Der robuste Korpus hängt frontal symmetrisch. Das Monumentalkruzifix gestattet es, die zahlreichen Kruzifixe vom I. Reckinger Hauskruzifixtyp der Werkstatt des PETER LAGGER zuzuweisen, weil seine Merkmale bei jenen wiederkehren: nach rechts geneigtes Haupt; rechte Haarlocke über die Schulter herabfallend; linke Haarlocke über den Nacken nach hinten gestrichen; quer gerafftes, als breite Fahne ausflatterndes Lendentuch; tütenförmiges Lendentuchende auf dem Oberschenkel; dazu von der RITZ-Werkstatt übernommene gotisierende Motive wie die symmetrisch auseinanderstrebenden Bartenden und die als Bogen austretende Bluttraube der Seitenwunde. Die derberen Begleitstatuen sind spätere Bildwerke aus LAGGERS Werkstatt (3. Viertel 18. Jh.)[191]. – *Kreuzigungsgruppe* (obere Sakristei). Kreuz H. 64 cm. Lärche, schwarz gestrichen. Mit Alabasterenden. Sockel und Figuren Alabaster. H. (Korpus) 26,5 cm. Johannes H. 22 cm. Marienfigur beschädigt. Auf der Rückseite des Kreuzfußes eingeritzt: «ich Johan Joseph Jerien Bildhauer in Minster am(?) 1 juillet 1832». JERJEN wird zu Sockel und Begleitstatuen aus der zweiten Hälfte des 18. Jahrhunderts den Korpus geschnitten haben. – *Altarkreuze.* 1. Meier Matthäus Imoberdorf ließ 1642/43 für den Katharinen- und den Rosenkranzaltar Kreuze herstellen[192]. Zwei einander ähnliche Altarkreuze aus jener Zeit sind noch vorhanden. H. 63,5 cm (Korpus 33 cm). Holz. Spätere(?) polychrome Ölfassung. Lendentuch ölvergoldet mit roten Umschlägen. In der Körperhaltung, in der Drapierung des Lendentuchs wie im naturalistischen Erdsockel eng mit dem Altarkreuz von Selkingen (S. 413) verwandt, nicht aber in der Bildung des Antlitzes. Das andere, feiner gearbeitete Altarkreuz dieses Typs stand in der Peterskirche (S. 109). – 2. H. 69 cm. Holz. Mit eingelegtem Fischgratdekor. Korpus H. 25,5 cm. Häßlich mit Ölfarbe und Bronze überfaßt. Letztes Viertel 18. Jh. – 3. H. 49,5 cm (Korpus 17,5 cm). Ahorn? Nicht gefaßt, lackiert. 2. Hälfte 18. Jh. Von JOSEPH ANTON LAGGER? II. Reckinger Hauskruzifixtyp (S. 47). – *Hölzerne Vortragekreuze.* 1. H. (Korpus) 66 cm. Neuerer polychromer Ölfarbenanstrich. Lendentuch vergoldet. 2. Hälfte 18. Jh. Aus der Werkstatt des Jos. ANTON LAGGER? Kreuz, mit Blattranken bemalt. An den Balkenenden Kartuschen aus Rocaillekämmen. In der Kreuzmitte strahlenumkränzter Clipeus mit den Initialen «J - M». Merkmale des II. Reckinger Hauskruzifixtyps (S. 47). – 2. H. (Korpus) 54 cm. 2. Hälfte 18. Jh. Gleicht in Form und Fassung Nr. 1. Kassettenbuckel am Kreuzfuß. Befestigungspflöcke für Schleier. – 3. H. (Korpus)

Freundl. Mitteilung von H. A. von Roten. Ferner PfA Münster, G 42.) Im späten 17. Jahrhundert war das Fundum des «Martir bildts» mit demjenigen der Allerseelenjahrzeit verbunden (PfA Münster, D 133, X [1686]). Beim Neubau der Kirche (1664–1670) erhielt das Kultbild keinen Altar mehr (PfA Münster, D 54). NOTI vermutet, daß die Verehrung des «großen Kruzifixes» von den Einsiedlern des 14. Jahrhunderts übernommen worden sei (ST. NOTI, a. a. O., S. 4).

185 Vielleicht hat die Verehrung zum «Marterbild» in Münster den Meister für seine Kruzifixe die bei ihm sonst ungewohnten Proportionen wählen lassen.

186 Die Begleitstatuen wurden erst 1945 wieder aus dem Sakristeigewölbe geholt (PfA Münster, Tageb. der H. H. Pfarrer, o. Nr.). Nach L. GARBELY haben sie einst auf den Chorbogenkapitellen gestanden (GARBELY, S. 28), was aus der Zeichnung von E. WICK aus den Jahren 1864–1867 allerdings nicht hervorgeht (FURRER-WICK, S. 54/55).

187 1945 wurde die Gruppe abgelaugt und neu gemalt (PfA Münster, Tageb. der H. H. Pfarrer, o. Nr.). Als 1965 diese Übermalung entfernt wurde, entdeckte man winzige Spuren einer älteren Fassung. (Freundl. Mitteilung von Restaurator W. Willisch, Ried-Brig.)

188 PfA Münster, Tageb. der H. H. Pfarrer, o. Nr. Das Brettchen ist nicht mehr vorhanden.

189 Nach der Überlieferung hat Cäsar Guntern in Gefahr das Kreuz zu stiften gelobt. (Freundl. Mitteilung von Br. St. Noti.)   190 Vgl. Zeichnung von E. WICK (FURRER-WICK, S. 54/55).

191 Das bei der Marienfigur anklingende Motiv der einsinkenden Knie findet sich am Altar des mit PETER LAGGER befreundeten Meisters PETER AMHERD(?) in der Pfarrkirche (S. 82) und am Altar von PETER LAGGER(?) in Geschinen (S. 248).   192 PfA Münster, D 131.

45 cm. Polychrome Ölfassung. Lendentuch vergoldet. Neugotisch. Von FRANZ JOSEPH LAGGER?[193].
3. Viertel 19. Jh. An den Balkenenden herzförmige Schnitzereien mit Maßwerk auf blauem Grund.
Weich gerippte Rundscheibe als Strahlenkranz. Im Kontrast von fallenden Tuchzipfeln und weichen
Schüsselfalten, in der Symmetrie der gekreuzten Füße sowie im nazarenisch veredelten Haupte vom
II. Reckinger Hauskruzifixtyp (S. 47) verrät sich ein sicheres Stilgefühl. – EINZELSTATUEN der
Vorhalle. *Maria* von einer Kreuzigung? H. 175 cm. Linde. Mitte 17. Jh. Wohl 1945 von J. SALZGEBER
bis aufs Holz freigelegt[194]. Edle Figur im Stil der Spätrenaissance unter niederländischem Einfluß. –
Männlicher Heiliger. H. 176 cm. Arve. Mitte 17. Jh. Wohl 1945 von J. SALZGEBER bis aufs Holz freigelegt[195]. Mit Anklängen an den Stil der Marienstatue. – *Hl. Michael* (in der Dachnische). H. 137 cm.
Linde. Seit der Restaurierung 1965 durch WALTER WILLISCH nicht mehr gefaßt. 2. Viertel 17. Jh.,
möglicherweise von der «tabula SS. Angelorum» des Jahres 1627 stammend (S. 77). Der Erzengel
steht in ausgeprägtem Kontrapost auf dem Bauch des Drachens, der sich mit dem Schwanz und Hals
nach oben krümmt. Typenhaft abstraktes Antlitz. Spröde Gewandung. – *Jesusknabe* (in der Portalnische). H. 95 cm. Arve. Heute ungefaßt. 3. Viertel 18. Jh.[197]. Der Knabe steht frontal in weitem
Mantel. – *Christus*(?) (im Gewölbe der Sakristei). H. 170 cm. Linde? Spätere(?) Fassung. Polimentgold und Silber. 3. Viertel 17. Jh. Derbe, aber ausdrucksstarke stehende Figur. – RELIQUIAR des hl.
Mauritius (am Antoniusaltar). H. 68,5 cm, B. 61 cm. Arve, marmoriert, gelüstert und ziervergoldet.
Mitte 18. Jh. Ädikula mit eingezogenem Rundbogen über frei stehenden Doppelvoluten. – WAPPEN-
SCHEIBEN (in den Fenstern der südlichen Seitenkapelle)[198]. Werke aus unbekannten Glasmalerwerk-
stätten. Zur abgewanderten Scheibe des Peter Imsand Seite 98. 1. *Von Bischof Adrian IV. von Riedmatten.*
H. 64 cm, B. 45,8 cm. Vor einer Säulenarchitektur links der hl. Theodul mit einer Glockenweihe im
Oberbild, rechts die hl. Katharina mit ihrer Enthauptung im Oberbild. Inschrift: «ADRIANVS DE
RIEDMAT/TEN EP[iscop]VS SEDVN[ensis] COM[es] ET PRAEF[ectvs] VAL[lesiae]/ET S[acri] R[omani] I[m-
perii] PRINCEPS ANNO 1654»[199]. Über der Wappenzier die Devise: «HIS DVCIBVS MELIORA SEQVEMVR»[200].
Die großfigurige Malerei ist intensiv farbig mit vorherrschendem Blau. – 2. *Von Peter von Riedmatten*
(† *1683*) *und Maria Jacobea Michlig-Supersaxo.* H. 50,5 cm, B. 39,2 cm. Wappen vor einem Landschafts-
hintergrund. Inschrift: «Nobilis ac Strenuus Petrus de Ried/matten, Eques auratus, Banderetus/
Saepiusq[ue] Laudabilis Gomesiae Maior,/ et Judex, et al[ia]s Monteoli Guberna/tor, et Nobilis
Maria Jacobea Mi/chael Supersaxo conjuges. Anno 1665»[201]. Die kleinteiligen Formen verbinden
sich in aquarellartiger Farbigkeit. – KERZENLEUCHTERSOCKEL. Im Chor stehen beidseits des
Altars giltsteinerne Leuchtersockel von 1551 (Jahreszahl unten am Schaft des rechten Sockels)[202].
H. 73 cm und 69 cm. In die Seitenfelder des Schaftes sind in einem Rahmen, der oben in ein Kreuz
ausläuft, symbolische Zeichen eingeritzt, in den rechten Sockel Efeuranken, Gesetzestafeln(?), ein
Lebensbaum, ein Vogel; in den linken Sockel Gesetzestafeln(?) mit Kreuz, ein Sonnenrad mit geschweiften Strahlen über einem Vogel, ein Kleeblatt und ein Kreuz, Efeuranken. Der altertümliche
romanisierende Dekor paßt zu den derben Steinsockeln[203]. – BETSTUHL. Die skulptierte Innenfront

---

193 Der Faltenstil gleicht demjenigen der Statuen von FR. J. LAGGER in der Peterskirche (S. 107).
   194 Die Statue wurde 1945 in der oberen Sakristei wieder aufgefunden (PfA Münster, D 128). Als
Restaurator WALTER WILLISCH, Ried-Brig, 1965 die Ölfassung von SALZGEBER in der Art einer Holz-
maserierung entfernte, fanden sich darunter nur mehr die heute sichtbaren Spuren von einer älteren
Fassung.   195 Vgl. Anm. 194.
   196 Das Retabel – nach dem Stil ein Werk der MEISTER DES CHORGESTÜHLS VON VALERIA (vgl.
Anm. 117) – dient heute als Hauptaltar in der bischöflichen Kapelle.
   197 Das von GARBELY erwähnte Datum 1769 ist auf der Statue nicht zu finden (GARBELY, S. 23).
   198 Als Stiftungen ihrer Ahnen ließ sie die Familie von Riedmatten 1927 am heutigen Standort
neu montieren (PfA Münster, G 52).   199 Vgl. Anm. 77.
   200 «Unter dieser [Heiligen] Führung werden wir Besserem nachstreben.»
   201 «Der edle und gestrenge Peter von Riedmatten, Ritter vom Goldenen Sporn, Bannerherr,
öfters löblicher Meier des Goms und Richter und einst Landvogt von Monthey und die edle Maria
Jacobea Michael Supersaxo als Ehepaar im Jahre 1665.»
   202 Wohl für die noch erhaltenen großen gotischen Kerzenleuchter (S. 94) geschaffen.
   203 Außer in Münster hat sich nur noch in Ulrichen ein giltsteinerner Kerzenleuchtersockel erhalten (S. 224). Raron besitzt einen aus Tuff von U. RUFFENER(?) im Stil des frühen 16. Jh.

Abb. 80 und 81.
Münster. Pfarrkirche.
Ziborium, 2. Hälfte
17. Jh., von Anton
Tuffitscher, Brig.
Text siehe unten.
Kelch aus Sitten,
1706, von Joachim
Vikart? – Text S. 92.

der Armlehne soll vom Altar der Barbarakapelle z'Matt stammen[204]. Um 1709 (S. 113). Holz, poly-
chromiert und ziervergoldet, überfaßt. Zweiachsige Säulenarchitektur mit leeren Arkaden. Saftiger
Akanthus. – SAKRISTEISCHRANK. Nußbaum, lackiert. 1701 von MORITZ BODMER hergestellt[205].
Der Schrank nimmt die ganze Nordseite der Sakristei ein. Seitliche Hochschränke rahmen ein fünf-
achsiges Mittelstück mit drei nach hinten getreppten Zonen. Geohrte Füllungen mit geflammten
Profilrahmen.

KIRCHENSCHATZ (heute größtenteils im Pfarreimuseum). Der reiche, vornehmlich barocke Kirchenschatz reicht außer mit einzelnen Vortragekreuzen und Leuchtern nicht über das 17. Jahrhundert hinauf[206].

MONSTRANZ. Silber, vergoldet. H. 69 cm. Applizierter silberner Dekor. Beschau Augsburg. Meistermarke des JOHANN DAVID SALER († 1724)[207] (SCHRÖDER, S. 566, Nr. 9b) (Tab. I, Nr. 1). Ovaler, gewölbter Fuß mit tiefer Kehle über dem Standring und breiten Stegen an den Achsen. Der als Rebstock
gestaltete Schaft entwächst dem Fuß mit Wurzelwerk. Dem Schaugefäß in Form einer dornengekrönten Herzurne entsteigt Feuer. Am rebenumrankten Strahlenkranz appliziert Rosetten mit Glasflüssen,
Hand und Fuß Christi, über dem Schaugefäß Gott Vater und die Hl.-Geist-Taube. – ZIBORIUM (Abb.
80). Silber, vergoldet. H. 35 cm. Beschau Brig. Meistermarke des ANTON TUFFITSCHER (Tab. I, Nr. 11).
1670–1682[208]. Frühbarock. Am gestuften flachen Sechspaßfuß Fries mit Cherubinen und fruchtgefüll-
ten gegenständigen C-Bögen. Eingraviert: «P. D. R. B. G. Can Reip vall.»[209] am glatten Polygonalschaft
des Fußes über dem Vollwappen der Familie von Riedmatten. Geschuppte Schaftringe. Geblähter

204 Freundl. Auskunft von H.A. von Roten.   205 PfA Münster, o. Nr. (Vertrag).
206 1527 wurden einem Goldschmied bei der Anschaffung eines Silberarmreliquiars alte Kelche
im Werte von 16 rhein. Gulden verkauft (PfA Münster, F 1). Darunter kann sich auch jener Kelch
befunden haben, den 1367 Johannes Rysen dem Katharinenaltar schenkte (PfA Münster, D 14a).
1706 wurde der alte Kelch der Rosenkranzpfründe, ein kleiner alter Kelch mit Patene, für einen neuen
Kelch des Benefiziums veräußert (PfA Münster, D 50).
207 Seine Meistermarke könnte von seiner Witwe bis 1744 verwendet worden sein (SCHROEDER,
S. 566).
208 Peter von Riedmatten wurde 1670 Staatskanzler (VON ROTEN, Landeshauptmänner, 1971,
S. 11). Vgl. Inschrift auf dem Ziborium. 1682 wurde er Landeshauptmann. Da das Wappen seiner
Gattin Jacobea Supersaxo fehlt, ist das Ziborium wohl erst nach deren Tod (1679) gestiftet worden.
(Freundl. Hinweis von Br. St. Noti.)
209 «Petrus de Riedmatten Banderetus Gomesiae Cancellarius Reipublicae Vallesii.»

Fries über dem niedrigen Blattkelch der Kupa. Aufbau des Deckels ähnlich demjenigen der Kupa. –
KELCHE. 1. Kelch der Michaelspfründe. Silber, vergoldet. H. 23,5 cm. Beschau Sitten. Meistermarke des
PAUL DOMINIQUE SCHELL (Tab. I, Nr. 20)[210]. Mitte 17. Jh. Gotisierender Kelch. An der Unterseite des
Fußsaums die Inschrift: «H. CAL: REFE FEC. NOB: D: EM: DE: RIEDM: CON: SE...[?] 1784»[211]. Gestufter
Sechspaßfuß ohne Schmuck. Sechskantiger balusterförmiger Nodus zwischen Schaftringen. Am unteren
Ring hängt ein Blattkranz. Glatte Kupa mit leicht geschweiftem Rand. – 2. Silber, vergoldet.
H. 22,5 cm. Fußhals und getriebener Dekor silbern. Beschau Brig. Meistermarke des ANTON TUFFIT-
SCHER (Tab. I, Nr. 12). Frühbarock. 2. Hälfte 17. Jh. Der Fuß gleicht demjenigen des Ziboriums,
doch hat es im Fries zusätzlich gefaßte Buckelspiegel. Fünfkantiger balusterförmiger Nodus. Den mit
Cherubinen und Fruchtarrangements verzierten Korb säumen ein Stab und ein Kleeblattkranz. –
3. (Abb. 82). Silber, vergoldet. H. 26 cm. Beschau Brig. Meistermarke des ANTON TUFFITSCHER (Tab. I,
Nr. 13). 2. Hälfte 17. Jh. Frühbarock. In Gestalt und Dekor ähnlich wie Nr. 2. Im Fries des Fußes
jedoch nur gegenständiger Akanthus zwischen den Cherubinen. Sechskantiger Fußschaft. – 4. (Abb. 81).
Silber, vergoldet, getrieben. Korb silbern. H. 26,5 cm. Beschau Sitten. Meistermarke des JOACHIM
VICART(?) (Tab. I, Nr. 23). 1706[212]? Barock. Inschrift mit Prälatenhut und Wappen auf der Ab-
schlußplatte innen im Fuß, vielleicht auf neuen Kelch übertragen: «J.A.R.D. Petrus Gunthren Bmae
V. Mariae Reginae SS:mi Rosasq Prot Ap: Paro: Gome: Can. Sed: me donat ac dedicat»[213]. Flauer
Sechspaßfuß. Die in den hohen zylindrischen Schaft übergehenden Paßbuckel zeigen abwechselnd
Cherubine und Stechakanthusranken. Glatte Schaftringe. Durchbrochener Korb. – 5. Silber, vergoldet, getrieben. Gegossener silberner Korb. H. 22 cm. Marken beim Gravieren der Umschrift an
der Unterseite des Fußsaums verschlagen. Aus gleicher Werkstatt wie Nr. 4. 1707[214]? Barock. Inschrift: «Ex Donat: Testamentali Dae: Caeciliae De Riedmatten cum adjunctione resid..[?] ex Libe-
ral: Haeredum Mgci: Dni: Petri de Riedmatten Ballivi pro servitio Capellaniae et Altaristae Catharinae: V: et M: in eccl[esia pa]rr[ochi]ali Monasteriensus Anno...7...»[215]. Flauer Sechspaßfuß mit
Blumen und Fruchtarrangements auf den Paßbuckeln. Schaft ähnlich Nr. 4. Birnförmiger Nodus mit
drei akanthusgerahmten Ovalspiegeln. Rankenwerk am durchbrochenen Korb. – 6. (Abb. 83). Silber,
vergoldet. Dekor silbern. H. 26 cm. Beschau Leuk. Meistermarke des MATTHIAS WILLA (Tab. I, Nr. 18).
Anfang 18. Jh. Barock. Auf dem gewölbten flauen Sechspaßfuß abwechselnd Granatapfel-Arrange-
ments und Putten mit Leidenswerkzeugen. Den hohen zylindrischen Schaft schließt ein scharfer Akanthuskranz ab. Kupa mit flachem Boden. Am durchbrochenen Korb Cherubine und Medaillons mit
Symbolen. – 7. Silber, vergoldet, getrieben. H. 26 cm. Beschau fehlt. An einem Ornamentgitter am
Fuß nichtidentifizierte Meistermarke (Tab. I, Nr. 31). Mitte 18. Jh. Rokoko. Am unregelmäßig ge-
schweiften Fuß sitzen zwischen drei Stegen Rocaille-Kartuschen mit glasbesetzten Silberappliken.
Nodus mit drei rocaillegeschmückten Rotuli. Der Dekor des Korbs gleicht demjenigen des Fußes. –
8. Silber, vergoldet. Dekor getrieben und graviert. H. 24 cm. Beschau fehlt. Nichtidentifizierte Meister-
marken (Tab. I, Nr. 32). Mitte 18. Jh. Rokoko. Den unregelmäßig geschwungenen, hochgewölbten
Fuß zieren drei Stege und kleine Gittermotive, den birnförmigen Nodus drei Ornamentfelder. Die
Kupa ist glatt. – WEIHRAUCHFASS. Silber, getrieben, durchbrochen. H. 29 cm. Beschau Augsburg.
Nichtidentifizierte Meistermarke (Tab. I, Nr. 5). FRANZ ANTON GUTWEIN? 1765–1767. Rokoko. An
dem sich gewellt konisch erweiternden Becken bilden C-Bögen große Kartuschen mit einer Blume auf

---

210 Identifiziert von Albert de Wolff, Sitten.

211 Möglicher Sinn der Inschrift: «Hunc calicem reficere fecit nobilis Dominus Emmanuel de
Riedmatten consiliarius Sedunensis 1784.»

212 «[1706, 25. April]..vendidit..Mag. Joachim Vicart aurifaber sedun. calicem novum com-
munem attamen pulchrum et insignijs interius(?) in pede Beneficij Gentheri..» (PfA Münster, D 50).

213 «...(?)...(?) Reverendus Dominus Petrus Gunthren Beatissimae Virgini Mariae Reginae
Sacratissimi Rosarij(?) Protonotarius Apostolicus Parochus Gomesiae Canonicus Sedunensis me donat
ac dedicat.»

214 Cäcilia von Riedmatten starb 1707 (ST. NOTI, W. Jb. 1966, S. 26). Vgl. ferner GARBELY, S. 26,
Anm. 58.

215 «Aus der testamentarischen Schenkung von Frau Cäcilia von Riedmatten mit Beitrag ... (?)
aus der Freigebigkeit der Erben des schaubaren Herrn Landeshauptmanns Petrus von Riedmatten für
den Dienst der Kaplanei und des Altaristen der Jungfrau und Martyrin Katharina in der Pfarrkirche
von Münster.»

Abb. 82 und 83.
Münster. Pfarrkirche.
Kelch, 2. Hälfte
17. Jh., im Stil des
Anton Tuffitscher.
Text S. 92.
Kelch, Anfang 18. Jh.,
von Matthias Willa,
Leuk. – Text S. 92.

gerieftem Grund. Der gitterartig durchbrochene Deckel verengt sich zu laternenartigem Aufsatz. – *Schiffchen* zum genannten Weihrauchfaß. Silber, getrieben und graviert. H. 13,5 cm. Beschau und Meisterzeichen wie Rauchfaß. Am Fuß rocaillegeschmückter Wulst. Kleiner Knauf. Schmales, langes Becken, mit blumenbesetzten Rocaille-Kartuschen geschmückt. In den Deckel sind ähnliche Motive eingraviert. – RELIQUIAR[216]. Silberner Heiltumsarm[217], ziervergoldet. H. 50 cm. 2. Viertel 18. Jh. Den tief gekehlten Fuß gliedern geschuppte Pilaster in vier Felder. Im vordersten Feld, von applizierten Silberkartuschen eingefaßt, Dose mit der Reliquie des hl. Mauritius und seiner Gefährten, in den übrigen bunte Glasflüsse. Von Régence-Blumengitter übersponnener Ärmel. – VORTRAGEKREUZE. 1. *Romanisches* (Abb. 78 und 79). Gelbguß. H. (inkl. Knauf und Stangentülle) 38 cm (Korpus 15 cm). Herkunft Maas–Niederrhein? 2. Hälfte(?) 12. Jh. Knauf und Kreuz Anfang 17. Jh. Das aus Blech geschnittene Kreuz weist vor allem an seinen kreuzartigen, vegetabil anmutenden Zackenenden derben gekerbten und gepunzten Schmuck auf: in den Balkenenden Felder mit Leidenswerkzeugen, in den Zacken Perlschnüre, an den Rändern der Kreuzbalken eine Zickzacklinie. Der gegossene Korpus ist hohl außer im Kopf und in den Gliedmaßen. Die nur wenig geneigte Suppedaneumplatte ist mit Hals und Öse mitgegossen. Christus steht in zurückhaltendem, aber durchaus klassischem Kontrapost auf dem Suppedaneum. Die Arme sind beinahe waagrecht gehalten, die großen genagelten Hände jäh nach oben gewinkelt. Das volle Oval des Hauptes wird von stilisierten eingerollten Bartbüscheln gerahmt. Das nur vorn gescheitelte Haupthaar fällt beidseits in einem Haarbündel auf die Schultern herab. Das Perizonium ist mit einem Perlstabcingulum[218] an beiden Hüften geknüpft, besonders kräftig an der rechten Körperseite, wo eine Tütenfalte hochgezogen wird. Spitze oder nur wenig gerundete Schüsselfalten vor dem linken Oberschenkel. Winkelfalten an der rechten Körperseite[219]. Perlstab am Tütenfaltenrücken, eine geraute Borte am unteren Saum des Lendentuchs. Die Faltenkämme von gravierten Linien begleitet. Außerordentliches Werk von hoher Qualität, bemerkenswert

---

216 1678 schenkte das Domkapitel von Sitten der neuen Münstiger Kirche Haarreliquien der seligsten Jungfrau Maria (StAS, A Louis de Riedmatten, Cart. 5, fasc. 8, Nr. 23). Gleiche Reliquien waren damals auch im Urnerland beliebt (vgl. E. WYMANN, Uri–Rheinau, Ein Beitrag zur Geschichte der Felix- und Regula-Verehrung, XI. Hist. Neujahrs-Blatt, Altdorf 1904, S. 84–86).

217 Die Pfarrleute hatten schon 1527 einen Silberarm gekauft (PfA Münster, F 1).

218 Ähnlich an den Karyatidenengeln des sog. Kappenberger Barbarossakopfes (nach 1155) (Rhein und Maas, Kunst und Kultur 800–1400, Köln 1973, Abb. S. 214).

219 Ebenfalls am sog. Egbert-Kruzifix der St.-Servatius-Kirche, Maastricht (Rhein und Maas, Kunst und Kultur 800–1400, Kat. Ausst. Köln 1972, S. 179, C 3).

wegen der zahlreichen Rückgriffe auf ottonisch-salische Motive: zur Seite ausschwingender Rumpf[220]; waagrechte Arme mit nach oben gewinkelten Händen[221]; gebärdenreiche lange Hände; Typ des großen Hauptes; Silhouette mit vortretendem Bauch; Drapierung des Perizoniums[222]. – 2. Silber. Vergoldete Appliken. H. 85,5 cm. 1. Hälfte 16. Jh. Spätgotisch. Die Kreuzbalken enden nach Vierpässen in Lilien. In den Vierpässen vorn große Appliken der Evangelistensymbole, auf der Rückseite der Auferstandene, eine weibliche Heilige und ein Heiliger mit Buch als Brustbildnisse, ferner der Pelikan und in der Mitte das Lamm Gottes, alle auf Wolkengirlanden. – 3. *Kristallkreuz*. Gestänge und Manschetten Kupfer, vergoldet. H. 71,5 cm. 17. Jh.? Renoviert 1759–1763[223]? Die Kristallteile, d. h. die Balken und die kleeblattähnlich geformten Enden, werden mittels Manschetten, vor allem aber von durchgezogenen Stäben mit Abschlußknöpfen, zusammengehalten. Mit Blech eingefaßte Kreuzmitte. Strahlenkranzfragment. An der Rückseite Rosette. Der kupfervergoldete Knauf – Fragment einer mittelalterlichen Pyxis? – läßt sich öffnen. Gleicher Korpustyp wie Vortragekreuz Nr. 1 in Reckingen (S. 287), aber verfeinert. – 4. Silber. Messingappliken. H. 71 cm. Mitte 18. Jh. Rokoko. Schräg gerippter vergoldeter Knauf. Die Balken mit ihren Kleeblattenden sind vorn und hinten reich dekoriert: auf den Balken C-Bögen, an den Enden in Silber getriebene Medaillons[224] der vier Evangelisten. In Silber getriebener Korpus, 2. Hälfte 17. Jh. An der Rückseite, vor einem Strahlenkranz, Maria. – HÄNGELEUCHTER. Bronze. Typ der niederländischen Leuchter. Auf der großen Kugel des Mittelstücks, zwischen den Ziffern 1653, eingraviert das Wappen der Imoberdorf, eine Lilie unter drei Kugeln, und die Umschrift: «JOANNES.IM.OBERDORF»[225]. – AMPEL (heute im Pfarreimuseum). Silber, getrieben, durchbrochen. H. 33 cm. Geschenk der Familie von Riedmatten[226]? Mitte 18. Jh. Rokoko. An einem großen gedrückten Becken hängen gestuft zwei kleinere. Karniesförmig verjüngter Deckel. Überladen mit Schmuck aus rocaillebesetzten Spangen und Blumengruppen. – HOSTIENBÜCHSE (im Pfarreimuseum). H. 5,5 cm, Dm. 6,5 cm. Zinn, innen vergoldet. 17. Jh.? Rund. Profilierter Deckel an Scharnier. – MEDAILLE mit Bildnis des hl. Franz von Sales[227]. Silber. H. 5,7 cm, B. 5 cm. 17. Jh. Breiter Filigranrahmen, zum Teil mit Silberperlen besetzt. Ovale Medaille mit Brustbildnissen im Profil, an der Vorderseite der hl. Franz von Sales mit der Umschrift: «SANC.FRANCISCVS.DE.SALE.EPI.GE», an der Rückseite die Muttergottes mit der Umschrift: «SANC. MARIA.MATER.DEI.ORA.PRO.N». – ZINNTELLER. Dm. 28,5 cm. Rosettenförmig, mit profiliertem Rand. An der Randunterseite eingraviert: «R[everendus]D[ominus]I[osephus]A[ntonius]B[iner]P[arochus] M[onasterii]» (1733–1788). – KERZENLEUCHTER. *Gotische Schaftringleuchter*. 1. Paar. Gelbguß. H. 57 cm. Für diese Chorleuchter[228] wurden 1551 Giltsteinsockel geschaffen (S. 90). Der eine Leuchter oben am Schaft repariert. – 2.–5. Ähnlich gestaltet sind drei weitere Paare. H. 19,5 cm, 24,5 cm und 29 cm. – *Dreikantfußleuchter*. 6.–7. Zwei Paare. Gelbguß. H. 34 cm und 38 cm. Auf Tatzen und Kugeln. Am Schaft vier Knäufe, von scharfen Schaftringen getrennt. – 8.–11. Vier Paare. Gelbguß und Bronze. H. 22,5 cm, 25 cm, 26,5 cm und 34 cm. Ähnlich Nr. 6–7. Am Schaft jedoch urnen- oder birnförmiger

---

220 Vgl. Codex 339 der St. Galler Stiftsbibliothek, ein nach 1032 entstandenes Werk aus dem Umkreis der Hartker-Gruppe, die ihrerseits mit dem Egbert-Psalter der Reichenau in Verbindung steht (A. MERTON, Die Buchmalerei in St. Gallen vom neunten bis zum elften Jahrhundert, Leipzig 1912, Tf. LXXII, Nr. 2).   221 Ebenda.

222 Vgl. Anm. 219. Ähnlich ein um 1230 datierter Bronzekruzifixus des Kölner Schnütgen-Museums aus Niedersachsen (Hildesheim?) (H. SCHNITZLER, Der Meister des Dreikönigen-Schreins, Kat. Ausst. Köln, Erzbischöfliches Diözesan-Museum 1964, Kat.-Nr. 28, Abb. 26).

223 In den Jahren 1759–1763 wurde einem Schmied für «die stenglin im Christal kreitz» bezahlt (PfA Münster, G 33).

224 Dieselben Medaillons an einem Kruzifix in der Kirche von Oberwald (S. 176).

225 Der spätere Meier des Zenden Goms (1568) (ST. NOTI, Geschlechter, die einst den Meier des Zenden Goms stellten, Walliser Bote 131, 2. März 1971).

226 Die unzuverlässige Chronik des Rektors PETER VON RIEDMATTEN bezeichnet sie als ein Geschenk der Familie (PfA Münster, o. Nr.).

227 Der hl. Franz von Sales († 1622) war mit den beiden Walliser Bischöfen, Adrian II. von Riedmatten († 1613) und Hildebrand Jost († 1638), befreundet. (Freundl. Mitteilung von Br. St. Noti.)

228 Die Kerzen dieser Chorleuchter wurden während der hl. Wandlung angezündet (Visitationsakt von 1687, PfA Biel, D 28).

Knauf und Vasenmotiv. – *Barockleuchter*. 12. Ein Stück. Tannenholz, unsorgfältig mit Tempera und Öl gefaßt. H. 64 cm. Mitte 17. Jh. Dreiseitiger Fuß mit leeren umrankten Kartuschen. Am Schaft mit Cherubinen besetzter Knauf und blattumhülltes Vasenstück. – 13. Paar. Messing. H. 39 cm. Am dreiseitigen Fuß Eckvoluten mit Akanthus. Schaft ähnlich Nr. 6–7. – 14. Paar. Messing. H. 55 cm. Gleicht Nr. 13. Die Kantenstege des Fußes sind aber nicht zu Voluten umgebildet. – 15. *Stil Louis XVI*. Paar. Holz, versilbert. H. 53 cm. Durchgehende Dreikantform. Am Schaft Balustermotiv und Blattkränze. – S T A B des Priors der Bruderschaft des Allerheiligsten. Krümme. Holz, vergoldet. H. 37 cm. Barock. Im Knauf steckt ein metallener Strahlenkranz mit einem Kelch auf Rollwerk und Akanthus. – P A R A M E N T E. Von den recht zahlreichen Erwerbungen und Schenkungen der ersten Hälfte des 17. Jahrhunderts[229] sind keine Paramente erhalten geblieben. Die ältesten vorhandenen Stücke aus der zweiten Hälfte des 17. Jahrhunderts sind fast ausschließlich Schenkungen der Familie von Riedmatten. Domherr Peter Guntern stattete 1678 seine Rosenkranzpfründe ebenfalls mit Kaseln aus[230]. – *Pluviale*. Rot. Damast mit Brokatornamenten und Phantasieblüten in bunter Seidenstickerei. An dem mit schwerer Quaste behangenen Schild Riedmatten-Wappen und die Inschrift: «17 N:D:A:M:C:D:R:44»[231]. Aus derselben Manufaktur wie Kasel Nr. 13. – *Dalmatiken*. Paar[232]. Rot. Um 1700. Silberbrokat. Entlang den Umrissen von schweren Granatapfel- und Akanthusmotiven in leichtem Brokat ist ein Streifen glatten Satins ausgespart. – *Kaseln*. 1. Weiß. Barock. Spätere Posamentierung? Großgemusterter Damast. Leichter Goldbrokat. Vertikale Rankenbänder mit Vögeln in den Zwischenräumen. Am Stab Appliken, in der Mitte Madonna, unten die Inschrift «A.5.DR.6.E.S.»[233] und die Jahreszahl 1685. Das Wappen ist weggerissen bis an Schwert, Mitra und Stab der Wappenzier. – 2. Rot. Barock. Schwerer Samtbrokat mit stilisierten Blüten und Akanthusranken. Unten am Stab appliziert Riedmatten-Vollwappen und die Jahreszahl 1690. Darüber zwei Putten, die den quastenbesetzten Bischofshut tragen, und die Inschrift: «A:5:D:R:6:E:S:C:&:P:V:S:R:I:P:»[234]. – 3. Grün. 1690. Barock. Dekorloser Samt. Der von Silbertressen eingefaßte Stab aus grünem Taft zeigt unten die gleichen Appliken wie Nr. 2. – 4. Rot. Ende 17. Jh. Barock. Leichter Brokat. Das Blatt zeigt auf goldgelbem Satin rote Sammetranken, der (jüngere?) Stab dagegen in Seide gestickte Granatapfel- und Blumenmotive auf rotem Satin. – 5. Rot. Barock. In schwerem gemustertem Samt Phantasieblüten verschiedenen Rots in grünem Laubwerk. Blüten und Blätter haben züngelnde Formen. Am Stab in Seide gestickte wilde Röschen auf weißem Damast. – 6. Rot. Barock. Satin mit in Seide gestickten großen Blättern und Blumen. Am Stab Blumenstickerei auf weißem Satin. – 7. Rot. Ende 17. Jh. Barock. Großgemusterter Damast. Unten am Stab appliziertes Riedmatten-Wappen samt Helmzier. Stiftung des Peter von Riedmatten († 1683) oder seines Vetters Peter († 1707). – 8. Rot. Mitte(?) 17. Jh. Mit kleinen Blumen- und Blattmotiven bepreßter Satin. Unten am Stab derbe Applik des Riedmatten-Wappens. – 9. Violett. Barock. Dekorloses Moiré. Silbertressen wie Nr. 3. – 10. Weiß. Mailänder Kasel. Mitte 18. Jh. Barock. Taft mit Seidenstickerei und appliziertem Golddekor. Durch drei goldgefüllte Ornamentfelder im Stab verankert, überspannen zwei feine Medaillons aus Blattranken das ganze Blatt. Als Streumuster schwere Granatapfel- und Blumenarrangements. – 11. Weiß. Mailänder Kasel. Mitte 18. Jh. Barock. Gleicht Nr. 10. Im Stab Lambrequin. Stab des Vorderblatts beschädigt. – 12. Weiß. Barock. Taft mit gestickten vertikalen Ornamentstreifen in weißer Seide, dazwischen Blümchen in Goldbrokat und bunter Seide. – 13. Rot. Barock. Damast. Große blaue Rosen und kleine Blüten wechseln mit fruchthornähnlichen Brokatornamenten. Unten am Stab in geschwungenem Goldrahmen die Inschrift: «R.D.T.W.V.M. 1744»[235]. Gleiche Manufaktur wie das Pluviale. Stab des Vorderblatts beschädigt. –

---

229 1642/43 hatte Johann von Riedmatten, Hauptmann in französischen Diensten, dem Michaelsaltar eine mit Blumen übersäte weiße Kasel geschenkt. 1645 stiftete er eine blumenbestickte weiße Kasel samt Dalmatiken und ein weißes Velum mit dem Bildnis der Heiligen Jungfrau (vielleicht identisch mit Kelchvelum Nr. 11) – Paramente, die er auf dem Schlachtfeld von Lerida gelobt hatte (PfA Münster, D 131).   230 PfA Münster, D 50.

231 «Nobilis Domina Anna Maria Catharina De Riedmatten» († 1753), Witwe des Obersts Ignaz de Sepibus. (Freundl. Hinweis von H. A. von Roten.)

232 Nach Mitteilung von St. Noti sind diese Dalmatiken gegen zwei weiße, nun in Ernen aufbewahrte Dalmatiken eingetauscht worden.

233 «Adrianus 5. De Riedmatten 6. Episcopus Sedunensis».   234 Vgl. Anm. 77.

235 «Reverendus Dominus Thomas Werlen Vicarius Monasterii.» (Freundl. Mitteilung von Br. St. Noti.)

14. Weiß. Mailänder Kasel. Mitte 18. Jh. Barock. Gleicht Nr. 10. Rosen, Nelken und Phantasieblumen als Streumuster auf Satin. – 15. Weiß. Mailänder Kasel. Mitte 18. Jh. Barock. Gleicht Nr. 10. Bunte Rosen und Phantasieblüten als Streumuster auf Satin. – 16. Weiß. 2. Hälfte 18. Jh. Rips, bestickt mit breiten, geschwungenen Ästen aus abgehefteten Silberfäden. In Gold gestickte Blätter, in Seide gestickte kugelige Früchtchen. Unten am Stab Allianzwappen-Applik von Riedmatten–de Bons[236]. – 17. Weiß. Mailänder Kasel. Letztes Viertel 18. Jh. Régence. Gleicht Nr. 10, doch überspannt hier ein einziges Medaillon mit Bandwerkmotiven die Felder. Am Stab unter einer Gitterurne Allianzwappen von Riedmatten–de Bons. – 18. Rot-weiß gestreift. Stil Louis XVI. Damast. Feine bunte Blütenranken winden sich um die Vertikalstreifen. Breite gewundene Goldborten. – 19. Schwarz. 1. Hälfte 19. Jh.? Broschierter Satin. Von einem Brautkleid herstammend? Stab aus Taft. – *Verseh-Velum*. Weiß. Italienischer Herkunft. Mailand? Mitte 18. Jh. Satin. Seidengestickte Blumen und goldene Appliken mit vereinzelten Régencemotiven. In der Mitte strahlende Hostie. – *Kelch-Velen*. 1. Weiß. Datiert 1681. Taft. Konturstickerei in Seide. In der Mitte Medaillon mit Christusmonogramm und Umschrift: «A.D.R.E. S.C. ET. P.VS.R.I.P.»[237]. Breiter Saum aus Ranken und Blüten. – 2. Violett. Barock. Große Blatt- und Fruchtkomposition in leichtem Goldbrokat. – 3. Wie Nr. 2. – 4. Weiß. Barock. Breite seidengestickte Blüten und Ranken auf silberbesticktem Grund. – 5. Weiß. Barock. Frucht- und Blattarrangements in leichtem Goldbrokat auf Satin. – 6. Violett. Um 1700. Groß gemusterter Damast. – 7. Weiß. Frühes 18. Jh. Satin. Ein Medaillon mit dem Christusmonogramm wird von Blütenarrangements in den Ecken und von Vögeln gerahmt. – 7. Violett. 2. Hälfte 18. Jh. Taft. Broschiert mit großen Blumenornamenten. – 8. Violett. 2. Hälfte 18. Jh. Taft, durch gerippte Bänder in Streifen gegliedert, broschiert mit Röschen. – 9. Grün. 2. Hälfte 18. Jh. Seide. Rips. Voll mit Wellenbändern bestickt. – 10. Weiß. Ende 18. Jh. Taft. Mit großen Blumengirlanden bestickt. – 11. Weiß. 18. Jh.? Ein Medaillon mit dem Brustbildnis Mariens wird zentralsymmetrisch von Blüten umrahmt. – *Bursen*. 1. Rot. Mitte 17. Jh. Satin. In teilweise goldbestickter Abheftstickerei die hl. Margareta, kniend, mit dem Drachen. Klöppelspitzenborten. – 2. Rot. 2. Hälfte 17. Jh. Satin. In Abheftstickerei Johannes der Täufer, stehend, mit dem Lamm. Golddurchwirkt. Borten aus gewundenen Goldfädenbündeln.

GRABSTEINE. 1. *Von Maria Piemondi* aus Martinach, erster Gattin des Meiers Melchior Jergen († 1731) (links an der Kirchenfassade). Giltstein. H. 108 cm, B. 74 cm, T. 34,5 cm. Überhöht von schmiedeisernem Kreuz. Quader mit kräftig abgesetztem Polsteraufsatz. An der Front zwei Wappenreliefs zwischen den Ziffern der Jahreszahl 1700, links geviertes Wappen Jergen–von Riedmatten[238], rechts Wappen Piamont: nach links gewendeter Stiefel auf Dreiberg unter Stern. An der Fase die Initialen: «M[elchior].J[ergen].G[ubernator].S[ancti].M[auritii].F.(?)M[aria].P[iemondi].»[239]. – 2. *Fragment des Grabsteins von Peter von Riedmatten* († 1588), Ahnherrn der älteren Stammeslinie (heute neben der Eingangstür zum Pfarreimuseum). Giltstein. H. etwa 34 cm, B. 56 cm, T. 17 cm. Die Inschrift ist nur zum Teil lesbar: «CR.CVMSP*ET(?)*P*PETR/VS*A* RIEDMATEN MA/IOR GOMISIANVS/ MONTHEOLI GVBTOR... (?)»[240]. – 3. *Fragment des Grabsteins von Peter von Riedmatten* († 1596), Ahnherrn des Gommer Geschlechts (heute neben der Eingangstür zum Pfarreimuseum). Gehauen von MELCHER STUDIGER, Sitten[241]. Giltstein. H. etwa 73 cm, B. 63 cm, T. etwa 11 cm. Mit Riedmatten-Wappen. Wie die Reste der Inschrift noch verraten, ließ Bischof Hildebrand von Riedmatten den Grabstein seines Vaters aufrichten: «... E(?) I I(?) PI ... 1596(?) CH O/S I ITV REDDIDIT/VIVS/R HILTPRNDVS*EPS/SIDVNN FL(?) IVS MORENS/ APPOND*CVR VIT». Eingelassener Hebering. – GRABKREUZE. An der Nordseite des Beinhauses hängen acht schmiedeiserne Grabkreuze aus dem 17., 18. und 19. Jahrhundert.

---

236 Wappen der Patience de Bons († 1826) von St-Maurice, Tochter des Charles Louis de Bons und der Marie Catherine de Quartery. Sie vermählte sich am 19. Juni 1779 mit dem Landvogt und späteren Obersten Peter Hyacinth von Riedmatten († 1811). (Freundl. Mitteilung von H. A. von Roten.)   237 Vgl. Anm. 77.

238 Die Mutter von Melchior Jergen war Verena von Riedmatten (vgl. Inschrift auf dem Dielbaum seines Hauses, S. 130, Nr. 49).

239 PfA Münster, D91. (Freundl. Hinweis von H. A. von Roten.)

240 «... Petrus von Riedmatten, Meier von Goms, Landvogt von Monthey ...»

241 StAS, A Jean de Kalbermatten, «Variae divisiones Episcoporum ac parentum», fol. 168 und 172.

Abb. 84. Münster Pfarrkirche.
Meisterzeichen Viktor Walpen,
an einer Glocke von 1885.
Text siehe unten.

GLOCKEN. 1. Dm. 110 cm. Am Mantelsaum beschädigt. Gegossen 1607 von PETRUS BULENWILUS aus Lothringen[242]. Stifter: Bischof Adrian II. von Riedmatten und Hildebrand Jost, Pfarrer in Münster und Domherr. Geriefte Kronenbügel. An der Schulter Fries mit einzelnen hängenden Akanthusblättern und Fries mit alternierenden Darstellungen von Blattranken, Lamm Gottes und Maskarons in Roll- und Beschlägewerkkartuschen. Umschrift: «XPS REGNAT*XPS IMPERAT*XPS AB OMNI MALO NOS DEFENDAT*ANNO DOMINI 1607». Unter der Umschrift kleine siegelartige Heiligendarstellungen. Ein saftiger Blatt- und Blumenrankenfries unterteilt die Flanke. Auf der untern Zone Kreuzigung auf Sockel aus Friesstücken und Inschriften: «A.D.R.E.S.P. ET COMES P.V.»[243], «H. I.I.C.M. ET C.S.X.»[244]. Meisterzeichen: Kartusche mit einer Glocke über zwei Türmen, umgeben von den Initialen: «P[etrus]. B[ulenwilus]. F. R. F.». Den Mantel säumt ein Blatt- und Blumenrankenfries im Stil der Frührenaissance. – 2. Dm. 95 cm. Umschrift an der Schulter: «ANNO * DOMINI * 1607 [Hand Gottes] DIE * XX * JUNII * [Hand Gottes und Kreuz] O * REX * GLORIE * XPSTUS * VENIT * AVE». Meisterzeichen, Inschriften und Dekor wie Nr. 1, mit unbedeutenden Abweichungen. – 3. Dm. 72 cm. 1885 von VIKTOR WALPEN aus Reckingen umgegossen[245]. Umschrift an der Schulter: «LOBET SEINEN NAMEN! DENN DER HERR IST GUTIG * EWIG WARET SEINE GNADE U SEINE WAHRHEIT». Darunter kleine Reliefs von Heiligen und Kreuzigung. Rankenfries. Meisterzeichen (Abb. 84) mit Datum und Namen des Glockengießers. – 4. Dm. 85 cm. 1925 von H. RÜETSCHI, Aarau. Umschrift an der Schulter: «IN. HONOREM. ST[ae] CATHARINAE. V. M. PATRONAE. VALESIAE. ET. PAROCHIAE. MONASTERIENSIS. ANNO. 1925». Am Mantel Relief der hl. Katharina und Fabrikmarke. – 5. Dm. 125 cm. 1936 von Glockengießerei STAAD, Thal SG. Puttenköpfe an den Bügeln. Tief angebrachte Umschrift: «A VICARIO FERE CENTENARIO DONO DATA 1936 s.

242 Zu P. BULENWILUS vgl. S. THURM, Deutscher Glockenatlas, Württemberg und Hohenzollern, München–Berlin 1959, S. 87 und Anm. 304. Schon 1586 hat ein Meister PETER «die glocken ghenck» und drei Kronen «von wegen des zygreichs und ein glocken fehrcks» erhalten. Ob es sich bereits um den Glockengießer von 1607 handelte und warum man so kurz darauf zum Guß großer neuer Glocken schritt, ist nicht bekannt. 1606 arbeitete auch ein einheimischer Meister JACOB JERGEN an den Glocken (PfA Münster, G 25). Die Glocke ist der 1613 von PETRUS BULENVILUS gegossenen großen Glocke von Naters sehr ähnlich.   243 Vgl. Anm. 77.

244 «Hildebrandus Jost indignus curatus Monasterii et canonicus Sedunensis ... (?)».

245 1885 zersprang die kleinste Glocke und wurde neu gegossen (PfA Münster, G 52). Es wird sich um jene kleine Glocke handeln, aus deren Inschrift «O rex glorie veni nobiscum pace» E. WICK 1864 bis 1867 im Chronostikon das Datum 1273(?) herausgelesen hat, ohne sie freilich für so alt zu halten. WICK erwähnt auch eine Glocke von 1625 (FURRER-WICK, S. 54 C recto). Schon 1874 waren von VIKTOR WALPEN zwei Glocken gegossen worden, über deren Schicksal nichts bekannt ist (PfA Münster, G 52). Um 1736 ist die Rede von «der rossekrantz glogen» (StAS, A Louis de Riedmatten, Cart. 6, fasc. 9, Nr. 90).

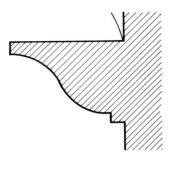

Abb. 85 und 86. Münster. Beinhaus und Johanneskapelle (Doppelkapelle). Zeichnung, 1909, von Johann Rudolf Rahn. – Querschnitt vom Sims im Innern der Johanneskapelle, 1637. – Text S. 100.

THODULO AB EIUS SUCCESSORE VICTORE CONSECRATA»[246], unter der Schulter: «OPERA NOSTRA REGI». Am Mantel Reliefs von Christ-König und dem hl. Theodul.

ABGEWANDERTE KUNSTWERKE. STATUEN[247] (seit 1948 am Hochaltar der Kirche von Eggerberg). Hl. Petrus. Arve, gehöhlt. H. 80 cm. Neue Polimentvergoldung, ehemals Polierweiß mit vergoldeten Säumen wie die Statuen am Münstiger Taufstein. Ende 17. Jh. Von JOHANN SIGRISTEN? – Hl. Paulus. Pendant zum hl. Petrus. Da die beiden Statuen am neugotischen Tabernakelgeschoß (1869) des Hochaltars von Münster standen, gehörten sie vielleicht zu jenem Altarfuß, den JOHANN SIGRISTEN 1697 für den Hochaltar geschaffen hatte. Charakteristische geschwungene und untersetzte Figuren. – Assunta. Arve. H. etwa 60 cm. Neue Polimentvergoldung. Ende 17. Jh. Den Apostelfiguren verwandt, jedoch mit weicherem Faltengeschlinge. – WAPPENSCHEIBE. Emil Wick sah die Wappenscheibe 1864–1867 in einem Fenster des Schiffs gegen Norden[248]. 1880/81 wird sie entfernt worden sein[249]. 1959 erwarb sie das Museum von Valeria[250]; Inv.-Nr. MV 2501–2559. H. 43 cm, B. 33 cm. Dem Luzerner Glasmaler HANS GEILINGER II (1642–1704) zugeschrieben. Dreiachsige Säulenarchitektur. In der Mitte, in die Ferne gerückt, die Heilige Familie in einer Landschaft, in den Seitenachsen links der hl. Petrus, rechts Paulus, als Oberbild der hl. Wendelin in einer Landschaft. In der Fußzone, in Rollwerkkartusche, das Wappen Imsand, in Rollwerkrahmen die Inschrift: «Herr Peter Jm Sandt Vnd fraw/ Marie Carli sin Husfrauw Anno/ Domini 1668». – MONSTRANZ[251] (Pfarrei St. Martin, Zürich). Silber, vergoldet, gegossen, am Fuß getrieben. H. 67,5 cm. 2. Viertel 16. Jh. Stiftung von Bischof Adrian I. von Riedmatten? Verändert Mitte 17. Jh. An den Wangen des Ostensoriums sind unten emaillierte Wappen angebracht, links ein weißes Kreuz in rotem Feld, wohl als Wappen der Pfarrei Münster zu deuten, rechts das Riedmatten-Wappen mit grünem Kleeblatt[252] unter zwei roten Sechsstrahlensternen. Das Schaugefäß fehlt. Neue Lunula von M. BURCH-KORRODI, Zürich. Die Darstellung des im Wallis unbekannten hl. Adalbert von Prag und das Fehlen von «Walliser Heiligen» las-

246 Stiftender Vikar war Franz Lagger, konsekrierender Bischof Seine Exzellenz Viktor Bieler.
247 Auch eine Ranke mit Putten gelangte nach Eggerberg.
248 FURRER-WICK, S. 54/55.   249 Damals wurden neue Glasfenster eingefügt.
250 Vallesia XV (1960), S. XIV, Abb. Pl. I.
251 Auf diese Monstranz hat H. A. von Roten aufmerksam gemacht.
252 Nach BR. ST. NOTI hat Bannerherr Peter von Riedmatten (1583–1626) das grüne Kleeblatt im Wappen durch ein goldenes ersetzt (NOTI, Palast, S. 15).

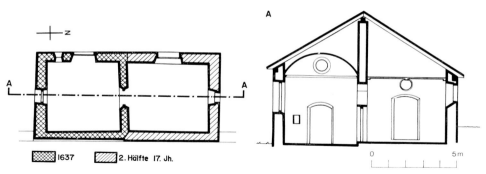

Abb. 87 und 88. Münster. Beinhaus und Johanneskapelle. Grundriß und Schnitt. Links Johanneskapelle, 1637, rechts Beinhaus, 2. Hälfte 17. Jh. – Text S. 100.

sen die Herkunft aus dem Wallis als sehr zweifelhaft erscheinen[253]. Zweizonige Retabelmonstranz mit
dreiachsigem Haupt- und einachsigem Obergeschoß. Flaches Gestänge wechselt mit vorkragenden
Baldachinzonen. In den Seitenachsen des Hauptgeschosses zwei Statuetten von Bischöfen, links der
hl. Adalbert von Prag mit einem Ruder als Attribut, in der Oberzone eine doppelseitige Madonna
vom Typ der Madonna Bavaria (Mitte 17. Jh.). Die Kreuzblume wird von einer kunstvollen Kreuzigungsgruppe im Stil des frühen 16. Jahrhunderts bekrönt. Apostelfigürchen, von denen nur Petrus,
Paulus, Andreas und Philippus zu identifizieren sind, zieren die Baldachinkronen in den Zwickeln, an
den Wangen, in der Oberzone auch an der Stirn.

BEINHAUS UND JOHANNESKAPELLE

GESCHICHTLICHES. Die Jahreszahl 1637 auf dem Wappenschild über der Tür der
Johanneskapelle darf als deren Entstehungsjahr betrachtet werden. Das Wappen
der Stäli weist auf den Pfarrer und Domherrn Joh. Stäli[254] als großen, wenn nicht
alleinigen Stifter, um so mehr als die Kapelle bis 1809 von seinen Erben unterhalten[255] und auch der Altar aus den Mitteln der Stiftung des Domherrn geschaffen
wurde. Da der «Pesthügel» in der Südostecke des Friedhofs, also zunächst der
Kapelle, lag[256], könnte die Stiftung mit der Pestepidemie von 1629 zusammenhängen. Über die Entstehung des Beinhauses ist nichts bekannt. Nach der Form der
Fensteröffnungen zu schließen, ist das heutige Beinhaus zwar jünger als die Johanneskapelle, gehört aber ebenfalls dem 17. Jahrhundert an[257]. Früher waren beidseits des Altars hinter etwa 2 m hohen Holzgittern Schädel aufgeschichtet. Reno-

253 Werner Jaggi, SLM, Zürich, identifizierte den Goldschmied der Lunula und den hl. Adalbert
von Prag.

254 Johannes Stäli von Reckingen, Pfarrer in Münster 1625–1630, 1633 Domherr (Cantor) von
Sitten, † 1639 (NOTI, Ms, Heft 4, S. 46/47).

255 Visitationsakt von 1704 (PfA Münster, D73). 1809 übernahmen die vier Pfarreiviertel den
Unterhalt der Kapelle sowie den Betrag für die vier von Domherr Stäli gestifteten hl. Messen (PfA
Münster, D83).

256 NOTI, Ms, Heft 4, S. 46/47. Der Hügel wurde erst bei der Kirchenrenovation 1932–1938 ab-
getragen.

257 Die Darstellung des Dorfes auf einem Gemälde um 1679–1683 zeigt bereits die Doppelkapelle
(Abb. 93).

vationen der Doppelkapelle 1743 (Dach)[258], 1882 (Innenrenovation), 1902 und 1912 (Gesamtrenovationen)[259].

Bilddokumente. Ansicht von SW; «Münster. Wallis/Friedhofkapelle/29/VIII 09/Rahn». Tuschzeichnung von J. R. RAHN (ZBZ, Rahnsche Sammlung, Mappe V, Bl. 96).

BESCHREIBUNG (Abb. 85, 87 und 88). Der querrechteckige Bau verrät nur durch seine Breite und die zwei Türen unter Okuli an der Fassade, daß er zwei Kapellen unter einem Satteldach birgt, die Johanneskapelle und das Beinhaus. Die südliche *Johanneskapelle* ist reicher ausgestaltet. Im Gegensatz zum Beinhaus besitzt sie eine profilierte giltsteinerne Portalrahmung mit Kämpfern. Ihr höher liegender Okulus und das Spitzbogenfenster an der Südwand zeigen Fischblasenmaßwerk. An der Rückseite springt außen ein sich hangwärts verjüngender Sockel (alte Friedhofmauer?) vor. Der quadratische Innenraum wird von einer schmucklosen Brettertonne überwölbt[260]. Ein Karniessims (Abb. 86) läuft am Ansatz der Tonne rundum und sitzt auf Brusthöhe an der Stirnwand beidseits des Altars. Zum Beinhaus hin öffnen sich, einander nicht zugeordnet, eine rechteckige Türe[261] und darüber ein maßwerkloses Spitzbogenfenster. Unter dem Fußboden gruftartiger Hohlraum[262].

Das ebenfalls quadratische *Beinhaus* ist mit einer flachen Holzdecke auf reichem Holzsims abgeschlossen. Die Decke wird durch ein Profilleistenkreuz in vier große Felder gegliedert. Zur Beleuchtung dienen ein flach stichbogiges Fenster an der Nordwand und der geradwandige Okulus.

Altar der Johanneskapelle. Inschrift auf der Predella: «HOC OPUS FIERI FECERUNT ILLUSTRIS AC VENERABILIS DOMINUS JOANNES FRIDLIN CM$_0$ VT INSPECTOR ET HONETUS PETRUS STALI PROCVURATOR EX FUNDATIONE PERILLUSTRIS AC ADMODUM REVE RENDI DOMINI JOANNIS STALI CANTORIS SEDUNENSIS CURATIMO ATQ ARAGNI VICARI FORENSIS L D GOMESIAE 1656»[263]. Die großen Putti der Bekrönung in Akanthusschleifen um 1700 von JOHANN SIGRISTEN? Am Schnitzrahmen des bekrönenden Gemäldes der Madonna vom Sieg aus der zweiten Hälfte des 17. Jahrhunderts Nessier-Wappen mit den Initialen «C[hristian?] N[essier]»[264].

Einachsiges bekröntes Architekturgeschoß mit einem Paar gerader korinthischer Säulen. Schaftartige Kapitellkörbe, an Maiskolben erinnernde Granatapfel-Appliken am Säulenhals und polypenartiges Rankenwerk der Altarbärte. Charakteristisch für den Figurenstil des Meisters (MATTHÄUS MANGOLD, Bellwald?) sind die versenkten Nasenflügel der Cherubine, die bei Figuren um 1645 in der Ritzinger Dorfkapelle wiederkehren. Das mit Öl auf Leinwand gemalte Altarblatt stellt Johannes

---

258 PfA Münster, G 33.   259 PfA Münster, G 52.

260 Unregelmäßige Ausbuchtungen am östlichen Giebel, wohl entstanden beim Anbau des Beinhauses unter gleichem Giebel.

261 Nach Br. St. NOTI hat man die Kapellen der Totenprozession wegen verbunden (NOTI, Ms, Heft 4, S. 48).

262 Hier wurden die früher im Beinhaus aufgeschichteten Schädel untergebracht (ebenda).

263 «Dies Werk haben machen lassen der erlauchte und verehrungswürdige Herr Johannes Fridlin Pfarrer von Münster als Aufseher und der ehrenwerte Kirchenvogt Peter Stäli aus der Stiftung des sehr erlauchten und hochwürdigen Herrn Johannes Stäli, Kantors von Sitten, Pfarrers von Münster und Dekans von Ernen des löblichen Zenden Goms 1656.»

264 Testamentarische Schenkung von Christian Nessier 1713 an das «Eliliecht» des Beinhauses (PfA Münster, H 12).

auf Patmos dar. Links unten kniet neben kleinem Wappen der Stifter Domherr Johannes Stäli. Das dürftige Altarwerk ist das älteste datierte Gommer Retabel nach der Spätgotik, weshalb auch das qualitätvolle Altarblatt zu den frühest datierbaren Malereien auf Leinwand zählt. Am hölzernen *Altarfrontale* aus der Mitte des 18. Jahrhunderts Brustbildnis des Evangelisten Johannes in einem von Blumenfeldern gerahmten Medaillon.

Altar des Beinhauses. Holz, ohne Grundierung mit schwarzer Ölfarbe bemalt, zierversilbert. Um 1700. Der eingeschossige, nur mit geraden Sprenggiebeln bekrönte Altar war ehemals dreiachsig. Von den gekuppelten geraden Säulen korinthischer Ordnung sind die äußeren samt Sockel weggerissen. Das Altarbild, mit Pietà, umgeben von Gottvater und anbetenden Engeln, ist bezeichnet: « J. S. Koller pinxit 1725 ».

KRUZIFIXE. 1. (an der Kapellenfassade). H. etwa 155 cm. Holz, mit Ölfarbe bemalt. 1. Hälfte 17. Jh. Überlängter Rumpf mit knolliger Muskulatur. Tief geneigtes Haupt. Kleine, waagrecht zur Seite gespreizte Lendentuchfahne. – 2. H. 188 cm. Holz. Polychrome Ölfassung. Neugotisch.

GEMÄLDE. *Bild der Bruderschaft des Allerheiligsten Altarssakramentes(?)*. H. 74 cm, B. 67 cm[265]. Tempera auf Leinwand. 2. Hälfte 17. Jh. Schlecht erhalten. Mitten in ovalem Bildfeld schwebende Monstranz zwischen Maria und Christus am Kreuz, über die göttlichen Personen zur Heiligen Dreifaltigkeit ergänzen. Unten Arme Seelen zwischen Heiligen und Engeln. Ikonographisch bemerkenswertes Bild. Barockrahmen. – Brustbildnisse von *Jesus* und *Maria*. Pendants. H. 34 cm, B. 25,5 cm. Öl auf Zinkblech. Ende 17. Jh. In Holzrahmen mit abschließender Zahnschnittleiste. – *Hl. Petrus* mit zwei Schlüsseln. Brustbildnis. H. 63 cm, B. 50 cm[266]. Öl auf Leinwand. 2. Hälfte 17. Jh. Stellenweise derb übermalt. Rechts oben Riß. Barockrahmen. – *Tod des hl. Josef.* H. 99 cm, B. 66 cm. Mischtechnik auf Leinwand. Ende 17. Jh. In der Mitte Riß. Vor dem Totenbett zwischen Maria und Jesus spielen Engelchen mit einer Säge. Engel bringen eine Lilie. Barockrahmen. – *Hl. Franz Xaver.* H. 190 cm, B. 136 cm. Mischtechnik auf Leinwand. Anfang 18. Jh. Unten Riß. Leinwand ersetzt. Kleines Stifterwappen der Familie von Riedmatten am unteren Bildrand. Der Heilige fleht, eine Lilie in der Hand, stehend für eine Schar vor ihm kauernder Leidender. Im Hintergrund Darstellung eines Schiffbruchs. Inschrift: «SALVS NOSTRA IN TEMPORE TRIBVLATIONIS Isaiae 33» (vgl. S. 84, Anm. 160)[267]. – *Schweißtuch der Veronika.* H. 38 cm, B. 34 cm. Öl auf Leinwand. 1. Hälfte 18. Jh. Barockrahmen. – *Heiliger Wandel.* H. 48,5 cm, B. 35 cm. Tempera auf Leinwand. Mitte 18. Jh. Beidseits Bäumchen. Intensive blaugrüne und mennigrote Farbtöne.

PETERSKIRCHE

GESCHICHTE. 1309 wird die « ecclesia Sti Petri » erstmals erwähnt, und zwar in einem Akt[268], der die Marienkirche schon ausdrücklich als Pfarrkirche mit Friedhof bezeichnet. 1611 spendete man «an den buw Santt Peters Kilchen»[269]. Aufrichtung des Turmkreuzes 1639[270]. 1642–1645[271] malte der Luzerner HANS VIKTOR WEGMANN die Chorgewölbekappen aus, zwei Szenen innen an den Chorwänden und

265 1968 bei einem Diebstahl aus dem Rahmen geschnitten.   266 Vgl. Anm. 265.

267 Nach der großen Überschwemmung 1707 gelobte Münster, das Fest des hl. Franz Xaver alljährlich als Festtag zu begehen (VON ROTEN, Chronik, 1952, S. 46).

268 PfA Münster, D 1.   269 PfA Münster, B 5 k.

270 GdeA Münster, G 14. – «Praeterea aedificium Sti Petri (quod miramur) negligenter omitti». (Brief des Bischofs Hildebrand Jost an die Magistraten von Münster vom 2. September 1620. StAS, A Xavier de Riedmatten. Freundl. Hinweis von H. A. von Roten.)

271 PfA Münster, D 131. Zu den Künstlern H. V. WEGMANN und N. HARTMANN vgl. SCHMID, S. 37–46.

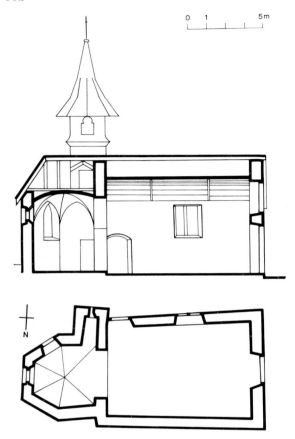

Abb. 89 und 90.
Münster. Peterskirche,
größtenteils wohl Anfang 17. Jh.
Grundriß und Längsschnitt.
Text S. 104.

wahrscheinlich das Wappenmedaillon des Bischofs Adrian III. von Riedmatten im Scheitel der Schiffsdecke[272]. Ihm stand als Maler der Landsmann NIKOLAUS HARTMANN zur Seite, dessen Mitarbeit freilich nur für den Altar (S. 107) belegt ist. Nach dem Wappen zu schließen, beteiligte sich der aus Münster stammende Landesbischof maßgeblich an der Restaurierung. Damals besaß das Kirchlein noch ein Chorgitter, das durch «schnetzer» CHRISTIAN MILLER von Reckingen ausgebessert und grün gefaßt wurde. Mitte des 18. Jahrhunderts[273] folgten weitere Malereien: Petri Schlüsselübergabe an der linken Chorwange und die Verkündigung am Chorbogen. Obwohl 1809 die Feier der hl. Messe wegen des schlechten Bauzustandes untersagt wurde[274], kam es erst 1883 zu einer durchgreifenden Renovation[275]. Nun

272 «tabulatum eius[der Kirche] pictum» (PfA Münster, D 131). Mit «Bretterlage» (tabulatum) könnte die Dachtäferung gemeint sein.

273 Die Jahreszahl 1748 auf der Kartusche des Antependiums kann auch auf andere Restaurierungsarbeiten hinweisen.

274 PfA Münster, D 83. Zu wiederholten Malen wurde seit 1784 in Visitationsakten gefordert, die der nördlichen Mauer anliegende Erde zu entfernen (PfA Münster, D 81 und 84).

275 PfA Münster, G 52. Noch 1879 hieß es: «aut reparetur aut claudatur» (PfA Münster, D 86).

wurden die Westwand und Teile der Südwand eingerissen und neu errichtet, was Veränderungen[276] an den Fensteröffnungen nach sich zog. Ein neues Dach und ein neuer Zementboden wurden gelegt. Das Portaldächlein verschwand. Die Renovation von 1923 fügte die Malerei in Beuroner Stil von JULIUS SALZGEBER, Raron, im Schiff und am Chorbogen hinzu.

Baugeschichtliche Probleme. 1. Ehemalige Pfarrkirche? Die heute noch gebräuchliche Bezeichnung «Peterskirche»[277] läßt vermuten, daß das Kirchlein oder seine Vorgängerin einst Pfarrkirche[278] waren. Das Patrozinium des hl. Petrus weist auf das frühe Hochmittelalter[279]. Die Tatsache, daß in einem Dorfe, das nicht «Burgum»[280] war, zwei von der «fabrica ecclesiae» zu unterhaltende Kirchen stehen, ist bei der Standorttreue mittelalterlicher Kultbauten bedeutsam[281]. – 2. *Alter des heutigen Bauwerks.* Das unregelmäßige Mauerwerk des Turms läßt nicht auf eine hochmittelalterliche Entstehung schließen. Gleichzeitig mit dem Turm dürfte das Polygonalchor aufgerichtet worden sein[282]. Maßwerk sowie Fenster- und Türgewände muten spät- oder gar postgotisch an[283]. Damit hängt auch die Frage zusammen, ob es sich bei den Malarbeiten von 1642 bis 1645 lediglich um eine Ausschmückung des Gotteshauses handelte oder um die letzte Etappe einer ganzen oder teilweisen Erneuerung des Bauwerks in der ersten Hälfte des 17. Jahrhunderts, die sich wegen der Pest (1629) und größerer Restaurierungsarbeiten in der Marienkirche (1625–1628) so lange hinauszögerte. – 3. *Anteil der Pfarrer an den Bauarbeiten der Jahre 1642–1645.* Johann Wildrich von Dallenwil NW, Pfarrer in Münster 1636–1644, dürfte die Luzerner Künstler gerufen haben. Das deutlich auf die damalige Auseinandersetzung zwischen Bischof und Landrat um die weltliche Macht des Kirchenfürsten ausgerichtete Programm der Ausstattung (S. 105–108) weist dagegen auf den darauffolgenden Pfarrer und Domherrn Peter Guntern[284] (und Bischof Adrian III. von Riedmatten).

276 Eine Lithographie von L. J. RITZ (1838) gibt an der Südwand ein Spitzbogenfenster mit anderem Maßwerk als dem heutigen, an der Stirnfassade über der Tür statt des einen Spitzbogenfensters zwei hochrechteckige Fenster nebeneinander (Abb. 61); J. R. RAHN zeichnete 1909 das heutige Fenster an der Stirnfront.

277 Die Bezeichnung kehrt in den Visitationsakten der Barockzeit immer wieder. Unter dem Eindruck des Kirchenneubaus wurde sie 1687 einmal «Capella Sti Petri» genannt (PfA Münster, D 72). Die Festellung «Prima Ecclesia Monasteriensis dedicata erat B. Petro apost.» im Visitationsakt des Jahres 1863 wird als später Niederschlag der Überlieferung zu werten sein (PfA Münster, D85).

278 Bei der Verbreiterung der Straße 1940/41 und beim Bau eines Hauses südlich der Peterskirche stieß man auf Gebeine. Ob es sich um zahlreiche und friedhofgemäß angeordnete handelte, wird nicht berichtet (NOTI, Ms, Heft 3, S. 28/29).

279 Der Petruskult wurde im 10. und 11. Jahrhundert besonders von Cluny verbreitet. Das Wallis selbst verfügt über einige alte Petruspatrozinien, z.B. Bourg-St-Pierre (Anfang 9. Jh.), St-Pierre-de-Clages (1152), Lens (1177), Grengiols (1189) (NOTI, Ms, Heft 3, S. 30, und MÜLLER, Pfarreien, S. 65).

280 In Visp und Leuk standen zwei Kirchen, eine innerhalb der alten Burgschaft und eine außerhalb der Ringmauer.

281 Es wurde auch schon eine Erklärung in der Hypothese des ehemaligen Klosters (S. 57) gesucht, als hätte eine größere Mönchskirche am Rande des Dorfes nach Aufhebung des Klosters die kleinere Pfarrkirche im Dorfkern verdrängt.

282 Auch der Zusammenhang von Chor und Turm im Grundriß (S. 104) läßt darauf schließen.

283 Gleiche Profile am Türgewände des Hauses Nr. 33 von 1579. Das Maßwerk im Fenster der Südwand der Johanneskapelle zeigt dieselben Formmotive, aber plastisch flauer gestaltet.

284 Pfr. Guntern nennt (PfA Münster, D 131) zwar nur sich (procurante et aedilante). Die Daten zahlreicher Restaurationsarbeiten reichen aber in die Amtszeit des Vorgängers zurück.

Bilddokumente. Ansicht von SW; «St. Peter. Münster 27/VIII 09/Rahn». Tuschzeichnung von J.R. RAHN (ZBZ, Rahnsche Sammlung, Mappe V, Bl. 94). Siehe Bilddokumente S. 58, Nr. 1.

BESCHREIBUNG. *Grundriß* (Abb. 89). Ein viereckiges Schiff öffnet sich in ein kurzes, weites Chor, das dreiseitig schließt. Der kleine Turm in der rechten Achsel springt um 50 cm über die Schiffswand vor. Auffallend sind die zahlreichen Unregelmäßigkeiten. Das Schiff verjüngt sich nach Osten um 70 cm. Der Chorbogen ist um rund 20 cm nach links verschoben. Die schräg nach Norden ausscherende linke Chorwange zieht auch den Gewölbescheitel nach Norden. Schließlich fügt sich der Turm dem Chor in ungewöhnlicher Weise ein. Da sein Raumschacht nur die Breite einer Türöffnung erreicht, verschmelzen seine Wände mit dem Chorbau: Die westliche Wand läuft in die Chorbogenmauer über, die östliche biegt zur Chorwange um.

Äußeres. Da das dürftig gegliederte Polygonalchor zum Teil im Hang verschwindet, wirkt am Bauwerk fast ausschließlich das blockhafte Rechteckschiff sowie der Turm mit seinem konkav geschweiften achtseitigen Spitzhelm und dem charakteristischen Gurtsims unter der Glockenstube. Das gewalmte Chordach ist vom Schiff nicht abgesetzt. Die giltsteinernen Gewände der spitzbogigen Türen und Fenster zeigen eine meistens von tiefer Rundkehle durchzogene Fase. An der Chorstirn Okulus mit zwei Schneußen im Maßwerk. Das bis unter das Dach steigende Fenster der Südwand ruht ohne äußere Fensterkammer in der vordersten Mauerebene als breite hochrechteckige Giltsteinplatte, aus der das Maßwerk der spitzbogigen Archivolte herausgearbeitet ist.

Inneres (Abb. 90 und 91). Im Innern sind es die verschiedenartigen Deckenformen, die Schiff und Chor kontrastreich voneinander abheben. Das ungegliederte Schiff ist mit einer hölzernen Brettertonne eingewölbt, auf welcher profilierte Leisten in drei Zonen schmale Längsfelder ausscheiden. Die gotische Chorbogenöffnung gibt Sicht auf das scharfgrätige Kappengewölbe des Chors. Mitten am Gewölbescheitel des Schiffs gemaltes ovales Medaillon. Um das Riedmatten-Wappen mit Mitra, Schwert und Pedum läuft die Inschrift: «PICTA.SVB.ILLVSTRISSIMO.ET.REV'DISSIMO. SEDVNENSIVM.EPISCOPO.ADRIANO III DE RIEDTMATTEN.COMITE.ET.PRAEFECTO.VALLESIAE. 1643»[285].

Malereien. Am Chorgewölbe. 1642–1645[286] von HANS VIKTOR WEGMANN(?)[287] aus Luzern gemalt. Inschriften[288] folgen den Blattkelchgirlanden der Gräte. Mitten in den Kappen auf Wolken die Halbfigurenbildnisse der frühen Sittner Bischöfe, die alle mit Pedum und Attributen ausgestattet sind. Die Reihe der Bischöfe beginnt

285 «Gemalt unter dem erlauchtesten und hochwürdigsten Bischof der Sittner Adrian III. von Riedmatten, dem Grafen und Präfekten des Wallis. 1643.»

286 «Pictura totius chori facta fuit» (PfA Münster, D 131).

287 Der stilistische Vergleich mit dem signierten Hochaltargemälde läßt auf WEGMANN schließen (S. 108).

288 1. «S. THEODORVS PRIMVS [Suffix der Kursiven für -us] EP͞S SEDVNI Q̃ VIXIT SVB S. DAMASO PŌTI IMPERATORIBVSQVE VALĒTE ET GRATIA͞O ANNO 381». – 2. «S. AMATVS EP͞VS SED QVI EST NATVS TEP͞RE DAGOBERTI REGIS GALLIARVM». – 3. «SANCTVS GARINVS EPISCOPVS SEDVNENSIS ORIVNDVS EX LOTTARINGIA». – 4. «S. FLORENTĪVS EP͞VS SEDVNĒSIS FVIT SVCCESSOR SA͞CTI THEODORI». – 5. «S. ALTHEVS EP͞VS SEDVNS͞IS QVI VIXIT ANNO SALVTIS RECVPERATAE 790». – 6. «S. THEODVLVS EP͞S SEDVNENSIS VIXIT TEP͞RE CAROLI MAGNI IMPERATORIS QVI OBYT FELICITER ANNO A. P. VIRGj 814».

Abb. 91. Münster. Peterskirche. Blick ins Chor. Gewölbemalereien, 1642–1645, von Hans Viktor Wegmann. Altar, 1642, von Matthäus Mangolt. – Text S. 104–108.

rechts, wo der hl. Theodor mit Löwenkopf und umflammter Maske steht[289]. Dann folgen der hl. Amatus mit dem Engel, Garinus mit der Rose, Florentinus, das in einer Zunge steckende Messer in der Hand, Althäus mit der Taube. In der vordersten Kappe – und damit schließt der Zyklus – erscheint der hl. Theodulus mit Schwert, Buch und Traube. Das kirchenpolitische Anliegen, nämlich zugunsten der umstrittenen «Karolina»[290] die identischen Bischöfe Theodor (4. Jh.) und Theodul

[289] Unbekannte Attribute. Offenbar mußten, da der hl. Theodulus alle Attribute des hl. Theodors beanspruchte, neue gesucht werden.

[290] «Karolina» nannte man ein aus dem Mittelalter stammendes fälschliches Dokument einer Schenkung des Wallis an den hl. Theodul (= hl. Theodor, † nach 390) durch Karl d. Gr. Im Jahre 1619, im Gegensatz zu den meisten eidgenössischen Orten mit Bischofssitz erst nach Beendigung der konfessionellen Wirren, war der Streit zwischen dem Fürstbischof und dem Landrat um die Macht entbrannt. 1628 verließ Bischof Hildebrand Jost die Residenz, worauf sie der Landeshauptmann bezog und eine neue Münze der Republik Wallis prägte. Nach einem Rom-Aufenthalt widerrief der Bischof 1634 zusammen mit dem Domkapitel die kaiserlichen Privilegien, die Matthäus Schiner von Karl V. und H. Jost von Ferdinand II. erhalten hatten. Diese Ereignisse waren 1642–1645 noch in lebendiger Erinnerung und forderten die Geistlichkeit zu leidenschaftlicher Parteinahme heraus.

(† 814 nach der Inschrift) als zwei historische Persönlichkeiten auseinanderzuhalten, ist offensichtlich. Daher der hl. Theodul in der größten Kappe, über dem Besucher des Gotteshauses, in reichstem Ornat und mit dynamisch erhobenem Schwert. Das Dekorationsprogramm ist altertümlich[291]. Der Wert der Malereien liegt mehr in ihrer engen ikonographischen Verflechtung mit der Zeitsituation als im Künstlerischen, obwohl H. V. WEGMANN eine recht frische ornamentale Gesamtwirkung erzielte. – *An der rechten Chorwange.* Auf Grund des Stilvergleichs mit dem Altargemälde H. V. WEGMANN zuzuschreiben. 1642–1645. In gemaltem rechteckigem Rahmen, oben begrenzt vom Spitzbogen der Gewölbekappe. Der hl. Petrus(?) erscheint der gefangenen hl. Agatha(?) in Begleitung eines Jünglings mit Salbgefäß in der Hand, um ihre Wunden zu heilen[292]. – *Östliches Gemälde an der linken Chorwange.* Auf Grund des Stilvergleichs mit dem Altargemälde H. V. WEGMANN zuzuschreiben. 1642–1645. In gleicher Rahmung wie Pendant. Vor dem Michaelsaltar reicht der hl. Petrus(?) der hl. Barbara(?) die Hostie. Die Wahl dieser Lieblingsheiligen der Familie von Riedmatten würde gleich wie der Michaelsaltar auf eine Stiftung der von Riedmatten hinweisen[293]. – *Westliches Gemälde an der linken Chorwange.* Von JOH. GEORG PFEFFERLE? Mitte 18. Jh. Gemalter rechteckiger Profilrahmen mit eingezogenem Bogen. Dargestellt ist Petri Schlüsselübergabe. – *Übrige Architekturmalerei im Chor.* Die Zwischenräume an den Chorwänden sind mit dürftigen Kandelaberornamenten und Quasten, die Fensterlaibungen mit Blumenranken geschmückt. Im Chorhaupt gemalter Baldachin. – *Am Chorbogen.* Von unbekanntem Maler. Mitte 18. Jh. Mariä Verkündigung in breiter Kartusche. Gottvater über dem Bogenscheitel sendet die Taube des Heiligen Geistes. An die Schulterwände ist 1923 von JULIUS SALZGEBER eine in krabbenbesetzter Ädikula stehende Heiligengestalt im Beuroner Stil gemalt worden, links der hl. Joseph, rechts der hl. Michael.

Altar (Abb. 91). 1642 schnitzte[294] Bildhauer MATTHÄUS MANGOLT von Bellwald um 11 Dukaten den Altar für die Peterskirche. Das Altarbild, eine Stiftung des Domherrn Peter Guntern, malte H. V. WEGMANN 1643 (S. 101). CHRISTIAN MILLER von Reckingen verfertigte eine verbreiterte Mensa mit Leuchterbankstufen. Man erwarb ein Antependium mit einem Rosenkranzgemälde[295]. Leuchterengel wurden geschnitzt und von KASPAR SCHMIDTHALTER(?) sowie PETER WERLEN von Ulrichen

---

291 Schon 1616 hatte der selbst wieder stilverspätete HANS JAKOB GREUTTER aus Brixen die Kapelle S. Carlo Borromeo in Furth/Uors GR ähnlich ausgeschmückt (Kdm Graubünden IV, S. 155–158, und I, S. 159–162; freundl. Hinweis von Br. St. Noti).

292 Ikonographische Deutung von Br. St. Noti. Vgl. KÜNSTLE, II, S. 37.   293 Ebenso.

294 PfA Münster, D 131. «[1642] facta scissura totius altaris pro qua solvi 11 ducathones MATHAEO MANGOLT Sculptori in Belwaldt». 11 Dukaten entsprachen rund 8 Kronen (M. DE PALÉZIEUX, Numismatique du Valais de 1457 à 1780, Fribourg 1886, S. 62). Für 9 Kronen faßte NIKLAUS HARTMANN damals zwei Statuen. MANGOLT wird diesen Betrag nicht für eine Planzeichnung, d.h. einen Riß, erhalten haben, sondern für das anspruchslose Altärchen – ein Werk, das anderseits für einen Künstler überrascht, der Statuen in die neue Sebastianskapelle in Brig liefern durfte (VON ROTEN, Landeshauptmänner, 1971, S. 42). PETER GUNTERN verwendet in seinen Aufzeichnungen das Wort «scissura» noch ein weiteres Mal mit der unmißverständlichen Bedeutung von «Schnitzen».

295 «..antipendium In quo Sacratissima Virgo divo Dominico Sanctaeque Catherinae desenis sacros globulos praesentat» (PfA Münster, D 131).

Abb. 92 und 93. Fischpredigt des hl. Antonius von Padua. Kupferstich, 1779, von J. Klauber (Kapuzinermuseum Sursee). – Münster. Peterskirche. Freie Kopie nach diesem Gnadenbild, 1679–1683
gestiftet von Landeshauptmann Peter von Riedmatten. – Text S. 108/09.

gefaßt[296]. NIKLAUS HARTMANN malte die Statuen von Peter und Paul an den Seiten
des Retabels[297]. Heute stehen in den Flügelrahmen zwei Statuen, die FRANZ JOSEF
LAGGER 1869 für den Tabernakelaufsatz der Pfarrkirche geschnitzt hat[298]. In einer
Kartusche des Antependiums die Jahreszahl 1748[299] (Datum einer Altarrenovation?).
Obwohl manche archivalischen Angaben von 1642 zur heutigen Erscheinung des
Altars nicht passen[300], wäre doch eine derartige Umgestaltung des Altarwerks in
späterer Zeit nicht denkbar[301].

296 Es wird sich kaum um die Engelreliefs der heutigen Predella handeln; diese scheinen eher
Schriftbänder zu tragen. An den Rändern der Reliefs sind zwar noch Löcher sichtbar, worin der rest-
liche Teil des Schriftbandes (oder Leuchters?) steckte.

297 Eine Petrus- und eine Paulusstatue wurden 1932 aus der Peterskirche entfernt (S. 74).

298 PfA Münster, G 52. Die Statuen sind auf einer alten Photographie des Hochaltars vor der
Restaurierung von 1932 deutlich zu erkennen (A der Kdm des Kt. Wallis, zurzeit in Brig).

299 Die beiden letzten Ziffern sind über zugefüllten, früher ebenfalls eingekerbten Zahlen (zwei
Nullen?) aufgemalt.

300 Leuchterbänke (siehe oben) deuten eher auf ein frühbarockes Retabel hin.

301 Vgl. Stilmischung und Aktualitätscharakter des Altargemäldes. J. SCHMID nimmt an, daß
MANGOLT Teile eines früheren spätgotischen Altars verwendet habe (Predella und Auszug) (SCHMID,
S. 38). P. GUNTERN spricht ausdrücklich von der «scissura totius altaris» (vgl. Anm. 294). Das Haupt
Christi an der Predella gehört stilistisch in die Mitte des 17. Jahrhunderts, ebenso die Malereien; das
Antlitz von Johannes gleicht sogar denjenigen der Figuren von H. V. WEGMANN.

Holz, polychrom überfaßt. Das eingeschossige Altärchen verquickt in seinem Aufbau Motive der Gotik und der Renaissance, beide gleicherweise mißverstehend. Gotisch sind neben der Gestalt der ausladenden Predella die zu einem statuenbesetzten Rahmen verkümmerten Flügel sowie die wimpergartige Bekrönung. Das Mittelfeld, ein rundbogiges Altarbild in Architekturrahmen, hat dagegen Renaissancecharakter. Die geraden «korinthischen» Säulen tragen jedoch statt des Gebälks einen musizierenden Engel. An der Predella rahmen drei Reliefs, nämlich das Schweißtuch Christi in der Mitte und an den Flanken je ein Engel mit Schriftband(?) [302], zwei Gemälde auf Holz, links das Brustbildnis der Schmerzensmutter, rechts dasjenige des hl. Johannes. In den Flügeln (heute) links der hl. Joseph, rechts der hl. Ludwig IX. von Frankreich. Einziges archivalisch wohl gesichertes und erhaltenes Werk von MANGOLT. – *Altarbild*. H. 144 cm, B. 106 cm. Mischtechnik auf Leinwand. Rechts unten signiert: «M[eister?].H[ans]V[iktor]W[egmann] [in Ligatur] 1643». Stiftung des Domherrn Peter Guntern. Über eine niedrige Brüstung blickt man in einen Saal, wo der hl. Petrus als Papst die im Kreis angeordneten Apostel, hier die Sittener Domherrn(?), präsidiert. Mitten im Kreis liegen spolienhaft gehäuft Waffen, Hut, Kartuschenspiegel, Buch u.a. Das Thema wird, allegorisch «die Suprematie der geistlichen über die weltliche Macht» [303] darstellend, auf die damalige Auseinandersetzung zwischen Bischof und Landrat Bezug nehmen. Mitten auf der gemalten Brüstung Guntern-Wappen mit Umschrift: «PETRVS GVNTERN CANONICVS SEDVNENSIS NECNON VICARIVS FORENSIS» [304]. Unter dem heutigen Wappen deutliche Spuren einer vorausgehenden Malerei des wohl gleichen Wappens.

GEMÄLDE. *Petrusbild*. H. 215 cm, B. 150 cm. Öl auf Leinwand. Mitte 17. Jh. Barockrahmen. Rechts tritt Petrus aus dem Gefängnis. Links kniet er, ebenso groß, vor einer Art Gebetsschemel, hinter ihm der Hahn der Verleugnung. Im Hintergrund vor einem Stadtprospekt die Kreuzigung Christi; davor klein die Kreuzwegszene mit dem Schweißtuch der Veronika, in der Bildmitte, senkrecht unter dem Kreuz Christi(!), Petri Kreuzigung, rechts Pauli Enthauptung. In der Verflechtung großer und kleiner Simultandarstellungen ist es ein eigentümliches Gemälde. – *Abendmahl*. H. 158 cm, B. 109 cm. Mischtechnik auf Leinwand. 1643(?). Links auf einer Kanne signiert: «H[ans] W[egmann] [in Ligatur]». Stiftung des Peter von Riedmatten und seiner Gattin Cäcilia Lagger. Links unten geviertes Wappen von Riedmatten–Lagger mit den Initialen: «P[etrus].D[e].R[iedmatten].G[ubernator].C[olonellus]. B[anderetus]» [305]. Rampenartiger Vordergrund (wie Altarbild) mit Gefäßen zu beiden Seiten. Das künstlerisch anspruchslose Gemälde drückt mit seinen komplizierten Räumen und den eigentümlich qualligen, nach dem Gesetz der Isokephalie angeordneten Figuren den Geist des Manierismus recht wirkungsvoll aus. – *Hl. Antonius von Padua* (Abb. 93). H. 193 cm, B. 139 cm. Öl auf Leinwand. Beschädigt. Barockrahmen. Gestiftet 1679–1683 von Peter von Riedmatten († 1683) [306]? Unten kleines Riedmatten-Wappen der älteren Linie. Vielleicht älteste erhaltene Kopie des wundertätigen hl. An-

---

302 Vgl. Anm. 296.

303 Diese Deutung schlug als erster Léon Kern vor. H.A. von Roten stützte die Hypothese durch wertvolle Hinweise auf historische Zusammenhänge (SCHMID, S. 40/41).

304 Peter Guntern, Domherr von Sitten und Dekan.

305 «Peter von Riedmatten Landvogt [von St-Maurice] Oberst [in französischen Diensten] Bannerherr».

306 Da auf der Darstellung des Dorfes die neue Kirche samt der auf 1677 datierten Vorhalle abgebildet ist, kann das Gemälde nicht vor diesem Jahre entstanden sein. Bis zum Tode seiner zweiten Gattin, Maria Jacobea Michel-Supersaxo, im Jahre 1679 bezeichnete Peter von Riedmatten seine frommen Stiftungen mit dem Allianzwappen. Peter selbst, dem die Antoniusverehrung im Goms wohl den entscheidenden Anstoß verdankt (S. 141), starb 1683.

tonius, wie er zu Luzern bei den Franziskaner Konventualen in der Au verehrt wurde (Abb. 92)[307], jedoch mit Darstellung des Dorfes Münster statt der Stadt Luzern. Dank diesem Gemälde, in dem er das erste Gnadenbild der Antoniuskapelle auf dem Biel erblickt, gelang es St. Noti Fr. O. M. Cap., die Herkunft des daraufhin so mächtig aufblühenden Antoniuskultes im Goms aus dem Konventualenkloster in Luzern nachzuweisen. Ikonographisch verbindet das Gemälde die Fischpredigt des Heiligen wohl mit dem Wundertäter bei Kinderlosigkeit, als was Antonius damals vorzugsweise galt[308]. In der Schar der Zuhörer auf der rechten Bildhälfte an sichtbarster Stelle zwei Frauen mit einem Kind. – *Abendmahl.* H. 192 cm, B. 114 cm. Öl auf Leinwand. 2. Viertel 18. Jh. Kleinere Risse. Außen legt sich ein von C-Bögen konturierter roter Saum um die Darstellung. Im blauen Binnenfeld Medaillon mit der Darstellung des Abendmahls an gebogenem Tisch. In den Zwischenräumen Bandwerk mit Putten, die Draperie oder Rauchfässer tragen. Das qualitätvolle Gemälde weist in der eigentümlichen Verbindung von Szene und Dekor auf eine graphische Vorlage.

Altarkreuz (Abb. 97). H. (Korpus) 23 cm. Arve. Temperafassung. Lendentuch ölvergoldet. Unter der häßlichen braunen Übermalung von Kreuz und Sockel Originalfassung erhalten: Sockel grün, Steine ziegelrot. Mitte 17. Jh. 1642/43 von Meier Matthäus Imoberdorf gestiftet? (S. 89). Die aus Ästen bestehenden Kreuzbalken tragen an den Enden Blechrosetten. Realistischer Sockel mit Steinblöcken und Schädel. Auffallend ähnlich einem Altarkreuz der Pfarrkirche (S. 89, Nr. 1) und dem Selkinger Altarkreuz (S. 413) sowohl in der Körperhaltung als auch in der Drapierung des Lendentuchs, hebt sich dieser Kruzifixus von allen übrigen Vertretern[309] des Typs deutlich ab durch die ebenmäßige Bildung des Antlitzes, die anatomisch feine Wiedergabe der Muskulatur und die Torsion des Körpers, Merkmale, die auf einen italienischen Meister (in einer Walliser Werkstatt?) hinweisen dürften. Da in Körperhaltung und Drapierung des Lendentuchs auch Anklänge an das dem Bildhauer Bartholomäus Cades[310] zugeschriebene Kruzifix von Oberwil[311] bestehen, ist eine Herkunft aus Sitten möglich. Das kleine, aber sehr qualitätvolle Kruzifix kann den in der Folge verbreiteten Typ, der im Monumentalkruzifix von Naters 1664 eine letzte, sehr expressive Ausformung erfuhr, in den obern Zenden des Oberwallis eingeführt haben. – Beichtstuhl (aus der Pfarrkirche). Holz, gestrichen. Über dem Priesterfenster: «R[everendus]. D[ominus]. C[hristianus]. I[ergen]. V[icarius]. M[onasteriensis]./ 1694»[312]. Einfacher zwei-, ehemals dreiachsiger Beichtstuhl mit geradem, kräftig vorkragendem Sims auf Konsölchen. – Sakristeischrank. Lärche, gestrichen. 2. Hälfte 17. Jh. Zweiachsig mit Rundbogentormotiv in den oberen Türfüllungen. Stark vorkragendes gerades Sims. – Hängeleuchter. Schmiedeisen. 17. Jh. Von einem zylinderförmigen Kern streben zwölf kurze Arme mit Kerzentellern aus, darüber zwölf Stäbe mit Tüllen.

Glocke. Dm. 26,5 cm. Sechs Kronenbügel; ein Paar knieartig gekrümmt, zwei Paar fast gerade. Der ausgebauchte Glockenrand unter dem Schnurstab weist auf die Zeit um 1400[313].

307 Br. St. Noti fand 1971 im Kapuzinermuseum Sursee den Kupferstich des Luzerner Gnadenbildes von J. Klauber aus dem Jahre 1779 (vgl. Legende auf Abb. 92). Das Gnadenbild bzw. Altarblatt selbst, ein Gemälde des Säckingers Klemens Beutler von 1658, wurde 1867 durch ein Bild von M. P. von Deschwanden ersetzt; es gelangte in das Kapuzinerinnenkloster Bruch in Luzern und schließlich ins Kapuzinerkloster auf dem Wesemlin, Luzern, wo es verlorenging (St. Noti, Geschichtliches zur Verehrung des hl. Antonius von Padua in Münster Goms, Ms 1972, S. 24/25 und 28/29, PfA Münster).

308 B. Kleinschmidt, Antonius von Padua in Leben und Kunst, Kult und Volkstum, Düsseldorf 1931, S. 264.

309 Die übrigen bekannten Vertreter des Typs: Ritzinger Chorbogenkruzifix (S. 357); Monumentalkruzifix in der Sakristei der Ritzingerfeldkapelle (S. 376).

310 Der um 1600 aus dem württembergischen Mengen nach Baden AG zugewanderte und dort seit 1620 als Bürger ansässige Bildhauer starb 1637 in Sitten (Kdm Aargau IV, S. 111, Anm. 1).

311 Ebenda, S. 347, Abb. 370.   312 Noti, Palast, S. 91.

313 Ähnliche Form wie die Glocke der Stadtkirche Bremgarten aus dem Jahre 1397 (Kdm Aargau IV, S. 75, Abb. 71).

MARGARETENKAPELLE

GESCHICHTLICHES. Eine ältere Margaretenkapelle ist für 1666 bezeugt[314]. Inschrift am Chorbogen: «Diese Kappellen hat lassen auferbauen/ Die löbliche Bürgerschaft Münster ze/ Ehren der hl. Mariae des Guten Rathes/ und des hl. Johannis von Nepomuk absonderlich/ aber der hl. Jungfrau und Märtyrin/ Margretha im Jahre 1769». Unter einem Strich angefügt: «Erneuert 1914». Bei dieser Totalrenovation[315] malte JOSEF HEIMGARTNER von Altdorf die Chorschlußkappen und die Stirn des Chorbogens mit historistischer Ornamentik aus. Übrige Renovationen[316]: 1884 (Boden), 1907 und 1912 (Dach), 1970 (Außenrenovation)[317].

BESCHREIBUNG. *Äußeres* (Abb. 94). Die nach Norden gerichtete Kapelle beherrscht eine platzähnliche Dorflichtung vor der unteren Brücke des Münstiger Baches. An das Rechteckschiff stößt unter zusammenhängendem Satteldach ein eingezogenes Polygonalchor (Abb. 95). Dem Chorwalm entspricht ein kleiner Krüppelwalm am Frontgiebel. Über dem Chorbogen Pfahldachreiter mit achtseitigem Spitzhelm. Rechteckige Blendnischen gliedern rundum gleichmäßig die Außenwände, die Stirnfassade jedoch dreiachsig unter zweizonigem Giebel mit polygonalem Okulus. Das giltsteinerne Rundbogenportal ist auffallend schmal. Die Rechteckform der Nischen und die Dreiachsigkeit der Stirnfassade weisen auf die Kollegiumskirche in Brig.

Inneres. Schiff und Chorarm sind von gipsernen Tonnen überwölbt, der Chorschluß von drei Gewölbekappen, von denen die seitlichen auf großen Schildbögen ruhen. Die Pilaster verkröpfen sich am durchlaufenden Profilsims. In den Scheiteln

Abb. 94. Münster. Margaretenkapelle, 1769. – Text siehe oben.

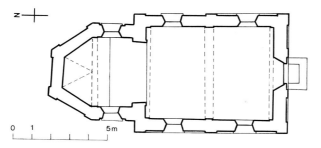

Abb. 95. Münster. Margaretenkapelle, 1769. Grundriß. – Text S. 110.

der Joche reich variierte gipserne Vielpaßmedaillons wie in der Antoniuskapelle[318] mit Malereien aus der Zeit des Kapellenbaus: im Schiff die Unbefleckte Empfängnis und die Heilige Dreifaltigkeit, im Chorarm die hl. Margareta mit rokokohaft verniedlichtem Drachen. Zu den historistischen Malereien siehe oben. Das nur mannshohe formschöne Chorgitter aus der Zeit des Kapellenbaus zeigt zwischen Stäben Muschelformen mit großem Blattmotiv.

Altar (Abb. 96). Zur Zeit des Kapellenbaus (1769) von unbekanntem Bildhauer geschaffen. Mitarbeit von JOHANNES TRUBMANN, Schwyz?

Der einachsige Altar bildet mit seinen zwei Vollgeschossen und der geschoßartigen Bekrönung eine steile Pyramide. Die Säulenarchitektur weicht nach oben hin zusehends der Ornamentik. Das zweite Geschoß mit dem Altarblatt des hl. Nepomuk vor Wenzel wird von Putten flankiert, die Schilder tragen, links mit der Inschrift «NON LICET», rechts «TACVI». Im Hauptgeschoß Gemälde der Enthauptung der hl. Margareta, in der Bekrönung Maria vom Guten Rat nach dem Gnadenbild von Genazzano. Originalfassung. Die Kaseintempera-Marmorierung gleicht in den Strukturen derjenigen der Seitenaltäre in der Antoniuskapelle auf dem Biel. Der Stil der Randornamente der Oberzone und der Schnitzereien der Bekrönung kehrt im Goms nur noch in der Bekrönung des Unterwasserner Altars von JOHANNES TRUBMANN[319] wieder (S. 186). Die Altarblätter der beiden Geschosse im Stil des JOHANN GEORG PFEFFERLE. Am *Antependium* rahmen Schnitzranken ein Panneau, das auf den Breitseiten rund ausschwingt. Füllung ist ein dreifeldriger gemusterter Samt mit vegetabilen Phantasiemotiven um 1700.

---

314 Maria Ithen, Frau des Meiers Johann von Riedmatten, stiftete 1665 testamentarisch zwei in der Margaretenkapelle zu lesende hl. Messen (StAS, A Flavien de Torrenté, Ms 6, S. 171–178).

315 PfA Münster, G 52.   316 PfA Münster, G 52, und Tageb. der H. H. Pfarrer, o. Nr.

317 Bei dieser Renovation wurde das profilierte Dachrandsims (vgl. Antoniuskapelle auf dem Biel) durch eine grobe Schräge ersetzt und die Verschränkung des Simses an der Fassade, durch welche die Rand-Mauervorlage zum Pilaster umgedeutet wurde, entfernt – ein bedauerlicher Eingriff in die Fassadengestaltung.   318 Stilistische Anklänge auch in den Malereien der Medaillons.

319 In den Jahren 1765–1770 ist in Münster der Bildhauer und Maler JOHANNES TRUBMANN «ex Kisnacht» SZ nachgewiesen (PfA Münster, D 92 und 100). Er wird nicht identisch sein mit einem 1766 erwähnten «Joannes Trautmann pictor & medicus» (PfA Reckingen, Nr. 1).

Abb. 96 und 97. Münster. Altar der Margaretenkapelle, um 1769. Text S. 111. – Kruzifix aus der
Peterskirche, um 1642/43(?), H. 23 cm (im Pfarrhaus). – Text S. 109.

WEIHWASSERBECKEN. Giltstein. H. 82 cm. Eleganter Baluster über Säulenbasis. Zu kleines
Becken, 19. Jh.(?). Am Balusterschaft: «CW AM» und die Jahreszahl 1771. – GEMÄLDE. *Hl. Michael
im Kampf mit dem Drachen.* H. 97 cm, B. 65 cm. Öl auf Leinwand. Ende 17. Jh. Rechts unten: «A. D. R.».
Oben in der Mitte: «mm»(?). Beidseits des streitenden Erzengels Putten. Thema und Initialen deuten
auf eine Stiftung der Riedmatten[320]. – *Hl. Nepomuk.* H. 123 cm, B. 70 cm. Öl auf Leinwand. Riß.
Mitte 18. Jh. Rechts vom stehenden Heiligen Brücke mit Darstellung des Martyriums. – *Sodalenbild.*
H. 70 cm, B. 58 cm. Öl auf Leinwand. Mitte 18. Jh. Zu Füßen der Schutzmantelmadonna knien ein
Jüngling und ein Mädchen. Aus dem Mund des Jünglings weht das Spruchband «VENITE, SODALES, IN
PATRONAM», aus demjenigen des Mädchens «ADVOCATAM». – SAKRISTEISCHRANK. Tanne, über-
strichen. 2. Hälfte 18. Jh. Zweiachsige Tür mit flachen Zierspiegeln in den vier Füllungen.

KELCH. Silber. 2. Hälfte 17. Jh. Meisterzeichen von Christian de Torino, Sitten (Tab. I, Nr. 20).
Runder, flacher profilierter Fuß. Glatter birnförmiger Knauf und Schaftring. Tulpenförmige Kupa. –
KASEL. Rot. 2. Hälfte 18. Jh. Rokoko. Samt. Stab aus weißem Taft, bestickt mit Girlanden und
Blütenästchen.

GLOCKE. Dm. 45 cm. An der Schulter unter Palmetten und Cherubinen die Umschrift: «SANTA
MARGARETA ORA PRO NOBIS ANNO 1700». Flankenreliefs: ein Kruzifixus, umgeben von Cherubinen, die
Madonna, der hl. Petrus, an einem Pult sitzend, und der hl. Mauritius. Die Reliefs der Heiligen sind
von senkrechten Rankenstreifen gerahmt. Cherubine hängen an Dreiecktüchern. Unter Schnursäumen
die Inschrift: «PETER IMSAND PROCVRATOR»[321]. Traubenrankenfries am Glockensaum.

---

320 Adrian de Riedmatten? ST. NOTI erblickt im Gemälde das Altarblatt der Hauskapelle im
ehemaligen palastähnlichen Sitz der Familie von Riedmatten, zu dessen Ausbau Adrian von Riedmatten († 1719) wesentlich beitrug (ST. NOTI, Palast, S. 57).
321 Der Kapellenvogt wird auch Stifter der Glocke gewesen sein.

BILDSTOCK DES HL. JOHANNES VON NEPOMUK

Vor der Brücke, die zur Margaretenkapelle in «Überbach» führt, steht am nördlichen Straßenrand ein Bildstock von 2,70 m Höhe, 1,22 m Breite und 0,92 m Tiefe. Nach dem Stil der Nepomukstatue zu schließen, reicht er ins dritte Viertel des 18. Jahrhunderts zurück, als unter Pfarrer Johann Georg Garin Ritz (1743–1773) die Verehrung des Heiligen besonders gepflegt wurde. Um 1965 vom Abbruch bedroht, ließ ihn Dr. H. Wirthner, Münster, wiederherstellen.

Ein Satteldach aus Schindeln schließt das pfeilerartige Häuschen ab und beschattet die giltsteingerahmte Stichbogennische über einem Gneiskranz.

VERSCHWUNDENE KAPELLEN

KAPELLE DER FAMILIE BERTSCHIGEN [322] (Bertschen). 1966 stieß man auf dem Platz vor der Pfarrkirche auf einen spätgotischen giltsteinernen Kapitellstein, wohl von jener Familienkapelle der «Bertzigen», die 1626 von der Kirchenfabrik wiederhergestellt und übernommen wurde, nachdem die Familie sie vernachlässigt hatte. Die Kapelle wird von Pfarrer Stäli «sacellum parum pro foribus ecclesiae existens» bezeichnet [323].

KAPELLE IM FELD. Nach den Visitationsakten hat die dem hl. Nikolaus und später auch der Schmerzensmutter geweihte Kapelle ein Christian Jost erbauen lassen [324], weshalb sie auch der Familie Jost gehörte. 1504 erstmals erwähnt [325]. Im 19. Jahrhundert wurde sie interdiziert, bis Peter Jost und seine Erben 1886 für eine Gesamtrestaurierung aufkamen, um das Gotteshaus hernach an die Kirche abzutreten [326]. Um 1940 mußte die Kapelle der Straße weichen; an ihrer Stelle wurde 1945 ein großes Granitkreuz mit einem Korpus von F. WIPPLINGER, Einsiedeln, aus dem Legat von Frl. Theresia Jost, Münster, errichtet [327]. – *Altar*. Das Retabel dient heute mit anderem Altarblatt und neuer Inschrift an der Predella in der Wallfahrtskapelle von Thel ob Leuk als rechter Seitenaltar. Überholte Originalfassung. 3. Viertel 18. Jh. Werkstatt des PETER LAGGER? Am Giebel Vollwappen der Familie Jost. Einachsiges Architekturgeschoß, bekrönt mit geschweiftem Rollwerkgiebel und leerer Rocaille-Kartusche. Zwei Paar nach vorn getreppter Säulen mit appliziertem Ziergehänge am stark gebauchten geraden Schaft. Randranken im Stil des PETER LAGGER, Reckingen.

Bilddokumente. 1. Teilansicht von SW; «Ansicht der Furka und des obern Theils des Ober-Wallis ...» von HEINRICH KELLER in «Fünfzig Ansichten der Schweiz und der Grenze von Italien. Zürich, bey Fueßli und Compagnie zur Meisen 1821». Aquatinta-Radierung (ZBZ, Res. 1196). – 2. Dasselbe, aquarelliert (ebenda, Res. 1057).

BARBARAKAPELLE z'MATT. Am Waldrand des südlichen Talhangs gegenüber dem Wiler bei Geschinen. 1709 erhielt Bannerherr Adrian von Riedmatten († 1719) von Bischof Franz Josef Supersaxo die Erlaubnis, z'Matt, wo die Riedmatten-Bischöfe ihren Sommersitz hatten, eine Kapelle zu Ehren der hl. Barbara zu bauen [328]. Er stattete die Stiftung mit einem Grundstück aus und verband sie mit der Michaelspfründe, um den Unterhalt der Kapelle zu gewährleisten. Schon 1809 war sie jedoch zerfallen [329]. Heute liegt etwa zwanzig Meter vor den zwei Heuställen und dem niedrigen Steinhäuschen – den letzten Überresten der Siedlung [330] – der Ruinenhügel der ehemaligen Riedmatten-Kapelle. Es stehen nur noch die vorderen Partien der Traufwände; die Kapelle maß 5,20 m in der Breite [331]. – Zum Altar vgl. Seite 84.

322 Das Geschlecht der Bertschen war im frühen 16. Jahrhundert angesehen. Meier Johann Bertschen hat sich um den gotischen Hochaltar der Pfarrkirche verdient gemacht (S. 72).

323 PfA Münster, D 130, Einlageblätter.   324 PfA Münster, D 83 (1809).

325 Und zwar als Nikolauskapelle (PfA Münster, D 35).

326 PfA Münster, D 85 und 86, G 52 und Tageb. der H. H. Pfarrer, o. Nr.

327 PfA Münster, D 128, und Tageb. der H. H. Pfarrer, o. Nr.

328 PfA Münster, D 59 b.   329 PfA Münster, D 83.

330 Landeshauptmann Peter von Riedmatten († 1683) besaß z'Matt zwei Häuser (VON ROTEN, Landeshauptmänner, 1971, S. 13).

331 Die Giltsteinrahmen von Portal und Fenstern sollen zum Bau eines Ofens im Münstiger Unterdorf verwendet worden sein (NOTI, Palast, S. 59).

WOHNHÄUSER[332]

1. Koord. 480/345. Kat.-Nr. 85. Otto und Franz Imwinkelried. «Heidehüs». 1970/71 renoviert. Früher an der Rückseite Heustall angebaut. ⌐⌐. 1¹/₂. G (Separationen aus «Stutzwänden»).

2. Koord. 325/435. Kat.-Nr. 54. Dieter Klausener, Basel. «Heidehüs». Renoviert 1772, zur Zeit des Kapellenneubaus auf dem Biel. Recht gut erhalten. Rechts mit Schleppdach Heustall angebaut. Mauer der Rückwand höher geführt, an den beiden Ecken mittels Ständerstuden mit der Blockwand der Traufseiten verbunden. 1¹/₂. G (Separationen aus «Stutzwänden»). Waagrechte Traufpfetten-konsolen, mit Tropfen- und Dreieckmotiven konturiert (Abb. 17). Innentreppe zum «Loibe»-Geschoß noch erhalten. *Inschrift*. An der Wangenverkleidung des später eingezogenen Dielbaums: «DISES HAVS. WIRD.SICH.BEGLICKEN: WAND.DV.AVF.DEN.BIEL.ZVR.MES.THVOST.SCHICKEN: DEN.24. HORNVNG.ANNO. 1.7.7.2». *Öfen*. 1. Eingeschossig, mit Karniessims. Zwischen Rosetten in Wappenfeld: «1.7.[A-förmiger Winkel] 7.3/C.L:A.B/.1.7.1.8». An der Wange zwischen monstranzartigen Motiven zierkonturierter Spiegel mit Jesusmonogramm. – 2. Stubjiofen mit Kehlsims. An der Wange: «F E.I O B D/ 1861». – *Schrank*. 17. Jh. Derb bemalt. Mit applizierten hölzernen Beschlägewerkmotiven. Am Kopfstück bemalt: «Christen Geußten(?) 1774». – *Truhen*. 1. Tanne. Zweiachsig, mit vorgeblendeten Rahmenleisten. 17. Jh. Eingelegt in den Feldern quadratische Bandwerkmotive, an den Rahmenleisten Kugel- und Dreieckmotive. – 2. Tanne. Zweiachsig, mit schmalen Zwischen- und Randfeldern. 17. Jh.

3. Koord. 320/210. Kat.-Nr. 48. Albert Werlen; Josef Lagger. «Heidehüs». ⌐⌐. 2¹/₂. F.

4. Koord. 315/230. Kat.-Nr. 60. Julius und Ludwig Imsand. «Heidehüs». Renoviert 1680? ⌐⌐. Ka, hinten ehemals Ziegenstall. 1¹/₂. F (Separationen aus «Stutzwänden»). Das Haus besitzt noch einige originale Fensterchen von etwa 46 cm Pfostenhöhe. Am später eingezogenen Dielbaum die Jahreszahl 1680. *Ofen*. Zweigeschossig, mit Kehlsims. 17. Jh.?

5. Koord. 290/220. Kat.-Nr. 63. Ludwig Bacher, Siders. «Heidehüs». 1645 von Domherr Peter Guntern renoviert[333]. ⌐⌐. 1¹/₂. G (Separationen aus «Stutzwänden»). *Ofen* von 1950. – *Hauskruzifix* aus dem Haus Nr. 12 (S. 115). – *Schrankuntersatz* und *Truhe* aus dem Haus Nr. 67 (S. 137).

6. Koord. 345/335. Kat.-Nr. 11. Ludwig Guntern. «Heidehüs». Ende 15. Jh. Ehemals «Heidechriz» und Balkenkopfkamin. 1933 um ein Stockwerk erhöht. ⌐⌐. 1¹/₂. G. – *Hauskruzifix mit Ölbergszene* (im Besitz von Dr. H. Wirthner, Münster). H. 71 cm. Tanne? Polychromiert und ziervergoldet. Originalfassung. Mitte 18. Jh. Auf ovaler zierkonturierter Standplatte Wiesenhügel mit Ölberggruppe, Christus und Engel umfassend. Zahlreiche Leidenswerkzeuge unter dem Korpus. Palmetten als Balkenenden. Ikonographisch eigentümliches Kruzifix von guter Qualität.

7. Koord. 300/225. Kat.-Nr. 62. Josef Imsand; Arthur Lagger; Karl Zehner. «Heidehüs», wohl im 17.Jh. (1664?)[334] einem größeren Neubau einverleibt[335]. ⌐⌐. Ältere Hauspartie: 1¹/₂. A. Auf dem Dielbaum die Jahreszahl 1742. Haus des 17.Jh.(?): 2¹/₂. F.

8. Koord. 315/160. Kat.-Nr. 15. Emil, Johann und Josephine Ritz. «Heidehüs». 1964 um 1¹/₂ Stockwerke aufgestockt. ⌐⌐. 1¹/₂. G. *Inschrift*. Auf später eingefügtem Dielbaum (heute an der Fassade des Hauses von Adrian Weger, Münster): «DISSEN BOVM HAT LASSEN MACHEN HANS AM HENGART IM IAR 1.6.0.9».

9. (Abb. 22). Koord. 180/250. Kat.-Nr. 8. Heinrich Imsand. «Heidehüs». Renoviert 1791. Hinten Heustall angebaut. ⌐⌐. Vorn Holzwand ebenerdig. 1¹/₂. G (Stubji war Holzschopf). Jahreszahl

---

332 An der Stelle des Hauses von Josef und Hermann Guntern (Koord. 135/200) stand ein gewöhnliches «Heidehüs», am Standort des Hauses von Anton Nessier (Koord. 145/130) bis 1962 ein Doppel-«Heidehüs» (Photographie im Besitz von Anton Nessier; Dielbaum im Haus von Dr. H. Wirthner, Münster, in Ammern).

333 Auf dem (verkleideten) Dielbaum stand: «PETRUS GUNTERN CURATUS MONASTERY VICARIUS FORENSIS NECNON CANONICUS SEDUNENSIS ANNO REPARATAE SALUTIS 1645». Auf dem verschwundenen Ofen stand ein Jergen-Wappen. (Freundl. Hinweis von Br. St. Noti.)

334 Auf den Öfen beider Stockwerke habe die Jahreszahl 1664 gestanden.

335 Die «Heidechriz» heute an der Stelle der Zwischenpfetten der längeren rechten Dachflanke. Länge eines alten Fensterpfostens 60 cm.

1791 an später eingezogenem Dielbaum (2. Hälfte 16. Jh.?)[336]. Schmucklose wandartige Traufpfetten-konsolen. *Ofen*. Außerordentlich niedrig, eingeschossig. An der Stirn die Jahreszahl 1631 und Meister-oder Hauszeichen[337]. Unter dickem Kehlsims rundum laufende Inschrift: «PETER AM WICHEL RIET + [Jesusmonogramm] ZILIAIF(?)RIEN(?)I(?)AK(?)IA GOTES».

10. Koord. 105/115. Kat.-Nr. 38. Bertha, Bruno und Hubert Zehner. «Heidehüs». 1965 um zwei Stockwerke erhöht. ⌐‾⌐. 1 ¹/₂. G.

11. Koord. 200/115. Kat.-Nr. 20. Josef Meichtry. «Heidehüs». ⌐‾⌐. 1 ¹/₂. F.

12. Koord. 115/70. Kat.-Nr. 62. Adrian Imsand; Otto Imwinkelried. «Heidehüs»[338]. ⌐‾⌐. 2 (ehemals 1 ¹/₂?). F. *Ofen*. Eingeschossig, mit Karniessims. An der Stirn die Jahreszahl 1734. – *Hauskruzifix* (heute in Haus Nr. 5). 1. Hälfte 19. Jh. Korpus H. 15 cm. Holz. Historistische Ölfassung. Sockel ähnlich dem-jenigen von Altarkreuz S. 149.

13. Koord. 180/130. Kat.-Nr. 41. Paul und Franz Meichtry. Entstehungszeit unbekannt (15./16. Jh.). Mauersockel einst nur beim Keller in der linken hinteren Ecke. 1 ¹/₂. G.

14. Koord. 95/80. Kat.-Nr. 80. Theodor Thenen; Hermann Wyden. Entstehungszeit unbekannt (15./16. Jh.). «Heidechriz»-Konstruktion nur am hinteren Giebel. 1 ¹/₂. G. Früher ging die Innentreppe im Hausgang hoch[339]. *Ofen*. Zweigeschossig, mit Kehlsims. An der Wange die Initialen «I[ohann]A[nton]L[agger]/A[nna]K[atharina]L[agger]» und die Jahreszahl 1868.

15. Koord. 255/320. Kat.-Nr. 33. Vitus Bacher. Entstehungszeit unbekannt (15./16. Jh.). 1779 reno-viert, 1900 mit Krüppelwalm versehen. ⌐‾⌐. 2 ¹/₂. Ehemals C. Links Kammerachse angebaut. *In-schriften*. 1. Stockwerk: «O.A.M.D.G. 1779 DIE 4. OCTŌ./IESVS.MR̄.IŌ P[eter].M[ichel].D[e].R[iedmatten]. SÃ[ltherus] COMESIE AN[na].MA[ria].L[agger?] VXOR»[340]. 2. Stockwerk: «DER.SEGEN.DES.ALLERHÖCH-STEN. I[e]s[us] M[aria]. IO[seph] WALTE.UBER.DIESES.HAVS/ LVDWIG. BACHER 1900 MATHILDE THENEN». *Öfen*. 1. Zweigeschossig, mit schwerem Karniessims. 1. Hälfte 17. Jh.? An der Stirn drei Rechteck-felder mit Wappen: links 1842, rechts «VL/BE», in der Mitte Bacher-Wappen. – 2. Dreigeschossiger Ofen von 1908 mit den Initialen «L B/ MT. T» in einem Medaillon.

16. Koord. 90/65. Kat.-Nr. 78. Bernhard Werlen. Entstehungszeit unbekannt (15./16. Jh.). ⌐‾⌐. 1 ¹/₂. G. Wandartige waagrechte Traufpfettenkonsolen, mit Tropfen- und Dreieckmotiven konturiert (vgl. Haus Nr. 2). *Ofen* von 1952 mit gespaltenem Wappen Imsand–Kreuzer.

17. Koord. 300/305. Kat.-Nr. 55. Othmar Kreuzer. Entstehungszeit unbekannt (15./16. Jh.). Im 17. Jh.[341] um ein drittes, nach Osten orientiertes Stockwerk erhöht; die beiden unteren Stockwerke blicken nach Süden. An dem mit gebrochenem Wellenlinienfries geschmückten Giebel die Jahreszahl 1834. Bei der Renovation 1970 «Härdstock» im Nordwesten entfernt. ⌐‾⌐. 3. G (mit Quergang). Bis 1962 wohnte in diesem Haus die Familie Dr. Othmar Mengis-Seiler, deren Kunstwerke und Möbel durch Erbschaft fast ausschließlich in den Besitz von Anton Nessier, Münster, gelangten (S. 141). *Gemälde*. 1. *Immakulata*. Brustbildnis. H. 61,5 cm, B. 48 cm. Öl auf Leinwand. Auf der Rückseite: «Rabiato Pinx: 1765». – 2. *Der Jüngling Jesu*. Brustbildnis. Pendant zu Nr. 1. Nicht signiert. Qualität-volle und gut erhaltene Gemälde in einfachen Originalrahmen. – 3. *Immakulata*. H. 32 cm, B. 24,8 cm. Kunstvolle Hinterglasmalerei. Originalrahmen. – 4. *Symbolistisches Gemälde* von LUDWIG WERLEN. Hochzeitsgeschenk des Malers für Frau Josephine Mengis-Seiler. H. 23,5 cm, B. 54 cm. Pastell, mit Gouache gehöht, auf Papier. Rechts unten: «L. W.». Links die Braut, rechts der Tod, dazwischen das Lebensschifflein im Sturm[342]. – *Zinn*. *Kannen*. 1. H. 29,2 cm. Typ I (nach BOSSARD, Tf. XLVIII). Auf

---

336 Der Dielbaum weist die für jene Zeit typische Rillenfase mit den abgesetzten leeren Spitzen-enden auf.   337 Kreuz auf umgekehrtem V (vgl. Anm. 343).

338 Am Querbalken des «Heidechriz» wie Reste einer Jahreszahl anmutende Ritzspuren: «[1] 3 (seitenverkehrt) 5 2(?)». (Freundl. Hinweis von Adrian und Anton Imsand, Münster.)

339 Wie im Gemeindehaus von Mühlebach aus der Zeit um 1500.

340 Peter Michel von Riedmatten, Weibel von Goms, Anna Maria Lagger(?), seine Gattin.

341 Am Dielbaum des dritten Stockwerks stand eine Jahreszahl des 17. Jahrhunderts mit Hinweis auf eine Renovation. (Freundl. Hinweis von Othmar Kreuzer, Münster.)

342 Ein mit den Anfangs- und Schlußbuchstaben auf die Namen der Brautleute Othmar und Josephine lautendes Akrostichon ist vom Bild abgetrennt worden und nicht mehr vorhanden.

dem Deckel Gießermarke von Jean-Antoine Charton (1658–1739), Genf. Eichungs- oder Besitzer-marke ähnlich S. 304 und Stempel «F. 1749» wie Schneider, Nr. 368, eingravierte Besitzerinitialen: «M V W R». Am Hals Gommer bzw. Münstiger Wappen. – 2. H. 24,2 cm. Typ I (vgl. Nr. 1). Eichungszahl und -marke(?) wie Nr. 1. Gommer bzw. Münstiger Wappen am Hals. Von Jean-Antoine Charton? – 3. (im Besitz von Dr. Hermann Wirthner, Münster). H. 30 cm. Typ I (vgl. Nr. 1). Qualitätszeichen. Gießermarke von J. Alvazzi, Sitten. 1. Hälfte 19.Jh. (Bossard, Nr. 801, sehr ähn-lich). Eingeritzt: «G + G». Teller. 1. Dm. 30,2 cm. Gießermarke des Jean-Antoine Charton und Qualitätszeichen. Schützengabenstempel Sitten, bei Bossard nicht erwähnt (über Sittener Wappen gekreuzte Gewehre und Krone. Umschrift wie Bossard, Nr. 854). – 2. Dm. 19,8 cm. Gießermarke des J.A. Alvazzi, Sitten. 1. Hälfte 19.Jh. (Bossard, Nr. 802). – Möbel. Salongruppe, einen Tisch, vier Stühle, zwei Fauteuils, ein Sofa und eine Chaiselongue umfassend. Nußbaum. Mitte 19.Jh. Ehemals mit einfarbigem Samt überzogen. – Büchergestell. 2. Hälfte 19.Jh. Dreizonig mit profilierten Stützen. – Tisch mit Sekretär. Nußbaum. 2. Hälfte 19.Jh. Der von Borten und Blüten in feinster kleinteiliger Einlegearbeit gezierte Aufsatz trägt mitten in der Schubladenzone ein aufrechtes Kästchen. – Näh-tischchen. Nußbaum. 2. Hälfte 19.Jh. Mit zwei Schubladenzonen. – Pult. Nußbaum. Oben am drei-zonigen Schubladenteil eingelegt: «O[thmar]M[engis]M[ünster?]G[oms?] 1899». Aufsatz wie Schubladenteil zeigen drei Achsen von gedrückten Achteckfüllungen mit vorgeblendetem Ziermotiv in der Mitte. – Porzellan. Service, 8teilig. Mit vegetabiler Borte. Marke: «martin/ cm[?]in[?]a/ Limoges/ France». Nach 1875.

18. Koord. 305/345. Kat.-Nr. 37. Hans Thenen. Entstehungszeit unbekannt (15./16.Jh.?). 1912 Zwerchgiebel aufgesetzt. ⌐⌐. 2. F. Zweigeschossiger Ofen von 1908 mit Hohlkehlsims. Initialen: L[ouis] T[henen].

19. Koord. 445/300. Kat.-Nr. 67. Leo Kraft und Franz Lagger. Entstehungszeit unbekannt (15./16.Jh.?). Wohl später aufgestockt. 1969 renoviert. ⌐⌐. 1½. F. Wohnstock nach Süden orientiert, «Loibe»-Geschoß und Giebel blicken nach Westen. – Ofenstein mit Wappen des Valentin Lagger und der Catharina Werlen in der Hauswand eingelassen.

20. Koord. 295/205. Kat.-Nr. 66. Walter Lagger; Gregor Jost. Entstehungszeit unbekannt (15./16.Jh.). 1948 um ein Stockwerk erhöht. ⌐⌐. 1½. F. – Hauskruzifix. Um 1700. Korpus H. 29 cm. Häßlich übermalt. Der lange brettartige Rumpf gleicht demjenigen der Kruzifixe von Johann Ritz. Balken-enden der gotischen Monumentalkruzifixe (S. 88).

21. Koord. 285/170. Kat.-Nr. 10. Hilda und Josef Ambord. Entstehungszeit unbekannt (15./16.Jh.). 1927 um einige Ringe aufgestockt. ⌐⌐. 1½. G. Öfen. 1. Zweigeschossig, mit Kehlsims. An der Stirn «W[it]w[e].V[eronika].A[mbord]», an der Wange Jesusmonogramm in Clipeus und die Jah-reszahl 1929. – 2. Gleicher Ofen desselben Jahres. An der Wange: «Witfrau Veronika/ Ambord».

22. Koord. 340/190. Kat.-Nr. 45. Emil Furrer. Entstehungszeit unbekannt (15./16.Jh.?)[343]. 1908 um ein Wohnstockwerk erhöht. ⌐—⌐. 1½. F. Hauskruzifix. H. (Korpus) 21 cm. Holz, überfaßt mit Öl. 3. Viertel 18.Jh. Sockel des I. Reckinger Hauskruzifixtyps (S. 46). – Schränkchen. Tanne. Mitte 17.Jh. Zweizonig, einachsig, mit geohrten Füllungen zwischen rahmenden Pilastern. Eingelegt im oberen Türchen «P.ST/T», im unteren «A.C/[Hauszeichen. T mit schrägem Anstrich rechts]». – Truhen. 1. Nußbaum. Mitte 17.Jh. Profilierte Leisten scheiden zwei hochrechteckige Felder aus. – 2. Tanne. Zwei Rechteckfelder, von schmalen Vertikalfeldern gerahmt. Eingelegt: «N.B M.V/1674». – 3. Tanne. Ähnlich Nr. 2. In den großen Feldern eingelegt: «I R/1698». – Tischchen. Tanne. Um 1800. Ge-schwungene Beine. An der Zarge der Breitseiten gebrochene Wellenlinie, wie sie damals an den Block-wänden als Fries üblich war. – Standuhr. Frühes 19.Jh. Aus dem Besitz des Johann Baptist Guntern, Gastwirt im Hotel «Croix d'Or et Poste», Münster.

23. Geburtshaus des als Botaniker bekanntgewordenen Arztes Franz Josef Lagger (1799–1871). Koord. 385/330. Kat.-Nr. 8. Franz Lagger. Entstehungszeit unbekannt (15./16.Jh.). Rechts späterer

---

343 Ein zum Haus gehörender Speicher, heute beim Ferienhaus von Dr. Peter Z'Brun in Zeneggen, trägt folgende Inschriften und Zeichen: «dis.en.bw.hat.christen.the[nen?].[ge]b[aut].im iar.j.6.33.». Bei der unteren Tür Herz und Jesusmonogramm zwischen den Ziffern 16 33. Im ersten Stock in Wap-penfeld Kreuz auf umgekehrtem V und drei Hauszeichen(?). Vgl. Anm. 337.

Abb. 98 und 99. Münster. Maria vom Siege, 2. Viertel 18. Jh., H. 20,5 cm (Privatbesitz). Text S. 139.
Muttergottes. Werkstatt des Joseph Anton Lagger (1759–1833)? H. 79 cm (im Pfarrhaus).
Text S. 119.

Anbau. ⌐ ⌐. 2¹/₂. G und F. Glatter Kammfries. *Ofen.* Eingeschossig, mit Karniessims. An der Stirn Riedmatten-Wappen mit den Initialen «P[eter] D[e] R[iedmatten]» und der Jahreszahl 1719.

24. Koord. 165/200. Kat.-Nr. 119. Anton, Josef und Ludwig Imsand. Entstehungszeit unbekannt (15./16. Jh.). Nach einem Brand 1917 mit Zwerchgiebel versehen. Als man das Haus 1941 wegen der Autostraße nach Westen rücken mußte, erhöhte man den Mauersockel und baute das Kammergeschoß zu einem Wohnstockwerk um. ⌐ ⌐. Ka. 1¹/₂. F. Glatter Kammfries. *Ofen.* Frühes 17. Jh.? Eingeschossig. Auf stattlichem Wappenschild derbe Embleme Imsand. – *Truhen.* 1. Lärche. Neuerer Kasten mit alter Front, darauf links Kerbschnittrosette, rechts «1686 INABH»³⁴⁴. – 2. Tanne. Drei profilgerahmte quadratische Füllungen mit den eingelegten Ziffern 1792.

25. Koord. 340/310. Kat.-Nr. 63. Christian Kraft; Fides von Riedmatten; Ludwig Rovina. Entstehungszeit des ältesten Teils unbekannt. Mitte 16. Jh. größerem Neubau einverleibt. ⌐ ⌐. 2¹/₂. A und G. Seitlich im Viertelkreis endender Rillenfries. *Ofen.* Zweigeschossig, mit Kehlsims. – *Hauskruzifix* (im Besitz von Anton Imsand, Münster). H. 74 cm (Korpus 24 cm). Arve, original polychromiert und ölvergoldet. Ende 17. Jh. Eigentümlicher Sockel mit Cherub als Karyatide. Die Lendentuchenden hängen an beiden Hüften herab – ein sonst bei Gommer Hauskruzifixen unbekannter Typ (vgl. das Kruzifix in der Kirche von Gluringen, S. 338).

26. *Pfarrhaus.* Koord. 355/285. Kat.-Nr. 66. Erbaut 1509. Kardinal Matthäus Schiner verbrachte hier bei seinem Freund, Pfarrer Johann Triebman, die letzte Nacht auf den 30. August 1517, ehe er für immer das Wallis verließ. Das Haus steht gegen-

---

344 Die ersten beiden Ziffern der Jahreszahl vertauscht.

über der Kirchenfassade, jedoch nach Süden gerichtet, mit rundbogigem Giltsteinportal an der straßenseitigen Rückfront. Um die Mitte des 14. Jahrhunderts war von
Pfr. Joh. Asper ein neues Pfarrhaus erbaut worden[345]. Das heutige Haus ließ Pfr.
Johann Triebman 1509 errichten[346]. Auf dem östlichen Dielbaum der Pfarrstube
steht in gotischen Minuskeln: «hoc opus fii fecit venerabilis dūs iohannes triebma
curatus in consches [abgehobelt] m ccccc nono». 1745 ließ Pfr. Johann Georg Garin
Ritz, Bruder des Bildhauers Johann, das Haus renovieren[347]. Inschrift an der Wan-
genverkleidung des westlichen Dielbaums der Pfarrstube: «HOC HYPOCAUSTUM RENO-
VARI FECIT.A[dmodum].R[everendus].D[ominus].IOAN[nes].GEORGIUS GARINUS RIZ.
S[acrae].T[heologiae].D[octor].N[otarius].A[postolicus].ET PAROCHUS MONASTERY.AN-
NO 1.7.4.5. 3. APRILIS.[Nachtrag:] ET. VICARIUS FORANEVS ELECTUS. ANNO. 1748».
1770 gestaltete er ein Zimmer im «Loibe»-Geschoß durch Deckenschmuck zum
Bischofszimmer(?) aus. Durch vorgeblendete Rahmen mit ausgesparten Zierfeldern sind an der Deckenmitte vier bemalte Felder ausgeschieden, in denen
C-Bogen-Ranken eine Rosette rahmen. Auf der Rahmenachse das Wappen Ritz
über den Initialen «R.D.I.G.G.K[uratus]», darüber die Jahreszahl 1770. Vielleicht
hat schon Garin Ritz an der Rückwand eine Klebemauer bis zum Giebel hochgezogen[348], um der «Curia» zur Straße hin die Würde eines Steinhauses zu verleihen. Bei der Renovation[349] von 1969, die wegen Platzmangels, ungenügender
Einrichtungen und teilweiser Baufälligkeit notwendig geworden war, schob man ein
zweites Wohngeschoß ein. Man entfernte die häßlichen Lauben an der Ostseite und
die Klebemauer der Rückwand, worauf wieder die rillenfriesgeschmückte Blockwand zum Vorschein kam, und vergrößerte die Fensteröffnungen. Im Innern des
Hauses behielt das erste Wohngeschoß seine alte Einteilung: vierräumig, mit verbundenem Stubji. Besondere Sorgfalt verwendete man auf die Ausgestaltung der
Pfarrstube. Die teilweise mit bemalten Zierspiegeln versehenen rundbogigen Türen
stammen samt den geschweiften Türstürzen aus dem eben damals in Renovation
begriffenen Pfarrhaus von Niederwald, das Rokokotäfer aus dem Hotel «Croix d'Or
et Poste»[350]. An die Wangenverkleidung des Dielbaums setzte man die Inschrift:
«1969. SUB.JOS.ALBRECHT.PAROCHO ET DECANO.PAROCHIA MONASTERIUM/GESCHINGA
HANC DOMUM HISTORIA INSIGNEM REFICIENDAM CURAVIT». In dem von schweren Lär-
chenbalken überspannten saalartigen Vorderraum des Kellergeschosses, der wegen
seiner spärlichen Beleuchtung mit Lichtschlitzen nur als Holzschopf verwendet worden war, richtete man ein Pfarreimuseum ein (S. 119).

---

345 SCHMID, LAUBER, Verzeichnis, 1891, S. 291. 1364: «in domo nova Curati» (PfA Münster,
D 11 und 131). Bis zum Neubau könnte die «Grymsla» als Pfarrhaus gedient haben (Vermutung von
Br. St. Noti).

346 Holz, Stein und 36 Mörsiger Pfund lieferten die Pfarrleute, das übrige, über 80 Pfund, übernahm Pfarrer Triebman selbst. Er empfiehlt sich daher in der Chronik dem Gebet seiner Nachfolger
(PfA Münster, F 1).

347 Das Haus war baufällig (Visitationsakt von 1704, PfA Münster, D 73).

348 Oder geschah dies 1907/08, als «das Mauerwerk am Pfarrhof» erstellt wurde «vom Meister
Elzi aus Bosco»? (PfA Münster, G 52).

349 Weitere Renovationen: 1845 (PfA Münster, G 51); 1884, 1905 (Innenrenovation), 1907/08
(vgl. Anm. 348), 1923 (Dach), 1929/30 (Außenrenovation) (PfA Münster, G 52).

350 Man fand es im Unterdach des Hotels.

Ofen. Eingeschossig, mit reich gegliedertem Gesims und Zendenwappen an der Stirn. 1. Hälfte 18. Jh. – *Hauskruzifixe.* 1. H. (Korpus) 17 cm. Birnbaum, nicht gefaßt. 1. Hälfte 17. Jh. Italienischer Herkunft? Qualitätvoller Korpus mit ausgeprägter Serpentinatabewegung. – 2. H. 68 cm. Holz, schwarz bemalt und ziervergoldet. Korpus polychromiert und vergoldet. 1848[351]. An der Stirn des konkav pyramidenstumpfförmigen Sockels Kelch auf Wolken, gerahmt von Ährenbündeln und Traubenranken. – *Schrank.* H. 215 cm, B. 271 cm. Nußbaum. Geschnitzt wohl von JODOK RITZ[352]? Reicher dreiachsiger Architekturschrank mit vorgezogener Mittelachse. Gewundene korinthische Halbsäulen rahmen die mit zwei Zierfüllungen geschmückten Türen. In der Sockelzone öffnen sich nicht nur die Mittelfelder als Schubladen, sondern auch die besonders reich mit Akanthus besetzten Sockelstirnen. Im Fries, in Akanthuskartuschen, links die Initialen «R.D.I.G.G.R.D.T.D.NA» (S. 118), in der Mitte das Pfarreiwappen und rechts «ANNO 1741». Prachtvolles Möbelstück. – *Tisch des Domherrn Peter Guntern.* Der Tisch muß von der Rosenkranzpfründe über die Kaplanei ins Pfarrhaus gelangt sein[353]. Nußbaumener Ausziehtisch. An den Enden der Zargenfront Panneaux mit Blumenvase und den Ziffern 1650. In der Mitte Wappen des Domherrn mit den Initialen «P[etrus]C[untern] C[anonicus]A[postolicus]», beidseits, zwischen kannelierten Pilastern, ein Fazettenspiegel. An den Breitseiten Panneaux mit den Monogrammen von Jesus und Maria. – *Truhen.* 1. Aus dem Haus des Meiers Melchior Jergen (S. 131/32). – 2. Lärche. 17. Jh. Dreiachsig, mit Rechteckfüllungen. Auf polsterartig geschwungener Schubladenzone. In der Tiefe verkürzt. – *Eckschränkchen.* Unterteil. Tanne. 2. Hälfte 18. Jh. Geschweift. Eintürig mit geschweifter Füllung. – *Betstuhl.* Nußbaum. Einlegearbeit mit verschiedenen Hölzern. Kniebank als Schublade ausgebaut, Lehne als zweiflügeliger Schrank, Armbrett als Deckel zu einem Behältnis mit Bücherregalen. Eckgekehlte Bandwerkzierfelder, in denjenigen der Schranktüren «R[everendus]D[ominus]J[osephus]A[ntonius]B[iner]/17 71», Pfarrer in Münster 1733–1788. An den Wangen kielbogige Zierfelder.

Das Pfarrhaus birgt ferner *entfremdete Kunstwerke* aus Kirche und Kapellen: *Skulpturen. Kreuzigungsgruppe.* H. 77 cm (Korpus 26,5 cm). Kreuz Tanne, tremoliert vergoldet. Korpus Holz, polychromiert. Begleitfiguren Arve, vergoldet. Inkarnat und Mantelumschläge häßlich grau überfaßt. Maria H. 26,5 cm, Johannes H. 27 cm, Magdalena H. 18,5 cm. Das mit Strahlenkranz und Rocaille-Enden versehene Kreuz samt Korpus vom II. Reckinger Hauskruzifixtyp (S. 47), 2. Hälfte 18. Jh., die Begleitfiguren, qualitätvolle Werke des SIGRISTEN-BODMER-Kreises, Ende 17. Jh. – *Muttergottes* (Abb. 99)[354]. H. 79 cm. Arve, polimentvergoldet und gelüstert, zum Teil überfaßt. Letztes Viertel 18. Jh. Von ANTON LAGGER? Charakteristische Formgebung des Antlitzes und des Mantels. – *Madonnenbüste.* H. 48 cm. Arve(?), massiv, vergoldet und polychromiert. Originalfassung. Mitte 17. Jh. Das Kind auf der Linken schlingt sein Ärmchen um den Hals der Mutter. – *Antoniusbüste* (im Pfarreimuseum). H. 56 cm. Lärche(?), massiv, vergoldet und polychromiert. 2. Hälfte 18. Jh. Mit Christkind. – Kunstvoller zylindrischer *Statuensockel* mit durchbrochenen Rocaillemotiven. Holz, schwarz bemalt und ziervergoldet. 3. Viertel 18. Jh. – *Gemälde. Maria Hilf.* Kopie nach dem Innsbrucker Gnadenbild. Auf der Rückseite der *hl. Josef* mit Lilie in der Rechten und stehendem Christkind auf der Linken (Fahnenbild?). H. 84 cm, B. 56 cm. Öl auf Leinwand. Mitte 17. Jh. Einige Risse. – *Mariä Krönung.* H. 107 cm, B. 74 cm. Mischtechnik auf Leinwand. 1. Hälfte 18. Jh. Einige Risse. Gottvater reicht Maria das Szepter. Auf der Rückseite *Auferstehung.* H. 113 cm, B. 76 cm. Öl auf Leinwand. 2. Hälfte 18. Jh. Christus mit Fahne, von einem Engel begleitet, über drei Soldaten. Stil der PFEFFERLE. – *Fischpredigt des hl. Antonius von Padua.* H. 86 cm, B. 57,5 cm. Mischtechnik auf Leinwand. Ende 18. Jh. Freie Kopie nach dem Gemälde in der Peterskirche (Abb. 93). Das Dorf fern im Hintergrund stellt nicht mehr Münster dar. Stil des JOHANN JOSEPH PFEFFERLE mit Anklängen an die Nothelferbilder der Katharinenkapelle (S. 266)[355]. – Gemälde der *Rosenkranzfähnlein.* H. 31,5 cm, B. 23,5 cm. Öl auf Leinwand. 1833 (Jahreszahl auf dem Gemälde der Auferstehung). Stilverspätete Darstellungen. – *Maria.* Brustbildnis. H. 53 cm, B. 40,5 cm. Öl auf Leinwand. Mitte 19. Jh. Nazarenisch.

Pfarreimuseum. 1969 von Br. Stanislaus Noti eingerichtet. Die kultentfremdeten Kunstwerke wurden nach historischen Zusammenhängen gruppiert: Hoch- und Spätmittelalter; das frühe 16. Jh.

---

351 PfA Münster, G 51.   352 STEINMANN, Ritz, S. 36, Anm. 74.

353 Es könnte der «nusbaumenen francesischen disch» sein, von dem das Inventar des Jahres 1756 vom Kaplaneihaus spricht (PfA Münster, D 138).

354 Die Statue stand ehemals im Fenster der Binnenwand zwischen Beinhaus und Johanneskapelle.

355 Früher an der Kanzelrückwand der Pfarrkirche?

(Schinerzeit); 17. Jh. (Bischöfe von Riedmatten und Jost aus der Pfarrei Münster; Riedmattenpfründe des hl. Michael); Antoniusverehrung im 18. Jh.; Kult und Volksfrömmigkeit im 18. und 19. Jh.; Pfarrarchiv und Pfarreigeschichte. Daneben Paramente und heilige Gefäße des 17. und 18. Jh. *Skulpturen*. 1. *Pietà* (S. 265). – 2. *Kruzifix «Martterbildt»* (S. 88). – 3. *Antoniusbüste* (S. 119). – 4. *Leuchterengel* (S. 150). – 5. *Altarkruzifix* in Schrein (S. 150). – 6. *Muttergottes*. H. (ohne Sockel) 96 cm. Kopf (neu), Brustkorb und Arme aus Holz. Bekleidet mit Paramentenstoffen des 17. und 18. Jh. Kugelkrone. Das Kind steht auf der Linken. Rokokosockel 2. Hälfte 17. Jh. – 7. *Sockel von einem Reliquiar*(?). Holz, polychrom gefaßt. Drei von rechteckigem Grundriß karniesförmig aufsteigende Kappen, an den Kanten mit Palmetten beschlagen. An der Stirn Wappen des Bischofs Hildebrand Jost (1613–1638). – *Gemälde*[356]. 1. *Flügel des gotischen Hochaltars* (S. 76/77). – 2. *Porträt des Bischofs Hildebrand Jost* (Depositum von Anton Imsand, Münster). Wohl aus dem Riedmattenhaus «im Feld» (Nr. 32). H. 24,3 cm, B. 19,2 cm. Tempera auf Leinwand. Links oben: «Roma 1630/AEtatis suae 44 et E. palas. 17.». In Oval Brustbildnis in halbem Linksprofil. – 3. *Fahnenbildnis* (Eigentum der Schützenzunft von Münster). H. 89,5 cm, B. etwa 57 cm. Öl auf Leinwand. Mitte 18. Jh. Der hl. Sebastian steht gekrümmt an einem Baumstamm, die Hände am blättrigen Ast gebunden. – 4. Sechs *Kopien nach Porträten der Riedmatten-Bischöfe* (geschenkt von Anton Imsand, Münster) (Anm. 369). – *Exvotos*. 41 Stücke aus der Antoniuskapelle auf dem Biel (S. 149), 2 Stücke aus der Katharinenkapelle im Wiler bei Geschinen (S. 264). – *Kirchenschatz*. 1. *Vortragekreuze*. Romanisches (S. 93/94). – Spätgotisches (S. 94). – *Kristallkreuz* (S. 94). – 2. Zu den *Kelchen* siehe S. 92. – 3. *Ampel* (S. 94). – 4. *Hostienbüchse* (S. 94). – 5. *Medaille mit Bildnis des hl. Franz von Sales* (S. 94). – 6. *Rosenkranz*. Silber. Spuren einer Vergoldung. Venezianisches Glas. Von Schwäbisch Gmünd? Ende 17. Jh.? Mennigfarbene zylinderförmige Perlen. Zwischen den Zehnern Filigrankugeln. Angehängt Filigrankreuz und filigrangerahmtes Medaillon mit dem Lamm Gottes in flachem Relief. – 7. Zu den *Paramenten* siehe S. 95/96. – *Archivtruhe*. L. 183 cm, B. 69 cm, H. 104 cm. Lärche. 2. Hälfte 16. Jh.? Sockeltruhentyp. Dreiachsig, mit vorgeblendeten Rahmenleisten. Vier beilförmige, rankenbesetzte Schloßschilder und zahlreiche Nagelköpfe zieren die Front.

27. *Haus des Domherrn Peter Guntern* († 1681) (Abb. 100). Koord. 270/210. Kat.-Nr. 64. Geschwister Thenen. Erbaut 1536? (Jahreszahl auf der blechbeschlagenen rechten Kellertür). Die seitlich im Viertelskreis endenden Rillenfriese sprechen für eine Entstehung um die Mitte des 16. Jahrhunderts. Erstes datiertes Obergommer «Vorschutz»-Haus? In einem Vorgängerbau könnte Bischof Witschard Tavelli 1361 gefangengehalten worden sein[357]. Links von den Kellertüren in die Mauer eingelassenes ovales Marmormedaillon mit dem Wappenzeichen Guntern unter Prälatenhut mit der Umschrift «P[etrus]C[untern]P[rotonotarius]C[anonicus]S[edunensis]A[postolicus]» und der Jahreszahl 1660. Domherr Guntern ersetzte das alte «Stubji» durch zwei hintereinander aufgereihte Räume, weshalb das Haus an der Rückfront zur Hälfte weit vortritt; ein in den Dielbaum des «Stubji» eingelassenes Wappenmedaillon des Domherrn ist 1911 veräußert worden[358] und seither verschollen. Der Domherr gestaltete die Kammern des Mauersockels zu kleinen Prunksälen aus und fügte wohl den 1952/53 wiederum entfernten «Härdstock» an der Rückseite des Hauses hinzu. 1678 schenkte er das «alte hauß der pfriendt des heiligen Rosen-

---

357 Ethnologischen Wert besitzen die 17 bunt bemalten Papierkartons, die bei Beerdigungen von Mitgliedern der Familie von Riedmatten auf dem Leichenzug von Armen getragen wurden. Gouache, mit Wachs überzogen, etwa 47 × 32 cm. Größtenteils von Adrian von Riedmatten und seiner Gattin Anna Maria Josepha Stockalper aus dem Jahre 1719 stammend, zum Teil für spätere Beerdigungen übermalt. Unter den Initialen der Verstorbenen Wappen, Todesjahr und Totenkopf über gekreuzten Langknochen.

357 Der Standort soll mit der Ortsangabe für ein in Dokumenten mehrmals erwähntes «Steinhaus» übereinstimmen, auf dem noch im 14. Jahrhundert eine Abgabe an den Bischof lastete. (Freundl. Hinweis von Br. St. Noti. GREMAUD V, S. 408.)

358 Von Johann Josef Imoberdorf an Pfarrer Josef Lauber.

Abb. 100. Münster.
Haus, 1536(?), des Domherrn
Peter Guntern († 1681)
mit inzwischen abgerissenem
Mauerkamin. Aufnahme 1939.
Text S. 120.

krantz»[359]. Der rechte Saal des Kellergeschosses diente in der Folge als Salzablage[360].
1952 Totalrenovation des schadhaften Hauses.

Das schmale, längliche Häuschen blickt am südwestlichen Rand des Dorfteils
«Pedel» gegen die Margaretenkapelle hin. Die «Vorschutz»-Konsolen sind mit
Stäben und Wappen geschmückt; von links nach rechts: Zendenwappen (heutiges
Erner Wappen!), diagonal geteiltes sowie gespaltenes Wappen, Wappen mit Kuh-
kopf, zweimal mit Winkel als Guntern-Wappenzeichen. Rillenfasen am Fußbalken.
Unter der Fensterzone des Wohnstocks «Vorschutz» von halber Balkenbreite. Im
«Loibe»-Geschoß der rückseitigen «Stubjini» noch originale Fensteröffnungen zwischen intakten Würfelfriesen – als einzige Partie des Goms von diesem Ausmaß schüt-
zenswert. Die große stichbogige Nische in der westlichen Hälfte der Nordmauer, die
spätestens zur Zeit des Domherrn Guntern zugemauert wurde[361], kann ein Tor oder
Schaufenster einer Werkstätte gewesen sein. Beide Saalräume im vorderen Kellergeschoß besitzen noch die barocken, aus tiefen Kassetten gefügten Holzdecken. In
der heute leerstehenden runden Nische einer mittleren Kassette im rechten Saalraum wird bis 1900 ein großes Medaillon mit Wappen des Domherrn gehangen
haben. Die Wände des linken Saals umzieht ein Gipssims. ⌐——⌐. 1 1/2. F (mit zusätzlichem «Stubji»). – *Tisch* des Domherrn Guntern (im Pfarrhaus) (S. 119).

28. Koord. 365/370. Kat.-Nr. 18. Karl und Luise von Riedmatten. Erbaut Mitte 16. Jh. 1905 um ein
Stockwerk aufgestockt und mit Zwerchgiebel versehen. ⌐——⌐. 1 1/2. G (mit Quergang; Separationen
aus «Stutzwänden»). Bei der Innentreppe des zweiten Geschosses war eine «Flezkammer», d.h. ein
Versteck für Kriegszeiten, eingerichtet. Kellertürpfosten, gefast wie Fußbalken jener Zeit. *Inschrift.*
2. Stockwerk: «AN.GOTTES.SEGEN IST ALLES GELEGEN/FRANZ V RIEDMATTEN 1905 DOMINIKA.GB.ROVINA».
Öfen. 1. Dreigeschossig, mit Kehlsims. 1906. Mit den Initialen «F.v.R./D.R.». – 2. Ähnlich Nr. 1. 1907.

---

359 PfA Münster, D 50.   360 Die Salzmühle ist noch vorhanden.
361 Das Gipssims im Kellerraum läuft ununterbrochen durch.

Mit den Initialen «F.R/D.R.». – *Wandbüfett* mit den Wappen von Riedmatten–de Bons (vgl. Anm. 236). Ende 18. Jh. Aus dem Hotel «Croix d'Or et Poste» (S. 129) (Abb. 111).

29. Koord. 210/225. Kat.-Nr. 1. Klemenz und Raphael Kiechler. Erbaut Mitte 16. Jh. Um 1950 rechts gedeckte Laube zu Zimmerachse ausgebaut und Giebel aufgestockt. ⌐⌐ (mit Ka). 1½. G. «Vorschutz» auf Konsolen, geziert mit leeren Wappen und Balken. Konsolenstirnen wellig gekehlt. Seitlich im Viertelskreis endende Rillenfriese. Oberhalb der Fensterzone des «Loibe»-Geschosses war ein Wappen eingelegt.

30. Koord. 305/250. Kat.-Nr. 72. Regina Jost-Bacher; Anton Bacher. Erbaut Mitte 16. Jh.[362]. 1937 um ein Geschoß aufgestockt. ⌐⌐ (ehemals mit Ziegenstall). 1½. F. Seitlich im Viertelskreis endende Rillenfriese. *Öfen.* 1. Zweigeschossig, mit Kehlsims und giltsteinerner Sitzbank. An der Stirn in Medaillon das Wappenzeichen Werlen, an der Wange in lorbeerumkränztem Medaillon: «18/F[ranz]. W[erlen]/M[aria].L[agger]/38». – 2. Zweigeschossig, mit Karniessims. 1939. Mit den Initialen «I[msand]M[aria].V[alentin]B[acher]» und den entsprechenden Wappen. – *Standuhr.* 19. Jh. Am Zifferblatt: «A. Brasi à Brig».

31. Koord. 310/330. Kat.-Nr. 36. Ludwig Werlen-Zanetti; Alfred Bacher. Erbaut Mitte 16. Jh.? Anfang 20. Jh. Stockwerk mit Zwerchgiebel aufgesetzt. ⌐⌐. 1½. C. Seitlich im Viertelskreis endender Rillenfries(?).

32. *Altes Riedmattenhaus «Im Feld».* Koord. 500/330. Kat.-Nr. 78. Franz und Oliva Lagger. Erbaut Mitte 16. Jh. Von diesem Haus, dem letzten am östlichen Dorfrand, ehe die Straße sich «im Feld» verliert, ging die ältere und bedeutendere[363] Linie der Familie von Riedmatten aus. Geburtshaus von Bischof Adrian III. von Riedmatten (1610–1646). Am 15. Mai 1638 fand hier die Verlobungsfeier von Kaspar Jodok von Stockalper mit Cäcilia von Riedmatten statt. Gewöhnliches Gommer Haus; einzig die reichere Ausstattung des Dielbaums und der Öfen verrät den Anspruch des emporsteigenden Patriziergeschlechtes.

Der älteste Teil des Hauses wurde bald nach 1550 von Domherr Christian Halaparter erbaut[364]. Der mit dem Domherrn verwandtschaftlich verbundene Peter von Riedmatten erwarb[365] es 1574. 1623 fügte Peter von Riedmatten († 1626), der Stammvater der älteren Linie, einen Anbau an die rechte Traufseite und setzte einen neuen Giebel auf. Am Giebel die Jahreszahl 1625. ⌐—⌐. 1½. F (durch Anbau zu H erweitert). Mauerkamin an der steinernen Rückwand des Anbaus. Am Anbau konsolenartiger Würfelfries. Am Dielbaum der östlichen Stube (Anbau) gespaltenes Wappen Riedmatten–Imahorn (Abb. 109) mit den Initialen «P[eter].V[on].R[iedmatten]. C[äcilia].I[m].A[horen].». Das mit Rollwerk und Akanthus reichgezierte Wappenmedaillon ist in den dreizeilig voll beschrifteten Dielbaum eingebettet: «DOMVS.AMICA.DOMVS.OPTIMA./ HOC.OPVS.FIERI.CVRAVIT.SPECTABILIS.ET.PRAECLARVS. DOMINVS.PETRVS.A.RIEDMATTEN./ ARCHISIGNIFER.ET.OLIM.MAIOR.DESENI.CONSCHES.ET. GUBERNATOR.MONTHEOLI[366].ET.CAECILIA.IM.AHOREN EIVS.CONIVNX./ DIE. 18.MARTIJ. . VIVE.VT.VIVAS.ANNO. 1.6.2.3.».

Öfen. 1. (in der Stube des alten Hausteils) (Abb. 101). Eingeschossig, mit Kehle und Rundstab am Sims. An der Stirn in einer «Füllung» Wappen mit doppelten Wappenzeichen der Familie von Riedmatten über der Jahreszahl 1709. Eigentümliche Balustermotive mit kapitellartiger Bekrönung

---

362 Das Haus soll «Heidechriz» besessen haben, was jedoch bei den vorhandenen Rillenfriesen kaum möglich ist. Für hohes Alter spricht indessen ein alter Fensterpfosten von 46,5 cm Höhe.

363 Die Vertreter dieser Linie nannten sich «praenobilis».   364 NOTI, Palast, S. 7.

365 Ebenda.   366 Bannerherr und einst Meier des Zenden Goms und Landvogt von Monthey.

rahmen die Front. – 2. Ofen der Stube im Anbau (im Besitz von Dr. Hermann Wirthner, Münster). Zweigeschossiges Oktogon mit gerader Deckplatte über Karnies. Fußplatte mit Kehle und Stab. Über der Jahreszahl 1632 in kräftigem Relief links Wappen von Riedmatten, rechts Imahorn. – *Türe*. Nußbaum. 2. Hälfte 17.Jh. Reiches Beschläg. – Zwei *Türen* (im Hotel «Glacier du Rhône»)[367]. Nußbaum. Zwei reichgeschnitzte Füllungen, in der einen rechteckig, in der andern geohrt. In den unteren Füllungen Blüte in Akanthusranken, in den oberen zwei Riedmatten-Wappen, über deren Vollwappenzier die eine Tür mit der Jahreszahl 1709, die andere mit den Initialen «P[eter]A[nton]D[e]R[iedmatten] M[eier].A[nna]C[atharina]D[e]R[iedmatten]C[oniux?]»[368]. Alte Schlösser und Originalbeschläge. – *Kleine Truhe* (im Besitz von André Werlen, Brig). Nußbaum. Zweiachsig, mit kannelierten Pilasterschäften unter rudimentären Kapitellen. In der Frieszone eingekerbt: «P[etrus].A.R[iedmatten]. G[ubernator].M[ontheoli]. 1620. C[äcilia].I[m].A[horn].». Geschnitzte Felder: große, von einem Gurt umklammerte Girlandenmedaillons mit den Wappenzeichen, links von Riedmatten, rechts Imahorn. An den Wangen von Bandwerk umschlungene Rosettenkompositionen welschen Stils. – Siehe ferner Sammlung Imsand (S. 140/41) und Pfarreimuseum (S. 120).

Hinter dem Haus ragt ein stattlicher *Stadel* empor, den 1646 Johann von Riedmatten, der älteste Sohn von Peter, aufrichten ließ. Im Gegensatz zum bescheidenen Haus zeichnet sich dieser Bau durch Größe und Zier aus. Würfelfriese am Unterbau. An Konsolen des Oberbaus Riedmatten-Wappen mit den Initialen «I[ohann]D[e] R[iedmatten]» über den Ziffern 16 und Wappen der Schmideyden mit den Initialen «M[argareta]S[chmideyden]» über den Ziffern 46[369]. 1975 innen ausgebrannt.

33. *Haus des Meiers Johann Imoberdorf*[370]. Koord. 335/290. Kat.-Nr. 57. Maria und Erwin Thenen; Theodor Lagger-Guntern. Erbaut 1579. Nahe dem Kirchplatz und mit Portal zu jener Straße hin, welche die Peterskirche mit der Marienkirche verbindet, steht das stattliche Haus des Meiers. Der Giebel blickt nicht nach Süden, sondern zur Kirche hin. Auf den doppelt gestuften Mauersockel folgt erst ein Holzstockwerk, ehe die beiden(?)[371] oberen Wohngeschosse an der Front auf Konsolen vorkragen. Die «Vorschutz»-Konsolen sind mit leeren Wappen zwischen schrägen Doppelstäben geschmückt. Rillenfasen am Fußbalken. Kräftige Rillenfriese. In der gestuften Mauer der straßenseitigen nördlichen Traufwand rundbogiges *Tuffportal* mit runder Kehle zwischen schmalen Fasenstegen am Gewände. Über dem Scheitel *Giltsteintafel* (Abb. 110) in der Form einer profilgerahmten Füllung. Unten Imoberdorf-Wappen, gerahmt von den Ziffern der Jahreszahl 1580 und je einem Meisterzeichen (Tab. II, Nr. 3). Darüber hängt illusionistisch an einem «Nagel» die Inschrifttafel: «PAVLVS IM/OBDORFF/MAIOR.IN/CONSCHES». Prägnant gehauene Tafel mit zeitgemäßem Roll- und Beschlägewerkdekor. In bezug auf die Einteilung sprengt das Haus den damals üblichen Rahmen in mancher Beziehung. Die quer zur Giebelrichtung nach Süden orientierten Geschosse scheinen den fünfteiligen Grundriß des

367 Nach Auskunft der Familie Seiler in Gletsch sollen die Türen aus einem brennenden Haus neben dem Hotel «Croix d'Or et Poste» in Münster herausgeholt worden sein. Peter Anton von Riedmatten dürfte sie daher im großen Riedmatten-Haus (Hotel «Croix d'Or et Poste») wiederverwendet haben, als er dieses bezog.

368 Deutung der Initialen von Br. St. Noti. Peter Anton von Riedmatten, Meier im Jahre 1706, heiratete 1708 seine Base Anna Katharina von Riedmatten.

369 VON ROTEN, Landeshauptmänner, 1971, S. 16. – In diesem Stadel wurden neben inzwischen verschollenen Dokumenten die sechs Bildnisse der Riedmattenbischöfe aufbewahrt, die heute im Pfarreimuseum hängen – Kopien des 19.Jh. nach alten Porträts. 19 × 14 cm. Bleistift und Aquarell.

370 Ältere Photographie in R. HOTZ, Geographie der Schweiz, Basel 1930, S. 96.

371 Beim oberen Stockwerk könnte es sich um ein «Loibe»-Geschoß handeln.

anspruchsvolleren barocken Hauses (H) vorwegzunehmen [372]. Das erste Holzstockwerk unter dem «Vorschutz» birgt nicht, wie gewohnt, Kammern, sondern war seit
je ein Wohnstockwerk [373] mit Öfen und Dielbäumen. Wichtigstes Geschoß war indessen das von der Straße her zugängliche erste «Vorschutz»-Stockwerk. Man ver-
nachlässigte daher den Zugang im Kellergeschoß, wo kräftige Separationsmauern
einen flurartigen Raum ausscheiden, aus dem aber nur eine bescheidene Treppe ins
erste Holzgeschoß emporführt. Das Hauptgeschoß wurde mit einer großen Inschrift
ausgestattet: «ECCI . I . CAP. TIMENTI . DN̄M . BENE . ERIT . & . OMNEM . DOMVM . ILLIVS . IMPLEBIT.
A . GENERATIONIBVS . ETRECEPTACULA . A . THESAVRIS . ILLIVS [374]. / [Jesusmonogramm] . MA-
RIA . PS . 126. NISI . DN̄S . AEDIFICAVERIT . DOMVM . INVANVM . LABORAVERVNT . QVI . AEDIFICANT.
EAM. / HOC . OPVS . FIERI . FECIT . H[onestus] . ET . D[iscretus] . VIR . IOHANNES . IMOBERDORFF.
PRIDEM . MAIOR . DESENI . CONSCHES . SVB . ANNO . DOMINI . 1 . 5 . 7 . 9 . ».

Öfen [375]. 1. Qualitätvoll, wenn auch weniger bedeutend als der entfernte Ofen (s. Anm. 375). Quader
mit Karnies unter gerader Simsplatte. In originalem hölzernem Fußrahmen. An der Stirn Clipeus mit
dem Jesusmonogramm, in Strahlenkranz, an der Wange in Rechteck«füllungen» links unter den
Initialen «P[aulus]I[m]O[berdorff]» das Wappen des Sohnes mit zwei Kugeln über der Lilie, rechts
unter den Initialen «H IO» Wappen mit drei Kugeln über der Lilie. Unter dem Wappen die Jahreszahl 1580. – 2. Ofen des 17. Jh.(?), 1950 umgebaut. – *Tischbecher* von Meier Paul Imoberdorf (im
Besitz von Peter von Roten, Raron). H. 7 cm, Dm. 7 cm. Silber, ziervergoldet. Letztes Viertel 16. Jh.
Außen am Becherboden graviertes Wappen (Lilie unter drei im Dreieck angeordneten Kugeln), dar-
über die Initialen «P I O» und, wie eine Bekrönung im Dreieck angeordnet, zwei Meistermarken und
Beschau Sitten (Tab. 1, Nr. 19). Eingezogener Fuß. Unter dem Lippenrand Fries mit gegenständigen
Bögen und pflanzenartigen Schneußmotiven.

34. Koord. 260/230. Kat.-Nr. 1. Emil und Theodor Werlen. Erbaut 1583. Links Anbau um 1820,
1968 aufgestockt [376]. Soll einst Gaststätte gewesen sein. ⌐—⌐. 2¹/₂. G und F, durch Anbau des frühen
19. Jh. zu H erweitert. «Vorschutz» auf Konsolen, die mit leeren Wappen und Stäben geziert sind.
Inschrift. 1. Stockwerk (heute im Flur): «NISI DOMINVS EDIFICAVERIT DOMVM ISTAM : INVANVM LABORA-
VERVNT QVI EDIFICANT EAM : PS 126. / HOC OPVS FIERI FECIT HONESTVS PETRVS LAGGER ANNO DN̄I 1583».
Hauskruzifix. H. 63,5 cm (Korpus 22 cm). Holz, mit Ölfarbe überstrichen. 2. Hälfte 18. Jh. Auf der
Sockelplatte von C-Bögen gerahmter Blütenstand. Volkstümliches Kruzifix mit gut geschnitztem
Korpus. – *Schrankaufsatz.* Nußbaum. Zweiachsig. Achteckige Füllungen, auch in der Kredenznischen-
zone. In den Rand- und Zwischenfeldern Zierfüllungen mit Spiegeln, darin eingelegt «R[everendus].
D[ominus] I W[erlen] C[apellanus?]M[onasterii]», darunter 17 [Werlen-Wappenzeichen] 28.

35. Koord. 280/235. Kat.-Nr. 71. Kamil Werlen; Adolf Lagger; Josef Kiechler. Erbaut 1589. ⌐—⌐.
1¹/₂. Doppelhaus (B). *Inschrift:* «[Jesusmonogramm] MARIA . [auf der Spitze stehendes Dreieck mit drei

---

372 Die westliche Stube könnte erst später aus einer gedeckten Laube gewonnen worden sein, die
mit dem Heustall hinter dem Haus verband. J. HUNZIKER bezeichnet sie 1899 in einem Grundriß des
Hauses als Laube (HUNZIKER, Abb. S. 173, Fig. 192).

373 Vielleicht führte der als Wirt nachgewiesene Paulus Imoberdorf hier seine Gaststätte. (Freundl.
Hinweis von Br. St. Noti.)

374 «Dem Gottesfürchtigen wird Er gut gesinnt sein und jedes seiner Häuser mit Nachkommen
und seine Speicher mit Schätzen füllen» (Übersetzung von P. Theobald Birchmeier O. M. Cap.).

375 Der Ofen des Hauptgeschosses ist 1968 herausgerissen worden. Mit seinen Ausmaßen von
L. 142 cm, B. 116 cm, H. 114 cm der stattlichste Ofen des Goms, war er auch stilistisch eines der frühesten Zeugnisse von verstandener Renaissance im Tal. An der Stirnseite stand in großem Feld ein
Clipeus mit dem Jesusmonogramm unter der Jahreszahl 1580. Beidseits rahmten von einer Rosette
unterbrochene schmale Polsterfelder. An der Wange in zwei «Füllungen» die Wappen Imoberdorf
und Ithen. Vgl. W. R[UPPEN]., Das Schicksal des Ofens von Meier Imoberdorf, Walliser Volksfreund
Nr. 191, 12. Dez. 1968. Photos der Wappenfelder im A der Kdm des Kt. Wallis, zurzeit in Brig.

376 Zustand vor dem Aufstocken. Bürgerhaus, Tf. 103, Nr. 4.

Abb. 101 und 102. Münster. Ofen, 1709, im Haus der Familie von Riedmatten «im Feld». Text S. 122.
Bildnis des hl. Valentin(?) in Schnitzrahmen, Anfang 18.Jh., aus dem Haus der Familie von Riedmatten «super ecclesia» (im Besitz von Dr. H. Wirthner, Münster). – Text S. 129.

Punkten] [Spruch wie in Haus Nr. 33]HOC OPVS FIERI FECIT HONESTVS IOHANĒS STAELIS.ANNO PARTE
SALVTIS.1589.DIE II MA[verdeckt]IY». *Öfen.* 1. Ofen. 19.Jh., 1945 umgeändert. Wappen mit den In-
itialen «I[osef]K[iechler].M[aria]I[m]S[and]» .– 2. Zweigeschossig, mit Karniessims. 17.Jh.(?).
Wappen entfernt. – *Hauskruzifix.* 1. Hälfte 19.Jh.

36. Koord. 315/320 [377]. Kat.-Nr. 35. Ludwig Werlen-Zanetti. Erbaut 16./1. Viertel 17.Jh. 1761 renoviert und Kammer angebaut. ⌐⌐. 2. E (ehemals A). Im zweiten Geschoß: Quergang, nördlicher
saalartiger Raum mit zahlreichen geriefelten Deckenbalken. *Inschriften.* In der Stube: «:I.B.L:M.V.G
ANNO. 1761:». In der Kammer: «I.B.L.M.V.G.IM.IAHR 1761». *Ofen.* Zweigeschossig, mit gefaster Simsplatte. An der Stirn in Akanthus Lagger-Wappen, in Spiegeln links «I.B.L/17», rechts «INL/89». –
Tisch. Nußbaum. An der Zarge Werlen-Wappen mit den Initialen «R[everendus].D[ominus].
I[ohannes].I[osephus]W[erlen]» (1644–1712) [378]. Rosetten und Schuppenfries mit Nelken.

37. Koord. 300/425. Kat.-Nr. 81. Karl Werlen. Erbaut 16./1. Viertel 17.Jh. 1930–1935 um ein Geschoß aufgestockt. ⌐⌐. 1½. A? Hinten Stall angebaut. Schmale Rillenfriese, konsolenartig vortretend. *Inschrift:* «[Wappen mit Hauszeichen?]CHRISIA.GIEBSTEN.VND.ANNA.DAFNER ANNO 1667 [Jesus-
monogramm]». *Hauskruzifix.* H. 82,5 cm. Holz, überstrichen. Ende 17.Jh. Scheibenförmiger Sockel
mit Akanthusspiralen an den Rändern. Qualitätvoller Korpus.

38. Koord. 330/285. Kat.-Nr. 9. Franz Xaver und Josef Thenen. Erbaut 16./1. Viertel 17.Jh. 1757
renoviert. 1954 um ein Geschoß aufgestockt. ⌐. 2. F. Schmale, kräftig ausladende Rillenfriese.
Inschrift: «IBDR.M:I.A.D.R M.ANNO 1757 :M.I.A». *Ofen.* Eingeschossig, mit schwerem, aus Kehle und
Karnies gefügtem Sims. An der Stirn Riedmatten-Wappen mit den Initialen «AMCDR» und der
Jahreszahl 1734, an der Wange neues geteiltes Wappen mit den Initialen «R[aphael]T[henen]/
E[phrosina]I[mwinkelried]».

---

377 Nach der Überlieferung soll hier das älteste, zur Peterskirche gehörende Pfarrhaus gestanden
haben.   378 SCHMID, LAUBER, Verzeichnis, 1934, S. 115.

39. Koord. 70/65. Kat.-Nr. 66. Ernest Bacher-Meichtry; Rosa und Karl Imsand. Erbaut 16./1. Viertel 17. Jh. ⌐——⌐ (vorn bis zur Erde sinkend). 2¹/₂. F. Glatte Kamm- und Rillenfriese. *Öfen.* 1. Schwerer Würfel mit Kehlsims in Holzrahmen. 16./17. Jh. – 2. Eingeschossig, mit Karniessims. 17. Jh. An der Stirn in Wappen: «[?]H P G/[Jesusmonogramm]/1745». – *Standuhr.* 19. Jh. Zifferblattgehäuse 18. Jh.(?).

40. Koord. 355/240. Kat.-Nr. 56. Alfons Bacher. Erbaut 2. Hälfte 16. Jh. Um die Mitte des 17. Jh. Anbauten an der rechten Traufseite und links hinten. Im 19. Jh. Zwerchgiebel. 1930 um zwei Ringe aufgestockt und mit neuem Giebel versehen. ⌐——⌐. 1¹/₂. G (durch Anbau rechts zu H erweitert). Schmale, stark vortretende Rillenfriese, Konsölchenfries und zweizoniger Würfelfries. «Vorschutz» auf Konsolen, die mit Wappenschildern, Stäben und einem Stierkopf geschmückt sind. *Öfen.* 1. Eingeschossig, mit Kehlsims. 1825 renoviert. Durch Zierspiegel in drei Zonen gegliedert. An der Stirn zwischen Weger- und Lagger-Wappen: «D[ominicus].W[eger] 379.C[astellanus]/A[nna].M[aria]. L[agger]». Schönes «Kacheltürchen». – 2. Eingeschossig, mit massigem Kehlsims. 16./17. Jh. An der Stirn verändertes Wappenschild mit der Jahreszahl 1844 und den Initialen «V H». Wuchtiger Würfel. – *Stammbaum der Familie Bacher,* von 1530 bis 1913 reichend, erstellt von Adolf Heuberger. – *Wandbüfett* (im Besitz von Ernst von Roten, Raron). Nußbaum. 2. Hälfte 18. Jh. Optisch in drei Achsen gegliederte Kredenz mit drei Schubladenzonen und geschnitzten C-Bogen-Ranken an den Kanten. Am eingezogenen Aufsatz mittlere Türachse zwischen rahmenden Schubladenachsen. Geschweifter Karniessimsgiebel. An der Tür des Aufsatzes Füllung mit Einlegearbeit aus verschiedenen Holzarten: in Bandwerkrahmen Kartusche mit Weger-Wappen (wie W. Wb., Abb. S. 291, aber ohne Halbmond). Prachtvolles Rokokobüfett.

41. Koord. 295/190. Kat.-Nr. 69. Albert Kraft. Erbaut 16. Jh. 1736 links hinten erweitert. ⌐——⌐. Ka. 1¹/₂. G. «Vorschutz» auf Konsolen mit einzelnen schrägen Stäben und wellig gekehlter Stirn. Schmale, stark vortretende Rillenfriese und Pfeilschwanzfries unter Wolfszahn. *Inschrift:* «IHS MARIA IOSEPH H.C.I.S.M.B.I.S. 1736» und Imsand-Wappen mit den Initialen «I[m]S[and]». *Ofen.* Zweigeschossig, mit Kehlsims und Eckfase. 1908 (aus dem Gemeindehaus). – *Kommode mit Sekretär.* Nußbaum. 1. Hälfte 19. Jh. Drei geschweifte Schubladen, geschmückt mit Zierspiegeln in Einlegearbeit.

42. Koord. 400/310. Kat.-Nr. 1. Theophil und Joseph Kraft. Erbaut 16. Jh. Anbau an der rechten Traufseite und Giebel 19. Jh. ⌐——⌐. 2¹/₂. F. «Vorschutz» auf Konsolen mit leeren Wappen und Stäben. Glatter Kammfries. Gerade vorgezogene, zierkonturierte Pfettenkonsolen 380. *Öfen.* 1. Zweigeschossig, mit Kehlsims. – 2. Ähnlich Nr. 1. Älterer Ofen mit Zier des 19. Jh. An der Wange in lorbeerumkränztem Medaillon Blüte, links von den Initialen «ABAFP», rechts von «GWGGC» gerahmt. Geviertes Wappen mit steigendem Löwen und Medaillon in Lorbeerkranz.

43. Koord. 190/370. Kat.-Nr. 109. Walter Imhof. Erbaut 16./17. Jh.?. 1961 Giebel erneuert. ⌐⎺⎺⌐. 1¹/₂. A. Ehemals Schmiedewerkstätte. Langjähriges *Armenhäuschen.*

44. Koord. 365/320. Kat.-Nr. 5. Robert Escher; Agnes, Josephine und Oskar Guntern. Erbaut 16./ 17. Jh.? ⌐——⌐. Ka. 1¹/₂. G. *Öfen.* 1. Gestuft. Mit sehr reichen Profilgesimsen an Deckplatte, Sitzbank und Fußrand. An der Stirn in kettenfriesgerahmtem Rechteckfeld: «JOHAN BAPTIST.GVNTREN/MARIA. IOSEFA.KEMPFEN/ 1843» (vgl. S. 129), an der Wange: «GEBET ACT AUFS.FEUR.GEBET.ACT.AUF LICH/ DENK.NICT.EN.FUNCKEN.SCAdET NICT/ EIN.FUNKEN.FEUR.AUCH.NOCH.SO.KLEIN/DER.AESCHRET.GANTZE DER-FER.EIN.». Sitzbank mit eigener Feuerung. – 2. Eingeschossig. An der Stirn in Wappen: «F[ranz] G[untern]W[eibel?]/1854».

45. Koord. 160/280. Kat.-Nr. 15. Franz Guntern. Erbaut 17. Jh.? ⌐——⌐. 1¹/₂. F. Links Heustall angebaut. Küchenmauer mit Fazettenspiegelsäumen bemalt. *Ofen.* Eingeschossig. An der Stirn großes Inschriftfeld in flachem Relief: «VINZENS JOST/BATIST.V/FRANZ.IOST/ 188(?)8». – *Truhe* (im Besitz von Dr. H. Wirthner, Münster). Nußbaum. Zweiachsig, mit fast quadratischen Feldern sowie schmalen Rand- und Zwischenfeldern. Eingelegt: «16/IMEAS/[Wappen Jost mit den Initialen HB und I (Hildebrand Jost?)]/RṼISA/23».

---

379 Dominik Weger (1758–1828).
380 Spätmittelalterliches Motiv (vgl. S. 114, Haus Nr. 2), im 19. Jh. wiederum aufgenommen.

46. *Haus der Familie von Riedmatten* «*supra Ecclesia*», heute «Croix d'Or et Poste». Koord. 280/340. Kat.-Nr. 56. Hubert Lagger. Erbaut 1620? Mit dem Haus war der größte Glanz[381] der Familie von Riedmatten verbunden. An den Fassaden verändert, im Innern bis zur Unkenntlichkeit verbaut, verrät das Haus nur mehr mit Restbeständen einer reichen Ausstattung die einstige Pracht.

Der Ostflügel, ein kleineres Gommer Haus, wird von Meier Anton Lagger[382], dem Schwiegervater des Obersten Peter von Riedmatten († 1644), durch Erbschaft an die Familie Riedmatten gelangt sein[383]. 1677/78 fügte der Sohn des Obersten, der spätere Landeshauptmann Peter (Abb. S. 10)[384], den heutigen Mitteltrakt in Gestalt eines behäbigen, stattlichen Gommer Hauses mit gestuftem Mauersockel, aber von auffallend geringer Tiefe hinzu. Zugleich stattete er den Raum im «Vorderhaus» des Ostbaus (die alte Gaststube des Meiers Lagger?)[385] reich aus. Der Mitteltrakt enthielt in der Osthälfte des ersten Stockwerks einen durch kurzen Gang von der Gaststube(?) her erreichbaren Saal, der sich für Volksversammlungen[386] eignete. Im zweiten Stock des rückseitigen Mauerteils des Mittelbaus richtete Peter seine Hauskapelle ein, wovon noch ein reiches Kranzgesims im Estrich zeugt. Bannerherr Adrian von Riedmatten († 1719) setzte wohl nicht nur den schönen Ofen in die Stube des Ostflügels, sondern veränderte auch das «Hinterhaus» des alten Laggerhauses(?) durch Einbau einer Kehrstiege[387]. Sein[388] Werk wird ferner der zweigeschossige steinerne Westflügel mit dem Krüppelwalm[389] sein, der bis kurz nach der Mitte des 19. Jahrhunderts[390] in einem *Porträtsaal* (im zweiten Stockwerk)[391] die Bildnisse der Familie barg. Als Übergang zum Mitteltrakt schob man zwei von einem Quergiebel überdachte Mauerachsen ein. So entstand eine U-förmige Anlage mit leisen Anklängen an Barockresidenzen. Im letzten Viertel des 17. Jahrhunderts fanden Umbauten statt[392]. Inzwischen hatte der 1743 kinderlos verstorbene Peter

---

381 Die Ausführungen stützen sich auf St. Noti, Palast.

382 Anton Lagger war 1606 Meier des Goms (W. Wb., S. 144).

383 von Roten, Landeshauptmänner, 1971, S. 14.

384 Auf dem Dielbaum wird er Kanzler des Staates Wallis genannt, was er erst 1677 wurde; auf dem Ofen die Jahreszahl 1678; Öfen wurden häufig ein Jahr nach dem Bau des Hauses erstellt. Die Fassadenwand des Mittelbaus ist an der Übergangsstelle zum Ostflügel arg zusammengestückt. Im Dachstuhl des Mittelbaus sind auch verkohlte Balken verwendet.

385 Der als Gastwirt erwähnte Peter von Riedmatten (PfA Münster, G 44) wird die Gaststube von Anton Lagger übernommen haben (Vermutung von Br. St. Noti).   386 Stebler, S. 20.

387 Ähnlich wie er dies im Kaplaneihaus veranlaßte (vgl. S. 134, Nr. 55) (Vermutung von Br. St. Noti).

388 Nach Br. St. Noti wäre ein so großzügiger Ausbau aus historischen Gründen später sehr unwahrscheinlich. Zudem signierte 1718 bei einem Akt im Hause des Bannerherrn ein italienischer Maurermeister Christiano Wedova als Zeuge (PfA Münster, D 130).

389 Der Krüppelwalm setzte sich erst um die Mitte des 18. Jahrhunderts dank dem Einfluß der Reckinger Kirche bei den Kultbauten völlig durch, war aber bereits bei der Ernerwaldkapelle (Ende 17. Jh.) aufgetreten.

390 S. Furrer sprach 1852 noch vom vorhandenen Saal (Furrer, II, S. 55). Zur Zeit der Reise von E. Wick, 1864–1867, war die Porträtsammlung bereits in Sitten (Furrer-Wick, S. 54A). Der in Sitten wohnhafte Staatsrat Anton von Riedmatten, Enkel des Oberst Peter Hyazinth, soll in einem Fuhrwerk die alten Familienbildnisse und Säcke voll alter Schriften in die Hauptstadt geführt haben. (Freundl. Auskunft von H. A. von Roten.)

391 Das Erdgeschoß diente noch zu Beginn unseres Jahrhunderts als Pferdestall.

392 1968 fand Dr. H. Wirthner über der Winterküche Rokokotäfer (S. 118).

Anton den ländlichen «Palast» an Peter Valentin aus der jüngeren Linie von Riedmatten vermacht[393]. Der Niedergang war aber nicht mehr aufzuhalten. Um die Mitte des 19. Jahrhunderts verkauften die Kinder des Hyazinth von Riedmatten den Stammsitz an Baptist Guntern, der ihn zum Gasthof «Zum Kreuz» umbaute[394]. Nach 1905 setzte Eduard Seiler, an den der Gasthof später überging, dem Westflügel ein weiteres Stockwerk auf.

Bilddokumente. Ansicht von Süden. 1864–1867. FURRER-WICK, S. 54 A.

Ostflügel. Die Stube besitzt eine prachtvolle Kassettendecke von 1677/78, die durch zwei Balken in drei Zonen gegliedert ist. Die Kassette im Zentrum umfaßt eine Achteckkassette, in deren Mitte ein schuppenumkränztes Medaillon[395] mit Riedmatten-Wappen appliziert ist.

Ofen. Eingeschossig. Mit Kehle und Rundstäben gegliedertes Sims. An der Stirn, zwischen Zierspiegeln, in großem Rechteckfeld Wappen mit den heraldischen Zeichen von Riedmatten und von Stockalper[396] über der Jahreszahl 1709. – *Türe.* Die zurückhaltend dekorierte, aber wertvolle Nußbaumtür samt Architekturrahmen aus der Zeit des Meiers Lagger blieb an ihrem vermutlichen Standort zwischen Stube und Kammer erhalten. In den zwei Rechteckfüllungen sind je eine Gitterraute und lilienförmige Ornamente in den Zwickeln eingelegt. Oben an der Tür: «M[eier]A[nton]L[agger]. 1620».

Mitteltrakt. Der für eine Wohnung ungewöhnliche Grundriß des Mitteltrakts deutet darauf hin, daß dieser als Ergänzung zum älteren Ostflügel gedacht war. Ein mittlerer Längsgang(!) trennte[397] den genannten Saal, der die ganze Haustiefe ausmaß, von zwei hintereinander gereihten Zimmern im Westen. Auf dem Dielbaum des Saals (heute als Fries an die Wand geheftet): «HOC.OPUS.CONSTRUXIT.P̄NOB.D̃NS.P. DE.RIED.MATTEN.BAND.GOM.COLL.INFRA MORGIAM ET.REIA.VALL.CANCELL.»[398]. Inschriftfragment auf dem Dielbaum des mittleren Zimmers: «..SALVTIS 167...».

Ofen (im Saal). Zweigeschossig. Wohl verkürzt. Mit Rundstäben und Kehle reichprofiliertes Sims. An der Stirn, in versenktem Relief, kreuzförmiges, an den Enden eingerolltes Inschriftfeld mit den Wappenzeichen Riedmatten und Michlig-Supersaxo. Über den Wappen die Initialen «N[obilis] P[etrus]V[on]R[iedmatten] N[obilis]M[aria]I[acobea]M[ichlig]S[upersaxo]», darunter die Jahreszahl 1678. – 2. (im mittleren Zimmer). Zweigeschossig. Schweres abgetrepptes Sims mit Kehle. An der Wange: «E[duard].S[eiler]/E[uphrosina].G[untern]/1895». – Im Saal zwei *Barocktüren* mit Beschlägen und teilweise geohrten Füllungen; die eine steht in einem Architekturrahmen mit ionischen Pilastern und vorkragendem Gebälk.

Abgewanderte Kunstgegenstände. Geschnitzte Füllungen (im Besitz von Dr. Hermann Wirthner, Münster). 1.–2. Fragmente einer Truhe oder eines Schrankes. Nußbaum. H. 52,2 cm, B. 64,5 cm. Ende 17. Jh.

---

393 Das Vermächtnis umfaßte ferner die Bibliothek und das Patronatsrecht über die Michaelspfründe, das aber nach einem Prozeß an die Vertreter der älteren Linie von Riedmatten in St-Gingolph überging.

394 1852 scheint Joh. Baptist Guntern schon «Gastgeber im Goldenkreuz» gewesen zu sein (GATTLEN, Porträtverzeichnis, S. 244). FURRER-WICK, S. 54 A. Der endgültige Verkauf erfolgte indessen erst 1894. (Freundl. Hinweis von H.A. von Roten.)

395 Formale Anklänge an das Bekrönungsmedaillon des Hochaltars (1683) der Antoniuskapelle auf dem Biel.

396 Es handelt sich um den Bannerherrn Adrian von Riedmatten († 1719) und seine Gattin Maria Josefa von Stockalper († 1719) (PfA Münster, D91).

397 Heute ist der Gang zum Saal geschlagen.

398 «Dies Werk hat erbaut der sehr vornehme Herr Peter von Riedmatten, Bannerherr des Goms, Oberst unterhalb der Morse und Kanzler der Republik Wallis.»

Ein geschuppter Blattstiel rahmt eine große Akanthusrosette und, in den obern Zwickeln, einen Cherub unter Wolken. – 3. Nußbaum. H. 45,5 cm, B. 19,5 cm. Akanthusgerahmtes Medaillon mit Wappenzeichen der Familie Schmid, darüber Schriftband mit den Initialen «I. S[chmid]» zwischen den Ziffern 1716. – *Schnitzrahmen mit Heiligenbildnis* (im Besitz von Dr. H. Wirthner) (Abb. 102). Linde. H. 37,7 cm, B. 31,2 cm. Anfang 18. Jh. Der breite Schnitzrahmen ist einem rundum geflammten Lärchenbrett aufgesetzt. In dichtem Akanthusschlingwerk kletternde Putten. Im ovalen Bildfeld Ölgemälde auf Leinwand: Brustbildnis eines hl. Ritters (Valentin?). Wertvolle Schnitzarbeit. – *Porträte.* Im Besitz von Dr. Hildebrand von Roten, Sitten: 1. H. 51 cm, B. 46,5 cm. Öl auf Leinwand, auf Holz aufgezogen. Stark überholt. 16. Jh.? Adrian I. von Riedmatten. Brustbildnis in Linksprofil. Links oben Medaillon mit Riedmatten-Wappen (grünes Kleeblatt) unter Schwert, Mitra und Pedum. – 2. H. 51 cm, B. 39 cm. Öl auf Leinwand, auf Karton aufgezogen. 17. Jh. Restauriert. Adrian V. von Riedmatten. Brustbildnis in halbem Rechtsprofil. – Im Besitz von Dr. H. Wirthner: 3. H. 41,7 cm, B. 34 cm. Öl auf Leinwand. Auf der Rückseite: «Herr Joh. Bapt. Guntern/Praesident u. Gastgeber/ zu Münster./Geb. 1806 und gemalt/ 1852/ durch L. J. Ritz.». Brustbild vor Laubwerk. – 4. H. 42,2 cm, B. 34,3 cm. Öl auf Leinwand. Auf der Rückseite: «Frau Maria Josepha/ Guntren geb. Kaempfen/ von Münster. geboren zu Goschenen/ im Jahr 1816/ und gemalt 1852 durch/ L. Justinen(?) Ritz.». Brustbild der Frau in Walliser Tracht vor Laubwerk. – Zu zwei wohl aus diesem Haus stammenden Porträten des Malers L. NIEDERBERGER von Unbekannten siehe S. 140. – *Zinn. Zierkannen.* 1. (im Besitz von Dr. Hildebrand von Roten, Sitten). H. 36 cm. Am Henkel Gießermarke von I. S., Leuk. 18. Jh. (BOSSARD, Nr. 784). Am Hals eingraviert gespaltenes Wappen von Riedmatten–Stockalper mit Vollwappenzier (Frau auf Helm). Runder Fuß mit hohem Schaft. Gedrückter Bauch. Zweizoniger hoher Hals. Kette. – 2. (im Besitz von Frau Marianne von Sury-von Roten, Solothurn). H. 35 cm. Am Henkel Qualitätszeichen und Gießermarke des ANTONIUS STOR, 1. Hälfte 18. Jh. (BOSSARD, Nr. 781). Form wie Nr. 1, jedoch mit Kehle am Bauch. Am Hals eingraviert Allianzvollwappen, links von Landeshauptmann Peter von Riedmatten (1638–1707), rechts von seiner Gattin Anna Maria Catharina Schmid von Reckingen, über der Jahreszahl 1706. – *Aufsatzschrank* (im Besitz von Luise von Riedmatten, Haus Nr. 28) (Abb. 111). Nußbaum. Ende 18. Jh. Rechteckige Kredenz. In den Spiegeln des geschweiften Aufsatzes in Einlegearbeit kleine Medaillons, links mit Riedmatten-Kleeblatt unter drei Sternen, rechts mit Wappen de Bons (vgl. Anm. 236).

47. *Burgerhaus.* Koord. 430/320. Erbaut 1640 (Jahreszahl am Giebel). ⌐—⌐. Ka in Mauer. 1¹/₂. 1908/09 umgebaut nach den Plänen von Architekt S. DUFOUR, Sitten[399]. «Loibe»-Geschoß durch Einschieben von einigen Ringen aufgestockt. Bis in die jüngste Zeit diente der Vorderraum des Kammeroder Saalgeschosses als Gemeindesaal. Als Schulhaus benützt. «Vorschutz» auf Konsolen mit Roßköpfen und leeren Wappen zwischen schrägen Doppelstäben. Doppelkielbögen am Fußbalken. Das Haus steht vielleicht an der Stelle des 1616 erwähnten «Palatium publicum»[400]. Die 1656 renovierten bzw. neu gebauten Öfen[401], ein großer und ein kleiner, wurden 1908 ersetzt (vgl. Haus Nr. 41). Den «schönen schüld», den Oberst Peter von Riedmatten in seinem Testament 1641 «in pfenster» verehrte[402], dürfte man schon vorher entfernt haben.

48. Koord. 185/220. Kat.-Nr. 123. Adolf Jerjen; Peter Lagger. Erbaut 1640. ⌐—⌐. 2. H (mit verbundenem Stubji). «Vorschutz» auf Konsolen mit Roßköpfen, vermauert. *Inschrift:* «T[Hände] [Kreuz mit kreuzförmigen Balken] IHS MARIA [Spruch wie in Haus Nr. 33] / HOC OPVS FIERI FECEVT HŌESTI VIRI PETRVS ET OSWALDVS IERGEN FRATRES SVB ANNO DŪI 1640 PRIMA IANVARY». *Öfen.* 1. Großer Würfel auf Holzrahmen. Am Sims breiter Stab und Fase. An der Stirn in Wappen: «[Monogramme von Jesus und Maria]/ 1662/ ITMA/ [Hauszeichen (Winkel)?]». – 2. Zweigeschossig. Im Wappen an der Stirn: «D.I.I/ 1692».

49. *Haus des Meiers Melchior Jergen.* Koord. 270/285. Kat.-Nr. 45. Sophie Thenen; Josef Pfefferle; Werner C. Kleiner. 1665 erbaute der Vater des Meiers unter dem Straßenknie, wo der von «Uberbach» heraufsteigende Weg die Höhe des Dorfkerns erreichte und nach Osten abbog, ein großes charaktervolles Gommer Haus. Adrian

---

399 PfA Münster, Tageb. der H. H. Pfarrer, o. Nr.   400 PfA Münster, G 49.
401 PfA Münster, G 14.   402 StAS, A Armand de Riedmatten, Cart. 111, fasc. 7, Nr. 1.

Abb. 103 und 104. Münster. Haus des Peter Imsand, 1669/70. Renovation des Kellergeschosses 1970.
Restaurierung des Holzwerks 1974/75. Text S.132. – Rückseitige Front des Hauses von Meier Melchior
Jergen, 1665. – Text S. 131.

Jergen sprengte die übliche Größenordnung[403] und dürfte damit Peter Imsand zu
einem noch größeren Bau herausgefordert haben (S. 132/33).

Auf einfachem Mauersockel ruht das zwei Wohnstockwerke und ein «Loibe»-
Geschoß umfassende Holzwerk, an der Fassade auf Konsolen mit Roßköpfen vorgezogen. Die mit der Blockwand verbundenen Kellertüren an der Fassade sind eng
zusammengerückt. Neben kräftigen Würfelfriesen zierten noch Kielbogenfluchten
über den Fenstern die Wand; diese sind allerdings außer bei der originalen Fensterzone des Estrichs kaum mehr zu erkennen. Eigentümlich ist das bis zum Estrich aufsteigende Mittelgwätt, das die Eignung des Hauses für Doppelwohnungen erkennen
läßt. Die rückseitigen Balkone des obern Wohnstockwerks und des «Loibe»-Ge-
schosses besitzen noch das originale Rahmengestänge. Das erste Stockwerk wird als
Doppelwohnung mit den Grundrissen C und G (Separationen aus «Stutzwänden»)
verwendet. Nur das zweite weist den anspruchsvolleren Grundriß H (mit verbundenem Stubji) auf. Unmittelbar an der Rückwand ist in der Mitte das Treppenhaus
ausgespart, in dem eine hölzerne Wendeltreppe in halbem Zylindergehäuse um
einen runden Holzpfeiler hochgeht. Im «Loibe»-Geschoß ist die stattliche Mauer-
kaminhaube erhalten geblieben. Reiche *Inschriften* an den Dielbäumen und entsprechende Wappen an den Öfen zeugen vom Selbstbewußtsein der aufstrebenden
Familie[404]. 1. Stockwerk: «HOC OPVS FIERI FECIT HŌN DĪSC VIR ADRIANVS IERGIEN ET
R FERENA A RIEDMATEN EIVS CŌIV͠X/ SVB ANNO 1665». 2. Stockwerk: «HOC.OPVS.FIERI.
FECIT.HŌN.ADRIANVS.IERGEN.ET.VERENA.A RIEDMATTEN.A͠N. 1665». Im Stubji des
«Loibe»-Geschosses: «HOC OPVS RENOVATVM.EST.PER.H.ADRIANVM»[405].

---

403 Die Häuser des 16./17. Jahrhunderts im Pedelviertel waren ausnahmslos kleine Bauten.
404 Oswald Jergen war 1616 und 1622 Meier des Goms, Melchior 1686, 1700, 1712, 1718 und 1720.
405 Die rätselhafte Inschrift scheint aus der Entstehungszeit des Hauses zu stammen.

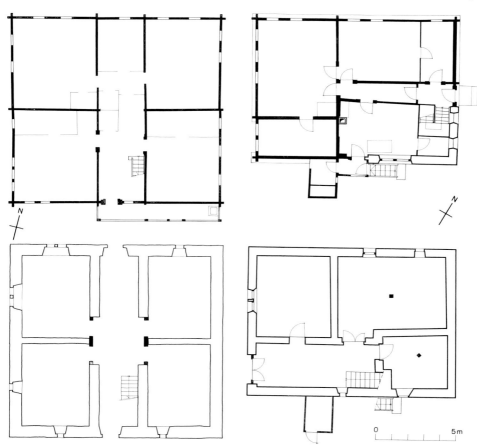

Abb. 105–108. Münster. Grundrisse von Häusern. Kellergeschoß (links unten) und zweites Wohnstockwerk (links oben) im Haus des Peter Imsand, 1669/70. Text S. 132. – Kellergeschoß (rechts
unten) und erstes Wohnstockwerk im Haus der Frau von Meier Johann Imsand, 1765. – Text S. 135.

Das größtenteils noch intakt erhaltene Haus birgt nicht nur großzügige Wohnräume und einen kolossalen Mauerkamin in der Hausmitte; einmalig im Goms sind
die hölzerne Wendeltreppe und die rückseitige Balkonanlage aus dem 17. Jahrhundert (Abb. 104).

Öfen. 1. Stattlicher Würfel mit gefaster Simsplatte. An der Stirn in Wappen: «1668/A[drianus]
I[ergen] F[erena]D[e]R[iedmatten]/IP.W». – Die übrigen Öfen sind zweigeschossig, mit Kehlsims. –
2. An der Stirn in Wappen: «1669/ AI/ F/ T(als Wappenzeichen der Jergen)[Wappenzeichen von
Riedmatten]D R». – 3. An der Stirn Jergen-Wappen mit je einem Riedmatten-Kleeblatt unter den
T-Balken-Hälften, an der Wange Wappen mit der Jahreszahl 1682 und Riedmatten-Wappen mit den
Initialen «V[erena]V[on]R[iedmatten]». Prachtvolles Exemplar. – 4. An der Wange links Wappen
Mehlbaum, gerahmt von den Initialen «A[nna]M[aria]M[ehlbaum]»[406] über der Jahreszahl 1702,
rechts geviertes Wappen Jergen–von Riedmatten. – *Truhe* (im Pfarrhaus). Nußbaum. L. 148 cm,

---

406 PfA Münster, D90. Zum Jahre 1704.

B. 52 cm, H. 68,5 cm. Herstammend von Johannes von Riedmatten aus der älteren Linie und seiner Gattin Margareta Schmideyden (vgl. Riedmatten-Stadel, S. 123). 2. Hälfte 17. Jh. 1971 von Frl. Sophie Thenen, Münster, für ein Jahrzeit der Pfarrei verehrt. Zwei große profilgerahmte Felder mit appliziertem Wappen, links Riedmatten, rechts Schmideyden. Punzierte Rahmenleisten.

50. *Haus des Peter Imsand* (Abb. 103). Koord. 175/170. Kat.-Nr. 43–44. Anton Nessier. 1669/70 baute der reiche Gastwirt[407] Peter Imsand († 1681) dieses mächtigste Haus des Dorfes an der Straße, die durchs «Unnerdorf» hinauf zur Margaretenkapelle führte, und setzte dadurch auch im Dorfviertel «Uberbach» einen Akzent.

Das zwei Stockwerke und ein «Loibe»-Geschoß umfassende Holzwerk wirkt auf dem einfachen Sockel breit wie ein Würfel, weshalb der «Vorschutz» auf Konsolen zum Randdekor wird. Der «Vorschutz» betont zudem nicht nur die Stirnfassade, sondern ebenso die linke Traufseite, die eigentlich als Schauseite gestaltet ist. Hier ließ Imsand in der Quergangachse des Hauses den Mauersockel etwas absetzen und bis dicht unters Holzwerk hochführen, um das giltsteinerne Rundbogenportal hervorzuheben. Wie Meier Paul Imoberdorf rund hundert Jahre zuvor (S. 123) setzte er ein giltsteinernes *Hausschild* mit seinem Wappen, den Initialen «P IS» und der Jahreszahl 1670 rechts vom Portalgewände in die Mauer[408]. Die gleiche Jahreszahl steht auch am Giebel, wo bis in unsere Zeit eine kleine primitive Kreuzigungsgruppe hing[409]. In den Friesen und sogar im Mittelgwätt an der Fassade gleicht das Haus demjenigen des Meiers Jergen (Nr. 49)[410]. Das Haus überrascht auch im Innern durch Großzügigkeit, die sich in weiten Räumen und im Hang zu einheitlicher Symmetrie kundtut (Abb. 105 und 106). Der zugleich als Treppenhaus dienende Quergang zieht sich außer im ersten Wohngeschoß, wo er zu den Räumen des Hinterhauses geschlagen ist, als Schacht vom Keller bis zum Giebel. Im «Loibe»-Geschoß sind Vorder- und Hinterhaus in je vier Räume, im Estrich in je zwei gegliedert. *Inschriften.* 1. Stockwerk. Stube: «[Medaillon mit Jesusmonogramm]IM.IAR.NACH. DER.GEBVRDT.CHRISTI. 1.6.6.9. HAT. DISES. HVS. LASEN. MACHĒ. BETER. IMSANDT.V̄N. SEIN. HVS-FROVW. MARIA.KARLEN/[MARIA.IOSEPH]/ VNDT. SEINE. KINDER.GOT.ALE. IN. DEIE.EHR.». 1. Stockwerk. Kammer und östliche Stube: «WONE.ALSO.IN.DISEM. HVS. DENCK. DV.SEIST. DER. ERST. DERVS [Rosette]LVOG.ZVR.BLONVG. VM.DEWIGE. WONIG 1666»[411]. 2. Stockwerk. Stube: «[Imsand-Wappen]IESVS. MARIA. IOSEPH. DISES.HVS. STADT. IN. GOTES.HAND. PETRVS. IM.SANDT. IST. DER. BVW. HER.GENANT. 1669». 2. Stockwerk. Kammer und östliche Stube: «SOLII.DEO.GLORIA. 1.6.6.9.».

Kein anderes Gommer Haus zeigte so ausgeprägt den Quergang. Der Bauherr übernahm das Motiv des als Vestibül zu den Treppen führenden Quergangs im

---

407 Freundl. Hinweis von Br. St. Noti. Wo Goethe am 11. November 1779, abends 6 Uhr, seinen Reisebericht niederschrieb, d. h. in welcher Gaststätte er die Nacht zubrachte, ehe er am darauffolgenden Tag bei Schneefall und Nebel seine zweite Schweizer Reise auf die Furka fortsetzte, läßt sich nicht mehr ermitteln (vgl. Hotel «Croix d'Or et Poste», Nr. 46, sowie die Häuser Nr. 33 und 34).

408 Als Pendant brachte Anton Nessier 1970 bei der Renovation des Kellergeschosses ein ähnliches Schild mit Initialen und Datum links vom Portal an.

409 Davon blieb nur die Johannesstatuette erhalten (heute im Besitz von Dr. H. Wirthner, Münster). Nach der Überlieferung wurde die Gruppe am Haus angebracht, um – wie es heißt – mit Erfolg den Spuk eines allnächtlich durch den Kellergang jagenden Reiters zu bannen.

410 Nach der Überlieferung soll der gleiche Zimmermann beide Häuser aufgeschlagen haben.

411 Die letzte Ziffer kann verkehrt hingesetzt sein. Da die Inschrift jedoch ganz andere Lettern als die übrigen verwendet, kann der Dielbaum früher in Auftrag gegeben oder Spolie sein.

Erdgeschoß von den namhaften Erner Häusern der Jahrzehnte um 1600, vorab vom Jost-Sigristen-Haus (1601), beeinflußte aber dann seinerseits mit seinem Bau nachhaltig das Erner Haus im letzten Viertel des 17. Jahrhunderts. Nach dem wenig rücksichtsvollen Umbau 1970 im vorderen Kellergeschoß ist das Haus 1974 stilgemäß restauriert worden. Es verfügt zusammen mit Haus Nr. 27 noch über *die größten originalen Fensterzonen* im Goms.

Öfen. 1. Zweigeschossig, mit Kehlsims. An der Wange Imsand-Wappen mit der Jahreszahl 1671. – 2. Zweigeschossig, mit Kehlsims des 19. Jh. An der Stirn in Lorbeerzweigen Imsand-Wappen mit den Initialen «I A I[m]S[and]» und der Jahreszahl 1841. – 3. Schwerer niedriger Würfelofen[412].
Truhen. 1. (im Besitz von Dr. H. Wirthner, Münster). Tanne. Zweiachsig, mit Zwischen- und Randfeldern. Eingelegt: «MELCHER IM-OB-DORF/16 50». Im Zwischenfeld Hauszeichen. – 2. (im Besitz von Frl. Elsa Carlen, Reckingen). Tanne. Zweiachsig. In den Feldern eingelegt mit Nußbaum Raute, verschlungen mit dem Rahmen, darin links «PETER/IM.SAND/16», rechts «MARIA/CARLEN/57». Renoviert nach Beschädigung durch die Lawine 1970. – *Hinterglasgemälde* (im Besitz von Anton Nessier, Münster). Brustbildnis der Schmerzensmutter, beschriftet: «S. Maria».

51. Koord. 185/315. Kat.-Nr. 23. Ernst Zehner. Erbaut Mitte 17. Jh. ⌐—⌐. 2½. G und F (mit Separationen aus «Stutzwänden»). Als Friese große Würfel und schmale rechteckige Würfel.

52. Koord. 355/355. Kat.-Nr. 12. Raphael Imoberdorf; Franz von Riedmatten. Erbaut 1674. 1766 (Jahreszahl am Giebel) renoviert und am Giebel verändert. ⌐—⌐. 1½. F. *Inschriften.* 1. Stockwerk: «I W 1674 VC». 2. Stockwerk: «1.7.6.6. C.W.».

53. Koord. 140/160. Kat.-Nr. 105. Eduard Werlen; Karl Kraft. Erbaut Mitte 17. Jh. 1760 rechts um eine Achse erweitert. Um 1925 etwas aufgestockt. Im rechten vorderen Keller des alten Hauses soll sich ehemals eine Metzgerei befunden haben. ⌐—⌐. 1½. Doppelhaus A und F. *Inschriften.* Nördliche Wohnung: «IOANNES CASPARUS WERLEN ET ANNA MARIA IMAHORN ANNO DOMINI 1.7.6.0 24 IAN». Im Stubji: «I. C. W. 1.7.6.0. [Drei waagrecht aufgereihte Punkte unter Winkel. Hauszeichen]». Zum Teil noch Täfer des 17. Jh. *Ofen* (nördliche Wohnung). Eingeschossig, mit Kehlsims. An der Wange in Wappen: «I W/ 1681». – *Standuhr.* 1910–1920. Am Zifferblatt: «J^b Burkhart Horloger à Brigue».

54. *Riedmattenhaus der jüngeren Linie unter der Kirche*[413]. Koord. 350/255. Kat.-Nr. 58. Pfarrer Valentin Bacher; Raphael Bacher. Das wohlproportionierte, stattliche Gommer Haus unter dem Pfarrhaus ist der Stammsitz der jüngeren Riedmattenlinie «unter der Kirche». Nach einem Brand 1687[414] erstand es 1699 neu (Jahreszahl am Giebel). ⌐—⌐. 2½. G und F. Ehemals «Vorschutz» auf Konsolen. Kielbögen am Fußbalken. Originale Fensteröffnungen im Giebel. Reiche Pfeilschwanzfriese unter Wolfszahn. Das obere Stockwerk ist noch fast unberührt erhalten. Konsölchenzahnschnitt säumt den Dielbaum und die Decke. *Inschriften.* 1. Stockwerk: «[Spruch wie in Haus Nr. 33] A° 1699 DIE ... [verkleidet] IGITVR IN EIVSDEM DEI.T.O.M. GLORIAM B[?] GENITRICIS MARIAE VENERATIONEM DIVIQVE ANTONI PADV.. [verkleidet]/ DOMVM HANC AEDIFICAVERVNT PETRVS HILDEPRANDVS ET IOSEPHVS DE RIEDMATTEN.FRATRES. CVM.AVXILYS ANNAE WERLEN EORVM MATRIS ET MARIAE C.... [verkleidet]»[415]. 2. Stockwerk: «ILL^RES ET ADM^R D.D.JOANNES JACOBVS PAROCHVS MONASTERY JOANNES STEPHANVS CANONICVS SEDVNENSIS ET PETRVS/ HILDEBRANDVS JOSEPHVS ANNA MARIA ET

---

412 Dekor? Der Ofen ist zurzeit nicht an allen Fronten zugänglich.

413 H. A. VON ROTEN vermutet, an dieser Stelle habe das nach 1390 erbaute Haus des Simon Murmann ab Wyler, des Hauptmanns bei der Schlacht in Visp 1388, gestanden (VON ROTEN, Landeshauptmänner, 1946, S. 23). 414 VON ROTEN, Chronik, 1950, S. 23, und 1952, S. 49.

415 «Anno 1699 am Tage ... Es haben also zur Ehre des ... Gottes, zur Verehrung der seligen Gottesgebärerin Maria und des hl. Antonius von Padua dieses Haus gebaut die Brüder Peter, Hildebrand und Joseph von Riedmatten mit Hilfe ihrer Mutter Anna Werlen und der Maria Cäcilia ...»

CECILIA LIBERI EXIMY QVOND: D.JOANNES DE RIEDMATTEN MAIORIS GOMESIAE[416] [zwi-
schen den Zeilen die Jahreszahl 1699]».

Öfen. 1. Zweigeschossig, mit schwerem Karniessims. 1863 umgebaut. An der Wange in zwei blüten-
umkränzten Wappen «L[udwig] B[acher]/ V[alentin] B[acher]», darunter die Jahreszahl 1863. –
2. Rund. Dm. 91 cm, H. 134 cm. Zweigeschossig, mit flacher Kehle am schweren Sims. An der Stirn
zwischen den Ziffern 17 und 09 gespaltenes Wappen Mehlbaum–Riedmatten[417]. – 3. Zweigeschossig,
mit Kehlsims und Eckfase. 19. Jh. An der Stirn in Lorbeerkranz Wappenzeichengeviert Werlen–
Weger(?) mit den Initialen «A. W[erlen]» und «K. B». – *Kommode,* schwarz gestrichen. 1. Hälfte
19. Jh. Geschweifte Beine. Zwei gerade Schubladen. – *Standuhren.* 1. Von Kaplan Franz Lagger
(† 1936). Am Zifferblatt: «F[ranciscus]L[agger]P[arochus]». – 2. Mit gebauchtem Mittelstück.
Am Zifferblatt: «R[everendus].D[ominus].Antonius/ Bacher Monasteriensis» († 1887). *Abgewanderte
Kunstgegenstände und Möbelstücke. Hausorgel.* Verkauft an Prof. Leo Kathriner, Freiburg. Verschollen. –
Wandbüfett (Hotel «Glacier du Rhône», Gletsch). Kirschbaum und Nußbaum. An der Kredenz zwischen
Schuppenpilastern zwei Türen mit großen geohrten Füllungen voll schwerem Akanthusschnitzwerk.
Geschnitzte Füllungen an der Rückwand der Kredenznische. Am Aufsatz scheiden vorgebauchte, pal-
mettenbeschlagene Pilaster die drei Türachsen; in den geohrten Füllungen links in einem Wappen die
Initialen «C[astellanus]I[ohannes]S[chmid]H[alter]»[418] über dem Wappenzeichen Schmidthalter,
in der Mitte, unter Maskaron, die Jahreszahl 1700, rechts «A[nna]M[aria]D[e]R[iedmatten]» über
den Wappenzeichen der Riedmatten. Wertvolles Möbelstück.

55. *Kaplaneihaus*[419]. Koord. 355/310. Erbaut 1715. ⌐—⌐¹. 2. E und G. «Vorschutz»
auf Konsolen, geziert mit Roßköpfen, geschnitzten vegetabilen Motiven (Akanthus,
Granatapfel) und den Ziffern des Baudatums. Mit den rundgiebelig angeordneten,
blütenbekrönten Spiralranken am Fußbalken und den Pfeilschwanzfriesen unter
Wolfszahn muß die Fassade einst reich gewirkt haben. In der rechten Ecke des
Hinterhauses geräumige Kehrtreppenanlage (vgl. S. 127). In der Stube Täfer,
2. Hälfte 18. Jh. (1789?)[420]. *Inschriften.* 1. Stockwerk: «[In ovaler Kartusche in Akan-
thuskranz] IESVS.MAR/IA.ET.IOSEP EX MVN̄IFIA 4.LAVD.QVATERÑVM.PAROCHIAE MŌNRINS
ET POTENTIBVS AVSPICYS PRAEN̄BLIS DÑI/ADRIANI DE RIEDMATTEN BANDERETI.AEDILIS.
HAEC.DOMVS:ERECTA ET RESTITVTA EST AŌ 1715 12 AVGVST/[421] HIC LAVDEM DEVS.HIC.
TIBI.QVAERIS VIVE SALVTEM HIC DEFVNCTVS OPEM: TV CAPE,QVISQVE MANES»[422]. 2. Stock-
werk: «HOSPITIS ADVENTV LAETOR SICO͠MODA PRAESTO HOSPITIS AT MVNVS EST DOMINI

416 «Die erlauchten und wohl hochwürdigen Herren Johann Jakob, Pfarrer von Münster, Johann
Stephan, Chorherr von Sitten, und Peter, Hildebrand, Joseph, Anna Maria und Cäcilia, Kinder eines
vortrefflichen Herrn Johann von Riedmatten, Meier von Goms.»

417 Kastlan Peter von Riedmatten, Bruder des Chronisten, Pfarrers Johann Jakob, heiratete am
11. September 1701 in zweiter Ehe Cäcilia Melbaum von Brig (VON ROTEN, Chronik, 1951, S. 34;
freundl. Hinweis von Br. St. Noti).

418 Anna Maria von Riedmatten, Schwester des Chronisten, Pfarrers Johann Jakob, heiratete am
19. Oktober 1694 den Kastlan Johann Schmidthalter (VON ROTEN, Chronik, 1950, S. 26; freundl.
Hinweis von Br. St. Noti). Vgl. ferner W. Wb., S. 236 und Tf. 9.

419 Identisch mit dem Haus der Katharinenpfründe. (Freundl. Hinweis von Br. St. Noti.)

420 PfA Münster, D67. Weitere Reparaturen: 1856 (G50); 1879 (D86); 1888 (Tageb. der H. H.
Pfarrer, o. Nr.).

421 «Aus den Gaben der vier löblichen Viertel der Pfarrei Münster und der mächtigen Hilfe des
sehr edlen Herrn Bannerherrn Adrian von Riedmatten als Bauleiters ist dieses Haus aufgebaut und
wiederhergestellt worden im Jahre 1715 am 12. August ...» – Das alte baufällige Haus war abgerissen
worden (PfA Münster, D73; VON ROTEN, Chronik, 1954, S. 41).

422 Distichon. Freie Übersetzung: «Hier holst du dir Lobpreisung, o Gott. Hier, Mensch, ge-
winnst du dir zu Lebzeiten dein Heil, hier im Tode noch Hilfe. Fasse es, der du hier Wohnung nimmst!»
(Übersetzung von H. H. Franz Halter, Brig.)

Abb. 109 und 110. Münster. Geschnitztes Allianzwappenmedaillon von Riedmatten–Imahorn am Dielbaum des Hauses der Familie von Riedmatten «im Feld». Text S. 122. – Giltsteinernes Schild am Haus des Meiers Paul Imoberdorf. – Text S. 123.

SI PROMTA VOLVNTAS/HAERVS SI TANTVM NON MINVS APTVS ERIT HIC TACITE SI QVAE SVNT PATIENDA FERET»[423].

Ofen. Eingeschossig, mit außerordentlich reich getrepptem Karniessims. An der Stirn Wappen der Pfarrei mit Wappenzier aus Akanthus. Darüber Inschriftband: «17 PAROCH: MONASTES 96 [5?]». An der Wange in kreuzförmiger «Füllung» Blumenvase und Ornamente in kräftigem Relief.

56. Koord. 165/150. Kat.-Nr. 39. Josef Lagger; Otto Weger. Erbaut 1765. ⌐—⌐ (mit Ka). 2¹/₂. F (mit zusätzlichen Räumen beidseits des Treppenhauses innen an der Rückwand). Paar versenkter Rundstäbe als Friese. An der Stirnfassade des Kellergeschosses[424] gekuppelte Stichbogenfenster bei der Kammer und große Tür zum Kellerflur nahe der rechten Traufwand. Die großzügige Einteilung (Abb. 107 und 108) des sorgfältig gemauerten Kellergeschosses und das eingebaute Kehrtreppenhaus deuten auf ein bescheidenes herrschaftliches Haus. *Inschriften.* 1. Stockwerk: «[Jesusmonogramm] HOC.OPVS.FIERI.ORDINAVIT.VIR[TVOSA].D[OMI]NA.ANNA.MARIA. TENEN.VXOR.OLIM.CONSVLTI.DNI.IOANNIS.IMSAND.SAEPIVS.MAIORIS/ LAVD^{l.s}.DESE[N]I. GOMESIAE.ANNO. 1.7.6.5. DEN 9.MAI.». 2. Stockwerk: «Was auff die Verwandte.kan wagen.Kunte.Ich Bauwerin.gar.woll.sagen.Ausert.gutten.Patronen.raht.schliissen.

---

423 «Über eines Gastes Ankunft freue ich mich, wenn ich ihm dienlich sein kann. Dies aber ist Geschenk des Herrn. Bei gutem Willen und Bemühen wird der Hausherr, wenn er nur ein wenig Charakter zeigt, etwaiges Ungemach schweigend hinnehmen.» (Übersetzung von H. H. Franz Halter, Brig.)

424 Ähnliche Einteilung des Kellergeschosses wie das Taffiner-Haus in Reckingen (1665) vor seiner Erweiterung.

Hatte.hier.ein.altes.erfaullen Müssen/Darumb.Vertrauwe.dich.auff.alles.nicht.Dan. der.eygen.nutz.heüt.alles.Verbricht.». Auf dem Dielbaum des Stubjis: «ICH.FANGEN. AN.ALL.MEIN.ARBEIT.IM NAMEN.DER.HEILIGEN.DREI.FALTIGKEIT». Im Stubji des «Loibe»-Geschosses (Spolie): «PETER.IMSANT. 1647 [Jesusmonogramm] MARIA CARLEN SIN HVSFRAW».

Öfen. 1. Eingeschossig, 17.Jh.(?). Mit Kehlsims. An der Stirn die Jahreszahl 17/68. – 2. Zweigeschossig, mit Kehle und Karnies am Sims. An der Stirn von Akanthusvoluten reichgerahmtes Wappen mit aufwärts gebogenem Balken; an der Wange, über der Jahreszahl 1766, gleiches Wappenfeld mit den Initialen «A M/ T». – *Wandbüfett.* Lärche. Um 1800. Dreiachsig, mit stichbogig vortretendem Schubladenteil.

57. Koord. 135/85. Kat.-Nr. 55. Adolf Imsand; Konrad Werlen. Erbaut 1779 (Jahreszahl am hinteren Giebel). ⌐——⌐. 2¹/₂. F. Fensteröffnungen des «Loibe»-Geschosses an der Fassade original. Paar versenkter Rundstäbe als Friese. Der Bauherr ließ Dielbäume und Öfen reich schmücken. *Inschriften.* 1. Stockwerk: «DISES.HAVS.HABEN.LASEN.BAVWEN.DIE ERSAME.JINGLING.FELEX.IOHANNES.PATTIST.IOSEPH ANTONI.CASPER ANTONI.PETER NATZ.VND/ ELEXIVS IMSAND.VND.MARIA.JOSEPHA.VND ANNA.MARIA.DISER. BRIEDREN.SCHWESTREN.ALS.MAN.ZELD. 1779 [zwischen den Linien Imsand-Wappen]». Stubji: «VND. SOLT.ICH.LEIDEN.NOCH.SO.VIL.SO.WILL.ICH.TROSTHAFT.SEIN./ ANNO 1779/MARIA.JST.DIE.HELFEN.WILL.SIE. IST.DIE.HOFFNVNG.MEIN». 2. Stockwerk: «BEFAR.O.HOCH.H.DREI.FALTIGKEIT.DIS.HAVS.VOR.VNGLICK.IEDER. ZEIT/ IM JAR 1779/ MARIA.AVCH.DIE.IVNGFRAV.REIN.S.IOSSEPH.VOL.DER.SCHUTZ.HER.SEIN.». Stubji: «LAS. DIR.DEIN.SACH.ANGLEGEN.SEIN.TVO.GVTS.NACH.DEINEM.STANT/ ALS.MAN.ZELD. 1779/ SCHREIT.FORT.VND. FORT.ZVM.ZILLE.DEIN.GODT.BIETET.DIER.SEIN.HANT». *Öfen.* 1. Zweigeschossig, mit reichprofiliertem Karniessims. An der Stirn über der Jahreszahl 1780 zwischen Ranken eigentümliche Wappenzeichen: Dreiberg, Kreuz mit Blüten, Adler und Krone. – 2. Eingeschossig, mit getrepptem Karniessims. An der Stirn in reichem Rankenwerk Imsand-Wappen über der Jahreszahl 17+80. – 3. Zweigeschossig, mit reichprofiliertem Kehlsims. An der Stirn in Ranken Wappenzeichen wie Nr. 1, darunter in Spiegeln «A W. M C/ 1780». – 4. Eingeschossiger Stubji-Ofen mit eigentümlich gewellter Simsstirn. Imsand-Wappen in Ranken. – *Standuhren.* 19.Jh. Mit gebauchtem Gehäuse. 1. Auf dem Zifferblatt: «Titze à Sion». – 2. Auf dem Zifferblatt: «Ferdinand Senn à Sion».

58. Koord. 385/310. Kat.-Nr. 3. Josef Rovina. Großes Steinhaus von 1872 (Jahreszahl über der Tür). *Ofen* von 1873 mit den Initialen «L[orenz].R[ovina]/D[ominika].I[m].S[and]». – *Porträte.* 1. (im Besitz von Dr. Anton Nanzer, Termen). H. 49 cm, B. 37,5 cm. Öl auf Leinwand. Auf der Rückseite: «Ma(?) Laurent Rovina, née(?) à Bunancha d'entro 1 ane 1817(?) peint à Münster 1852/ par l. J. Ritz». 1965 von WALTER WILLISCH, Ried-Brig, restauriert. Brustbildnis eines jugendlichen Mannes vor Laubwerk. – 2. (im Besitz von Anton Nessier, Münster). H. 90,5 cm, B. 72,5 cm. Öl auf Leinwand. Von amerikanischem Maler[425]. Halbfigurenbildnis von Pater Joseph Imsand S.J. (1818–1880)[426], sitzend auf rotem Sofa. – *Hausorgel*[427] (im Besitz von Anton Rovina, Brig). 1. Hälfte 19.Jh. Herkunft: Theodor Walpen, Schmidigenhäusern (Binn).

59. Koord. 100/95. Kat.-Nr. 83[428]. Josef Imsand; Josef Lagger. Erbaut 1677 (Jahreszahl am Giebel). Das Haus ist im 19.Jahrhundert von Peter Guntern von Ernen hergebracht worden. ⌐——⌐. 2¹/₂. G und F. «Vorschutz» auf Konsolen mit Roßköpfen. Würfelfriese. An der linken Traufwand noch vollständig erhaltener Herdstock. *Ofen* von 1949 mit den Wappen Imsand und Nessier und den Initialen «R[udolf]I[msand] M[aria]N[essier]».

60. Koord. 225/325. Kat.-Nr. 29. Wwe. Josef Nanzer. Erbaut 1888. ⌐——⌐. 2¹/₂. F. Im Vorderraum des Kellergeschosses Werkstatt des letzten Hufschmieds im Goms, Josef Nanzer († 1961). *Inschrift.* 1. Stockwerk: «18 AUGUSTIN.NANZER.UND.SEINE.GATTIN.STEPHANIA.NESSIER 88». *Ofen.* Zweigeschossig. An der Stirn in Blütenkelch: «A. N ST. N/1889».

61. Koord. 280/365. Kat.-Nr. 62. Kamil Lagger; Josef Rovina. Nach dem Brand des Jahres 1871 von Geschinen (Koord. 165/215) hergebracht; in Geschinen «Meier-Lagger-Haus» genannt. ⌐——⌐. 2¹/₂.

425 Die Gemälderückseite konnte nicht untersucht werden.
426 SCHMID, LAUBER, Verzeichnis, 1902, S. 10.
427 BRUHIN, S. 206, Nr. 42.   428 Abb. HUNZIKER, S. 174, Fig. 194.

F. *Inschriften.* 1. Stockwerk. Auf Deckenbrett: «DISSERS.HVS.HAT.LASSEN.MACHEN/ LORENTZ.WERLLEN. IM.IAR. 1602. DIE. 22. WIÑO». (Die Decke soll von einem Haus in Ulrichen-Zum Loch herkommen.) 2. Stockwerk: «GOT.ALLEIN.GEHERT.DIE.EHR.DAN.ER.IST.MEISTR VNT BAVWHER 1735 IOHANS.IM.MARNEN. VNT.MARGRETA.IM OBERDORF.SEIN.WIB.BEFELEN.GOT.IR.SEL.VNT.LIB.». *Öfen.* 1. Eingeschossiger Ofen des 17. Jh. mit schwerem Kehlsims, in Holzrahmen. An der Stirn zwischen den Ziffern 18 und 84 Lagger-Wappenzeichen. – 2. Eingeschossiger Ofen des 17. Jh. mit Karnies unter der Deckplatte. An der Stirn: «A[nton]L[agger]/K[atharina]IMO[berdorf]/ 1873». An der Wange Lagger-Wappenzeichen.

62. Koord. 265/365. Kat.-Nr. 63. Robert Imoberdorf; Josef Lagger. 1876 an der Stelle eines abgebrannten Hauses aufgebaut. ⌐——⌐. 2¹/₂. F. Links zusätzliche Kammer angefügt. An der rechten Traufwand über der oberen Fensterzone: «JAHR. 1876. GEBRIEDER.J.ANTON.JOHAN.FRANZ.PETER. LAGGER. UND.KATHARINA.GENOVEFA.LAGGER». *Öfen.* 1. Zweigeschossig, mit schwerem Kehlsims. An der Stirn in tulpengerahmtem Medaillon: «I[ohann]I[oseph]L[agger]/ 1877». – 2. Ähnlich wie Nr. 1. An der Stirn: «I[oseph]A[nton]L[agger]/ 1877».

63. Koord. 280/380. Kat.-Nr. 68. Franziska Jost; Gregor Jost. Am Giebel: «Im Jahr 1874 Kristan Sengen(?) und Fizens Jost und Filomena Jost». ⌐——⌐. 2¹/₂. F. Einteilung der Wohngeschosse quer zum First nach Westen orientiert. *Öfen.* 1. Zweigeschossig, mit Kehlsims unter der Deckplatte. An der Stirn in Blütenkranz Jost-Wappen. – 2. Zweigeschossig, mit Kehlsims. An der Stirn: «G[regor]JOST/ 1937».

64. Koord. 250/275. Kat.-Nr. 38. Ludwig Bacher; Albert Guntern. Erbaut 1883. ⌐——⌐. 2¹/₂. F. *Inschrift.* 2. Stockwerk: «JESUS MARIA U.JOSEPH.DISES.HAUS.IST.GEBAUT.WORDEN.DURCH/LOUIS.GUNTERN.U. SEINE.GATIN.ANNA.MARIA.JOST.JM.JAHR. 1883». *Ofen* von 1883/84, erneuert 1945. Abgetreppt. Mit zwei Kehlsimsen. An der Stirn in Rankenwerk: «L[udwig].B[acher].C[ölestine].W[erlen]». An der Wange Jesusmonogramm in Kranz mit Röschen.

65. Koord. 235/300. Kat.-Nr. 28. Otto und Peter Anton Bacher. Erbaut 1883 (am Scheitel des granitenen Portalrahmens). Steinernes Haus. *Ofen.* Zweigeschossig, mit Kehlsims. An der Stirn in Blütenkranz: «P[eter]B[acher]/ R[osa]L[agger]/ 1884». An der Wange Bacher-Wappen. – *Salzburger Loretto-Jesuskind*[429], 19. Jh., ehemals im Hause Nr. 39. – *Stammbaum der Familie Bacher,* erstellt von Adolf Heuberger (vgl. Haus Nr. 40, S. 126).

66. Koord. 185/190. Kat.-Nr. 36. Josef und Ludwig Nessier. Erbaut 1894. ⌐——⌐. 2¹/₂. F. Krüppelwalm. *Inschriften.* 1. Stockwerk: «DISES HAVS HAT GEBAUT LODWIG NESSIER UND CAROLINA WERLEN U. KINDER IOSEPH.MARIA.LUDWIG/ IESUS.MARIA.UND.IOSEPH.BEWAHRE.DIESES.HAUS AN.GOTTES.SEGEN.IST.ALLES.GELEGEN [in der Mitte Nessier-Wappen in eingeritztem Feld]». 2. Stockwerk: «DER.ZIMMER. MEISTER.IOSEPH.PARIS[430].UND.SEINE.GESELLEN.KALESANS.EDUARD.AMBORT.UND.IOSEPH.WIDEN.UND.CESAR. DIEZIG/ DIESES.HAUS.HAT.LASEN.BAUEN.LUDWIG NESSIER.UND.CAROLINA.WERLEN.UND.IRE.KINDER.AM.9.AUGUST.IM.IAHR/ 1894». *Ofen.* Zweigeschossig, mit kräftig profilierter Simsplatte (Kehle und Rundstab). An der Stirn in Wappenfeld: «1773/J V J S/ 1939». – *Hauskruzifix.* H. 64 cm (Korpus 25 cm). Holz. Polychrome Originalfassung. Ende 18. Jh. Vom MEISTER DER NIEDERERNER SEITENALTÄRE. Überlängter, scharf geschnittener Korpus mit zum Teil hart stilisierten Partien. Geschweifter zweikappiger Sockel, mit Medaillons beschnitzt. Gekreuzte Palmen als Balkenende. – An der Rückwand des Hauses hängt ein *spätgotisches Kruzifix* (Abb. 112), das einst in irgendeiner Weise der Pfarrei oder der Burgerschaft gedient haben muß. H. (Korpus) 90 cm. Holz, beige übermalt. Lendentuch vergoldet. Anfang 16. Jh. Beschädigt an der rechten Achsel, in der linken Achselhöhle und am rechten Lendentuchzipfel. Kreuz und Inschrifttafel neu. Haupt-, Bart- und Schnurrbarthaare enden in einer Korkzieherlocke. Reichdrapiertes Lendentuch im Stil der Zeit. Wertvoller Kruzifixus. Da in der Kapelle von Bratsch ein Kruzifix vom gleichen Typ hängt, ist die Herkunft aus einer einheimischen Werkstatt möglich.

67. Koord. 115/125. Kat.-Nr. 85. Theophil Bacher; Vitus Thenen. 1900, kaum erbaut, abgebrannt und wieder aufgerichtet. ⌐——⌐. 2¹/₂. F. Zwerchgiebel. *Inschrift.* 1. Stockwerk: «DER.SEGEN.GOTTES.WALTE. UBER.DIESES.HAUS/ ADOLF.WERLEN MARIA.MÜLLER.NOVEMBER IM 17. 1900». *Öfen.* 1. Zweigeschossig, mit Kehlsims. An der Wange: «19/ A[dolf].W[erlen].M[aria].M[üller]/ 01», an der Stirn mit Farbe: «T[heophil].B[acher].S[ophie].W[erlen]/ 1949». – 2. Dreigeschossig, mit Kehlsims. An der Stirn in

---

429 Freundl. Hinweis von Werner Jaggi, SLM, Zürich.   430 Von Bellwald.

Abb. 111 und 112. Münster. Aufsatzschrank, Ende 18. Jh., mit den eingelegten Wappen von Riedmatten und de Bons. Aus dem Haus von Riedmatten «supra ecclesia» (im Besitz von Karl und Luise
von Riedmatten, Münster). Text S. 129. – Kruzifixus, Anfang 16. Jh., H. 90 cm, an der Rückwand
des Hauses von Josef und Ludwig Nessier. – Text S. 137.

Wappenfeld: «A.W/ M.M/ 1903». – Mobiliar im Besitz von Ludwig Bacher, Haus Nr. 5, S. 114.
1. *Schrankkredenz*. Tanne. Drei durch derbe Pilaster geschiedene Türachsen unter einer Schubladenzone. Über den Rechteckfüllungen der Türen eingelegt: «16 I[Haus- oder Wappenzeichen: Kreuzchen in aufrechtstehendem Winkel]G 85». – 2. *Truhe*. Tanne. Zweiachsig, mit quadratischen Feldern.
Darin eingelegt: «16 12».

Weitere Bauten und Objekte. Wie eine verlassene Kapelle mutet das alte *Schützenhaus*
(Koord. 170/300) an, vor dessen Nordwand ein kleiner giebeliger Anbau mit Schieß-
fenster wie ein Chörlein tritt.

In der Wohnung von Frl. Marie Jost (Haus Koord. 185/295) *Ofen* des Münstiger
Bildhauers JOHANN JOSEF JERJEN (*1810). Zweigeschossig, mit Kehlsims. Auf
Klauen stehend. An der Stirn in Lorbeerzweigen das Wappen der Familie Jerjen
und ein Wappen mit der Inschrift «JOHAN/IOSEPH/IERIEN/BIELDHEVE/1839». Das
alte Haus an dieser Stelle, das 1908/09 einem Neubau gewichen ist, war demnach
das Wohnhaus des Bildhauers. Bei Koord. 330/250 stand bis zu einem Brand in den
achtziger Jahren des 19. Jahrhunderts ein Doppelhaus.

NUTZBAUTEN

Neben dem Riedmattenstadel (S. 123) und «Z'Jülisch Stadel» (Koord. 405/390), einem der schönsten des Goms, besitzt Münster noch eine Anzahl durch Stattlichkeit oder Standort ausgezeichnete Nutzbauten, so eine eindrückliche Stadelreihe (Koord. etwa 125/140), eine dichte Gruppe von zum Teil sehr alten *Stadeln* und *Speichern* (Koord. etwa 300/275), einzelne Stadel (Koord. 110/200; 180/150; 195/195; 250/330; 280/295; 310/285; 380/155), ferner ein eigentümliches turmartiges Speicherchen aus dem 16./frühen 17.Jh. (Koord. 305/295) und zwei schmucke Speicher (Koord. 190/275; 355/335).

FRÜHERE GEWERBEBAUTEN

Von den früheren, nun verlassenen Gewerbebauten am Münstiger Bach sind nur die *neue Mühle* (Koord. 220/295) von 1941 bis 1943 dicht unterhalb der Ruinen der alten sowie das *neue Backhaus* (Koord. 240/250) von 1929 erhalten geblieben. Das ältere Backhaus hatte auf der alten Mühle gestanden. Eine weitere *alte Mühle* (Koord. etwa 250/460) ist 1945 samt der unmittelbar darunterstehenden Flachsmühle («Ribi») von einer Lawine weggerissen worden. Von der *neuen Säge* (Koord. 250/100) stehen noch die Grundmauern, von der *alten* dicht daneben zeugt nur mehr ein Wasserrad.

PRIVATSAMMLUNGEN

Sammlung Dr. Hermann Wirthner (Haus Koord. 120/265). *Skulpturen.* 1. *Sitzende Madonna.* Anfang 15.Jh. Aus Eisten (Saas). – 2. *Pietà unter dem Kreuz.* 1. Viertel 18.Jh. Von JOHANN RITZ. Aus dem Haus des JOHANN RITZ, Selkingen (S. 420). – 3. *Pietà unter dem Kreuz.* 3. Viertel 18.Jh. Aus dem «Präfektehüs», Selkingen (S. 418). – 4. *Madonna vom Sieg* (Abb. 98). H. (Statuette) 20,6 cm (Sockel 6,5 cm). Linde? Polychromiert und vergoldet. Wegen der feinen Schnitzerei nur teilweise grundiert. 2. Viertel 18.Jh. Aus dem Haus Adolf Jergen, Münster (Koord. 170/230). Am Sockel zu Engelsflügeln umgedeutete Akanthusvoluten. Das überlängte, elegant geschwungene und geschraubte Figürchen mit den sich schirmartig spreizenden Mantelsäumen weist auf den Stilkreis des ANTON SIGRISTEN. Die Statuette steht heute in einem reizvollen, unregelmäßig fünfseitigen *Baldachinschrein*, der angeblich aus Simplon stammt[431]. – 5. *Jesuskind.* 2. Hälfte 17.Jh. Aus dem Haus Otto Jentsch, Ernen. – 6. *Schnitzrahmen.* Akanthus mit Putten. Anfang 18.Jh. Aus dem Hotel «Croix d'Or et Poste», Münster (S. 129). – 7. *Putten.* Paar. 2. Hälfte 18.Jh. Aus dem Pfarrhaus, Gluringen (S. 341). – 8. *Karyatide* (Engel?). Ende 17.Jh.? Von Obergesteln (S. 208). – 9. *Cherub.* Mitte 17.Jh. Von der Fassade des Hauses Nr. 13, Selkingen (S. 422)? – 10. *Cherub.* Um 1700. Von einer Hausfassade in Selkingen (S. 427). – 11. *Hauskruzifix mit Ölbergszene.* Mitte 18.Jh. Aus dem Haus Nr. 6, Münster (S. 114). – *Gemälde religiösen Inhalts.* 1. *Knabe Jesu.* Brustbildnis. 2. Hälfte 17.Jh. Aus Reckinger Privatbesitz (S. 319). – 2. *Hl. Rochus.* Ende 17.Jh.? Aus dem Gundi-Haus, Niederwald. – 3. *Tod des hl. Franz Xaver.* Ende 17.Jh.? Aus Ulrichen (S. 235). – 4. *Schweißtuch der Veronika.* Anfang 18.Jh.? Aus dem Pfarrhaus von Biel (S. 400). – 5. *Pietà.* Mitte 18.Jh. Aus dem Haus Nr. 13, Selkingen (S. 423). – 6. *Hl. Hubertus.* Halbfigurenbildnis. Mitte 18.Jh. Von einer Alp bei Fiesch. – *Hinterglasbilder.* (Die möglicherweise aus einheimischer Werkstätte stammenden Hinterglasbilder aus Fiesch werden unter Fiesch aufgeführt.) Von Gadmen (Blitzingen): «S. TRINITAS». Von Reckingen: «Anglischen Grus»; «S. Antoni»; «Ecce Homo»; «S. FRANCISCUS»; «S. Maria v. gutten Rath»; «S. Teresia». Aus dem Goms; ohne genaue Herkunftsangabe: «S. Barbara»; «S. Francisca»; «S. Katharina». Von Kunsthändler Renato Fasciani, Naters: «IESUS»; «S. PETRUS». – *Porträte.* Von LORENZ JUSTIN RITZ. 1. *Johann Baptist Guntern*, Münster. 1852. Aus dem Hotel «Croix d'Or et Poste», Münster (S. 129). – 2. *Maria Josepha Guntern, geb. Kaempfen*, Münster. 1852.

---

431 Auskunft von Kunsthändler Renato Fasciani, Naters.

Pendant zu Nr. 1 (S. 129). – 3. *Jakob Calpini*, Sitten. H. 63 cm, B. 48,5 cm. Öl auf Leinwand. Auf der Rückseite: «L. J. Ritz/pinx. 1854 No. 580» (GATTLEN, Porträtverzeichnis, S. 245). Halbfigurenbildnis. – 4. *Maria Calpini, geb. Imfeld* von Ulrichen, Sitten. H. 63 cm, B. 48,5 cm. Öl auf Leinwand. Auf der Rückseite: «L. J. Ritz pinx./1855/No. 587» (GATTLEN, Porträtverzeichnis, S. 245 mit Abb. Tf. VII). Pendant zu Nr. 3. – 5. *Mann*. Brustbildnis. H. 34,7 cm, B. 25 cm. Öl auf Karton. Wohl aus dem Hotel «Croix d'Or et Poste», Münster (S. 129). Auf der Rückseite signiert: «L: Niederberger[...?]»[432]. Rechts oben: «AEtatis Suae 45/1850». Pendant zu Nr. 6. – 6. *Walliserin in Tracht*. Pendant zu Nr. 5. Links oben: «AEtatis Sua 37/1850». – *Möbel. Wandschränke*. 1. Einachsig. Von 1604. Aus dem Haus Nr. 8, Ritzingen (S. 361/62). – 2. Von 1720. Aus dem Haus der Geschwister Josef und Wendelin Ritz, Niederwald. – 3. Aufsatz von einem großen Wandschrank. 1728. Von einem Geistlichen der Selkinger Familie Huser. Aus dem «Präfektehüs», Selkingen (S. 418). – 4. Von 1753. Aus dem Haus Nr. 7, Selkingen (S. 416). – 5. Rokokoschrank von 1771, zur Kommode im Hotel[432a] in Gletsch gehörend. Aus dem «Präfektehüs», Selkingen (S. 418). – 6. Von 1790. Zweiachsig. Aus dem Hotel «Furka», Oberwald (S. 180). – 7. Von 1790. Dreiachsig. Aus dem Haus Nr. 37, Reckingen (S. 305). – 8. Von 1795. Aus dem Gundi-Haus, Niederwald. – 9. Hängekästchen. 1733. Aus dem Haus Nr. 6, Gluringen (S. 343). – *Kommode*. 2. Hälfte 18. Jh. Aus dem Haus Hermann Grandi, ehemals Geschwister Nellen, Fiesch. – *Truhen*. 1. Der Familie Jost, Geschinen. Von 1623. Aus dem Haus Nr. 45, Münster (S. 126). – 2. Von 1650. Aus dem Imsand-Haus Nr. 50, Münster (S. 133). – 3. Von 1696. Aus dem Haus Nr. 2, Ulrichen (S. 228). – 4. Von 1717. Aus dem Haus Nr. 18, Unterwassern (S. 192). – 5. Von 1739. Aus dem Haus Nr. 6, Gluringen (S. 343). – 6. Gommer Truhe. Nußbaum. Einlegearbeit. In der Mitte Wappen: unter drei waagrecht aufgereihten Sechsstrahlensternen von aufrechtem Pfeil durchdrungenes Andreaskreuz zwischen Kleeblättern auf Dreiberg. In den beiden eckgekehlten Füllungen eine Tulpe, im linken gerahmt von den Initialen «H I B B», im rechten von den Ziffern der Jahreszahl 1763. Wildtiere in den Zwickeln. – 7. Von 1781. Aus dem Haus Nr. 5, Selkingen (S. 415). – 8. (Abb. 46). Nußbaum. Reich mit Volutenranken geschmückte Mittelachse. In den zwei mit C-Bogen-Ranken und Voluten doppelt gerahmten Feldern eingelegt links: «17/H.S.», rechts: «96/AM.A». Aus der «Grafschaft». – *Tische*. 1. Wertvoller Ausziehtisch von 1771, zum Rokokoschrank Nr. 5 gehörend (s. oben). Aus dem Haus Nr. 8, Selkingen (S. 418). – 2. Um 1800. Von einem Geistlichen der Familie Matlis(?). Aus dem Haus Nr. 14, Biel (S. 406). – 3. 18. Jh. Von Ulrichen? – *Stuhl* mit Galgenlehne von Pfarrer Josef Clemens Huser († 1780)? Aus dem «Präfektehüs», Selkingen (S. 418). – *Bettstatt*. Anfang 18. Jh. Aus dem Haus Nr. 48, Reckingen (S. 312). – *Fragmente*. Drei geschnitzte Füllungen von Truhen oder Schränken. Aus dem Hotel «Croix d'Or et Poste», Münster (S. 128). – Geschnitztes *Uhrrähmchen* im Stil Louis XVI. Von Ulrichen (S. 229). – *Zinngeschirr. Kanne*. Aus dem Haus Nr. 17 (S. 116). – *Breitrandteller*. Dm. 26,5 cm. Qualitätszeichen und Gießermarke von PIERRE ROZE I oder II, Genf, 17. Jh. (BOSSARD, Nr. 749). Auf der Randunterseite eingeritzt: «VAC/CS». Von Ernen. – *Teller*. Dm. 33,2 cm. Qualitätszeichen, Schützengabenstempel (Sittener Wappen unter gekreuzten Gewehren und Krone mit der Umschrift «CIVITAS SEDVNENSIS», bei BOSSARD nicht aufgeführt), Gießermarke der Werkstatt BOURELIER, Genf, mit der Jahreszahl 1609 der zweiten Gießerordnung. – *Musikinstrumente. Hausorgel*. Ende 19. Jh. Wohl von Gluringen (BRUHIN, S. 213, Nr. 55). – *Portativ-Orgel*. 2. Hälfte 18. Jh.(?). Gehäuse neu. Aus dem Lötschental oder aus Erschmatt? – *Öfen*. 1. Von 1632. Aus dem Haus der Familie von Riedmatten «Im Feld», Münster (S. 123). – 2. Von 1681. Aus dem Haus Nr. 12, Selkingen (S. 344). – *Inschriften. Auf Dielbäumen*. 1. 1671. Von Gluringen (S. 422). – 2. 1734. Haus Armand Holzer, Bellwald. – *Auf einem Deckenbrett*. 1719 und 1722. Aus Bellwald.

Sammlung Anton Imsand (Koord. 45/75). *Skulpturen*. 1. *Maria* von einer Kreuzigungsgruppe. Um 1691. RITZ-Werkstatt. Aus dem «Fennerhüs», Selkingen (S. 423). – 2. *Jesuskind*. Mitte 18. Jh. Aus dem Pfarrhaus, Oberwald (S. 177). – 3. *Hauskruzifix*. Ende 17. Jh. Aus dem Haus Nr. 25, Münster (S. 117). – 4. *Hauskruzifix*. H. 66 cm (Korpus 25 cm). Originalfassung. Zum Teil verkohlt. 2. Viertel 18. Jh. Frühes Werk von PETER LAGGER? Wohl aus dem Riedmattenhaus «Im Feld», Münster (S. 122). Qualitätvoller Korpus. Am Sockel rahmen zwei Akanthusvoluten eine Blume. – *Gemälde*. 1.–4. Aus der Kirche von Ulrichen: *Kreuzigung; Jakobus d. Ä.; Jesus; Maria* (S. 226). – *Kreuzigung*. Aus Ritzinger Privatbesitz (S. 366). – *Porträt des Bischofs Hildebrand Jost*. Leihgabe im Pfarreimuseum, Münster.

---

432 LOUIS NIEDERBERGER (1821–1895), Goldschmied, Stempelschneider und Maler. Seit 1847 im Wallis, wo er, vorübergehend Zeichenlehrer in Brig, mit Porträtieren begann. Seit 1857 in Kerns wohnhaft (SKL II, S. 474/75).   432a «Glacier du Rhône», S. 153.

Wohl aus dem Riedmattenhaus «Im Feld», Münster (S. 122). – *Geschirr. Reliefteller*. Bronze. Dm. 18,8 cm. Auf dem Boden Walliser Wappen unter den Initialen des Gießers «J[osef] W[alpen]» aus Reckingen. Vor 1956[433]. Auf dem Bodenspiegel Auferstehung Christi, am Tellerrand ovale Medaillons mit ganzfigurigen Bildnissen der Apostel. – *Möbel. Wandschrank* von 1756. Wohl aus dem Riedmattenhaus «Im Feld», Münster (S. 122). Glatte Pilaster rahmen zwei Achsen. In den Spiegelfüllungen der Kredenznische die Jahreszahl, an den Türchen des Aufsatzes links: «IN/W», rechts: «..(?)/W».

Sammlung Anton Nessier (Koord. 145/130). Alle Gegenstände, bei denen die Herkunft nicht ausdrücklich erwähnt ist, stammen als ehemaliger Besitz der Familie Dr. Othmar Mengis-Seiler aus dem Haus Othmar Kreuzer (S. 115). Ob es sich um Erbstücke der Familie Mengis oder der Familie Seiler und in diesem Falle um Gegenstände aus dem Hotel «Croix d'Or et Poste» in Münster handelt, konnte nicht mehr ermittelt werden. – *Gemälde*. 1.–2. Brustbildnisse des *Jünglings Jesu* und der *Immakulata*, 1765, von J. RABIATO. – 3. *Immakulata*. Hinterglasgemälde (S. 115). – 4. *Schmerzensmutter*. Hinterglasgemälde. Aus dem Imsand-Haus (S. 133). – *Symbolistisches Gemälde* von LUDWIG WERLEN, Hochzeitsgeschenk für Frau Josephine Mengis-Seiler (S. 115). – *Zinn*. 1.–4. Zwei *Kannen* und zwei *Teller* (S. 115/16). – 5. *Teller*. H. 24,3 cm. Qualitätszeichen und Gießermarke des ANDRÉ UTIN, Vevey, 1. Hälfte 18. Jh. (BOSSARD, Nr. 701). Erworben von Peter Marie Rovina, Münster. – *Möbel*. 1. Kleine *Truhe* von 1663. Aus Blitzingen? – 2. *Salongruppe*. Mitte 19. Jh. – 3.–5. *Tisch mit Sekretär, Büchergestell* und *Nähkästchen*. 2. Hälfte 19. Jh. – 6. *Pult* von 1899 (S. 116). – *Porzellan*. Service von Limoges (S. 116). – *Weitere Gegenstände. Spinnrad* von 1816 aus dem Fieschertal. – *Hebelwaagen* aus Münster und dem übrigen Goms von 1519, 1601, 1749 (mit Gommer Wappen), 1763 (Deisch), 1764 (Geschinen) und 1879.

ANTONIUSKAPELLE AUF DEM BIEL

Zur Verehrung des hl. Antonius von Padua im Goms[434]. Die Verehrung des hl. Antonius hat das Goms zur Barockzeit in zwei mächtige Wellen erfaßt. Pfarrer Peter Guntern (1673–1697), wahrscheinlich Jesuitenschüler in Luzern[435], und der beim Tod seiner zweiten Gattin (1679) noch kinderlose[436], erst 47jährige Landeshauptmann Peter von Riedmatten (Abb. S. 10) werden die Antoniusverehrung gegen Ende des 17. Jahrhunderts von Luzern[437] her übernommen haben; jedenfalls förderten sie den Kult dermaßen, daß Antonius auf dem Biel dem alten Muttergottesheiligtum auf dem Ritzinger Feld den Rang ablief. Die zweite Welle leitete Pfarrer Johann Georg Garin Ritz in den siebziger Jahren des 18. Jahrhunderts ein. Er gab durch ein klug auf lokale Ereignisse abgestimmtes barockes Freilichtspiel[438] nach dem Responsorium des Heiligen der Antoniusverehrung neue Impulse und lenkte als Doktor der Theologie den Kult in theologisch richtige Bahnen[439]. Sinnenfälliger Ausdruck dieser mächtigen zweiten Bewegung, die nun auf das ganze Goms übergriff, war die um ein stattliches Schiff vergrößerte Kapelle auf dem Biel, wozu das Antoniusspiel die Mittel verschaffte[440]. Beide vom Heiligtum auf dem Münstiger Biel ausgehenden Wellen der Antoniusverehrung hatten ihre unmittelbaren Aus-

433 JOSEF WALPEN (* 1903) hat nach eigener Aussage bis 1956 gegossen.

434 Im folgenden sind die Ergebnisse einer Studie von BR. ST. NOTI zusammengefaßt. Geschichtliches zur Verehrung des hl. Antonius von Padua in Münster Goms, 1972, Ms in PfA Münster.

435 1655 studierte ein Peter Guntern in den oberen Klassen des Jesuitenkollegiums von Luzern (ebenda, S. 33).

436 ST. NOTI sieht in der Kinderlosigkeit des Mannes den wirksamsten Beweggrund für seine glühende Verehrung zum hl. Antonius von Padua (vgl. Anm. 306).

437 Siehe S. 108/09. Als frühes Zeichen der Antoniusverehrung des Pfarrers darf gewertet werden, daß bei der Kirch- und Altarweihe 1678 der dem Einsiedler Antonius geweihte Altar als zweites Patrozinium dasjenige des Heiligen von Padua erhielt.

438 Das Antoniusspiel ist im Manuskript des Pfarrers J.G.G. RITZ noch erhalten (PfA Münster).

439 Im Gegensatz zu älteren Exvotos, auf denen Antonius mit dem Kind entrückt erscheint, tritt bei den Exvotos der siebziger Jahre Antonius öfters auf, wie er den Bittflehenden auf das göttliche Kind weist.

440 L. BURGENER spricht 1864 von diesem Zweck des Schauspiels (BURGENER, S. 187).

wirkungen auf die Kunst[441]. Brachte die erste das Leitmotiv des Luzerner hl. Antonius im Konventualenkleid[442] vor allem in die barocke Bildhauerkunst des Tals, so gab Pfarrer Garin Ritz durch den
Auftrag der Gewölbefresken nach dem Programm seines Antoniusspiels den Anstoß zu Freskenzyklen
an den Gewölben weiterer Antoniuskapellen im Goms (S. 145) und ließ auf diese Weise sein Heimat-
tal zu einem religionsgeschichtlich und künstlerisch eigentümlichen Lokalzentrum der Antoniusverehrung entfalten, wie es seinesgleichen vielleicht nirgendwo[443] anders gab.

GESCHICHTLICHES. Am 3. Juni 1684 gestattete Bischof Adrian V. von Riedmatten,
vom Patronatsfest (13. Juni) an bis zur feierlichen Benedizierung im Heiligtum bereits die hl. Messe zu lesen[444]. Die Kapelle muß daher in den vorausgehenden Jahren
erbaut worden sein[445]. Versprachen Gemeinde und Dorfschaft am 22. Mai 1684 in
einem Stiftungsakt von vier hl. Messen, für Unterhalt und Ausstattung der Kapelle
aufzukommen, so erwies sich anderseits Landeshauptmann Peter von Riedmatten
(† 1683) als großzügiger Spender[446]. 1772(?)–1775[447] wurde die Kapelle unter Pfarrer Johann Georg Garin Ritz († 1773)[448] zum heutigen stattlichen Gotteshaus umgestaltet und vergrößert. Einige Unterschiede in der Bauart von Schiff und Chor
(S. 143) lassen erkennen, daß die östlichen Teile der Kapelle von 1683/84 als Chor
Verwendung fanden[449]. Man stattete den Innenraum, insbesondere das Gewölbe,
reich mit Fresken aus, ließ eine Orgel bauen und setzte ins verbreiterte Schiff zwei
Rokoko-Seitenaltäre. Seit dem Ende des 18. Jahrhunderts waren wiederholt Renovationen nötig, so 1820 (Dach)[450], 1897–1900 (Boden, Granitstaffeln), 1927 (Totalrenovation), 1937 (Sakristei), 1959 (Dach).

441 Zahlreiche qualitätvolle Exvotos der siebziger Jahre beweisen, daß man der ins Antoniusspiel
eingeflochtenen Empfehlung, nach Erhörung eine Votivtafel in die Kapelle zu stiften, Folge leistete
(vgl. Anm. 452).   442 Vgl. die Ausführungen zum Antoniusgemälde in der Peterskirche S. 108/09.
443 KLEINSCHMIDT, der die Antoniusverehrung des Goms nicht erfaßt, nennt jedenfalls kein ähnliches Beispiel (B. KLEINSCHMIDT, Antonius von Padua in Leben und Kunst, Kult und Volkstum,
Düsseldorf 1931).   444 GdeA Münster, D 15 b.
445 Vgl. das Entstehungsjahr des Hochaltars 1683. Zur Zeit von L. BURGENER fanden sich in der
Kapelle noch Exvotos von 1680 (BURGENER, S. 187). Von einer früheren Kapelle auf dem Biel ist
nichts bekannt. Nicht datierbare Mauerreste von zwei Klausen am nördlichen Fuß des Biels (ST. NOTI
[vgl. Anm. 434], S. 133).
446 Stiftungsakt der Gemeinde (GdeA Münster, D 15 a). Peter von Riedmatten stiftete den Hochaltar (S. 146). Für die hl. Messe am Patronatsfest schenkte er 20 Dublonen (PfA Münster, D 72 und
80). NOTI schließt die Möglichkeit nicht aus, daß Peter von Riedmatten den Kapellenbau finanzierte.
Auffallend ist in diesem Zusammenhang auch die Zuvorkommenheit des sonst nicht eben kapellen-
freundlichen Bischofs Adrian V. von Riedmatten.
447 Ein Exvoto von 1772 im Pfarreimuseum Münster zeigt wohl noch die alte Kapelle, weil die
neue noch nicht vollendet war. 1772, 2. August, verunglückte ein Johann Joseph Tenen «in parandis
lignis pro Tecto noui Sacelli S. Antonij» (PfA Münster, D 91). An der rechten vordersten Kirchen-
bank die Jahreszahl 1775. Rektor PETER VON RIEDMATTEN († 1901) spricht in seiner Chronik von zahlreichen Schenkungen aus dem Pomat (PfA Münster, o. Nr.). Der 1773 verstorbene Kapellenvogt
Johann Christian Jost wird im Sterbebuch Wohltäter der Kapelle genannt (PfA Münster, D 91).
448 Auf Ritz folgte als Pfarrer Josef Anton Biner aus Gluringen.
449 Nach dem genannten Exvoto (1772) hätte man das westliche Joch der alten zweijochigen
Kapelle samt Vorzeichen weggerissen. Gegen diese Annahme spricht die Darstellung der Kapelle auf
dem Antoniusgemälde der Peterskirche (Abb. 93), wo sie zwei Schiffsjoche und bereits ein eingezogenes
Chor mit anschließender Pultdachsakristei besitzt. Ihre Vorhalle hätte derjenigen der Pfarrkirche
geglichen. Wie die Darstellung der Pfarrkirche beweist, hat sich der Maler aber nicht überall um getreue Wiedergabe bemüht.
450 PfA Münster, G 16. Für die späteren Renovationen: PfA, Tagebuch der H. H. Pfarrer, o. Nr.,
G 52 und D 128. Vor 1900 waren bei den Altären Mauer- und Holzstaffeln.

Abb. 113. Münster. Antoniuskapelle auf dem Biel. Chor 1680–1684. Schiff um 1772–1775. Zeichnung, 1845–1850, von Raphael Ritz. – Text siehe unten.

Bilddokumente. 1. Ansicht von Süden; «Münstiger-Biel (St. Antoni) à l'entrée de la vallée de Münster». 17 × 23,5 cm. Zeichnung von RAPHAEL RITZ. 1845–1850. Skizzenbuch Nr. 8 (Nachlaß. Zurzeit bei Frau E. Darioli-Ritz, Zug). – 2. Ansicht von Osten. Klein. «à Münster». Zeichnung von RAPHAEL RITZ. 1845–1850. Skizzenbuch Nr. 18 (ebenda).

BESCHREIBUNG (Abb. 113). Die Kapelle steht geostet auf dem lärchenumstandenen Hügel (Biel) oberhalb des Dorfes am Eingang zum Münstiger Tal. *Grundriß und Längsschnitt* (Abb. 114 und 115)[451]. Ein längliches Schiff geht in ein kräftig eingezogenes Rechteckchor über, an dessen Stirn, leicht abgesetzt, eine querrechteckige Sakristei anschließt. Vor die Stirnfassade tritt ein großes Vorzeichen. Der Längsschnitt läßt den ausgewogenen Aufbau der Kapellenanlage erkennen. Den abgetreppten Baukörpern der Ostpartie stehen Krüppelwalm und Vorhalle gegenüber. Der Pfahl-Chorreiter betont das Chorhaupt.

Äußeres. An der Fassade rahmt eine seitlich zu Pilastern umgedeutete Mauervorlage eine große Nische mit gebrochenem Giebel, in der zwei Stichbogenfenster und ein Okulus die Haube des Vorzeichens giebelförmig einfassen. Ähnliche stichbogige Blendnischen zieren die Achsen der seitlichen Schiffswände und, nur mehr aufgemalt, die südliche Chorwange. Das Schiff besitzt stichbogige, das Chor rundbogige Fenster. Während im Schiff das Vordach einem heute durch Lattenverschalung ersetzten einfachen Gipssims aufruhte, wie es an den Giebelschrägen erhalten blieb, säumen Sparrenköpfe den Dachrand des Chors.

Mit der Seiten- und Stirnfassadengliederung schließt die Kapelle an die Reckinger Pfarrkirche an, mit dem polygonalen Okulus an die übrigen zeitgenössischen Heiligtümer des Obergoms. Landschaft und Architektur verbinden sich zu so schöner

451 Vgl. die Katharinenkapelle im Wiler bei Geschinen (1687–1704) (S. 261).

Einheit, daß «Antonius auf dem Biel» als Inbegriff einer Walliser Barockkapelle
erscheint.

Inneres (Abb. 116). Das vierjochige Schiff wird von einer gipsernen Stichkappentonne überspannt, das vergitterte Chor von einem kuppeligen Gratgewölbe, das in
den Ecken durch trompenartige geteilte Stützkappen ins Rechteck übergeführt wird.
An den Schiffseiten reichprofiliertes Gesims mit farbigem Fries, im Chor, am Fuß
der Schildbögen, dünnes Profilsims mit Zahnschnitt. Die *Orgelempore* ist derjenigen
in der Reckinger Pfarrkirche nachgebildet. Das vor- und hochgezogene Mittelstück
wird von einer korbbogigen Eingangstonne auf toskanischem Säulenpaar unter-
wölbt.

Malereien. 1. *Am Schiffsgewölbe* (Abb. 118). Die Malereien müssen zur Zeit des
Kapellenbaus, 1772–1775, entstanden sein. Die nichtidentifizierte Signatur auf
einem Faß der Szene des Meeres «P.M.R.F.I.L.» schließt den Geschiner Maler
Johann Georg Pfefferle aus[452]. Die das Responsorium des Heiligen illustrieren-
den Szenen hatte Pfarrer Ritz aus Legende und Mirakelbüchern[453] geschöpft (S. 327).
Der Text des Responsoriums in einer von Engeln gehaltenen Kartusche über dem
Chorbogen nennt daher das Programm des Gemäldezyklus und bestimmt zum Teil
die Reihenfolge der Szenen. Es sind zwölf Wundertaten des Heiligen dargestellt, die
vier Szenen am Scheitel in variierten gipsernen Vielpaßmedaillons, die übrigen in
gemalten Rocaillerahmen an den Stichkappen; von vorne nach hinten: an der
rechten Tonnenflanke die Erweckung eines Toten nach fünftägiger Grabesruhe
(«Tod»), die Erweckung seines Vaters vom Tode («Irrthum»), die Heilung einer
von ihrem Mann verletzten schwangeren Frau («Elend») und ein Exorzismus
(«Teiffel»), an der linken Tonnenflanke die Befreiung eines Unschuldigen aus den
Ketten («Eisenband»), die Errettung von Kaufleuten aus Seenot («Das Meer»),
die Heilung einer kranken Frau («Die Krancke») und eines Aussätzigen («Aus-
satz»), am Gewölbescheitel die Heilung eines abgehauenen Fußes («Die glider»),
das Auffinden von verlorenem Geld («Ver Lohrnes Gut»), die Errettung bei Ein-
nahme eines giftigen Trankes («Große gefahr») und eines Jünglings vor dem Galgen («Die Noth vergeht»). Zu jeder Szene steht in gemalter Kartusche oben der
Titel nach dem Responsorium, unten eine ausführlichere Legende. Gemalte Kartuschen mit Régencegittern füllen die Zwickel beidseits der Stichkappen. Es sind
qualitätvolle Rokokomalereien, die durch die frische Erzählweise – zum Teil in
Simultandarstellungen – ergötzen. Der Gemäldezyklus der Bielkapelle regte nicht

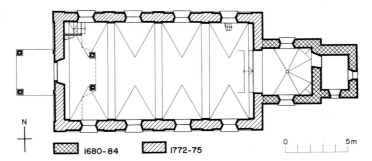

Abb. 114. Münster. Antoniuskapelle auf dem Biel. Grundriß. – Text S. 143.

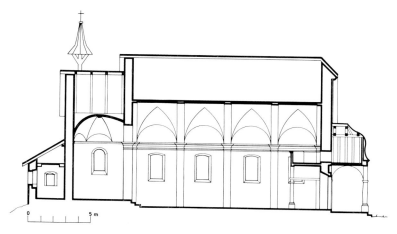

Abb. 115. Münster. Antoniuskapelle auf dem Biel. Längsschnitt. – Text S. 143.

nur zu Gewölbemalereien in weiteren Antoniuskapellen des Goms an[454], sondern lieh wie im Falle von Niederernen auch das Bildprogramm[455]. – 2. *An der Brüstung der Empore* hat der Meister der Gewölbemalereien in zwei Szenen eine Erhörung bei Kinderlosigkeit dargestellt, die sich in Bologna zugetragen haben soll; links die nach Kinderlosigkeit erbetene Geburt eines mißgestalteten Kindes, rechts dessen Verwandlung in ein holdseliges Kind. Die vermutlich aus einer Acta Sanctorum von 1675 geschöpfte Szene[456] weist auf die damalige Bedeutung des Heiligen als Helfer bei Kinderlosigkeit und erinnert an den kinderlosen Peter von Riedmatten († 1683)[457], dem das Antoniusheiligtum auf dem Biel so viel verdankte. – 3. *Kreuzweg.* Wandmalereien in Gipsrahmen. Stilistische Anklänge an den Kreuzweg in der Pfarrkirche von Münster lassen sie mit Vorsicht JOHANN GEORG PFEFFERLE zuweisen. Ausdrucksvolle, wenn auch teilweise flüchtig hingemalte Darstellungen. In den letzten Stationen weicht die intensive Farbe einer lichten Helligkeit. – 4. *Am Chorgewölbe* sieben Régencegitter in gemalten Kartuschen auf den Gewölbekappen.

452 Auf einen nicht ortsansässigen fremden Maler weist auch folgende Stelle im 5. Akt des Antoniusspiels von Pfr. JOHANN GEORG GARIN RITZ: «... noch eines möcht ich sie doch bitten/das sie sich solten noch verpflichten/ein votiff taffel lassen mahlen/weil wir jetz haben iust dermahlen/ein guoter mahler in der that so/alles dis gemahlet hat» (Pfarreimuseum Münster).

453 Für die zwölf Auftritte des Schauspiels wählte Ritz neun wunderbare Begebenheiten, die sich im 17. Jahrhundert zugetragen haben sollen; zehn spielten in Italien, darunter sechs in Neapel. Diese Auswahl der Szenen dürfte auf ein italienisches Mirakelbuch hinweisen. Zwei Szenen stellen Legenden aus dem Leben des Heiligen dar. (Vgl. «Die Blümlein des heiligen Antonius von Padua» [S. 327, Anm. 223], wo sich auch die Szene mit dem abgehauenen Fuß [S. 29/30] und die Totenerweckung im Zusammenhang mit der Verleumdung gegen seine Eltern [S. 33–36] finden.)

454 Z.B. in der Antoniuskapelle von Reckingen.

455 Der Maler von Niederernen verwendete genau die gleichen Bildlegenden und oft eine ähnliche oder gar gleiche Bildkomposition; einzelne Szenen weichen dagegen stark ab. Der Maler signierte auch an derselben Stelle.

456 St. Noti identifizierte die Szene mit Hilfe des Werks von B. KLEINSCHMIDT (vgl. Anm. 443), S. 278.   457 Vgl. Anm. 446.

Altäre. Hochaltar. Stiftung des Landeshauptmanns Peter von Riedmatten († 1683) [458]. Inschrift auf der Leuchterbank: «DEO T.O.M. IM̅AC̅TAE V̅NI MARIAE S̅TO ANTONIO DE PADVA ET SMIS PATRONIS SVIS HOC ALTARE OBTVLIT PRAENOBIS ET MA^CVS PETRVS DE RIEDMATTEN BALLIVVS REIP.VALLESIAE BANDERETVS GOMESIAE COLONELLVS INFRA MORGIAM MDC LXXXIII» [459]. Der Bildhauer ist nicht bekannt. Als Hauptmeister wird JOHANN SIGRISTEN angenommen [460], daneben aber die Mitarbeit weiterer Künstler, so des jungen JOHANN RITZ vermutet [461]. O. STEINMANN schreibt dem Altar einen bedeutenden Einfluß auf das Werk des JOHANN RITZ zu [462]. 1900 wurde der Altar bei der Erneuerung von Boden und Staffeln etwas tiefer gesetzt [463].

Es ist ein breiter, eingeschossiger Altar mit figurenreicher Bekrönung. Vier vorgestellte Säulen unter kräftig verkröpftem Gebälk scheiden drei Achsen mit giebelförmig gestuften Nischen aus und verleihen, zusammen mit einem Wangensäulenpaar, der flachen Retabelwand ein zurückhaltendes Relief. Die Antoniusstatue der Mittelnische überragt die Seitenstatuen, den hl. Joseph [464] und Franz Xaver. Die plastischere Bekrönung (Abb. 117) wiederholt das Giebelmotiv. Zwischen Anna Selbdritt und Markus, in einem üppigen Medaillon, Maria vom Siege [465], bekrönt vom Erzengel Michael. Bis auf den hl. Markus, der wohl in Hinblick auf die Markusprozession gewählt wurde [466], gelangten ausschließlich Lieblingsheilige der Familie von Riedmatten zur Darstellung [467]. Temperamalerei des Gewändes: weiße Flecken und Striche auf braunrotem Grund. Die bloß mit Steinkreide grundierte Originalfassung ist zum Teil arg beschädigt und stellenweise übermalt. Das holzbemalte *Antependium* gleicht im dreiteiligen Aufbau mit den seitlichen groteskenartigen Blütenkompositionen demjenigen von Geschinen.

---

458 Der Stifter ließ einige bereits vergoldete Statuen des noch nicht aufgerichteten Altars an sein Totenbett bringen, nämlich Antonius von Padua, Franz Xaver, Joseph, die Immakulata und den Erzengel Michael. Auf die Statue des hl. Antonius blickend, bat er diesen Lieblingsheiligen unter Tränen, er möchte ihm das Jesuskind auf seinem Arm reichen, damit er es einmal nur umarmen und küssen könne (StAS, A Louis de Riedmatten, cart. 5, Fasc. 8, Nr. 40). Auf der Rückwand des Altars: «Im 1683 am 9 tag Juni 1683». Das Retabel wurde also auf das Patronatsfest(!) am 13. Juni hin aufgerichtet; für die hl. Messe des Festes hatte der Altarstifter bereits 20 Dublonen gestiftet (vgl. Anm. 446). Nichtgedeutete Inschrift «G 1749 R» und «D» über der Jahreszahl an der Altarrückwand über der linken Tür.

459 «Dem dreieinigen(?), allmächtigen(?), barmherzigen(?) Gott, der unbefleckten Jungfrau Maria, dem hl. Antonius von Padua und seinen heiligsten Patronen hat diesen Altar geweiht der sehr adelige und großmächtige Peter von Riedmatten, Landeshauptmann der Republik Wallis, Bannerherr von Goms, Oberst unter der Morse 1683.»

460 In Aufbau und Fassung gleicht er dem von JOHANN SIGRISTEN allerdings später (1697) geschaffenen Hochaltar in der Katharinenkapelle im Wiler bei Geschinen nicht.

461 Vgl. STEINMANN, Ritz, S. 29–31. STEINMANN erkennt die Hand des damals erst 16- oder 17-jährigen JOHANN RITZ im hl. Michael und in den beiden Putten der Bekrönung.

462 Ebenda, S. 43, 104, 105, 135. Nach dem Hochaltar im Ritzinger Feld habe dieser Altar dem Selkinger Künstler «sämtliche Figuren- und Architekturmotive» geliehen.

463 PfA Münster, G 52.

464 Um die Jahrhundertmitte waren in den Pfarreien Bruderschaften des hl. Josef entstanden (vgl. Vallesia XXIV [1969], S. 119).

465 O. STEINMANN sieht in der Statue das früheste Beispiel dieses ikonographischen Typs im Wallis (STEINMANN, Ritz, S. 105).

466 Heute noch geht die Markusprozession auf den Biel.

467 Man vergleiche die Heiligen am Michaelsaltar in der Pfarrkirche.

Abb. 116.
Münster. Antonius-
kapelle auf dem Biel.
Inneres. Schiff mit
Ausstattung, um
1772–1775.
Text S. 144.

Seitenaltäre. Aus der Zeit des Kapellenumbaus, 1772–1775. An der Stirn der Hauptgeschosse je zwei ovale Medaillons mit den Stifterwappenzeichen, am linken Altar wohl von Josef Matthias Christian Gertschen und seiner Gattin Anna Maria Lagger, Witwe des Petermann von Riedmatten[468]. Von den beiden geteilten Wappen am rechten Altar soll das linke Peter Valentin, den Sohn des Peter von Riedmatten und der Anna Maria Catharina Schmid, als Mitstifter nennen[469]; das rechte Wappen[470] ist nicht identifiziert. Der Altarschnitzer ist nicht bekannt. Früher war auf dem Antependium des rechten Altars das Dorf Münster mit dem hl. Antonius dargestellt[471].

Dreigeschossig und einachsig, kontrastieren die turmartigen Seitenaltäre mit dem breiten Hochaltar. Es sind getreue Pendants, in denen auch die Altarblätter formal aufeinander bezogen sind. Ambivalente Abschlußzone, nach dem Altarblatt ein Geschoß, nach dem Rahmen eine Bekrönung. Auffallend ist das Fehlen jeglichen

468 St. Noti, Geschichtliches zur Verehrung des hl. Antonius von Padua in Münster Goms. Ms 1972, S. 107/08 (PfA Münster) und W.Wb., S. 109 und 144.   469 W.Wb., S. 236.
470 Oben auf graublauem Grund blauer Dreiberg, darauf in Weiß leicht gewellter Stab zwischen sechsstrahligen Sternen; unten grünes kugeliges Bäumchen unter drei waagrecht angeordneten goldenen Bienen(?) auf rotem Grund.   471 Burgener, S. 188.

Abb. 117. Münster. Antoniuskapelle auf dem Biel. Bekrönung des Hochaltars, 1683. – Text S. 146.

Statuenschmuckes[472]. In den Altarbildern herrschen Todesdarstellungen vor: am linken Altar der Tod Mariens, der Tod Josephs und das Dreiviertelbildnis des hl. Aloysius, am rechten der Tod des hl. Antonius, der Tod des hl. Franz Xaver und das Dreiviertelbildnis des hl. Ignatius. Besonders die Gemälde des linken Altars verraten den Stil des JOHANN GEORG PFEFFERLE. Kaseintempera-Fassung des Gewändes: ausgeprägte Marmorstrukturen mit schrägen Bahnen in Rot und Grün. Die zu abstrakten Gebilden verschmelzende Ornamentik der Altarbärte tritt im Goms, zurückhaltender, nur noch am Altar der Margaretenkapelle in Münster auf[473].

KANZEL. Die fünfseitige Kanzel besteht aus Gips. Die alte Kaseintempera-Marmorierung ist häßlich überfaßt. Hölzerne vergoldete Ornamentgirlanden. In den Feldern wohl von JOHANN GEORG PFEFFERLE unmittelbar auf den Abrieb gemalte Halbfigurenbildnisse von Maria, dem Jüngling Jesu und dem hl. Joseph sowie eine aus Buch, Feder und Palmzweig komponierte Allegorie. An der Rückwand soll früher ein Gemälde der Fischpredigt des Heiligen gehangen haben (S. 119)[474]. Diese einzige gipserne Kanzel des Goms wirkt in ihrem Aufbau stilverspätet und im Vergleich mit zeitgenössischen Kanzeln der Umgebung plump[475]. – ORGEL. Werk aus dem Ende des 18.[476] oder aus der ersten Hälfte des 19. Jahrhunderts[477]. Der Prospekt wurde 1961 neu gefaßt, da die bunte Marmorierung bereits abgelaugt war. Angabe der Disposition bei BRUHIN, S. 206. Der Prospekt schwingt beim Mittel-türmchen und bei den Seitentürmen vor. Letztere ragen mit geschweiften Gebälken bis zum Kapellen-gewölbe hoch, während die Gesimse der Binnenfelder in Karniesen zum niedrigen Mitteltürmchen fallen. Im Lichtschein des so gerahmten Okulus steht die bekrönende Statue der hl. Cäcilia zwischen

---

472 Die Statuetten der vier Leuchterengel (S. 150) dürften zu klein sein, um zum ursprünglichen Bestand des Altars zu gehören. 1839 stellte man auf die Leuchterbank(?) holzgeschnitzte Blumen-vasen, «Mayen Krüge» (PfA Münster, G 16), die in der Sakristei aufbewahrt werden.

473 Die Altäre gleichen sich auch in der Marmorierung und in der Gliederung der Säulenarchi-tektur: flache Architektur mit einem übereckgestellten Säulenpaar.

474 Freundl. Auskunft von Br. St. Noti.

475 Man vergleiche die eleganten Kanzelkörbe in der Katharinenkapelle von Wiler bei Geschinen (S. 264) oder in der Antoniuskapelle von Reckingen (S. 328), über denen Schalldeckel fehlen.

476 BRUHIN, S. 206.   477 KATHRINER, Alte Orgeln, S. 116.

Abb. 118 und 119. Münster. Antoniuskapelle auf dem Biel. Gewölbemalerei, 1772–1775. Medaillon
des Antoniuszyklus. Text S. 144. – Exvoto. – Text siehe unten.

sitzenden Engelchen. – SKULPTUREN. Auf den Triumphbogenkapitellen zwei holzvergoldete Sta-
tuen aus dem letzten Viertel des 18. Jahrhunderts von einem der Söhne des Peter Lagger[478], wohl von
JOSEPH ANTON. Links der *hl. Germanus*[479] mit Schwert, rechts der *hl. Dilectus* mit Palme, beide ein großes
Herz auf der Brust. Beide Statuen 1974 entwendet. – CHORBOGENKRUZIFIX von J. ANTON LAGGER?
Holz, polychromiert und vergoldet. Letztes Viertel 18. Jh. Korpus vom II. Reckinger Hauskruzifixtyp
(S. 47). – ALTARKREUZ. H. (Korpus) 25 cm. Holz. Um 1834[480]. Inkarnat ölbemalt ohne Grun-
dierung, Lendentuch vergoldet. Schwarz bemaltes, ehemals von Messingborten gesäumtes Kreuz mit
Muschelenden. Neuer Sockeltyp: konkaver, mit hängenden Palmettenblättern beschlagener Pyra-
midenstumpf auf Profilfüßchen; vorragende Deckplatte mit Totenkopf. – EXVOTOS. Von den 73
erhaltenen Exvotos[481] werden 30 Stücke in der Kapelle aufbewahrt, 41 Stücke im Pfarreimuseum
Münster. 2 Stücke, ANDEREGG, Inv.-Nr. 41-3.16 und 80-3.55, gelangten irgendwann in die Katharinenkapelle im Wiler bei Geschinen. Ältestes Exvoto 1683. Qualitätvolles Exvoto von 1684 mit knieder
adeliger Frau in reichem Kostüm; auf der Leinwandrückseite aufgedruckt: «A. M. R[iedmatten?].».
Der große Bestand von Exvotos aus dem dritten Viertel des 18. Jahrhunderts zeugt von der allgemeinen und insbesondere dem hl. Antonius zugewandten religiösen Bewegung. Unter den Gemälden
hebt sich deutlich eine Gruppe als Werke desselben unbekannten Malers (Abb. 119) ab: die Figürchen
in reichem Rokoko-Kostüm, duftig gemalt, der kirchliche Innenraum in helle Lichttonigkeit getaucht.

478 JOHANN PETER (1745–1828), ältester Sohn, im Stammbaum von ADRIAN GARBELY (bei Polykarp Lagger in Reckingen) als Schnitzler bezeichnet; wir sind nie auf entsprechende archivalische
Hinweise gestoßen. – JOHANN BAPTIST (1748–1791), zweiter Sohn, Meister des Hochaltars von Niederwald aus dem Jahre 1787 (PfA Niederwald, D17). – JOSEPH ANTON (1759–1833), fünfter und jüngster
Sohn, Bildschnitzer (PfA Reckingen, Nr. 1 zu den Jahren 1759, 1798, 1810, Nr. 3 zum Jahr 1833).
479 Der hl. Germanus genoß als Bauernheiliger Verehrung. 1542, 10. Dezember, gelobten Ernen
und Fiesch für ewige Zeiten gegen die Würmerplage den St.-Germans-Tag (31. Juli) als Festtag bis
nach dem feierlichen Gottesdienst zu halten (Notizen von Prof. A. CLAUSEN, PfA Ernen, P60).
480 Der Visitationsakt von 1834 verlangt die Anschaffung eines neuen Altarkreuzes (PfA Münster,
D84).
481 3 Stück von 1768, 4 von 1770, 12 von 1771, 10 von 1772, 4 von 1773 und 3 von 1774. Sämtliche
Votivbilder inventarisiert mit Abb. bei ANDEREGG.

Unter den Walliser Votivbildern der zweiten Hälfte des 18. Jahrhunderts zeigen nur die Exvotos aus den Mayens de Sion eine noch ausgeprägtere Rokokomalerei als diejenigen im Obergoms. – SOCKEL FÜR OPFERKERZEN. Hinter dem Stipes des Hochaltars liegt der zerbrochene steinerne Sockel für Opferkerzen, der früher auf den Stufen des Chors stand. Gneis, H. etwa 93 cm. An der Stirntrommel rahmen die Initialen «M» und «S» ein pfeilartiges Ornament. – KERZENLEUCHTER. Ein Paar Dreikantfußleuchter, H. 26,8 cm, Bronze. 18. Jh. Mit vorspringender Deckplatte. Auf Klauen. Am Schaft Urnen- und Balustermotive. – KASELN. 1. Rot. Letztes Viertel 18. Jh. Barock. Samt. Im Stab mit Silberfäden durchwirkter Rips, broschiert mit Phantasieblättchen. Unten am Stab appliziertes Allianzwappen von Riedmatten–de Bons (Anm. 236). – 2. Grün. 2. Hälfte 18. Jh. Barock. Damast mit großen Blattmotiven. Im Stab bunte Blattgruppen mit Seide auf Weiß gestickt. – Die GLOCKE wurde 1926 neu angeschafft, nachdem die alte gesprungen war.

Aus der Kapelle entfernte Kunstgegenstände. Vier ROKOKO-ENGEL (im Pfarreimuseum, Münster). Tanne? Polychromiert, teilweise überfaßt. 2. Hälfte 18. Jh. Nach den Aussparungen in den Sockeln könnten sie einst bei den Säulenpostamenten der Seitenaltäre gestanden haben. Elegante Figürchen in reicher, bewegter Gewandung; charakteristisch sind die hochgewehten oder schirmartig gespreizten Gewandzipfel. 1. H. 42 cm. Mit Füllhorn. Kopf ersetzt. – 2. H. 35 cm. Pendant zu Nr. 1. Flügel und Füllhorn fehlen. – 3. H. 38 cm. – 4. H. 55 cm. Pendant zu Nr. 3. Flügel fehlen. – ALTARKREUZE der Seitenaltäre in holzgeschnitzten bewegten *Rokokoschreinen.* Um 1775. H. 75,5 cm, vergoldet und zierpolychromiert. 1. (im Pfarreimuseum, Münster). Elfenbeinschnitzerei des 17. Jh.(?): Kruzifix auf zweigeschossigem altarähnlichem Untersatz. Vor dem Kreuzesstamm stehende Maria. – 2. (Sakristei der Pfarrkirche). Alabasterkruzifix. 1. Hälfte 19. Jh. Der Sockel gleicht demjenigen des Altarkreuzes am Hochaltar (S. 149). – KASEL (im Pfarreimuseum). Blau. 2. Hälfte 18. Jh. Taft, bestickt mit großen bunten Streumustern: Aststrünke, aus denen Blütenzweige sprießen, und blütengefüllte Spitzschneckenhäuser in schräger Anordnung. Wertvolle Kasel.

Aus Münster abgewanderter Kunstgegenstand. Deckenfragment. Historisches Museum Basel, Inv.-Nr. 1894-416. Holzschnitzerei mit zwei Wappen [Sau, Eichel und Becher], mit der Jahreszahl 1554 und den Initialen «PIH/AS/SP»[482].

482 Aus dem Kunsthandel. Freundl. Hinweis von Dr. François Maurer, Basel.

Abb. 120. Gletsch. Wirtshausschild des Hotels «Glacier du Rhône», 1839? – Text S. 151.

GRIMSEL

Im Spätmittelalter besaßen die Walliser mehrere Alprechte im obern Haslital[1]. Da das 1397 erstmals erwähnte[2] Spittel in einem Aufruf des Bischofs Wilhelm III. von Raron um 1440/41 als «domus et hospitalis pauperum de Grymslon nostre dioecesis» bezeichnet wird[3], überrascht es nicht, daß die Gommer nach einem Spruchbrief des Jahres 1492 den Grimselweg bis zum Spitalsee zu unterhalten hatten[4].

CHRISTOPHORUSKAPELLE AUF GRIMSEL-PASSHÖHE

1961 nach veränderten Plänen von PAUL SPRUNG, Naters, erbaut. Neugestaltung des Chors durch ANTON MUTTER, Naters, und H. H. ALFONS BURGENER, Pfarrer von Oberwald, im Jahre 1971.

Der Bau lehnt sich in seinem Äußern an die Fafleralp-Kapelle (1959/60) von Architekt JOSEF SCHÜTZ, Zürich, an, obwohl er statt eines rhombischen einen dreieckigen Grundriß mit Eckrunden bei Turm und Chor aufweist und der Altar der Turmkonche nicht zugeordnet ist[5].

GLETSCH

HOTEL «GLACIER DU RHÔNE»

Geschichte. 1830–1832 baute Josef Anton Zeiter, Gastwirt in Münster, eine kleine Herberge, die noch teilweise erhalten ist und als Werkstatt- oder Garagengebäude benutzt wird[1]. Um 1858–1860 wurde östlich der ersten Herberge ein größeres Gasthaus errichtet, das schon 1864–1870[2], während des Baus der Furkastraße, um eine Risalit-Mittelachse mit anschließendem gleichem Baukörper nach Osten erweitert wurde. Bei der letzten Vergrößerung 1906–1908 unter Josef Seiler erhielt das Hotel durch Anbau eines weiteren fünfachsigen Baukörpers im Osten und durch Erhöhung um ein Stockwerk mit Ausbau der Mansarden die heutige Erscheinung.

Wirtshausschild (Abb. 120). Von 1839[3]? Ehemals im Hotel «Angleterre», Brig[4]. Schmiedeeisen, bunt bemalt. Im Medaillon Wappenkomposition: geviert mit den Wappenzeichen von England

---

1 So auf dem Räterichsboden, in der Oberaaralp und der unteren Aaralp (L. CARLEN, Die Landmarchen auf der Grimsel, W. Jb. 1960, S. 60).

2 L. MEYER, Die St. Jakobsbruderschaft in Münster, Goms, ZSK XXXIV (1940), S. 59.

3 A Valeria, Tir. 48, Nr. 159. (Freundl. Hinweis von H. A. von Roten, Raron.)

4 L. CARLEN (vgl. Anm. 1).

5 Entgegen den Plänen von P. SPRUNG, der auch eine höhere Turmkonche ins Auge gefaßt hatte.

1 Die Rechte der Alpgeteilen verschiedener Gommer Gemeinden an der unteren Gletschalpe gingen 1862 an Hans Anton Roten über. 1882 erwarb der schon in den sechziger Jahren mitbeteiligte Hotelgründer von Zermatt, Alexander Seiler aus Blitzingen, die Anteile der Familie Roten, sein Sohn Josef im Zeitraum 1891–1905 auch sämtliche Rechte an der oberen Gletschalpe. (Freundl. Auskünfte von Dr. Eduard Seiler, Zürich, und Dr. Louis Carlen, Brig.) Abriß der Geschichte des Gasthauses von Ing. Alexander Perrig, Luzern (Ms im Besitz der Familie Dr. Hermann Seiler, Brig). P.-L. MERCANTON nennt als Baudatum der ersten Herberge 1832 (Die Alpen, Chronik des S. A. C. und Kleine Mitteilungen, 1943, Nr. 8, S. 212).

2 Eine nach der gedruckten Beschriftung auf einem Stich von BURI & ZEKEL aus dem Jahre 1867 stammende Originalzeichnung von AUGUST BECK (1823–1872) zeigt noch den Bau von 1858 bis 1860. Kopien im Besitz der Familie Dr. H. Seiler. Originalstich entwendet.

3 Jahreszahl auf der Tür des Restaurants «Angleterre» in Brig, die allerdings die Wappenzeichen der Familie Perrig trägt.   4 Freundl. Auskunft der Familie Dr. Hermann Seiler, Brig.

im 1. und 4. Feld, von Schottland im 2. Feld, ergänzt durch eine Groteske. Im Herzschild nicht-identifiziertes, neunfach geteiltes Wappen[5] mit Schrägrechtsbalken. Als Umschrift der Wahlspruch des Hosenbandordens.

Privatsammlung[6]. *Skulpturen. Ofenplatten.* Eisenguß[7]. Reliefs. 1. 64,8 × 61 cm. 2. Hälfte 17. Jh. Stockalper-Wappen (W. Wb., Tf. 9, Nr. 2). Wappenzeichen auch auf den Fahnen der schildhaltenden aufrechten Greife und auf den Visieren der Wappenzier. Unten Fries mit der Devise «NIL SOLIDVM NISI SOLVM»[8] und Reichsadler in Medaillon. – 2. 76,5 × 53,5 cm. Kaspar Jodok von Stockalper (1609–1691) in Rüstung, vor einer Balustrade stehend, neben sich Helm und Zier. Rechts geschupptes Medaillon mit dem Stockalper-Wappen (W. Wb., Tf. 9, Nr. 2) zwischen Greifen. – 3. 23,5 × 20 cm. Wappen Mannhaft? (W. Wb., Tf. 8). Seitenverkehrt. Mit sich aufrichtendem, statt stehendem Löwen. Von Georg Christoph Mannhaft[9]? (vgl. hölzernes Wappenrelief). – *Wappenrelief.* Holz. 61 × 58 cm. Oben Jahreszahl 1707. Geviertes Wappen mit dem Emblem der Mannhaft? (vgl. Ofenplatte Nr. 3) und einer Sonne[10] über zwei fünfstrahligen Sternen. Gleiche Embleme in der Wappenzier. Von Landeshauptmann Johann Jodok Burgener, der 1700 in zweiter Ehe Anna Maria Mannhaft heiratete[11]?

Gemälde und Veduten. Porträte. Pendants. Oval, 56 × 46 cm. Öl auf Leinwand. Von J. STOCKER, Zug, 1882 gemalt. 1. Signiert: «J. Stocker v. Zug 1882». An der Rückseite beschriftet: «Alexander Seiler, geboren den 20. Hornig 1820, Blitzingen. Gründer der Gasthöfe Zermatt und Rhonegletscher». – 2. An der Rückseite beschriftet: «Cathrine Seiler née Cathrein, geboren 1834». – *Rhonegletscher mit erster Herberge.* 51,5 × 66 cm. Öl auf Leinwand. Links unten rot signiert: «J. ZELGER»[12]. Auf Etikette des Spannrahmens: «Le Glacier du Rhône en 1852». – *Veduten, die Geschichte der Herberge betreffend:* a) Die erste Herberge von 1830 bis 1832: 1. «Vue du Glacier du Rhône et de l'auberge récemment bâtie dans les environs par Antoine Zeiter.[Lorenz Justin]Ritz del.[im Jahre 1838[13]]Lith. de Kellner à Genève.». – 2. «Le Glacier du Rhône. Dessiné et lith. par L. Sabatier. Impr. Lemercier, Paris»[14]. – b) Die 1858–1860 von Alexander Seiler östlich, dicht neben der ersten Herberge, gebaute Gaststätte[15]: 1. «Rhône-Gletscher». Stahlstich. «C. Huber[16] sc. Druck u. Verlag v. Chr. Krüsi in Basel». – 2. «Glacier du Rhône». Stahlstich. «Rieger sc. Cramer & Luthi, Editeurs à Zurich.» – c) Der 1864 bis 1870 erweiterte Bau: «Glacier du Rhône». Farblithographie. «Lips[17] Bern & Interlaken.» – *Veduten, andere Baudenkmäler betreffend.* «Beiwachtfeuer im Stockalper'schen Palais zu Brieg/den 22. August 1861. Nach der Natur gezeichnet u. herausgegeben v. Eugen Adam. Gedruckt bei Julius Adam in München[18]. Nr. 13.» – Von demselben: «Der Einzug in Sitten/den 24. August 1861. Nr. 15.». – «The Cross Boden on the Grimsel». Lithographie. Bedruckte Fläche 26,5 × 36,5 cm. Keine weiteren Angaben. Kühne Bogenbrücke im Hochgebirge. – Handkolorierte *Radierungen*, bezeichnet «M. Engelbrecht exc. A. V.»[19] zu den Motiven Erstfeld, St. Gotthard, Weggis, Ruinen von Habsburg[20].

Giltsteinofen aus dem Haus des Bildhauers Johann Ritz, Selkingen (Abb. 37) (S. 420). – *Mobiliar. Türen.* Zwei Stücke. Aus dem Haus von Riedmatten «im Feld», Münster (S. 123). – *Wiege* aus dem

---

5 Wappen des damaligen Besitzers des Hotels «Angleterre»?
6 Die Sammlung ist von Josef Seiler in den Jahren 1897–1914 angelegt und nach 1929 von seinem Bruder Hermann ergänzt worden.
7 Wohl aus Eisen des Stockalperschen Bergwerks im Ganter.
8 D. h.: Nichts ist fest außer dem Boden.
9 Aus Cambo (Bayern) stammend, 1656 in Brig eingebürgert. Porträt- und Kirchenmaler, Meier von Ganter 1684, Großkastlan von Brig 1686 u. ö., Landvogt von St-Maurice 1689, Bannerherr von Brig 1705–1722. Gattin Maria Barbara, Tochter von Kaspar Jodok von Stockalper (W. Wb., S. 159).
10 Emblematische Anspielung auf den Stockalperpalast in Brig, den der Erbauer als die «Sonne» bezeichnete? Sonne als Bekrönung auf dem von Kaspar Jodok von Stockalper «Kaspar» genannten Treppenturm des Stockalperpalastes. Vgl. Anm. 9.
11 Freundl. Hinweis von H. A. von Roten, Raron.
12 JAKOB JOSEF ZELGER (1812–1885), Landschaftsmaler von Stans (SKL III, S. 553–556).
13 RITZ, Notizen, S. 12.
14 Wohl LÉON JEAN-BAPTISTE SABATIER († 1887), Paris (BÉNÉZIT VII, S. 454).   15 Vgl. Anm. 2.
16 Wohl CASPAR ULRICH HUBER (1825–1882), Zürich (ALK XVIII, S. 17).
17 Wohl JAKOB FRIEDRICH FERDINAND LIPS (1825–1885) (SKL II, S. 265/66).
18 Von dieser Serie ferner Nr. VIII, 9–12, z. T. koloriert.
19 Wohl MARTIN ENGELBRECHT (1684–1756), Augsburg (BÉNÉZIT III, S. 582).
20 Aus derselben Serie auch ein Blatt mit dem Motiv des Rhonegletschers.

Haus des Bildhauers Joh. Ritz, Selkingen (S. 420). – *Rokoko-Kommode* aus dem «Präfektehüs», Selkingen (S. 418). – *Kredenz*. Nußbaum. Zweitürig. Rechteckige Füllungen, beschnitzt mit ovalen Wappenmedaillons in symmetrischen Blütenranken, links Wappenzeichen der Familie Stockalper [Stöcke unter zwei Fünfstrahlensternen], rechts aufgerichteter, nach rechts gewendeter Pegasus auf Dreiberg. An den Türrändern eingeschnitzt oben die Jahreszahl 16 46, unten «GM ES». Vom späteren Landeshauptmann Georg Michael [Supersaxo] und seiner zweiten Gemahlin Elisabeth Stockalper († 1647)[21]? – *Kabinettschränke*. 1. Nußbaum, gebeizt. 2. Hälfte 17. Jh. Französischer Stil. Zweiachsig. Über Schubladen, deren Stirn mit Palmetten beschnitzt ist, Türen mit symmetrischen Blütenvasen in Rundbogenfeldern. Hermen über Fruchtbündeln, auch an den Tragbrettern der Fußzone. – 2. Nußbaum, gebeizt. 2. Hälfte 17. Jh. Zweiachsig. Beschnitzte Baluster und mit Palmetten beschlagene Pilaster. In den Rechteckfeldern der Türen und Schubladen gedrückte Blattspiralen, in denjenigen der Standrückwand und der Wangen Rosetten und Phantasieblüten. – *Wandschränkchen*. Nußbaum. Einachsig, mit Kredenznische. Einlegearbeit. An der Tür der Kredenz in Rechteckfüllung Lilie in ausgeprägtem Stil des frühen 17. Jh., an derjenigen des Aufsatzes über der Jahreszahl 1612 Schiner-Wappen unter den Initialen «MS»[22]. In der Kredenznische zinnerner Behälter mit geschweifter Bogenrückwand; an deren Scheitel, ornamental angeordnet, dreimal die Gießermarke von ANDREAS WIRZ II (1767 bis 1813), Zürich (BOSSARD, Nr. 101). Wertvolles Möbelstück, aus der gleichen einheimischen Werkstatt wie S. 361, Haus Nr. 8? – *Wandbüfetts*. 1. Nußbaum. Mitte 17. Jh. Französischer Stil. Zweiachsig. Auf der Kredenz stark eingezogener Aufsatz. Beschnitzte Türen. An der Kredenz Blumenornamente in Rundbogennischen zwischen Cherubinen und einer Herme, am Aufsatz, zwischen nackten Karyatiden, Rechtecksspiegel mit einer bekleideten und einer nackten Frau als Fruchtbarkeitssymbolen. Schubladen in der von Kettenborten und einem Pfeifenfries geschmückten Gebälkzone der Kredenz. Wertvolles Möbelstück. – 2. Nußbaum. 2. Hälfte 17. Jh. Die zweizonige Kredenz und der leicht eingezogene Aufsatz sind viertürig. Die Rosetten- und Blütenschnitzereien der Türen füllen zusammen mit den beschnitzten Scheideachsen die Schrankfront monoton mit Dekor. Derbe Schnitzerei. – 3. Datiert 1700, aus dem Haus von Riedmatten «unter der Kirche», Münster (S. 134). – 4. (Abb. 39). Datiert 1728, aus dem Pfrundhaus Gluringen (S. 346). – 5. Nußbaum. Im Spiegel der Kredenznische die Jahreszahl 1809. Gefast vortretende seitliche Türachsen mit je zwei geschweiften Rundbogenfüllungen. In den Füllungen der Aufsatztürchen links Albrecht-Wappen? (W. Wb., Tf. 1) über den Initialen «II.A», rechts Kleeblatt zwischen Sechsstrahlensternen über den Initialen «AM/M». – *Truhen*. 1. (Abb. 44). Nußbaum. Vierachsige Front. In den äußeren Achsen Rundbogennischen mit feinen Blütenvasenornamenten. In den giebelbekrönten geohrten Nischen der mittleren Achsen Vollwappen Guntern, links mit den Initialen «P[etrus]G[untern]/C[uratus]A[ragni]/V[icarius]F[oraneus]/C[anonicus]S[edunensis]»[23]. Darüber in kleinen Schriftbändern die typisch barocke Devise, links «VENTVS EST VITA MEA IO..[?]»[24], rechts «RESPICE FINEM». Unten in den Feldern die Jahreszahl 1651. An den Wangen mit Lilien beschnitzte Rautenspiegel. Prachtvolle Spätrenaissance-Truhe. – 2. (Abb. 121). Nußbaum. Um 1670[25]. Dreiachsig. Im schmalen Mittelfeld geschnitzter großer Maskaron und Fruchtbündel, in den doppelt geohrten Rahmen der quadratischen Seitenfelder Vollwappen, links jenes der Familie Lambien mit der Inschrift «ANT.LAMBIEN»[26], rechts jenes der Familie Summermatter mit der Inschrift «A[nna]:M[argareta]:SVMERMATER». Im Deckel eingelegte Felder mit Rauten und Lilien. Wertvolle Spätrenaissance-Truhe mit Knorpelstilelementen im üppigen Schnitzwerk. – 3. Tanne. 2. Hälfte 17. Jh. Die drei Rundbogennischen sind mit symmetrischen Blütenvasenorna-

---

21 Freundl. Hinweis von H.A. von Roten, Raron.

22 Von Melchior Schiner († 1642) in Fiesch? (H.A. VON ROTEN, Zur Geschichte der Familie Schiner, BWG XIV [1967/68], Stammtafel V).

23 Peter Guntern (1614–1680), Pfarrer von Ernen 1648–1651, Dekan, Domherr von Sitten. Es wird sich um eine jener Truhen handeln, die der Geistliche 1680 testamentarisch samt all seinen hölzernen Geräten der von ihm gestifteten Rosenkranzpfründe von Münster überließ, sofern es nicht jene nußbaumene Truhe ist, die er seinem Neffen Johannes vermachte (PfA Münster, D 50).

24 Wohl «IO[B].7.» (Concordantiarum universae scripturae sacrae thesauris, Paris 1939, S. 1188).

25 1671 Taufe des ersten und einzigen Kindes Anna Cäcilia. 1674 Tod von Anna Margareta. (Freundl. Hinweis von H.A. von Roten, Raron.)

26 Der aus Brig stammende Anton Lambien († 1683) war 1673–1675 Vogt in Monthey, 1680–1682 Vize-Landeshauptmann, 1682/83 Staatskanzler. (Freundl. Hinweis von H.A. von Roten, Raron.)

menten beschnitzt, die Pilaster mit Tulpen. In der mittleren Nische Wappen mit eingelegten Initialen «V S» und hauszeichenartigen Wappenzeichen: auf Dreiberg quergestellte Raute mit seitlich gekreuzten Seitenlinien, gespalten durch ein Stabkreuz. Derbe Schnitzerei. – 4. Tanne und Nußbaum. 2. Hälfte 17. Jh. Dreiachsig, mit Rundbogennischen zwischen Grotesken in Blattkelchen und geschuppten Pilastern. In den seitlichen Arkaden Blütenvasenmotive, in der mittleren, inmitten von Granatäpfeln, kleines Wappen mit zwei vierstrahligen Sternen über Dreiberg. Derbe Schnitzerei. – 5. Nußbaum. Barock. Dreiachsig, mit Blütenornamenten unter Rundbögen. Im mittleren Feld Wappenzeichen Huser (W.Wb., Tf. 3, aber ohne Schrägbalken und Sterne) auf einem Kelch zwischen den Initialen «R D/C H»[27]. Derbe flache Schnitzereien. – 6. Nußbaum. Zweiachsig. Eingelegt links «J[Z?]AM*C», rechts die Jahreszahl 1729. Bescheidenes Möbelstück. – 7. Nußbaum. Dreiachsig, mit Rundbogennischen. In der Mitte geschnitztes Wappenfeld mit den Initialen «MPB» und der Jahreszahl 1706, in den Seitenarkaden Maskaron. – *Walliser Ausziehtische*. 1. Nußbaum. An der Zarge, zwischen Nelkenreliefs, in versenkten Rechteckfeldern vortretendes Wappenschild de Sepibus wie in W.Wb., Tf. 15, jedoch ohne Sterne. An den Zargenecken eingeschnitzt links «.R.D./IONES/C.M.16», rechts «.DE.SEPI/BVS/C.S.87»[28]. Alte Beschläge. – 2. Nußbaum. Um 1700. An der Zarge Zierfelder: Rosetten zwischen Palmetten, in der Mitte Wappenschild mit drei pyramidenförmig angeordneten Kleeblättern auf Dreiberg unter den Initialen «M» und «W». – 3. Nußbaum. An der Zarge, in Rechteckfeld, zwischen Ranken in Medaillon Wappenzeichen der Familie Walpen von Reckingen (W.Wb., Tf. 5, Nr. 2) und den Initialen «I» und «W». An den Zargenecken in Zierfüllungen geschnitzt die Jahreszahl 1740. Möglicherweise aus dem Ritz-Haus, Selkingen[29]. – 4. Nußbaum. An der Zarge drei Felder mit eingezogenen seitlichen Bögen. Eingelegt: «17 IFB 73». – *Tischchen*. Nußbaum. An der Zarge drei beschriftete Felder, von links nach rechts: «CI.BB», «1794», «MCH». – *Kredenztisch* mit dreiachsigem Aufsatz. Nußbaum. Wohl nicht Walliser Herkunft. In der mittleren Aufsatztür Wappenfeld mit den Initialen «PIADM/AMIB» und der Jahreszahl 1776. – *Scherenfaltstuhl*. Tanne, schwarz gestrichen. 16. Jh.? An der Rücklehne Rosetten, am Handlauf geschuppte Kehlen.

Zinn. Kannen des südwestschweizerischen Typs I (BOSSARD, Tf. XVII). 1. H. 32,8 cm. Gießermarke von ETIENNE DE LA FONTAINE, Genf. 17. Jh. (BOSSARD, Nr. 748). Mit Jahreszahl der zweiten Gießerordnung von 1609. Auf dem Deckel eingeritzt: «TC 1668». – 2. H. 23,3 cm. Qualitätszeichen und Gießermarke ANDRÉ UTIN, Vevey. 1. Hälfte 18. Jh. (BOSSARD, Nr. 699 oder 701). Dazugehörender Teller S. 155. – 3. H. 37,8 cm. Meistermarke von JEAN ANTOINE CHARTON, Genf, und Jahreszahl der Gießerordnung 1719. 1. Hälfte 18. Jh. (BOSSARD, Nr. 733). Auf dem Deckel: «I.M.G. H[I]G.[I]H[I].» – 4. H. 34,5 cm. Qualitätszeichen und Gießermarke «I.B.G.», identisch mit BOSSARD, Nr. 831? (Hier fehlen der Punkt hinter der Initiale «I» und die Sterne unter dem Hammer.) 18. Jh.? Auf dem Deckel: LXXVIII. – 5. H. 24,5 cm. Qualitätszeichen und Meistermarke «I S», Leuk. 18. Jh. (BOSSARD, Nr. 784). Hier ohne Wappen der Stadt Leuk. Auf Krückenfortsatz: «IG». – 6. H. 34,5 cm. Gießermarke ALVAZZI UND CASTEL, Sitten. 19. Jh. (BOSSARD, Nr. 805). Auf dem Deckel, über Walliser Wappen mit dreizehn Sternen, die Zahl LXXV (wie Nr. 10) und die Inschrift: «IEAN IOSEPH TEYTA/JUGE DU TRIBUNAL/ CORECTIONNEL/1833». – 7. H. 28,5 cm. Qualitätszeichen und Gießermarke «I.A.» [Alvazzi, Sitten?]. Um 1800 (BOSSARD, Nr. 802). Auf dem Deckel: «I.N.G.M.I.B.». – 8. H. 22,5 cm. Gießermarke von [PETRUS?] GIUSEPPE MACIACO, Brig. Auf dem Deckel: «A[Rosette]S[Rosette]M», auf dem Krückenfortsatz: «1862». – 9. H. 18,7 cm. Qualitätszeichen und Gießermarke von «I.A.» [Alvazzi, Sitten?]. Um 1800 (BOSSARD, Nr. 801). Auf dem Deckel: «I.F.B.». – 10. H. 34 cm. Qualitätszeichen und Gießermarke, Wappen und römische Ziffer wie Nr. 6. Auf dem Deckel: «B A S». – 11. H. 33,2 cm. Qualitätszeichen und Gießermarke von PAULO G. MACIAGO, Brig. Mitte 19. Jh. (vgl. BOSSARD, S. 258). Auf dem Deckel: «P. HM.». – 12. H. 27,8 cm. Gießermarke von L. MACIAGO, Brig. 1. Hälfte 19. Jh. (BOSSARD, Nr. 796). Auf dem Deckel ferner «H*+*B/P+N», Walliser Wappen und die Zahl LXVII. –

---

27 Christian Huser (1647–1701) von Selkingen, erster Pfarrer von Biel 1696 (SCHMID, LAUBER, Verzeichnis, 1901, S. 396).

28 Johannes de Sepibus, Pfarrer von Mörel 1662–1710, seit 1663 Titulardomherr von Sitten (ebenda, 1925, S. 491).

29 Vgl. eine verschollene Truhe aus dem Ritz-Haus, Selkingen (Eduard Seiler), erwähnt in W.Wb., S. 290.

30 Joseph Huser († 1728) von Selkingen? (ebenda, 1901, S. 396).

12. H. 29,2 cm. Qualitätszeichen und Gießermarke wie Nr. 8. Auf Krückenfortsatz: «1860». – 14. H. 35 cm. Keine Gießermarke. Am Deckel eingraviert Wappen [um Stab geschlungenes S zwischen sechsstrahligen Sternen] unter den Initialen «M.A.S.». – 15. H. 25 cm. Keine Gießermarke. Auf der Krücke «T» mit je einem Punkt beidseits des vertikalen Strichs. Auf dem Deckel: «RD IMM». – *Kanne des südwestschweizerischen Typs II* (BOSSARD, Tf. XVII). H. 19,5 cm. Gießermarke «C.A.». 2. Hälfte 18. Jh. (BOSSARD, Nr. 806). Auf dem Deckel: «M.V.B./L» [Walliser Wappen]. – *Kanne*. H. 24,5 cm. Gießermarke von SCALIA UND GIPPA, Vevey (BOSSARD, Nr. 708). Auf dem Bauche sitzt ohne einschnürenden Hals das Kopfstück. – *Glockenkannen*. 1. H. 35 cm. Rund. Gießermarke von «A.W.», Thurgau. Mitte 18. Jh. (BOSSARD, Nr. 222). Am Deckel an das linke Wappen der Gießermarke erinnerndes Zeichen [durchkreuzter Kreis] unter den Initialen «HIB». An der Wange schräges Wappenfeld mit den Initialen «L[?]EM» über der Jahreszahl 1798. Verschraubbarer Deckel mit Ringhenkel. – 2. H. 28,5 cm. Sechskantig. Auf dem Ausgußdeckelchen Wappen mit dem hl. Georg und dem Drachen unter den Initialen «HCS». An der Wange in stark erhabenem Wappenspiegel eingraviert: «HRL/1754/ABS». Kleiner verschraubbarer Deckel mit Ringhenkel. – 3. H. 36 cm. Rund. Gießermarke von JOHANNES CASPAR ZIEGLER (1776–1814), Zürich (BOSSARD, Nr. 139). Leeres Wappen an der Wange. Bajonettverschluß. Ringhenkel. – *Schnabelstizen*. 1. H. 37 cm. Unten am Fuß schlecht geprägte unbekannte Marke [schlüsselähnliches Motiv]. 16. Jh.? Innen an den Füßen die Jahreszahl 1672. Leib in drei Zonen mit ovalen und geschweiften Buckeln gegliedert. Cherubappliken als Füße. Auf dem Deckel stützt ein Delphin eine Rollwerkkartusche, die einen Heiligen mit Kreuz und Palme auf einem Drachen zeigt. – 2. H. 32,5 cm. Am Henkel Marke: unter liegendem Schlüssel schräg links gespaltenes Wappen mit diagonal gekreuztem Schlüssel. 16. Jh.? Form ähnlich Nr. 1. Runder Standring. Eingraviert Marketenderin mit Kanne. Gebuckelte Urne als Krücke. – 3. H. 36 cm. Verändert? Rokoko. Am Henkel Marke: über liegendem Schlüssel Wappen mit stehender Figur und dem Buchstaben A zu ihrer Rechten. Form ähnlich Nr. 1, auch in Fußappliken und Aufsatz (hier jedoch Medaillon mit cherubgerahmtem Schweizer Kreuz). Rundum am Gefäß schräge Wappen mit Gans, drei Herzen, Traube, Anker und drei Balken. – 4. H. 27,6 cm. Am Henkel nichtidentifizierbares Markenfragment. Kein Dekor außer Volutenknopf an Krücke und Henkel. – *Zierkanne*. H. 43 cm. Keine Marken. 17. Jh.? Abgeplatteter Bauch, röhrenförmiger Hals; beide mit Buckeln verziert. Auf dem Deckelaufsatz Löwe. – *Teller*. 1. Breitrandteller. Dm. 31 cm. Qualitätszeichen und Gießermarke von PIERRE ROZE I oder II, Genf, mit Jahreszahl der Gießerordnung von 1609. 17. Jh. (BOSSARD, Nr. 749). Schützengabenstempel des Zendens Brig [Wappen unter gekreuzten Gewehren], rundum Initialen: «PG/BB/CB». – 2. Wie Nr. 1, aber ohne Schützengabenstempel. – 3. Dm. 23 cm. Qualitätszeichen und schlecht geprägte Marke von ETIENNE MAGNIN, Wallis oder Waadt. 1. Hälfte 18. Jh. (BOSSARD, Nr. 826). Initialen «H.P.G/R.D.I.H» und Markenfragment mit Kelch und den Initialen «I H»³⁰. – 4. Dm. 20 cm. Qualitätszeichen und Gießermarke von ANDRÉ UTIN, Vevey. 1. Hälfte 18. Jh. (BOSSARD, Nr. 699 oder 701). Gehört zu Kanne S. 154, Nr. 2. – 5. Dm. 22 cm. Gießermarke «IB», ähnlich BOSSARD, Nr. 784, jedoch mit «B» statt «S». 18. Jh. Ziergeschweifter Rand mit Rosettenfries. – 6. Dm. 22 cm. Marke «MN» in Querrechteck.

Abb. 121.
Gletsch. Hotel
«Glacier du Rhône».
Spätrenaissancetruhe,
um 1670, mit den
Wappen Lambien
und Summermatter.
Text S. 153.

KAPELLE

1907/08 von Josef Seiler nach eigenen Plänen im Auftrag der Anglikanischen Kirche erbaut, 1930 von dieser durch die Gebrüder Seiler erworben[31]. Innenrenovation 1960–1969.

Beschreibung. Die neugotische Kapelle steht geostet neben der kleinen felsigen Anhöhe östlich des Gasthauses. Das 11,3 m lange und 7,4 m breite Schiff geht in ein eingezogenes Rechteckchor von 2,1 m Länge und 5,4 m Breite über, das nur in der Trauflinie des sehr steilen zusammenhängenden Satteldaches abgesetzt ist. Die Sakristei stößt mit Schleppdach an das nordöstliche Ende des Schiffs. Über dem Frontgiebel geschlossener Dachreiter mit vierseitigem Spitzhelm. Ornamentale Strebepfeiler. Der Eindruck des Innenraums wird durch den offenen Dachstuhl, durch die ungegliedert in die Dachstuhlzone eindringenden Schulterwände und durch die Gruppe von drei spitzbogigen Hochfenstern unter einem Okulus in der Chorstirn bestimmt.

Ausstattung. Vier Statuen, nach einer jüngeren Notiz im Archiv der Familie Seiler aus einem Haus in Raron stammend und 1935 von Julius Salzgeber erworben, nach andern Angaben ehemals in der Vorhalle der Katharinenkapelle im Wiler bei Geschinen[32]. *Hl. Antonius Eremita.* H. 89 cm. Nußbaum, gehöhlt. Spuren einer alten Fassung. Anfang 16. Jh. Rechter Vorderarm fehlt. Der Heilige zieht mit der Linken den Mantel zum Gürtel hoch. Qualitätvolles Bildwerk im Stil der freiburgischen(?) Spätgotik. – *Hl. Petrus.* H. 84 cm. Linde, gehöhlt. Spuren einer alten Fassung. Ende 15. Jh. Der Heilige trägt ein offenes Buch statt der Schlüssel. Fließende Säume neben tiefgehöhlten Schüsselfalten. Bildwerk von hoher Qualität im Stil der oberrheinischen Spätgotik. – *Hl. Sebastian.* H. 96 cm. Nußbaum. Fragmentarische Originalfassung. Gold und Polychromie. 1. Hälfte 16. Jh. Der rechte Vorderarm fehlt. Der Heilige zieht mit der Linken den Zipfel der Clamys vor den Körper. Breites und etwas sperrig geformtes Bildwerk. – *Hl. Magdalena*[33]. Spätgotisch. H. 97 cm. Holz, polychromiert. Abb. im Archiv der Familie. Vor Jahren entwendet. – *Hl. Joseph mit dem Kind.* H. 99 cm. Linde, gehöhlt. Spuren einer Fassung. Mitte 17. Jh. Der Heilige steht mit stark ausschwingender rechter Hüfte, das Kind auf der Linken. Qualitätvolles Bildwerk süddeutscher(?) Herkunft. – Bronzenes Altarkreuz und geschmiedetes Lesepult von Hans Loretan, Brig, 1966. Geschmiedeter Tabernakel vom selben Künstler, 1969.

GERENTAL

Geschichte. «Geren»[1] bildete bereits um die Mitte des 14. Jahrhunderts eine eigene Talschaft mit einem Mann des Tals als Richter[2]. Nach dem Loskauf von Johann «Thomen vom Heingardt, Herren von Ernen oder villmöhr von Aymone

---

31 Freundl. Auskunft von Frl. Rosemarie Seiler, Brig.

32 Leute von Geschinen berichteten dies H. A. von Roten, Raron. Vgl. S. 265. Dies dürfte jedoch wegen des heterogenen Charakters der Statuen kaum zutreffen.   33 A. Carlen, Verzeichnis.

1 Noch um 1618 nannte man die Talschaft auch «Ageren» (PfA Obergesteln, D 5), anderseits im Mittelalter auch schon «geren» (PfA Ernen, D 17, S. 32). Der Name soll althochdeutsch «dreiwinkliger Acker» bedeuten (L. Carlen, Freigerichte im Oberwallis, Festschrift Karl Siegfried Bader, Zürich 1965, S. 74). Im Dorfe Blitzingen, am Eingang ins Fieschertal und in Schwendi OW gibt es Örtlichkeiten mit dem Namen «Geren». Da ihnen allen die Hanglage gemeinsam ist, dürfte «Gerendorf» im Gegensatz zum «Bergdorf» (S. 158) das Dorf am Hang bezeichnen.

2 L. Carlen, Gericht und Gemeinde, S. 138.

von Mylibach»[3] 1405 verfügte die Talschaft als Freigericht über die hohe und niedere Gerichtsbarkeit. Ein Ammann, der den Amtseid in die Hände des Bischofs abzulegen hatte, sprach beim Gemeindehaus neben der unteren Gerenkapelle (Abb. 123, Koord. 160/70?) Recht[4]. Die Richtstätte mit dem Galgen befand sich in einer kleinen Hangmulde oberhalb des Dorfes (Abb. 123, Koord. etwa 0/350). Aus unbekannten Gründen[5] faßten Geteile der entfernten Zenden Brig, Visp und Raron im Tale Fuß[6] und stellten seit 1591 alle zwei Jahre den Ammann[7]. 1550 mußte ein Urteilsspruch die Nutzungsrechte der benachbarten Gommer Gemeinden im Gerental bestätigen[8]. Nach dem Untergang des Freigerichts zur Zeit der Französischen Revolution verwalteten Ammänner bis 1843 noch die Güter[9]. Danach ging das Tal durch Kauf an die Gemeinden Oberwald und Obergesteln über[10]; heute liegt es auf Territorium von Oberwald. In Geren hat man bis in die neueste Zeit Giltstein für Öfen gebrochen[11]. Während man bis 1923 dazu Stollen trieb[12], schürfte ihn der letzte Oberwaldner Ofner JOHANN IMSAND im Tagbau (Abb. 123, Koord. 490/95), und zwar meist an großen Findlingen.

Kirchlich einst zur Großpfarrei Münster gehörend[13], unterstand das Gerental in der ersten Hälfte des 17. Jahrhunderts der Kirche von Obergesteln[14]. 1668 kauften sich die Talleute aus den entfernten Zenden von der Verpflichtung los[15], zur Erhaltung der Kirche von Obergesteln beizusteuern. Am Kirchenbau von Oberwald 1710 nahmen die Gerener regen Anteil[16].

Quellen. Akten in GdeA Oberwald und Obergesteln.

Literatur. J. BIELANDER, Die Ofenmacher von Geren, W. Jb. 1951, S. 45–48. – L. CARLEN, Gericht und Gemeinde, S. 135–150. – J. LAUBER, Verzeichnis der Herren Ammänner und Richter der Talschaft Geren (Agern) bei Oberwald, Walliser Landeschronik 2, Nr. 2 (1924), S. 13, und 3, Nr. 1–2 (1925). – ST. NOTI, Ms Heft 2, S. 6–7. – STEBLER, S. 39–40.

---

3 GdeA Obergesteln, G 15. In dieser ältesten, aus dem Jahre 1634 stammenden Kopie des Verkaufsaktes ist die Rede von «der gantzen gemeindt von Gären der pfarry Gombs».

4 STEBLER, S. 39/40. Das Halseisen soll man bei der Erstellung der Brunnenleitung verwendet haben (L. CARLEN [vgl. Anm. 1], S. 78).

5 P. AMHERD vermutet als Ursache die Verarmung der oberen Gommer Gemeinden nach dem Einfall der Berner 1419 (AMHERD, S. 95 u. 178).

6 An den erweiterten Statuten von 1528, die im Gegensatz zu den frühestbekannten Satzungen rein landwirtschaftlichen Charakters aus dem Jahre 1497 auch gerichtliche Bestimmungen enthielten, waren sie bereits beteiligt (GdeA Oberwald, C 2 [Kopie von 1833]). 1497 traten neben einem «Antonius Owlig, Burger zu Bryg» Leute der «pfary Mörill» auf; es wird bereits unterschieden zwischen «Thallüdt vndt mitgetheylen der Thallschafft» (PfA Obergesteln, G 15).

7 LAUBER, Zendenbeamte, 1924, Nr. 2, S. 13.

8 GdeA Oberwald, C 2. Sie hatten nur Rechte im «Gonerli». Als Gemeinde und Dorfschaft hatte z.B. Unterwassern keine Rechte in Geren.

9 STEBLER, S. 39/40. 1844 fand der letzte Trunk im Gemeindehaus unter dem Vorsitz des letzten Talammanns Johann Christian Furrer aus Bürchen statt.

10 GdeA Obergesteln, C 46. – STEBLER, S. 39. – AMHERD, S. 179.   11 Vgl. Literatur (s. oben).

12 Ausgebeutet durch Josef Bittel (1884–1963), Fiesch, dessen Familie heute noch die hintere Grube gehört; die vordere, mit deren Ausbeute Johann Imsand von Oberwald 1932 wiederum begann, ist im Besitz von Walter Imsand, Oberwald.

13 Vgl. Anm. 3.   14 PfA Obergesteln, D 5 und 7.

15 GdeA Obergesteln, D 18. Wer das ganze Jahr in Geren wohnte, hatte weiterhin als Pfarrgenosse von Obergesteln auch an den Lasten mitzutragen.

16 Leute aus Geren ließen den Josefsaltar fassen (S. 171).

Abb. 122. Oberes und unteres Gerendorf. Luftaufnahme 1973. – Text siehe unten.

SIEDLUNGEN (Abb. 122 und 123)[17]. Dieses oberste kurze Seitental biegt gegen Osten um einen steilen Bergrücken, an dessen Südwestflanke sich drei[18] verlassene Siedlungen schmiegen: auf halber Höhe, vom Rottental aus noch sichtbar, das *untere* und *obere Gerendorf* (1535 m ü. M.) und oben, am Plateaurand des Hungerbergs, das *Bergdorf* (1732 m ü. M.). Das obere und das untere Gerendorf liegen so nah beieinander, daß die obere Gerenkapelle wie der Mittelpunkt einer Siedlung erscheint, während die untere Kapelle einsam auf einer Kuppe am untern Dorfrand steht. In beiden Siedlungsgruppen blieb neben Nutzbauten noch je ein Haus aus dem 17. Jahrhundert erhalten[19]; die übrigen sind zerfallen oder in die Talgemeinden versetzt worden[20]. Das gleiche Schicksal widerfuhr dem Bergdorf (Abb. 129), wo das einzige verödete Haus (von 1655) etwas westlich von einer Nutzbautenzeile allein steht.

17 Abb. in STEBLER (1903), S. 39, Fig. 27.

18 Im Jahre 1500 ist auch von einem «dorff, so heist auff der blatten ... in dem Thall Gären» die Rede (GdeA Obergesteln, G 15). «Zer Blatten» heißt noch jetzt eine Stelle zwischen Unterwassern und Gerendorf.

19 Das Haus im oberen Gerendorf (Koord. 265/140), 1690, renoviert 1968/69, jenes im unteren Gerendorf (Koord. 160/40), 1675, renoviert 1964, angebauter Kamin neu.

20 Dies Schicksal widerfuhr auch dem Gemeindehaus, das am 26. Februar 1871 in öffentlicher

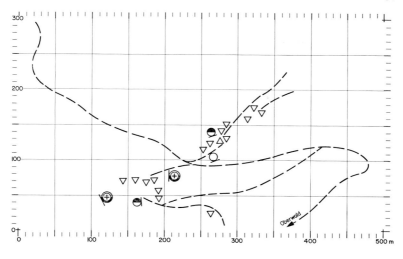

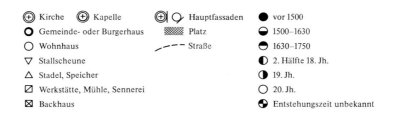

⊕ Kirche ⊕ Kapelle ⊕⏐↻ Hauptfassaden ● vor 1500

◯ Gemeinde- oder Burgerhaus ▒ Platz ◖ 1500–1630

◯ Wohnhaus — — — Straße ◗ 1630–1750

▽ Stallscheune ◐ 2. Hälfte 18. Jh.

△ Stadel, Speicher ◑ 19. Jh.

☑ Werkstätte, Mühle, Sennerei ◯ 20. Jh.

⊠ Backhaus ⊕ Entstehungszeit unbekannt

Abb. 123. Oberes und unteres Gerendorf. Siedlungsplan (vgl. «Wegleitung»). – Text S. 158.

Versteigerung von Baptist Consol von Aosta, wohnhaft in Oberwald, erworben wurde (GdeA Oberwald, G5). Kellermauer und Hofstatt behielt die Gemeinde Oberwald, der das Haus gehört hatte, zurück, um sie hernach Johann Kreutzer zu verkaufen (GdeA Oberwald, D6). Der Standort ist nicht mehr mit Sicherheit festzustellen, da die Leute von Unterwassern meist den außerordentlich(!) großen Heustall (Koord. 160/70) als Gemeindehaus bezeichnen, vereinzelt aber auch die Mauerreste einer Hofstatt bei Koord. 290/30. Wie STEBLER (S. 39/40) ausführt, wurde das Haus, das die Jahreszahl 1767 trug, 1873 nach Obergesteln versetzt, wo es wegen des voraufgehenden Dorfbrandes außerhalb des Dorfes, im Osten, auf dem später nach ihm benannten «Konsulhubel» aufgeschlagen wurde. STEBLER sah es bereits leer und verlassen (Photo bei STEBLER, S. 43, Fig. 29). Um 1915–1918 verkaufte man das Haus an Ludwig Garbely, der das Holz für den Bau eines Heustalls in Ulrichen verwendete (PfA Obergesteln, D46). Aus den Dielbäumen zimmerte er die Türpfosten in der Scheune. Auf einem Pfosten steht: «LIbera IVrIsDICtIo aggorens», auf einem andern: «ANNO 1767 Den 6 IV…». Am Giebel des Heustalls: «18 B(?)PC KA 73». Der Ofen steht heute im Hotel «Post» in Fiesch. Zweigeschossig, mit wuchtiger Platte auf sanft gekehltem, stabbesetztem Sims. 149 × 90 × 119 cm. An der Stirn die drei Wappen der Zenden Brig, Visp und Raron in kräftigem Relief über der Jahreszahl 1773. An der Wange Speckli-Wappen zwischen Medaillons, links mit den Initialen I[oseph] S[peckli] über den Ziffern 18, rechts M[aria].B[ürcher] über den Ziffern 80.

OBERE GERENKAPELLE

GESCHICHTLICHES. Ein Dokument von 1610 spricht von einem Stadel «im vnder dorff by der Capelen»[21]. Da die obere, dem hl. Bartholomäus[22] geweihte Gerenkapelle auch am Rand des untern Gerendorfes steht, bleibt ungewiß, welche der beiden Kapellen gemeint ist. Für 1688 sind beide Kapellen bezeugt[23]. Der Visitationsakt[24] von 1687 erwähnt die neu errichtete Bartholomäuskapelle; die alte, dem gleichen Heiligen geweihte Kapelle sollte abgebrochen werden. Die vor der jüngsten Restaurierung in die Kapellendecke eingelassenen Wappentafeln der Zenden Brig, Visp und Raron bezeichnen die Kapelle der achtziger Jahre des 17. Jahrhunderts, wenn nicht schon den Vorgängerbau, als Werk dieser Geteilen (vgl. S. 157). Gegen Ende des 19. Jahrhunderts ging die Kapelle, deren Patronat und Unterhalt der Genossenschaft der Alp Geren oblag[25], als offizielles Gerener Gotteshaus an die Kirchenfabriken von Obergesteln und Oberwald über[26]. Renovationen vor 1847[27], 1954/55 (Entfeuchtung), 1967 (Totalrenovation).

Baugeschichtliche Probleme. Beobachtungen an der heutigen Bartholomäuskapelle lassen nun aber auf eine komplexere Baugeschichte schließen. Die Jahreszahl 1647 auf dem eingelassenen Giltsteinbogen der Stirnfassade kann Baujahr der Kapelle

Abb. 124 und 125. Oberes Gerendorf. Bartholomäuskapelle. Hochaltar, letztes Viertel 17. Jahrhundert. Text S. 161. – Unteres Gerendorf. Kapelle. Muttergottesstatue, 2. Viertel 16. Jh., H. 62 cm. – Text S. 162.

Abb. 126–128. Oberes Gerendorf. Kapelle. Hölzerne Wappentafeln der Zenden Visp, Brig und Raron, Mitte 17.Jh., ehemals in der Kapellendecke. – Text S. 162.

sein und die frühere Rundbogenöffnung über seitlichen Brüstungen(?) im letzten Viertel des 17.Jahrhunderts, als man den wertvollen Barockaltar erwarb, bis zur stichbogigen Türnische vermauert worden sein. Deshalb ruht an der Fassaden-Innenseite auch das Rechteckfenster in der Stichbogennische der Tür und wirkt die giltsteinerne Portalrahmung mit dem ungeschickt aufgesetzten Stichbogen zusammengestückt[28].

BESCHREIBUNG. Die geostete Kapelle folgt dem Talhang. Der rechteckige Bau von 7 m Länge und 5 bis 5,20 m Breite scheidet das Chor nicht aus. Das neu mit Schindeln gedeckte Satteldach trägt vorn einen einfachen Dachreiter mit quergestelltem Satteldächlein. Nur talwärts öffnen sich zwei Fenster mit ganz flachem Stichbogen. In der Fassade ist ein dünner, bis auf Brüstungshöhe herabreichender Giltsteinbogen eingelassen; auf dessen Scheitelplatte stehen die Ziffern der Jahreszahl 1647, die Initialen «P[arochia?]M[onasteriensis?]»[29] und ein nichtidentifiziertes Wappenzeichen, ein mit drei Stäben in einem Dreiberg verankertes Kreuz. Der ungegliederte Innenraum ist von einer trapezförmig gebrochenen schmucklosen Kassettentonne aus Holz überwölbt. Die Stellen, wo vor der Renovation von 1967 die Zendenwappen (Abb. s. oben) eingelassen waren, sind in der Decke noch sichtbar.

Altar (Abb. 124). Stilistisch den achtziger Jahren des 17. Jahrhunderts angehörend, wird das Retabel für die damals neu errichtete oder (seinetwegen?) an der Fassade umgestaltete Kapelle geschaffen worden sein. 1968 restauriert von WALTER MUTTER, Naters. Fassung erneuert.

21 PfA Münster, B5k.
22 Man pilgerte zum hl. Bartholomäus bei Hautleiden wie Ausschlag oder Krätze (STEBLER, S. 47).
23 Am 25. Juli 1688 wird die «obere» Gerenkapelle testamentarisch beschenkt, was das Vorhandensein der «unteren» voraussetzt (PfA Münster, B10). Sonderbarerweise hält P. AMHERD (1879) fest, im Gerental hätten zwei Dörfer mit einer(!) Kapelle gestanden, die dem hl. Bartholomäus geweiht war (AMHERD, S. 179, Anm. 1). 24 PfA Obergesteln, D29. 25 PfA Obergesteln, D31 (1807).
26 Nach dem Visitationsakt von 1898 hat Obergesteln zwei Drittel, Oberwald ein Drittel Anteil an der Kapelle (PfA Oberwald, o.Nr.).
27 Die Kapelle hatte zuvor wegen ihres baufälligen Zustandes interdiziert werden müssen (PfA Obergesteln, D24). 28 Freundl. Hinweis von Dr. Fr.-O. Dubuis, Sitten.
29 1642 waren die Gerener noch in Münster pfarrhörig (Taufbuch von Münster zum 12. April 1642: «... von Geren alias e patria famis») (PfA Münster, D89).

Den hl. Bartholomäus in der tiefen Rundbogennische flankieren Heilige mitten
vor den gekuppelten Säulen, links der hl. Petrus, rechts der hl. Johannes Ev. Strahlende Mitte der Bekrönung bildet eine Pietà.

Das Altarwerk übertrifft in der Dichte des Aufbaus und in der feinen Durchbildung der Figuren bei recht kräftiger Anatomie alle zeitgenössischen Gommer Altäre
und ist daher kaum einer einheimischen Werkstatt des Oberwallis zuzuweisen[30].

WAPPENTAFELN *der Zenden Brig, Visp und Raron* (Abb. 126–128). Ehemals in der Kapellendecke
eingelassen, seit 1967 an der rechten Wand aufgehängt. 29,5–32 × 25–26,5 cm. Holz. Spuren einer
Fassung. Die von vegetabilem Rollwerk umspielten Ovale mit den Wappenzeichen sind qualitätvolle
Schnitzwerke aus der Mitte des 17. Jahrhunderts. – ALTARKREUZ. H. 80 cm. Holz, polychrom ge-
faßt. 2. Viertel 18. Jh. I. Reckinger Hauskruzifixtyp mit frühem Sockel (S. 46/47). – KELCH (in der
Pfarrkirche von Obergesteln) (Abb. 166). Silber, gegossen, vergoldet. H. 24 cm, Ende 17. Jh. Be-
schau Brig. Meistermarke von MARX JAKOB BICHEL? (Tab. I, Nr. 15). Sechspaßförmiger Standring.
Auf den geblähten Kappenbuckeln des Fußes abwechselnd Leidenswerkzeuge, das Schweißtuch der
Veronika und Cherubine. Scharfer Schaftring mit hängendem Palmettenkranz. Am birnförmigen
Nodus Medaillons mit eingravierten Wappen der Zenden Visp, Raron und Brig. Am kompakten Korb
schwerer Akanthus und Fruchtkomposition. Wertvoller Kelch. – SAKRISTEISCHRANK. 2. Hälfte
17. Jh. Mit geschuppten Pilastern beidseits der Tür und einem Sprenggiebelaufsatz. – MESSBUCH-
STAND. Holz. Datiert 1630.

GLOCKE. Dm. 28,5 cm. Umschrift an der Schulter: «[Hand]AVE MARIA GRACIA PLENA DOMINVS
DECVM ANNO 1742». An der Flanke Reliefs: zwei hängende große Palmetten, Kreuzigungsgruppe,
Immakulata. Unten an der Flanke: «A[nton].K[eiser].ZVG». Unsorgfältiger Guß.

UNTERE GERENKAPELLE

GESCHICHTLICHES. Die Kapelle ist für 1688 – vielleicht schon für 1610 – bezeugt
(vgl. S. 160). 1873 ist das der Schmerzhaften Gottesmutter geweihte Kapellchen in
Privatbesitz[31]; heute gehört es den Familien Huter, Hischier und Kreuzer; die beiden letzteren haben ihre Ansprüche von der Familie Tscheinen ererbt. Renovation
1960. Als Privatbesitz einiger Familien der benachbarten Talgemeinden dürfte die
untere Gerenkapelle im Gegensatz zur Bartholomäuskapelle das Gotteshaus der
wenigen Obergommer Geteilen in Geren gewesen sein.

BESCHREIBUNG. Das unscheinbare, mit blechernem Satteldach abgeschlossene
Gebetshaus von 5,20 m Länge und 4,15 m Breite endet chorseits im Dreierschluß.
Rahmenlose Rundbogentüröffnung in der Giebelfront. Ebenso anspruchslos ist der
von einer ungegliederten flachen Tonne aus Holzfaserplatten überspannte Innenraum.

An Stelle eines Altars schmückt die Chorstirn ein neues GEMÄLDE *der Immakulata*. Öl auf Holz.
Rechts unten bezeichnet: «Teilweise Kopie H. Blauel 1961». – STATUE *der stehenden Muttergottes*
(Abb. 125). H. 62 cm. Holz, z. T. häßlich überfaßt. 2. Viertel 16. Jh. Breite, untersetzte Figur mit
geschlossener Silhouette. Flaue Schüsselfalten des Parallelfaltenstils. Qualitätvolles Bildwerk voller
Liebreiz.

ABGEWANDERTE KUNSTGEGENSTÄNDE. PIETÀ-GEMÄLDE. 1. (im Besitz von Dr. Alfons
Weber-Kreuzer, Luzern). 97 × 55 cm. Später beschnitten. Öl auf Leinwand. Letztes Viertel 17. Jh.?

---

30 JOHANNES SIGRISTEN von Glis, der bislang bekannteste Altarbauer jener Zeit im Gebiet der
auftraggebenden Zenden, scheidet jedenfalls bei einem Vergleich mit seinem Altarwerk von 1697 in
der Wilerkapelle von Geschinen wegen seines derberen Stils aus.

31 PfA Oberwald, Rechnungsbuch, 1849 ff.

Abb. 129.
Bergdorf und
Hungerberg. Luft-
aufnahme 1973.
Text S. 158.

Restauriert. – 2. (seit 1964 in der Kapelle von Unterwassern). 98 × 61 cm. Öl auf Leinwand. Im Auftrag von Dr. Ferd. Kreuzer durch LUDWIG WERLEN († 1928) nach der XIII. Station eines in Farb-
drucken verbreiteten Kreuzwegs von MARTIN FEUERSTEIN, München, gemalt[32] und wohl nach der
Altarrenovation von 1923 durch ANTON IMHOF bis 1961 als Altarbild verwendet[33].

KAPELLE AUF DEM HUNGERBERG[34]

Oberhalb der verlassenen Siedlung Bergdorf steht das Marienkapellchen auf dem
herrlich gelegenen Plateau, von dem ein bewaldeter Kamm hinaus ins Gerental vor-
tritt. Das 1870 erbaute Gebetshäuschen gehörte ursprünglich allein der Familie
Kreuzer, jetzt auch den Familien Kämpfen und Hischier. 1954 Innenrenovation[35].

Einzige Gliederung des unscheinbaren Bauwerks von 4,30 m Länge und 3,80 m
Breite sind kräftig abgefaste Kanten an der Chorseite. Über der stichbogigen Türöffnung in der Mauer der Giebelfront Giltsteinplatte mit der Jahreszahl 1870 unter
dem Jesusmonogramm. Der an den Chorrändern leicht abgefaste Innenraum ist
mit einer stichbogigen Bretterdecke eingewölbt.

Altar. Aus der Bauzeit der Kapelle. Ein Paar gerader Säulen mit degenerierten
Kompositkapitellen rahmt ein nazarenisches Halbfigurenbildnis der Muttergottes
(70 × 57 cm. Öl auf Leinwand). Auge Gottes in Rankenwerk als Bekrönung.

ALTARKREUZ. H. 47 cm. Holz, gefaßt. 19. Jh. Mit Anklängen an den I. Reckinger Hauskruzifixtyp (S. 46).

---

32 Freundl. Hinweis von H. A. von Roten, Raron.

33 A. CARLEN, Verzeichnis.

34 Vgl. Anm. 29.

35 PfA Oberwald, Notizbuch, 1882 ff. Es ist die Rede von einem alten «Holzrabitzgewölbe», das
aber nach Aussage des Maurers Rudolf Hischier von Oberwald nicht, wie vorgesehen, herausgerissen,
sondern offenbar nur mit der neuen Bretterdecke verkleidet wurde.

Abb. 130. Oberwald (oben) und Unterwassern. Luftaufnahme 1973. – Text S. 166.

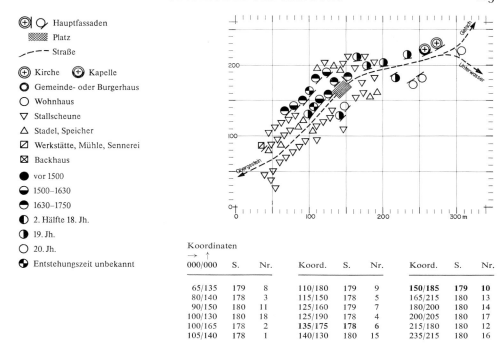

Zeichenerklärung (Legende):

- ⊕ ♀ Hauptfassaden
- ▓ Platz
- ╌ Straße
- ⊕ Kirche ⊕ Kapelle
- ○ Gemeinde- oder Burgerhaus
- ○ Wohnhaus
- ▽ Stallscheune
- △ Stadel, Speicher
- ☒ Werkstätte, Mühle, Sennerei
- ⊠ Backhaus
- ● vor 1500
- ◗ 1500–1630
- ◖ 1630–1750
- ◐ 2. Hälfte 18. Jh.
- ◑ 19. Jh.
- ○ 20. Jh.
- ⊕ Entstehungszeit unbekannt

Koordinaten

→ ↑ 000/000	S.	Nr.	Koord.	S.	Nr.	Koord.	S.	Nr.
65/135	179	8	110/180	179	9	**150/185**	**179**	**10**
80/140	178	3	115/150	178	5	165/215	180	13
90/150	180	11	125/160	179	7	180/200	180	14
100/130	180	18	125/190	178	4	200/205	180	17
100/165	178	2	**135/175**	**178**	**6**	215/180	180	12
105/140	178	1	140/130	180	15	235/215	180	16

Abb. 131. Oberwald. Siedlungsplan (vgl. «Wegleitung»). – Text S. 166.

OBERWALD

GESCHICHTE. «Oberwaldt sambt zugehörigen Öhrteren» war der oberste der
«Neün Vierthell des L: Zehenden Goms»[1]. Obwohl sich «Wald», wie es früher
auch hieß, Unterwassern und Obergesteln schon im Spätmittelalter zu gemeinsamen Bauernzünften zusammengefunden hatten[2], führte doch erst die Not nach
der Überschwemmung von 1834 zum Zusammenschluß der beiden obersten Gemeinwesen Oberwald und Unterwassern[3]. 1419 fielen die beiden Dörfer beim Raub-
zug der Berner in Asche[4]. Unterwassern wurde 1706[5] und 1834[6] von Überschwem-
mungen heimgesucht. Auf dem Friedhof von Oberwald wurde am 20. September
1745 der bedeutende Gliser Bildhauer ANTON SIGRISTEN beigesetzt[7]. Wegen der

---

1 PfA Biel, A 12 (1774).

2 Die Bauernzunft von 1515, die alle drei Gemeinwesen umfaßte, nimmt auf eine ältere Bezug
(GdeA Obergesteln, B 1).   3 Am 27. August 1835 (PfA Oberwald, Pfarrbuch, o. Nr.).

4 J. STUMPF spricht vom Brand beider Siedlungen (H. ESCHER, Ein Reisebericht des Chronisten
J. Stumpf aus dem Jahre 1544, Quellen zur Schweizer Geschichte VI, Basel 1884, S. 249). Mit diesem
Ereignis erklärt STEBLER (S. 60) das Fehlen von «Heidehischer» in den beiden Siedlungen, weshalb
er auf die mittelalterliche Entstehung dieses Haustyps schließt. «Heidehischer» fehlen aber auch in
Ulrichen.

5 VON ROTEN, Chronik, 1951, S. 38.   6 Vgl. Anm. 3.   7 Vgl. Anm. 43.

nahen Giltsteinbrüche in Geren hielt sich in Oberwald und Unterwassern der Beruf des Ofners[8] bis in die jüngste Zeit.

Kirchlich unterstand Oberwald bis in die erste Hälfte des 17. Jahrhunderts Münster, hernach Obergesteln (S. 196). 1719 soll es ein eigenes Rektorat geworden sein[9]. Obwohl das Gotteshaus 1725 das Taufrecht erhielt[10] und 1736 in den Rang einer Kirche mit Beerdigungsrecht erhoben wurde[11], soll es sich erst 1767 von Obergesteln getrennt haben[12]; die endgültige Loslösung erfolgte sogar erst 1871[13].

> *Quellen.* GdeA Oberwald. PfA Oberwald, Obergesteln und Münster.
>
> *Bilddokumente.* 1. Vgl. Bilddokumente zur Kirche Nr. 1. – 2. «Speicher in Oberwald/ 24/VIII 09». Zeichnung von J. R. RAHN (ZBZ, Rahnsche Sammlung, Mappe XIX, Bl. 73).

SIEDLUNG. *Anlage und Geschichte* (Abb. 130 und 131). Das alte Dorf folgt als zweistufige Siedlung dem nördlichen Talhang. Am östlichen Ende weitete sich vor dem alten Pfarrhaus ein Dorfplatz, der heute von der Autostraße fast aufgezehrt wird; durch den Abbruch der Annakapelle (Koord. 150/155) hatte man schon 1953 seine südliche Flanke aufgerissen. Nutzbauten setzen die beiden Häuserzeilen nach Westen hin fort und umfangen das alte Dorf im Osten. Fast ausschließlich Nutzbauten treten über die Talstraße hinüber in den Talgrund vor. So sind Wohn- und Nutzbauten mehrheitlich geschieden.

Das alte Dorf setzt sich zur Hauptsache aus Häusern der Barockzeit (1630–1750) zusammen. Ebenso wie «Heidehischer» (Anm. 4) fehlen auch Bauten aus dem nachfolgenden Zeitraum 1750–1850. Erst in der zweiten Hälfte des 19. Jahrhunderts wurde der von Steinhäusern geprägte, jedoch mit hölzernen Nutzbauten durchsetzte Dorfteil im Osten angefügt, wodurch die Verbindung zur Kirche hergestellt wurde und der alte Dorfkern mit den Wohnhäusern in die Mitte der Siedlung rückte. Die bislang unbekannte Vorliebe für den Steinbau wird auf den Einfluß des nach 1868 in Stein erstandenen Obergesteln (S. 197) zurückzuführen sein; doch stand das steinerne Hotel «Furka» bereits. Neben dem alten Dorfkern mit seinen zum Teil stattlichen Gommer Häusern verdienen vor allem die charaktervollen Nutzbautengruppen am westlichen Eingang beidseits der Talstraße Beachtung. Eine Dorfpartie heißt «z'Gfellerbächi» (nordwestliche Häusergruppe am Hang).

---

8 Bekannte Ofner: JOHANN JOSEF KREUZER († 1901; wohnhaft im Haus Nr. 11; seine Familie wurde «Steinhauers» genannt). – ANDREAS KREUZER (1841–1905). – JOSEF HISCHIER (1865–1950). – JOHANN IMSAND (1888–1960). – WALTER IMSAND (* 1920) (Familienregister PfA Oberwald, o. Nr.).

9 Nach den Angaben von J. LAUBER im Verzeichnis der H. H. Pfrundherrn von Oberwald am 9. Juli 1719 (PfA Oberwald, o. Nr.), nach D. IMESCH 1725 (IMESCH, S. 250).

10 PfA Oberwald, D 1. – 1728 erhielten Oberwald und Unterwassern die Hälfte der 1678 gestifteten Rosenkranzpfründe des Münstiger Pfarrers Peter Guntern (GdeA Münster, D 19).

11 Vgl. Anm. 20. Sterbebuch 1736 ff. (PfA Oberwald, D 2).

12 D. IMESCH nennt für die Pfarreigründung, sich auf FR. JOLLER stützend, das Jahr 1767 (IMESCH, S. 250).

13 Obergesteln hatte Oberwald ersucht, ein Drittel der Baukosten der im Brande von 1868 eingeäscherten Kirche und des Pfarrhauses zu übernehmen; Oberwald lehnte ab und drängte auf Trennung (GdeA Oberwald, D 2). Ablösung der letzten Verpflichtungen 1914 (PfA Münster, D 156).

Abb. 132.
Oberwald. Kirche
und Beinhaus
von SW. Zeichnung,
1909, von J.-R. Rahn.
Verändert Vorzeichen
samt Haube 1909/10,
Glockengeschoß und
Zifferblätter 1953.
Text S. 167–169.

PFARRKIRCHE HL. KREUZ

GESCHICHTE. 1599 wurde ein Exvoto «ad veterem capellam in zwaldt» gestiftet[14], worunter nur jene Hl.-Kreuz-Kapelle gemeint sein kann, die im Visitationsakt von 1687 als «Miraculis clare» bezeichnet wird[15]. 1611 schenkte Christian Anthenien «an die obren Capelen in waldt 2 kronen das man darin ein alter mache oder das sy darunter verbuwen werd»[16]. Oberwald besaß demnach schon damals auch eine untere Kapelle. 1683 Stiftung von hl. Messen «apud sanctam Crucem»[17]. Die heutige Kirche wurde 1710 erbaut (Datum an der Unterseite des Chorbogen-Scheitelsteins). An der Innenseite der linken Chorbogenante steht auf einem Spiegel: «DIESEN KORBO/GEN HAT LASSEN/MAHEN JOANNES/BELWALDER 1710»; an der rechten wird mit gleichem Wortlaut «MELCHER BELWALDER» als Stifter genannt (S. 197). 1720 beschädigte eine Lawine das Turmdach und die Sakristei[18]. Damals wird man hinter der Chorstirn den für die Kirche so charakteristischen Lawinenbrecherkeil angefügt haben, der nach Angaben von STEBLER[19] im Laufe der Jahrhunderte seine Gestalt veränderte. Weihe der Kirche und der drei Altäre 1736[20]. 1742 Erneuerung des Turmhelms? (Eingeschnitzte Jahreszahl am Sternrost des Dachstuhls.) Bei der Überschwemmung von 1834 umschloß so viel Schutt den Bau, daß man zur Tür hinuntersteigen mußte, während früher Stufen zu ihr emporführten[21].

14 PfA Münster, B5f. «saceli veteri S.Crucis» (PfA Münster, B10 [1688]).
15 PfA Obergesteln, D29. An das Gotteshaus mit dem wundertätigen Kreuz flossen vor allem Gaben für hl. Messen gegen den «obern Wind» (AMHERD, S. 174; zu seiner Zeit [1879] war der Brauch bereits außer Übung).   16 PfA Münster, B5k.   17 PfA Münster, B1, S. 241.
18 VON ROTEN, Chronik, 1956, S. 43.
19 Ursprünglich Λ, dann Λ, schließlich massiv (STEBLER, S. 48).
20 Visitationsakt von 1821 und folgende (PfA Oberwald).
21 Angaben zu den späteren Renovationen in PfA Oberwald, Notizbuch der H. H. Pfarrer, o. Nr.

Infolge dieser Veränderungen begann man 1838 mit der Erhöhung des Chor-
bodens[22]; der Boden im Schiff scheint trotz bischöflicher Aufforderung nicht erhöht
worden zu sein[23]. 1909/10[24] wurde die alte Haube über dem Eingangsportal durch
ein einjochiges Vorzeichen mit einfacherem Dach auf einem Säulenpaar und Arkaden ersetzt. Die 1923 durch ADRIEN SARTORETTI, Sitten, durchgeführte Renovation
veränderte den Charakter des Chors durch grünliche teppichartige Schablonenmalerei und weiterer ornamentalen Dekor über dem Gesims und in den Stich-
·kappen, worauf die Ausmalung der Schiffskassetten[25] folgte. 1933 wurde bei der
Erneuerung des Kirchenbodens das Brusttäfer eingezogen, 1946 die Orgelempore,
ein Werk des 19. Jahrhunderts, durch eine neue von LOUIS ZUMOBERHAUS, Oberwald, ersetzt[26]. Bei der Chorrenovation 1948 wurden die barocken Malereien am
Gewölbe (2. Hälfte 18. Jh.) von JULIUS SALZGEBER, Raron, überholt. Als man
Nischen für Sitzmöbel in die Chorwände eintiefte, stieß man auf ältere Malereien,
links drei weibliche, rechts drei männliche Figuren[27]; sie wurden wieder übertüncht.
1953 wurde der Turmhelm gehoben und erweitert, um mehr Raum für die Glockenstube zu gewinnen. Vorher hatte sich der Turm über dem Mauerschaft mit großer
Kehle zur Glockenstube verjüngt. Renovation des Vorzeichens 1951. Vergrößerung
der Sakristei 1963. 1975 legte WALTER MUTTER, Naters, die spätbarocken Malereien
an den Schiffswänden frei[28].

Baugeschichtliche Probleme. Der Standort. Als Wallfahrtskapelle[29] konnte der Bau
abseits der Siedlung entstehen[30]. – *Alter der Kassettendecke.* Wie die Tragbögen der
Decke im Gewölbe und der Dachstuhl scheint auch die Kassettendecke im 19. Jahrhundert zum Teil erneuert worden zu sein. Die originalen hölzernen Fußsimse entlang den Traufwänden lassen jedoch erkennen, daß die Kirche schon von Anfang
an eine Holzdecke ähnlich derjenigen in der Pfarrkirche von Münster besaß.

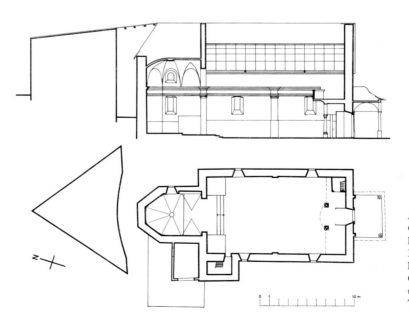

Abb. 133 und 134.
Oberwald. Pfarr-
kirche, 1710, mit
Lawinenbrecher-
keil hinter dem
Chor. Grundriß
und Längsschnitt.
Text S. 169.

Bilddokumente. 1. Kirche und Dorf von Osten. 1840–1850. Zeichnung von RAPHAEL RITZ (Museum Majoria Sitten. RUPPEN, Nr. 423). – 2. Kirche von Westen. Um 1838? Zeichnung von LORENZ RITZ († 1870)? (Ebenda. RUPPEN, Nr. 343.) – 3. Kirche von Westen. Tuschzeichnung von J. R. RAHN, «Oberwald/23/VIII 09» (ZBZ, Rahnsche Sammlung, Mappe VI, Bl. 35). – 4. Kirche von Osten. Tuschzeichnung von J. R. RAHN, «Oberwald/23 Aug 09» (ebenda, Bl. 34). – 5. Tuschzeichnung von J. R. RAHN, «Oberwald/Lavinenbrecher an der/Kirche 23 Aug. 09» (ebenda, Bl. 36).

BESCHREIBUNG (Abb. 132–134). *Äußeres.* Die quer zum Hang gebaute Kirche stößt mit dem Chor nach Norden. Im Grundriß gleicht sie bis an die Seitenkapellen der Pfarrkirche von Münster (Abb. 65). Charakteristisch sind der Lawinenbrecherkeil hinter dem Chor und der mächtige Satteldachkomplex, der mit dem First auch noch zum flacheren Giebel des Lawinenbrechers die Brücke schlägt. Die rechteckigen Hochfenster besitzen wie der Okulus an der Stirnfassade faszierte Giltsteinrahmen. Einfach gerahmt ist ein rundbogiges Oberlicht in der rechten Chorwange, diejenigen der westlichen Schiffswand sind rahmenlos[31]; in den übrigen Fensterachsen fehlen Oberlichter. Der stattliche Turm[32] endet über der hölzernen Glockenstube in einer Zwiebelhaube.

Inneres. Der hohe, schmale Saalraum des Schiffs und das stark eingezogene, durch den giltsteinernen[33] Chorbogen optisch noch verengte Chor wirken geradezu überladen mit vergoldeter Ausstattung. Die Kassettendecke mit einem Fußsims aus Holz über einer Attikazone ist ein Motiv der Pfarrkirche von Münster; doch ist hier die Tonne an ihren Flanken abgeplattet, wird das mit breitem Fries versehene Gesims durch ionische Pilaster abgestützt[34] und sind zwei Zugbalken eingezogen. Im Chor folgt auf ein Stichkappenjoch ein sechsteiliges Kappengewölbe. An den Schiffswänden stehen zwei *Gemäldezyklen* in der Manier der Obergommer Malerei der zweiten Hälfte des 18. Jahrhunderts. In der Attikazone Nothelfer auf Schriftbändern,

22 Zugleich wurde eine Kommunionbank eingebaut und ein Priestergrab erstellt, offenbar auch im Chor.

23 PfA Oberwald, Visitationsakt von 1863, o. Nr. – 1866 erneuerte man bloß den Gang. 1892 Steinplatten im Chor durch Zement ersetzt, ebenso die Stufen zum Chor und zum Hochaltar (1948 wieder durch Gerener Giltstein ersetzt). 1854/55 später ausgebrochene Türöffnung aus der Sakristei zum Turm wieder vermauert.   24 GdeA Oberwald, G 7.

25 Nach eigener Aussage hat ADRIEN SARTORETTI damals die alten Deckenmalereien erneuert; nur die fast völlig verblaßte Darstellung im mittleren Medaillon habe man neu malen müssen (Auskunft vom 10. Jan. 1973).   26 Wiederverwendet wurden die ionischen Giltsteinsäulen.

27 1866 und 1883 war die Kirche geweißelt worden.

28 Auf das Gemälde der Kreuzabnahme war man schon 1954 gestoßen, hatte dann aber einen Kreuzweg vom Meister der Chorgewölbemalereien in der Art der wandgemalten Kreuzwegstationen von Münster (S. 70) vermutet.   29 Patronatsfest 3. Mai, Auffindung des hl. Kreuzes.

30 Oberwald und Unterwassern sollen sich Ende des 17. Jh., im Zuge eines vereitelten kirchlichen Lostrennungsversuchs von Münster, auf den Standort zwischen den Dörfern geeinigt haben (PfA Münster, Chronik des Rektors PETER VON RIEDMATTEN († 1901], o. Nr.).

31 Das Fehlen der Rahmen könnte auf einen späteren Ausbruch der Oberlichter hindeuten. In der Pfarrkirche von Münster treten sie nur im Chor auf.

32 An seinen Kanten ist durch den Verputz hindurch noch eingeritzte Binder- und Läufergliederung zu erkennen.

33 Nach der Überlieferung wurde der Giltstein für die Kirche in der «Witschlüocht» am südlichen Talhang gebrochen.

34 Die Schäfte der zwei Pilaster beidseits der Chorstirn sind entfernt worden.

von vorne nach hinten rechts die Heiligen Achatius (Fragment), (rundbogige Butzenscheibe), Ägidius, Margareta und eine weitere weibliche Märtyrin (Katharina?), links Dionysius, Mauritius (Panthaleon?), ein heiliger Bischof (Theodul?) und Georg. Unter dem Sims eine mit Legenden versehene sechsteilige Bildfolge zum hl. Kreuz, links vorne beginnend: Kreuzabnahme; Auffindung (und Probe?) des Kreuzes durch die hl. Helena; nichtidentifizierbare fragmentarische Szene; die hl. Helena, neben dem aufgerichteten Kreuz stehend (Fragment) (Zug des Kaisers Heraklius mit dem zurückeroberten Kreuz?); als Abschluß eine allegorische Darstellung mit liegendem Kreuz, Lanze und Schwamm sowie Mariä sieben Schmerzen in einem sturmbewegten Kahn, gerahmt von Leidenswerkzeugen und Cherubinen. Am Chorgewölbe zum Teil sehr stark überholte Malereien: im Chorarmscheitel eine Pietà (1. Hälfte 18. Jh.?), in den Kappen der Chorschrägen eine Verkündigung im Stil der Malereien im Schiff (2. Hälfte 18. Jh.), in den übrigen Kappen Ornamentgitter in gemalten Kartuschen. Die Deckenmalereien von 1923 im Schiff zeigen in drei Vielpässen von Norden nach Süden die Hl.-Geist-Taube, die Rosenkranzkönigin, Herz Jesu und Herz Mariä, in den Kassetten zentralsymmetrische vegetabile Ornamente. Am Chorbogen in ähnlichen Vierpässen Dreiviertelbildnisse der Evangelisten beidseits vom Herzen Jesu (Öl auf Leinwand).

Altäre. Hochaltar (Abb. 135). Bis ins frühe 17. Jahrhundert bestand offenbar kein Altar (S. 167). Vom ersten damals gebauten Hl.-Kreuz-Altar wird das Kruzifix aus der ersten Hälfte des 17. Jahrhunderts in der Hauptnische stammen. Am heutigen Retabel Inschrift mit Tinte links am Altargewände: «Johann frantz ab Egg von Schweytz/Mahler 1716»[35]. Der Figurenstil und der Aufbau des Retabels weisen auf JOHANN RITZ[36]. Beim Altarumbau von 1948 wurde ein mächtiger, die Kreuzigungsgruppe beeinträchtigender Drehtabernakel aus der ersten Hälfte des 19. Jahrhunderts entfernt[37]. Auch die später hinzugefügten seitlichen Toreingänge wurden beseitigt[38]. Altarvergoldungen 1923 durch JULES SARTORETTI, Sitten, 1953 durch EDMUND IMBODEN, Raron.

Die beiden Architekturgeschosse bilden zusammen mit der giebelförmigen Akanthusnische der Bekrönung eine großartige Pyramide. Monumental wirkt die Wiederholung gleicher Portalarchitekturgeschosse. Die Figurenreihe der Mittelachse, eine Kreuzigung (Abb. 138) im Hauptgeschoß und der hl. Nikolaus von Myra in der Oberzone, setzt sich mit dem Auferstandenen bis in die Bekrönung hinauf fort. Flankenstatuen: unten, bekrönt von großen tellerartig flachen Akanthusranken, links Bartholomäus, rechts Sebastian, oben links Franz Xaver, rechts Antonius von Padua.

Josefsaltar (linker Seitenaltar) (Abb. 136). Auf einer Kartusche der Predella sind die Stifter genannt: «HOC ALTARE FIERI CVRARVNT/HONESTVS VIR CAROLVS ZILHART/ET

---

35 O. STEINMANN setzt die Entstehung durch Vergleich mit dem Andermatter Hochaltar auf 1715/16 (STEINMANN, Ritz, S. 138 u. 142).

36 STEINMANN weist ferner auf Ähnlichkeit der Figuren mit denjenigen der Altäre von Imfeld-Binn, Acletta und Vrin (beide GR) sowie mit der Kreuzigungsgruppe von Wichel (Fieschertal) (ebenda).

37 PfA Oberwald, Notizbuch 1882 ff., o. Nr. Bei der Renovation von 1923 waren Maria und Johannes mit abgesägten Füßen auf Holzstrünke gestellt worden; der Tabernakel war von hinten her durch eine Öffnung erreichbar. Türchen des neuen Tabernakels sowie Appliken am erneuerten Antependium und an den innern vier Sockelstirnen der Predella von LEOPOLD JERJEN, Reckingen.

38 STEINMANN, S. 140, Anm. 217. Konsolen der Flankenstatuen neu.

Abb. 135 und 136. Oberwald. Pfarrkirche. Hochaltar, um 1716, Johann Ritz zugeschrieben.
Text S. 170. – Josefsaltar, um 1716, Werkstatt des Johann Sigristen(?). – Text S. 170/71.

JOHANNES EIVS FRATER»[39]. Eine Inschrift an der rechten Predellawange bezeichnet
die Stifter der Fassung und den Faßmaler: «Disen Altar/Haben Mahlen Lassen/der
Ehrsame Christen/und Johanes Huotter/auß geren Anno/1716/Johann Frantz ab
Egg/von Schweytz Mahler/MDCCXVI». 1923(?) überfaßt. 1951 wurde das Antependium ersetzt.

Der einachsig zweigeschossige Altar ist mit einer als Medaillon ausgebildeten
Akanthusnische bekrönt. In der vorgestellten Stützenachse des Hauptgeschosses
Hängekapitell als Baldachin für die Seitenstatue. In der Hauptachse von unten nach
oben der hl. Joseph, Katharina und der Erzengel Michael, an den Flanken links
Johannes Ev. und Theodor, rechts Karl der Große und Mauritius. Im Aufbau ein
genaues Pendant zum rechten Seitenaltar, unterscheidet er sich im Stil der Figuren
(Abb. 137) wie der Ornamentik um so deutlicher. Faltenstil[40] und Gestalt des Akanthus sind für die Entstehungszeit ungewohnt und dürften auf einen bedeutenden
(landesfremden?) Meister hinweisen, welcher der SIGRISTEN-BODMER-Werkstatt nahe-
stand.

39 Die Flankenstatuen des Hauptgeschosses stellen ihre Namenspatrone dar.
40 Hier tritt an Figuren von hochbarocken Körperproportionen erstmals das an Wellenkämme
erinnernde Faltenmotiv (Abb. 137) auf, das später, nervös verfeinert, bei den vollendetsten barocken
Bildhauerarbeiten im Oberwallis wie den Seitenaltären von Willern (Binn) oder dem Altar von Ritzingen (Abb. 286) wiederkehrt – alles Werke, die ANTON SIGRISTEN zugeschrieben werden. Am Rosenkranzaltar von Schindellegi (1741) ist der Stil für ANTON SIGRISTEN (oder seine Werkstatt) belegt
(STEINMANN, Sigristen, S. 225–230). Die Altäre von Hohenflühen (1732) zeigen ihn noch nicht. Als
Spätwerk des JOHANN SIGRISTEN scheidet der Oberwaldner Josefsaltar wegen der sensiblen Form-

Rosenkranzaltar (rechter Seitenaltar). Datum der Fassung(?) 1717 in der Kartusche der Oberzone[41]. O. STEINMANN[42] beurteilt den Altar, ausgenommen die Rosenkranzmadonna, als Werkstattarbeit des JOHANN RITZ, an der der Sohn JODOK den Hauptanteil hatte. 1923 durch JULES SARTORETTI, Sitten, überfaßt. 1951 Antependium ersetzt.

Zum Aufbau vgl. Josefsaltar. In der Hauptsache von unten nach oben die Muttergottes, die Taufe Christi und der hl. Karl Borromäus(?) im Bekrönungsmedaillon, an den Flanken links Dominikus und Petrus, rechts Katharina von Siena und Paulus. Medaillons des Psalters rahmen die Hauptnische. Ungelenke, mitunter heftig bewegte Figuren mit stereotyp wiederkehrenden Ritzschen Motiven.

TAUFSTEIN (Abb. 141). Von Bildhauer ANTON SIGRISTEN aus Glis[43]. Am Rand des giltsteinernen Beckens die Jahreszahl 1725[44]. 1923 überfaßt[45]? Becken der herkömmlichen Pokalform. Am Schaft Akanthuspalmetten und Obelisken in Flachrelief. Eigenwilliger ist der hölzerne Aufsatz gestaltet. Auf einer Sockelzone mit eingebauter tabernakelartiger Türfront tragen sechs Freisäulen einen bekrönten Akanthusrollwerk-Giebel. Vor der illusionistischen Portalarchitektur der Türfront ist in Relief die Aussendung der Apostel dargestellt, dazu die Bibelworte in der Giebelkartusche: «Baptizantes eos in Nomine/PATRIS + et FILII + et + SPIRITUS+SANCTI». In der durchbrochenen Ädikula Taufe-Christi-Gruppe unter einer großen Hl.-Geist-Gloriole und einer Kartusche mit der Inschrift: «HIC EST FILIUS/ MEUS DILECTUS, IN/QUO MIHI BENE COMPLACUI». Wie der auf Christus weisende Gottvater der Bekrönung zur Taufszene gehört, so besteht zwischen Figurengruppe und Relief ein gedanklicher Zusammenhang. Der Wert des qualitätvollen Frühwerks des Meisters liegt ebensosehr in der ikonographischen Erfindung wie in der neuen Formensprache, die mit den langen feingliedrigen Gestalten, den spitzelliptischen Köpfen und dem unverkennbaren Zug zu typisierender Preziosität den Stil des Régence einleitet (vgl. Anm. 40). – KANZEL. Aus der Zeit des Kirchenbaus (um 1710). Bunte Fassung 1923[46]. Eigentümlich sind die überdimensionierten Akanthusvoluten zwischen den Arkaden der Evangelistenstatuetten am Kanzelkorb und der zweigeschossige Volutenaufbau der Deckelhaube. Bekrönende Figur ist der im Tempel lehrende Jesus. An der Kanzelrückwand Relief des hl. Ignatius. Die untersetzten Statuetten verwenden Ritzsche Formmotive in so derber Art, daß sie kaum der Selkinger Werkstatt zuzuweisen sind. – ORGEL. Bis zum Orgelneubau von 1938[47] durch die Firma GEBR. SPÄTH, Rapperswil, und HENRI CARLEN besaß Oberwald ein wohl aus dem 17. Jahrhundert[48] stam-

---

gebung der Statuen aus; als Frühwerk des wohl um 1700 geborenen ANTON SIGRISTEN wird er noch kaum anzusprechen sein. Da das Todesjahr des Vaters JOHANN SIGRISTEN unbekannt ist (vor 1722), kann für die Werkstatt ein fremder Meister zugezogen worden sein. Die Tatsache, daß der Lumbreiner Hochaltar des ANTON SIGRISTEN wie eine souveräne Variation des Oberwaldner Hochaltars wirkt, kann dafür sprechen, daß sich die SIGRISTEN-Werkstatt bei der Arbeit am Josefsaltar formal mit dem Hochaltar auseinanderzusetzen hatte (Kdm Graubünden IV, S. 183. – Vgl. STEINMANN, Sigristen, S. 206).   41 Zum Datum der Altarweihe S. 167.   42 STEINMANN, Ritz, S. 141–142.

43 1745, 19. Sept. «Praemissa confessione et sacro viatico sumpto nec non extrema unctione inuncta(?) piè in Dno Obiit honestus probus ac peritus magister Antonius Sigristen Sculptor Brigâ (qui olim hic baptisterium arte sua fecit) cuius corpus Sequenti Die in coemeterio S. Eccliae S: Crucis depositum est.» (PfA Oberwald, D 2.)

44 Es dürfte auch das steinerne Becken von SIGRISTEN stammen (STEINMANN, Sigristen, S. 216).

45 Ebenda, S. 218.

46 In die Büchlein von zwei Evangelisten haben die Restauratoren von 1923 ihre Namen gesetzt: «Ebiner L S. Vergolder aus Lötschen», «Sartoretti. Vergolder Maler Sitten».

47 HENRI CARLEN nahm alte Orgelpfeifen im Gewichte von 68,5 kg als Zahlung entgegen (PfA Oberwald, Rechnungsbuch der Kirche 1938 ff., o. Nr., und Rechnung von H. CARLEN, o. Nr.). Die Firma SPÄTH lieferte die Bestandteile.

48 An der Stirnseite der Tasten war wie bei der Orgel der Vispertterminer Waldkapelle (1619) eine Verzierung in der Form eines liegenden C-Schlüssels ausgeschnitten (KATHRINER, Alte Orgeln, S. 104 und 108).

Abb. 137 und 138.
Oberwald. Pfarrkirche.
Johannes, linke Seiten-
statue des Josefsaltars,
H. 109 cm. Text S. 171.
Johannes von der
Kreuzigungsgruppe am
Hochaltar, H. 178 cm.
Text S. 170.

mendes Werk. Veränderungen des Prospekts[49] 1938, 1955 und 1967. Auf dem kleinen Rundtürm-
chen zwischen den hohen Seitentürmen hölzerne Christophorusstatue mit einem Reliquienschrein in
der Brust. – KOMMUNIONBANK. Esche, lackiert. Stiftung von Johann Kreuzer, Oberwald, aus den
Jahren 1923–1930. In Lungern(?) hergestellt. Groteskenwerk und geflammte Muschelsäume lösen
die Baluster auf. Qualitätvolle neumanieristische Schnitzerei. – RELIEFSCHILD (außen rechts vom
Portal). Unten datiert 1759. Das rundbogige giltsteinerne Schild zeigt in drei Zonen von unten nach
oben Vollwappen des Zendens Goms, Kreuz zwischen Marterwerkzeugen und, in der Akanthuskartusche des Bogenfeldes, ein nichtidentifiziertes Wappen [Herz unter fünfstrahligem Stern][50] zwischen
Initialen, von denen nur mehr diejenigen links lesbar sind: «M I». Stiftung eines Zendenbeamten an
das hl. Kreuz? – WEIHWASSERBECKEN. Beidseits der Kirchenfassade stehen giltsteinerne Weihwasserbecken in der Form flachschaliger Pokale wohl aus der Zeit des Kirchenbaus (um 1710).
H. 98,5 cm. Dreizehige, mit ornamentalen Flachreliefs verzierte Füße. Geriefelte oder mit Keulenblättern beschlagene Becken. – SKULPTUREN. KRUZIFIXE. 1. H. 82 cm. Holz, polychrom gefaßt.
Lendentuch vergoldet. Letztes Viertel 17. Jh. Italienischer Herkunft? Kleines Haupt. Körper in
starker Torsion gewunden. Lendentuch mit Zipfeln an beiden Hüften verknotet. – 2. H. 47 cm. Holz,
polychromiert. Lendentuch vergoldet. Um 1700. Frontal hängender, anatomisch gut durchgebildeter
Korpus. Lendentuch an beiden Hüften geknotet. – VORTRAGEKREUZE aus Holz. 1. H. (Korpus)
58 cm, polychromiert. 1. Hälfte 19. Jh. An den Enden gekreuzte Palmblätter. – 2. H. (Korpus) 56 cm,
polychromiert. 2. Hälfte 19. Jh. Neugotisch. Mit Kleeblattenden. – LEUCHTERENGEL. Paar.
H. 52,5 cm und 53,5 cm. Holz, polychromiert. Anfang 18. Jh. Ehemals am Fuß der Chorbogenkante
befestigt[51], seit 1933 als Ewiglichtträger verwendet. Auf Wolken kniend, mit Kerzenstöcken. – BÜSTE

49 Originaler Prospekt mit geschlossenen Flügeln (vgl. Photographie vor 1946); PfA Oberwald,
Notizbuch 1882 ff., o. Nr. (vgl. BRUHIN, S. 210). Nach Aussage von Adolf Kreuzer, Oberwald, trugen
die Flügel außen bemalte Leinwände.

50 Mit sechsstrahligem Stern führte dieses Wappenzeichen die Familie Zeiter, früher de Seyto,
die sich vom verlassenen Weiler Zeit bei Selkingen aus bis Obergesteln verbreitete (W. Wb., S. 298).

51 PfA Oberwald, Notizbuch 1882 ff., o. Nr. Am Fuße der Chorbogenpfeiler von St. Theodul in
Sitten sind Engel mit Wappen und Schriftbändern skulptiert (1502).

des hl. Josef mit dem Kind[52]. H. 66 cm. Holz, vergoldet und versilbert. Mitte 18. Jh.? Das Kind greift mit der Rechten nach dem Bart des Nährvaters. Flache und etwas steife Büste. – RELIQUIARE (an den Chorwangen). Paar. H. 101 cm. Holz, polychromiert und ziervergoldet. 2. Viertel 18. Jh. Flache Ädikulen. Akanthusvoluten unter schwerem Gebälk rahmen eine reichkonturierte Nische. Reliquien sind auch in der Fries- und Sockelzone sowie im Giebelfeld der Bekrönung eingelassen. – GEMÄLDE. *Hl. Grab* (Abb. 139 und 140) (in der Friedhofkapelle). Etwa 335 × 242 cm. Mit Tempera bemalte Tannenbretter. An der Giebelkartusche die Jahreszahl 1786. Stil des JOHANN GEORG PFEFFERLE († 1796) von Geschinen. 1963 zwischen den beiden Bretterlagen der Sakristeidecke entdeckt[53]. Anschließend unbedeutende Restaurierungsarbeiten von WALTER MUTTER, Naters. Zwei ineinandergestellte Portalrahmen geben Raum für einen flachen Stipes und rufen zusammen mit der stichbogigen Konsolenrückwand des «Altaraufbaus» eine starke perspektivische Wirkung hervor, die durch die figurenbelebten Säulendurchblicke noch gesteigert wird. Dargestellt sind die hl. Frauen und, auf der Rückseite, der Grabchristus (am Antependium), die Geißelung, die Dornenkrönung, hl. Jungfrauen, Wachtsoldaten und, am Giebel, Pelikan und Putten mit Leidenswerkzeugen. Die Passionsszenen des innern Rahmens treten sinnvoll in den Hintergrund, während der große vordere Rahmen auf das Osterwunder hingeordnet ist. Unten am Antependium ist eine beidseits beschriftete Inschrifttafel eingelassen. Text der Passionsseite (Grabchristus): «Mein Leichnam Ist In Das E.S.E.G/ Grab Gelegt worden Ser Verwund JSAIAE 11.10./ Ist Darein Gelegen Drei Vnd Dreisig Sunt/ Her Nach Bin Ich Auferstanden Behent Vnd Geschwint/ O Mensch ste Auf Vom Schlaf Der Sintt Geschwint/ Vnd Dun Dein Sidt Beweinen. Denk was Ich Fir Dich/ Gelitten Hab. E Ich war Gelegt Ins Grap ANO 34». Nachtrag in gewöhnlicher Handschrift: «Erit: sebulcrum: eius: gloriosum: Isaias 11 B: und 10 F» (wie Inschrift der Giebelkartusche). Text der Osterseite: «Ach wer Hatt Jesum Aus dem Grab Genomen/ O Jingling Kanst du vns Sagen wo Er sei hinkomen / Jessum ist vom dodt Avferstanden vnd Ist nicht hier/ O Jingling wie Kenen wier das glavben Dir/ Jer Travrige Frauwen Glavbts Sicher mier/ Dan weil Er war Ein Mensch vntt GOtt/ Darum Ist Er Avferstanden Von dem dodt/ Ach wie Ist vnser Seell Enzinden. Ach Kuntn wier doch/ Jessum Finden». Das illusionistische, ideenreich gestaltete Heilige Grab dürfte das besterhaltene Beispiel des Wallis sein. – *Kreuzweg.* 73 × 58 cm. Mischtechnik auf Leinwand. Um 1753?[54]. Werkstatt der PFEFFERLE in Geschinen? 1965 restauriert von WALTER MUTTER, Naters. Die qualitätvollen Gemälde stehen in den Originalrahmen.

KIRCHENSCHATZ. MONSTRANZ. Silber, vergoldet, Schaft und Fuß Kupfer, versilbert. H. 60 cm. Um 1800. Lunula 1938. Knauf erneuert? Keine Marken. Runder, mit Blumenranken- und Pfeifenfriesen geschmückter Fuß. Mandelförmiger Strahlenkranz. Das herzförmige Schaugefäß rahmen gegossene Silberranken mit vergoldeten Appliken: Rosetten mit Glasflüssen, Cherubine und eine (neue) Christkönigskrone. – KELCHE. 1. Silber, zum Teil vergoldet. H. 24 cm. Régence. 1749 von Johann Hallenbarter geschenkt[55]? Beschau Freiburg i. Ü. (ROSENBERG[3] Nr. 8861). Meisterzeichen von JAKOB DAVID MÜLLER (Tab. I, Nr. 30). Mit Kielbögen gesäumter Standring. Über einer Kehle sechs geblähte flaue Pässe mit vergoldeten herzförmigen Kartuschen und bandwerkgerahmten Rosetten. Drei-

Abb. 139. Oberwald. Pfarrkirche. Heiliges Grab. Passionstafel des Stipes. Vgl. Abb. 140. – Text s. oben.

Abb. 140. Oberwald. Pfarrkirche. Heiliges Grab, 1786, Johann Georg Pfefferle zuzuschreiben. Bemalte Holztafeln. Am Stipes Ostertafel. Vgl. Abb. 139. – Text S. 174.

kantnodus mit Engeln und leeren Spiegeln. Durchbrochener silberner Korb mit gleichen Motiven wie am Fuß. – 2. Silber, vergoldet. H. 24 cm. Rokoko. Keine Beschaumarke. Meisterzeichen ICM? (Tab. I, Nr. 34). Der mit einem Rillenfächer gezierte Fuß und der birnförmige Sechskantnodus sind spiralig gedreht. Schmucklose geschweifte Kupa. – 3. Silber, vergoldet. H. 24 cm. Rokoko. 1743–1745. Beschau Augsburg (Buchstabe F). Meisterzeichen von JOSEPH IGNAZ SALER (SCHRÖDER, Nr. 20) (Tab. I, Nr. 3). 1749 von Johann Hallenbarter geschenkt[55]? Breiter Kielbogensaum am Fuß. Über einschnürender Kehle geblähter Fuß, von Gräten in drei Haupt- und Nebenzwickel gegliedert. Dreikantiger Rollwerknodus. Der feste Korb ist ähnlich wie der Fuß mit Emailappliken der Passion geschmückt. – 4. Bronze(?), vergoldet. H. 18,5 cm. 1. Hälfte 19. Jh. Keine Marken. Runder Fuß, mit Kehlen und Fasen gegliedert. Schaftringe. Hohe, schmale Kupa. – RELIQUIARE. 1. *Kreuzreliquiar.* H. 45 cm. Ostensorium in Gestalt einer mandelförmigen Monstranz. Silber, vergoldet, mit Silberappliken. Mitte 18. Jh. Fuß und Schaft Zinn, gegossen, mit gravierten Motiven. Mitte 19. Jh. – 2. *Heiltumshand.* Silber, getrieben. H. 39 cm. Mitte 18. Jh. Keine Marken. Hand neu montiert. Ärmelsaum spätere Zutat. In die große, von balusterartigen Stegen gegliederte Kehle des Fußes ist eine Rokokokartusche mit dem Halbfigurenbildnis eines Bischofs (hl. Theodul?) getrieben. Netzartig von Blumen und Blättern übersponnener Ärmel. – 3. *Heiltumshand.* Holz, Ärmel vergoldet, Hand versilbert. H. 41 cm. 2. Hälfte 18. Jh. Vieleckiger Sockel mit geschnitzter Muschel an der Stirn. Reliquiennische im Arm. – VORTRAGEKREUZE. 1. Wie Vortragekreuz im Kirchenschatz von Ulrichen (S. 224); Knauf abgebrochen. – 2. Holzkern. Messingblech, versilbert. H. 51 cm. 2. Hälfte 18. Jh. An den Klee-

---

52 Bis 1948 auf einem der Chorbogensimse (ebenda).
53 W. Z[ELLER], Ein Kunstfund in Oberwald, Vaterland 95, 15. Okt. 1965, Nr. 240.
54 Errichtung eines Kreuzwegs im Jahre 1753 (PfA Oberwald, o. Nr.).   55 PfA Oberwald, D 2.

blattenden Kartuschen mit getriebenen Reliefs der Evangelisten; an der Rückseite fehlt dasjenige des Evangelisten Matthäus. Korpus und Maria der Rückseite in Silber getrieben. – OSTERLEUCHTER (Abb. 142). Bronze. H. 46 cm. 12,4 kg. Am Knauf eingraviert Allianzwappen unter den Initialen «I.K.M.G.». Darunter die Jahreszahl 1616. An der Schulter der Glocke im linken Wappen: «ACOBIL»(?). Die mit hauszeichenartigem Kreuz versehene Pflugschar des rechten Wappens gleicht dem Wappenzeichen der Freiburger Familie Garmiswyl[56]. An der Rückseite des Knaufs Kapitale «A». Kraftvoller frühbarocker Leuchter mit prallen, gedrungenen Formen. – KERZENLEUCHTER. 1.–2. Paare. Silber, getrieben. H. 59 cm. Stil Louis XVI. Dreizehiger Volutenfuß mit Kartuschen und dem Marienmonogramm in den Kehlen. Knäufe und Balustermotive am Schaft. – 3. Paar. Später verchromt. H. 58 cm. 17.Jh.? Dreizehiger Volutenfuß. Von zahlreichen Ringen gegliederter Schaft. – KASEL. Rot. Um 1800. Damast, mit Rosen und Astern in Seide und Gold bestickt.

GLOCKEN. 1. Dm. 75 cm. Umschrift an der Schulter: «ET VERBVM CARO FACTVM EST ET HABITAVIT IN NOBIS ANNO 1741», in der unteren Flankenhälfte: «ANTONI KEISER GOS MICN IN ZVG». Geriefte Kronenbügel. Einzelne hängende Palmetten am Schnurstab der Schulterumschrift. Reliefs in der obern Flankenhälfte: Antonius von Padua, Kreuzigungsgruppe, Brustbild der Muttergottes, Erzengel Michael. In der Flankenmitte von Palmetten und Festons behangenes Fries mit Ranken, die aus Urnen

Abb. 141 und 142. Oberwald.
Pfarrkirche. Taufstein, 1725, von
Anton Sigristen. Text S. 172.
Bronzener Osterleuchter, 1616.
Text siehe oben.

steigen. – 2. Dm. 52 cm. An der Schulter, unter einem Weinrankenfries, die Inschrift «SANCTA MARIA ORA PRO NOBIS», am untern Flankenabschnitt Gießermarke, beschriftet: «VICTOR WALPEN 1892». Flankenreliefs: Kruzifix, Medaillon mit Jesusmonogramm, Muttergottes, Antonius von Padua. Schnurstäbe scheiden die Zonen. – 3. Dm. 88 cm. 1933. Von F. HAMM, Staad. Marienglocke. – 4. Dm. 111 cm. 1933. Von F. HAMM, Staad. Christkönigsglocke. – 5. Dm. 62 cm. 1936. Von RÜETSCHI, Aarau. Theresienglocke.

Entfremdete und abgewanderte Kunstgegenstände. GEMÄLDE (im Pfarrhaus). Wohl *Fahnenbild.* 118 × 80,5 cm. Mischtechnik auf Leinwand. Mitte 18. Jh. Stil der PFEFFERLE von Geschinen. Hl. Christophorus, durch die Furt schreitend. Auf der Rückseite Rosenkranzdarstellung. Maria reicht mit der Rechten dem hl. Dominikus den Rosenkranz, mit der Linken dem hl. Franziskus den Schleier. Die Heiligen knien. Rahmende Zwillingscherubine. – STATUE. *Jesuskind* (im Besitz von Dr. H. Wirthner, Münster). H. 30 cm. Holz. Neue Fassung auf altem Kreidegrund. Mitte 18. Jh. Das sitzende Kind erhebt die Rechte im Lehrgestus.

FRIEDHOFKAPELLE

GESCHICHTE. Die 1850 erstmals erwähnte[57] Kapelle wurde 1875/76 durchgreifend renoviert[58], nachdem schon 1856 zwei neue Fenster geöffnet und zwei zugemauert worden waren[59]. Nach Wiederherstellungsarbeiten im Jahre 1915 folgte 1953 eine umfassendere Renovation[60]. Den von Salpeter befallenen Innenwänden wurde eine Ziegelmauer vorgeblendet. Dach und Gewölbe wurden erneuert, die Seitenfenster vergrößert.

BESCHREIBUNG (Abb. 132). Die einfache, mit einem zusammenhängenden Satteldach gedeckte Kapelle von 9,40 m Länge und 4,93 m Breite endet chorseits zum Schutz vor der Lawine in einem blinden Keil. An der Stirnfassade ungerahmter Okulus[61] über hoher Rechtecktür. Der Innenraum läuft ohne jegliche Gliederung in die Tonne über. Ungegliedert ist auch die eingezogene Altarkonche.

Altar. 1953 wurde der Altar der Friedhofkapelle, ein unbedeutendes neueres Retabel[62], durch den Altar der damals abgebrochenen Annakapelle ersetzt. Schon damals aus Altarspolien zusammengestückt[63], wurde dieser nun unter Leitung von EDMUND IMBODEN, Zermatt, mit weiteren Altarresten zu einem zweigeschossigen, bekrönten Retabel ergänzt[64]. Das untere Geschoß wurde neu angefügt, ein Bild der hl. Anna durch die Büste der Heiligen (Ende 18. Jh.)[65] ersetzt und in die obere Nische eine Ecce-Homo-Statuette (1. Hälfte 18. Jh.) gestellt. Die flachen Rundbogen-

---

56 H. DE VEVEY-L'HARDY, Contribution à l'armorial du Canton de Fribourg, Annales fribourgeoises XXIV, Nr. 6 (1936), S. 163. Hans-Jacob Garmiswyl, bailli de Pont, führte in den Jahren 1577 und 1622 diese Kreuzform im Wappenzeichen.

57 PfA Oberwald, Rechnungsbuch 1849ff., o. Nr.

58 Ebenda.   59 PfA Oberwald, D 11.

60 GdeA Oberwald, Nr. 159, und PfA Oberwald, Notizbuch 1882ff., o. Nr.

61 Für den Okulus verwendete man das Mittelstück des 1948 aus dem Chor der Kirche entfernten figürlichen Glasfensters (PfA, ebenda).

62 Vier gerade Säulen unter nüchternem Giebel rahmten ein Gemälde der Muttergottes. Photographie im PfA, ebenda. Alle Angaben zum Altarumbau stehen in diesem Dokument.

63 Der Altar der Annakapelle war ein Werk von LOUIS ZUMOBERHAUS († 1955), Oberwald, der bereits Teile aus dem in Münster aufbewahrten Altar verwendete (siehe unten).

64 Unteres Geschoß aus der Sakristei von Münster; Ornamente an Leuchterbank und Antependium sowie der Cherub unter der Annabüste aus Biel; kleinere Teile von Gluringen.

65 Ehemals auf dem Chorbogengesims der Pfarrkirche als Pendant zur Josefsbüste (Anm. 52).

nischen[66] stammen von einem ehemals im Dachraum der Sakristei von Münster aufbewahrten Retabel aus der Zeit um 1700, dem Altar aus der zerfallenen Barbarakapelle z'Matt(?) (S. 84).

HEILIGES GRAB (S. 174).

VERSCHWUNDENE KAPELLE DER HL. ANNA IM DORF

Die Kapelle wird schon 1611 am alten Dorfplatz gestanden haben[67]. Neu- oder Umbau kurz vor 1689[68]. Renovation 1883[69]. 1953 brach[70] man den schadhaft[71] gewordenen Bau ab und richtete am Standort ein *granitenes Friedhofkreuz* auf.

Es war ein anspruchsloses tonnengewölbtes Gebetshaus mit eingezogenem Rechteckchor[72]. Die *Ausstattung*, bestehend aus zwei bunt bemalten schmiedeisernen Leuchtern von 46 cm Höhe und einer Altarglocke aus Messing mit vier mispelförmigen Glöcklein im Innern, ist verschollen. Zum *Altar* vgl. S. 177.

WOHNHÄUSER

1. Koord. 105/140. Kat.-Nr. 5237. Hermann Kreuzer-Bellwalder. Entstehungszeit unbekannt. ⌐─┐. 1¹/₂. F. – *Ofen.* Eingeschossig, mit Karniessims.

2. Koord. 100/165. Kat.-Nr. 5236. Franziska Flös-Erpen. Entstehungszeit unbekannt (vor 1630). Rechts Anbau 1. Hälfte 18. Jh. (Pfeilschwanzfries unter Wolfszahn). ┌──┘. 1¹/₂. Vor Anbau A und E. Balkenkopfkamin. – *Ofen.* Eingeschossig, mit rundstabbesetztem Kehlsims. An der Stirn, in geviertem Wappen, Jahreszahl 1777(2?), an der Wange in Medaillon «IMK».

3. Koord. 80/140. Kat.-Nr. 5240. Oskar Zumoberhaus. Erbaut Mitte 16. Jh. (seitlich in halben Stichbögen endender Rillenfries). ┌──┘. 1¹/₂. B? – *Ofen.* Aus den alten Öfen des Hauses zusammengestückt. Zweigeschossig. An der Stirn in Medaillon: «O[skar].Z[umoberhaus]/V[eronika].H[ischier]/1946».

4. Koord. 125/190. Kat.-Nr. 5228. Konrad Kreuzer; Edmund Zumoberhaus. Erbaut Mitte 16. Jh. (seitlich in halben Stichbögen endender Rillenfries). Rechts Anbau des 18. Jh.[73]. ┌──┘. 2¹/₂. Vor Anbau A. In ausgesparter hinterer Ecke des Anbaus ehemals kleines «Firhüs». – *Ofen.* 16. Jh.? Eingeschossig, mit Kehlsims. An der Stirn in Wappenfeld Kreuz auf Hügel, die Jahreszahl 1726 und die Initialen «P B/A».

5. Koord. 115/150. Kat.-Nr. 5235. Rudolf Hischier. Erbaut 16. Jh./1. Viertel 17. Jh. ┌──┘ (mit Ka). 1¹/₂. G. «Vorschutz» auf Konsolen. An den Konsolen Gommer Wappen, leere Wappen, Schrägbalken und Initialen «NWR AWE». – *Ofen.* Zweigeschossig, mit Kehlsims. An der Stirn 1884 und, in Lorbeerkranz, «F[ranz]H[ischier]/A[nna]M[aria]K[reuzer]», an der Wange «R[udolf]H[ischier]/E[sther]K[reuzer]» über der Jahreszahl 1929.

6. *Pfarrhaus*[74]. Koord. 135/175. Kat.-Nr. 5231. Am Giebel: «M 1684». Das hohe, stattliche Haus beherrscht zusammen mit Haus Nr. 10 den Dorfplatz. Diese Wirkung muß besonders eindrucksvoll gewesen sein, als gegenüber noch die Anna-

---

66 Gleiche Nischen finden sich an einem weiteren im Dachraum der Sakristei von Münster aufbewahrten Altarfragment, an einem Betstuhl in Münster (S. 90/91) und am Altar des Beinhauses von Obergesteln (S. 211).

67 Vgl. S. 167.   68 PfA Obergesteln, D 29.   69 A. CARLEN, Verzeichnis.

70 PfA Oberwald, Notizbuch 1882 ff., o. Nr. Das Turmglöcklein wurde den Unternehmern des Abbruchs überlassen.

71 Schon 1863 wegen Baufälligkeit interdiziert (PfA Oberwald, Vis.akt, o. Nr.).

72 A. CARLEN, Verzeichnis.

73 Auf dem nun verkleideten Dielbaum der Kammer (Anbau) soll eine entsprechende Jahreszahl stehen.

74 Im Laufe des 18. Jh.(?) (S. 179) in den Besitz der Pfründe übergegangenes Privathaus.

kapelle stand. ⌐—⌐. 2¹/₂. G und F. «Vorschutz» auf Konsolen mit Roßköpfen. Würfelfries unter Wolfszahn. – *Inschrift.* 1. Stockwerk: «[In Wappen über Dreiberg zwischen den Initialen M und B Hand mit Ziffer 3 auf dem Rücken] WAS.GOTT.BESHERT. BLEIBT.VNER.WERT.DISES.HAVS.HAT.LASEN.BAVWEN.DER.EHRENDT.MELCHER.BELWALD-TER 75.MIT.HILF.MARIA.THAFNER./SEINER.HAVS.FRAVWEN.VNDT.IOHANES.BELWALDTER. IHREN.SOHN.IM.IAR. 1684. DEN.27.9bRis[Jesusmonogramm].MARIA.VNDT.IOSEPH».

Ofen. 17.Jh.? Zweigeschossig, mit plastischem Karniessims. An der Stirn Jesusmonogramm in Blütenkranz, an der Wange, über der Inschrift «G[e]M[einde]. OBERW[ald].», Gemeindewappen zwischen den Ziffern 19 und 41.

7. Koord. 125/160. Kat.-Nr. 5233. August Imsand, Alfred Kreuzer. Erbaut 1687(?). Konsölchenfries 76. Rechts Anbau unter Schleppdach aus dem Ende des 18.Jh. (Fries: Paar versenkter Rundstäbe). ⌐—⌐. 2¹/₂. G und F. – *Inschriften.* 1. Stockwerk: «DIS.HVS.HAT.IN.GOTES.NAMEN.LASEN.BVWEN.PETER. VNDT.MELCHER.IM.AHOREN.IHS.MARI.IM IAHR.1687» (nach dem Füllzapfen über dem Balkenkopf später versetzter Dielbaum). 2. Stockwerk: «DIS.HVS.HAT.LASEN.BAVWEN.PETER.VND.MELCHER.IM.AHOREN. 1687». – *Öfen.* 1. Eingeschossig, mit gekehlter Deckplatte. An der Stirn in Wappenfeld: «IHS/ 1692», an der Wange: «A[ugust]H[ischier].O[liva]K[reuzer]/1934». – 2. Eingeschossig, mit gekehlter und gerundeter Deckplatte. An der Stirn, in Wappenfeld, über dem Jesusmonogramm die Jahreszahl 1692. – 3. Zweigeschossiges Öfchen von 1943. An der Stirn: «A[lfred]K[reuzer]/A[nna]K[reuzer]». – *Hauskruzifix* (im Besitz von Dr. H. Wirthner, Münster). RÜTTIMANN-Kreuz (19.Jh.) mit hinterglasgemalter Darstellung eines schwertdurchbohrten Herzens vor dem Kreuzfuß (S. 48).

8. Koord. 65/135. Kat.-Nr. 5241. Erbgemeinschaft Zumoberhaus–Hischier. Erbaut 2. Hälfte 17.Jh. (Würfelfries). ⌐—⌐. 1¹/₂. A. Baufällig. – *Ofen.* Eingeschossig, mit Kehlsims. An der Stirn zwei Wappen, im linken unter Jesusmonogramm: «MARIA/1677», im rechten: «C+H/B B».

9. Koord. 110/180. Kat.-Nr. 5230. Albert Eyer; Charles Imsand. Erbaut 1714. Das hohe Haus steht oberhalb einer kleinen Siedlungslichtung am Hang, weshalb die für das oberste Goms charakteristische Stirnfront mit dem fast bis zur Erde herabreichenden Holzwerk besonders gut in Erscheinung tritt. ⌐—⌐. Ka (in Holz) und 2¹/₂. E und F. Würfelfries unter Wolfszahn. – *Inschriften.* 1. Stockwerk: «IESVS. MARIA.VND.IOSEPF.DISES.HVS.HVS.HAT.LASE.TBVWEN.ERDE.MAN.IOANNES.IM.WICHEL.RIED.VND.SEIN.HAVS. FRAVW.MARIA.ANTHENIEN/VND.PETER.ANTHENIEN.VND.SEIN.HAVS.FRAVW.MARIA.STEFFEN.IM.IAR 1714». 2. Stockwerk: Inschrift gleichen Inhalts. – *Öfen.* 1. Eingeschossig, mit Karniessims. An der Stirn, zwischen den Namen Maria und Josef, in Spiegeln Allianzwappenfelder; im linken: «IIWR[Imwinkelried?]/MA/17», im rechten: «PAT/M ST/16». – 2. Eingeschossig, mit doppeltem Kehlsims. An der Stirn, zwischen Rosetten mit den Monogrammen von Maria und Josef, Wappenfeld; darin über Dreiberg schragenähnliches 77 Zeichen unter fünfstrahligem Stern, die Initialen «II WR./MA TE.» und die Jahreszahl 1721. – *Truhen.* 1. Tanne. Dreiachsig, mit Rechteckfüllungen. Eingelegt: «INT/18[Jesusmonogramm] M.C.I.S/22». – 2. Tanne. Zweiachsig. Eingelegt in Zierspiegeln: «INH 1843».

10. Koord. 150/185. Kat.-Nr. 5226. Ottilia Kreuzer; Anton Zumoberhaus. Erbaut 1713 oder 1731. Umgebaut 1847 und 1969. Ehemaliges Hotel «Soleil». Da das stattliche, aber wiederholt umgebaute Haus den Dorfplatz nach Osten hin abschließt, tritt es noch dominierender in Erscheinung als das Pfarrhaus. An der rechten Traufseite, über dem ersten Holzstockwerk, «Vorschutz». Giebelpfettenkonsolen des 19.Jh. Unten an der Firstkonsole: «I/Z/[waagrechter Strich]». ⌐—⌐ (mit Ka). 2¹/₂. F (quer zu dem auf den Dorfplatz weisenden First nach Süden orientiert). – *Inschriften.* 1. Stockwerk (in Spiegelschrift): «[Rosette] V [Jesusmonogramm] IOANNES IM WICHELRIED PETRVS WALPEN MARIA ET VRSVLA IMWICHELRIED 1713(31?)». 2. Stock-

---

75 Wohl die Stifter des giltsteinernen Chorbogens in der Kirche (S. 167).
76 Stilverspäteter Gebrauch des Frieses ist möglich (S. 183).
77 «Schragen» = Mundartbezeichnung für den mit gespreizten Beinen versehenen Schlachttisch.

werk: «[Monogramme der Heiligen Familie in Medaillons]DIESEN.BAU.HAT.LASEN MACHEN EHREDE.MANN.IOSEPH IGNAZ.ZENHÜSERE.MIT.SAMT.SEINER./HAUS-FRAU.MARIA. THERESIA.BELWALDER.IM.IAHR.DES.HERREN. 1847. DEN.30.TAG.JUNI».

Öfen. 1. 19.Jh. Zweigeschossig. Untere Zone, ebenfalls mit profiliertem Kehlsims als Sitzbank vortretend. An der Stirn, in rankengerahmtem Zierfeld, Wappenzeichen [Tanne zwischen sechsstrahligen Sternen auf Dreiberg] und «INB MIIS/O.M.C.A.D.4.1/DSOWDG(9?)/E.N.S». – 2. Zweigeschossig, mit Kehlsims. An der Wange in rechteckigem Kettenbortenrahmen: «I.N.H/MTBW/1849». – *Hauskruzifix.* H. 64 cm (Korpus 24 cm). Holz. Originalfassung. Polimentgold, Silber und Lüster. Anfang 19.Jh.? Stark gebogener Korpus. Haupt auf die rechte Achsel gelegt. Vor dem Kreuzfuß reichgeschnitzte Rosette. Als Balkenenden mit Blattspiralen gerahmter Lorbeerfächer. Qualitätvoll.

11. Koord. 90/150. Kat.-Nr. 5239. Franz Albrecht; Konrad Bellwalder. Erbaut 1. Hälfte 18.Jh. (Pfeilschwanzfries; Doppelkielbögen unter den Fenstern). ⌐—⌐ (vorn wenig über Erdboden steigend) (mit Ka). 2¹/₂. F. – *Öfen.* 1. Zweigeschossig, mit Karnies unter der Deckplatte. An der Wange: «H[ermann]B[ellwalder]/A[nna]H[utter]/1949». – 2. Zweigeschossig, mit Kehlsims. Beschriftet: «K[onrad] B[ellwalder]ST[ephanie]H[utter] 1948». – *Truhe* (im Besitz von Franz Albrecht, Glis). Arve. Zweiachsig. Rechteckige Felder mit vorgeblendeten Rahmenleisten. Darin eingelegt: «B C 1698» (beide Initialen nach links gewendet).

12. Koord. 215/180. Kat.-Nr. 5033. Werner Nanzer-Kreuzer. *Hotel* «Furka». 1858–1862 von Pomater Handwerkern erbaut. Steinernes Haus. – *Truhen.* 1. Wertvolle Rokokotruhe. Nußbaum. Zweiachsig. In den Zierfeldern zwei große Kartuschen aus Rollwerkvoluten. Darin eingelegt mit Füllmasse links: Edelweiß, «V», Lilie zwischen Sternen, «V», Edelweiß, rechts: Blüte, «M», Wappenzeichen? [nach links gewendeter Winkel, an der Ecke und an den Enden verziert], «TK», Blüte, über dem Fußsims 1774. An der Wange Rosette in eingelegtem Zierrahmenfeld. – 2. Lärche und Tanne. Dreiachsig. In den Zierspiegeln eingelegt: «1 H 8 C 3 K 2». – *Wandschrank* (im Besitz von Dr. H. Wirthner, Münster). Links Kredenz mit geschweiften Schubladen. An den Türchen des Aufsatzes in versenktem Relief die Ziffern 17 und 90. Rechts breite Türschrankachse. Geschnitzte Zierspiegel.

13. Koord. 165/215. Kat.-Nr. 5218. Ludwig Kreuzer. Erbaut 1862. Steinernes Haus. – *Ofen.* Zweigeschossig. An der Wange: «I[gnaz]B[ellwalder]/M[aria]B[ellwalder]».

14. Koord. 180/200. Kat.-Nr. 5216. Karl Kreuzer. Erbaut 1871. Steinernes Haus. – *Inschrift:* «DIESES HAUS HAT LASSEN BAUEN IOHANNES HUTER UND SEINE GATTIN MARIA IOSEFA IMAHORN 1871».

15. Koord. 140/130. Kat.-Nr. 5022. Hermann und Pia Zumoberhaus. Erbaut 1872 (auf dem Dielbaum des 1. Stockwerks). ⌐—⌐. 2¹/₂. F. – *Öfen.* 1. 17.Jh.? Zweigeschossig, mit Kehlsims. An der Stirn zwischen Rosetten und Ranken: «I.N.Z[um]O[ber]H[aus]/I.I.ZOH/1866». – 2. Form ähnlich Nr. 1. An der Stirn in Lorbeerkranz zwischen Blütenstengeln: «L.Z[um]O[ber]H[aus]/MT.ZOH/1874», an der Wange: «L W/ZOH».

16. Koord. 235/215. Kat.-Nr. 5212. Erben Ludwig Zumoberhaus. Erbaut um 1882/83. Steinernes Haus. – Am *Ofen:* «L[ud]W[ig]Z[um[O[ber]H[aus]/1883».

17. Koord. 200/205. Kat.-Nr. 5213. Adolf Kreuzer. 1890 vom Guldersand bei Grengiols hergebracht. ⌐—⌐. 2. F (Kammer auf der Stubjiseite). – *Inschriften.* 1. Stockwerk: «DISES HAUS.HAT.LASEN.BAUEN. FERDINAND.KRAUTZER.1890». 2. Stockwerk (Spolie): «[zwei Riedmatten-Wappen]HOC OPVS FIERI FECIT ILLVSTRIS ET.EXIMI DN PETR.ANTONI DE RIEDMATTEN⁷⁸.OLIM.MAIOR.CONCHEZ.ET.ANNA ...».

18. Koord. 100/130. Kat.-Nr. 5238. Anna und Raphael Kreuzer. Erbaut 1898. ⌐—⌐ (?). 2¹/₂. F. Kreuzgiebeldach. – *Inschriften.* 1. Stockwerk: «DIESES.HAVS.HAT.LASSEN.BAUEN.IOHANNES/KREUZER.UN. SEINE.GAT.MARIA.IOSEFA.GB.ZVMOBERHAUS», zwischen den Ziffern der Jahreszahl 1898. 2. Stockwerk (Spolie von Zum Loch bei Ulrichen?): «... Maria Dafener sein Haus FREVV 1614/DIS HAVS STAT IN GOTES HANDT CHRISTEN BACHER IST DERPAVW MEISTER geNAMPT». – *Öfen.* 1. Zweigeschossig, mit Kehlsims unter Platte. An der Stirn in Tulpenkranz: «I[ohann].K[reuzer]/18/M[aria Josepha]Z[um]

---

78 In den Jahren 1724, 1726, 1728 und 1736 war Peter Anton aus der jüngeren Linie der Familie von Riedmatten Meier von Goms (ST. NOTI, Geschlechter, die einst den Meier des Zenden Goms stellten, Walliser Bote 131 [1971], S. 5).

Abb. 143. Oberwald. Turmartiger Speicher. – Text siehe unten.

O[ber]H[aus]/99». – 2. Ofen, Ende 19.Jh. Eingebaut alter Ofenstein mit Wappenspiegel über der Jahreszahl 1618. Im Wappen Stabkreuz auf umgestülptem V zwischen den Initialen «K B/ M T».

NUTZBAUTEN

Die eindrücklichen Nutzbautengruppen am westlichen Dorfeingang vermochten J.R. Rahn zu einer Zeichnung (S. 166) zu bewegen, die einen Stadel, von ihm irrtümlich als Speicher bezeichnet, mit einem Heustall im Hintergrund darstellt (Koord. 45/80). Im Südosten des alten Dorfes steht ein turmartiger Speicher (Koord. 195/160) (Abb. 143).

UNTERWASSERN

GESCHICHTE. Da sich «Unter-» vom lateinischen Wort «inter» herleitet, bedeutet der Dorfname «Zwischen den Wassern» des Rottens (Rhone) und der Goneri. Zur Geschichte siehe S. 165/66. 1961/62 entstand im Südwesten des Dorfes, «Im Fang», die erste Gemeinschaftsstallung des Goms.

Bilddokumente. 1. Alte Säge mit Kapelle im Hintergrund; Ansicht von SO. Zeichnung von RAPHAEL RITZ. 1845–1850. Museum Majoria Nr. 336. – 2. Heustall und Wohnhäuser entlang der Straße; «Unterwasser/24/VIII 09». Zeichnung von J.R. RAHN (ZBZ, Rahnsche Sammlung, Mappe XXIII, Bl. 3 [Stallscheune Koord. 240/205 und Haus Nr. 10]).

Abb. 144. Unterwassern. Dorfansicht von S. Aufnahme 1973. – Text siehe unten.

SIEDLUNG[1]. *Anlage und Geschichte* (Abb. 130, 144 und 145). Heute durchquert die
Siedlung den Talgrund, weil sich vom alten lockeren Haufendorf im Süden eine
Zeile neuer Häuser der Straße entlang bis gegen den Rotten hinzieht, wo einst das
alte Gemeinde- und Schulhaus an der Stelle des heutigen allein stand[2]. Das erst
südlich der Kapelle weiter ausgreifende alte Dorf ist mit Nutzbauten durchsetzt.
Wo sich diese nördlich der Kapelle stauen, dürfte der alte Dorfrand verlaufen sein;
doch folgte schon die alte Siedlung in kurzem Straßendorfarm dem Weg nach Norden. Nordöstlich davon sind die neueren Nutzbauten einer östlichen Parallelstraße
entlang aufgereiht. Wie im benachbarten Oberwald besteht der alte Dorfkern
größtenteils aus Häusern der Barockzeit (1630–1750). Der Standort der wenigen
vorbarocken Häuser rundum am Rand der alten Siedlung läßt darauf schließen,
daß in der baufreudigen Barockzeit der Dorfkern erneuert wurde. Wiederum fehlen
«Heidehischer» sowie Wohnhäuser aus der zweiten Hälfte des 18. Jahrhunderts,
während in der ersten Hälfte des 19. Jahrhunderts eine Bauperiode einsetzte, die
der barocken an Intensität nur wenig nachstand. Die zu Beginn des 19. Jahrhunderts
erwachende Baufreude fand in Unterwassern eigene Ausdrucksformen in den Proportionen wie im Dekor. Man griff in Doppelhäusern auf die breiten Proportionen

1 Ansicht von NW in STEBLER (1903). S. 13, Fig. 7.   2 Abgebrannt am Neujahrstag 1915.

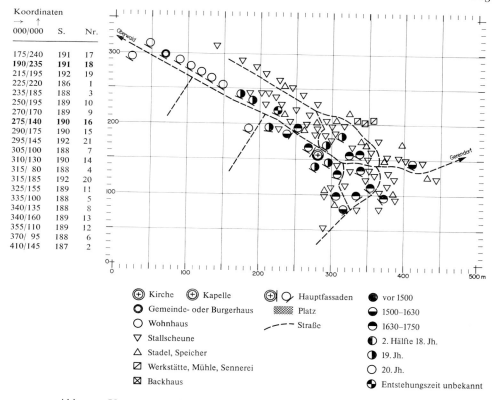

Koordinaten		
→ ↑		
000/000	S.	Nr.
175/240	191	17
190/235	**191**	**18**
215/195	192	19
225/220	186	1
235/185	188	3
250/195	189	10
270/170	189	9
275/140	**190**	**16**
290/175	190	15
295/145	192	21
305/100	188	7
310/130	190	14
315/ 80	188	4
315/185	192	20
325/155	189	11
335/100	188	5
340/135	188	8
340/160	189	13
355/110	189	12
370/ 95	188	6
410/145	187	2

⊕ Kirche   ⊕ Kapelle   ⊕◗ Hauptfassaden   ● vor 1500

◗ Gemeinde- oder Burgerhaus   ▦ Platz   ◔ 1500–1630

○ Wohnhaus   - - - Straße   ◑ 1630–1750

▽ Stallscheune   ◑ 2. Hälfte 18. Jh.

△ Stadel, Speicher   ◐ 19. Jh.

▱ Werkstätte, Mühle, Sennerei   ○ 20. Jh.

⊠ Backhaus   ◓ Entstehungszeit unbekannt

Abb. 145. Unterwassern. Siedlungsplan (vgl. «Wegleitung»). – Text S. 182/83.

des Renaissancehauses zurück, diese noch in die Breite dehnend. Als einziges Dorf des Goms nahm Unterwassern den großen Konsolenfries (Abb. 12) auf, in dem der frühbarocke Konsölchenfries (Abb. 10, V) wieder auflebte, der sich in den beiden obersten Siedlungen des Obergoms – wie der Kielbogenfries – zäh bis gegen Ende des 17. Jahrhunderts neben dem Würfelfries behauptet hatte; er war hier überdies schon im 17. Jahrhundert mitunter mit größeren Konsolen aufgetreten (Haus Nr. 5). Die Ursachen für die eigenwillige, auf die Siedlung Unterwassern beschränkte Bauweise sind nicht bekannt. Während ein ähnlich breites Haus in Ulrichen aus dem Jahre 1758 (S. 230) – das einzige dieser Art im obersten Goms – auf einheimische Tradition hinweist, läßt der fremd klingende Zimmermeistername(?) am ersten(?) Haus mit großem Konsolenfries (Nr. 18) eher an äußere Einflüsse (und fremde Handwerker?) denken. Die nur im obersten Goms, oberhalb Ulrichen, auftretenden niedrigen, oft fast ebenerdigen Mauersockel an der Stirnfassade werden sich in Unterwassern zum Teil aus der Überschwemmung von 1834 erklären (Haus Nr. 11). Im Dorf sind noch zwei der seltenen und für das reine Blockbaugebiet des obersten Goms wohl besonders charakteristischen «Härdsteck» («Firhüs» oder «-grüebe») an der hölzernen Traufwand des Hinterhauses erhalten geblieben (Haus Nr. 11 und 13). *Bezeichnungen von Dorfpartien:* «z'oberscht dum Schpitz» (SO-Ecke); «zum

Schpitz» (SW-Ecke); «z'unnerscht Dorf» (nördliches Dorfende); «zum Platz»
(Koord. 325/145).

CHRISTOPHORUSKAPELLE

GESCHICHTLICHES. Das 1610 erstmals erwähnte[3] Kapellchen war noch 1687 ohne
Fundus und nicht geweiht[4]. Die heutige Kapelle stammt aus dem Jahr 1768 (Jahreszahl über dem Chorbogen). Erneuerung des Gewölbes im frühen 19. Jahrhundert?
Gesamtrenovation 1885[5]. Nach der Erneuerung des Daches 1946[6] fügte man bei
der Gesamtrenovation 1957 Chorboden und Stufen aus Gerener Giltstein[7].

Bilddokumente. S. 181, Nr. 1.

BESCHREIBUNG. Die Kapelle steht, nach Süden gerichtet, quer im Tal, im Knie
der Siedlung, ehe diese im Süden zum lockeren Haufendorf ausgreift. An das Rechteckschiff von 7,35 m Länge und 5,95 m Breite stößt eingezogen ein 1,60 m tiefes
Chörlein, das nach schmaler Wange und Schräge mit breiter Stirnwand schließt.
Auf dem Frontgiebel Dachreitertürmchen mit achtseitigem Helm. An der Chorstirn
giltsteingerahmter Okulus. In den Chorschrägen stichbogige, im Schiff rechteckige
Fensterpaare mit Gneisplatten als Solbänken. An der blinden Fassade ist links vom
giltsteingerahmten Rechteckportal ein ehemals mit Opferstock verbundener Weihwasserstein von 176[8?][8] eingelassen. Die Inschrift der Tafel über dem Becken ist
nicht mehr lesbar. Originale tannene *Tür* mit geschweiften Zierspiegeln und ornamental angeordneten Nagelköpfen.

Innen läuft um Schiff und Chor ein dünnes Profilgebälk, in den Chorecken auf
Cherubine abgestützt. Das Schiff ist von einer gedrückten Gipstonne überspannt,
auf der – ähnlich wie in der Ritzingerfeldkapelle (S. 371) – profilierte Gräte eine
komplexere Gewölbeform vorblenden: in der Mitte einen Kreuzgrat, beidseits ein
Stichkappenpaar. Den Scheitel zieren drei von Rosetten und Cherubinen gestützte
Vierpaßmedaillons mit Gemälden von unbekanntem Meister, von Norden nach
Süden der hl. Mauritius, Johannes von Nepomuk auf der Brücke und eine sitzende
Madonna vom Siege neben dem Baum der Erkenntnis. Im Scheitel des sechskap-
pigen Chorgewölbes rundes Medaillon mit gemalter Hl.-Geist-Taube.

Abb. 146. Unterwassern. Christophoruskapelle. Front des Stipes (Ausschnitt). – Text S. 186.

Abb. 147. Unterwassern. Christophoruskapelle. Altar, um 1768 geschnitzt und gefaßt von Johannes Trubmann? Vgl. Abb. 146. – Text siehe unten.

Altar (Abb. 147). Der für die neue Kapelle von 1768 geschaffene Altar ist stilistisch mit Sicherheit dem Küsnachter[9] Bildhauer und Maler JOHANNES TRUBMANN zuzuweisen[10]. Renovationen 1885(?)[11] und 1957[12].

3 PfA Münster, B 5 k.   4 PfA Obergesteln, D 29.

5 GdeA Oberwald, G 4. Eine undatierte Offerte von FRANZ POHEJACZ, Deisch, welche Abschleifen der Gewölbe und Färben in gelbweißem Kalkton mit Goldlinien sowie eine dunklere Bemalung oder Marmorierung der Wände vorsah, dürfte mit dieser Restaurierung zusammenhängen (PfA Oberwald, o. Nr.).   6 GdeA Oberwald, Nr. 216.   7 GdeA Oberwald, Notizbuch 1882 ff., o. Nr.

8 Gut lesbar nur mehr die Ziffer 7.

9 Vgl. S. 111, Anm. 319. E. POESCHEL deutete die Herkunftsangabe «Schleitz» irrtümlich als Schleis im Vintschgau statt als Schwyz (Kdm Graubünden I, S. 217). St. Noti wies auf die Ähnlichkeit zu Bündner Altären von TRUBMANN hin.

10 Vgl. am Altar von Cumbels (1763) die Bogennische, die Baldachinschirme und das durchbrochene Bekrönungsmedaillon (Kdm Graubünden IV, S. 148 u. 149, Abb. 171), am Annenaltar von Pleiv (1763) die Sockelzone (ebenda, S. 254). Die Motive der hochgezogenen Oberzone mit Medaillon und der Baldachinschirme wird TRUBMANN vom (Obersaxener) Hochaltar des PLACY SCHMID in Schindellegi (1741) übernommen haben (STEINMANN, Sigristen, S. 225. – Kdm Schwyz I, S. 309, Abb. 321).

11 Reinigung und Wiederherstellung der Vergoldung, fehlende Stücke ergänzt, Statuen neu bemalt durch FRANZ POHEJACZ(?), Deisch. Vgl. Anm. 5.

12 Ergänzende Schnitzarbeiten von LEOPOLD JERJEN, Reckingen (PfA Oberwald, o. Nr.).

Abb. 148. Unterwassern. Haus Lukas Kreuzer (Nr. 4) mit rückseitigem Mauerkamin, 1620, umgebaut 1760, durch die Renovation von 1974 als altes Bauwerk zerstört. Ansicht von SO. – Text S. 188.

Das einachsige Altargeschoß wird von einem übermächtigen durchbrochenen Medaillon mit Jesusmonogramm bekrönt, das über der Christophorusstatue der Altarnische zum sinnenhaften Ausdruck der Legende des Heiligen wird. Für die Régence typischer Ambivalenzcharakter der Bekrönung mit Lambrequingiebel auf gekrümmten Pilastern. Charakteristische Konsolen und Baldachinschirme der Flankenstatuen, links die hl. Genovefa(?) mit Kerze, rechts die hl. Katharina. Elegante applizierte Régenceornamentik (Abb. 146). Wertvolle Originalfassung von JOHANNES TRUBMANN. Mit Kaseintempera marmoriertes Gehäuse, blau gelüsterte Säulen.

CHORBOGENKRUZIFIX (seit 1957 an der linken Schiffswand). H. 91 cm. Lärche. Mit Öl überfaßt, original polimentvergoldetes Lendentuch. Ende 17. Jh. Typus der Pestkruzifixe. Massiger Korpus mit verhältnismäßig kleinem Haupt. Eng anschließendes, klein durchfälteltes Lendentuch ohne Zipfel. – KREUZWEG. Bezeichnet: «JOS.FÜHRICH PINX.PETRAK SC. Ausführung u. Stich d. Manz'Kunst-Verlag ... Verlag G. J. Manz in Regensburg». Stichbogige bedruckte Fläche. 12,5 × 10 cm. – PIETÀ-GEMÄLDE von LUDWIG WERLEN aus der untern Gerenkapelle (S. 163). – 1923 wurde die alte GLOCKE umgegossen[13].

WOHNHÄUSER

1. Koord. 225/220. Kat.-Nr. 5131. Emma Kämpfen; Cäsar Kreuzer. Entstehungszeit unbekannt. ⌐——¹. 2¹/₂. F. Dielbäume verkleidet. *Öfen.* 1. Eingeschossig, mit Karniessims. An der Stirn, zwischen den Monogrammen von Maria und Josef auf Spiegeln, Wappen mit stundenglasartigem Zeichen, mit den Initialen «I./C. H/K.» und der Jahreszahl 1720, an der Wange Rauten und Rosetten. –

---

13 GdeA Oberwald, Nr. 159.

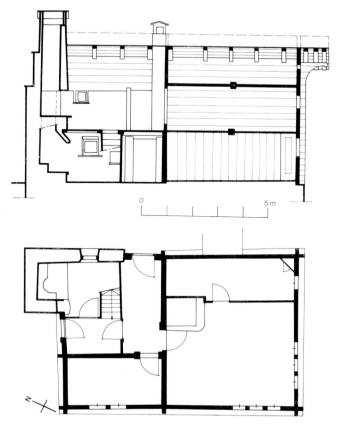

Abb. 149 und 150. Unterwassern. Haus Lukas Kreuzer (Nr. 4). Grundriß des Erdgeschosses. – Längsschnitt. – Text S. 188.

2. Ofen von 1947 mit den Initialen «J[ohann].H[ischier]/M[athilde].K[ämpfen]». – *Pietà.* H. 30,5 cm.
Arve. Originale polychrome Fassung: Öl und Polimentgold. Anfang 19. Jh.? Ikonographischer Typ
des frühen 16. Jh. mit auf dem Boden liegendem Leichnam. Maria ringt die Hände. Die ausdrucksvolle barockisierende Gruppe soll von einem ehemaligen Besitzer, namens Imsand, nach einem Brand
zum Schutz des Hauses erworben worden sein und gehört zum unveräußerlichen Inventar. – *Hauskruzifix.* H. 61,5 cm (Korpus 22,5 cm). Holz. Beschädigte Originalfassung. Anfang 19. Jh. Von Trim-
bach SO. Am Würfelsockel querovales Medaillon mit der Inschrift «Efficiem Christi,/cum transis,
semper honora./Non tamen efficiem, sed/quem designat, adora!» (Hexameter) [14].

2. Koord. 410/145. Kat.-Nr. 5179. Johann Baptist Kreuzer. Erbaut 1552. (Verwitterter Rillenfries).
1818 renoviert. ⌐──┘. 1 1/2. Ehemals B. *Inschriften.* Rechte Stube: «DISEN.BVW.HAT.LASSEN.MACHEN.
LORENUS.MATLIS[?].VND.MELCHER.AM.WICHEL.RIET.IM. 1552. IAR.». Linke Stube: «DISE.BINE.HAT.IN.
GOTES. NAMEN . LASEN . MACHEN . DER . EHRENDE . MAN . JOHANES . ANTONI . TSCHEINEN . VND . SEINE . HAVS . FRAV./
MARIA.CATHARINA.HAVTTER.MIT.SAMBT.JHRE.SHECHTS.KINDERE.JM.JAHR. 1818». *Täfer* 1. Hälfte 19. Jh.
Ofen. 16. Jh.? Eingeschossig. – *Wandbüfett.* Arve. 1797. Blumen und Köpfe in etwas derber Einlege-
arbeit. – *Truhe.* Tanne. Dreiachsig. Zierspiegel mit Einlegearbeit: «IAT/18 [Jesusmonogramm]
MCH/ 10».

14 «Christi Bildnis verehr', wann immer du gehst vorüber; nicht das Abbild jedoch, sondern den,
den es darstellt, bet' an!»

3. Koord. 235/185. Kat.-Nr. 5207. Alexander Hischier. Erbaut 1555. Renoviert 1692. Rillenfries. Neuere Anbauten an beiden Traufseiten. Stirnfassadenwand ersetzt. ⌐⎯⎯⎤ (in NW-Ecke fast bis zum Dachrand gestuft). 1¹/₂. G (mit Quergang). Wendeltreppe in Kammer. *Inschrift:* «HVS.ZAL 1555 1692/ JESV.VND.MARIA». *Ofen.* Zweigeschossig, mit Kehle unter abgerundeter Deckplatte. Reichverziert. An der Stirn, inmitten von Blütenranken, zwischen den Ziffern der Jahreszahl 1842 Medaillon; darin unter angehäuften Gegenständen wie Gewehr, Eicheln, Krone, Posthorn u.a. die Inschrift «JOHAN IOSEPH IMAHOREN/MARIA IOSEFA/HVTTER». An der Wange, von Ofner WALTER IMSAND, Oberwald, zwischen Blütenstengeln Medaillon mit den Initialen «A[lexander]H[ischier]/A[ugusta]B[ellwalder]»; rundum die Initialen und Ziffern «1 J[oseph]G[untern]9/H[ermine]H[ischier]/56».

4. Koord. 315/80. Kat.-Nr. 5195. Lukas Kreuzer (Abb. 148–150). Erbaut 1620. Renoviert 1760. Bis zur rücksichtslosen Renovation von 1974 war es außen wie innen eines der unberührtesten und charaktervollsten Gommer Häuser. Es bestach durch seine Proportionen wie durch den lebhaften Aufbau der langgezogenen Traufwand mit dem hochsteigenden Mauersockel der Küchenecke und durch seltene Partien wie den zweimal getreppten Mauerkamin[15] an der Rückwand – den schönsten des Goms – und die alte Laube am «Loibe»-Geschoß. ⌐⎯⎤. 2 (ursprünglich 1¹/₂?). F. *Täfer* 16. und 2. Hälfte 18. Jh. Innen über den Stubenfenstern des ersten Stockwerks gebrochene Wellenlinie. Profilierte Holzzapfen rund um die Stubenwände unter der Decke. *Inschriften.* 1. Stockwerk: «DISEN.BW. HAT.CHRIST ~ .VND.ANTHONI.VND.BAlSER.ZN.HSR[16].BWEN.IM.IAR. 1620. IHS.MARIA». 2. Stockwerk: «DIS. HAT.LASSEN.MACHEN.HERR.MAIOR.IOANES.TSCHEINEN.VND.FRAU.ANNA.MARIA.TAFFINER. 1760[Tulpe]». *Öfen.* 1. Eingeschossig, mit Karniessims unter Deckplatte. An der Wange, unter der Jahreszahl 1626, Querrautenspiegel, links mit Jesusmonogramm, rechts mit den rundum aufgereihten Initialen «K.H. A.H. B.H» und dem Hischier-Hauszeichen. – 2. Form wie Nr. 1. An der Stirn «B H 1627», an der Wange hochrechteckige Polsterspiegel.

5. Koord. 335/100. Kat.-Nr. 5190/91. Gemeinde Oberwald; Rudolf Kreuzer. Erbaut 1638 (Jahreszahl am Giebel). Großer Konsolenfries. Kielbögen über Estrichfenstern. ⌐⎯⎤. 1¹/₂. B.

6. Koord. 370/95. Kat.-Nr. 5042. Rosa Kreuzer. Erbaut 1664 oder 1667 (Jahreszahl am Giebel). Würfelfries. Kielbögen über Fenstern. Links alter Anbau. ⌐⎯⎤ (ehemals ⌐⎯⎤). 1¹/₂. F und C.

7. Koord. 305/100. Kat.-Nr. 5197/98. Johann Hischier-Andereggen. Erbaut 1667. Rechts steinerner Anbau von 1878 mit Schleppdach. Großer Würfelfries. Auf Balken unter Firstpfettenkonsole Reihe von Kreuzen auf Hügeln eingeritzt. ⌐⎯⎤. 1¹/₂. C und E. *Inschriften:* «IHS [Wappen mit Buchstaben E] DISEN.W.HATLASEN.MACHEN.CHRISTEN.HISCHIER 1667». Im Anbau: «JESUS.MARIA.U.JOSEPH.SEIEN.UNSERE. BESCHIZER.DISES.HAUS.IST.GEBAUET.DURCH/JOH.JOS.HISCHIER.U.SEINE.GATIN.ANNA.MARIA.ZUMOBERHAUS. IM.IAHR 1878». *Öfen.* 1. Eingeschossig, mit wuchtiger gefaster Deckplatte. An der Wange links, über der Jahreszahl 1944, Hischier-Wappen (ohne umgestülptes V als Kreuzfuß wie auf Ofen in Haus Nr. 4, s. oben), rechts Wappen mit Jesusmonogramm über der Jahreszahl 1680. – 2. (im Anbau). Zweigeschossig, mit Kehlsims unter stichbogig abgerundetem Plattenrand. An der Stirn in Blumenkranz: «I.I.H/AM.ZOH[17]/18/78», an der Wange: «J[oseph].H[ischier]/R[osa].J[msand]».

8. Koord. 340/135. Kat.-Nr. 5184. Josef Hischier. Erbaut 1683 (Jahreszahl am Giebel neben Hallenbarter-Wappen). Friese: Konsölchenfries unter Kehle; doppelte Kielbögen mit Kreuz. Unterkellert. ⌐⎯⎤ (vorn wenig über Erdboden hinaufreichend). Ka. 2¹/₂. F. Zum Teil noch intakte Fensteröffnungen. *Inschrift.* 1. Stockwerk: «DIS.HAVS.HAT.LASEN.BVWEN.DER.ERBARE.PETER HALENBARTER/VNDSEIN. HVS.FRAVW.MARIA.STEPHEIN.IN.IAR.CHRISTI 1683[Jesusmonogramm][Hallenbarter-Wappen: Hellebarde auf Winkel, umgeben von drei sechsstrahligen Sternen über Dreiberg]». *Öfen.* 1. Eingeschossig, mit Karnies unter Deckplatte. An der Stirn, zwischen den Ziffern 17 und 11, Schild mit Hallenbarter-Wappen- oder Hauszeichen und den Initialen «P H V V», an der Wange in Zierspiegel: «INRI/IHS/ MARIA/JOSEPH[in Herz] 1711 P H/ V V». – 2. Eingeschossig, mit gekehlter Platte. An der Wange die Jahreszahl 1684, in Wappen Dreiberg, Winkel mit Stern (wie auf Dielbaum) und Initialen «P HB». – *Wandschrank.* Nußbaum. 2. Hälfte 19. Jh. Geschaffen von HANS HUTTER, Oberwald. Zwei Türachsen. Profiliertes Abschlußsims.

---

15 Im Winter 1973/74 abgebrochen, obwohl das Haus in der Liste der schützenswerten Baudenkmäler im Rahmen des «Bundesbeschlusses über dringliche Maßnahmen auf dem Gebiete der Raumplanung» vom 17. März 1972 aufgeführt war.

16 Zenhäusern.   17 Wohl Johann Joseph Hischier und Anna Maria Zumoberhaus.

9. Koord. 270/170. Kat.-Nr. 5206. Antonia Schmid. Erbaut 1683. Aufgestockt 1972. Würfelfries. Unterkellert. ⌐‾‾⌐. 1 1/2. Ehemals B. *Inschrift*. Monogramme der Heiligen Familie zwischen den Ziffern 16 und 83. *Ofen*. 17. Jh. Eingeschossig, mit gekehlter Deckplatte. An der Stirn unter Zahnschnitt, zwischen hochrechteckigen Polsterspiegeln, Wappen mit den Initialen «A[ugust]K[reuzer]/E[uphrosina]H[ischer]» und der Jahreszahl 1900.

10. Koord. 250/195 [18]. Kat.-Nr. 5147. Hermann Bellwalder; Vitus Kreuzer; Christian Mario. 1684 (Jahreszahl am Giebel). Erbaut von Joseph Ignatz Huter [19]. Konsölchenfries. 1924/25 wurde ein benachbarter Speicher im Norden zum Haus geschlagen. Mittelgwätt. ⌐‾‾⌐. 2 1/2. G (Stubji, einst nur mit «Stutzwand» eingebaut, und zweite Kammer, die zum zweiten Stockwerk gehörte). Zweites Stockwerk ehemals Doppelwohnung mit Grundriß C. *Inschrift*. Im zweiten Stockwerk zweimal die Jahreszahl 1684. *Ofen*. 1. Zweigeschossig, mit gekehltem Sims unter der Deckplatte. An der Stirn: «IOHAN/IOSEF/IMAHORN», an der Wange zwischen Blüten: «MARIA/IOSEFA/IMAHORN/1863». – 2. Eingeschossig, mit gefaster Deckplatte. An der Stirn auf monstranzförmigem Spiegel: «MARIA IOSP/ 1688», an der Wange in gleichem Spiegel: «INH.MIZOH/ 1842/[Jesusmonogramm]».

11. Koord. 325/155. Kat.-Nr. 5206. (Abb. 151–153). Geschwister Hischier; Johann Kreuzer. Erbaut 1695. Aufgestockt 1851. Konsölchenfries und gebrochene Wellenlinie. Doppelte Kielbögen mit Kreuz. «Härdstock» («Firhüs» oder «-grüebe») hinten an der linken Traufwand in Höhe des alten Hauses (1. Stockwerk). Unterkellert. ⌐‾‾⌐ (vorn wenig über den Erdboden hinaufreichend). Ka. 2 1/2. G (in heutigem Kammergeschoß) und F. Das Kammergeschoß, vor der Überschwemmung von 1834 Wohngeschoß, soll als *Schulstube* und Wohnung des Schulgeistlichen gedient haben. *Inschriften*. An den Dielbäumen der beiden ersten Geschosse die Jahreszahl 1695. 2. Wohnstockwerk: «Diesen Bau haben lassen machen die zwei Brüder Johan Joseph u. Joh. Bapt. Kreizer». Außen an der Stirnfassade des 2. Wohnstockwerks: «ANNO 1851 het Rosen Roth morgen aus und todt hnffallig gemäß der irdischen Laufbahn». *Ofen*. 1. 1949 aus Öfen des Hauses zusammengestückt. Initialen «IBK», in Wappen «I.K/P.K/1709». – 2. Zweigeschossig, mit Kehle unter stichbogig abgerundetem Deckplattenrand. An der Stirn in Blattkranz Medaillon mit den Initialen «J.J./K/ 1881». – *Hauskruzifix* von PETER JOSEF RÜTTIMANN (S. 48).

12. Koord. 355/110. Kat.-Nr. 5188. Eduard Kreuzer. Erbaut 1708 (Jahreszahl am Giebel). Doppelte Kielbögen. ⌐‾‾⌐ (sehr niedrig; verschüttet?). Unterkellert. Ka (mit Quergang). 1 1/2. F. *Inschrift:* «[Wappen mit Jesusmonogramm unter zwei sechsstrahligen Sternen]IM.NAM.IESV.VND.MARIA.IOSEB. HAT.LASEN.BVWEN.DIS.HVS.ERSAM.CHRIST.IM.SAND/ 1708.MIT.SAMT.SINER.HVS.FRAVW.ANNA.SILHART.». *Ofen*. Eingeschossig. Kehle unter vortretender Deckplatte. An den gefasten Kanten flache Pilaster. An der Stirn, in Rechteckfeld, Wappen mit Hauszeichen(?) [Andreaskreuz zwischen Punkten], den Initialen «C S/A.S» und der Jahreszahl 1709.

13. Koord. 340/160. Kat.-Nr. 5162. Theophil Hischier; Josef Kreuzer. Erbaut 1721. Pfeilschwanzfries unter Wolfszahn. Unterkellert. Ohne sichtbaren Mauersockel. Ka. 2 1/2. F. «Härdstock» («Firhüs» oder «-grüebe») [20] hinten an der linken Traufwand. *Inschriften*. 1. Stockwerk (Dielbaum): «IN. NAMEN.IESVS.MARIA.VNT.IOSEPH.FANG.ICH.AN.ZV.BAVWEN.DISES.HAVS./ICH.IOHANES.KRICER.MIT.SEINER. HAVS.FRAVW.BARBRA.IM.SANT.ANNO. 1721»; (Deckenbrett): Jesusmonogramm in Herzumriß über der Jahreszahl 1730. 2. Stockwerk (Dielbaum): «WAN.GOT.ZV.HAVS.NIT.GIBT.SEIN.GEVNTEST [21].SO.IST.ALI. ARBEIT.IM.SVNST. 1721»; (Deckenbrett): Kreuzer-Wappen (heute verkleidet). *Öfen*. 1. Zweigeschossig, mit eigentümlichem stabbesetztem Kehlsims unter der Deckplatte. An der Stirn, in Blattkranz zwischen Blütenranken, Kreuzer-Wappenzeichen [Kreuz zwischen sechsstrahligen Sternen] über der Jahreszahl 1822, an der Wange: «IOHAN ANTHON/KREIZER/MARIIOSE/HISCHER». – 2. Zweigeschossig, mit reichprofiliertem Sims. An der Stirn in flauem Relief Blumenvase in Rechteckfeld, «MC/1760», zierliches Kreuzer-Wappen [Kreuz unter zwei sechsstrahligen Sternen], Jesusmonogramm unter Baldachin. – *Kommode* (im Besitz von Dr. Alfons Weber-Kreuzer, Luzern). 1. Hälfte 19. Jh. Stichbogig vortretende Front mit drei Schubladen. Reiche Einlegearbeit: an der Front Bandwerkmotive, in zwei Achsen mit

---

18 Siehe Bilddokument S. 181, Nr. 2.

19 Hausschrift von 1831 im Besitz von Hermann Bellwalder.

20 Im Erdgeschoß des «Härdstocks» war einst eine Schmiede eingerichtet. Die Kamine (wie bei Haus Nr. 11) sind entfernt worden.

21 Die Buchstaben «TE» in Ligatur. Gunst?

Abb. 151.
Unterwassern. Haus
Hischier–Kreuzer
(Nr. 11) mit trauf-
seitigem Mauer-
kamin, 1695,
aufgestockt 1851.
Ansicht von SW.
Text S. 189.

Vogel- und Blumenmotiven geschmückt, an der Wange drei Narzissen in Bandwerkmedaillon. Originalbeschläge. Wertvolles Möbelstück.

14. Koord. 310/130. Kat.-Nr. 5201. Hermann und Ludwig Hischier. Erbaut 1728. Jahreszahl und
Initialen am Giebel nicht mehr entzifferbar. Das Haus soll am westlichen Ende von Oberwald[22] durch
eine Lawine beschädigt und daraufhin (1809) an den heutigen Standort versetzt worden sein. Friese.
Rechte Traufseite: Fragmente von Pfeilschwanzfries unter Wolfszahn; Stirnfassade: gebrochene
Wellenlinie. Unterkellert. ⌐—¬ (sehr niedrig). Ka. 2¹/₂. F. *Inschriften.* (Dielbaum): Zwischen sieben
prachtvollen Kerbschnittrosetten die Ziffern der Jahreszahl 1809, am Ende die Jahreszahl 1728;
(Deckenbrett): «ERBARMET.EICH.IHR.LIEBE.FREINDT/DIE.IHR.NOCH.BEI.LEBEN.SEINDT/SECHT.WIE.DIE.
FLAMEN.SCHLAGEND.AVS/DVRCH.GVTE.WERCK.HELFT.VNS.DARAVS/ET.MENTA.MORI.IESVS.MARIA.VND.IO-
SEPH/ACH.GOT.THINT.DESEN.AVCH.ERBARMEN [zwei große Rosetten]». – *Truhe.* Tanne. Zweiachsig.
Rechteckfelder mit vorgeblendeten Profilrahmenleisten. Eingelegt: Stern, in Fries darüber: «HANS
MILER 1694».

15. Koord. 290/175. Kat.-Nr. 5154. Oskar Kämpfen; Amandus Schmid. Erbaut 1805. Rankenfries
und gebrochene Wellenlinie. ⌐—¬ (sehr niedrig). 1¹/₂. C und F. *Inschriften.* 1. Stockwerk: «[Wappen
mit drei vertikalen Zweigen]DISES.HAVS.HAT.LASEN.BAVWEN.DER.ERSAME.MAN.HANS.CHASPER.HISER/VND.
SEINE.HAVS.FRAVW.MARIA.ZEZILA.KRITZER.VND.IRE.SEN.HANS IOSEPH HICHER». 2. Stockwerk: [in Wappen‹H.C.H(unterteilter Balken)M.C.K/H.I.H›] DIE.WELT.IST.ALER.BOS.HEIT.VOL.KER.DICH.ZVO.GOT.SO.GET.
DIR.WOHL/MAN.MVS.IN.ALEN.SACHEN.MIT.GOTDEN.AN.FANG.MACHEN. 1805». *Ofen.* Eingeschossig, mit gekehlter Deckplatte. 17. Jh. An der Wange in Wappen die Initialen «ICH/MCK/IIH» über der Jahreszahl
1814, ferner die Initialen «O[skar]K[ämpfen]/M[aria]H[ischier]» über der Jahreszahl 1951.

16. Koord. 275/140 (Abb. 154). Kat.-Nr. 5205. Franz Albrecht, Glis. Erbaut 1822 bis
1824. Renoviert 1974. Das neben der Kapelle hinaus in den Talgrund blickende Haus
ist der niedrigste und behäbigste Bau des Goms. Charakteristisch für die Bauzeit
sind die wie Knospen geschwellten Pfettenkonsolen (Abb. 19). Fries: Paar versenkter Rundstäbe. ⌐—¬. 1¹/₂. Doppelhaus mit geräumigem Grundriß F, im «Loibe»-
Geschoß C, gegen die Traufseiten hin gerichtet. *Inschriften.* Linke Stube: «I.A.I.N.H.
I.T.AVFGOT.ALEIN.SEZT.ICH.MEIN.VERTRAVWEN.AVF.MENSHEN.HILF/IST.NICHTS.ZV.BAV-

22 Koord. etwa 20/70? Hofstatt als ummauerter Garten noch sichtbar.

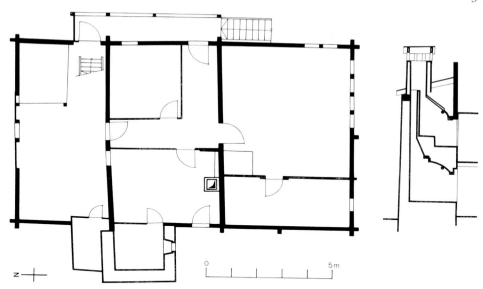

Abb. 152 und 153. Unterwassern. Haus Hischier–Kreuzer (Nr. 11). Grundriß des ersten Wohnstockwerks. – Querschnitt durch den Mauerkamin. – Text S. 189.

WEN.AÑO 1822.DEN. 30. TAG BRACHMONAT». Rechte Stube: «DIS.HAT.LASEN.BAVWEN.
DIE.EHRSAMEN.IOHANES.ANTOVS.TSHEINE[verdeckt]/IOSEPH.NAZ.TSHEINEN.VND.HANS.
IOSEPH TSHEINEN.AÑO 1824».

   Ofen. 1. Hälfte 19.Jh., 1933 umgebaut. Zweigeschossig, mit reichprofiliertem Sims (ähnlich Ofen
in Haus Nr. 18, S. 192). An der Stirn in Ranken links T-Kreuz mit bügelbehangenem Balken unter
zwei fünfstrahligen Sternen, umgeben von drei Rosetten, rechts zwischen Löwen Stabstern auf Rosette,
an der Wange Medaillon mit den Initialen «M[einrad]H[ischier]./St[ephanie].L[ocher].», beidseits
in Ranken die Ziffern 19 und 33. Zierspiegel zwischen Rankenzwickeln.

17. Koord. 175/240. Kat.-Nr. 5117. Geschwister Kämpfen; Lukas Kreuzer. Erbaut 3.Jahrzehnt 19.Jh.?
(Gleiche Pfettenkonsolen wie Nr. 16.) ⌐⎯⌐ (mit Ka). 1¹/₂. G. *Inschrift:* «IESUS.UND.MARIA.UND.IOSEPH.
DIESES.HAUS.HAT.LASEN.BAUWEN.IOHNNES.KENPFEN.U.S.H.F.M.I.TSCH[verdeckt]»[23]. *Ofen* von 1953 mit den
Initialen «A[gnes]K[ämpfen]M[aria]K[ämpfen]».

18. Koord. 190/235 (Abb. 26 und 12). Kat.-Nr. 5118. Geschwister Eduard Hischier; Gustav, Johann und Katharina Kämpfen. Erbaut 1832. Reich mit vorkragenden großen Konsolenfriesen geschmücktes, stattliches Doppelhaus am nördlichen Eingang des alten Dorfes. ⌐⎯⌐ (mit Ka, ehemals Wagnerei). 2. Erstes Stockwerk Doppelwohnung mit Grundrissen F. Zweites Stockwerk F mit beidseits je
einer «Loibe» in Vorder- und Hinterhaus. *Inschriften.* 1. Stockwerk, rechte Stube:
«DIESES.HAT.LASSEN.DIES.HAVS.BAVEN.DER.EHRSAME.MAN.JOHAN.BATIIST.HEISCHER.MIT.
SEINEN.WEIB./MARIA.JOSEFAE.KAEMPFEEN.MIT.SAMBT.SEINE. 4.SÖHNE.UND. 2.TÖCHTER.
JM.JAHR. 1832.DEN. 11.JULY». Linke Stube: «DIESES.HAVS.HAT.LASSEN.BAVEN.DER.ER-
SAME.MAN.JOHANN.BATIST.HEISCHER.VND.SEINE.HAVS.FRAV.MARIA.JOSEPFA.KAEMPFFEN.
VND.SEINE.SÖHNE.FRANZCICVS.UMD.UND.CHRISTIAN.ALOISIVS.VND.BATIST.HEISCHER.JM.

   23 «… und seine Hausfrau Maria Josepha Tscheinen.»

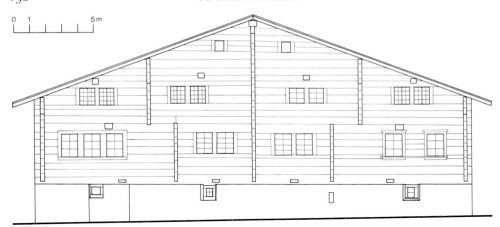

Abb. 154. Unterwassern. Tscheinen-Haus (Nr. 16), 1822–1824. Breitestes Unterwasserner und Gommer Haus. Fassadenriß. – Text S. 190/91.

JAHR. 1832.DEN. 11.JULI». 2. Stockwerk: «IN JESU UND.MARIA.HERZEN.WVNDEN.HAT. DIESES.HAVS.RUCHE.GEFUNDEN/GOTT.IST.DAS.BOSTE.ZIIHL.WEN.DER.MENSCH.NUR.WILL. ANO. 1832. DEN. 11.JULY». Außen an der Giebelwand: «AN NO/18 32/DIESEN HAVS IST DER Z M²⁴ KASPER ROTHVBVG».

Öfen. 1. Zweigeschossig, mit Kehle unter stichbogigem Deckplattenrand. An der Stirn in lorbeerumkränztem Medaillon: «I[ohann].H[ischier]/K[atharina]H[ischier]/1825». – 2. Zweigeschossig. An der Stirn links in Wappenfeld «I[mit schrägem seitlichem Strich]GH/18+33», rechts in hausförmigem Feld «MIT» unter Kreuz. – 3. Zweigeschossig, mit reichprofiliertem Sims. – *Truhe* (im Besitz von Dr. H. Wirthner, Münster). Tanne. In den drei kreuzförmigen, von schmalen gebrochenen Ovalen gerahmten Füllungen der Front eingelegt die Initialen «i i S» und die Jahreszahl 1717.

19. Koord. 215/195. Kat.-Nr. 5209. Anton und Gregor Hischier. Erbaut im 4. Jahrzehnt des 19. Jh. Großer Konsolenfries mit «Vorschutz» von halber Balkenstärke. Unter den Fenstern profilierte Simsleiste. ⌐‾⌐. 2¹/₂. F. *Inschrift:* «GOTT.ALEIN.GEHERT.DIE.EHR.DAN.ER.IST.MEISTER.VND.BAUWHERR.DIESES. HAUS.HAT.LASEN.BAUWEN.DER/EHRENDEN.MANN.JOSEPH.ZENHEISEREN.VND.ANNA.CATHARINA.IM.SAND. SEIN.WEIB.BEFELEN.WIR.GOTT.IR.SELEN.VND.LEIB». *Ofen.* Eingeschossig, mit Kehlsims. An der Stirn in Wappen: «J.Z.H/1844/A.C.J.S XI/[Jesusmonogramm]».

20. Koord. 315/185. Kat.-Nr. 5159. Baptist und Emil Hischier. Erbaut 1845. Reich mit allen damals üblichen Friesen geschmückte Stirnfassade: wie Nr. 19, ferner gebrochene Wellenlinie und Rankenfries. ⌐‾⌐ (sehr niedrig). 2¹/₂. F. *Inschrift:* «DISES.HAVS.HAT.BAVWEN.LASSEN.DER.ERSAME.MAN.FRANTZ-CIKVS.HISHER.VND.SEINI.GATTI.MARIA.CEZILIENNAVTTER.BEIDEN.VON.VNTTERWASSERN IM IAHR ANO 1845 IM NAMEN.DER.HEILIGEN.DREIFALTIKEIT». *Öfen.* 1. Dreigeschossig, mit schwerem, reichprofiliertem Sims. An der Stirn in Medaillon «B[aptist] H[ischier] A[nna] H[ischier]», an der Wange in Medaillon die Jahreszahl 1847. – 2. Zweigeschossig, mit Kehle unter vorstehender Deckplatte. An der Stirn rund um Jesusmonogramm: «MC H/E[mil] H[ischier]/19 48/ 18 59».

21. Koord. 295/145. Kat.-Nr. 5204. Arthur Kreuzer. Erbaut 1849. Gebrochene Wellenlinie und Rankenfries. ⌐‾⌐. 1¹/₂. F. *Inschrift:* «IHS.MARIA+VNP+IOSET+DIESES+HAVS+HAT+LASEN+BAVWEN+ CHRISTIIAN+ZENHEISCHE[verdeckt]VNT+KATERINAA+CEINA+ANNA 1849+DEN+ 18 +WEINMONAT». *Ofen.* Zweigeschossig, mit steif profiliertem Sims. An der Wange «A[rthur]K[reuzer]/1949», über der Kachelöffnung die Jahreszahl 1850.

24 Zimmermeister? Nachforschungen im Haslital blieben erfolglos, obwohl Meiringer Zimmerleute bis gegen 1900 öfters im Goms arbeiteten. (Freundl. Hinweis von Arnold Wyß, Meiringen.)

DIE ÄLTEREN GEWERBE- UND NUTZBAUTEN

Alle älteren Gewerbebauten stehen, soweit sie noch erhalten sind, längs eines kleinen Wasserlaufs am Nordostrand des alten Dorfes dicht beieinander. 1. *Mühle* (Koord. 355/205). – 2. *Backhaus* von 1952 (Koord. 345/200). – 3. Ruinen der *Säge* (Koord. 360/195). Vgl. Bilddokumente S. 181, Nr. 1–4. – 4. *Gemeinde-Käsekeller* (Koord. 395/170). Blockbau. Zum Standort der übrigen Nutzbauten vgl. S. 182.

NIKOLAUSKAPELLE IN ELMI

GESCHICHTE. Nachdem 1717 durch jenen Bergsturz des Lengis, der die drei Dörfchen Elmi, Braten und Schibochten begraben haben soll[25], die 1610 erstmals erwähnte[26] «alte Kapelle auf den Grund ist abgeschließen worden», bauten sie die drei Gemeinden Oberwald, Unterwassern und Obergesteln im Gemeinwerk wieder auf[27]. Die beiden Stiftmessen, von denen die eine von allen drei Gemeinden, die andere von Obergesteln allein bestritten wurde, waren nach bischöflicher Verordnung des Jahres 1821 wegen des «ungeziemenden Zustands des Heiligtums» in Oberwald zu feiern[28]. Dachreparatur 1913[29]. Gesamtrenovation 1958/59[30].

Bilddokumente. 1. Ansicht von NO; «Die St:Niklaus Kapelle am Weg nach dem Rhone-Gletscher, gegen Oberwald, Unterwasser u. Obergesteln u. das Weißhorn d. 2 Juni [18]35». Zeichnung, stellenweise mit Deckweiß gehöht, von JOHANN RUDOLF BÜHLMANN (ETHZ, Gr. Slg., Nr. 148). – 2. Ansicht von SW; «St.Nicolaus ob Oberwald». Tuschzeichnung von RAPHAEL RITZ. 1840–1850. Skizzenbüchlein Nr. 6. Loses Blatt (RUPPEN, Nr. 879. – Nachlaß, zurzeit bei Frau E. Darioli-Ritz, Zug). – 3. Ansicht von SW; «Montée du Glacier du Rhône». Zeichnung von RAPHAEL RITZ. 1845–1855. (Kantonsbibliothek Sitten, Skizzenbuch.)

BESCHREIBUNG. Das Kapellchen blickt von einem Felskopf am rechten Talhang ins Rottental hinunter. Im Gegensatz zur reizenden Lage wirkt der rechteckige chorlose Bau mit dem blechernen Satteldach und dem Okulus über der schmalen Tür[31] als einziger Lichtöffnung anspruchslos. Innen setzt sich die durch Leisten in große Quadratfelder gegliederte Holztonne, deren traufseitige hölzerne Simse an die Decke der Münstiger Pfarrkirche erinnern, von einer 50 cm breiten Mauerzone am altarseitigen Ende ab.

Altar. Letztes Viertel 18. Jahrhundert(?). Holz, polychromiert. Eingeschossig, mit geschoßartiger Bekrönung. Aus unbedeutender Schnitz- oder Schreinerwerkstatt. Beide Altarblätter, unten der hl. Nikolaus von Myra, oben Maria vom Guten Rat nach dem Gnadenbild von Genazzano, waren Werke von LUDWIG WERLEN, Geschinen, rechts unten bezeichnet «L.W. 1915». Das Nikolausgemälde ist im Herbst 1972 gestohlen, das obere Blatt daraufhin im Pfarrhaus von Oberwald untergebracht worden.

25 St. NOTI, Kirchen und Kirchliches im oberen Goms, Walliser Bote, 22. Jan. 1965. Bis um 1960 standen in den «vorderen Furren», etwa 400 m westlich von der Kapelle, ein Haus und ein Stall.

26 PfA Münster, B5k.

27 Kopie von Verordnungen unter den drei Dörfern vom 2. Juni 1717. GdeA Oberwald, o. Nr.

28 PfA Oberwald, Visitationsakte von 1821 und 1879, o. Nr.

29 GdeA Oberwald, Nr. 159. Ohne Beteiligung von Obergesteln, das sich bereit erklärte, seine Rechte abzutreten (GdeA Oberwald, Nr. 154).

30 PfA Oberwald, Notizbuch 1882 ff., o. Nr.

31 In Bilddokument Nr. 2 ist die Portalöffnung rundbogig.

OBERGESTELN

GESCHICHTE. Im Ortsnamen «Obergesteln» blieb der lateinische Anlaut von «castellum» erhalten, was als Beweis für eine Übernahme durch germanische Siedler erst nach dem Abschluß der altdeutschen Laut- und Tonverschiebung (7. Jh.) gewertet wird[1]. Auf dem Kirchhügel soll denn auch eine Burg[2] bzw. das alte Kastell zum Schutz der Handelswege gestanden haben. Wegen der hier abzweigenden Grimselstraße besaß das Dorf eine Suste[3]. Die Zölle waren bei der «Zollstut» oberhalb der Kirche zu entrichten[4]. Römische Münzfunde auf Grimsel und Nufenen künden von sehr frühem Verkehr[5]. Älteste bekannte Bauernzunft 1472[6]. Zu den gemeinsam mit Oberwald und Unterwassern geschlossenen Bauernzünften vgl. S. 165. Der oberste Viertel des Zenden Goms wurde nach dem Dorf benannt[7]. Die einst angesehene Familie Halabarter von Obergesteln stellte vor allem vom ausgehenden Mittelalter bis um die Mitte des 16. Jahrhunderts öfters den Meier des Zenden[8]. Im Laufe der Jahrhunderte litt Obergesteln unter schweren Heimsuchungen. Die Bevölkerung stand noch unter dem Eindruck eines zwei Jahre zuvor erfolgten Felssturzes[9], als 1419, im Rarner Krieg, einfallende Berner Feuer ans Dorf legten[10]. Hatte man schon 1658 nach dem Niedergang einer Lawine das Backhaus verlegen müssen[11], fegte am 18. Februar 1720 eine Staublawine die westliche Dorfhälfte, 35 Häuser und zahlreiche Nutzbauten, insgesamt 83 Firste, hinweg[12]. Die Schneemassen stauten den Rotten. Feuer brach aus (Gedenktafel S. 207). Als 1725 eine Lawine an gleicher Stelle eben erst gebaute Häuser wieder fortriß[13], entschloß man sich, die westliche Ebene zu meiden und das Dorf auf den Raum zwischen Rotten und Kirchhügel zu beschränken. Am 2. September 1868 legte ein Brand – nach einer Feuersbrunst von 1806[14] die letzte Katastrophe – bis an vier Nutzbauten und das Backhaus alles in Asche[15]. Nach den Anordnungen von MAURICE-CHARLES DE LA PIERRE, dem ersten Sekretär des Département des Ponts et Chaussées des

Abb. 155. Obergesteln. Dorfansicht von SW. Aufnahme 1973. – Text S. 197.

Kantons Wallis, wurde nun die Siedlung in Stein und – im Gegensatz zu Blitzingen 1932 – ohne Rücksicht auf bauliche Tradition[16] wieder aufgerichtet. Folge der Katastrophe war eine bis 1911 anhaltende Auswanderung nach Amerika, vor allem nach Kalifornien[17].

Das Rektorat von Obergesteln dürfte vor dasjenige von Biel (1322) zurückreichen[18]. Ende des 15. Jahrhunderts gelang nach heftigen Auseinandersetzungen die

1 G. SALADIN, Namenkundliche Wanderungen durch das Goms, W. Jb. 1943, S. 23.

2 P. AMHERD spricht 1879 von einer kurzen Nachricht aus dem Jahre 1133, auf dem Kirchhügel habe ein Castellum gestanden (AMHERD, S. 177). Nach S. FURRER war es wohl Sitz der Herren von Arna (FURRER II, S. 54). Sonderbarerweise wird 1724 bei einer Erkanntnis ein Ort «bey den Burgen» bezeichnet, worunter nicht der Kirchhügel gemeint sein kann (PfA Münster, G32).

3 F. SCHMID, Verkehr und Verträge, BWG I und II (1889/90), S. 144. Die Zollstätten für Gries und Nufenen befanden sich auch in Obergesteln (L. CARLEN, Gericht und Gemeinde, S. 106).

4 K. KIECHLER, Der Dorfbrand von Obergesteln, W. Jb. 1949, S. 38.   5 M.-R. SAUTER, S. 148.

6 GdeA Obergesteln, B 2.

7 GdeA Obergesteln, D 6 (1546). Später scheint Oberwald gegenüber Obergesteln an Bedeutung gewonnen zu haben (S. 165).

8 ST. NOTI, Geschlechter, die einst den Meier des Zenden Goms stellten, Walliser Bote 131, 2. März 1971, S. 4.   9 W. Wb. S. 186.

10 «... stieß man das dorf Gestillenn an mitt fhür das nun die gantzenn nacht bran» (Archiv Ambüel, Sitten, Kleine Chronik des Rarnerkrieges. GREMAUD VII, S. 605). Vgl. ebenda, S. 290/91.

11 Nach der Chronik des PETER VON RIEDMATTEN († 1901) (PfA Münster, o. Nr., S. 28).

12 «Die Häuser, so die Lauwine zu Boden gemacht, hat man aufgezeichnet: Erstlich unter der Kirche das Pfrundhaus; 2 tens unter dem Kirchhof des Christians Andereggen; 3 tens die sog. Borter Haus; 4 tens das Haus des Toni Blatter; 5 tens abendhalben an der Straße des Anton Beystetter; 6 tens Christen Eggers; 7 tens des Herrn Mejer Jost, welches das schönste schier im Goms war; 8 tens des Herrn Weibel Halabarter; 9 tens des Anderes Senggen; 10 tens des Peter Anderblatten; 11 tens des Anton Imahorn; 12 tens das große Halabarter Haus; 13 tens das Bachhaus; 14 tens Christen Ziñien; 15 tens der Ursula und Anna Andereggen; 16 tens auf der Matten des Christen Gertschen; 17 tens des Martin Gertschen; 18 tens des Melcher Jost; 19 tens des Johann Anthenjen; 20 tens des Simon Halabarter; 21 tens des alten Meister Peter Anderblatten; 22 tens des Martin Biederpost; 23 tens des Christen Taffiner; 24 tens des Christen Jmwinkelried; 24 tens des Kastlan Walter Haus auf dem Rotten; 25 tens daselbst des Martin Walter; [Nr. 26 fehlt]; 27 tens des Anderes Halabarter ... Es sind Schier, Stadel oder Speicher zugrunde gegangen in diesem Unfall zusammen 56, Häuser 27, alles zusammen 83 Gemächer» (aus der verschollenen Pfarreichronik, nach einem Manuskript von Pfr. K. KIECHLER in PfA Blitzingen, o. Nr.). PfA Obergesteln, A 1, und VON ROTEN, Chronik, W. Jb. 1956, S. 42/43.

13 PfA Obergesteln, D 46 (Aufzeichnungen des 19. Jh.). In den kleinen Gärten dürften sich noch die Hofstätten der ehemaligen Bauten abzeichnen.

14 Neun Gebäude wurden zerstört (ST. NOTI, Vom «roten Hahn» in alter Zeit im oberen Goms, W. Jb. 1969, S. 49).

15 K. KIECHLER (vgl. Anm. 4), S. 38–44. Am 9. August war schon eine kleinere Feuersbrunst vorausgegangen (PfA Obergesteln, Altes Rechnungsbuch, o. Nr.).

16 Die staatliche Unterstützung war an die Annahme des neuen Siedlungsplans geknüpft. Das neue Dorf gefiel den Obergommern. «Im Jahre 1870 ist das Dorf Plan gemäß vollständig und viel kostbarer und schöner als es zuvor war aufgebaut worden, es war einem kleinen Städlein ehnlich» (Chronik von ANDREAS MÜLLER, Geschinen [† 1910]).

17 A.-L. SCHNIDRIG, Auswanderer der Gemeinde Obergesteln, W. Jb. 1957, S. 59–61.

18 Bei der Gründung der Katharinenpfründe von Münster verordnete Johann Imoberdorf 1309 einen wöchentlichen Gottesdienst in der Kirche von Obergesteln (PfA Münster, D 1). Auf alten Prozessionsgängen der Mutterpfarrei, bei denen sich die Gläubigen nach dem Alter ihrer Pfründen einreihten, kam Obergesteln an erster Stelle (NOTI, Ms. Heft 3, S. 43). Für 1442 ist ein Rektor bezeugt (PfA Biel, D 8).

Abb. 156. Obergesteln. Luftaufnahme 1973. – Text S. 197.

Loslösung von der Mutterkirche in Münster[19]. Das 1480 vom apostolischen Nuntius im Deutschen Reich dem Rektor verliehene Recht vollständiger Seelsorge[20] wurde erst 1493 von Bischof Jost von Silenen im Einverständnis mit dem Pfarrer von Münster bestätigt[21]. So war «die pfarr Gestilen» zur Zeit von JOHANNES STUMPF «die oberist pfarrkirch des gantzen lands»[22]. Geren (S. 157) und Oberwald (S. 166), letzteres auch noch als Rektorat, blieben von der Martinskirche in Obergesteln abhängig.

Quellen. GdeA und PfA von Obergesteln und Münster.

Literatur. P.-J. KÄMPFEN, Obergesteln, W. Jb. 1937, S. 93–95. – K. KIECHLER, Der Dorfbrand von Obergesteln, W.Jb. 1949, S. 35–44. – A.L. SCHNIDRIG, Auswanderer der Gemeinde Obergesteln, W. Jb. 1957, S. 59–61.

Bilddokumente. 1. «Obergesteln u. Oberwald, geg: die Grimsel, Nägelisgrat u. Mutthorn, d. 30 Juni [18]35». Zeichnung von JOHANN RUDOLF BÜHLMANN (ETHZ, Gr. Slg., Nr. 139). – 2. Ansicht von W; «Obergesteln». Zeichnung von RAPHAEL oder WILHELM RITZ? 1840–1850 (erhalten nur in Photo-

19 Loskauf der letzten Verpflichtungen 1914 (PfA Münster, D156).

20 PfA Obergesteln, D2.

21 PfA Obergesteln, D3a (nur mehr in Kopie von H.A. von Roten, Raron, erhalten). Erst 1493 wurde die Aufbewahrung des Allerheiligsten gestattet. Vgl. SCHMID, LAUBER, Verzeichnis, 1889/90, S. 229, und PfA Obergesteln, D4.

22 Chronik des JOHANNES STUMPF, S. 342, verso. Im 17.Jh. ist wiederholt von der «parochia Castellionis» die Rede (PfA Obergesteln, D7).

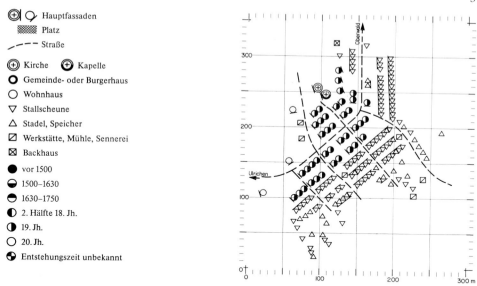

Hauptfassaden
Platz
Straße
Kirche   Kapelle
Gemeinde- oder Burgerhaus
Wohnhaus
Stallscheune
Stadel, Speicher
Werkstätte, Mühle, Sennerei
Backhaus
vor 1500
1500–1630
1630–1750
2. Hälfte 18. Jh.
19. Jh.
20. Jh.
Entstehungszeit unbekannt

Abb. 157. Obergesteln. Siedlungsplan (vgl. «Wegleitung»). – Text siehe unten.

graphie PfA Blitzingen). – 3. Ansicht von W; «Obergesteln». Zeichnung von RAPHAEL RITZ. 1840 bis
1850. (ETHZ, Gr. Slg., Inv.-Nr. 3686A, Skizzenbuch Nr. 22, S. 12). – 4. Plan des Dorfes vor dem
Brand von 1868. Verschollen. Abb. W. Jb. 1949, S. 39.

SIEDLUNG. *Anlage* (Abb. 155–157). Vom alten Obergesteln sind nur zwei Stadel
(Koord. 90/15 und 90/50) und ein Heustall (Koord. 70/55) am Südwestrand des
Dorfes sowie ein alleinstehender Speicher (Koord. 265/195), ehemals auf Beinen,
am Südostrand übriggeblieben. Die Reihe von Stadeln alten Typs, aber ohne
«Stadelplane» (Koord. 245/155 bis 230/185), sind später von anderswo hergebracht worden. Das neu in Stein erstandene Dorf baut sich an der Südflanke des
Kirchhügels im Lawinenschatten, aus konzentrisch zur Kirche angeordneten Gebäudezeilen, auf. Die Kantonsstraße und eine Gasse, die von der Kirche herunter
gegen den Rotten führt, scheiden den Dorfkern in etwa gleiche Viertel. Weitere
Längs- und Quergassen sind diesen parallel in ziemlich regelmäßigen Abständen
geführt. Die Nutzbauten schließen gegen Süden als breiter Gürtel an. Zwei, drei
oder vier Steinhäuser (Abb. 170) sind mit ihren Giebelfronten aneinandergebaut,
was die Verwendung von Brandmauern und, bei bestmöglicher Ausnützung des
lawinensicheren Geländes, zudem die Anlage eines großzügigen Straßennetzes gestattete. Noch längere kompakte Reihen bilden die steinernen Heuställe und Stadel
mit ihren eingelassenen hölzernen Wandflächen zwischen den Eckmauern (Abb. 169).
So fremd sich die Siedlung mitten im reinen Blockbaugebiet des obersten Goms auch
ausnimmt, ist ihr doch ein eigentümlicher Reiz nicht abzusprechen.

Zur *Siedlungsgeschichte* vgl. die allgemeine Geschichte des Dorfes – zur Hauptsache
eine Katastrophengeschichte.

Abb. 158. Obergesteln. Dorfpartie mit Kirche, vor dem Brand von 1868. Photographie (Zentralbibliothek Zürich, Graphische Sammlung, Mappe Wallis I). – Text S. 199.

PFARRKIRCHE HL. MARTIN VON TOURS

GESCHICHTLICHES. Die 1309 erstmals erwähnte «ecclesia sti Martini»[23] wurde
1419 beim Einfall der Berner geplündert und verbrannt[24]. Bistumsverweser Andreas
Gualdo unterstützte 1425 durch einen Ablaß die Sammlung zur Wiederherstellung
der Kapelle und zum Ankauf der neuen Ausstattung. Ähnlicher Ablaßbrief von
Bischof Adrian I. von Riedmatten 1545[25]. 1606 oder in den unmittelbar voran-
gehenden Jahren[26] wurde eine gewölbte Sakristei gebaut, das Chor eingewölbt und
renoviert[27], das Schiff mit einem Holzgewölbe überspannt[28], gedeckt und die Ausstattung erweitert[29]. Zugleich wurde auch ein Beinhaus wiederhergestellt. 1661
weigerten sich die Bewohner von Geren umsonst, den sechsten Teil an die Kosten

---

23 Vgl. Anm. 18.
24 Ablaßbrief von Andreas Gualdo, 27. Oktober 1425 (PfA Obergesteln, D 1).
25 PfA Obergesteln, D 3.
26 PfA Obergesteln, D 5.
27 «Jtem für dz gwelb im Cor der Muren mittaghalb der Sternen [Okulus], thauffstein der kilchen
zu bewissigen den Altar bim glogthurren und waß witter an der kirch hoff muren gmacht hatt 95 lib.»
(ebenda).
28 «Jtem daß holz gwelb leeßbenck, bichtstul wiben-dilli[Boden auf der Frauenseite?], kirchen-
port» (ebenda).
29 Stühle, Kanzel, Weihwasserstein, Zimbeln «undt ein parnassen» sowie ein «Jungstgricht»,
nach P. AMHERD ein großes Tafelgemälde an der Seitenmauer (AMHERD, S. 181); es kann sich aber
auch um ein Wandgemälde handeln.

der Kirchenrenovation zu steuern[30]. Hatte der Visitationsakt von 1636 noch Änderungen am Chorbogen (S. 209) gefordert[31], so verordnete der Bischof 1687, das Chor farbig auszugestalten oder überhaupt neu zu bauen[32]. Wohl 1692 schritt man zu einem Neubau[33]. Am 25. Juli 1693 wurde die neue, nach Norden verlegte(?) Kirche eingeweiht[34], die in der heutigen fortbesteht. Die unheilvolle Lawine von 1720 riß die Vorhalle weg[35]. Beim Dorfbrand vom 2. September 1868 fiel auch die Kirche (Abb. 158) in Asche[36]. Der Turm brannte aus, die Kirche bis zu den Gesimsen herunter[37]. Unverzüglich ging man unter Leitung des Baumeisters BAPTIST BOTTINI von Brig an die Wiederherstellung[38], so daß die Kirche 1875 eingesegnet und 1879 geweiht werden konnte. Den Dachstuhl zimmerte JOHANN JOSEF JOST[39]. Die Italiener J. GENOTTI und J. THEODOR DELLA PIETRA waren als Maler und Vergolder tätig[40]. Damals erhielt das Schiff das im Scheitel geblähte Tonnen-Rabitzgewölbe, die weit ausladenden, beim Tonnenansatz von kleinen Simsen begleiteten Profilgebälke, die rundbogigen Oberlichter[41] in den beträchtlich erhöhten Seitenwänden und der Turm statt des früheren geschweiften Spitzhelms seinen laternenartigen Abschluß. Erneuert wurde auch das Chorgewölbe. Das einst mit Architekturrahmen[42] versehene Portal in der südlichen Schiffswand wurde erst zu einem Wandschrank umgebaut, 1950 ganz vermauert. Den Charakter des Innenraums veränderte die Renovation von 1911/12, bei der JOSEF HEIMGARTNER, Altdorf, das Chor grünlich tönte und, wie in der Folge das Schiff, mit Dekorationen[43] ausschmückte.

30 PfA Obergesteln, D 7, und GdeA Obergesteln, D 17. Ging es um eine erneute Renovation um die Jahrhundertmitte oder um die Tilgung der Bauschuld des Jahrhundertanfangs? In PfA Obergesteln, D 5, steht zu 1625: «Volgt waß daß gwelb kost in der Kirchen»; 1630 wurden auf Beschluß der Gläubigen die Einkünfte der Kirche erweitert; die letzte Notiz reicht «bis anno 1660 Jahrs».

31 PfA Obergesteln, D 6.   32 PfA Obergesteln, D 29.

33 In der eitlen Hoffnung(?), sich von Münster zu lösen, steuerte Ulrichen 100 Kronen und 18 Alpkäse von der «Spend» an den Kirchenneubau (PfA Ulrichen, Nr. 8). PfA Obergesteln, D 46. Nach der unzuverlässigen Chronik des Rektors PETER VON RIEDMATTEN († 1901) hatte sich Ulrichen zwar schon am älteren Kirchenbau mit 110 Pfd. beteiligt (PfA Münster, o. Nr.).

34 PfA Obergesteln, D 10. Zugleich Weihe der drei Altäre. Ferner StAS, A Louis de Riedmatten, cart. 5 fasc. 8.

35 PfA Obergesteln, D 46. 1724 trug ein Sturmwind ein Viertel des Kirchendaches «samt den Rafen» fort (VON ROTEN, Chronik, 1963, S. 53).   36 PfA Obergesteln, D 50.

37 «... der Kirchen Bau biß auf die Muren der Thurm abgebränt auf Muren» (PfA Obergesteln, Altes Rechnungsbuch, o. Nr.). «... die Kirche brannte ab bis auf die Gesimse herunter, und später wurde noch aller Mörtel ab den Mauern geschlagen» (PfA Obergesteln, D 43). Vgl. eine Zeichnung von Obergesteln nach dem Brand in W. Jb. 1949, S. 42.   38 PfA Obergesteln, D 48b und D 43.

39 PfA Obergesteln, o. Nr.   40 PfA Obergesteln, D 46.

41 Die Zeichnung von RAPHAEL RITZ (Bilddokument S. 197, Nr. 3) und die Zeichnung von Obergesteln nach dem Brand (vgl. Anm. 37) zeigen in der sichtbaren südlichen Traufwand des Schiffs keine Oberlichter. Damals wurde auch der große Okulus dicht über dem Vorhallendach in ein Rundbogenfenster umgestaltet, eine hohe Nische im Giebel durch einen Okulus ersetzt (Photo von Obergesteln vor dem Brand in W. Jb. 1949, S. 38), das Portal an der südlichen Seitenwand zugemauert und eine neue Orgelempore eingezogen.   42 Vgl. Abb. in W. Jb. 1949, S. 42.

43 HEIMGARTNER selbst und sein Gehilfe WOLF, Schaffhausen, arbeiteten an den Gemälden, die beiden andern Gehilfen GOTTFRIED RÜDISSER, Jäggenschwil, und KARL MÜLLER, Sursee, an der Dekoration und an der Renovation (PfA Obergesteln, D 46). Die Schiffsfenster mit den Kirchenväterbildnissen von EDUARD RENGGLI, Luzern, nach HEIMGARTNERS Entwurf folgten 1922 (PfA Obergesteln, D 59).

Abb. 159.
Obergesteln. Pfarr-
kirche, 1692/93, in
den oberen Partien
erneuert nach dem
Brand von 1868.
Ansicht von NW.
Text S. 202.

1933–1942 ersetzte man das Schindeldach durch Kupferblech, 1950 Boden und
Kirchenstühle[44]. 1962–1967 Außenrenovation und Chor-Innenrenovation[45]. Die
Heimgartnersche Dekoration wurde bis auf die Gemälde an den Chorwangen entfernt; ferner wurden Oberlichter zugemauert, die beiden seitlichen an der Ostseite
sowie eines an der Westseite, und die alten Apostelkreuze freigelegt.

Baugeschichtliche Probleme. 1. Alter des Turms. Trotz der unregelmäßigen und zum
Teil recht beachtlichen Stärke seiner Mauern (Abb. 160) wird der Turm nicht
Überreste des mündlich überlieferten Kastellums in sich bergen[46]. Sein Mauerwerk
mutet spätmittelalterlich (14. Jh.) an[47]. – 2. *Die Verlegung der Kirche nach Norden*
(1692?). Das heutige Beinhaus, in dem sich das alte Chor erhalten hat, läßt keinen
Zweifel an der Verlegung aufkommen, die nach den archivalischen Nachrichten
des 17. Jahrhunderts nicht vor 1687 stattgefunden hat (siehe oben). Da zudem die
für den Umbau des alten Chors zum Beinhaus notwendigen Veränderungen stilistisch dem Ende des 17. Jahrhunderts angehören können, scheint die Verlegung
beim Kirchenneubau 1692 erfolgt zu sein. Der Hinweis auf einen «altar bim glogthurren»[48] um 1606 läßt darauf schließen, daß damals schon ein breites Schiff an
das Chor, das heutige Beinhaus, stieß. In der heute als Windschutz dienenden Ver-
bindungsmauer zwischen dem heutigen Beinhaus und dem Turm hat sich vermutlich ein Rest der alten Schiffsstirnwand erhalten. Wie die Kirche einst an die Südwand des Turms anschloß – an seiner Südfront fehlen in den unteren Zonen, über
einer vermauerten Rundbogentür[49], Lichtschlitze –, so schob man sie nun im Nor-

44 PfA Obergesteln, Rechnungsbuch 1915 ff., o. Nr. Die Docken der Bänke stammen von LEO-
POLD JERJEN, Reckingen. 1950–1954 wurde noch das Brusttäfer angebracht (PfA Obergesteln, D 58).
45 PfA Obergesteln, D 46.
46 Die Kirche soll am Standort der ehemaligen Feste der Herren von Arna stehen (Hauskalender
[vgl. S. 13, Anm. 8], S. 57).
47 Datierung von Dr. Fr.-O. Dubuis, Kantonsarchäologe, Sitten.   48 Vgl. Anm. 27.
49 Die einst wohl ins alte Kirchenschiff führende, mit Keilsteinen gerundete Türöffnung ist im
Turminnern bis auf eine Tiefe von 45 bis 85 cm noch sichtbar.

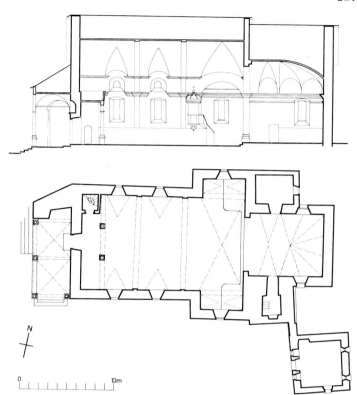

Abb. 160 und 161.
Obergesteln. Pfarrkirche.
Chor und Beinhaus der
mittelalterlichen Kirche.
Grundriß. – Längsschnitt.
Gewölbe und Simse
1868–1875 erneuert.
Text S. 202.

den an den alten Turm, da die hier ausgedehntere Hügelkuppe Platz für ein länge-
res(?) Schiff bot[50]. – 3. *Die barocken Planzeichnungen*[51]. Es sind die einzigen erhaltenen
Planzeichnungen für Kirchenbauten im Goms vor 1800. Der Vergleich mit Schriften in Erkanntnisbüchern hat eindeutig ergeben, daß die Planzeichnungen a und b
auf recto und verso desselben Blattes (33,7 × 45 cm) in die zweite Hälfte des 17. Jahrhunderts zurückreichen. Bis an die Stellung des Turms in der nördlichen Achsel von
Chor und Schiff – es muß sich um einen Plan vor dem Entschluß zur Verlegung der
Kirche nach Norden handeln – entspricht der Grundriß dem heutigen. Das Blatt
(etwa 43 × 29,5 cm) mit c und d, aus dickerem Papier, mit bräunlicherer Tinte
ausgeführt und zusätzlich laviert, scheint auf dem Grundriß ohne Seitenkapellen
den Turm bereits an der südlichen Achsel zu zeigen. Beide Grundrisse zeigen ein
Rechteckchor. Auf der Außenansicht b sind die Fenster mit rundbogigen Sprenggiebeln bekrönt[52]. Der Querschnitt durch den Dachstuhl e (etwa 27 × 34 cm) gehört nach Papierqualität und Tinte eher zu den Planzeichnungen c und d.

50 Die Tatsache, daß man an der Stelle des heutigen Taufsteins 1871 und 1952 auf Gebeine, nach
der Tradition die Überreste des Freiheitshelden Thomas Riedin in der Bünden von 1419, stieß, deutet
auf eine Verlegung der Kirche auf den früheren Kirchhof (PfA Obergesteln, o. Nr., und AMHERD,
S. 59).

51 PfA Obergesteln, o. Nr.   52 Vgl. die Ritzingerfeldkapelle (S. 370).

Bilddokumente. Vgl. Bilddokumente S. 197, Nr. 3.

BESCHREIBUNG. *Äußeres* (Abb. 159). Die Martinskirche beherrscht das Dorf von der Kuppe eines niedrigen Hügelrückens aus, der wie ein Riegel quer ins Tal tritt. Das geostete *Schiff* springt in einem Paar chornaher Seitenkapellen vor. An das eingezogene Rechteckchor schließt im Norden die Sakristei, im Süden der Turm. Die rechteckigen Hochfenster im Schiff besitzen giltsteinerne faszierte Rahmen, diejenigen in den Chorwangen wie die rundbogigen Oberlichter des Schiffs nur eine granitene Solbank. Wesentlich zur imposanten Wirkung trägt die gewalmte, im Norden schräg geschlossene *Vorhalle* bei, die sich mit Arkaden auf eleganten ionischen Säulen aus Giltstein nach Westen und Süden öffnet. Am giltsteinernen *Portal* wird das Türgericht ähnlich wie in Münster von einer reichen Portalarchitektur gerahmt, deren runde Sprenggiebel eine Wandnische mit einer Muttergottesstatue (S. 205) umfassen. In der Nische der Vorhalle hängt seit 1962 eine Kreuzigungsgruppe (S. 204/05). Der *Turm*, an dessen Südfront, zwischen den Schallöffnungen, eine Granitplatte mit den Daten « 1871 iuni 22 » und « 1962 » sitzt, ist nur im Glockengeschoß über einem eckverkröpften Gurtsims auf granitenen Konsolen reicher befenstert. Unter der Zifferblattzone[53] rundbogige Blendnischengliederung. Den Turmabschluß bildet eine achtseitige italienische Kuppellaterne.

Inneres (Abb. 160 und 161). Das von halbkreisförmiger Gipstonne überspannte weite *Schiff* öffnet sich durch einen parallel geführten Chorbogen in das geräumige *Rechteckchor*. Zwei Pilasterpaare gliedern das Schiff in verschieden breite Joche, von denen das mittlere am schmalsten ist. Bei den zweizonigen, mit Stichkappen in die Gewölbetonne eindringenden Fensterachsen – die Hochfenster sind innen stichbogig – ist das frieslose Profilgebälk unterbrochen. Die flachen *Seitenkapellen* erscheinen wegen der durchlaufenden Gesimse zum Schiffsraum geschlagen, obwohl ihre stichkappigen Quertonnen durch Gurt und Bogenstirn kräftig abgesetzt sind. In der Breite der Seitenkapellen spannt sich über das innerste Schiffsjoch ein Kreuzgratgewölbe, das sich nur auf die kleinen Gesimse am Tonnenansatz abstützt. Auf dem mit Fries versehenen Chorgesims stehen die gestelzten Schildbögen des Stichkappenjochs und der Chorschlußkappen wie Arkaden. Im Schiff blieb die historistische *Bemalung* erhalten: am Scheitel des Mitteljochs ein Medaillon mit Christus dem Richter, umgeben von Engeln mit Marterwerkzeugen; am Chorbogen, über einem Zifferblatt im Scheitel, Gottvater, links die Ölbergszene, rechts die Auferstehung, links unten bezeichnet: «Jos. Heimgartner 1911 pinx.». An den Chorwangen qualitätvolle Gemälde von JOSEF HEIMGARTNER, links die Jünger von Emmaus, bezeichnet: «H. 1911», rechts, mit Anklängen an den Stil von PAOLO VERONESE, die Anbetung der Heiligen Drei Könige, bezeichnet: «Jos. Heimgartner 1911».

Altäre. Hochaltar. Vom spätgotischen Hochaltar des frühen 16. Jahrhunderts aus der Werkstatt des JÖRG KELLER(?), Luzern, sind noch drei Statuen (S. 204) übriggeblieben. Der von JOHANN SIGRISTEN(?) für die neue Kirche von 1692 geschaffene Altar verbrannte 1868[54]. So schuf der Italiener DEPHABIANI 1874/75 den klassizi-

---

53 Die Evangelistensymbole am Zifferblatt wurden 1962–1967 von der Firma WALTER MUTTER, Naters, gemalt.

54 «... die alter abgebrent» (PfA Obergesteln, Altes Rechnungsbuch, o.Nr.). Ein Altar (Hoch- oder Seitenaltar?) wurde 1695 aufgerichtet (StAS, A Louis de Riedmatten, cart. 5, fasc. 8, Nr. 73).

stischen Hochaltar[55]. Ein Tabernakel aus der Mitte des 18. Jahrhunderts wurde wiederverwendet[56]. Die Rahmenschnitzereien mit den eingebauten Reliquien-schreinen, ein Geschenk des Pfarrers Johann Murmann, folgten 1883[57]. Neufassung 1911/12[58].

Der einfache klassizistische Altar steht auf seitlich verkröpftem Sockel. Ein ioni-sches Säulenpaar unter geradem, nichtverkröpftem Gebälk rahmt ein Gemälde des hl. Martin, das rechts unten bezeichnet ist: «M.P. Deschwanden 1878». Seit 1967 mit einem Vorhang als Hintergrund für eine Muttergottesstatue (S. 204) verhüllt. Statuen auf den Leuchterbänken und dem Sockel, von links nach rechts: der hl. Petrus (S. 205) und die spätgotischen Bildwerke von Johannes Ev., Mauritius und Martin (S. 204).

Seitenaltäre[59]. 1606 ließ man zwei Marienaltäre anfertigen. «Unser L. frauwen thaffel im rosenkrantz zhauwen undt zmallen undt von Ury biß her ztragen»[60] kostete 110 Pfund. Dieser Rosenkranzaltar zur Rechten war 1687 konsekriert, der linke Marienaltar dagegen nicht[61]. Bei der Kirchen- und Altarkonsekration von 1693 waren beide Marienpatrozinien im rechten Seitenaltar vereint[62]. Am 10. Ok-tober 1869 entfernte[63] man den vom Brand zerstörten Marienaltar von Johann Sigristen(?), dessen Hauptfigur wohl in der Muttergottes der Portalnische (S. 205) erhalten blieb[64]. An seine Stelle trat 1875 der klassizistische, nun Maria, der Königin der Engel[65], geweihte Altar von Dephabiani[66].

Bei der Altarweihe von 1693 wurden Johannes Ev. und Maria Magdalena als Patrone des linken Seitenaltars[67] bezeichnet, 1765 nur mehr Magdalena[68]. Das 1868 verbrannte Retabel trug die Stifterwappen von Meier Johann Jost und Fenner Andreas Taffiner[69]. Erst der klassizistische, ebenfalls 1875 von Dephabiani ge-schaffene Altar wurde dem hl. Josef, dem zweiten Kirchenpatron, geweiht[70]. Neu-fassung beider Seitenaltäre 1911[71].

Vgl. Anm. 69. «Und endlich gab man[die Leute von Ulrichen] für den Choraltar 8 fiesche Korn und 18 Albkäß u. 9(?) Scheidekorn» (PfA Münster, Chronik von Rektor Peter von Riedmatten [† 1901], o. Nr.).   55 PfA Obergesteln, D 48 b und D 25.   56 PfA Obergesteln, D 46.   57 Ebenda.

58 1911 Marmorierung unter Beizug des Spezialisten Ketterer von Meiringen, 1912 Vergol-dungsarbeiten durch Kunstmaler Gottfried Rüdisser (ebenda). Von Ketterer fehlt in Meiringen jede Spur. (Freundl. Hinweis von Arnold Wyß, Meiringen.)

59 J. Lauber spricht von der Stiftung eines Theresienaltars im Jahre 1700 durch Thomas Werlen, der 1682–1715 Kaplan in Obergesteln war. Die Gemeinde, für welche die Stiftung bestimmt war, ist zwar nicht genannt (Schmid, Lauber, Verzeichnis, 1934, S. 415).

60 PfA Obergesteln, D 5. Den anderen Altar «unser L. frauwen thaffel zmachen», kostete 25 Kronen.   61 PfA Obergesteln, D 29.   62 PfA Obergesteln, D 10.   63 PfA Obergesteln, D 43.

64 Die Statue könnte allerdings auch in der Hauptnische des Hochaltars gestanden haben, da diese mitunter vom Kirchenpatron an die Muttergottes abgetreten wurde. Schenkung von 1672 «ad magnum altare beatissimae V.Mariae» (StAS, A Louis de Riedmatten, Livres 4, Nr. 10). Hinweis auf den Hochaltar oder zur Unterscheidung beider Marienaltäre, von denen der Rosenkranzaltar mehr als doppelt so teuer zu stehen kam? Vgl. Anm. 67.

65 PfA Obergesteln, D 34.   66 Vgl. Anm. 55.

67 PfA Obergesteln, D 10. Nach K. Kiechler war der linke Seitenaltar bis zum Dorfbrand 1868 ein Marienaltar und barg die heutige Portalmadonna in der Hauptnische; er will sich auf die Über-lieferung stützen (W. Jb. 1949, S. 41).   68 PfA Obergesteln, D 30.

69 Furrer-Wick, S. 54/55. Vielleicht ist dieser Altar erst 1695 aufgerichtet worden. Am 22. Sep-tember 1696 trat Johann Sigristen für den Schreiner Johann Dirren im Haus des Meiers Johann Jost(!) als Zeuge auf (PfA Münster, B 12).   70 PfA Obergesteln, D 34.   71 Vgl. Anm. 58.

Bei den Seitenaltären rahmen neben dem ionischen Säulenpaar, hier unter verkröpftem Gebälk, noch Pilaster das Gemälde des Patrons von M. P. VON DESCHWAN-
DEN[72].

KANZEL. Die 1872–1874 von DEPHABIANI geschaffene[73] Kanzel gibt den barocken Kanzeltyp
nüchtern ornamentiert. – TAUFSTEIN[74]. Der in die Kirchenrückwand eingelassene Taufstein, ein
klassizistisches Werk von DEPHABIANI[75] aus den Jahren nach dem Dorfbrand (1868), zeigt über
stipesartigem Unterbau eine architekturgerahmte Tür mit Relief der Taufe Christi. Holz in polychromer Ölfassung. – ORGEL. Nachdem 1868 auch die FELIX CARLEN (1734–1816) zugeschriebene[76]
«orgelen abgebrent» war[77], baute 1875/76 LUDWIG SCHEFFOLD von Beckenried eine neue[78]. Diese
wurde 1913 durch ein Werk von HEINRICH CARLEN, Glis, ersetzt, wobei alte Bestandteile wiederverwendet wurden[79]. Den Prospekt stückte man ebenfalls zusammen, indem man auf den untern Teil
des Gehäuses von 1875 einen neuromanischen Aufsatz von Schreiner WILHELM IMOBERDORF, Brig,
stellte[80]. – CHORGESTÜHL von LUDWIG ZUMOBERHAUS, Oberwald, 1883. – SKULPTUREN. SPÄT-
GOTISCHE STATUEN vom ehemaligen Hochaltar[81] (am Hochaltar). Anfang 16. Jh. *Hl. Martin von
Tours*. H. 99 cm. Linde, hohl, Rückseite mit Brett verschlossen. Bischofsstab neu. Neue Polimentvergoldung. Faltenstil und Standmotiv der qualitätvollen Figur weisen auf die Werkstatt des JÖRG KELLER
in Luzern. – *Hl. Johannes Ev.*[82]. H. 87 cm. Linde, gehöhlt. Vergoldet 1885[83]. Polimentgold und Silber. –
Hl. Mauritius. H. 87 cm. Linde, leicht gehöhlt. Vergoldet 1885. Polimentgold und Silber. – ÜBRIGE
SKULPTUREN. *Muttergottes*, mit Szepter auf dem Halbmond stehend (seit 1967 am Hochaltar).
H. 145 cm. Linde, gehöhlt. Polychrome Fassung von 1963[84]. Mitte 17. Jh. Die hochgestirnten Antlitze wirken stumpf. Flaue, sonderbar verdrückte Falten. – *Maria* und *Johannes* von einer Kreuzigung[85]
(heute in der Vorhalle bei einem 1962 erworbenen oberitalienischen *Kruzifix* des 15. Jh.). Maria

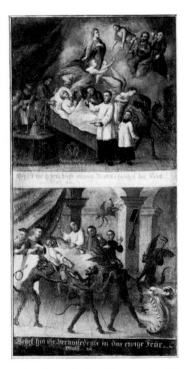

Abb. 162 und 163. Obergesteln. Pfarrkirche. Gemälde «Tod des Gerechten und des Verdammten»,
1782. Text S. 206. – Hl. Paulus. Statue von einem Altar des Johann Sigristen, 1693–1696, H. 112 cm.
Text S. 205.

H. 103,5 cm, Johannes H. 101 cm. Arve. Neue Fassung, 1975, von J. MUTTER, Naters. Mitte 17. Jh. Von leichter S-Kurve geschwungene, reliefhaft flache Figuren. – *Hl. Paulus* (Abb. 163) von einem Altar des JOHANN SIGRISTEN (1693–1696). H. 112 cm. Arve, neu gefaßt 1921. 1963 von IGNAZ MUTTER, Naters, restauriert [86]. Der leicht geschwungene Körper mit dem «zu langen» Arm und die schwere Draperie mit den durch Stege unterteilten, parallel gehäuften Faltenkehlen sind typische Stilmerkmale des Gliser Bildhauers. – *Muttergottes* (in der Portalnische) [87]. Statue aus der Hauptnische des 1868 verbrannten Rosenkranzaltars (1693–1696) von JOHANN SIGRISTEN, Glis? (Anm. 69). H. etwa 170 cm. Arve. Polychrome, wenig fette Ölfassung. 1922 und 1941 gefaßt, 1962 restauriert [88]. Typisch für SIGRISTEN – wie für den Sigristen-Bodmerkreis – sind die quirlenden Mantelsäume und das Motiv des fülligen Rockbauschs zwischen den Beinen. Die Statue zählt zu den kraftvollsten Werken des Walliser Hochbarocks. – *Auferstehungschristus*. H. 69 cm (ohne Nimbus). Arve, massiv. Polychromiert, Lendentuch versilbert. 2. Hälfte 18. Jh.? 1962 von IGNAZ MUTTER, Naters, restauriert. Das monoton gefältete Lendentuch ist so verschlungen, daß der Zipfel vorn herunterhängt. – *Hl. Petrus* (am Hochaltar). H. 91 cm. Holz, gehöhlt, aber mit Brett verschlossen. Polimentvergoldung von 1885. 1874/75 (von DEPHABIANI?) [89]. Monumentale Figur mit zurückhaltender Faltengebung. *Vortragekreuz*. H. 41,5 cm. Holz, polychromiert. Lendentuch vergoldet. 1. Hälfte 19. Jh. In der Mitte herabhängender Lendentuchzipfel, um den Strick geschlungen. Edles, symmetrisch gestaltetes Antlitz. – *Altarkreuz*. H. 104 cm. Arve, vergoldet und polychromiert. 1. Hälfte(?) 19. Jh. Medaillon mit durchbohrtem Herzen in Akanthus- und Volutenschnitzwerk vor dem Kreuzesstamm. Mit Ranken in Flachschnitt damaszierte Balken. Palmetten und Akanthuswedel als Balkenenden. Reichverziertes Altarkreuz von mittelmäßiger Qualität. – GEMÄLDE [90]. *Ecce Homo*. 80 × 60 cm. Öl auf Leinwand. Ende 17. Jh. Halbbildnis des Dornengekrönten mit verschränkten Armen in Mandorla, beschriftet «ECCE HOMO». Steht gewiß in Zusammenhang mit der Wallfahrt zum Schmerzensmann in der Friedhofkapelle (S. 209). *Schmerzensmutter* (an der Kanzelrückwand). 80 × 60 cm. Öl auf Leinwand. Um 1700? Halbbildnis Mariens

---

72 Das Josefsgemälde ist gleich wie das Hochaltarblatt bezeichnet.

73 PfA Obergesteln, D48b und D46. Die Geteilen des «Gern-Zehnden» (Gern = Gerental) steuerten Fr. 50.– bei.

74 Von dem 1493 schon bestehenden, 1606 restaurierten «thauffstein der kilchen» ist nichts mehr vorhanden (PfA Obergesteln, D3a und D5). 1864–1867 standen am Taufstein die Wappen eines C. Guntern und der Familie Taffiner (FURRER-WICK, S. 54/55). 75 PfA Obergesteln, D46.

76 Nach den unzuverlässigen Aufzeichnungen des KONRAD CARLEN (KATHRINER, Alte Orgeln, S. 100). 77 PfA Obergesteln, Altes Rechnungsbuch, o. Nr.

78 PfA Obergesteln, D19, D46 und D48b, ferner GdeA Obergesteln, G1. 1888 wurde sie von JOSEPH STALDER, Beckenried, repariert.

79 Aus dem alten Holzpfeifenmaterial wurden fünf neue Register gebaut (PfA Obergesteln, D46). Gutachten von Prof. GUSTAV ZIMMERMANN und Disposition des HEINRICH CARLEN (PfA Obergesteln, o. Nr.). 80 Ebenda.

81 «Maius Altare sub Eiusdem Patronio [hl. Martin] et honore Sanctorum Jois Baptistae ... et Mauritij» (PfA Obergesteln, Konsekrationsakt von Kirche und Altären vom 26. Juli 1693, D10). 1687 ist von einer Statue Johannes' des Täufers an der Wand die Rede (PfA Obergesteln, D29).

82 Im Konsekrationsakt ist zwar von Johannes dem Täufer die Rede. Johannes Ev. war Patron des linken Seitenaltars. Anderseits ist die Statue genau gleich hoch wie diejenige des hl. Mauritius. 83 PfA Obergesteln, D46.

84 Strahlenkranz von LEOPOLD JERJEN, Reckingen, geschnitzt. Die Überlieferung, wonach die Statue bei der Reformation des Berner Oberlandes ins Wallis gebracht worden sei, kann offensichtlich nicht zutreffen. H.A. VON ROTEN bezieht die Überlieferung wohl auf die spätgotischen Statuen der Kirche (VON ROTEN, Landeshauptmänner, 1948, S. 255).

85 Die Statuen sollen früher am Chorbogen gestanden haben. 86 PfA Obergesteln, D46.

87 1887 wurde für eine «Aloisiusstatue auf der Kirchthüre mit Porto» Fr. 77.35 bezahlt (ebenda). 88 Ebenda.

89 Ein Inventar von 1898 hält fest, die Petrusstatue sei nach dem Dorfbrand von Gurinern (Bosco-Gurin) geschnitzt worden (PfA Obergesteln, D59).

90 Alle Gemälde wurden 1921 und 1963 restauriert (PfA Obergesteln, D46).

in Mandorla. Schwert in der Brust über gekreuzten Armen. – *Pietà*. 146 × 100 cm. Öl auf Leinwand. Zusammengestückte Leinwand. Links unten bezeichnet «i.H./1703»[91], darüber Hallenbarter-Wappen, gerahmt wiederum von «i.H./1703». Eigentümliches Werk, bei dem der diagonal gestellte Leichnam mit der Isokephalie der übrigen Figuren kontrastiert. – *Tod des Gerechten und des Verdammten* (Abb. 162). 138 × 67 cm. Öl auf Leinwand. Im oberen Gemälde Wappenmedaillon (W. Wb., S. 121, Fig.) des Stifters «Joseph Anton/Hellebarder 1782». Inschrift auf dem hellen Fußstreifen zur oberen Szene vom guten Tod: «Komet ihr gebenedeijte meines Vatters besitzet das Reich. Math. 25.I», auf dem schwarzen Streifen der unteren Szene: «Gehet hin ihr Vermaledeijte in das ewige Feür. Math. 24». Dualistisch konzipierte Pendants. Oben steht ein Priester dem Sterbenden bei, der Teufel weicht. Ein Engel trägt die Seele mit dem Beistand Mariens und der Heiligen Josef und Antonius von Padua hinauf zu Christus. Unten nehmen Teufel die Seele in Empfang, um sie in den Höllenrachen zu werfen. Der Geizige wendet sich vom Priester ab. – *Kreuzwegstationen*. 51 × 33 cm. Öl auf Leinwand. 1875 von ALEXANDER BLATTER(?), Rahmen von SCROZZINI, Brig[92]. Bunte nazarenische Malerei auf Goldgrund in rundbogiger Nische. Marmorierte, ziervergoldete Architekturrahmen.

KIRCHENSCHATZ. MONSTRANZ. Silber, gegossen, z. T. vergoldet. H. 63 cm. 1759–1761. Beschau Augsburg (Buchstabe O). Meistermarke von JOSEPH IGNAZ SALER (SCHRÖDER, Nr. 20) (wie Tab. I, Nr. 2). 1961 neu vergoldet. Ovaler geschweifter Standring. Darüber setzt das Wurzelwerk des gewundenen Astwerkschaftes an. Vor dem mandelförmigen Strahlenkranz silberner Kranz aus C-Bögen und Reblaub, besetzt mit Appliken: Gottvater, Hl.-Geist-Taube, durchbohrte Hände und Füße Christi. Schaugefäß in Gestalt einer brennenden Herzurne. – ZIBORIUM. Silber, gegossen und graviert, größtenteils vergoldet. H. 38 cm. 2. Hälfte 17. Jh. Beschau Brig. Meistermarke von ANTON TUFFITSCHER (wie Tab. I, Nr. 14). Glatter, getreppter Standring. Am flachen Sechspaßfuß breiter Fries mit symmetrischen Blattornamenten und vollplastischen Cherubinen. Großer Knauf mit drei Cherubinen. An Kupa und Deckel breiter Frieswulst mit Cherubinen und Fruchtornamenten. – KELCHE. 1. Silber, gegossen, vergoldet. H. 23 cm. 1. Hälfte 17. Jh. Wohl unbekannte Beschau von Ulm. Meisterzeichen nicht identifiziert (Tab. I, Nr. 27). Standring mit paßartigen Blättchen. Am Fuß geschuppter Fries, unterbrochen von Blumengehängen und Rollwerk, und darüber, auf dem flachen Fußrücken, blattgerahmte Keulenblätter. Urnenförmiger Knauf mit ähnlichen Motiven wie am Fuß. Rosette als Schaftring. Glatte Kupa. – 2. (Abb. 164). Silber, gegossen, vergoldet. H. 23 cm. 1. Hälfte 17. Jh. Beschau Leuk. Meisterzeichen P H S (Tab. I, Nr. 16). Runder Standring. Am Fuß vier gebläte Kielbögen. Achtkantiger birnförmiger Nodus. Glockenförmige Kupa. – 3. (Abb. 165). Silber, gegossen, zum Teil vergoldet, graviert. H. 25 cm. Mitte 17. Jh. Beschau Brig. Meisterzeichen von ANTON TUFFITSCHER (Tab. I, Nr. 14). Frühwerk des Goldschmieds. Sechspaßförmiger Standring. Am flachen Fuß abgesetzter Zierfries, in dem vollplastische Cherubine und flache C-Bögen-Kartuschen mit den hl. Namen abwechseln. Darüber Sechspaß mit graviertem Kreuz an der Stirnseite. Kräftiger Sechskantknauf zwischen Kehlen. Der feste Korb ist als zehnseitiger Kelch mit palmettenbekröntem Bogenfries ausgebildet. – 4. Gerener Kelch (S. 162 u. Abb. 166). – 5. Silber, gegossen, vergoldet, H. 27 cm. 1741–1745. Rokoko. Beschau Augsburg (Buchstabe E oder F). Meistermarke von JOSEPH IGNAZ SALER (SCHRÖDER, Nr. 20) (Tab. I, Nr. 2). Am Standring Stege und Kielbögen. Mit großen und kleinen Pässen gegliederter, stark geblähter Sechspaßfuß. Rocaille und Ornamentgitter. Glasflüsse in aufgeschraubten Fassungen. Birnförmiger Dreikantnodus mit breiten Volutenstegen. Der kompakte Korb ist ähnlich wie der Fuß gestaltet. – VORTRAGEKREUZ. Silber, z. T. vergoldete Appliken. H. 65,5 cm. 1767–1769. Rokoko. Beschau Augsburg (Buchstabe S). Nichtidentifizierte Meistermarke ICP[F oder I?] (Tab. I, Nr. 6). Renoviert um 1947. Die Kreuzbalken und die geschweift dreipaßförmigen, mit bunten Glasflüssen besetzten Balkenenden sind innen mit Rocaille gesäumt. Am Knauf leere Rocaille-Kartuschen. An der Rückseite Kartuschen an den Enden, eine Rosette in der Kreuzmitte. Prachtvolle Goldschmiedearbeit. – HEILTUMSHAND. Fuß Kupfer, vergoldet. Arm Silber, gegossen. H. 38 cm. Mitte 18. Jh. Keine Marken. Von Pilastern gegliederter, gekehlter Fuß mit Kartuschen am unteren und überlappenden Palmetten am oberen Wulst. An der Stirn, in Blattkelch, Medaillon mit appliziertem Martinsrelief. Blütengitter am Arm. Durchbrochene Krause. – KRUZIFIX. Messing, gegossen, vergoldet. H. 64 cm. 2. Hälfte 19. Jh. (vor 1884)[93]. Hinter dem Haupt des Korpus, in kleiner ovaler Medaillonnische, Kreuzpartikel. Am vierkantigen Sockel

91 Ein nach der Wahl der Taufpaten angesehener Johann Halenparter ist für 1688 bezeugt (PfA Münster, D90).   92 PfA Obergesteln, D48b.   93 PfA Obergesteln, D43.

Abb. 164–166. Obergesteln. Pfarrkirche. Kelche aus Walliser Goldschmiedewerkstätten. 1. Hälfte 17. Jh. Von einem Meister PHS, Leuk. – Mitte 17. Jh. Frühwerk des Anton Tuffitscher, Brig. – Gerener Kelch. Ende 17. Jh. Von Marx Jacob Bichel(?), Brig. – Text S. 206.

auf Klauen Appliken von Auge und Lamm Gottes. – KERZENLEUCHTER. 6 Stück. H. 41 cm. Tanne(?), vergoldet. 1. Hälfte 18. Jh. Dreikantfuß mit Voluten auf Krallen. Am Schaft Knauf, balusterartiges Motiv und zahlreiche Profile. – 2 Paar. Stil Louis-Philippe. H. 64 cm. Messing, versilbert. Mit appliziertem Akanthusrollwerk und Cherubinen. – KASELN. 1. Weiß. Anfang 19. Jh.? Silberfarbener Damast, gemustert mit großen Phantasieblüten in Rahmen aus geschweiften Ranken. – 2. Weiß. Mitte 19. Jh. Lyon. Damast, bestickt mit großen Rosenranken in bunter Seide. Blätter mit Goldfäden durchwirkt. Im kreuzförmigen Stab apokalyptisches Lamm. – 3. Weiß. Mitte 19. Jh. Lyon. Taft, bestickt mit großen Rosenranken und Ähren in bunter Seide. Im kreuzförmigen Stab Dreieck Gottes, hebräisch beschriftet: «Schir ha schirim»[94]. – 4. Weiß. 2. Hälfte 19. Jh. Lyon. Ähnlich Nr. 2. Das apokalyptische Lamm ist mit romanischen Blattranken und Rosen gerahmt. – PROZESSIONS-FAHNE[95]. 2. Hälfte 18. Jh. Blauer Damast. Auf der einen Seite in großer wappenförmiger Silberranken-Kartusche das Kind Jesu und ein Cherub. Satin, bemalt und zierbestickt. Darunter in Kartusche die Inschrift: «FILI,PRAEBE,MIHI.COR.TUUM.ECCE.DO.MEUM.TIBI»[96]. Auf der andern Seite nur gemalte Rosenkranzdarstellung auf Satinapplik: Maria mit dem Kind, auf Wolken sitzend, reicht dem stehenden hl. Petrus den Rosenkranz.

ERINNERUNGSKREUZ an die Lawinenkatastrophe von 1720 (außen an der südlichen Kirchenmauer). Giltstein. Über das ganze Kreuz verteilt sind einige derb eingeritzte Zeichen wie Herz, Christusmonogramm, Totenkopf u. a. sowie die Inschrift: «O.MENSCH.BETRACHT.WOLL.DISEN.FALL/HIER. LIGEN. 84 .PERSONĒ.AN.DER.ZAHLL/ZVSAMEN.BEGRABEN.DIE.VMKOMEN.IM.SCHNEE/DEN. 18. TAG.HORNVNG. 1720.IAHRS.ISTS.GESCHE/ O GOTT/DIER.SEI/ES KLAGT/ERBARMEN/DICH DER/ARMEN/SEELEN/IN DISEM/GRAB.». Am Fuß des Kreuzes Taffiner-Wappen, gerahmt von den Initialen «A[ndreas].T[affiner]./M[aria?]. IO[st?]»[97]. – TURMUHR, beschriftet: «Gebrüder Jäger Großuhr...[macher?] in Kobpl Tirol 1900».

GLOCKEN. Nach E. WICK setzte sich 1864–1867 das Geläute aus Glocken von 1590, 1721 und 1771 zusammen[98]. Demnach sind jene Glocken, die man 1606 und 1618 zum Neuguß nach Luzern führte[99],

---

94 D.h.: «Ich bin der Seiende.»

95 Bei der 1864–1867 in der Pfarrkirche aufbewahrten, nun verschollenen «Gemeindefahne» von Obergesteln, die dem Zendenbanner glich, dürfte es sich um ein Fennerbanner gehandelt haben (vgl. S. 58) (FURRER-WICK, S. 54/55).

96 D.h.: «Sohn, gewähre mir dein Herz; siehe, ich gebe dir das meine.»

97 PfA Obergesteln, D49 (1727). Johann Andreas Taffiner war 1708, 1714, 1718 und 1730 Meier (ST. NOTI, Geschlechter, die einst den Meier des Zenden Goms stellten, Walliser Bote 131, 2. März 1971, S. 5). 98 FURRER-WICK, S. 54/55. 99 PfA Obergesteln, D5.

Abb. 167. Obergesteln. Beinhaus. Freskenfragmente an der linken Wand, der ehemaligen Chorwange der mittelalterlichen Kirche, Anbetung der Heiligen Drei Könige, 2. Viertel 15.Jh. (Ausschnitt). Text S. 210.

im 18. Jahrhundert wieder umgegossen worden. Nachdem beim Dorfbrand von 1868 «die Glogen geschmolzen»[100], stellten die Gießer St.-Treboux, Fils, in Vevey 1872 die drei heutigen her[101].

Am Mantelrand, zwischen Schnurstäben, beschriftet: «Treboux fondeur a Vevey 1872». Mit Köpfen versehene Kronen. An der Schulter leerer Fries zwischen Schnurstäben und Relieffries mit Vierpässen und hängenden Lilien. Unter der Flankeninschrift Blatt-, Blumen- oder Kohlblattfries. 1. Dm. 74 cm. Inschrift: «post terribile incendium anno 1868/haec campana denuo fabricata et in honorem/sancti josephi sponsi beatissime/virginis mariae dedicata est anno 1872». – 2. Dm. 90 cm. Gleiche Inschrift wie Nr. 1 außer: «..beatissimae virginis mariae sub titulo auxilio/christianorum..». – 3. Dm. 110 cm. Inschrift: «post terribile incendium anno 1868/haec campana in honorem sancti martini/episcopi ecclesiae castellionis superioris patroni/denuo fabricata et dedicata est anno 1872».

Abgewanderter Kunstgegenstand. *Karyatidenfigur* (im Besitz von Dr. H. Wirthner, Münster). H. 40,5 cm. Arve. Gold, Silber und Polychromie. Aus einer Akanthusvolute hervorwachsender Engel(?). Derbe Schnitzerei.

FRIEDHOFKAPELLE

Geschichte. In der Friedhofkapelle hat sich das Chor der 1309 erstmals erwähnten alten Kirche erhalten (Baugeschichte der Kirche, S. 198–201). Nach der Brandschatzung von 1419 wurden die Fresken an der Stirnwand und an der linken Chorwange gemalt. Damals war das Chor mit einer (hölzernen) Polygonaltonne gedeckt,

---

100 PfA Obergesteln, Altes Rechnungsbuch, o.Nr.   101 PfA Obergesteln, D 17 und D 23.

Abb. 168. Obergesteln. Beinhaus. Freskenfragmente an der Stirnwand, Kreuzigungsgruppe, 2. Viertel
15. Jh. – Text S. 210.

deren Ansatz von einem an der Chorstirnwand heute noch gut sichtbaren farbigen
Saumstreifen begleitet wurde, oder es war mit einem offenen Gebälk derselben
Gestalt abgeschlossen (S. 210). Wohl um Platz für ein höheres Retabel zu gewinnen,
schloß man 1545(?) [102] das Mittelfenster an der Chorstirn und öffnete statt dessen
einen Okulus, der das alte Fenster oben anschnitt. 1606 zog man ein steinernes sechs-
kappiges Gewölbe mit Quergrat und Diagonalgräten ein [103]. Die später zu einer
inneren Wandnische vermauerte Rundbogentür am Westende der linken Chorwange wurde als Zugang zur (neuen?) Sakristei geöffnet oder erweitert [104]. Die
runde Form mit den eingezogenen Anten erhielt der Chorbogen wohl erst, nachdem
der Visitationsakt von 1636 gefordert hatte, man solle «den chor bogen erhocheren,
und fierlicher machen lassen» [105]. Nach der Verlegung der Kirche nach Norden
(1692/93?) gestaltete man das Chor zur Friedhofkapelle um, indem man den Chorbogen bis auf die korbbogige, beidseits von einem Rechteckfenster gerahmte Tür
verschloß [106]. Als Wallfahrtsort zum Schmerzensmann wurde die Kapelle bis in

102 Der Okulus, durch den das Fresko des 15. Jh. zerstört wurde, scheint 1606 bestanden zu
haben (vgl. Anm. 27). 103 Vgl. Anm. 27, die nach dem Zusammenhang Maurerarbeiten betrifft.
104 Durch den Ausbruch der Türöffnung wurde der Malereiverputz des 15. Jh. beschädigt. Der
Verputz der Türarchivolte ist über denjenigen der gotischen Malerei gezogen.
105 PfA Obergesteln, D6.
106 Ähnlich schloß man im letzten Viertel des 17. Jh. wohl die Stirnfront der Bartholomäuskapelle im Gerendorf (S. 161).

unser Jahrhundert aufgesucht (S. 211) [107]. Beim Brand von 1868 blieb die Kapelle
verschont [108]. 1921 Innenrenovation durch JOSEF HEIMGARTNER, Altdorf [109]. Der
Plan, den Raum 1947 zu einer Friedensdankkapelle auszugestalten, wurde fallen-
gelassen. 1963 stieß man auf die spätgotischen Fresken, worauf leider das Gratgewölbe entfernt wurde. In diesem Zustand wartet nun die Kapelle auf die Restaurierung.

Baugeschichtliche Probleme. Das Alter des ehemaligen Kirchenchors. Der Typ des Recht-
eckchors weist auf die romanisch-frühgotische Zeit [110]. Gegenüber Beispielen mit
drei pyramidenförmig angeordneten Fenstern an der Chorstirn, jedoch mit Okulus,
wie sie aus der Wende vom 13. zum 14. Jahrhundert bekannt sind [111], wirkt die
Dreiergruppe von schmalen, hohen Rechteckfenstern älter (13. Jh.?).

BESCHREIBUNG (Abb. 160). Das Beinhaus ist ein querrechteckiges Kapellchen mit
angeschweiftem Satteldach. Die schräg nach Nordwesten verlaufende Westfront
ist durch eine Mauer mit dem Kirchturm verbunden. Das Maßwerk des Chorstirn-
Okulus besteht aus Tuff. In der Südwand altes schmales Rundbogenfenster. Zu den
übrigen Öffnungen siehe oben.

Spätgotische Fresken. 2. Viertel 15. Jh. Fragmentarisch erhalten. An der *Nordwand*,
der ehemaligen linken Chorwange, ist die *Anbetung der Heiligen Drei Könige* (Abb. 167)
in breit gerahmtem rechteckigem Feld dargestellt. Links im Stall klein der hl. Josef,
einen Rosenkranz in der Rechten, auf einem Melkstuhl(?) sitzend, ferner Ochs und
Esel an der Krippe. Die Muttergottes sitzt als große Figur vor dem Stall auf thron-
artiger Stufe mitten in der linken Bildhälfte. Der erste König reicht dem Kind
kniend ein Kästchen, während hinter seinem Rücken, im Mittelgrund, ein kleiner
Knappe sein Pferd hält. Dieser bildet die Spitze des langen Reiterzugs, der mit
hintereinander aufgereihten berittenen Königen die rechte Bildhälfte füllt. Am
unteren Bildrand, zwischen der Muttergottes und dem knienden König, kleine
kniende Stifterfigur, mit dem Wappen (S. 433) [112] zu Füßen den Bildrahmen über-
schneidend. Auf den mit Kreuzchen übersäten Bildrahmen greifen auch Partien
der rechten Bildhälfte über.

Die *Ostwand*, die alte Chorstirn, ist bloß im Giebelfeld mit einer figürlichen Szene,
einer *Kreuzigung* (Abb. 168), bemalt, die durch den Ausbruch des Okulus stark beschädigt wurde. Johannes blieb größtenteils erhalten, vom Gekreuzigten die Bauch-
partie mit einem größeren Fragment des Lendentuchs. Eigentümlicherweise sind
die waagrechten Kreuzbalken in den Rahmenstreifen der ehemaligen gebrochenen
Tonne einbezogen, was auf ein offenes Gebälk hindeutet. Unten wird die Szene von
einem Ornamentstreifen begrenzt, an dem gemalte Draperie als Hintergrund für
das Retabel hängt. Der Ornamentstreifen ist, im Gegensatz zum Bildrahmen der
Nordwand, mit einer Reihe ebenmäßiger Vierstrahlensterne gefüllt.

---

107 Freundl. Hinweis von Br. St. Noti. Martin Jost (* 1898), Obergesteln, erinnert sich noch gut an
Exvotos in der Kapelle. Man sei sogar von Glis herauf zur Wallfahrt gekommen.
108 PfA Münster, Chronik des Rektors PETER VON RIEDMATTEN († 1901), o. Nr.
109 PfA Obergesteln, D46.
110 Vgl. Anm. 52.
111 Kapelle von Tourbillon (Ende 13. Jh.). Allerheiligenkapelle in Sitten (1325).
112 Heute sichtbare Fragmente, ergänzt nach einer Zeichnung, die unmittelbar nach der Freilegung gemacht wurde (PfA Obergesteln, o. Nr.).

Es bestehen so erhebliche stilistische Unterschiede zwischen den beiden Fresken, daß diese, wenn überhaupt zugleich entstanden, von verschiedenen Meistern stammen müssen. Im Fresko der Anbetung sind die Konturen linearer und schärfer gezeichnet. Die teils realistischere, teils infolge von Rückgriffen auf Motive des 14. Jahrhunderts formelhaftere Stilhaltung der Anbetung steht der Tafel- oder Buchmalerei nahe. Die Kreuzigung zeigt dagegen bei breiterer Pinselführung den fülligen Weichen Stil mit der ausgeprägten Tendenz zum Ornamentalen.

Vergleiche mit gleichzeitigen Fresken im Wallis und in Savoyen lassen keine Verwandtschaft erkennen. Hingegen weisen einzelne Motive auf die italianisierende Epiphaniedarstellung in der Eusebiuskapelle zu Brigels[113].

Sakramentshäuschen (in der linken Kapellenwand). Nische mittelalterlich. Vorgeblendete giltsteinerne Rahmung 19. Jh.? An der Schiebestange des Gitters Meisterzeichen (Tabelle S. 433). In seiner heutigen Erscheinung hat das Sanktuarium mit spätmittelalterlichen Sakramentshäuschen nichts mehr gemein; zur spitzbogigen Nische muß eine andere Blendfassade gehört haben.

Altar. Holz, vergoldet und polychromiert. Um 1700. Restauriert 1921 und 1963[114]. Am zweigeschossigen Altar rahmen unten vier, oben zwei aneinandergereihte Rundbogenarkaden zwischen gestaffelten Säulenpaaren eine vorgezogene Muschelnische mit Segmentgiebelaufsatz. Die Hauptnische kann geöffnet werden; ein Relief des Schmerzensmannes auf einer Konsole schmückt als Gnadenbild (S. 209) die Tür. Die obere Mittelnische steht heute wie alle Arkaden leer.

Es ist das einzige[115], wenigstens im Aufbau noch ganz erhaltene Retabel von einem um 1700 im Obergoms verwendeten Altartyp, in dessen stilistischen Umkreis Fragmente an einem Betstuhl in der Pfarrkirche von Münster (S. 90/91) und der zerstörte Altar von Z'Matt(?) (S. 84 und 113) gehören.

Kultentfremdeter Kunstgegenstand. Kruzifix (Abb. 199) (im Pfarrhaus). H. (Korpus) 38 cm. Holz. Dünne Temperafassung. Lendentuch ölvergoldet. Ende 17. Jh. Das stark geneigte Haupt, der brettartig langgezogene Rumpf und die überkreuzten Beine bilden einen Bogen. Gotisierende Faltenmotive. Qualitätvollster Vertreter einer Gruppe von Gommer Kruzifixen, die der Werkstatt des JOHANN RITZ zugeschrieben werden[116].

WOHNHÄUSER

Das typische Obergestler Haus (Abb. 170 und 171) aus den Jahren unmittelbar nach dem Brand von 1868 umfaßt neben dem Kellergeschoß in der Regel zwei Stockwerke und ein «Loibe»-Geschoß unter dem Giebel-Unterdach. Mitten in der straßenseitigen Traufwand sitzt das granitene Rechteckportal. Die zwei Giebelfenster sind öfters spitzbogig. Alle Fenster besitzen granitene Solbänke; diejenigen

113 So die Sitzbank vor der Gestängehütte links im Bild, der wenig beteiligte hl. Josef vor der kleinen Ochs-und-Esel-Gruppe sowie der kleine pferdehaltende Knappe. (Kdm Graubünden IV, S. 357, Abb. 426.)   114 PfA Obergesteln, D46.

115 Gegen die Annahme, es handle sich bei diesem Altar nur um eine Altarfußzone von einem verschollenen Retabel der Pfarrkirche, spricht die Tatsache, daß der Schmerzensmann der Hauptnische auf die Wallfahrt in der Friedhofkapelle hinweist.

116 STEINMANN, Ritz, S. 173. Vgl. den Kruzifixus von Geschinen (S. 251), den Korpus der Kreuzigungsgruppe im Pfarrhaus von Biel (S. 405) und das Monumentalkruzifix von Bellwald.

der Giebelfenster sind in einzelnen Fällen verbunden. Öffnet sich das Portal an der südlichen, d.h. an der tal- und stubenseitigen Traufwand, so läuft ein mittlerer Quergang mit Türen zu den zwei Kellern an beiden Seiten bis zum Stiegenhaus innen an der hangseitigen Traufwand, wo Wechseltreppen und kleine Podien in allen Geschossen Zugang zum Vorderhaus sowie zu Küche und «Stubji» im Hinterhaus gewähren. Das Stiegenhaus kann auch durch eine Türe in der hangseitigen Traufwand betreten werden. Wenn das Hauptportal einer belebteren Straße wegen in der hangseitigen Traufwand sitzt, bedienen die südliche Tür und der Quergang nur mehr die Keller. Im Vorderhaus ist durch «Stutzwand» eine Kammer abgetrennt. Das «Loibe»-Geschoß ist so unter die beiden Wohnstockbesitzer verteilt, daß ihnen halbes Vorderhaus und der Raum über der Küche bzw. über dem «Stubji» zufällt. Die Binnenmauern bestehen ganz oder zum Teil aus Fachwerk. Vom alten Gommer Haus übernahm man die hölzernen Dielbaumdecken. Im Gegensatz zu den vertäfelten Wohnstockwerken sind im «Loibe»-Geschoß die Mauerwände belassen, wie man sich hier auch mit dem Blindboden begnügte. Der Dachraum ist nicht oder nur mit Bretterwänden unterteilt.

NUTZBAUTEN

Das Motiv der hölzernen Wandflächen zwischen Eckmauerstollen übernahm M.-CH. DE LA PIERRE von den alten Nutzbauten des Mittelwallis. Die *Stadel* gleichen in ihrer äußeren Erscheinung den Heuställen (Abb. 169). Kenntlich sind sie am kleinen Podium, das aus den vorgezogenen Balken des Tennbodens gebildet wird. Über der Tennzone verläuft öfters ein schräges Dächlein. Das Erdgeschoß dient als Remise. Abstellräume sind auch manchmal die schmalen Zwischenachsen in den geschlossenen Nutzbautenreihen.

Abb. 169.
Obergesteln. Reihenstadel und -heuställe, nach 1868.
Text siehe oben.

Abb. 170.
Obergesteln. Reihen-
häuser, nach 1868.
Text S. 211/12.

ALLGEMEINE GEWERBEBAUTEN

Backhaus (Koord. 120/320). 1927 neu gebaut, nachdem das ältere 1915 von der Lawine beschädigt worden war. *Säge* (Koord. 135/135); «*Metzg- und Büchhüs*» (Koord. 75/205).

KUNSTGEGENSTÄNDE IN PRIVATBESITZ

Haus von H. H. J. Imahorn. Weibliche Heilige. Statue. H. 58 cm. Arve. Neue Fassung um 1930. 2. Viertel 18. Jh. Stil des ANTON SIGRISTEN. Stand ehemals in einem Wald. – *Porträt.* 58,5 × 47 cm. Öl auf Leinwand. Halbfigurenbildnis. Auf der Rückseite: «R[everendus].D[ominus]. Joh. Joseph/Hasler/ zuerst Pfarrer in Jnden und/Erschmat, späther Kaplan/in Leuck/und gegenwärtig würdigster Prior in Loetschen/gebohren am 22. 7ber 1779/gemalt im April 1842,/von L. J. Ritz/No 432». – *Hausorgel* [117]. 1. Viertel 18. Jh.? Um 1930 aus einer Kapelle oberhalb Siders erworben. Prospekt renoviert von FRITZ (?) STROMMAYER, Luzern. Schnitzereien der Eckzwickel nach einem Fragment ergänzt. Prospekt mit großen, waagrecht abgeschlossenen Seitentürmen und niedriger, schmaler Mittelachse. Marmoriert. Innen im Stil des 1. Viertels des 18. Jh. bemalte Flügel, links die hl. Cäcilia beim Orgelspiel, rechts König David an der Harfe. Neues Orgelwerk von HENRI CARLEN, 1947.

---

117 BRUHIN, S. 209/10.

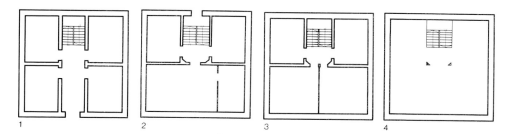

1 2 3 4

Abb. 171. Obergesteln. Schematische Grundrisse des Hauses, nach 1868. *1* Kellergeschoß, *2* Wohngeschosse, *3* «Loibe»-Geschoß, *4* Dachraum. – Text S. 212.

Abgewanderter Kunstgegenstand. *Muttergottesstatuette* (im Besitz von Paul Andereggen, Selkingen). H. 14,2 cm. Holz. Fragmentarische polychrome Originalfassung, übermalt. Mitte 17. Jh. Der rechte Vorderarm fehlt. Das Kind sitzt wie bei gotischen Madonnen im Profil auf dem linken Arm der stehenden Muttergottes. Qualitätvolles Figürchen.

SCHLACHTENDENKMAL

Im Obergesteler Feld, in der ehemaligen «obern Hub» von Ulrichen (siehe unten). Die Inschriften der beiden alten, zum Teil mit Blech überzogenen Holzkreuze lauteten: «HIER-HAT-HERZOG-VON-ZERINGEN-EINE-SCHLACHT-VERLOREN-ANN-1211» (am östlichen Kreuz); «HIER-AVF-DEM-OBER-GESTELER-FELDE-HABEN-DIE-BERNER-EINE-SCHLACHT-VERLOREN-1415»[118]. 1905 ersetzte man die Holzkreuze durch ein großes granitenes Kreuz[119] auf konischem Vierkantsockel mit der Inschrift: «1211 1419/Den Helden/von/Ulrichen/Der Bezirk Goms/mdccccIV». Den Kreuzfuß umstehen Wappenschilder; vorn Gommer Wappen.

Bilddokument. «Croix plantées près d'Ulrichen». Radierung nach einer Zeichnung von Barbier D.Ä. (Museum Majoria Sitten, Nr. 257).

ULRICHEN

Geschichte. Ulrichen, das seinen Namen einem alemannischen Sippenältesten und nicht dem hl. Ulrich verdankt[1], erscheint 1235 erstmals unter dem Namen «Vlrighingen»[2]; 1354 heißt es «Vlrichen»[3]. Für die Kenntnis der feudalen Verhältnisse des obersten Goms zu Beginn des Spätmittelalters ist Ulrichen besonders aufschlußreich. Als bischöfliches Verwaltungsgebiet war das Dorf am Ende des 14. Jahrhunderts in eine untere und eine obere Hub eingeteilt, deren Lehensleute für die Telle und weitere, vor allem in Naturalien bestehende Dienstleistungen aufzukommen hatten[4]. 1383 verkaufte der Urner Adel die von den Attinghausen und Rudenz überkommenen bischöflichen Vasallenrechte an Johannes Imhof von Ulrichen[5], dessen Söhne sie an die Dorfschaft abtreten mußten. Nun hatte Ulrichen noch einen Lehensträger zu stellen und eine kleine Abgabe zu entrichten[6]. Auch

---

118 Die schadhaft gewordenen Kreuze waren stets wieder durch neue ersetzt worden, in deren Querbalken man dieselbe Inschrift einbrannte (F. Schmid, Ein Chronicon zu Münster, BWG I und II [1889/1890], S. 64). Jos. Simmler spricht von zwei Steinkreuzen (J. Simmler, Descriptio Vallesiae [1574]; Kopie des frühen 17. Jh., Burgerarchiv Sitten, Tir. 88, Nr. 8).

119 Einweihung am 4. Juni 1905 durch Dekan Augustin Julier (PfA Ulrichen, o. Nr.).

1 1711 bringt Notar Christian Gertschen den Namen des Dorfes mit dem Heiligen in Verbindung (PfA Ulrichen, Nr. 10). Vgl. Amherd, S. 1 und 218. 1712 ließ die Gemeinde bei einer Katastrophengefahr auch die hl. Messe «an sant Urlich» lesen (GdeA Ulrichen, B18). Unbestimmte Hinweise deuten zwar auf eine frühere Verehrung des hl. Ulrich (S. 241).   2 Gremaud I, S. 531.

3 Gremaud V, S. 117. Bemerkenswert ist die bereits 1711 übliche Vertauschung der Laute l und r, wie sie heute die Mundart verwendet («Urlichen»; GdeA Ulrichen, B18). Die Pfarrbücher brauchen die latinisierte Form «Ulringa».   4 Gremaud VI, S. 360 (1388). Telle oder Tallia ist der Leibzins.

5 Gremaud VI, S. 269–270. Den Verkauf der von den Rudentz erworbenen Rechte tätigten 1407 Ritter Johannes von Mos von Altdorf und Henslin von Silenen.

6 Jährlich ein Murmeltier, «vnam murmutam seu mus montanam», oder 4 Ambrosianer (Gremaud VII, S. 41–42).

Abb. 172. Ulrichen. Dorfansicht von W. Hinter der mit Schleppdach angefügten Sakristei oktogonales Kirchenschiff von 1623 bis 1628, seit 1720 als Chor verwendet. Schiff von 1720. Turm, 1740 erhöht. Zeichnung, 1845–1850, von Raphael Ritz. – Text S. 218/19.

Ritter Peter von Raron besaß um diese Zeit Rechte im Gebiet der Dorfschaft[7]. Dorfsatzungen: 1545 und 1548[8]. Beim Überfall der Berner 1419 entging Ulrichen knapp der Zerstörung[9]. 1815 vernichtete eine Feuersbrunst dreizehn Firste im Dorfkern[10]. Noch im 15. Jahrhundert war ein Weiler «uff de Furre» am Talhang im Westen von Zum Loch bewohnt; der Weg dahin heißt heute noch «Kilchgasse»[11]. Bei der Überschwemmung von 1834 versiegte eine kalte Schwefelheilquelle in der ehemals versumpften Talebene von Ulrichen[12].

In der Stiftung des Münstiger Nikolausaltars verfügte 1408 der aus Ulrichen stammende Erner Pfarrer Clemens Longi oder Sutor eine jeden Mittwoch in der Kapelle von Ulrichen zu lesende hl. Messe[13]. So wurde Ulrichen von Münster aus durch den Rektor dieser Pfründe betreut. Das Dorf gehörte im Spätmittelalter zum zweiten Viertel der «Kilchöry» Münster, später bildete es mit den obersten Gemeinden das erste Pfarrviertel[14]. Schenkungen an ein Sakramentshäuschen in den Jahren 1507 und 1508 lassen auf kirchliche Privilegien schließen[15]. Umsonst beteiligte sich Ulrichen 1692, auf eine Lostrennung von Münster hoffend, am Neubau

7 Er hatte die Rechte von Bischof Wilhelm (IV. von Raron?) erhalten (GREMAUD VI, S. 471–472).

8 GdeA Ulrichen, B 1 und 2.

9 Die Berner waren bereits ins Dorf eingedrungen, konnten aber vertrieben werden, ehe sie den Brand legten (GREMAUD VII, S. 605 und 609).

10 AMHERD, S. 190, Anm. 1.

11 Ms von DR. FERD. KREUZER, Nymwegen. Vgl. AMHERD, S. 7.

12 Ebenda.

13 PfA Münster, D 14 b. Die von den Ulrichern beigesteuerte Gabe sollte bei Abschaffung der Stiftmesse an ihre Theoduls-Spende fallen.

14 AMHERD führt die Neueinteilung auf die Gründung der Pfarrei Reckingen 1696 zurück (AMHERD, S. 153, Anm. 1).

15 PfA Münster, B 2.

Abb. 173. Ulrichen. Luftaufnahme von 1973. – Text S. 216–218.

der Obergesteler Kirche[16]. Es wurde erst 1720 ein Rektorat[17] und 1868 eine eigene
Pfarrei[18].

Quellen. GdeA und PfA von Ulrichen und Münster.

Literatur. J.L. AMHERD, Kriegskosten der Gemeinde Ulrichen im Jahre 1799, BWG V (1915),
S. 198–200. – A. STÖCKLI, Zur Herleitung des Dorfnamens Ulrichen, W.Jb. 1953, S. 46–47. – Die
übrige Literatur handelt von der Schlacht von Ulrichen 1419.

Bilddokumente. «Ulrichen», Ansicht von Westen mit Kirche. Zeichnung von RAPHAEL RITZ.
1840–1850 (Museum Majoria, Sitten [RUPPEN II, 383]) (Abb. 172).

SIEDLUNG. *Anlage und Geschichte* (Abb. 172–174). Ulrichen liegt als geschlossenes
Haufendorf in der Ebene[19] dicht am nördlichen Talhang, an dem nur die hintersten
Gebäudezeilen ein wenig emporsteigen. Die ältesten Bauten stehen heute im Dorf-
kern nordöstlich der Kirche sowie am südöstlichen Dorfrand, was darauf schließen

---

16 PfA Ulrichen, Nr. 8.

17 IMESCH, S. 250. In einem 1623 gewährten Ablaß erteilte (oder bestätigte) Bischof Hildebrand
Jost die Erlaubnis, in der Kapelle die hl. Messe und alle andern kirchlichen Amtshandlungen zu
vollziehen (PfA Ulrichen, Nr. 5).

18 PfA Ulrichen, Nr. 19, und PfA Obergesteln, D 50. Endgültiger Loskauf wiederum erst 1914
(PfA Ulrichen, Nr. 74).

19 Früher waren die Talhänge reicher besiedelt: «*auf der Furren, zum Loch, Frowmaal, Steckenhüß,*

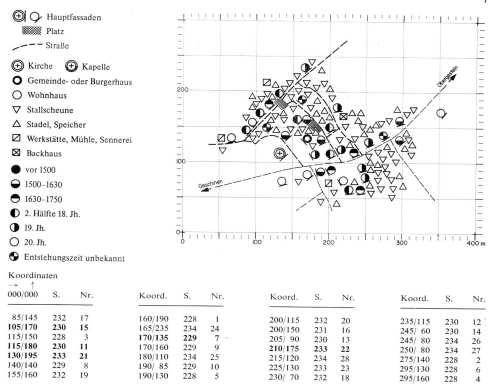

Hauptfassaden
Platz
Straße
Kirche   Kapelle
Gemeinde- oder Burgerhaus
Wohnhaus
Stallscheune
Stadel, Speicher
Werkstätte, Mühle, Sennerei
Backhaus
vor 1500
1500–1630
1630–1750
2. Hälfte 18. Jh.
19. Jh.
20. Jh.
Entstehungszeit unbekannt

Koordinaten
→ ↑
000/000

Koord.	S.	Nr.	Koord.	S.	Nr.	Koord.	S.	Nr.	Koord.	S.	Nr.
85/145	232	17	160/190	228	1	200/115	232	20	235/115	230	12
105/170	230	15	165/235	234	24	200/150	231	16	245/ 60	230	14
115/150	228	3	170/135	229	7	205/ 90	230	13	245/ 80	234	26
115/180	230	11	170/160	229	9	210/175	233	22	250/ 80	234	27
130/195	233	21	180/110	234	25	215/120	234	28	275/140	228	2
140/140	229	8	190/ 85	229	10	225/130	233	23	295/130	228	6
155/160	232	19	190/130	228	5	230/ 70	232	18	295/160	228	4

Abb. 174. Ulrichen. Siedlungsplan (vgl. «Wegleitung»). – Text S. 216–218.

läßt, daß die Siedlung schon früh der Straße nach Osten gefolgt ist. Die wenigen
Bauten des Zeitraums 1630–1750 finden sich vor allem in der südlichen Dorfhälfte.
Die Häuser der zweiten Hälfte des 18. Jahrhunderts füllten die hinterste Häuserzeile entlang dem Hang und durchsetzten das ganze Dorf außer am Südostende.
Das 19. Jahrhundert wich der alten Siedlung nördlich der Straße an deren Ostrand
aus und füllte die lichtere bzw. durch den Brand von 1815 gelichtete(?) südliche
Dorfhälfte. Die 1815 eingeäscherten dreizehn Firsten – man weiß nicht, ob es sich
um Wohn- oder Nutzbauten handelte – scheinen in der Siedlungslücke Koord. 230/90
gestanden zu haben, um so mehr als diese am östlichen Rand von einigen Häusern
des 19. Jahrhunderts, darunter von einem Steinhaus(!) [20], begrenzt wird. Nach dem
heutigen Häuserbestand [21] zu schließen, war der Baurhythmus in Ulrichen von
demjenigen der obersten Siedlungen Oberwald und Unterwassern auffallend ver-

*z'Wibhüssern, zu den Hyschjere, unter dem Holz, zen Wichlen, unter dem Böchi, in Wylerlin, im obern Schlund,
im Hof, Ambühl, Lehneck.»* Mied man die Talsohle, weil sie zu sehr versumpft war? Nach der Sage soll
das Dorf vor einem Steinschlag auf der Furren, rechts von Zum Loch auf der Anhöhe, gestanden haben
(AMHERD, S. 6–7).
    20 Wohl eher unter dem Eindruck der Brandkatastrophe von Obergesteln (1868).
    21 Dem Kirchenschiff von 1720 mußten ein Haus und ein «Härdschyrli» weichen (AMHERD, S. 205).

schieden. «Heidehischer» fehlen wie in den obern Dörfern[22]. Nach einer sehr baufreudigen Periode um die Wende vom 16. zum 17. Jahrhundert dürfte im restlichen
17. Jahrhundert kein einziges Haus mehr entstanden sein. Zu Beginn des 18. Jahrhunderts setzte die Bautätigkeit wieder ein und erreichte in der zweiten Hälfte, vor
allem im dritten Viertel, ihren Höhepunkt, als Oberwald und Unterwassern ihr
Siedlungsbild nicht mehr veränderten. Das 19. Jahrhundert hindurch hielt eine
mittlere Bautätigkeit an.

Wer sich von der Autostraße weg in den alten Dorfkern hineinbegibt, erlebt Ulrichen als eines der charaktervollsten Dörfer des Goms. Die infolge der niedrigen
Mauersockel noch höher erscheinenden schwarzen Bauten – in Ulrichen herrschten
seit dem 16. Jahrhundert Häuser mit zwei Wohnstockwerken und einem «Loibe»-
Geschoß vor – schaffen einen eigentümlichen Dorfinnenraum, in dem gedrängte
Dorfpartien mit Plätzen oder platzähnlichen Lichtungen (Abb. 183 und 184) ab-
wechseln. Einzelne breite Doppelhäuser wirken als Kontrast. Das Dorf besitzt zwar
keine durch historische Besitzerpersönlichkeiten ausgezeichneten Häuser mehr, da-
für aber eine überdurchschnittliche Bausubstanz, die in stattlichen Wohn- oder
Nutzbauten und in reizvollen Baugruppen in Erscheinung tritt. *Bezeichnungen von
Dorfpartien:* «uf em Fäli» (NW-Ecke); «z'ale Windu» (NO-Ecke); «Oberdorf»;
«Unnerdorf»; «i der Lussu» (mittlere Ostflanke); «im Schpitz» (SO-Ecke); «zum
Chapeluschtall» (SW-Ecke des alten Dorfareals).

PFARRKIRCHE HL. NIKOLAUS

GESCHICHTE. Das Patrozinium des hl. Nikolaus dürfte mit der Lage des Dorfes
am Eingang ins Eginental (Nufenen- und Griespaß) zusammenhängen[23]. Schon in
der 1335 von Bischof Aymo III. von Turn ausgestellten, beigehefteten Approbation
des Avignoneser Ablaßbriefes ist von jener Wallfahrt zum hl. Nikolaus die Rede,
die bis gegen die Mitte des 19. Jahrhunderts anhielt[24]. 1498 weihte Bischof Nikolaus
Schiner eine neue Kapelle ein[25]. Ein Kapellenneubau wurde wieder 1623–1628
nötig[26]. CHRISTIAN WYSENBACH war Baumeister[27]. Da dieser Bau zur Hauptsache in
die neue Kapelle von 1720 einbezogen wurde, war es P. AMHERD 1879 möglich, ihn
zu rekonstruieren[28]: An ein Oktogon[29] von 16 Schuh Innenweite stieß im Osten als
Rückwand für den neuen Altar der alte Turm. Links neben dem Altar befand sich

22 Nach AMHERD (1879) war das Haus des Egid Imahorn aus dem frühen 16. Jh. das älteste der
Dorfschaft (S. 234). Zu Lebzeiten von Anton Imfeld (* 1885) ist kein «Heidehüs» abgerissen worden.
23 Vgl. Nikolauspatrozinium des Hospizes auf dem Jupiterberg (Großer St. Bernhard) in der
1. Hälfte des 11. Jh. (GRUBER, S. 111).   24 AMHERD, S. 21.
25 «Capellam..ex lignea lapidea constructam in honorem gloriosissime virginis marie ac storum
Nicolaij et thodoli confessoris» (PfA Ulrichen, Nr. 4).   26 PfA Ulrichen, Nr. 7.
27 PfA Ulrichen, Nr. 6. Es ist die Rede vom Schmied in Münster und vom Schlosser in Ernen.
Den Kalk holte man in Obergesteln, die Kreide in Binn.   28 AMHERD, S. 148.
29 Gewisse Tendenzen zum zentralbauartigen, hohen Raum verrät auch die zeitgenössische Sebastianskapelle in Brig (1637?), deren viereckiges Schiff in eine achtseitige Kuppel übergeführt wird.
Graubünden versuchte später, um 1700, solche Grundrisse bei kleineren Kapellen: St. Nikolaus und
St. Valentin in Vattiz um 1700 (Kdm Graubünden IV, S. 178); St. Apollonia in Rhäzüns 1721
und St. Antonius in Ruschein um 1680 (Kdm Graubünden III, S. 68 und 72; IV, S. 94).

eine Nische[30] für die kostbaren Reliquien. Wandmalereien(?), ein «Jungst gricht» und die zwölf Apostel, von «friderich Schrödter flach maler von Vrj»(?)[31] schmückten den Raum[32]. Im frühen 18. Jahrhundert war die Kapelle baufällig[33] und zu klein geworden. Ein Neubau drängte sich auf. Notar Christian Gertschen war die Seele des Unternehmens[34]. Am 19. Mai 1720 begann Baumeister JAKOB RAGUZ aus Reimen (Rima)[35]. P. AMHERD[36] über den Bau: Den «mehr als 600jährigen Turm» hatte man stehen lassen, das Oktogon der alten Kapelle zum Chor bestimmt und dann nach Süden hin ein Längsschiff angefügt. Im Westen wurde eine Sakristei ans Oktogon gebaut[37]. Neue Gemälde (S. 226)[38] wurden in Auftrag gegeben: Gott Sohn, die Muttergottes, beides Stiftungen von Weibel Christian Gertschen und seiner Gattin Anna Nater, ferner die zwölf Apostel und am Gewölbe der hl. Nikolaus. 1740 erhöhte man den Turm und setzte einen hölzernen, offenen Helm auf[39]. Bei der Pfarreigründung 1868 beschloß die Bevölkerung, die Kapelle zu restaurieren und nötigenfalls zu vergrößern[40]. Bischof Pierre-Joseph de Preux forderte jedoch, innert fünf Jahren eine neue Kirche zu errichten[41]. So fiel die alte Kapelle – eines der eigenartigsten Bauwerke der Region. Am 4. Juli 1878 legte man den Grundstein zur neuen Kirche[42], die Baumeister JOSEF BESSERO, Sitten, nach Plänen und unter Aufsicht von FRANÇOIS LOVIS, La Racine, in einfachem neugotischem Stil bauen sollte[43]. Den Turm behielt

30 Altes Sakramentshäuschen? (S. 215 und AMHERD, S. 29).

31 Die Notiz steht auf der Rückseite des Verdings des Hochaltars mit dem Bildhauer und dem Maler (S. 222).

32 PfA Ulrichen, Nr. 7. Das Programm gleicht demjenigen der barocken Malereien in der Kirche von Ernen.

33 Das für den Bau einer Kapelle auf dem aberglaubenumwitterten «Waldbiel» bestimmte Legat des Meiers Johann Jost wandte Bischof Josef Supersaxo der reparaturbedürftigen Dorfkapelle zu (PfA Ulrichen, Nr. 9; AMHERD, S. 130, und H.A. von ROTEN, Der Waldbüel von Ulrichen, W.Jb. 1971, S. 25–27). Eigentümlicherweise fordert der Visitationsakt von 1704, daß ein neuer Bogen oder das neue Gewölbe der Kapelle («fornix Sacelli noua») abgerissen werde (PfA Münster, D73).

34 Dokument PfA Ulrichen, Nr. 11, mit den Notizen zum Kirchenbau stammt von ihm. Vgl. seine zahlreichen Stiftungen (S. 224 und 227).

35 Notiz von Joh. Jos. Garbely, Pfarrer in Münster 1859–1878, «entnommen aus dem Archiv in Ulrichen» (PfA Münster, D95). Heute fehlt dieses Dokument in Ulrichen. «Reimen» kann nur Rima in Prismell sein, woher auch CHRISTIAN RAGUTZ, der Baumeister der Pfarrkirche von Münster, stammte. Einsegnung der Kapelle am 10. Nov. 1721 durch Christian Egidius Werlen, Pfarrer in Münster (PfA Ulrichen, Nr. 13). 36 AMHERD, S. 204. 37 Vgl. Zeichnung von RAPHAEL RITZ (Abb. 172).

38 Außer (?) dem erst um 1729 ausgeführten Gemälde am Gewölbe handelte es sich um einen Zyklus von Tafelgemälden auf Leinwand. Weil der Maler starb, wurde der Apostelzyklus nicht vollendet. Neben den erhaltenen Gemälden (S. 226/27) wurden noch geschaffen: «sandt Joanes», gestiftet von «christen in winckelried von loch»; «sandt peter» von «peter werllen von loch» und «sandt andres» von dessen Gattin «anni hallenbarter» (PfA Ulrichen, Nr. 11). EMIL WICK zeichnete 1864–1867 zwei Wappen an der (Schiffs-?)Decke der alten Kirche ab, wovon eines die Insignien und Attribute des hl. Nikolaus, das andere jene des hl. Ulrich zeigte (FURRER-WICK, S. 54–55). WICK nennt sie die Gemeindewappen.

39 «... umb 2¹⁄₂ klaffter auff die altei maura gesetz undt von holtz den offenden helem gemacht» (Fragment einer Chronik, PfA Ulrichen, o. Nr.).

40 PfA Ulrichen, Nr. 62.

41 AMHERD, S. 246–247.

42 PfA Ulrichen, Nr. 21. Kapuzinerpater Paul Amherd war in jenen Jahren Pfarrverweser.

43 PfA Ulrichen, Nr. 22, 24a, 27 und 62. Maße des Schiffs: L. 60 Schuh [30–32 cm], B. 32 Schuh, H. 30 Schuh. Spitzbogiges Gewölbe. Ansatz des Gewölbes in 10 Schuh Höhe; «mit Untertheil in

man noch bei, erhöhte ihn aber um 10 Schuh wegen des steilen Kirchendaches[44]. Während des Bauens wurden einschneidende Änderungen vorgenommen[45]; den Fundamenten im sumpfigen Boden schenkte man zu wenig Beachtung. Jedenfalls klaffte schon vor der Kirchweihe 1886[46] ein großer Spalt zwischen dem Gewölbe und der sich nach außen neigenden östlichen Seitenmauer[47]. 1893 verboten Regierung und Bischof den Zugang zur einsturzbedrohten Kirche[48]. So entschloß man sich 1894 zu einem zweiten Kirchenbau[49] innerhalb von zwanzig Jahren. Die Pläne zum aufwendigeren neugotischen Bauwerk lieferte Architekt JOSEPH DE KALBERMATTEN, Sitten[50]; Baumeister war BAPTIST BOTTINI, Brig[51]. Die reiche Steinhauerarbeit leistete THOMAS BRUNZ[52], Bosco Gurin. Die sechs Schiffsfenster mit Figuren konnten aus der ersten neugotischen Kirche übernommen werden, die restlichen stellte die Firma WEHRLI, Zürich, her[53]. Da der Kirchenboden im Gegensatz zur Barockkapelle nicht durch Kanäle entfeuchtet wurde, wies auch dieses Gotteshaus schon 1909 wiederum größere Schäden auf[54]. Bei der Innenrestaurierung von 1921 erhielt die vorher kahle, nur weiß getünchte Kirche die heutige historistische Wanddekoration durch JOSEF HEIMGARTNER[55]. 1937 folgte die Außenrenovation, die den neugotischen Architekturdekor weitgehend zerstörte[56]. Entfernt wurden die Blendgiebel und Akrotere an den beiden Kurzseiten des Schiffs sowie an der Vorhalle, ferner die Trauffriese und die reichere Bekrönung der Hochfenster. Das nun vor-

Gyps». Kleine Orgelempore (10 Schuh breit). Maße des Chors: L. 20 Schuh, B. 20 Schuh, H. 25 Schuh. Gemalte Fenster und ein Okulus im erhöhten Chor. Maße des zuerst geplanten Turms: H. 55 Schuh, Spitze 40 Schuh hoch, darauf ein Kreuz von 6 Schuh. Taufkapelle. Taufstein von Johann Josef Kreuzer, Oberwald (PfA Ulrichen, Nr. 4). Arbeiter waren vornehmlich Italiener. Steinhauer BAPTISTA FURARER und BARONI VITORE, Maler GIONOTTI (PfA Ulrichen, Nr. 30, und Rechnung der Kirchenfabrik, o. Nr.).

44 PfA Ulrichen, Nr. 22 und 24c.

45 Neuer Vertrag vom 8. Juli 1879: größere Höhenmaße von Schiff (34 Schuh) und Chor (30 Schuh), weil die Fenster zu hoch gesetzt worden waren (PfA Ulrichen, Nr. 24b, c und e).

46 PfA Ulrichen, Nr. 32.

47 Den Plan, die Wand durch Strebepfeiler zu stützen, gab man auf (PfA Ulrichen, Brief von Pfr. Theod. Seiler an das Kant. Baudepartement vom 14. Apr. 1893, o. Nr.).

48 PfA Ulrichen, Taufbuch, o. Nr.

49 PfA Ulrichen, Heft «Bestimmungen über den neuen Kirchenbau in Ulrichen», o. Nr.

50 «Nachdem sich die Gemeinde für den gotischen Styl entschlossen, einerseits weil der gotische Styl so recht das Eigenthum der katholischen Kirche, so recht das beständige Zeugniß für die Macht, die Größe u. den Charakter(?) eben der kath. Kirche ist, andrerseits aber auch weil die Altäre der früheren Kirche [1886] gotisch waren u. wieder benutzt werden wollten ...» (vgl. Anm. 49). Als Abschluß der seitlichen Emporenräume sah der Plan spitzbogige Zwillingsöffnungen mit einem Okulus darüber vor. Ob man diese Lösung schon beim Bau oder erst 1921, als man die Tympana bemalte, zugunsten eines Schulterbogens verwarf, ist nicht bekannt.

51 PfA Ulrichen, Bauakkord, o. Nr. Grundsteinlegung am 17. Juni 1894 (PfA Ulrichen, Nr. 69); Einsegnung am 25. Okt. 1895 (PfA Ulrichen, Nr. 34); Weihe am 7. Juli 1898 (PfA Ulrichen, Visitationsakt, o. Nr.).

52 PfA Ulrichen, Heft, o. Nr., und Bauakkord mit BOTTINI, o. Nr. Diesmal wurden außer BOTTINI und BRUNZ nur einheimische Handwerker zugezogen.

53 PfA Ulrichen, Vertrag vom 8. Nov. 1894, o. Nr.

54 PfA Ulrichen, Tagebuch der H. H. Pfarrer, o. Nr.

55 Ebenda. Ferner Protokoll des Kirchenrates, o. Nr. und Nr. 78. BOTTINI hatte bloß am Chorbogen eine Aufschrift angebracht.

56 PfA Ulrichen, Tagebuch der H. H. Pfarrer und Protokoll des Kirchenrates, beide o. Nr. Die Photographie in STEBLER, S. 15, Fig. 8 (1903), zeigt den vorherigen Zustand. Das Giebelkreuz der Vorhalle wird im Turm aufbewahrt.

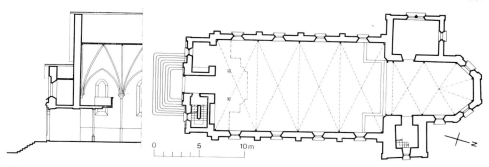

Abb. 175 und 176. Ulrichen. Pfarrkirche. Schnitt durch Portalvorbau und erstes Schiffsjoch. Räume im Obergeschoß des Portalvorbaus. – Grundriß der Kirche von 1894. In den Räumen beidseits vom Vestibül Taufkapelle und Treppenaufgang zur Orgelempore. – Text siehe unten.

kragende Kupferdach – ursprünglich war die Kirche mit Schindeln gedeckt – und der dunkle Besenbewurf an Stelle des früheren Anstrichs veränderten vollends die äußere Erscheinung. 1942 wurde die vortretende Mittelpartie der Orgelempore verbreitert und weiter vorgezogen.

BESCHREIBUNG. *Äußeres* (Abb. 178). Die neugotische Kirche ist nach Norden orientiert. An das weite Rechteckschiff stößt, allseits eingezogen, ein dreiseitig schließendes Chor, an dessen Wangen rechts der Turm, links die Sakristei steht. Von der herkömmlichen barocken Konzeption weicht das Bauwerk durch die quergestellte Sakristei mit dem eigenen Giebeldach, durch die Gestalt des Turmabschlusses und vor allem durch den Portalbau ab. Die Fronten des Turms enden in Giebeln, über deren Kreuzung ein sehr steiler oktogonaler Spitzhelm aufsteigt. Der bis zur Trauflinie reichende Portalbau tritt fast in Schiffsbreite vor; sein Pultdach wird vom Giebel der erneut vorgezogenen Mittelachse durchbrochen. Turm und Portalvorbau wandeln mehr oder weniger frei Motive der Pläne von ANTONIO CROCI zur Kirche von Lax (1865–1868) ab. In der dekorativen Ausgestaltung der Strebepfeiler sowie der Fensterrahmen und des Portals aus Granit äußert sich die Schmuckfreude des Historismus. Konsolenartige Weihwassersteine in der Form mittelalterlicher Knospenkapitelle.

Inneres (Abb. 175–177). Hinter der Kulisse der neugotischen Architektur-Instrumentierung im Stil der Frühgotik steht der herkömmliche barocke Kirchenraumtyp: der in Joche gegliederte Saal mit eingezogenem Chor. Eine eigenwilligere Lösung stellt einzig der Raumabschnitt der vorgezogenen Fassade dar, der westlich vom Vestibül die Taufkapelle, östlich die Emporenstiege und hinter der Empore im Portalvorbau zwei beleuchtete seitliche Räume birgt. Die Auflager der Rippen treten weit vor, um die Joche kräftiger auszuscheiden. Die von gemalten Pilastern hinterlegten dünnen Dienste wirken wie das Gestänge der rundstabähnlichen Rippen vorgeblendet. Vegetabile und geometrische Schablonenmalerei überspinnt den Chorbogen, damasziert die Schiffsstirnwände mit Granatmustern. An bedeutsamen Stellen erscheint figurale Malerei: in den Gewölbekappen des Schiffs musizierende Engel, am Chorbogen die Heilige Dreifaltigkeit, angebetet links vom hl. Nikolaus über dem Dorf Ulrichen, rechts vom hl. Ulrich über dem Schlachtfeld von Ulrichen,

Abb. 177. Ulrichen. Pfarrkirche. Inneres der neugotischen Kirche von 1894. Wandmalereien, 1921,
von Josef Heimgartner. – Text S. 221/22.

ferner qualitätvolle symbolistische Jugendstilmalereien an den Chorwangen, links
die eherne Schlange und die Ölpalme als Symbol des Gerechten, rechts der Baum
der Erkenntnis. Die Orgelempore über dem Grundriß eines spätgotischen Schulterbogens besitzt eine mit bemalten Nischen lebhaft rhythmisierte Brüstung. Die stilistische Einheit von Architektur und Ausstattung ist noch fast intakt bewahrt.

Hochaltar[57]. 1628 wurde Urner Künstlern, nämlich dem Bildhauer THEOBALD
MARTI und dem «flach Maler» FRIEDRICH SCHRÖDTER, ein gotisches Flügelretabel
in Auftrag gegeben[58]. Dieser Hochaltar mußte um 1730 einem von Ernen gekauften

---

57 Um 1408 bestand ein Altar (S. 215). E.A. STÜCKELBERG spricht von der Verehrung der hl.
Verena von Zurzach in Ulrichen um 1708 (E.A. STÜCKELBERG, Die schweizerischen Heiligen des
Mittelalters, Zürich 1903, S. 128). In den Archiven findet sich kein Hinweis.

58 «Nämlichen in dem Corpus oder Müte S. Niclaus soll geschnieten werden. Die Feligell vndt
der fuoß sollen flach gemalt werden. Vf ein fligel historj patron in dem fuoß ein hystoir(?) von S. Nicolao vsserthalb der fligelen sollen auch flachgemalt werden. zwo hystorj von S. Nicolao ...» (PfA Ulrichen, Nr. 1).

Nikolaus-Retabel weichen[59]. Der neugotischen Kirche paßte man auch die Ausstattung an. Schon 1879 traf das heutige Hochaltargemälde des hl. Nikolaus ein, das «Oberst Louis von Courten samt den Ulricher Gardisten vom Maler J. Bolzern in Rom haben verfertigen und dann am 19. Oktober von Papst Leo XIII. segnen lassen[60]». Im folgenden Jahr lieferte AUGUST MÜLLER, Wil SG, wohl nach Anweisung von FRANÇOIS LOVIS, das Altargehäuse[61] (Abb. 177). – Holz, gebeizt und ziervergoldet. Am neugotischen Retabel rahmen drei fialenbekrönte Ädikulen, pyramidenförmig angeordnet, die leicht vorgezogene große Flachnische mit dem Gemälde des hl. Nikolaus von Myra. In den Seitenädikulen stehen qualitätvolle Statuen vom Meister des Altars in der Kapelle Zum Loch(?), wohl geschaffen für die Altäre von 1726 oder 1729, links der hl. Christophorus (Abb. 182), rechts der hl. Mauritius[62]. Der Altartisch öffnet sich in drei tiefen Stichbogennischen mit Reliquiaren.

Seitenaltäre. 1726 ließ Christian Gertschen zusammen mit seiner Gattin Anna Nater vermutlich als rechten Seitenaltar einen «sandt Vrlich altar» schnitzen und fassen[63]. Um 1729 gaben die Gemeinde und einige Wohltäter den Liebfrauenaltar in Auftrag[64]. 1882 stellte man neugotische Altäre mit neuen Patrozinien her, den rechten weihte man dem hl. Josef (Abb. 179), den linken Maria von der Immerwährenden Hilfe[65]. Die Altarbilder hatte man in Rom erworben[66]. A. MÜLLER, Wil, baute sie in Retabel ein, und zwar hatte er das kleinere Marienbild durch Randverzierungen der Größe des Josefsbildes anzugleichen und das letztere selbst lose einzufügen, da die Bildnische des rechten Seitenaltars als Heiliges Grab dienen sollte[67]. – Holz, gebeizt und ziervergoldet. Die Seitenaltäre, getreue Pendants, wirken vor den damaszierten Wänden kostbar. Ikonenartige Halbfigurenbildnisse unter großer Spitzbogen-Archivolte in gotischer Fialenarchitektur.

59 Die Gemeinde ließ den Altar oben durch einen «s:Jodera undt s:cathreina undt 2 Engel» sowie durch ein «postament», wohl eine Staffel, ergänzen (PfA Ulrichen, Nr. 11). Das «haupt beildt in großen altar» ließ man «fer beßren». Es handelte sich wohl um ein (früh-)barockes Retabel (AMHERD, S. 206). Ernen gab damals seine Seitenaltar-Triptychen in Auftrag.

60 PfA Ulrichen, Nr. 23. Das Gemälde ist unten beschriftet. Rot: «Bolzern Giuseppe pinx.». Schwarz: «GESCHENK V.ROM.V.HERREN OBERST DE COURTEN SAMT DEN ULRICHER GARDISTEN 1879». JOSEPH BOLZERN, päpstlicher Gardist und Heiligenmaler, *4.Apr. 1828 in Kriens, †21.Nov. 1901 in Rom (ALK IV, S. 258).

61 PfA Ulrichen, Quittung, o.Nr. Die Zahlung erfolgte über FRANÇOIS LOVIS.

62 Wohl Relikte der barocken Seitenaltäre (1726–1729) vom Meister des Altars in der Kapelle Zum Loch (1728)? (S. 239). H. 97 cm. Arve, massiv, überfaßt.

63 PfA Ulrichen, Nr. 11. Die Wappen Gertschen und Nater standen am Altar (FURRER-WICK, S. 54/55). Ein Barock- oder Rokokoaltar, der kleiner als der Altar in der Kapelle Zum Loch war, wurde um 1890 an einen Antiquitätenhändler verkauft. (Mitteilung von Anton Imfeld als Augenzeugen.)

64 Ebenda. Zwei der neu angeschafften Antependien wurden von Ulrichern aus Bologna gesandt.

65 P. Amherd hatte gelobt, für einen Maria-Hilf-Altar aufzukommen, wenn er den Kirchenneubau glücklich vollendete. Er verließ die Pfarrei vorher; das neue Patrozinium wurde aber beibehalten (PfA Ulrichen, Nr. 62).

66 Das Marienbild hatte der General des Redemptoristenordens Nic. Mauron vermittelt (PfA Ulrichen, Nr. 40). Auf die Verehrung dieser Kopie nach dem Gemälde in der Kirche des hl. Alphons am Esquilin gewährte Papst Leo XIII. Ablässe (PfA Ulrichen, Nr. 24). Für das Josefsbild ist die Herkunft aus Rom archivalisch nicht bezeugt, doch ist die Farbgebung mit derjenigen des Hochaltargemäldes verwandt.

67 PfA Ulrichen, Vertrag vom 26. August 1881, o.Nr. Man hatte wiederum FRANÇOIS LOVIS zu Rate gezogen (PfA Ulrichen, Nr. 22).

KANZEL (Abb. 177). Die feindekorierte Kanzel[68] verhüllt den barocken Typ lediglich mit gotischen Motiven wie Lanzettfüllungen, Kaffgesimsen, Kielbogenbehang u.a. – BEICHTSTÜHLE. In die Seitenwände versenkt. Hölzerne neugotische Fassade mit Wimperg. und Zinnen. – TAUFSTEIN. 1883[69]. In Eiche geschnitzte neugotische Blendarchitektur der Gebrüder MÜLLER. Wil, vor der Taufsteinnische in der Mauer. – ORGEL. 1738 erhielt die Kapelle eine Orgel mit aufwendigem Prospekt und Flügeln[70]. An die neue Orgel des Gotteshauses von 1878 steuerten zur Hauptsache die Ulricher Gardisten und Papst Leo XIII.[71] bei. 1911 schufen CONRAD und HEINRICH CARLEN eine Orgel pneumatischen Systems[72]. Das Gehäuse sollte in Anpassung an den Hochaltar reich – mit Türmchen! – gestaltet werden.

KRUZIFIX (in der Vorhalle). H. (Korpus) 130 cm. Holz, häßlich mit Ölfarbe überfaßt. 3. Viertel 17. Jh. Steifes, aber stiltypisches Bildwerk. – VORTRAGEKREUZ. H. (Korpus) 19,5 cm. Holz, vergoldet; nur am Haupt polychromiert. Von PETER RÜTTIMANN († 1913), Termen (S. 48). – EXVOTOS. 3 Stück. Aus der Annakapelle Zum Loch[73]?

KIRCHENSCHATZ. MONSTRANZ[74]. H. 60 cm, und ZIBORIUM, H. 33 cm. Kupfer und Silber vergoldet. Goldschmiedearbeiten derselben Werkstatt(?). Ende 19. Jh. Keine Marken. – KELCHE. 1. Silber, vergoldet. H. 23 cm. Anfang 18. Jh. Barock. Beschau Sitten. Meistermarke nicht identifizierbar. Gegossener und getriebener Dekor. Am Fuß Medaillons mit Leidenswerkzeugen und Fruchtbündeln. Unter dem Knauf hängender Akanthuskranz. – 2. Silber, vergoldet, gegossen und getrieben. H. 25 cm. Rokoko. Beschau Leipzig? Meistermarke nicht identifiziert (Tab. I, Nr. 35). Der mit Rocaillekartuschen und Blüten überdeckte Fußrücken ist abgesetzt. Bewegter Dreikantnodus. – 3. Silber, vergoldet, gegossen. H. 23,5 cm. Stil Louis XVI. Keine Marken. Runder Standring mit Blattschuppenfries. An Fuß und Kupa Girlanden, Pilaster und Rosetten. Schaftringartiger Knauf. – 4. Silber, gegossen, vergoldet. H. 24,5 cm. 1. Hälfte 19. Jh. Keine Marken. Der runde, geblähte Fuß ist mit Blattfriesen geschmückt. Ringförmiger Knauf mit Fries. Die korbförmige, geschweifte Kupa zeigt, wie der Fußrücken, Traubenkompositionen in Medaillons. – Reicher neugotischer HÄNGELEUCHTER im Schiff. – LAVABOPLATTE. Zinn. Dm. 22 cm. Rosettenförmig, mit erhabenem, gerilltem Rand. – HEILTUMSARM. Hand aus Silber. Kupferner Arm, vergoldet, getrieben. H. 37,5 cm. 1741 von Christian Gertschen gestiftet[75]? Am Sockel gerippte, oben und unten mit C-Bögen-Voluten gerahmte Kehle. Im rocaille- und blütengeschmückten Arm ovale Nische, mit Silberkartusche gerahmt. – Im Hochaltarstipes stehen fünf holzgeschnitzte, vergoldete und polychromierte RELIQUIARE[76] in Gestalt kleiner Ädikula-Altärchen, worunter das mittlere künstlerischen Wert besitzt. H. 52 cm. Auf der Rückseite: «Christen Gerschen 1732». – VORTRAGEKREUZ. H. (inkl. Knaufschaft) 41 cm (Korpus 12 cm). Gelbguß. 1. Hälfte 17. Jh. Norditalienischer Herkunft. Identisch mit Vortragekreuz Nr. 1 im Kirchenschatz von Oberwald (S. 175). – LEUCHTERSOCKEL. 1720 hat Christian Gertschen «lassen hauwen die kertzensteck vor dem cor altar»[77]. Einer ist noch erhalten. H. 59 cm. Giltstein. Auf hohem, reich profiliertem Fuß ruht ein kolbenartiger Schaft. – KERZENLEUCHTER. 1. Gotisch. Einzelstück. Gelbguß. H. 27,5 cm. Gekehlter Kegelfuß. Drei große Schaftringe. – 2. Barock. 1726 gestiftet[78]. Sechs Paare und ein Einzelstück. Gelbguß. H. 25 cm (Einzelstück), 27,5 cm, 31 cm, 32 cm, 33 cm, 37,5 cm, 38 cm. Dreikantfuß auf Klauen mit vorkragender Deckplatte.

68 Der Pfarrer wünschte für die Kanzelbrüstung einen Arm mit Kruzifix, wie er im Barock üblich war. Das widerstrebte der Firma A. MÜLLER, Wyl, weshalb sie den Arm durch eine Rankenkonsole ersetzte (PfA Ulrichen, o. Nr.).

69 PfA Ulrichen, Rechnung, o. Nr.

70 PfA Ulrichen, Nr. 11. Einer der Stifter war wiederum Christian Gertschen.

71 AMHERD, S. 244.

72 PfA Ulrichen, Vertrag, o. Nr. Ferner PfA Ulrichen Nr. 71. Tiefgreifende Renovation in den 20er Jahren? (Ausgabe Fr. 3500.–).

73 ANDEREGG, Inv.-Nr. 1-1.1; 3-1.3; 4-1.4.

74 1894 wurde die alte Monstranz veräußert (vgl. Anm. 49).

75 PfA Ulrichen, Nr. 11. Nach dem Stil eher der 2. Jahrhunderthälfte angehörend.

76 Zu den Reliquiaren vgl. AMHERD, S. 26f., und PfA Ulrichen, Nr. 14.

77 PfA Ulrichen, Nr. 11.

78 Es wurden zehn Stück gestiftet, sechs von Joh., vier von Chr. Gertschen (PfA Ulrichen, Nr. 11).

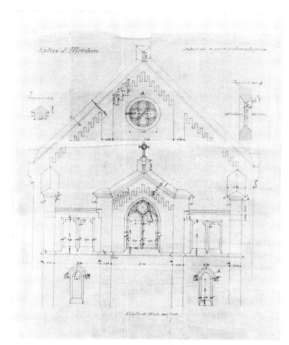

Abb. 178 und 179. Ulrichen. Pfarrkirche. Fassadenaufriß, 1894, von Joseph de Kalbermatten. – Rechter Seitenaltar, 1882, von Augustin Müller. Damaszierung der Wand, 1921, von Josef Heimgartner. Text S. 223.

Am Schaft Vasen- oder Urnen- und Balustermotiv. – KASELN. 1. Rot. 2. Hälfte 17. Jh. Damast mit großen stilisierten Ranken, die eine Vase mit Ähren rahmen. Unten am Stab appliziertes Wappen des 18. Jh. mit Hauszeichen [nach rechts gewendeter Winkel auf Dreiberg] und den Initialen «PADB/CIA». – 2. Schwarz. Ende 17. Jh. Samt (aus der Annakapelle Zum Loch, S. 240). – 3. Rot. Anfang 18. Jh. Stab 1794. Auf Satin große, blütengerahmte Blattwedel in gemustertem Samt. Am violetten Stab broschierte Blütengruppen auf geschupptem Grund zwischen spitzenartigen Girlanden und gemalte Leinwandapplik mit dem Imsand-Wappen, beschriftet: «17 F.I.S. 94». – 4. Grün. 2. Hälfte 18. Jh. Satin, mit bunten Blumen in Seide bestickt. Gelber Stab. – 5. Schwarz. Um 1800. Feine Blatt- und Blumenstickerei auf Rips. Stab aus silbernem Satin, bestickt mit blauen Blüten. – 6. Violett. Anfang 19. Jh. Damast mit großen Blumen und geschwenkten Girlanden. Breite Silbertressen. Unten am Stab übertragene Wappenapplik, beschriftet: «HON.IU..[?] MATH. GARBELI. 1....[?]». – 7. Rot. 1. Hälfte 19. Jh. Satin, lanciert mit weiß hinterlegten Blumen. Unten am Stab übertragene Wappenapplik, beschriftet: «Anna Maria Iosepha/Stockalper de Turre/1719». – 8. Weiß. 1. Hälfte 19. Jh. Damast, bestickt mit großen stilisierten Blumenarrangements in bunter Seide. Am Stab bemalte Leinwandapplik mit dem Zurbriggen-Wappen, beschriftet: «R[everendus].D[ominus]. M[auritius]. Z[ur].B[riggen].»79. – 9. Weiß. 1. Hälfte 19. Jh. Beiger Satingrund, in Seide bestickt mit Zackenlinien und geschwenktem, blumengeschmücktem Band. Am Stab bemalte Leinwandapplik mit Imsand-Wappen, beschriftet «I.I.S.», und Hauszeichen. – 10. Weiß. 2. Hälfte 19. Jh. Rips, mit großen, mildfarbenen Phantasieblumen und Blattstengeln in Seide bestickt. Am Stab bemalte Leinwandapplik mit Garbely-Vollwappen, beschriftet «C.G.P.G.I.G.». – ABLASSBRIEF (Abb. 180). Illuminierter enzyklischer Kollektiv-Ablaßbrief, ausgestellt in Avignon am 30. März 1334. Unter den achtzehn

_____

79 Rektor von Ulrichen 1819–1839 (SCHMID, LAUBER, Verzeichnis [1934], S. 458).

Abb. 180. Ulrichen. Pfarrkirche.
Illuminierter Ablaßbrief von Avignon,
1334. Ausschnitt. In der Initiale der
Kirchenpatron Nikolaus von Myra.
Text S. 225/26.

subskribierenden Prälaten, deren Siegel noch vollzählig und zum Teil vorzüglich erhalten sind, finden
sich fünf gleiche Namen wie im Berner Ablaßbrief vom 22. Oktober 1335[80]. Aquarellierte Federzeichnung mit brauner Tinte. Stilkräftige, stehende Nikolausfigur in der Hauptinitiale. Im Stil der Initialen
wie im Schrifttyp Ähnlichkeit mit den Ablaßbriefen von Sins[81] und Uznach[82] von 1336, doch sind
weitere illuminierte Initialen statt in die erste Zeile in den Brieftext eingeflochten: C[upientes], Kopf
eines Bischofs, S[plendor] und Q[uocienscuunque] vegetabil.

GLOCKEN. Die große Glocke von 1782 und jene von 1788 sind nicht mehr erhalten[83]. Für die
neue Kirche goß VIKTOR WALPEN, Reckingen, 1878–1881 zwei neue Glocken[84], von denen die eine
1936 zersprang und von der Firma RÜETSCHI, Aarau, umgegossen wurde. Die 1895 von G. TRÉBOUX,
Vevey, für den zweiten Kirchenneubau geschaffene große Nikolausglocke[85] mußte schon 1913 von
H. RÜETSCHI umgegossen werden[86]; zugleich stellte die Firma eine neue her. – 1. Dm. 52 cm. 1548.
Achtseitige Kronenbügel. An der Schulter zwischen Schnurstäben, von denen der untere mit einem
Blütenfries behangen ist, die Umschrift in gotischen Minuskeln: «defunctos plango tempestatesq[ue]
fugabo anno domini m d xlviii». – 2. Dm. 61 cm. 1878 von VIKTOR WALPEN gegossen. Glatte Kronenbügel. An der Flanke kleine Reliefs: Kruzifix, Antonius von Padua, Petrus und die Muttergottes,
ferner ein Traubenrankenfries und die Inschrift: «MARIE VON DER IMM WAEHRENDEN HILFE ICH RUFE
BESTENDIG IM LEIDEN UND TOD/MARIA IST NAHE IN JEGLICHER NOTH/V.W.[Glocke in Relief]G.G. 1878.». –
3. Dm. 90 cm. Glocke der Kirchgemeinde Ulrichen, 1913 von H. RÜETSCHI, Aarau, gegossen. Namen-
inschrift der Paten: Major Joseph Imsand und Frau Oberst Louise Imoberdorf-Arnold. – 4. Dm.
120 cm. Nikolausglocke, 1913 von H. RÜETSCHI umgegossen. Paten: Regierungsstatthalter Eduard
Seiler und Fräulein Pauline Seiler. Nr. 3 und 4 besitzen an der Schulter stilisierte Zierfriese. – 5. Dm.
74 cm. Josephsglocke, 1936 von der Firma RÜETSCHI umgegossen. Paten: H.H. Prof. Franz Jost,
Geschinen, und Frau Dr. Josephine Mengis-Seiler, Münster. Umschrift: «ICH SINGE UND KLINGE IM
FESTLICHEN TON, ST. JOSEPH IST MÄCHTIG AM GÖTTLICHEN THRON».

ABGEWANDERTE KUNSTGEGENSTÄNDE. GEMÄLDE von 1724. 119 × 78 cm. Öl auf Leinwand.
Im Besitz von Anton Imsand, Münster. Bilder eines Dekorationsprogramms der neuen Kirche von
1720 (S. 219). Die Figuren stehen als monumentale Gestalten auf schmalem, bewachsenem Erdstrei-
fen vor niedrigem Horizont. Unten Inschriftzone. Der S-förmig geschwungene Körper, die üppige,
fließende Draperie und der Faltenwulst zwischen den Unterschenkeln sind noch hochbarocke Motive
der einheimischen Bildhauerkunst um 1700, was auf einen einheimischen Maler schließen läßt. –

80 O. HOMBURGER und CHR. VON STEIGER, Zwei illuminierte Avignoneser Ablaßbriefe in Bern,
ZAK 17 (1957), S. 141.   81 Kdm Aargau V, S. 481 f., mit Literaturangaben und Abb.
82 Kdm St. Gallen IV, S. 566 f., mit Abb.
83 GdeA Ulrichen, o. Nr. – AMHERD, S. 51, Anm. 2, und S. 206.   84 PfA Ulrichen, Nr. 30.
85 TRÉBOUX goß eine alte Glocke wohl des 18. Jh. um (PfA Ulrichen, o. Nr.).
86 PfA Ulrichen, Nr. 73, und Tagebuch der H. H. Pfarrer, o. Nr. Es wurde eine Erweiterung des
Glockenstuhls nötig.

Abb. 181 und 182. Ulrichen. Pfarrkirche. «Gott Sohn», Ölgemälde, um 1720 (Privatbesitz Münster). Text siehe unten. – Barocke Christophorusstatue, wohl 1726 oder 1729, im neugotischen Hochaltar, H. 99,5 cm. – Text S. 223.

1. *«Gott Sohn»* (Abb. 181). 1972 von Restaurator URIEL-HCH. FASSBENDER, Luzern, doubliert; Inschrift ergänzt. Links unten zwischen den Ziffern der Jahreszahl Gertschen-Wappen [drei im Dreieck angeordnete sechsstrahlige Sterne] unter den Initialen «W[eibel].C[hristian].G[ertschen].». Inschrift: «IESVS: der heilland der weldt:/[Ich b]in der weg: die warheit: vnd das Leben: Joh. 24.6». – 2. *Mutter Gottes.* Links unten zwischen den Ziffern der Jahreszahl Nater-Wappen [griechisches Kreuz mit je einem sechsstrahligen Stern in den Zwickeln der nach rechts steigenden Diagonalen] unter den Initialen «A[nna].N[ater].». Inschrift: «S.MARIA MATER DEI. Deine Seel(?) macht groß den Heren vnd mein Geist hat/sich erfrewet in Gott meinem Heiland I. Ilce.I.C». – 3. *Jakobus der Ältere.* Gestiftet von Schreiber Joseph Imahorn[87]. Inschrift: «S IACOBVS MAIOR III Art./Der empfangen ist von dem Heiligen Geist Gebor = / en aus Maria der Jungfrauwen.». Der Heilige liest im Buch auf seiner Linken, in der Rechten Wanderstab und Kugelflasche. – *Kreuzabnahme* (im Besitz von Anton Imsand, Münster). 151 × 82 cm. Öl auf Leinwand. 2. Hälfte 18. Jh. Ikonographisch eigenwillige Darstellung mit symmetrischer Anordnung der Figuren. In den langen fließenden Figuren und der dunkel-schummerigen Konturierung gleicht das Gemälde den Niedererner Kreuzwegstationen. – TRUHE. SLM Nr. 5170. Aus dem Kunsthandel erworben. Herkunft nicht gesichert. Eiche(!). 2. Viertel 16. Jh. In den vier profilgerahmten Relieffüllungen der Front ist unter Dreipaßbögen die Anbetung der Hl. Drei Könige dargestellt. Flechtwerkfüllungen an den Wangen. Für die Landschaft ungewöhnliches Möbelstück. – UHRWERKSTAND der Turmuhr (im Besitz der Geschwister Kämpfen, Geschinen). Eisen, geschmiedet. An einem der Flachstäbe über der Jahreszahl 1532 Tartsche: mit Rechtsdiagonale geteilt, untere Diagonalhälfte schräg links schraffiert. Darunter eingestanzt: «1777/I I W[Johann Joseph Walpen?]».

Verschollene und zerstörte Kunstgegenstände. TRAGALTAR. Am 3. März 1723 von Johann Josef von Riedmatten für die neue Kapelle geschenkt[88]. – WAPPENSCHEIBE eines Grafen von Greyerz. Von

---

87 PfA Ulrichen, Nr. 11. Vgl. Anm. 38.

88 VON ROTEN, Chronik, 1961, S. 19.

P. Amherd in das 15.Jh. datiert. 1877 an den Kunstsammler Fr. Bürki, Bern, verkauft[89]. – Zwei 1810 in Auftrag gegebene FASTENBILDER[90] auf Leinwand sind zerstört worden. Das eine, den Gekreuzigten darstellend, füllte genau die Hochaltarnische. Das für den Muttergottesaltar bestimmte zeigte einen Fall Jesu (ohne Kreuz)[91].

WOHNHÄUSER

1. Koord. 160/190. Kat.-Nr. 48/4915. Geschwister Theodor Blatter. Entstehungszeit unbekannt. Das einst wohl nach Süden blickende Haus wurde um die Mitte(?) des 17.Jh. im Norden fast um die Hälfte erweitert und mit neuem Giebel nach Westen orientiert. Konsölchenfries unter Leiste; am ältesten Hausteil keine Friese. ⌐——⌐. 1 1/2. G. *Inschrift.* «1.7.4.8.C.G». *Ofen.* 18.Jh. Eingeschossig. Reichprofilierte Deckplatte. Gefaste Ecken. An der Stirn in Wappenfeld «A[nton] B[latter].G[untern]/ 1945».

2. Koord. 275/140. Kat.-Nr. 48/4884. Ida Burgener; Anton und Pius Imfeld; Josef Imwinkelried. Entstehungszeit unbekannt. 1535 renoviert. Konsolenartig vorkragender Rillenfries. Wände zum Teil erneuert. Früher Balkenkopfkamin-Anlage. ⌐——⌐. 2 1/2. Doppelhaus mit Grundrissen G. *Inschriften.* Linke Stube: «HOC HICPOCAVSTVM FECIT DOMINVS DVM RESTAVRARI NOTARIVS IMAHOREN 1535»[92]. *Ofen.* Eingeschossig, mit Karnies unter der Deckplatte. An der Stirn in Wappenfeld «1758/IAB/M.W». – *Truhe* (im Besitz von Dr. H. Wirthner, Münster). Tanne. Zweiachsig, mit vorgeblendeten Profilleisten. Eingelegt links «IHS/IOHANES.G», rechts die Jahreszahl 1696 unter einem Herzen.

3. Koord. 115/150. Kat.-Nr. 48/4959. Marie und Josephine Nellen-Blatter. Entstehungszeit unbekannt. Balkenkopfkamin und Kammfries deuten auf 16. bis Anfang 17.Jh. Links in der ersten Hälfte des 18.Jh. erweitert (Pfeilschwanzfries unter Wolfszahn). ⌐——⌐ (vorn nicht über Erdboden hinaufreichend). 1 1/2.

4. Koord. 295/160. Kat.-Nr. 48/4879. Josephine Flüeler; Rosine Imwinkelried; Albert Schmid. Erbaut 1581. Rillenfries. ⌐——⌐ (vorn nicht über Erdboden hinaufreichend). 2 1/2. G und F. Originale Fensteröffnungen im Erdgeschoß. *Inschrift.* 1. Stockwerk: «HOC OPVS FIERI FECIT HON TEODOLVS AN DER BLATTEN ANNO DNI 1581 DIE 22 IVNI». *Ofen* von 1919. An der Stirn «Cesar Imoberdorf/u seine Gattin/ Maria geb. Imsand».

5. Koord. 190/130. Kat.-Nr. 48/4941. Josef und Vitus Imsand. Erbaut 1594. 1926 um ein Geschoß aufgestockt. Rillenfries. ⌐——⌐ (vorn sehr niedrig). Ka. 2 1/2 (ehemals 1 1/2). F. *Inschriften.* 1. Stockwerk: «HOC OPVS FIERI FECIT HON ANDREAS GERTSCHEN ANNO DOMINI 1594 DIE 28 FEBRVARI [Gertschen-Wappen (auf Dreiberg Stab mit zwei schrägen Armen unter Schlaufe, gerahmt von dreieckig angeordneten sechsstrahligen Sternen) mit den Initialen A und G]». Im Stubji: «[Wappen und Initialen ähnlich Stubeninschrift] HANS AN DER BLADTEN IODRO ZWALEN 1594 2 MER:».

6. Koord. 295/130. Kat.-Nr. 49/5071. Johann und Katharina Imahorn Erben. Erbaut 1595. Rillenfries. ⌐——⌐ (vorn nicht über Erdboden hinaufreichend). 2. G und F. Originale Fensteröffnungen im Erdgeschoß. Wände zum Teil ersetzt. Keine Spuren von ehemaliger Balkenkopfkamin-Anlage. *Inschrift.* 1. Stockwerk: «[Imahorn-Wappen (unter zwei sechsstrahligen Sternen auf Dreiberg kahles Bäumchen, gerahmt von Ahornblättchen)] HOC OPVS FIERI FECIT HEINRICVS IM AHOREN NOTARIVS SVB ANNO DNI 1595 DIE 12 MEN MARTY». *Öfen.* 1. Eingeschossig, mit schwerem Karnies und Deckplatte. An der Stirn Dekor Ende 16.Jh.: verschieden breite, hochrechteckige Polsterspiegel; im rechten, oben, Wappenfeld ausgespart. An der Wange drei Zierspiegel 18.Jh. – 2. Zweigeschossig, mit Kehlsims. An der Stirn die Jahreszahl 1840, an der Wange «F.I.IA/ACI.F» und Hauszeichen[93]. – *Walliser Tisch.* Tanne und Lärche. An Zarge und Schublade eingelegt «17 H.I.A.H 27». – *Truhe.* Tanne. Dreiachsig, mit Zwischenfeldern. Rahmenleisten vorgeblendet. Eingelegt «H.II 17/W.R 93». In der Mitte zweigähnliche Schlaufe.

---

89 AMHERD, S. 2, Anm. 4. Im Katalog (der Auktion) der Sammlungen von Fr. Bürki vom 13.Juni 1881 ist die Scheibe nicht aufgeführt.

90 PfA Ulrichen, Nr. 11.   91 Freundl. Mitteilung von Sakristan Anton Imfeld, Ulrichen. 92 Nach Aussage von Anton Imfeld. Dielbaum verkleidet.

93 Am Firstbug eines Speichers neben dem Haus steht dasselbe Zeichen, ferner «H[ans]i[m] A[horn]/1618/PA», Andreaskreuz, T und Quadrat.

7. *Pfarr-*[94] *und Gemeindehaus.* Koord. 170/135. Kat.-Nr. 48/4939. Erbaut 1596 (1590?). 1731 von der Bürgerschaft erworben[95] und renoviert. 1847 altes «Loibe»-Geschoß zu Wohnstockwerk ausgebaut, neues «Loibe»-Geschoß und Giebel nach W orientiert. ⌐¬. 2½ (ehemals 1½). C und F. «Vorschutz», heute an der rechten Traufseite, ehemals an der Giebelfront. Die vorn in einer Kehle endenden Konsolen zeigen neben dem «Biner-Haus» (Nr. 5) in Gluringen von 1597(!) die reichste erhaben geschnitzte Konsolenzier des Goms: leere Wappen, zum Teil zwischen eigentümlichen Zeichen wie Tatzen- oder Andreaskreuz; Sonnenrad; Gruppen von Punkten; «Schragen»-[96] und Ständermotive (Hauszeichen?) u.a. *Inschriften.* 1. Stockwerk: «[nicht mehr erkenntliches Wappen mit Dreiberg] DISERS · HVS · HAT LASSEN · MACHEN · PETER · SEILLER · IM IAR 1 · 5 · 9 · 6[97] DIE 10. NOVEMBRIS». 2. Stockwerk: «DISE · OBERE · HOHE · HAT · DIE · GEMEINDE · IM · IAHR · 1847 · ERBAVT [Monogramme der Hl. Familie] DEN · 14 · IVNI».

Öfen. 1. Zweigeschossig, mit reich profilierter, schwerer Deckplatte. Blüte an der gerundeten Kante. An der Stirn in Ranken die Jahreszahl 18/48 unter einem Kelch, an der Wange 1885 über dem Jesusmonogramm. – 2. Dreigeschossig, mit Kehle an der Deckplatte. Breitrechteckig. An der Stirn «G[emeinde] + U[lrichen]/1894/1927». – *Porträt.* Papst Leo XIII. 74,5 × 62 cm. Öl auf Leinwand. Rechts unten signiert: «Balzerr Roma/1880», vielleicht identisch mit JOSEPH BOLZERN (vgl. Anm. 60). – *Schrank.* Lärche. Zweitürig, mit je drei Zierspiegeln in profilierten Füllungen. Flüchtig mit Rokokogrisaille bemalt und beschriftet: «R.D.A.G.V.M. 1810». – *Uhrrähmchen* (im Besitz von Dr. H. Wirthner, Münster). Tanne, gebeizt. Anfang 19. Jh. Stil Louis XVI. Urnenmotiv in Säulenarchitektur.

8. Koord. 140/140. Kat.-Nr. 48/4973. Josef Blatter; Johann Imsand. Erbaut 1610. 1749 Kammerachse ergänzt. Weitere Renovationen 1789(?) und 1885. Versenkte Kielbogenfriese unter den Fensterzonen und über den Giebelfenstern. Pfeilschwanzfries unter Wolfszahn an der Kammer. ⌐¬ (mit Haustein erneuert). Ehemals «Vorschutz»-Haus. 2½. F und C. Einzig erhaltener Mauerkamin des Dorfes an der Rückwand. *Inschriften.* 1. Stockwerk: «JESVS · MARIA · JOSEPH · DIESES · HAVS · WVRDE · IM · IAHR · 1610 · VON · HANS · IMAHORN · GEBAVT.»[98]; «DIESE · VMENDERVNG · WVRDE · GEMACHT · VON · PETER · SEILER · SCHREINER · MIT · SEINER · GATTIN · KATHARINA · SEILER · GEBOHRNE · KARLEN · VON · GRENGIOLS · IM · IAHR · 1885». In der Kammer: «C.S.C.G. 1.7.4.9.». 2. Stockwerk: «DISSES · HAVSS · HAT · LASSEN · BAVWEN · DER · ERENDE · MAN · JOHANES · CHRISTIANUS · SEILLER / MIT · SAMT · SEINNER · HAVSS · FRAVW · MARIA · AGENTA · AVFF · DER · EGEN · MIT · SAMT · ZWEI · SEN · HAS · MICHEL · VND · HANS · CHRIS[...verkleidet]». *Öfen.* 1. Eingeschossig, mit Kehle unter der Deckplatte. An der Stirn Seiler-Wappen [gespalten von umwundenem Stab auf Dreiberg, beidseits ein sechsstrahliger Stern], umgeben von den Initialen «P.S. K.K/H D/ 1886». – 2. (im Stubji): Eingeschossig, mit Karnies unter der Deckplatte. An der Stirn in Wappenfeld: «1761/C S/M A». – 3. Eingeschossig, mit schwerem, eigentümlich profiliertem Sims. An der Stirn in umranktem Feld: «JC.S/MA.ADE/1789» (vgl. Dielbaum-Inschrift des 2. Stockwerks).

9. Koord. 170/160 (Abb. 183). Kat.-Nr. 48/4970. Hedwig und Hermann Imsand. Erbaut 1617. 1915 aufgestockt mit Zwerchgiebel. Rillen- und Kielbogenfriese. Originale Fensteröffnungen im Kammergeschoß. ⌐¬ (vorn wenig über Erdboden hinaufreichend). Ka. 2½ (ehemals 1½). F. *Inschrift.* 1. Stockwerk: «IM · IAR · 1617 · 22 TAG · MERZTEN · HAND · ANDRES · VND · THOMAS · GERTSCHEN · BRVEDER · DISES · HVS · LASSEN · BVWEN. [Hauszeichen? (Umgestülpte Astgabel mit Punkt)] D.L.A.L.G.», zum Teil Minuskel.

10. Koord. 190/85. Kat.-Nr. 49/5031. Anton Imahorn; Julius Imwinkelried. Erbaut Anfang 17. Jh.? Rillenfries. Ehemals «Vorschutz»-Haus auf Konsolen. Doppelhaus mit Mittelgwätt. ⌐¬ (mit Haustein erneuert). 2½ (ehemals Wohnstock und zwei «Loibe»-Geschosse?). G und F.

---

94 Wohl seit 1741, da damals «der offen in des heren stauba» gemacht wurde (PfA Ulrichen, Nr. 11).

95 Zusammen mit einem hinter dem Haus stehenden «speicher dar bei», der in unserm Jahrhundert abgerissen worden ist (ebenda).

96 Gleiches Hauszeichen(?) am Dielbaum (Spolie) von Haus Nr. 24.

97 Letzte Ziffer möglicherweise eine Null.   98 Inschrift von 1885.

11. «*Fabihüs*» (Abb. 184). Koord. 115/180. Kat.-Nr. 48/4948. Anton und Ludwig Garbely. Erbaut 1701?[99] Konsölchenfries. Das stattliche und zugleich typische Ulricher Haus bildet zusammen mit einem verbundenen Speicher im Osten eine reizvolle Baugruppe an der nördlichen platzähnlichen Dorflichtung. ⌐⌐⌐¹ (vorn wenig über den Erdboden hinaufreichend). Ka. 2¹/₂. F. *Inschriften.* 1. Stockwerk: «DISSES HAVS HAT LASEN BAWEN DER EHR CHRISTIAN GARBELI VND MARIA». 2. Stockwerk: «C 1701 G».

Öfen. 1. Eingeschossig, mit Kehle. An der Stirn zwei Wappenfelder, links mit drei in gestürztem Dreieck angeordneten Sternen und den Initialen C und G, rechts mit der Jahreszahl 1704. An der Wange Rosette und Jesusmonogramm in Wappenfeld. – 2. Zweigeschossig, mit Kehle unter der Deckplatte. An der Stirn Jesusmonogramm, gerahmt von den Initialen «S.G E.G/L.G I.G» und der Jahreszahl 1888, an der Wange unter den Initialen «PG MI» Garbely-Wappen [schlüssellochförmige Garbe über Dreiberg, gerahmt von drei sechsstrahligen Sternen].

12. Koord. 235/115. Kat.-Nr. 48/4900. Franz Imsand-Barmettler. Erbaut 1722. 1928 aufgestockt. Pfeilschwanzfries unter Wolfszahn. Soll von Gerendorf hergebracht worden sein. Ehemals sehr niedriger Mauersockel. 2 (ehemals 1¹/₂). F. *Inschrift.* 1. Stockwerk: «IM · NAMEN · IESV · MARIA · VND · IOSEP · BAVWEN · DEISES · HAVS · IOHANES · ELSIG · VND · BAR[.? verkleidet] / SEIN · WEIB · BEFELEN · GOT · DEISES · HAVS · IR · SEL · VND · LEIB · 1722». Am Dielbaum des 2. Stockwerks die Jahreszahl 1928. – *Hauskruzifix.* H. (Korpus) 25 cm. Holz, überfaßt. LAGGER-Kruzifix mit dem typischen Sockel (Tf. I). – *Immakulata.* Statuette. Aus dem Haus Nr. 16 (S. 231). – *Kreuzabnahme.* Hinterglasmalerei. – *Truhen.* 1. Tanne. Zweiachsig mit vorgeblendeten schmalen Trennfeldern. Eingelegt in den Rechteckfeldern Jesusmonogramm in Medaillon mit geraden und geschweiften Strahlen und die Jahreszahl 1719. – 2. Tanne. Dreiachsig. In den Rechteckfeldern eingeritzt: «M.I. M.I.W./17 90». – 3. Tanne. Zweiachsig. In Rechteckfüllungen gemalt: «RD A.G.»[100]. – 4. Tanne. Dreiachsig, mit Zierspiegeln. Um 1800. – *Ausziehtisch* (im Besitz von Paul Andereggen, Selkingen). Nußbaum. An der Zarge zwischen Blattspiegeln zwei geschnitzte Wappen, links Imwinkelried mit nach links steigendem Sternenbalken und den Initialen «C I/W», rechts Werlen mit den Initialen «G W» und sechsstrahligen Sternen in den Zwickeln der Schwerter. An den Zargenecken die Jahreszahl 1730. Wertvoller Tisch.

13. Koord. 205/90. Kat.-Nr. 49/5032. Otto Garbely. Erbaut 1722. 1910 zweites Wohnstockwerk eingeschoben. Pfeilschwanz unter Wolfszahn. ⌐⌐⌐ (sehr niedrig). 2¹/₂. F. *Inschriften.* 1. Stockwerk: «AN. GOTES.SEGEN.IST.ALES.GELEN.GOT.ALEIN.GEHRT.DIE.EHR.DAN.ER.IST.MEISTER.VND.BAVW.HER/[.. verdeckt] IOHANES.SEENGEN.VND.MARIA.HALEBARTER.SEIN.HAVS.FRAVW.HABEN.DISES.HVS.ER.BAVWET 1722». 2. Stockwerk: «Dieses Haus Stet in Gottes Hand 1910 Die Bauherrn Johann & Joseph Garbelj/ und seine Geehrte[..?verdeckt]». – *Standuhr* von «Jb. Burkhart/horloger/à Brigue».

14. Koord. 245/60. Kat.-Nr. 49/5045. Josephine Garbely; Josef und Seraphin Imfeld. Erbaut 1. Hälfte 18. Jh. Pfeilschwanzfries unter Wolfszahn. 1928 (Jahreszahl am Giebel) um ein Stockwerk erhöht. ⌐⌐⌐. 2¹/₂ (ehemals 1¹/₂). F. *Öfen.* 1. 19. Jh.? Zweigeschossig, mit Kehle unter der Deckplatte. Als Sitzbank gestuft. An der Wange in Medaillon Garbely-Wappen mit den Initialen «A[nton] G[arbely]/K[atharina]J[msand]». – 2. Von 1928. – *Porträt.* 32,5 × 27,3 cm. Öl auf Leinwand. Von LORENZ JUSTIN RITZ (1796–1870)? Nach der Überlieferung Brustbildnis von Bonefaz Kämpfen. Qualitätvolles Gemälde. – *Truhen.* 1. Tanne. Dreiachsig, mit Zwischenfeldern. Eingelegt «17 C G 48». – 2. Tanne. Dreiachsig, mit plastischen Rechteckspiegeln; darauf in Zierspiegeln: «18 IA/G 27».

15. Koord. 105/170. Kat.-Nr. 48/4947. Anton und Leo Garbely; Emil Imoberdorf; Anna Imwinkelried. Erbaut 1758 (Jahreszahl am Giebel). Fries: Paar versenkter Rundstäbe. Das außerordentlich breite Doppelhaus, das die hinterste Straßenzeile längs des Hangs beherrscht, nimmt jenen behäbigen Haustyp voraus, der in der ersten Hälfte des 19. Jahrhunderts in einigen Häusern von Unterwassern wiederkehrt (S. 183). ⌐⌐⌐¹. 2¹/₂. Grundrisse G und F. Im Kellergeschoß mittlerer Längs-

---

99 Außerordentlich spätes Baujahr für den Friestyp.

100 Von Adrian Gertschen (um 1700)? (SCHMID, LAUBER, Verzeichnis [1897], S. 192).

Abb. 183 und 184. Ulrichen. Platzartige Siedlungslichtungen. Links bei Koord. 175/150. Die Fassade des dominierenden Hauses (Nr. 9) durch Fensterumbauten entstellt. Text S. 229. – Rechts bei Koord. 130/180, mit «Fabihüs» (Nr. 11). – Text S. 230.

gang, aus dem einst Treppen beidseits durch die Küchen aller Stockwerke emporführten. *Inschriften.* 1. Stockwerk, rechte Stube: «ALES.WAS.DV.DVST.ZV.VOR.BETRACHT. GEDECKE.WIE.ZV.EST.DEIN.ENT.WERDE.GEMACHT/DAN.ZV.VOR.GETHAN.VNT.NACHT.HAT. MANCKER.IN.GROS.LEIT.GEBRACHT.ANO. 1758». 2. Stockwerk, rechte Stube: «DISES. HAVS.HABEN.LASEN.AUFER.BAVWEN.DIE.4.GESCHWISTERE.ANDREA.ANTONJ.VND.FABIAN. VND.MATHE.VND./MARIA.CATARINA.GARBILY.MIT.SAMT.JREN.MVOTE.MARIA.JMAHOREN. DEN 26 TAG BRACHMONAT.ANO. 1758.» In reichverschnörkelter Schrift.

Öfen. 1. Eingeschossig, mit Karnies unter der Deckplatte. An der Stirn Garbely-Wappen [gebundene Garbe zwischen Punkten] mit der Jahreszahl 1763; an der Wange in Wappenfeld: «A.AG FG/ I.M.G/MCGMIA». – 2. Eingeschossig, mit schwerem Karnies unter der Deckplatte. Stirn ähnlich Nr. 1.

16. Koord. 200/150. Kat.-Nr. 48/4903. Alois und Peter Imsand. Erbaut 1762 (Jahreszahl am Giebel). Fries: Paar versenkter Rundstäbe. ⌐⌐ (vorn nicht über den Erdboden hinaufreichend). Ka. 2½. F. *Inschriften.* 1. Stockwerk: «[Imsand-Wappen (auf Dreiberg Lilie unter zwei sechsstrahligen Sternen)] JCH.FRANTZ.JM.SANDT.FANGT.ALL.MEIN.ARBEIT.JM.NAMEN.DER.H.3.FALTIGKEIT.SAMBT.MEINEN. BRIEDREN. DREI/CASPAR.JOSEPH.VND.VALLENDIN.VND.DER.VATTER.THET.AVCH.EIN.STEIR.JM.JAHR. 1762. DEN.9.IVNI». Im Stubji: «ACH.GOT.HILFF.MIER.ER.WERBEN.CHRISTLICH.ZLEBEN.VND.SELIG.ZV.STERBEN.CHRISTLICH.GELEBT.SELIG.GESTORBEN/IST.GNVGSAM.AVFF.ERDEN.ER.WORBEN.». 2. Stockwerk: «[Wappen ähnlich wie im 1. Stockwerk, aber mit den Initialen ‹II S›]VFF.GOT.ALEIN.SETZ.DEIN.VER.TRAVEN.AVFF.MENSCHEN.HILFF. IST.NICHTS.ZV.BAVWEN.GOTT.IST.ALLEIN.DER.GLAVBEN.HEIT/KEIN.GLAVBEN.FINST.DV.BEI.DER.WELT.RVFF. AN.DEIN.GOT.HALT.SEIN.GEBOT.JM.JAHR. 1762. DEN.21.JVNI.». Im Stubji: «[Jesusmonogramm]MIT.GOT. FANG.ALLES.AN.SO.WIRST.DV.GLICK.VND.SEGEN.HAN.». *Öfen.* 1. Eingeschossig, mit Karnies unter der Deckplatte. An der Stirn Imsand-Wappen [Lilie auf Dreiberg zwischen Blüten] mit der Jahreszahl 1764; an der Wange «F[ranz]J[m]S[and]/M[aria]J[m]A[horn]/1909». – 2. (im Stubji). Eingeschossig. In eckgekehlten Spiegeln Monogramme der hl. Namen und Jahreszahl 1725. – 3. Zweigeschossig, mit Kehlsims. An der Stirn Wappen wie auf Dielbaum des 2. Stockwerks; an der Wange: «19 09/ IHS/J[osef].M[aria].J[m]S[and]». – 4. (im Stubji): Zweigeschossiger Ofen von 1909. – *Immakulata* (heute in Haus Nr. 12, S. 230). Statuette. H. 23,5 cm (ohne Sockel). Holz, häßlich überfaßt. Letztes Viertel 18. Jh. Ähnlichkeit mit der Immakulata-Statue in der Annakapelle Zum Loch (Abb. 189). In Rundbogenschrein mit Muschelkonche.

17. Koord. 85/145. Kat.-Nr. 48/4945. Geschw. Emil Imfeld. Erbaut 1763 (Jahreszahl am Giebel). Fries: Paar versenkter Rundstäbe. ⌐—⌐. 2¹/₂. G und F. Längsgang durch das Kellergeschoß. Giebelfensteröffnungen original. Im Stubji des 1. Stockwerks soll der heiligmäßige Aloys Bonifaz Schlunz gewohnt haben[101]. *Inschriften.* 1. Stockwerk: «[Kessel- oder Gertschen-Wappen (Dreiberg, griechisches Kreuz mit Punkten in den Zwickeln) mit den Initialen V[rsula]G[ertschen]DISES.HAVS.HAT. LASSEN.BAVWEN.DIE.TVGENDSAME.WITFRAVW.MARIA.VRSVLA.GERSCHEN.MITSAMBT.JHREN.3.SEHNEN.JOHAN. CHRISTIAN.VND./JOHAN.VND.VALENTIN.KESSEL.JCH.FANGE.AN.ALL.MEIN.ARBEIT.IM.NAMEN.DER.HEILIGEN. DREYFALTIGKEIT.IM.IAHR. 1763. DEN.20.MEIEN». Im Stubji: «ALLES.GOTT.ZV.LIEB [Jesusmonogramm]». 2. Stockwerk: «[Marienmonogramm]WER.MARIA.RECHT.WILL.MAHLLEN.MVS.VMGEBEN.SEI.MIT.STRALLEN. DAN.SIE.WEIS.VON.KEINER.NACHT.SO.DIE.ERBSIND.HAT.GEMACHT/JM.JAHR. 1763. DEN 4 JVNI». Im Stubji: «AVFF.GOT.ALLEIN.SETZ.DEIN.VERTRAVWEN.AVFF.ZMENSCHEN.HILFF.IST.NICHTS. ZV.BAVWEN/GOTT.IST.AL-LEIN.DER.GLAVBEN.HELT.KEIN.GLAVBEN.FINST.DV.BEI.DER.WELT.». *Öfen.* 1. Eingeschossig, mit Karnies unter der Deckplatte. An der Stirn Wappen und Initialen wie auf Dielbaum mit der Jahreszahl 1766. – 2. Eingeschossig, mit schwerem Karnies unter der Deckplatte. – 3. Eingeschossig, mit Karnies unter gekehlter Deckplatte. An der Stirn Wappenfeld mit dem Jesusmonogramm und der Jahreszahl 1766. – *Waage* mit der Jahreszahl 1771, nach der Überlieferung von Schlosser HEINRICH KESSEL.

18. Koord. 230/70. Kat.-Nr. 49/5038. Anton, Johann und Christian Imsand. Erbaut 1772. 1856 aufgestockt. 1949 (Jahreszahl am Giebel) rechts Kammerachse mit Schleppdach angefügt. ⌐—⌐ (sehr niedrig). 2¹/₂ (ehemals 1¹/₂). F. *Inschriften.* 1. Stockwerk: «DISES.HAVS.HAT.LASEN.BAVWEN.DER.EHRENDE. CHRISTIAN.IMFELDT.VND. SEIN.BRVDER.JOSEPH.VND.SEIN.HAVS.FRAVW.HVLFFEN/DAR.ZV.GOT.WOLL.IHN.GE-BEN.DIE.EWIG.RVW.JM.JAHR. 1772.DEN.I.TAG.BRACHMONET». An einem Türsturz: «1772 HAT.MAN.DAS. KORN.SHWORBES(?).NES(?). 37.BATZEN.BEZALT.DER.GRIN.KES 4 BAZTEN.DEI S(2?)4 KRON.ALT.KVO/20 KRON. ANCKEN. 3 BATZEN.MENSH.RIND 16 KRO/N.LIFER ALT.KES 8 BATZEN LIFER.WEIS.BRODT.2./BATZEN». 2. Stockwerk: «[Ranke, Jesus- und Marienmonogramm]VND.IOSEPH.DIESES.HAVS.HAT.LASSEN.BAVEN.DER.ER-SAMEN.MAN.[..verdeckt]/KAROLVS.IMSAND.VND.ANNA.MARIA.GARBELI.ANNO[..verdeckt]»[102]. Im «Loibe»-Geschoß; war schon im alten «Loibe»-Geschoß: «[..abgeschnitten]VS.HAT.SAKRIES[103].NATTR.LASSEN ZBVWEN IM IAR 1608». *Öfen.* 1. Zweigeschossig, mit Karnies unter der Deckplatte. An der Stirn in Wappenfeld unter zwei sechsstrahligen Sternen: «C.I.F./1772». – 2. Eingeschossig, mit Kehle unter der Deckplatte. An der Stirn in Kettenrahmen die Jahreszahl 1856, an der Wange in Blütenkranz: «K.O/I.S/AMC». – *Truhen.* 1. Tanne. Dreiachsig. In den Rhombenspiegeln der quadratischen Füllungen eingeritzt: «17. I.O.G. 45». – 2. Tanne. Dreiachsig. Vorgeblendete Rahmen als Zwischenfelder gestaltet. In den seitlichen erhaben geschnitzt: «A T». – *Kornkasten* von 1761 mit den Initialen «I G.IO».

19. Koord. 155/160. Kat.-Nr. 48/4969. Pius Imfeld; Josef Imoberdorf; Anna Imwinkelried. Erbaut 1774. Fries: Paar versenkter Rundstäbe. Durchgehendes Mittelgwätt. Giebel quer zur üblichen Raumdisposition nach Osten gerichtet. ⌐—⌐ (zum Teil nicht über den Erdboden hinaufreichend). 2¹/₂. F. *Inschriften.* 1. Stockwerk: «[Imoberdorf-Wappen (Lilie unter zwei Punkten)]ICH.IOHANES.PHILLIPPVS. JM.OBER.DORF.VND.SEIN.HAVS.FRAVW.ANNA.MARIA.WERLEN/JM.JAHR. 1774.DEN. 27 MEIEN». Im Stubji: Erste Zeile gleich wie in Stube; dann Jahreszahl 1774. *Öfen.* 1. 18. Jh. Eingeschossig, mit Karnies. Breite Kantenfase. An der Stirn in Wappenfeld: «I.I.W.R./AMAT/1861». – 2. Von 1934. An der Wange: «ED[uard]J[m]O[ber]D[or]F.U/PH[ilomena].JODF GEB.J[m]S[and]D». – 3. Eingeschossig, mit Karnies unter der Deckplatte. An der Stirn Garbely-Wappen mit der Jahreszahl 1764, an der Wange in Wappenfeld: «AA.G.F.G:I/MG.MCG/M(?)I(?)». – 4. *Stubjiofen.* Zweigeschossig, mit Karnies unter der Deckplatte. An der Wange: «AMAT/1876/1928».

20. Koord. 200/115. Kat.-Nr. 48/4942. Josephine Blatter; Maria Imwinkelried. Erbaut 1784. Nach der Überlieferung von Zum Loch hergebracht. ⌐—⌐. 2¹/₂. F. *Inschrift.* 2. Stockwerk: «[Jesusmonogramm]MARIA.DISES.HVS.HAT.LASEN.BAVWEN.CHRISTEN.IMFELT.MIT.SEINER.HVS.FRAVW.MARIA.CATARINA. IM.AN.HOREN/BEVAREN.DISES.HVS.VF. GOT.ALLEIN.HAB.ICH.MEIN.VOR.TRAVEN.ZV.VOR.ICH.TET. BAVWEN.IM. IAR. 1784». *Öfen.* 1. Zweigeschossig, mit reichprofiliertem Sims. Hölzerne Beine. An der Stirn die Jahreszahl 17/87, in der Mitte Imfeld-Wappen [wie W.Wb. Tf. 3, Nr. 2, aber mit Dreiberg und Fünfstrahlensternen] in Lorbeerkranz, in den umrankten seitlichen Wappenschildern die Initialen «PIC/

---

101 Nach Auskunft der Geschw. Imfeld. Zu Kaplan Schlunz vgl. SCHMID, LAUBER, Verzeichnis (1924), S. 368–371.

102 Nach Auskunft von Anton Imsand 1856.   103 Zacharias?

IF» und «MC/IA». An der Wange Jesusmonogramm in Rankenfeld. Kunstvolle Steinhauerarbeit. – 2. *Stubjöfchen* des 19. Jh. Imfeld-Wappen in Ranken. – *Standuhr*, beschriftet: «Guillaume DACHTLER/ H^{ger}/à Brigue».

21. Koord. 130/195. Kat.-Nr. 48/4950. Geschw. Ludwig Imoberdorf. Typisches, außen wie innen gut erhaltenes Ulricher Haus von 1782. Friese: Paar versenkter Rundstäbe. Die eigentümlichen Pfettenkonsolen öffnen sich wie Blattkelche. ⌐⌐ (vorn wenig über den Erdboden hinaufreichend). 2½. F. *Inschrift*. 2. Stockwerk: «JOHANES.PHILIPPUS.JN.OBER.DORFF.VND.SEIN.HAVS.FRAV.ANNA.MARIA.WERLEN.HAT. LASEN.BAVWEN.DISES.HAVS/1782».

Öfen. 1. Eingeschossig, mit Karnies unter der Deckplatte. An der Stirn in Wappenfeld: «I.H.C.I.F/ M.H.B^{104}/1783». – 2. Form wie Nr. 1. An der Wange in Wappenfeld: «I.H.P.I.O.D/A.M.W/1783» (vgl. Dielbaum-Inschrift). – *Hauskruzifix* [105]. H. (Korpus) 29 cm. Holz, polychromiert und vergoldet. Korpus von PETER RÜTTIMANN (S. 48). Qualitätvoller Sockel, 2. Viertel 18. Jh., beidseits mit geschnitztem Akanthusrollwerk beschlagen, an der Stirn Medaillon mit Jesusmonogramm.

22. Koord. 210/175. Kat.-Nr. 48/4908. Johann Imfeld; Johann und Albert Imoberdorf. Erbaut 1806 (Jahreszahl am Giebel). Guterhaltenes typisches Ulricher Haus. Friese: Paar versenkter Rundstäbe. ⌐⌐ (nur wenig über den Erdboden hinaufreichend). Ka. 2½. F. *Inschriften*. 1. Stockwerk: «[Jesusmonogramm]MARIA.V. JOSEPH.DISES.HAVS.HAT.LASEN.BAVEN.DER.ERSAMEN.JVNGLING.HANS.CHRISTIAN.IM.SANT./ FANGEN.AN.ALE.MEINE.ARBEIT.IM.NAMEN.DER.H.3.FALTIGKEIT.IM.IAHR.A.1806.DEN.20. IVNI». 2. Stockwerk: Beschrifteter Dielbaum, verkleidet.

Öfen. 1. Eingeschossig, mit Karnies unter der Deckplatte. An der Stirn Imsand-Wappen [Lilie unter sechsstrahligen, in gestürztem Dreieck angeordneten Sternen] mit der Jahreszahl 1811. – 2. Zweigeschossig, mit reichprofilierten Simsen. Als Sitzbank gestuft. Mit Platine. An der Stirn in Lorbeermedaillon zwischen der Jahreszahl 1844 Imsand-Wappen [Lilie zwischen sechsstrahligen Sternen] über den Initialen «CH.IS+MCJ.T», an der Wange in Ranken die heiligen Namen zum Teil über leeren Wappen, an der Sitzbank: «Joh Jod». – *Truhe*. Tanne. Zweiachsig. In Rechteckfüllungen eingelegt: «IIW 1810».

23. «*Zenerhüs*». Koord. 255/130. Kat.-Nr. 48/4885. Anton Imfeld; Emma, Ida und Josef Imoberdorf; Josef Imsand. «ANNO 1808» (am Giebel). Fries: gebrochene Wellenlinie. 1903/04 Zwerchgiebel der Ostseite errichtet. Kein Mauersockel sichtbar. Ka. 2½. Behäbiges Doppelhaus mit Grundrissen F. *Inschriften*. 1. Stockwerk, rechte Stube: «[Marienmonogramm]DISES.HAVS.HAT.LASEN.BAVWEN.FRANZ. IOSEP.IM.OBER.DORF.VND.SEIN.HAVS.FRAVWE.SAMT.4.SEHN.VND.1.TOCHTER.ZV.GLEICH.GOT.WOLN.SIE.ALE. FIEHR INS.HIMEL.REICH/AVCH.BITEN.SIE.GOT.FIR.DAS.ZIETLICHEN.LEBEN.DAS.GOT.IHNEN.DIE.GNAD.WOLEN. GEBN.VND.AVCH.BEWAHRE.VOR.VNGLICK.DISES.HAVS.VND.ALE.DIE.DARIN.GEN.EIN.VND.AVS.». Linke Stube: «IHS ALES.ALES.ZV.GOTES.EHR.DAN.GOT.IST.MEISTER.VND.BAW.HER.DAN.WIEHR.SEIND.NVR.SEINE.KNECHT VND.WAN.WIER.WOLEN.ARBEITEN.RECHT/SO.SOL.ES.GESHECHEN.IN.GOTES.NAMEN.SO.WIRT.GOT.VNS.SEGNE. ALE.SAM.VND.VNS.FIEHREN.AVCH.ZV.GLEICH.IN.DAS.HIMLISHE.BAREN.DEIS». 2. Stockwerk, rechte Stube: [griechisches Kreuz mit Rautengitterfragment im linken obern Zwickel]MAN.MVS.IN.ALEN.SACHEN.MIT. GOT.EIN.AN.FANG.MACHEN.ANNO 1808/GEDENCH.BEI.ALEN.WAS.DV.TVST.DENCK.DAS.EIN.MAHL.STERBE.MVST. DEN.I.TAG.IVLIVS.». Linke Stube: «[Imoberdorf-Wappen (Lilie unter drei im Dreieck angeordneten Punkten)] VIL.MIE.VND.ARBEIT.HAB.ICH.ANGEWENT.BIS.ICH.HAB.GEBRACH: DAS.HAVS.ZVM.END/NVR.EINS. ICH.BIT.BIT.VOR.MICH.GOT.WENN.DV.HIER.WONEST.NACH.MEINEM.TOD». *Öfen*. 1. Zweigeschossig, mit Karnies. An der Stirn Zierspiegel, beschriftet «J[osef]I[moberdorf] 19+53» (alte Inschrift entfernt); an der Wange Spiegel über Rosenzweig. – 2. Eingeschossig, mit Kehle. Auf der Deckplattenstirn die

---

104 Nach Aussage der Besitzer habe auf dem entfernten Dielbaum des 1. Stockwerks der Name Maria Helene Biderbost gestanden.

105 Ein feingliedriges, original polychromiertes RÜTTIMANN-Kruzifix (S. 48) von 48,5 cm Höhe im Besitz von Josef Blatter, Sitten.

Jahreszahl 1614; an der Wange in älterem Wappenfeld: «F.E. O.(?)/1813». – 3. Zweigeschossig, mit Karnies. An der Stirn in zierlichen Bandrankenkartuschen: «I.A.W./MI B/1792», an der Wange: «X. Jobd./M.Jmah.». – 4. Eingeschossig, mit Kehle. 1953 verändert. An der Stirn auf altem Wappenfeld: «IHS/1953».

24. Koord. 165/235. Kat.-Nr. 48/4921. Oskar Imoberdorf. Erbaut 1823. Fries: große fließende Blattranken. Das schmalbrüstige Häuschen soll nach der Überlieferung von der Dihalde herkommen. ⌐—⌐ (sehr niedrig). Ka. 1¹/₂. C. *Inschriften:* «IHS.DISES.HAVS.HAT.LASEN.BAVWEN.DER.TVGEND.SAMEN. MAN.HANS.CHRISTE.KESSEL.VND.SEINE.HAVS.FRAV.[Marienmonogramm].JOSEFA.JM.OBERDORF.JM.JAHR. ANNO. 1823». Spolie im «Loibe»-Geschoß: «[Wappen mit T im Schildhaupt der rechten Flanke über kleinem Dreieck und schragenähnliches Zeichen im Schildfuß der linken Flanke]DIS HVS HAT LASSEN MACHEN HANS IM BODEN DEN 2.TAG MERTZEN DIS 1643 IARS». *Ofen.* Zweigeschossig, mit Pfeifenfries an der Deckplatte. Mit Zierfeld geschmückte Platine (Abb. 185). An der Stirn auf geblähtem Querovalspiegel eingeritzt: «IK/18 24».

25. Koord. 180/110. Kat.-Nr. 48/4943. Hubert Lagger. Erbaut 1859 (Jahreszahl am Giebel)[106]. Konsolen-, Ranken- und Zierstabfriese. 1936/37 Hausteinmauersockel und Anbau an der Rückseite. ⌐—⌐. 2¹/₂. G (mit abgetrennter Küche). – *Ofenplatte.* Unter der Inschrift «CHRISTIAN SAI/LER KATARINA.CAR/ BELI» drei Medaillons mit Seiler-Wappen, Jesusmonogramm und Garbely-Wappen über der Jahreszahl 1860.

26. Koord. 245/80. Kat.-Nr. 49/5042. Baptist Blatter. Erbaut 1877 (Jahreszahl auf dem Türsturz). Steinernes Haus, erbaut an der Stelle des abgerissenen Hauses[107] von Landeshauptmann Egidius Imahorn, Anführer der Walliser Truppen in den Kappeler Kriegen.

27. Koord. 250/80. Kat.-Nr. 49/5043. Ernst Imfeld; Klementine Imwinkelried. Erbaut 1884. ⌐—⌐. 2¹/₂. G. *Inschriften.* 1. Stockwerk: «JM.JAHR 1884 GEBAUT.DURCH.LEPOLD.IOHANNA.UND.ANTONIA IMFELD. GESCHWISTERN». 2. Stockwerk; Spolie: «[Wappen mit Dreiberg und schwebendem Balken unter zwei sechsstrahligen Sternen]. Ältere Inschrift eines Bauherrn, größtenteils weggehobelt und überschrieben: MORITZ IMFELD... 1780 VND 1884». Im Stubji: «WENDE.ALES.VNGLICK.DRAVS». *Öfen.* 1. Zweigeschossig, mit Kehle unter der Deckplatte. An der Stirn rund um Imfeld-Wappen: «LEOPOLD IM FELD/DOH IMFELD/ ANT IMFELD/18 84/GESCHWISTERTEN». – 2. Zweigeschossig, mit Karnies unter der Deckplatte. An der Stirn in Ranken eigentümlich konturierte Wappen Imsand und Imahorn, links die Initialen «F[elix] I[m]W[inkelried]/A[nna]J[mfeld]/1940». – *Truhen.* 1. Tanne. Zweiachsig, mit schmalen Zwischenfeldern. 17.Jh. Eingelegt: «MA IM». Fragmente einer Bemalung des 18.Jh. – 2. Tanne. Dreiachsig. In den querovalen Nußbaumspiegeln eingelegt: «17 I.C.G 73», im mittleren Spiegel geschnitztes Medaillon mit den Wappenzeichen Garbely(?) [über Dreiberg drei Lilien unter sechsstrahligen, im Dreieck angeordneten Sternen]. – 3. Tanne. Zweiachsig. In den Rechteckfüllungen eingelegt: «H I W R/1787». – 4. Tanne. Zweiachsig. An den Zierspiegeln eingelegt: «.I.I.W.R. 1822». – Zierliches *Spinnrad* von 1791.

28. Koord. 215/120[108]. Kat.-Nr. 48/4901. Peter Imsand. Erbaut Ende 19.Jh. Schmales, unscheinbares Häuschen. ⌐—⌐. 2. C und F. *Ofen.* Zweigeschossig, mit sehr reich profilierter Deckplatte (des 18.Jh.?). An der Stirn Imfeld-Wappen mit den Initialen «E:I.F» und der Jahreszahl 1890; an der Wange in Blütenkelch Imsand-Wappen mit den Initialen «I.I S», umrahmt von der Jahreszahl 1920.

In der *Bine* im *Blaswald,* woher der hünenhafte Kämpfer in der Schlacht von Ulrichen (1419), Thomas Riedi in der Bünden (Binen?), stammen soll, steht ein Häuschen mit folgender Inschrift auf dem Dielbaum: «ADRIAN[us].D[e]. RIEDMAT[ten][109]. EPIS[copus].s[edunensis]. PRAE[fectus].ET.COM[es].VAL

---

106 Nach Auskunft von Anton Imfeld. Heute übermalt.

107 AMHERD, S. 69, Anm. 2. Beschreibung des Wappens am Dielbaum [mit dem Rücken gegeneinander gekehrte Mondsicheln mit drei Sternen zwischen den Sichelenden]. Zu Egid Imahorn vgl. VON ROTEN, Landeshauptmänner (1948), S. 264–269.   108 Abb. HUNZIKER, S. 184, Fig. 199.

109 Es handelt sich um Adrian IV. von Riedmatten (1613–1672) und seinen Bruder Johann (1616–1690), Meier und Kirchenvogt zur Zeit des Kirchenbaus in Münster. Die «Bine» gehörte eine Zeitlang dem von Adrian IV. gestifteten Rektorat der Heiligen Dreifaltigkeit. (Freundl. Hinweis von H.-A. von Roten.)

Abb. 185 und 186. Ulrichen. Platine, 1824, im Haus Nr. 24, H. 112 cm. Text S. 41 und 234. – Reihenscheune bei Koord. 105/190. – Text siehe unten.

[lesiae] . IOAN[nes] . D[e] . RIEDMAT[ten] . MAIOR . DESENI GOM[esiae] . AN[n]O 1665». Über einem Stubenfensterpfosten eingeritzt hausähnliches Zeichen zwischen der Jahreszahl 16 66. Darin die Initialen «CG/A», im «Giebel» die Initiale «A». Unter der Verkleidung des innern Stubentürrahmens soll das bischöfliche Wappen verborgen sein.

NUTZBAUTEN

Wenn sich die Nutzbauten auch am südöstlichen und nordöstlichen *Dorfrand* zu eigentlichen Quartieren vereinigen – sie bestimmen die Ostansicht des Dorfes –, so prägen anderseits die über das ganze Dorf verteilten, zum Teil stattlichen *Stadel* und *Heuställe* den Charakter des Dorfinnern wesentlich mit.

Nicht weit von einem winzigen Turmspeicherchen (Koord. 155/140) steht ein gut gezimmerter Stadel aus dem frühen 17. Jahrhundert mit «Vorschutz» auf Konsolen, leider 1924 bis zum Obergeschoß unterbaut (Koord. 125/145). An bedeutsamer Stelle blieb der imposanteste Stadel des Dorfes noch unberührt erhalten (Koord. 180/170). Zu den eigentümlichen *Reihenscheunen* (Koord. 105/190) siehe S. 54.

Das noch sehr gut erhaltene *Backhaus* ist 1726 (Jahreszahl am Dielbaum) erbaut worden[110]. *Ofen.* Zweigeschossig, mit Kehle unter der Deckplatte. Gefaste Kanten. An der Stirn in Medaillon über der Jahreszahl 1907 die Initialen «C[ommunitas] U[lringensis]» unter einem Stern.

ABGEWANDERTER KUNSTGEGENSTAND. *Tod des hl. Franz Xaver* (im Besitz von Dr. H. Wirthner, Münster). 56 × 48 cm. Öl auf Leinwand. Ende 17. Jh.? Der Heilige liegt rechts auf dem Sterbelager. Links oben zwei Cherubine. Schiff auf dem weiten Meer.

---

110 PfA Ulrichen, Nr. 11.

ZUM LOCH

GESCHICHTE. Zum Loch am Eingang des Eginentals besaß eine Suste und eine Zollstätte[1] zur Abfertigung des Verkehrs[2] über Nufenen und Gries. Die Erinnerung an ein mittelalterliches Frauenklösterchen im «Frowmaal»[3], in der Ebene zwischen Kapelle und Rotten, ist noch heute lebendig. Zum Loch teilte die Geschicke mit Ulrichen, mit dem es durch Dorfstatuten (1545) verbunden war[4]. Seit der ersten Hälfte des 19. Jahrhunderts ist es nicht mehr bewohnt; die große Überschwemmung von 1834 soll die letzten Bewohner zum Verlassen der Siedlung bewogen haben[5]. Die 1969 eröffnete Autostraße über den Nufenen bringt wieder Leben ins Eginental, weckt aber nicht mehr die schattige Siedlung Zum Loch.

Quellen. PfA und GdeA von Ulrichen und Münster.
Literatur. AMHERD.

DIE ÜBERRESTE DER SIEDLUNG. Heute stehen in Zum Loch nur mehr reizvoll gruppierte, größtenteils nach Westen orientierte Heuställe und im Osten, etwas abseits, die Kapelle.

KAPELLE HL. ANNA

GESCHICHTE. Um 1465 zerstörte[6] eine Lawine ein nach Westen blickendes Annakapellchen[7] auf einer sanften Erhebung nördlich vom Wege, der dem Talhang entlang führt. Nach abermaliger Zerstörung(?)[8] wurde die Kapelle 1683–1686 in unmittelbarer Nähe, aber links vom Wege, erbaut; die Familie von Riedmatten soll den Boden geschenkt haben[9]. An der Unterseite der Firstpfette die Jahreszahl 1683, an der Schiffsdecke 1685 (1687?). 1728[10] oder 1769[11] wurde die Sakristei angefügt und das Fenster in der linken Chorwange zugemauert, während man die übrigen

Abb. 187. Ulrichen. Zum Loch. Kapelle, 1683–1686, um die Sakristei erweitert 1728 oder 1769. Ansicht von NO. – Text S. 237.

Fensteröffnungen beträchtlich erweiterte. Spätere Renovationen 1862/63[12] und 1910 (Innenrenovation)[13]. Bei der Totalrestaurierung von 1965 durch Horst Bundschuh, Naters, unter Aufsicht von Prof. Dr. Emil Maurer als Experten der Eidg. Denkmalpflege, gestaltete man das vermauerte linke Chorwangenfenster zu einer Nische für eine Marienstatue um; die gemalten Seitenaltäre und die Deckenmalereien im Chor wurden freigelegt.

Beschreibung. *Äußeres* (Abb. 187). Das Chor der Kapelle blickt nach Südosten. Unter zusammenhängender Satteldachhaube stößt an das Schiff ein eingezogenes Rechteckchor mit großer, bis zum Chorabschluß reichender Sakristei an der linken Wange. Dachreitertürmchen mit Spitzhelm über dem Chorbogen. An der Fassade sind die Sparren samt kleinen Aufschieblingen mit zwei Querhölzern auf den eingemauerten Traufpfettenköpfen abgestützt.

Inneres (Abb. 188). Wie die rahmenlose schmale Chorbogenöffnung Schiff und Chor nur wenig verbindet, so heben die verschiedenartigen Deckenlösungen die Räume kräftig voneinander ab. Im Schiff ruht auf hölzernem Sims eine gebrochene Holztonne[14] von 1685 oder 1687; profilgerahmte Tafeln mit schwarz konturierten

1 Amherd, S. 137, und Stebler, S. 11.

2 Auf einem Steinblock an der Talstraße etwa hundert Meter oberhalb Zum Loch ist in rhomboidem Feld die Jahreszahl 1574 mit römischer Eins und arabischen Ziffern eingehauen, wohl in Erinnerung an einen Ausbau der Straße. Darunter Reichsapfel mit nach links hängendem Haken an der Kreuzspitze, was auf ein persönliches Wappenzeichen hinweist. Alte Reste einer Straße fanden sich bei der «Dynhalde» (vgl. Anm. 3) (Furrer-Wick, S. 52/53).

3 Amherd, S. 135. Auch Josias Simmler (vgl. S. 214, Anm. 118) und Joh. Stumpf nennen es (C. Santschi, Stumpf et l'historiographie valaisanne, Vallesia XXIV [1969], S. 182). Eine als «Klosterli» benannte kleine Weide taleinwärts am Eginenbach dürfte eher mit dem Standort der 1445 erwähnten ehemaligen Einsiedelei «i winchilwald» beim «schleiff» übereinstimmen (GdeA Ulrichen, C6). Die mündliche Überlieferung will von einem heidnischen Tempel an der «Dynhalde» (Dihalde = Götterhalde?) im Westen des Eginentaleingangs wissen (Furrer-Wick, S. 52–54).

4 W.Wb., S. 269, und Amherd, S. 135.

5 Auskunft von Emil Imfeld (*1885), Ulrichen, der sich noch an ein großes Doppelhaus östlich von der Kapelle erinnert (sichtbar auf der Ansicht von N in Stebler, S. 41, Fig. 28). Nur mehr linke Haushälfte stehend bei Ch. Biermann, La Vallée de Conches en Valais, Lausanne 1907, S. 96–97, Pl. XIX.

6 Man ahndete das Unglück 1466 in einem Hexenprozeß (PfA Biel, G9). Vgl. P.J. Kämpfen, Hexen und Hexenprozesse im Wallis, Stans 1867, S. 49.

7 Die Fundamente wurden erst um 1911 weggeräumt. Dabei kamen unter den Fundamenten Brandschichten zum Vorschein, was auf eine erste Kapelle in Holz hinweisen dürfte (Augenzeugenbericht von Anton Imfeld [*1885], Ulrichen). Vgl. Amherd, S. 138.

8 Amherd (S. 138) spricht von einem Lawinengang am 9. Juni 1680; es kann aber eine Verwechslung mit der Lawine von 1464 vorliegen. 9 Ebenda.

10 Da Amherd (S. 139) in diesem Zusammenhang die irrige Meinung vertritt, es sei 1728 an die alte, nun als Chor verwendete Kapelle ein neues Schiff angebaut worden, ist seine Auskunft über eine Renovation im Jahre 1728 überhaupt als unsicher zu betrachten. Chor und Schiff stehen indessen nicht in Mauerverband. 11 Ehemals über dem Portal (Amherd, S. 139).

12 Die Jahreszahl 1862 stand ehemals unter den Schallöffnungen des Türmchens (PfA Münster, D84, und Amherd, S. 139). Nach Lorenz Burgener ist die Kapelle 1762 erneuert worden (Burgener II, S. 182).

13 Die Kapelle war «inwendig fast vollständig ruiniert» (PfA Ulrichen, Tageb. d. H. H. Pfarrer, und Protokoll A, beide o. Nr. Ferner PfA Ulrichen, Nr. 72).

14 Die Decke ist zwar bescheidener, hat aber eine gewisse Ähnlichkeit mit derjenigen im Schiff der Flüeli-Kapelle (Kdm Unterwalden, S. 266, Fig. 128).

Abb. 188. Ulrichen. Zum Loch. Kapelle. Inneres. Hochaltar 1728. Wandgemalte Seitenaltäre 1769?
Text S. 237–239.

Ritzornamenten sind in sechs Längsreihen zu je sechs Feldern aufgereiht. Im Chor
wird der Rechteckraum mittels unterteilter Eckkappen in das Halbrund des gemauerten fünfteiligen Fächergewölbes übergeführt. Die Wände sind nicht gegliedert.

Wandmalereien. Auf den Gewölbekappen des *Chors* stehen neben bewegten, mit
Blumengittern oder Bandwerk gefüllten Kartuschen zwei Szenen aus den apokryphen
Evangelien bzw. aus Marienzyklen des 14. und 15. Jahrhunderts, rechts die Zurück-
weisung von Joachims Opfer durch den Hohenpriester, links die Verkündigung an
Joachim auf dem Felde[15]; an der Stirnkappe zwei Cherubine. Der *Chorbogen* wird
durch eine Verkündigung zusammengefaßt; in rosenumrankter Kartusche links
Maria, rechts der Engel. Auf die schmalen *Schiffsstirnwände* sind Altärchen (Abb. 188)
als fast genaue Pendants hingemalt. Gerade Säulen über Volutenkonsolen rahmen
eine stichbogige Muschelnische. Ein niedriges, von Rocaille gesäumtes Obergeschoß zeigt in einer Rundbogennische ein Monogramm. Beim rechten Altärchen
ist es ein Jesusmonogramm, dasjenige im linken ist nicht mehr zum Vorschein gekommen, wie hier auch der Heilige der Hauptnische und der Titulus in der Kartusche darüber fehlen. Rechts Titulus «s.aluwjsius» über dem gemalten Heiligen.
Vor die gemalte Nische des linken Altärchens wurde 1965 eine Statuette des hl.
Johannes von Nepomuk gestellt (S. 239–241).

15 KÜNSTLE I, S. 322 u. S. 323. Protoevangelium des Jakobus in: Neutestamentliche Apokryphen,
hrsg. von E. HENNECKE, Tübingen 1924², S. 86/87.

Abb. 189 und 190. Ulrichen. Zum Loch. Kapelle. Statue der Immakulata, Mitte 18. Jh.? H. 104 cm. Text S. 240. – Exvoto, 1664 gestiftet von Kaufleuten des Pomat und der Innerschweiz, ehemals im Bildstock beim Ladsteg. – Text S. 240 und 241.

Altar (Abb. 188). Auf der Predella des Retabels: «O HEILIGE ANNA TUON BEI/STEN/ DIE DISEN WEG VIR YBER GEHN/1728». 1799 verbrannten die Franzosen und Soldaten der Helvetik das Standbild der Mutter Anna in der Altarnische[16], worauf man durch einen Urner Bildhauer REGLI[17] die heutige Statuengruppe schnitzen ließ. Vor der Restaurierung von 1965 durch WALTER MUTTER, Naters, standen beidseits der Bekrönung die später hinzugefügten Statuen von einem hl. Bischof (S. 240) und von Johannes von Nepomuk (S. 240). Die Schnecken mit dem hervorsprühenden Akanthus an der Bekrönung sind neu.

Eine Säulenarchitektur mit Segmentgiebelabschluß wird durch Flankenstatuen und eine kompakte Régencebekrönung in eine Dreiecksilhouette eingebettet. In der Altarnische die hl. Anna Selbdritt, links Katharina, rechts Ursula[18], in der kunstvollen Bekrönung Maria mit dem Kind.

Der Altar ist das früheste datierte Gommer Retabel mit starkem Régence-Einfluß. Wenn man die hervorragende Schnitzerei, vor allem der Bekrönung, bei einem Vergleich mit ANTON SIGRISTENS Altären von Zen Hohen Flühen (1732) auch nicht

16 AMHERD, S. 140.

17 Ebenda. Josef? (RITZ, Notizen, S. 101/102.) Josef Maria? (Chronica Vallis Ursariae I, S. 169, PfA Andermatt. Freundl. Hinweis von P. Dr. Eduard Regli O. M. Cap., Olten.) Vielleicht identisch.

18 Die ebenfalls mit zwei Pfeilen als Attribut ausgestattete hl. Christina von Bolsena war in der Gegend kaum bekannt.

dem Gliser Bildhauer zuschreiben darf, so weisen doch zahlreiche Motive auf den Stilkreis der SIGRISTEN (vgl. S. 171, Anm. 40).

SKULPTUREN. *Immakulata* (Abb. 189) (in der Nische der linken Chorwange). H. 104 cm. Arve(?), massiv. Gold- und Silberfassung 1965 von IGNAZ MUTTER, Naters; vorher blau bemalt. Ein in Faltenstil, Draperie und Standmotiv eigentümliches Bildwerk aus der Mitte des 18. Jh.(?). – *Hl. Johannes von Nepomuk* (am linken wandgemalten Seitenaltar). H. 58,5 cm. Arve(?). Frühes 19. Jh. Frühbarockisierender Stil des REGLI (vgl. Anna Selbdritt in der Nische des Hochaltars). Ehemals im Bildstock beim Ladsteg im Eginental (S. 241)[19]. – *Altarkreuz.* H. 66 cm. Arve, polychromiert, ziervergoldet und marmoriert. 2. Viertel(?) 18. Jh. Gommer Kruzifix, 1898–1902 von Frau Katharina Lagger-Imoberdorf geschenkt[20]. Etwas steiferer Korpus. Halbe Rosetten als Balkenenden. Sockel in der Form eines halben Balusters, an der Stirn mit Palmette geschmückt. – GEMÄLDE. *Exvoto* (Abb. 190). 96 × 92 cm. Tempera auf Holz. 1664. Von einheimischem Maler? Maria bildet mit den sie rahmenden Heiligen eine Pyramide. Stehend, von links nach rechts: «S. Wendel», «S. Nicolaus», «S. Anthonius» (der Einsiedler) und «S. Loy», kniend: «S. Franciscus» und «Bruoder Nicolaus». Die Heiligen sind mit Attributen und Tituli versehen. Inschrift auf der Schriftrolle zu Füßen der Muttergottes: «Heilige Maria vns bewar/vor aller seel: vnd Leibs gefar/Ihr Heiligen all thuond vns beystan/Die diser weg für über gan 1664». In den obern Ecken sind unter Schriftbändern je zwei Wappen übereinander angeordnet, von oben nach unten rechts von «H. Anthoni Zur schmiten Aman zuo bummat» und «H. Hans Yörg schälli[21] des Rahts zo vnderwalde/Der Zeit Kirchenvogt zuo Gyswyl», links von «H. Niclaus Götschi des Rahts zuo vnderwalden/alter Kirchenvogt zuo Saxlen» und «H. Lütenampt Anthoni Binoi vnd sin Bruoder Jacob binoi vs dem Eschenthal». Diese Männer sollen, bei einem Überfall im Eginental gerettet, das Exvoto in ihr Kapellchen am Ladsteg (S. 241) gestiftet haben. Das qualitätvolle, straff komponierte Gemälde zeigt ausgeprägt den frühbarocken fließenden Röhrenfaltenstil des 3. Jahrhundertviertels. Der Typ der Muttergottes kehrt, ohne diesen Faltenstil, am Gommer Madonnenstatuen der 2. Hälfte des 17. Jh. wieder. – Zu weiteren, vielleicht aus der Kapelle stammenden Exvotos vgl. S. 224. – *Hl. Josef.* 41 × 33 cm. Öl auf Leinwand. 1. Hälfte 18. Jh. Brustbildnis. 1965 restauriert von WALTER MUTTER, Naters. – «*Immagine di Maria Santissima del Buon Consiglio*» (Beschriftung). 50 × 43 cm. Öl auf Leinwand. 1. Hälfte 18. Jh.(?). 1965 restauriert von WALTER MUTTER, Naters. Freie Kopie nach dem Gnadenbild von Genazzano. – KERZENLEUCHTER. Barock[22]. Ein Paar. H. 31 cm. Gelbguß. Dreikantfuß. Pilz- und Balustermotive am Schaft. – KASEL (zurzeit in der Pfarrkirche von Ulrichen). Schwarz. Ende 17. Jh.[23]? Samt.

GLOCKE. Dm. 35,5 cm. Vier stark gekrümmte Kronenbügel. Über einem Fries mit dünnen Blättchen und Blüten die Umschrift: «S. ANNA ORA PRO NO BIS». An der Flanke Reliefs: Kruzifix, Muttergottes, Rankenbüschel. Unter Schnurstäben die Inschrift: «I: [Andreaskreuz, zur Hälfte kreisförmig gerahmt] : B[ONIFAZ] W[ALPEN] : M[eister?] 1800». Unsorgfältiger Guß.

Entfernte und verschollene[24] *Kunstgegenstände.* STATUE *eines hl. Bischofs.* Ambrosius? (im Pfarrhaus von Ulrichen). H. 78 cm. Arve(?), gehöhlt. Anfang 19. Jh.? 1965 ungeschickt gefaßt[25]. Derb geschnitztes Bildwerk. – Gotischer FLÜGELALTAR[26]. Ehemaliger Altar der Kapelle von Ulrichen? 1879 in der Sakristei der Kapelle Zum Loch als Paramentenschrank verwendet, verkauft 1895[27]. Die dunkel-

---

19 Nach Aussage von Anton Imfeld, Ulrichen (* 1885).   20 Wie Anm. 19.

21 Giovan Scehli stiftete 1667 in der Wallfahrtskirche von Boneige ein Votivbild. (A. KOCHER, Sankt Godehard und die Walser. Rechtsgeschichte und Volkskunde. Dr. Josef Bielander zum 65. Geburtstag, Brig 1968, S. 73.)

22 1687 befahl Bischof Adrian V. von Riedmatten, zwei messingene Kandelaber anzuschaffen (PfA Münster, D 72).

23 Bei der Visitation von 1687 verordnete der Bischof die Anschaffung einer schwarzen Kasel (PfA Münster, D 72).

24 1898 befahl der Bischof, zwei Gemälde, das Herz Jesu und den hl. Franz Xaver darstellend, zu entfernen, da sie schlecht gemalt wären (PfA Ulrichen, Visitationsakt, o. Nr.).

25 Ehemals neben der Bekrönung des Hochaltars.   26 AMHERD, S. 139.

27 Beim Kirchenneubau wurde der «Sakrastei Schrank» für Fr. 105.– verkauft (PfA Ulrichen, Einnahmen und Ausgaben beim II. Kirchenbau von Ulrichen, o. Nr.).

blaue, goldbesternte Schreinnische war bereits leer. An den Flügelaußenseiten waren (wohl in Ge-
mälden) der hl. Ulrich mit dem Fisch und der hl. Antonius Eremita dargestellt, während die innern
Flügelseiten Maria mit dem Jesuskind und die hl. Katharina mit Rad und Palmzweig zeigten. Der
Altar soll reich beschnitzt und vergoldet gewesen sein.

«LADSTEG»-BRÜCKE IM EGINENTAL

(Abb. 191). Am östlichen Felsen eingehauene Jahreszahl 1761. Einst stand bei
der Brücke ein Bildstock des hl. Nikolaus mit Exvoto[28] (Abb. 190), später mit einer
Statue des hl. Johannes von Nepomuk (S. 238).

Bilddokument. «Der Schwiebbogen bei Altenstaffel im Eginenthal, gegen die Alpweide Gstöck u
das Stockhorn d. 2 Juli [18]35». Zeichnung von JOHANN RUDOLF BÜHLMANN (ETHZ, Gr. Slg., Nr. 150)

Die Brücke überquert die Egina im Talgrund, wo unterhalb der Autostraße
Felsen den Bachlauf einschnüren. Der leicht gedrückte Keilsteinbogen setzt im
Westen auf einen vorspringenden Mauerpfeiler, im Osten auf die Böschung auf.
Weil die Brücke hier rechtwinklig gegen die Felswand stößt, schließt sie den Straßen-
bogen über einem trompenartigen Entlastungsbogen mit ein. S-förmige Straßen-
führung. Sanft gewölbte Brückenkrone.

28 Im Gegensatz zu BURGENER nimmt AMHERD an, daß die Stifter des Exvotos auch das Kapellchen errichteten (BURGENER II, S. 185, und AMHERD, S. 142/43).

Abb. 191. Ulrichen. Brücke beim Ladsteg im Eginental, um 1761? – Text siehe oben.

Abb. 192. Geschinen. Luftaufnahme von 1974. – Text S. 244/45.

GESCHINEN

GESCHICHTE. Der vom lateinischen Wort «cascina» (Sennhof oder Käserei) her-
geleitete[1] Name Geschinen scheint auf die erste Besiedlung der Gegend hinzudeuten.
Im 14. Jahrhundert waren einzelne Lehensleute unmittelbar dem Bischof tribut-
pflichtig[2]. Die meisten Rechte übten aber Adelsgeschlechter aus, so vor allem die
Esper von Raron, ferner die von Weingarten, de Compeys und de Platea[3]. 1392
entzog Bischof Wilhelm von Raron zusammen mit den Gemeinden oberhalb von
der Liène dem verräterischen Anton Esper von Raron und den Söhnen des Franz
de Platea von Visp ihre in Geschinen ausgeübten Rechte, um sie dem Helden der
Schlacht von Visp (1388), Simon Murmann ab Wyler, zu übertragen[4]. Murmann

1 G. SALADIN, Namenkundliche Wanderungen durch das Goms, W. Jb. 1947, S. 23. Wegen des
beibehaltenen Anlauts kann der Name erst nach Abschluß der altdeutschen Laut- und Tonverschiebung (7./8. Jh.) von den Alemannen übernommen worden sein. (1374) Geschinun (W. Wb. S. 109).
In den lateinischen Aufzeichnungen der Pfarrbücher wird der den Ortsnamen auf -ingen angeglichene
Ausdruck «Geschinga» verwendet.   2 GREMAUD V, S. 408.

3 Die 1343 erstmals erwähnten Esper besaßen die hohe und niedere Gerichtsbarkeit (GdeA Geschinen, D I und I a; GREMAUD VI, S. 232, 391, 396–397, 419–420). Die de Platea hatten ihre Rechte
von den Esper erlangt (GREMAUD VI, S. 423). Um 1700 wird ein Nessier-Haus in Geschinen «zum
Schloß» genannt (PfA Münster, B I I).   4 GREMAUD VI, S. 389/90.

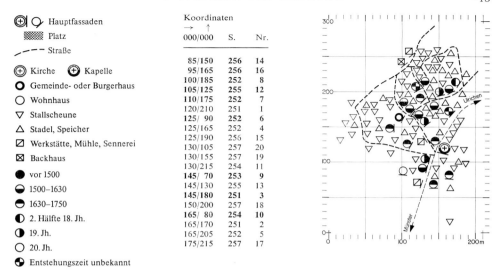

	Koordinaten		
	→ ↑		
	000/000	S.	Nr.
	85/150	256	14
	95/165	256	16
	100/185	252	8
	105/125	**255**	**12**
	110/175	252	7
	120/210	251	1
	125/ 90	**252**	**6**
	125/165	252	4
	125/190	256	15
	130/105	257	20
	130/155	257	19
	130/215	254	11
	145/ 70	**253**	**9**
	145/130	255	13
	145/180	**251**	**3**
	150/200	257	18
	165/ 80	**254**	**10**
	165/170	251	2
	165/205	252	5
	175/215	257	17

Legend:
- ⊕ ⊖ Hauptfassaden
- ▨ Platz
- ⌇- - Straße
- ⊕ Kirche ⊕ Kapelle
- ⬤ Gemeinde- oder Burgerhaus
- ○ Wohnhaus
- ▽ Stallscheune
- △ Stadel, Speicher
- ☑ Werkstätte, Mühle, Sennerei
- ⊠ Backhaus
- ● vor 1500
- ◓ 1500–1630
- ◑ 1630–1750
- ◐ 2. Hälfte 18. Jh.
- ◔ 19. Jh.
- ○ 20. Jh.
- ✚ Entstehungszeit unbekannt

Abb. 193. Geschinen. Siedlungsplan (vgl. «Wegleitung»). – Text S. 244/45.

verkaufte sie noch im selben Jahr der Dorfschaft[5]. Im letzten Viertel des 14. Jahrhunderts veräußerten alle obengenannten Adelshäuser ihre Rechte an die Dorfschaft oder an einzelne Bürger[6]. Erste bekannte Dorfstatuten 1543[7]. Da das Dorf von größeren Naturkatastrophen nur wenig heimgesucht wurde, kamen die Bewohner zu Wohlstand, wovon noch stattliche Häuser und Stadel zeugen; diese Umstände erlaubten es Geschinen auch, zahlreiche kulturbewußte Persönlichkeiten hervorzubringen[8].

Kirchlich blieb das nahe Geschinen bei der Mutterkirche von Münster, 1893/94 bis 1947 als Rektorat, dessen Besetzung sich der Bischof vorbehielt[9]. 1879 wurden die Primizen, zwei jährlich von jeder Haushaltung an den Pfarrer und Sigristen von Münster zu entrichtende Garben Korn, losgekauft[10].

Quellen und Literatur. GdeA und PfA von Geschinen und Münster. – W.Wb., S. 109.

Bilddokumente[11]. 1. Dorfansicht von O; «Village de Geschinen. Haut Valais. Ed. Pingret del. Lith. de Mendouze. à Paris chez Décrottan I. St. Séverin, No. 14 et chez Mendouze et Haut-cœur r. St. Pierre No. 10». Gezeichnet wohl 1823[12]. Dieselbe Zeichnung auch lith. von LANGLUMÉ. – 2. Dorf-

---

5 Ebenda, S. 396/97.   6 Vgl. Anm. 3.   7 W.Wb., S. 109.

8 Bischof Hildebrand Jost (†1638)? (vgl. Anm. 56); Chorherr Joseph Weger (1712–1751), Erzieher von Kaiser Joseph II. von Österreich; Sebastian Weger (1759–1832), legendenumwobener Hüne aus dem Freiheitskampf 1798/99; H.H. Peter Josef Kämpfen (1827–1873), Schriftsteller und Historiker; LUDWIG WERLEN (1844–1928), Kunstmaler; H.H. Franz Jost (1874–1938), Dichter.

9 Jos. Kämpfen, Geschinen, besitzt ein Heiligenbildchen, auf dessen Rückseite gedruckt steht: «Andenken an die Stiftung des Rektorates in Geschinen den 31. Januar 1893 und seines ersten Rektors Sr. Hochwürden Johann Jentsch Angetreten den 13. Nov. 1893». Der Stiftungsakt der Pfründe datiert indessen vom 12. Dez. 1893 und der bischöfliche Stiftungsakt sogar erst vom 15. März 1894 (GdeA Geschinen, 1 a u. b).   10 GdeA Geschinen, D 14.

11 Ansicht von W in STEBLER (1903), S. 17, Fig. 9.

12 PINGRET, peintre [Autobiographie], Revue universelle des Arts 15 (1862), S. 34.

ansicht von SO; «Geschenen. Eug. Deshayes lith. Impr. Lemercier, Paris. Publié par GOUPIL & Cie le
1ʳ 8ᵇʳᵉ 1861. Paris–Londres–La Haye.» (ZBZ, Gr. Slg., Mappe Kt. Wallis I, Geschinen) (Abb. 194). –
3. Lagger-Stadel; «Geschenen Oberwallis/Speicher am östlichen Eingang/zum Dorf. 27/Aug. 09
Rahn». Tuschzeichnung (ebenda, Rahnsche Sammlung, Mappe XIX, Bl. 72).

SIEDLUNG (Abb. 192–194). *Anlage und Charakter.* Das geschlossene Haufendorf
schmiegt sich in den Zwickel, den der nördliche Talhang mit der östlichen Flanke
des großen Münstiger Aufschüttungskegels bildet. Der östliche Teil des Dorfes besetzt einen kleinen Biel. Geschinen ist mit seinen stattlichen «Vorschutz»-Häusern
und Stadeln unter die wertvollsten Siedlungen des Goms einzureihen, um so mehr
als es noch wenig störende Eingriffe erfahren mußte. Immer noch blickt dem talaufwärts Kommenden am westlichen Dorfrand eine kleine Gruppe von «Vorschutz»-
Häusern des 16. und vor allem des frühen 17. Jahrhunderts entgegen. Eine ähnliche
Partie findet sich im Herzen des Dorfes in der Senke neben dem Biel. Auf der
Kuppe des Biels ist die vielleicht schönste Gruppe von Nutzbauten des ganzen
Goms vereint (Abb. 203). Stadel sind dort mit ihren vorkragenden Obergeschossen
wie im Gespräch zueinander gekehrt und scheiden sowohl Wegzüge als auch Plätze
aus. Besonders imposante Stadel beherrschen vom Rand des Biels aus das Dorf. Die
heutige Autostraße durchquert das Dorf an seinem Südrand, wo außer den genann-
ten Häusern nur mehr Nutzbauten die Kapelle in den Dorfverband einbeziehen.
Zu den baulichen Eigentümlichkeiten des Dorfes gehört das hölzerne Kammergeschoß unter dem «Vorschutz», öfters mit Fassadenlaube in der ganzen Hausbreite.
Da diese Häuser über dem Wohngeschoß noch ein volles «Loibe»-Geschoß und eine
Giebel-«Loibe» besitzen, wirken sie stattlich.

Siedlungsgeschichtliches[13]. In Geschinen findet sich kein «Heidehüs». Die nunmehr
ältesten Häuser aus dem 15. oder eher 16. Jahrhundert und die aufgestockten Bauten
mit älteren Untergeschossen stehen ausschließlich an den Flanken des Biels. In der
zweiten Hälfte des 16. Jahrhunderts, vor allem aber im frühen 17. Jahrhundert –
als der Geschiner(?) Hildebrand Jost Bischof war – griff die Siedlung weiter aus.

Abb. 194. Geschinen. Dorfansicht von S. Lithographie, 1861, von Eug. Deshayes. – Text S. 244/45.

Abb. 195. Geschinen. Kapelle, 1750, von Jacob Moosbrugger. Glockenstube und Turmlaterne, um 1893, von B. Bottini? – Text S. 246/47.

Es entstanden die bereits genannten Gruppen von stattlichen «Vorschutz»-Häusern, die eine wie ein kühner Ausleger westlich der Kapelle. Ob das Heiligtum zuvor abseits des Dorfes allein gestanden hat, kann nicht mehr ermittelt werden. Die Lithographie von DESHAYES (Abb. 194) zeigt im Süden der Kapelle, wo heute nur mehr Ställe stehen, wuchtige «Vorschutz»-Häuser. Auffallend ist die Siedlungslichtung nördlich der Kapelle, an deren Rand vereinzelte Bauten des 19. Jahrhunderts stehen. Eine 1756 beim «Bürchschpitz» im Westen des Dorfes anbrechende Lawine zerstörte neun Firste, angeblich nur Nutzbauten[14].

KAPELLE HL. SEBASTIAN

GESCHICHTE. Die im Ablaßbrief von 1446 als Oratorium bezeichnete Kapelle war dem Landesheiligen Theodul und den Heiligen Fabian und Sebastian geweiht[15]. Der Erlaubnis Bischof Josts von Silenen 1496, die hl. Messe zu feiern, scheint ein Neubau vorausgegangen zu sein[16]. Seit dem frühen 16. Jahrhundert heißt sie Sebastianskapelle[17]. Renovation um 1729?[18]. 1750 entschied man sich für einen Neubau und berief den in Altdorf seßhaften JACOB MOOSBRUGGER aus dem Bre-

13 Beim Ausbau der Autostraße 1939 mußten auf der Strecke Koord. 145/115 bis Koord. 165/150 am nördlichen Straßenrand drei Heuställe weichen.

14 GdeA Geschinen, G 1. Der «Bürchschpitz» liegt westlich vom Dorf.

15 GdeA Geschinen, D 6.

16 «jn villagio de geschinon unam capellam fere constructam et satis competenter decoratam» (GdeA Geschinen, D 8b). Die Bewilligung hatte nur bis zur nächsten Visitation Gültigkeit.

17 Testamente von Ägid Andermatten und Joh. Lagger von Reckingen 1515 (PfA Münster, B 2).

18 Ms des EUGEN WEGER, PfA Münster, o. Nr.

genzer Wald[19]. Im Vertrag sind die Maße des Schiffs, des Chors und der Sakristei festgehalten[20]. An der Straßenseite war ein Turm zu errichten. Man verlangte ein «Cridengewölbe» wie in der Kirche von Reckingen[21] und bemalte Medaillons, «Schilde», eins im Chor und zwei im Schiff. Nach der Ausmalung der Gewölbe durch JOHANN GEORG PFEFFERLE 1752 wurde die Kapelle noch im selben Jahre eingesegnet[22]. Auf die Errichtung des Rektorats (1893/94) hin erfuhr die Kapelle bis 1896[23] zahlreiche Veränderungen. Schreinermeister ANTON IMOBERDORF, Lax, stellte 1893 Orgelempore(?) (S. 249)[24], Kanzel, Beichtstühle und Chorbänke her. 1894 wurde die Sakristei gebaut, 1895 eine Kommunionbank von H. MORGEN-THALER, Brig, aufgerichtet, 1896 der Zementboden gelegt. Um Raum für zwei weitere Glocken zu gewinnen, ersetzte man in diesen Jahren den reizvollen alten Turmabschluß mit dem zwiebelbekrönten Glockengeschoß auf Vierkantpolster (S. 244, Abb. 194) durch das hart vorspringende Glockengeschoß und eine Laterne, ähnlich derjenigen von Obergesteln des Baumeisters BAPTIST BOTTINI (Abb. 159). In der Tat wird 1893 neben Maurermeister PIANZOLA ein POTINI als Unternehmer genannt. 1932 renovierte JULIUS SALZGEBER das Innere samt der Ausstattung[25]. Restaurierung[26] des Äußeren 1965 von HORST BUNDSCHUH, Naters, begonnen. 1975 neue Vorzeichen-Haube.

Baugeschichtliche Probleme. Wiederverwendete Teile des Vorgängerbaus. Das sich in die Sakristei öffnende spätgotische Sakramentshäuschen (Abb. 197) in der Binnenwand zwischen Chor und Sakristei dürfte einen Hinweis auf den Standort des alten Kapellenchors bei der heutigen Sakristei liefern. Es kann die linke Chorwange des Vorgängerbaus in der Kapelle von 1750 als rechte Chorwand fortbestehen. Mit der Wiederverwendung älterer Partien könnte schließlich auch die leichte Abweichung von Chor und Schiffsstirnwand nach Süden zusammenhängen.

BESCHREIBUNG. *Äußeres* (Abb. 195). Die geostete Kapelle steht am Südrand des Dorfes dicht an der Autostraße. Der Übergang vom kurzen ungegliederten Schiff zum nur seitlich eingezogenen, gewalmten Chor verschwindet in der nördlichen Achsel hinter dem vorspringenden Turm, in der südlichen hinter der Sakristei, deren

19 GdeA Geschinen, D9. Der am 29. Sept. 1750 unterzeichnete Vertrag ist in jüngster Zeit verlorengegangen. Die Angaben stützen sich auf Notizen von Dr. ALBERT CARLEN. Vgl. Anm. 22 und Kdm Schwyz II, S. 673.

20 Schiff: 26½ Schuh hoch, 21½ Schuh breit; Chor: 12 Schuh (breit?); Sakristei: 7 Schuh lang, breit laut Platz.

21 Nach einer fragwürdigen Tradition sollen die Kirche von Reckingen und die Kapelle von Geschinen durch denselben Baumeister gebaut worden sein (Chronik von Rektor PETER VON RIED-MATTEN [† 1901], PfA Münster, o. Nr.). Eher könnte Pfarrer Garin Ritz in Münster als früherer Pfarrer von Reckingen die Übernahme einiger Reckinger Motive veranlaßt haben.

22 Chronik von Rektor PETER VON RIEDMATTEN (vgl. Anm. 21). Anderseits könnte die Jahreszahl 1754 auf dem Weihwasserstein auch auf eine längere Bauzeit hindeuten.

23 1896 war noch ein «Maaler Rofina» (ROSINA?) am Werk. Alle Verträge, Rechnungen und Notizen zu den Arbeiten dieser Jahre sind ohne durchgehende Numerierung in einem Ordner des GdeA im Rektoratshaus gesammelt. Größere Reparatur schon 1870 (GdeA Geschinen, G6).

24 Die Granitsäulen schuf ein nicht näher bezeichneter Steinhauer aus Gurin.

25 Butzenscheiben der Firma A. KÜBELE, St. Gallen. 1933 vierzehn Kapellenstühle von ALFRED SCHWICK, Blitzingen. 1945 Sakristeiboden (PfA Münster, D156). Eine Außenrenovation soll 1921 vorgenommen worden sein; die Jahreszahl habe über dem Sturz des Portals gestanden.

26 Über dem Portaldächlein kam ein Fenster zum Vorschein.

Abb. 196 und 197. Geschinen. Kapelle. Altar, 1756, Peter Lagger zuzuweisen. – Sakramentshäuschen, Anfang 16. Jh. – Text S. 248.

Pultdach an Chorwange und Schiff stößt. Das Chor schließt dreiseitig, die Sakristei in der Südostecke spitzwinklig. Das hohe profilierte Traufsims aus Gips nach dem Vorbild der Reckinger Pfarrkirche[27] umfaßt den Turm nicht. Die Stirnfassade des Schiffs wird von einem rechteckigen toskanischen Giltsteinportal unter stützenloser Walmhaube und von einer Giebelnische mit der Statue des Pestheiligen und Kapellenpatrons Sebastian (S. 249) belebt. Der schlanke Turmschaft schließt über dem schweren Würfel der Glockenstube mit italienischer Laterne.

Inneres. Ein nur wenig eingezogener Chorbogen verbindet den Schiffsraum mit dem auffallend weiten Chor. Das zweijochige Schiff wird von einer leicht gedrückten Gipstonne mit großen Schildbögen an den Tonnenflanken überspannt. Im Chor setzt sich die Tonne halbkreisförmig bis zum dreikappigen Gratgewölbe des Chorhaupts fort. Schildbögen und Kappengräte sind durch Profilstäbe rippenartig betont. Das frieslose Gesims wird von kräftigen tuskischen Pilastern gestützt. Die Gewölbe von Schiff und Chor sind mit Deckenmalereien von JOHANN GEORG PFEFFERLE († 1796) geschmückt: in den profilgerahmten querovalen Scheitelmedaillons der Joche von Schiff und Chor von hinten nach vorn Heimsuchung, Geburt und Anbetung der Drei Könige, an den seitlichen Chorschlußkappen, in gemalten Rocaillekartuschen, links der Kindermord, rechts die Flucht nach Ägypten, in den Schildbogenfeldern des Schiffs von hinten nach vorn links die Schlüsselübergabe an Petrus und der Abschied Jesu von Maria, rechts die Taufe Jesu und der Tod des hl. Josef. Signatur in der Kartusche der linken Chorgewölbekappe: «h.g. Pföfferle Jnfendor/ 1752»[28]. Diese neben den Prophetenmedaillons der Münstiger Pfarrkirche (1752)

27 Beide Bauten verwenden gleiche Profile für die Fassadensimse.
28 Freundl. Hinweis von Anton Imsand, Münster.

einzigen signierten Malereien des reifen PFEFFERLE sind bis zur stilistischen Unkenntlichkeit überholt[29].

Sakramentshäuschen (Abb. 197) (S. 246). Giltstein. H. 112,5 cm, B. 73 cm. In der Archivolte, über der originalen Bandeisentüre, (heute) leeres Wappen in Hochrelief; daneben Meisterzeichen (Tab. II, Nr. 4). Bildhauerarbeit eines einheimischen Handwerkers(?) aus dem frühen 16. Jh. Die Architekturrahmung des Sakramentshäuschens sucht die Illusion eines dreifach gestuften mittelalterlichen Gewändeportals zu wecken. Das Krabbenwerk, vor allem aber die kelchartig angeordneten Blüten der Bekrönung, wirken indessen nicht mehr gotisch. Das roh gehauene Sakramentshäuschen hat mit den übrigen erhaltenen Wandtabernakeln des Goms nichts gemein.

Altar (Abb. 196)[30]. Auf der Predellenkartusche des heutigen Altars steht die Inschrift «IstUD opVs/FaMILIa Weger sCVLpI/BVrgesIa Vero aVrarI/VoVebant», deren Chronostikon die Jahreszahl 1756[31] ergibt. Stilistische Eigentümlichkeiten legen eine Zuschreibung an PETER LAGGER, Reckingen, nahe. Der heutige Tabernakel der Firma PAYER UND WIPPLINGER, Einsiedeln, steht seit 1932, da JULIUS SALZGEBER den Altar restaurierte, an der Stelle eines größeren historistischen, der das Altarbild störend überdeckte[32].

Beide Geschosse des einachsigen bekrönten Altars sind gleich aufgebaut: das Altarblatt tritt zwischen zwei nach außen gestaffelten Säulenpaaren schachtartig zurück. Die korinthischen Säulen sind auffallend stark gebaucht. Flankenstatuen links, von oben nach unten: die Heiligen Theodul, Katharina und Petrus, rechts: Aloysius von Gonzaga, Barbara und Paulus. Das Hauptgemälde zeigt das Martyrium des hl. Sebastian in figurenreicher Szene, das Oberblatt Maria Hilf nach dem Passauer Gnadenbild. Wenig überholte Originalfassung(?): Kaseintempera-Marmorierung, die Säulen graubeige in magerer Ölfarbe, die Statuen in Polimentgold und Silber, mit Goldfirnis-Schellack überzogen. Leichte Régence-Einflüsse in der Ornamentik. Auf PETER LAGGER weisen vor allem die Säulen, deren Windungen vom Reblaub wie vergittert erscheinen, und der schlaff elegante Fluß der Akanthusbärte. Anklänge an den Figurenstil des Antoniusaltars in Münster[33].

Antependium. Die durch Borten gegliederte holzbemalte Füllung zeigt in einem mittleren Ziermedaillon, zwischen groteskenartigen Phantasieblütenvasen, die

---

29 Zuletzt 1932 durch JULIUS SALZGEBER, Raron.

30 Altar seit dem Ende des 15. Jh. (S. 245).

31 W = V V. 1755 testamentarische Zuwendung des Christian Werlen an die Fassung (GdeA Münster, H413. Freundl. Hinweis von Br. St. Noti.)

32 GdeA Geschinen, o. Nr. Der historistische Tabernakel aus dem Ende des 19. Jh. wird im Rektoratshaus noch aufbewahrt. Vielleicht ist auch der barocke Tabernakel noch erhalten. In der obern Sakristei von Münster wird ein Tabernakel aufbewahrt, der lange Zeit in der Katharinenkapelle von Wiler bei Geschinen als Podium für die gotische Pietà diente. H. 64 cm. Holz, marmoriert. Halbrund mit vergoldeten Appliken und zwei Rocaillekartuschen. In der einen Kartusche Inschrift: «17. I.I.P. 73», worunter nach Ansicht von Br. St. Noti JOHANN JOSEPH PFEFFERLE (* 1756) gemeint sein dürfte, in der andern geteiltes Wappen mit gekröntem Adler im oberen und einem Hundekopf über Dreiberg zwischen Halbmonden im unteren Feld. Das Wappen ähnelt demjenigen der Untergommer Familie Wellig (W. Wb., Tf. 5).

33 LAGGERS Beziehungen zu PETER AMHERD sind erwiesen. PETER LAGGER wählte 1745 PETER AMHERD zum Paten für sein erstes Kind Johannes (PfA Reckingen, Nr. 1).

Abb. 198 und 199. Geschinen. Kruzifix, 2. Hälfte 17. Jh., aus der Kapelle von Geschinen, H. 58,5 cm. Text S. 251. – Obergesteln. Pfarrhaus. Kruzifix, letztes Viertel 17. Jh., Johann Ritz zugeschrieben, H. 38 cm. – Text S. 211.

Szene, wie die fromme Witwe die Pfeile aus dem Körper des hl. Sebastian zieht. In der Kartusche darüber: «Posuit me Qausi/signum ad sagitam/Thr. 3»[34].

ORGELEMPORE (S. 246). 1893 von Schreinermeister ANTON IMOBERDORF, Lax, erneuert oder eher in Neurokoko neu geschaffen. Die auf dem toskanischen Granitsäulenpaar stichbogig vorkragende Mittelachse der Brüstung deutet auf das 19. Jahrhundert. An der Brüstung, zwischen kannelierten Pilastern, leere randbemalte Zierfüllungen mit Drillingsbogenabschlüssen. – KANZEL (S. 246). 1893 von ANTON IMOBERDORF errichtet, der die Evangelistenreliefs von einer Firma für religiöse Kunst bezogen haben wird. 1932 verkleinert[35] und von JULIUS SALZGEBER neu gefaßt[36]. Orgelempore und Kanzel wandeln die herkömmlichen Schemata nur wenig ab. – ORGEL mit sechs klingenden Registern, 1893 von CONRAD CARLEN und J. ABBEY in Glis gebaut[37], 1936 von HENRI CARLEN repariert. Historischer Prospekt. – CHORBOGENKRUZIFIX. H. 107 cm. Holz, überfaßt. Lendentuch sowie Appliken vergoldet und versilbert. Mitte 18. Jh. Korpus vom I. Reckinger Hauskruzifixtyp (S. 46). Aus der Werkstatt des PETER LAGGER? Rankenbekrönte Muscheln als Balkenenden. Am Fuße Rocaille-Kartusche mit der Inschrift: «ES Ist/Vollbracht». – HL. SEBASTIAN in der Fassadennische. H. (inkl. Sockel) 104,5 cm. Linde, vollplastisch, aber flach, mit dem Sockel aus demselben Holzstück geschnitzt. Beschädigte Originalfassung, 1965 durch WALTER MUTTER, Naters, freigelegt. 2. Viertel(?) 17. Jh.[38]. Die manieristisch schlanke Figur ist mit der erhobenen Rechten an den Baumstamm geheftet. Leere Kartusche an der Sockelstirn. Qualitätvolles Bildwerk. – RELIQUIARE (beid-

34 Klagelieder des Jeremias (Thre) 3, Vers 12 (Concordantiarum universae scripturae sacrae Thesaurus, Paris 1939², S. 994). 35 Freundl. Auskunft von Adolf Müller, Geschinen. 36 Vorher war sie nicht oder nur teilweise gefaßt.

37 Vertrag ohne Angabe der Disposition (GdeA Geschinen, o. Nr.). Der Spieltisch wurde vom Vertrag ausgenommen. Nach dem ursprünglichen Fenster in der Fassade zu schließen (Anm. 26), dürfte es sich um die erste Orgel handeln.

38 Nach der Überlieferung trug man die Statue bei der Pest von 1629 zu den Familien des Dorfes. Geschinen soll strengste Quarantäne gehalten haben und verschont geblieben sein. (Freundl. Auskunft von Adolf Müller, Geschinen.)

seits des Orgelprospekts an der Kapellenrückwand). 2 Stücke. H. 93 cm, B. 80 cm. Mit gefasten Ecken. Holz, geschnitzt, vergoldet und polychromiert. 3. Viertel(?) 18. Jh. Im Rankenwerk öffnen sich verschiedenförmige Reliquienfenster. – KREUZWEG. 1885 von der «Kunstmalerei von Gebr. K. & N. Benziger Einsiedeln»[39], 1932 von JULIUS SALZGEBER restauriert.

KIRCHENSCHATZ. KELCHE[40]. 1. Silber, vergoldet, gegossen. H. 22,5 cm. 1755–1757. Rokoko. Beschau Augsburg (mit Buchstaben M). Meistermarke des JOHANN GEORG JASER (SCHRÖDER, Nr. 42) (Tab. I, Nr. 4). Mit Kielbögen zierkonturierter Fuß, über einer Fase kräftig eingeschnürt. Drei nach oben sich verjüngende Stege. Schwerer Rocailleschmuck am Fuß und am geschlossenen Korb. – 2. Silber, gegossen. H. 22,5 cm. Nach 1837. Qualitätszeichen von Frankreich (BEUQUE I, Nr. 187) und Sonne zwischen den Buchstaben F in kleiner Raute. Gestufter Sechspaßfuß. In den Pässen sowie zwischen den großen Lanzetten eines Blattkranzes an der Kupa das Ziermotiv hängender Zapfen. – 3. Silber, vergoldet, gegossen. H. 22,7 cm. Historistisch. Nach 1865. Qualitätszeichen von Österreich-Ungarn ähnlich BEUQUE I, Nr. 191, jedoch mit den Buchstaben Alpha und Omega(?), und «RS» in kleinem Rechteck. Gestufter Sechspaßfuß. Symmetrische Blütenmotive und Rosetten an Fuß und Korb. Palmettenbekränzter fester Korb mit vier stehenden Pässen. – 4. Kelch von Prof. Franz Jost. Silber, vergoldet, gegossen und gehämmert. H. 20,5 cm. 1. Viertel 20. Jh. An der Fußunterseite: «PAX/CLERVAUX» (aus dem Atelier ST-MAURICE DE CLERVAUX). In einem Dreipaß am runden Fuß die Reliefs von Geburt, Abendmahl und Kreuzigung. Durchbrochener Knauf mit Tetramorph. An der Kupa eingraviert die Brustbildnisse von J. B. Vianney, Aloysius von Gonzaga und Franz Xaver. – KERZENLEUCHTER. 1. Paar. H. 32,5 cm. Gelbguß. Ende 17. Jh.[41]? Profilierter Dreikantfuß. Am Schaft Baluster- und Vasenmotive. – 2. Paar. H. 47 cm. Gelbguß. 18. Jh.? Profilierter Dreikantfuß. Am Schaft pilzförmiges Vasen- und gestrecktes Balustermotiv. – KASELN. 1. Rot. Letztes Viertel 18. Jh. Grober Satin-Damast. Breite Vertikalstreifen mit schummerigen Rautenmotiven. Stab aus blauem Satin, mit bunten Phantasieblüten in Seide bestickt. – 2. Gelb. Mitte 19. Jh. Auf waagrecht geripptem Grund mit aufgehefteten Goldstreifen Rosen, Ähren und Trauben in bunter Seide aufgestickt. Silberne Vasen und Lambrequins. – 3. Schwarz. 2. Hälfte 19. Jh. Gepreßter Samt mit Blüten und quirlenden Motiven. Im Stabkreuz Satin, mit Silber bestickt: Posaunenengel, Kreuz mit Grabtuch, Auferstandener und Symbole.

GLOCKEN. Das alte Glockengeschoß gab nur für eine Glocke Raum, die man wohl 1891 ersetzte. Nach der Erweiterung der Glockenstube folgten 1897 zwei weitere Glocken. 1. Dm. 55 cm. Glatte Kronenbügel. Umschrift an der Schulter: «SANCTA MARIA ORA PRO NOBIS V[iktor].W[alpen].G[locken]. G[ießer]. 1891». Unter den Flankenreliefs – Muttergottes, Antonius von Padua und Kruzifix – verläuft unter Schnurstäben ein Rebrankenfries. Auf einem Schildchen am Joch: «PATEN/MAURIZ JOST/ UND/ANTONIA ROVINO/GEB.WALPEN». – 2. Dm. 67 cm. Gleicht Nr. 1. Umschrift an der Schulter: «MARIA DU HELFERIN DER CHRISTEN BITT FUR UNS». Flankenreliefs wie Nr. 1. Unter dem Rebrankenfries Inschrift: «PATHEN.ANTON WEGER SOHN ADRIANS.KATHARINA WEGER TOCHTER ADRIANS», in einem Schnurstabbündel am Glockenrand: «VICTOR WALPEN G[locken].G[ießer]. 1897». – 3. Dm. 77 cm.

Abb. 200. Geschinen. Kapelle.
V. Kreuzwegstation, 1745,
von Johann Georg Pfefferle († 1796)(?).
Text S. 251.

Gleicht Nr. 1. Umschrift an der Schulter: «HEILIGSTES HERZ IESV SEI UNS GNAEDIG». Zu den Flanken-reliefs der andern Glocken kommt noch ein Jesusmonogramm hinzu. Unter dem Rebrankenfries, hoch an der Flanke, die Inschrift: «PATHEN ANDREAS MULLER U.SOPHIA MULLER GEB.IOST». Darunter, zwischen gebündelten Schnurstäben, Kopfbildnis Jesu in Relief und am Glockensaum die Inschrift: «VICTOR WALPEN [Meisterzeichen] GLOCKENGIESSER 1897».

Entfernte Kunstgegenstände. KORPUS VON EINEM KRUZIFIX (Abb. 198) (zurzeit bei H.H. An-dreas Werlen, Geschinen). H. 58,5 cm (Unterschenkel fehlen zur Hälfte), Spannweite der Arme 68,5 cm. Arve, mit Tempera polychromiert, Lendentuch vergoldet. Originalfassung. 2. Hälfte 17.Jh. Der manieristisch überlängte, brettartige Korpus mit den dünnen Extremitäten zeigt zahl-reiche Stileigentümlichkeiten der RITZ-Kruzifixe (S. 46). – GEMÄLDE (zurzeit im Rektoratshaus). Zwei als Pendants[42] geschaffene qualitätvolle Bilder aus dem 2. Viertel des 18.Jh. Öl auf Leinwand. 1. *Hl. Stephanus.* 128 × 81 cm. Der Heilige kniet mit ausgebreiteten Armen groß im Vordergrund. Putten und ein Engelchen bringen Monstranz, Krone und Palme. Im Mittelgrund, vor Stadtpro-spekten, klein links der Heilige inmitten von Zuhörern, rechts die Steinigung. – 2. *Rosenkranzgemälde.* 126 × 81,5 cm. Über Armen Seelen, die man durch einen vergitterten Stichbogen hindurch gewahr wird, kniet links der hl. Dominikus, rechts Katharina von Siena vor der Muttergottes. Dominikus betrachtet eine Medaille in seinen Händen. – *Maria vom Guten Rat* nach dem Gnadenbild von Genaz-zano. 65,5 × 48 cm. Öl auf Leinwand. Mitte(?) 18.Jh. Beschädigt. Von mittelmäßiger Qualität. – *Kreuzweg* (Abb. 200). 53 × 65,5 cm. Öl auf Leinwand. 1745, datiert auf der Rückseite einer Bekrö-nung. Von JOHANN GEORG PFEFFERLE? Malerei in hellen Farbtönen. Die marionettenhaft gestiku-lierenden Figuren mit den allzu großen Köpfen zeigen auch in ihren Antlitzen theatralisch gesteigerte Expressivität. Eigenwilligster Kreuzweg des Goms. Es dürfte sich um die frühesten und einzigen be-kannten nicht überholten Malereien des Geschiner Malers handeln (vgl. S. 70 und 247/48).

BILDSTOCK DES HL. JOHANNES VON NEPOMUK

Oberhalb des Dorfes, am Weg zur «Ritti», steht ein einfacher Bildstock des hl. Johannes von Nepomuk. Obwohl 1899 die Lawine «ob der Gasse auf dem großen Stein das Kapeli» weggerissen hatte, baute man es im selben Jahr dort wieder auf. Erst 1931, bei der Anlage des neuen Weges, versetzte man es tiefer an den heutigen Standort. Das Gebetshäuschen birgt eine qualitätvolle Statue des Heiligen aus der Mitte des 18. Jahrhunderts. H. 60 cm. Holz. Spätere Fassung. 1885 repariert[43]. Das von abstrakter Symmetrie beherrschte edle Antlitz der Figur weist auf PETER LAGGER, Reckingen.

WOHNHÄUSER

1. «Chleis Wägerhüs uf dr Leische». Koord. 120/210. Kat.-Nr. 145. Hedwig Imsand-Werlen. Ent-stehungszeit unbekannt. 15./16.Jh. Glatter Kammfries. ⌐—⌐ (mit Ka). 1½. C.

2. Koord. 165/170. Kat.-Nr. 98/806. Ludwig Kämpfen. Entstehungszeit unbekannt. 15./16.Jh. ⌐—⌐. 1½. G. Innentreppe ins «Loibe»-Geschoß noch erhalten. *Ofen.* Zweigeschossig, mit Kehlsims. An der Stirn: «A[nton].K[ämpfen]M[arina].K[ämpfen] 1895».

3. Koord. 145/180. Kat.-Nr. 113. Alfred und Franz Werlen. Erbaut 2. Hälfte 16.Jh. Rillenfries. Stattliches Haus an der südlichen Flanke des Biels. Über der hölzernen Kammer «Vorschutz» auf

---

39 Auf der Rückseite der 1. Station.

40 Ein 1702 erworbener Kelch ist nicht mehr vorhanden (VON ROTEN, Chronik, 1951, S. 34).

41 Im Visitationsakt 1687 gefordert (PfA Münster, D 72).

42 Ehemals an den Schiffsstirnwänden oder – vor dem Bau der Empore – an der Kapellenrück-wand?   43 Von unkundiger Hand (GdeA Geschinen, G 3).

stab- und wappengeschmückten Konsolen. Stichbogige Rillenfasen am Fußbalken. ⌐——⌐. Ka. 2¹/₂.
D und C. Treppe zum «Loibe»-Geschoß im Stubji(!). Eine Dielbauminschrift soll gelautet haben:
«Gebaut von Peter Maria Werlen und Maria Barbara Marner von Ulrichen. 1776 (Datum eines
Umbaus)». *Öfen.* 1. Zweigeschossig, mit Kehlsims. Um 1870. Entfernte Initialen: «P[eter]W[erlen]
M[aria]M[üller]». 2. Wertvoller Würfelofen mit Karnies und Hohlkehle. An der Stirn Wappen-
zeichen [Herz in Rechteck] und Initialen «IPW/MBIM/ 1768», an der Wange: «S[e]B[astian] W[erlen]/
T[heresia] K[ämpfen]/ 1889». – 3. Stubji-Ofen mit Karniessims, gleich beschriftet wie Stubenofen
Nr. 2.

4. Koord. 125/165. Kat.-Nr. 111. Josef Kämpfen. Erbaut 16./frühes 17. Jh. Glatter Kamm- und Rillenfries. ⌐——⌐. Ka. 2¹/₂. F. Balkenkopfkamin. Ehemals großer «Härdstock». Im Kammergeschoß zum
Teil originale Fensteröffnungen. *Ofen.* Zweigeschossig, mit Karnies. In Wappenfeld: «I[osef] K[ämp-
fen]/ 1841».

5. Koord. 165/205. Kat.-Nr. 116. Josef und Louis Werlen. Erbaut 1596. 1920 aufgestockt mit Zwerchgiebel. Erstes Rektoratshaus? ⌐——⌐. Ka. 2¹/₂ (ehemals 1¹/₂). Ursprünglich wohl C und nach Osten
gerichtet. *Inschrift:* «DIS.EN.BW.HAT.LASEN.MACHE.DER.ERSAM.LERIO.A.VND.KARO.I.IM.IAR.1.5.9.6. [Tart-
sche, im Schildfuß hagähnliches Zeichen, im Schildhaupt Zeichen ähnlich einer umgestürzten Vier]».
Ofen. Zweigeschossig, mit Karnies. An der Wange: «18 [Werlen-Wappen] A[nton] W[erlen] A[nto-
nia] I[mwinkelried] 83», an der Stirn: «Rev/ 1951».

6. Koord. 125/90. Kat.-Nr. 98/901. Rosa Lagger. Erbaut 2. Hälfte 16. Jh. Das
Haus gehört zur charaktervollen Häusergruppe am westlichen Dorfeingang, kehrt
dem von Münster her Kommenden aber im Gegensatz zu den übrigen Bauten die
Traufseite zu. Über hölzernem Kammergeschoß «Vorschutz» auf stab- und wap-
pengeschmückten Konsolen. Stichbogige Rillenfasen am Fußbalken. ⌐——⌐. Ka. 1¹/₂.
F. Gut erhaltene Kammergeschoß-Fassade mit originalen Fensteröffnungen.

Ofen. Zweigeschossig, mit Karnies. 1. Hälfte 18. Jh.(?), 1948 verkleinert. An der Stirn: «J[ohann].
L[agger]/ R[osa]. K[ämpfen]», an der Wange die Jahreszahl 1948. An der Kammerfassade hängt
ein qualitätvolles *Kruzifix* der Dorfschaft aus der Mitte des 17. Jahrhunderts, das gleich dem (heutigen
wertlosen) Kruzifix am «Kreuzstadel» am gegenüberliegenden Dorfende den Eingang zum Dorf bewacht. H. etwa 65 cm. Holz, überfaßt. Renoviert von LEOPOLD JERJEN, Reckingen (* 1907). Manieristisch überlängter Korpus mit edlem Haupt und schlaff herabhängendem Lendentuchzipfel.

7. Koord. 110/175. Kat.-Nr. 156. Kinder Franz Kämpfen. Erbaut 16./frühes 17. Jh.
1687 (Jahreszahl am Giebel) aufgestockt über «Vorschutz» auf Roßkopfkonsolen
bei Änderung der Firstrichtung von W nach S. Das Haus beherrscht die charaktervolle Häusergruppe am Fuß des Biels (S. 244), weil seine Fassade die Gasse abschließt und den Weg zum Abbiegen zwingt. Rillenfriese am 1. Stockwerk, konsolenartige Würfelfriese unter Wolfszahn an den oberen Geschossen. Früher ⌐——⌐.
2¹/₂. Ehemals G(?) und F. *Inschriften.* Die Dielbauminschrift des 2. Stockwerks soll
als Erbauer geistliche Brüder Nessier genannt haben. 2. Stockwerk, Stubji: «WIE
GOT WIL VO GOT WIL WAN GOT WIL ALSO IST MEIN ZIL».

Öfen. 1. Stattlicher Würfelofen mit Karnies. An der Stirn in Wappenfeld: «C S[Z?] i/ AM*W/
1741», an der Wange: «A[drian].K[ämpfen] D[omitilla] K[ämpfen]/ 1889». – 2. Zweigeschossig,
mit schwerem Kehlsims. An der Stirn: «1 A.K/8/9 D.K 6». – *Hauskruzifix.* H. (Korpus) 25 cm. Holz,
überfaßt. Mitte 18. Jh. Gut gestalteter Korpus in der Art der LAGGER-Kruzifixe (Tf. I), als Sockel
jedoch halbrunder Kern, von Rollwerkspiralen gerahmt. – *Porträt* des Melchior Kämpfen, Präsident
von Geschinen (* 1784), gemalt 1852 von LORENZ JUSTIN RITZ[44]. 30,8 × 22 cm. Öl auf Leinwand.
Brustbildnis. – *Uhrwerkrahmen* der Turmuhr von Ulrichen (S. 227).

8. Koord. 100/185. Kat.-Nr. 153. Kinder Joseph Müller. Erbaut 1627 (über der
Fensterzone des «Loibe»-Geschosses: MDC XXVII). Dieses stattlichste Haus der

---

44 GATTLEN, Porträtverzeichnis, S. 244.

bedeutenden Häusergruppe am Fuß des Biels (S. 244) verbirgt sich hinter Haus
Nr. 7, wo es einsam Nutzbauten gegenübersteht. Das Gebäude weist die für das
Renaissancehaus jener Jahrzehnte typischen breiten Proportionen auf. Der kräftige
«Vorschutz» auf Roßkopfkonsolen über dem hölzernen Kammergeschoß wird
unter der Fensterzone des ersten Stockwerks von einem balkenbreiten Vorsprung
wiederholt. Kielbogenfriese in versenktem Relief am «Vorschutz»-Balken. Kräftige
Rillenfriese. Charakteristisch für eine Gruppe von Geschiner Bauten jener Epoche
ist der Fassadenbalkon der Kammerzone (vgl. Haus Nr. 9 und 10). Mit dem Längs-
gang im Vorderhaus des Kellergeschosses, der sich im Hinterhaus zu einem innern
Treppenhaus weitet, gehört das Haus ferner zu einem seltenen Typ des «besseren»
Gommer Wohnhauses des 16. oder eher 17. Jahrhunderts. Ein seitlich und nach hinten weit ausladender «Härdstock» an der linken Ecke des Hinterhauses ist entfernt
worden[45]. ⌐—⌐. Ka. 2½. G. *Inschrift*. 1. Stockwerk: «[Jesusmonogramm] MARIA
DAS.HVS.HAT.LAN MACHEN: CHRISTSEN.NESIER MARIA.BORTER SIN.EFROW.HANSCHRISTEN.
PETER.NESIER. JM.JAR 1627».

Öfen. 1. Zweigeschossig, mit Kehlsims. An der Wange Wappenzeichen der Familien Jost und Müller
in geviertem Lorbeermedaillon, die Initialen «A[ndreas] M[üller]/ S[ophia] I[ost]» und die Jahreszahl 1886. – 2. Eingeschossig, mit Kehlsims. An der Wange «C[hristian?]. N[essier?]/ A.I(?)» und
die Jahreszahl 167[?]. *Verschollener Kunstgegenstand. Porträt* des Stephan Müller (1798–1860), Pfarrer
in Mörel, von LORENZ JUSTIN RITZ wohl aus dem Jahre 1828[46]. Verkauft.

9. (Abb. 25). Koord. 145/70. Kat.-Nr. 66. Wwe. Josef Werlen. Erbaut 1. Hälfte
17.Jh. Geburtshaus des Kunstmalers LUDWIG WERLEN (1884–1928). Das prachtvolle «Vorschutz»-Haus empfängt den von Münster her Kommenden am westlichen Dorfeingang mit der für das Renaissancehaus jener Jahrzehnte typischen
breiten Fassade. Stab- und wappengeschmückte «Vorschutz»-Konsolen mit Roßköpfen. Faszierte Kielbögen am Fußbalken über dem «Vorschutz». Rillenfriese.
Balkenkopfkamin. Fassadenbalkon am Kammergeschoß wie Haus Nr. 8 und 10.
⌐—⌐. Ka. 2½. F.

Öfen. 1. Zweigeschossig, mit Kehlsims. An der Stirn «W[erlen] J[osef]/B[acher] M[athilde]», an
der Wange die Jahreszahl 1948. – 2. Zweigeschossig, mit Kehlsims. An der Stirn in Medaillon: «L[ud-
wig] W[erlen]/ K[atharina] J[ost]/ 1887» (war ehemals Stubji-Ofen im 1. Stockwerk). – *Abgewanderte Möbelstücke* (im Besitz von Walter Imhof-Werlen, Brig). *Wandbüfett.* Nußbaum mit Einlegearbeit.
Der Aufsatz gestützt auf Baluster aus der 2. Hälfte des 19.Jh. Geschuppte Pilaster rahmen die beiden
Türachsen. In den Türen geohrte Giebelfüllungen mit eingelegten Rauten aus Nußbaumwurzel-
furnier. Oben an den Aufsatztürchen gekerbt in eingelegtem Feld: «R[everendus].D[ominus].C[hri-
stian].I[m].S[and] 1738» (1708–1768). An der Kredenznischenrückwand bekrönte Wappen in gekreuzten Blattwedeln, darin links Kelch, rechts Traube und Ähre. Verkröpftes Gebälk. – *Truhen.*
1. Arve. Dreiachsig. Zwischen breiten kannelierten Pilastern Rundbogennischen, dicht gefüllt mit geschnitzten Blumen in einer Vase. Auf der Blumenvase der Mittelnische Wappen mit dem Dreiberg
und der Jahreszahl 1697 unter einem Hauszeichen [Giebelstumpf]. – 2. Arve. Eingelassene Nelken-
Schuppenpilaster scheiden drei Achsen mit profilgerahmten Oktogonfüllungen, in deren Mitte Wappenfelder eingelegt sind. In den Wappenfeldern links die Zahl 17 über Sechsstrahlenstern, in der
Mitte dornengekröntes Herz unter Sechsstrahlenstern, umrahmt von den Initialen «I B/G», rechts
52 über Sechsstrahlenstern. – 3. Nußbaum. Einlegearbeit. Zweiachsig. In eingelegten Rechteckrähm-

---

45 Grundriß und Datum in HUNZIKER, S. 181–183, dürften sich auf dieses Haus beziehen, weshalb
die Jahreszahl als 1627 zu lesen sein wird.

46 GATTLEN, Porträtverzeichnis, S. 230. Nach der Beschreibung der Geschwister Müller handelt
es sich um dieses Gemälde und nicht um das auf S. 242 des Verzeichnisses aufgeführte.

Abb. 201. Geschinen.
Haus Nr. 13. Doppelporträt,
1764, darstellend den Chorherrn
Franz Joseph Weger als Er-
zieher neben dem späteren
Kaiser Joseph II. von Österreich.
Text S. 255/56.

chen mit abgetrennten Ecken links wappenartige Kartusche mit Herz und Kelch zwischen sechsstrahligen Sternen, umrahmt von den Initialen «R[everendus]D[ominus]/A[lois]W[erlen]/P[rior]
I[n]L[ötschen]»[47], rechts Blütenstrauß. Fein dekoriertes Möbelstück. – *Friesleiste*, eingebaut in Liegebett aus der 2. Hälfte des 19. Jh. Arve(?), gebeizt. In der Mitte des geschnitzten Rankenfrieses quer-
ovale Kartusche mit den Initialen «A.R[everendo].D[omino]/I[oanne].G[eorgio].G[arino].R[itz]./
S[anctae].T[heologiae].D[octore]» (S. 118).

10. Koord. 165/80. Kat.-Nr. 69. Ludwig und Sebastian Werlen. Erbaut 1631? Das
etwas in den Hintergrund tretende Haus bildet zusammen mit Nr. 6, vor allem
aber mit dem ihm ähnlichen Wohnhaus Nr. 9, die eindrückliche Häusergruppe
am westlichen Dorfeingang. Hier wohnte die aus Imst in Tirol stammende Geschiner Malerfamilie PFEFFERLE[48]. Im «Härdstock» an der linken Hinterhausecke,
der in einem Gewölbe endet und ehemals mit eigenem Giebel überdacht war, soll
eine Färberei eingerichtet gewesen sein. Fassade wie Nr. 9. An einer «Vorschutz»-
Konsole leeres Wappen über Hauszeichen der Werlen [vier kreuzweise angeordnete
Kugeln], an der Firstkonsole Wappen mit gleichem Hauszeichen. ⌐—⌐. Ka. 2^1/$_2$. F.
Raumdisposition quer zum First nach S gerichtet. *Inschrift.* Auf dem verkleideten
Dielbaum des 1. Stockwerks soll stehen: «1666 im April», auf jenem des 2. Stock-
werks soll gestanden haben: «1631».

Öfen. 1. Zweigeschossig, mit schwerem Karnies. 19. Jh. Von einem Ofner namens EGGEL. – 2. Zweigeschossiger Stubji-Ofen mit Kehlsims. 19. Jh. – 3. Zweigeschossig, mit Karniessims aus dem 1929
abgerissenen Kämpfenhaus auf dem Biel. An Stelle der alten Wappeninschrift Wappenzeichen der
Familie Werlen und «G. W[erlen] 1929».

11. Koord. 130/215. Kat.-Nr. 127. Geschw. Theophil Blatter. Erbaut Mitte 17. Jh. Konsölchenfries
unter Leiste. Küchenanbau 1934/35. ⌐—⌐. Ka. 1^1/$_2$. F. *Inschrift.* 2. Stockwerk (wahrscheinlich Spolie)[49]:
«1617 IHS DAS HAVS HAT LASSEN MACHEN DER ERBAR HANS IERGIGEN VND SEIN HAVSFRAW.MARIA WERLIN».
Ofen. Zweigeschossig, mit Kehle und Rundstab am Sims. An der Stirn in Zierfeld rund um Medaillon
mit Jesusmonogramm: «L[eutnant?]. A[drian] W[eger]/ M[arina] W[erlen]/ 18 68». – *Nähtischchen.*
2. Hälfte 19. Jh. aus dem Haus Nr. 13 (S. 256).

---

47 † 1808. Prior in Lötschen 1805–1808 (SCHMID, LAUBER, Verzeichnis, 1934, S. 416).
48 JOH. GEORG PFEFFERLE († 1796); JOH. JOSEPH (1756–1838).
49 Vgl. Friese und Dekor von Haus Nr. 8.

12. «*Ds groß Wägerhüs*». Koord. 105/125 [50]. Kat.-Nr. 103. Adolf Müller; Leo und Otto Zehner; Geschwister Weger. Erbaut 1664 (Jahreszahl am Giebel und über der Fensterzone der Rückwand), erweitert 1700 und 1770. Hier wohnte «Weger Baschi», der sich zur Zeit der Französischen Revolution durch Körperkraft und Heimatliebe auszeichnete. Das außerordentlich stattliche Haus, das zum Hünen paßte, folgt mit seiner Raumdisposition (H) dem Typ der Gommer Patrizierhäuser. «Vorschutz» an der rechten Traufseite über dem ersten Holzstockwerk sowie an der linken Haushälfte der Rückwand, hier im «Loibe»-Geschoß nur mit Brettern verschlossen. Großer Würfelfries. ⌐⌐. 2½. H mit verbundenem Stubji. In neuerer Zeit zum Doppelhaus umgebaut. *Inschriften.* 1. Stockwerk, östl. Stube: «[Jesusmonogramm]IOH WERL.LOBEND DEN NAMEN DES HEREN AL.I.G. 1664». 2. Stockwerk, westl. Stube (überstrichene gemalte Inschrift seitlich am Dielbaum [51]): «HOC OPVS DEO TER ŌPO MX̃O BENEDICENTE PATER.X̃IANVS WEGER IN GALLIA VALESIA ET GOMESIA MAIOR SVVM FECIT.ÃO MDCC. – ÃO VERO MDCCLXX AVXERVNT BINI ET VLTIMI FILII PETRVS ADRIANVS IN SARDINIA CAPITANEVS ET J̃OES DOMINICVS SAEPIVS GOMESIAE MAIOR». 3. Stockwerk, im Stubji: «DISES HAVS HAT LSEN MACHEN IOHANES WERLEN IM. 1664.». Spolie in Küche und Hausgang: «I.I.M.HANS.W.I.5.8.0 1622[über Hauszeichen] 1627 [über Hauszeichen]».

Öfen. 1. Zweigeschossig, mit Kehlsims und rollwerkverzierter Kantenfase. Weger-Wappen und Jahreszahl 1920. – 2. Zierliches Öfchen von Ofner JOHANN IMSAND, Oberwald, 1938. – 3. Zweigeschossig, mit Kehlsimsplatte und wuchtigem Fußsims. An der Stirn die Initialen «A[lphons].W[eger]. K[atharina].B[acher]» und geviertes Wappen der Familien Werlen [Hauszeichen] und Weger, an der Wange die Jahreszahl 1860. – 4. Zweigeschossig, mit halbem Rundstab und Karnies am Sims. An der Stirn geviertes Wappen mit Wappenzeichen der Weger und drei Schrägbalken. – 5. Zweigeschossig, mit reichprofiliertem Sims. Zwischen den Ziffern 18 und 48 Wappen mit Kreuz auf einem Sockel. Den Fuß des Kreuzes rahmen drei Sechsstrahlensterne. Initialen «B[astian]K[ämpfen]/ T[hekla]T[henen]». – An den *Türen* zum Teil noch reiche Messingbeschläge und verzierte Schlösser.

13. Koord. 145/130. Kat.-Nr. 95. Anton Weger. Erbaut 1666. Zwerchgiebel von 1910. ⌐⌐. 2½. F. Kammer-Kellergeschoß mit Mittelgang in Längsrichtung. *Inschriften.* 1. Stockwerk: «[Jesusmonogramm]DAS.HAVS.HABEN.MACHEN.DER/[Marienmonogramm]EHRWIRDIG.VND.GEISTLICH.HER.THOMAS. WERLEN»; «ITEM.MARTI.VND.MICHEL.WERLEN.DES.HERREN.BRV̈DER/ MIT.FILL.HALT.MAN.HAVS MIT.WENIG. KŌPT.MAN.AVCH.AVS». In der Dielbaummitte Relief (Abb. 202): Cherubine in den Zwickeln halten einen blütenbesetzten Schuppenkranz mit dem Hauszeichen der Familie Werlen und der Inschrift «WER LEN 16 66». 2. Stockwerk: «[Jesusmonogramm]JN.ALLEM.GIB.GOT.DIE.EHER:DEIN.KINDER.IN. ZVCHT.ERNEHR:M.DC.LX.VI/[Marienmonogramm] HAVW AB.DEM BAVM.DEN.BÖSEN.AST:DAS.NIT.DER.HOL-LISCH.RAAPDRAVF.RAST»; «FANGE.DEN.HAAS:BEDENCK.DICH.BASSER./FLICHE.DEN.HAS:SO.BEDARFST.KEIN. MESER». In der Dielbaummitte großes Wappenrelief mit dem Werlen-Hauszeichen und der Umschrift «R[eve]NDVS.D[omi]NVS.THOMAS.MARTI.MICHEL.WERLE», in den Zwickeln des Wappens: «16 66 WER LEN». *Öfen.* 1. Zweigeschossig, mit hohem Kehlsims. Von Ofner Paul Colombo, Fiesch. An der Wange: «19/07». – 2. Zweigeschossig, mit Kehlsims. An der Stirn: «AD[rian] W[eger] M[a] R[ina] I[ost] ANT[on]. W[eger]/ 1886». – *Porträt.* 82 × 67 cm. Öl auf Leinwand. Auf der Rückseite: «Herr Obrist Dominic Weger/ von Münster./ seines alters 71 Jahr/ Gemalt in seinem letzten Lebens=Jahr/Laur. Ritz pinx. 1828». Brustbildnis. Ursprünglicher Rahmen mit eingepreßten Rocaillemotiven. – *Doppel-*

---

50 Abb. in STEBLER (1903), S. 17, Fig. 9.

51 Notizen von ADRIAN GARBELY aus dem Jahre 1943, im Besitz der Familie Anton Weger, Geschinen. Übersetzung: «Dieses Werk hat mit dem Segen des dreimal Besten und Höchsten Vater Christian Weger in Gallien, Wallis und Goms Meier als das Seine gemacht im Jahre 1700.» – Im Jahre 1770 haben es dann die beiden letzten Söhne, Peter Adrian, Hauptmann in Sardinien, und Johann Dominik, oftmals Meier von Goms, vergrößert. – Auch die Deutung der Initialen auf den Öfen stammt von A. GARBELY (ebenda).

porträt (Abb. 201). 68 × 96 cm. Öl auf Leinwand. 1764(?). Brustbildnisse. Beschriftet links der Chorherr «FRANTZ IOSEPH[52]/WEGER EIUS/ INSTRUCTOR», rechts der spätere Kaiser Joseph II. von Österreich als Knabe «GLORIA ROMANI REGNI CONFETUR IOSEPHO SECVNDO» (mit wohl irrtümlichem Chronostikon). – *Nähtischchen* (heute in Haus Nr. 11). Nußbaum. 2. Hälfte 19.Jh. Auf den zwei Schubladenstirnen ineinandergeschachtelte Rechtecke in Einlegearbeit. Profilierte Beine.

14. Koord. 85/150. Kat.-Nr. 177. Geschw. Heinrich Werlen. Erbaut 1675. 1926 aufgestockt mit Quergiebel. Imposantes Haus in der Senke westlich des Biels. «Vorschutz» auf Konsolen über dem hölzernen Kammergeschoß, vorn und an der linken Traufseite. Kielbogen- und Würfelfriese. Originale Fensteröffnungen in der Kammer. ⌐—¹. Ka. 1¹/₂. F. *Inschrift.* «[Mit Schuppenkranz umwundenes Medaillon mit Wappenzeichen der Familie Nessier – auf Dreiberg Dreiblatt unter zwei Sechs-strahlensternen – und Umschrift: ⟨JO ET AN NESIER C & VG⟩] HOC.OPVS FIERI FECERVNT AD:R.R.D.D.FRATRES.IOANNES NESSIER CVRATVS GLISENSIS.VICARIVS FORANEVS DESENI BRIGEN: ETTRIA[...?]SVMPTIBUS ADMODVM R.R.D.D. IOANNIS ET ANTONII NESSIER FRA-TRVM CVRAT: ET VIC: GLISAE/ DIS MORGIEN.ETR.D.ANTONIVS.NESSIER.VICARIVS GLISAE ANNO DOMINI 1674 20 DIE NOVEMBRIS SACRA FIDES ORTV̄ FECIT CŌCEPTIO FINEM ET AVXILIO ALIORVM ERAT: CHRISTIANI PETRI ET IACOBI NESSIER. AO.D. M. DCLXX IIII PAXXH». Rechts am Hinterhaus mit Pultdach angefügte Zukammer, an deren Türsturz: «M.P. 17+45. I.».

15. Koord. 125/190. Kat.-Nr. 144. Adrian Werlen. Erbaut 1689 (Jahreszahl am Giebel). An der linken Traufseite, über dem ersten Holzstockwerk, balkenbreiter «Vorschutz». Würfelfries. ⌐—¹. 1¹/₂. F. *Ofen.* Dreigeschossig. 1961 aus alten Steinen erneuert. An der Stirn die Wappen der Familien Werlen und Kämpfen mit den Initialen «S[ebastian] W[erlen] T[heresia] K[ämpfen]» und der Jahreszahl 1916.

16. Koord. 95/165. Kat.-Nr. 157. Altes Gemeinde- und Schulhaus; Josef Weger; Ludwig Werlen. Erbaut 1668(?)/1719. Geburtshaus des Dichters Prof. Franz Jost (1874–1938). Pfeilschwanz- und Würfelfries unter Wolfszahn. Schöner Eingang mit Scherenpfosten, eingezogenem ziergekerbtem Rundbogen und der Jahreszahl «17+19» am Scheitel. ⌐—⌐. 2¹/₂. G; zweites Stockwerk quer zum First in Doppelwohnungen gegliedert. *Inschriften.* 2. Stockwerk, nördliche Haushälfte: «LVST.VND. LIEBE.ZV.EINEM.DING.MACHET.ALE.MIE.VND.ARBEIT.RING.DAN.WAS.GESCHICHT.MIT.NOT. VND.ZWANG.DAS.IST.NIT.GVOT.VND.WERT.NIT.LANG/ DIS.HAVS.HABEN.GEBAVWEN.CHRI-STEN.JOSEPH.VND.IOHANES.DIE.BRIEDER.DREI.IOSEPH.IN.DER.SCHMITEN.AVS.BIN.IST. [DER?].MEISTER.GESEIN». Zwischen den Zeilen die Jahreszahl 1719; südliche Haushälfte: Fragment von entferntem Dielbaum: «..IA. MILER.VND.A.MARIA.WERLEN/...T. IST.KEIN.GLAVB.MER.IN.DER.WELT». «Loibe»-Geschoß, nördliche Haushälfte: «CHRI-STEN.IOST.FRENA.IM.MAHOREN.SIN.SIN.A.I.I.I. 1668».

Öfen. 1. Stattlicher Würfelofen mit schwerem Karniessims. An der Stirn großes Wappenfeld mit eingeschlossenem kleinem Jost-Wappen(?) [Fünfstrahlenstern über Dreiberg] und Jahreszahl 1722. – 2. Ähnlicher Ofen mit gleicher Beschriftung. – *Hauskruzifix* (heute im neuen Gemeindehaus). H. 77,5 cm, (Korpus) 27 cm. Holz, überfaßt. Mitte 18.Jh. Von ANTON LAGGER? I. Reckinger Hauskruzifixtyp (S. 46).

---

52 Geboren 1712 in Geschinen, gestorben 1751 in Preßburg. 1735 Chorherr der Abtei St-Maurice. Nach dem Rechtsstudium an der Universität Wien 1743 Lizentiat in Zivil- und Kirchenrecht. Präzeptor der Söhne des Großkanzlers Graf von Harrach, 1747 Josephs II. bis zu dessen 11. Altersjahr. – P. BOURBAN, Biographie de François-Joseph Veguer Précepteur de Joseph II, Fribourg 1899.

Abb. 202 und 202a.
Geschinen. Haus Nr. 13.
Geschnitztes und gefaßtes
Dielbaum-Medaillon,
1666, mit den Wappen-
zeichen der Familie
Werlen. Text S. 255. –
Stadel, 1609, mit zweige-
schossigem Unterbau
(Koord. 165/225),
höchster Stadel des
Goms. – Text S. 258.

17. Koord. 175/215. Kat.-Nr. 117. Ida Werlen Erben; Walter Weger. Erbaut 1777. Aufgestockt um
1930. Fries: Paar versenkter Rundstäbe. ⌐——⌐. 2¹/₂. G und F. *Inschrift.* Im Stubji des 2. Stockwerks:
«IM IAHR 1777 DEN.II(?) TAG ABRELEN...[Tulpe] EIN IAR ALT». *Öfen.* 1. Zweigeschossig, mit wohl
älterer Kehlsimsplatte. 1919. – 2. Ofen von 1951 mit Werlen-Wappen und den Initialen «X[aver]
W[erlen] I[da] W[erlen]».

18. Koord. 150/200. Kat.-Nr. 124. Ludwig Werlen. Wohnhaus des Dichters Prof. Franz Jost (1874 bis
1938). Älteres, ehemals wohl zweiräumiges Haus mit gemauertem Hinterhaus, 1871 von Anton Weger
rechts um eine Achse erweitert und mit Mauer ummantelt[53]. Keller- und Kammergeschoß nur im
Vorderhaus. *Ofen.* Würfelofen des 16./17. Jh. An der Wange: «A[nton] W[eger]/ 1871».

19. Koord. 130/155. Kat.-Nr. 109. Josef und Hermann Müller. Erbaut 1888. Mit Krüppelwalm.
⌐——⌐ (mit Ka). 2¹/₂. C. *Inschriften.* 1. Stockwerk: «[Jesusmonogramm]ANDREAS.MULLER.UND.DESSEN.
GATTIN.SOFIA.IOST. 1888». 2. Stockwerk: Geviertes Medaillon mit den Wappenzeichen der Familien
Müller [halbes Rad] und Jost [Andreaskreuz mit Sechsstrahlensternen in den obern drei Zwickeln]
zwischen den Ziffern 18 und 88. *Öfen.* 1. Zweigeschossig, an der Stirn geviertes Wappen
der Familien Müller und Jost mit den Initialen «A[ndreas]. M[üller]. S[ophia]. I[ost]» und der
Jahreszahl 1889. – 2. Zweigeschossig, mit Kehlsims und gebänderter Kantenrundung. Beschriftung
wie Nr. 1, aber mit der Jahreszahl 1890. – *Truhe.* Tanne. In den drei profilgerahmten Füllungen eingelegt: «A.A.S. 1.7.5.9. M.C.L.».

20. *Rektoratshaus.* Koord. 130/105[54]. Kat.-Nr. 97. Erbaut 1899. ⌐——⌐. 2. F. *Inschrift.* «IM.IAHRE. 1893.
IST.DIE.REKTORATSPFRUMTE.GESTIFTET.UND.IM.IAHRE. 1899 HAT.DIE.GEMEINDE.DIESES.PFRÜNDEHAUS BAU
[...]/LASSEN.GEBE.GOTT.DAS.STETS.IN.DIESEM.HAUS.DEN.SEGEN.GEHE.EIN.UND.AUS». *Ofen.* Zweigeschossig,
mit Kehlsims. Von Steinhauer ANDREAS KREUZER, Oberwald. An der Wange in Wappenfeld die
Jahreszahl «19/00».

---

53 Freundl. Auskunft von Ludwig Werlen, Geschinen.

54 An dieser Stelle soll ein Stadel gestanden haben, der dann vom Besitzer gegen Haus Nr. 5 auf
dem Biel eingetauscht worden sei. (Freundl. Auskunft von Adolf Müller, Geschinen.)

Abb. 203. Geschinen. Eindrücklichstes «Stadelplatz»-Quartier des Goms auf dem Geschiner Biel.
Text siehe unten.

Entfernte namhafte Häuser[55]. 1. Das *Haus des Bischofs Hildebrand Jost*[56] soll an der Stelle des heutigen
Stadels von Vitus Bacher (Koord. 135/235) aus dem Jahre 1894 gestanden haben. – 2. Das sog.
«*Meier Lagger-Haus*» bei Koord. 165/215 wurde nach der Feuersbrunst von 1871 nach Münster ver-
setzt (S. 136, Nr. 61).

NUTZBAUTEN

Zum eindrücklichen Nutzbautenquartier auf der Kuppe des Biels vgl. S. 244
(Abb. 203). Geschinen besitzt aber auch Einzelbauten von besonderem Wert. Der
«*Lagger-Stadel*» (Koord. 175/180) hat als schönster Stadel des Goms J.R. RAHN zu
einer Zeichnung bewogen (Abb. 204). An der Unterseite des mit Kielbögen ver-
sehenen «Vorschutz»-Fußbalkens: «1.6.16 HILPRAND.LAGER». Ein weiterer Stadel
(Koord. 165/225) erreicht auf zweigeschossigem Unterbau am steilen Südrand der
Bielkuppe die Rekordhöhe (Abb. 202a). An seinen nördlichen «Vorschutz»-Kon-
solen ist links eine Lilie über Hauszeichen, rechts die Jahreszahl 1609 eingeritzt. Am
Fuß des Biels bilden zwei stattliche Stadel eine reizvolle Gassenflucht (Koord. 115/185

55 Ein altes, von der Familie Kämpfen erworbenes Haus bei Koord. 110/220 brannte ab, ein
etwa hundert Jahre altes Wohnhaus der Familie Kämpfen bei Koord. 140/225 wurde nach Graubünden (Davos?) versetzt. An der Stelle des Heustalls (Koord. 155/160) stand ein altes zweistöckiges
Haus der Familie Nessier. (Freundl. Auskunft von Adolf Müller, Geschinen.)
56 Nach Ansicht von H.A. von Roten, Raron, stammte Bischof Hildebrand Jost aus Münster.

Abb. 204. Geschinen. «Lagger-Stadel», 1616 (Koord. 175/180), schönster Stadel des Goms. Zeichnung, 1909, von Johann Rudolf Rahn. Text S. 258.

und 110/195); der kleinere südliche ist über der Tür des Unterbaus datiert (1675), der nördliche stammt nach den Fasen am «Vorschutz»-Fußbalken und nach seinen Proportionen aus der Zeit um 1600. Auf halber Flanke des Biels steht ein wertvolles *Speicherchen* (Koord. 140/195) mit der Inschrift «C I 17 ii 28» unter dem balkenbreiten «Vorschutz» der Fassade (Abb. 53–55). Ein imposanter Stadel (Koord. 140/205) an sichtbarster Stelle ist jüngst in seinem Unterbau rücksichtslos verdorben worden. In keinem andern Gommer Dorf geben hünenhafte Stadel an weithin sichtbaren Standorten so beredtes Zeugnis von der Blütezeit der Siedlung.

ABGEWANDERTER KUNSTGEGENSTAND. *Deckenfragment.* Historisches Museum Basel, Inv.-Nr. 1894-417. Skulptiertes Medaillon. Nußbaum. Wappenschild mit der Umschrift «JOHANNES IERG HVG 1676», umkränzt[57].

WILER BEI GESCHINEN

DIE RESTE DER SIEDLUNG (Abb. 205)[1]. Am rechten Talhang[2] bildete die Katharinenkapelle zusammen mit zwei sonnenverbrannten Ställen[3] eine außerordentliche Siedlungsgruppe, die an klaren, farbintensiven Herbsttagen den Vergleich mit der Bettmeralpkapelle aufzunehmen vermochte.

57 Aus dem Kunsthandel. (Freundl. Hinweis von Dr. François Maurer, Basel.)

1 Die «Wiler» sind nach GUNTRAM SALADIN die Mittelpunkte des uralten Kornbaus an sanft geneigten Stellen des Sonnenhangs (G. SALADIN, Namenkundliche Wanderungen durch das Goms, W. Jb. 1943, S. 23).

2 Die ursprüngliche Kapelle soll wie der alte Wiler höher am Hang, beim «weißen Stein», gestanden haben (Chronik des Rektors PETER VON RIEDMATTEN [† 1901], PfA Münster, o. Nr., und VON ROTEN, Chronik, 1952, S. 43). Die Eigentumsverhältnisse der Liegenschaften, zu denen die Kapelle gehört, sprechen allerdings gegen einen Wechsel des Standorts. In den 80er Jahren des 19. Jh. kaufte Andreas Müller von Geschinen das Gut bei der Kapelle als «Kaplanei-Wiler». Mit der Katharinenpfründe war auch dieses Kapellengut an die Kaplanei von Münster gefallen (S. 260). Vor der Renovation von 1936/37 kamen die Besitzer der Liegenschaften für den Unterhalt der Kapelle auf. (Freundl. Auskunft von Adolf Müller, Geschinen.)

KAPELLE HL. KATHARINA

GESCHICHTE. 1367 verordnete der aus Ulrichen stammende Priester Johann Rysen bei der Übernahme der Katharinenpfründe von Münster, daß seine Gebäulichkeiten im Wyler samt Kapelle und Liegenschaften der Katharinenpfründe zufallen sollten, wenn die dort wohnenden Klausner sie vernachlässigten[4]. So wurde die Kapelle, als die Klause verödete, Eigentum der Münstiger Katharinenpfründe[5], weshalb sie heute noch, obwohl auf Geschiner Territorium, unmittelbar der Pfarrei Münster untersteht. Renovation 1626[6]. Nach einer testamentarischen Schenkung[7] von alt Meier und Hauptmann Johann von Riedmatten an einen Neubau im Jahre 1683 riß man die alte Kapelle nieder. Bei der Visitation von 1687 war die neue am selben Standort noch nicht wieder aufgebaut[8]; das Türgewände mit der Jahreszahl 1686 muß vor dem Wiederaufbau in Auftrag gegeben worden sein. Der Pfarrer von Münster, Johann Jakob von Riedmatten, segnete sie 1704 oder kurz vorher ein[9]. Die heutige reiche Ausstattung erhielt das Bauwerk größtenteils bei der Renovation von 1772 bis 1778[10]: die wandgemalten Seitenaltäre (S. 262); das Chorgitter (S. 264); die Kanzel (S. 264); 1777 Ausmalung der Schiffsdecke. So konnte der für die Schönheit der ihm anvertrauten Kapelle eifernde Vogt Melchior Jost ins Kapellenbuch schreiben: «im jar 1784 im 9 tag brachmonat ist ihro großfirstliche gnaden bischof in Waliß selbsten in eigener piürson in den Wiler die Visi tatz gehalten. Mit einer ser großen an zahl geistliche u und weltliche heren und hat diese kabelen ihro hoch firstliche gnaden sambt der gantzen her schaft ser woll gefalen und mit großer andacht sein gebet uerichtet». Größere Renovation 1883–1891[11]. 1936/37 veranlaßte Prof. Franz Jost eine Totalrenovation[12] und rettete dadurch die Kapelle vor dem drohenden Abbruch. In der Vorhalle waren noch vor wenigen Jahrzehnten Überreste eines Altartischs zu sehen[13], an dem bei großen Wallfahrten Gottesdienst

Abb. 205. Wiler bei Geschinen. Kapelle, erbaut zwischen 1686 und 1704. Ansicht von SW. Der Heustall vor der Kapelle 1973 abgebrochen. – Text S. 261.

gefeiert wurde. Als *Wallfahrtsort*, der die mittelalterliche Verehrung der Pietà (S. 265/66) [14] später mit dem Kult der hl. Katharina [15] verband (S. 264), wurde die Kapelle vom gläubigen Volk häufig aufgesucht [16].

Quellen. Wie Geschinen (S. 243).

BESCHREIBUNG. *Grundriß*. Bis an die Vorhalle, die hier nach dem Vorbild der Pfarrkirche von Münster die ganze Breite des Schiffs einnimmt, gleicht der Grundriß demjenigen der Antoniuskapelle auf dem Biel in Münster (um 1683 und 1772 bis 1775) (Abb. 114).

Äußeres. Auch im Äußern bestehen daher Ähnlichkeiten mit der Antoniuskapelle auf dem Biel, doch ist das Chordach nicht abgesetzt. Der symmetrische Abschluß des Bauwerks durch Anbauten an beiden Enden ist hier dank dem Pultdach der Vorhalle noch augenfälliger. Die bergseits geschlossene Vorhalle öffnet sich in Arkaden zwischen toskanischen Giltsteinsäulen auf einer Mauerbrüstung. Die rundbogigen Hochfenster fehlen an der Bergseite. Dem Giebelokulus entspricht an der Chorstirn ein niedriges Rundbogenfenster.

Inneres. Innen öffnet sich der hohe Schiffsraum ohne eingebaute Chorbogenarchitektur in das weite Rechteckchor. Die pilasterlosen, nur vom durchlaufenden Sims gegliederten Wände sowie die polygonale Kassettendecke mit hölzernem Fußsims über einer Attikazone im Schiff hat die Kapelle mit der Pfarrkirche von Münster gemein. Die tiefen Kassetten der Holzdecke sind mit Profilen gerahmt und vegetabil bemalt. In der zentralen Kassette Engel mit den Gesetzestafeln über der Inschrift: «Willst Du zum Leben ein=/gehen so halte die gebott. Matth. 19». Das Chorgewölbe wird nach einem kurzen Tonnenabschnitt durch rippenartig marmorierte Gräte in fünf Kappen über großen Schildbögen gegliedert. Trompenartige Eckkappenteilung.

3 Der wuchtige Heustall im SO der Kapelle, der als Kontrast zum hellen Kultbau die Gruppe entscheidend geprägt hat, ist im Sommer 1973 abgebrochen worden, obwohl der ganze «Wiler» in der Liste der schützenswerten Ortsbilder zum «Bundesbeschluß über dringliche Maßnahmen auf dem Gebiete der Raumplanung vom 17. März 1972» aufgeführt war.

4 PfA Münster, D 14a.

5 In einem Verzeichnis der Katharinenpfründe von 1580 wird die Kapelle samt den Liegenschaften aufgeführt (PfA Münster, G 44).

6 «ex oblationibus ibidem in truncum coniectis» (PfA Münster, D 131). PfA Münster, D 130.

7 StAS, A Louis de Riedmatten, livres 4, Nr. 14. Der Spender stellte bei einem Neubau 10 Pfund noch zu Lebzeiten in Aussicht.

8 «Nunc pro noua Reaedificatione dirutum est» (PfA Münster, D 72).

9 VON ROTEN, Chronik, 1952, S. 43, und PfA Münster, D 73. Jedenfalls nicht vor 1702, da Christian Werlen als Kaplan zugegen war (SCHMID, LAUBER, Verzeichnis, 1934, S. 415).

10 Alle Angaben zu dieser Renovation stehen im Kapellenbuch PfA Münster, G 35.

11 Durch den Italiener ALFONSO GUALINA. Zementboden, Dach, Portal. 1860 war eine kleinere Kapellenrenovation vorausgegangen (PfA Münster, D 70–86). Das Portal wurde wiederum 1907/08 restauriert (PfA Münster, G 52, und Tagebuch der H. H. Pfarrer, o. Nr.).

12 PfA Münster, Tagebuch [vgl. Anm. 11] und D 128.   13 NOTI, Ms Heft 4, S. 56.

14 1784 verlieh Bischof Franz Melchior Zen Ruffinen der Kapelle einen Ablaß auf das Fest Mariä sieben Schmerzen (PfA Münster, G 35).

15 Als im 18. Jh. die Kapellengüter an die Kaplanei fielen, übernahm der Kaplan die Verpflichtung, das Patrozinium der hl. Katharina in der Kapelle zu feiern (PfA Münster, D 80).

16 1626 war die Renovation aus den Spenden im Opferstock möglich (vgl. Anm. 6).

Abb. 206. Wiler bei Geschinen.
Kapelle. Sicht auf den Chorbogen (Ausschnitt). Wand-
malereien, 1777, von
Johann Georg Pfefferle(?).
Chorbogenkruzifix, 1. Viertel
18. Jh., aus der Ritz-Werkstatt
in Selkingen. – Text siehe unten.

Die *Wandmalereien* des Geschiner Malers JOHANN GEORG PFEFFERLE († 1796) (?)
sind auf die Schiffsstirnwand beschränkt. Am Chorbogen (Abb. 206) sind in Rocaillemedaillons Szenen aus dem Leben von Heiligen aufgereiht, von links nach rechts
der hl. Johannes von Nepomuk mit einer strahlenden Zunge in der Linken, von
einem Engel gestärkt zum Himmel schwebend, der hl. Sebastian, die gefangenen
Christen aufmunternd, im Scheitel die Disputation der hl. Katharina, ferner die
Heiligen Wendelin und Antonius von Padua. Die wandgemalten «Seitenretabel»
von 1773, eine Obergommer «Spezialität» des dritten Viertels des 18. Jahrhunderts,
sind inhaltlich wie formal als Pendants konzipiert. Es sind eingeschossige und einachsige Säulenarchitekturen voller Illusionismus mit «Altarblättern» auch im
volutengerahmten Giebel der Bekrönung. Beim rechten, zum Teil ungeschickt über-
malten Altärchen (Abb. 207) ist alles auf Mariä Schmerzen hingeordnet (vgl.
Anm. 12): auf dem Altargemälde die Schmerzensmutter, in der Bekrönung das
Jesuskind im Schoß der hl. Familie, von einem Putto das Kreuz empfangend; die
Putten tragen Leidenswerkzeuge; den Abschluß bildet ein Kruzifix. Inschrift der
Predella: «o maria siehe/Dein selbst Eigne/Sel wirt ein shwert/durch dringen.
Lukas 2[?]». Das linke, in der untern Zone stark salpetergeschädigte Altärchen ist
auf Mariä Freuden gestimmt: als Altargemälde Mariä Himmelfahrt, in der Be-
krönung Maria vom Guten Rat nach dem Gnadenbild von Genazzano; Krone,
Stern und Blüten in der Hand der Putten; der Auferstandene als Abschlußfigur.
Inschrift der Predella: «O Himmels=/Königin sei gegrüst./Mutter der Barmherzig-
keit/unser Segen Unsere Hoffnung/alle Zeit!».
   Altar (Abb. 208). Vertrag[17] vom 28. Januar 1697 mit JOHANN SIGRISTEN, Glis. Im
Vertrag wurden die Halbsäulen an den Gewändeanten nach dem Riß ausdrücklich
gefordert[18]; «... item das Romanisch laubwerck [Akanthus] soll besser als angedeüt
erhebt werden». Einziges archivalisch belegtes erhaltenes Retabel des Gliser Mei-

17 PfA Münster, D66.
18 Vielleicht weil das Motiv am Hochaltar im Ritzinger Feld 1690 verwendet worden war.

Abb. 207 und 208. Wiler bei Geschinen. Kapelle. Wandgemalter rechter Seitenaltar, 1772–1778, von Johann Georg Pfefferle(?). – Hochaltar, 1697, von Johann Sigristen. – Text S. 262–264.

sters. Im bekrönenden Medaillon die Initialen «CAR» der Hauptstifterin Cäcilia von Riedmatten[19]. Inschrift an der Predella: «HAEC EST VIRGO SAPIENS/.17 + 13.». Fassung 1713 gestiftet von Christian Nessier[20]. Antependium 1772 geschnitzt und bemalt. 1974 wurden die beiden Seitenstatuen[21], links Sebastian, rechts Rochus, entwendet.

Das zweigeschossige Retabel besitzt die zeittypische Silhouette mit der stark eingezogenen Oberzone. Die Geschosse sind durch vorstehende Säulenstellungen schachtartig eingefaßt. Manieristisch komplexe Anordnung der Säulen im Hauptgeschoß. Großblättriger Akanthus. In der draperiegerahmten Nische die hl. Katharina in Verzückung, ein Ebenbild (H. 128 cm) der Verkündigungsmaria vom Hochaltar der Kühmatt im Lötschental und eine der dynamischsten Walliser Barockfiguren. Im Obergeschoß Relief einer Marienkrönung. Auf den Sprenggiebeln lagern Figuren, links Anna Selbdritt, rechts die hl. Margareta – ein von den Gliser Seitenaltären her bekanntes Renaissancemotiv. Am Antependium holzgemalte Beweinung Christi in marmoriertem Rahmen mit Rocaille-Inschrift: «Al hie Jn

19 1693–1695 Schenkung von Verena Blatter 105 Pfund (PfA Münster, G51, S. 15).
20 PfA Münster, H12.   21 Abb. bei STEINMANN, Ritz, Tf. 31.

disem vralten heiligen gnaden ortt/Jst shon maniche bedriebte seel in Jren anligen gedrestet/worden, wie dis beweisen gegen werdigen EXVOTO».

KANZEL. 1778 von PETER JOSEPH KARLEN, Reckingen. Gefaßt wohl von JOHANN GEORG PFEFFERLE. Holz, grau und rot marmoriert, ziervergoldet. Der Hängezapfen(?) ist verlorengegangen. Der tulpenförmige Kanzelkorb mit dem saftigen Fußwulst, der konkaven Wandung und dem scharf vorkragenden Kehlsims ist das schönste Beispiel des neuen Obergommer Kanzeltyps aus dem dritten Viertel des 18. Jahrhunderts (vgl. S. 260). – CHORGITTER. 1773/74 von Reckinger Meistern[22] aus Binner Eisen[23] geschmiedet. Das spindelmaschige, mit Gabelzackenkamm bewehrte Gitter reicht bis auf Kämpferhöhe des Chorbogens. Als Gitter noch durchaus hochbarock, verwendet es das neue Motiv der blechbemalten Bekrönung. Zwei Putten halten eine Kartusche mit der Inschrift: «Gelobt vnd gebenedeit,/Seie die heiligste Dreyfaltigkeit./Maria Auch die Jungfrau rein sol ale Zeit ge=/brisen sein/Sandt Catharina Wir auch breisen, an/disem ort ihr Ehr beweisen/1774». – CHORBOGENKRUZIFIX (Abb. 206). H. etwa 90 cm. Holz, polychromiert. Lendentuch vergoldet. Überholte Originalfassung? 1. Viertel 18. Jh. Ausdrucksstarkes Bildwerk aus der RITZ-Werkstatt (JODOK RITZ?). – ALTARKRUZIFIX. H. 60,3 cm. Holz. Originale Polychromie und Vergoldung, zum Teil übermalt (1881?). 1778 von PETER JOSEPH KARLEN, Reckingen(?)[24], im Stil der reifen LAGGER-Kruzifixe geschnitzt. Auf der Rückseite mit Bleistift: «Johan Tomamichel des Johol(?) Teodor(?) alt(?) Richer(?)/ 11 Mai 1881». – KREUZWEG. Neugotisch. 1914[25]. Polychromierte und vergoldete Gipsgußreliefs in untersetzten Ädikulen. Geringer künstlerischer Wert. Seit 1941 in der Kapelle[26], ehemals in der Pfarrkirche von Münster. – EXVOTOS (Abb. 210). Von den 21 erhaltenen Exvotos[27] aus dem 18. und 19. Jahrhundert, worunter 13 Stück aus dem 3. Viertel des 18. Jahrhunderts, werden 18 in der Kapelle aufbewahrt. Ferner 2 Exvotos aus der Antoniuskapelle auf dem Biel in Münster (S. 149). Einige Votivbilder stammen aus der gleichen Werkstatt wie diejenigen aus der Zeit des Kapellenbaus (1772 bis 1775) in der Münstiger Antoniuskapelle. Auf Wolken erscheint mitunter die Pietà allein, meist jedoch zusammen mit der hl. Katharina, die den Bittflehenden empfiehlt. *Abgewanderte Exvotos.* 2 Stück, ANDEREGG, Inv.-Nr. 12-2.8 und 22-2.18, im Pfarreimuseum Münster. – 1 Stück, ANDEREGG, Inv.-Nr. 17-2.13, in der Medizinhistorischen Sammlung der Universität Zürich, Inv.-Nr. IV.3.

KAPELLENSCHATZ. KERZENLEUCHTER[28]. Paare. 1. H. 32 cm. Gelbguß. 1773[29]. Dreikantfuß mit vorkragender Deckplatte auf abgeplatteten Kugeln. Am Schaft Balustermotiv zwischen Vasenmotiven. – 2. H. 26 cm. Holz, grün gestrichen. Frühes 17. Jh.? Runder Fuß. Am Schaft Vasenmotiv und ziergekehlte Schaftringe. – KASELN. 1. Grün. 18. Jh.? Damast mit silbergrauen Blüten und Blättern, bestickt mit bunten Blüten. – 2. Weiß. Ende 18. Jh. Damast mit breiter Vertikalstreifung und vereinzelten broschierten Blumenornamenten. – 3. Rot. 19. Jh.? Damast mit silbergrauen Blüten und Blättern sowie eingestickten roten Blümchen. – 4. Gelb. 19. Jh. Großblumiger Damast.

GLOCKE. Dm. 36 cm. Geriefelte Kronenbügel. An der Schulter zwischen Schnurstäben Akanthusrankenfries und Umschrift: «AVE MARIA GRACIA PLENA DOMINVS DECVM [Hand]». Am untersten Schnurstab hängen Palmetten und Cherubköpfchen. An der Flanke Reliefs: Medaillons mit Verkündigung, Auferstehung, hl. Katharina und hl. Michael. Im untern Drittel der Flanke Umschrift zwischen Schnurstäben: «ANNO 1750. AVS DEM FVR FLOSS ICH ANTONI KEISER IN ZVG GOSS MICH».

---

22 «dem hartmahn Meister schmit zu rekigen» (PfA Münster, G 35). JAKOB HARTMANN († 1791) (PfA Reckingen, Nr. 3). Damals lebte in Reckingen auch der Schmied JOHANN BAPTIST GUNTERN (ebenda und Spendjahrzeitbüchlein).

23 Der Kapellenvogt zahlte dem «kirchher» in Binn für das Eisen 30 Kronen, das übrige schenkten die Zenden der Kapelle. 1724 waren die zur Hälfte den Pfarrern von Ernen, Mörel und Glis, zur Hälfte den Zenden gehörenden Eisenminen von Binn zwar eingegangen (VON ROTEN, Chronik, 1960, S. 49). Bis zur völligen Stillegung Ende der 70er Jahre des 18. Jh. folgten aber noch eine Reihe mißglückter Versuche (vgl. H. ROSSI, Zur Geschichte der Walliser Bergwerke, BWG X [1949], S. 338–346).

24 «in der cabelen im Wiler ein crutzlin lasen mahen Peter Joseph Karlen von rekigen hat selben gehauwen kost k 8» (PfA Münster, G 35).   25 PfA Münster, D 110.

26 Nachdem man in der Pfarrkirche von Münster die wandgemalten Stationen wieder entdeckt hatte.   27 Inventarisiert mit Abb. in ANDEREGG.

28 Der alte Kelch ist um 1860 gestohlen worden (PfA Münster, G 52).

29 1773 wurden zwei Paar Messing-Kerzenstöcke angeschafft und ebenfalls Kerzenleuchter beidseits an den Chormauern angebracht (PfA Münster, G 35).

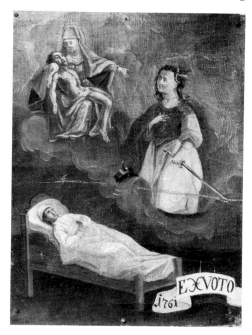

Abb. 209 und 210. Wiler bei Geschinen. Kapelle. Pietà, 2. Hälfte(?) 14. Jh., wohl ehemaliges Kultbild (Pfarreimuseum Münster). Text s. unten. – Exvoto, die Pietà mit der Kapellenheiligen Katharina
verbindend. – Text S. 264.

Entfernte Kunstgegenstände[30]. PIETÀ (im Pfarreimuseum von Münster) (Abb. 209). Ehemaliges
Kultbild der Kapelle[31]? H. 124 cm. Holz (Pinie?), bis zu ganz dünner Wandung ausgehöhlt und mit
Sackleinwand kaschiert. Häßlich übermalt. 2.(?) Hälfte 14. Jh.[32]. Die Gruppe gleicht der Pietà von
Mühlebach in der Pfarrkirche von Ernen nicht nur in einer Reihe von technischen Details[33], sondern
auch in Formmotiven, vor allem im gestreckten, schmalen Oberkörper mit den gerundeten Schultern –
einem Merkmal, das bei südschweizerischen Pietàdarstellungen[34] des 14. Jahrhunderts wiederkehrt

30 Nach dem Augenzeugenbericht von Maria Müller (* 1903), Geschinen, wurden um 1915 drei
alte Statuen von etwa 70 cm Höhe aus einem Schrein in der Vorhalle entfernt. Vgl. S. 156.

31 «Nach der Überlieferung befand sich dieses Bild früher weiter oben in einem Bildhäuslein,
‹zum weißen Stein› genannt, wo ebenfalls eine Wallfahrt war.» (BURGENER II, S. 185.) In der Wiler-
Kapelle stand die Gruppe unter der Hauptnische des Hochaltars, später vorn beim Chorgitter auf
einem alten Tabernakel (S. 248, Anm. 32), dann rechts vom Hochaltar. Bis zur Übertragung nach
Münster war an der Brust der Muttergottes ein barockes Herz mit großen Schwertern appliziert.

32 Die Möglichkeit, daß es sich um eine spätere Kopie handelt, ist vorderhand nicht ganz auszu-
schließen. Mit stellenweisen Proben ließ sich bisher unter der Übermalung nur eine barocke Fassung
ermitteln. Auch beirren die schlaff hängenden Hände und gewisse Draperiemotive vor den Unterschenkeln der Muttergottes.

33 Aushöhlung und Kaschierung; rückseitig eingelassenes Querbrett in der untern Hälfte; schräge
Anstückung der vorderen Gesichtshälfte beim Kinn, der Füße und Knie.

34 Vesperbilder: 1. Aus Graubünden, SLM Inv.-Nr. LM 8525 (Kdm Graubünden I, S. 69, Abb. 33);
2. in Peiden-Bad (ebenda IV, S. 212, Abb. 248). Beim verwandten, jedoch breiter gebauten Vesperbild von Vilters (St. Gallen) neigt Maria auch den Oberkörper (I. FUTTERER, Gotische Bildwerke
der deutschen Schweiz, Augsburg 1930, Abb. 90).

Abb. 211. Wiler bei Geschinen. Kapelle. Albe, 1. Hälfte 18. Jh. (Ausschnitt) (Pfarreimuseum Münster). – Text siehe unten.

und stilistisch nach Italien (Siena?)[35] weisen dürfte. Die Haltung des Leichnams ist derjenigen des Vesperbildes von Peiden-Bad sehr ähnlich[36]. – VIERZEHN-NOTHELFER-BILDER (zurzeit im Sekundarschulhaus von Münster). 64 × 46,5 cm. Mischtechnik auf Leinwand. 1805 von JOHANN JOSEF PFEFFERLE, Geschinen, gemalt[37]. 1941 durch den Kreuzweg ersetzt. 1960 restauriert von ALFRED GRÜNWALD, Brig. Einfache marmorierte Holzrahmen. Die volkskunsthaft derben Gemälde, die den stehenden Heiligen mit seinem Attribut vor einem Landschaftshintergrund darstellen, sind neben den Gewölbemalereien im Schiff der Ritzingerfeldkapelle (1807/08) die einzigen archivalisch belegten Werke des Malers. – ALBE (Abb. 211)[38] (im Pfarreimuseum von Münster). Leinen. 1. Hälfte 18. Jh.[39]? Am Kragen plissiert. Durchbrochene Klöppelborten an Schulter und Ärmelansatz sowie am Saum, aufgenäht am Ärmelsaum. Klöppelspitzen-Halskrause.

35 Vgl. die Verkündigung von SIMONE MARTINI und LIPPO MEMMI in den Uffizien Florenz. Das Vesperbild gilt zwar als Schöpfung der Mystik nördlich der Alpen (W. PINDER, Die Pietà, Leipzig 1922, S. 3, 7 und 9, sowie W. PASSARGE, Das deutsche Vesperbild im Mittelalter, Köln 1924, S. 27, 33, 39/40). Doch nimmt z. B. auch PINDER für den Typ um 1400 einen leichten Einschlag italienischer Monumentalität und Farbigkeit an, wie er bei einem Faltenmotiv an GHIBERTI erinnert (ebenda, S. 7). Italien fehlte es nicht an den geistigen Voraussetzungen zur Schaffung leidensmystischer Bildvorstellungen, erlebte es doch schon 1261 eine Geißlerbewegung; es scheint aber die Andachtsbildgruppe nicht aus der vielfigurigen Leidensszene herausgelöst zu haben.

36 Vgl. Anm. 34.

37 PfA Münster, G 35. Unter dem dort genannten «Maller Pfeffer» kann nur JOHANN JOSEF PFEFFERLE (1754–1838) gemeint sein.

38 Freundl. Hinweis von Hans Anton von Roten, Raron.

39 Freundl. Hinweis von Werner Jaggi, SLM Zürich.

Abb. 211a. Reckingen. Pfarrkirche. Kelch, 1528 (Schweizerisches Landesmuseum Zürich). – Text S. 290.

RECKINGEN

GESCHICHTE. Reckingen ist die oberste Siedlung des Obergoms, die in die vorgeschichtliche Zeit zurückzuverfolgen ist. 1838 entdeckte man in den «Roßachere» östlich des Dorfes mehrere Steingräber der Hallstattzeit, in denen sich u.a. Ringe und Haftnadeln fanden[1]. Ebenso zählen die 1941 nördlich der Antoniuskapelle ans Tageslicht geförderten römischen Funde zu den bedeutendsten des Goms; es kamen neben Werkzeugen und Vasen zwei Öllampen zum Vorschein, welche die Signaturen «APRIO OF» und «PHOETASPI» tragen, beides Signaturen, die von Lampenfunden in Vindonissa aus der zweiten Hälfte des 1. Jahrhunderts n. Chr. her bekannt sind[2]. Nach diesen Fundorten zu schließen, wagte sich die römische und wohl schon die prähistorische Siedlung weiter auf den lawinengefährdeten Schuttfächer hinaus als das heutige Dorf. Mit Reckingen beginnt nach «Ulrichingen» im obersten Goms auch die Reihe der typisch germanisch benannten Dörfer auf -ingen[3] unterhalb von Münster. 1237 nahm Bischof Boso von Gradetsch jenes Feudum in Reckingen, das er von Philipp de Vuix erworben hatte, von der Schenkung seiner Erbschaft oberhalb der Massa an den bischöflichen Tisch ausdrücklich aus[4]. Es übten aber auch die Blandrate[5] dort Herrschaftsrechte aus, bis 1381 ihre Erben, die de Compeys, die Rechte des «lantherendiensts» (servitia cometisse) und des Besthaupts an die Dorfschaft veräußerten[6]. Als Geteilen der Eginenalp traten die Reckinger schon 1240 auf[7]. Die erhaltenen Dorfstatuten wurden aber erst um die Mitte des 16. Jahrhunderts geschaffen und erweitert[8]. Die einst angesehene Familie Schmid von Reckingen hatte im 16. Jahrhundert immer wieder das Meieramt inne. Nach der Mitte des 17. Jahrhunderts besetzte sie das Amt wiederum in Abständen, um es in der zweiten Hälfte des 18. Jahrhunderts Johann Franz Taffiner aus Reckingen, einem «wahren Vater des Volkes», zu überlassen[9]. Reckingen war einer der «Neün Vierthell des L. Zehenden Gombs»[10]. Zur Zeit des Kirchenbaus (3. Viertel 18. Jh.) wurde Reckingen Zentrum des Gommer Kunstschaffens im Spätbarock; Reckinger waren Orgelbauer, Bildschnitzer und Glockengießer. Das Dorf ist von furchtbaren Katastrophen heimgesucht worden. Eine Lawine aus dem Bächital riß am 5. Februar 1749 das neue Pfarrhaus nieder[11]. Ein ähnlicher Lawinengang

---

1 SAUTER, S. 119.

2 M.-R. SAUTER, P. BOUFFARD, Trouvailles Romaines à Reckingen, Annales valaisannes XX, Nr. 1 (1945), S. 295–305.

3 1270 heißt es in adjektivischer Bedeutung «Richingerro» (GREMAUD II, S. 151). Vgl. B. BOESCH, Ortsnamen und Siedlungsgeschichte am Beispiel der -ingen-Orte der Schweiz, Alemannisches Jahrbuch 1958, S. 26.

4 J. GREMAUD, Chartes Sédunoises, Mémoires et documents publiés par la Société d'histoire de la Suisse Romande, tome XVIII, Lausanne 1863, Nr. 52. 1221 hatte der Bischof oberhalb von Reckingen Besitz (L. CARLEN, Die Gerichtsbarkeit des Bischofs von Sitten im Goms, ZSK 51, Nr. II [1957], S. 138). 1570 löste die Gemeinde Reckingen bei einem allgemeinen Loskauf der Pfarrei Münster die Zehntenrechte des Bischofs ab (W.Wb. S. 207).

5 Inhaber des Vizedominats Goms im 13.Jh. (GREMAUD II, S. 110f.).

6 GREMAUD VI, S. 234/35.

7 GREMAUD V, S. 428 («nos de Reguingen»). «Cummunitas» wurden sie erstmals 1339 genannt (GREMAUD IV, S. 190/91).   8 GdeA Reckingen, B30, 34, 39 und 42.

9 ST. NOTI, Geschlechter, die einst den Meier des Zenden Goms stellten, Walliser Bote 131, 2. März 1971, S. 5.   10 PfA Biel, A12.   11 PfA Reckingen, Nr. 3.

Abb. 212. Reckingen. Luftaufnahme von 1973. – Text S. 270/71.

zerstörte am 24. Februar 1970 neuere Häuser auf der Ostflanke des westlichen Schuttfächers. Kurz vor Mittag löste sich noch eine Lawine im Erosionstrichter östlich des Dorfes und legte die Antoniuskapelle in Trümmer. Um die Bächital-lawine vom Dorf abzuwenden, errichtete man 1970–1973 einen Lawinenkanal mit starken Dammflanken gegen das Dorf hin. Einst waren auch die heutigen Maien-säße «Zen Stadlen» und «Wiler»[12] bewohnt.

Pfarreigeschichte. Die kirchliche Lostrennung von der Mutterpfarrei Münster, die Reckingen seit 1682 anstrebte[13], gelang erst 1695/96. Nachdem der päpstliche Nuntius Marcellus de Aste am 16. April 1695 den Stiftungsakt der Kuratkaplanei ausgefertigt hatte[14], mußte Nuntius Michael Angelus de Comitibus im folgenden Jahr wegen des erbitterten Widerstandes von Münster und von Bischof Adrian V. von Riedmatten Johann Joseph Hürsimann als apostolischen Kommissär nach Reckingen senden, um das Gotteshaus zu benedizieren und den ersten Kuratkaplan einzusetzen[15]. Die Filialkirche erhielt Bestattungs- und Taufrecht, die Gemeinde

12 «Wiler» soll noch zur Zeit der Franzosenkriege bewohnt gewesen sein. Seine Wohnhäuser wurden dann nach Reckingen versetzt (BRIW, S. 56). F.G. STEBLER schreibt, das Gemeindehaus von Wyler diene (1903) in Reckingen als Wohnhaus (STEBLER, S. 42); doch ließ sich nichts mehr in Er-fahrung bringen.
13 BRIW, S. 74. Eigentümlicherweise trägt der Taufstein schon die Jahreszahl 1681 (S. 284). Ehemaliger Weihwasserstein?   14 PfA Reckingen, D69.   15 BRIW, S. 82/83.

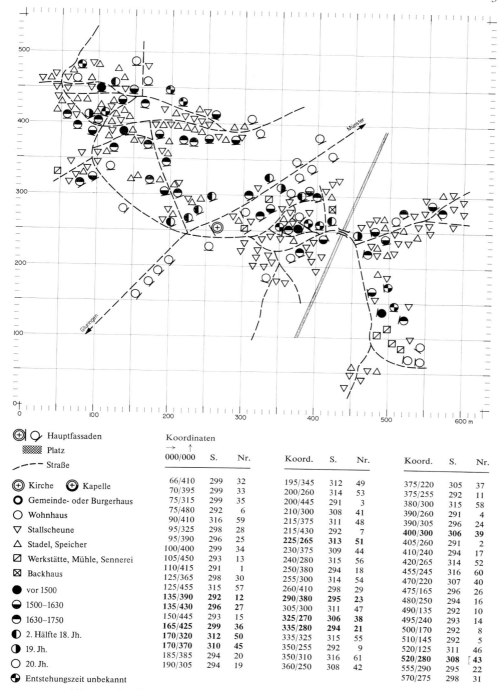

⊕ ◯ Hauptfassaden
▓ Platz
– ‧ – Straße

⊕ Kirche   ⊕ Kapelle
● Gemeinde- oder Burgerhaus
◯ Wohnhaus
▽ Stallscheune
△ Stadel, Speicher
◨ Werkstätte, Mühle, Sennerei
⊠ Backhaus
● vor 1500
◓ 1500–1630
◒ 1630–1750
◐ 2. Hälfte 18. Jh.
◑ 19. Jh.
◯ 20. Jh.
◕ Entstehungszeit unbekannt

Koordinaten
→ ↑
000/000   S.   Nr.

Koord.	S.	Nr.
66/410	299	32
70/395	299	33
75/315	299	35
75/480	292	6
90/410	316	59
95/325	298	28
95/390	296	25
100/400	299	34
105/450	293	13
110/415	291	1
125/365	298	30
125/455	315	57
135/390	**292**	**12**
135/430	**296**	**27**
150/445	293	15
165/425	**299**	**36**
170/320	**312**	**50**
170/370	**310**	**45**
185/385	294	20
190/305	294	19

Koord.	S.	Nr.
195/345	312	49
200/260	314	53
200/445	291	3
210/300	308	41
215/375	311	48
215/430	292	7
225/265	**313**	**51**
230/375	309	44
240/280	315	56
250/380	294	18
255/300	314	54
260/410	298	29
290/380	**295**	**23**
305/300	311	47
325/270	**306**	**38**
335/280	**294**	**21**
335/325	315	55
350/255	292	9
350/310	316	61
360/250	308	42

Koord.	S.	Nr.
375/220	305	37
375/255	292	11
380/300	315	58
390/260	291	4
390/305	296	24
400/300	**306**	**39**
405/260	291	2
410/240	294	17
420/265	314	52
455/245	316	60
470/220	307	40
475/165	296	26
480/250	294	16
490/135	292	10
495/240	293	14
500/170	292	8
510/145	292	5
520/125	311	46
520/280	**308**	[**43**
555/290	295	22
570/275	298	31

Abb. 213. Reckingen. Siedlungsplan (vgl. «Wegleitung»). – Text S. 270/71.

Reckingen – nach dem Stiftungsakt – das Besetzungsrecht der Kuratkaplanei[16].
Der Loskauf der Primizen von der Kirchenfabrik in Münster erfolgte 1880[17], die
endgültige Ablösung erst 1914[18].

Quellen und Literatur. GdeA und PfA von Reckingen und Münster.
BRIW. – L. CARLEN, In fremden Diensten verstorbene Reckinger (1696–1855), BWG XI (1951),
S. 60–62. – A. GARBELY, Reckingen 250 Jahre Pfarrei – 200 Jahre Kirche, W.Jb. 1945, S. 46–55. –
M.R. SAUTER, Discussion sur un caveçon romain (trouvé près de Reckingen), La Suisse primitive 9,
Nr. 1 (1945), S. 11–16. – M.R. SAUTER, P. BOUFFARD, Trouvailles romaines à Reckingen, Annales
valaisannes XX, Nr. 1 (1945), S. 295–305.
Bilddokument. Dorfpartie mit Pfarrkirche von W. Zeichnung von RAPHAEL RITZ 1845–1850. Skiz-
zenbuch Nr. 22 (ETHZ, Gr. Slg., Inv.-Nr. 3686A) (siehe unten).

SIEDLUNG. *Anlage* (Abb. 212 und 213). Als einziges Gommer Dorf erstreckt sich
Reckingen quer über den ganzen Talgrund, was schon JOHANNES STUMPF 1548 in
seiner Chronik bemerkt: «ligt uf beider syten des wassers; hat ein prugken»[19]. Die
Siedlung zerfällt daher in drei lose miteinander verbundene Dorfpartien: in das aus
einem Haufendorfkern und ausstrahlenden Straßenzeilen gebildete große «*Oberdorf*» am Hang nördlich der Autostraße, in die kleinere Haufendorfgruppe des
«*Niderdorfs*» in der rechtsufrigen Talmulde und in die beiden zum Teil straßen-
dorfähnlichen Siedlungsarme von «*Uberrotte*» (Überrotten) auf dem linken Rottenufer. Im «Oberdorf» durchdringen sich längs, d.h. in der Talrichtung streichende
Siedlungszüge maschenartig mit den Quersträngen entlang den Gassen, die zu den
südlichen Dorfteilen führen. Das «Taffinerhüs» (Koord. 165/425) inmitten einer
Siedlungslichtung unterbricht die wichtigste Quergasse des «Hofs», was wohl darauf zurückzuführen ist, daß die Talstraße ursprünglich durch das «Oberdorf»
ging[20] und der «Hof» als südliche Gasse von ihr abzweigte. Das «Niderdorf» umfaßt einen Haufendorfkern sowie einen Häuserzug entlang der Böschung, mit der
hier der Talgrund in den Schuttfächer einschneidet. Zwischen «Ober- und Niderdorf» ragt, nur lose in die Siedlung einbezogen, die mächtige Pfarrkirche empor
(Abb. 214). Sie steht an der Talstraße, der nur wenige ältere Häuser nach Osten
hin folgen. Diese Achse ist durch häßliche neuere Bauten stark beeinträchtigt.
Eigentliche Dorfplätze fehlen. Obwohl die ganze Siedlung mit Nutzbauten durch-

Abb. 214. Reckingen.
Pfarrkirche und ehemaliges
Pfarrhaus von W.
Zeichnung, 1845–1850, von
Raphael Ritz. – Text siehe oben.

setzt ist, scheiden sich in allen drei Dorfteilen Nutzbautenquartiere aus. Jene des
«Oberdorfs» zeichnen sich durch Charakter und Vielfalt aus. Im nordwestlichen
Dorfende, «im Schpitz», ein außerordentlich schöner «Stadelplatz» (Koord. 85/420)
(Abb. 248), in der Straßengabelung südwestlich vom «Taffinerhüs» (Koord. 130/
410) eine reizvolle Haufengruppe von Stadeln und Speichern, «uf dr Stige» (Koord.
175–250/400), von Wohnhäusern eingerahmt, die eindrücklichste Nutzbautenstraße
des Goms (Abb. 247).

Bezeichnungen von Dorfpartien: im «Oberdorf» «dr Hof» (Gasse vom Gemeindehaus
zum «Taffinerhüs»), «dr Schpitz» (nordwestliches Dorfende), «uf dr Stige» (zur
Antoniuskapelle hinlaufende Straßenzüge); im «Niderdorf» «d'Fure» (nordöst-
liches Quartier an der Steilböschung unter der Autostraße), «d'hinnru und d'vordru
Gassu» (westlichste Gasse); «Uberrotte».

Siedlungsgeschichtliches. Die vier noch erhaltenen «Heidehischer» verteilen sich auf
alle drei Dorfteile. Die größte Bautätigkeit fällt in die ersten drei Jahrzehnte des
17. Jahrhunderts, in denen nicht weniger als neun der erhaltenen Häuser errichtet
wurden. Um die Jahrhundertmitte setzte das Wachstum der Siedlung wieder ein,
um bis 1800 gleichmäßig anzuhalten. Dann brach die Bautätigkeit jäh ab; im
19. Jahrhundert sind nur zwei richtige Neubauten entstanden. In der zweiten
Hälfte des 18. Jahrhunderts entstanden die Bauten vornehmlich am Nordrand der
heutigen Talstraße[21], in unserm Jahrhundert[22] an den Rändern der Siedlung. Seit
einem Jahrzehnt füllt sich der flache Aufschüttungskegel des Blinnentals am linken
Rottenufer mit Chalets.

Baugruppen in der Umgebung. Oberhalb von Reckingen liegt am Rand des Schuttfächers die Nutzbautengruppe *«Löwwigadme»*, die durch die Häufung gestaffelter,
streng gerichteter Giebel und als dunkler Flecken im Grünen beeindruckt. Die aus
einem Haus, Säge und Mühle bestehende Restsiedlung *«uf der Heji»* mitten auf dem
Schuttfächer unter der Straße mußte nach der Lawinenkatastrophe von 1970 auf
Staatsbefehl geschleift werden.

Der alte *«Wiler»* wirkt durch seine reizvolle Lage auf der Kuppe eines Kegels am
nördlichen Talhang; die zurückgebliebenen Bauten sind unbedeutend (S. 268).

---

16 Der Kaplan war dem bischöflichen Ordinariat nur vorzustellen. Bis 1765 anerkannten die
Bischöfe diese Regelung nicht und beanspruchten das Recht für den bischöflichen Tisch (BRIW, S. 84).

17 GdeA Reckingen, G1. Kirchenfabrik-Rechnung für Bau und Unterhalt der Kirche.

18 PfA Münster, D 156.

19 G. MEYER VON KNONAU, Eine Schweizerreise eines Gelehrten im XVI. Jh., Jahrbuch des
Schweizer Alpenclubs 19 (1883/84), S. 440.

20 L. CARLEN, Zur Geschichte der Furkastraße, Straße und Verkehr 41, Nr. 7 (1955), S. 274.

21 Dies deutet auf eine Verlegung der Talstraße schon im 18. Jh.

22 Ende des 19. und im 20. Jh. abgebrochene alte Walliser Häuser: «Meierpetschi-Hüs» (Koord.
205/415); «Hansmarti-Hüs» (Koord. 335/215); «Bali-Hüs» (Koord. 490/115); «Müllertuni-Hüs»
(Koord. 300/255); Haus des FERDINAND WALPEN, Glockengießer (Koord. 315/290); Haus des Severin
Imoberdorf (Koord. 110/390); Haus des Theodor Jergen (Koord. 170/460); Haus des Josef Walpen
(Koord. 70/460); Haus des Peter Steffen (Koord. 510/265). (Freundl. Auskunft von Josef Carlen,
Reckingen, geb. 1894.) Aus dem letztgenannten Haus Truhe im Besitz von Dr. Hans Schmidt, Rek-
kingen. Tanne. Dreiachsig. Vorgezogene Fußzone, mit Rechteckspiegeln geschmückt. Geschuppte
Pilaster. In den Rechteckfeldern eingelegt: «17 A A/T 21».

PFARRKIRCHE GEBURT MARIENS

GESCHICHTE. Die 1414 erstmals erwähnte[23] Kapelle, wohl am Standort der heutigen Pfarrkirche[24], wich am Ende des 15. Jahrhunderts einem Neubau, der, 1496 bereits errichtet[25], 1498 samt dem Altar auf das Patrozinium der Muttergottes und des hl. Theodul geweiht wurde[26]. Obwohl die Reckinger die Kuratkaplanei 1696 nur «innumeris expensis» erlangt hatten, begnügten sie sich nicht mit einer Restaurierung der baufälligen Kapelle[27]; sie errichteten ein neues Gotteshaus, das im November 1695 vollendet war[28], wegen des Zwistes mit dem Bischof aber erst am 29. April 1696 eingesegnet[29] und 1704 durch Bischof Josef Franz Supersaxo geweiht wurde[30]. Der Visitationsakt von 1736 erwähnt nur mehr das Patrozinium der Geburt Mariens[31]. Das unter den schwierigen Umständen der Pfarreigründung errichtete Gotteshaus war klein[32]. Man ersetzte es daher 1743–1745 durch die heutige stattliche Pfarrkirche. Die Vorbereitungen, worunter die ganze Konzeption des Baus zu verstehen sein wird, traf noch der kunstsinnige Dr. theol. JOHANN GEORG GARIN RITZ, ein Sohn des Altarschnitzers JOHANN RITZ von Selkingen, als Kuratkaplan von Reckingen. Der auf RITZ folgende Pfarrer Christian Blatter war sich der künstlerischen Bedeutung des Bauwerks bewußt, notierte er doch beim Baubeginn ins Taufbuch: «Hoc Anno Menseque Nimirum 1743 In Julio, fidelium largitate Reckingensium, concordiaque piorum construi coepit Ecclesiarum Gomesianarum nec non & aliarum Corona»[33]. Baumeister und Stukkator sind nicht bekannt. Auf die Signatur des Malers der Deckengemälde im Buch des Apostels Matthias (hinterstes Apostelmedaillon der nördlichen Schiffsflanke) stieß man bei der Restaurierung 1974: «HANS/IÖRG/PFÖFFLER». Der Maler ist kaum mit dem aus Imst stammenden JOHANN GEORG PFEFFERLE in Geschinen zu identifizieren[34]. Die Inschrift

---

23 PfA Münster, D 16.

24 «super viam tendentem ibidem de inferiori villa ad dictam Capellam» (GdeA Reckingen, D 13).

25 GdeA Reckingen, D 23.

26 GdeA Reckingen, D 25. Sonderbarerweise verwendete sich beim Gesuch auch Biel für Reckingen, was auf eine engere Beziehung Reckingens zur Grafschaft schließen läßt. Bei der Gründung der Antoniuspfründe (1442) in der Pfarrkirche von Münster wurde dem Altaristen aufgetragen, wöchentlich eine hl. Messe in Reckingen zu lesen (PfA Münster, D 24). Warum daher die 1496 von Generalvikar Nikolaus Schiner den Reckingern erteilte Erlaubnis, Messe zu lesen? (GdeA Reckingen, D 23).

27 «Sacellum vestrum in Reckingen antiquum et pene ruinae proximum» (GdeA Reckingen, D 70).

28 GdeA Reckingen, D 75. Kaplan CHRISTIAN JERGEN habe die Grundpläne gemacht (VON ROTEN, Chronik, 1950, S. 25). Reckingen besaß damals in JOHANN WERLEN, der 1684 die Orgelempore von Münster gebaut hatte, einen tüchtigen Meister. Auch wird 1692 ein «Casparus Werlen murarius de pago Reckingen» genannt (GdeA Reckingen, D 66).   29 GdeA Reckingen, D 78.

30 VON ROTEN, Chronik, 1951, S. 36. 1703 hatte Maria Zeit einen Dukaten «ad imaginem pingendam B. V. Mariae in chori abside positam» geschenkt (PfA Münster, B 11).

31 PfA Reckingen, Nr. 2.

32 In der Bittschrift um die Pfrundgründung führten die Gluringer 1736 als einen der Gründe an: «Jn dem Gotts hauß zu Reckingen ..seyn sie..wegen der enge der kirchen, undt sonst villen volcks unbeliebig» (GdeA Gluringen, D 15).

33 In diesem Jahr und Monat 1743 im Juli begann dank der Freigebigkeit der Reckinger und der Eintracht der Frommen der Bau der Krone der Gommer und auch anderer Kirchen.

34 A. CARLEN, Der Maler der Fresken in der Pfarrkirche von Reckingen. Entdeckung einer Signatur, Walliser Bote 134, Nr. 194, 23. August 1974, S. 4. In den Signaturen von Geschinen (S. 247) und Münster (S. 65) des Jahres 1752 nennt sich dieser: «h[ans].g[eorg]. Pföfferle infentor», in Münster noch zusätzlich: «pitore». Da sich der Rufname «Jörg» mit Initiale nicht verständlich

Abb. 215 und 216. Reckingen. Gemeindehaus, ehemals Pfarrhaus, erbaut 1753, versetzt und renoviert 1965–1967. Ansicht von S. Text S. 313/14. – Pfarrkirche mit Beinhaus bzw. Sakristei, 1743–1745. Ansicht von S. – Text S. 276.

des innersten Deckenmedaillons im Chor hält in Chronostikon das Datum der Vollendung[35] 1745 fest, das auch innen über dem Portal in einer gemalten Kartusche steht. 1748 wurde die Kirche samt dem Rosenkranzaltar durch Bischof Johann Joseph Blatter eingeweiht[36]. Im folgenden Jahr hat eine Lawine «das portal die port die zwei pfenster gegent den platzs und etwelche stehil (Stühle) uerbrochen und gar will schnee darin getragen»[37]. Reparaturen[38] 1854, 1868, 1872/73, 1885 bis 1887, 1898, 1926, 1936/37 und 1962. 1885 wurde von FRANZ LAGGER an Stelle des alten Plattenfliesbodens ein farbiger Zementfußboden gelegt. Im Chorboden schied man mit schwarzen Rahmen drei nicht näher bezeichnete Grabplatten aus und

wiedergeben läßt, könnte zwar «g[eorg]» gewählt worden sein. Erscheinungsformen des Namens in den Pfarrbüchern und Dokumenten: 1755 Pfefferlin (PfA Reckingen, Nr. 1); 1760 Pfäfferling und Pferling (GdeA Ernen, B 10 u. o.Nr.); 1777 Pfefferle (PfA Obergesteln, D 43, S. 103); ab Ende des 18.Jh. auch Pfeffer, Pfefferlj und Pfefferler; 1825 Pfepfeler (PfA Münster, Buch der St.-Jakobs-Bruderschaft). – Am 20. März 1742 war «Josephus Bichelmeyr ex ditione suae viae Schwaben de Montfort Pictor» Taufzeuge in Biel (PfA Biel, D 39).

35 Nach der Überlieferung hat man die südliche Kirchenpforte für Katharina Schmid gebaut als Anerkennung dafür, daß sie gegen Ende des Kirchenbaus mit ihrem «Sparstrump» zu Hilfe geeilt sei (A. GARBELY, Reckingen 250 Jahre Pfarrei – 200 Jahre Kirche, W.Jb. 1945, S. 55) (S. 283).

36 GdeA Reckingen, D 83. Vgl. S. 283.

37 StAS, A Louis de Riedmatten, Carton 6, fasc. 9, Nr. 116. Vgl. Dielbaum-Inschrift in Haus Nr. 53, S. 314.

38 1854 Kirchturmdach (PfA Reckingen, Nr. 4); 1872/73 Renovation (ebenda); 1868 Kirchendach (ebenda); 1885–1887 Graniteinfassung des Portals durch THOMAS BRUNZ; Fußboden (ebenda und PfA Reckingen, Nr. 6 und 10); 1898 kleine Renovation durch BAPTIST BOTINI; 1926 Außenrenovation; 1936/37 Kirchenboden; 1962 Kirchturmdach (PfA Reckingen, o. Nr.).

schmückte sie mit Vierpässen[39]. Den dekorativen Reichtum des Innenraums steigerten die unter Aufsicht von P. Albert Kuhn eingefügten Fenster, im Chor 1894/95 durch die «Tiroler Glasmalerei», Innsbruck[40], im Schiff 1898 durch die Firma Huber-Stutz, Zürich[41]. Lukas Walpen stellte die Rahmen für die Schiffsfenster her. Bei der Außenrenovation 1926 erhielt die Kirche die Fensterbänke aus Granit und, auf Anraten von Kantonsarchitekt Karl Schmid, eine hellockerfarbene Wandtönung. Damals ersetzte man die noch von Lukas Walpen stammende[42] Turmuhr aus dem Jahre 1891. 1936/37 schufen die einheimischen Schnitzler Emmanuel Carlen, Gregor Guntern und Leopold Jerjen die gangseitigen Docken der neuen Kirchenbänke[43]. Bei der ohne offizielle Denkmalpflege durchgeführten Totalrestaurierung von 1974 erhielt die Kirche ein unpassendes Kupferdach. Man entfernte die historistischen Fenster, den farbigen Zementboden und die Farbfassungen von 1892/93 an Altären, Beichtstühlen, Kanzel und Chorgestühl. Bauführung Hubert Walpen, Reckingen. Restaurierung der Stukkaturen Lothar Knöchel, Kriens, der Deckenmalereien Walter Furrer, Visp; Altäre, Kanzel, Taufsteinaufsatz, Chorgestühl, Beichtstühle und Orgelprospekt Walter Mutter, Naters; Orgel Hans-J. Füglister, Grimisuat. Bei der Ausstattung nahm man verschiedentlich zu wenig Rücksicht auf den historischen Bestand.

Baugeschichtliche Probleme. Die Baumeisterfrage. Als Baumeister wird in der Literatur ohne Quellennachweis der Vorarlberger Johann Bickel (Pickel) (*1703) aus Raggal (Bludenz) genannt[44]. Widersprüchliche chronistische Notizen, bei denen die mündliche Überlieferung und der persönliche Beitrag des Chronisten zudem nicht mehr zu scheiden sind, sprechen von zwei Architekten Pickel aus Feldkirch, die im Eginental verunglückt seien[45], und von den Gotteshäusern der Dörfer Reckingen und Geschinen als Werken desselben Baumeisters[46]. Auf Vorarlberg

---

[39] Nur das mittlere Grab ist durch beigefügten Kelch über dem Kielbogenvierpaß eindeutig als Priestergrab gekennzeichnet. Der erste Pfarrer der Pfarrei Reckingen, Johann Blatter, wurde 1736 in der alten(!) Kirche vor dem Hochaltar beigesetzt, Joseph Ignaz Taffiner als ehemaliger Rektor 1765 «in Eccl. Choro ad partem Evangelii in Monumentum muro exstructum». Im Chor beerdigt wurden ferner die Geistlichen Andreas Anton Taffiner (1796) und Chorherr Franz Xaver Blatter

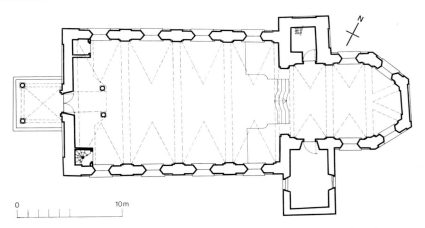

Abb. 217. Reckingen. Pfarrkirche, 1743–1745. Grundriß. – Text S. 276.

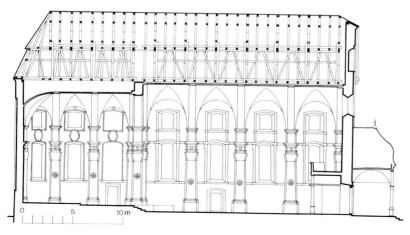

Abb. 218. Reckingen. Pfarrkirche, 1743–1745. Längsschnitt. – Text S. 276/77.

(1821) sowie die Meier Johann Taffiner (1754), Vater von Rektor Joseph Ignaz (siehe oben), «in choro prope Turrim» und Joseph Ignaz Schmidt (1755) als besonderer Wohltäter der Kirche «in Ecclesia prope Sacristiam» (PfA Reckingen, Nr. 3).

40 Verfertigt in der Filiale der Firma in Wien (PfA Reckingen, Nr. 12). A. Kuhn riet, das Schiff wegen der Stukkaturen heller als das Chor zu befenstern.   41 PfA Reckingen, Nr. 26 u. 30.

42 PfA Reckingen, Protokollbuch 1879 ff.   43 Unter Mitarbeit von Franz Walpen, Reckingen.

44 N. Lieb, F. Dieth, Die Vorarlberger Barockmeister, München und Zürich 1967, S. 18 und 79.

45 Franz Joseph Joller S.J. († 1894): «Eginen-Thal. Lauwe-Unglück. nach 1751 kamen die beiden berühmten Architekten Pickel von Feldkirch (Vorarlberg), die Erbauer der Kirchen von Reckingen, Stalden u. Geschenen, am Eingange des Eginen-Thales auf dem Kitt bei Stalden in der Lauwe ums Leben. Ein Stein daneben enthält ihre Namen.» (AGVO, J 2). Unter «Reckingen.Kirche» nennt Joller die Architekten Gebrüder (ebenda). Die erwähnten Ortsbezeichnungen gibt es im Eginental. Man will sich in Ulrichen noch an irgendeine Inschrift im Fels erinnern; heute ist sie nicht mehr auffindbar. Sollte Joller die Inschrift je persönlich gesehen haben, so kann sie nur die Namen der Verunglückten genannt haben. Eine Jahreszahl fehlte offenbar, und auch der Hinweis auf die den Pickel zugeschriebenen Gotteshäuser erscheint als Vermutung Jollers, da für die Geschiner Kapelle ja Jakob Moosbrugger als Baumeister nachgewiesen ist. Den Tod der verdienten Baumeister hätte Johann Georg Garin Ritz, Pfarrer von Münster 1743–1772, im Sterbebuch sicher festgehalten und kommentiert. Schließlich bietet sich für die verschollene Inschrift im Eginental eine andere Deutung an. Am 11. Februar 1735 fand man den Maurermeister Christian Bichel und seinen Bruder Franziskus tot «sub nivibus», nachdem diese «zum Loch in die Gruoben» zur Arbeit gegangen und nicht mehr zurückgekehrt waren (PfA Münster, D 91). Ein 1709 in Bairsried getaufter Philipp Bückel hatte sich in Reckingen niedergelassen (PfA Reckingen, Familienregister). Vgl. Inschrift des Dielbaums im Haus Nr. 6, S. 292. Pichel gab es auch im übrigen Goms, so z.B. 1709 in Selkingen (PfA Biel, Stammesregister, D 16). (Freundl. Hinweis von Br. St. Noti.)

46 Franz Joller, AGVO, J 2, unter «Reckingen. Kirche». Chronik des Rektors Peter von Riedmatten († 1901) (PfA Münster, o. Nr.). Die Möglichkeit bestand allein schon deswegen, weil Pfarrer Johann Georg Garin Ritz von Münster, der den Bau der neuen Reckinger Pfarrkirche vorbereitet hatte, beim Kapellenbau im kirchgenössigen Geschinen sicher entscheidend mitzusprechen hatte. Nach der Überlieferung sollen sich die Baumeister geäußert haben, die Reckinger hätten fürstlich gebaut, aber bettlerisch bezahlt, die Geschener bettlerisch gebaut, aber fürstlich bezahlt (F. Joller, AGVO, J 2, unter «Reckingen.Kirche»). Stilistische Anklänge an die Architektur des Urserentals (S. 282) könnten tatsächlich auf den in Altdorf ansässigen Jacob Moosbrugger aus dem Bregenzer Wald, den Erbauer der Geschiner Kapelle, hinweisen.

könnte schließlich auch das Vorkommen eines Caspar Beer in Reckingen hinweisen, dessen zweite Gattin nach Katharina Berter die Schwester des Orgelbauers MATTHÄUS, Maria Carlen, war[47]. 1757 starb in Reckingen JOHANN PETER RAGOZI, Maurermeister aus Rheimen (Rima in Val Sesia)[48].

Literatur. A. BRIW, Die Muttergotteskirche in Reckingen, W. Jb. 1937, S. 26–30. – Vgl. die Literaturangaben S. 270.

BESCHREIBUNG. Die Pfarrkirche ragt als mächtiger geosteter Baukörper frei zwischen «Ober»- und «Niderdorf» südlich der Talstraße empor.

Grundriß (Abb. 217). Das längliche Rechteckschiff öffnet sich in ein sehr langes Chor, das nach zwei Chorjochen in etwas unregelmäßigem Polygon endet. In der nördlichen Chorachsel springt der Turm vor, in der südlichen das Beinhaus. Der Chorboden schwingt zu den Seitenaltären vor.

Äußeres (Abb. 216). Um die mächtige Satteldachhaube mit gleichen Flanken über den Chorarm vorziehen zu können, setzte man das Chordach in halber Höhe mansardenartig ab. In eng aufgereihten Achsen umgürten hohe stichbogige Blendnischen Schiff und Chor, sei es als Fensterachsen mit stichbogigen Hoch- und Oberfenstern oder blind wie über der Sakristei und am Chorschluß. Das Traufgesims umfaßt auch den Turmschaft und verklammert sich an der Stirnfassade als Kapitell mit den Eckpilastern. An der Stirnfassade wird das Leitmotiv der Blendnische monumentaler und architektonischer wiederholt. In der Nische der Archivolte, unter dem kleinen Krüppelwalm, steife Muttergottesstatue aus der Mitte des 18. Jahrhunderts, von einem der Söhne des PETER LAGGER(?) (S. 149, Anm. 478). Das von toskanischen Säulen gestützte Vorzeichen trägt eine zwiebelförmige Haube. Die marmorierten Gipspilaster der Türrahmung sind schräg nach außen gekehrt. Eine von Maler ANTON IMHOF († 1944) bis zur stilistischen Unkenntlichkeit überholte Wandmalerei, Kirche und Dorf unter dem Schutz Mariens darstellend, schmückt das von Voluten getragene Giebelfeld. Die nußbaumene zweiflügelige Tür zeigt flache zentralsymmetrische Akanthusornamente in Spiegeln, die unten rechteckig, in der Mitte kreuzförmig, oben eckgekehlt sind. Der nur wenig befensterte schlanke Turm, der ebenfalls eine stichbogige Blendnische an jeder Front aufweist, endet in sehr komplexer Haube. Über den eingezogenen Kielbogengiebeln der Turmfronten steigt der Helm vierkantig hoch, eh er sich einschnürt und in die große Zwiebel übergeht.

Inneres (Abb. 218–220, Tafel II). Die gedrückte[49] Gipstonne läßt das geräumige Schiff noch weiter erscheinen. In den tiefen Stichkappennischen sitzen die Oberlichter.

---

47 Jahrzeitbuch des Johann Peter und der Maria Carlen in Reckingen (PfA Reckingen). Im selben Jahrzeitbuch ist später ein «Julius Beer in Rhaetia» aufgeführt. Nach dem Stammesregister von ADRIAN GARBELY ist zwar auch Caspar Beer Bündner (PfA Reckingen). Gattin des Orgelbauers MATTHÄUS CARLEN war eine Katharina Beer, nach dem Stammesregister aus Graubünden stammend. Im Auer Steuerbuch von 1706 ist ein BEER KASPAR als «in der Fremde» weilend nachgewiesen (N. LIEB, F. DIETH [vgl. Anm. 44] S. 77).

48 «Honestus ac probus peritus Magister Joannes Petrus Ragozi murarius ex Italia vulgo Rheimen» (PfA Reckingen, Nr. 3).

49 Folgende sachlich nicht begründete mündliche Überlieferung beleuchtet die Wirkung der im Goms ungewöhnlichen Tonnenform: «Leider war es ihnen [den Baumeistern] gestattet, bloß den Chor nach dem Plane zu vollenden, das Schiff dagegen mußten sie auf Zudringen der Baucommission niedriger ansetzen, wodurch das harmonische Verhältniß zwischen beiden gestört wurde. Die Bau-

Abb. 219 und 220. Reckingen. Pfarrkirche. Inneres gegen das Chor. Hochaltar, 2. Viertel 18. Jh.
Seitenaltäre, um 1745 oder 1766. Kanzel, 1766. Vgl. Tafel II. – Inneres gegen die Orgel, erbaut
um 1746(?). – Text S. 276/77.

Die mit Rücklage versehenen Pilaster sind entsprechend dem Wandaufriß zweizonig gegliedert. Auf mittlerer Höhe der Hochfenster sitzen die schweren (heute)
vergoldeten Kapitelle korinthischer Ordnung unter hohem Gebälk mit Cherub am
Fries. Aus dem Kranzgesimse löst sich das abschließende Karnies heraus, um als
Wandsims auch noch die Fenstergiebel zu bilden und beidseits des Chorbogens als
quastenbesetzter Baldachin die Seitenaltäre zu bekrönen. Ein solbankartiges Sims
läuft am Fuß der Hochfenster von Pilaster zu Pilaster. Die Oberzone besitzt eigene,
etwas kleiner dimensionierte Pilaster mit profilierten Kämpfern. Alle Fensternischen
sind gerahmt. Die Kirchenrückwand ist kahl.

Das kräftig eingezogene und vom Chorbogen nochmals eingeschnürte Chor ist
um vier Stufen erhöht. Seine Stichkappentonne ist nicht gedrückt. Gurten scheiden
die Gewölbekappen des Chorschlusses. Die Chorwände sind wie diejenigen des
Schiffs gegliedert, nur ist das blinde erste Joch mit Blendrahmen gestaltet und eine
Stuckkartusche mit Gemälde verbindet beide Fensterzonen.

Die stuckierte Orgelempore hebt mit ihrem vor- und hochgezogenen Mittelstück
den reichen Orgelprospekt empor. In der unterwölbten Eingangstonne auf tuski-
schem Giltsteinsäulenpaar klingt fern noch das Motiv der Serliana an, in der Balu-
stradenkrone die Erinnerung an fürstliche Treppenhäuser des Barocks.

---

meister sollen darüber so ungehalten gewesen sein, daß sie von der Baucommission eine Bescheinigung
dieser abgenöthigten Veränderung des ursprünglichen Planes verlangt haben.» (FRANZ JOLLER,
AGVO, J 2.)

Abb. 221 und 222. Reckingen. Pfarrkirche. Deckenbilder, um 1745, von Hans Jörg Pföffler (Johann Georg Pfefferle?). Maria im Strahlenkranz der Heiligen Dreifaltigkeit und Erschaffung des Weltalls. (Vor der Restaurierung.) – Text S. 278–280.

Die rechteckige Sakristei endet in einem gipsernen Muldengewölbe mit großem leerem Ziermedaillon im Scheitel.

Stukkaturen (Abb. 221–228). Die Schiffsdecke ist von feinem Bérain-Stuck wie mit Spitzenwerk und Geschmeide übersponnen. Die Ornamentgitter sind grün getönt, die Zierfelder an den Flanken der Schiffsdecke rosa, jene an Chorbogen und -gurten blau. Die dichtere Stuckierung der Chordecke (Tf. II) wirkt plastischer und dynamischer, weil hier das Motiv der Spiralranke vorherrscht. Die Stichkappen sind mittels doppelter, schwarz untermalter Blattkämme kräftig abgesetzt. An der Unterseite der Chorbogenarchivolte wechseln in Ornament aufgelöste Monogramme der Heiligen Familie mit Ornamentkompositionen. Stuckiert sind auch die gleicharmigen Apostelkreuze in geschupptem Kranz.

Die Reckinger Stukkaturen sind mit vielfältigeren Motiven straffer aufgebaut als die stilverwandten Gewölbestukkaturen der Tuggener Pfarrkirche (vor 1743)[50]. Mit den überladenen Régencestukkaturen der Pfarrkirche von Quinto TI[51] haben sie nur die Form der Scheitelmedaillons und das Motiv der Rispe gemein.

Decken- und Wandmalereien (Abb. 221–228). Gemäldemedaillons im kostbaren Rahmen der Stukkaturen entfalten ein imponierendes Programm des tridentinischen Glaubens, das wohl als Schöpfung des Theologen Dr. JOHANN GEORG GARIN RITZ anzusprechen ist. Die Themen der reichkonturierten Vierpässe im *Gewölbescheitel*, vier im Schiff und zwei im Chor, bringen theologisch tiefsinnig das Patrozinium der

50 Kdm Schwyz I, S. 442, Abb. 474.
51 L. SIMONA, L'Arte dello Stucco nel Cantone Ticino, Bellinzona 1938, S. 55, Abb. 63.

Abb. 223–226. Reckingen. Pfarrkirche. Deckenbilder, um 1745, von Hans Jörg Pföffler (Johann Georg Pfefferle?). Scheidung von Tag und Nacht und Sturz der Engel; Erschaffung der Lebewesen in Anwesenheit Mariens (oben). Sündenfall und Verheißung des Weibes; Sieg über die Schlange durch die Geburt des Kindes (unten). (Vor der Restaurierung.) – Text S. 278–280.

Geburt Mariens mit der Schöpfungsgeschichte in Verbindung. Wie die Schöpfungsgeschichte den Rahmen für die mystische Vision bildet, so stehen die entsprechenden
Stellen aus der Genesis als Legenden in den Kartuschen, die optisch die Vierpässe
halten. In den Gemälden selbst deuten Spruchbänder die tieferen Zusammenhänge,
und zwar sind Maria alttestamentliche Stellen aus den Büchern der Sprüche und
der Prediger, Christus solche aus dem Johannesevangelium zugeordnet. Im ersten
Medaillon (Abb. 221) erscheint Maria im Strahlenkreis der Dreifaltigkeit (Ab
aeterno ordinata sum). Indem ihr Gottvater im zweiten Medaillon (Abb. 222) den
Erlöser als Kind sendet, schafft er das Weltall, Himmel, Erde und das Licht. Im
dritten Medaillon (Abb. 223) entspricht der Scheidung von Tag und Nacht der
Sturz der Engel[52]. Dann folgt die Erschaffung aller Lebewesen unter dem Baum
des Lebens; Maria ist mit dem Jesusknaben als «Mitschöpferin» gegenwärtig (cum
eo ... cuncta componens) (Abb. 224). Im ersten Chormedaillon (Abb. 225) setzt
Gottvater nach dem Sündenfall Feindschaft zwischen der Schlange und dem Weibe.
Das innerste Medaillon (Abb. 226) im Chor endlich kündet vom Sieg über die
Schlange und von der Geburt des Kindes als Werk der Heiligen Dreifaltigkeit und
Mariens. Inschrift in den Rahmenkartuschen dieses Medaillons: «PeCCatI
MaCULae/planè eXpers nos=/CItUr Una:RUfo serpentI trI=/Verat ILLa
CapUt» (Chronostikon der Jahreszahl 1745). In den *Stichkappen* von Chor und
Schiff stehen Dreiviertelbildnisse in stuckgerahmten Dreipaßkartuschen: im Chor-
scheitel Christus mit der Weltkugel, laut Inschrift den Befehl erteilend, alle zu lehren
und zu taufen. Zu seiner Rechten, d. h. an der linken Chorschräge, weist Johannes
der Täufer auf ihn, der im Heiligen Geiste tauft, während zu seiner Linken Petrus
mit den Schlüsseln die Institution der Kirche versinnbildet. Dann folgen die Apostel
(Abb. 227 und 228) samt dem hl. Paulus, begleitet von ihren Attributen und einer
Sentenz des Apostolischen Glaubensbekenntnisses. Als Stützen des theologischen und
kirchlichen Gebäudes erscheinen zwischen den Fensterzonen des Chors noch die
vier lateinischen Kirchenlehrer (Abb. 227) und, an den Chorschrägen, die Evangelisten Markus und Lukas. Über dem *Chorbogenscheitel* sind vor dem Auge Gottes
das Alte und das Neue Testament einander in aufgereihten Symbolen gegenübergestellt. Am Scheitel der *Eingangstonne* unter der Orgelempore Vierpaß mit einer
qualitätvollen Darstellung der Maria vom Guten Rat nach dem Gnadenbild von
Genazzano.

Die Malereien der Gewölbemedaillons überraschen durch die handfeste Erzäh-
lung symbolischer Inhalte. Neben einzelnen etwas gröberen Gestalten oder Ge-
sichtsbildungen gibt es lebendige, ausdrucksvolle Figuren und beschwingte Putti.
Eine der einheimischen Künstlerfamilie der PFEFFERLE fremde Malweise deutet auf
einen Meister der skizzenhaften Zeichnung (und des duftigen Aquarells?).

WÜRDIGUNG. Die Pfarrkirche von Reckingen ist das imposanteste Bauwerk des
Oberwalliser Barocks im 18. Jahrhundert. Die junge Pfarrei (1696) hatte auf ältere,
vermutlich unbedeutende Vorgängerbauten nicht Rücksicht zu nehmen, weshalb
ein Bau von eindrücklicher stilistischer Geschlossenheit in Architektur und Dekor

---

[52] Sinnvoll fügte sich hier die theologische Hypothese an, daß der Stolz der Engel sich vor dem
Geheimnis der Menschwerdung Gottes empörte.

Tafel II. Reckingen. Pfarrkirche. Stuckdecke des Chors mit Malereien, um 1745, von Hans Jörg Pföffler (Johann Georg Pfefferle?). Vgl. Abb. 225 und 226. – Text S. 278–280.

Abb. 227 und 228. Reckingen. Pfarrkirche. Gewölbekappe im Chor. Im Dreipaß hl. Jakobus d. Ä.(?)
über einem Passus des Apostolischen Glaubensbekenntnisses, im Medaillon der Kirchenlehrer Gregor d.Gr. – Gewölbekappe im Schiff. – (Vor der Restaurierung.) – Text S. 278 und 280.

entstand. Da die Mutterpfarreien der Oberwalliser Zenden zudem mit älteren Bauten ausgestattet waren, lief ihnen Reckingen als architektonisches Vorbild den Rang ab. Im Goms leitete der Bau die zweite Welle barocker kirchlicher Bautätigkeit ein[53].

Allein schon die Zwiebelhaube des Turms läßt an einen zweiten Einbruch nördlicher Bauweise in die Kunstlandschaft des Oberwallis nach der Briger Kollegiumskirche (1685) denken. Die Herkunft solcher Stileinflüsse ist indessen nicht lokalisierbar. Mit den frühen SINGER-Bauten (Luthern 1752; Hochdorf 1758) hat Reckingen nur unbedeutendere Leitmotive gemein[54]. Ebenso fehlen entscheidende Leitmotive der Reckinger Kirche bei den Bauten der VORARLBERGER BAUMEISTER[55]. Näher

53 Die fieberhafte Bautätigkeit des Hochbarocks hatte sich im frühen 18. Jh., durch Maßnahmen von Landrat und Bischof gedrosselt, beruhigt.

54 Äußere Dachsimse; bekrönende Simsgiebel über den Seitenaltären; giebelbekrönte Zifferblätter am Turm. Die als Lambrequins ausgestalteten Kranzgesimsgiebel über den Reckinger Seitenaltären erscheinen im Vergleich zu denjenigen der Singerbauten jedoch weiter vom Architekturelement zum Dekor hin entwickelt. Gleiche Zifferblattgiebel werden erst von den PURTSCHERT verwendet. Auch ist die Reckinger Turmhaube gerade entgegengesetzt aufgebaut: bei den SINGER und PURTSCHERT kräftig geblähte Haube in der Nachfolge der süddeutschen (augsburgischen), darauf in der Frühzeit kleinere bekrönende Zwiebel, später kleine Laterne – in Reckingen große Zwiebel auf schlankem Haubenschaft.

55 Die als Giebel über die Hochfenster setzenden Simse fanden bei den Seitenemporen der Vorarlberger begreiflicherweise keine Verwendung. Einzig die Wallfahrtskirche in Schönenberg über Ellwangen gibt am eingezogenen Pfeiler auch einen zweizonigen Pilasteraufbau bei zurückhaltender Ausgestaltung des obern Pilasters. (N. LIEB, F. DIETH [vgl. Anm. 44], Abb. 76 und 106.)

liegt eine Beeinflussung durch die Briger Kollegiumskirche[56], um so mehr als sich auch die Blendnischengliederung der Außenwände von diesem Vorbild herleiten kann. Die portalartige Ausgestaltung der Stirnfassade mit den Eckpilastern klingt dagegen an Motive der ursnerischen Prismeller (BARTHOLOMÄUS SCHMID) an[57]. So erweist sich die Reckinger Pfarrkirche eher als kühne Neukonzeption aus Motiven der Umgebung denn als geistiger Import.

Die kirchliche Architektur des Goms hatte bislang unter dem Einfluß der eigenen Prismellerbauten (Pfarrkirche von Münster) gestanden und von den untern Zenden nur «Details» wie die Typen der Orgelempore und der Vorhalle (Glis) übernommen. Reckingen löste diesen Einfluß für mehr als hundert Jahre ab, bis im letzten Viertel des 19. Jahrhunderts in Brig und Visp ansässige italienische Baumeister Laternen als Turmhauben ins Goms brachten[58]. Eine ganze Reihe von Reckinger Motiven bestimmten fortan die kirchliche Architektur des Goms bis in die kleinen Kapellen hinein[59]. Entferntester Ableger[60] der Pfarrkirche von Reckingen dürfte das Schiff von Stalden im Vispertal sein, in einer Region, wo vorher nur oberitalienische Architekturmotive und solche der Briger Kollegiumskirche Eingang gefunden hatten.

Altäre. Hochaltar. Der stilistisch ins zweite Viertel[61] des 18. Jahrhunderts weisende Hochaltar wird in einer Gommer Werkstatt geschaffen worden sein[62]. 1892/93 Renovation durch die Firma J. M. BÜRLI, Klingnau[63]. Die Fassung erneuerte man größtenteils, die Sockelstirnen der Predella wurden mit den gemalten Stifterwappen[64] der Familien Taffiner und von Kalbermatten in Ovalkartuschen versehen und der Tabernakel[65] neu bekrönt mit vergoldeten Schnitzereien. Das alte Altargemälde wurde durch ein Bild vom hl. Skapulier ersetzt, «theils weil das alte

56 Über diesen einheimischen Jesuitenbau können Anregungen der frühen Vorarlberger wirksam geworden sein, da an der Wallfahrtskirche in Schönenberg über Ellwangen (vgl. Anm. 50) neben MICHAEL THUMB auch P. HEINRICH MAYER, der Schöpfer der Pläne der Briger Kollegiumskirche, beteiligt war (DONNET, S. 104).

57 Vgl. die Fassadengestaltung von BARTHOLOMÄUS SCHMID an der Karl-Borromäus-Kapelle und am Pfrundhaus in Hospental (1718!) (Uri, Land am Gotthard, Zürich 1965, Abb. 60 [A. REINLE]).

58 Lax wählte noch 1868 für seine originelle neugotische Kirche eine Reckinger Haube anstelle des vom Architekten ANTONIO CROCI geplanten passenderen Turmhelms.

59 Im Obergoms die Blendnischengliederung der Außenwände, die Stirnfassadengliederung, das gewalmte Vorzeichen und der Typ der Orgelempore; bis ins Untergoms Eigentümlichkeiten der inneren Wandgliederung wie die als Fenstergiebel verwendeten Simse und die Fensterrähmchen (Kapelle von Außerbinn).

60 Außerhalb des Goms erscheint die Reckinger Turmhaube nie.

61 Vgl. den heterogenen Aufbau der Geschosse in den Altarwerken des JODOK RITZ (1697–1747). Wohl aus der alten Kirche.

62 Reckingen besaß damals eigene Schnitzler. «M. Petrus Karlen» wurde 1743 «apud Chorum novae Ecclesiae» beigesetzt. Ein gleichnamiger «Schnetzer», der bei der Erstellung von Kunstwerken wohl für Schreinerarbeiten zugezogen wurde (z.B. bei der Kanzel von Biel, S. 395), starb 1732 (PfA Reckingen, Nr. 3). «Sculptor et Pictor» JOHANNES CARLEN († 1722–1726) (S. 82). PETER LAGGER (1714–1788) wird des Alters wegen ausscheiden.   63 PfA Reckingen, Nr. 13.

64 Der für die Renovation verwendete Hochaltarfundus setzte sich aus je einem Legat von Franz Taffiner und seiner Gattin Josepha, geb. de Sepibus, zusammen. Deren Tochter, Frau Adèle von Kalbermatten, willigte in die genannte Verwendung des Fundus ein (PfA Reckingen, Rechnungen des Fundus des Hochaltars, o. Nr.).

65 Zugleich beseitigte man das «nicht liturgische» «Triller»-System des Tabernakels.

Altarbild Mariä Geburt[66] viel zu realistisch gemalt war u. einiges enthielt, das in seiner Darstellung das rechte Gefühl verletzte (um es gelinde zu sagen)»[67]. Die stilistisch zum Hochaltar gehörenden, 1927 neugefaßten Flankenstatuen des Hauptgeschosses standen am Beinhausaltar, ehe sie 1958/59, restauriert durch EDMUND IMBODEN, Raron, auf Sockel von LEOPOLD JERJEN zu stehen kamen. 1974 Fassung erneuert. Durch eine Öffnung hinter dem Tabernakel wird während des Glorias der Osternachtsmesse, früher während der Prozession in der Kirche, eine Auferstehungsstatue[68] hochgezogen – ein Relikt alter Mysterienspiele.

Der hohe einachsige Altar (Abb. 219) baut sich aus zwei verschiedenartigen Architekturgeschossen auf. Die Bekrönungen der Nischen verschleifen die Geschosse. Den Abschluß bildet ein großer Strahlenkranz mit Gottvater. Heute verdeckt ein Kreuzigungsgemälde (S. 286) das Altarblatt der Muttergottes vom Berge Karmel von HEINRICH KAISER aus dem Jahre 1892/93[69]. Flankenstatuen: links die hl. Barbara, rechts Margareta. In der Nische der Oberzone Muttergottesstatue, Flankenstatuen, von links nach rechts: Theodul, Franz Xaver(?), Ignatius von Loyola und ein hl. Bischof (Garinus?[70]). Stipes und Tabernakel im Stil der Kirche mit wertvoller originaler Kaseintempera-Fassung.

Seitenaltäre (Abb. 219). Der 1697 testamentarisch beschenkte[71] Josefsaltar ist 1736 als rechter Seitenaltar bezeugt[72]. Das Schmid-Wappen über den Initialen «A.M. C.S.» am Bogenscheitel der Nische wird an die im Sterbebuch «insignis benefactrix ecclesiae» bezeichnete Anna Maria Katharina Schmid († 1766), Gattin des Peter von Riedmatten, erinnern. Der linke, dem hl. Rosenkranz[73] geweihte Seitenaltar ist nach dem Wappen eine Stiftung wohl von Margareta Taffiner († 1766)[74]; er wurde bei der Kirchweihe von 1748 als einziger Altar mitgeweiht. Bei der Renovation von 1892/93 durch J. M. BÜRLI, Klingnau, wurden die alten Altarbilder durch Gemälde von HEINRICH KAISER ersetzt, gestiftet von der Familie von Kalbermatten-Taffiner[75]. Stehende Reliquienfiguren der Märtyrer-Nebenpatrone hinter den Altarblättern, links der hl. Felix aus dem Jahre 1746, rechts der hl. Benedikt, 1744 zu Rom als Geschenk erhalten[76]. Weitere Reliquien hinter den losen Sockelstirnen. Vom früheren Rosenkranzaltar aus dem ersten Viertel(?) des 18. Jahrhunderts sind noch zwei Statuen erhalten geblieben (S. 288).

Beide Altäre sind fast gleiche Pendants. Im Hauptgeschoß schwingt der Altarkern, begleitet von Stützen, karniesförmig vor. Volutensprenggiebel mit mutwilligen Put-

---

66 Weil am Feste Mariä Geburt auch das Kapellenfest auf dem Ritzinger Feld modo solemnissimo gefeiert wurde, hatte man im Laufe des 19. Jh. die Feier auf den Tag des hl. Skapuliers verlegt. Man trug sich mit dem Gedanken, das Patronat entsprechend zu ändern, was dann aber Rom nicht gestattete. Mit dem Altarbildwechsel bezweckte man, Altarblatt und Patrozinium in Einklang zu bringen (PfA Reckingen, Protokoll 1879 ff.). Unter Pfarrer Josef Schmid (1897–1913) sollen die Altarblätter der drei Retabel, die sein Vorgänger Pfarrer Adolf Biderbost entfernt hatte, verbrannt worden sein.   67 PfA Reckingen, Protokoll 1879 ff.

68 1899 von der Firma ROSA & ZANAZIO, Rom, erworben, von Papst Leo XIII gesegnet (PfA Reckingen, Nr. 30).   69 PfA Reckingen, Nr. 11. Ferner Briefwechsel erhalten.

70 Vermutung von A. BRIW (A. BRIW, Die Muttergotteskirche in Reckingen, W. Jb. 1937, S. 29).

71 Von Christian Guntern, dem Bruder des Pfarrers von Münster, Peter Guntern (GdeA Reckingen, D 79).   72 PfA Reckingen, Nr. 2.   73 Ebenfalls 1736 genannt (PfA Reckingen, Nr. 2).

74 «Specialis benefactrix ecclesiae nostrae» (PfA Reckingen, Nr. 3).

75 PfA Reckingen, Nr. 10. Stifterinschriften am Fuß der Gemälde. Rechnungen des Hochaltarfundus (PfA Reckingen, o. Nr.).   76 PfA Reckingen, Nr. 30 (Aufzeichnungen von 1916) und Nr. 6.

ten leiten zum hochgezogenen Giebel über. Die karniesförmig verjüngte Oberzone wirkt trotz Nische und Gebälk eher als Bekrönung. Am rechten Seitenaltar Gemälde mit Darstellung des hl. Josef, als Flankenstatuen links der hl. Sigismund(?), rechts Karl d. Gr.(?), in der Oberzone Dreiviertelstatue des hl. Josef, im Wolkenmedaillon der Bekrönung das Auge Gottes. Am linken Seitenaltar Muttergottesgemälde zwischen Katharina und Barbara, in der Oberzone Franz Xaver, in der Bekrönung die Initialen Mariens.

Eine lebendige plastische Durchbildung des Altarkerns dieser Art[77] gab es in der heimischen Altarkunst nie. Fremd mußten auch die 1974 leider vergoldeten, ehemals wohl polierweiß gefaßten Statuen und Putti wirken. Als Werke von fremden Altarbauern aus der Zeit unmittelbar nach dem Kirchenbau[78] oder um 1766 blieben die Seitenaltäre ohne Nachfolge. Die weiße Fassung der Statuen fand wohl Eingang in die Werkstatt der Söhne des PETER LAGGER (S. 328).

TAUFSTEIN. Der bis 1974 als Taufstein benutzte Steinpokal mit den heiligen Namen in drei Wappenschildern über der eingehauenen Jahreszahl 1681 dient heute als Weihwasserstein. Neuer Taufstein von KALESANZ BIDERBOST, Reckingen. Der hölzerne Aufsatz umfaßt zwei achtseitige, stark abgetreppte Architekturgeschosse unter haubenartiger beschuppter Bekrönung. – KANZEL. Werk eines unbekannten (einheimischen?) Bildschnitzers. In einer Kartusche der Kanzelrückwand Stifterwappen der Familie Blatter mit den Initialen «R[everendus]D[ominus]I[ohann][Martin?][79]B[latter]»[80] und der Jahreszahl 1766. Später hinzugefügt: «Renv: 1892»[81]. An dem mit Voluten gegliederten, geschwungenen Kanzelkorb große Putti mit Symbolen zur Parabel des Sämanns[82]. Auf dem Schalldeckel großer Tetramorph auf massigen Voluten und bekrönende Gut-Hirt-Statue. – CHORGESTÜHL. Holz. Kaseintempera-Marmorierung. Mitte 18. Jh. Zweiteilig. Gewundene Säulen gliedern die Rückwand, Voluten die mit Spiegelfeldern reicher ausgestattete Armlehne in drei Achsen. Kleines geschwungenes Giebelfragment und Volutensprenggiebel über den Eckverkröpfungen. – BEICHTSTÜHLE. Holz. Kaseintempera-Marmorierung. Mitte 18. Jh. In der Bekrönung, zwischen Sprenggiebeln, eine Halbfigurenstatue auf einem Sockel, am linken Beichtstuhl die Büßerin Magdalena mit Becher und Geißel, am rechten der hl. Petrus. – ORGEL (Abb. 220). 1746? Von MATTHÄUS CARLEN (†1749) und JOHANN MARTIN WALPEN (*1723)? Eine alte Überlieferung schreibt das Gehäuse den WALPEN zu[83]. Reparaturen 1848, 1867, 1870, 1888, 1901, um 1935[84]. Restaurierung von Werk und Prospekt 1974/75 (S. 274). Angabe der Disposition bei BRUHIN, S. 212. Der grau, rosa und blau marmorierte Prospekt des klanglich wertvollen Orgelwerks[85] lädt seitlich kräftig aus; vorn schwingt nur der Mittelturm vor. Alle Pfeifenfelder sind in eine kompakte, durch simsbekrönte Pilaster gegliederte Wand eingelassen, aus der sich als Bekrönung drei geschwungene spitze Giebel herauslösen. Auf dem Mittelturm Marienkönigin, eine unnatürlich überlängte Figur, wie die rahmenden Putten ein Werk

---

77 Recht ähnlich aufgebaut ist der Hl.-Kreuz-Altar in der Kirche von Hall in Tirol (O. SCHMIDT, Intérieurs von Kirchen und Kapellen in Österreich, Wien 1895, Tafel 1).

78 Das gleiche Todesjahr beider Seitenaltar-Stifterinnen (1766) könnte allerdings auch auf testamentarische Schenkungen hindeuten. Dann wären die Seitenaltäre und der Unterbau des Hochaltars zugleich mit der Kanzel (1766) im Zuge einer allgemeinen Erneuerung der Ausstattung ersetzt worden.

79 Sein Vater hieß Martin (PfA Münster, D90).

80 Er betreute 1764/65 die Pfarrei Reckingen (BRIW, S. 100). Vgl. sein Porträt S. 307, Nr. 1.

81 Durch J.M. BÜRLI, Klingnau (PfA Reckingen, Rechnungsbüchlein des Hochaltar-Fundus, o.Nr.). Ölmarmorierung.   82 Freundl. Hinweis von Dr. Albert Carlen, Brig.

83 KATHRINER, Alte Orgeln, S. 100 und 111/12. KATHRINER stützt sich auf die unzuverlässigen Aufzeichnungen von KONRAD CARLEN.

84 1848 (PfA Reckingen, Nr. 4); 1867 (Vertrag mit Gebr. KONOPKA, Orgelbauer aus Polen, Nr. 1); 1870 (Ausgabe von Fr. 680.50, Nr. 4); 1888 (Vertrag mit CONRAD CARLEN, Glis, vom 28. Nov. 1887, o.Nr.); 1901 (Protokoll 1879ff.); 1918 (Offerte von HEINRICH CARLEN, o.Nr.); um 1935 durch HENRI CARLEN, Glis.

85 Die Stirnseite der Untertasten ist mit einer Art Maskarons in gepreßtem Relief geziert.

Abb. 229 und 230.
Reckingen. Pfarrkirche.
Hl. Dominikus, 1. Viertel(?)
18.Jh., wohl vom ehe-
maligen Rosenkranzaltar,
H. 90,5 cm. Text S. 288. –
Hl.-Kreuz-Kapelle im
Blinnental. Muttergottes
aus der Fassadennische,
Ende 17.Jh., Johann Ritz
zuzuweisen, H. 59 cm. –
Text S. 324.

der RITZ-Werkstatt (JODOK RITZ, † 1747). Die Posaunenengel der Seitentürme erscheinen den Putten
der Kanzel (1766) stilverwandt. Da der prachtvolle Prospekt formal isoliert in der einheimischen
Orgelbaukunst steht, sind für das Gehäuse fremde Meister oder Anregungen anzunehmen. Auf Import dürften auch Zungenregister im Manual hindeuten. Im zusammengestückten Orgelwerk wurden
eigentümliche Pfeifenfelder mit Kielbogenabschlüssen in zweizoniger Anordnung wiederverwendet[86]. –
KOMMUNIONBANK. Die nach dem Plan eines Jesuitenpaters (WETTE?) erstellte Kommunionbank
aus dem Jahre 1846, eine Schenkung des Landvogts Franz Taffiner († 1844)[87], wurde um 1967 entfernt und teilweise am neuen Zelebrationsaltar wiederverwendet. 1974 ersetzt durch barocken Tisch
(S. 310). – SKULPTUREN. *Kruzifix* (an einem Pfeiler der rechten Schiffswand, an der Stelle eines
Missionskreuzes). H. etwa 100 cm. Holz, polychromiert. Mitte 17.Jh. Stiftung der Familie de Kalbermatten nach dem Tod von Guillaume de Kalbermatten 1963. Aus dem Unterwallis. Scharniergelenke
in den Achselhöhlen[88]. – *Vortragekreuze.* 1. H. (Korpus) 59,5 cm. Holz. Überholte Originalfassung.
2. Viertel 18.Jh. Qualitätvoller Korpus aus der RITZ-Werkstatt (JODOK RITZ), ähnlich demjenigen
des großen Kruzifixes im Pfarrhaus von Biel (S. 399). Inschrift der Kartusche unter dem Korpus:
«IEHSUS SPRACH ZU/SEINER LIEBE MUTTER/WEIB SIHE DAS IST DEIN/SOHN und zu dem jnger johannis.
Siehe/DAS IST DEN MUTER». Auf die Kartusche wurden später kleine, dick überfaßte Begleitfiguren aus
dem letzten Viertel des 18. Jahrhunderts gestellt, Statuetten von mittelmäßigem Wert. – 2. H. (Korpus) 47 cm. Holz, polychromiert, Lendentuch vergoldet. Unter dem Korpus die Jahreszahl 1859.
Von FRANZ JOSEF LAGGER, Münster? An den Balkenenden gekreuzte Blattwedel. Edel geformter neugotischer Korpus. – *Altarkruzifixe.* 1. H. 61 cm (Korpus 19,3 cm). Holz. Fassung erneuert. Sockel marmoriert und ziervergoldet. 2. Viertel 18.Jh. Edel geformter Korpus vom I. Reckinger Hauskruzifixtyp (S. 46). Der Sockel paßt sich, Erdhügel und Profile verbindend, dem Stil der Altäre an. – 2. H.
67,5 cm (Korpus 20 cm). Holz, polychromiert. Lendentuch vergoldet, mit Öl überfaßt. I. Reckinger
Hauskruzifixtyp (S. 46). Marmorierter Profilsockel mit großer Kehle, durch zwei vertikale Profilstäbe gegliedert. – *Leuchterengel* (auf geschwellten Giltsteinsäulen mit profilierter Basis und Kämpfern,
den ehemaligen Chorleuchtersockeln des 17.Jh.?). Paar. H. 59 cm. Holz. Fassung Ende 19.Jh. Gold
und Silber, am Sockel ziermarmoriert. Um 1700? Das Motiv der geschnitzten Rose zwischen den
Voluten des schweren pyramidenstumpfförmigen Sockels erinnert an den Altar im Beinhaus (S. 290). –
RELIQUIARE. Pendants. Empire. H. 108 cm. Holz, vergoldet und teilweise schwarz gefaßt. 1879
von J. M. BÜRLI, Klingnau?[89] Auf den akanthusbeschlagenen Klauenfüßen sphinxartige Cherubine

86 Freundl. Hinweis von Hans-J. Füglister, Grimisuat.
87 PfA Reckingen, Nr. 5.   88 Freundl. Hinweis von Restaurator Walter Furrer, Visp.
89 PfA Reckingen, Protokollbuch 1879 ff. 1892 wurden bei ihm zwei weitere bestellt. (PfA Reckingen, Büchlein des Hochaltar-Fundus, o. Nr.).

mit umgestülpten Fackeln in den Händen. Eine Vase bekrönt den obeliskenförmigen Schrein. – GEMÄLDE. *Kreuzweg.* 93 × 68 cm. Mischtechnik auf Leinwand. Auf der Bekrönungskartusche der XIV. Station datiert 1753. – *Kreuzigung.* 205 × 143 cm. Mischtechnik auf Leinwand. 3. Viertel 18. Jh. Kräftig eingezogener, von Rocaille gesäumter Bogen. Rechts, hinter der knienden Magdalena, Arme Seelen in einer Höhle. Qualitätvolles Gemälde. Trotz dem etwas zu hohen bekrönenden Bogen vielleicht ehemaliges Altarblatt des Beinhauses. 1974 als Altarblatt für den Hochaltar verwendet. *Ölbergszene.* 206 × 111,5 cm. Mischtechnik auf Leinwand, stark überholt. 2. Viertel(?) 18. Jh. Die Landschaft mit den schlafenden Aposteln rechts und einem Häschen links im Hintergrund ist in Grisaille gemalt, Christus und der Engel sind dagegen buntfarben.

KIRCHENSCHATZ. MONSTRANZ. H. 66,5 cm. Silber, zum Teil vergoldet. 1. Hälfte 18. Jh. Beschau Sitten. Meistermarke Tab. I, Nr. 24. Auf den vier Hauptbuckeln des rhombenförmigen Fußes von Blattwedeln umschlungene gegossene Appliken von den Heiligen Josef, Mauritius, Theodul und Dominikus. An den Zwischenbuckeln getriebene Putten mit Leidenswerkzeugen. Großer akanthusgeschmückter Birnknauf. Vor der mandelförmigen Gloriole von zwei Palmetten aufsteigender silberner Akanthuskranz mit vergoldeten Appliken von der Heiligen Dreifaltigkeit, der Himmelskönigin, von Engeln und Putten. Krone als Abschluß. Glasflüsse. – ZIBORIUM. H. 35 cm. Silber. Beschau Zug. Meistermarke von KARL MARTIN KEISER(?) (ROSENBERG, Nr. 9088) und Inschriftmarke Tab. I, Nr. 29. Auf dem vordersten Paß des gewölbten profilierten Sechspaßfußes die Initialen «x./IMBMW/ MOD» unter der Jahreszahl 1702 in einer Wappenkartusche eingraviert. Am Fuß abgesetzter Sechspaß mit Akanthusblättchen in den Zwickeln. Balusterförmiger profilierter Sechskantknauf. Dekorlose Kupa. Karniesförmig gebauchter Deckel mit vergoldeten Cherubinen als Schließen. Bajonettverschluß. – KELCHE. 1. H. 26 cm. Silber, gegossen und getrieben, vergoldet. Mitte 18. Jh. Beschau Sitten. Meistermarke Tab. I, Nr. 25. Auf den Buckeln des gewölbten flauen Sechspaßfußes wechseln getriebene Putten und applizierte Medaillons mit Passionsszenen. Birnförmiger Knauf mit Cherubinen über palmettenbehangenem scharfem Ring. Am silbernen durchbrochenen Korb, entsprechend dem Fuß, Putten mit Leidenswerkzeugen und applizierte Passionsreliefs in Medaillons. – 2. H. 23 cm. Silber, gegossen, Kupa silbervergoldet. 1. Hälfte 18. Jh. Herkunft Lombardei. Keine Marken. Am kegelförmigen Fuß wechseln über einem gestauchten Kielbogensims Cherubine und Kartuschen mit den Reliefs des hl. Georg, der Immakulata und des Gekreuzigten. Aus bewegten Kartuschen gebildeter Birnknauf. Cherubine am geschlossenen Korb. – 3. H. 25 cm. Messing, vergoldet, gegossen. 2. Hälfte 19. Jh. Profilierter Vierpaßfuß mit spitzbogigen Zwischenpässen. Emails mit Brustbildnissen von Heiligen an Fuß und Korb. Bunte Glasflüsse. – CHORAMPEL[90]. H. etwa 40 cm. Silber. 1769–1771. Beschau Augsburg (mit Buchstaben T). Meistermarke von CASPAR XAVER STIPPELDEY (SCHRÖDER, Nr. 25) (Tab. I, Nr. 9). Vasenförmiges geschweiftes Becken, umgeben von drei bewegten, durchbrochenen Rocaillebügeln mit Cherubinen in Muscheln an der Achsel. Wertvolle Silberschmiedearbeit. – KRISTALLEUCHTER. 1893 von Fraefel & Cie, St. Gallen, bezogen[91]. – RAUCHFASS *und Schiffchen.* H. 29 cm. Silber, gegossen. Stil Louis XVI. 1769–1771. Beschau Augsburg (mit Buchstaben T). Meistermarke von JOSEPH ANTON SEETHALER (SCHRÖDER, Nr. 26) (Tab. I, Nr. 8). Schwerer Dekor von Girlanden, Blattkränzen und Rosetten. Durchbrochener Deckel. Ähnlich dekoriertes Schiffchen (H. 27 cm). – RELIQUIARE. 1. Monstranzähnlich. H. 43 cm. Kupfer, getrieben, versilbert, auf Holzkern. Mitte 18. Jh. C-Bögen und Blumengehänge, vornehmlich Bérain-Motive. Geschwungener profilierter Holzsockel. – 2. *Reliquienarm*[92]. H. 47 cm. Fuß kupfervergoldet, Arm und Hand Silber. 1767 (auf Innenseite der Fußplatte). Marken nicht identifiziert (Tab. I, Nr. 36). Vorn an der vertikal profilierten Kehle applizierte silberne Kartusche mit dem Brustbild der Immakulata. Wenige flaue Falten am Arm. Breite Blütenrankenkrause. – 3. Kreuzförmig. H. 43 cm. Silber, gegossen, vergoldet. 2. Hälfte 18. Jh. Nichtidentifizierte Meistermarke (Tab. I, Nr. 37). Beschau fehlt. Hoher ovaler Fuß mit Rocaille-Kartuschen zwischen vier Vertikalstegen. Im Schaugefäß Kreuzreliquie in Kristallkreuzchen. Rocaille-Kreuzbalkenenden mit leeren Spiegeln. Glasflüsse. – 4. Kreuz-

---

90 Von den Franzosen nicht als Kriegskontribution angenommen (PfA Reckingen, Nr. 30). Nach der Chronik des THEODOR CARLEN, im Besitz von Edelbert Jerjen, Reckingen.

91 PfA Reckingen, Nr. 12.

92 Schenkung der Hinterlassenen des Joseph Ignaz Walpen († 1800) an «eine neue Silberne Heilthum Hand» (PfA Reckingen, Nr. 3). Nicht (mehr?) vorhanden,

förmig. H. 57 cm. Fuß und Schaft, Kupfer gegossen und vergoldet, von einem Walliser Kelch aus der
2. Hälfte des 17. Jh. im Stil des ANTON TUFFITSCHER. Keine Marken. Korpus, Kupfer, getrieben.
2. Hälfte 18. Jh. Montiert mit einfachem Kleeblattkreuz im 19. Jh.? – VORTRAGEKREUZE. 1. H.
48 cm (Korpus 14 cm). Holzkern, mit Messingblech verkleidet. Um 1600? Kielbogige Kleeblattenden.
An der Kreuzungsstelle vergoldete Kupferblechstücke mit gravierten Blättern in spätgotischem Stil
(Spolien?) appliziert. Derber gegossener Korpus mit abgeplattetem Hinterhaupt. Gleicher Typ wie
am Münstiger Kristallkreuz (S. 94). – 2. H. 56 cm. Holzkern, mit Zinnblech verkleidet. Anfang
17. Jh. Kielbogige Kleeblattenden. Auf der Rückseite applizierte durchbrochene Messingornamente.
In Silber gegossener Korpus italienischer Herkunft. 17. Jh. – 3. H. 65 cm. Silberblech. Kupferver-
goldete Appliken. 1769–1771. Beschau Augsburg (mit Buchstaben T). Meistermarke des JOHANN
IGNAZ CASPAR BERTOLD († 1794; SCHRÖDER, S. 587)? (Tab. I, Nr. 7). Neu vergoldet durch WILHELM
POLDERS, Kevelaer[93]. An den geschweiften, verbreiterten Balkenenden mit Amethyst, Kristall und
buntem Glas besetzte Kartuschen. An der Rückseite ohne Steine und Glasflüsse. Applizierte Silberkartuschen am Knauf. Wertvolle Goldschmiedearbeit. – KERZENLEUCHTER. 1. Paar. H. 24,5 cm.
Gelbguß. 16. Jh. Konischer, mit Wülsten gegliederter Fuß. Am Schaft Urnenmotiv und Schaftringe. –
2. Paar. H. 45,8 cm. Gelbguß. Mitte 17. Jh. Eckgefaster gewölbter Dreikantfuß. Am Schaft schwere
variierte Schaftringe. – 3. Paar. H. 55 cm. Wie Nr. 2. – 4. Paar. H. 39 cm. Gelbguß. 17. Jh. Auf Pranken ruhender Dreikantfuß mit vorkragender Abschlußplatte. Schaftringe und Balustermotive. –
5. Paar. H. 59 cm. Gelbguß. 2. Hälfte 17. Jh. Dreikantfuß mit Rollwerk. Schaftringe und Balustermotive. – 6. Paar. H. 45,5 cm. Gelbguß, dreiarmig. Fuß und Schaft barock. Urnen- und Balustermotive. Geweih 19. Jh. – 7. H. 44 cm. Gelbguß, dreiarmig. Anfang 19. Jh. – VORTRAGELATERNEN.
Zwei Paar. Blech, bunt bemalt. – TAUFGARNITUR aus Zinn. *Schöpflöffel.* Gießermarke von LOUIS DELLA
BIANCA, Visp (BOSSARD, Nr. 813), Walliser Wappen, Qualitätszeichen und Jahreszahl 1953. Innen
am Boden Relief der Auferstehung. – *Schale.* L. 24,3 cm, B. 16 cm. Gießermarke von LOUIS DELLA
BIANCA, Visp (BOSSARD, Nr. 814), Qualitätszeichen und Walliser Wappen. Viereckig mit gerundeten
Ecken und konkaven Seiten. – PARAMENTE. *Pluviale.* Weiß. 1846. Stiftung von Peter Blatter[94].
Damast mit bunten Blumenbuketten in Seide bestickt. Heute ausgeringelt. – *Dalmatiken.* Paar. Im
Stil des Pluviale. – *Kaseln.* 1. (Abb. 232). Grün. Unten am Stab Applik des Taffiner-Wappens mit
der Beschriftung «17 M[aria].V[rsula].T[affiner][95]. 75». Satin, bestickt mit leicht gewellten Girlanden aus Blättchen und Blumenornamenten. Entlang den Stabtressen großer gestickter Wellensaum
als Rahmen für die vegetabilen Phantasieornamente des Stabs. Wertvolle Kasel. – 2. Weiß. Mitte
18. Jh. Mailänder Typ. Unten am Stab applizierte Allianzmedaillons mit den Wappenzeichen der
Familien Blatter und Taffiner[96]. Satin, bestickt mit Seide und Goldappliken. Große Apfel- und Blumenmotive, Lambrequins und Ornamentgitter. – 3. Rot. Unten am Stab appliziertes Taffiner-Wappen
mit den Initialen «A.R[everendo].D[omino]I[osepho].I[gnatio].T[affiner].R[ectore].R[eckingae]»[97].
Damast mit großen Rosen zwischen breiten gewundenen Bändern. Heute ausgeringelt. – 4. Weiß.
2. Hälfte 18. Jh. Damast mit Dekor in bunter Seide: feine Wellenranken zum Teil aus Blüten, zum
Teil getüpfelt. – 5. Weiß. 1. Hälfte 19. Jh. Im Stil des Pluviale. Lyoner Typ. Im Stabkreuz wird das
Lamm auf dem Buch mit den sieben Siegeln von Rosen umrankt. – 6. Grün. Mitte 19. Jh. Lyoner
Typ. Damast, bestickt mit bunter Seide, Gold und Silber. Im Stabkreuz apokalyptisches Lamm, von
Blütenranken umrahmt. – *Segensvelum.* Im Stil des Pluviale. – *Rosenkranzfähnchen* mit Darstellungen
der Rosenkranzgeheimnisse. Öl auf Leinwand. 1846[98].

GLOCKEN. 1704 hingen im Kirchturm drei Glocken[99], eine aus dem Jahre 1697 (vgl. Nr. 1);
eine 1700 gegossene (Dm. 83,5 cm) trug in einem Medaillon die Inschrift: «Joannes Antonius Mollia
pedemontanus fusus campanarum»[100]; die größte wird ein savoyischer Glockengießer ebenfalls 1697,
unmittelbar nach der Pfarreigründung, geschaffen haben[101]. 1757 Guß der kleinsten Glocke (siehe

---

93 Freundl. Hinweis von Dr. Albert Carlen, Brig.　　　94 PfA Reckingen, Nr. 5.
95 † 1777 (PfA Reckingen, Nr. 3) oder M[aria?]Ursula Taffiner (* 1711) (PfA Reckingen, Familienregister, S. 83).
96 Anna Katharina Taffiner († 1773) und Martin Blatter († 1771), «benefactor ecclesiae nostrae
maximus» bezeichnet (PfA Reckingen, Nr. 3, und Stammesregister.)
97 Vgl. Anm. 39.　　　98 PfA Reckingen, Nr. 5.　　　99 PfA Reckingen, Nr. 2.
100 Gutachten von H. RÜETSCHI 1926 (PfA Reckingen, o. Nr.).　　　101 Vgl. Anm. 104.

unten)[102]. Da 1776 in Reckingen drei weitere Glocken gegossen wurden[103], zählte das Geläute sieben Stück. 1777 wurde die große Glocke zum fünften Male umgegossen[104], nun von den einheimischen Glockengießern JOSEPH HYACINTH WALPEN und JOHANN CARLEN, 1803 von den Brüdern JOSEPH und BONIFAZ WALPEN[105], 1860 bzw. 1868 durch die Firma RÜETSCHI, Aarau[106]. Die Glocke von 1700, die zweitgrößte des Geläutes, zersprang 1930. – 1. Dm. 60 cm. 1697. Wohl von savoyischem Glockengießer. Kronenbügel mit Maskarons. An der Schulter vereinzelte Palmetten zwischen Schnurstäben und die Umschrift: «SANTA MARIA ORA PRO NOBIS 1697». Die Flanke durch ein Rankenfries in zwei Zonen gegliedert. Oben Reliefs von den Heiligen Petrus, Sebastian, Mauritius und Paulus, unten ein Kruzifix über Ranken und die Initialen «CAMF» unter einer Hand Gottes. – 2. Dm. 128 cm. Profilierte Kronenbügel. An der Schulter unter Rosetten- und Blütenfries die Umschrift: «AVE MARIA GRATIA PLENA/DOMINUS TECUM/GEGOSSEN VON GEB RUETSCHI IN AARAU 1868». An der Flanke zwischen neugotischen Vierpaß- und Kohlblattfriesen die Reliefs der Marienkönigin und eines Kruzifixus. Am Saum Rosetten- und Bandfries. – Die übrigen Glocken wurden 1931 von der Firma H. RÜETSCHI, Aarau, gegossen: 3. Dm. 75 cm. Dem hl. Franz Xaver geweiht. Paten: Julius Carlen und Katharina Garbely, geborene Weger. – 4. Dm. 85 cm. Der hl. Theresia von Lisieux geweiht. Paten: Guillaume de Kalbermatten und Sophie Walpen, geb. Müller. – 5. Dm. 102 cm. Christus, dem Erlöser, geweiht. Paten: Pfarrer Leo Garbely und Vera de Kalbermatten, geb. von Fischer. – *Entfernte Glocke* (in der Kapelle von Martisberg). 1931 aus dem Kirchturm entfernt, als Schulglocke verwendet, 1951 der Kapelle von Martisberg geschenkt. Dm. 53 cm. An der Schulter, zwischen Schnurstäben, die Umschrift: «+ PROTECTOR NOSTER DEVS EST IOANNES CLADIVS LIVREMON ME FECIT»[107]. Schnurstab unter der Umschrift mit Akanthuspalmetten behangen. Unter einem Traubenrankenfries an der Flanke die Jahreszahl 1757. Darunter Reliefs: Muschel zwischen Blattwedeln; Muttergottes mit Kind; Rebstock in urnenähnlichem Spiegel; aus Rebrankenfries gebildetes Kreuz auf zwei Stufen zwischen Cherubinen.

Aus der Kirche entfernte Kunstgegenstände[108] (im neuen Pfarrhaus). SKULPTUREN. *Kruzifix*. H. 85 cm. Linde. Spuren der Grundierung. 3. Viertel 14. Jh. Arme außer der linken Hand neu. In der Lourdes-Grotte an der südlichen Kirchenwand, später als Wegkreuz an einem Baum am Wege zur Blinnentalkapelle befestigt. Schlanker Korpus, tief geneigtes Haupt. Das zeittypisch drapierte Lendentuch umschließt eng das hintere Knie und die Kniekehle. Derbes, aber ausdrucksstarkes Bildwerk. – *Muttergottes* von einer Kreuzigungsgruppe. Pendant zur Johannesstatue. H. 56,5 cm. Linde, massiv. Spuren von einer Grundierung. Anfang 16. Jh. Die eigentümlich drapierte Figur hat die vor Preziosität fast vertrackte Beinstellung mit dem hl. Sebastian des Münstiger Hochaltars von JÖRG KELLER gemein. – *Johannes*. Pendant zur Muttergottesstatue. H. 45 cm. Nase, Ärmel und Sockel zum Teil ersetzt. Ähnliche Stand- und Gewandmotive wie die Muttergottesstatue. – *Hl. Katharina von Siena*. Pendant zum hl. Dominikus. Vom früheren Rosenkranzaltar. H. 90 cm. Arve, gehöhlt. Zum Teil stark abgescheuerte Originalfassung mit Polimentgold, Silber und Schwarz. 1. Viertel(?) 18. Jh. – *Hl. Dominikus* (Abb. 229). Pendant zur hl. Katharina von Siena. H. 90,5 cm. Beide Heilige sind kniend dargestellt und wandten sich der Altarnische zu. Figuren von hochbarocker Körperfülle und Dynamik mit Faltenmotiven des reifen ANTON SIGRISTEN († 1745). Von einem fremden Meister in der SIGRISTEN-Werkstatt (S. 171, Anm. 40)? – *Vortragekreuz*. H. 78 cm. Holz, polychromiert, Lendentuch vergoldet, überfaßt. Mitte 18. Jh. Etwas wirr gefälteltes Lendentuch mit nach hinten gespreiztem Zipfel. Gommer Balkenenden (S. 88). Mittelmäßiges Kunstwerk aus einheimischer Werkstatt. – *Kruzifix*. H. (Korpus) 9,8 cm. Arve, polychrom gefaßt, Lendentuch vergoldet. 2. Hälfte 18. Jh. Feines Kreuzchen vom II. Reckinger Hauskruzifixtyp (S. 47). – *Cherub*. H. 21 cm. Arve. Spuren einer alten Fas-

---

102 Von FRANZ JOSEPH JOLLER SJ († 1894) irrtümlicherweise Glockengießer JOSEPH HYACINTH WALPEN von Reckingen zugeschrieben (AGVO, J2).   103 PfA Reckingen, Nr. 1.

104 «1777, 17. Juni. Campana Major jam 4ter fusa 1mo per Sabaudum 2do Gallum 3 & 4to Jtalum denuo 5to per duos Reckingenses renovata» (ebenda).   105 Ebenda.

106 RÜETSCHI mußte sie dreimal aufeinander gießen (PfA Reckingen, D3).

107 JOHANN CLAUDIUS LIVREMONT, Pontarlier (Doubs) (SKL IV, S. 285).

108 Verschollen sind ein altes Vesperbild, erwähnt im Inventar der Pfarrhausmobilien von 1877 (GdeA Reckingen, G3), von Joseph Ignaz Steffen im Jahre 1803 gestiftete Statuen von Herz Jesu und Herz Mariä, von den Heiligen Ignatius, Felix und Benediktus (S. 283) (GdeA Reckingen, Nr. 91) sowie eine von Theresia Carlen geschenkte Muttergottes aus dem Jahre 1846 (PfA Reckingen, Nr. 5).

Abb. 231 und 232. Reckingen. Pfarrkirche. Adventsgemälde, 3. Viertel 18. Jh. Text s. unten. – Reich-
bestickte grüne Kasel, 1775, mit Wappen der Stifterin Maria Ursula Taffiner. – Text S. 287.

sung. 2. Hälfte 17. Jh. – *Hl. Josef* und *Muttergottes* aus der Kreuzkapelle im Blinnental (S. 324). –
Leuchterfiguren. Pendants. H. 35,5 cm und 41,3 cm. Arve, zum Teil häßlich überfaßt. Ende 18. Jh.?
Flügellose, kurz geschürzte Figuren mit füllhornähnlichen Leuchtern. Unbedeutende Schnitzwerke. –
GEMÄLDE. *Geißelung Christi.* Fastenbild. 207,5 × 104,5 cm. Geschweifter Bogenabschluß. Tempera
auf Leinwand. Mitte 18. Jh. Blattbemalter Rundstabrahmen. Christus vor einer Bogennische an
pilasterartigem Sockel. Der linke der rahmenden Schergen ist frontal, der rechte in Rückenansicht
dargestellt. Im Bogenfeld weinender Engel. Qualitätvolles Gemälde. – *Muttergottes* (Abb. 231) (hinten
auf dem Rahmen der Geißelung Christi aufgenagelt). Mischtechnik auf Leinwand. 3. Viertel 18. Jh.
Die hostienähnliche Lichtstelle mit dem Jesusmonogramm auf dem Schoß Mariens und die Halb-
figurengruppen der Väter in der Vorhölle zu Füßen deuten auf ein Adventsgemälde[109]. Das ikonographisch bemerkenswerte Bild ist in den Farbklängen mit einer Kreuzigung in der Pfarrkirche verwandt (S. 286). – *Ablaßbrief.* 1498 unter Papst Alexander VI. von Kardinälen zur Tilgung der Kosten
des Kapellenneubaus ausgestellt. Pergament, illuminiert mit Aquarell und Deckfarbe, mit Gold gehöht. Ein mit Phantasieblumen gefülltes Band rahmt den Schriftblock oben und seitlich. In der Initiale
der hl. Theodor mit dem Teufel, in der Mitte Haupt Christi, in der rechten obern Ecke Wappen des
Papstes. Nachlässige Malerei. – *Exvotos.* 2 Stück. ANDEREGG, Inv.-Nr. 100-4.2 und 110-4.12. Aus der
Kreuzkapelle im Blinnental? (S. 323). – KASEL, rot. Ende 18. Jh. Satin. Bunte gebündelte und mit
stilisierten Blüten besetzte Vertikalstreifen. Im Stab bunte Rosenranken in Seide auf Damast gestickt.
Unten am Stab stark beschädigte Applik eines gevierten Wappens mit gekreuzten Blütenstengeln
und einem nach links steigenden Löwen wie auf Ofen Nr. 1 im Hause Nr. 58 (S. 315). Zu den übrigen,
nicht aus der Kirche stammenden Kunstgegenständen siehe S. 318/19.

ABGEWANDERTE KUNSTGEGENSTÄNDE. *Johannes Ev.* (im Besitz von Paul Blatter, Besenbüren).
H. 75 cm. Arve, gehöhlt. Originale Polychromierung. Bei der Verbrennung alter Statuen gerettet. 1963
restauriert. Rechte Hand ersetzt. Qualitätvolles Bildwerk des JOHANN RITZ. Ende 17. Jh. – *Hl. Antonius
von Padua* (im Besitz von Josef Jerjen, Reckingen). H. 76 cm. Arve, gehöhlt. Originalfassung, häßlich
übermalt. Bei der Verbrennung alter Statuen gerettet. Der Heilige trägt das auf Windeln liegende
Kind mit beiden Händen. Qualitätvolles Werk des JOHANN RITZ mit den typischen Stilmerkmalen
des ausgehenden 17. Jh. – *Reliquienschrein mit Statue des hl. Wendelin(?)*[110] (im Besitz von Heinrich

109 Deutung von Dr. Albert Carlen, Brig.
110 Im Stirnfenster ist zwar die Reliquie eines hl. Placidus sichtbar.

Garbely, Reckingen). H. 75 cm. Arve. Stellenweise stark beschädigte Originalfassung. Gold und Poly-chromie. Bei der Verbrennung alter Statuen gerettet. Typisches Werk der LAGGER-Werkstatt (PETER oder BAPTIST). 3. Viertel 18. Jh. In der Mitte vorgezogener Schrein mit drei Fenstern in applizierten Kartuschen. Auf dem Schrein vollrund geschnitzte Dreiviertelstatue des Heiligen, mit Rosen bekränzt, in der Rechten blühender Stab. – *Kelch* (Abb. 211a). SLM Zürich, Inv.-Nr. I.N.7015. H. 18,8 cm. Kupfer, vergoldet. Kupa Silber, vergoldet. Am schrägen Standring Schriftband mit Inschrift: «IHS∗ MARIA∗HILF∗VNS∗AVS∗ALER∗NOT∗S∗ 15 28». Getreppter Sechspaßfuß mit Aststab über dem Stand-ring. Am Fußrücken und -hals gravierte Grotesken, Putten und ein 1919 appliziertes leeres Wappen. Am sechskantigen Schaft die Monogramme «MARIHS». Abgeplatteter Knauf. Niedriger Korb mit durchbrochenem Liniensaum. Weite kegelförmige Kupa.

BEINHAUS. Aus der Zeit des Kirchenbaus (1745). Renovationen 1885 durch den Reckinger(?) Maler ALEXANDER BLATTER, 1927[111] und 1974.

Äußeres (Abb. 216). Das Beinhaus und die darüberliegende Sakristei der Kirche sind in einer eigenen Kapelle mit krüppelgewalmtem Satteldach untergebracht, die quer an die südliche Chorwange stößt. In der hohen Stirnfassade nur Giebelöffnung und Giltsteinportal mit der Jahreszahl 1695 am Scheitel, eine Spolie aus der ersten Kirche zur Zeit der Pfarreigründung. Als Weihwasserstein ist ein romanisches(?) Giltsteinbecken mit derbem Kopf an der Stirn eingelassen (Abb. 233).

Inneres. Der niedere, an den Wänden nicht gegliederte Raum wird von einem Kreuzgratgewölbe überspannt. In den Kappen Stuckmedaillons mit Symbolen: Waage, Schwert und Lorbeerzweig; Reifen, Palm- und Lorbeerzweig; sich in den Schwanz beißende Schlange mit Vogelkopf, Flammenschwert und Geißel; Bogen mit eingelegtem Pfeil.

Altar. Um 1700. Auf der Kartusche der Predella: «RENOVATVM/ 1927»[112]. Neue Fassung. Gewundene Säulen korinthischer Ordnung vor kurzen Anten bilden die Nische für das große Kruzifix, das in das eingezogene Bogenfeld der Bekrönung hinaufragt. Cherubine stützen den Fuß des Kreuzes und ein korinthisches Kapitell unter den seitlichen Balkenenden. Geschnitzte Rosen als Motiv der Ornamentik. Der mit Öl übermalte, etwa 132 cm hohe Korpus nimmt im Haupt Motive der RITZ-Kruzifixe auf, stammt jedoch nach der Draperie des Lendentuchs aus einer Reckin-ger Werkstatt der Hauskruzifixe. Die holzgemalte Füllung des *Antependiums* aus dem zweiten Viertel des 18. Jahrhunderts ist in drei Achsen mit niedriger Oberzone ein-geteilt (vgl. S. 248/49). In den Seitenfeldern weiße Blumen und Ornamentgitter auf schwarzem Grund, im Mittelfeld, inmitten schwarzer Blumen auf weißem Grund, ein buntgemaltes Medaillon mit eigentümlicher Armen-Seelen-Darstellung. Zwei als Brustbilder in einer Höhle dargestellte Arme Seelen beschwören zwei lebende Frauen in freier Landschaft. Inschrift aus dem Munde der weiblichen Armen Seele: «o we wo man mit feir die Sinde mues ab washen/ und die hitz der glued mit Feche-ren aus Leshen.», aus demjenigen des Mannes: «wie Kend ier so umbarmhertzig/ Sein/vnd vns nit Linderen/vnseren bein.».

Statuen, Maria und *Johannes,* seitlich am Altar auf Sockeln das Kruzifix der Altar-nische zur Kreuzigungsgruppe ergänzend. H. 114 cm. Arve, gehöhlt. Polychrome Ölfassung. 2. Hälfte 18. Jh. Die überlängten Figuren mit der flauen Körperbildung

---

111 GdeA Reckingen, G 1, und PfA, Nr. 7 und 30.
112 Durch Maler ANTON IMHOF, Naters (PfA Reckingen, Chronik der H. H. Pfarrer, o. Nr.).

Abb. 233 und 234. Reckingen. Pfarrkirche. Ans Beinhaus 1745 als Weihwasserstein versetztes mittel-
alterliches(?) Giltsteingefäß. Text S. 290. – Haus Nr. 43. Schönster getreppter Mauerkamin des Goms,
um 1700(?). – Text S. 308.

unter den müden formelhaften Faltenzügen überraschen durch die eigenwillige
Gebärde. Werke von einem der Söhne des Peter Lagger (Anton?) [113].

Kerzenleuchter. Paar. H. 32 cm. Arve, geschnitzt. Silberfassung, heute gelb überstrichen.
Um 1700. Auf schwerem dreiseitigem Sockel mit reichbewegten Eckvoluten steht, auf rundem Knauf,
eine Akanthusknospe.

WOHNHÄUSER

1. Koord. 110/415. Kat.-Nr. 282. Erben Rudolf Eggs. Entstehungszeit unbekannt. Sehr altes Haus
mit hinten angefügtem Nutzbau. Stubenfensterpartie des Wohnstockwerks 2. Hälfte 18. Jh. Giebel
ersetzt. Im Erdgeschoß ehemals Gerberei. ⌐—⌐ (in Stirnfassade). 1¹/₂. G (mit «Stutzwänden»). *Inschrift:* «[Monogramme von Jesus und Maria] ioseph.gott behüte.uns.dises.haus.u.wer.hier.gehet.
ein.u.aus.zur/reperatur.gebracht.durch.anton.eggs.u.seine.gemahlin.katharina.schmidt. 1866».
Ofen. Zweigeschossig, mit Kehle unter abgerundeter Deckplatte. 19. Jh.

2. Koord. 405/260. Kat.-Nr. 164. Irma und Leo Schmidt. Entstehungszeit unbekannt. Nach den
kleinen Fensterpfosten zu schließen, sehr alt. Anbau an der Rückseite nach 1950. 1969 Renovation
mit neuem Giebel. Ehemals ⌐—⌐ (mit Ka). 1¹/₂. F. Inschrift entfernt. *Ofen.* 19. Jh. Zweigeschossig.

3. Koord. 200/445. Kat.-Nr. 209. Josef Blatter. Entstehungszeit unbekannt. Waagrechte Traufpfetten-
konsolen mit Tropfenmotiven ähnlich «Heidehüs» S. 114, Nr. 2, in Münster, jedoch mit «Chrizgwätt». Von Schnitzer Polykarp Lagger (*1912), Nachkommen des Bildhauers Peter Lagger
(1741–1788), als Werkstatt benützt. ⌐—⌐. 1¹/₂. G und F. *Ofen* von 1861, zweigeschossig, mit schwerem
abgesetztem Karniessims unter der Deckplatte.

4. Koord. 390/260. Kat.-Nr. 150. Erben Adolf Walpen. Entstehungszeit unbekannt. Stirnfassadenwand Ende 18. Jh. ersetzt. Hinten ehemals Heustall, heute als «Withüs» verwendet. Rundbogenfen-

---

113 Ähnliche charakteristische Köpfe auf Statuen von Gluringen (S. 339).

ster an der linken Traufseite des Mauersockels. ⌐——⌐. 1¹/₂. F. *Täfer* 2. Hälfte 18. Jh. Dielbaum verkleidet. *Ofen* (von Stubji in Stube versetzt). Eingeschossig, mit schräg gebänderter abgerundeter Kante und Kehle an der Deckplatte. – *Hauskruzifix.* H. 74 cm (Korpus 28 cm). Holz, häßlich überfaßt. 2. Viertel 18. Jh. Werkstatt des PETER LAGGER. Der Sockel ist mit gebrochenem Akanthusbandwerk beschnitzt.

5. Koord. 510/145. Kat.-Nr. 155. Konrad Eggs. Entstehungszeit unbekannt. Schräge Traufpfettenkonsolen mit Tropfenmotiven wie «Heidehüs» s. unten, Nr. 12. Firstkonsole in der Form des 17. Jh. ⌐——⌐. 1¹/₂. G (mit «Stutzwänden») und F. – *Hauskruzifixe.* 1. H. 79,5 cm (Korpus 30,5 cm). Arve. Fassung entfernt. 3. Viertel 18. Jh. Typischer LAGGER-Sockel (Tf. I). Qualitätvoller Korpus mit edel geschnitztem Antlitz. – 2. H. 60 cm (Korpus 29 cm). Arve. Fassung entfernt. Letztes Viertel(?) 18. Jh. Arme ergänzt. Geschweifter Sockel, mit Rebe geschmückt.

6. Koord. 75/480. Kat.-Nr. 220. Edmund und Johann Walpen. Entstehungszeit unbekannt. Aufgestockt nach 1930. ⌐——⌐. Ehemals 1¹/₂. G (mit «Stutzwänden»). *Inschrift:* «[Später hinzugefügte Jahreszahl 1838] IOSEP.NAZ.PIGEL.BEWONER.DISES.HAVS. [Zeichen wie Buchstabe Z, umgewendet. Kerbrosette]». *Ofen.* Eingeschossig, mit gekehlter Deckplatte. An der Wange in Wappenschild: «I [Zeichen ähnlich demjenigen auf dem Dielbaum, nicht umgewendet] S/1680».

7. Koord. 215/430¹¹⁴. Kat.-Nr. 210. Ernst Domig. Entstehungszeit unbekannt. «Loibe»-Geschoß und Giebel von 1742. Sehr altes, nun größtenteils erneuertes Häuschen. ⌐——⌐. 2. G und F. *Inschrift.* «Loibe»-Geschoß: «DICH.O.IESVS.MARIA.VNDT.IOSETH.LIBEN.EICH.BIS.EIN.ALE.EWIGKIT.CHRISTEN.WALBEN. ANA. 1742». *Ofen.* Eingeschossig, mit Karnies unter der Deckplatte. An der Stirn in Wappenschild: «C.W/[T mit drei Punkten auf Querbalken]/1742».

8. Koord. 500/170. Kat.-Nr. 135. Ludwig Holzer; Paul Zertanna. Entstehungszeit des ältesten Hauses unbekannt. 1847 mit links angebautem Heustall unter gleichen Giebel gesetzt. Am Giebel: «18 47/A/ M C». ⌐——⌐. 2¹/₂. E (mit «Stutzwand»). *Öfen.* 1. Zweigeschossig, mit Kehle unter der Deckplatte. An der Stirn: «A[nton]W[alpen]/A[nna]M[aria]C[arlen]», an der Wange die Jahreszahl 1852. – 2. Eingeschossig, mit gekehlter Deckplatte. An der Stirn die Jahreszahl 1797. – *Hauskruzifix.* H. 60 cm (Korpus 20,5 cm). Holz, häßlich überfaßt. Mitte 18. Jh. LAGGER-Sockel (Tf. 1). – *Truhen.* 1. Tanne. Dreiachsig. 1. Hälfte 17. Jh. – 2. Tanne. Zweiachsig. Eingelegt zwei große Lilien und die Jahreszahl 1662.

9. Koord. 350/255. Kat.-Nr. 141. Sophie A. Garbely. Entstehungszeit unbekannt. Vor 1630 (Balkenkopfkamin). 1836 rechts um eine Achse erweitert. ⌐——⌐. 1¹/₂. Zusammen mit Anbau H (verbundenes Stubji). *Inschrift.* Im Anbau: «DIESES.HAVS.HABEN.LASSEN.BAVEN.DIE.ZWEI.BRVDER.FRANZ.VND.PETER. ANO. 1836/IOSEPH.LAGGER.VND.DES.ERSTEREN.HAVSFRAV.ANA.MARIA.OBERDORFER.DEN.II.IVLI». *Ofen.* Eingeschossig, mit Karnies unter der Deckplatte. An der Stirn in Wappenschild: «C.E/A.M/1746». – *Hauskruzifix.* H. 65 cm (Korpus 25,5 cm). Holz, häßlich übermalt. Typischer Sockel der LAGGER-Werkstätte. Mitte 18. Jh. (Tf. I). Korpus 2. Viertel 18. Jh.?

10. Koord. 490/135. Kat.-Nr. 140. Erwin Müller. Spätmittelalterlich. «Heidechriz» an beiden Giebeln. Im Vorderraum des Erdgeschosses war die Werkstätte der Glockengießer WALPEN eingerichtet. ⌐——⌐. 1¹/₂. F.

11. Koord. 375/255. Kat.-Nr. 154. Euphrosina und Heinrich Eggs. Spätmittelalterlich. Ehemals «Heidechriz». 1954/55 aufgestockt mit neuem Giebel. ⌐——⌐ (ursprünglich wenig über die Erde hinaufragend). 1¹/₂. F. Inschrift entfernt.

12. Koord. 135/390. Kat.-Nr. 104a. Marlies Steffen. 15. Jh. Charakteristisches «Heidehüs» mit reichverzierten «Heidechriz» an beiden Giebeln. An den schrägen Traufpfettenkonsolen Tropfenmotive (Abb. 16). Balkenkopfkamin. ⌐——⌐. 1¹/₂. F. Am (später eingefügten) Dielbaum in Wappenumriß Hauszeichen.

Ofen. Eingeschossig, mit Karnies unter der Deckplatte. An der Stirn heute leeres Wappen zwischen Rosetten, an der Wange in Feldern mit blattgeschmückten Zwickeln von links nach rechts Wappen-

---

114 Dem Hause gegenüber, südlich der Straße, wurde an die Stelle eines «Heidehüs» ein alter Stadel gesetzt, der vorher bei Koord. 180/440 gestanden hatte. Das «Heidehüs» war von den Schneemassen eingedrückt worden.

zeichen der Familie Müller, Jesusmonogramm in Vielpaß und Medaillon mit den Initialen «FM[üller]», der Jahreszahl 1846 und dem Hauszeichen (wie am Dielbaum, aber ohne Kreuz). – *Truhenfront.* In neue Truhe eingefügt. H. 26 cm, L. 82 cm. Nußbaum. 2. Viertel 18.Jh. Fünf verschieden breite Achsen, von geschuppten Pilastern geschieden. Im Mittelfeld Wappen der Familie Carlen (ohne Dreiberg). Elegantes Akanthusschnitzwerk, im Stil demjenigen an der Kirchentür von Reckingen verwandt. – *Abgewanderte Möbelstücke* (im Besitz von P. Steffen, Bahnhofbüfett, Susten). 1. *Truhe* (Abb. 246). Nußbaum. Ende 18. Jh. Drei eckgekehlte Felder zwischen pilasterartigen Gebilden mit Muscheln an beiden Enden. In der Mitte Carlen-Wappen in Ornamentwappen, in den Seitenfeldern geraute Mandorlen in Muschelkranz. Wange wie Seitenfelder geschmückt. Wertvolles Möbelstück. – 2. *Tisch.* Nußbaum. Klapptisch mit Messingbeschlägen. An der Zargenfront geschnitzte Felder. In der Mitte Carlen-Wappen. In den seitlichen Querovalkartuschen eingeschnitzt links: «I[ohann]B[aptist]K[arlen]», rechts: «M[aria]V[rsula]T[affiner]»[115], rund um das Mittelfeld die Ziffern der Jahreszahl 17/67. Qualitätvoller Walliser Tisch.

13. Koord. 105/450. Kat.-Nr. 317. Philipp Schmidt. 15.Jh. «Heidechriz» an beiden Giebeln. Renoviert 1810 und 1966/67. ⌐⌐. 1½. F. Auf entferntem Dielbaum: «IB.K 1810». Bei der Treppe eingebaute *Ofensteine.* 1. Initialen «AB» und Jahreszahlen 1641 und 1850. – 2. Rhombenspiegel mit Jesusmonogramm und Wappenschild mit der Jahreszahl 1657 sowie einem Hauszeichen [Kreuz mit schrägen seitlichen Stützstäben] zwischen den Initialen «C K». – *Truhe* mit der Jahreszahl 1677 und den Initialen «MW», beschädigt. – *Spinnrad,* datiert 1832.

14. Koord. 495/240. Kat.-Nr. 132. Josef Schmid-Summermatter. Erbaut 1522. Giebelbüge, verziert mit Andreaskreuzen und Schrägstäben, an der Rückwand mit Erner Wappen. ⌐⌐ (mit Ka). 1½. F (mit «Stutzwänden»). *Inschrift:* «HOC OPVS FIERI FECIT HONESTVS VIR NICOLAVS ITEN/ANNO DOMINI MVXXII VI(?)[116] IMA MAY» (zum Teil mit Minuskeln). *Ofen.* Zweigeschossig, unter der Deckplatte doppelt profiliert. An der Stirn in umranktem Blatt- und Blütenkranz Wappen der Familie Lagger, an der Wange die Jahreszahl 1848. – *Abgewanderte Kunstgegenstände. Christus* (bei Stefan Loretan, Brig). Halbfigurenbildnis. 44 × 36,5 cm. Öl auf Leinwand. 2. Hälfte 17.Jh. Ehemals ohne Spannrahmen mit aufgelegtem Brett am Originalrahmen befestigt. 1965 von WALTER WILLISCH, Ried-Brig, restauriert und auf neue Leinwand aufgezogen. Die Rechte ist im Lehrgestus erhoben. In der Linken der Reichsapfel. Herbe Malerei mit kräftigen Dunkelpartien. – *Wandbüfett* des Bildhauers JOSEPH ANTON LAGGER (1759–1833) (bei Fam. Peter Marie Zurbriggen, Brig). Nußbaum. Dreiachsig mit Türchen an der Kredenz, am Aufsatz und an den 1931/32 durch GREGOR TENISCH, Grengiols, erneuerten Schränkchen beidseits der Kredenznische. In den plastisch vortretenden Rechteckfüllungen des Aufsatzes links, eingeschnitzt: «IOSEPH/ANTONI/LAGGER/1790», in der Mitte eingelegte Nelke, rechts, eingeschnitzt: «MARIA/ROSA/TERESIIA/KARLEN». Wie der Schnitzer bei seinen Hauskruzifixen keine Barock- oder Rokokomotive mehr verwendete, so ist auch das einfache Möbelstück von klassizistischer Strenge. Die hier verwendeten Füllungen waren zu Beginn des 19.Jahrhunderts im Goms verbreitet. – *Betstuhlschrank* (bei Stefan Loretan, Brig). Tanne, grün bemalt mit Öl. Bunte Blumenmotive. Auf dem Armbrett roh gemalte Jahreszahl 1803. In kleinen Teilen ergänzt. An der Schranktüre innen an der Armstütze Füllung mit Zierspiegel. Schubladen mit eingeschnitzten Zierfeldern unter und über dem Kniebrett.

15. Koord. 150/445. Kat.-Nr. 280. Marie Walker. Erbaut 1523. Renoviert mit neuem Giebel 1661 (Jahreszahl am Giebel). Glatter Kammfries. Mauerkamin an der Rückwand entfernt. ⌐—⌐. 2½. G. *Inschrift* (mit gotischen Minuskeln und römischen Majuskeln): «[Vier Hauszeichen?]DIS HVS HAT BVWEN PETER ITEN JM IAR MDXXI/II[Erner Wappen und zwei Schiner-Wappen – Zeugnisse der Parteinahme für Matthäus Schiner?]». *Öfen.* 1. Zweigeschossig, mit Kehle unter der Deckplatte. An der Stirn in zwei Blütenkränzen: «1.8/T[F?].IOD» und «6.8/AM.B». – 2. Eingeschossig, mit eigentümlichem Rundstab unter eingezogener Deckplatte. Gefaste Kante. An der Stirn in eckgekehltem Spiegel die Jahreszahl 1801. – *Hauskruzifix.* H. 70,5 cm (Korpus 27 cm). Arve. Fassung entfernt. 3. Viertel 18.Jh. Wertvolles Kruzifix des PETER LAGGER (†1788) mit charakteristischem Sockel (Tf. Ia). – *Truhen.* 1. Tanne. 17.Jh. Zwei Frontfelder, mit vorgeblendeten Profilrahmen ausgeschieden. In Einlegearbeit: «IOHNES MILER». – 2. Nußbaum. Um 1700? Zwei ovale Achteckspiegel mit geflammten plastischen Karniesrahmen. – 3. Nußbaum. Dreiachsig, mit profilgerahmten Oktogonfeldern. Eingelegt in den Füllungen: «.C.R.[Jesusmonogramm].M.H.», in den Zwischenfeldern Tulpen, unter

115 PfA Reckingen, Stammesregister, o.Nr.; unter «Taffiner».   116 Wohl «VII[sept]IMA».

dem Deckel die Jahreszahl 1712. – *Kommode*. Arve, häßlich lackiert. 2. Hälfte 18. Jh. Die Stirn der fünf geschweiften Schubladen mit zwei Achsen geschnitzter Zierfelder geschmückt.

16. Koord. 480/250. Kat.-Nr. 3. Adolf Müller. Erbaut 1547? Keine Friese. Wandartige Giebelpfetten-konsolen mit Roßköpfen. ⌐—⌐ (an der Front hochgezogen). 1¹/₂. F. *Inschrift*. An der Fase des Diel-baums 1547 (spätere Übertragung?). *Öfen*. 1. Eingeschossig, mit gekehlter Deckplatte. An der Stirn in Wappenschild, unter der Jahreszahl 1677, rund um Kreuz auf dem Dreiberg, die Initialen «B M/ I W», an der Wange in Wappenschild die Jahreszahl 1688 über dem Jesusmonogramm. – 2. Ähnlich Nr. 1. An der Wange in Wappenschild: «I M/[Jesusmonogramm]/ 17 03».

17. Koord. 410/240. Kat.-Nr. 274. Heinrich Walpen. Erbaut 3. Viertel 16. Jh. 1955/56 renoviert. Glatter Kammfries und breiter Rillenfries, seitlich halbbogig endend. Am Dielbaum die für die 2. Hälfte des Jahrhunderts typische gerillte Fase. ⌐—⌐ (in Frontfassade gestuft; mit Ka). 1¹/₂. F. *Ofen*. Eingeschossig, mit Karnies unter der Deckplatte. An der Stirn eingeritzt in Feldern: «17+IW H W 71»[117]. – *Hauskruzifix*. H. (Korpus) 25 cm. Holz. Originalfassung. Um 1700? Eigentümlicher, stark zur Seite gebogener Korpus mit tief geneigtem Haupt. – *Truhe*. Nußbaum. Dreiachsig. Reich geschnitzte Rundbogenfelder, von geschuppten Pilastern geschieden. Im Mittelfeld Wappenschild mit den Initialen «II/W» und die Jahreszahl 1761, in den Seitenfeldern Rosetten, Vasen und Blüten-motive.

18. Koord. 250/380. Kat.-Nr. 119. Erben Heinrich Lagger. Erbaut 1591. Ehemals ⌐—⌐. 1¹/₂ und Giebel-«Loibe». F. *Inschrift:* «HOC OPVS FIERI FECIT HON VIR CASPARVS WALPEN SVB ANNO DNI 1591 DIE 17(?) MENSIS IANVARjj». *Ofen*. Niedrig, zweigeschossig, mit gekehlter Deckplatte. An der Stirn die Jahreszahl 1900. – *Hauskruzifix* (Abb. 49 und Tf. Ia rechts). H. 68 cm (Korpus 25 cm). Arve. Fassung entfernt. Anfang 19. Jh. Von ANTON LAGGER († 1833)? II. Reckinger Hauskruzifixtyp (S. 47). Vor dem Kreuzfuß mit Blättern und Blüten umkränzter Clipeus. Eckgekehlte Standplatte.

19. Koord. 190/305. Kat.-Nr. 97. Hans Martin Walpen. Erbaut 2. Hälfte 16. Jh. «Vorschutz»-Haus auf gekehlten Konsolen mit Stäben und zum Teil mit Wappen. Auf einem Wappen zwei griechische Kreuze, eine Zimmermannsaxt und ein winkelähnliches Motiv. Am Fußbalken des «Vorschutzes» zeittypische gerillte Fase. ⌐—⌐ (mit Ka). 1¹/₂. F. *Ofen*. Eingeschossig, mit gekehlter Deckplatte. 17. Jh. – *Truhen*. 1. Tanne. Dreiachsig. Eingelegt zwei Sterne und die Jahreszahl 1749. – 2. (im Besitz von F. Burri-Bacher, Sitten). Nußbaum. Dreiachsig, mit kannelierten, in Einlegearbeit schräg gebänderten Pilastern. In den oktogonalen Füllspiegeln eingelegt die Initialen «PK/MW» unter einem Hauszeichen? [Kreuz auf drei Stäben], ein Stern und die Jahreszahl «17/29». Kunstvolles Schloß.

20. Koord. 185/385. Kat.-Nr. 177. Wwe. Anna Carlen-Zumtaugwald. Erbaut um 1600. Über der hölzernen Kammerzone zeittypischer Kielbogenfries (Abb. 13 III). Ehemals «Vorschutz»-Haus? ⌐—⌐. Ka. 1¹/₂. G. Qualitätvolles *Täfer*, 2. Hälfte 18. Jh. *Ofen*. Verändert. An der Stirn in Wappenschild auf Dreiberg umgestülptes Hauszeichen der Familie Müller? (S. 292, Haus Nr. 12). – *Schrank*, vierzonig, geschnitzt von EMMANUEL CARLEN (* 1910).

21. Koord. 335/280. Kat.-Nr. 129 und 129a. Oliva Briw; Josef und Willi Walpen. Erbaut 1610. Das charaktervolle, in seinem Kammergeschoß leider stark veränderte «Vorschutz»-Haus bildet zusammen mit dem Haus Nr. 38 eine eindrückliche Bau-gruppe an der steilen Böschung unterhalb der Autostraße. «Vorschutz»-Konsolen mit Roßköpfen, leeren Wappen und Stäben. Über dem Wappenschild der östlich-sten Konsole Buchstabe W. Balkenkopfkamin unmittelbar unter dem First. Am Fußbalken getreppte Kielbögen (S. 21). Im «Loibe»-Geschoß kragt das Haus an der rechten Traufseite vor. ⌐—⌐. Ka. 1¹/₂. G und F. *Inschrift* mit zum Teil verschnör-kelten Buchstaben, gotisierenden Minuskeln und Majuskeln. «ZUN EHREN GOTTES UND MARIEN HAT DISES HUS HANS STEPFEN BUWEN IM IAR 1610».

Ofen. Zweigeschossig, mit gekehlter Deckplatte. Verkleinert. An der Stirn: «T[heodor] [118].W[alpen]/ K[atharina].E[ggs]», an der Wange: «V[iktor].W[alpen]/O[liva].Br[iw]/1934». – *Hauskruzifixe*. 1. H. 61 cm (Korpus 29 cm). Holz. Fassung entfernt. 3. Viertel 18. Jh. Qualitätvolles Kruzifix von

---

117 Buchstabe I um 1950 in H umgewandelt.   118 Vater von VIKTOR WALPEN.

Abb. 235 und 236. Reckingen. Älteres Taffiner-Haus (Nr. 27), 1617. Schönstes Haus vom Typ des Obergommer Renaissancehauses, durch die veränderten Fenster entstellt. Text S. 297. – Sog. «Taffinerhüs» (Nr. 36), wohl um 1758. Feuerstelle für Küche («Träche») und Stube (links). – Text S. 299.

PETER LAGGER († 1788) mit dem typischen Sockel (Abb. Tf. I). – 2. H. 64,5 cm (Korpus 18 cm). Holz, häßlich übermalt. 3. Viertel 18. Jh. Werkstatt des PETER LAGGER. – *Versehkreuz.* H. 42,5 cm. Messing und Zinn. Korpus Neusilber. Gegossen von VIKTOR WALPEN († 1905). Einfaches Kreuz mit Dreipaßenden auf Kugeln. Am durchbrochenen Dreikantfuß drei sitzende Engel auf Akanthusvoluten. – *Reliefteller.* Dm. 19,2 cm. Messing, gegossen von VIKTOR WALPEN (* 1897). Stehende Apostel in den Medaillons des Tellerrands. Im erhabenen Bodenspiegel Darstellung der Auferstehung.

22. Koord. 555/290. Kat.-Nr. 71 und 71 a. Arnold Walpen; Richard Blatter. Erbaut 1611. Rechte Haushälfte Ende 17. Jh. angefügt (Würfelfries und Wolfszahn). Renoviert 1863. Ehemaliges «Vorschutz»-Haus mit getreppten Kielbögen (S. 21) am Fußbalken. ⌐⌐. 1¹/₂. Doppelhaus. Ältere Hauspartie A und F, jüngere G und E. *Inschriften.* Linke Haushälfte: «[umgewendetes Z unter Punkt. Geteiltes Wappenfeld mit den Initialen ‹TS/BS›. Stundenglasförmiges Zeichen (Buchstabe C?) THRISTEN SCHMIDT HAT DIS HAVS LASEN BVWEN ZVN EREN GOTES 1611». Rechte Haushälfte: «[Jesusmonogramm]. MARIA.IOSEPH.GOTT.BEHÜTE.UNS.DISES.HAUS.U.WER.HIER.GEHET.EIN.U.AUS.ZUR.REPERETUR GEBRACHT/IOSEPH.FRANGINI.U.SEINE.GEMAHLIN.KATARINA WALPEN.M.I.W 1863». *Ofen.* Zweigeschossig, 1950 erneuert. – *Truhen.* 1. Tanne. Zwei Felder, ausgeschieden durch vorgeblendete Profilleisten. Eingelegt mit Lärche je ein Ständerbau. Über deren Giebel links «O F», rechts die Jahreszahl 1679. – 2. (im Besitz von Jacob Simeon, Reckingen). Tanne und Lärche. Dreiachsig. In den Füllungen eckgekehlte Spiegel mit geschnitztem Rankenwerk. Im Mittelfeld Carlen-Wappen (W. Wb., Tf. 2) sowie eingeschnitzte Initialen «IB DR» und Jahreszahl 1783.

23. Koord. 290/380. Kat.-Nr. 119. Hermann Steffen. Erbaut 1612. Zur Eigenart dieses stattlichen Hauses am östlichen Dorfrand, im Quartier «uf dr Stige», gehört der originale Heustall unter der rechten Dachflanke[119]. Ehemals «Vorschutz» auf Konsolen mit Doppelstäben und Wappenschildern; heute Blendmauer vor der hölzernen Kammerwand. Über der Fensterzone im Giebel Kielbögen, eingelassen im Rillenfries. Balkenkopfkamin samt fast intakt erhaltenem Satteldach-Rauchfang. An einer Zwischenpfettenkonsole hölzerner Hirschkopf, 17. Jh. ⌐⌐. Ka. 2¹/₂. G. *Inschrift:* «[Andreaskreuz]ANNA BOTER MIN HVSMVOTER VNT HENDDIS HVS LASEN

---

[119] Trifft man bei «Heidehischer» öfters Heuställe an der Hausrückwand, sind später «Einhofbauten» äußerst selten (WEISS, S. 157).

BAVWEN IN GOTES NAMEN/DIS HVS STAT IN GOTESHANDT WILHELM ANDEREGGEN IST DER BVWMEISTER GENAMDTT 1612».

Ofen. Eingeschossig, mit gekehlter Deckplatte. Von 1612? An der Stirn, in einem von stark geschwellten ionischen Pilastern gerahmten Rechteckfeld, Wappenschild mit Dreiberg, Haus- oder Wappenzeichen (ähnlich demjenigen der Familie Biderbost[120]) und mit der Jahreszahl 1696. – *Hauskruzifix.* H. (Korpus) 24,5 cm. Linde. Fassung entfernt. Korpus aus der Werkstatt des PETER LAGGER († 1788) mit zu kleinem Haupt. 3. Viertel 18. Jh. – *Truhe.* Tanne. Drei Rechteckfüllungen und schmale Zwischenfelder. Eingelegt: «F G/1770».

24. Koord. 390/305. Kat.-Nr. 87 und 88. Othmar Walpen; Franz Zurbriggen. Erbaut 1613. Linke Haushälfte angefügt, 1. Hälfte 18. Jh. (Pfeilschwanzfries), Stubji 1957. ⌐——⌐. 1¹/₂. Doppelhaus. Rechte ältere Haushälfte E und A, linke D (mit «Stutzwänden») und E. *Inschrift.* Rechte Haushälfte: «HVS. STAT.IN.GOTES.HAND.CASPAR.WERLEN.IST.DER.BAVW.MEISTER.GE.NAMPT.CATHRINNA.SIN.HVS.MVOTTER.IM. IAR. 1613 [Wappenfeld mit Jesusmonogramm, links oben drei Punkte in einem V]». *Ofen.* Eingeschossig, mit Karnies unter der Deckplatte und schräggebänderten abgerundeten Kanten. An der Stirn: 16...(?), an der Wange: «B M/18 46». – *Säulenkapitell,* korinthisch, umgestülpt als Hauskreuzsockel verwendet. Holz, ölvergoldet. Qualitätvolle Schnitzerei. – *Pietà* (Abb. 242)[121] (im Besitz von Dr. Albert Carlen, Brig). H. 24,5 cm. Arve. Fassung nach vollständiger Erneuerung entfernt. Ehemals vergoldetes Kleid und rot gelüsterter Mantel[122]. 1730–1740. Kleinere Schäden. Die Gruppe soll ehemals über der Haustür befestigt gewesen sein. Maria umschließt in schraubenförmiger Bewegung den anatomisch fein gestalteten Körper Christi. Bildwerk von hoher Qualität. Neben weiteren Faltenstilmotiven erinnert vor allem das Oval des mütterlichen Antlitzes mit den schirmartig auswehenden Schleierrändern an die Muttergottes der Bekrönung am Altar von Zum Loch (ANTON SIGRISTEN?).

25. Koord. 95/390. Kat.-Nr. 105. Andreas, Emmanuel und Erwin Biderbost. Erbaut 1613. Wohlproportioniertes Haus. Rückseitige Giebelpfettenkonsole bei Dr. H. Wirthner, Münster. ⌐——⌐. 2¹/₂. F. *Inschrift:* «[In Wappenfeld Embleme der Familie Blatter. Oben T mit zwei Punkten rechts entlang dem Vertikalbalken, in der untern Zone unter einem Kreuz rechts Andreaskreuz, links T inmitten dreier Punkte]DISES.HAVS.STADT IN GOTES HAHDT MARTIN BLATER IST DER BAVWMEISTER GENAMPT 1613 ANNA HAGEN/SEIN HAVSFRAV(?)». *Ofen.* 1. Mächtiger eingeschossiger Ofen auf Holzrahmen mit massiger gefaster Deckplatte (Stärke von 15 cm). An der Stirn in Wappenschild: «M B/AM/1620», rechts oben Steinmetzzeichen (Tab. II, Nr. 5). – 2. Zweigeschossig, von 1949. – *Eingebautes Wandbüfett* mit Kredenznische. Tanne. Dreiachsig. Schubladenteil und Türen geschweift. In den Türchen des Aufsatzes eingelegt die Jahreszahl 1802.

26. Koord. 475/165[123]. Kat.-Nr. 156. Gregor Jerjen. Erbaut 1617. Ehemals «Vorschutz»-Haus. Im Giebel unter dem Rillenfries durchgehender Kielbogenfries. Giebelpfettenkonsole in der Gestalt der «Vorschutz»-Konsolen aus dem Ende des 16. Jh. mit dem Buchstaben H, dem Jesusmonogramm und zwei Hauszeichen(?). ⌐——⌐. 2¹/₂. F (im ersten Stockwerk quer zur Firstrichtung nach Westen orientiert). *Inschrift* (zum Teil mit gotisierenden Minuskeln): «DIS HVS STADT IN GOTTES HANDT.JACOB DAFFINER IST DER BAVWMEISTER GENAMPT.JM YAR 1617 [zwischen den Initialen(?) Z und L Wappenfeld mit den Initialen ‹I D› über einem Hauszeichen der Taffiner (Dreieck, von drei Punkten gerahmt)]/ [Wappenfeld mit der Jahreszahl 1617 und den Initialen ‹P L/M› rund um ein Andreaskreuz, in dessen oberem Zwickel drei Punkte stehen]MARGRETA THENNEN SIN HUS FRAW[Jesusmonogramm]GLICK UND HEIL IN DISES HUS VND ALES VNGLICK DRUS». *Ofen.* Eingeschossig, mit gefaster Deckplatte. An der Stirn in Wappenschild: «IC.D/G C(?)/1617». – *Hauskruzifix.* H. (Korpus) 32 cm. Holz, häßlich überfaßt. Ende 17. Jh. Sockel, 19. Jh. Breiter Korpus mit nach links geschwenkten Beinen. Das Motiv des an beiden Hüften geknoteten Lendentuchs hat der Korpus mit einer kleinen Gruppe von Kruzifixen jener Zeit gemein (S. 338). Qualitätvolle Schnitzarbeit.

27. Koord. 135/430 (Abb. 235). Kat.-Nr. 316 und 316a. Adolf und Konrad Carlen. Erbaut 1617. Das prachtvolle Haus, das zusammen mit einem Stadel von 1607 eine

120 W.Wb., Tf. 2.   121 Vgl. STEINMANN, Sigristen, S. 262/63.
122 Dr. A. Carlen, Brig, besitzt eine Farbaufnahme.
123 Stirnfassade und Grundriß in Bürgerhaus, Tf. 101, Nr. 1 u. 2.

reizvolle Baugruppe bildet, darf als schönstes Beispiel[124] des Obergommer Renais-sancehauses gelten. Über dem hölzernen Kammergeschoß kragt der «Vorschutz» auf Konsolen vor, die bereits in Roßköpfen enden. Der Fußbalken weist noch die getreppten Kielbögen (Abb. 13 *III*) der Jahrhundertwende auf. Ein Mittelgwätt läuft vom Trennpfosten der Zwillingskellertüren bis zum First. Kräftige Rillenfriese und ein Kielbogenfries über der Giebelfensterzone. Unter dem Firstvorstoß der Haus-rückwand mächtiger Balkenkopfkamin. Der Satteldach-Rauchfang war im Hinter-haus in einem eigens dafür eingezogenen zweiten Balken und in der Stubjiwand ver-nutet. Der später angebaute, durch Holzdübel mit der Hausrückwand verklam-merte Mauerkamin ist wiederum entfernt worden. Die frühere Freitreppe zum Wohngeschoß an der rechten Traufseite wurde in jüngerer Zeit nach innen verlegt. Die beiden Keller hinter den Kammern – das Haus besitzt unter den Kammern noch zwei versenkte Keller – waren durch eine Holztreppe aus dem Stubji der Wohnung zugänglich. ⌐—⌐. Ka. 1 1/2[125] und Giebel-«Loibe». G (Vorderhaus in zwei Stuben unterteilt; Quergang infolge Fortsetzung der Stubji-Querwand durch eine «Stutzwand») und F (mit «Stutzwänden» in der Südost- und Nordwestecke je zwei zusätzliche Räume ausgeschieden). *Inschriften.* Östliche Stube: «ANNA EDER SIN HUS FRVW ANNO DOMINY 16 y [gotische Ziffer Vier?]o II[Lilie?]/DIS HUS STADT IN GOTTES HANDT CHRISTEN THAFFEN IST DER BAUW MEISTER GENAMBT JM IAR 1617 [zwi-schen einer Glocke mit dem Jesusmonogramm und einem Schwert zierkonturiertes Wappenfeld; darin bischöfliche Inful und Pedum, umgeben von den Initialen ‹B K/H y›[126] – Zeugnis der Parteinahme für die bischöfliche Macht zur Zeit des Streites um die ‹Karolina›[127]] [zwischen den Zeilen kleines Wappen mit dem Haus-zeichen der Taffiner wie auf dem Dielbaum des Hauses Nr. 26]». Westliche Stube: «[Wappenfeld mit den Initialen ‹H D› über einem Hauszeichen der Taffiner (Rechteck mit Punkt in der Mitte)]LOB DES FRYIEN VATTER LANDT BESCHYTZ.BE. SCHWIR(?) ET MIT DEPFFER HANDT.FRYHEYTT DAS EDLERR KLEYNNOT YST/DIS HUS STADT IN GOTTES HADT[S-förmiges Zeichen]CHRISTEN DAFFENER IST DER BAUW-MEISTER GENAMPT[Wappenfeld mit Hauszeichen wie am Anfang]». Verschnörkelte Initialen, gotisierende Majuskel und Minuskel.

Ofen. Eingeschossig. Abschlußsims in Gestalt zweier übereinander liegender gekehlter Deckplatten-ränder. An der Stirn in Wappenschild: «1668/I D/I C/[Hauszeichen wie auf Dielbaum und weiteres Hauszeichen[128]: Z-förmiger Winkel mit zwei Punkten]», an der Wange: «K[onrad]C[arlen].O[ttilia] S[chmid]/1951». – *Hausorgel*[129]. Anfang 20. Jh. von Conrad (1849–1926) und Max Carlen (1854–1912) aus älteren Bestandteilen zusammengesetzt. – *Stammbaum* der Familie Carlen, zusammengestellt von Pfr. Adolf Briw, Ernen, fortgeführt von Konrad Carlen, Reckingen. *Abgewanderte Kunstgegenstände. Maria vom Guten Rat* (im Besitz von Josef Imhof, Glis). Kopie nach dem Gnadenbild von Genazzano.

---

124 Ob die Taffiner schon damals Zimmerleute waren? 1702 starb in Reckingen « Christianus Daffener faber lignarius» (PfA Reckingen, Nr. 3).

125 Der Mauerkamin reichte nur mit seiner Haube in das «Loibe»-Geschoß hinauf.

126 Episkopat des Bischofs Hildebrand Jost von Münster, der auf Drängen der Patrioten den weltlichen Rechten entsagen mußte.

127 Gefälschte Schenkungsurkunde Karls d.Gr. an den Bischof von Sitten aus dem Mittelalter (vgl. S. 105, Anm. 290).

128 Beide Taffiner-Hauszeichen, die auch auf dem Dielbaum des inneren Stubji im Taffiner-Haus (S. 300) stehen, sind in jüngerer Zeit von der Familie Carlen übernommen worden. Im Wappen-feld am Stadel von 1607 stehen vier leere Quadrate. 129 BRUHIN, S. 213, Nr. 55.

50 × 39,5 cm. Öl auf Leinwand. Mitte 18. Jh. Mit duftig gemaltem Inkarnat der Antlitze. – *Hauskruzifix* (im Besitz von Edzard Schaper, Brig). H. 57,5 cm (Korpus 18 cm). Arve. Fassung entfernt. Mitte 18 Jh. Qualitätvolles Kreuz vom I. Reckinger Hauskruzifixtyp (S. 46). – *Truhe* (im Besitz von Dr. A. Carlen, Haus Nr. 44). Nußbaum. Zwei beschnitzte Füllungen: eine Blüte in Akanthus, in den Blüten die Ziffern 17 und 66.

28. Koord. 95/325. Kat.-Nr. 104. Albert Guntern. Fragmentarischer Bestand eines Häuschens von 1620. An der Ostwand, wo später eine hölzerne Küche angefügt worden war, ist über dem Kellergeschoß noch der mit Kielbögen geschmückte Fußbalken des «Vorschutzes» sichtbar. Vor dem Umbau im Jahre 1950 – ein Umbau war bereits 1909 vorangegangen – blickte das Haus nach Osten. Alt und unverändert ist nur das Stübchen in Wohn- und «Loibe»-Geschoß. *Inschrift:* «[In Wappenfeld sitzender Landesbischof mit Schwert und Pedum – Zeugnis der Parteinahme für die Macht des Bischofs zur Zeit des Streites um die ‹Karolina›[130]]HOC OPUS FIERY FECIT HON VIR IOHAN NIS MILLER SUP AÑO 1620 DIE.2.MESIS MARTIUS SOLY DEO GLORIA[Wappen wie auf Ofen und Initialen ‹I M›]/ET MARGRETA ZEN HOFFEN VXOREM EAM AÑO DOMINI 1620 ROGATE SEMPER PRO PARENTES». Mit Majuskeln und Minuskeln. *Ofenstein* in Ofen von 1949. Über der Jahreszahl 1648 Wappen der Familie Guntern unter den Initialen «P[etrus].G[untern].C[uratus?].M[onasterii?]»[131].

29. Koord. 260/410. Kat.-Nr. 214. Erben Albert Eggs. Erbaut vor 1630. Rillenfriese. Das zweite Stockwerk kragt rechts vor. ⌐——⌐. 2½. F. Dielbäume entfernt und verkleidet. *Ofen.* Eingeschossig, mit schwerem Karnies und Deckplatte sowie schräg gebänderter abgerundeter Kante. Profilierte Füße. An der Stirn in Wappenschild Dreiberg, Hauszeichen [Stab mit kleinem Dreieck rechts] und die Initialen «A J/L J» über der Jahreszahl 1871. – *Hauskruzifix.* H. 65,5 cm (Korpus 29 cm). Holz, häßlich überfaßt. 3. Viertel 18. Jh. Kruzifix des PETER LAGGER († 1788) mit späterem(?) geschnitztem Sockel: Kegelstumpf, von Steinen bedeckt[132]. – *Eingebauter Schrank.* 19. Jh.

30. Koord. 125/365. Kat.-Nr. 65. Max Carlen. Erbaut 1632. Hohes stattliches Haus. Dem Konsölchenfries ähnelnder zweizoniger Würfelfries. ⌐——⌐. 3½. F. *Inschriften.* 1. Stockwerk: «HANS.MILER.IM.IAR 1632 [Wappenfeld mit den Initialen ‹C M› über dem Hauszeichen der Familie Müller, jedoch mit einem Punkt in jedem Zwickel (vgl. Ofen in Haus Nr. 12)]». 2. Stockwerk: «IHS MECHT JCH DIE WOHNUG GOTTES BESITZEN SO VVRDE MICH DER HER BEHUTEN VND BESCHYTZEN.DAS BEGER JCH US HERTZEN GRVNDT JETZ VND IN MINER LESTEN STUNDT WER VFF GOTT VERTRVWT HAT[WOL]BAUWTT/ZUO EHREN GOTTES VND MARIA HANS MILER DISES HVS LASEN BAVWEN MARGRETA ZEN HOFFEN SIN EHEGEMALL[Hauszeichen wie im 1. Stockwerk]CHRISTEN MELCHIOR PETTER MILLER SINE SOHN VNDER....(?) JAR ZALT 1632». Mit Majuskeln und Minuskeln. Auf Dielbaumvorstoß im Balkon des 2. Stockwerks: «[Hauszeichen der Familie Müller mit nur einem Punkt unter den Initialen ‹I M› in Wappenfeld] C [Hauszeichen mit zwei Punkten in Herz] M». *Öfen.* 1. Eingeschossig, mit Karnies unter der Deckplatte. An der Stirn in Lorbeerkranz: «A S (?) T/C M/A M/1849». – 2. Form ähnlich Nr. 1, aber mit plastischem Rundstab am Fuß. An der Stirn auf einem Tulpenkelch Wappenschild mit der Jahreszahl 1848 über den Initialen «AST/CM/AM», an der Wange Spiegel mit Jesusmonogramm zwischen Rosetten. – *Ofenstein* mit der Jahreszahl 1841 und gleichen Initialen wie Ofen Nr. 1 in Mauersockel eingelassen. – *Wandbüfett.* Tanne. Dreiachsig. Schubladenteil, Zierfelder und Spiegel der Türen geschweift. An den Türchen des Aufsatzes eingeritzt: «B.F.M/M.C.W» und die Jahreszahl 1800. – *Truhe* aus dem Hause Nr. 44 (S. 310).

31. Koord. 570/275. Kat.-Nr. 251. Hermann Witschard. Erbaut 1635. Stellenweise Kielbögen, versetzt in konsolenartig vorkragendem Würfelfries. ⌐——⌐. 1½ oder 2. F. *Inschrift* (zum Teil in gotischen Minuskeln): «WAN DER HERR DAS HVS NIT ER BAUWET HET UMSONST WERE ES DIE DARAN BAUWEN ANNO 1635 [in Wappenfeld A-förmiges Hauszeichen mit einem Punkt unter dem Querbalken zwischen den Initialen ‹M N›[133], mit zwei Punkten zwischen den Initialen ‹P W›]».

---

130 Vgl. Anm. 127.

131 Peter Guntern von Münster (1614–1681), Pfarrer in Münster 1644–1648, Domherr von Sitten 1650, hat in zahlreichen Käufen seinen Besitz an Liegenschaften gemehrt (PfA Biel, Buchstabe R). Im Gegensatz zu seinem Wappen am Altarblatt der Peterskirche in Münster (S. 108) stehen hier über dem Winkel zwei fünfstrahlige Sterne.

132 Motiv von Altarkruzifixen aus der Mitte des 17. Jh. (Abb. 97 und 349).   133 Nager?

Abb. 237 und 238.
Reckingen. «Taffinerhüs».
Porträtmedaillons von
Franz Josef Ignaz Taffiner
und seiner Braut(?) Maria
Josepha Pelagia de Sepibus,
wohl 1816 von Adrian de
Riedmatten gemalt,
Dm. 6 cm. Text S. 301.

32. Koord. 60/410. Kat.-Nr. 131. Anton und Monika Blatter. Erbaut 1639, aufgestockt 1705. Konsölchenfries und Pfeilschwanzfries unter Wolfszahn. «Vorschutz» auf einfachen Roßkopfkonsolen. Am Fußbalken gedrückte Kielbögen. ⌐‾‾¬. 2¹/₂. F (Wohnstockwerk quer zum Giebel nach W gerichtet). *Inschriften.* 1. Stockwerk: «[in Wappenfeld Emblem der Familie Blatter über den Initialen ‹M B›WELHER.GOT.VER.TRUW.DER.HEDT.VOL.GEBVWT.MARTHINNE.BLADTER/VND.MARIA.IN.DER.BINEN. SEIN.HAVS.FROW.ANNO. 16.39 IAR». 2. Stockwerk: «IOSEPH.BLATER.VNDT.MARIA.WALPEN.SEINER.HVS. FRVWEN.ANNO. 1705/WELCHER.AVF.GOT.VER.THR.VWET DER HAT WOL GEBVWET.DAN.GOT.ALEI.GE.HERT. DIE.EHR.DAN.DER.IST.MEISTER.VNT.BVW.HER». *Öfen.* 1. Eingeschossig, mit Kehle unter der Deckplatte. An der Stirn in Lorbeerzweigen späteres Wappen mit den Initialen «FSH» über der Jahreszahl 1842. – 2. Eingeschossig. Deckplatte mit Karnies und Kehle. An der Stirn in eckgekehltem Spiegel die Jahreszahl 1758, an der Wange in Wappenschild Emblem der Familie Blatter und die Initialen «I B/M W».

33. Koord. 70/395. Kat.-Nr. 103. Heinrich Jerjen[134]. Erbaut um 1640–1650. Konsolenartig vorkragender Würfelfries unter glattem Stab. ⌐‾‾¬. 2¹/₂. F. *Inschrift* (an verkleidetem Dielbaum): «T[Jesusmonogramm]AN.GOTES.SEGEN.IST.ALES.GELEGEN.I.B.K[arlen?].1873». – *Hauskruzifix.* H. 64,5 cm (Korpus 24 cm). Holz, häßlich überfaßt. Anfang 19. Jh. Von ANTON LAGGER († 1833)? II. Reckinger Hauskruzifixtyp (S. 47). Vor dem Kreuzfuß Clipeus in Medaillon.

34. Koord. 100/400. Kat.-Nr. 344. Adolf und Josefine Garbely. Erbaut 3. Viertel 17. Jh. Großer Würfelfries. ⌐‾‾¬. 2¹/₂. F (quer zum First nach W gerichtet). Dielbäume verkleidet. *Ofen.* Eingeschossig. Deckplatte mit Karnies. An der Stirn zwischen Polsterspiegeln profilgerahmtes Rechteckfeld. Darin Wappenfeld mit den Initialen «I B» über der Jahreszahl 1609. – *Lehnstuhl.* 2. Hälfte 17. Jh. Lederüberzug ersetzt. – *Truhe.* Tanne, dreiachsig. 1. Hälfte 19. Jh. In den Füllungen kräftige Spiegel mit eingelegten Stern- und Blumenmotiven in Nußbaum. – *Standuhr.* 1865 in Obergesteln erworben. – *Hausorgel* (im Besitz von Dr. H. Wirthner, Münster). 19. Jh. (S. 140).

35. Koord. 75/315. Kat.-Nr. 103. Erben Oskar Andereggen. Erbaut 1664. Konsolenfries. 1928/29 Giebel aufgestockt und von W nach S gewendet. In Erdgeschoß ehemals Schmiede. ⌐‾‾¬. 1¹/₂. F. *Inschrift:* «[In Wappen Hauszeichen der Familie Müller auf Dreiberg zwischen den Initialen ‹C M›] 1664 CASPER.MILER SIN SVN.IOHANES.MILER.SIN.SVN.AN.LEIN.GOT.DIE.ER.ANNA. 1664 IAR/DIS.HVS.STAT.IN. GOTES.HAND.MEISTER.CHRISTEN.MILER.IST.ER.GENAMBT.[Hauszeichen]FRENA.MILER.SIN.HVS.FRAW.». *Ofen.* Eingeschossig, mit gekehlter Deckplatte. An der Stirn in Wappenschild Hauszeichen über Dreiberg zwischen den Ziffern der Jahreszahl 1667 und darüber die Initialen «C.M.FM./K.M.I.M». – *Hauskruzifix.* H. 68 cm (Korpus 23,5 cm). Holz, überfaßt. 3. Viertel 18. Jh. Kruzifix von PETER LAGGER mit dem typischen Sockel (Tf. I).

36. « *Taffinerhüs*» (Abb. 236–241)[135]. Koord. 165/425. Kat.-Nr. 208. Erben Guillaume de Kalbermatten. Erbaut 1665, rechts um eine Stubenachse erweitert 1754–1758. Die Wirkung dieses mächtigsten Gommer Hauses wird noch durch den unbebauten Hang davor als Umschwung des Patrizierhauses und durch die kleinmaßstäblichen,

---

134 Im Besitz einer Dorfchronik von THEODOR CARLEN (1866–1903).

135 Die Aufrisse der Süd-, Nord- und Ostfassade sowie die Grundrisse des zweiten und dritten Stockwerks in Bürgerhaus, Tf. 102.

sehr charaktervollen Nutzbautenquartiere im SW und SO gesteigert[136]. Das weit-
räumige Haus ist innen in seinem ursprünglichen Zustand erhalten. Die bemalte
Stubendecke im ersten Stockwerk des älteren Hausteils zeigt vier Zierfelder mit
einem Blumenornament in der Mitte. Zahlreiche Türen des 18. Jh. mit originalen
Beschlägen und Schlössern. ⌐——¹. 2¹/₂ und Giebel-«Loibe». H (mit verbundenem
Stubji; ursprünglich F). Innentreppenhaus mitten an der Rückwand. *Inschriften.*
1. Stockwerk. Westliche Stube (Fragment der eingeschnitzten, aber abgehobelten
Inschrift, sichtbar unter der späteren gemalten Inschrift): «IAHR 1665 DEN 5[gleiches
Wappen wie im Stubji]»; «HANC DOMUM AEDIFICAVIT DN̄US IOAÑES FRANC̄US TAFINER
[Taffiner-Wappen in Rocaille-Kartusche]IUDEX ET GUBERNATOR ST MAURITII ĀŌ
1754». Östliche Stube: «NISI DOMINUS AEDIFICAVERIT DOMUM IN VANUM LABORAVERUNT
QUI AEDIFICANT EAM PSAL 126». Im innern Stubji: «[Wappenfeld mit zwei Haus-
zeichen wie auf Ofen Nr. 1 in Haus Nr. 27]IHS 16.65 IOHANES TAFENER VND CHRISTEN
TAFENER IHS/MARIA GIBSTEN(unter dem Wort ‹Johanes›)». 2. Stockwerk. Westliche
Stube: «IN QUAMCUMQUE DOMUM INTRAUERITIS PRIMUM DICITE PAX HUIC DOMUI L M 10
FACTAE ANNO 1758 DIE 28 AP̃R/HANC DOMUM AUGERI FECERUNT D.IOANNES FRANCISCUS
TAFFINER MAIOR.L[audabilis].D[eseni].C[omesiae].ET MARIA THERESIA BIDERBOSTEN
UXOR»[137]. Östliche Stube und Kammer: «UISITET.DOMINUS.DOMUM.ISTAM.ET.OMNES.
INSIDIAS.INIMICI.AB.EA.REPELLAT.ANGELI.TUI.NOS.IN.PACE.CUSTODIANT ET.BENEDICTIO.
TUA.SIT.SUPER.NOS.SEMPER»[138]. Im innern Stubji: «SALVA NOS DOMINE UIGILANTES»[139].
Im äußern Stubji: «CUSTODI NOS DORMIENTES»[140].

Öfen. 1. Eingeschossig. Abschlußsims in Gestalt zweier übereinander liegender gekehlter Deck-
plattenränder. An der Wange in profilgerahmtem Rechteckfeld plastische Lilie (17. Jh.), an der Stirn in
Wappenschild auf Dreiberg Tulpe als Wappenzeichen der Taffiner zwischen zwei fünfstrahligen
Sternen und die Initialen «I.I./A.T.» über der Jahreszahl 1722. – 2. Eingeschossig. Am reichprofi-
lierten Sims Karnies und Viertelrundstab. Karniesförmiges Fußsims. An der Stirn Taffiner-Tulpe in
Rankenoval, später hingesetzte Jahreszahl 1759 und die Ziffern 20 neben einer Lilie als Fragment
einer Jahreszahl [1720?]. – 3. Gestalt ähnlich Nr. 2. Ohne weitere Zierde. – 4. Eingeschossig, mit
Karnies unter schwerer Deckplatte. Reiches Fußsims. An der Stirn in kräftigem Relief Taffiner-

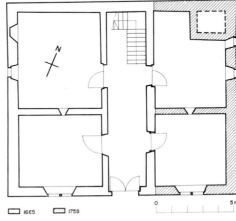

☐ 1665   ☐ 1758   0 └┴┴┴┴┘ 5m

Abb. 239 und 240. Reckingen. «Taffinerhüs» (Nr. 36), erbaut 1665, um die rechte Stubenachse erweitert 1754–1758. Größtes Gommer Haus. – Grundriß des Kellergeschosses. – Text S. 290/300.

Vollwappen über der Jahreszahl 1769. Als Wappenzierfigur Bär mit Tulpe. – *Skulpturen. Kruzifixe.*
1. Nur Korpus. H. 57,5 cm. Ahorn? Fragmentarische Originalfassung. Mitte 17. Jh. Vom Meister
des Monumentalkruzifixes beim Eingang der Pfarrkirche von Leuk? Arme fehlen. Mit seinen überlängten Proportionen, dem spindelförmigen Haupt und dem scharfen Faltenschnitt ist es ein wertvolles Bildwerk des manieristischen Stils. – 2. H. (Korpus) 48 cm. Holz, Originalfassung. Inkarnat
mit Tempera etwas bizarr und bunt ohne Grundierung gemalt, Lendentuch vergoldet. Ende 17. Jh.
Typ der Pestkruzifixe aus einheimischer Werkstatt. – *Hauskruzifixe.* 1. H. 55 cm (Korpus 22,5 cm).
Holz. Originalfassung, übermalt. Ende 17. Jh. Fremder Herkunft. Qualitätvoller, stark nach links
gebogener Korpus. Am Sockel, zwischen profilierten Platten, Schrein mit Jesuskind in Hinterglasmalerei. – 2. H. 62 cm (Korpus 21,5 cm). Holz. Originalfassung, übermalt. Aus einheimischer Werkstatt. Korpus 2. Hälfte 17. Jh.? LAGGER-Sockel 3. Viertel 18. Jh. (Tf. I). – 3. H. 77 cm (Korpus
33,5 cm). Holz. Originalfassung, häßlich übermalt. 3. Viertel 18. Jh. Aus einheimischer Werkstatt.
Qualitätvoller Korpus mit kurzem, breitem Haupt. Am Kreuzfuß symmetrisches Rocaille-Ornament.
Rocaillemuscheln als Balkenenden. – *Apostel* (Jakobus d. Ä.?). H. 55 cm. Linde? Massiv. Originalfassung. Vergoldetes Kleid mit rot gelüsterten Umschlägen 3. Viertel 17. Jh. – *Männerkopf.* H. 35 cm.
Arve, nicht gefaßt. Hals in Palmettenkranz. – *Gemälde. Jesuskind* mit Kreuz und Geißelwerkzeugen.
63 × 58,5 cm. Öl auf Leinwand. Anfang 19. Jh.? – *Nikolaus von Myra.* 62 × 50,5 cm. Öl auf Leinwand.
Auf Spannrahmen: «Louis Werlen» (†1928). Brustbildnis, gemalt in barockisierender Tonigkeit. –
Sechs *Hinterglasgemälde,* drei beschriftet «S. Maria», die übrigen «S. Joseph», «S. Franciscus» und
«3 Faltigkeit». – *Porträte.* 1. 99,5 × 55,3 cm. Öl auf Leinwand. Brustbildnis. Frontalansicht von einem
Geistlichen wohl aus der Familie Guntern. Links oben: «AETATIS SVAE 49/ 1686» und Wappen [auf
Dreiberg Kreuz, von vier Sternen gerahmt, überhöht von Weltkugel und Vogel]. Die Elemente dieses
Wappens finden sich auf einem Ofen und einem Porträt im Haus Nr. 38. – 2. 64 × 53 cm. Öl auf
Leinwand. Brustbildnis von einem Geistlichen der Familie Supersaxo. Links oben: «AETATIS SVAE 37/
1704» und geviertes Wappen (W. Wb., Tf. 5). – 3. 67 × 51 cm. Öl auf Leinwand. Brustbildnis in
halbem Linksprofil von einem mit Mozetta bekleideten Domherrn aus der Familie Guntern. Links
oben: «AETATIS SVAE 43:/1710» und Wappen (W.Wb., S. 120, 1. Fig.). – 4. 64,5 × 50 cm. Öl auf
Leinwand. Halbfigurenbildnis in halbem Linksprofil von Johann Franz Joseph Taffiner (†1844),
dem späteren Meier von Goms und Landvogt in St-Maurice. Links oben unter Kartusche mit Taffiner-
Wappen: «AETATIS SVAE 14/1770». Der Knabe hält in der Rechten ein geöffnetes Buch, auf dem steht:
«Praemium diligentiae/Nobilis familiae/Decus». – 5. 73 × 58,5 cm. Öl auf Leinwand. Halbfigurenbildnis in halbem Rechtsprofil vom letzten Fürstbischof, Josef Anton Blatter (†1807). Rechts oben
unter Blatter-Wappen: «AETATIS SVAE 40/1793». – 6. 59,5 × 46 cm. Öl auf Leinwand. 2. Hälfte 18. Jh.
Halbfigurenbildnis in halbem Rechtsprofil von einem etwa 50jährigen Edelmann[141] mit großer Kra-
watte und Ärmelkrause. – 7. (Abb. 238). Medaillon, Dm. 6 cm. Deckfarbe. In innerem Messing- und
äußerem Holzrahmen. Pendant zu Nr. 8. Halbfigurenbildnis in halbem Linksprofil wohl mit jugendlichen Franz Josef Ignaz Taffiner (vgl. Nr. 9) in Uniform der napoleonischen Zeit. Links unten: «à
F(?). T./pinxit adrian/de Riedmatten». Gemalt 1816?[142]. Feines miniaturhaftes Porträt von bislang
unbekanntem Maler. – 8. (Abb. 237). Pendant zu Nr. 7. Die jugendliche Anna Maria Josepha Pelagia
de Sepibus(?) in halbem Rechtsprofil in Tracht. – 9. 64 × 52,5 cm. Öl auf Leinwand. Pendant zu
Nr. 10. Brustbildnis in halbem Rechtsprofil von Franz Josef Ignaz Taffiner (1789–1852), dem zweiten
Kommandanten der Oberwalliser Truppen 1840 und der «Alten Schweiz» 1844 (W.Wb., S. 254).
Auf der Rückseite: «L. J. Ritz pinx. 1852/No. 554»[143]. – 10. 63,5 × 52 cm. Öl auf Leinwand. Pendant
zu Nr. 9. Halbfigurenbildnis, frontal, von Frau Anna Maria Josepha Pelagia Taffiner, geb. de Sepibus[144]

---

136 Die Herkunft der «Heidechriz»-Spolien am Giebel ist nicht mehr zu ermitteln. Genannt
werden die verschwundenen Häuser Koord. 160/390 und 195/420 (vgl. Anm. 114) sowie Haus Nr. 11.

137 «In welches Haus ihr auch immer eintretet, sagt zuerst Friede diesem Haus ... gemacht Anno
1758 den 28. April. Dieses Haus haben vergrößert ...»

138 «Der Herr besuche dieses Haus und weise alle Nachstellungen des Feindes zurück. Deine
Engel mögen uns in Frieden bewachen und Dein Segen sei immer über uns.»

139 «Bewahre uns, Herr, wenn wir wach sind!»   140 «Bewache uns im Schlaf!»

141 Auf der Rahmenrückseite spätere Inschrift mit Bleistift: «Schinner».

142 Heirat 1816 (PfA Reckingen, Stammesregister, o. Nr.).

143 Vgl. GATTLEN, Porträtverzeichnis, S. 244.   144 Ebenda.

(vgl. Nr. 7), in Tracht. Auf beiden Gemälden gleicher verschwommener Laubbaumhintergrund. –
11. 53,5 × 42,5 cm. Öl auf Leinwand. Mitte 19.Jh. Brustbildnis in halbem Rechtsprofil von einer
jungen Frau. Maria Josepha Johanna Adelaide Taffiner (* 1817), letzte ihres Geschlechtes, seit 1874
Gattin des Louis de Kalbermatten, Obersts in Sardinien? – 12. 21,5 × 16 cm. Öl auf Karton. Dreiviertelbildnis von einem sitzenden Mann in Uniform. Louis de Kalbermatten? (vgl. Nr. 11). 2. Hälfte
19.Jh. – 13. 28 × 21 cm. Öl auf Holz. Brustbildnis. Mann mit Pfeife. Rechts unten: «LUDWIG/WERLEN/
1921». – 14. Etwa 19 cm × etwa 14 cm. Öl auf Karton. Kopf in halbem Rechtsprofil. Rechts unten:
«LUDWIG/WERLEN/1921». – *Landschaften. Gebirge.* 43,5 × 33,5 cm. Öl auf Leinwand. Rechts unten:
«LUDWIG/WERLEN/1920». – *Häusergruppe von Ried-Brig (Bachji).* 41,5 × 74 cm. Öl auf Leinwand.
Rechts unten: «LUDWIG/WERLEN/1921». – *Veduten, gemalt.* 1. 37 × 51,5 cm (bemalte Fläche). Deckfarbe auf Papier. «Romentorio berühmte Einsiedeley am Emensee». «gemahlt von J.H. Bleuler Sohn
1813 in Faurthalen bey Schaffhausen». – 2. 36 × 49 cm (bemalte Fläche). Technik und Stil wie Nr. 1.
1. Viertel 19.Jh. «Das Dorf Bürglen im Walliser Land/Thomas Platers Geburtsort». «Thoman
Platters Wohnung in Wallis». – 3. 41 × 63 cm (bemalte Fläche). Deckfarbe auf Papier. 1. Hälfte(?)
19.Jh. «GOLFO DI POZZULI». – 4. Maße und Technik wie Nr. 3. «CAMANDOLI DEL VOMERO». – *Keramik-
teller.* Dm. 32,5 cm. «FABR. CERAMIQUE/THOUNE e.F.». Am Boden geviertes Wappen der Familie von
Fischer. Umschrift: «1220 1882 1680 NIL. DESPERANDUM». – *Zinn. Kannen des südwestschweizerischen
Typs I* (BOSSARD, Tf. XVII). 1. H. 16,5 cm. Flaue Gießermarke ALVAZZI und CASTEL, Sitten, Anfang
19.Jh. (BOSSARD, Nr. 805). Walliser Wappen. Wappenzeichen der Familie Kalbermatten (W.Wb.,
Tf. 16) über den Initialen «P K». – 2. H. 17,5 cm. Gießermarke wie Nr. 1. Qualitätszeichen und
Schützengabenstempel. – 3. H. 20,5 cm. Gießermarke von GIOVANNI DEL BARBA, 1. Hälfte 19.Jh.
(SCHNEIDER, Nr. 337). Am Bauch beschädigt. – 4. H. 21,8 cm. Qualitätszeichen und Gießermarke mit
nach links steigenden unbekröntem Löwen und der Umschrift: «IOSEPH* GREZ(?)» (vgl. Nr. 6). Eingraviert: «1.7.I.N.B.9.1». – 5. H. 27,2 cm. Gießermarke wie Nr. 3. – 6. H. 28,5 cm. Gießermarke
ähnlich Nr. 4, doch trägt der Löwe hier einen Teller in den Vorderpranken. Umschrift: «GIOM(?).
GREZ». Initialen «C S». – 7. H. 29 cm. Qualitätszeichen und Gießermarke des NICOLAS PAUL, Genf,
1729 (BOSSARD, Nr. 750). – 8. H. 32,3 cm. Gießermarke wie Nr. 1. Walliser Wappen, Ziffern LXXV
und Initialen «CD[e?]R[iedmatten?].ED[e?]L[ovina?]». – 9. H. 31 cm. Qualitätszeichen und Gießermarke des Meisters P.S. (BOSSARD, Nr. 789). – *Schalen und Platten.* 1. Dm. 26 cm. Profilierter Kontur
in Form einer Rosette. Geriefelte Griffe. Wappenzeichen der Familie Kalbermatten (W.Wb., Tf. 16)
über den Initialen «J K». – 2. Dm. 26,7 cm. Form und Besitzermarke wie Platte Nr. 1. Nichtidentifizierbare Gießermarke mit den Fragmenten einer Umschrift: «..ITE..CIETE..». Zwei ovale Besitzer-
marken(?): unter Rosette die Initialen «B T» über zwei Ziffern, lesbar nur jene der rechten Marke
(73). – 3. Dm. 29 cm. Qualitätszeichen, Gießermarke von ANDRÉ UTIN, Vevey (BOSSARD, Nr. 699),
und Schützengabenstempel der Stadt Sitten (Wappen unter gekreuzten Gewehren und Krone) mit der
Umschrift «CIVITAS SEDVNENSIS». – 4. Dm. 29,8 cm. Qualitätszeichen und Gießermarke von ANTONI
STORNO, 1. Hälfte 18.Jh., Brig (SCHNEIDER, Nr. 378). Besitzermarke: in einem von Akanthusspiralen
gerahmten Oval die Initialen «B G» sowie, klein, «IL P», drei Sterne. – 5. Dm. 30,2 cm. Qualitätszeichen und Gießermarke von ANTOINE CHARTON, Genf, 1. Hälfte 18.Jh. (BOSSARD, Nr. 733). –
6. Breitrandplatte. Dm. 33 cm. Qualitätszeichen und flaue Gießermarke eines Meisters BOURELIER,
Genf, und Schützengabenstempel der Stadt Sitten (wohl BOSSARD, Nr. 855). Eingraviert geviertes
Vollwappen der Familien de Kalbermatten-de Monthey. – 7. Dm. 35,8 cm. Über sieben Sternen, zu
je dreien und einem in der Mitte aufgereiht, die Jahreszahl 1722 (wie Teller Nr. 5). Eingeritzt Wappen
de Courten(?). – 8. Dm. 36,8 cm. Qualitätszeichen und Gießermarke des Meisters I.S., Leuk, 18.Jh.
(BOSSARD, Nr. 784). Wappenzeichen der Familie Kalbermatten (W.Wb., Tf. 16). Großes geviertes
Wappen mit den heraldischen Zeichen der Familie von Kalbermatten: bekrönte Lilie; Stier; Löwe;
T, umgeben von drei Sternen. – 9. Oval, mit zierkonturiertem profiliertem Rand. L. 39,5 cm, B. 28 cm.
Qualitätszeichen. In Wappenfeld Jahreszahl 1722 über Sternen wie auf Platte Nr. 7. Eingraviert ge-
viertes Vollwappen der Familie von Kalbermatten (W.Wb., S. 138, 2. Fig.). – 10. Breitrandplatte.
Dm. 34 cm. Nichtidentifizierbare abgegriffene Marken. – 11. Henkelschale mit durchbrochenen
Henkelplatten. Dm. 16 cm. Qualitätszeichen und Gießermarke des ANDRÉ UTIN, Vevey, Mitte 18.Jh.
(BOSSARD, Nr. 701). Eingeritzt die Initialen «M R». – *Teller.* 1. Dm. 20 cm. Qualitätszeichen und
Gießermarke des ANDRÉ UTIN, Vevey, Mitte 18.Jh. (BOSSARD, Nr. 701). Zwischen den Initialen A
und F. Weitere Initialen: «PMD». Besitzermarke wie Kanne Nr. 1. – 2. Dm. 20,8 cm. Nur zwei
Qualitätszeichen. – 3. Dm. 21 cm. Qualitätszeichen und nichtidentifizierte Gießermarke, ähnlich
derjenigen von Kanne Nr. 4. Initialen: «I.N.B.». – 4. Dm. 22 cm. Qualitätszeichen und Gießermarke

Abb. 241. Reckingen. «Taffinerhüs». Wandbüfett mit reichem Intarsienschmuck, 1751 vom Geistlichen Joseph Ignaz Taffiner selbst hergestellt. – Text siehe unten.

von André Utin, Vevey, Mitte 18. Jh. (Bossard, Nr. 701). – 5. Dm. 22,3 cm. Form wie Schale Nr. 1. Am Boden groß eingeritzt Wappen mit den heraldischen Zeichen der Familie von Kalbermatten: bekrönte Lilie; Stier; T zwischen Kreuzen. Initialen: «J C». Jahreszahl 1722 über Sternen wie auf Platte Nr. 7. – 6. Dm. 23,3 cm. Wappen von Kalbermatten [T, umrahmt von drei Sternen, über springendem Stier] unter den Initialen «NDK». Übrige Marken abgegriffen. – 7. Dm. 24 cm. Form und Besitzermarke wie Schale Nr. 1. – 8. Dm. 24 cm. Form und Besitzermarke wie Schale Nr. 1. Marken abgescheuert. – 9. Dm. 24,2 cm. Form und Besitzermarke wie Schale Nr. 1. Keine Marken. Initialen: «G(?)C». – 10. Dm. 24,2 cm. Form wie Schale Nr. 1. In Wappenfeld: «I B». Eingraviert: «N.P.E.T.». – *Paramentenapplik*. Mit Seide abgeheftet. Taffiner-Tulpe auf einem Herzen. Initialen: «F T». Datiert 1768. – *Möbel. Wandbüfett.* 1. Tanne. Dreiachsig mit Kredenznische. An der Kredenz kannelierte ionische, am Aufsatz geschuppte korinthische Pilaster. Akanthusrollwerk-Appliken in den Füllungen des Aufsatzes, mittlere mit neuem Wappenschild der Familie Kalbermatten anstelle eines noch erhaltenen älteren Wappenmedaillons der Familie Lagger (im Winkel angeordnete vier Fünfstrahlensterne, hier jedoch von Stäben auf dem Dreiberg gerahmt). An der Kredenznische die Jahreszahl 1706. Herkommend aus dem Haus des Bildhauers Peter Lagger († 1788), Nr. 41? – 2. (Abb. 241). Nußbaum. Reich mit hellen Einlagen verziert. Dreiachsiges Mittelstück mit Kredenznische, gerahmt von vortretenden Seitenachsen. An den Türchen des Aufsatzes Vollwappenfelder, darin links: «HOC/OPUS», in der Mitte Taffiner-Wappen, rechts: «IPSE/FECIT». In den Zwischenfeldern die Ziffern 1751, in den Rahmenfeldern der Kredenznische: «R[everendus]D[ominus]I[oseph]I[gnaz]T[affiner] F[ecit]» († 1765). Schubladenstirnen und Rahmenfelder mit Ornamenten, vor allem mit Bandwerk, geschmückt. – 3. Tanne. Zweiachsige Kredenz. Profilfüllungen in den Türen. Kannelierte Pilaster. Am dreiachsigen Aufsatz eingelegt in Zierspiegeln: «I.M 17[Tulpe]61 A.M.W.». – 4. Nußbaum. 2. Hälfte(?) 18. Jh. Kaum Walliser Herkunft. Zweiachsig doppelt geschwungene Kredenz mit drei Schubladenzonen. Aufsatz mit eingezogenem Rundgiebel, dessen Gebälk sich über den Pilastern des Kantenrunds verkröpft. An den Türen und Schubladenstirnen Spiegelimitationen mit Einlegearbeit. – *Wandschränke.* 1. Nußbaum. Einachsig. In den beiden Zierspiegeln der Tür eingelegt oben: «I[Blüte]R», unten: «AM[Blüte]W». Über der Tür Ornamentgitterfeld zwischen den Ziffern 17 und 92. – 2. Lärche. 1. Viertel 18. Jh. Einachsig. An den gefasten Kanten Füllungen mit derben Girlanden, an der linken Wange Blüte in Kerbschnitt. – *Eckschränkchen.* Lärche. Dreiachsig, polygonal. Im mittleren profilgerahmten Spiegel eingelegt: «1776/P.MB». – *Kopie* eines durch Erbschaft abgewanderten reichbeschnitzten barocken *Schranks* des welschen Typs, geschaffen von LEOPOLD JERJEN (* 1907). – *Truhen.* 1. Tanne. Zwischen schmalen vorgeblendeten Zwischenachsen zwei Rechteckfelder, darin eingelegt: «I D/1670». Gemalter Dekor in der Art des frühen 17. Jh. – 2. Tanne. 2. Hälfte 17. Jh. Drei leere Rundbogenfelder zwischen kannelierten Pilastern. – 3. Tanne. In den drei Rundbogenfeldern, zwischen kannelierten Pilastern, eingelegt «17 P.G 16», in den Seitenfeldern ein Stern. – 4. Tanne. Aufbau und Dekor wie Nr. 3. Eingelegt: «17 I.B.G 16». – 5. Nußbaum, beschnitzt. Dreiachsig. In den seitlichen quadratischen Füllungen Rankenwerk, in der mittleren hochrechteckigen: Taffiner-Wappen, darüber «D.I.F.T.», darunter «1.7.3.9». An den Ecken Palmettenstollen. – 6. Tanne. Dreiachsig. Quadratische profilgerahmte Füllungen mit Rhombenspiegeln. Darin eingeritzt: «BAR 1744 AE». – 7. Nußbaum. In den drei Achteckfüllungen eingelegt: «17 MCB 95». – *Tische.* 1. Mächtiger Walliser Ausziehtisch. Nußbaum. 2. Hälfte 17. Jh. An der Zargenfront kleinteilige Schuppenfriese. Originalbeschläge. – 2. Ausziehtisch. Nußbaum. Um 1700. An der Zargenfront geschnitzter Akanthusfries und Clipeus in der Mitte, an den Zargenecken symmetrische Akanthusornamente der Spätrenaissance. Originalbeschläge. – 3. Tischchen. Nußbaum. Rokoko. Füße und Zarge geschweift. – 4. Nußbaum. Rokoko. Füße und Zarge geschweift, mit Akanthusknospen. – 5. Halbrundes Tischchen mit klappbarer Tischplattenhälfte. Stil Louis XVI. Fournier voller Spiegel. Eingelegte feine Rähmchen. Herkunft Sitten. – 6. Klapptischchen. Stil Louis XVI. Schwarze Originalfassung, häßlich übermalt. Wertvolles Möbelstück. – 7. Nußbaum. Biedermeier. Die Zargen beschnitzt mit sich durchdringenden Rauten aus Rundstäben. – *Schreibtisch.* Nußbaum. Rokoko. Füße und Deckel geschweift. An der Zargenstirn zwei Schubladen mit eingelegten Rähmchen, im Deckel ein Stern. – *Nachttischchen.* Nußbaum. Ende 18. Jh. Einfache Quaderform. Am beschnitzten Spiegel des Türchens Taffiner-Wappen in rocaillegesäumtem Clipeus. – *Lehnstuhl.* Größtenteils Nußbaum. Stil Louis XIII. – *Lehnstuhl* und vier *Stühle.* Nußbaum und Kirschbaum. Stil Louis XIV. – *Sofa.* Lärche. Rokoko. Etwas derbes Möbelstück aus einheimischer Werkstatt. – *Sofa* und vier *Lehnstühle.* Rokoko. – *Schemel.* Stil Louis XVI. – *Tafelklavier* von «Philipp Caesar/in Solothurn». – *Fachkästchen.* Serpentin. Quaderförmig mit vier offenen Fächern. Oben versenktes Feld mit Relief-Inschrift: «R[everendus]D[ominus].AN-/TON/ TAFINER» (1794–1865) [145]. An den Wangen Rosette und Zwickelpässe.

Abgewanderte Gegenstände [146]. *Im Besitz von Arnold de Kalbermatten, Sitten: Hauskruzifixe.* 1. (Abb. Tf. I). H. 75 cm (Korpus 27,5 cm). Holz. Mitte 18. Jh. Von PETER LAGGER, Reckingen. Einziges bislang bekanntes noch ganz original gefaßtes Laggerkreuz 1974 von WALTER FURRER, Visp, gereinigt und an wenigen Stellen retuschiert. Korpus mit Tempera polychromiert. Lendentuch vergoldet. Kreuzbalken grün gelüstert. Sockelplatte mit vertikalen Bändern in gelbem, grünem und bräunlichem Lüster marmoriert; die Sockelwangen ähnlich marmoriert, jedoch mit horizontalen Bändern. An der Sockelstirn oberes Feld grün, unteres bräunlich gelüstert. Rahmenwerk vergoldet. Wertvolles Kruzifix des Meisters mit dem typischen Sockel der Reifezeit (S. 46). – 2. H. 59 cm (Korpus 16,5 cm). Holz, polychromiert und vergoldet. Mitte 18. Jh. Vor dem Kreuzfuß hohe, à jour geschnitzte Komposition aus C-Bogen-Blüten. Medaillons als Balkenenden. An den Querbalken hängende Blütenketten. Volkskunstnahes Kruzifix. – *Stickerei.* Bunte Seide auf Rohleinen. Etwa 59 × etwa 64 cm. Über der Jahreszahl 1760 blütengerahmtes Medaillon mit «T.B». Blütenrankenborte. Blüten in den Zwickeln. – *Kommode.* Nußbaum. Geschweifte Front. In den mit schwarzen Rundstäben gerahmten Schubladenfronten eingelegt Bandwerk und «II/AM/AM/DS/17/86». – *Truhe.* Nußbaum, zweiachsig. 2. Hälfte 17. Jh. Zwischen blütenbesetzten ionischen Pilastern geohrte Spiegelfüllungen mit Blütenvasenschnitzereien. – Zwei *Lehnstühle.* Nußbaum. Anfang 19. Jh. Mit kannelierten Vierkantfüßen unter Rosetten. – *Pendule.* Messing, gegossen. 2. Hälfte 19. Jh. Von einem Löwen bekrönte korinthische Säulenädikula. – *Im Besitz von Jean de Kalbermatten, Bex: Zinnkanne* des südwestschweizerischen Typs I (BOSSARD, Tf. XVII). H. 38 cm. Gießermarke von JEAN ANTOINE CHARTON, Genf (BOSSARD, Nr. 731), 1658–1739. Gommer Wappen. «F 175(?)1(?)». Besitzermarke(?): in sonnenbekröntem Herzen T mit Vertikalstäben auf den Querbalkenenden, ähnlich S. 115, Kanne Nr. 1. – *Sekretär.* Nußbaum. Ende 18. Jh. Geschweifte Schubladenfront. Rechteckiger Aufsatz. Eingelegtes Bandwerk auf gewürfeltem Grund. – Kleine *Truhen.* 1. Nußbaum. Zweiachsig. Arkadennischen in den Rechteckfeldern. Im geschnitzten Blütenrankendekor links lilienbekröntes Wappen mit «H AE/OO[Ellipsen?]», rechts Rosette. An

---

145 SCHMID, LAUBER, Verzeichnis, 1932, S. 339.

146 Umständehalber war das aus dem Taffiner-Haus stammende Mobiliar im Besitz von Etienne Serra, Mayens-de-Sion, u.a. ein Tisch des 17. Jh., nicht zugänglich.

der Fußleiste: «16 45». – 2. Nußbaum. Zweiachsig, mit Zwischenfüllungen. In flacher, etwas derber Schnitzerei links, in Blütenkranz, Wappenschild mit Kelch, umrahmt von «RDCH»[147], rechts Blütenstand. Tressenmotiv auf den Rahmenleisten. Punzierter Grund. – *Im Besitz von Raymond Loretan, Sitten: Pietàgemälde*. 68 × 54 cm, giebelförmig. Öl auf Holz. Die Schmerzensmutter sitzt vor kleinem Kreuz zwischen weinenden Engeln. Am unteren Bildrand: «IO Iesus du sohn gottes uehr zeuhe mir meine sinden/S. Maria muter Der barm hetzig Keit ste mir bey in …(?)/letzten streit gemalen 1[7?]15». Ältere Malschicht mit Darstellung der hl. Familie auf der Flucht. – *Wandbehang*. 149 × 206 cm. Seidenstickerei auf schwarzem Linnen. Inmitten von Nelken und Phantasieblüten Jesusmonogramm. Gerahmtes Feld, in sechs Quadrate unterteilt. Im mittleren Quadrat der unteren Reihe Wappen [vier rechteckig angeordnete Fünfstrahlensterne über Dreiberg] unter der Inschrift «.1.6.8.8./.A.R.D.C.H. V.L.»[148]. – *Mörser*. H. 14 cm, Dm. 17,5 cm. Bronze. Um 1700? Zwei Zylindergriffe. An der Wandung in kräftigem Relief kämpfende Ritter (Hl. Georg und Michael?) zwischen Schraubenklemmenmotiven. – *Kabinettschrank*. Nußbaum. Dreiachsig. In der Standzone offene Arkaden zwischen blütenbeschnitzten Leisten. In den flachen Arkadennischen der Hauptzone geschnitzte Blumenvasenkompositionen. Oben: «16 B H 90». – *Kästchen*. Tanne und Nußbaum. Von Wappenkonsölchen gestützte Randprofilleisten. An der Front geschnitzt Kruzifix, Maria und Johannes in Muschelnischen, Cherubine auf Wolken in den Zwickeln. Eingeschnitzt: «R D/THOMAS WERLEN/1684»[149]. An den Wangen sind scharf geschnitzte Statuettenreliefs von Petrus und Franz Xaver(?) appliziert. Eigentümliches Kästchen mit Partien von unterschiedlicher Qualität. – *Truhe* des Domherrn Peter Guntern (1614 bis 1681)[150], Münster. Nußbaum. Mitte 17. Jh. Aus einer Sittener Werkstatt? Drei flache beschnitzte Arkadennischen zwischen Karyatidenpilastern. Links der hl. Antonius von Padua, das Jesuskind von der Muttergottes empfangend, darüber, klein, Gottvater mit Weltkugel und Gottes Sohn mit Kreuz, Cherubine in Wolken. In der Mitte, unter dem Domherrenhut, von Mädchen gehaltenes ovales Medaillon mit dem Guntern-Wappen vor drei Blütenstengeln auf Dreiberg als Emblem der Familie Hagen(?)[151]. Rechts empfiehlt ein Engel den Domherrn Maria mit dem Kind. Symmetrische Anordnung der seitlichen Szenen. Welsche Bandwerkmotive an den Pilastern. Klauenfüße. – Walliser *Ausziehtisch*. Nußbaum. An der Zargenfront in Zierfeld geschnitzt: «1[Rosette]6[Wappenschild der Familie Kalbermatten (W.Wb., Tf. 16)]6[Rosette]6». Originalbeschläge. – Walliser *Tischchen*. Nußbaum. 17. Jh. Zargen kielbogenförmig konturiert. – *Liegebett* und acht *Stühle* im Stil Louis XV. Nußbaum.

37. Koord. 375/220. Kat.-Nr. 275. Josef Jerjen. Erbaut 1665 (1695?)[152]. Konsölchenzeile unter profilierter Leiste als Fries. ⌐—┘ (vorn nicht über den Erdbogen hinaufreichend). 1¹/₂. F. *Inschrift*: «1665 [1695?][Jesusmonogramm]DISES.HVS.HAT.LASEN.MACHEN.MELCKER.WALPEN.WEIBEL.VNT.KATREINA.KARLE.SEIM[SEINI?].HVS.SRAW VNT SEIN 4 SEIN». *Ofen*. Zweigeschossig, mit Kehle unter der Deckplatte. An der Stirn, in Blütenkelch, Medaillon mit den Initialen «HI:I/H: I[m]O[ber]D[orf]» über der Jahreszahl 1883, an der Wange Jesusmonogramm in Ranken. – *Hauskruzifix*. H. 63,5 cm (Korpus 18 cm). Holz. Beschädigte polychrome Originalfassung, ohne Lüster. Mitte 18. Jh. Von PETER LAGGER, Reckingen. Sockel (vgl. Abb. Tf. I). Ausnahmsweise schmales, langes Haupt. Restauriert 1974 von OTTO MUTTER, Mörel. – *Truhen*. 1. Tanne. Zweiachsig, mit geriefelten Pilastern. 2. Hälfte 17. Jh. – 2. Tanne. Dreiachsig. Eingelegt: «17 HIM 21». – *Wandbüfett* (im Besitz von Dr. H. Wirthner, Münster). Lärche. Dreiteilig. Geschweifte Kredenz. An den Türen der Seitenachsen drei geschweifte Felder, in den obersten wappenförmige Füllungen mit Jesus- und Marienmonogramm. In einer Füllung an der Rückwand der Kredenznische die Jahreszahl 1790, in den zierkonturierten Füllungen der Aufsatztürchen Wappenfelder mit Initialen, links: «JB/W», rechts: «AM/F».

---

147 Christian Huser, Selkingen (1647–1701), Vikar von Leuk 1675–1694, Rektor und Pfarrer von Biel 1694–1701. (SCHMID, LAUBER, Verzeichnis, 1901, S. 396.)

148 «A Reverendo Domino Christiano Huser Vicario Leucae» (vgl. Anm. 151).

149 († 1687). Rektor und erster Pfarrer von Biel (SCHMID, LAUBER, Verzeichnis, 1934, S. 414).

150 SCHMID, LAUBER, Verzeichnis, 1898/99, S. 273/74.

151 Nicht Wappen der Mutter Cäcilia Lagger. Gleiche Blüten im Fuß des Wappens der Familie Hagen (W.Wb., Tf. 2). Wappen der geistlichen Mutter? (Vermutung von Br. Stanislaus Noti.)

152 Nach dem Fries eher 1665. Bei einem Vergleich mit dem Fries am Haus des PETER LAGGER (Nr. 42) aus dem Jahre 1702 ist jedoch auch die Entstehung im Jahre 1695 möglich.

38. Koord. 325/270. Kat.-Nr. 128. Josef Carlen. Erbaut 1667 (am Giebel: «16 IB 67»). Anbau an der Rückseite 1808. Renovationen 1928 und 1962. Das stattliche Haus bildet zusammen mit dem Hause Nr. 21 eine charaktervolle Baugruppe vor dem Steilhang unter der Autostraße. ⌐——⌐. Ka. 2¹/₂. F (quer zum First nach W gewendet) und C (mit annähernd gleich großen Räumen im Hinterhaus). *Inschriften.* Stubenbinde des 1. Stockwerks verkleidet. Im Stubji: «IESVS.MARIA.IM.IAHR[Hauszeichen. Stern in einem Winkel]1667». Im Anbau: «DIE.WELT.IST.ALER.BOSHEIT VOL/KER.DICH.ZVO.GOT.SO.GET.DIER.WOL». 2. Stockwerk: «DISES HAT.LASEN.BAVEN. DER.ERSAME.MAN.HER.WEIBEL.BORTER/VND.SEINE.HAVS.FRAVW.ANAMARIA.RITER. 1808».

Öfen. 1. Eingeschossig, mit gekehlter Deckplatte und schräg gebänderter abgerundeter Kante. An der Stirn in Wappenschild: «1669/IB/AM[Hauszeichen wie auf Stubjibinde]». – 2. Eingeschossig, mit Kehle unter der Deckplatte. An der Stirn zwei Wappenschilder, links über dem Titulus «MARIA» mit baumartigem Motiv auf Dreiberg, rechts über dem Titulus «IESVS» mit Jesusmonogramm, an der Wange links über der Jahreszahl 1681 Wappenschild mit seitenverkehrtem Emblem der Familie Guntern (W.Wb., S. 120, 1. Fig.), Wappen der Familie Borter? Rechts Rosette über dem Titulus «IOHANNES BORTER». – *Kreuzigungsgruppe* in Schrein (Abb. 243). Kreuz H. 72 cm (Korpus 21 cm). Holz, überfaßt. 2. Hälfte 18. Jh. Von einem der Söhne des PETER LAGGER (ANTON?). Vor dem Kreuzfuß Clipeus mit Jesusmonogramm. Hl.-Geist-Taube über dem Kreuz, unter den Kreuzbalken je ein Putto. Die Sockel von Maria und Johannes auf Rollwerk. Etwas starr symmetrisch gestalteter Korpus mit edlem Antlitz. Reichste Kreuzigungsdarstellung der Gommer Stuben. – *Hauskruzifix.* H. 71 cm (Korpus 27,5 cm). Holz, überfaßt. 2. Hälfte 18. Jh. Außergewöhnlich drapiertes Lendentuch mit langen gequirlten Zipfeln. Am Sockel rahmt Akanthusrollwerk einen spindelförmigen Spiegel.

39. Koord. 400/300. Kat.-Nr. 146. Emmanuel und Ludwig Carlen. Erbaut 1679. Hohes stattliches «Vorschutz»-Haus am östlichen Dorfende «in dr Furu». Vorschutz»-Konsolen mit Roßköpfen. Tatzenkreuzöffnungen im Giebel. Wohnhaus des Schnitzlers EMMANUEL CARLEN (* 1910). ⌐——⌐ (mit Ka). 2. G und F. *Inschriften.* 1. Stockwerk: «[In Wappenfeld auf Dreiberg Kreuz mit sechsstrahligem Stern in allen Zwickeln] IHS.SALVATOR.MAR PROTECTRIX.IPHS.INTERCESSOR.VIRGINEVS./HOC. OPVS.FIER.CVRARVNT.V.D.PETRVS.GVNTER.PARCHVS.MON[asterii].VIC[arius].FOR[ensis]. MARTINVS.ET.IOANNES.FRARES.A. 1679». In Kammer: «[Jesusmonogramm]S.ANNA.S. MARGRETA.S.VRSVLA». 2. Stockwerk: «IHS.MAR.IPHS.HAEC TRIA NOMINA BONA SVNT OMNIA,ET,MVNDI,LVMINA,ET,COELI,LIMINA. 1679». In Kammer: «S.FRANCISVS XAVERIVS.»

Öfen. 1. Eingeschossig, mit gekehlter Deckplatte. An der Stirn in profilierten Rechteckfeldern Wappenschilder, links mit Wappenzeichen wie auf Dielbaum und mit den Initialen «PG PM/V F», in der Mitte mit Jesusmonogramm über der Jahreszahl 1681, rechts mit einem Hauszeichen(?) [Kreuz mit waagrechtem Fußbalken rechts] und den Initialen «I G/M G». – 2. Zweigeschossig, mit Kehle unter der Deckplatte. An der Stirn: «F[amilie].M[aria]C[arlen]», an der Wange die Jahreszahl 19/29. – *Hauskruzifixe.* 1. H. (Korpus) 20,5 cm. Holz. Fassung entfernt. 3. Viertel 18. Jh. Kruzifix des PETER LAGGER mit dem typischen Sockel (Abb. Tf. I). – 2. H. (Korpus) 22,5 cm. Holz. Fassung entfernt. Letztes Viertel 18. Jh. II. Reckinger Hauskruzifixtyp (S. 47). Vor dem Kreuzfuß Medaillon zwischen C-Bögen. – *Gemälde. Maria vom Guten Rat* nach dem Gnadenbild von Genazzano. 57,5 × 48 cm. Öl auf Leinwand, überholt. 1. Hälfte 18. Jh. – *Porträt* eines Geistlichen (Peter Anton Guntern, Erbauer des Hauses?) [153]. 45 × 34,5 cm. Öl auf Leinwand, neu aufgezogen. Halbfigurenbildnis, frontal. Rechts oben: «AETATIS SVAE 64/1694» und Wappen [Weltkugel mit Kreuz, darauf Vogel [154]].

---

153 Nach Ansicht von Pfr. Anton Carlen († 1963), Reckingen.
154 Wie in den Wappen der Familien Arnold (W.Wb., Tf. 6), Rimen(?) (Tf. 8), Theiler (Tf. 9), de Courten (Tf. 22).

Abb. 242 und 243. Reckingen. Pietà, 1730–1740, Anton Sigristen zugeschrieben, aus dem Haus Nr. 24 (Privatbesitz), H. 24,5 cm. Text S. 296. – Haus Nr. 38. Kreuzigungsgruppe, 2. Hälfte 18.Jh., wohl von Joseph Anton Lagger (1759–1833), Reckingen, H. 115 cm. – Text S. 306.

40. Koord. 470/220. Kat.-Nr. 159. Martin Blatter. Erbaut 1692 (Jahreszahl am Giebel) von Peter Borter und Anna Thenien(?)[155]. Kleiner Würfelfries. ⌐ ¬ (mit Ka). 1¹/₂. Das lange Haus birgt im Wohngeschoß zwei Wohnungen mit den Grundrissen E; die vordere ist nach N gerichtet, die hintere nach W. Auf dem Dielbaum der nördlichen Wohnung die Jahreszahl 1692. Auf dem Ofen stand einst ein Wappenschild mit nach rechts gewendetem Winkel auf Dreiberg zwischen den Initialen «C B[orter?]» (vgl. Ofen im Haus Nr. 38) und weiteren Initialen «PB A». – *Skulpturen. Johannes der Täufer.* H. 33,5 cm. Tanne, massiv, aber sehr flach. Neugefaßt, zum Teil ölvergoldet. Mitte 18.Jh. Ehemals in Kästchen. Recht qualitätvolle, in sanfter S-Kurve geschwungene Statuette. – *Hauskruzifix.* H. 85 cm (Korpus 35 cm). Tanne. Fassung 2. Hälfte 19.Jh. mit Bronzevergoldungen. 3. Viertel 18.Jh. Außerordentlich großes Kruzifix des Peter Lagger († 1788). Auf einem Zierfeld des typischen Lagger-Sockels (Abb. Tf. I) die Initialen «C G». – *Porträte* von Geistlichen der Familie Blatter. Öl auf Leinwand. Durch Übermalung verdorbene Gemälde. 1. 63 × 46,5 cm. Brustbildnis. Rechts oben Wappen [T unter Sechsstrahlenstern] und Inschrift: «AETATIS SVAE 27/Natus 1695 die 4 Jan/et mortuus 1780 die 5 Febr./R.D. Johanẽs M.Blatter/PrimusParochus in/Oberwald». – 2. 54,5 × 66 cm. Brustbildnis des Geistlichen auf dem Sterbebett. Links oben Wappen wie auf Nr. 1, jedoch mit zwei übereinander aufgereihten Punkten rechts vom Vertikalbalken des T. Inschrift: «Natus 1665 die 25 Feb:/Et Mortuus 6.may 1736/Primus Parochus Reck./R.D. Johannes Blatter». – 3. 66 × 55,5 cm. Brustbildnis. Links oben Wappen wie auf Nr. 1. Inschrift: «1731/AETATIS SVAE 27/Natus 1705 die 27 Feb/Mortuus 1749. 6 Feb./R D Christian Blatter 3 Parochus in/Reckingen». – *Möbel. Tische.* 1. Aus dem Haus Nr. 45 (S. 310). – 2. Tanne. Tischblatt erneuert. An der beschnitzten Zarge mittleres Feld mit einer Rosette und der Jahreszahl 1794, gerahmt von Wappenschildern zwischen Akanthuspalmetten, links mit den Initialen «ICG», rechts mit der Jahreszahl 1794. – *Sofa.* Nußbaum. Mitte 19.Jh. Vorderfront um 1930 von Josef Blatter beschnitzt. – *Lehnstühle.* 1. Nußbaum. Zum Sofa gehörend. – 2. Nußbaum. Mit gedrechselten Beinen. 19.Jh. – *Kommode.* Nußbaum. 19.Jh. Drei Schubladen. Viertelkreisförmiger Sekretär mit niedrigem Aufsatz, um 1930 von Josef Blatter beschnitzt. Originalplan des Möbelstücks vorhanden. – *Hängeschrank.* Arve. Gewundene Säulen trennen die vier Achsen. In deren profilgerahmten Oktogonspiegeln geschnitzt: «17 C[hristianus]W[erlen] A[nna]

155 Nach Notizen von Adrian Garbely zum Stammbaum von Pfr. Ferdinand Schmid im Besitz von Martin Blatter, Reckingen.

M[iller] 36»[156]. – *Truhen.* 1. Gotische Wangentruhe. 15. Jh.? Arve. Deckel fehlt. Wangenbrettbeine an der Innenkante mit Spitzkerben verziert. An der Front unregelmäßig angeordnete Rosetten mit Zirkel eingeritzt. – 2. Tanne und Lärche. 3. Viertel 18. Jh. Drei quadratische Felder mit rosettengeschmückten Rhombenspiegelfüllungen. In den Rosetten eingeritzt: «C G [Hauszeichen wie auf Ofen von Haus Nr. 39, jedoch mit Fußbalken links] M.H»[157]. – *Kunkel* (Abb. 244, Mitte). Zu Spinnrad von 1846. Aus Gluringen. Nußbaum. Einlegearbeit. Reich beschnitzt mit Schuppen, Blumen, Vogelmotiven und den Initialen «I M[innig?]».

41. Koord. 210/300. Kat.-Nr. 109. Johann und Lukas Blatter. Erbaut 1695. Im Giebel Kielbogenfries über der Fensterzone. Mittelgroßer Würfelfries. ⌐⌐. Ka. 2¹/₂. F. *Inschriften.* 1. Stockwerk: «[Wappenfeld mit Dreiberg und zwei Hauszeichen: Winkel mit vertikalen Punktreihen]iesus.maria. ioseph.amen im.1695 iahrs den 22 tag jener habent Die ehrende Bescheidtne H(?) Baumeister Christen Hagen.Joseph.Christen(?)hagen(?)». Gotisierende, verschnörkelte Minuskel. Auf Deckenbrett die Jahreszahl 1703. Dielbaum des 2. Stockwerks verkleidet. Überlieferter Wortlaut: «Dises Haus hat gebaut Hans Hagen und sin Husfrauw Maria Seiler 16...?»[158]. *Türe* mit Zierspiegeln. Mitte 18. Jh. *Öfen.* 1. Zweigeschossig. Karnies unter der Deckplatte von einem Zahnschnitt gesäumt. An der Stirn, in zwei waagrechten Zierfeldern, leere Wappenschilder und die Ziffern 18/27, an der Wange Rosetten, eine mit Jesusmonogramm. – 2. Eingeschossig. 17. Jh. Mit gekehlter Deckplatte. An der Stirn in versenktem quadratischem Feld: «I.S/T.M/1833/IHS». Wange mit glatten Streifen gegliedert.

42. Koord. 360/250. Kat.-Nr. 155. Gregor und Robert Guntern. Erbaut 1702. Haus des Bildschnitzers PETER LAGGER (1714–1788). Fries: Zahnschnitt unter schmaler Leiste. ⌐⌐. 2¹/₂. E. *Inschriften.* 1. Stockwerk: «DISES HVS HAT LASEN BVWEN IOHANES LAGER.CATRINA MIELLER.IOSEPH VND PETER SEINNE BRVODER ANNO 1702». 2. Stockwerk: «[vier winkelförmig angeordnete fünfstrahlige Sterne] 1702 PETER LAGGER [vier winkelförmig angeordnete Punkte]CATHARINA HOLDZER MIT IHR SOHN PETER LAGGER MARIA CATHARINA D RIETMATEN.S.H.F.1743». *Ofen.* Eingeschossig, mit gekehlter Deckplatte. An der Stirn, zwischen seitlichen Rahmenpolstern, Wappenschild mit vier in stehendem Winkel angeordneten Fünfstrahlensternen, mit der Inschrift «PETER/LAGGER» und der Jahreszahl 1709. – *Ofensteine* im Mauersockel des Hauses eingemauert. 1. Wappenschild mit der Jahreszahl 1705. – 2. In Wappenschild vier in stehendem Winkel angeordnete Punkte zwischen den Initialen «i L». – *Truhen*[159]. 1. Tanne. Vorgeblendete profilierte Zwischenfelder scheiden zwei Achsen aus; darin eingelegt: «1668/P D». – 2. (im Besitz von Paul Blatter, Besenbüren). Nußbaum mit Einlegearbeit. An den zwei Achsen zierkonturierte Vielpässe in eckgekehltem Feld. Innen am Deckel eingeschnitzt: «PE/ PETER LAGGER BILDHAUER 1747/1747». Schwere originale Angelbeschläge. Geheimfach zwischen Doppelböden.

43. Koord. 520/280. Kat.-Nr. 76. Karl Lagger. Erbaut 1703. Würfelfries; über den Fenstern doppelter Kielbogen, zum Teil mit Würfeln durchsetzt. Im Erdgeschoß des getreppten Mauerkamins (Abb. 234) an der Hausrückwand war eine Gießerei für Herdglocken eingerichtet. ⌐⌐. 2¹/₂. G und F (nur mit «Stutzwänden»). *Inschrift.* An Schrägbalken über dem Giltsteinofen: «M T S 1703».

Öfen. 1. Zweigeschossig, mit Kehle unter der Deckplatte. An der Stirn in Blütenkranz: «P.W/ K.SW/1873», an der Wange Jesusmonogramm zwischen Tulpen. – 2. Eingeschossig, mit Karniessims an der schweren Deckplatte. An der Stirn, zwischen Tulpen, auf Rosetten Jesusmonogramm in strahlenumkränztem Clipeus. An der Wange monstranzartige Rosette und zwei Wappenschilder, links mit Dreiberg, stehendem Hirsch und Baum sowie den Initialen «MS/P /S», rechts mit stilisierter Lilie zwischen Sechsstrahlensternen, mit den Initialen «MT S» und der Jahreszahl 1700. Prachtvoller Ofen. – *Skulpturen. Maria*(?) von einer Kreuzigungsgruppe. H. 23,5 cm. Arve. Fassung entfernt.

---

156 PfA Reckingen, Nr. 3. Zum 3. Mai 1747.

157 Christian Guntern und Anna Maria Hagen (von Gluringen). Heirat 1726 (Stammbaum im Besitz von Martin Blatter). 158 Freundl. Auskunft von Anton Blatter, Reckingen.

159 Nach Auskunft von Polykarp Lagger, Reckingen, stand in diesem Haus ein Wandbüfett, an dem die Akanthusblätter von anderer Hand als ein offenbar später eingefügtes Wappen des Bildhauers PETER LAGGER (1714–1788) geschnitzt waren. Identisch mit Wandbüfett Nr. 1 im Taffinerhaus? (S. 303). War schon der Vater und Erbauer des Hauses, PETER (1678–1721), Schnitzler?

Linke Hand ungeschickt ergänzt. 2. Hälfte 18. Jh. Altertümliche Motive in Frisur und Draperie. Trotz anatomischen Mängeln elegante Körperhaltung. – *Hauskruzifixe*. 1. H. 48,5 cm (Korpus 13 cm). Arve. Originalfassung, zum Teil überholt. 2. Hälfte 17. Jh.? Kaum aus einheimischer Werkstatt, obwohl mit Gommer Balkenenden (S. 88) versehen. Füße beschädigt. Der fast symmetrisch gestaltete Korpus ist fein durchgebildet. Eigentümlicher Sockel: Pelikangruppe auf halbrundem, tief gekehltem Kern mit seitlichen Voluten. – 2. H. (Korpus) 23 cm. Arve. Fassung entfernt. Mitte 18. Jh. Qualitätvoller Korpus. – 3. H. 60 cm (Korpus 19 cm). Arve. Fassung entfernt. 3. Viertel 18. Jh. Am Sockelfuß Akanthus zwischen rocaillegesäumten C-Bögen. – 4. H. 65,5 cm (Korpus 24,5 cm). Arve. Fassung entfernt. Ende 18. Jh. Geschnitzt von einem der Söhne des Peter Lagger (Anton oder Johann Baptist). II. Reckinger Hauskruzifixtyp (S. 47) mit erheblichen Abweichungen: untersetzter Korpus; Lendentuch verschlungen, nicht mehr geknüpft; bandartig fließende Falten. Korpus ähnlich demjenigen eines Kruzifixes im Haus der Nathalia Steffen (S. 316). Statt der Gommer Balkenenden (S. 88) Appliken mit dem Motiv gefaßter Edelsteine. Vor dem Kreuzfuß Clipeus mit Jesusmonogramm zwischen Blattranken. Konkav geschweifte dreizehige Standplatte. – *Möbel. Tischchen*. Tanne. Mitte 18. Jh. Gedrechselte Beine. In den eckgekehlten Zierfeldern der Zarge die Initialen «i i G». – *Lehnstuhl* und vier *Stühle*. Mitte 19. Jh. – *Büfettaufsatz* (im Besitz von Jacob Simeon, Reckingen). Lärche. Dreiachsig. In Rundbogennischen Oktogonspiegel mit eingelegtem Stern. In den Bogenzwickeln eingelegt: «I M AM T».

44. Koord. 230/375. Kat.-Nr. 114. Dr. Albert Carlen; Edmund Carlen. Erbaut 1703. Am Giebel: «IGNATIVS/W. 17 03 1(?)1(?)IGN». Originale Fensteröffnungen an der rechten Traufseite des «Loibe»-Geschosses. An der Rückseite ehemals Mauerkamin[160]. ⌐——⌐. $2^1/_2$. F. *Inschriften*. 1. Stockwerk: «IGNATIVS IOANNES PETRVS CASPARVS MARIA.ANNA MARIA MARITA.ANNA 1703/IESVS MARIA IOSEPH HOC OPVS FIERI CVRAVIT HONESTVS VIIR IOHANS WALPEN EIVS ILII». 2. Stockwerk: «ZV EHREN GOTES VND MARIAE IOANNES IGNATIVS WALPEN DISES HAUS GE/BAVWEN MECHICHTDIE WONVG GOTES BESIZEN SO WVRDE MICH DER HER BEHIETEN VND BESCHIZEN». Im Stubji: «WER AV GOT FER TRAVWT HAT WOL GEBAVWT VNDER DEM IAHR 1703». *Öfen*. 1. Eingeschossig, mit Karnies unter der Deckplatte. An der Stirn plastisches Wappenschild mit den Initialen «IG[natius]IO[hannes]/P[etrus]W[alpen]» und unbekanntem Wappen der Familie Walpen [Stab auf Dreiberg, gerahmt links von einer Raute, rechts von zwei übereinander angeordneten Rauten]. Beidseits in umkränzten Clipei die Ziffern 17 und 22. – 2. Form ähnlich Nr. 1, aber ohne Dekor. – *Skulpturen. Muttergottes*. H. 80 cm. Holz. Neue Temperafassung. Herkommend von Mund[161]? Um 1720–1730. Werk des Anton Sigristen († 1745)?[162]. Tänzerisch bewegte Figur mit keckem Ausdruck im eirundförmigen Antlitz. – *Pietà*. H. 34 cm. Holz. Beschädigte Originalfassung. Gold und Polychromie. Ende 17. Jh. Herkommend von der Glockengießerfamilie Walpen (Emma Warren-Walpen). Maria stützt mit der Rechten das Hinterhaupt Christi. Die Knie treten zwischen Mantelsaumkämmen glatt vor. Sockel mit seitlichen Voluten und einer Fruchtapplik an der Stirn. – *Christkind*. H. 51 cm. Kopf und Extremitäten aus Wachs. Übriges Stoff. Violettes spitzenbesetztes Kleid und Kissen. Herkunft Brig. – *Gemälde. Antonius von Padua*. Aus dem Haus Nr. 53, S. 314. – *Maria vom Guten Rat* nach dem Gnadenbild von Genazzano. Aus dem Haus Augustin Clausen, Ernen. – *Glockengießermodel*[163]. Erworben aus dem Nachlaß von Frau Emma Warren-Walpen, Reckingen, der Tochter des Glockengießers Viktor Walpen, Reckingen. Rechteckige Holztäfelchen. 1. (Abb. 245). V: Hl. Antonius von Padua; R: hl. Petrus. – 2. V: Hl. Theodul mit Glocke, ohne Stab; Walpen-Wappen mit Pelikan, Umrandung, Zirkel und Inschrift: «IOSEPH.WALPEN.VALIS.RECKIGEN.». –

---

160 Das Balkenkopfkamin-System wurde hier noch verwendet, um Rauch aus dem «Loibe»-Geschoß in den angebauten Mauerkamin zu leiten.

161 Nach der Überlieferung in der Familie Henri Carlen, Glis.

162 Obwohl die Figur die Muttergottes im Rosenkranzaltar von Schindellegi SZ (1741) an Eleganz übertrifft, hat ihr scharfer, grätiger Faltenstil nichts von der gleitenden Unruhe der Falten an den Flankenstatuen von Schindellegi (Steinmann, Sigristen, Tf. 4). Sigristens Frauengestalten in den Altären Zen Hohen Flühen (1732) zeigen zudem breit drapierte Hüften, während sich bei dieser Figur das Kleid erst über den Knien schirmartig weitet. Das charakteristische Faltenmotiv des seitwärts ausfahrenden Mantelzipfels, das ausgeprägter bei der aus Glis stammenden Muttergottes in der Briger Pfarrkirche wiederkehrt, findet sich Zen Hohen Flühen nicht. Die Figur ist daher nur mit Vorbehalt dem Gliser Meister zuzuweisen.

163 Die Beschreibung der Model stammt von Dr. A. Carlen, Brig.

3. V: Hl. Laurentius mit Rost; R: Glocke, Hand, Zirkel. Inschrift auf der Glocke: «.MARIA.[Jesus-monogramm]». Inschrift darunter: «MEISTER BONEFATZ WALPEN.VON RECKIGEN.?ON WALIS». – 4. V: Märtyrersoldat mit Schwert, Palme, Lorbeerkranz und römischer Rüstung; R: Maria mit Kind. – 5. V: Hl. Joseph mit Jesuskind und Lilie; R: Engelskopf mit Flügeln. Oben zweireihiger Halbkreis. – 6. V: Madonna mit Kind, beide bekrönt; R: Bischof Theodul mit Glocke und Stab. Derbe Form-gebung. – 7. V: Kruzifix auf Berg; R: Ornament und Zahlen. – 8. Rund. V: Rundes Lilienornament; R: Jesusmonogramm, ornamentiert, und Herz. – 9. V: Stab mit Ornament; R: Ornamente. – 10. V: Stab mit Ornament; R: Zahlen: «2 1808 4 6 . . (?)I». – 11. V: Stab mit Trauben- und Blattornament; R: Zahlen: «[Kreis mit Fähnchen] 1800 3 4». – 12. V: Inschrift, mit Zweigen umrandet: «ICH.VER-KINDE.SEINEM.VOLKE DIE.KRAFT.SEINER.WERKE. PS.I 10.MST.B.WALPEN.ṽ.WALIS»; R: «18.479 3 184957. YU». – 13. V: Bischof Theodul mit Glocke und Stab; R: Johannes Ev. mit Kelch. – 14. V: Kreuzi-gungsgruppe, verziert; R: laufendes Ornament. Darüber Alphabet und Zahlen: «18I23». – 15. V: Stab mit laufendem Ornament; R: laufendes Ornament, Alphabet und Jahreszahl 1809. – 16. Stab, vierseitig bearbeitet: Stab mit Zahlen und Buchstaben; Buchstaben; laufendes Ornament; Buchstaben und Zahlen. – 17. Hl. Bischof. – 18. Kruzifix auf Berg. – 19. Maria mit Kind und Szepter auf der Weltkugel mit Schlange. – 20. Hl. Michael mit dem Drachen. – 21. Hl. Bischof mit Stab. – 22. Maria mit Kind. – *Wachsausguß eines Ornamentes.* Aus demselben Nachlaß. – *Möbel. Tisch.* Lärche. Rokoko. Ende 18. Jh. – *Truhen.* 1. Aus dem Haus Nr. 27 (S. 298). – 2. Tanne und Nußbaum. Das Rahmen-werk der drei zierkonturierten Felder und schmalen Zwischenfelder ist vorgeblendet. Eingelegt: Zier-motive und «J.M N 1792 C.AN». – 3. Nußbaum. Dreiachsig. Zierfelder mit eingelegten Konturen. In den Feldern: «F K T W/17 99». – *Schrankaufsatz.* Nußbaum. 2. Hälfte 17. Jh. Türen über Schub-ladenzone. Vierachsig, mit geschuppten ionischen Pilastern. – *Kommode mit Sekretär.* Rokoko. Original-beschläge. – *Apostelteller* von den Glockengießern WALPEN in Reckingen (vgl. S. 295). Dm. 19 cm. Mes-sing. 19./20. Jh. – *Zinnplatte.* Aus dem Haus Augustin Clausen, Ernen. – *Kunkeln* (Abb. 244, links außen). 1. L. 99 cm. Nußbaum. Mit geometrischen und vegetabilen Motiven beschnitzt. Eingeritzt: «MI.E». – 2. (Abb. 244, rechts außen). L. 100 cm. Nußbaum. Bewegtere Ornamentmotive als Nr. 1. In Feldern eingeschnitzt: «MIW 1780». – *Abgewanderte Truhe* (heute im Haus Nr. 30). Nußbaum. In den drei Oktogonfüllungen der Front eingelegt: «I.I.H 1781 MA[als Monogramm]C.I[m].O[ber].D[orf]».

45. Koord. 170/370. Kat.-Nr. 48. Konrad Carlen-Lagger. Haus des ersten Pfarrers von Reckingen, Johannes Blatter (1665–1736). Erbaut 1718/19. Pfeilschwanzfries, über den Fensterzonen doppelter Kielbogenfries. ⌐⌐. 2¹/₂. G und F. Dielbäume verkleidet[164].

Öfen. 1. Eingeschossig, mit Kehle und Stab unter der Deckplatte. An der Stirn in Wappenschild: «R[everendus]D[ominus]/I[ohannes]B[latter]/1719». – 2. Form wie Nr. 1. An der Stirn Jesusmono-gramm in Blattkranz, in den Zwickeln Granatäpfel, beidseits in Blattmedaillons die Monogramme von Josef und Maria. An der Wange in rollwerkgerahmtem Herzschild «RD/IB»; darunter die Jahreszahl 1721. – *Muttergottes.* Statuette. H. 45,5 cm (ohne Sockel 31,5 cm). Arve, massiv. Original-fassung, übermalt. Um 1720–1730. Von ANTON SIGRISTEN († 1745)? Das Kind schlägt die Ärmchen um den Hals der Mutter. Am runden Sockel umrankte Rollwerkkartusche. Elegantes Frühwerk des Meisters. – *Truhe.* Nußbaum. In drei Oktogonfüllungen eingelegt: «P.G/17 [Jesusmonogramm] MCM/71», in eingelegten Rahmen. – *Zinnteller.* Zwei Stück. Dm. 22,3 cm. Gießermarke von PAULO G. MACIAGO, Visp, 1. Hälfte 19. Jh. (SCHNEIDER, Nr. 360). – *Abgewanderte Gegenstände.* Porträt des Pfarrers Johannes Blatter († 1736) auf dem Sterbebett (im Besitz von Willi Blatter, Reckingen). Sehr beschädigt und derb übermalt. Wie S. 307, Nr. 2. Aus diesem Haus dürften auch die übrigen Por-träte der Geistlichen aus der Familie Blatter in Haus Nr. 40 stammen. – *Tisch* (im Besitz von Martin Blatter, Haus Nr. 40. Seit 1974 Zelebrationsaltar in der Pfarrkirche.). Nußbaum und Lärche. An der Zargenfront zwischen zwei leeren Feldern in geflammten Rahmen: «R.D.I.B. 1720»[165]. – *Wandbüfett* (im Besitz von Paul Blatter, Besenbüren). Nußbaum und Lärche. Dreiachsig. Die einzonige Kredenz und die etwas zurückspringende Mittelzone sind miteinander fest verbunden. Einzoniger vorspringender Aufsatz mit geradem profiliertem Gebälk. In allen Zonen Türchen mit profilgerahmten Füllungen: an der Kredenz rechteckig, an der Mittelzone portalförmig mit geohrtem polygonalem Abschluß, am

---

164 Eine Inschrift soll melden, daß Johann Blatter (1665–1736), der erste Pfarrer von Reckingen, der Erbauer des Hauses sei.   165 Wohl von Pfr. Johann Blatter (vgl. Anm. 168).

Abb. 244 und 245. Reckingen. Kunkeln, zur mittleren Text S. 308, zu den übrigen S. 310. – Hölzerner Glockengießermodel, hl. Antonius von Padua, letztes Viertel(?) 18.Jh., H. etwa 8 cm. – Text S. 309.

Aufsatz in Gestalt senkrechter gebrochener Ellipsen. In der Mittelfüllung des Aufsatzes eingeschnitzt: «JOSEPH/BLATER/1770». Das qualitätvolle Möbelstück folgt nicht dem üblichen Typ der Wandbüfetts mit Kredenznische. – *Wandbüfett?* (im Besitz von Josef Escher-Quennoz, Bern). Nußbaum. Dreiachsig mit Kredenznische. Kredenz und Aufsatz durch blütenbesetzte Pilaster gegliedert. In den geflammten ovalen Oktogonspiegeln des Aufsatzes eingelegt: «17 RD/IB 10»[166]. An der Kredenz gleichartige, aber längliche Füllungen mit geschnitzten Blütenornamenten.

46. Koord. 520/125. Kat.-Nr. 142. Hermann Eggs. Erbaut 1721. ⌐—⌐ (vorn niedrig). Ka. 1¹/₂. F. *Inschrift:* «IN.NAMEN.IESVS.MARIA.VND.IOSEPH.BAVW.ICH.DISES.HAVS./ICH.CHRISTEN.MILER.IM.IAHR. 1721». *Ofen.* Eingeschossig, mit schwerem Karniessims unter der Deckplatte. An der Stirn in Wappenschild Dreiberg, gekreuzte Balken, die Initialen «C M» und die Jahreszahl 1722.

47. Koord. 305/300. Kat.-Nr. 98. Erben Hermann Müller. Erbaut 1728. Bei der Straßenverbreiterung 1965–1967 nach Norden versetzt, Mauersockel daher neu. 2¹/₂. F (quer zum Giebel nach W gerichtet). *Inschrift.* 2. Stockwerk: «GELOBT,SEI DER,NAMEN IESVS 1728». *Ofen.* Eingeschossig, mit Wulst und Kehle an der schweren Deckplatte. An der Stirn, in Blumenkelch, Wappenschild mit Halbmond über Sechsstrahlenstern und mit den Initialen «IG/CK», an der Wange zwischen Rosetten in Wappenfeld die Jahreszahl 1728. – Zwei *Türen* in Nußbaum mit elliptischen Zierspiegeln aus der Bauzeit des Hauses. – Ähnliche *Türe* in originalem *Türrahmen.*

48. Koord. 215/375. Kat.-Nr. 113. Lukas Garbely und Geschwister. Erbaut 1734. Anbau von 1961 an der Rückwand, wo ehemals ein Mauerkamin stand. ⌐—⌐. 2¹/₂. F (quer zum First nach W gerichtet). *Inschriften.* 1. Stockwerk: «IN.NAMEN.IESVS.VNT.MARIA.BAVW.ICH.DISES.HAVS.ICH.MARIA.STEFFEN/VNT.

---

166 Möglicherweise von H. H. Joseph Biderbost (um 1670–1718) aus Ritzingen (SCHMID, LAUBER, Verzeichnis, 1892, S. 368).

ANNA.MARIA.VNT.MARIA.WALPEN.ANNO. 1734». 2. Stockwerk: «GOT.ALLEIN.GEHERT.DIE.EHR.DAN.ER.IST.
MEISTER.VNT.BAVWHER.ICH.HANS.MELCHER.VNT.IOSEPH.WALPEN/GELOBT.SEIG. IESVS.CHRISTIS.IN.ALEWIG-
KEIT.IR.CHRISTEN.DEIT.EICH.RICHTEN.ZVM.LOBSPRVCH.ALIZIT. 1734». – *Ausziehtisch.* Nußbaum. An der
Zargenfront drei Füllungen; in der mittleren Zierfüllung eingelegt die Jahreszahl 1779. Originalbe-
schläge. – *Kommode mit Sekretär.* Nußbaum. Anfang 19. Jh. Drei gerade Schubladen. Am Deckel des
Sekretärs eingelegt in Blütenkelch Wappen mit Radkreuz unter Fünfstrahlenstern und mit den
Initialen «F[ranciscus?¹⁶⁷]M[üller]». – *Truhen.* 1. Tanne. Rahmen der zwei Felder vorgeblendet.
Eingelegt Stern in Rhombus und die Jahreszahl 1650. – 2. Tanne. In den drei Zierspiegeln einge-
legt: «17 FG 74». – 3. Tanne. In den drei Oktogonfüllungen eingelegt: «1802 [Jesusmonogramm]
i.i.W.R.». – *Bettstatt* (im Besitz von Dr. H. Wirthner, Münster). Nußbaum. Anfang 18. Jh.? An der
Seitenlade, in geschnitztem Spiegel, Wappenfeld mit den Initialen «H.N.B/AMW». Zierkonturierte
Fußlade mit Jesusmonogramm in Zierspiegel.

49. Koord. 195/345. Kat.-Nr. 110. Josef Biderbost. Erbaut 1750. 1956 rechts um eine Kammerachse
erweitert und mit neuem erhöhtem Giebel versehen. «Vorschutz» von halber Balkenstärke über dem
hölzernen Kammergeschoß. «Vorschutz»-Fußbalken, mit Kielbögen verziert. ⌐——⌐. Ka. 2¹/₂. F.
Inschriften. 1. Stockwerk: «DISES HAVS HAT LASEN MACHEN.CHRISTEN.BLATER VNDT.MARIA.MARTEA.IM.
OBER.DORF.SEINE.HAVS.FRAWEN/VNDT SEINER.DOCHTER.MARIA.MARTEA BLATER.IM.IAHR 1750». Im Stubji:
«C[Hauszeichen: zwei vertikale Balken mit Widerhaken]B B JESVS MARIA.VNDT IOSEPH». *Ofen.* Einge-
schossig. Schwere, reich mit Karnies und Kehle profilierte Deckplatte. An der Stirn schönes geviertes
Wappenschild mit Phantasie-Wappenzeichen(?): bekrönte Gans? Baum zwischen Hörnern. An der
Wange: «INW/M.M.B./C.B/1772». – *Truhe.* Tanne. Front durch kannelierte Pilaster in drei Achsen mit
profilgerahmten Spiegeln gegliedert. Mittlere Füllung achtseitig, seitliche geohrt. Im mittleren Spiegel, erhaben geschnitzt: «17/ I I B/50». *Truhe* (im Besitz von Raphael Garbely, Haus Nr. 53). Tanne.
Dreiachsig, mit geschnitzten Zierfeldern. Im blumen- und blattumkränzten Medaillon des Mittelfeldes: «M.C/WALKER/18.20». In den Seitenfeldern quadratische Spiegel mit den eingelegten Monogrammen von Jesus und Maria.

50. Koord. 170/320. Kat.-Nr. 59 und 60. Theodor Biderbost; Anna Blatter. Erbaut
1750. Das weithin sichtbare, mit Nutzbauten alleinstehende Doppelhaus wirkt
durch seine behäbigen Proportionen. Im Gegensatz zur symmetrisch mit Gwätten
gegliederten Stirnfassade wird die Traufwand durch die hoch gestufte Mauer des
Hinterhauses spannungsvoll belebt. Die Fundamente des Hauses sollen bereits weiter
westlich gestanden haben, als die Lawine von 1749 darüberfegte. Vom übriggebliebenen Holz sei noch das Häuschen Nr. 53 erbaut worden. Rautenfriese. Fachwerk an der Rückwand des zweiten Stockwerks. Die sechs Kellerräume sind von
einem stattlichen Längsgang mit hölzernem Stichbogenportal aus erreichbar. An
der östlichen Traufseite gesparrte Haustüre mit schweren Rhombenspiegeln und
altem Schloß. Eigenartigerweise trennt im Vorderhaus als Fortsetzung der Trenn-

Abb. 246. Reckingen.
Truhe, Ende 18. Jh.,
mit Carlen-Wappen,
aus dem Haus Nr. 12
(Privatbesitz). – Text S. 293.

mauer im Hinterhaus nur eine Täferwand die beiden Wohnungen, während Kammer und Stubji je von Blockwänden geschieden werden. ⌐―⌐. 2¹/₂. E (mit abgetrenntem Flur) und F. In der Giebel-«Loibe» zehn Räume. *Inschriften*. 1. Stockwerk. Östliche Haushälfte: «JOHANES.BLATER.VND.SEINE.KINDER.CHRISTEN.VND.MARTINVS VND IOHANES INGNATIVS/VND.ANAMARIA.ICH BEI.FIHLE.SIE.ALLE.DEN.SCHVTZ.JESVS. MARIA.IOSEPH 1750». Westliche Haushälfte: «[in Wappenfeld Dreiberg und Wappenzeichen der Familie Blatter (Dreieck links unter dem Buchstaben T) zwischen den Initialen ‹i B›]DISES.HAVS.HAT.LASEN.BAVWEN.DER.EHRENDE.IOHANES.BLATER.VND. MARGRITA.BORTER.VND.MARGRITA.STEINHAVWER.SEIN.HAUSFRAVWEN.DEN. 10.BRACHMONET. 1750». 2. Stockwerk. Östliche Haushälfte: «WELCHER.WOHNET.VNDER.DISEM. TACH.EIN.IEDE.HAVS.HAB ALLE.IAHR.EIN. H.MEES.LEHSEN. LAST. 1750/FÜR.DEN.BAVWHERR.DER.DISES.GEBAVWEN.DER.AVF.DIE.ARMEN.SEHLEN.HAT.SEIN.VER.TRAVWEN». Westliche Haushälfte: «JN[Jesusmonogramm]MARIA VND IOSEPH.EHR.ICH.BAVWEN. AVF.DIE.SETZE.ICH.ALL.MEIN.VERTRAVWEN. 1750 DEN. 25.BRACHMON... (?)/T.JOHANES. BLATER.NEMBT.MAN.MICH.WEHR DISES.LIST.BETE.GOT.FIR.MICH.VND.IM. 50.IAHR.BIN.ICH. MEINES.ALTERS».

Öfen. 1. Eingeschossig. Deckplatte mit karniesförmiger Stirn über Kehle. An der Stirn, in zierkonturiertem Wappenschild, Blatter-Wappen wie auf Dielbaum, die Initialen «I B/I.M B» und die Jahreszahl 1755. – 2. Eingeschossig, mit gekehlter Deckplatte. An der Stirn, über der Jahreszahl 1817, Blatter-Wappen [geteilt; unten gerautet, oben gespalten mit je einem griechischen Kreuz]. – 3. Wie Nr. 2. Wappen der Stirnseite in zierkonturiertem Feld. Phantasievolle Zierfelder an der Wange. Hölzerner Fußsims über profilierten Giltsteinfüßen. – 4. Zweigeschossig. Deckplatte mit Karniesstirn. An der Stirn breites Wappenschild mit breiten Rautenstreifen über dem Dreiberg und drei im Dreieck angeordneten Sechsstrahlensternen. An der Wange: «A[le]X[ander]:B[latter]/1883». *Türen* aus der Bauzeit des Hauses. Zwei Stück mit Zierspiegeln. In alten Türrahmen. – *Hauskruzifix*. H. (Korpus) 21,5 cm. Holz. Keine Fassung. 1. Hälfte 17.Jh.? Italienischer Herkunft? Arme und Füße ersetzt. Anatomisch fein geschnitzter Korpus mit geometrisch gekräuseltem Bart und verschlungenem Lendentuch. – *Truhe*. Tanne. Vorgeblendete profilierte Zwischenfelder scheiden zwei Felder aus. In Einlegearbeit: «I G/1695». – *Nähtischchen*. Nußbaum. Mitte 19.Jh. mit zierlich gedrechselten Beinen. – *Möbelstücke*, angefertigt von ANTON BLATTER († 1920). 1. *Nähtischchen*. Tanne. Mit Zierfeldern in reicher Einlegearbeit. – 2. *Nähkästchen*. Nußbaum. Mit mosaikartiger Einlegearbeit. – 3. *Bettstatt*. Lärche. Mit eingelegten Feldern. – 4. *Lehnstuhl*. Nußbaum.

51. *Gemeindehaus* (Abb. 214 u. 215). Ehemals Pfarrhaus. Koord. 225/265. Kat.-Nr. 102. Erbaut 1753. 1965–1967 bei der Verbreiterung der Autostraße um etwa 12 m nach N, etwa 4 m nach W verschoben und um etwa 2,5 m gehoben. Renovation mit einigen Veränderungen, durchgeführt von HORST BUNDSCHUH, Naters, unter Aufsicht der eidg. Denkmalpflege. Das stattliche, wohlproportionierte Haus verleiht der Straßenkreuzung vor der Kirchenfassade platzähnlichen Charakter. Rautenfriese unter Wolfszahn. An der Stirnfront (versetztes)[168] giltsteinernes Portal; am Scheitelstein Fazettenspiegel zwischen den Ziffern der Jahreszahl 1671. ⌐―⌐ (vor 1965 ⌐―⌐; mit Ka). 2¹/₂. Vorderhaus: im ersten Stockwerk Pfarrsaal; im zweiten Stockwerk Kammer zwischen Stuben (ähnlich Grundriß H). Im Hinterhaus links Treppenaufgang, mittlerer großer Raum und zwei kleine Räume entlang der rechten Traufwand. *Inschriften*. Im Pfarrsaal: «GELOBT.SEI.IESVS.CHRISTVS.WELCHER.AVF.GOT. TROVT.[DER.HAT.WOL.GEBAVT.GOT.ALEIN.]GEBIERT.DIE.EHR.DAN.ER.IST.MEISTER/VND. BOW.HER.WIER.BITEN.DICH.VM.DEIN.GETLICH.GNADT.ERHALT.VNS.VOR.FEVR.WASER.

---

167 1793–1840 (PfA Reckingen, Stammregister, o. Nr.).
168 Vor 1967 an der Rückseite des Hauses.

VND.LAVWI.GEFART.ANNO. 1753». 2. Stockwerk. Westliche Stube: «BEATVS.QVI.IN-
TELLIGIT.SUPER.EGENVM.ET.PAUPEREM.IN.DIE.MALA.LIBERABIT.EUM.DOMINUS.DOMINUS.
CONSERVET.EVM.ET.UIVIFICET.EUM.ET BEATUM.FACIAT.EUM.IN./[T?]ERRA.NON.TRADAT.
EUM.IN.ANIMAM.INIMICORUM.EIVS.DOMINUS.OPEM.FERAT.ILLI.SUPER.LECTUM.DOLORIS.
EIIS.QVADRAGESIMO.ANNO 1753»[169]. Östliche Stube: «SANCTI.ESTOTE.QVIA.EGO.SANC-
TUS.SUM DOMINUS DEUS VESTER[170] LEUIT 19/MUNDAMINI QUI.FERTIS.VASADOMINI[171] JSAIA».
Kammer: «EX.RUDERIBVS.CVRAE.ET.COMVNITATIS.DOMVS.HANC.CONGESTAM.CERNIS.
LECTOR.CAVE.ERGO.RUINAM.SEQVENTEM.QVAM.DEVS.AVERTA»[172]; «HOSPES.ERAM.ET.
COLLEGISTIS.ME[173].MATTHE 25/IN.OMNI.DATO.HILAREM.FAC.VVLTVM[174] ECCLES 35».

Ofen. Eingeschossig. Schwere Deckplatte mit zwei Karniesen. An der Stirn in großem Wappenschild: «ANNO POST/PARTVM/ VIRGINIS/MDCCLXIX». *Türen.* Nußbaum. Mit geohrten oder achtseitigen
Füllungen und Spiegeln, gesäumt von geflammten Stäben. Originalbeschläge. – *Kruzifixe.* 1. *Wegkreuz.*
Ehemals «bim große Stei am Jungholzwäg» (S. 330). – 2. *Wegkreuz.* Ehemals «uf de Roßachre bi dr
letschte Kummelegi» (S. 330).
    Bilddokumente. 1. Vgl. Bilddokument Abb. 214. – 2. Hauptfassade vor der Renovation von 1967. Nicht
reproduzierte Pläne (ETHZ, «Bürgerhaus»-Archiv, Nr. 149 SJAV 5200).

52. Koord. 420/265. Kat.-Nr. 166. Erben Ludwig Eggs. Erbaut 1754. Rechts neuer Anbau (20.Jh.).
Wohnhaus der Orgelbauer WALPEN? ⌐——⌐. 2½. F. *Inschrift.* 1. Stockwerk: «DEISESHAVS HABEN LASEN
ER BAVWEN DIE DREI BREIDER IOSEPH VND ANDRES VND IOHANES WALPEN IESVS MARIA VN IOSEPH WOLES
BEY[...1754]». – *Hauskruzifix.* H. 68 cm (Korpus 26,5 cm). Holz. Originalfassung, übermalt. 3. Vier-
tel 18.Jh. Etwas steiferer Korpus. Eigentümlicher, von Rankenrollwerk übersponnener Sockel mit for-
malen Anklängen an denjenigen der LAGGER-Werkstatt (S. 46).

53. Koord. 200/260. Kat.-Nr. 86. Raphael Garbely. Erbaut 1764. Der Bauherr des Hauses Nr. 50
soll das Häuschen vom übriggebliebenen Holz errichtet haben. 1959 renoviert. ⌐——⌐. 1½. F (mit Ab-
weichungen im Hinterhaus). *Inschrift:* «ANO. 1764. IST.DIS.HAUS.GEMACHT.WORTEN.VON.MIR.JOHANES.
BLATER.SEINES.ALTERS.65. VND.ANNA.MARIA.WALPEN.SEIN.WEIB.DIE.DRITA.SELBER.ZEIT./DA.MAN. 1749
ZELT.HAT.DIE.LAVWENA.DAS.KIRCHEN.PORDAL.GEFELT.AVCH.ETWELCHE.HISER.AN.DISEM.ORTH.GOT.BE-
HIET.VNS.KINFTIG.HIN.DAR FOR.IESVS.MARIA.IOSEPH». – *Truhe.* Aus dem Haus Nr. 49 (S. 312). – *Hl.
Antonius von Padua* (im Besitz von Dr. A. Carlen, Haus Nr. 44). 74,5 × 59 cm. Mischtechnik auf Lein-
wand. Ende 18.Jh. Dreiviertelbildnis. Das herzuschwebende Christkind reicht dem Heiligen die
Rechte zum Küssen.

54. Koord. 255/300. Kat.-Nr. 100. Josef Garbely-Lambrigger. Erbaut 1767 (Jahreszahl am Giebel).
«Vorschutz» mit Bruchstein untermauert. ⌐——⌐ (mit Ka). 2½. F. *Inschriften.* 1. Stockwerk: «JOHANES.
CHRISTEN.GARBELE.VND.IOSEPH.IGNATZ.GARBELE.VND.FELIX.GARBELE.ANNO. 1767»; «CHRISTEN.GARBELE.
VND.VRSALA.TAFINER.SEIN.HAVS.FRAVW.SAMT.DREI.SIN.DIE.HEISSEN.MIT.NAMEN.[H-förmiges Hauszeichen]».
2. Stockwerk: «JESVS.MARIA.VND.IOSEPH.WOLLE.DIS.HAVS.VON.VMGLICH.PIETEN[H-förmiges Hauszeichen,
von jenem im 1. Stockwerk verschieden] ANNO 1767» (obere Zeile abgehobelt). In Kammer: «DIS.
HAVS.HABEN.WIER.MIESEN.DANEN THVON/VON.WEGEN.DER.KIRCH.DAS.MAN.VNS.HAT.VER.BAVVEN» (in an-
derer Schrift). Im Stubji: «CHRISTEN.GARBELE.MIT.DREI.SIHN.DIS.HAVS.GEBAVVEN...(?)/WINST.ALLER.
WELT.EIN.GVOTTE.NACHTT.A...(?)». *Öfen.* 1. Eingeschossig, mit Karnies unter der Deckplatte. An der
Wange in Wappenschild: «C.G/1770». – 2. Eingeschossig, mit Kehle unter der Deckplatte. An der
Stirn in zierkonturiertem Wappenschild: «C G/V T». – *Hauskruzifix.* H. 65 cm (Korpus 24 cm). Holz,

---

    169 «Glücklich, wer Einsicht hat mit dem Bedürftigen und Armen. Am Tag der Bedrängnis wird
ihn der Herr befreien. Der Herr wird ihn erhalten, ihn lebendig machen und ihn beglücken auf Erden.
Er wird ihn nicht der Macht seiner Feinde übergeben. Er wird ihm Hilfe bringen auf sein Kranken-
bett. Im vierzigsten Jahr 1753.»   170 «Seid heilig, weil ich, euer Herr, heilig bin.»
    171 «Reinigt euch, die ihr die Gefäße des Herrn trägt.»
    172 «Aus den Trümmern des Pfarr- und Gemeindehauses siehst du, Leser, dieses hier zusammen-
gefügt. Nimm dich in acht vor einer künftigen Katastrophe, die Gott abwenden wolle!»
    173 «Ich war fremd und ihr habt mich aufgenommen.»
    174 «In jedem Geschick zeig ein heiteres Antlitz.»

übermalt. 3. Viertel 18.Jh. Werkstatt des Peter Lagger (1714–1788). – Flügelähnliches *Klavier*. Von «Georg Forcht/Eisenach». 19.Jh.

55. Koord. 335/325. Kat.-Nr. 96. Paul Blatter. Erbaut 1775 (Jahreszahl am Giebel). Rechts Heustall unter Schleppdach angebaut. ⌐——⌐ (mit Ka). 2. F. *Inschrift*. 1. Stockwerk: «DISES.HAVS.HAT.GE-BAVET.IOANNES.BAPTISTA.CARLEN.VND.ANNA.MARIA.HAGEN.SEINE.HAVS.FRAV JM.JAHR 1775/WAN.ABER.GOTT.DER.HERR DIS.HAVS.NIT.WIRDGEBAVET.HABEN.HABEN.SICH.VMSONST.BEMVHET.DIE.SELBES.GEBAVET»; Dielbaum des 2. Stockwerks verkleidet. *Öfen*. 1. Eingeschossig, mit Kehle unter der Deckplatte. An der Wange eingeritzt: «1822/IB W/AM W». – 2. Eingeschossig, mit gefaster Deckplatte. Verändert. An der Stirn in Spiegel: «AW», an der Wange in kelchförmigem Ornamentspiegel die Jahreszahl 1840 über A-förmigem Hauszeichen(?).

56. Koord. 240/280. Kat.-Nr. 101. Emmanuel Blatter. Erbaut 1781 (Jahreszahl am Giebel). Fries: Paar versenkter Rundstäbe. ⌐——⌐. 2¹/₂. F. *Inschrift*. 1. Stockwerk: «[Monogramme der Heiligen Familie] DISSES.HAVSS.HADT.LASSEN.BAVWEN.DER.ERENDE.MAN.JOSSEPH.JGNATZ. [Z-förmiges Hauszeichen]. STEFFEN/VND.SEIN HAVS.FRAVW.MARIA.CATTRINA.MILER.JM JAR 1781». *Ofen*. Gestuft mit gekehlten Deckplatten. 1955 aus alten Steinen aufgebaut. – 2. Eingeschossig. Gerade Deckplatte auf Karnies. An der Stirn, zwischen der Jahreszahl «17 37», Wappenschild mit Jesusmonogramm über den Initialen «IO IO». – *Standuhr*. 20.Jh.

57. Koord. 125/455. Kat.-Nr. 282. Erben Rudolf Eggs. Am Giebel: «Jm 17 89 Jahr». Fries: Gebrochene Wellenlinie. Hinten steinerner Anbau, um 1968. ⌐——⌐ (vorn kaum über den Erdboden hinaufreichend). 2¹/₂. F. *Inschriften*. 1. Stockwerk: «ALLEIN.AVF.GOT.SETZ.MEIN.VER.TRAVEN.BEFOR.ICH.ANFANG.ZV.BAVVEN.IOHAN.CHRISTIANVS.GARBELI [Quadrat]/[Jesusmonogramm].SEIN.HAVS.FRAVW.MARIVRSALA.BLATER.SEIN.SOHN IOSEH.BENEDICH.GARBELI.ANNO. 1789». 2. Stockwerk: «[Monogramme von Jesus und Maria].ET.IOSEPH.BEWAHR.DIS.HAVS.IOHAN.CHRISTIANNVS.GARBELI.IST.MEISTER.VND.ZALER./SEIN.HAVS.FRAV.MARIVRSALA.BLATER.SEIN.SOHN.JOSEPH.BENEDICHT.IM. 1789 IAHR». *Öfen*. 1. Eingeschossig, mit gekehlter Deckplatte. An der Wange in Wappenschild die Jahreszahl 1607. – 2. Zweigeschossig, mit Kehle unter der Deckplatte, gebaut von Kalesanz Biderbost, Reckingen. An der Stirn: «19 R[udolf]E[ggs]/M[aria]H[olzer] 55». – *Hauskruzifixe*. 1. H. 53 cm (Korpus 25,5 cm). Holz. Originalfassung, übermalt. Mitte 18.Jh. Sehr hagerer, langer Korpus. Vor dem Kreuzfuß rocailleartige dreipaßförmige Akanthuspalmette. – 2. H. 62 cm (Korpus 17,5 cm). Holz. Originalfassung, zum Teil übermalt. Kleiner, recht qualitätvoller Korpus. Lagger-Sockel (Abb. Tf. I). Gommer Balkenenden (S. 88). – *Truhe*. Herkunft: Oberwald. In den zwei Spiegelfüllungen der Front eingelegt: «IA H 1841».

58. Koord. 380/300. Kat.-Nr. 89. Eduard Jergen Erben. 2. Hälfte 18.Jh.(?) [175]. Fries: Paar versenkter Rundstäbe unter Wolfszahn. ⌐——⌐ (mit Ka). 3. G. *Inschrift*. 1. Stockwerk: «+DIS HAVS STAT IN GOTSES + HANT + DER + BETER + WERLEN + IST DER BAVW + MEIST + GENANT.VNT + MARGRETA + SEIN + HAVS + M[uoter?]ANI + /IESVS MARIA + VNT IOSEPH + ANNO + 1683[Hauszeichen: ähnlich der Majuskel A mit eingeschlossenem Kreis]». 3. Stockwerk: «JHM.JAR. 1783.DISE.STUBEN.LASEN.BAVWEN/[in Wappen stehendes Dreieck mit Punkt in der Mitte] JCH.PETER.GVNTTREN.VND.SEIN.HAVS.FRAVW.MARIA.CATTRINA. MILLER[Monogramme der Heiligen Familie]». *Öfen*. 1. Eingeschossig, mit Karnies unter der Deckplatte. An der Stirn geviertes Wappenschild mit Wappenzeichen wie auf einer Kasel (S. 289), gerahmt von den Initialen «PG MCM» [176] und den Ziffern der Jahreszahl 1771. – 2. Eingeschossig, mit Karnies und Stab unter der Deckplatte. An der Stirn Wappenschild mit den Initialen «G G» und der Jahreszahl 1762. – 3. Dreigeschossig, mit schwerem, reichprofiliertem Abschlußsims. Auf profilierten Giltstinfüßen und Holzrahmen erst kleines, polsterartig vortretendes Geschoß, dann gekehltes Geschoß. Ecksäulchen am Hauptgeschoß. An der Stirn zwei umrankte Medaillons, im linken, geviert angeordnet, die Wappenzeichen von Ofen Nr. 1, im rechten Dreiberg und Kleeblatt zwischen Sechsstrahlensternen, gerahmt von den Initialen «P.g[alte Kursive-Suffix für -us?].G/MIN[in Ligatur]de R» [177]. An der Wange Blumenvase in Lorbeerkelch. Außerordentlich gestalteter, wertvoller Ofen. –

---

[175] Nach den Friesen muß das Haus in der 2. Hälfte des 18.Jh. (1783) unter Wiederverwendung des alten Dielbaums im Holzwerk ganz neu aufgebaut worden sein.

[176] Peter Guntern und Maria Catharina Müller († 1807)? (PfA Reckingen, Nr. 3.)

[177] Wohl Petrus Josephus Guntern und Maria Ignatia de Riedmatten († 1842; PfA Reckingen, Nr. 3) von Münster. Heirat 1810 (PfA Reckingen, Nr. 2).

Petschaft (im Besitz von Stefan Loretan, Brig). 1. Hälfte 18. Jh.? In rankenbekröntem Wappenfeld die Initialen «A L» (ANTON LAGGER?).

59. Koord. 90/410. Kat.-Nr. 310 und 310a. Heinrich Ambord; Alfons Walpen. Erbaut 181.(?). Bis Fensterhöhe des 1. Stockwerks älter (17. Jh.)? Erhöht mit neuem Giebel 1929. ⌐──⌐. 2¹/₂ (ehemals 1¹/₂). G. *Inschrift.* Dielbaum des ersten Stockwerks zum Teil abgehobelt. In anderer, größerer Schrift: «WONER.DISES HAVS.ANNO 181[?]/..ANTON KARLEN+». *Ofen.* Eingeschossig, mit gekehlter Deckplatte. An der Stirn: «1735 I B».

60. Koord. 455/245. Kat.-Nr. 84. Ernest Garbely. Erbaut 1865. Krüppelwalm. ⌐──⌐. 2¹/₂. G und F. Ehemals führte eine Innentreppe durch die Stubjini hoch. *Inschrift.* 1. Stockwerk: «IESUS MARIA IOSEPH BEHÜTE DIESES HAUS MEIN ERSTER ERBAUGNSTAND IST UNBEKANT DOCH 400 IAHREN/SIND VORÜBER DAS ICH DEN LEUTEN ZUR WOHNUNG DINTE ZUR REPERATION GEBRACHT FELIX EGGS 1865». *Ofen.* Eingeschossig, mit gekehlter Deckplatte. 17. Jh.

61. Koord. 350/310. Kat.-Nr. 90. Adolf Blatter Erben. Erbaut im 19. Jh. 1951 mit neuem Giebel um ein Stockwerk aufgestockt. ⌐──⌐. 2¹/₂ (ehemals 1¹/₂). G. Dielbäume verkleidet. *Ofen.* Zweigeschossig, mit gekehlter Deckplatte. 19. Jh. Aus dem Hotel «Post» (Offizierskaserne). An der Stirn: «A[dolf] B[latter]/L[eokadia]C[lausen]».

Im Haus der Nathalia Steffen «uff dr Heji» *Hauskruzifix.* H. 63 cm. Holz. Originalfassung, übermalt. Letztes Viertel 18. Jh. Von einem der Söhne des PETER LAGGER (JOHANN BAPTIST?) (S. 149, Anm. 478). Korpus ähnlich demjenigen von Kruzifix Nr. 4 in Haus Nr. 43 (S. 309). Vor dem Kreuzfuß Clipeus in Rocaillekranz.

Bei Koord. 170/460 mußte 1931 ein «Heidehüs» einem Neubau weichen. Aus dem «Heidehüs» *abgewanderte Gegenstände* im Besitz von Stefan Loretan, Brig: *Truhen.* 1. Tanne, zweiachsig mit vorgeblendeten Leisten. In den Feldern geschnitzte und punzierte Wappen aus Nußbaum; im linken, unter den Initialen «C.W», Wappenzeichen, senkrecht angeordnet von unten nach oben: Herz, Siebenstrahlenstern zwischen Rosetten und Stab zwischen Punkten; im rechten Feld, unter Rosette, die Jahreszahl 1660. Front ähnlich derjenigen der Truhe aus dem Jergen-Haus, Münster (S. 119). – 2. Tanne, zweiachsig. Beschädigt. Groß eingelegt: «CATTRINNA MILER/1[Jesusmonogramm]6 6[Jesusmonogramm]1». – *Kunkel.* Arve, reich beschnitzt. L. 76 cm. – Nach Aussage von Theodor Jergen († 1970) wurde in diesem «Heidehüs» die «Matze» aufbewahrt; sie ging beim Abbruch des Hauses verloren.

Abb. 247. Reckingen. «Uff dr Stige». Eindrücklichste Nutzbautengasse des Goms. – Text S. 271.

Abb. 248. Reckingen.
«Im Schpitz».
Stadelplatz.
Text S. 271.

Mobiliar[178] aus dem 1970 von der Lawine weggerissenen *Haus Armand Carlen: Truhe* (im Besitz von Dr. L. Carlen, Brig)[179]. Lärche. Zweiachsig. Mit Rosetten und Palmetten beschnitzte Trennstollen aus Nußbaum. In den Feldern eingelegt: «CHRISTEN GERSTEN/1 6 6 2». 1970 restauriert.

NUTZ- UND GEWERBEBAUTEN

Die Reckinger *Stadel* erreichen nicht die Ausmaße derjenigen von Geschinen. Sie vereinigen sich aber mit *Heuställen* und *Speichern* zu sehr wirkungsvollen Baugruppen (S. 271). Im «Niderdorf» steht allein in einer Straßengabelung ein prachtvoller Stadel (Koord. 370/235) (Abb. 250), datiert 1617, östlich der Pfarrkirche ein auf das Jahr 1672 datierter Speicher (Koord. 295/265) mit Zwillingstüren an beiden Geschossen des Oberbaus – die Lauben sind entfernt worden. Daneben besitzt Reckingen das eigentümlichste turmartige Speicherchen des Goms aus dem 16. Jahrhundert[180] (Koord. 100/415) (Abb. 58) und in einem vor 1630[181] entstandenen Speicher (Koord. 240/295) (Abb. 249) mit kühn ausladendem Laubenkranz über den Stadelplanen wohl den phantasievollsten Vertreter der Gommer Nutz-

178 Die Lawine zerstörte neben weiteren Möbelstücken und Kunstwerken, darunter bemerkenswerten Kruzifixen, einen Tisch von 1826 mit den Initialen «IAM MIB» und eine Truhe von 1718 mit Blatter-Wappen und den Initialen «HSB HB». (Freundl. Auskunft von Dr. L. Carlen, Brig.)

179 Bei der sogenannten «Schinertruhe», die über einer geschnitzten Fußleiste mit der Jahreszahl 1516 den berittenen Kardinal Matthäus Schiner zwischen zwei stehenden Kriegern und auf dem Deckel ein Medaillon mit Schiner-Wappen zeigt, handelt es sich offenbar um ein historisierendes Werk des 19. Jh. Darauf weisen nicht nur Spätrenaissancemotive wie die Grotesken der Truhenwangen oder die Rollwerkblüten unter den Wachtsoldaten in den Ädikulen der Eckrundungen; auch die Konstruktion der nußbaumenen Truhe mit eingelassener Feder in den Eckrundungen ist neu. Restauriert nach 1970 durch HANS MUTTER, Naters. Abb. in P. BUDRY, Brig und das Oberwallis, Neuchâtel 1943, Tf. 41.

180 Konsolenartig vorkragender Rillenfries.   181 Rillenfries.

bauten[182]. 1969/70 baute Antiquar WALTER LÄUBLE, Zürich, im «Oberdorf» einen Stadel so rücksichtsvoll zu einem einladenden Ferienhaus um, daß dieser seinen Charakter in der Siedlung nicht verlor – ein Vorbild für den Umbau zweckentfremdeter Gommer Nutzbauten.

Im neueren *Backhaus*[183] (Koord. 420/280) an der Wange beschädigter eingeschossiger Ofen mit kräftigem Karnies und Kehle am Sims. An der Stirn, zwischen monstranzähnlichen Ornamenten, in schöner Kapitalschrift: «ANNO POST/PARTUM/ VIRGINIS/MDCCXXXVII», an der Wange, in Zierspiegel: «IPSO SUMMO/ANGULARI LAPIDE/ CHRISTO IESU/PROTECTOR NOSTER/DEUS EST»[184]. Alte *Säge* und alte *Mühle* «uf dr Heji», noch verwendete Mühle bei Koord. 515/85 und intakte Säge bei Koord. 485/ 105. Die *Glockengießer- und Schmiedewerkstätte* Koord. 335/295 ist von VIKTOR WALPEN († 1905) für seinen Sohn THEODOR (1860–1923) gebaut worden, der zusammen mit ALFRED WALPEN (1877–1934) goß.

Brücke. Das erst 1940 amtlich angenommene, offensichtlich neue Wappen[185] der Gemeinde beweist mit seinem Emblem der gedeckten Brücke nur, daß die Vorgängerin der heutigen, im Jahre 1944 nach den Plänen von Ing. JEAN BARRAS, Bulle, erstellten Brücke[186] auch gedeckt war. 1894 war sie neu errichtet worden[187], nachdem sie 1840 ANTON BLATTER gezimmert hatte[188].

Am Nordgiebel steht unter dem Gemeindewappen die von Dr. Albert Carlen gesetzte Inschrift: «HOC OPUS FECERUNT PERITI VIRI/BIDERBOST, ALBRECHT, ZINNER[189]/ SUMPTIBUS COMMUNITATIS DE RECKINGEN/MARTINO BLATTER PRAESIDE/ANNO MILLESIMO NONGENTESIMO QUADRAGESIMO QUARTO». Offener Sparrendachstuhl über Kreuzrosten mit Ständern. Krüppelwalme. Seitlich offen. Am Südgiebel *Pietà*. H. etwa 50 cm. Holz. Polychrome Fassung erneuert. Mitte 18. Jh. Früher an einem Baum am Weg ins Blinnental.

SAMMLUNGEN

Kunstgegenstände und Möbel im neuen Pfarrhaus. Zu den wohl aus der Kirche stammenden Gegenständen vgl. S. 288/89. *Exvotos*[190]. 2 Stück. Aus der Kreuzkapelle auf dem Stalen? *Korpus* von einem Wegkreuz. Ehemals «i dr Lusse am alte Blinnebett» (S. 330). – *Wandbüfett.* Nußbaum. Zweiteilig. An der Kredenz scheiden stark gebauchte, blumenbesetzte Pilaster drei Achsen mit Tür unter Schublade. An den Türen leere Spiegelfüllungen in Form langer gebrochener Ellipsen. Auf neuer Standzone ähnlich gegliederter Aufsatz ohne Schublade mit reichem Gebälkabschluß. In den Oktogonfüllungen des Aufsatzes eingelegt von links nach rechts Jesusmonogramm «CST» und die Jahreszahl 1710. Dieselben Ziffern und Initialen auch in den Pilasterfriesen der Kredenz eingeritzt. – *Truhen.* 1. Lärche. Um 1700. An der Front leere Füllungen, hochrechteckige an den Seitenachsen, drei quadratische in der Mitte. – 2. Lärche und Nußbaum. Dreiachsig, mit profilgerahmten Spiegelfüllungen zwischen

182 HUNZIKER, Abb. 186a (1900).

183 Der Grundriß bei HUNZIKER (S. 165 und 172) stammt vom älteren Backhaus.

184 «Im Jahre nach der Geburt der Jungfrau 1737 – Da Jesus Christus selbst der höchste Eckstein ist, ist Gott unser Beschützer.»   185 W. Wb., S. 207 und Tf. I.

186 GdeA Reckingen, o. Nr. (Pläne) und G 17.   187 GdeA Reckingen, G 1.   188 Ebenda.

189 Andreas Biderbost, Reckingen, Robert Albrecht und Albert Zinner, Mörel.

190 Inventarisiert mit Abb. Vgl. Anm. 207.

191 Christian Garbeli und Maria Ursula Taffiner († 1777)? (PfA Reckingen, Nr. 3.)

Abb. 249 und 250. Reckingen. Außerordentlicher Speicher mit Laubenkranz, erbaut vor 1630 (Koord. 240/295). – Stadel, 1617 (Koord. 370/235). – Text S. 317.

geriefelten Pilastern, die seitlichen als Rhomben gewendet. In den geschnitzten Rosetten der Spiegelfüllungen von links nach rechts: «17 C.C/V.T 52»[191].

Privatsammlung von Frl. Elsa Carlen. Zurzeit in Haus Nr. 56. Gegenstände renoviert nach Beschädigung durch die Lawine von 1970. *Hauskruzifix.* H. 60 cm (Korpus 19 cm). Arve. Fassung entfernt. Mitte 18. Jh. Großes expressives Haupt. Geschweifte Standplatte. Vor dem Kreuzfuß halten zwei Putten auf Volutengiebel zwei Herzen mit Leidenswerkzeugen. Außergewöhnliches Hauskruzifix. – *Truhen.* 1. Nußbaum. Dreiachsig. Zwischen Schuppenpilastern eingeschnitzte hochrechteckige Felder. Im Mittelfeld Wappenschild mit Dreiberg, mit der Jahreszahl 1718 und den Initialen «HB[latter?]» unter zwei Fünfstrahlensternen, in den seitlichen Feldern Blütenstand. Über dem Mittelfeld eingeritzt: «HGM». Aus einem Blatter-Haus im «Oberdorf». – Drei *Truhen* und ein *Kästchen* aus dem Haus Nr. 15, Gluringen (S. 348). – *Truhe*, ursprünglich aus dem Imsand-Haus, Münster (S. 133). – *Tische.* 1. Nußbaum. Schlanke gedrehte Beine ohne Fußkranz. An der Zarge, in versenktem Zierfeld, geschnitzt: «MAR.IA.HAGE. 1725». Von Ritzingen? – 2. Ausziehtisch. Nußbaum. An der Zarge plastisches Wappenschild der Familie Imsand mit der Jahreszahl 1747 und den Initialen «ii S» (vgl. Münster, Haus Nr. 56). Originalbeschläge. Von Münster? – 3. Nußbaum. 2. Hälfte 18. Jh. An der Zarge, in versenktem Zierfeld, Rankenschnitzerei. In zentralem Ovalmedaillon punziert: «IAM/MTB/1826». Vom Briger Berg. – *Nähtischchen* aus dem Haus Nr. 4, Gluringen (S. 342). – *Lehnstuhl.* 1. Hälfte 19. Jh. Quadratischer geflochtener Sitz, übereck gestellt. Feine gedrechselte Beine. In der Lehne zwei Lyren.

Abgewanderte Gegenstände aus Reckinger Privatbesitz. Knabe Jesu (im Besitz von Dr. H. Wirthner, Münster). 39 × 32 cm. Öl auf Leinwand. Letztes Viertel 17. Jh. Restauriert um 1965. Brustbildnis. Der Jesusknabe erhebt die proportional überlängte Rechte im Lehrgestus. Qualitätvolle Malerei. Entfernte stilistische Verwandtschaft mit der Malerei an den Flankentüren des Hochaltars von Ernerwald. – *Truhe* (im Besitz von Paul Blatter, Besenbüren). Arve und Nußbaum. In den zwei Rechteckfeldern der Front eingelegt: «IOHAN.NES STEF.EN», je eine stilisierte Lilie in der Art des frühen 17. Jh. und die Jahreszahl 1675. – *Öllämpchen* (im Besitz von Paul Blatter, Besenbüren). L. 10 cm, B. 7 cm. Lehm, gebrannt. Alter, im Alpengebiet bis ins 16. Jh. verwendeter Typ. Längliches, plattgedrücktes Becken mit Schnurrillendekor. Griff sowie Öffnungen für Einguß und Docht in einer Achse.

KREUZKAPELLE AUF DEM STALEN IM BLINNENTAL

Die Kapelle steht, mit dem Chor zum Haupttal gewendet, auf kleinem lärchen-umstandenem Plateau, das hinter dem Eingang des Blinnentals in die Talmitte vor-tritt. Dank dieser ausgesuchten Lage zwischen steilen Waldhängen zählt die Wall-fahrtskapelle mit dem taleinwärts liegenden weiten Vorplatz zu den stimmungs-vollsten des Goms.

GESCHICHTE. Die heutige Kapelle aus dem Jahre 1769 (Jahreszahl an der Unter-seite des Chorbogenscheitels) [192] ist vielleicht der erste Bau [193]. Die ikonographische, vor allem aber die illusionistische Verbindung von Wandmalerei und Altären sowie die auffallende Freude am Trompe-l'œil-Effekt [194] weisen auf einen einheimischen «Malerarchitekten» (JOHANN GEORG PFEFFERLE?). Eine Einsiedlerklause vor der westlichen Chorwange soll zu Beginn des 19. Jahrhunderts abgebrannt sein [195]. Renovationen 1876–1887 [196], 1934 (Jahreszahl über der Portaltüre) [197] und 1957 [198]. Bei der letzten Renovation vermauerte man die Tür (zur ehemaligen Einsiedelei?) an der linken Chorwange bis auf eine seichte Rechtecknische. Die heutigen Bild-stöcklein mit Kreuzwegstationen [199] von LEOPOLD JERJEN, Reckingen, auf dem Weg zur Kapelle sind im Sommer 1950 aufgerichtet worden [200].

BESCHREIBUNG. *Grundriß.* An ein kurzes Rechteckschiff stößt eingezogen ein großes dreiseitig schließendes Chor, das durch den Chorbogen noch stärker abgeschnürt wird. Die rechteckige Sakristei schließt, die Schiffsecke miteinbeziehend, etwas schräg an die östliche Chorwange an. Die gradlinig hart umrissenen Seitenaltar-podien in Höhe des Chorniveaus wirken wie eine Abbreviatur derjenigen in der Reckinger Pfarrkirche.

Äußeres (Abb. 251). Die Schindeldächer aller Baukörper sind klar abgesetzt. Über dem Chorbogen kleiner offener Dachreiter mit rundem Spitzhelm. In der Mittel-achse der Stirnfassade gneisgerahmtes Rechteckportal, eine Rundbogennische mit Kopie einer Muttergottesstatue von JOHANN RITZ (S. 324) und großer zeittypischer Achteckokulus. Stichbogige Hochfenster mit Solbänken aus Gneis. Vom Rottental aus sichtbar, ist an die blinde Chorstirn ein großes, von zwei Engeln getragenes Kreuz in der Art der Exvotos des 18. Jahrhunderts gemalt, eine neuere Malerei auf altem Gemälde.

Inneres (Abb. 252). Der Raumeindruck wird entscheidend von der schmalen, hohen Chorbogenöffnung bestimmt. Zweijochiges, von einer Gipstonne überwölbtes

---

192 Nach FRANZ JOLLER wurde die Kapelle 1769 «von einem reichen Walpen von Reckingen» erbaut (AGVO, J 2).

193 In der Kapelle wird zwar ein Exvoto, einen Kruzifixus zwischen Maria und Johannes dar-stellend, aus dem Jahre 1714 aufbewahrt.

194 In der Sakristei werden sogar «Stearinkerzen» aus Holz aufbewahrt.

195 F. JOLLER, AGVO, J 2. A. IMHOF, Die Sage vom Einsiedler in Reckingen, W. Jb. 1936, S. 57–62. Etwa 2 m neben der Chorwange Fundamentreste von einem Gemäuer(?).

196 Allgemeine Renovation und Neubedachung (PfA Reckingen, Nr. 7). 1885 (Sakristei) (PfA Reckingen, Notizbuch, Nr. 18).

197 Neues Dach. (Freundl. Auskunft von Josef Carlen, Reckingen.)

198 Totalrenovation (Chronik der Pfarrer, PfA Reckingen, o. Nr.). Neue Bänke. An der linken Chorbogen-Innenseite steht: «RENOV. 1957/EM. GUNTERN[Pflasterkelle]/EDM. IMBODEN[Palette]».

199 Schon früher hätten Bildstöcklein mit Kreuzwegstationen den Weg zur Kapelle begleitet (F. JOLLER, AGVO, J 2).   200 Freundl. Hinweis von Josef Carlen, Reckingen.

Abb. 251. Reckingen. Kreuzkapelle auf dem Stalen im Blinnental, 1769. – Text S. 320.

Schiff. Reiches Gebälk mit leerem Fries außer an Kapellenrückwand und Chorstirn, nur im Schiff von Pilastern gestützt. Chorwange von der Chorschräge abgesetzt. Die Chorarmtonne verschmilzt mit der Kalotte, in die ein schildbogenartiges Feld über der Chorstirn flau überfließt.

Wandmalereien. Am Gewölbescheitel wird in gemalten Vierpaßmedaillons ein Bildprogramm zum Thema des hl. Kreuzes entwickelt: im Schiff von hinten nach vorn die Erscheinung des hl. Kreuzes vor der Schlacht bei der Milvischen Brücke und die Auffindung durch die hl. Helena, bei welchem Anlaß sich die Heilung einer Frau ereignete; im Chor die Ehrung des hl. Kreuzes durch Papst und Kaiser. An die Flanken der Schiffstonne sind beidseits je zwei (neue) Legenden zu den Scheitelszenen in blumenverzierten Rocaillemedaillons zwischen Rocailleranken gemalt. Das Chormedaillon wird von Rocailleranken, Ornamentgittern und, am Chorscheitel, von einer Lambrequin-Kartusche umspielt. Während die hl. Helena mit dem Kreuz an der Eingangstonne unter der Orgelempore das Thema einführt, gibt die Erhebung der ehernen Schlange über dem Chorbogenscheitel den alttestamentlichen Antityp des hl. Kreuzes. Die bewegten Szenen sowie die Gestalten mit den affektgeladenen Mienen und grimassierenden Profilen dürften auf JOHANN GEORG PFEFFERLE (S. 251) hinweisen.

Altäre. Hochaltar (Abb. 253). Zeit des Kapellenbaus. Von PETER LAGGER? Der einachsige Altar ist kontrastreich aufgebaut. Entgegengesetzt angeordnete Säulenstellungen rücken das Hauptgemälde illusionistisch in die Ferne, die Bildachse der Oberzone nach vorne. Das äußere Säulenpaar der Hauptzone steht mit eigenem Sockel und Gebälk isoliert vor bloß wandgemaltem Altargewände. Der konkav geschweifte Giebel des Oberblatts bildet zugleich die Altarbekrönung. Während die Wandmalereien vom wiedergefundenen Kreuz handeln, geht es im Hochaltar um das Kreuz der Passion. Chronologisch folgen sich die Szenen von oben nach unten. In der Oberzone ein Kruzifix aus der Mitte des 18. Jahrhunderts vor gemaltem

Landschaftshintergrund, begleitet von Maria und Johannes als Flankenstatuen. Auf dem Hauptblatt die Kreuzabnahme, frei nach derjenigen des PETER PAUL RUBENS in Antwerpen, flankiert links vom Guten Hirten, rechts vom hl. Wendelin. Am bewegten Sarkophag(!)stipes eine qualitätvolle Darstellung Christi im Grabe. Die kunstvolle originale Marmorierung gibt mit dem blauen Lüster der Säulen und dem Gold der Appliken einen reichen Klang. Auf den LAGGER-Kreis weist neben Figurenstilmotiven die ikonographisch eigentümliche Gut-Hirt-Figur[201].

   Seitenaltäre (Abb. 252). Zeit des Kapellenbaus. Von unbekanntem Maler. Im Gegensatz zu den übrigen wandgemalten Seitenaltären des Obergoms (S. 238 u. 262) sind diejenigen der Kreuzkapelle durch hölzerne marmorierte Leuchterbänke und marmorierte Sarkophagstipes aus Stuck in verblüffendem Trompe-l'œil-Effekt zu Altären[202] ergänzt. Genaue Pendants. Wohl nach dem Vorbild der Bekrönung der Reckinger Seitenaltäre (S. 283/84) gestaltete der Maler auch das Hauptgeschoß mit dem Motiv der stützenden Voluten. Der rechte Seitenaltar zeigt im Medaillon der Bekrönung das Brustbild Christi, im «Altarblatt» den hl. Wendelin bei der Herde; während der Heilige mit dem Fuß die Krone von sich stößt, setzt ihm ein Putto die Mitra auf. Im «Altarblatt» des linken Seitenaltars weist Johannes der Täufer auf Christus als das Lamm Gottes. Im Medaillon der Bekrönung Maria vom Guten Rat nach dem Gnadenbild von Genazzano. Die Figuren sind feiner gemalt als diejenigen der Gewölbemedaillons.

   ORGELEMPORE[203]. Holz, marmoriert. Toskanische Säulen stützen das vorkragende, von einer flachgedrückten Tonne unterwölbte Mittelstück. Plastisch in Holz gebildet sind nur die Gesimse der Brüstung; ihre weitere Gestaltung ist wiederum der illusionistischen Malerei überlassen: zwischen Pilastern fünf Felder mit Rosetten oder Blumenvasen in Nischen. An der Emporeunterseite die hl. Helena (S. 321) und seitliche Zierfelder. – KANZEL. Am linken Pilaster, nur mit Leiter erreichbar. Holz, beschnitzt und marmoriert. An den Kanten breit gekappter Korb auf geschweiftem Konsolkegel. Ohne Schalldeckel. Voluten rahmen an der Rückwand ein Bild des Guten Hirten unter einfachem Gebälk mit der Taube des Heiligen Geistes als Bekrönung. – CHORGITTER (Abb. 253). Mit kräftigem Holzrahmen sind die Balustrade der Fußzone, die quadratisch gesproßte Tür, Supraporte und Seitenachsen als Rechteckfelder ausgeschieden. Das rautenmaschige Gitter ist aus Holzbändern(!) geflochten. Mit der Tür schwenkt ein Teil der Balustrade. An der schmiedeisernen Bekrönung Medaillon mit auf Blech gemalter Geißelung Christi und bekrönendem Putto. – SKULPTUREN[204]. *Pietà*. Am rechten Schiffspilaster[205]. H. 93 cm (inkl. Aureole). Holz, polychromiert. Lendentuch vergoldet. Mantel Mariens bemaltes Sackleinen. Letztes Viertel 18. Jh. Von einem der Söhne des PETER LAGGER (JOHANN BAPTIST?). Maria kniet unter dem Kreuz, ein Herz mit sieben Schwertern auf der Brust. Der Oberkörper des unverhältnismäßig großen Leichnams lehnt an ihr Knie. Das edel gestaltete Haupt Christi gleicht demjenigen eines Hauskruzifixes in Haus Nr. 8 in Biel (S. 404). – *Altarkruzifixe*. 1. H. 51,7 cm (Korpus 13,5 cm). Holz. Originalfassung? Gold und lapislazulifarbener Lüster. Zur Zeit des Kapellenbaus (1769) in der Werkstatt des PETER LAGGER geschaffen? I. Reckinger Hauskruzifixtyp, jedoch mit außergewöhnlichem, als Berg gestaltetem Sockel, davor Rocaille und eine große Blüte auf Doppelvoluten. – 2. H. 50,5 cm (Korpus 17 cm). Holz. Fassung und Herkunft wie Nr. 1. Der mit Voluten konturierte Sockel von Rocaille und Draperie abgeschlossen. Am Sockel-

---

201 Ähnliche Figuren Flankenstatue am Hochaltar der Kapelle Zen Hohen Flühen (gleiche Flankenstatuen!) von ANTON SIGRISTEN und als Bekrönung an der Kanzel von Naters.

202 Sie wurden zwar nie mit geweihtem Altarstein ausgestattet; «quia sund potius ornatus gratia erectae» (Visitationsakt von 1863; PfA Reckingen, Nr. 8).

203 Die Orgel in der Antoniuskapelle (S. 329) soll früher in der Blinnentalkapelle gestanden haben.

204 «Amovenda est statua V. Mariae doloribus tranfixam exhibens, quia male configurata» (Visitationsakt von 1898; PfA Reckingen, o. Nr.).

205 1834 stand die Pietà am Hochaltar anstelle eines Altarkreuzes (PfA Reckingen, Nr. 7).

Abb. 252 und 253. Reckingen. Kreuzkapelle. Inneres. Wandgemalte Seitenaltäre, um 1769. Text S. 320.
Hochaltar und Chorgitter (Ausschnitt), um 1769. – Text S. 321/22.

fuß zwei große Muscheln. – GEMÄLDE. *Holzschnitt.* 81,5 × 52,5 cm (bedruckte Fläche). Papier.
«Wahre Abkonterfoetung des Gnaden Bilds». «Vorstellung der hl. Capelle und des Klosters in Einsiedeln». «J.St.Oechslin[206] Sc.». – *Exvotos*[207]. 10 Stück, 18. Jh., darunter 7 aus dem 3. Jahrhundertviertel, den zeitgenössischen Votivbildern in der Antoniuskapelle auf dem Biel in Münster (S. 149)
stilistisch verwandt. Zwei möglicherweise aus der Kapelle stammende Exvotos im Pfarrhaus (S. 289).
KAPELLENSCHATZ. ALTARKREUZ. H. 58 cm. Holzkern mit Messingblechfassade. 2. Hälfte
18. Jh. Gegossene Appliken aus Zinn. Reichdekorierter kupferversilberter Fuß in der Art der Kerzen-
leuchterfüße. – RELIQUIARE. 1. H. 58 cm. 2. Hälfte 18. Jh. Rechteckiges Holzkästchen. Am vergoldeten geschweiften Schnitzrahmen Blüten und Rocaille. Im Schrein sechs gefaßte Reliquien, die
mittlere in recht schmuckvoller Silberkartusche. – 2. Ähnlich Nr. 1. Im Schrein, auf einem Sockel,
ein kupferversilbertes monstranzförmiges Reliquiar, mit Voluten, C-Bögen und Blumen überreich
geziert. – KERZENLEUCHTER. 1. Paar. H. 42 cm. Arve, ölvergoldet. Im Stil des späten 17. Jh.
Dreikantfuß auf Pranken. Voluten mit Dorn an den Ecken, eine Muschel im Mittelfeld. Am Schaft
akanthusumschlungener Baluster zwischen Keulenblatt-Schaftringen. – 2. Paar. H. 37 cm. Gelbguß.
Barock. Profilierter, oben vorkragender Dreikantfuß mit gefasten Kanten. Am Schaft massiger Schaftring und Baluster. – KASELN. 1. Weiß. Anfang 19. Jh. Satin, lanziert mit blassen farbigen Blumen-
motiven. Stab neu. – 2. Weiß. Mitte 19. Jh. Damast, bestickt mit Rosenmustern.
GLOCKE[208]. Dm. 37 cm. Vier Kronenbügel. An der Schulter die Umschrift: «CRVCE DOMINI MIHI
AVTEM ABSIT GLORIARI NISI IN NOSTRI JESV CHRISTI GAL 6 1768». Flankenreliefs: Kruzifix über Cherub,
Muttergottes, hl. Nikolaus von Myra und hl. Theodul. Sehr unsorgfältiger Guß.

206 Wohl STEPHAN OECHSLIN (1789–1861), Einsiedeln (SKL II, S. 489).
207 Inventarisiert mit Abb. in ANDEREGG, Inv.-Nr. 99–4.1 bis 110–4.12.
208 Die Notizen von FRANZ J. JOLLER SJ († 1894) über den Begründer der Reckinger Glockengießerei, JOSEPH HYACINTH WALPEN D.Ä., der die Kunst als Turmuhrmacher bei einem Glockenguß
in Brämis von einem Franzosen oder Lothringer gelernt und 1732(!) ein «noch vorhandenes Glöcklein für die Kapelle auf dem Stalden bei Reckingen» gegossen habe, sind zu widersprüchlich, als daß
man sich darauf stützen könnte (AGVO, J 2).

Entfernte Kunstgegenstände. SKULPTUREN. *Muttergottes* (im neuen Pfarrhaus von Reckingen) (Abb. 230). H. 59 cm. Arve. Fassung erneuert 1957 durch EDMUND IMBODEN, Raron. Ende 17. Jh. Aus der Fassadennische. Qualitätvolles Frühwerk von JOHANN RITZ. – *Hl. Josef mit dem Kind* (im neuen Pfarrhaus von Reckingen). H. 35 cm. Tanne. Gold, Silber und Polychromie, restauriert 1893(?)[209] und 1957 (durch EDMUND IMBODEN, Raron). 2. Hälfte 18. Jh. – GEMÄLDE. *Kreuzwegstationen* (seit 1957 in der Antoniuskapelle). 60 × 45 cm. Mischtechnik auf Leinwand. 3. Viertel 18. Jh. 1970 durch die Lawine beschädigt. Einfache marmorierte Profilrahmen mit Legende in einer Rocaillebekrönung.

DIE ZERSTÖRTE ANTONIUSKAPELLE

GESCHICHTE. Bischof Nikolaus Schiner gestattete 1498, dem hl. Jakobus d. Ä. «bim Chriz»[210] eine Kapelle zu bauen[211]. An einen Neubau schritt man 1690 (Jahreszahl am Scheitel des Seitenportals)[212]. Im letzten Viertel(?) des 18. Jahrhunderts[213], zur Blütezeit der Antoniusverehrung, wich nicht nur Jakobus dem Lieblingsheiligen[214] (S. 141/42), die Kapelle wurde auch bedeutend vergrößert[215]. Man fügte ein geräumiges dreijochiges Schiff hinzu und benutzte das alte Kapellenschiff als Chorraum, das einstige Chor als zusätzliche Sakristei, nachdem man den Chorbogen vermauert hatte. Dann brach man in der ehemaligen linken Schiffswand eine Tür aus und schloß die nördliche Mauerflucht zwischen neuem Schiff und alter Sakristei, wodurch sich ein gangartiger Verbindungsraum ergab. Das giltsteinerne Gewände des alten Kapellenportals in der entfernten Westfront mit den Ziffern 16 und 90 beidseits der Scheitelvolute fand in der südlichen Seitenpforte des neuen Schiffs wiederum Verwendung. 1802/03 wurde die «orgelen lauba» von den einheimischen Handwerkern JOSEPH BLATTER und KASPAR CARLEN errichtet[216]. Renovationen und Reparaturen[217] in den Jahren 1856, 1872/73, 1886/87, 1902–1904, 1937 (Außenrenovation), und 1950–1952 (Innenrenovation). 1950 beseitigte JULIUS SALZGEBER, Raron, die malerische Innengestaltung von JOSEF HEIMGARTNER aus dem Jahre 1904[218]. Da man nun das einstige Kapellenchor wiederum als solches einrichtete, sank das alte Kapellenschiff zum Vorchor herab. Die ursprüngliche

209 Ein Hinweis in einem Schreiben von Altarbauer EUGEN BÜRLI, Klingnau, aus dem Jahre 1893, die Kosten von Fr. 20.– für eine kleine Josefsstatue betreffend, dürfte sich auf ihre Fassung beziehen (PfA Reckingen, o. Nr.).

210 «apud Crucem Subtus Sacellum Sancti Jacobi» (1754) (PfA Obergesteln, D 43).

211 Notiz von Pfarrer Alois Kreig, um 1800 (PfA Reckingen, Nr. 1).

212 Doch scheint sich der Bau verzögert zu haben, da 1692(!) der Kapellenvogt eine Wiese «ad aedificandum iterum dictam Sacellam» kaufte (GdeA Reckingen, Nr. 66).

213 Wohl nach dem Antoniusspiel und der Vergrößerung der Antoniuskapelle auf dem Biel in Münster (1772–1775) (ST. NOTI, Geschichtliches zur Verehrung des hl. Antonius von Padua in Münster Goms, Ms 1972, PfA Münster).

214 1754 heißt es noch «Sacellum Sti Jacobi» (PfA Obergesteln, D 43), 1793 der «capellen des helligen antonis oder jacobi» (PfA Reckingen, Nr. 6).

215 Auch dies vielleicht in Nachahmung der Kapellenvergrößerung von Antonius auf dem Biel in Münster.   216 PfA Reckingen, Nr. 6.

217 1856 Turmreparatur durch BONIFAZ WALPEN (GdeA Reckingen, G 1); 1872/73 restaurierte ein BOTTINI (BAPTIST?); 1886/87 erstellte der (Guriner?) Steinhauer BRUNS den Plattenboden, wobei er die alten Platten der Pfarrkirche verwendete (PfA Reckingen, Nr. 6); 1937 Fensterbänke in Zement, hölzerne Dachgesimse erneuert (PfA Reckingen, o. Nr.). Zur Renovation von 1950 bis 1952 Chronik der H. H. Pfarrer, PfA Reckingen, o. Nr.   218 PfA Reckingen, Nr. 6.

Abb. 254 und 255. Reckingen. Antoniuskapelle, erbaut 1690, um das große Schiff erweitert im letzten
Viertel(?) des 18. Jh., 1970 durch eine Lawine zerstört. Ansicht von S. – Ansicht von SW.
Text S. 326.

Sakristeitür schloß man zu einer Schranknische. Am 24. Februar 1970 wurde die
Kapelle durch eine Lawine weggerissen. Die Zerstörung ihrer Antoniuskapelle
empfanden die Reckinger nach dem Niedergang der todbringenden Bächitallawine
wenige Stunden zuvor als demoralisierendes Ereignis[219]. Die Kapelle soll mit Hilfe
der eidg. Denkmalpflege wieder aufgebaut werden; die künstlerische Ausstattung
kann zum größten Teil restauriert werden.

BESCHREIBUNG (Abb. 254 und 255). Die Kapelle stand geostet nicht sehr weit von
der Siedlung auf dem breiten Schuttfächer zwischen Reckingen und Münster.

Grundriß (Abb. 256). Zu seiner Entstehung vgl. S. 324. Eigentümlich ist die
Spannung zwischen der geraden blinden Mauerfront der Hangseite und der lebhaft
bis zum Rechteckchor der Kapelle von 1690 zurückgetreppten, reichbelichteten
Talfassade, ferner die dem Schuttfächer folgende nördliche Abweichung der Achse
von Raum zu Raum. Das für die Seitenaltäre vorgezogene geschweifte Chorniveau
ist ein Motiv der Reckinger Pfarrkirche.

Aufriß (Abb. 257). Die Dachsilhouette zeigt einen einzigen kräftigen Absatz vom
krüppelgewalmten neuen Schiff mit dem chorseitigen Dachreiter zum zusammenhängenden Dach der alten Kapelle. Da innen jedoch auch die Räume der alten
Kapelle kräftig abgesetzt sind, ja selbst noch die Kalotte von der schmalen Chorarmtonne in kleiner Stufe abgetreppt ist, ergibt sich zusammen mit den chorwärts
steigenden Bodenniveaus eine zwingende Konzentration auf das Chorhaupt. Einmalig in der Gommer Architektur ist die schräge Verengung des Gewölbes hinter
dem Chorbogen als Übergang zwischen den sehr verschieden hohen Räumen. Obwohl man für das neue Schiff wiederum eine Stichkappentonne wählte – nun allerdings ein Gipsgewölbe an breitem Lattenrost statt des Mauergewölbes –, heben sich
die beiden Bauetappen im Aufriß der Gewölbe deutlich voneinander ab: im alten
Schiff schwimmende Stichkappen über kleinen Rundbogenfenstern, im neuen
Schiff fest in die simslose Pilastergliederung eingespannte Stichkappen über großen
Stichbogen-Fensterkammern. (Unebenheiten der Mauern in Gebälkhöhe und ge-

219 Die Lawine hatte schon zu wiederholten Malen, so 1935, die Kapelle erreicht; aber man hoffte
auf den Schutz des Heiligen.

stauchte Enden der Gräte ließen darauf schließen, daß man in Anpassung an das neue Schiff die vermutlich dünnen Gebälke in den alten Kapellenräumen entfernt hatte.) Bemerkenswert schließlich die bis zum einzigen Chorwangenfenster gleichmäßig abnehmende Fensterzahl.

Zum Äußeren. Noch mehr als die südliche Wand des neuen Schiffs erschien die Stirnfassade von überdimensionierten Öffnungen aufgerissen, war sie doch über der breiten, marmoriert gerahmten Rechtecktür mit zwei in den Giebel hinaufragenden Stichbogenfenstern und einem weiten Oktogonokulus belichtet. Ihre Gliederung verriet das Vorbild der Reckinger Pfarrkirche. In der Chorstirn saß ein niedriges Rundbogenfenster.

Zum Innern (Abb. 258 und 259). Die schlauchartige Folge zweier stark eingezogener Chorräume am weiten Schiffssaal trat erst in Erscheinung, als man 1952 die Mauer bei der innern Chorbogenöffnung entfernte. Das Chorgitter war etwa 60 cm hinter dem Chorbogen über Mauerbrüstungen eingezogen, die Raumzone unter der Gewölbeschräge daher optisch zum Schiff geschlagen. Der innere Chorbogen und wohl auch beide Schiffsstirnwände[220] hinter den Seitenaltären waren im letzten Viertel des 18. Jahrhunderts nach dem Vorbild der Peterskirche in Münster mit dem Draperiemotiv eines zerteilten Vorhangs ausgemalt worden. Die Gräte des siebenteiligen Kappengewölbes im alten Chor sammelten sich in einer großen Stuckrosette. Motive wie die profilgerahmten Fensterkammern und die Hl.-Geist-Taube in blindem Okulus über dem Chorbogen erinnerten wiederum an die Pfarrkirche.

Gewölbemalereien[221]. Die gemalten Medaillons konnten größtenteils aus den Trümmern geborgen werden. Die Malereien im Schiff galten der Verehrung des hl. Antonius von Padua, das eine Medaillon im Chor dem hl. Jakobus, dem dieser Raum einst als Kapellenschiff geweiht gewesen war. In den zierkonturierten Medaillons der Gewölbescheitel waren figurenreiche Episoden dargestellt, im Schiff von hinten nach vorn die Verleihung des Titels «Arche des Testaments» durch den Papst, in Rücksicht auf den Eintretenden zum Eingang gewendet, die Auferweckung einer spanischen Prinzessin und das Eselswunder, im Chor der hl. Jakob in der Schlacht gegen die Sarazenen bei Clarijo, ein beliebtes Motiv der spanischen Malerei[222]. Die Stichkappen des Schiffs waren mit ovalen Medaillons geschmückt, links von hinten nach vorn das Wiederauffinden des Armbands der Königin (Abb. 261), die Pro-

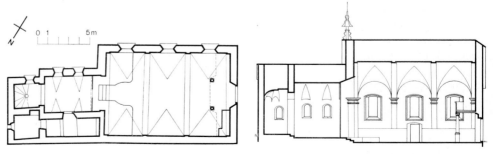

Abb. 256 und 257. Reckingen. Antoniuskapelle. Grundriß. – Längsschnitt. – Text S. 325/26.

Abb. 258 und 259. Reckingen. Antoniuskapelle. Inneres gegen das Chor. – Sicht auf die Orgel. Text S. 326.

phezeiung eines Martyriums, die Erscheinung des Jesuskindes, rechts die Befreiung einer Bologneserin von der Besessenheit, die Auferweckung eines ermordeten Neapolitaners (Abb. 260) und die Heilung einer türkischen Frau. Die Themen waren «Chroniken» sowie älteren und wohl auch jüngeren Mirakelbüchern entnommen[223]. Bei den Scheitelmedaillons standen die Legendenkartuschen zu Häupten – das Chormedaillon war nicht beschriftet –, bei denjenigen der Stichkappen zu Füßen. Nicht zuletzt dank den farblich zurückhaltenden, duftigen Rokokomalereien von unbekanntem Meister, den qualitätvollsten in der Region, empfand man die Rekkinger Kapelle als die stimmungsvollste Antoniuskapelle des Goms.

Altäre. Hochaltar. Inschrift. In der Kartusche der Predella: «Gott dem Allmechtigen, Zu Lob/Vnd Ehren, Maria der J[ung]. F[rau]., dem H. Jacob, Petruß vnd Johannes, hat der lobliche Fier=/tel Rechingen den alttar er baut Aº/1692». Nach den drei Statuen der Bekrönung, Petrus, Jakobus und Johannes Ev., den Kapitellen und den Cherubinen am Fries zu schließen, war er ein Altarwerk von JOHANN RITZ. Im letzten Viertel(?) des 18. Jahrhunderts wurde das einachsige Altargeschoß wohl

220 Hinter dem rechten Seitenaltar kam bei der letzten Innenrenovation eine recht gut erhaltene Baldachinmalerei mit bekrönendem Lambrequin zum Vorschein. Photographie im Besitz von Dr. Albert Carlen, Brig.

221 Aufnahmen, farbig und schwarzweiß, von allen Medaillons im Besitze von Dr. Albert Carlen, Brig.   222 KÜNSTLE II, S. 319.

223 Die Verleihung des Titels, das Eselswunder, die Erweckung der spanischen Prinzessin und die Erscheinung des Jesuskindes finden sich in: Die Blümlein des heiligen Antonius von Padua. Nach einer volkstümlichen italienischen Übersetzung des «Liber Miraculorum» aus dem 15. Jahrhundert. Hrsg. von P. DR. LUIGI GUIDALDI O.M. Conv., Würzburg 1937, S. 5, 9, 22 und 42; die Weissagung des Martyriums in einer Chronik der Minderen Brüder aus dem Jahre 1604 (im Besitz von Seraphin Imhof, Binn). Am Gewölbe der Antoniuskapelle in Niederernen wurde auch eine Mirakelszene aus dem Jahre 1619 dargestellt. K. KÜNSTLE verweist auf ein Liber Miraculorum des Heiligen, abgedruckt in Bolland und Genossen, Acta Sanctorum, quotquot toto orbe coluntur, Antwerpen 1643 ff. (KÜNSTLE II, S. 80).

von ANTON LAGGER (1759–1833), dem Sohn des Bildhauers PETER, umgestaltet und mit neuen Statuen bestückt. Zwei Paar nach außen getreppter gewundener Säulen mit Blumengehängen in den Interkolumnien rahmten nun die vergoldete Antoniusstatue der Altarnische, die links von einem nichtidentifizierbaren Ordensheiligen, rechts vom hl. Aloysius, nach dem Vorbild der Reckinger Seitenaltäre weiß gefaßten Statuen mit goldenen Kleidersäumen, flankiert wurde. Über der Mittelnische hing in neuromanischer Kartusche ein Allianzwappen von Kalbermatten–von Fischer (S. 302). Als 1905 C. MESSMER, Basel, ein Ölgemälde der Erscheinung des Jesuskindes vor Antonius schuf[224], das vor der Altarnische heruntergelassen werden konnte, wurde offenbar auch die Nische selbst erneuert. 1952 entfernte man das als Bekrönung dienende Doppelgemälde von Herz Jesu und Herz Mariä (S. 329) sowie die barocken Sockel der Bekrönungsstatuen[225].

Seitenaltäre[226]. Die genauen Pendants sind zur Zeit der Kapellenvergrößerung im letzten Viertel des 18. Jahrhunderts vom Meister des Hochaltars (ANTON LAGGER?) geschaffen worden. Während das große stichbogige Gemälde über dem Altargiebel von Rocaille gerahmt wurde, ruhte das eigentliche Altarblatt in einem flachen Architekturrahmen: Ein Paar leicht nach außen gedrehter, gerader korinthischer Säulen mit Appliken am Schaft stützten über einem Voluten-Impost ein gerades verkröpftes Gebälk. Auf der Wangenverkröpfung trugen nach außen gewendete Sprenggiebelvoluten eine Vase. Zwei Putten saßen auf den geschweiften Giebeln. Die Flankenstatuen standen auf isolierten Volutenkonsolen. Von den mit Kaseintempera lebhaft marmorierten Altargewänden hob sich das Gold der Appliken ab. *Marienaltar* (rechter Seitenaltar): Altarblatt Mariä Krönung[227], in der Bekrönung Enthauptung des Täufers. Flankenstatuen: links der hl. Mauritius, rechts der hl. Georg. *Altar der Mutter Anna* (linker Seitenaltar): Altarblatt hl. Anna Selbdritt vor Architekturhintergrund, in der Bekrönung ein hl. Ordensmann, mit dem Kreuz den Drachen verscheuchend (hl. Beatus?). Flankenstatuen: links Katharina, rechts Apollonia. Im Giebel kleine Pietà-Statue[228]. Die qualitätvollen Altarblätter sind kaum dem Geschiner Maler JOHANN GEORG PFEFFERLE zuzuschreiben. Die Sarkophagstipes zeigten an der Stirn marmorierte Medaillons.

CHORGITTER. Das schmiedeiserne Gitter war klar in Türachse, Seitenfelder und Bekrönung gegliedert. Horizontale Ornamentstreifen aus C-Bögen und Doppelspiralen, mit Blättchen bekrönt oder behangen, unterteilten die Seitenfelder und die Tür oben, in der Mitte und am Fuß. Das hohe Türsturzfeld zeigte Bandelwerk, Rocaille und einen Lambrequin. Ähnlicher Dekor umspielte in der giebelförmigen Bekrönung eine auf Blech gemalte Ecce-Homo-Darstellung in ovalem Medaillon. Es war das reichste Rokokogitter des Goms. – KANZEL[229]. Holz. Qualitätvolle Marmorierung in Blaugrau und Rostrot. Letztes Viertel(?) 18. Jh. Von PETER JOSEPH CARLEN? (S. 264). Die schalldeckellose Kanzel glich derjenigen in der Wylerkapelle bei Geschinen, war aber etwas plastischer gestaltet. Voluten unter verkröpftem Gesims am Korb wie an der Treppenlehne wechselten mit Feldern, in

---

224 Inschrift auf dem Gemälde: «C. Meßmer in Basel 1905».

225 Schwarzweißaufnahme vom Zustand vor der Renovation im Besitz von Dr. Albert Carlen, Brig.   226 Farbaufnahmen im Besitz von Dr. A. Carlen.

227 Um 1905(?) wurde es bis zur Renovation von 1952 durch ein Bild der hl. Theresia vom Kinde Jesu ersetzt.

228 Gruppe von LEOPOLD JERJEN (* 1907), Reckingen, anstelle des gestohlenen Bildwerks.

229 Aufnahmen in Farbe und schwarzweiß im Besitz von Dr. A. Carlen.

Abb. 260 und 261.
Reckingen. Antoniuskapelle.
Medaillons des an der Decke
gemalten Antoniuszyklus,
letztes Viertel 18.Jh.
Erweckung eines ermordeten
Neapolitaners und Auffinden
des im Wasser verlorenen
Schmuckes einer Königin.
Text S. 326/27.

deren Mitte Blumengirlanden appliziert waren. An der Kanzelrückwand hing vor gemaltem Vorhang mit geradem Lambrequin ein Gemälde der Antoniuspredigt (116 × 71 cm, Mischtechnik auf Leinwand). – ORGELEMPORE (Abb. 259). Holz, bemalt. 1802/03[230]. In die vorgezogene Mittelbrüstung schnitt ein Korbbogen über marmorierten Kompositsäulen ein. Profilgerahmte, mit Blütengirlanden bemalte Füllungen. Etwas nüchterne, aber edle Variation des spätbarocken Emporentyps, entstanden aus dem Geist des Klassizismus und der Not der Zeit[231]. – ORGEL (Abb. 259)[232]. 2. Hälfte 18.Jh. Reparaturen 1866/67, ferner 1888/89 durch VIKTOR WALPEN und KONRAD CARLEN[233], um 1935 durch HEINRICH CARLEN[234]. Die Orgel soll ursprünglich in der Kreuzkapelle gestanden haben. In Anlehnung an das Orgelgehäuse der Antoniuskapelle auf dem Biel in Münster (S. 148) ragten die Seitentürme mit ihren steigenden Karniessimsen hoch empor. Serliana-Motiv in der kleinen Mittelgruppe. – KRUZIFIX. H. (Korpus) 56 cm. Holz. Originale polychrome Fassung. Lendentuch vergoldet. 3. Viertel 18.Jh. Qualitätvolles Kruzifix des PETER LAGGER vom I. Reckinger Hauskruzifixtyp mit pestkreuzartiger Bemalung. – GEMÄLDE. *Herz Jesu und Herz Mariä.* 40,5 × 62,5 cm. Öl auf Leinwand. 3. Viertel 18.Jh. Nebeneinander aufgereihte Dreiviertelbildnisse mit flammenden Herzen auf der Brust. Recht qualitätvolle Malerei. Bis 1952 Bekrönung des Hochaltars. – *Hl. Wendelin* bei der Herde. 105 × 66,5 cm. Öl auf Leinwand. 3. Viertel 18.Jh. Duftige Rokokomalerei. – *Kreuzwegstationen.* Aus der Kreuzkapelle (S. 324). – KELCH. H. 23,5 cm. Silber, vergoldet. 1. Hälfte 17.Jh. Beschau und Meistermarke Tab. 1, Nr. 28. Flauer Sechspaßfuß mit abgesetzten Kielbögen. Birnförmiger Sechskantnodus an sechskantigem Schaft. Schmucklose Kupa. – ALTARKRUZIFIX. H. 68 cm. Holz mit versilberter Blechfassade voll Rokokozierat. – KERZENLEUCHTER. Fünf Stück. H. 44 cm. Kupfer, versilbert, getrieben. Rokoko. Aus Oberitalien? Gefaster Dreikantfuß mit C-Bögen-Konturen. Am Schaft Vasen- und Balustermotive, übersponnen mit C-Bögen-Kartuschen, öfters mit gewellten Binnenfeldern.

GLOCKE. Dm. 40 cm. Sechs Kronenbügel. An der Schulter vier stehende Palmetten auf einem Schnurstab, die Umschrift: «SANCTA.MARIA.ORA.PRO.NOBIS. 1778+» und ein mit zwei Palmetten behangener Blütenrankenfries. An der Flanke Kruzifix- und Muttergottesrelief. Unsorgfältiger Guß.

Die Ausstattungsstücke der zerstörten Kapelle werden zurzeit im Schulhaus und im Pfarrhaus aufbewahrt.

---

230 «..hab ich uir die Capell bin critz bezalt uir die orgellen oder uir Den standt..» (PfA Rekkingen, Nr. 6).

231 Die eckgekehlten Füllungen sind auch ein beliebtes Motiv an Truhen jener Zeit.

232 BRUHIN, S. 212/13. Mit Angabe der Disposition.

233 PfA Reckingen, Nr.6. Vertrag mit CONRAD CARLEN vom 28.Nov. 1887 (PfA Reckingen, o.Nr.).

234 Freundl. Hinweis von Dr. Albert Carlen, Brig.

FELD- UND WEGKRUZIFIXE

Vgl. gotisches Kruzifix S. 288. – 1. (im Gemeindehaus). Ehemals «bim große Stei am Jungholz-wäg». H. (Korpus) 42 cm. Arve? Spuren einer Fassung. 2. Hälfte(?) 17.Jh. Von der Witterung stark beschädigt. An beiden Hüften geknotetes Lendentuch. Qualitätvolles Bildwerk. – 2. (im Gemeinde-haus). Ehemals «uf de Roßachre bi dr letschte Kummelegi». H. (Korpus) 63 cm. Holz. 3. Viertel(?) 17.Jh. 1957/58 von LEOPOLD JERJEN, Reckingen, restauriert und von EDMUND IMBODEN, Raron, über-faßt. Hagerer, nach vorn gebeugter Korpus mit gekreuzten Beinen. An der rechten Hüfte verschlauftes Lendentuch. Ausdrucksstarker Kruzifixus. – 3. (im neuen Pfarrhaus). Ehemals «i dr Lusse am alte Blinnebett». H. (Korpus) 43,5 cm. Arve? Fassung zerstört. 3. Viertel(?) 18.Jh. Aus der Werkstatt der LAGGER in Reckingen. Wertvoller Korpus vom II. Reckinger Hauskruzifixtyp (S. 47). Den über den Oberschenkel herabfallenden gebündelten Lendentuchzipfel hat es noch mit dem I. Reckinger Hauskruzifixtyp (S. 46) gemein.

GLURINGEN

GESCHICHTE. Im Gluringer Feld fand man ein als Aschenurne verwendetes römi-sches Lavezgefäß[1]. Der Dorfname wird erstmals 1203 mit Lodowicus de Gluringen, dem Vertreter eines mit den Edlen von Mörel und Fiesch verwandten Adelsge-schlechtes, genannt[2]. Von einem Wohnturm ist nichts bekannt. Der Besitz ging 1325 an die Ritter von Fiesch über, denen im selben Jahr auch Cono und sein Sohn Perrod aus dem mächtigen Ministerialengeschlecht der de Castello ihre Huben in Gluringen verkauften[3]. Wohl von 1237 an, spätestens seit 1367[4], teilte die Dorf-schaft die Geschicke mit dem Freigericht Biel, der sogenannten Grafschaft (S. 382–384). Lehens- und Zehntenabgaben an den bischöflichen Tisch waren bis ins frühe 19. Jahrhundert zu entrichten[5]. 1536 und 1559 gab sich die Burgerschaft ihr «Jus burgense vulgo einß Burerech vel Burzunfftt»[6]. Gluringer Geschlechter besetzten nach Aymo von Gluringen im Jahre 1367 öfters das Amt des Ammanns[7] in der Grafschaft: Die Familie In der Bünden (Inderbinen) in der ersten Hälfte des 15., in der zweiten Hälfte des 16. und wieder im dritten Viertel des 18. Jahrhunderts, die Familie Rigger in der zweiten Hälfte des 15. Jahrhunderts. Nach 1650 stellte die Familie Hagen ein Jahrhundert lang in fast ununterbrochenem Turnus den Am-mann. Sie wurde bloß im letzten Viertel des 17. Jahrhunderts von der Familie Holtzer verdrängt, die nach Zahl und Würde ihrer Häuser im Zeitraum 1680–1780 führend im Dorfe war.

---

1 GRAESER, S. 65, Fig. 21 c, Nr. 1.

2 Zum Adelsgeschlecht derer von Gluringen vgl. L. CARLEN, Gericht und Gemeinde, S. 44/45. Die Herren von Gluringen waren auch Ministeriale der Abtei Disentis über Besitzungen im Urserental (A. KOCHER, Walser im Urserental, Wir Walser 9, Nr. 2 [1971], S. 13).

3 GREMAUD III, S. 606, Nr. 1617.   4 L. CARLEN, Gericht und Gemeinde, S. 129.

5 GREMAUD V, S. 402 (1374). 1806 Loskauf von einem «feudum unius librae piperis», vom Rektor zu entrichten (GdeA Gluringen, D 13). 1809 Loskauf der Zehntabgaben (L. CARLEN, Gericht und Gemeinde, S. 71, Anm. 6).

6 GdeA Gluringen, B 1 u. 3.   7 J. LAUBER, Grafschaft Biel, BWG IV (1905), S. 379–382.

Pfarreigeschichte. 1428 erteilte Bistumsverweser Andreas Gualdo unter Vorbehalt der Zustimmung der Pfarrer von Münster die Erlaubnis, in der Kapelle die hl. Messe zu lesen[8]. Gluringen unterstand bis gegen 1675[9] der Mutterpfarrei Münster, hernach Biel bis zur Pfarreigründung 1919/20[10]. Doch war es 1736/37 ein von Biel abhängiges Rektorat geworden[11]. Die Rektoratsstiftung unter dem Patrozinium der hl. Dreifaltigkeit war hauptsächlich das Verdienst des «orgellenmachers Ignaz Biderbosten» (1675–1742), der sein stattliches Wohnhaus (S. 345, Nr. 12) samt Mobiliar, Nutzbauten und Liegenschaften der Pfründe vermachte und zusammen mit seinem Bruder Josef 500 Pfund schenkte. 1834 wurde Gluringen gestattet, das Allerheiligste in der Kapelle aufzubewahren und auszusetzen[12]. 1933 feierliche Kirchweihe auf Nachsuchen der Bevölkerung.

Quellen und Literatur. GdeA und PfA von Gluringen, Biel und Münster. – J. LAUBER, Gluringen, BWG III (1905), S. 374–376. – Zur Grafschaft siehe S. 385.

Wappen. Wohl erst seit dem Erscheinen des W.Wb. (1946) führt die Gemeinde das Wappen der Grafen von Mörel, weil Nikolaus von Gluringen ein Sohn des Marquard von Mörel war (S. 382)[13].

SIEDLUNG. *Anlage* (Abb. 262 und 263). Gluringen ist in Gestalt eines sphärischen Dreiecks an der Ostflanke des Schuttfächers mit der Ritzingerfeldkapelle ausgebreitet. Die an einem weitmaschigen Netz von Gassen und Wegen lose über das Dorfareal verteilten Wohnhäuser werden nur durch die dichter gehäuften Nutzbauten kompakteren Gebäudegruppen eingegliedert. Platzähnliche Stellen fehlen. Dieser streusiedlungshaft lockere Aufbau bringt die bemerkenswerten Wohnhäuser, Stadel und Baugruppen besonders zur Geltung. Da mit acht Bauten nahezu die Hälfte der älteren Wohnhäuser im Zeitraum 1630–1750 entstanden ist, herrschen mehrgeschossige, hohe Häuser vor. Nur die von der Mitte entfernten Dorfpartien tragen *Bezeichnungen:* «im Fäld» (westliche Dorfspitze); «dr Schpitz» (nördliche Dorfspitze); «z'unner Dorf» (südöstliche Dorfspitze unterhalb des Pfrundhauses).

Siedlungsgeschichtliches. Die ältesten Häuser, darunter die beiden «Heidehischer», stehen «im Fäld». Die Bauten aus dem Zeitraum 1500–1630 greifen nach NO aus, jene der Barockzeit (1630–1750) auch auf das Areal des «unner Dorf». Die spärlichen Bauten der Folgezeit reihten sich südlich der alten Talstraße auf, die, von der Ritzingerfeldkapelle herkommend, durch den ältesten(?) Dorfteil «im Fäld» an Kapelle und Pfrundhaus vorbei nach Osten führte. In der zweiten Hälfte des 17. Jahrhunderts ist ein Anschwellen der Bautätigkeit zu beobachten. Das letzte Haus des 19. Jahrhunderts ist 1802 erbaut worden.

PFARRKIRCHE HL. DREIFALTIGKEIT

GESCHICHTE. Die heute im Bernischen Historischen Museum aufbewahrte Theodulsstatue(?) (S. 341 und Abb. 271) aus dem 3. Viertel des 14. Jahrhunderts stand wohl schon in einem Kapellchen. 1428 erteilte Bistumsverweser Andreas Gualdo die

---

8 GdeA Gluringen, D 1.

9 Trennung Biels von der Pfarrei Münster (PfA Biel, D 12). Bis 1834 hatte Gluringen den Kirchenzehnten an Münster zu entrichten (PfA Münster, D 58 b u. 85).

10 Die Pfarreigründung trat am 1. Jan. 1920 in Kraft (GdeA Gluringen, D 17 u. 28).

11 GdeA Gluringen, D 5, 12 c u. 15.   12 PfA Biel, D 35.

13 FERD. SCHMID, Die Gerichtsbarkeit von Mörel, BWG II (1896, S. 46.

Abb. 262. Gluringen. Luftaufnahme von 1973. – Text S. 331.

Erlaubnis, in Gluringen eine dem hl. Theodul geweihte Kapelle zu bauen[14]. 1442 wird diese als «noviter constructa» bezeichnet[15]. Um 1640 erstand sie neu[16]. Doch schon der Visitationsakt von 1687 enthält wieder die Empfehlung, das Chor der nun bereits der hl. Dreifaltigkeit geweihten Kapelle zu erweitern und mit einer neuen Mensa auszustatten[17]. Um die Jahrhundertwende folgte Gluringen dieser Aufforderung vermutlich mit einem Neubau[18]; jedenfalls segnete 1707 der Pfarrer von Münster, Johann Jakob von Riedmatten, die «neu erbaute» Kapelle ein[19]. Dieser mit einem Dachreiter versehene Bau ist auf dem Hochaltargemälde abgebildet (Abb. 264). Auf die Rektoratsgründung hin schritt man zum letzten Neubau. Im Visitationsakt von 1736 steht: «Sacellum de Glurigen Sub titulo Ssmae Trinitatis.

14 GdeA Gluringen, D1. Die entscheidenden Stellen der Urkunde sind zwar nicht mehr lesbar. Auch die beigeheftete Kopie (D1a) mußte bereits die fraglichen Stellen annähernd entziffern. Andreas Gualdo gewährte zugleich einen Ablaß zugunsten des Kapellenbaus.

15 Ebenda. Obigem Akt beigeheftet.

16 GdeA Gluringen, D9. Mit diesem Kapellenbau wird die Gabe von Peter Minnig 1631 zusammenhängen (PfA Biel, D56). Kapelle und Theodulsspende werden damals noch vom selben Prokuratoren verwaltet worden sein (GdeA Gluringen, D9). 1581 hieß die Spende Bruderschaft (ebenda).

17 «Fiat Tabula Altaris noua» (PfA Biel, D28). Unter «tabula altaris» wird die Mensa und nicht ein Retabel gemeint sein (Du CANGE, Glossarium mediae et infimae latinitatis VI, Paris 1846, S. 479). Zugleich wurde verordnet, den Boden zu erneuern und ein Antependium aus bemaltem Leder anzuschaffen.

18 Nach D. IMESCH ist die Kapelle 1701 vergrößert worden (W.Jb. 1945, S. 25); doch verweist er nicht auf Quellen.   19 VON ROTEN, Chronik, 1952, S. 43.

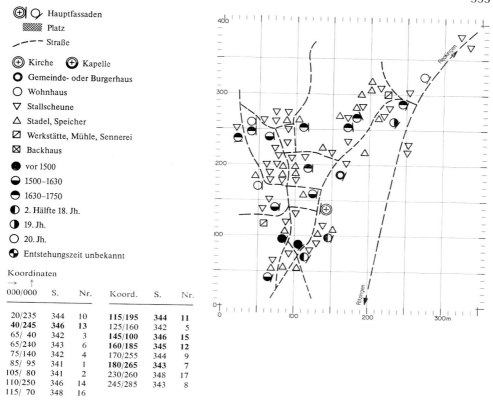

⊕ ○ Hauptfassaden

▨ Platz

⌐ ⌐ Straße

⊕ Kirche   ⊕ Kapelle

○ Gemeinde- oder Burgerhaus

○ Wohnhaus

▽ Stallscheune

△ Stadel, Speicher

▨ Werkstätte, Mühle, Sennerei

⊠ Backhaus

● vor 1500

◓ 1500–1630

◒ 1630–1750

◑ 2. Hälfte 18. Jh.

◐ 19. Jh.

○ 20. Jh.

⊕ Entstehungszeit unbekannt

Koordinaten

→ ↑
000/000

000/000	S.	Nr.	Koord.	S.	Nr.
20/235	344	10	**115/195**	**344**	**11**
40/245	**346**	**13**	125/160	342	5
65/ 40	342	3	**145/100**	**346**	**15**
65/240	343	6	160/185	345	12
75/140	342	4	170/255	344	9
85/ 95	341	1	**180/265**	**343**	**7**
105/ 80	341	2	230/260	348	17
110/250	346	14	245/285	343	8
115/ 70	348	16			

Abb. 263. Gluringen. Siedlungsplan (vgl. «Wegleitung»). – Text S. 331.

Translatum, et neoaedificatum»[20]. Zu den durchgreifenden Veränderungen der Kapelle im letzten(?) Viertel des 18. Jahrhunderts siehe unten. Nach einer Renovation 1858[21] richtete man 1872 den Glockenturm auf[22]; an der nördlichen Walmkappe des Helms ist die Jahreszahl in Blechziffern angebracht. Bei der Restaurierung 1912 stattete JOSEF HEIMGARTNER die Kirche mit neuen[23] Figuren- und Architekturmalereien aus[24]. Zugleich verlängerte man die Sakristei. 1934/35 Neubedachung von Kirche und Turm[25]. 1936 Butzenscheiben anstelle der farblosen Fenster von 1867[26]. 1941 neuer Kirchenboden[27]. Die Kirchentür schnitzte EMMANUEL CARLEN,

20 PfA Biel, D 30.   21 GdeA Gluringen, G 2. Maler FRANZ GUNTERN wurde beigezogen.
22 1871 ist von einer «Kommission des Glockenthurmbaus» die Rede (GdeA Gluringen, D 18).
23 Die Gewölbe waren schon vorher ausgemalt (A. GARBELY, Reckingen 250 Jahre Pfarrei, W. Jb. 1945, S. 53).
24 Verzeichnis der Rektoren und Pfarrer, GdeA Gluringen, o. Nr. Spätere Aufzeichnungen. Das alte Rechnungsbuch der Pfarrei (G 5), in dem der damalige Rektor JOSEF LAUBER von der Restaurierung berichtete, ist verschollen.
25 Chronik von Pfarrer V. BACHER, GdeA Gluringen, o. Nr. Die ältere Bedachung des Turms bestand auch aus Blech. Die neue Kugel enthält eine Schrift mit einer Photographie des Kircheninnern aus dem Jahre 1936.   26 PfA Biel, D 65.   27 GdeA Gluringen, D 17.

Reckingen, 1940, die Kommunionbank LEOPOLD JERJEN, Reckingen, 1954/55 [28].
1960 Taufstein aus Serpentin von HANS LORETAN, Brig. 1962 wurde die schon 1920
veränderte Kanzel entfernt [29]. 1970 opferte man ohne Zustimmung der kirchlichen
Kunstkommission die elegante Orgelempore [30] aus dem letzten(?) Viertel des 18. Jahrhunderts den Bedürfnissen eines «vergänglichen» gemischten Chors und zerstörte
durch den Einbau einer neuen steifen Empore die künstlerische Wirkung der Kirchenrückwand.

Baugeschichtliche Probleme. 1. Verlegung der Kapelle um 1736. Der Visitationsakt des
Jahres 1736 spricht von Verlegung und Neubau der Kapelle. Handelte es sich um
eine Umorientierung des Bauwerks unter Wiederverwendung alter Teile oder um
einen Neubau an anderm Standort? Die ungegliederte Satteldachhaube, das Rechteckchor, das Kreuzgratgewölbe im Chor und die Rundbogenfenster [31] sind stilistische
Motive der zweiten Hälfte des 17. Jahrhunderts. – 2. *Umbau bzw. Vergrößerung im
letzten(?) Viertel des 18. Jahrhunderts (1792?).* Archivalisch belegt [32] für 1792: Arbeiten
am Kapellendach, neue Bestuhlung und Lohn von 6 Pfd. 3 bz. an einen Maler (für
Decken- oder Altargemälde?). Die mündliche Überlieferung will von einer späteren
Vergrößerung der Kapelle von 1736 wissen. Hinter den Seitenaltären blieben Fragmente von einem alten Gesims erhalten, dessen Zahnschnitt und mit Rebranke bemalter Fries auf die Zeit vor dem Bau der Reckinger Pfarrkirche zurückweisen.
Auch sprechen zahlreiche stilistische Motive der Innengestaltung für eine Erneuerung in der zweiten Jahrhunderthälfte bzw. im letzten Viertel des 18. Jahrhunderts [33].

BESCHREIBUNG (Abb. 265). Die nach Südosten gerichtete Kirche steht in der
ersten Gebäudezeile nördlich der Autostraße, wo sie zusammen mit einer geschlossenen Zweiergruppe von Haus (Nr. 15) und Stadel im Westen, dank dem freien
Hang davor, die schönste Dorfansicht bietet.

Grundriß (Abb. 266). Das lange, schmale Schiff geht in ein nur um Mauerstärke
eingezogenes großes Rechteckchor über. Beide Achseln liegen verborgen, weil im
Osten das kleine Geviert des Turms, im Westen die große rechteckige Sakristei
quergestellt zugleich an Chorwange und Schiff stößt.

---

28 Ebenda. Die neue Tür ist etwa 20 cm breiter und 30 cm höher als die alte. Der Weg vor der
Kirche wurde um etwa 50 cm tiefer gelegt. Portalfassung aus Granit von ALFONS WIRTHNER, Blitzingen, in Anlehnung an die Portalgewände der Spätrenaissance.

29 Ebenda. Ferner GdeA Gluringen, D 34.

30 Das Mittelstück der hölzernen, marmorierten Empore schwang erst konkav und dann schulter-
bogig vor. Die Brüstung und der geschlossene Treppenaufgang waren durch marmorierte Füllungen
mit geschnitzten Appliken gegliedert.

31 In ihrer heutigen Gestalt wirken diese zwar historistisch.

32 GdeA Gluringen, G 2. Das Rechnungsbuch beginnt mit dem Jahre 1792.

33 Wie in Reckingen (1745) lösen sich die Kranzgesimse aus dem Gebälk, um in bekrönenden
Stichbögen über die Fenster zu setzen. Der muldenförmige Übergang vom Schiff zum Chorbogen in
der Zone der Archivolte dürfte als formale Lösung erst im letzten Jahrhundertviertel möglich gewesen sein. Vgl. Antoniuskapelle von Reckingen (S. 325). (In der Pfarrkirche von Stalden [1777]
nach dem Vorbild der Reckinger Kirche[!] hatte man zuerst schräge Altäre vorgesehen, wie es sich
bei den Grabungen von 1972 zeigte, sich dann aber für die übliche Aufstellung an der geraden Schiffsstirnwand entschieden.) Der Stil der auf diesen Übergang vom Schiff zum Chor hin konzipierten
Seitenaltäre weist auf das Jahrhundertende (1792?). Die im 17. Jh. beliebten ionischen Pilaster treten
nach der ausschließlichen Verwendung der korinthischen durch den Hochbarock erst im letzten
Viertel des 18. Jh. wieder auf.

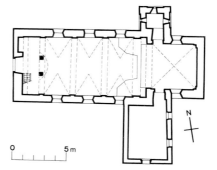

Abb. 264–266. Gluringen. Kapelle, um 1700, auf dem
Hochaltargemälde der Pfarrkirche von 1711(?).
Pfarrkirche, um 1736, mit Glockenturm von 1872;
Sakristei, 1912. Daneben veränderter Stadel und
Haus Nr. 15. – Grundriß der Pfarrkirche.
Text S. 334/35.

Äußeres. An der zusammenhängenden Schindeldachhaube entspricht dem Krüppelwalm der Stirnfassade der Walm der Chorstirn. An der Fassade sind über der stützenlosen geschweiften Portalhaube zwei Rundbogenfenster und eine leere Rundbogennische im Dreieck angeordnet. Das profilierte Dachrandsims des Fassadengiebels setzt sich nur etwa 70 cm an der Trauflinie fort. Das hinterste Schiffsjoch ist der Empore wegen nicht befenstert. Der Turmschaft weist zwei Zonen von Lichtschlitzen in hochrechteckigen Blendnischen auf, von denen die obere in neugotischem Zwergbogenfries endet. Das Glockengeschoß ist durch ein Gurtsims und ein profiliertes Traufsims klar abgesetzt. Auf dem stumpfen geschweiften Schindelwalm des Turmhelms sitzt eine blechüberzogene italienische Laterne in der Art derjenigen des BAPTIST BOTTINI (S. 199).

Inneres (Abb. 267). Das von einer Stichkappentonne überwölbte vierjochige Schiff ist zum Rechteckchor weit geöffnet. Die Schiffsstirn leitet muldenförmig zur Halbkreisarchivolte des Chorbogens über. Ionische Pilaster. Cherub am Fries der mittleren Pilaster im Schiff. Das Kranzgesims des Pilastergebälks bildet als Wandsims stichbogige Bekrönungen über den Hochfenstern. Der Raumeindruck wird heute wesentlich durch die historistischen Malereien von 1912 bestimmt. In den Scheitelmedaillons des Schiffs von hinten nach vorn die Erschaffung der Erde, Epiphanie und Pfingsten, an den Stichkappen in Dreipässen links die Heiligen

«Margarita», «Elisabeth» und «Rosa von Lima», rechts «Wendelin», «Victor»
und «Franciscus». An den Schildbogenfeldern der Chorwangen links das Opfer
Abrahams, rechts dasjenige des Melchisedek. In den Chorgewölbekappen zwischen
Ornamentgittern Symbole: Anker und Krone, Herz und Dreieck, Buch, Kreuz und
Kelch, Lamm Gottes. Die figürlichen Darstellungen sind applizierte Ölgemälde auf
Leinwand. An der steifen Rampe der neuen Orgelempore sind die geraden korin-
thischen Säulen und der Cherub der ehemaligen Stirnfüllung wiederverwendet
worden. Die Muttergottesstatue über dem Cherub, ein Bildwerk aus der zweiten
Hälfte des 17. Jahrhunderts, war zuvor außen an der östlichen Schiffswand ange-
bracht, stand aber ursprünglich wohl in der Fassadennische.

   Altäre. Hochaltar (Abb. 267). Der abgewanderte gotische Schreinaltar (S. 339–341)
wird schon einem Dreifaltigkeitsretabel gewichen sein (S. 332), ehe der 1711(?) gestiftete Barockaltar von unbekanntem Meister geschaffen wurde. Rechts unten am
Altarblatt Wappenzeichen(?)[34] der Familie Inderbinen über den Initialen «M.I.
D.B.»[35], links unten die Jahreszahl 1711(?)[36]. Bei der Kapellenrenovation 1857/58
gestaltete man auch den Hochaltar um[37]. Man entfernte die Akanthusornamentik,
das Antependium, ersetzte zwölf gewundene Säulen durch glatte Säulenschäfte und
das Altarblatt durch ein heute verschollenes Ölgemälde von LORENZ JUSTIN RITZ.
Als um 1920 die Altäre «stilistisch neu ausgebaut» wurden[38], erhielt das Retabel
wiederum eine barocke Gestalt, wurde aber in unpassenden Farben gefaßt. Für den
1933 zum «altare fixum» erhobenen Altar schuf ALFONS WIRTHNER, Blitzingen,
den granitenen Altarstein[39]. 1956 neuer Tabernakel[40], geschnitzt von LEOPOLD
JERJEN, Reckingen, gefaßt von EDMUND IMBODEN, Raron. 1962 Mosaikkreuz am
Stipes.
   Breiter einachsiger Altar, bestehend aus zwei Säulenarchitekturgeschossen, durch
üppige Akanthusbärte, Sprenggiebel und Putten zu monstranzähnlicher Silhouette
geschlossen. Auf dem qualitätvollen Altargemälde empfiehlt Maria Dorf und Kapelle der hl. Dreifaltigkeit. Vor der Nische der Oberzone neueres Kruzifix.
   Seitenaltäre (Abb. 267). Die Retabel sind stilistisch dem letzten Viertel des 18. Jahrhunderts zuzuweisen[41]. Der linke Seitenaltar ist nach dem Wappen der Bekrönung
wohl eine Stiftung des Joseph Anton Biner von Gluringen († 1788) (vgl. Porträt

---

   34 Da das Zeichen (infolge einer Renovation des Gemäldes?) eher als Initiale I zwischen Punkten
denn als Säule zwischen Kugeln erscheint, darf die Inschrift jedenfalls nicht als Beweis für die Gestalt
des Wappens der Familie Inderbinen von Gluringen herangezogen werden, wie dies mit falscher
Jahreszahl(!) im W.Wb., S. 131, geschieht. Vgl. Wappen der Porträte S. 350, der Bekrönung des
linken Seitenaltars, siehe oben, und einer Kasel von Biel S. 398.
   35 Eine Magdalena Inderbinen († 1719 und 1720)? (PfA Biel, D 42). Im Stammesregister von
Biel erscheint um diese Zeit kein Vertreter des Geschlechts mit dem Namen Melchior. Der Geistliche
Johann Melchior Inderbinen (*1704) scheidet als Stifter aus. Nach der Überlieferung soll ein aus
italienischem Solddienst heimgekehrter Inderbiner das Altargemälde gestiftet haben (L. CARLEN,
Pater Joseph Biner [1697–1766], Vallesia VI [1951], S. 88).
   36 Die beiden letzten Ziffern nur in ihren obersten Partien erhalten.
   37 J. LAUBER, Grafschaft Biel, BWG III (1905), S. 375/76. 1857 faßte ihn der Maler FRANZ
GUNTERN (GdeA Gluringen, G 2 beigefügt).
   38 GdeA Gluringen, D 34.
   39 Chronik von Pfr. V. BACHER, GdeA Gluringen, o. Nr.
   40 GdeA Gluringen, D 17.   41 1809 sind alle drei Altäre erwähnt (PfA Biel, D 33).

Abb. 267 und 268. Gluringen. Pfarrkirche. Inneres. Gewölbemalereien, 1912, von Josef Heimgartner. Hochaltar, um 1711. Seitenaltäre, letztes Viertel 18. Jh. Text S. 335. – Rosenkranzgemälde, ursprüngliches Seitenaltarblatt. – Text S. 339.

S. 350). Auf der Bekrönung des rechten Seitenaltars nichtidentifiziertes Wappen [Blattzweig auf Dreiberg]. Die ursprünglichen Altarbilder (S. 339), ein Rosenkranzgemälde und ein Bild der hl. Katharina wichen wohl 1857/58 Altarblättern von LORENZ JUSTIN RITZ(?), einem Bild der hl. Philomena[42] für den linken und einer Darstellung des sterbenden hl. Josef für den rechten Seitenaltar. 1963 wurden diese wiederum durch künstlerisch unbedeutende Statuen der Muttergottes und des hl. Josef ersetzt[43], während man die Oberblätter von L. J. RITZ(?) beließ. Neufassung um 1920[44]?

Entsprechend den außergewöhnlichen Standortbedingungen – die Retabel leiten vor der schmalen Schiffsstirnwand schräg zum Chor über – schuf der Meister ungewohnte Altarwerke. Die geraden korinthischen Säulen am Hauptgeschoß sind nach außen gekehrt, die volutengerahmte Oberzone mit eigenartig konturiertem Altarblatt ist hochgezogen. In der Oberzone des linken ehemaligen Rosenkranzaltars Aloysiusgemälde. Auf dem Oberblatt des rechten ehemaligen Katharinenaltars erscheint das Jesuskind dem hl. Antonius von Padua. Konkave Stipes.

ORGEL. Die ursprüngliche Orgel wurde im frühen 19. Jahrhundert durch ein Werk von BAPTIST CARLEN(?) ersetzt[45]. Reparatur 1937[46]. Einfaches neues Gehäuse. Angabe der Disposition bei BRUHIN, S. 199.

---

42 Testamentarische Schenkung von Reliquien der hl. Philomena in kunstvollem Schrein durch Franz Joseph Ulrich (1803–1854) (SCHMID, LAUBER, Verzeichnis, 1934, S. 378).

43 GdeA Gluringen, D 17.   44 GdeA Gluringen, D 34.   45 GdeA Gluringen, D 15.

46 Quittung von HENRI CARLEN und Chronik von Pfr. V. BACHER (GdeA Gluringen, o. Nr.)

SKULPTUREN. KRUZIFIXE. 1. (an der linken Schiffswand) (Abb. 270). H. (Korpus) 115 cm. Holz. Polychrome Originalfassung 1971 von der Firma MUTTER, Naters, freigelegt und restauriert. Kreuz neu. Um 1700. Von unbekanntem Meister. Kraftvolles Monumentalkruzifix vom selteneren Typ mit beidseits verknotetem Lendentuch. – 2. H. (Korpus) 16,5 cm. Tannenes Kreuz, schwarz gefaßt. Korpus, INRI-Tafel, Balkenenden und der würfelige, seitlich von einer vergoldeten Blüte geschmückte Sockel aus Alabaster. An der Sockelrückseite eingeritzt: «Johan Josep/ Jerjen/Bildheuer/ 1835». Beschädigt. – 3. und 4. Zwei gleiche neugotische Kruzifixe. H. (Korpus) 23 cm. Tanne, nicht gefaßt. – 5. Altarkreuz. H. (Korpus) 17,5 cm. Tanne, nicht gefaßt. Korpus 19.Jh.? An den Balkenenden Verzierungen des späten 18.Jh. – 6. und 7. *Vortragekreuze.* H. 87 und 56 cm. Holz, polychromiert. Neugotisch. – STATUE des *hl. Franz Xaver.* H. 66 cm. Arve, gehöhlt. Originalfassung, mit Öl übermalt. Anfang 18.Jh. Bewegte stehende Figur mit ausschwingender Hüfte. Kruzifix in der Linken. – GEMÄLDE. *Kreuzwegstationen.* 25,5 × 36 cm. Öl. Leinwand auf Karton. Um 1914[47]. Skizzenhafte Maltechnik. Formen und Farben spätnazarenisch. Vergoldete gipserne Akanthusrahmen im Stil des frühen 18.Jh.

KIRCHENSCHATZ. MONSTRANZ. H. 45 cm. Silber, vergoldet. Gegossener Dekor. 2. Hälfte 18.Jh. Keine Marken. Querovaler, geschweift konturierter Fuß, gewölbt, mit Silberappliken. Vasenförmiger gravierter Knauf. Akanthuskranz am obern Schaftende. Vor der Gloriole Ornamentkranz mit C-Bögen, Blumen, Gittern und bunten Glasflüssen. Appliziert die Taube des Hl. Geistes, Gottvater und Cherubinenpaare. Vierpaßförmiges Schaugefäß in kleinem Strahlenkranz. – KELCH. H. 22 cm. Silber, vergoldet. Silberner Dekor, zum Teil getrieben. Ende 17.Jh. Beschau Sitten. Meisterzeichen Tab. I, Nr. 22. Initialen des Stifters(?) «C[hristian?].H[agen].»[48]. Flauer, nur wenig gewölbter Sechspaßfuß. Auf den Pässen drei Akanthuskartuschen und drei akanthusgerahmte Medaillons; im Stirnmedaillon graviertes Hagen-Wappen[49]. Enganschließender Herzblattkranz am Schaft. Umgekehrter Vasenknauf mit leeren Spiegeln. Durchbrochener Korb mit großen symmetrischen Akanthusmotiven. – RAUCHFASS. H. 28 cm. Silber. Stil Louis XVI. Keine Marken. Girlandenmotive am Becken und, durchbrochen, am Deckel. Die Kette setzt an eckigen Volutenplättchen an. – VORTRAGEKREUZ. H. 60 cm (inkl. Knauf). Rokoko. Keine Marken. Kreuz und Knauf aus Biel. Halbfigurige Maria mit Kind bei Renovation um 1960 appliziert. Kreuz mit vergoldetem Blech verkleidet. Gegossene Silberappliken. Korpus in Silber gegossen. Leere Kartuschen an den erweiterten Balkenenden. Unter dem keulenblattbesetzten Renaissanceknauf am Rohr eingraviert der hl. Jakobus d. Ä. und die Auferstehung. – KERZENLEUCHTER. 1. Paar. H. 26 cm. Gelbguß. 17.Jh. Mit flauen Karniesen geschmückter konischer Fuß. Am Schaft zwei schwere Balustermotive zwischen Kehlen. – 2.–3. Paare. H. 41 cm. Bronze. Einfache Leuchter im Stil Louis-Philippe. Ohne Appliken. – 4.–6. Paare. H. 50,5 cm. Bronze. Stil Louis-Philippe. Mit applizierten Cherubinen und Akanthusblättern. – PARAMENTE. *Pluviale.* Violett. 1. Hälfte 19.Jh. Großblumiger, silberbestickter Damast mit Motiven im Stil Louis XVI. – *Kasel.* Violett. Mitte 19.Jh. Damast, mit Seide und Gold bestickt. Am kreuzförmigen Stab rahmen Rosenranken das apokalyptische Lamm. In den Seitenfeldern Rosen und Trauben als große Streumuster. – *Kelchvelen.* 1. Schwarz. Mitte 18.Jh. Damast mit großen Blumen und Blumengittern. – 2. Rot. Stil Louis XVI. Bunte Seidenstickerei auf rotem Satin. Wellenranken aus Blumen und Ähren rahmen eine Blumenvase.

GLOCKEN[50]. 1. Dm. 45 cm. An der Schulter zwei Friese zwischen Schnurstäben, im obern Fries Reliefs zweier Cherubine, im untern die Umschrift: «HEILIGE MARIA BIT FUR UNS». An der Flanke Kruzifix und Maria mit dem Kind über einem Weinrankenfries. Über den gebündelten Schnurstäben des Mantelsaums die Inschrift: «B[onifaz].U[nd].V[iktor].W[alpen].1870». – 2. Dm. 72 cm. Dekor wie Nr. 1. Umschrift an der Schulter: «IM NAMEN DER HEILIGSTEN DREIFALTIGKEIT RUFE ICH EUCH ZUR SELIGKEIT», unter dem Weinrankenfries: «BONIFAZ.U.VICTOR WALPEN.G[locken].G[ießer].1870». –

---

47 1914 Errichtung eines Kreuzwegs (GdeA Gluringen, D 42). Bis 1912 hing in der Kapelle ein ursprünglich für die Kirche von Reckingen in Mailand bestellter Kreuzweg. Für die Reckinger Kirche zu klein, für die Gluringer Kapelle zu groß, wurde er 1945 an die Ritzinger Kapelle verkauft (GdeA Gluringen, D 17).

48 Vgl. Dielbaum-Inschrift in Haus Nr. 7, S. 343. Christian Hagen von Gluringen († 1702), Sohn des Ammanns Christian Hagen († 1670)? (PfA Biel, D 42, und Stammesregister A, D 45).

49 Gleiches Wappen auf einem Ofenstein von 1760, eingemauert an der westlichen Traufwand des Hauses Nr. 4.   50 GdeA Gluringen, D 18. Guß auf den Bau des Glockenturms hin.

Abb. 269 und 270. Gluringen. Pfarrhaus (ehemals Pfarrkirche?). Korpus von einem Kruzifix, 1. Viertel 17. Jh., H. 116 cm (Privatbesitz). Text S. 345/46. – Pfarrkirche. Kruzifix, um 1700, H. (Korpus) 115 cm. – Text S. 338.

3. Dm. 58 cm. Dekor ähnlich wie Nr. 1. An der Schulter, unter gebündelten Schnurstäben, die Umschrift: «GELOBT SEI DIE HOCH HEILIGSTE DREIFALTIGKEIT 1879». An der Flanke zusätzliches Relief des hl. Antonius mit dem Kind. Inschrift: «DER SCHENKER/JOHAN JOSEPH MICHLIG/UND KATHARINA MICHLIG GB INDERSCHMITTEN» und «VICTOR WALPEN[Glocke]GIESER».

Entfernte Kunstgegenstände (im Pfarrhaus). SKULPTUREN. Drei stehende Figuren des ausgehenden 18. Jh. Arve, gehöhlt. Gipsfarbene Fassung. Von einem der Söhne des PETER LAGGER (ANTON?). Für die Seitenaltäre geschaffen? *Hl. Rochus.* H. 92 cm. *Hl. Wendelin* (Abb. 272). H. 93 cm. *Hl. Agatha*[51]. H. 94 cm. In der Rechten Teller mit den Brüsten. Die reliefhaft flachen Figuren sind vergröberte Varianten vom Stil der Flankenstatuen im Reckinger Beinhaus (S. 291). – GEMÄLDE. Ursprüngliche Altarblätter der Seitenaltäre. 151 × 77 cm. Umriß wie Altarnische. Mischtechnik auf Leinwand. Letztes Viertel 18. Jh. (1792? S. 334). 1962 restauriert[52] und neu auf Leinwand aufgezogen. *Rosenkranzgemälde* (Abb. 268). Übliche Darstellung. – *Hl. Katharina von Alexandrien,* auf einer Wolke sitzend, mit Schwert, Buch und Weltkugel. Charakteristisch für den Stil dieses Malers sind neben dem spröden, harten Faltenstil die knolligen Nasen in den ovalen Gesichtern.

ABGEWANDERTE KUNSTGEGENSTÄNDE. POLYGONALER SCHREINALTAR (Abb. 273 und 274). SLM Inv.-Nr. LM 8473. Herkunft Grafschaft (Gluringen?[53]). 1905 vom Landesmuseum erworben. H. hinten 84,5 cm, vorne 106 cm, Flügelbreite 33 cm. Tanne, bemalt. Schrein 1440–1450. Muttergottesstatue 3. Viertel(?)[54] 15. Jh. Auf dem innern Rahmenstreifen des linken Flügels späteres(?)[55] Monogramm, gebildet aus den Majuskeln J oder T und A mit vorgesetztem c, und die nicht mit Bestimmtheit lesbare Inschrift: «M m c W .. g ..». Nach einer Rechtecköffnung im rechten und einem

---

51 1950 war die Pendantfigur, eine weibliche Heilige mit Kette (hl. Balbina oder die Einsiedlerin Rosalia?), noch vorhanden (A. CARLEN, Verzeichnis, Nr. 23. O. WIMMER, Die Attribute der Heiligen, Innsbruck 1966, S. 48 f.).

52 Restaurierung veranlaßt durch Dr. H. Wirthner, Münster.

53 Vermutung von Rektor JOSEF LAUBER, der den Altar veräußerte (C. LAPAIRE [vgl. Literatur], S. 44). Wo im folgenden Literaturverweise fehlen, stützen sich die Ausführungen auf den Artikel von LAPAIRE.   54 LAPAIRE datiert auch die Statue um 1440–1450.

55 Nach LAPAIRE nicht mittelalterlich; die Inschrift datiert er ins 17. Jh.

perforierten Rechteckfeld im linken Flügel zu schließen, wurde der Schrein zweckentfremdet als Sakristeischränkchen benutzt[56].

Fünfeckiger, rechtwinklig vorspringender Schrein mit steigender Deckplatte. A jour geschnitzter Kielbogenbehang an der Deckplatte. Die Schreininnenwand als blaue, weiß gefugte Mauer bemalt. Zwei Engel, die nur als Büsten beidseits einer Gloriole hervorblicken, halten einen breiten fransenbesetzten Wandbehang von gelber Farbe. An den Flügelinnenseiten auf dunkelblauem, orangegerahmtem Grund ganzfigurige Heilige, rechts der hl. Theodul mit Pedum und Schwert, links Fragmente der stehenden Figur. Außen ist der Schrein rot getupft auf weißem Grund. Die Außenseiten der Flügel sind unter Zinnen in zwei Zonen von Nischen gegliedert, in denen oben, auf rotem Grund, links der Verkündigungsengel, rechts Maria als Hüftbildnisse erscheinen, unten links ein hl. Bischof, rechts eine sehr fragmentarisch erhaltene weibliche Heilige als Halbfiguren. Wie die Nischen durch schwarze, d.h. schattige, und helle Randfasen illusionistisch eingetieft sind, so treten die Figuren in Trompe-l'œil-Effekt aus den Nischen bis über die Ränder hervor. Die schwere Gewandung mit den zum Teil noch blockhaften Faltenbrüchen, der spröde Duktus in der Zeichnung der herben Antlitze und die perspektivischen Trompe-l'œil-Effekte weisen auf eine Entstehung um 1440–1450 im Einflußbereich der Witzschen Kunst, der auch das Fresko der Caminata auf Valeria (um 1445) verpflichtet ist. Der Schrein birgt eine *Muttergottesstatue* (Abb. 274). H. 69 cm (inkl. Sockel). Nußbaum. Bei der Restaurierung 1970/71 wurden unter einer häßlichen Übermalung des 19. Jahrhunderts Fragmente einer alten Fassung freigelegt. Nach CLAUDE LAPAIRE mischt sich im Bildwerk die Tradition der französischen Madonnen des 14. Jahrhunderts mit dem im Wallis zuvor recht starken burgundischsluterschen Einfluß[57]. Der Faltenstil weist in die zweite Jahrhunderthälfte.

Das polygonale Schreinaltärchen von Gluringen ist nach einem Retabel in Fossa (Abruzzen) aus dem 14. Jahrhundert der älteste bislang bekannte Vertreter dieses seltenen Typs, der sich aus den Statuentabernakeln des 13. Jahrhunderts heraus entwickelte, dem späten Mittelalter auf seiner Suche nach der Perspektive entsprach und an der Schwelle zur Neuzeit die Entwicklung des spätgotischen Flügelaltars entscheidend mitbestimmte. Es ist das bedeutendste Stück unter den Polygonalschreinaltären der Schweiz und damit auch des Wallis, wo sich drei der vier gesicherten schweizerischen Exemplare des Typs erhalten haben.

Abb. 271 und 272. Gluringen. Pfarrkirche. Hl. Theodul, 3. Viertel 14. Jh., H. 73 cm (Bernisches Historisches Museum). Text S. 341. – Hl. Wendelin, letztes Viertel 18. Jh., von Joseph Anton Lagger(?), H. 93 cm. – Text S. 339.

Abb. 273 und 274. Gluringen. Pfarrkirche(?). Bemalter polygonaler Schreinaltar, 1440–1450 (Schweizerisches Landesmuseum Zürich). Außen- und Innenseite. Muttergottesstatue, 3. Viertel(?) 15. Jh.
Text S. 339–341.

Literatur. I. BAIER-FUTTERER, Die Bildwerke der Romanik und Gotik, Zürich 1936, S. 147. – C. LAPAIRE, Les retables à tabernacle polygonal de l'époque gothique, ZAK 1972, Heft 1, S. 40–64. – R. RIGGENBACH, Die Kunstwerke des 15. und beginnenden 16. Jahrhunderts im Wallis, Basel 1925, S. 11.

HL. THEODUL (?) (Abb. 271). Bernisches Historisches Museum, Inv.-Nr. 7870. Erworben 1914. H. 73 cm. Arve(?), massiv. Spuren der Originalfassung. Der Kragen, die Unterarme und teilweise die Oberarme sind entfernt worden, wohl um die Figur einzukleiden und mit beweglichen Armen zu versehen. Nach den verzapften Löchern in den Knien zu schließen, waren die Arme ursprünglich parallel nach vorn gerichtet. In der Brust Öffnung für Reliquien. Derbe Figur mit ausgeprägten gotischen Stilmerkmalen. Auf das 3. Viertel des 14. Jahrhunderts weisen die gehäuften Pendelfalten an der Taille [58]. – PUTTEN (im Besitz von Dr. H. Wirthner, Münster). Zwei Stück. H. 31,5 und 33 cm. Arve, polychromiert, mit vergoldeter Schlinge. Überholte Fassung. 2. Hälfte 18. Jh.

WOHNHÄUSER

1. Koord. 85/95. Kat.-Nr. Art. 1268, Fol. 1, Nr. 10. Im Besitz der Gemeinde. Heute Sennerei. Spätmittelalterlich. Nach der Beschaffenheit des Holzes jüngeres «Heidehüs». Ehemals «Heidechriz» und Anbau wohl eines Heustalls an der Rückseite. Beim Umbau 1947/48 wurde der Giebel aus altem Holz, aber ohne Ständerstud, neu errichtet. ⌐ ⌐. 1 1/2. G. Nur einzelne Vorstöße der Kammerwand (vgl. S. 414, Haus Nr. 1). Täfer des frühen 18. Jh.

2. Koord. 105/80. Kat.-Nr. Art. 1223, Fol. 1, Nr. 64. Beat Carlen; Albert Frankiny. Spätmittelalterlich. Nach der Beschaffenheit des Holzes jüngeres «Heidehüs». Ehemals «Heidechriz». Giebel um 1930 erneuert. ⌐ ⌐. Ursprünglich 1 1/2. G. Nur einzelne Vorstöße der Kammerwand (vgl. Haus Nr. 1).

---

56 Übliche Entlüftungsöffnungen in den Sakristeischränken des 17. und vor allem des 18. Jh. LAPAIRE denkt an eine Benutzung als Beichtstuhl.

57 Vgl. das Grabmal von Bischof Andreas Gualdo († 1437) in der Kathedrale von Sitten und die Chorstühle von Gerunden.

58 J. BAUM datiert die Statue um 1330 (Inventar der kirchlichen Bildwerke des Bernischen Historischen Museums, Bern 1941, S. 20).

Abb. 275. Gluringen.
Häusergruppe
(Nr. 7 und 9)
im «unner Dorf».
Text S. 343/44.

Ofen. Eingeschossig, mit Kehle und Fase unter der abgerundeten Deckplatte. An der Stirn in Wappen-schild «M H A/I H A/1719», an der Wange Jesusmonogramm in Zierspiegel. – *Truhe* (im Besitz von Rosmarie Imwinkelried, Haus Nr. 6). Tanne. Zweiachsig, mit vorgeblendeten Rahmen. In den Fel-dern eingelegt Sterne, die Jahreszahl 1662 und die Initialen «P E S».

3. Koord. 65/40. Kat.-Nr. Art. 819, Fol. 1, Nr. 2. Franz und Hermann Hagen. Erbaut im ersten Drittel des 16. Jh. Ehemals Bug am Giebel. Rechts neuerer Anbau. ⌐——¹. 1¹/₂. G. *Inschrift*. Auf einem Deckenbrett: «[Kerbschnittrosette] JOSEPH.HAGEN [zwischen den Ziffern der Jahreszahl 16 97 Wap-pen mit den Initialen ‹I H›: über Tulpe anstelle des Dreibergs nach links gewendeter stehender Winkel, innen von drei Sechsstrahlensternen gesäumt] MATLENA.BIDERBOSTEN[Kerbschnittrosette]».
Öfen. 1. Zweigeschossig, mit Kehle unter der Deckplatte. An der Stirn: «ANTON HAGEN/MARIA JERIEN/ 1933», an der Wange Hagen-Wappen, Jesusmonogramm und Rosette. Gebaut von JOSEF BITTEL (1884–1963), Fiesch, unter Mitarbeit von ALEXANDER BURGENER (1859–1950), Fiesch. – 2. Ofen von 1939, gebaut von JOSEF IMSAND, Oberwald. – *Klapptisch* (Abb. 277). Nußbaum. Verdickte Beinenden. Große eingelegte Würfelmotive an der Zarge. Herber, einfacher Stil Louis XVI⁵⁹. – *Lehnstuhl*. Stil Louis XV.

4. Koord. 75/140. Kat.-Nr. Art. 1637, Fol. 1, Nr. 17. Amand Hagen. Erbaut 1591. «Vorschutz» auf Konsolen mit leeren Wappen unter Stäben; an einer Konsole Zimmermannsaxt zwischen Stäben, an einer andern Andreaskreuz statt Stäbe. Balkenkopfkamin an der Stelle einer Zwischenpfette. ⌐——¹. 2¹/₂. G und F. *Inschrift*. Auf einem Deckenbrett: «1591 [Zierat]P.H.W.VFFDER EGGE». – *Nähtischchen* (im Besitz von Frl. Elsa Carlen, Reckingen). Tanne. An der Zarge in Zierfeld die Jahreszahl 1805. Von einheimischem Tischler.

5. Koord. 125/160. Kat.-Nr. Art. 756, Fol. 1, Nr. 72. Ruth Gartenmann; Otto Hagen. Erbaut 1597⁶⁰. Geburtshaus von Prof. Dr. Joseph Biner S. J. (1697–1765)⁶¹, Verfasser zahlreicher Schriften vor allem apologetischen und kirchenrechtlichen Inhalts. An der Rückwand heute als Holzschopf verwendeter Heustall. «Vorschutz». In recht kräftigem Relief beschnitzte Konsolen mit Roßköpfen: leere Wap-penschilder, verbunden mit den Ziffern der Jahreszahl 1597, mit Zackenlinien, Schrägstäben, Punkt-reihen, Sternen, lanzenspitzen- und gelenkkopfähnlichen Motiven, Zimmermannsaxt, Andreaskreuzen und den Initialen H̅S̅ [mit Vertikalstrich im Querbalken des Buchstabens H. Jesusmonogramm oder Besitzerinitialen?]. ⌐——¹. 2¹/₂. F. – Der entfernte *Ofen* trug die Jahreszahl 1607 und die Initialen «A B»⁶². – *Truhen*. 1. Nußbaum, vierachsig. In den Rechteckfüllungen eingelegt: «N R AM R/ 1735». – 2. (im Besitz von Dr. Johannes Juraitis, Sitten/Naters). Lärche. Dreiachsig. In den breit-rechteckigen Füllungen dünn eingelegt: «CAZN 1741».

---

59 Die recht zahlreichen, fast ausschließlich in Gluringen vorkommenden Tische dieses Stils (vgl. Haus Nr. 14 und 17) lassen auf einen ortsansässigen Möbelschreiner schließen.
60 STEBLER (1903), Fig. 16 (S. 25).
61 L. CARLEN, Pater Joseph Biner (1697–1766), Vallesia VI (1951), S. 87–110.
62 Ebenda, S. 87.

6. Koord. 65/240. Kat.-Nr. Art. 155, Fol. 1, Nr. 42. Viktor Carlen; Rosmarie Imwinkelried. Erbaut 1609 (Jahreszahl an der Firstkonsole über einem Rechteck, einem Hauszeichen?). Der rechts unter gleichem Giebel angefügte Heustall 1963/64 zu Wohnräumen ausgebaut. Typisch für das frühe 17. Jahrhundert ist der Standort des Balkenkopfkamins unmittelbar unter dem Firstbaum (vgl. S. 34). Keller von der Küche aus über eine Treppe erreichbar. ⌐——⌐. 1¹/₂. F. *Inschrift:* «..BVRT IESVS CHRIST» (übrige Buchstaben von Farbe bis zur Unleserlichkeit angefüllt). *Ofen.* Eingeschossig, mit gekehlter Deckplatte. Am Sims die Jahreszahl 1616. – *Türe.* Mitte 18. Jh. Mit Zierfüllungen. – *Hauskruzifix.* H. 66 cm (Korpus 23 cm). Holz, zum Teil überholte Originalfassung. 3. Viertel 18. Jh. Korpus vom I. Reckinger Hauskruzifixtyp (S. 46). Vor dem Kreuzfuß mit Rollwerkranken gerahmter Clipeus. – *Lehnstuhl.* Stil Louis XIV. – *Abgewanderte Möbelstücke* (im Besitz von Dr. H. Wirthner, Münster). *Hängeschränkchen.* Nußbaum, zweiachsig, mit geraden, stark gebauchten Säulchen. In den eckgekehlten Füllungen der Türchen geschnitzte Wappen; das linke gerahmt von den eingelegten Ziffern 17/33. In den Wappen eingelegt links: «I.B/[Biderbost-Wappenzeichen über Dreiberg]», im rechten: «F.B./ I.B». – *Truhe.* Nußbaum, zweiachsig. In den glatten Pilastern eingelegt 1739, in den Oktogonfüllungen: «R.D IMB»[63].

7. Koord. 180/265. Kat.-Nr. Art. 491, Fol. 1, Nr. 98. Theodor und Theophil Carlen. Erbaut 1648. Kleiner Würfelfries. Das wohlproportionierte stattliche Haus bildet zusammen mit dem ähnlichen Wohnhaus Nr. 9 und einem Speicher die wertvollste Baugruppe im «unner Dorf» (Abb. 275). Unveränderte Fensterzone im «Loibe»-Geschoß der Stirnfassade. An der Rückseite angebauter Mauerkamin. ⌐——⌐. 2¹/₂. G und F. *Inschriften.* 1. Stockwerk: «DIS.HAVS.HAT.LAN.MACHEN.CHRISTEN.HAGEN.WEIBEL. IN.GRAFSCHAFT 1648/[eigentümlich konturiertes Wappenfeld mit kleinem Strahlenkranz in stehendem, nach links gewendetem Winkel über den Initialen ‹C H›] VND.MARIA.SEILLER.SEIN.HAVS.FRAVW.VND.CHRISTEN IOHANNES VND.ANNA.MADLENI.IHR. KINDER». 2. Stockwerk: «[in Wappenfeld unter den Initialen ‹C H› ähnliches Wappen- bzw. Hauszeichen, jedoch mit Punkt anstelle des Strahlenkranzes]DISEN BVW. HATI.LAN.MACHEN.CHRISTEN HAGEN/ICH GIB GOT DEI EHR 1648».

Öfen. 1. Zweigeschossig. Doppelt gekehlt unter der schweren Deckplatte. An der Stirn, in Blattkelch, die Jahreszahl 18/55, an der Wange, zwischen Blütenstengeln, in kürbisförmigem Wappenfeld Hauszeichen wie auf Dielbaum des 1. Stockwerks auf einem Herzen inmitten der Initialen «I.P M/ A W». – 2. Zweigeschossig, mit Kehle unter der Deckplatte. Schräg gebänderte abgerundete Kante. An der Stirn zwei Zierspiegel in blattumrahmten Medaillons, an der Wange, gerahmt von Ranken im Stil des 19. Jh., die Inschrift: «FELIX KARLEN/ROSA MINNIG». – Eingebautes *Wandbüfett.* 19. Jh. Tanne. Gerader Schubladenteil mit abgerundeten Kanten. Zierspiegel an den Türfüllungen. – *Hauskruzifix* (im Besitz von Dr. Johannes Juraitis, Sitten/Naters). H. 68,5 cm (Korpus 25 cm). Holz. Originale Polychromierung. Letztes Viertel 18. Jh. Restauriert. Kruzifix von einem seltenen, dem II. Reckinger Hauskruzifix verwandten Gommer Typ. Vgl. dasjenige in Ritzingen, Haus Nr. 5 (S. 359). Vor der Muschel Totenkopf. Gommer Balkenenden (S. 88). – *Truhe* (im Besitz von Dr. Johannes Juraitis, Sitten/Naters). Tanne, dreiachsig. Eingelegt in den Nußbaumfeldern der Oktogonfüllungen: «.M.T.B.[Jesusmonogramm].1.7.6.9.», in den Zwischenfeldern Blüten, zum Teil mit einem Vogel, auf dem Deckel Stern und Lilien. An den Wangen Oktogonfüllung mit Stern.

8. Koord. 245/285. Kat.-Nr. Art. 1943, Fol. 1, Nr. 116. Karl und Meinrad Minnig. Erbaut 1651 (1631?). Würfelfries. Am Giebel: «I 18 60 M» (Datum der Erneuerung der Giebelpartie). Rückseitiger Anbau 1960. ⌐——⌐. 2. D und F. *Inschriften.* Auf dem Dielbaum: «MARIA 1651 [1631?] [in Wappenfeld rechts griechisches Kreuz, links stehender, nach links gewendeter Winkel]». An der Dielbaumwange: «DISEN BAVW HAT LASEN MACHEN DER ERICHRISTEN RIGER». *Öfen.* 1. Zweigeschossig, mit gefaster Deckplatte. Hölzernes profiliertes Fußsims. An der Stirn Priesterkelch vor zackenumrandetem, mit dem Jesusmonogramm bekröntem Kreis, ferner die Inschrift: «IOSEPH D/MINNIG [zwischen den

---

63 Wohl «Reverendus Dominus Johann Melchior Biner» (1704–1773) von Gluringen (SCHMID, LAUBER, Verzeichnis, 1892, S. 372). Vgl. aber auch S. 284.

Ziffern der Jahreszahl 18 61 Hauszeichen(?): hochstielige Vier mit Querbalken in Linienkelch] CATHARINA/GUNTERN». – 2. Zweigeschossig, mit gekehlter Deckplatte. An der Stirn: «M M/L H/ 1885»[64], an der Wange Zierspiegel.

9. Koord. 170/255 (Abb. 275). Kat.-Nr. Art. 924, Fol. 1, Nr. 96. Erwin und Heinrich Hagen. Erbaut 1671. Fries: mit Kreuz und Lilien bekrönte Kielbögen unter kräftiger Würfelzeile. Zweites Stockwerk erneuert 1789. Fries: verzierte Wellenlinie. Am Giebel: «iAH 18 II ii H». Ehemals angebauter Mauerkamin an der rechten Traufseite des Hinterhauses. ⌐——⌐. 2½. F. *Inschriften.* 1. Stockwerk. Dielbaum (im Besitz von Dr. H. Wirthner, Münster): «[in Wappenfeldern stilisierter Kuhkopf über Z und stehender, nach links gerichteter Winkel, ein Quadrätchen einschließend, unter den Initialen ‹M H› Jesusmonogramm]DAS HVS.HET.LASEN MACHEN.MELCHER.HAGEN.VON.GLVRIGEN.VND.MARIA.BIDER.BOSTEN. SIIN...(?)/MARIA.VND.IR.KINDER.MARDI.CHASPER.CHRISTEN.VND.MERGI.IR.DOCHTER.IM.IAR.DOMAN.ZALT. 1671». 2. Stockwerk: «[in Wappenfeld griechisches Kreuz sowie Sechsstrahlenstern im Haupt der linken Wappenhälfte]DISE.STUBEN.HABEN.LASEN.VERBESREN.DIE.2.ERSAME.BRIEDER./MUODTER ANA.MARIA. HOLSER.IM.IAR. 1789/IOSEPH.ANTONIUS.VND.IOSEPH.NATZ.HAGEN.VNDIRO.». – *Porträte.* 1. Von Domherr Franz Xaver Hagen (1714–1771), Gluringen[65]. 69 × 56 cm. Öl auf Leinwand. Rechts oben Hagen-Wappen in Kartusche über der Inschrift «AETATIS SVAE 53/1768». Brustbildnis. – 2. Von einem Domherrn der Familie Hagen, Gluringen. 81 × 63 cm. Öl auf Leinwand. Rechts oben Hagen-Vollwappen über der Inschrift «AETATIS SVAE 43./1768». Brustbildnis. Hände gekreuzt. Draperie in der linken oberen Ecke.

10. Koord. 20/235. Kat.-Nr. Art. 970, Fol. 5, Nr. 337. Martin Holzer. Erbaut 1672. Am Giebel: «16 M R 72». An der Rückseite angebauter Heustall. Links Anbau. ⌐——⌐. 1½. E. *Inschrift:* «DISES. HAVS.HAT.LASEN.MACHEN.MICHEL.RIGER.VND.MARIA.NESIER.SEIN.HVS.FRAW./ 1672». *Ofen.* Zweigeschossig, mit gekehlter Deckplatte. An der Stirn in Lorbeerkranz: «A H/E H/ 1874». Eckfase. Kugelfüße und profilierter Fußrahmen aus Holz.

11. «*Holtzerhüs*» (Abb. 276). Koord. 115/195. Kat.-Nr. Art. 1012, Fol. 1, Nr. 75. Leo Hagen; Agnes, Luise und Katharina Holzer; A. Gertschen. Erbaut 1681[66]. Das schmale, mehrgeschossige Haus, dessen Stirnfassade um so höher erscheint, als das hölzerne Kammergeschoß nicht durch «Vorschutz» abgesetzt ist, zählt zu den imposantesten Häusern des Goms. Leider raubt seit 1973 ein Neubau die Sicht auf die

Abb. 276. Gluringen. «Holtzerhüs» (Nr. 11), 1681. – Text siehe oben.

linke Traufseite und ein originelles Turmspeicherchen (Koord. 100/190) aus der Mitte(?) des 16. Jahrhunderts im Hintergrund. Die Keller-Zwillingstüren an der Stirnfassade sind, zur Hälfte versenkt, mittels fallender Treppen erreichbar. Würfelfriese. Traufseitige Balkone. In der Kammerzone und in der Achse hinter der Küche sind zum Teil noch die ursprünglichen Fensteröffnungen erhalten. Da das Haus auch sehr lang ist, birgt es hinten eine zusätzliche Achse von Räumen. Vom zweiten Stockwerk führt an der Traufseite zwischen Stubji und Stube eine Kehrtreppe in die «Loibe» empor. ⌐—⌐. Ka mit Quergang. 2¹/₂. G mit je einem Raum hinter Stubji und Küche. *Inschriften*[67]. 1. Stockwerk. An zwei beschrifteten Dielbäumen: «[In Wappenfeld Hauszeichen[68]: Pyramide, drei im Dreieck angeordnete Punkte einschließend]DIS HAVS STAT.IN.DER.HAND.GOTES.DER.CHRISTEN.HOLTZER.BAVW.MEISTER. IM.IAR. 1681.IAR»; «[in Wappenfeld Hauszeichen: Pyramide, fünf an der Basis und in der Mittelsenkrechten aufgereihte Punkte einschließend]VON MEIE(?)R.PETER.HEOLTZER.BEAW.MEISTER.ICH.GIB.GOT.DIE.EHR.IN. 1681.IAR». *Ofen.* Zweigeschossig, mit geschwelltem Karnies an der Deckplatte.

12. *Pfrund-, Gemeinde- und Schulhaus.* Koord. 160/185. Kat.-Nr. Fol. 1, Nr. 92. Erbaut 1700[69]? (Jahreszahl am Giebel). «Jgnatius Biderbosten seiner kunst ein orgellen macher»[70] vermachte 1736 das Haus «mit sampt dem neuwen Zustock[71] vom grundt bis ins dach» der zu gründenden Rektoratspfründe von Gluringen. Einst eines der eindrucksvollsten Häuser des Dorfes, weshalb J. HUNZIKER es abgebildet hat[72], ist das Haus durch neuere rücksichtslose Umbauten als historisches Gebäude innen wie außen weitgehend zerstört worden. Ehemals «Vorschutz»-Haus mit doppelten Kielbögen am Fußbalken. ⌐—⌐. 2¹/₂. C?

Gemälde. 66 × 42 cm. Tempera auf Leinwand. Ende 17. Jh.? Das Herz Jesu in einem Tabernakel auf Wolken. Nach einem Ornamentstich(?) des 17. Jh. Das Gemälde zeigt den geschnitzten Tabernakelaufsatz(?) im Sakristeigewölbe der Münstiger Pfarrkirche (S. 84), erweitert um einen Cherub zwischen auseinanderstrebenden Füßen in Grisaille. An den Rahmenecken applizierte vegetabile Motive aus Blech. – *Abgewandte Gegenstände*[73]. *Korpus eines Monumentalkruzifixes* (Abb. 269) (im Besitz von Dr. Johannes Juraitis, Sitten/Naters). Ehemals im Estrich des Pfarrhauses aufbewahrt, befestigt an einem Kreuz mit der Jahreszahl 1740. 1940 Einsegnung als *Wegkruzifix vor dem Pfrundhaus*[74]. H. 116 cm. Arve. Ungefaßt. Hände ergänzt. Etwas «hölzernes», aber ausdrucksstarkes Bildwerk aus

---

64 Wohl Meinrad Minnig und Lidia Hagen. Heirat 1884 (PfA Biel, D44).

65 SCHMID, LAUBER, Verzeichnis, 1898/99, S. 277.

66 Die Acht ist als Buchstabe S dargestellt, was sich auch als eine Fünf deuten ließe. Da Peter Holtzer aber 1678 erstmals Ammann der Grafschaft (Meier) war, scheidet 1651 als Baujahr aus (W. Wb., S. 126). 67 Das zweite Stockwerk war nicht zugänglich.

68 Das Wappen der Familie verwendet den Buchstaben V und Sterne in anderer Zusammenstellung (W. Wb., Tf. 3).

69 1700 erneuert? Die Form der Kielbögen am Fußbalken des «Vorschutzes» sowie die eigentümlichen Friese der Stirnfassade, konsölchenartiger Fries und Zahnschnitt unter glatter Leiste, weisen eher auf die Mitte des 17. Jh. 70 GdeA Gluringen, D5.

71 Von diesem «Zustock», einem Anbau, findet sich keine Spur mehr. 72 HUNZIKER, S. 166.

73 «Von seinem fahrenden habschafft. Nemlich erstlich zwey drinckgeschir von silber einen tischbecher, undt ein stytzen. Item vom Zin geschir ein suppen blatten…» blieb nichts erhalten (GdeA Gluringen, D5). Ebenfalls verschollen ist ein 1762 erwähntes «efficies[effigies]eximi bene factoris hujus beneficij haggen» (Inventar der Pfründe in einem Missale, GdeA Gluringen). Vielleicht identisch mit einem der Porträte im Haus Nr. 9, S. 344.

74 Chronik von Pfr. V. BACHER, GdeA Gluringen, o. Nr.

dem ersten Viertel des 17. Jahrhunderts mit manieristischen Proportionen des Hauptes und spät-
gotisierender Drapierung des Lendentuches. *Wandbüfett*[75] (im Hotel «Glacier du Rhône», Gletsch).
Größtenteils Nußbaum. Dreiachsige Kredenz mit Türen unter einer Schubladenzone. Vierachsiger
Aufsatz mit leicht vorgezogener Oberzone. Reiches Akanthusschnitzwerk an Türen, Schubladen und
Zwischenfeldern. Am Aufsatz, in den Türfüllungen der Unterzone, von links nach rechts: «I.B IB.
MF AMF», in denjenigen der Oberzone die Monogramme der Heiligen Familie und, über der Jahres-
zahl 1728, das Wappenzeichen Biderbost (W. Wb., Tf. 2, 2. Wappen, jedoch unter zwei Sternen)
zwischen den Initialen I und B. Am Gesims Zahnschnitt und Eierstab. Wertvolles Möbelstück (Abb. 39).

13. Koord. 40/245. Kat.-Nr. Art. 1153, Fol. 1, Nr. 37. Oswald Carlen; Gustav
Frankiny. Erbaut 1715. Friese: Pfeilschwanzfries unter Wolfszahn, im «Loibe»-
Geschoß zweizeiliger Würfelfries. Großräumiges, stattliches Haus. ⌐⌐. 2¹/₂. G und F.
Zwei *Türen* des 19. Jh. mit geschnitzten Supraporten: Akanthusrollwerk und Band-
werk in Rechteckfeld. *Inschrift*[76]. 1. Stockwerk: «IESVS MARIA VND IOSEPH.DISES.HAVS.
HAT.LASEN.BAVWEN.MARGRETA.HAGEN/VND IR.SIN BET MERITZ VND CHRISTEN HOLTZER
1715 [Blüte]».
 Öfen. 1. Eingeschossig, mit Karnies unter der Deckplatte. An der Stirn in Wappenschild: «C.H./
M.HG/1749». – 2. Form wie Nr. 1. An der Stirn in Wappenschild rund um das Wappen- oder Hauszeichen Holtzer (wie auf dem 2. Dielbaum im Haus Nr. 11, S. 345) über einem Herzen statt Dreiberg
die Initialen «M[argareta] H[agen]/C[hristian] H[oltzer]/17 18». An der Wange Jesusmonogramm
in Zierspiegel. – 3. Dreigeschossig, mit Kehle unter abgerundeter Deckplatte. 19. Jh. Plantine (S. 41)
und giltsteinerne Ofenbank davor. An der Stirn: «IH.F/MI X(?)W». – *Hauskruzifixe.* 1. H. 55 cm (Korpus
26 cm). Holz, häßlich übermalt. Ende 17. Jh.? Beidseits verschlungenes Lendentuch. An der Sockelstirn Medaillon in Ranken. Leidenswerkzeuge. Außerordentlicher Korpus aus einer Gommer Werkstatt. – 2. Alabasterkruzifix. H. (Korpus) 16,5 cm. 19. Jh. Von JOHANN JOSEPH JERJEN (1810 bis vor
1874), Münster? – *Truhen.* 1. Tanne und Nußbaum. Schmalere Achsen zwischen breitrechteckigen
Feldern, in denen eine Raute mit geschnitztem symmetrischem Akanthusornament sitzt. In den
muschelartigen Motiven der Zwickel eingeritzt: «17 R D ...(?) V E 45». – 2. Tanne. Dreiachsig.
Ziergeschuppte Pilaster. In der Mitte eckgekehlte Füllung, in den Seitenfeldern Oktogonfüllungen.
Eingelegt: «I F S T [Blüte] 1814».

14. Koord. 110/250. Kat.-Nr. Art. 1469, Fol. 1, Nr. 86. Emil und Clemens Carlen. Erbaut 1735.
⌐⌐. 2¹/₂. F. *Inschriften.* 1. Stockwerk. Die Inschrift soll gelautet haben: «Dieses Haus hat lassen bauen
Christian Holzer in seinem 31. Altersjahr 1735»[77]. 2. Stockwerk. Stubji. Spolie: 1676 (1616?). *Öfen.*
1. Eingeschossig, mit Karnies unter der Deckplatte. Gefaste Kante. An der Stirn, zwischen den Ziffern
der Jahreszahl 17 38, in Medaillons zierkonturiertes Wappenschild mit dem Hauszeichen Holzer
(nur Pyramide) über den Initialen «C[hristian]H[olzer]». An der Wange in kunstvollem Zierspiegel
die Monogramme der hl. Namen. – 2. Zweigeschossig, mit schwerem Karnies unter der Deckplatte.
An der Stirn die Jahreszahl 1890. Steifer Ofen. – *Klapptisch.* Nußbaum. Rechteckig, sehr kurz. Einfacher Stil Louis XVI. – *Truhen.* 1. Tanne. Zweiachsig. Mit vorgeblendeten Profilleisten. Eingelegt:
«1672(?)». – 2. (im Besitz von Dr. Johannes Juraitis, Sitten/Naters). Gotische Stollentruhe. Tanne.
In den Wangen eingeschnitzt links: «14», rechts: «58». Abgesetzte Fußstollen. Kerbschnittrosetten
an den Fußstollen und am Frontbrett, pyramidenförmig angeordnet. Deckel neu.

15. Koord. 145/100 (Abb. 265). Kat.-Nr. Art. 296, Fol. 7, Nr. 30. Josef Kreuzer;
Elisabeth Weber. Erbaut 1787 (Jahreszahl am Giebel), von Zimmermeister JOHANN
MICHLIG, Blitzingen? Fries: Gebrochene Wellenlinie, stellenweise unter Pfeil-
schwanzzeile. Das Haus bildet zusammen mit einem Stadel und der Kirche eine
außerordentlich schöne Baugruppe (S. 334), die dank dem freien Hang davor voll

---

75 «... darzu daß darin befindtliche puffet, sampt der stuben uhr, einen französischen tisch, zwey
sessel, eine betschtatt, daß kannen beett[Kanapee]» (GdeA Gluringen, D5). Von Dr. Albert Carlen,
Sitten, identifiziert.   76 Dielbaum des zweiten Stockwerks verkleidet.
77 Nach Auskunft von Emil Carlen, Gluringen.

Abb. 277. Gluringen.
Haus Nr. 3. Klapptisch, um 1800.
Text S. 342.

zur Geltung kommt. ⌐⎺⌐. 2¹/₂. F. Eine Fachwerkmauer scheidet die Kellerräume in der Firstrichtung. *Inschriften.* 1. Stockwerk: «[In Wappenfeld Hauszeichen(?) T zwischen den Initialen I.[Ig]N[atz].H.]DISES.HAVS.HAT.LASEN.BOVWEN.DER.ERSAME. INGLING.IOSEPH.INGNACZ.HOLSER/UND.SEINE.MVOTER.MARIA.BARBRA.GARBLI.IM.IAR. 1787. DEN. 16. BRACHMONAT». Im Stubji Spolienfragment, abgehobelt: «EGX MARIA-MILER SIN HVS FR...». 2. Stockwerk: «[Wappenfeld mit gleichem Zeichen wie im ersten Stockwerk inmitten der Initialen ‹F.I.H./I.N.H›]DISIS.HAVS.HAT.LASEN.BAVWEN. DIE. 2. ERSAME.INGLING.FRANTZIOSEPH.UND.IOSEPHNATZ.HOLSER/UND.IRO.MUODTER. MARIA.BARBRA.GARBLI.IM.IAR. 1787. M.IOHANES.MICHLIG.ZU.BLITZIGEN».

Öfen. 1. Zweigeschossig. Sehr reich mit Rundstab, Kehle und Karnies profilierte Deckplatte. An der Stirn T mit Fünfstrahlensternen unter den Querbalken, gerahmt von C-Bögen und Ranken. An der Wange ein Wappenfeld mit einem von drei Kreuzen besetzten Halbkreis zwischen den Initialen «F[erdinand]K[reuzer]K[atharina]M[uff]» und den Ziffern der Jahreszahl 1938. – 2. Form wie Nr. 1. An der Stirn Wappenschild mit T zwischen Blüten unter zwei Fünfstrahlensternen, links die Initialen «F.I.H/I.N.H/1795». An der Wange Marienmonogramm in umranktem Herzen und Jesus-monogramm. – *Hauskruzifix.* H. 65 cm (Korpus 25 cm). Holz, häßlich überfaßt. 2. Viertel 18. Jh. Etwas derb geschnitzter Korpus. Am Sockel drei Akanthusvoluten und Girlanden. – *Johannes der Täufer.* H. 89 cm. Holz, massiv. Fassung erneuert. 3. Viertel 18. Jh. Um 1950 restauriert von LEOPOLD JERJEN, Reckingen. Die Statue stand auf dem Balkenkopf des Dielbaums an der westlichen Traufseite. Das symmetrische Antlitz und die seitlich auf die Schultern ausladenden Haare weisen auf die Werk-statt des PETER LAGGER († 1788). – *Wandbüfett.* Tanne. Ende 18. Jh. Geschweifte Kredenz mit zwei Türchen über einer Schubladenzone. Die geschweiften Türen der Seitenachsen und des Aufsatzes mit Zierspiegeln versehen. Eckschränkchen in den Ecken der Kredenznische. Schöne Schloßschilder. – *Sekretär.* Am Deckel eingelegt: «18 W:L[Wappenzeichen: Z zwischen Stern und Blume auf Dreiberg] V̈:S 22». – *Truhen.* 1. Tanne. In den zwei Feldern zwischen vorgeblendeten Zwischenachsen eingelegt: «MARI HOLTZER/16 51». – 2. Tanne. Zwei große Oktogonfüllungen mit Rhombenspiegeln. Flachbe-schnitzte Zierspiegel in den schmalen Zwischenfüllungen. In den Oktogonspiegeln geschnitzt die Jahreszahl 1759. – *Lehnstuhl.* Stil Louis XV. – *Abgewanderte Kunstgegenstände.* Im Besitz von Dr. Louis Carlen, Brig: *Maria vom Guten Rat.* 42,5 × 35,5 cm. Öl auf Leinwand. Mitte(?) 18. Jh. Ehemals mit rundbogigem Abschluß. Renoviert von ALFRED GRÜNWALD († 1966), Brig. Etwas derbe Kopie des Gnadenbildes von Genazzano. – *Porträt* von Domherr Johann Christian Hagen, Gluringen. 77 × 64 cm. Öl auf Leinwand. Links oben fragmentarisch erhaltene Inschrift: «J͠oes christinus Hagen [canonicus?]

et [vicariu?]s Generalis/AETATIS SVAE 60/1747»[78] über Hagen-Wappen (wie W.Wb., Tf. 2, jedoch mit Malteserkreuz). Halbfigurenbildnis in halbem Rechtsprofil. – *Zinnteller.* Dm. 31,2 cm. Gießermarke von ANDRÉ UTIN, Vevey, Mitte 18.Jh. (BOSSARD, Nr. 701), Qualitätszeichen und Schützengabenstempel (BOSSARD, Nr. 866). – *Truhe.* Tanne und Nußbaum. Drei Hauptachsen, geschieden durch Zwischenachsen. In Nußbaumgrund mit Nußbaumprofilen ausgesparte Zierfüllungen; darin eingelegt in den Seitenachsen ein Stern unter den Ziffern 17 und 94, in den Zwischenfeldern eine Blüte, in der Mitte ein Schild mit den Initialen «JTR». – Im Besitz von Frl. Elsa Carlen, Reckingen, und renoviert nach Beschädigung durch die Lawine von 1970: *Truhen.* 1. Nußbaum. Zweiachsig. 17.Jh. Kannelierte Pilaster. In den geschnitzten Feldern große Rosette in Kreuzmitte, in den Zwickeln Blütenmotive. Seltener Dekor. – 2. Klein. Nußbaum. Zweiachsig. Zwischen Rahmenleisten mit eingeschnitzten rundbogigen Akanthusfeldern eingelegt links: «[Jesusmonogramm]/ MB», rechts: «MRA/ 1766». – 3. Klein. Nußbaum. Zweiachsig. Geohrte Füllungen. Eingelegt: «17» und «85». – *Kästchen.* Nußbaum. Verzapfte Wände. An der Stirn in versenktem Zierfeld geschnitzt: «17 HSW 37».

16. Koord. 115/70. Kat.-Nr. Art. 1655, Fol. 7, Nr. 27B. Hermann Minnig. Erbaut 2. Hälfte 18.Jh. Fries: Paar versenkter Rundstäbe. Aufgestockt um ein Stockwerk mit neuem Giebel 1960/61. Rechts Anbau von 1970. ⌐￢. Ehemals 1¹/₂. F. Dielbaum verkleidet.

17. Koord. 230/260. Kat.-Nr. Art. 1865, Fol. 1, Nr. 113. Max Minnig. Erbaut 1802. Fries: Paar versenkter Rundstäbe. 1950 Anbau an der rechten Traufseite unter neuem Giebel. ⌐￢. 2¹/₂. F. *Inschriften.* 1. Stockwerk: «BEWAHR.O.HERR.DISSES.HAVS.VND.SCHLIES.ALES.IBEL.AVS.GEBAVT.DVRCH.MICH. IOSEPH.MINIG/VND.MEINE.EGAD.TERESIA.SEILLER.ANO 1802». 2. Stockwerk: «ICH HABE MICH SCHON LANG BESORGT.MIER ZU BAUEN EIN WOHNUNGSORT,/SO ICH MIT GOTT DAHIN GEBRACHT,DAS ES BALT IST AUFGE-MACHT[in Wappenfeld Dreieck zwischen Punkten unter zwei Sechsstrahlensternen]». Zwei *Türen* mit Zierfüllungen 1803 (Datum auf einer Tür). *Öfen.* 1. Zweigeschossig. Mit Kehle und Abtreppungen reich profiliert unter der abgerundeten Deckplatte. An der Stirn, in Zierspiegel zwischen Zwickelranken im Stil des 19.Jh., kürbisförmiges Feld mit den Emblemen der Familie Guntern: auf Dreiberg sich kreuzende Blütenstengel (vgl. in Reckingen Haus Nr. 58, S. 315). An der Wange in gleichem Zierspiegel Inschrift und Zeichen (Hauszeichen?) gleich denjenigen an Ofen Nr. 1 im Haus Nr. 8, S. 343, jedoch ohne Jahreszahl. – 2. Zweigeschossig, mit Kehle unter der Deckplatte. Abgerundete Kante. Gedrechselte Holzfüße. An der Stirn: «1855/T(J?)D/MINNIG/CT GUN/TERE» in Blütenkranz. – *Hauskruzifixe.* 1. H. 73 cm (Korpus 23,5 cm). Holz, größtenteils häßlich überfaßt. 2. Viertel 18.Jh. Kruzifix von PETER LAGGER (1714–1788) mit dem frühen Sockeltyp (S. 46/47 und Abb. 280a). – 2. H. 57,5 cm (Korpus 21,5 cm). Holz, Fassung entfernt. Letztes Viertel 18.Jh. Renoviert von LEO-POLD JERJEN, Reckingen. Vor dem Kreuzfuß mit C-Bögen gerahmtes Feld. – *Porträt.* Brustbildnis eines Mannes in Frontalansicht. 31,5 × 24,2 cm. Öl auf Leinwand. Links oben: «AEtatis Suae 49/ 1850». Qualitätvolles Bildnis romantischen Stils. – Zwei *Dreh- und Klapptische.* Nußbaum. Schlichter Stil Louis XVI. Die Zarge des einen besteht aus einer älteren beschrifteten Tischzarge, deren beschnitzte Seite nach innen gewendet ist. – *Ausziehtisch.* Anfang 19.Jh.? Typ der barocken Walliser Tische. Lärche und Nußbaum. – *Truhen.* 1. Tanne. Zweiachsig. Mit vorgeblendeten Profilen. Eingelegt: «B B/1672». – 2. Tanne. In den drei quadratischen profilgerahmten Feldern eingelegt: «16[Jesusmonogramm]91». – 3. Tanne. Zweiachsig. Mit vorgeblendeten Rahmenprofilen. Eingelegt: «C. B.». –

Abb. 278. Gluringen.
Haus Nr. 17.
Truhe, um 1700.
Text S. 349.

Abb. 279 und 280. Gluringen. Stadel, 1. Drittel 17.Jh. (Koord. 200/320). – Stadel, 1705
(Koord. 195/220). – Text siehe unten.

4. Nußbaum. Um 1700. Drei geflammte Rechteckfüllungen, mit kunstvollen Ranken beschnitzt
(Abb. 278). – Bestandteile eines *Wandbüfetts* von 1814 mit geschweifter Kredenz.

Tuffsteinbossen, behauen in versenktem Relief: langarmiges Tatzenkreuz mit quadratischem Punkt
in allen Quadranten auf der Höhe der Kreuzbalkenenden. Heute eingelassen in der Mauer neben der
Eingangstür des neuen Hauses bei Koord. 110/180. Es muß sich um einen sehr alten Stein handeln,
da er, offenbar bereits als Spolie, mitten in der zum angebauten Heustall blickenden rückseitigen
Wand des «Heidehüs» an diesem Standort eingemauert war[79].

NUTZBAUTEN

Gluringen besitzt einige bemerkenswerte *Stadel* und *Speicher*, größtenteils an
bevorzugten Standorten. Der prachtvolle Stadel (Koord. 195/220) mit der Jahreszahl 17+05 über der Tür steht allein an der Schauseite des Dorfes (Abb. 280). Der
in der Zone der Stadelplane leider veränderte Stadel Koord. 150/110 schließt sich
mit dem Haus daneben und der Kirche zur charakteristischsten Baugruppe des
Dorfes zusammen (Abb. 265). Am östlichen Dorfrand wacht ein hoher Stadel aus
dem ersten Drittel des 17. Jahrhunderts wie auf Stelzen (Koord. 200/320) (Abb. 279);

78 Da der 1683 geborene, seit 1744 als Generalvikar amtierende Domherr im Januar 1746 ver-
storben ist, könnte bei einer Übermalung die Ziffer Drei der Jahreszahl irrtümlicherweise durch die
Ziffer Sieben ersetzt worden sein (SCHMID, LAUBER, Verzeichnis, 1898/99, S. 276/77).
79 Freundl. Auskunft von Paul Heldner, Glis, und Rudolf Michlig, Gluringen, dem Besitzer des
neuen wie des alten Hauses.

er gehört zu den charaktervollen Nutzbauten am Ostrand des «unner Dorf», wo ein Speicher aus der zweiten Hälfte des 17.Jahrhunderts mit Zwillingstüren an allen Geschossen der Stirnfassade (Abb. 275) mit dem Haus Nr. 7 eine geschlossene Baugruppe bildet (Koord. 180/280). Zum Speicher neben dem «Holtzerhüs» (Nr. 11) siehe S. 345. Mitten im «unner Dorf» malerisches Speicherchen (Koord. 210/265). Neueres «*Büchhüs*» (Waschhaus) (Koord. 60/115). Das alte *Backhaus* unter einem Wohngeschoß stand etwa bei Koord. 0/350.

Aus dem Dorf abgewanderte Kunstgegenstände. Porträte[80] (Bibliothek des Geschichtsforschenden Vereins Oberwallis im Stockalperschloß, Brig). Halbfigurenbildnisse in halbem Linksprofil. Öl auf Leinwand. 1. *Joseph Anton Biner* (1739–1788), der 1788 als Pfarrer von Münster resignierte und sich nach Gluringen zurückzog. 76 × 62 cm. Schadhafte Stellen. Links oben ovales Medaillon – wie in der Bekrönung des linken Seitenaltars von Gluringen – in kelchbekrönter Kartusche; darin Wappenzeichen Biner [Stab mit drei Lilien in der Pfahlstelle auf Dreiberg vor zwei Balken]. Inschrift: «AETATIS SVAE 38/1778». Flach beschnitzter Originalrahmen. – 2. *Franz Joseph Leodegar Biner* (1732–1790). 79,5 × 65 cm. Rechts oben Wappen wie Nr. 1 über der Inschrift: «AETATIS SVAE 57/1788». – *Truhen* (im Besitz von Dr. Johannes Juraitis, Sitten/Naters). 1. Gotische Stollentruhe aus dem Haus Koord. 50/170. Tanne. 15.Jh.? Fußstollen versenkt. An der Front pyramidenförmig angeordnet drei Kerbschnittrosetten. Gotisches Schloßschild. Deckelwangenbretter neu. – 2. Tanne, dreiachsig. In den punzierten nußbaumenen Oktogonspiegeln der Achteckfüllungen eingeschnitzt: «IOG/17 [Rosette] MCB/70».

Verschollener Kunstgegenstand. Hl. Theodul[81] (bis zur Verlegung des Priesterseminars nach Freiburg im Grand Séminaire, Sitten). H. 74 cm. Holz. 15.Jh. Stark gedrehte Figur.

---

80 Identifiziert durch H.A. von Roten. Vgl. SCHMID, LAUBER, Verzeichnis, 1892, S. 372/73.
81 A. CARLEN, Verzeichnis, S. 57, Nr. 21.

Abb. 280a. Gluringen. Haus Nr. 17. Hauskruzifixsockel, 2. Viertel 18.Jh., vom frühen Reckinger Hauskruzifixtyp des Peter Lagger. – Text S. 348.

GESCHICHTE. Ritzingen gehörte spätestens seit 1367 zum Freigericht der Grafschaft (S. 382)¹. Obwohl es demzufolge unmittelbar unter dem bischöflichen Landesherrn stand², hatten noch 1384 Leute «apud Ricigen» für ein Jahrzeit des Grafen
von Savoyen aufzukommen³. Gemeindestatuten 1539, 1543 und 1555⁴. Nach zahlreichen Gluringer Ammännern bis 1472 griff Ritzingen an der Wende zur Neuzeit
vor allem mit Vertretern der Familie Imboden nach dem Richteramt. 1530 leitete
Nikolaus Biderbost die lange Reihe der Ammänner aus seinem Geschlechte ein, die
nach Amtsperioden des Jakob Hagen aus Ritzingen im zweiten Viertel des 16. Jahrhunderts bis zum Untergang des Freigerichts (1799) unter Josef Ignaz Biderbost
nicht mehr abriß⁵. 1852 wurden durch eine Feuersbrunst fünf Häuser und mehrere
Nutzbauten am Ostrand des Dorfes eingeäschert⁶.

Pfarreigeschichte. Bis zur Gründung der Pfarrei Biel 1678 war Ritzingen der Mutterkirche in Münster unterstellt. Später kam es – wie Gluringen – für ein Drittel der
Pfarreilasten von Biel auf, während Biel und Selkingen das letzte Drittel verblieb.
1882 wurde eine angemessenere Verteilung vorgenommen⁷. Der an die Kirche von
Münster zu entrichtende Zehnten, dem sich Ritzingen und Gluringen 1711 umsonst
zu entziehen gesucht hatten⁸, wurde 1834 abgelöst⁹.

Quellen und Literatur. GdeA und PfA von Ritzingen, Biel und Münster. – Zur Literatur vgl. Biel.

SIEDLUNG. *Anlage* (Abb. 281 und 282). Ritzingen durchquert in Gestalt eines
langgestreckten ungleichseitigen Dreiecks schräg nach NW hin die westliche Flanke
jenes Schuttfächers, auf dessen Horizont die Ritzingerfeldkapelle steht. Gegen
Biel hin erscheint das außerordentliche Siedlungsbild als Zeile¹⁰. Wohn- und Nutzbauten mischen sich. Die Wohnhäuser bilden vorwiegend lose miteinander verbundene kleinere Baugruppen. Störende neuere Bauten aus Stein am NW-Ende.
Die Lichtung mitten im Dorfkern bei Koord. 200/150, wo ehemals ein Heustall
gestanden hat, wird erst von einem inneren Ring von Nutzbauten und dann von
Wohnhäusern umschlossen. Nutzbauten bilden auch vornehmlich die langgezogene
Gasse nach NW hin, die Ritzingen einem oberflächlichen Beobachter als Straßen-
dorf erscheinen läßt. Zur neuen Haufengruppe von Nutzbauten am SO-Ende der
Siedlung siehe unten. *Bezeichnungen von Dorfpartien:* «uf em Wase» (Dorfkern nörd-
lich der Autostraße, benannt nach den kleinen grünen Lichtungen zwischen den
Häusern), «z'Chrampfji» (Abschnitt der Gasse von Haus Nr. 12, Koord. 140/220,

---

1 L. CARLEN, Gericht und Gemeinde, S. 129.

2 1374 ist von einer in Ritzingen an den Bischof zu entrichtenden Abgabe (Telle; «Lantherren
dienst») die Rede (GREMAUD V, S. 403).

3 PfA Biel, D6.   4 GdeA Ritzingen, B1, 2 und 3.

5 J. LAUBER, Verzeichnis der Herren Ammänner der löbl. Grafschaft Biel, BWG III (1905),
S. 379–382.

6 RITZ, Notizen, S. 199. ST. NOTI, Der «rote Hahn» in alter Zeit im oberen Goms, W.Jb. 1969,
S. 49.   7 GdeA Biel, D5, und GdeA Ritzingen, D6.

8 PfA Münster, D58b.   9 PfA Münster, D85.

10 Die Sage, wonach «ds Tote» gerufen habe, man solle «ds Dorf in de lätz Punthaagge büwe»
[Z-Form], wolle man vor der Pest verschont bleiben, deutet darauf hin, daß der Gommer selbst das
Ortsbild als außerordentlich empfand.

Abb. 281. Ritzingen. Luftaufnahme von 1973. – Text S. 351.

aufwärts); «zum Hengert»[11] (beim Backhaus und den zwei Nutzbauten am NW-Ende der alten Siedlung).

Siedlungsgeschichtliches. Keines der Häuser wird ins Spätmittelalter hinaufreichen. Kurze ungestüme Bauperioden veränderten meist einmal im Jahrhundert binnen

11 Der Ausdruck «Hengert» (= Platz) für das nordwestliche Ende der Siedlung könnte auf eine früher dichtere Besiedlung an dieser Stelle hindeuten. Vor Jahren stieß man (nach Aussage von Hermann Biderbost vom 26. Juni 1973) in unbebautem Gelände etwa bei Koord. 100/270 auf ein uraltes Gewölbe. H. A. VON ROTEN sprach in diesem Zusammenhang die Vermutung aus, das Selkinger Geschlecht der Heingarter oder am Hengart könnte nach diesem «Hengert» benannt sein (VON ROTEN, Landeshauptmänner, 1946, S. 34). Ob die heute noch gebräuchlichen Bezeichnungen «Ringgasse» und «Ring» für Örtlichkeiten jenseits des Rottens auch auf frühere Besiedlung hinweisen? (GdeA Ritzingen, D 1, zum Jahre 1655).

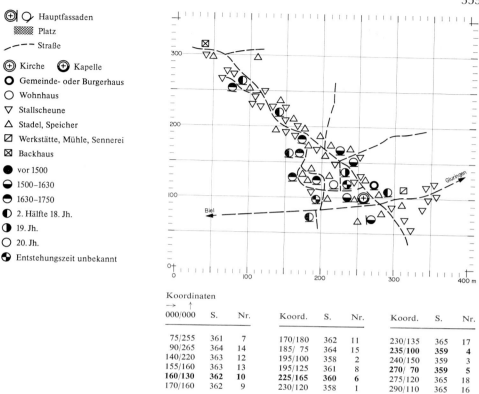

Hauptfassaden
Platz
Straße
Kirche   Kapelle
Gemeinde- oder Burgerhaus
Wohnhaus
Stallscheune
Stadel, Speicher
Werkstätte, Mühle, Sennerei
Backhaus
vor 1500
1500–1630
1630–1750
2. Hälfte 18. Jh.
19. Jh.
20. Jh.
Entstehungszeit unbekannt

Koordinaten
→ ↑
000/000

Koord.	S.	Nr.	Koord.	S.	Nr.	Koord.	S.	Nr.
75/255	361	7	170/180	362	11	230/135	365	17
90/265	364	14	185/ 75	364	15	235/100	359	4
140/220	363	12	195/100	358	2	240/150	359	3
155/160	363	13	195/125	361	8	270/ 70	359	5
160/130	362	10	225/165	360	6	275/120	365	18
170/160	362	9	230/120	358	1	290/110	365	16

Abb. 282. Ritzingen. Siedlungsplan (vgl. «Wegleitung»). – Text S. 351.

eines Jahrzehnts das Dorfbild. Nach dem Bau zweier Häuser im letzten Viertel des
16. Jahrhunderts entstanden 1617–1621 drei Wohnhäuser, 1670–1676 vier oder sogar fünf und ebensoviele 1760–1769. Die beiden einzigen Häuser des 19. Jahrhunderts
wurden 1867/68 errichtet. Um die Wende vom 16. zum 17. Jahrhundert füllten die
Häuser den Dorfkern in der Nähe der Kapelle. Die in der zweiten Hälfte des
17. Jahrhunderts gebauten Häuser erweiterten den Dorfkern nach Westen hin zu
einer fast ringförmigen Siedlung rund um den «Wase» (S. 351). Ein einzelnes
Haus (Nr. 7) entstand weitab vom Dorfkern im NW. Ob es einer bereits bestehenden Nutzbautengasse folgen konnte oder ob diese Gasse, durch den Bau eben dieses
Hauses gefördert, erst im Entstehen begriffen war, ist nicht mehr zu ermitteln[11].
Die Bauten der zweiten Hälfte des 18. Jahrhunderts setzten sich lose rundum an die
Dorfränder und folgten der Nutzbautengasse im NW, während die beiden Häuser
des 19. Jahrhunderts wieder in die Nähe der Dorfkapelle rückten. Zu den Veränderungen der Siedlung durch die Feuersbrunst von 1852 wohl im Umkreis der Häuser
des 19. Jahrhunderts siehe S. 351. Die Verbreiterung der Straße 1939 schlug eine
arge Schneise am südlichen Dorfrand (Abb. 289), da vier gegenüber der Kapelle
zu geschlossener Flucht aufgereihte Nutzbauten versetzt und die östlich anschlie-
ßenden Nutzbauten von der Straße weggerückt werden mußten. Die versetzten

Stadel besitzen keine Stadelplane (Abb. 289) mehr. Der Verlauf der «via» oder «strata regia» ist nicht mehr bekannt. Sie dürfte wie die heutige Autostraße an der Nothelferkapelle vorbei (S. 381) bis zur Kapelle geführt haben, um dann durchs Dorf hinaufzusteigen und im Raume zwischen Haus Nr. 6 (Koord. 225/165) und Haus Nr. 11 (Koord. 170/180) in Richtung der Ritzingerfeldkapelle abzubiegen.

Das alte Ritzingen ist das Dorf der Biderbost[12]. Die Bedeutung dieses Geschlechtes nach der Mitte des 17. Jahrhunderts (S. 351) geht auch aus dem Bestand der Häuser hervor. Ein einziges Haus (Nr. 6, Koord. 225/165) von 1621 stammt nach Inschrift von der Familie Seiler. Alle übrigen vorhandenen Dielbaum-Inschriften, d. h. vierzehn von insgesamt neunzehn, nennen Erbauer aus der Familie Biderbost. Da das im Wappen der Biderbost stehende Z-förmige Zeichen auf den Dielbäumen in zahlreichen Variationen wiederkehrt, dürfte kein Dorf wie Ritzingen so reichen Aufschluß über den Zusammenhang zwischen Haus- und Wappenzeichen geben können.

ANNAKAPELLE IM DORF

GESCHICHTE. 1645 stand eine eben erst erbaute Kapelle[13], die 1687 mit drei Stiftmessen ausgestattet war[14]. Archivalische Angaben deuten auf Renovationsarbeiten 1688[15]. Am 2. Januar 1732 segnete Christian Egid Werlen, Pfarrer von Münster, eine neue Kapelle ein[16], die im letzten Viertel des 18. Jahrhunderts mit Deckengemälden geschmückt wurde[17]. An der Westseite der Turmhaube gemalte Jahreszahl 1855 (Datum einer Turmreparatur oder einer Gesamtrenovation?). Die eigentümliche Bemalung der Wände mit der derb marmorierten Sockelzone, mit illusionistischen Marmorspiegeln an den Pilastern sowie grau marmorierten Gebälken und Kapitellen ist um 1900 von einem italienischen Maler ausgeführt worden. Bei der Dachreparatur von 1961 (Jahreszahl auf der gegenüberliegenden Seite der Turmhaube) überdeckte man das alte Schindeldach mit Asbestzement; mit dem gleichen Material verkleidete man auch den Turmschaft. Ehemals Sonnenuhr an der Stirnfassade[18].

BESCHREIBUNG (Abb. 283 und 284). *Äußeres.* Am nördlichen Rand der Autostraße bilden die Stirnfassade der Annakapelle, ein Stadel und ein altes Gommer «Vorschutz»-Haus eine geschlossene, kontrastreiche Bauzeile.

Ein zusammenhängendes, steiles Satteldach überspannt das schmale, hohe Rechteckschiff und das eingezogene Polygonalchor. Vor dem Chor sitzt ein dachreiterartiges Türmchen mit Glockenstube über vierkantigem Schaft; innen ist die Glockenstube räumlich nicht abgetrennt. Die kupferne Zwiebel, nach derjenigen von Oberwald (1711) die einzige Haube im Goms vor Reckingen (1745), gleicht noch der Zwiebelhaube der Briger Kollegiumskirche. Die Sakristei an der linken Chorwange umfaßt die Schiffsecke. Charakteristisch ist die Gliederung der Schiffseitenwände mit Okuli über den beiden stichbogigen Hochfenstern. Kahle Stirnfassade.

12 1609: «Maria bey der Post Ritzingensis» (PfA Ernen, D 201).

13 GdeA Ritzingen, D 1. Damals lebte in Ritzingen Maurermeister «gerig Tangell aus Tiroll», verheiratet mit Anna Guntern (GdeA Ritzingen, D 1). Gestorben 1688 (PfA Münster, D 91).

14 PfA Biel, D 28.   15 GdeA Ritzingen, D 1.   16 PfA Biel, D 42.

17 Wie bei allen übrigen Gotteshäusern des Goms fehlen hierzu archivalische Hinweise.

18 Abb. in J.-M. BINER, Cadrans solaires du Valais, Siders 1974, S. 140.

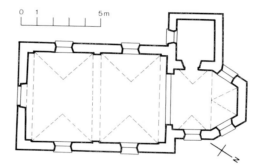

Abb. 283 und 284. Ritzingen. Dorfkapelle, um 1732, und Haus Nr. 4. – Grundriß der Kapelle. – Text S. 354.

Inneres. Das von einer Stichkappentonne überwölbte Schiff wird durch Pilaster gegliedert. Im Chor fehlen Pilaster. Das nur an der Chorstirn unterbrochene Profilgebälk trennt im Schiff die Zone der Okuli in den Schildbögen ab. Am eingezogenen Chorbogen sind Ante und Bogen nur durch Malerei ausgeschieden. Die Gräte der Chorkalotte sammeln sich in einer gemalten Hl.-Geist-Taube. Am Schiffsgewölbe sind sechs Szenen aus dem Leben der hl. Mutter Anna gemalt, am Tonnenscheitel in zierkonturierten Vielpässen die Geburt und die Vermählung (Abb. 286), in den ovalen Medaillons der Stichkappen rechts die Trauer über die Unfruchtbarkeit und die Geburt Mariens, links die Aufopferung Mariens im Tempel und der Tod. Ornamentgitter oder Rocaillespiegel. Am Chorarmscheitel votivbildartige Darstellung einer Heilung von Invaliden durch die hl. Anna, in den seitlichen Kappen des Chorschlusses eine Verkündigung. Blumengehänge an den Podien Mariens und des Engels (Mitte 19. Jh.?). Am Chorbogen werden Kelch und Hostie von Putten auf Gewölk und von zwei Frauengestalten auf Postamenten, links der Schmerzensmutter, rechts der Mutter Anna, gerahmt. Charakteristisch für den unbekannten, wohl einheimischen Meister (JOHANN GEORG PFEFFERLE?) sind die stark nach unten gezogenen Nasenspitzen und stereotyp wiederkehrende Standmotive, die an die Malereien in der Reckinger Kreuzkapelle (S. 321) erinnern.

Abb. 285 und 286. Ritzingen. Dorfkapelle. Altar, 1740–1745, von Anton Sigristen(?). Text siehe unten. – Deckengemälde, Vermählung der hl. Anna, letztes Viertel 18. Jh. – Text S. 355.

Altar (Abb. 285 und 287). Wohl ein Werk des Gliser Bildhauers ANTON SIGRISTEN (†1745) aus den vierziger Jahren[19]. Der zweigeschossige Altar ist schalenförmig gekrümmt. In der Silhouette Rückgriff auf den Typus des späten 17. Jahrhunderts. Im Hauptgeschoß bilden Antenstirnen zwischen gewundenen Säulen die Seitenachsen. Die gestelzten Nischen sprengen die Gebälke. Im Hauptgeschoß Anna Selbdritt, die Heiligen Antonius von Padua links, Katharina rechts, in der Oberzone Sebastian, links Josef, rechts eine weibliche Heilige, mit Feder in ein Buch schreibend[20]. Unter der Hauptnische, in zierlichem Régencerahmen, ältere Pietà (s. unten). Das Blau der Säulen und das Gold der Schnitzereien geben auf dem hellrot, in Sockel- und Gebälkzone grau marmorierten Gewände noch den originalen Farbklang. Vor allem die Figuren des Hauptgeschosses zählen zu den kunstvollsten Walliser Bildwerken des 18. Jahrhunderts.

SKULPTUREN. *Pietà* (Abb. 285). H. 71 cm. Buche (Eiche?), gehöhlt. Spätere pastose Übermalung (Polimentgold). Geschnitzt 2. Hälfte 16. Jh.? Mit dem schräg hochgezogenen Leichnam nähert sich die Gruppe bereits dem barocken Pietà-Typus[21]. Die Schleierhaube Mariens und die Locken Christi

---

19 O. STEINMANN nimmt eine Entstehung um 1732 an (STEINMANN, Sigristen, S. 246, Anm. 37). Die nervöse Bewegtheit des Faltenstils, die diejenige der hl. Katharina von Siena am Rosenkranzaltar in Schindellegi SZ (1741) noch übertrifft, kündigt sich jedoch 1732 an den Altären der Kapelle zen Hohen Flühen überhaupt noch nicht an (ebenda, Tf. 4).

20 Die hl. Brigitta von Schweden und die hl. Gertrud von Helfta sind mit diesem Attribut ausgestattet (O. WIMMER, Die Attribute der Heiligen, Innsbruck 1966, S. 117 u. 129).

21 Dieses Bildwerk diente möglicherweise den einheimischen Schnitzern der Barockzeit als ikonographisches Vorbild.   22 GdeA Gluringen, D 17. Vgl. S. 338, Anm. 47.

laden breit aus. Untersetzte, anatomisch ungenau geformte Gliedmaßen. Ikonographisch und formal eigentümliches Bildwerk. – *Chorbogenkruzifix.* H. etwa 100 cm. Originale Temperafassung. Am Querbalken gemalt die Jahreszahl 1647. Vom MEISTER DES ALTARS IN DER MÜNSTIGER JOHANNESKAPELLE (S. 100) geschaffen für die Kapelle von 1645(?). Im Faltenstil des Lendentuchs gleichen sich der Korpus und der hl. Sebastian rechts auf dem Chorbogengebälk. Der Kruzifixus ist dem Altarkruzifix in der Selkinger Dorfkapelle von 1648 in Körperhaltung und Draperie nah verwandt, wirkt jedoch bedeutend breiter; andere Gestaltung der Hände. – *Altarkruzifix.* H. 61 cm (Korpus 20 cm). Holz, häßlich überfaßt. Letztes Viertel 18. Jh. Der Korpus und der eigentümliche Sockel mit drei gebrochenen Voluten sowie Spiegeln an den Kehlen zeigen stilistische Anklänge an den Stil des MEISTERS DER NIEDERERNER SEITENALTÄRE. – *Hl. Sebastian.* H. 77 cm. Arve. Originale Temperafassung, stellenweise überholt. 1645–1660 vom MEISTER DES ALTARS IN DER MÜNSTIGER JOHANNESKAPELLE (S. 100) wohl für den Altar der Kapelle von 1645(?) geschaffen. Knolliger, überdimensionierter Rumpf. – *Hl. Katharina von Alexandrien.* H. 75,5 cm (ohne Krönchen und Nimbus). Arve, gehöhlt. Originalfassung? Gold und grüner Lüster, Mantelumschläge rot. 1645–1660 vom MEISTER DES ALTARS IN DER MÜNSTIGER JOHANNESKAPELLE (S. 100) wohl für den Altar der Kapelle von 1645(?) geschaffen. Beiden Figuren gemeinsam ist das jäh ausfallende linke Spielbein, der gotisierende Schnitt der Falten und Locken, vor allem aber die anatomisch störend ins Antlitz versenkten breiten Nasenflügel – ein Merkmal, das sie mit den Cherubinen der Altarbärte in der Münstiger Johanneskapelle verbindet. – GEMÄLDE. *Maria Hilf.* Etwa 90 × 70,5 cm. Öl auf Leinwand. 2. Hälfte(?) 18. Jh. Rechts unten: «Renovirt 10. VII. 1915/H. v. Benedetti» (S. 381). Recht qualitätvolle Kopie nach dem Passauer Gnadenbild. – *Tod des hl. Josef.* Etwa 119 × 78 cm. Öl auf Leinwand. 19. Jh.? Das Bett mit dem aufrecht sitzenden Heiligen ist zwischen Jesus und Maria in schräger Aufsicht gegeben. Über dem Bett bringen Putten Krone und Lilie. Eigenwilliges Gemälde. – *Hl. Aloysius.* 59 × 67 cm. Öl auf Leinwand. Beschädigt. 19. Jh.? Brustbildnis im Profil. – *Kreuzwegstationen.* 1. 62,5 × 49 cm. Öl auf Leinwand. 2. Hälfte 19. Jh. Der von Reckingen in Mailand bestellte Kreuzweg, der später (bis 1912) in der Gluringer Kapelle hing, wurde 1945 für die Kapelle von Ritzingen erworben [22]. Skizzenhaft spontane

Abb. 287 und 288. Ritzingen. Dorfkapelle. Konsolencherub am Altar. Vgl. Abb. 285. – Ritzingerfeldkapelle. Hochaltar. Randranke mit Putto, 1691, von Johann Ritz. Vgl. Abb. 303. – Text S. 372.

Malweise. Formen und Farben spätnazarenisch. – 2. Kolorierte Drucke. 37,5 × 27 cm. Bezeichnet: «Mart. Engelbrecht excud. A. V.» (vgl. S. 152, Anm. 19). Schwarze Originalrähmchen.

KAPELLENSCHATZ. KELCH. H. 24 cm. Messing, versilbert. Historistisch. Nach 1837. Französischer Herkunft. Marken wie Kelch S. 250, Nr. 2. Runder Fuß mit gefriesten Profilen. Am geblähten Fußrücken Kranz, Ähre und Traube. Mit lanzettförmigen Palmetten geschmückter Knauf zwischen Schaftringen. – KASELN. 1. Schwarz. 18. Jh.? Leinen. Silberne Borten. – 2. Weiß. Mitte 19. Jh. Lyon? Satin, bestickt mit bunten Rosen und Trauben in Leinen. Am Kreuzstab von Rosen umranktes Apokalyptisches Lamm. – 3. Weiß. 2. Hälfte 19. Jh. Lyon? Satin, bestickt mit Seide. Rosenranken. Im Kreuzstab Jesusmonogramm in Blattkranz und Rosenranken, mit Gold und Silber gestickt.

GLOCKE. Dm. 47 cm. Sechs Kronenbügel. An der Schulter vier Cherubine auf einem Schnurstab, ein Weinrankenfries zwischen Schnurstäben und darunter die Inschrift: «SANCTA MARIORA PRO NOBIS». Flankenreliefs auf einem Schnurstab: Muttergottes, Kruzifix, der hl. Antonius von Padua und der hl. Josef. Das Model zum Relief des hl. Josef wird von einem der Söhne des PETER LAGGER (ANTON?) geschaffen worden sein. Unter dem Schnurstab an der Flanke, auf kleinen Weinrankenfries-Stollen, die Inschrift: «BONIFATZ/WALPEN.VON/RECKIGEN/FON WALLIS/1865».

WOHNHÄUSER

1. Koord. 230/120. Kat.-Nr. 13/48. Erben Josef Marie Biderbost. Entstehungszeit unbekannt. Fassaden verschindelt. «Withüs» an der Rückseite. ⌐——⌐ (durch Holz ersetzt; mit Ka). 1¹/₂. F. *Öfen.* 1. Zweigeschossig, mit Kehle unter der Deckplatte. An der Stirn, über der Jahreszahl 1910, Jesusmonogramm mit neugotischen Minuskeln in Clipeus zwischen Ranken; an der Wange, in blütenbekröntem Quadratfeld, ein aus Fischgratstrukturen aufgebautes griechisches Kreuz; rundum die Initialen «F[elix]B[iderbost]/K[atharina]J[msand]». – 2. Eingeschossig, mit Kehle unter der Deckplatte. An der Stirn: «DIE. DREI. KIN./DER. FELIX./FRANZ. UND/AN. NA.MA. RI.A/BI. DER BOST./1855». – *Truhen.* 1. Nußbaum. Dreiachsig. Mittleres Feld oktogonal, seitliche quadratisch. Vorgeblendete Rahmen. Eingelegt: «V [umgekehrtes Z. Hauszeichen der Familie Biderbost?][Stern]M D(G?)/ 17 40». – 2. Tanne. Vierachsig. Im Stil des 17. Jh. Eingelegt: «1 I.A.7.I.S MG.7 B.5».

2. Koord. 195/100. Kat.-Nr. 13/58. Erben Arthur Biderbost. Entstehungszeit unbekannt. Stirnfassade verschindelt. 1889 um ein Geschoß aufgestockt. Neuer Anbau an der Rückseite. ⌐——⌐. Heute 2¹/₂. G. *Inschrift.* 2. Stockwerk: «[Zierfelder und Blütenzweige]18 FELIX.M[aria][Jesusmonogramm]10[seph]. BIDERBOST 89/U.SEINE.EHE.LUISE.HAGEN». *Ofen.* (Ehemals im 1. Stockwerk.) Dreigeschossig, mit Viertelrundstab an der schweren getreppten Deckplatte. An der Stirn in Wappenfeld: «F.B/L.H», an der Wange über der Jahreszahl 1890 Jesusmonogramm; Blüten in den Zwickeln. – *Muttergottes.* H. 33 cm. Arve. Ohne Fassung. 1. Hälfte 17. Jh.? Maria hält das Kind in der Rechten. Das derbe Bildwerk zierte ursprünglich wohl eine der Hausfassaden. – *Hauskruzifixe.* 1. H. (Korpus) 30,5 cm. Holz. Stellenweise überholte Originalfassung. 1. Hälfte 18. Jh. Kreuz 19. Jh. Das an der rechten Hüfte verknotete Lendentuch mit einem Strick geheftet. Edel geformter Korpus. Außergewöhnlicher Sockel, im Umriß ähnlich Abb. 280a, mit Rollwerk. – 2. H. 69 cm (Korpus 24 cm). Holz, häßlich überfaßt. Gleiches Kruzifix wie in Haus Nr. 15. Am Sockel könnte eine Jahreszahl übermalt sein. – *Hauskruzifix* (im Besitz von Alexander Holzer, Gluringen). H. 58 cm (Korpus 23 cm). Originalfassung. Letztes Viertel

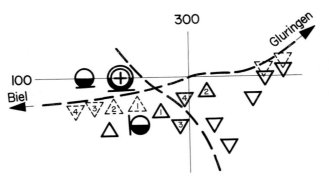

Abb. 289. Ritzingen. Bei der Straßenverbreiterung 1939 versetzte und veränderte Nutzbauten. Vgl. «Wegleitung». Gestrichelt: ehemaliger Standort. Erklärung der Signaturen siehe Abb. 282. Maßstab 1:2260. Text S. 353/54.

18. Jh. Edel geformter Korpus mit stilistischen Anklängen an den II. Reckinger Hauskruzifixtyp
(S. 47). Den eigentümlichen, mit Kehlfriesen und Perlstab geschmückten Sockel rahmen rocaille-
gesäumte Rollwerkvoluten.

3. Koord. 240/150. Kat.-Nr. 13/33. Moritz Mutter; Albert Seiler. Erbaut 1593. Über den Fenstern
des ersten Wohnstockwerks 1914 neu aufgebaut. An der Rückwand angebauter Mauerkamin. ⌐‾⌐.
Heute 2¹/₂. F. *Inschrift.* Dielbaum-Fragment im Besitz von Dr. H. Wirthner, Münster: «DISEN BVW
HAT LASSEN MACHEN IM IAR 1·5·9·3[Zeichen in nierenförmigem Umriß: oben Stundenglas, unten lie-
gendes, umgewendetes Z]». Heute als Flies auf dem Weg zum Haus verwendeter jüngerer *Ofenstein*
mit Wappen: Kreuz auf Dreiberg, gerahmt von vier Fünfstrahlensternen.

4. Koord. 235/100 (Abb. 283). Kat.-Nr. 13/56. Viktorine Biderbost; Johann Bittel.
Erbaut 1617 (Jahreszahl im Wappenschild der Firstkonsole). Das wohlproportionierte Haus bildet, mit einem Stadel und der Dorfkapelle in gleicher Flucht stehend,
eine für Ritzingen charakteristische Baugruppe. Rechts von der Firstkonsole in der
Giebelwand eingeschnitzt: «HMF (I? T?) CSTonimG(?)/1617». Um 1930 wurde
das obere Stockwerk in das «Loibe»-Geschoß hinein erhöht. Der Mauersockel ist
auch an der Stirnfassade gestuft. Über der zum Teil hölzernen Kammerzone kragt
das Holzwerk auf Roßkopfkonsolen vor, die mit leeren Wappen zwischen schrägen
Doppelstäben in Relief geschmückt sind. An der äußersten Konsole rechts mit
Kreuz behangenes Wappen unter einem nach links gewendeten stehenden Winkel.
(Hauszeichen? Vgl. die Wappen auf Dielbaum und Öfen von Haus Nr. 15.) Rückseitig angebauter Mauerkamin. ⌐‾⌐. Versenkter Keller, Ka und 2¹/₂. G und F.
Dielbaum verkleidet.

Öfen. 1. Eingeschossig, mit gekehlter schwerer Deckplatte. 17. Jh.? An der Stirn zwei gegenständig
diagonal geteilte und gegenständig schraffierte Wappenschilder dicht beieinander. – 2. Dreigeschossig,
mit Karnies an der Deckplatte. 20. Jh.

5. Koord. 270/70. Kat.-Nr. 13/68. Erben Viktor Seiler. Erbaut 1618. Das unauf-
fällige, aber qualitätvolle Haus unterhalb der Autostraße birgt eine reiche Ausstattung. Charakteristisch für die Bauzeit ist der Balkenkopfkamin unmittelbar
unter dem First. Die Zwischenpfetten dienten der Rauchfanghaube als seitliche Nutbalken. ⌐‾⌐. 2¹/₂. F (im 1. Stockwerk mit ausgeschiedenem Gang von der Seite her,
im 2. Stockwerk mit gewinkeltem Gang). *Inschriften.* 1. Stockwerk: «HOC OPVS.FIERI.
FECIT.HŌN.ET.P[rovid]VS.VIR.PETRVS.BIDERBOSTEN.NOTARIVS.ET.SEPTIES.AMANVS.AC.
CAPITANEVS.DESENI.CONZES.ANNO. 1618 DIE 20 ivnij/NISI.DNS.AEDIFICAERIT.DOMŪ.IN.
VANVM.LABORAVERVNT.QVI.AEDIFICANT. EAM.PSALMO 120 [Wappenfeld mit Wappen-
oder Hauszeichen der Familie Biderbost: unter Sechsstrahlensternen Z mit schrägem
Querbalken und zweitem halbem Querbalken links darüber; Dreiberg; Initialen
‹P B›] AETATIS.SVE. 62.ANNORŪ». Im Stubji: «PROVIDVS.ET.SPECTABILIS VIR PETRVS
BIDERBOSTEN CAPITANIVS TOTIVS.DESENI.CONZES.ET.SEPTIES.AMANVS.IN.COMITATV.BIIELL.
HOC.OPVS.FIERI.FECIT.SVB.ANNO.DNI. 1.6.1.8.».

Ofen (Abb. 296). Eingeschossig, mit saftigem Karniessims an der Deckplatte. Profilgerahmte Felder. An der Stirn lebendig geformtes Wappenschild der Familie Biderbost mit Zeichen wie auf Dielbaum über der Jahreszahl 1623. Über dem Wappen die Initialen «P B» unter dem Buchstaben
H[onestus?]. An der Wange, im Rautenspiegel des quadratischen Mittelfeldes, Jesusmonogramm,
darunter, zwischen den Initialen «I S», zwei Hauszeichen(?): zwei vertikale Stäbe, gegenseitig mit
zwei Ästen versehen. Prachtvoller Ofen. – *Hauskruzifix* (Abb. 294). H. 65 cm (Korpus 26,5 cm). Holz.
Originalfassung. Letztes Viertel 18. Jh. Der Korpus gleicht dem II. Reckinger Hauskruzifixtyp (S. 47).
Eigentümlicher Kreuzfußschmuck: in Blüten endende asymmetrische Muschel. – *Ausziehtisch.* Nußbaum. Stil Louis XVI (vgl. S. 342, Anm. 59). – *Kommode.* Aus dem Haus des Johann Ritz, Selkingen

(S. 422). – *Truhen.* 1. Tanne. Zweiachsig, mit schmalen Doppelzwischenfeldern. Die ganze Rahmung vorgeblendet. Eingelegt: «1678/M.W.» und ein Stern. – 2. Nußbaum. Um 1700. Zwei quadratische Füllungen. Geschuppte Pilaster mit Nelken am Sockel. – 3. Aus dem Haus des Johann Ritz, Selkingen (S. 422). – *Lehnstuhl.* Mitte 19.Jh. Erworben in Zermatt. – In diesem Haus werden einst die «schilt und pfenster» gestanden haben, die der Stand Obwalden am 18. März 1621 «Herrn Hauptman Peter bi der Porst» geschenkt hatte[23].

6. Koord. 225/165 (Abb. 292). Kat.-Nr. 13/31. Peter Doebele; Kinder Rudolf Biderbost. Erbaut 1621. Das behäbige Doppelhaus, ein typisches Renaissancehaus des Obergoms, bildet zusammen mit einer Stadelgruppe im Hintergrund der Gassenflucht vielleicht die schönste Innerortspartie des Obergoms. Der kräftige «Vorschutz» kragt über dem hölzernen Kammergeschoß auf Roßkopfkonsolen vor, deren Kehle mit leeren Wappen und dünnen Stäben verziert ist. Konsölchenfriese unter glattem Stab, wie sie sich an diesem Haus bereits finden, setzten sich erst ein Jahrzehnt später allgemein durch. Das Mittelgwätt läuft vom Mauerpfeiler zwischen den Kellertüren zum First hoch, wo es unmittelbar unter der Konsole durch den Trennpfosten der Estrichfensterchen unterbrochen wird. Die Fensteröffnungen des Kammergeschosses noch größtenteils original. ⌐⌐¹. Ka und 1¹/₂. A. Ursprüngliche Küchentreppe (Abb. 291). *Inschriften.* Westliche Stube: «DISERS HVS ODER GEBIIW HANT LASEN MACHEN CHRISTAN MELCKER VND BERTLOME SEILLER IM IAR 1621 AM 10 SEPTEMBRIS [stundenglasförmiges Zeichen]». Östliche Stube: «[wie in der westlichen Stube]BARTLOME SEILLER BRVODER DEN 10 SEPTEMBRIS DES 1621».

Öfen. 1. Eingeschossig, mit Karnies unter der schweren Deckplatte. An der Stirn, unter der Jahreszahl 1641, Rhombenspiegel mit dem Jesusmonogramm und den Initialen «H.H», an der Wange in Medaillon: «C.S/W.B/1875». – 2. Eingeschossig, mit gekehlter Deckplatte. Älterer Ofen (17. Jh.?) mit Simsplatte des 19.Jh. An der Stirn großes Wappenschild. Darin mit unbeholfenen (neueren?) Ziffern die Jahreszahl 1880 über den Initialen «F B/K V/I[Jesusmonogramm]MI». – *Hauskruzifix.* H. 68 cm (Korpus 23,5 cm). Holz, häßlich überfaßt. 3. Viertel(?) 18.Jh. Der derbe Korpus verwendet Motive der RITZ-Kruzifixe. Der Zipfel des Lendentuchs verschwindet zwischen den Schenkeln und hängt hinten bis zum Knöchel herab. Vor dem Kreuzfuß Ornamentstollen: von Band- und Rollwerk giebelförmig gerahmte Kartusche. Lilien als Balkenenden. – Eingebauter *Wandschrank.* 19.Jh.

Abb. 290 und 291. Ritzingen. Haus Nr. 8. Schmalschrank, 1604. Text S. 361. – Haus Nr. 6. Ursprüngliche Blocktreppe von der Küche ins «Loibe»-Geschoß. – Text siehe oben.

Abb. 292. Ritzingen. Baugruppe mit Haus Nr. 6 (Koord. 225/165) und Stadeln, eine der reizvollsten Innerortspartien des Goms. – Text S. 360.

7. Koord. 75/255. Kat.-Nr. 13/3. Viktor Schmidt; Marinus Müller. Erbaut 1670. Kräftig abgesetzter Würfelfries. Doppelhaus. ⌐‾‾⌐. 2¹/₂. F und E (nur mit «Stutzwänden» ausgeschieden). *Inschrift.* Der Dielbaum der östlichen Stube im 1. Stockwerk ist verkleidet. Westliche Stube des 1. Stockwerks: «[Jesusmonogramm]IOHANNES.CHRISTEN.VND.PETER.BIDERBOSTEN 1670. H.S.». *Ofen.* Zweigeschossig, mit gedrücktem Karnies unter schwerer Deckplatte. An der Stirn in Wappenschild «P B/B*I/1674» über Dreiberg; Rosette.

8. Koord. 195/125. Kat.-Nr. 13/43. Heinrich und Hermann Biderbost. Erbaut 1671. ⌐‾‾⌐ (zum Teil mit Haustein erneuert). 2¹/₂. F. *Inschriften.* 1. Stockwerk: «[Zwischen den Ziffern der Jahreszahl 16 71 Wappen der Familie Biderbost: senkrechter Strich, versehen mit zwei Balken und einem nach links fallenden Haken an der Spitze]DIS.HAVS.HAT.LASSEN.MACHEN.IOHANNES.BIDERBOSTEN.MEHRMALEN. AMAN.IN.DER.GRAFSCHAFT.BIEL.MARIA.IOST/DER ALMECHTIG.GOT.VND.SEIN.WIRDIGE.MVTER.MARIA.SEI. GELOBT.ALLE.EWIGKEIT.AMEN.ANO. 1671. DEN[..?]». Im Stubji: «IOHANNES.BIDERBOSTEN. 1671». 2. Stockwerk, im Stubji: «IOHANNES.BIDERBOSTEN.IOHANNES.SEIN.SVN. 1671». *Ofen* (Abb. 295). Zweigeschossig, mit Kehle unter der Deckplatte. Beide Zonen durchgehend mit Rechteckfeldern gegliedert, die zum Teil mit Spiegeln besetzt sind. An der Stirn zwei Rosetten und zwei Wappen; in einem Wappen die Jahreszahl 16/82. An der Wange, in Wappenfeld, über zwei Sechsstrahlensternen Emblem oder Hauszeichen der Familie Biderbost (wie auf Dielbaum, aber mit steigendem Haken an der Spitze) zwischen den Initialen «I B». Stattlicher Ofen. – *Hauskruzifix* (Abb. 48). H. 61,5 cm (Korpus 30 cm). Holz. Überholte Originalfassung. Auf der Rückseite eingeschnitzt: «I.P.I.H/1725». Aus der Werkstatt von JOHANN RITZ († 1729) in Selkingen. Der karniesförmige Sockel mit Akanthuspalmetten beschnitzt. Muskulöser Korpus. – *Wandbüfett.* Tanne. Dreiachsig, mit Kredenznische. Gerader Schubladenblock. Zierspiegel an den Türen. Eingelegt über den Seitentüren die Ziffern der Jahreszahl 1839, in den Türchen über der Kredenznische: «B. W». – *Truhen.* 1. Nußbaum. Gewundene korinthische Säulen ohne Gebälk trennen die drei profilgerahmten Oktogonspiegel. Eingelegt: «IN[Jesusmonogramm]BB MI.[Blüte]RI/18[Marienmonogramm]05». – 2. (Abb. 297). Nußbaum. Dreiachsig, mit Zwischenfeldern. Frontbrett beschnitzt. Rahmenstäbe vorgeblendet. Prachtvolle Truhe mit reicher Einlegearbeit: links Jesusmonogramm in Rollwerkrahmen mit Rocaille; rechts Marienmonogramm in gleicher Rahmung; in der Mitte umranktes Wappen mit den Initialen «H.C.B.B./M.C.B.B.»; in den Zwischenfeldern die Ziffern der Jahreszahl 1805. – *Wandschränkchen* (im Besitz von Dr. H. Wirthner, Münster) (Abb. 290). Nußbaum. Einachsig. Zweigeschossige Kredenznische. An der Kredenz rahmen schmale Füllungen die Tür, in deren Rechteckfeld eine Raute mit Rosette eingelegt ist.

23 A. TRUTTMANN, Obwaldner Staatsprotokoll, ASA 1923, S. 244. Freundl. Hinweis von Dr. Remigius Küchler, St. Gallen.

In der ähnlich gerahmten Tür des simsbekrönten Aufsatzes in Einlegearbeit zentralsymmetrisches Spiralornament, rundum die Initialen «P H B» und die Jahreszahl 1604. Wertvolles Möbelstück. - *Walliser Tisch* (im Besitz von Dr. Albert Carlen, Reckingen). Nußbaum. Mit Rokoko-Ornamenten. Tischplatte neu.

9. Koord. 170/160. Kat.-Nr. 13/24. Claire Wannier, Basel. Erbaut 1673/74. 1962–1964 renoviert und durch einen Balkon auf Hausteinpfeilern an der Stirnfassade verändert. Reiche Würfelfrieszier. «Vorschutz»-Haus. Auf den Konsolen des «Vorschutzes» eingeritzt von links nach rechts: «IES/VS; MAR/IA''IOS/EP;NB/[Zeichen in Form eines umgekehrten Z als Wappen- oder Hauszeichen der Familie Biderbost];MW;16/73». ┌──┘. 2¹/₂. G und F. *Inschrift.* I. Stockwerk: «[In Wappen Dreiberg, die Initialen ‹N B› und, zwischen Fünfstrahlensternen, Wappen- oder Hauszeichen der Familie Biderbost: Umgekehrtes Z mit gegenständigen halben Querbalken]DIS.HVS.STAT.IM.GOTES.HANT.NIGLES.BIDER. BOSTEN.VND.MARGRETI WALTE[R?]VND/IOSEP.VND.IOHANIS.IR.SIN.HIE.MIT.IST.GOT.VND.MARIA.BEFOLEN. DATVM. 18. TAG.IENER 1674 IAR».

10. Koord. 160/130. Kat.-Nr. 13/40. Viktorine Bacher; Emmanuel Biderbost. Erbaut 1676. Stattliches «Vorschutz»-Haus an einem für das Siedlungsbild wichtigen Standort. Über den meist leeren Wappenschildern der «Vorschutz»-Konsolen von links nach rechts: «[Jesusmonogramm?]; I.B;I.B;N.B;A.H;M.B;C.B;MAR». Im drittletzten Wappenschild Schragen (Hauszeichen?). In das weite Rundbogentor in der Stirnfassade des Mauersockels tritt bis zur Hälfte eine Brüstung – das einzige Beispiel dieser Art im Obergoms. ┌──┘. 2¹/₂. F (im 2. Stockwerk mit Quergang aus «Stutzwänden»). *Inschriften.* I. Stockwerk: Dielbaum der Stube verkleidet; auf einem Deckenbrett zwischen Kerbschnittrosetten und den Ziffern der Jahreszahl 1678 Wappen mit den Initialen «NB/AH», zwischen den obern Initialen Schragen (Hauszeichen?) wie auf «Vorschutz»-Konsole. 2. Stockwerk, im Stubji: «IESVS. MARIA.VND.IOSEP.NIGLES.BIDER.BOSTEN.IOHANES.VND.IOSEP.DIE.ZWEI.SIN. 1676/MIT.SAMT. SINER.HAVS.MVOTER.ANNI.HAGEN.MARIA.VND.MARGRET.DEIE.DOCHTREN».

Im 2. Stockwerk schöne *Barocktüre*. Im Zierspiegel einer Rechteckfüllung eingelegt: «[Marienmonogramm]/IHS/JIC B HA/1790/[Sterne]». Originalbeschläge. *Öfen.* 1. Zweigeschossig, mit Karnies unter der Deckplatte. Zahnschnitt am obern Rand beider Zonen. An der Stirn in Rechteckfeldern Reliefs: Rosetten, portalförmige Rundbogenfelder und zwei Wappenschilder, links mit den Initialen «N B» über dem Hauszeichen(?) wie am Deckenbrett der Stube im 1. Stockwerk, rechts mit einem nach rechts gewendeten stehenden Winkel (Hauszeichen?) zwischen den Initialen «A H» über der Jahreszahl 1686. An der Wange profilierte Spiegelfelder, seitlich von portalförmigen Rundbogenfeldern gerahmt. Prachtvoller Ofen. – 2. Stubji-Ofen. Eingeschossig, mit gefaster Deckplatte. An der Stirn Jesusmonogramm in Wappen, an der Wange in Wappenfeld: «ES/RW/1875». – 3. Zweigeschossig, mit mächtigem Karnies unter der Deckplatte. An der Stirn drei Medaillons, beschriftet von links nach rechts: «AB/18;IHS;MIH/62». – 4. Stubji-Ofen. Zweigeschossig, mit flachem Karnies unter der Deckplatte. An der Stirn in Blütenkelch Medaillon mit den Initialen «AB/MIH», an der Wange Medaillon mit den Initialen «AD/B», umrahmt von den Ziffern der Jahreszahl 1855. – *Truhe.* Tanne. Vorgeblendete Leisten scheiden zwei Rechteckfelder und schmale Zwischenfelder. Einlegearbeit: in den Zwischenfeldern Blütenvasenmotive, in den Hauptfeldern ein Stern zwischen Lilien, darunter links «HK vB», rechts die Jahreszahl 1625; rundum Rautenborten. Wertvolles Möbelstück. – Zwei *Lehnstühle* und ein *Liegebett* im Stil Louis-Philippe.

11. Koord. 170/180. Kat.-Nr. 13/22. Erben Xaver Truffer. Häuschen des 17.Jh. (nicht vor 1640)[24]. Ehemals «Vorschutz». Holz des 1. Stockwerks fast völlig erneuert. ┌──┐. 1¹/₂. F (nur mit «Stutzwänden»). *Inschrift.* I. Stockwerk: Dielbaum verkleidet. 2. Stockwerk, in der Küche: «HOC OPVS FIERI FECIT HON AC DISCRETVS VIR IOHANNES BIDERBOSTEN.NOTARIVS.PVBCVS ET DE(I?)TES AMANVS IN CO[mi]tatu]». *Öfchen* von 1924 mit den Initialen «X[aver]T[ruffer]L[eonie]B[iderbost]».

---

24 Der auf dem Küchendielbaum genannte Johannes Biderbost war 1640 erstmals Ammann (J. LAUBER, Verzeichnis der Herren Ammänner der löbl. Grafschaft Biel, BWG III [1905], S. 381).

Abb. 293 und 294. Ritzingen. Hauskruzifixe. Im Haus Nr. 15, 3. Viertel 18. Jh.(?), H. 66 cm, letzte Fassung 1874. Text S. 364. – Im Haus Nr. 5, letztes Viertel 18. Jh., H. 65 cm. – Text S. 359.

12. Koord. 140/220. Kat.-Nr. 13/12. Eduard Biderbost; Raphael Diezig. Erbaut 1760. ⌐¯¯⌐. 2¹/₂. F. *Inschriften.* 1. Stockwerk: «[In Wappenfeld über den Initialen ‹VB› umgekehrtes Z als Haus- oder Wappenzeichen der Familie Biderbost zwischen Fünfstrahlensternen, die in nach rechts steigender Diagonale angeordnet sind]DISES.HAVS.HAT.LASEN.BAVWEN.DER.GEEHRTE.VALENTINVS.BIDERBOSTEN.VND. SEIN.HAVS.FRAVW.ANNA.MARIA.BIDERBOSTEN/DISES.HAVS.STETH.JN.GOTES.HAND.JESVS.MARIA.VND.JOSEPH. BEHIETE.VNS.BIS.AN.DAS.END.JM.JAHR. 1760. DEN. 4 TAG.BRACHMONET.». 2. Stockwerk: «[Monogramme von Jesus, Maria und Joseph]IM IAHR 1760. DEN. 19. BRACH.MONAT». *Öfen.* 1. Eingeschossig, mit Karnies unter abgerundeter Deckplatte. An der Stirn in Wappenschild Zeichen wie auf dem Dielbaum des 1. Stockwerks, umrahmt von den Initialen «VB/MB»; fünfstrahliger Stern statt Dreiberg. – 2. Eingeschossig. Sehr komplex mit Rundstab, Kehle und Karnies gegliedertes Sims unter der Deckplatte. Profilgerahmte Felder mit Dekor in Hochrelief. An der Stirn in Ranken die Monogramme von Jesus und Maria und das Wappen- oder Hauszeichen der Familie Biderbost (wie auf dem Ofen Nr. 1, aber mit Punkten anstelle der Sterne) über den Initialen «V.B/AMB». Unter dem rechten Feld die Jahreszahl 1783. An der Wange in Ranken Doppeladler. – *Muttergottes.* H. 71 cm. Arve, massiv. Fassung entfernt. 2. Hälfte(?) 17. Jh. Schlanke Figur. Über dem Spielbein Mantelüberhang mit Schüsselfalte. Der Ausdruck der recht qualitätvollen Figur wird durch aufdringliche Astzeichnung gestört. – *Truhe* (Abb. 45). Nußbaum. Drei geohrte Füllungen. Vorgeblendete Rahmenstollen. Im mittleren Feld eingelegtes Wappenfeld mit den Initialen «R[everendus]D[ominus]I H²⁵/₁₇[Quadrätchen]36».

13. Koord. 155/160. Kat.-Nr. 13/23. Emil und Ludwig Carlen. Erbaut 1763. Anbau an der Rückseite 1973. ⌐¯¯⌐. 2¹/₂. F. *Inschriften.* 1. Stockwerk: «[In Wappenfeld als Haus- oder Wappenzeichen der Familie Biderbost umgekehrtes Z mit nach rechts weisendem Ästchen und einem Punkte links, zwischen Sechsstrahlensternen, ferner die Initialen ‹I.B H.I.B. HM.B›]DISES.HAVS.HABEN.LASSEN.BAVWEN. DIE.EHRENDEN.3.BRIEDER.JOHANES.VND.HANS.JOSEPH.VND.HANS.MARTI.BIDER.BOSTEN.JM.IAHR 1763/ZV. JESVS.MARIA.VND.IOSEPH.EHR.SEI.DIS.GEMACHT.SEINE.HILF.VNS.HALTE.WACHT.GOTES.SEGEN.GNAD.VND. TREIW.SEI.VNS.ALEN.MORGEN.NEIW.DEN. 9. ABRE[len?]». Im Stubji: «[Jesusmonogramm]BLEIB.BEI.VNS. HER.JESV CHRIST.WEILL.ES.ABENT.WORDEN.IST./WAN.WIR.DICH.ER.ZIRNET.HEIT.SO.IST.ES.VNS.VON.HERZEN. LEID.».». 2. Stockwerk: «[Wappen wie auf dem Dielbaum des 1. Stockwerks, jedoch zusätzlich Stab mit gegenständigen Blättern auf Dreiberg und die Initialen ‹HI B/HM B›; gleicher Wortlaut der ersten Zeile]/KINIG.IN.HIMELS.VND.DER.ERDT.MARIA.GOTES.MVTER.WERT.BEI.DEIN.SOHN.MIR.GNAD.ERWIRB.DAS. ICH.KEINER.DODT.SIND.STIRB.DEN. 21. ABRELLEN». *Öfen*. 1. Eingeschossig. Mit Karnies und Kehle geschmücktes Sims. An der Stirn in zierlichem Wappenschild die Jahreszahl 1766 über Kleeblättchen gleich demjenigen im Wappen der Familie von Riedmatten. – 2. Ähnlich Nr. 1 mit gleichem Wappen, aber ohne Kleeblatt. – *Truhen*. 1. Tanne. Drei profilierte Rechteckfelder zwischen vorgeblendeten Rahmen. Eingelegt: «I [Jesusmonogramm] 6 CTI 6 MRA 2». – 2. Tanne. Im Stil des 17.Jh. In den zwei Achsen eingelegt: «I B/17 03».

14. Koord. 90/265. Kat.-Nr. 13/4. Ernestine Biderbost; Emil Zeiter. Erbaut 1768. Fries: Paar versenkter Rundstäbe. «Vorschutz» auf Roßkopfkonsolen. ⌐ ⌐. 2¹/₂. F. *Inschriften*. 1. Stockwerk: «[In einem mit Doppeladler bekrönten Herz, zwischen den Initialen ‹M B›, über drei Kugeln, Wappen- oder Hauszeichen der Familie Biderbost: Andreaskreuz, gespalten durch einen Strich mit nach links fallendem Haken am obern Ende]DISES.HAVS.HAT.LASEN.BAVWEN.DER.EHRENDE.HANS.MELCHER.BIDER- BOSTEN.VND.SEIN.HAVS.FRAV.MARIA.BARBARA/BACHER.VND.SEINE.KINDER.HANS.JOSEPH.VND.JOHANES. ERANSISTVS.BIDERBOSTEN.JM.JAHR.1768.DEN.24. MERTZEN.». 2. Stockwerk: «[Jesusmonogramm]GELOBT. SEI.JESVS.CHRISTVS. 1768». In ursprünglichem Türrahmen schöne *Türe* mit nußbaumgerahmten Füllungen; oben in Oktogonfüllung eingelegt die Jahreszahl 1769, unten in Rechteckfüllung Stern. Alte Beschläge. *Öfen*. 1. Eingeschossig, mit zwei Kehlen am Sims. An der Stirn über Zierspiegel die Jahreszahl 1769, an der Wange, in einem mit Doppeladler bekrönten Wappenschild, Zeichen wie auf Dielbaum, aber ohne Haken, umrahmt von den Initialen «M B/MB B». – 2. Eingeschossig, mit Fries am breiten Sims. An der Stirn in bekröntem Wappenschild Zeichen wie auf Dielbaum unter zwei Sechsstrahlensternen, ferner die Initialen «HM PB/I I» und die Jahreszahl 1773.

15. Koord. 185/75. Kat.-Nr. 13/60. Josef Perren. Erbaut 1769. ⌐ ⌐. 2¹/₂. F. *Inschriften*. 1. Stockwerk: «[In Wappenfeld aufrechter, nach links gewendeter Winkel zwischen Sechsstrahlensternen]DISES.HAVS. HAT.LASSEN.BAVWEN.DER.GEEHRTE.HER͂.AMEN.JOHANES.BIDERBOSTEN.VND.MARIA.SEILER.SEIN.HAVS[frau]/ WELCHER.JESVS.MARIA.RECHT.WILL.MALLEN.MVS/VMGEBEN.SEI.MIT.STRALL.JM.JAHR. 1769. DEN. 22 TAG. ABRILL». 2. Stockwerk: Dielbaum verkleidet. *Öfen*. 1. Eingeschossig, mit saftigem Karnies unter der Deckplatte. An der Stirn Wappenschild mit Zeichen wie auf Dielbaum, mit den Initialen «I BA/ MS» und der Jahreszahl 1772. – 2. Ähnlich Nr. 1. An der Stirn in Wappenfeld die Jahreszahl 1794 über den Initialen «I B». – 3. Zweigeschossig. Schweres, reich mit Kehle und Stäben profiliertes Sims. An der Stirn in Wappenschild Zeichen wie auf Dielbaum und die Initialen «IB FB/SM» über der Jahreszahl 1772. – *Hauskruzifix* (Abb. 293). H. 66 cm (Korpus 24,5 cm). Holz. Originalfassung, zum

Abb. 295 und 296. Ritzingen. Giltsteinöfen mit Biderbost-Wappen. Im Haus Nr. 8, 1682. Text S. 361. Im Haus Nr. 5, 1623. – Text S. 359.

Abb. 297. Ritzingen.
Haus Nr. 8. Truhe,
1805. – Text S. 361.

Teil mit Bronze überfaßt. Am Sockel gemalt die Jahreszahl 1874 (von einer späteren Fassung?).
3. Viertel 18. Jh.? Korpus und Sockel variieren den I. Reckinger Hauskruzifixtyp (S. 46 und Tf. I u. Ia).

16. Koord. 290/110. Kat.-Nr. 6/177. Siegfried Carlen. Erbaut 2. Hälfte 18. Jh. Fries: Paar versenkter
Rundstäbe. ⌐‾⌐. 2¹/₂. F. Dielbaum des 1. Stockwerks verkleidet. *Ofen.* Zweigeschossig, mit Kehle
unter der Deckplatte. An der Stirn die Jahreszahl 1864, an der Wange die Initialen: «C[arlen].L[eo]/
K[lementine].B[iderbost]».

17. Koord. 230/135. Kat.-Nr. 13/36. Rudolf Biderbost; Ulrich Walker. Erbaut 1867. Vorne Krüppel-
walm, rechts Anbau mit Schleppdach. Keine Friese. ⌐‾‾⌐ (mit Ka). 2¹/₂. G. *Inschriften.* 1. Stockwerk,
Stubji: «[Monogramme von Jesus und Maria]IOSEPH.BEHÜTE.DIESES.HAUS.ZUR.REPERATUR.GEBRACHT.
DURCH.FELIX.BIDERBOST». 2. Stockwerk: «JESUS.MARIA.U.IOSEPH.BEHÜTE.UNS.DIESES.HAUS.VOR.ALLEM.UN-
GLÜCK.ZUR.ERBAUUNG.GEBRACHT.DURCH. 1867/JOHAN.IOSEPH.BIEDERBOST.U.SEINE.GEMAHLIN.ROSALIA.
BACHER.U.IHRE.KINDER.FELIX.LEO.KATHARINA.U.SALBINA.BIEDERBOST.». Im Stubji: «GELOBT.SEI.IESUS.
CHRISTUS.IN.EWIGKEIT.WER.AUF.GOTT.VERTRAUT.HAT.WOHL.GEBAUT. 1867». *Öfen.* 1. Eingeschossig, mit
schwerer gekehlter Deckplatte. An der Stirn in Wappenschild die Initialen «JI.B/R.B» über der
Jahreszahl 1867. – 2. Zweigeschossig, mit Kehle unter vorspringender Deckplatte. An der Stirn in
Lorbeerkranz: «F.B.B./KIS/1875».

18. *Burgerhaus und Sennerei.* Koord. 275/120. Kat.-Nr. 13/53. Erbaut 1868 (Jahreszahl am Giebel), mög-
licherweise Umbau eines Hauses aus der 1. Hälfte des 18. Jh. Würfelartiger Pfeilschwanzfries. ⌐‾‾⌐
(erneuert in Haustein). 2¹/₂. F. *Inschrift.* 1. Stockwerk: Dielbaum verkleidet. 2. Stockwerk: «JESUS.
MARIA.IOSEPH.GOTT.BEHÜTE.UNS.DIESES.HAUS. 21. IAHR.WAHR.ICH.IN.AUSLAND OHNE/SORGE.DOCH.ERST.IM.
ALTER.KENT.MAN.DIE.WELT.AUGUSTIN.BIEDERBOST.U.KATHARINA.IORDEN. 1868.». *Öfen.* 1. Zweigeschossig.
Typischer Ofen von ANTON GRICHTING (*1890), Agarn. An der Stirn in der Oberzone, über dem
Wappen von Ritzingen (W. Wb., Tf. 1), die Inschrift: «GM.RIT ZINGEN»; in der untern Zone Symbole. –
2. Zweigeschossig, mit Kehle unter der Deckplatte. Von GRICHTING später mit dem Emblem der Ge-
meinde und weiteren Reliefs geschmückt. An der Stirn Wappen von Ritzingen unter den Initialen
«G R»; unter dem Wappen die Jahreszahl 1868.

Verschwundenes Haus. Im Jahre 1969 ist bei Koord. 215/120 das älteste datierte Haus (1587 und 1601)
und eines der charaktervollsten des Dorfes abgebrannt. Es war ein zweistöckiges «Vorschutz»-Haus
mit längerer rechter Dachflanke. Die «Vorschutz»-Konsolen waren mit Wappen und Hauszeichen
geschmückt, die Blockwand mit Rillenfriesen. Im Mauergeschoß öffneten sich drei Rundbogenportale.
Ein beschrifteter Dielbaum ist in dem an gleicher Stelle neu aufgebauten Haus wieder eingezogen
worden. *Inschrift:* «HOC OPVS FECIT FIERI H̄ON VIR PETRVS BIDERBOSTEN NOTARIVS ET OLIM AMMANVS IN
COMITATV SVB ANNO DNI 1587». Ein anderer Dielbaum wurde beim Umbau des Stadels von Walter
Läubli in Reckingen verwendet. *Inschrift:* «HOC OPVS FECIT FIERI PROVIDVS.ET SPECTABILIS.VIR.PETRVS.
BIDERBOSTEN./AMANVS IN COMITATV ET CAPITANIVS DESENI CONZES.ANNO.1601.DIE.8.MAI [in Wappen auf
Dreiberg zwischen den Initialen ‹P. B.› Z-förmiges Zeichen mit schrägem Querbalken und links dar-
über gleich gerichtetem Winkel]».

Aus unbekanntem Ritzinger Privatbesitz abgewanderte Kunstgegenstände und Möbel. Kreuzigung (im Besitz von Anton Imsand, Münster). 101 × 61,5 cm. Öl auf Leinwand. Mit eingezogenem Bogen. Letztes Viertel 17.Jh. Von Maler JOHANN HOLZER († 1724) in Ernen? Kreuzigungsgruppe mit sitzender Magdalena zu Füßen des Kreuzes. Unter den Kurzbalken schweben Putten. Das Gemälde ist der Kreuzigung von 1687 in der Kapelle von Niederernen und dem Altarblatt im Hochaltar der Hl.-Kreuz-Kapelle im Lengtal aus dem Jahre 1681 sehr ähnlich. – *Hauskruzifix* (im Besitz von G. Graeser, Ebmet, Binn). H. (ohne Balkenenden) 60 cm (Korpus 21,5 cm). Holz. Originale(?) Ölpolychromierung. 1. H(?). 18.Jh. Vor dem Kreuzesstamm C-Bogen-Medaillon in Ranken. – *Kreuzigungsgruppe* (im Besitz von G. Graeser, Ebmet, Binn). H. (ohne erneuerte Sockelplatte) 64 cm (Korpus 27,5 cm, Begleitfiguren etwa 19,5 cm). Originalfassung. Tempera, Lüster und Polimentgold. 2. Viertel 18.Jh. Der Kreuzesstamm mit vegetabilen Motiven und Rauten beschnitzt, versilbert. Vergoldete Akanthuspalmetten als Balkenenden. – *Wandbüfett* (im Besitz von Josef Escher-Quennoz, Bern?[26]) (S. 311).

NUTZBAUTEN

Ritzingen beeindruckt nicht durch die Größe seiner Stadel wie etwa Geschinen. In keinem Obergommer Dorf bestimmen die Nutzbauten, vor allem die Stadel, aber dermaßen das Siedlungsbild, weil sie an wichtigster Stelle die Schauseite des Dorfes prägen und auch die charakteristischen Innerortspartien entscheidend mitgestalten. Die Dorfpartie mit dem behäbigen Seilerhaus (Nr. 6) vor einer vielgestaltigen Nutzbautengruppe im Hintergrund der Gasse belegt als vielleicht kontrastreichstes Innerortsbild des Goms die siedlungsgestaltende Präsenz der Nutzbauten. Wichtig für das Siedlungs- oder Innerortsbild sind folgende *Stadel* und *Speicher:* Koord. 210/175 (Abb. 292); Koord. 195/185 (datiert am Giebel 17+17) (Abb. 291); Koord. 205/160 (Abb. 292); Koord. 175/195; Koord. 135/195 (stattlicher Stadel mit würfelfriesgeziertem Schlafbaum, am rückseitigen Giebel datiert 1675); Koord. 180/125 (wuchtiger Stadel aus der Zeit um 1600); Koord. 245/100 (über dem Türsturz des Oberbaus datiert 1668) (Abb. 283). Daneben besitzt Ritzingen noch mit Würfelfries geschmückte zierliche Speicher aus der Mitte des 17.Jahrhunderts: Koord. 250/70; Koord. 185/140; Koord. 160/210, ein schmuckes Speicherchen (Abb. 298). – Neueres *Backhaus* (Koord. 40/315), um 1936/37.

Abb. 298. Ritzingen. Miniaturspeicher, Mitte 17.Jh. (Koord. 160/210). Text siehe oben.

Abb. 299. Ritzingen. Ritzingerfeldkapelle, erbaut 1687, zum Teil erneuert 1807–1814. Ansicht von S.
Text S. 368–370.

MUTTERGOTTESKAPELLE IM RITZINGER FELD

GESCHICHTE. 1592 ist von «vnser frowen» auf dem Ritzinger Feld die Rede[27]. Die Wallfahrtskapelle, bei der die Grafschaft ihren Ammann wählte[28], dürfte jedoch ins Mittelalter zurückreichen[29]. 1638 suchte Domherr Caspar Imboden im Namen der Grafschaft bei Bischof Bartholomäus Supersaxo um die Wiederherstellung und Erweiterung der «alten» Muttergotteskapelle nach, da diese zu klein geworden sei[30]. 1641 heißt es: «Sacellum.. nouiter constructum»[31]. Doch wurden schon 1650/51 wieder Zahlungen an Maurer, darunter an einen «meister Hans den Murer», sowie an Dachdecker ausgerichtet[32], und im Gesuch von 1679 an Nuntius Cybo wurde sogar wieder über den drohenden Verfall der Kapelle geklagt; man gedachte das durch «unzählige Wundertaten berühmte Heiligtum zu erweitern und in Gestalt und Größe geziemender neu aufzurichten»[33]. So entstand 1687[34] – Jahreszahl am Portalscheitel und in der Archivolte der Sakristeitür – das in seiner Disposition und größtenteils auch noch in seinen Mauern erhaltene Bauwerk, das 1693 feierlich eingesegnet wurde[35]. In der Nacht des 9. Februar 1807 riß eine La-

---

26 Sofern die Initialen Joseph Biderbosten (um 1670–1718) bedeuten (SCHMID, LAUBER, Verzeichnis, 1892, S. 368). 27 GdeA Ritzingen, B4. 28 L. CARLEN, Gericht und Gemeinde, S. 131.

29 Die folgende, auf einen Bildstock hinweisende Stelle in einem Akt von 1536 muß sich nicht auf das Heiligtum beziehen: «Jn campo vocato gluringer veldt superius Jmaginem diue Marie mris nri Redemptoris» (PfA Münster, B4c). D. IMESCH spricht von Spuren einer Kapelle im 15. Jh. (D. IMESCH, Marienverehrung im Wallis, Visp 1940, S. 35). 30 PfA Biel, D10.

31 PfA Biel, D56. Zu dem damals in Ritzingen lebenden Tiroler Maurermeister GEORG TANGELL vgl. Anm. 13. 32 PfA Biel, D56. 33 PfA Biel, D14.

34 Inschrift auf dem Titelblatt des mit dem Jahre 1687 beginnenden Kapellenbuches: «Hic Libellus Jnseruit Sacello Bmae Virginis Mariae Miraculosé aedificato Anno a Serpente Ligato 1687, die 8 februari». 1677 hatte man für die Kapelle ein «stucklin acher bej vnd ob der gemelten kapellen, bei 5.finf pfund an schatzig, oder waß man von nöthen hatt» erworben (PfA Biel, D56).

35 PfA Biel, D16. Es fehlt auf dem Akt das Datum. Bei der Einordnung ins Archiv wurde «1693» daraufgesetzt; im Archiv-Inventar steht zusätzlich «14. Juli».

wine[36] die Nordmauer des Schiffs ein und verwüstete die Kapelle; Chor und Turm blieben unbeschädigt. Trotz den Drangsalen jener Jahre nach dem Franzoseneinfall stellte die Bevölkerung ihre Kapelle in bewunderungswürdigem Eifer wieder her. Die minuziösen Aufzeichnungen[37] des damaligen Pfarrers von Biel, Joseph Anton Jost, geben Einblick in die Werkstatt des Kapellenbaus. Man begann noch im Katastrophenjahr. Ausgenommen die beiden nicht namentlich genannten Maurermeister ist die einheimische Herkunft aller Handwerker belegt[38]. Kalkstein brach man in Oberwald, Kreide in Außerbinn. Das Schiff erhielt eine neue Wandgliederung. JOHANN JOSEPH PFEFFERLE (1756–1838) malte das Gewölbe aus und vergoldete die erneuerte Kanzel[39]. Die Bänke wurden ersetzt. Während an der Nordwand die alten hochrechteckigen Fenster wieder hergestellt wurden, gestaltete man die Fassade neu mit Stichbogenfenstern und Krüppelwalm(?)[40]. Pfarrer Jost schrieb beim Rechnungsabschluß am 25. Brachmonat 1814: «Die Gemeindwerk sind hundert, und hundert weis, ja darf wohl sagen tausend weis»[41]. Einzelne Spender[42] traten hervor. Johann Joseph Huser kam beispielsweise für alles Öl auf, das der Maler am Gewölbe und die Maurer für den Guß des Laubwerks an den Kapitellen benötigten. 1816 zog man den Maler PFEFFERLE erneut zu, um die Kapitelle, Namen über den Kapitellen und Engel unter der Orgelempore zu vergolden[43]. Die mit dem Patrozinium der Heimsuchung und Geburt Mariens ausgestattete[44] Kapelle, die in den Jahren 1851[45], 1863[46], 1867–1869[47] und 1873[48] noch kleinerer Renovationen und Reparaturen bedurfte, fiel 1920 bei der Pfarreigründung von Gluringen als Eigentum der Pfarrkirche Biel zu[49]. 1968 wurden im Zuge einer Renovation die unteren Schaftabschnitte einiger Pilaster entfernt, ferner Turm und Kapelle mit Asbestzement gedeckt, der die Dachhaube hart und steif vom Hintergrund absetzt. 1973 Erneuerung schadhafter Reliefs am Stirnfassadenportal.

Literatur. J. LAUBER, Gnadenkapelle auf dem Ritzinger Feld, BWG III (1905), S. 371–374.

BESCHREIBUNG. Im Gegensatz zur tief im Wald verborgenen Erner-Wald-Kapelle steht die Wallfahrtskapelle auf dem Ritzinger Feld geostet am Horizont des Schuttfächers zwischen Ritzingen und Gluringen weithin als Wahrzeichen des Obergoms sichtbar.

Äußeres (Abb. 299 und 300). Wie bei der Kirche von Gluringen umfaßt eine an der Fassade leicht, auf der Chorseite kräftig gewalmte Satteldachhaube das rechteckige Schiff und das wenig eingezogene Rechteckchor. An das Nordostende des Schiffs stößt der Turm. Daran schließt mit Schleppdach die Sakristei an. Die Außenwände sind über neuem(?) gefugtem Bruchsteinmauersockel nur durch die giltsteingerahmten Portale und Hochfenster gegliedert. Die straßenseitige Südfront

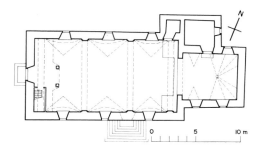

Abb. 300. Ritzingen. Ritzingerfeldkapelle. Grundriß. – Text siehe oben.

Abb. 301 und 302. Ritzingen. Ritzingerfeldkapelle. Deckengemälde, 1807–1814, von Johann Joseph Pfefferle. Scheitelmedaillon mit Mariä Geburt. – Vasen-Muschelmotiv in einer Stichkappe. – Text S. 371.

36 «..ist die Capella.. durch die Schnee-Lauwine/:das Chor, und der Thurm ausgenohmen:/ gänzlich verwüstet, und zugrund gerichtet worden» (Aufzeichnung des Pfarrers JOSEPH ANTON JOST vom 1. April 1807. PfA Biel, D 66 a). «Die capellen zerbrochen und ein theil darvon getragen» (Zeit-genössische Chronik des JOHANN IGNAZ INDERSCHMITTEN, Binn).

37 Notizen von Pfarrer JOSEPH ANTON JOST (PfA Biel, D 66 a).

38 Ein «Meister Bernard» wird genannt (Maurermeister?). Die Maurer leisteten total 166¼ Tag-werke. Zimmerleute: JOSEPH ANTON ZEIT von Biel (Dachstuhl und Dach), JOSEPH ANTON HOLZER, JOH. CARLI HOLZER von Gluringen, HANS JOSEPH ZEIT von Biel, JOSEPH WALPEN von Gadmen, Söhne des JOHANNIS GUNTREN von Biel, GASPER CHRISTEN, Sohn, von Ammern, JOSEPH IGNAZ EGGER von Biel, JOHANN HAGEN von Gluringen. Glaser ENGELBERT BRUNOLD von Grengiols. Türe von ANTON BITTEL, Bodmen. Boden von HANS JOSEPH WALTER von Selkingen.

39 Nirgends geht hervor, daß PFEFFERLE leitender Baumeister der Restaurierung war. Es müßte sich denn JOSEPH LAUBER auf andere Quellen oder auf die Überlieferung gestützt haben (SCHMID, LAUBER, Verzeichnis, 1915, S. 160).

40 Während der Krüppelwalm im Untergoms schon während des letzten Jahrzehnts des 17. Jh. auftritt (Erner-Wald-Kapelle), ist aus dem Obergoms kein Beispiel vor der Reckinger Pfarrkirche (1745) bekannt.

41 So brauchten die Kapitalien der Kapelle nicht angetastet zu werden; es ergab sich sogar ein kleiner Überschuß.

42 JOHANN BAPTIST WALTER von Selkingen leistete alle Schmiedearbeiten. Auch die Gemeinden beteiligten sich mit Fronarbeit. Obergesteln schaffte die Kalksteine bis Münster, Geschinen half mit Pferden die Kreide von Außerbinn holen, das seinerseits einen Teil der Kreide schenkte. Die Ge-meinden brachten das Holz für den Dachstuhl.

43 Akkord vom 6. Brachmonat 1816. Abrechnung vom 13. Heumonat 1816. Die genannten Engel und Namen sind nicht mehr vorhanden. Um den heutigen Cherub am Fuß der Mittelbrüstung wird es sich nicht handeln. 44 Visitationsakt 1809 (PfA Biel, D 33).

45 Meister JOHANN JOSEPH STEFFEN von Reckingen deckte das Chor neu (PfA Biel, D 66 a).

46 Zahlung an Steinhauer und Maurer Fr. 121.– (PfA Biel, D 65).

47 Reparatur des Schildes der Kapelle (Fassadengiebel?) (PfA Biel, D 65).

48 Neubedachung (ebenda).

49 GdeA Gluringen, D 46. Doch hat der Pfarrer von Gluringen das Recht, jederzeit in der Kapelle die hl. Messe zu feiern.

erfährt eine besondere Auszeichnung durch die Sprenggiebelbekrönung[50] der Chor-
fenster und ein reiches Seitenportalgewände mit rundem Sprenggiebel in Spät-
renaissancestil. Am Portalfries Wappen der Grafschaft, ein Pedum auf Dreiberg
zwischen den Initialen «G[rafschaft] B[iel]» unter Sternen. Von der alten Talstraße, die hier der Kapellenfront entlang führte, steigt eine dreiseitige Treppe zum
Portal empor. In der Stirnfassade ähnliches Portal unter giebelförmig angeordneten
Fensteröffnungen. Stellenweise etwas aufwendiger dekoriert – in einem Sockelstirn-
feld erscheint ein Löwenkopf mit Ring in der Art der Türklopfer –, ist es anderseits
derber behauen und durch spätere Veränderungen beeinträchtigt[51]. Von der Jahreszahl beidseits des Wappens am Fries blieb nur die rechte Zifferngruppe «87» erhalten. Der schlanke Turmschaft mit der kräftig abgesetzten Eckquadrierung endet
in dem fürs Obergoms charakteristischen dachartigen Kranz unterhalb der Glockenstube. Der zeltdachförmige Helm läuft in eine lange Kegelspitze aus.

Inneres. Der lange, mit Stichkappentonne überwölbte Rechtecksaal des *Schiffs*
wird in drei Volljoche und schmale Jochabschnitte an den Enden unterteilt. Die
Wandgliederung von 1807/08 im Schiff verwendet Leitmotive der Reckinger Pfarrkirche, sie vergröbernd oder klassizistisch versteifend, so die herabgedrückten schwe-

Abb. 303. Ritzingen. Ritzingerfeldkapelle. Hochaltar, 1690, mit Randranken, 1691, von Johann Ritz.
Vgl. Abb. 288. – Text S. 372.

Abb. 304 und 305. Ritzingen. Ritzingerfeldkapelle. Bekrönung des Hochaltars mit Mariä Krönung.
Text S. 372. – Kanzelschalldeckel, um 1700, von Johann Sigristen(?). Quastenkranz, 1808, von
Joseph Anton Lagger. – Text S. 375/76.

ren, hier degenerierten Laubwerkkapitelle der breiten Pilaster auf Rücklage, das
nun horizontal über die Joche geführte Kranzgesims des Pilastergebälks und die
auf kleine Solbänke abgestützten Profilrahmen der innen stichbogigen Fensterlaibungen. Die Gurtbögen fußen auf einem mit Cherub geschmückten Attika-
Pilasterstumpf. Stichkappen, Schild- und Gurtbögen sind der Tonne nur mittels
Profilbündel vorgeblendet. Am Scheitel der Volljoche Malereien in reichkonturierten gipsernen Vielpaßmedaillons, von Westen nach Osten: Heimsuchung, Geburt
(Abb. 301) und Tod Mariens. Die recht unbeholfenen Darstellungen mit den untersetzten Figuren sind typisch für den Stil des JOHANN JOSEPH PFEFFERLE. Besser gelangen ihm die Ornamentgitter der Gurtbögen und die Vasen vor blütenbekränzten
Muscheln (Abb. 302) in den Schildbogenfeldern, wo vereinzelte Louis-XVI-Motive
Eingang ins Rokoko fanden. Über dem giltsteinernen ionischen Chorbogen, den
ein spindelmaschiges Chorgitter verschließt, in einer Nische Maria vom Sieg (S. 376)
(Abb. 310). Beidseits über den Ziffern der Jahreszahl 1808 rocaillegerahmte Schrift-
felder. Text des linken Feldes: «Mein erster Erbauungsstand dauerte hun/dert und
zwanzig Jahr/Das Tausend achthundert und siebente Jahr/auf mich verbittert war».
Text des rechten Feldes: «Den da wurd' ich ein Spiel der wil/den Schneeswogen/
Allein der Grafschaft Andachtsgeist hat mich/wie ich nun Bin, aufs neu empor gezogen». Im *Chor* sammeln sich die symmetrisch angeordneten, ungleichen Kappen
über hohen Schildbögen in einer Stuckrosette. Das durchlaufende Gesims wird hier
nicht von Pilastern gestützt. Massige Einzelstukkaturen sind ohne strafferes Programm über die Wände verteilt: Engelsköpfchen und Cherubine tragen abwechselnd das an der Stirnwand mit Festons behangene Gesims. Über dem giltsteinernen
Portalgewände der Sakristeitür ein Cherub unter einer Muschel, an der rechten
Chorwange ein in Tulpen endendes gleicharmiges Kreuz (Apostelkreuz?) in üp-
pigem Blattgirlandenkranz. Am Scheitel des Chorarms stützen Cherubine ein Me-

---

50 Dieses Motiv ist fürs Obergoms durch zeitgenössische Kirchenpläne zur Kirche von Obergesteln belegt (S. 201).   51 Beschädigt 1807? Veränderungen 1863 (vgl. Anm. 46)?

daillon mit einer gemalten Mariä Himmelfahrt von JOHANN JOSEPH PFEFFERLE. Eine Teppichmalerei aus der zweiten Hälfte des 19. Jahrhunderts an der Fußzone endet in einem Fries mit halbfigurigen Putten und Symbolen. In der *Sakristei* flache, wohl aus der Mitte des 18. Jahrhunderts stammende Gipsdecke mit feinprofiliertem Rähmchen und zierlicher Akanthusblüte im kreisrunden zentralen Medaillon. Die mit Gips verkleidete hölzerne *Orgelempore* ist 1807/08 beim Wiederaufbau des Schiffs nach dem Vorbild der Empore in der Antoniuskapelle von Münster (S. 144) geschaffen und von JOHANN JOSEPH PFEFFERLE bemalt worden[52]. Die Stirn des vor- und hochgezogenen Mittelstücks ist zweizonig gestaltet. Schmucklose Pilaster. Füllungen mit gemalten Blumengehängen.

Altäre, Hochaltar (Abb. 303). Inschrift auf der Rollwerkkartusche der Predella: «Gott Dem Allmechtigen, Maria der Jungfrau=/wen, Zu Ehren, haben Räth Und gemeinten der graff/schaft Biel dissen Altar aufgericht. A° MDCXC.». O. STEINMANN weist die Statue der Mittelnische (Abb. 308) mit Recht einem eigenen Meister zu[53]. Dieser wie der Hauptmeister sind unbekannt. 1691 fügte JOHANN RITZ aus Selkingen die Randranken hinzu. Hinten auf der linken Seitenranke: «Ano 1691», vorn unten an deren Voluten: «IOH.RIZ.BILT.H». Das bedeutende Retabel bot dem jungen RITZ zahlreiche ikonographische und formale Anregungen[54]. Auf dem früheren Antependium habe ein Wappen der Familie Biderbost gestanden[55].

Der komplexe unstatische Aufbau ist typisch für den manieristischen Frühbarock[56]. Die kräftigen, von Säulen und Halbsäulen umstandenen Anten tragen nur Sprenggiebel. Das Obergeschoß selbst ruht auf einem von Hängekapitellen(!) gestützten Giebel. Frühbarocke Silhouette mit stark eingezogener Oberzone. Die Säulenfüße gleichen umgestülpten akanthusbeschlagenen Vasen. Die Marienstatue der Hauptnische (Abb. 308) überragt die seitlichen Statuen, links Joachim(?), rechts die hl. Anna Selbdritt. In der Oberzone Statue der Assunta (Abb. 309). Akroterfiguren: links der hl. Josef, rechts Johannes Ev. (Abb. 311). Eine prachtvolle Gruppe der Marienkrönung (Abb. 304) in dreipaßförmigem Akanthusrahmen bildet den Abschluß. Aus den sukkulentenhaft massigen Akanthusranken des JOHANN RITZ tritt ein Putto unter krautigem Füllhorn (Abb. 288).

Seitenaltäre. Die Ritzingerfeldkapelle birgt im rechten Seitenaltar ein Frühwerk des Meisters JOHANN RITZ (1666–1729) aus Selkingen, im linken ein Werk[57] aus seinem fünften Lebensjahrzehnt.

Altar der Heiligen Familie (rechter Seitenaltar) (Abb. 306 und Farbtafel III, S. 376/77). Nach den Initialen «C H» und dem Wappenzeichen in der Kartusche der Bekrönung eine Stiftung[58] des Pfarrers Christian Huser (†1701) von Biel, 1691 von JOHANN RITZ geschnitzt. Am Rücken des 1972 gestohlenen Jesusknaben eingeschnitzt: «IOH.RIZ.BILT.H[auer]/VON.SEL[kingen]/ANNO.1691». Weihedatum 1709 an der Kartusche der Predella. Die Putten in Akanthuswedeln über der Gruppe der Heiligen

---

52 Aus den Notizen von Pfarrer J. A. JOST zu schließen (PfA Biel, D42).

53 STEINMANN, Ritz, S. 30.   54 Ebenda, S. 30, 43, 103 u. 138.   55 W.Wb., S. 31.

56 Vgl. den formal abhängigen Altar (1692) von JOHANN RITZ in der Kapelle von Schmidigenhäusern (Binn). STEINMANN, Ritz, Tf. 6.

57 Man darf nicht von einem reiferen Werk sprechen, weil Bildwerke wie diejenigen am Altar der Wichelkapelle im Fieschertal (1691) Höhepunkte seiner Kunst darstellen.

58 Am 21. Jan. 1700 stiftete er eine hl. Messe an diesen Altar (PfA Biel, D 60).

Abb. 306 und 307. Ritzingen. Ritzingerfeldkapelle. Seitenaltäre von Johann Ritz. Altar der Heiligen Familie, 1691; Jesuskind 1972 entwendet. Vgl. Tafel III, S. 376/77. Text S. 372–374. – Altar der hl. Katharina, 1713, von Johann Ritz. – Text S. 374/75.

Familie eine spätere Zutat des Meisters JOHANN RITZ um 1713(?)[59]. Kleinere Reparaturen durch Bildhauer ANTON LAGGER und JOHANN JOSEPH PFEFFERLE nach der Lawinenkatastrophe von 1807[60]. O. STEINMANN nimmt für die Gruppe der Heiligen Familie einen RUBENS-Stich als Vorlage an[61].

Die Silhouette mit der stark eingezogenen Oberzone[62] ist noch frühbarock, doch gleichen sich die Geschosse formal bereits an. Charakteristisch für das Frühwerk ist der flache Aufbau. Neben der Passiflorienblüte leben in den Spiralen der Bekrönung kräftige Knorpelstilelemente fort. Akanthus tritt erst in den Spiralen auf. In der Hauptnische die Skulpturengruppe des heiligen Wandels, die Heilige Familie unter der Taube des Heiligen Geistes, in der Oberzone der hl. Martin mit dem Bettler zwischen den Heiligen Dominikus und Antonius von Padua. Johannes der Täufer steht als Bekrönungsfigur auf dem Wandsims. Originalfassung mit Polimentgold und Tempera. Bei den Statuen intensives Rot der Backen auf elfenbeinernem Inkarnat. Am hölzernen Antependium duftig in Öl gemalte Flucht der Heiligen Familie aus dem dritten Viertel des 18. Jahrhunderts.

59 STEINMANN, Ritz, S. 136.

60 Vgl. Anm. 37.

61 STEINMANN, RITZ, S. 50, Anm. 56. Basel, Öffentliche Kunstsammlung, Kupferstichkabinett H5. Es bestehen zwar wesentliche Unterschiede im Standmotiv.

62 Vgl. den Hochaltar (1681) in der Hl.-Kreuz-Kapelle im Lengtal.

Abb. 308 und 309. Ritzingen. Ritzingerfeldkapelle. Hochaltar. Muttergottes der Hauptnische. –
Assunta in der Nische der Oberzone. – Text S. 372.

Stil der Statuen. Alle drei Figuren der Hauptnische wiederholen stereotyp dasselbe
Stand- und Bewegungsmotiv[63]: nach innen ausfallendes Knie des Spielbeins; Wendung des Oberkörpers und des Kopfs in die entgegengesetzte Richtung. Bei Maria
und Josef taucht das in der Folge bis zur Manier wiederholte Motiv des vorhang-
artig zur Seite gespreizten Mantels auf. Die Antlitze mit den schräg herabgezogenen
Augen wirken schwerblütig. Träger Fluß der Falten. Flämischer Einfluß?

Katharinenaltar (linker Seitenaltar). Inschrift in der Akanthuskartusche am Gebälk
des Hauptgeschosses: «s[anctae].v[irgini].c[atharinae]./HOC OPVS FIERI/FECERVNT
JOES/& ANDREAS RIZ/FF[64] 1713». Der vom Bildhauer zusammen mit seinem Bruder
gestiftete Altar ist sicher in dessen Werkstatt geschnitzt worden. Bei der Lawinenkatastrophe von 1807 ist der dicht an der niedergerissenen Nordmauer stehende

63 Es handelt sich um eine seltene Variante des zur Zeit der Renaissance von der griechischen
Klassik übernommenen üblichen Standmotivs, bei dem der Kopf in die gleiche Richtung wie der
Oberschenkel des Spielbeins gewendet ist. Ausgeprägt die Variante bei ERCOLE FERRATA (1610 bis
1686), in seinem Engel der Engelsbrücke in Rom von 1668 bis 1670 (H. KAUFFMANN, Giovanni Lorenzo
Bernini. Die figürlichen Kompositionen, Berlin 1970, Abb. 130), und offenbar häufiger in der vene-
zianischen Skulptur und deren Einflußbereich. Vgl. die Gruppe im Hof des Frariklosters in Venedig
und die Gruppe «Abschied Christi von Maria» in Eggenburg (E. TIETZE-CONRAT, Georg Raphael
Donners Verhältnis zur italienischen Kunst, Kunstgeschichtliches Jahrbuch der K.K. Zentral-Kom-
mission für Erforschung und Erhaltung der Kunst- und Historischen Denkmale I, 1907, S. 107, Fig. 80
und Text S. 109 sowie S. 103, Fig. 76 und Text S. 100). Die prallen voluminösen Aktfiguren aus
RITZENS Frühzeit erinnern anderseits an den mit RUBENS befreundeten JÖRG PELEL, Augsburg, dessen
Figuren sich häufig der genannten Standmotivvariante nähern, ohne sie indessen je ausgeprägt zur
Anwendung zu bringen (K. FEUCHTMAYR, A. SCHÄDLER, mit Beiträgen von N. LIEB und TH. MÜLLER,
Georg Petel 1601/02–1634, Jahresgabe des Deutschen Vereins für Kunstwissenschaft 1972/73, Berlin
1973, Abb. Nr. 69, 70, 99, 111, 120, 121, 127).
64 Von O. STEINMANN als «Fratres» gedeutet (STEINMANN, Ritz, S. 135).

Abb. 310 und 311. Ritzingen. Ritzingerfeldkapelle. Madonna vom Sieg, Ende 17. Jh., von Johann Ritz, in der Nische über dem Chorbogen. Text S. 376. – Hl. Johannes Ev., rechte Akroterfigur am Hochaltar. – Text S. 372.

Altar in Mitleidenschaft gezogen worden. Bildhauer ANTON LAGGER besserte ihn 1808/09 aus, JOHANN JOSEPH PFEFFERLE leistete die Faßarbeiten[65].

Literatur. STEINMANN, Ritz, S. 56/57, 135/36.

Bei diesem jedenfalls im Aufbau reiferen Werk (Abb. 307) haben sich die beiden Architekturgeschosse formal einander völlig angeglichen. Die vorgetreppten Säulen verleihen dem Retabel Relief. Am Hauptgeschoß sind die äußeren Säulen durch Statuen unter Hängekapitell ersetzt. Die Akrotervoluten sind runden Sprenggiebeln gewichen, die heterogenen Ornamentmotive einem etwas spröden Akanthus. In der Mittelachse von unten nach oben die hl. Katharina, ein Schutzengel mit Kind und der Erzengel Michael. Flankenstatuen des Hauptgeschosses: links Johannes Ev., rechts der hl. Andreas. Auf den Sprenggiebeln sitzen Engelchen. Original in Polimentgold und Tempera gefaßte Figuren. Graue Marmorierung der Säulenschäfte und silberne Fassung der Kapitelle und Akanthusranken von 1808/09?[66].

Stil der Statuen. Hl. Katharina. Die Statue ist die ausgeprägteste «figura serpentinata» des Meisters. Spröder Faltenstil.

KANZEL (Abb. 305). Beim Einsturz der Kapellennordwand wurde 1807 auch die um 1700 wohl von JOHANN SIGRISTEN geschaffene Kanzel zerstört; die wertvollen Statuen blieben erhalten. 1808 – die Jahreszahl in einer kleinen Kartusche an der Brüstung – stellte der Reckinger Bildhauer ANTON LAGGER, vorhandene Teile verwendend, die Kanzel im Stil der früheren wieder her. LAGGER schuf den «Kranz des Kanzels»[67], d. h. den Quastenbehang am Schalldeckel, und vereinzelte derbere

---

65 PfA Biel, D66a und 42.   66 STEINMANN, Ritz, S. 136.
67 PfA Biel, D66a. O. STEINMANN versteht darunter den Kanzelkorb (STEINMANN, Ritz, S. 122, Anm. 121).

Schnitzornamente an der Brüstung. Das gewiß von ihm stammende Kanzelkreuz, ein ausgeprägtes Kruzifix vom II. Reckinger Hauskruzifixtyp (S. 47), gestattet es, diese Kruzifixe seiner Werkstatt zuzuweisen. JOHANN JOSEPH PFEFFERLE wird die Kanzel daraufhin gefaßt haben[68]. Die Kanzelkorb-Statuetten, die denjenigen in der Pfarrkirche von Glis gleichen, und die Figuren auf dem Schalldeckel gehören zum Vollendetsten, was dem Gliser Meister JOHANN SIGRISTEN zuzuschreiben ist. – ORGEL. Die alte Orgel war 1807 von der Lawine zerstört worden[69]. Nachdem 1810 ein Orgelbauer WALPEN vielleicht für die Herstellung des Gehäuses zugezogen worden war[70], ging der Auftrag um 300 Walliser Pfund an ANTON und FELIX CARLEN von Gluringen, die das Werk 1813 fertigstellten[71]. Bildhauer ANTON LAGGER schnitzte im selben Jahr die qualitätvollen Ornamente. Im folgenden Jahr faßte JOHANN JOSEPH PFEFFERLE das Gehäuse. Angabe der Disposition bei BRUHIN, S. 215. Der Prospekt baut sich aus zwei mächtigen Seitentürmen und einem um die Hälfte kleineren Mitteltürmchen auf. Schmale Zwischenfelder mit fallenden Karniesen verbinden die vorschwingenden Türme. Die schweren geraden Gebälke der Türme atmen klassizistischen Geist. – KIRCHENBÄNKE. Das erste innere Dockenpaar hinter dem Quergang ist beschnitzt. An der linken Docke, in C-Bogen- und Rocaille-ranken, Blumendekor mit der Jahreszahl 1810. – SKULPTUREN. *Kreuzigungsgruppe* im Tympanon des Chorgitters. Kruzifix. Holz, polychromiert und vergoldet. 1. Hälfte 18. Jh. Korpus vom späteren Typus der RITZ-Werkstatt (S. 46). Die breitschultrigen Begleitstatuen mit den einsinkenden Knien und den schirmartig über die Füße gespreizten Kleidern sind reliefhaft flach geschnitzt. 2. Hälfte 18. Jh., von einem der Söhne des PETER LAGGER? – *Kruzifix.* H. 100 cm. Holz. Spätere(?) Fassung, mit Schellack überzogen. Mitte 17. Jh. Am Querbalken eingeschnitzt: «BALZER HAGEN/HANS SIN SVN»[72]. Typus des Altarkreuzes in der Dorfkapelle von Selkingen (S. 413), aber muskulöser und der-ber. – *Altarkruzifixe.* 1. H. 82,5 cm (Korpus 32,5 cm, ohne Nimbus). Vergoldetes Lendentuch. Über-malt. 2. Viertel 18. Jh. Edler Korpus aus der Werkstatt des PETER LAGGER (†1788). – 2. H. 77,5 cm (Korpus 27 cm). Holz, polychromiert und bronzevergoldet. Lackiert. 1. Hälfte 19. Jh.? – *Madonna vom Sieg* (in der Nische über dem Triumphbogen) (Abb. 310). H. etwa 100 cm. Holz(?), vergoldet und polychromiert. Ende 17. Jh. Von JOHANN RITZ. Im Gegensatz zu den üblichen Maria-vom-Sieg-Darstellungen mit dem Jesuskind auf dem Arm der Mutter steht hier der Knabe vor Maria. Diese ikonographische Variante führt O. STEINMANN auf CARAVAGGIOS Madonna dei Palafrenieri zu-rück[73]. – *Madonna vom Sieg als Rosenkranzmadonna* (am Chorgitter). H. 55 cm. Holz, polychromiert, Mantel vergoldet. Um 1700. Von JOHANN RITZ. 1971 entwendet, aber wieder aufgefunden. Die quali-tätvolle Figur steht in einer Mandorla, deren fünfzehn Strahlen in Rosen enden. – *Leuchterengel.* Pen-dants. H. 64,5 cm. Arve, massiv, vergoldet. Originalfassung, stellenweise überholt. Gestiftet von Jo-hannes In der Binen. 1940 renoviert[74]. Stilistisch mit Sicherheit JOHANNES RITZ zuzuweisen. Die Engel stützen, auf einer Wolke kniend, ein Füllhorn auf das erhobene Knie. Inschrift in Rollakanthus-Kartusche am Füllhorn, beim einen Engel: «IOHanes in/Der Binen 1704», beim andern: «JOHanes in/Der Beinen». Das feine, stellenweise gebrochene Faltenwerk belegt den Stilwandel des Meisters in diesen Jahren. – *Anbetungsengel* (beidseits der Muttergottes in der Hauptnische des Hochaltars) (Abb. 308). Pendants. H. 46 und 47 cm. Arve, massiv. Originalfassung: Polimentgold, damaszierter Lüster und Tempera. Anfang 18. Jh. Werkstatt des JOHANN RITZ. – GEMÄLDE. *Der hl. Wandel.* 87 × 60 cm. Öl auf Leinwand. Rechts unten Stifterwappen[75] von Thomas Werlen von Geschinen, dem ersten

---

68 Nach den Notizen von Pfarrer J.A. JOST hat J.J. PFEFFERLE alle Malerarbeiten ausgeführt (PfA Biel, D42). Für die Fassung kam hauptsächlich der aus Selkingen stammende Schmied Josef Ignaz Eggs in Leuk auf (ebenda).

69 Den Orgelmachern CARLEN «hat man..die zerschlagene Rustig von der alten Orgel gelassen» (PfA Biel, D66a). Im gleichen Dokument finden sich auch alle übrigen Angaben zum Orgelbau.

70 Am 8. Jan. wurde ein Orgelmacher WALPEN von Reckingen entlöhnt, am 27. Mai ein Säger für die Bereitstellung der Läden.

71 Das Zinn der alten Orgel übergab man den Orgelbauern. Von den Gemeinden zog man 147½ Pfund Zinn und altes Blei ein. Gewicht der neuen Pfeifen 280¾ Pfund. Wenn auch die Rede von «den Herrn Orgelmacheren» ist, so war doch ANTON CARLEN der eigentlich Beauftragte. Sein Vater FELIX lieferte 50½ Pfund Zinn und Läden.

72 1641 wird ein Kind von Johannes Hagen und Barbara Habermergen getauft (PfA Münster, D89).   73 STEINMANN, Ritz, S. 97/98.

74 Notiz auf der Rückseite eines Engels.   75 Gleiches Wappen wie auf Abb. 202.

Tafel III. Ritzingen. Ritzingerfeldkapelle. Rechter Seitenaltar der Heiligen Familie, 1691, von Johann Ritz (Ausschnitt). Größtenteils originale Fassung. Vgl. Abb. 306. – Text S. 373/74.

Pfarrer in Biel, umrahmt von den Initialen «R.D.T.W.» und der Jahreszahl 1670. Runde ungebro-
chene Faltenzüge. – *Exvotos.* Von den 5 erhaltenen Exvotos aus dem Anfang des 19. Jahrhunderts
werden 3 Stück in der Kapelle aufbewahrt (S. 380)[76].

KAPELLENSCHATZ[77]. KELCH. H. 24,5 cm. Silber, gegossen, ziervergoldet. Keine Marken.
Briger Goldschmiedearbeit? Unten am Standringsaum die Inschrift: «MATH.IERGEN.VICE.CAPITA.IN.
GALLI.OBTVL.BMVVN.CAMPO.DE.RIZIGEN. 1691»[78]. Sechspaßfuß. Über dem Standringsaum abgesetzter
geblähter Fries mit Blattkompositionen und Cherubinen. Am hohen sechskantigen Fußschaft Blüten-
und Blattkompositionen. Unter dem abgeplatteten Birnknauf hängender Palmettenkranz. Durchbrochener silberner Korb mit alternierenden Cherubinen und Ovalspiegeln. – ALTARKRUZIFIX.
H. 68,5 cm. Kupfer, versilbert. Stil Louis XVI. – KERZENLEUCHTER. 1. Paar. H. 32 cm. Holz,
gelblichgrau marmoriert. 17. Jh.? Kegelförmiger profilierter Fuß. Am Schaft Vasenmotiv und zahlreiche, zum Teil scharfe Schaftringe. – 2.–4. Paare. H. 64 cm. Holz. 1816 geschnitzt von ANTON
LAGGER, Reckingen, und vergoldet von JOHANN JOSEPH PFEFFERLE, Geschinen[79]. Drei C-Bögen auf
Kugeln halten einen mit Marien- oder Jesusmonogramm beschnitzten Zylinder. Sich verjüngen-
der Schaft. Keulenblattkränze. – 5. Paar. H. 51,5 cm. Bronze, vergoldet. Stil Louis-Philippe. – KANON-
TAFELRAHMEN. Vier Stück, etwa 38,5 × 26 cm. Drei Stück 50–54 × 60 cm. Zwei Stück 41,5 × 32,5 cm.
Holz. Neue Ölvergoldung. 19. Jh.?[80]. Im Stil des frühen 18. Jh. Akanthusranken, zum Teil mit Blüten
(Passiflorien). – KASELN[81]. 1. Rot. 1. Hälfte 18. Jh. Genua? Roter gemusterter Samt auf silbergrauem
Satin. Große, aus blumenumrankten Bändern aufgebaute Phantasieblüten, das ganze Blatt füllend. –
2. Weiß. 2. Hälfte 18. Jh. Bunte Seidenstickerei mit Gold auf Serge. Vergitterte Girlanden, besetzt
mit Röschen. – 3. Weiß. 1865?[82]. Satin, bestickt mit Seide und Gold. Heute ausgeringelt. Bunte
Blütenzweige. – 4. Grün. Mitte 19. Jh. Lyon. Aufgeworfener Damast mit großen Rosenmotiven. Im
Kreuzstab, gestickt mit Seide und Gold, Jesusmonogramm in Ranken aus Blättern, Rosen und Ähren. –
5. Weiß. 2. Hälfte 19. Jh.? Damast, bestickt mit gedrängten Phantasieblüten und Rollwerkmotiven
in Seide und Gold. Am Stab rostroter Damast.

GLOCKE. Dm. 54 cm. Mit Köpfen verzierte Kronenbügel. An der Schulter Blattrankenfries mit
Rosetten zwischen Schnurstäben. An der Flanke zwischen Schnursäumen die Umschrift: «[Hand]
GLORIA IN EX CELSIS DEO ET IN TERRA PAX HOMINIBVS BONAE VOLVNTATIS». Am untern Schnursaum
hängen Flammen und Palmetten. Flankenreliefs: Hl. Michael, Kruzifixus. Unter einem Cherub in
Kartusche das Wappen des Glockengießers, Lorbeerkranz und bekröntes Herz in geviertem Wappen;
darunter die Inschrift: «HIL, PROVENSE GLOGKEN GIESSER.V.SITTEN»[83]. Gebündelte Schnurstäbe am
Saum.

ABGEWANDERTE KUNSTGEGENSTÄNDE. *Sitzende Muttergottes* (Abb. 316). SLM Inv.-Nr.
LM 7193. H. 63,5 cm. Arve. Spuren einer alten Fassung. Um 1400. 1902 unter dem Hochaltar aufgefunden[84]. Ob es sich um das alte Gnadenbild handelt, das 1690 der neuen Muttergottesstatue in
der Hochaltarnische wich, oder um ein aus der Pfarrkirche Biel entferntes Bildwerk, ist nicht abzuklären. Der rechte Vorderarm Mariens und der Kopf des Jesusknaben fehlen. Das Kind steht im
Profil auf dem linken Knie der Mutter. Zahlreiche Motive weisen noch auf das 14. Jahrhundert, in
den prallen, fülligen Formen kündet sich der Weiche Stil an.

---

76 Inventarisiert mit Abb. in ANDEREGG, Inv.-Nr. 111-5.1 bis 113-5.3.

77 Auf der Deckelinnenseite eines Missales von 1725 steht: «Ex Legato Dni Joannis Hagen de
Gluringen. saepissime Amani, et q. Maioris Nendae et Herementiae qui obiit 2da Aprilis 1731 aetatis
suae 82».

78 «Mathäus Jergen, zweiter Hauptmann in Gallien, geschenkt der Seligen Jungfrau Maria im
Ritzinger Feld.»   79 PfA Biel, D 66 a.

80 1810 wurden «Canontaflen» angeschafft und von J. J. PFEFFERLE gefaßt (ebenda). Die heutige
Fassung der aufgeführten Rahmen wird aber jünger sein, weshalb es sich eher um die 1879 angeschafften Kanontafeln handelt (PfA Biel, D 65).

81 Die von Ignaz Valentin Kräig aus Ernen geschenkte rote Kasel mit Jahreszahl und Wappen
ist nicht mehr vorhanden (SCHMID, LAUBER, Verzeichnis, 1903, S. 126).   82 PfA Biel, D 65.

83 Derselbe Meister goß die Glocke des Rathauses von Sitten, auf der ebenfalls Meisterinschrift
und -wappen stehen (O. CURIGER, L'Hôtel de Ville de Sion [1657–65], Vallesia XV [1960], Pl. 80
[Zeichnung]).

84 J. LAUBER, Gnadenkapelle auf dem Ritzingerfeld, BWG III (1905), S. 372.

Abb. 312 und 313. Ritzingen. Ritzingerfeldkapelle(?). Altartafelfragmente, 2. Viertel(?) 14. Jh. (Schweizerisches Landesmuseum Zürich). Vorderseite. Tod Mariens und nicht gedeutete Figurengruppe. – Text siehe unten und S. 400.

Fragmente von einem gemalten Retabel (Abb. 312–315). SLM Inv.-Nr. LM 7192. Tempera. Leinwand auf Holzunterlage. Drei Fragmente, wovon zwei durch ein Mittelstück ergänzte zusammengefügt sind. 85,5 × 23 cm, 28 cm und 51 cm. Beidseits bemalt. 2. Viertel(?) 14. Jh. Restauriert um 1904. Es muß sich um jenes beidseits bemalte «Bruchstück eines gotischen Altarflügels» handeln, das der Pfarrer Josef Lauber 1902 «gleichsam als Unterlage» unter dem Hochaltar der Ritzingerfeldkapelle gefunden und im folgenden Jahr an das Landesmuseum verkauft hat[85]. Das Retabel ist demnach vor der Aufrichtung des Barockaltars (1690) in der Wallfahrtskapelle irgendwie verwendet worden. In der kunsthistorischen Literatur ist das Kunstwerk ohne Vorbehalt mit der Gründung des Rektorats von Biel 1322 durch den in Zürich seßhaften Bieler Arzt Peter Fabrisse (Schmied) in Verbindung gebracht worden[86]. In diesem Falle müßte die Altartafel aus der Kapelle oder späteren Pfarrkirche von Biel in die Ritzingerfeldkapelle verlegt worden sein, was durchaus möglich, aber nicht erwiesen ist. Die vorhandenen Fragmente liefern keinerlei Hinweis auf das Patrozinium des hl. Johannes des Täufers in der Bieler Kapelle[87]. Die Darstellung des Marientodes, die wegen der aufwendigeren Rahmung mit Fialentürmen wohl als die eigentliche Schauseite des Retabels zu betrachten ist, läßt eher an eine Kapelle mit Marienpatrozinium denken[88].

---

85 Ebenda. Das «Bruchstück eines gotischen Altarflügels», das er ins 14. Jh. datierte, fand Pfarrer JOSEF LAUBER an derselben Stelle zugleich mit einem «defekten Madonnenbild resp. Statue», das er ins 15. Jh. datierte. Beide Werke hat er 1903 zusammen an das Landesmuseum verkauft. Die widersprüchlichen Angaben von J. LAUBER – er deutete die Tafeln als Anbetung des Kindes durch die Weisen und Hirten – mögen auf einem Irrtum beruhen, um so mehr als damals die Tafeln nicht restauriert waren.   86 I. BAIER-FUTTERER (vgl. Literatur).

87 I. BAIER-FUTTERER deutet zwar die damals verbreitete Darstellung des hl. Petrus vor der Himmelstür als Hinweis auf den Stifter Petrus (ebenda).

88 Aber stand im 14. Jh. bereits eine Wallfahrtskapelle auf dem Ritzinger Feld? Wegen der Abend-

Abb. 314 und 315. Ritzingen. Ritzingerfeldkapelle(?). Altarfragmente, vgl. Abb. 312 und 313. Rückseite. Figurengruppe (vgl. Abb. 313) vor der Himmelstür mit dem hl. Petrus und Abendmahl (Kommunionspendung). – Text siehe unten und S. 400.

Literatur. I. BAIER-FUTTERER, Zwei Altartafeln aus dem Stilkreis der Manessehandschrift, Congrès international d'histoire de l'art [Stockholm] 1936. Résumés des commissions en section. Actes du Congrès, Vol. I, S. 55/56. – P. L. GANZ, Die Malerei des Mittelalters und des XVI. Jahrhunderts in der Schweiz, Basel 1950, S. 113/14. – Kdm Aargau III, S. 337/38. – H. WENTZEL, Glasmaler und Maler im Mittelalter, Zeitschrift für Kunstwissenschaft III, Heft 3/4 (1949), S. 60.

Auf der *Vorderseite* Tod Mariens nach dem byzantinischen Typ der Koimesis. Befensterte Zickzackrampe. Mauerhintergrund, durch Wimperge und Maßwerkrosetten in den Zwickeln gegliedert. Die Kreuzblumen treten auf das abschließende Blütenfries über. Fialentürme an den Rändern. Nach dem Hintergrund gehört zu dieser Altarseite die wohl irrtümlicherweise als Schutzmantelmadonna gedeutete Szene des kleinen Altarfragments. Sechs Gestalten, darunter König, Mönch und Nonne, nahen sich staunend oder ehrerbietig auf steilem Weg. Hände nicht gefaltet wie bei Schutzmantelmadonnendarstellungen[89]. Der gleichen ständischen Figurengruppe schließt der hl. Petrus auf der *Rückseite* des Fragments die Himmelstür auf. Da die Figuren durch eine Tür im Hintergrund nach vorne

mahlszene ist das Retabel auch schon als Fronleichnamaltar gedeutet worden (Vermutung von Hans Anton von Roten, Raron). Ein Fronleichnamaltar (Corporis Christi) ist 1325 in Ernen durch Pfarrer Peter Murmann († 1354/55) ab Wylere gestiftet worden (IMESCH, S. 251). Dessen Bruder Jakob, Franziskanermönch im Kloster Domodossola, soll Beichtvater der Königin Agnes von Ungarn zu Königsfelden gewesen sein (F. SCHMID, Nachtrag zum Jahrzeitbuch von Ernen, Walliser Monatsschrift für vaterländische Geschichte 3 [1864], S. 10/11. SCHMID stützt sich auf die Notizen von ANNE JOSEPH DE RIVAZ [1751–1838], der sich seinerseits auf eine Urkunde im Archiv von Gerunden berief. Vgl. GREMAUD VI, S. 536.) Wie hätte das Retabel aber von Ernen in die Obergommer Wallfahrtskapelle gelangen sollen? Ritzinger Feld müßte vor dem Bau der Erner-Wald-Kapelle im ausgehenden 17. Jh. der Wallfahrtsort des ganzen Goms gewesen sein.

89 Es müßte sich um den byzantinischen Adorationsgestus handeln.

Abb. 316. Ritzingen. Ritzingerfeld-
kapelle(?). Sitzende Muttergottes, um
1400, H. 63,5 cm (Schweizerisches
Landesmuseum Zürich).
Text S. 377 und 400.

treten, erscheint die Szene abgeschlossen und das Fragment nur geringfügig beschnitten. Engel in zinnenbekrönten Lukarnen der himmlischen Stadt. Auf der Rückseite des großen Fragments Abendmahlsdarstellung mit drei Christusfiguren hinter rechteckigem Tisch. Die seitlichen Christusgestalten spenden die hl. Kommunion. Vor dem Tisch sitzender Judas ohne Nimbus. Vielgestaltigere, unter dem Tisch zweizonige Rampe. Hintergrund nicht mehr erhalten. Tafelbildartige Rahmung.

Würdigung. Gilt das als rituelle Kommunionspendung dargestellte Abendmahl in der abendländischen Kunst an sich schon als selten[90], ist uns für die drei Abendmahl-Christusfiguren mit dem byzantinisierenden Trinitätscharakter überhaupt kein weiteres Beispiel im Westen bekannt[91]. Der Marientod war damals als Bildthema schon längst hinter der Marienkrönung zurückgetreten[92]. Stilistisch sind die Tafeln von den einen als habsburgische Hofkunst[93], von andern als «primitiver Ableger eines führenden Werks»[94] beurteilt worden. Man erblickte in ihnen «den ältesten Beleg deutschschweizerisch-genauer zürcherischer Tafelmalerei des frühen 14. Jahrhunderts» und brachte sie mit der Manessehandschrift in Verbindung[95]. Die stilistische Zuweisung an die habsburgische Hofkunst oder an den Manessekreis hält einem genaueren Stilvergleich nicht stand[96]. Formale Anklänge bestehen eher zu Blättern der St. Galler Weltchronik des RUDOLF VON EMS und zu weiteren Werken des Bodenseeraums. Die dominierenden kölnischen Einflüsse aus dem Kreis um JOHANNES VON VALKENBURG dürften über Miniaturen vermittelt worden sein, da sich der formal heterogene Charakter der Gemälde mit Motiven aus der Buchmalerei belegen läßt. Aus dem Werk tritt der im Raume der deutschsprachigen Schweiz zu lokalisierende Meister als abhängiger und traditionsverhafteter Künstler hervor.

Zwei *Exvotos.* Medizinhistorische Sammlung der Universität Zürich, Inv.-Nr. I, 1 und o. Nr., 19. Jh.[97].

90 KÜNSTLE I, S. 415–417.

91 JEAN FOUQUET stellte 1455 auf einer Marienkrönung im Gebetbuch des königlichen Schatzmeisters Etienne Chevalier drei gleiche jugendliche Christusfiguren dar (KÜNSTLE I, S. 79). Im Osten waren zwei Christusfiguren gebräuchlich, die eine meist das Brot, die andere den Wein spendend (ebenda, S. 417, und ED. DOBBERT, Die Darstellung des Abendmahles durch die byzantinische Kunst, Jahrbücher für Kunstwissenschaft 4 [1871], S. 276, Fig. 2, S. 298, Fig. 3 und S. 304).

92 KÜNSTLE I, S. 568.   93 I. BAIER-FUTTERER (vgl. Literatur).

94 H. WENTZEL (vgl. Literatur). Er dachte an eine Herkunft aus Königsfelden. Sein stilistischer Vergleich mit den Glasmalereien im Kreuzgang von Klosterneuburg (Stiftermedaillon) ist u. E. nicht überzeugend.   95 E. MAURER (vgl. Literatur: Kdm AG III).

96 Zur stilistischen Einordnung des Werks vgl. W. RUPPEN, Die Bieler Altartafel-Fragmente im Schweizerischen Landesmuseum in Zürich. Versuch einer stilistischen Einordnung, Unsere Kunstdenkmäler XXVI (1975), S. 236–242.

97 ANDEREGG, Inv.-Nr. 114-5.4 und 115-5.5.   98 GdeA Ritzingen, G 1.

NOTHELFERKAPELLE

GESCHICHTE. Auf dem Weihwasserstein die Jahreszahl 1718 vor den Initialen «i[oseph]B[iderbosten]». Im April 1717 stand das «kleine Kapelly zu Rützigen bey der Landstraß», das «der Ehrs: Joseph Biderbosten uon Rützigen aus sunder baren eyffer .. in seinem Kosten aufferbauwen, undt machen lassen»[98]. Vor dem Bau hatte er mit den Dorfleuten von Ritzingen eine Abmachung zu treffen, daß alle im Kapellchen und sogar für dieses geopferten Spenden der «gröseren, undt alten Capellen der seligen Grosmuoter St:Annae in Rützigen ..gehören» und die Dorfleute für den Unterhalt aufzukommen nicht verpflichtet seien.

BESCHREIBUNG (Abb. 317). *Äußeres.* Das blinde, nach kurzem, eingezogenem Chorarm zweiseitig schließende Chor wird von nicht abgesetztem Walm gedeckt. Stichbogige Hochfenster in beiden Seitenwänden.

Inneres. Das Schiff wird von einem profilierten Kreuzgratgewölbe auf Halbpilastern in den Ecken überspannt. Der Kämpfer der chorseitigen Pilaster setzt sich über der Schulterwand fort, um das Kapitell des faszierten Chorbogens zu bilden. Das Chorgewölbe krümmt sich nach kurzer Tonne zu den stichbogigen Chorschlußwänden. Einfaches hölzernes Chorgitter.

Gemälde (Abb. 318) über schmaler Mensa. 101 × 131 cm. Öl auf Leinwand. Unten datiert 1719. Beidseits der Immakulata sind die Brustbildnisse der Vierzehn Nothelfer auf Wolken mit Attributen und Tituli aufgereiht. Links oben ist der hl. Josef hinzugefügt. – *Antependium.* Mit Öl auf Holz gemalte Darstellung der Heiligen Drei Könige mit einem Elefanten im Gefolge, aus der 2. Hälfte des 18. Jahrhunderts(?); ungeschickt übermalt. Rechts unten in Rot: «Renovirt 1916, XXIII.II. Herm. Benedetti/Zürich & Ritzingen».

Leuchterengel. Pendants. H. 61 cm. Holz, polychromiert. Steife Bildwerke. 1973 entwendet. – *Altarkreuz.* H. 76,5 cm (Korpus 38,5 cm). Übermalt. Spuren einer alten Fassung. 1. Hälfte 17.Jh.? Von

Abb. 317. Ritzingen. Nothelferkapellchen, 1717/18. – Text siehe oben.

Abb. 318. Ritzingen. Nothelferkapellchen. Altargemälde,
Immakulata inmitten der Nothelfer und weiterer Heiliger,
1719. – Text S. 381.

einem volkstümlichen Schnitzer des Binntals?[99]. Archaisierender steifer Korpus mit degenartigem hochgezogenem Lendentuchzipfel. Profilierter quadratischer Sockel, auf reichen Rokokosockel gestellt.

VERSCHWUNDENE KAPELLE

«*Sti Claus*». Das dem hl. Nikolaus von Myra geweihte Heiligtum – ob es sich um eine eigentliche Kapelle oder bloß um einen *Bildstock* handelt, geht aus den Quellen nicht hervor – wird 1580 erstmals[100], 1715 zum letztenmal genannt[101]. Es stand oberhalb der «strata regia» beim «Willen-acher»[102]. – Zu einem *Bildstock*(?) im Gluringer Feld(?) vgl. Anm. 29.

BIEL

GESCHICHTE. Biel ist das historische Zentrum der sogenannten *Grafschaft*, die sich vom Hilpersbach bei Selkingen bis zum Reckinger Bach erstreckt. 1277 erklärte[1] Marquard, Ritter von Mörel, daß die Leute von Biel wie ihre Vorfahren freie Eigensäße (eigensecin) seien und außer einer jährlichen Abgabe nur auf vernünftiges Ersuchen hin freiwillig eine Steuer entrichteten. Sie mußten gegen alle Kläger vor dem Grafen von Mörel erscheinen, hatten aber schon seit vierzig Jahren weder Meier noch Weibel mehr, sondern einen von Marquard oder seinem Vater Konrad aus ihren Reihen vorgeschlagenen Prokuratoren (Verteidiger). So ist die Geschichte der Obergommer «Grafschaft» mit derjenigen von Mörel verknüpft, das, vom 11. bis zum 14. Jahrhundert eine savoyardische Grafschaft, 1224 von Savoyen dem Bischof und der Kirche von Sitten als Lehen übergeben wurde[2]. In der für die Graf-

99 Vgl. die Chorbogenkruzifixe von Imfeld und Zenbinnen.
100 PfA Münster, B 5 a (zum 6. Jan.).   101 PfA Biel, D 56.
102 GdeA Ritzingen, B 4. Der «Willen-acher» ist nicht mehr identifizierbar.
1 PfA Biel, A 1 (GREMAUD II, S. 255/56).
2 P. ARNOLD, Licht und Schatten in den 10 Gemeinden von Östlich-Raron, Mörel 1961, S. 9–17. Hier finden sich auch die weiteren Angaben über die Grafen von Mörel.

schaft Biel offenbar entscheidenden Zeit um 1237, d. h. vierzig Jahre vor der genannten Erklärung des Grafen von Mörel, trat Bischof Boson II. auf den Bischofsthron. Als wohl letzter Sproß aus der älteren Linie jenes Hauses Gradetsch, das als
erstes Vasallengeschlecht die Herrschaft Savoyens über die Grafschaft Mörel aus-
geübt hatte, machte Bischof Boson eine Schenkung oberhalb der Massa an den
bischöflichen Tisch[3]. Der Ursprung des Freigerichts und demzufolge die Wahl des
bischöflichen Krummstabs als Wappenzeichen der Grafschaft könnten auf diese
nicht näher lokalisierbare Schenkung zurückgehen[4]. Die letzte, 1344 von Bischof
Gitschard Tavelli gewährte Freiheit[5], nicht mehr an die zwei jährlichen Gedinge
der Grafschaft Mörel gehen zu müssen, genügte jedenfalls nicht als Anlaß zur Wahl
des Emblems. In einem Schiedsspruch von 1466 erklärte Bischof Walter Supersaxo,
die Leute der Grafschaft hätten sich (vor 1277) von den Grafen von Mörel losgekauft[6]. Damit bleibt auch die Frage offen, ob die heute noch übliche Bezeichnung
«Grafschaft» auf die Herren von Mörel zurückgeht, die als Grafen von Geburt
nach 1224 das bischöfliche Lehen von Mörel verwalteten, nach der Jahrhundertmitte ihre Rechte aber veräußerten, oder ob der Name in die fernere Zeit zurückreicht, da die Grafen von Gradetsch die savoyische[7] Grafschaft von Mörel verwalteten. Bei dem von SIGISMUND FURRER wohl irrtümlicherweise den Grafen von
Blandrate[8] zugeschriebenen *Kastell* auf dem Hügel ob dem Dorfe, dessen letzte
Spuren 1879 noch sichtbar waren[9], wird es sich um einen Sitz der Herren von Mörel
oder Gradetsch gehandelt haben.

Mit dem Jahre 1367 beginnt die Reihe der historisch nachgewiesenen Ammänner
der Grafschaft[10], deren eigentliche Ernennung ungeachtet der Wahl durch die
Burger dem bischöflichen Landesherrn zustand[11]. Die Wahl fand in der Regel alle
zwei Jahre im Frühling auf dem Ritzinger Feld statt[12]. Wie das vom Ammann
wahrgenommene Recht des Blutbanns von seiten des Zenden Goms nicht unbestrit-

---

3 J. GREMAUD, Chartes Sédunoises, Nr. 52, Mémoires et Documents publiés par la Société d'Histoire de la Suisse Romande, Bd. 18, 1863, S. 430–432.

4 Vermutung von Stanislaus Noti Fr.O.M.Cap.

5 GREMAUD V, S. 483/84. Der Bischof gewährte diese Freiheit als Anerkennung für eine Beisteuer
der Grafschaft von 100 Goldgulden an die bischöfliche Kaufsumme für das Meiertum von Ernen.

6 FERD. SCHMID, Die Gerichtsbarkeit von Mörel, BWG II (1896), S. 51.

7 1384 setzte Rektor Jacob von Biel eine Gilt auf ein mit dem Jahrzeit der Grafen von Savoyen
belastetes Gut in Ritzingen (PfA Biel, D6).

8 Mit der von FURRER genau bezeichneten Jahreszahl 1196 als Beginn der Herrschaft der Blandrate
in Biel wird ein entscheidendes historisches Ereignis der Grafschaft verbunden sein. FURRER spricht
von einem Loskauf der Grafschaft von Jocelinus Blandarosa zu Visp im Jahr 1299, nachdem dieser
sie geerbt hatte (FURRER II, S. 56). GREMAUD wandte sich entschieden gegen die Hypothese der Bland-
rateherrschaft in Biel (GREMAUD II, S. 256), während HEUSLER sie wiederum vertrat und den Titel
«Grafschaft» auf dieses Grafengeschlecht zurückführte (A. HEUSLER, Rechtsquellen des Cantons
Wallis, Basel 1890, S. 16).

9 AMHERD, S. 178. WICK schrieb 1864–1867, vom Schloß sei keine Spur mehr vorhanden, suchte
die Ruine aber wohl auf einem Kapellenhügel unterhalb Biels (FURRER-WICK, S. 56/57). Domherr
ANNE JOSEPH DE RIVAZ († 1836) sah die Trümmer des Schlosses und berichtete von einer Erwähnung
der Burg 1290 (AGVO, J2, Joller).

10 J. LAUBER, Verzeichnis der Herren Ammänner der löbl. Grafschaft Biel, BWG III (1905),
S. 379–382.

11 L. CARLEN, Die Gerichtsbarkeit des Bischofs von Sitten im Goms, ZSK 51 (1957), S. 142.

12 L. CARLEN, Gericht und Gemeinde, S. 131.

ten blieb[13], so erschwerte die Sonderstellung in richterlichen Belangen der Grafschaft den Zugang zu den vollen Zendenrechten[14], obwohl sich diese als ein Viertel
des oberen Zenden der Zendenverwaltung einfügte[15]. Seit der Mitte des 18. Jahrhunderts ist die Einteilung der Grafschaft in die Drittel Gluringen, Ritzingen sowie
Biel samt Selkingen bekannt[16]. Bei der Besetzung des Amtes des Ammanns in der
Grafschaft kam Biel weniger zum Zug als etwa Gluringen oder Ritzingen. Mit Ausnahme der Amtsperioden des Matthäus Zeit um die Wende vom 17. zum 18. Jahrhundert waren es aus Biel ausschließlich Vertreter der Familie Aufdereggen, die
während des 16. Jahrhunderts und um die Mitte des 17. Jahrhunderts das Amt ver-
sahen. Nach Matthäus Zeit erschien bis zum Untergang des Freigerichts 1799 nur
noch ein Ammann Martin Aufdereggen 1749. Um Mitternacht vom 16. auf den
17. Januar 1827 fegte eine mächtige Lawine aus dem Walital «13 hüser undt 14
schüre oder stadtla hin weg»[17].

Einst nutzte die Grafschaft entlegene Alptriften, so Gletsch, vor allem Unter-
gletsch[18], und Niederaar hinter dem Grimselspittel[19].

Pfarreigeschichte. Schon 1322 stiftete[20] der in Zürich seßhafte Arzt Peter Fabrisse
(Schmied) aus Biel im Einverständnis mit Pfarrer Johann Asper von Münster zugleich mit der Kapelle auch das Rektorat, dessen Kollatur sich der Stifter vorbehielt; nach seinem Tode sollte das Präsentationsrecht an den Pfarrer von Münster,
die Kollatur an den Bischof von Sitten übergehen. 1498 soll Bischof Nikolaus Schiner
die Kapelle zur Filialkirche erhoben haben[21]. Auch der Chronist JOHANNES STUMPF
spricht 1525–1546 von einer «pfar heißt Biell, da S. Johann patron»[22]. Die eigentliche kirchliche Verselbständigung erfolgte aber erst in der zweiten Hälfte des
17. Jahrhunderts schrittweise und gegen den heftigsten Widerstand der Mutterpfarrei Münster[23]. 1670 erwarb sich Biel das Taufrecht um 20 spanische Dublonen,
die dem Neubau der Münstiger Kirche zuflossen[24]. FR. JOLLER nannte als Datum

---

13 So setzte es Landeshauptmann Anthelm Uf der Eggen 1466 durch, daß der Blutbann dem Meier
von Goms zugesprochen wurde (VON ROTEN, Landeshauptmänner, 1948, S. 117). Zum Streit von
1763 vgl. TH. SEILER, Dr. Johann Georg Garin Ritz, BWG I (1889/90), S. 190.   14 PfA Biel, A 13.
15 In PfA Biel, A 12, wird die Grafschaft als sechster Viertel des gesamten Zenden aufgeführt.
16 PfA Biel, A 11.
17 Zeitgenössische Michel-Chronik (PfA Ernen). LAUBER spricht 1905 von 34 Häusern (J. LAUBER
[vgl. Literatur], S. 362). Im Sterbebuch (PfA Biel, D 42) verewigte der damalige Pfarrer und Domherr
ANTON IGNAZ VON KALBERMATTEN das schreckliche Ereignis mit einem Chronostikon, mit Distichen
und angefügten deutschen Versen: «1827 ANNI INITIO/BIELA CVM SEL/KINGA NIVE NOC/TVRNA DE/VASTA-
TAE. Funera quinque Sub hoc et quadraginta Sepulchro/condita Sunt niveo praecipitante globo. Una
patri puerum nox junxit avoque nepotem/Incertae mortis Somnus imago manet./Dies Denkmal ist
geweiht der Trauer und dem Danke: dem Schneesturz, der von Biel zwey drittel hat zerstört: Der Hilf
vom Staatsrath und vom Nachbarn uns beschehrt; dir, Mensch, zum Wink, wie sehr die Lebensgabe
wanke». Inschrift am Grabmonument außen an der NO-Ecke des Chors: «TOD/VON 52 PERSON.ZU/
SELKIN U.BIEL DURCH/LAUVIN AN.1827/DEN 17.IÄNNER» (Abb. STEBLER, S. 49, Fig. 31). Nach 1903
schmiedeeisernes Kreuz ersetzt und Standpartie bereichert(?).
18 J. LAUBER [vgl. Literatur], S. 376–379.   19 GdeA Ritzingen, C 1 (1511).
20 PfA Biel, D 1–3 (GREMAUD IV, S. 43–50).
21 Verzeichnis der H. H. Pfrundherren von Oberwald. Ms nach Pfr. J. LAUBER in PfA Obergesteln.
22 C. SANTSCHI, Stumpf et l'historiographie valaisanne, Vallesia XXIV (1969), S. 182.
23 Der Umstand, daß der Münstiger Adrian V. von Riedmatten Bischof war, erschwerte die Loslösung. 1675 sprach Nuntius E. Cibo die Leute von Biel von den Kirchenstrafen los, die sie sich in den
Auseinandersetzungen zugezogen hatten (PfA Biel, D 12).   24 PfA Biel, D 11.

Abb. 319. Biel. Dorfansicht von O. Zeichnung, 1845–1850, von Raphael Ritz. – Text siehe unten.

der Pfarreigründung dasjenige der Weihe der vergrößerten Kirche (25. Juli 1678)[25]. Doch fehlte das Beerdigungsrecht noch bis 1698[26]. Wohl schon im Spätmittelalter war Johannes der Evangelist als Kirchenpatron an die Stelle des Täufers getreten[27]. 1736 löste sich Gluringen von Biel, blieb aber als Rektorat bis 1919/20 abhängig. Zur Verteilung der Pfarreilasten innerhalb der Drittel der Grafschaft vgl. S. 351. 1716 verkaufte Stephan Werra von Leuk das Zehntrecht seiner Familie in der Grafschaft an Thomas Werlen, von dessen gleichnamigem Sohn es 1739 die Leute der Grafschaft erwarben[28].

Quellen und Literatur. PfA und GdeA von Biel und Münster. – Notizen von JOSEF LAUBER, AGVO, S. 20. – J. LAUBER, Grafschaft Biel, BWG III (1905), S. 348–385.

Bilddokumente. Dorfansicht von O. Zeichnung von RAPHAEL RITZ 1845–1850. Skizzenbuch Nr. 22 (ETHZ, Gr. Slg., Inv.-Nr. 3686A) (Abb. 319). – Dorfplatz mit Kirche und steinernem Haus[29]; «Schloß Blandra in Biel 1169. Erbaut durch die Grafen von Blandra aus Visp.» Zeichnung von LORENZ JUSTIN oder RAPHAEL RITZ. 2. Viertel(?) 19. Jh. (Schloß Gubing, Siders) (Abb. 322).

Siegel und Wappen. Siegel des Grafen Marquard von Mörel am historisch bedeutsamen Dokument der Bestätigung der Freiheiten der Grafschaft vom 6. März 1277 (PfA Biel, A1) (Abb. 339). Wappenförmig. L. etwa 4 cm, B. etwa 3,5 cm. Laufender Löwe auf diagonal nach rechts steigendem Balken. Umschrift in gotischen Majuskeln: «s[igillum]м[a]RQVARDI C[o]MITIS DE M[o]RGI»[30]. – *Wappenzeichen der Grafschaft.* An der auf 1639 datierten Giltsteintafel links über dem Kirchenportal und am Taufstein (S. 395) von 1670 Emblem des Krummstabs als Zeichen der rechtlichen Unmittelbarkeit unter dem bischöflichen Landesherrn (S. 383), an den Friesen der beiden Kapellenportale im Ritzinger Feld (1687) auf Dreiberg (S. 370).

SIEDLUNG (Abb. 319–322). *Anlage.* Das heutige Siedlungsbild von Biel wird durch die eigentümliche Bodengestalt des Standorts geprägt. Ein an der östlichen Flanke des Schuttfächers nach SO austretender Sporn bildet zusammen mit dem Rand des seitlich jäh abfallenden Schuttkegels einen hufeisenförmigen Rücken mit steiler Runse dazwischen. Das Dorf besetzt Sporn und Runse; oberhalb der Talstraße

25 IMESCH, S. 250.

26 Ms des EUGEN WEGER, PfA Münster, o. Nr., S. 11. – VON ROTEN, Chronik, 1950, S. 28. Quittung vom 11. Febr. 1699. PfA Münster, D130, Einlageblätter.

27 In einem Dokument von 1342 (PfA Biel, D5) ist die Bezeichnung «Baptistae»(?) ausradiert und mit «Ewangeliste» in später gotischer Kursive überschrieben. Der Konsekrationsakt von Kirche und Altären 1678 nennt den Evangelisten, ein Testament von 1693 den Täufer (PfA Biel, D13 u. H2).

28 Ms des EUGEN WEGER, PfA Münster, o. Nr., S. 10.

29 Photo mit ähnlicher Ansicht in STEBLER, S. 26, Fig. 17 (1903).

30 Zustand der Inschrift 1864 (FURRER-WICK, S. 56/57).

Abb. 320. Biel. Luftaufnahme von 1973. – Text S. 385–387.

steigt es in parallelen Reihen die Flanke empor. Der Bodengestalt verdankt Biel auch seinen Kirchplatz, den einzigen ausgeprägten *Dorfplatz* des Obergoms mit größtenteils konzentrisch orientierten Häusern. Der Platz weist zwei eindrückliche Schauseiten auf: im Norden Kirche und Pfarrhaus, im Westen die ansteigende geschlossene Häuserflucht der drei stattlichen Wohnhäuser Nr. 3, 6 und 8. An beiden Dorfenden wird die S-förmig geschwungene Talstraße ein Stückweit von Gebäudezeilen begleitet, die aus vereinzelten, meist jüngeren Wohnhäusern, vor allem aber aus Nutzbauten bestehen. – *Bezeichnung der Dorfpartien:* Zur «Egge», am kuppenförmigen Rand des Schuttfächers bei Koord. 130/40, vgl. S. 385. Die von der engen, mitunter wohl auch drückend heißen Sohle der Runse[31] bis zum freien Hang des

31 Hell = vertieft gelegene Örtlichkeit (Schweiz. Idiotikon II, Frauenfeld 1885, S. 1137).

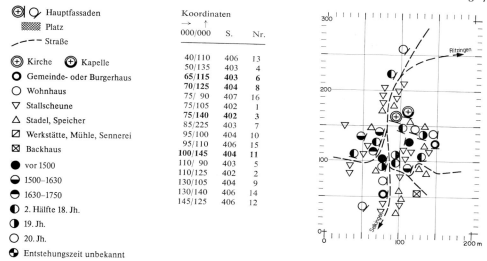

	Koordinaten		
	→ ↑		
	000/000	S.	Nr.
	40/110	406	13
	50/135	403	4
	65/115	403	6
	70/125	404	8
	75/ 90	407	16
	75/105	402	1
	75/140	402	3
	85/225	403	7
	95/100	404	10
	95/110	406	15
	100/145	404	11
	110/ 90	403	5
	110/125	402	2
	130/105	404	9
	130/140	406	14
	145/125	406	12

Legend:
- ⊕ ♀ Hauptfassaden
- ▓ Platz
- --- Straße
- ⊕ Kirche ⊕ Kapelle
- ○ Gemeinde- oder Burgerhaus
- ○ Wohnhaus
- ▽ Stallscheune
- △ Stadel, Speicher
- ☑ Werkstätte, Mühle, Sennerei
- ⊠ Backhaus
- ● vor 1500
- ◖ 1500–1630
- ◗ 1630–1750
- ◑ 2. Hälfte 18. Jh.
- ◐ 19. Jh.
- ○ 20. Jh.
- ◕ Entstehungszeit unbekannt

Abb. 321. Biel. Siedlungsplan (vgl. «Wegleitung»). – Text S. 385–387.

Schuttfächers emporsteigende Siedlung mag den Anstoß gegeben haben zu den Quartiernamen «dr Himmel» (um Koord. 60/120), «ds Fägfir» (um Koord. 70/125) und «d Hell» (in der Runse).

Siedlungsgeschichtliches. Biel hat sich als Siedlung von den Folgen des furchtbaren Lawinenganges (1827), der beinahe die Hälfte des Häuserbestandes fortriß, nicht mehr erholt. Auf der «Egge» – von dieser Örtlichkeit leitet sich der Name des historisch bedeutsamsten Bieler Geschlechts, «uff der Eggen», her – steht erst seit 1947 wiederum ein Wohnhaus. Wie weit und in welchen Zeiträumen sich das Dorf einst nach Westen hin über den Schuttfächer ausgebreitet hat, ist nicht bekannt. Erhalten blieb indessen der alte Dorfkern mit historischen Bauten rund um den Dorfplatz, mit der Kirche, dem Pfarrhaus, dem «Steihüs» (Nr. 3) und den beiden «Heidehischer» (Nr. 1 und 2). Die baufreudigste Epoche, während welcher sieben von den sechzehn Wohnhäusern entstanden sind, nämlich die zweite Hälfte des 18. Jahrhunderts, verteilte ihre Neubauten über das ganze Gebiet des heutigen Dorfes.

PFARRKIRCHE HL. JOHANNES EVANGELIST

GESCHICHTE. Die erste Kapelle zu Ehren Johannes des Täufers wurde 1322 gestiftet (S. 384)[32]. Am 22. Mai 1498[33] fand eine Kapellen- oder Kirchweihe statt. Über die Vergrößerung der Kirche 1654–1659 auf die eigentliche Pfarreigründung

32 Als Testamentsvollstrecker und Erbe des Stifters tritt 1332 Jacobus, Sohn des Johann Fabrisse von Buele, Rektor des Magdalenenaltars in der Felix- und Regulakirche in Zürich, auf (PfA Biel, D 2).

33 Entgegen den Angaben im Archivinventar fehlt in PfA Biel, D 8 (1442), jeglicher Hinweis auf eine Kapellenweihe. «Niclaus Schiner Bischof zu sütten hatte Vnser kirchen Biell mit samb einem altar darin, dan dazumahlen nur einer darin gewesen ist, gewicht vnd consecriert, im jahr 1498, den 22. tag meyen desen ein zedel vnd memoria beim heilthumbt keslin sich heüt befindet, mit dem sigillo» (Notiz von Rektor THOMAS WERLEN [† 1687], PfA Biel, D 38, S. 22).

hin[34] sind wir dank den Notizen[35] des damaligen Rektors Thomas Werlen aus Münster gut unterrichtet: «1654 durch den sumer gemauert daß chorr (S. 390), den thuren vnd die sacrystey», Schindeldach auf Chor und Sakristei; 1655 «das holtzwerck auf den thuren» und «thachen», Turmkreuz[36]; 1657 «die ebene welbe zu endren vnd die runden bögen zu machen im kirchen gewölb» – vorher scheint eine hölzerne Flachdecke und nicht ein offener Dachstuhl bestanden zu haben; 1659 Einbau einer hölzernen Tonnendecke[37]. 1672 deckte man auch das Kirchenschiff neu. So vergrößerte man die Kirche durch Neubauten an der Ostseite, behielt jedoch das alte Schiff nach einer Modernisierung der Decke bei. Am 25. Juli 1678 wurde die Kirche von Bischof Adrian V. von Riedmatten auf das Patrozinium des hl. Johannes Ev. sowie der Heiligen Sebastian und Katharina geweiht[38]. Im Zuge einer Renovation, bei der die Kirche geweißelt, Boden und Stühle erneuert wurden, errichtete man 1704 auch die Vorhalle[39]. 1742 baute man das kleinere Beinhaus am Fuß des Kirchturms[40]. Auf eine Dachrenovation 1738/39 folgten 1746 größere Veränderungen[41]: Während der Bildhauer JODOK RITZ die Kirche weißelte, malte HOLZER DER JÜNGERE von Niederernen «die bilder am gwelb Undt auf beyden seithen»[42]. 1846[43] durchgreifende Innenrenovation[44]. JOSEF MARIA REGLI von Andermatt weißelte die Kirche und strich «im Gewölbe die Ramen der Gnadenbilder, sowie die dort angebrachten Triangular=Holzrahmen». In der Chorstirn vergrößerte man die beiden Lünetten (Abb. 319) zu Hochfenstern. 1862 Erneuerung des Portals[45]. Trotz verschiedenen Arbeiten in den darauffolgenden Jahren[46] gaben 1879 ein Riß in der linken hinteren Kirchenecke und der Zustand der Decke zu Besorgnis Anlaß[47]. Nach den hohen Kosten zu schließen, dürfte 1879/80 BATTISTA BOTTINI das heutige Gipsgewölbe im Schiff eingezogen haben[48]. 1885 Renovation der Fassade durch BAPTISTA REMOUNI (RAMONI?)[49]. So konnte sich die Kirchenrenovation von 1902 bis 1904 vornehmlich auf das Ausmalen von Schiff und

34 Drei amtierende oder ehemalige Ammänner waren in diesen Jahren Kirchenvögte, nämlich «Martin vff der Eggen von Biell, Johannes Biderbosten von Ritzingen, vnd Christian Hagen von glurigen alle 3 Amman».

35 PfA Biel, D 38, S. 11/12. «Es ist wohl diese Kapelle im Wallis, welcher die Regierung von Obwalden den 22. August 1654 Schild u. Fenster verehrt, worauf Peter u. Paul, Br. Klaus u. Br. Scheuber abgebildet waren (Staatsprotokoll. XVI. 93)» (JOLLER, AGVO, J 2).

36 «daß kreitz auf dem thurn hat 114 lifer yssen in das fir zu legen gekost, der macher lohn ist 27 kronen vnd ein trinckpfennig gewesen».

37 «Die welbe aber selben das ist die laden, dach ohn nägel, haben Anno 1659 42 kronen vnd ein trinckgelt gekost.»   38 PfA Biel, D 13.   39 PfA Biel, D 42.   40 Ebenda.   41 Ebenda.

42 Es muß sich um VALENTIN HOLZER (1706 bis um 1747) von Niederernen handeln (PfA Ernen, D 202, zum 24. Okt. 1745, und PfA Niederwald, D 12, S. 117/18). Der ältere Maler HOLZER von Niederernen, namens JOHANN, starb am 3. Juni 1724 (VON ROTEN, Chronik, 1962, S. 46).

43 Kleinere Reparaturen, meist Dachdeckerarbeiten, 1803 (PfA Biel, D 42); 1804 (ebenda); 1806 (ebenda); 1821 (PfA Biel, D 84); 1851 («der Helm des Kirchthurms durch Ehrenden Meister Johann Joseph Steffen von Reckingen neu gedeckt»; PfA Biel, D 66 a); 1854 Kommunionbank (ebenda).

44 PfA Biel, D 66 a.   45 PfA Biel, D 56 (loses Blatt).

46 1862 (PfA Biel, D 65 u. 87); 1863 (PfA Biel, D 65); 1871–1873 (ebenda).   47 PfA Biel, D 37.

48 1877, 6. Dez., «für das Gewölbe in der Kirchen 88 fr. bestimmt»; 1879 vom H. H. Pfarrer Lagger für das Gewölbe Fr. 90.–; 1880 an die Zimmerleute Fr. 125.10, an Maurermeister BOTTINI Fr. 1470.–; für Kreide Fischel 208 Fr. 62.70; an Gipsermeister PIOLA Fr. 35.–. 1884/85 wurde die alte «Orgelstege, und altes Holz aus der Kirche» verkauft. Man faßte eine größere Renovation ins Auge, da 1879 von «Steuer=Einnahmen zur Reparatur der ehrw. Kirche in Biel» und von zahlreichen Gaben von Wohltätern die Rede ist (PfA Biel, D 65).   49 Ebenda.

Abb. 322. Biel. Dorfplatz.
Zeichnung, 2. Viertel (?) 19. Jh.,
von Lorenz Justin oder Raphael
Ritz. – Text S. 385, 386 und 402.

Chor beschränken[50]. Man schloß die Hochfenster an der Innenseite der Chorstirn. Im Zuge einer Totalrenovation wurde 1928 das Bildprogramm der Glasfenster durch Werke der TIROLER GLASMALEREI UND MOSAIK-ANSTALT, Innsbruck, erweitert[51]. In die Mittelzone von vier der 1867–1869(?)[52] eingefügten figürlichen sechs Hauptfenster (im Schiff?) setzte man Symbole; die übrigen sechs Fenster wurden mit ähnlichen Symbolen neu gestaltet[53]. 1953 Renovation der Sakristei. Bei der Außenrenovation von 1957 deckte man Kirche und Turm mit Asbestzement, nachdem man den Turmhelm des morschen Dachstuhls wegen um etwa 1,50 m herabgesetzt hatte. 1962 stieß JOSEF MUTTER, Naters, an der Kirchenrückwand auf Fresken (14. Jh.?); sie wurden übertüncht wie die üppige historistische Ornamentmalerei am Chorgewölbe und eine neuere, wohl 1928 gemalte Darstellung Christi inmitten der Apostel am Chorbogen.

BESCHREIBUNG. Die schönste Sicht auf die Kirche von Biel genießt man von Ritzingen her, da das Gotteshaus, nach NO gerichtet, am östlichen Rand des «Biels» steht.

Grundriß (Abb. 323). Ein schmales rechteckiges Schiff öffnet sich in ein kräftig eingezogenes großes Rechteckchor. In der rechten Achsel steht der Turm, anschließend das sogenannte kleine Beinhaus, in der linken Achsel die Sakristei. Alle östlichen Baukörper sind in Gestalt oder Mauerstärke unregelmäßig.

50 Ebenda. Damals muß die Kirche die nun entfernte reiche historistische Ausmalung erhalten haben, die auf einer Photographie des Chors (BWG III [1905], S. 340/41, Fig. 2) sichtbar ist.

51 Briefe von Pfarrer H. Jossen, PfA Biel, o. Nr.

52 PfA Biel, D 65 (siehe auch zum Jahre 1865). Im Visitationsakt von 1883 wird eine Änderung der (restlichen?) Fenster verlangt (PfA Biel, D 36). Vier gemalte Fenster wurden um 1904 erworben (PfA Biel, D 65).

53 Angaben auf einem Skizzenblatt mit Rundbogenfenstern: «Nrn. I a Engel m. Hostie/Chor-Turm; I b Engel m. Kelch/Chor neben Sakristei; II a Herz Jesu (beim rechten Seitenaltar. Herz Jesu-Medaillon in der Mitte. Das Mittelstück sollte durch den Engel mit der Hostie ersetzt werden); II b Maria (beim linken Seitenaltar); II b(?) 2 Palmen u. Krone/12. u. 13. Station; III a Schlüssel u. Name Jesu/ 4. u. 5. Station; IV a Kreuz, Anker u. Herz/8. Station an der Orgelstiege; IV b Lilienkranz/ 9. Station. In den niedrigeren Fenstern bei der Orgel: V a Harfe – Davidsharfe, in die zwei Hände greifen; V b Cimbel laut Bibelbild bei David.» (PfA Biel, o. Nr.) Im Brief der Firma vom 4. Mai 1928 steht: «mit Symbolen (nach Missale von Pustet (Titelbild), aber barock umgestaltet); eine Wappenscheibe machen wir Euer Hochwürden außerdem gratis» (ebenda).

Äußeres (Abb. 319 und 322). Der Chordachwalm setzt sich nur mit höherer Trauflinie vom zusammenhängenden Satteldach ab. Im Gegensatz zum Schleppdach der
Sakristei lehnt das veränderte[54] Pultdach des kleinen Beinhauses an den Turm. Der
geschweifte Spitzhelm mit dem Dachkranz unter der Glockenstube ist der typische
Obergommer Turmabschluß nach der Mitte des 17. Jahrhunderts[55]. Der Turmschaft springt oberhalb der Trauflinie des Kirchendaches in einem Kaffgesims aus
Steinplatten zurück[56]. Seit der Renovation von 1928(?) sind die Eckquader und der
gefugte Bruchsteinsockel der Kirche hart abgesetzt. Schmale rundbogige Hochfenster mit granitenen Solbänken gliedern die Wände, zwei Hochfenster unter einem
Okulus[57] und ein gewalmtes Vorzeichen auf toskanischen Giltsteinsäulen die Stirnfassade. Das mit Kehle und Rundstab profilierte Portalgeläufe besteht aus Tuff,
die flach gekehlten Kämpfer dagegen aus Giltstein. Über der Archivolte in profil-
gerahmter Wandnische halbfigurige Statue des Evangelisten Johannes, 3. Viertel
17. Jh. Beidseits Giltsteintafeln mit dem Wappen der Grafschaft über Jahreszahlen,
links 1639, rechts 1928. Geschnitzte Jahreszahl 1754 in der Archivolte der zwei-
flügeligen Rundbogentür aus Nußbaumholz, die mit Zierspiegeln in Rechteckfüllungen und mit ornamental verteilten Nagelköpfen verziert ist.

Inneres. Die Gipstonne des dreijochigen Schiffs ist mit vorgeblendeten kurzen
Stichkappen ohne Schildbögen über den Fensterachsen und mit leeren Scheitelmedaillons gegliedert. Schmucklose Chorbogenarchivolte. Das Chorsims (Abb. 324),
nach demjenigen in der Johanneskapelle (1637) von Münster das älteste des Obergoms, setzt etwa 30 cm oberhalb der Chorbogenkämpfer an. Im Chor leiten die
zeittypischen trompenartigen Eckkappen vom Mauergeviert zur Kalotte über,
deren Gräte sich in einem rosettengeschmückten Täfelchen sammeln. Gleiche
Täfelchen an den Scheiteln der Stichkappen, die im Chor auf hohen Schildbögen
ruhen. Mitten im Chortonnenscheitel Hl.-Geist-Taube in einem Vierpaßmedaillon.

Sakramentshäuschen (in der linken Chorwange) (Abb. 325). H. 150 cm, B. (Solbank) 102 cm, (Schrein) 70 cm. Giltstein, bemalt[58]. Aus der Kapelle von 1498 in
das neue Chor von 1654 versetzt oder samt Mauerfragment beim Chorneubau
wiederverwendet.

Die Schreintür wird von kompliziert gestalteten Randpfeilern gerahmt: Quader-
sockel, darauf übereckgestellter Kern, umstanden von den «Flaschenfüßen» der

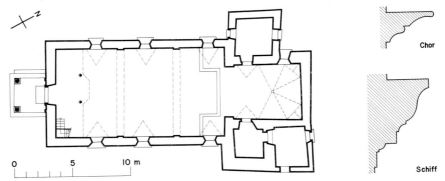

Abb. 323 und 324. Biel. Pfarrkirche. Schiff, wohl größtenteils mittelalterlich, 1654–1659 umgestaltet
und erweitert um Chor, Turm und Sakristei. Grundriß. – Querschnitt der Gesimse. – Text S. 389 f.

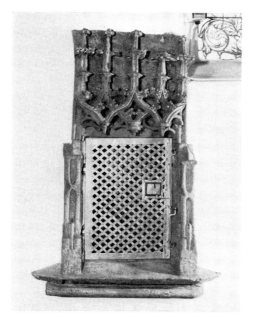 

Abb. 325 und 326. Biel. Pfarrkirche. Sakramentshäuschen, 1498(?). Text S. 390. – Hochaltar, um 1715,
Werkstatt des Johann Ritz. Bekrönung 1880 und 1962 verändert. – Text S. 391–393.

kettengliedartig verschlungenen Dienste. Die bekrönende Tafel mit den sorgfältig
gehauenen Wimpergen nimmt auf die Rahmenpfeiler nicht Bezug. Das von den
übrigen Obergommer Sanktuarien (S. 71) recht verschiedene Sakramentshäuschen
steht demjenigen von Münster am nächsten.

Altäre. Hochaltar. Am 16. Oktober 1442 weihte Bischof Wilhelm IV. von Raron in
der Kapelle von Biel eine Reihe von Statuen[59]: «Erstens ein großes Kruzifix unseres
Erlösers Jesu Christi, das auf dem Hochaltar stand, zweitens ein großes Bildwerk
der glorreichen jüngfräulichen Gottesgebärerin Maria auf demselben Altar, ferner
Bildwerke von Johannes dem Evangelisten, Johannes dem Täufer und von den hl.
Jungfrauen Katharina, Dorothea und Agnes.» Am Anfang des 16. Jahrhunderts

54 Um die Mitte des 19. Jh. stieg das Pultdach gegen das Chor hin. An der Ostwand öffnete sich
ein breites niedriges Rundbogenfenster ähnlich den Schau-Fenstern spätmittelalterlicher Beinhäuser.
Das Beinhaus war damals offenbar nur vom Turm her zugänglich (Abb. 319), heute auch von SO her.

55 So bei den Türmen der Pfarrkirche von Münster (1664–1678?), der Kirche von Niederwald
(1666) und der Kapelle vom Ritzinger Feld (1687).

56 Um die Mitte des letzten Jh. bestand dieser Mauergürtel am Fuß des Turms noch nicht, weshalb das kleine Beinhaus etwas vorsprang (vgl. Abb. 319).

57 Um die Mitte des 19. Jh. öffneten sich in der Mittelachse der Stirnfassade zwei Okuli (Abb. 322);
der untere ist zugemauert.

58 1846 soll das ehemals reich, teilweise in Gold gefaßte Sakramentshäuschen mit Leimfarbe übertüncht worden sein (J. LAUBER, Grafschaft Biel, BWG III [1905], S. 370).

59 PfA Biel, D 8. Der Bischof verlieh zugleich auf die Andacht vor diesen Bildwerken einen Ablaß
von 40 Tagen.

soll ein Meister Peter Haanen den Altar gestiftet haben[60]. Das wohl spätgotische Retabel «in Johannes des Apostels vnd Ewangelisten ehr»[61], das bei der Kirchen- und Altarweihe von 1678 im neuen Chor stand, wich um 1715 dem heutigen Altar- werk aus der Werkstatt des JOHANN RITZ von Selkingen[62]. Tabernakel um 1767 ersetzt[63], 1846 mit Seitenzierleisten und einem neuen, mit Zierwappen(?)[64] be- krönten Bogenabschluß versehen; im gleichen Jahr strich JOSEF MARIA REGLI, Andermatt, den Altar, nachdem er ihn gereinigt und ausgebessert hatte, «mit neuen Farben nach Ansicht und Wunsch der Herrn Vorsteher»[65]. Weil man da- mals die Lünetten der Chorstirn zu Hochfenstern ausweitete (S. 388), entfernte er die Nischenrückwände[66]. 1880 Renovation durch einen Maler GINOTTI[67]. Man hob den Stipes, weshalb die ursprüngliche Bekrönung, Gottvater in lyraförmigem Akanthuskranz (s. unten), durch eine abgeplattete Kartusche ersetzt werden mußte[68]. Ob die 1901 entfernten seitlichen Tordurchgänge[69], auf denen die untersten Flan- kenstatuen gestanden haben mögen, damals geschaffen wurden oder zum Original- bestand gehören, ist nicht bekannt.

Bei der Neufassung des Altars 1901/02 durch OTTO HOLENSTEIN, Wil, wurden die Nischen wieder mit Rückwänden versehen[70]. 1955 Umbau des Stipes. 1962 ersetzte Restaurator JOSEF MUTTER, Naters, die mittlere Statue des obersten Geschosses, den hl. Jakobus d. Ä., durch die ursprüngliche Bekrönung[71].

Literatur. J. LAUBER, Bildhauerfamilie Ritz v. Selkingen, BWG III (1905), S. 341/42. – STEINMANN, Ritz, S. 153–156.

Der skulpturenfreudige Hochbarock ließ aus dem Altar (Abb. 326) des Kirchen- patrons Johannes d. Ev. einen Zwölfapostelaltar entstehen[72]. Der vielen Bildwerke wegen entstand der für die RITZ-Werkstatt ungewöhnliche[73] dreigeschossige Altar- aufbau mit je drei Achsen zwischen gewundenen Säulen. Während im Hauptge- schoß das Serliana-Motiv nachklingt, schneiden die Seitennischen der obern Ge- schosse mit Bögen in die geraden Gebälke ein. Die flache Altarfront erhält etwas Relief durch die übereckgestellten Säulen – ein neues Motiv, das mit den altertüm- lichen Baluster-Säulenfüßen eigenartig kontrastiert. Die Statuen nehmen nach oben und zum Teil auch nach außen hin an Größe ab. Bis 1957 waren die Apostel mit Kartuschen bezeichnet. Im Hauptgeschoß, pyramidenförmig angeordnet, Johannes Ev. in der Mittelnische, links Petrus, rechts Paulus. Flankenstatuen: links Bartho- lomäus, rechts Andreas. Im zweiten Geschoß Assunta zwischen Simon und Tho-

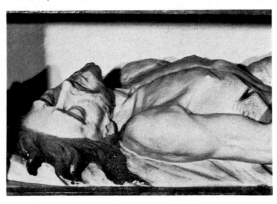

Abb. 327. Biel. Pfarrkirche. Grab- christus, 1705–1715, von Johann Ritz, L. 116 cm; seit 1904 in der Predella des rechten Seitenaltars. – Text S. 394.

mas(?). Flankenstatuen: links Matthäus, rechts Philippus. In der obersten Zone ehemals Jakobus d. Ä. zwischen Jakobus d. J.(?) und Judas Taddäus(?). Zur Bekrönung vgl. S. 392. Am Giebel des Tabernakels ovales Medaillon mit unbekanntem Wappenzeichen: wellenförmig geschweiftes, nach rechts steigendes Band. Herkulische Figuren in teilweise etwas hölzernem, sperrigem Werkstattstil.

Seitenaltäre. Den «altar gegen mitnacht [linker Seitenaltar] In Vnser L. frowen rossenkrantz ehr» ließ Rektor Thomas Werlen (1655–1676) schnitzen und die Gemeinde im Jahre 1665 fassen. Auf dem Antependium war der «Englisch grus» dargestellt[74]. Seit 1880 Herz-Marien-Altar[75].

Bei der Kirchweihe von 1678 wurde als rechter Seitenaltar auch ein Hl.-Kreuz-Altar geweiht und von alt Ammann Johann Biderbost mit Meßstiftungen ausgestattet[76]. Doch scheint er als Altare fixum noch in das Episkopat Adrians IV. von Riedmatten († 1672) zurückzureichen[77]. EMIL WICK[78] spricht 1864–1867 von einem Wappen der Untergommer Familie Clausen am rechten Seitenaltar. Bei der Übertragung in die Beinhauskapelle 1880(?) in der Oberzone verändert (S. 401); die Statuen 1880 oder 1904 entfernt. Der neue rechte Seitenaltar seit 1880 dem Herzen Jesu geweiht[79].

Nach den Statuen in den heutigen Altären zu schließen, sind JOHANN RITZ um 1715 auch die Seitenaltäre in Auftrag gegeben worden. 1880 wurden sie wohl durch klassizistische Retabel von Altarbauer FABIANI (DEPHABIANI?, S. 203) ersetzt[80] und «1904, soweit möglich, im Ritzstil hergestellt»[81].

Die heutigen Seitenaltäre, im Aufbau zwei genaue Pendants, umfassen zwei einachsige Säulenarchitektur-Geschosse. Die Statuen gehören zum Originalbestand von 1715(?)[82]. Am linken Seitenaltar unten eine Schmerzensmutter (vom ehemaligen Kreuzaltar?), oben der hl. Laurentius(?), am rechten Seitenaltar unten Johannes Ev. (vom ehemaligen Kreuzaltar?), 1880(?) zu einer Herz-Jesu-Statue umgestaltet,

60 Eintragung zu Beginn des Jahrzeitbuchs von Joh. Jos. Werlen, Biel, vom 14. Jan. 1842, PfA Biel, D 47.

61 «darin seind heiltums ein beschlossen worden. St. Urbanj bapsten martyrß vnd st. Verenae, welche vormahlen auch da gewessen» (PfA Biel, D 38, S. 21).

62 Zuweisung und Datierung durch STEINMANN, Ritz, S. 155/56. Mit dem Jahr 1715 (28. Nov.) beginnen die Erkanntnisse an den Hochaltar in PfA Biel, D 56.

63 Legat von Joseph Ignaz Huser (PfA Biel, D 42). «1903 aus einem Dreher in eine offene Nische umgearbeitet» (J. LAUBER [vgl. Literatur], S. 341).

64 PfA Biel, D 66a. Wappen der Familie Bacher von Selkingen?   65 PfA Biel, D 66a.

66 J. LAUBER [vgl. Literatur zu Biel], S. 370.   67 PfA Biel, D 65.

68 J. LAUBER, Bildhauerfamilie Ritz v. Selkingen, BWG III (1905), S. 342.

69 STEINMANN, Ritz, S. 154. 1880 Zahlung «an die Vorhänge beim Hochaltar» (PfA Biel, D 65).

70 Die von STEINMANN als historische Zutat betrachteten Flankenstatuen des zweiten Altargeschosses erscheinen alt (STEINMANN, Ritz, S. 154).

71 Bis 1929, da sie auf das Orgelgehäuse gestellt wurde, im Estrich des Pfarrhauses aufbewahrt (Chronik in Usuale, PfA Biel, o. Nr.).

72 Die im Konsekrationsakt 1678 genannten Nebenpatrone Sebastian und Katharina wurden nicht (mehr?) dargestellt.

73 STEINMANN, Ritz, S. 143.   74 PfA Biel, D 38, S. 12.   75 PfA Biel, D 37.

76 PfA Biel, D 13.   77 PfA Biel, D 36.   78 FURRER-WICK, S. 56/57.   79 PfA Biel, D 37.

80 PfA Biel, D 65. Ferner J. LAUBER und E. WYMANN, Die Künstler-Familie Ritz von Selkingen im Wallis, XX. Hist. Neujahrsblatt von Uri, 1914, S. 72.

81 Vgl. Anm. 80 (J. LAUBER und E. WYMANN).   82 STEINMANN, Ritz, S. 156.

Abb. 328. Biel. Pfarrkirche. Orgel mit datiertem Gehäuse, 1721. – Text siehe unten.

oben der hl. Josef. Fassung von 1880 oder 1904. Die Predella des rechten Seitenaltars birgt seit 1904 einen Grabchristus von JOHANN RITZ (S. 396, Abb. 327).

ORGELEMPORE. Lärche, nicht gefaßt. 2. Hälfte 17. Jh. Handlauf in Arve erneuert. Das Mittelstück der Empore kragt auf gegossenen Metallsäulen von 1884/85(?)[83] trapezförmig vor. An der Brüstung einfache Pilaster unter Gesims. Bei der Renovation von 1960 entfernte man die Fassung[84] und setzte von den Cherubinen an den Gesimsen der Mittelbrüstung und der seitlichen Mittelfelder nur mehr zwei geringwertigere in die Stirnfüllungen.

ORGEL (Abb. 328). Wohl original gemalte Jahreszahl 1721 rechts am Orgelgehäuse. Der Bildhauer des Prospekts ist nicht bekannt[85]. Inschriften auf dem Oberlabium der Pfeife C des Prestant 4′ im Prospekt: «1744/Ich matth./karlän hap/deys Werch gemacht»/«1847/Renovatum»[86]. Da das Gehäuse kaum dreiundzwanzig Jahre leer gestanden haben wird, dürfte Orgelbauer MATTHÄUS CARLEN von Reckingen das erste Werk durchgreifend erneuert oder ersetzt haben. 1813 Reparatur durch JOSEPH WALPEN, Reckingen[87]. Weitere Reparaturen 1873[88], 1888[89] und 1904[90]. 1972–1976 Restaurierung durch HANS-J. FÜGLISTER, Grimisuat, unter Aufsicht der eidg. Denkmalpflege.

Literatur. BRUHIN, S. 189, mit Angabe der Disposition, Abb. Tf. II und weiteren Literaturangaben. – KATHRINER, Alte Orgeln, S. 107/08.

83 Damals wurde die «alte Orgelstege» verkauft (PfA Biel, D65).

84 Auf der Photographie in BRUHIN, Tf. II, sind Malereien des 19. Jh.(?) sichtbar.

85 LAUBER weist das Gehäuse JOHANN RITZ zu (J. LAUBER und E. WYMANN [vgl. Anm. 80], S. 71), STEINMANN dagegen JOHANNES KARLEN mit der Begründung, daß es sich um ein Orgelwerk des MATTHÄUS CARLEN handle (STEINMANN, Ritz, S. 179).

86 Dokumentation von JAKOB KOBELT, Zürich, 1972. Wohl spätere Inschrift, da dieser Duktus der deutschen Schrift in den Obergommer Dokumenten erst in den 70er Jahren des 18. Jh. erscheint (vgl. PfA Münster, G35).

87 «... stimmen und zwey Register in etwas vergrößern» (PfA Biel, D42).

88 «... durch Herrn Orgelmacher Karlen, Vater [FELIX?]» (PfA Biel, D65).

89 Durch Orgelbauer CARLEN, darunter CONRAD CARLEN von Glis. Es waren drei Orgelbauer während vierzehn Tagen beschäftigt. LUDWIG KARLEN erhielt Lohn für Fuhr von Glis her (ebenda).

90 Ergänzt durch CONRAD CARLEN. Inschrift auf dem Oberlabium der Pfeife C des Prestant 4′ (Dokumentation von JAKOB KOBELT, Zürich, 1972).

Abb. 329 und 330. Biel. Pfarrkirche. Orgel. Bemalte Flügel (Außenseiten), 1721, links Harfe spielender David, rechts hl. Cäcilia beim Orgelspiel (vgl. Abb. 328). – Text siehe unten.

Mit dem Rundturm im niedrigen Mittelfeld zwischen stattlichen Seitentürmen und mit den geraden Gebälken gleicht der Prospekt denjenigen der Orgeln in der Pfarrkirche von Steinen SZ aus dem Jahre 1664[91], in der Ringackerkapelle von Leuk und in der Theodulskirche, Sitten (1718); er übertrifft die letzteren aber an Reichtum der Ausstattung. Als zierlichster Prospekt der Walliser Orgeln wurde er in der Literatur mit Recht als «Schmuckkästchen»[92] bezeichnet. Das Mitteltürmchen überragt mit runder Gebälkplatte die geraden Sprenggiebelchen der kleinen Zwischenachsen. Die Seitentürme trugen runde Sprenggiebel[93]. Alle Rahmenleisten sind mit geschnitzten Ornamentstollen geziert. Im Akanthuslaub der Zwickel Posaune blasende Putten. Über dem erneuerten Spieltisch holzgemalte Märtyrerszenen in geschnitztem Lorbeerkranz, links von einem Heiligen, dem die Füße abgeschlagen werden, rechts die Enthauptung der hl. Katharina(?). Auf den beidseits in Mischtechnik bemalten Leinwandflügeln (Abb. 329 und 330) innen links die Anbetung der Hirten, rechts die Anbetung der Heiligen Drei Könige, außen links die hl. Cäcilia, mit Engeln musizierend, rechts König David mit der Harfe. Die Muttergottesstatue auf dem Mitteltürmchen ist ein Werk von PETER LAGGER(?), Mitte 18. Jh. Die beiden Heiligen in Albe auf den Seitentürmen, darunter der hl. Stephanus, sind derbe Bildwerke mit charakteristischen Köpfen aus derselben Zeit.

KANZEL. 1704 von Schreiner und Zimmermeister PETER CARLEN († 1732?) in Reckingen gezimmert[94], wohl zugleich von JOHANN RITZ mit Evangelistenstatuetten und Ornamenten ausgestattet[95]. Renovation mit teilweiser Neufassung 1846 durch JOSEF MARIA REGLI, Andermatt[96], und 1904/05[97] durch OTTO HOLENSTEIN, Wil. Der fünfseitige Kanzelkorb aus Nußbaumholz ruht mit karniesförmig verjüngtem Fuß auf balkenähnlicher Rollwerkkonsole. Die Evangelistenstatuen stehen in trapezförmig schließenden Nischen zwischen geraden korinthischen Säulen. Am Gebälk Zahnschnitt, Eierstab und Pfeifenfries. Auf dem Schalldeckel tragen Volutenwedel eine leere fünfseitige Ädikula mit bekrönender Michaelsstatue. Die qualitätvollen Statuetten (H. etwa 36 cm) sind typische Bildwerke aus der Werkstatt des JOHANN RITZ. – TAUFSTEIN. H. 86 cm, wohl später durch Stauchung des Fußes verkürzt. B. 63 cm. Gesprenkelter Giltstein. Am Becken die Jahreszahl 1670, an der Kehle unter dem Beckenrand vier Wappenschilder, dasjenige der Grafschaft (S. 385), ferner ein Kreuz auf

91 A. MEYER, Steinen SZ, Kirche und Kapellen, Schweizerische Kunstführer, Abb. S. 10.
92 KATHRINER, Alte Orgeln, S. 107.
93 Die zwei bei BRUHIN, Tf. II, noch sichtbaren Sprenggiebel wurden 1960 als Bekrönung des Hochaltars verwendet.   94 PfA Biel, D42.   95 STEINMANN, Ritz, S. 122.
96 PfA Biel, D66a. REGLI besserte die «polierte Vergoldung des Kanzel-Kranzes und dessen Säulen samt Gesimsen» aus.   97 PfA Biel, D65.

Dreiberg, ein Sechsstrahlenstern über dem Dreiberg und ein leeres Wappen. Ursprünglich besaß der Taufstein einen hölzernen Deckel (Haube?) [98]. 1742 hölzerner, gefaßter Aufsatz [99], von dem wohl noch die bekrönende Gruppe der Taufe Christi erhalten ist (S. 399). 1846 wurde der Taufstein von JOSEF MARIA REGLI, Andermatt, farbig gefaßt [100]. Am oktogonal gebrochenen Stab des Beckens die Inschrift: «BAP[TIZA]TE EOS IN NOMINE PATRIS ET FILII ET SPIRITVS SANCTI AMEN». Keine Fußplatte. Schaft in Gestalt eines Rutenbündels, das unten von einem Perlstab, oben von einem Tau zusammengeschnürt wird. Außergewöhnliche Pokalform. – WEIHWASSERSTEIN. Pendant zum Taufstein auf der Schwelle zum Chor. 101 × 60 cm. Giltstein. Schaft ähnlich demjenigen des Taufsteins, jedoch unverkürzt und daher mit zusätzlichem Gurt versehen. Gerieftes Becken. – SKULPTUREN. *Kruzifixe. Korpus eines gotischen Monumentalkruzifixes* (Abb. 336) [101]. H. etwa 143 cm. Holz. Kreidegrund mit Spuren von einer alten Fassung. 3. Viertel(?) 14.Jh. 1962 freigelegt durch J. MUTTER, Naters. Da der Kruzifixus dem Typ auf den damals verbreiteten französischen Elfenbeindiptychen [102] folgt, hat er mit den abstrakteren und expressiveren Oberwalliser Kruzifixen jener Zeit (S. 288) nichts gemein [103]. Die Schwenkung der Oberschenkel geht nicht anatomisch richtig aus dem starr frontal gegebenen Rumpf hervor. Das auch auf der Rückseite geschnitzte Lendentuch umfaßt die Beine bis zu den Waden herunter. Zum etwas flauen Antlitz passen die weichen bauschigen Ohrlocken. Hingegen kontrastiert das fein ausgeformte Lendentuch mit den ungelenken (ersetzten?) Händen. – *Vortragekreuze.* I. H. (ohne Knauf) 56 cm. Holz. Spätere Fassung? Polychromie und Gold. Anfang 19.Jh. [104]. Aus der Werkstatt des ANTON LAGGER (1759-1833). II. Reckinger Hauskruzifixtyp (S. 47). Steifes Bildwerk. – 2. H. (Korpus) 68 cm. Holz. Spätere Ölfassung. Dornenkrone aus Ruten geflochten. Anfang 18.Jh. Italienischer Herkunft? Der sanft gebogene gedrungene Körper ist weich modelliert, das in üppige Falten gelegte Lendentuch von doppeltem Strick gehalten. Fliehendes Profil des Antlitzes. – *Altarkreuz.* H. 54 cm (Korpus 19,5 cm). Holz, häßlich mit Ölfarbe überstrichen. Lendentuch vergoldet. 2. Viertel 18.Jh. Von ANTON SIGRISTEN (†1745), Glis? Geschweifter Sockel mit vertikalen Girlandenbändern. Das kleine Haupt auf dem voll gerundeten Rumpf weist wie das reichgekehlte Lendentuch auf den Stilkreis des Gliser Meisters [105]. – *Grabchristus* (Abb. 327) [106]. L. 116 cm. Holz. Spätere Fassung. 1705 bis 1715 [107] von JOHANN RITZ, Selkingen. Das von Schmerz gezeichnete Haupt mit den aufgelösten Haaren ist nach vorn gewendet, die Brust hochgewölbt, die Arme sind frei über dem Bauch gekreuzt. Die unnatürlich tiefen Augennischen bei der Nasenwurzel hat der Grabchristus mit dem Korpus der Kreuzigungsgruppe (1705) im Pfarrhaus gemein (Abb. 337). Das ausdrucksstarke Werk, das in einigen Motiven dem ins 17. Jahrhundert zu datierenden Heiliggrab-Christus von Grindel SO [108] gleicht, hat zur

---

98 (1670) «der steinmetz fir den stein zu hauwen fierthalbe kronen verdient, der tischmacher fir das mentelin auch so vill. Der mahler aber 4 kronen» (PfA Biel, D 38, S. 13).

99 «pro faciendo et pingendo umbrella lignea baptisterij» 6 und 8 Kronen (PfA Biel, D 42).

100 PfA Biel, D 66 a.

101 Es wird sich nicht um das große Kruzifix auf dem Hochaltar handeln, das 1442 zusammen mit andern Bildwerken geweiht wurde (S. 391). «Im Beinhaus wurde befohlen, das große Kruzifix, eine erbärml. Karikatur, wegzuschaffen, was sofort geschah» (J. LAUBER, Hist. Notizen für das Pfarr-Archiv von Biel, AGVO, S. 20).

102 In der Wendung des Unterkörpers und der Beinstellung gleicht es dem Korpus auf einem französischen Triptychon aus der Zeit von 1280 bis 1290 in der Sammlung Kofler-Truniger, Luzern (Mittelalterliche Elfenbein- und Emailkunst aus der Sammlung E. und M. Kofler-Truniger, Luzern, Düsseldorf 1965, Abb. S. 54). Kruzifixe aus dem Bodenseeraum folgten zwar auch diesem Typ (W. R. DEUSCH, Deutsche Malerei des dreizehnten und vierzehnten Jahrhunderts, Berlin 1940, Tf. 16). Die Kirche von Fiesch besitzt ein kleines Kruzifix von ähnlichem Typ. In der Kirche von Saas-Grund werden noch die Täfelchen eines früheren französischen Diptychon aufbewahrt.

103 Vgl. das Monumentalkruzifix von Birgisch.

104 1802? «.haben wir machen lassen das schlechtere Kreüz für die Processionen» (PfA Biel, D 42).

105 Das Kruzifix gleicht einem größeren Kruzifix in der Kirche von Ernen, das stilistisch mit Sicherheit ANTON SIGRISTEN zuzuweisen ist.

106 «1806 haben wir den Leichnam beim heiligen Grab einfassen und den äusersten Bogen vom h. Grab machen lassen» (PfA Biel, D 42).

107 STEINMANN, der den Grabchristus der Werkstatt des Meisters zuschreibt, nimmt eine Entstehung zugleich mit dem Hochaltar (um 1715) an (STEINMANN, Ritz, S. 156–167).

108 Kdm Solothurn III, S. 211, Abb. 227.

Abb. 331 und 332. Biel. Pfarrkirche. Kelch, 1683, von Matthias Willa. Leuk. Text s. unten. – Mailänder Kasel, 3. Viertel 18. Jh. – Text S. 398.

Nachahmung angespornt (siehe unten). – *Pietà* (in der Nische des früheren Beichtstuhls in der rechten Schiffswand). H. 68 cm. Arve, massiv, aber sehr flach. Originalfassung. Lüster, das Inkarnat zum Teil nur mehr grundiert. Freigelegt 1963 durch JOSEF MUTTER, Naters. 2. Hälfte 18. Jh. Von JOHANN BAPTIST LAGGER († 1791), Reckingen? Linker Vorderarm Christi und linke Hand Mariens ergänzt. Bogenartig über den Schoß gelegter Korpus. Breit entfaltete Gruppe. Für das Haupt Christi ließ sich der Künstler durch den Grabchristus (siehe oben) inspirieren. – *Hl. Franz Xaver.* H. 70 cm. Arve, gehöhlt. Neuere Fassung. 1. Viertel 18. Jh. Kopf zum (fehlenden) Kreuz in der Rechten gewendet. Von mittelmäßiger Qualität. – *Hl. Antonius von Padua.* H. 73,5 cm. Arve, gehöhlt, zum Teil häßlich neu gefaßt. 2. Viertel 18. Jh. Der Heilige trägt mit beiden Händen das Jesuskind. Etwas derbes Bildwerk. – *Bruderschaftsstab.* H. des geschnitzten Abschlusses (ohne Knauf) 35 cm. Holz, ölvergoldet. Hostie und Kelch in ovalem strahlengesäumtem Wolkenkranz. – G E M Ä L D E [109]. *Kreuzweg.* 82 × 62 cm. Öl auf Leinwand. Signatur auf der ersten Station: «Ignatius Tavanne» [110]. Anfang 19. Jh. Die in der Farbe stark beschädigten Stationen wurden 1964 aus Liesberg (BE) erworben und von P. FRITZ WAHL-STER C.S.S.R. renoviert. Stellenweise intensive Buntfarben. Eigenwillige Kompositionen.

K I R C H E N S C H A T Z . M O N S T R A N Z [111]. H. 60 cm. Gegossen, vergoldet. Mit Silberappliken. 2. Hälfte 19. Jh. Keine Marken. Am ovalen Fuß breiter, mit Weinlaub, Cherubinen und Glasflüssen besetzter Wulst. Vasenförmiger Knauf. Vor der mandelförmigen Gloriole silberner Kranz aus Weinlaub und Kornähren, besetzt mit großen Glasflüssen. – K E L C H E . 1. H. 23,5 cm. Silber, vergoldet. 1. Hälfte 17. Jh. Beschau Basel. Nichtidentifizierte Meistermarke (Tab. I, Nr. 26). Dreifach abgetreppter Sechspaßfuß. Am (neueren?) urnenförmigen Knauf drei oben in Rollwerk endende leere Kartuschen. Schmucklose Kupa. – 2. (Abb. 331). H. 25 cm. Silber, vergoldet. 1683. Beschau Leuk. Meisterzeichen von MATTHIAS WILLA (Tab. I, Nr. 17). Inschrift an der Unterseite des Fußsaumes: «HVNC CALICEM DONO DEDIT HON: PET: HV: DEFV: AE[..?] [112] CLESIAE BILENSI CVM EIVS ADIVNCTIE HEREDIBVS AO 83» [113]. Am flauen Sechspaßfuß getriebene Fruchtbündel und Putten mit Leidenswerkzeugen. Mit fallenden

---

109 Die 1806 entstandenen «zwey Fastenbilder nemlich die Krönung und Kreutztragung» (PfA Biel, D 42) und ein für das Jahr 1846 nachgewiesenes «Philomena Bild» von Maler und Bildhauer ANTON RITZ (1800–1853), Niederwald, sind verschollen (PfA Biel, D 110).

110 Wohl FRANÇOIS-IGNACE TAVANNE von Delsberg, der 1776 verschiedene Kunstgegenstände in der Kapelle von Le Landeron-Combes faßte (MAHS [= Kdm] Neuchâtel II, S. 166/67).

111 Die Monstranz von 1704 ist nicht mehr erhalten (PfA Biel, D 42).

112 Wohl originale Flickstelle, da sie die Umschrift nicht unterbricht.

113 «Diesen Kelch schenkte der Ehrende Peter Huser selig der Kirche von Biel unter Mithilfe der Erben Anno [16]83». – Am 15. Dez. 1680 tritt in Biel ein Petrus Huser als Taufpate auf (PfA Biel, D 38).

Akanthuspalmetten beschlagener Fußhals unter scharfem Akanthuskranz. Am birnförmigen Knauf Symbole des Leidens Christi in Blattkartuschen. Nicht durchbrochener Korb, geschmückt wie der Fuß. – 3. H. 26 cm. Silber, gegossen und getrieben. Historistisch. Qualitätszeichen von Italien (BEUQUE I, Nr. 165). Vielfältig geschweifter und gekehlter Fuß, trophäenartig geschmückt mit drei Leidenswerkzeugen in reichbewegten C-Bogen-Kartuschen. Ähnlich dekorierter vasenförmiger Knauf. Am durchbrochenen Korb Ähren und Trauben in Roll- und Bandwerkrahmen. – RELIQUIAR. *Heiltumshand.* H. 40 cm. Silber. Fuß und Armkrause kupfervergoldet. 1769–1771. Beschau Augsburg (mit Buchstabe T). Meistermarke Tab. I, Nr. 10. An der Stirn des tief gekehlten runden Fußes silberne Applik der Immakulata in Rocaille-Kartusche. Getriebener Arm mit Blumen und Ornamentgittern in C-Bogen-Kartuschen. – VORTRAGEKREUZ. H. (ohne Knauf) 50 cm. Mit Silberblech überzogener Kern, reich mit vergoldeten Appliken geschmückt. Am Längsbalken: «STedelin in Schweiz F 13», Initialen und Wappen von Schwyz (Tab. I, Nr. 33). – KERZENLEUCHTER. *Barock*[114]. 1. H. 25,5 cm. Gelbguß. Am Schaft zwei durch Schaftringe getrennte Balustermotive. Fußkugeln entfernt. – 2. Paar. H. 25,5 cm. Gelbguß. Elegant profilierter Dreikantfuß. Am Schaft Vasen- und Balustermotive. – 3. H. 27 cm. Gelbguß. Profilierter Dreikantfuß auf abgeplatteten Kugeln. Am Schaft drei von Ringen getrennte Balustermotive. – 4. Paar. H. 27 cm. Gelbguß. Ähnlich wie Nr. 1, aber weniger gedrungen. – 5. Paar. H. 32 cm. Gelbguß. Platter, mit Schnurstäben geschmückter Fuß. Am Schaft Knauf und gestrecktes Balustermotiv. Profilierte Feuerschale. – *Im Stil Louis-Philippe.* 1.–3. Drei Paar. H. 62,5 cm. Bronze. Mit urnenförmigem Knauf unter dem Kannelurenschaft. – 4. Paar. H. 41 cm. Bronze. Einfache Ausführung. – PARAMENTE. *Pluviale.* Weiß. 1. Hälfte 19. Jh. Satin, bestickt mit großen Blumen in bunter Seide. – *Kaseln*[115]. 1. Rot. Anfang 18. Jh.? Genua? Gemusterter Samt auf Satin. Große, das ganze Blatt umfassende Phantasieblüten-Komposition. – 2. (Abb. 332). Weiß. Mailand. 3. Viertel 18. Jh. Unten am Stab Applik mit Wappen[116] [Sechsstrahlenstern zwischen Blütenstengeln auf zackigem Dreiberg] über den Initialen «R.D.I.A.I/P.B»[117]. Auf Satin Blumen und Vögel in bunter Seidenstickerei. Reiche, aber nicht sehr feine Stickerei. – 3. Weiß. 2. Hälfte 18. Jh.? Auf Taft große geschwenkte Blumengirlanden in Seide und Silber gestickt. – 4. Weiß. Mitte 19. Jh. Damast, bestickt mit großen Blumenmustern in Seide. – 5. Ähnlich Nr. 4, jedoch mit goldbesticktem Grund. – 6. Weiß. Lyon. Mitte 19. Jh. Rips, bestickt mit Seide und Gold. Im Kreuzstab schwere Applik des Apokalyptischen Lammes, gerahmt von Rosenranken. – *Kelchvelum.* Weiß. 1. Viertel(?) 18. Jh. Taft, bestickt mit bunter Seide. In der Mitte Jesusmonogramm, rundum Blütenbukette. Goldene Phantasieblütenborte in Applikenstickerei.

GLOCKEN. Die größere Glocke – Biel besaß damals offenbar zwei[118] – wurde 1687 eingesegnet. Zu deren Guß hatte Domherr Matthias Will auf Ersuchen des ehemaligen bischöflichen Kanzlers, Anton Biderbost von Ritzingen, eine Partikel der Jodernglocke in Sitten gesandt[119]. 1841 Vertrag mit Glockengießer BONIFAZ WALPEN für eine Glocke von 350 Pfd.[120] Um 1882 zersprang eine Glocke[121]. 1. Dm. 60 cm. 14. Jh.? Vierkantige gefaste Kronenbügel. An der Schulter Umschrift in gotischen Majuskeln: «SCA.ANGNESA.+SCA.CATTERINA.SCA.MARGARETA». Wohl älteste Glocke des Goms. – 2. Dm. 71 cm. Glatte Kronenbügel. An der Schulter, zwischen Schnurstabbündeln, vier Cherubine. Flankenreliefs: Immakulata, hl. Petrus, hl. Antonius von Padua, Kreuzigungsgruppe. An der Flanke ferner zwischen Schnurstäben ein Weinrankenfries und die Umschrift: «FRACTA SED IGNE RENATA

---

114 Die beiden wohl größeren Leuchter, die Biel nach der Visitation von 1687 für seine (verschollenen) steinernen Leuchtersockel vor dem Hochaltar (vgl. S. 90) anschaffen sollte, sind nicht mehr vorhanden (PfA Biel, D 28).

115 Der von Rektor Thomas Werlen um 1665–1667 an seinen Marienaltar gestiftete «weiße meßacher mit ein Mariae bildlin» (PfA Biel, D 38) und zahlreiche in PfA Biel, D 42, aufgeführte und beschriebene Kaseln sind nicht mehr erhalten.

116 Gewisse Ähnlichkeit mit dem Wappen der Familie Belwalder (W. Wb., S. 26 [Fig.]). 1740 schenkte Margareta Belwalder (†1743) von Selkingen ein mit Blumen geschmücktes Meßgewand (PfA Biel, D 42). Vgl. jedoch Anm. 117.

117 Josef Anton Inderbinen aus Gluringen, Pfarrer in Biel 1768–1771 (J. LAUBER, Verzeichnis der Hochw. Pfarrer von Biel, BWG III [1905], S. 384)? Doch scheinen die Biner (Inderbinen) aus Gluringen ein anderes Wappen geführt zu haben (vgl. Porträte, S. 350, und Bekrönung des linken Seitenaltars, S. 336/37).

118 Sofern unter «maior Campana» nicht die große Glocke gemeint ist (PfA Biel, D 28).

119 PfA Biel, D 15.   120 PfA Biel, D 27.   121 PfA Biel, D 5.

ANNO 1889 S MARIA AB ANGELO SALUTATA ORA PRO NOBIS» [122]. Meisterzeichen unter der Glockengießer-inschrift: «VICTOR WALPEN GLOCKENGIESER». Paten bei der Glockenweihe 1898 waren Th. Seiler, Missionspfarrer in Oerlikon, und Walburga Seiler-Biderbost [123]. – 3. Dm. 85 cm. Vierkantige gefaste Kronenbügel. An der Schulter Rocaille- und Rankenfries, ferner die Umschrift: «JOSEPH SEIDEL HAT MICH GEGOSSEN ANNO 1781 DVRCH FEIR VND FLAM PIN ICH GEFLOSEN». An der Umschrift hängen vier Salbeiblättchen. Flankenreliefs: Kreuz über Sockel und drei Salbeiblättchen, Immakulata über drei Salbeiblättchen, hl. Theodul, hl. Johannes Ev. Hohe, schlanke, etwas geschweifte Figürchen. – 4. Dm. 108 cm. Ähnlich Nr. 3, doch fehlen die Salbeiblättchen. Umschrift: «COMITATVS.TIBI.SANCTE.IOANNES. PER.D.IOSEPHVM.SEIDEL.ANNO.1781[Hand]HOMMAGIVM.PRAESTAT» [124].

Entfernte Kunstgegenstände (im Pfarrhaus aufbewahrt). KRUZIFIXE. *Monumentalkruzifix* (ehemals über dem Beichtstuhl in der heutigen Pietà-Nische an der rechten Schiffswand). H. 206 cm (Korpus 126 cm). Holz, mit Ölfarbe überfaßt. Lendentuch vergoldet. 2. Viertel 18. Jh. An den Balkenenden mit Rocaille und C-Bögen umschlungene Muscheln, am Fuß Medaillon mit der Inschrift: «SIC DEVS/ DILEXITMUNDUM». Als Kruzifix des Viernageltyps mit eigenartig drapiertem schmalem Lendentuch gehört das Bildwerk zu den eigenwilligsten Varianten dieses Themas im Stilkreis der RITZ-Werkstatt (JODOK RITZ?). – H. (Korpus) 21 cm (Abb. 333–335). Holz (Linde?). Inkarnat ungefaßt. Lendentuch und Dornenkrone vergoldet. 3. Viertel 17. Jh. Fremder Herkunft (Oberitalien?). Das an beiden Hüften verknotete Lendentuch füllt dreieckförmig die Oberschenkelhöhle. Gotisierender Lendentuch-zipfel. In der Bewegung zurückhaltender, empfindsam geformter Körper. Besonders fein geschnitztes ebenmäßiges Haupt. Rundstabkreuz. Blattkelchförmige Balkenenden mit abschließender Kugel. – *Vortragekreuze.* 1. H. (Korpus) 51 cm. Holz. Neuere Fassung. Um 1700. Symmetrische Anordnung des Lendentuchs mit Knoten an beiden Hüften. Haupt und Oberkörper proportional zu klein. – 2. H. (Korpus) 70 cm. Holz. Unpassende Neufassung. 2. Viertel 18. Jh.? Sehr flaue Faltengebung. In der Anatomie an die Korpus der RITZ-Werkstatt erinnernd. – 3. H. (Korpus) 45 cm. Holz, gefaßt. Neu-gotisch. – STATUEN. *Muttergottesstatuen.* 1. H. 66 cm. Arve, massiv. Häßliche spätere Fassung. Ursprüng-lich wohl nicht gefaßt. Mitte 17. Jh. Die stehende Muttergottes trägt auf der Rechten das Kind, das sein Ärmchen um ihren Hals legt. Schräg über den Körper gehefteter Mantel. Etwas derbes Bildwerk. – 2. Von einer Kreuzigungsgruppe. Pendant zum hl. Johannes (siehe unten). H. 59,5 cm. Arve, massiv. Originalfassung, zum Teil erneuert. Lüster und Ölvergoldung. Letztes Viertel 17. Jh. Maria ver-schränkt die Hände seitlich über der Hüfte. Hart gebrochene Falten. Ausdrucksvolle Figur. – 3. (Abb. 338). H. 83 cm. Linde, massiv, aber sehr flach. Originalfassung. Polimentgold, Lüster und Damas-zierung. Letztes Viertel 18. Jh. Vom MEISTER DER NIEDERERNEN SEITENALTÄRE. Maria hält in der Linken ein Buch und das Kind. Muschelig schäumender Mantelsaum unter der Linken. – *Hl. Se-bastian.* H. 75 cm. Holz, massiv. Neugotische Fassung. Mitte 17. Jh. Vom MEISTER DES ALTARS DER JOHANNESKAPELLE in Münster? Blätterndes Lendentuch. Etwas derbe, aber ausdrucksstarke Serpen-tinata-Figur. – *Hl. Johannes.* Von einer Kreuzigungsgruppe. Pendant zu Muttergottes Nr. 2. H. 58,5 cm. Der Heilige weist mit der Linken zur Seite. – *Taufe Christi.* H. (inkl. Sockel) 23,5 cm. Holz, massiv. Originalfassung, übermalt. Vom Taufsteinaufsatz 1742? (S. 396). Der kleine Erdsockel des Täufers durch eine Hohlkehle erhöht. Eigentümlich exzentrische Ponderation mit schräg zur Seite fallendem Stabkreuz. Die Symmetrie der Köpfe und Locken weist auf den Stilkreis des PETER LAGGER (1714 bis 1788), Reckingen. – *Hl. Aloysius von Gonzaga.* H. 51,5 cm. Holz, massiv. Schwarzer Anstrich ohne Grundierung. Ziervergoldung. Anfang 19. Jh. Das anspruchslose Bildwerk steht auf kunstvollem Sockel, 2. Hälfte 18. Jh.

ABLASSBRIEF (PfA Biel, D4). Illuminierter enzyklischer Kollektiv-Ablaßbrief, ausgestellt in Avignon am 8. Februar 1337 unter dem Pontifikat Benedikts XII. Die Siegel fehlen. Aquarellierte Federzeichnung mit brauner Tinte. Von der Hauptinitiale zieht sich ein Rankenstreifen über den ganzen Schriftblock hin; darunter sind die drei Wörter «[U]Niversus Sancte Matris» mit illuminierten Initialen aufgereiht. In der Hauptinitiale Kopf Christi, im Lehrgestus erhobene Rechte und erhobene Linke mit Wunde. Die Initiale gleicht in Typ und Ausführung so sehr derjenigen des Ablaßbriefs für Bödecken bei Paderborn vom 16. Januar 1335, daß beide Indulgenzbullen im selben Skriptorium ent-

---

122 «Zerbrochen, aber durch Feuer neu geboren im Jahre 1889 Hl. Maria, vom Engel gegrüßt, bitt für uns.»

123 J. LAUBER, Hist. Notizen für das Pfarr-Archiv, AGVO, S. 20, S. 32.

124 «Die Grafschaft leistet Dir, heiliger Johannes, durch H. Joseph Seidel im Jahre 1781 Huldi-gung.»

standen sein müssen[125]. Hintergrund wie auf Ablaßbrief des Hl.-Geist-Spitals in Bern vom 22. Oktober 1335[126], jedoch mit Kreuzchen statt mit Kreismotiven in den sphärischen Quadraten. Flüchtige Malerei. – PROZESSIONSLAMPEN. Vier Stück. Blech, mit Silber und Bronze angestrichen. 2. Hälfte 19.Jh. – Die Elemente der KOMMUNIONBANK von 1854[127] werden im kleinen Beinhaus aufbewahrt.

ABGEWANDERTE KUNSTWERKE. *Schweißtuch der Veronika* (im Besitz von Dr. H. Wirthner, Münster). 37 × 43 cm. Öl auf Holz. Beidseits mit demselben Motiv bemalt. Um 1700. Einst im Chor der Kirche aufgehängt? (S. 66, Anm. 70). – *Gefangennahme Christi* (SLM, Inv.-Nr. LM 7248). Aus Biel, wohl aus der Pfarrkirche. Auf der Rückseite Reste einer Malerei mit Figur der *hl. Barbara*. 66 × 51 cm. Öl auf Holz. Mitte 16.Jh. – *Rokoko-Vortragekreuz* (Pfarrkirche Gluringen), S. 338. – Vielleicht standen einst in der Kapelle von Biel die *sitzende Muttergottes* (S. 377) und das *gemalte Retabel* (S. 378), beides Kunstwerke im Schweiz. Landesmuseum, die man in der Ritzingerfeldkapelle gefunden hat.

(GRÖSSERES) BEINHAUS

Erbaut 1704[128], renoviert nach 1879?[129]. Das mit Satteldach gedeckte rechteckige Beinhaus (Abb. 319) von 5,60 m Länge und 4,85 m Breite stößt südlich des Kirchenschiffs mit seiner Altarwand an das Pfarrhaus. An der Fassade schmucklose stichbogige Türöffnung unter großem Giebelokulus. Im Innern ist der ungegliederte Raum von einer hölzernen Kassettentonne auf hölzernem Gesims überspannt. Die Decke ist mit Profilleisten in vier Achsen zu je vier fast quadratischen Füllungen gegliedert. Die Kassetten sind bemalt: eine große Rosette in der Mitte, Blumen in den Ecken.

Altar. Inschrift in der Rollwerkkartusche der Predella: «HANC ARAM AD HONOREM/ DEI AC CVLTVM SANCTISSIMAE/CRVCIS PROPRYS EXSTRVXIT/SVMPTIBVS/ADMODVM REVERENDVS DOMINVS/CHRISTIANVS HVSER/ANNO DÕI/ 1687»[130]. In einer Kartusche am Gebälk Stiftervollwappen Huser in herzförmigem Feld auf einem Totenkopf. Das Altarwerk stand einst wohl zweigeschossig als rechter Seitenaltar in der Kirche[131]. Das JOHANN RITZ als Erstlingswerk[132] zugeschriebene Retabel erinnert nur mit dem

Abb. 333 und 334. Biel. Pfarrkirche. Kruzifix (vgl. Abb. 335). Ausschnitte. Kopf und Rumpf.

Abb. 335 und 336. Biel. Pfarrkirche (im Pfarrhaus). Kruzifix, 3. Viertel 17. Jh., H. (Korpus) 21 cm. Fremder Herkunft (vgl. Abb. 333 und 334). Text S. 399. – Gotischer Monumentalkruzifixus, 3. Viertel(?) 14. Jh., H. etwa 143 cm. Arme ersetzt? Kreuz neu. – Text S. 396.

Motiv der Passiflorien in den Akanthusspiralen an den Familienaltar (1691) des Meisters in der Ritzingerfeldkapelle (S. 373).

Das Retabel birgt (heute) als schmuckvolle Säulenädikula ein Hl.-Kreuz- oder Allerseelengemälde. Ein Paar gewundener, von Blumen umrankter Säulen der korinthischen Ordnung trägt ein gerades Gebälk, auf dessen Verkröpfungen geschweifte Sprenggiebel aus einer Spirale mit Passiflorie aufsteigen. Da offenbar die Säulenstellung des zweiten Geschosses beim Übertragen des Retabels in das niedrigere Beinhaus entfernt wurde, ruht heute der bekrönende Rundbogengiebel auf zweckentfremdeten Gebälkverkröpfungen. Altarbärte aus Akanthusspiralen mit Knorpelstilbuckeln. Originalfassung. Tempera und Polimentgold. Das mit Tempera auf Leinwand gemalte *Altarblatt* zeigt in diagonaler Komposition Maria auf Wolken als Mittlerin zwischen den Armen Seelen und Christus, der mit dem Kreuz in einem Rundbogenfeld erscheint. In der holzbemalten Füllung des *Antependiums* große symmetrische Phantasieblütenkomposition.

KERZENLEUCHTER. Paar. H. 34,5 cm. Arve, mit Kaseintempera bunt marmoriert. 17. Jh. Runder, kegelförmiger Fuß. Mit Balustermotiven, Knäufen und Ringen gegliederter Schaft.

---

125 O. HOMBURGER, C. VON STEIGER, Zwei illuminierte Ablaßbriefe in Bern, ZAK 17, Heft 3/4 (1957), Tf. 43, Nr. 13.
126 Ebenda, Tf. 41, Nr. 4.   127 PfA Biel, D66a.
128 PfA Biel, D42.   129 PfA Biel, D37.
130 «Diesen Altar hat zu Ehren Gottes und zur Verehrung des heiligsten Kreuzes aus eigenen Mitteln errichtet der sehr hochwürdige Herr Christian Huser im Jahre des Herrn 1687.»
131 STEINMANN, Ritz, S. 95. Da der ältere(?) Hl.-Kreuz-Altar (S. 393) neben dem von Thomas Werlen gestifteten Rosenkranzaltar (S. 393) unzeitgemäß wirken mochte, könnte ihn der stiftungsfreudige Christian Huser als Vikar in Leuk sehr wohl erneuert haben.   132 Ebenda.

WOHNHÄUSER[133]

1. Koord. 75/105. Kat.-Nr. 48B/1159. Paul Zertanna. Spätmittelalterlich[134]. «Heidechriz» an beiden Giebeln. Wände zum Teil ersetzt. ⌐——⌐. 1¹/₂. D.

2. Koord. 110/125[135]. Kat.-Nr. 64/1157. Otto Rovina. Ehemals «Heidehüs». 1911 aufgestockt und mit Zwerchgiebel versehen. An der Wange des ersten Stockwerks Holzwand durch eine Nutstud mit der Mauer verbunden. Spätere Blendmauer an der Stirnfassade des Erdgeschosses. ⌐——⌐ (mit Ka). 2 (ehemals 1¹/₂). G. *Ofen.* Zweigeschossig, mit Karnies unter gestufter Deckplatte. An der Stirn neugotisches Jesusmonogramm in Clipeus, von Palmzweigen gerahmt. An der Wange die Inschrift «Gebrüder/Rovina» und die Jahreszahl «19*14». – *Truhe.* Front größtenteils Nußbaum. Dreiachsig. Zwischen den Oktogonfüllungen der Seitenachsen mittlere eckgekehlte Füllung. Eingelegt: «M.H. [Stern] 1812». – *Lehnstuhl.* Stil Louis-Philippe. – *Standuhr.* 1. Hälfte 20. Jh.

3. Koord. 75/140 (Abb. 322). Kat.-Nr. 22/239–690. Ernst und Othmar Chastonay; Waldemir Seiler. Erbaut 1548? Das in den Dokumenten als «Domus lapidea am Buell» oder «Steihüß»[136] öfters genannte Haus heißt im Volksmund auch «*ds wiß Hüs*» oder «*ds Grafehüs*». Ob letztere Bezeichnung aus alter Überlieferung stammt und noch von Resten des einstigen Sitzes der Grafen von Mörel (oder Gradetsch) (S. 383) im heutigen Bau zu berichten weiß oder erst im letzten Jahrhundert aufgekommen ist, als man in diesem Steinhaus irrtümlicherweise(?) das Schloß der Blandrate (S. 383) erblickte[137], ist nicht bekannt. Eigenartig nimmt sich das mächtige Steinhaus inmitten der Holzbauten aus, um so mehr als der Name der in der Neuzeit bedeutendsten Bieler Familie, «uff der Eggen», sich von einem andern Dorfteil herleitet. Das Haus baut sich über dem Erdgeschoß aus drei vollen Wohnstockwerken und mezzaninartig belichteter Giebelzone auf. Mitten durch das Erdgeschoß führt ein Längsgang zur Kehrtreppe innen an der rückseitigen Hauswand – eine von den «bessern» Gommer Häusern des 16. Jahrhunderts her bekannte Disposition (S. 29). Das erste Wohngeschoß besitzt mitten in der Rückwand eine weitere rundbogige Eingangstür ähnlich dem ehemaligen Rundbogenportal im Erdgeschoß der Stirnfassade. Man tritt dann in den mittleren flurähnlichen Raum mit der Kehrtreppe zwischen Küche und «Stubji». Im Vorderhaus Stube und Kammer im Osten. Während das zweite Stockwerk den gleichen Grundriß aufweist, jedoch ursprünglich ohne rückseitige Tür, wiederholt das dritte Stockwerk den Grundriß des Erdgeschosses mit mittlerem Längsgang und beidseits zwei Räumen, von denen der nordöstliche einst mit einer Stuckdecke ausgestattet war. Innen sind noch wertvolle Partien aus dem 16. Jahrhundert erhalten geblieben, so im ersten Stockwerk drei rundbogige Türgeläufe mit Astragal und geripptem Stab aus feinem Kalkmörtel sowie ein Rundbogenfenster in der Ostwand des Stubji, im zweiten Stockwerk je eine stichbogige Fensterkammer in beiden Außenmauern der Stube. Eine breite Tür in der Ostwand der Kammer des zweiten Stockwerks soll sich ehemals in eine Überführung zur Kirche geöffnet haben. *Inschriften.* 1. Stockwerk: (Versenkt in Zierfeldern. Wörter, getrennt durch Zeichen, ähnlich der Minuskel f) «SO MAN ZALT NACH DER GEBVRT CHRISTI VNSERS HEREN 1.5.4.8». In der Kammer: «DIS.HVS. STAT.NIT.IN.TAR.EIN.EWIGX.WIRIST.VINDE̅», darunter klein: «NIL IST.DER.ARMEN.WAR.

---

133 Zwei «Heidechriz» aus Biel im SLM, Inv.-Nr. LM 12000 und 12001.
134 Nach der Beschaffenheit des Holzes zu schließen aus dem Ende des 15. Jh.
135 Abb. STEBLER, S. 61, Fig. 37 (1903), und Bürgerhaus, Tf. 101, Nr. 9.
136 Mit dem «Steinrigelhaus» wird in einem Dokument von 1836 dasselbe Haus gemeint sein (PfA Biel, D 57).   137 Hauskalender fürs Stadt- und Landvolk [vgl. S. 13, Anm. 8], S. 58.

VND.HATZ.LASN.BV̅W̅E̅.HANS.IOST». 2. Stockwerk: «DIS HAT LASEN.BAVWEN.DER.EHR-
SAME.JNGLING.PETER.BONASH.IHM.IAHR. 1818/AVF.GOT.ALEIN.SEZ.ICH.SETZ.ICH.MEIN.
VERTRAVWEN.AVF.MESHEN.HILF.IST.NICHT.ZV.BAVWEN»; «WER.WOL.VERTRAVWT.HAT.
WOL.GEBAVWT.IHM.HIMMEL.VND.AVF./ERDEN.WER.SICH.VERLASST.AVF.IESVM.CHRIST.
DEM.SOL.DER.HIMMEL.WERDEN».

Im ersten Stockwerk *Ofen* des 19.Jh. – *Hauskruzifix.* H. 54 cm (Korpus 22 cm). Holz. Originalfassung übermalt. Ende 18.Jh. Dreipaßförmige Standplatte. Vor dem Kreuzfuß C-Bögen und Voluten.

4. Koord. 50/135. Kat.-Nr. 4/107. Anton Andereggen; Agnes Luiset. Erbaut 1624. Fries des ersten
Stockwerks: Zahnschnittzeile an konsolenartig vortretender Leiste. Aufgestockt 2. Hälfte 17.Jh.?
Fries des zweiten Stockwerks: zwei große Würfelzeilen, über den Fenstern Doppelkielbögen. 1834
Ausbau oder Neuaufbau (mit altem Holz) des zweiten Stockwerks. ⌐⌐. 2¹/₂. F. *Inschriften.* 1. Stock-
werk: «GEORGIVS HAVSER VERENA IOST CASPAVS.CHRISTAN.PETER:GEORG:GEORGII/HVSERSKINDER ANNO
DNI 1624+». 2. Stockwerk: «1834.DISSES.HAVS.HABENT.LASEN.BAVWEN.FRANZ IOSEPH.VND.IOSEPH NAZ.
VND.REGINA.ANDEREGGEN». *Öfen.* 1. Eingeschossig, mit Karnies unter schwerer Deckplatte. Nahe der
Kante Polsterspiegel. An der Stirn, unter der Jahreszahl 1630, Rhombenspiegel mit Hauszeichen
[stehendes Dreieck, rechts von dreieckigem Punkt begleitet] und den Initialen «G H.F.I» entlang den
obern Rhombenseiten. – 2. Stubjiofen. Ähnlich Nr. 1, aber mit dünnerer Deckplatte. Stirn gleich
dekoriert und beschriftet. Die beiden letzten Initialen sind nicht mit Gewißheit zu entziffern (FI oder
E F?).

5. Koord. 110/90. Kat.-Nr. 82/812. Andreas Guntern; Kinder Josef-Marie Guntern. Erbaut 1627.
1950 um eine Balkenlage aufgestockt. ⌐⌐ (vorn sehr niedrig, nur Rückwand mit Mauer höher geführt, mittels Nutstud mit der Blockwand der Traufseite verbunden) 2¹/₂ (drittes Stockwerk halb
Wohngeschoß, halb «Loibe»). G und F. *Inschrift.* 1. Stockwerk: «[Jesusmonogramm]GOT.AL.EIN.DIE.
ER.IH.KRISTEN.BALI.VND.KATRINA.WALTER.SIN.EHLICHE.HVSFRAVE. 16.27». *Ofen.* Eingeschossig, mit gekehlter Deckplatte. An der Stirn in Wappenschild Dreiberg, die Jahreszahl 1620, die Initialen «C.B.
C.W» und Jesusmonogramm. – Einfacher lärchener *Eckschrank* in der Form der Wandbüfett-Seiten-
achsen mit geschweifter Füllung.

6. Koord. 65/115. Kat.-Nr. 26/583. Angelika, Ernestine und Maria Carlen. Erbaut
1680. Kleiner Würfelfries unter Wolfszahn. 1927 aufgestockt mit Zwerchgiebel.
«Vorschutz» auf Konsolen. Auf diesen eingeschnitzt von links nach rechts Jesus-
monogramm und die Ziffern des Baujahres. Das Haus bildet den westlichen Ab-
schluß jener eindrücklichen schräg emporsteigenden Häuserzeile, die Dorfplatz und
Straße bergseits begrenzt. ⌐⌐. 2 (ehemals 1¹/₂). G und F. *Inschriften.* 1. Stockwerk:
«M.[Jesusmonogramm]Z(?).MAN.SAGT.VIL.KÖPE.VIL.SIN.DESSEN.ICH.AVCH.EIN.ARBEIT.
BIN.GFALLEN.ICH.DIR.IST.ES.RECHT.SONST.KEHR.MICH.VMB.ICH.BIN.DEIN.KNECHT./MAT-
THAEVS¹³⁸ ZEIT.MARIA.WALTHER.MEIN.HAVSFRAV.O GOTT.ICH.DIR.MEIN.HAVS.VERTRAV.
PFLANS.DRIN.ALS.WAS.ZV.DEINER.EHR.WAS.BES SEI.HIEVON.WEITH.VNDT.FEHR.ANNO
1680». 2. Stockwerk: «WER WOHL¹³⁹ VERTRAUT HAT WOHL GEBAUT JM HIMMEL UND
AUF ERDEN LUDWIG MARIA/WER SICH VERLAST AUF JESUM CHRIST DEM SOLL DER HIMMEL
WERDEN. CARLEN U SEILER».

Ofen. Zweigeschossig, mit schwerer gekehlter Deckplatte. 17.Jh. An der Stirn Rosette, neugotisches
Jesusmonogramm in Clipeus, die Jahreszahl 1910 sowie die Initialen «L[udwig] C[arlen]/M[aria]
C[arlen-Seiler]». An der Wange über dem «Kacheltürchen» die Jahreszahl 1864. – *Wandbüfett* mit
Kredenznische. Lärche. Um 1800. Sanft geschweifter Schubladenteil. Zierspiegel an den Türen. –
Truhe. Tanne. Mit einer Blüte beschnitzte Pilaster scheiden drei Rechteckfelder mit Zierspiegeln. Ein-
gelegt Blütenvasen und ein Stern, an den Pilastersockeln eingeritzt die Jahreszahl 1801.

7. Koord. 85/225. Kat.-Nr. 9/842–922. Josephine und Olga Guntern. Erbaut 1774. ⌐⌐. 2¹/₂. F.
An der Rückseite «Withüs». *Inschriften.* 1. Stockwerk: «[Jesusmonogramm]MARIA.JOSEPH.BEHIETE.

---

¹³⁸ Suffix der Kursive für -us.   ¹³⁹ Gleiche Inschrift wie im Haus Nr. 3 (siehe oben).

DISES.HAVS.VND.WENDE.ALES.VNHEIL.DRAVS.DISES.HAVS.HAT.LASEN.BAVWEN.DER.EHRENDE/MAN.IOHANES. JOSEPHBITEL.VND.SEIN.HAVS.FRAVW.MARIA.WIRTNER.ANO 17.74[eingeschnitztes Wappen: T mit zwei Punkten über dem Querbalken]». 2. Stockwerk: «[Jesusmonogramm]AVGESTI.GVNTERN.VICTORIA. BIDERBOST. 1869». Von der überschriebenen abgehobelten Inschrift noch lesbar: «...VND IOHAN CHRITEN BITEL GEH ICH AVS ODER EIN .. 1774 DEN 16 MEIEN». *Öfen.* 1. Zweigeschossig. An der Deckplatte Karnies und Kehle. An der Stirn in Medaillon: «A.G/V.B/1860». 2. Zweigeschossig. Für die 2. Hälfte des 19.Jh. typisches Deckplattenprofil (Körnerschnabelform). An der Stirn die Initialen «A.G.V.B» über der Jahreszahl 1887.

8. Koord. 70/125. Kat.-Nr. 25/1532. Albin Bittel; Eduard Walther. Erbaut 1778 (Jahreszahl am Giebel). Fries: Paar versenkter Rundstäbe. Stattliches Haus mitten in der ansteigenden Häuserzeile bergseits von Dorfplatz und Straße. ⌐⌐. 2^1/$_2$. H (mit verbundenem Stubji). Das zweite Stockwerk war früher Doppelwohnung mit den Grundrissen C und F. *Inschriften.* 1. Stockwerk, östliche Stube: «DISES HAVS STEHT IN GOTTES.HANT.BEWAHRD GOT VIR FIHR.VND BRAND 1778 DEN.16. MEIEN». Westliche Stube: (zum Teil verkleidet) «.. AVS IM IAHR 1778.DEN 16.MEIEN». Am Fußbalken der Stirnfassade: «HIER FANGEN WIER IETZ AN ZV BAVWEN VND SETZEN AVF GOT[entfernt: T VNSER VERTRAV]WEN DAS ER VNS W[entfernt: OLLE GEB]EN DAR.ZV SEIN GETLICHEN SEGEN VND ALLES JBEL VON VNS WENDE DAS WIERE GLICKLICH VOLLENDE DAN LVST VND LIEB ZV EINEM DING MACHT ALLE MIEH VND ARBEIT RING.DRVM WO[...] DARAN.JESVS.MARIA.VND.JOSEPH WOLL VNS BEISTAN.DEN.2.MEIEN ANNO 1778». Zwei beschriftete Dielbäume (im Haus von Dr. H. Wirthner, Ammern bei Blitzingen) 1. «AVF.GOT.ALEIN.SETZ.DEIN.VER.TRAVWEN.AVF.Z.MENSCHEN.HILF.IST.NICHTS.ZV.BAVWEN./DAN.GOT.ALEIN.DEN.GLAVBENS.HELD.KEIN.GLAVBEN.FINST.DV.BEI.DER.WELT. 1778. DEN.2. BRACHET.»; 2. «DISES.HAVS.HABENTE.LASEN.BAVWEN.DIE.5.BRIEDER.ALS.ERSTLICH.JOHANS.V.PETER.V.FRANTZ.V./V.JOSEPH.V.JOSEPH.IGNATZIVS.ZEIT 1778 DEN 2. BRACHET.».

Hauskruzifix. H. 69 cm (Korpus 27 cm). Holz, häßlich überfaßt. 2. Hälfte 18.Jh. Von JOHANN BAPTIST LAGGER († 1791)? Der Kopf des dynamisch gebogenen Korpus gleicht demjenigen der Pietàgruppe in der Reckinger Hl.-Kreuz-Kapelle (S. 322). Vor dem Kreuzfuß Vierpaßmedaillon zwischen Akanthusrollwerk. An den Balkenenden C-Bögen und Ornamente.

9. Koord. 130/105. Kat.-Nr. 92/743. Angelina und Bruno Guntern. Erbaut 1781. Fries: Paar versenkter Rundstäbe. Das untere Stockwerk diente früher als *Bubenschulhaus.* ⌐⌐¹. 2^1/$_2$. F. *Inschrift.* «Loibe»: «[Monogramme von Jesus und Maria]IOS IOHANES ZEIT VND ANDRES GVNTREN 1781».

10. «*Alter Konsum*». Koord. 95/100. Kat.-Nr. 67/688. Am erneuerten Giebel alter Inschriftbalken: «JNG 17 96 AMB». Ehemaliges *Mädchenschulhaus.* ⌐⌐. 2^1/$_2$. F.

11. *Pfarrhaus.* Koord. 100/145 (Abb. 322). Kat.-Nr. 59/1091. Walter Fabrisse (Schmied) erhielt 1332 beim Testamentsvollzug der Stiftung seines Onkels Peter (S. 384) dessen Haus neben der Kapelle, versprach aber, vor dem nächsten Fest des hl. Martin dem Rektor ein anderes Haus wiederum neben der Kapelle zu bauen; andernfalls sollte das ererbte dem Gotteshaus zufallen[140]. 1342 schenkte Martin Zehnder der Pfründe ein Wohnhaus nahe bei der Kapelle oberhalb des Dorfwegs[141]. Man weiß nicht, ob eines dieser Häuser an der Stelle des heutigen Pfarrhauses gestanden hat, das, nach den Friesen (Paar versenkter Rundstäbe) zu schließen, in seinem Holzwerk während der zweiten Hälfte des 18.Jahrhunderts errichtet worden ist. Veränderte Fensteranordnung gegenüber dem Zustand auf Abb. 322. ⌐⌐¹. 2^1/$_2$. G. Der Eingang führt im Erdgeschoß der rechten Traufseite entlang zur Kehrtreppe, die im Hinterhaus unmittelbar hinter der Querwand durch alle Geschosse hoch-

140 GREMAUD IV, S. 47. 141 PfA Biel, D 5.

Abb. 337 und 338. Biel. Pfarrhaus. Kreuzigungsgruppe, 1705, Werkstatt des Johann Ritz. Text
s. unten. – Muttergottes, letztes Viertel 18. Jh., vom Meister der Niedererner Seitenaltäre. – Text S. 399.

steigt. Im Erdgeschoß scheidet eine kräftige Quermauer Vorder- und Hinterhaus.
Im Vorderraum später ausgeschiedenes Kellerchen entlang der Flurwand.

Öfen. 1. Zweigeschossig. Die schwere Deckplatte ist mit Karnies und Kehle profiliert. Schräg gebänderte abgerundete Kante. An der Stirn schönes Wappenschild mit dem Krummstab als Emblem
zwischen den Initialen «G[rafschaft]B[iel]» und der Jahreszahl 1767. Stattlicher Ofen. – 2. Zweigeschossig, mit Karnies unter schwerer Deckplatte. An der Wange Kelch zwischen Ranken, in Blattkränzen Jesusmonogramm sowie Krummstab zwischen den Initialen «G B» und der Jahreszahl
1848. – *Kreuzigungsgruppe* (Abb. 337). H. (Korpus) 52,5 cm, Begleitfiguren 40 cm. Holz. Fassung größtenteils erneuert. Öl und Bronzevergoldung. An der Kartusche unter der Inschrift:
«M.F.N.1705». Hinten an der Konsole schwungvoll eingeschnitzt die Jahreszahl 1705. Hände des
hl. Johannes ergänzt. Kreuz neu. Maria breitet eine Schriftrolle mit der Weiheformel der Marianischen Sodalität aus. Die Haltung des Korpus, die Drapierung des Lendentuchs, vor allem aber das
ausdrucksstarke, fein geschnitzte Antlitz, erweisen den Kruzifixus als das Werk von einem Meister
in der Werkstatt des JOHANN RITZ in Selkingen. Untersetzte Begleitfiguren. Die Marienstatue variiert
die kleine Maria von der Kreuzigungsgruppe am Altar von Wichel im Fieschertal in Richtung der
Figura serpentinata (vgl. Abb. 138). – *Gemälde. Porträte*[142]. 1. 68 × 55,5 cm. Öl auf Leinwand. Pfarrer
Christian Huser (1647–1701) von Selkingen. Halbfigurenbildnis, im Viertelprofil nach links gewendet. Links oben: «AETATIS SUAE 49», Kelch zwischen den Ziffern der Jahreszahl 1698 und Wappen
(W. Wb., Tf. 3). Das kraftvolle, fast derbe Antlitz des Pfarrers und Wohltäters der Pfarrei Biel ist
realistisch wiedergegeben. – 2. 72 × 60 cm. Öl auf Leinwand. Pfarrer Johann Georg Garin Ritz (1706
bis 1773) von Selkingen, Sohn des Bildhauers JOHANN, oder Kaplan Joseph Benedikt Ritz (1718–1782),
Sohn des Bildhauers JODOK RITZ. Halbfigurenbildnis, im Viertelprofil nach rechts gewendet. Rechts
oben Wappen (mit kleinen Abweichungen W. Wb., Tf. 4) in Kartusche, darunter: «AETATIS SVAE
53(?)». – *Archivtruhe* (Abb. 340). L. 77,5 cm, H. 34 cm. Nußbaum, schwarz bemalt. In Beschläg die
Ziffern 1675 auf dem Deckel und ein Krummstab[143] beidseits der mit Maskaron und Schuppen verzierten Schloßklappe. Ornamentales Kanten- und Gurtbeschläg.

142 J. LAUBER verzeichnet noch folgende, nun verschollene Porträte im Pfarrhaus: 1. Joh. Jos.
Huser, Rektor von Randa 1726–1730(?), von Fiesch 1730–1736 und von Turtmann 1744–1754 (Por-
trät der Fam. Seiler gehörend); 2. Jos. Klemens Huser von Selkingen, Pfarrer von Binn 1759–1768,
Kaplan von Mörel 1768–1781 (Porträt der Familie Emil Walther gehörend) (Stammregisterbuch
PfA Biel, D46, S. 115). 143 Motiv des Wappenbildes der Grafschaft.

Abb. 339. Biel. Pfarrhaus. Siegel des Marquard, Graf von Mörel, 1277, am ersten
Dokument, das die Freiheiten der Grafschaft bestätigt. – Text S. 382 und 385.

12. Koord. 145/125. Kat.-Nr. 94/1550. Stefan Andereggen. Erbaut 2. Hälfte 18.Jh. Fries: Paar versenkter Rundstäbe. Rechte Haushälfte um 1942/43 erneuert. In diesem Haus befand sich die *Ge-
meindestube* bis zum Bau der Sennerei (1928/29), deren oberes Stockwerk man nun als Gemeindehaus
benutzt. ⌐—⌐ (mit Haustein erneuert). 2¹/₂. Doppelhaus. A, C und F. Zwei *Öfen* von 1946.

13. Koord. 40/110. Kat.-Nr. 28/1586. Franz Zeiter. Erbaut 2. Hälfte 18. Jh. Fries: Paar versenkter
Rundstäbe. Das zweite Stockwerk soll vom ausgestorbenen Weiler Richelsmatt hergeschafft worden
sein. ⌐—⌐. Ka (an der rechten Traufseite). 2¹/₂. F und H (mit verbundenem Stubji). Dielbäume beschriftet, aber verkleidet. *Öfen.* 1. Eingeschossig, mit Kehle unter der Deckplatte. Querrechteckige
Spiegel als Dekor. – 2. Ofen von 1872 mit den Initialen «A[lexander]Z[eiter]/K[atharina]Z[eiter]
B[iderbost]» über der Jahreszahl 1872. – *Türen* (im Besitz von Dr. H. Wirthner, Ammern bei Blitzingen). Nußbaum, mit Einlegearbeit in den Zierspiegeln. 1. Oben die Initialen «MI[Marienmonogramm
über Herz mit Schwert]L», unten eine Rosette. – 2. Oben die Initialen «F Z» unter dem Jesusmonogramm, unten ein Stern.

14. Koord. 130/140. Kat.-Nr. 87/645. Hermann, Theodor und Walter Chastonay. Erbaut 1834.
Fries: Paar versenkter Rundstäbe und gebrochene Wellenlinie. Renovation 1868. 1950 um ein Ge-
schoß aufgestockt und rechts um eine Achse erweitert. ⌐——⌐. 3. F. *Inschriften.* 1. Stockwerk: «[Mono-
gramme von Jesus(?) und Maria]IOS.IN.3.BRACH.MONTHA.IN.IAHR. 1834/DISES.HAT.LASEIN.BAUEN.IOHAN.
IOSEPH.GUNTER.UND.SEINEN.EHEGATTIN.MARIA.IOSEPH.HOLZERIN». 2. Stockwerk: «[Monogramme von
Jesus und Maria]IOSEPH.BEWARE.DIS.HAVS.VND.WENDEN.ALLES.BESSE.AVS. 1868[..?]/DIS.HAVS.HAT.LAS-
SEN.BAVEN.FRANZ.CHANTONAI.FRANZ.VND[..?]». *Öfen.* 1. Zweigeschossig, mit Kehle unter abgerundeter
Deckplatte. An der Stirn Doppelbalkenkreuz als Wappenzeichen der Familie Eggs, die Initialen
«F[ranz]C[hastonay]/K[atharina]E[ggs]» und die Jahreszahl 1871. – 2. Zweigeschossig, mit Kehle
unter der Deckplatte. An der Stirn in Blütenkranz die Jahreszahl 1911. – *Tischchen* (im Besitz von
Dr. H. Wirthner, Münster). Nußbaum. An der Zarge in Blütenranken Wappen der Familie Eggs mit
den Initialen «R[everendus]D[ominus]I[ohann]I[oseph]/M[ichael]E[ggs]»[144]. Tischplatte mit rück-
springenden Eckrundungen in der Form von Spiegelfüllungen jener Zeit.

15. Koord. 95/110. Kat.-Nr. 66/809. Erben Josef Chastonay. Erbaut um 1800. Fries: Paar versenkter
Rundstäbe und Ranken mit Blüten. ⌐——⌐. 2. G. Dielbaum verkleidet.

Abb. 340. Biel. Pfarrhaus. Archivtruhe,
1675, mit Krummstäben als Wappenzeichen im Beschläg. – Text S. 405.

Abb. 341. Biel. «In dr Hell». Schönste Heustallgruppe des Goms. – Text siehe unten.

16. Koord. 75/90. Kat.-Nr. 48/185–1160. Adolf Andereggen; Paul Zertanna. Erbaut 1863. An der Rückseite «Withüs». ⌐⎺⌐. 2¹/₂. F. Längsgang in der Mitte des Erdgeschosses. *Inschriften.* 1. Stockwerk: «DIESES.HAUS.HABEN.GEBAUET.DIE.GEBRÜDER.AUGUSTIN.UND.ISIDOR.ANDEREGGEN.MIT.IHRER.HAUSFRAU/ KATARINA.BIDERBOST.EHEGATTIN.DES.AUGUSTIN.VND.IOHANN.IOSEPH.VATER.BESAGTEN.GEBRÜDER.IM.IAHR. 1863.D.5.MAI.». 2. Stockwerk: «DIESES.HAUS.HABEN.GEBAUET.AUGUSTIN.ANDEREGGEN.MIT.SEINER.HAVS-FRAU.KATARINA.BIDERBOST.VND.SEIN./BRUDER.ISIDOR.MIT.IHREM.VATER.IOHANN.IOSEPH.ANDEREGGEN.DEN. 22.TAG.MAI.DES.JAHRES. 1863». *Ofen.* Zweigeschossig, mit Kehle unter abgerundeter Deckplatte. An der Stirn die Inschrift: «ISIDOR ANDER/EGGEN 1865». – *Hauskruzifix.* H. etwa 69 cm (Balkenende entfernt; Korpus 25,5 cm). Holz. Originalfassung, beschädigt. Letztes Viertel 18. Jh. Expressiv gebogener schlanker Korpus. Das nach links gewehte Lendentuch fliegt ohne Knoten oder Schlaufe zur Seite. Als Sockel kegelförmig verjüngtes Polster auf zackengekehlter Fußplatte. Eigenwillige Formgebung.

NUTZBAUTEN

In der Nutzbautenreihe, die dem talaufwärts Reisenden am westlichen Dorfende entgegenkommt, ist eine Zweiergruppe von *Stadeln* bemerkenswert, die bereits F. G. STEBLER (1903) [145] als Illustration gewählt hat (Koord. 100/50 und 60). Am Sturz der Tenntüre des nördlichen Stadels: «FADE 1827[9?] MCG». Ebenfalls an bedeutender Stelle für die Siedlung der stattliche Stadel Koord. 140/110. Hinter dem «Steihüs» versteckt ein schmuckes *Speicherchen* (Koord. 60/145). Besonders charakteristisch für Biel sind aber die Nutzbauten in der Runse, nämlich die drei behäbigen *Heuställe* (um Koord. 110/110) (Abb. 341) mitten im Hang und unten, wie Ausläufer, ein reizvoller Speicher (Koord. 125/90) und ein großer Stadel (Koord. 135/85). – *Backhaus* aus den Jahren 1950/51 (Koord. 125/55).

144 Geb. 1758 in Selkingen, am 21. Juni 1799 bei Lax von «fränkisch-helvetischen Soldaten» erschlagen (SCHMID, LAUBER, Verzeichnis, 1895, S. 477/78). 145 STEBLER, S. 65, Fig. 40.

Abb. 342. Selkingen. Luftaufnahme von 1974. – Text S. 410.

SELKINGEN

GESCHICHTE. Zur «Grafschaft» gehörend, teilte Selkingen auch deren Geschicke
(S. 382/83). Das Dorf bildete bis 1899 zusammen mit Biel einen Drittel[1], später einen
eigenen Viertel[2]. Im Inventar der bischöflichen Einkünfte in den Pfarreien Ernen
und Münster von 1374 wird Selkingen immer eigens, und zwar in Zusammenhang
mit Ernen(!), aufgeführt, wie sich seine Prokuratoren zur Bestätigung des Doku-
mentes auch auf dem Friedhof von Ernen und nicht in Münster einfanden[3]. Diese

---

1 Neuverteilung der Pfarreilasten schon 1882 (S. 351).
2 W.Wb., S. 239.

3 GREMAUD V, S. 404 u. 409.

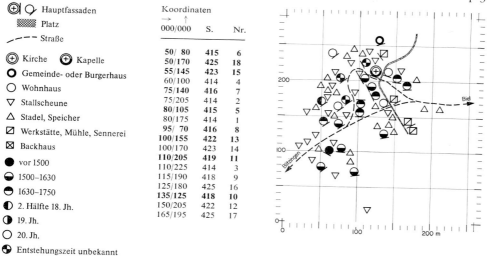

Hauptfassaden

Platz

Straße

Kirche   Kapelle

Gemeinde- oder Burgerhaus

Wohnhaus

Stallscheune

Stadel, Speicher

Werkstätte, Mühle, Sennerei

Backhaus

vor 1500

1500–1630

1630–1750

2. Hälfte 18. Jh.

19. Jh.

20. Jh.

Entstehungszeit unbekannt

Koordinaten

000/000	S.	Nr.
50/ 80	415	6
50/170	425	18
55/145	423	15
60/100	414	4
75/140	416	7
75/205	414	2
80/105	415	5
80/175	414	1
95/ 70	416	8
100/155	422	13
100/170	423	14
110/205	419	11
110/225	414	3
115/190	418	9
125/180	425	16
135/125	418	10
150/205	422	12
165/195	425	17

Abb. 343. Selkingen. Siedlungsplan (vgl. «Wegleitung»). – Text S. 410.

Orientierung nach Ernen wirft die Frage auf, ob Selkingen von Anfang an ganz zur Grafschaft gehörte[4], die heute bis zum Hilpersbach zwischen Selkingen und Blitzingen reicht. 1510 trat in Wilhelm Gestiler der erste Selkinger als Ammann der Grafschaft auf. Ihm folgten im dritten Viertel des 16. Jahrhunderts Vertreter der Familie Am Hengart, die im vorhergehenden Jahrhundert den angesehenen Landeshauptmann Johannes Heingartner gestellt hatte[5]. Die Bedeutung Selkingens im 18. Jahrhundert geht aus der Liste[6] der Ammänner hervor, da zur Familie Walther, die schon in der zweiten Hälfte des 17. Jahrhunderts das Amt innegehabt hatte, noch die Familie Huser hinzutrat. Als Heimatort der Bildhauerfamilie RITZ[7] hat das Dorf einen bedeutenden Beitrag zur einheimischen Kunst des Hochbarocks geleistet. 1827 brachte die große Lawine aus dem Walital auch Selkingen Tod und Zerstörung. Wann die beiden Weiler am linken Rottenufer gegenüber dem Dorfe, das im 15. Jahrhundert noch bewohnte *Zeit*[8] und *Sechshäusern*, verlassen wurden, ist nicht bekannt.

Kirchlich gehörte Selkingen bis zur Loslösung Biels 1678 zur Mutterpfarrei Münster. Bei Biel verbleibend, kaufte es sich 1836 endgültig von Münster los[9].

4 Die Tatsache, daß Selkingen in den frühen Urkunden, welche die Rechte der Grafschaft betreffen, nicht genannt wird, erklärt LAUBER mit seiner Zugehörigkeit zum Drittel von Biel, die erst für das Jahr 1750 belegt ist (J. LAUBER, Grafschaft Biel, BWG III [1905], S. 359/60).

5 VON ROTEN, Landeshauptmänner, 1946, S. 34–37.

6 J. LAUBER, Verzeichnis der Herren Ammänner, BWG III (1905), S. 379–382.

7 J. LAUBER, Bildhauerfamilie Ritz v. Selkingen. Ein Kulturbild aus dem 17. und 18. Jahrhundert, BWG III (1905), S. 334–347. – J. LAUBER, E. WYMANN, Die Künstler-Familie Ritz von Selkingen im Wallis, XX. Hist. Neujahrsblatt, herausgegeben auf das Jahr 1914. Veröffentlicht vom Verein für Geschichte und Altertümer von Uri, S. 69–93. – STEINMANN, Ritz.

8 Johannes An der Matton, Landeshauptmann 1442–1445 und 1448/49, stammte von Zeit (VON ROTEN, Landeshauptmänner, 1946, S. 50). R. RITZ, Notiz über einige verlassene Ortschaften des Bezirkes Goms (Wallis), ASA II (1875), S. 586/87.   9 W.Wb. S. 239.

Abb. 344. Selkingen. Dorfpartie mit Kapelle.
Zeichnung, 1845–1850, von Raphael Ritz.
Text siehe unten.

Quellen. PfA und GdeA von Biel. Restbestände des GdeA von Selkingen.
Bilddokumente. Dorfpartie beim Bach von S mit Blick auf beide Kapellen; «Selkigen». Zeichnung
von RAPHAEL RITZ. 1845–1850? (Museum Majoria, Sitten, Inv.-Nr. 419; RUPPEN, II, 368) (Abb. 344).

SIEDLUNG (Abb. 342–344). *Anlage.* Selkingen schmiegt sich als Haufendorf auf
beiden Ufern des Walibaches in die Zwickelmulde, die von der westlichen Flanke
des großen Schuttfächers vor dem Bieligertal und vom Hang des Haupttals gebildet
wird. Gegen Süden hin weitet sich der Flecken fächerförmig aus, wobei er sich streu-
siedlungsartig lichtet. Heute liegt das Dorf mit Ausnahme einer kleinen Häuserzeile
sowie einiger Nutz- und Gewerbebauten westlich vom Bach. Die Nutzbauten häufen
sich zwar am Nord- und Westrand des Dorfes, verteilen sich aber auch über die
Siedlung. Einzig die Dorfrandpartie beim Haus Nr. 18 (Koord. 50/170) trägt eine
Bezeichnung: «Thor».
  Siedlungsgeschichtliches. Heute stehen die ältesten Häuser vornehmlich in der südlichen Dorfhälfte, wo man auch noch das einzige «Heidehüs» mit «Heidechriz»
vorfindet. Nach 1630 ist bis in die jüngste Zeit im Süden der heutigen Autostraße
wohl nur ein Wohnhaus errichtet worden. Östlich vom Walibach finden sich neben
einem neueren Haus ausschließlich Wohnhäuser aus der Barockzeit. Obwohl vor
allem zwei Häuser aus der Zeit des Hochbarocks, Haus Nr. 13 (1681) und Haus
Nr. 15 (1718), den Eindruck des Dorfes bestimmen, setzt sich der heutige Bestand
der Siedlung doch zur Hauptsache aus vorbarocken Wohnhäusern zusammen. Die
lebhafteste Bautätigkeit fällt in die Zeit der Wende vom 16. zum 17. Jahrhundert.
Das letzte Haus vor 1900 ist 1760 erbaut worden. Die Lawine von 1827 brach in der
nordöstlichen Ecke des Dorfes, beidseits des Bachlaufes gegen das Walital zu, zwölf
Firste[10]. Bei der Verbreiterung der Autostraße 1939 mußte bei Koord. 125/150 ein
altes Haus[11] und bei Koord. 35/95 ein Stadel weichen; der Stadel Koord. 210/160
wurde von Koord. 180/165 an den heutigen Standort versetzt und auf einen Mauersockel gestellt. Ein neueres steinernes Haus bei Koord. 135/170 wurde am 15. August
1972 vom Bach weggerissen.

  10 J. LAUBER, Grafschaft Biel, BWG III (1905), S. 362. «..undt dan ein Teil vom selckiger dorff
oben ab dem bach nach 3 hüsser, 3 stadla ein spicher auff ein huffen geworffen.» (Michel-Chronik,
geschrieben um 1830, PfA Ernen).
  11 Auf einer ältern Photographie des Dorfes im Besitz des ehemaligen Eigentümers, Viktor Walter,
Selkingen, ist das Haus sichtbar.

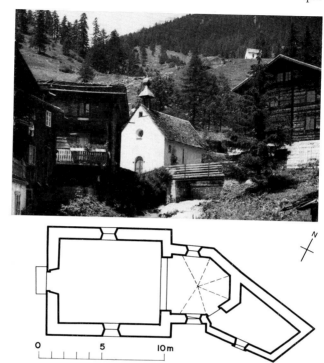

Abb. 345 und 346. Selkingen. Dorfkapelle, um 1678. Dach-reiter wohl Ende 19.Jh. er-neuert. – Grundriß. – Text S. 412.

Selkingen bietet wie kaum ein anderes Gommer Dorf auf engstem Raum mit typischen Bauten einen eindrücklichen Querschnitt durch die Geschichte des Gommer Hauses. So findet man bei Koord. 70/95 im Umkreis von etwa hundert Metern ein «Heidehüs», ein Haus mit Giebelbug, «Vorschutz»-Häuser sowie Bauten mit den ausgeprägten Proportionen des Renaissance- und des Hochbarockhauses.

DORFKAPELLE HL. THEODUL (MARKUSKAPELLE)

GESCHICHTE. 1506 wurde die Theodulskapelle in Selkingen testamentarisch beschenkt[12]. Die heutige Kapelle wird um 1678 erbaut worden sein[13]. Diese Jahreszahl steht auf der Rückseite des großen Exvotos (Abb. 348)[14], das von einem gefährlichen Zwischenfall beim Kapellenbau berichtet. Die Einsegnung der Kapelle folgte erst nach der Stiftung von Messen am 30. Mai 1695[15]. An der Kapellentür die Jahreszahl 1781. Der Visitationsakt von 1879 forderte dringend eine Reparatur

12 PfA Münster, B2, S. 92.

13 Auch ein verschollenes Wappen von Lorenz Walther, Ammann in den Jahren 1674–1694, in der Kapelle scheint diese Jahreszahl getragen zu haben (PfA Biel, D45, Stammregister A). Gleiche Jahreszahl am Hochaltar. Das Motiv des hölzernen Simses an der Holztonnendecke weist auf die zweite Hälfte des 17. Jh. Vgl. Anm. 14.

14 Das für die Gegend ganz ungewohnte gemauerte Giebel-Glockenjoch auf dem Exvoto deutet auf eine Entstehung des Votivbildes in einer Werkstatt außerhalb des Goms oder auf eine Entstehung vor dem Bau der Kapelle bzw. vor deren Vollendung.   15 PfA Biel, D28.

und verfügte die Verschmelzung des Kapellenfundus mit demjenigen der Pfarr-kirche von Biel, die fortan für den Unterhalt der Kapelle aufzukommen hatte[16]. Der offenbar am Ende(?) des 19. Jahrhunderts erneuerte Helm des Dachreiters gleicht nicht mehr demjenigen auf der Zeichnung von R. Ritz (Abb. 344). Bei der Renovation von 1934 bis 1936 verschwand die ursprüngliche, mit Blumen bemalte hölzerne Kassettendecke des Schiffs unter einer dürftigen Brettertonne, die Sakristei wurde abgerissen und neu aufgebaut, Boden und Bestuhlung wurden erneuert[17]. Zum ursprünglichen Patrozinium des hl. Theodul trat im 17. Jahrhundert dasjenige der Muttergottes hinzu[18]. Seit der zweiten Hälfte des 19. Jahrhunderts spricht man von der *Markuskapelle*[19], vermutlich weil sie Ziel der Markusprozession der Pfarrei Biel war[20].

Literatur. K. Kiechler, Der Mirakelstein und die St. Markuskapelle in Selkingen, W. Jb. 1950, S. 15–19.

BESCHREIBUNG. *Äußeres* (Abb. 345 und 346). Die nach NO gerichtete Kapelle steht seit dem Lawinengang von 1827 am nordöstlichen Rand des Dorfkerns, dicht am Westufer des Walibaches. Ein nur an der Trauflinie abgesetztes Satteldach aus Schindeln deckt das fast quadratische Schiff und das eingezogene Polygonalchor. Die an Chorstirn und -schräge zugleich anstoßende Sakristei folgt über trapezoidem Grundriß mit niedrigem Satteldach der Bachbiegung. Über dem Frontgiebel sitzt ein offener Dachreiter, dessen schirmartige zwiebelbekrönte Haube mit Blechtafeln überzogen ist. Giltsteingerahmtes Rundbogenportal. Rundbogiges Hochfenster in der rechten Chorwange, Rechteckfenster in der linken. An Stelle eines früheren Gemäldes[21] mit gleichem Motiv am südlichen Ende der bachseitigen Schiffswand Mosaik des Brückenheiligen Johannes von Nepomuk, 1962/63, von Josef Mutter, Naters.

Inneres. Eine schmucklose beigegrau getünchte Holztonne auf hölzernem Sims überspannt den Schiffsraum, ein sechsteiliges gemauertes Kappengewölbe über Schildbögen das Chor. Rundum laufendes Profilsims. Die niedrige Attikazone über dem Sims der Traufwände im Schiff ist durch vertikale Profilleisten in drei Achsen unterteilt.

Altar (Abb. 347). 1678 von unbekanntem Altarbauer geschaffen. Erneuerte In-schrift der Predellenkartusche: «CREATAE.TRIADI.JESV.MARIAE/AC.JOSEPHO.NECNON.ET. PATRI.PATRIAE/ST.THEODVLO.PATRONO.SVO.OFFEREBANT/CONCIVES.SELGIGEN.PRO.BONIS. ANNO.IN(?)/AVSPICYS.PRIMA.JANVARII.ANNO/1678»[22]. Um 1700 fügte Johann Ritz

---

16 PfA Biel, D 37.   17 PfA Biel, Chronik im Usuale, o. Nr.

18 Nach dem Visitationsakt von 1687 war die Kapelle der Muttergottes geweiht (PfA Biel, D 28), deren Statue auch als Hauptfigur im Altar von 1678 steht. Als Kapellenfest wird heute noch Mariä Opferung am 21. November begangen. Der Visitationsakt von 1736 spricht wiederum von der Kapelle des hl. Theodul (PfA Biel, D 29). Vgl. die Altarinschrift und das Exvoto von 1678, wo Kapelle und Dorf unter dem Schutze des hl. Theodul stehen (S. 412 und 414).

19 PfA Biel, D 88 (1869). Doch schnitzte schon Johann Ritz um 1700 eine Markusstatue für die Bekrönung des Altars (S. 413).

20 Vermutung von Pfr. Kaspar Kiechler, Blitzingen (vgl. Lit. zur Baugeschichte, S. 18).

21 K. Kiechler [vgl. Lit.], S. 19.

22 «Der geschaffenen Dreieinigkeit, Jesus, Maria und Josef, wie auch dem Vater des Vaterlandes St. Theodul, ihrem Patron, weihten die (Mit-)Bürger von Selkingen für eine gute Zukunft am ersten Januar Anno 1678.»

Abb. 347 und 348. Selkingen. Dorfkapelle. Altar, 1678. Akroterstatuen, um 1700, Randranken, um 1715, von Johann Ritz. Text siehe unten. – Exvoto, 1679, mit Darstellung einer Unglücksszene, die sich beim Bau der Kapelle zugetragen hatte. – Text S. 411 und 414.

von Selkingen die bekrönenden Flankenstatuen hinzu[23], um die Mitte des zweiten Jahrzehnts die Akanthusbärte mit dem Putto[24]. Ölfassung von 1934 bis 1936.

In ein einachsiges Architekturgeschoß ist eine Dreipaßnische eingetieft, in der eine Muttergottes mit Kind die kleineren Figuren von Theodul und Josef auf höheren Sockeln überragt. In der Mittelachse der Bekrönung sind die übrigen Personen der «ungeschaffenen» Dreifaltigkeit aufgereiht. Ein Puttenpaar auf Spiralvoluten spreizte die Giebelsilhouette der Bekrönung. Die bekrönenden Flankenfiguren, links der hl. Johannes Ev., rechts der hl. Markus, veränderten wie die Akanthusbärte die Silhouette des frühbarocken Retabels. In der stark ausbiegenden Hüfte der Nischenfiguren und im Kopf des hl. Josef Anklänge an die Statuen des Hochaltars von Mühlebach. – *Antependium.* Öl auf Holz. Mitte 18. Jh. Beschädigt. Dreiachsig mit abgetrennten Abschlußstreifen (vgl. S. 248). In der Mitte Maria über den Armen Seelen im Fegfeuer auf einer Wolke thronend, einen Rosenkranz in beiden Händen. In den Seitenfeldern Blüten- und Bandwerkdekor.

SKULPTUREN. *Altarkruzifix* (Abb. 349). H. 61 cm (Korpus 34,5 cm). Unter neuerer Bemalung Originalfassung teilweise erhalten. Am Erdsockel gemalte Jahreszahl 1648. Der Kruzifixus wurde wohl in einer Gommer Werkstatt nach dem Vorbild von zwei 1642/43 gestifteten(?) Münstiger Altarkreuzen(?) (S. 89 und 109) geschnitzt. Ähnlich in der Körperhaltung und Drapierung des Lendentuchs sowie im Typ von Sockel und Inschrifttafel, unterscheidet sich der Selkinger Korpus durch den überdimensionierten Rumpf und das große gotisierende Haupt. – *Chorbogenkruzifix.* H. (Korpus) etwa 80 cm. Holz, polychromiert und vergoldet. Neue Fassung. 2. Hälfte 17. Jh. Unter dem Knopf des schrägen Lendentuchs langer herabhängender Zipfel, Beine zur Seite geschwenkt. Das schmerzhaft verzerrte Antlitz deutet auf die Entstehung in einer Gommer Werkstatt. – *Hl. Antonius von Padua.* H. 79 cm (ohne Nimbus). Arve, gehöhlt. Originale Polimentvergoldung, zum Teil übermalt. 1. Viertel

23 STEINMANN, Ritz, S. 113–114.   24 Ebenda. Stilstufe des Hochaltars von Oberwald (um 1716).

18. Jh.? Der Heilige trägt das Kind auf beiden Armen. Elegant gebogene Figur. – Zwei korinthische *Kapitelle* von einem Altar. H. 22,5 cm. Holz, vergoldet. Um 1700. – GEMÄLDE. *Maria Hilf.* 57 × 43 cm. Mischtechnik auf Leinwand. 1. Hälfte 18. Jh. Beschädigt. Oben beschriftet: «Maria Hilff Von passau». Originalrahmen. – *Exvoto* (Abb. 348) mit der Szene des «Mirakelsteins», der heute noch unterhalb der Bielkapelle steht. 93 × 65 cm. Öl auf Leinwand. Auf der Rückseite datiert 1678. Stellenweise stark übermalt und ergänzt(?). Neuere Inschrift: «H Joder bitt für vns». Der auf Fürbitte des erscheinenden hl. Theodul Gerettete liegt unter dem Steinblock, während die übrigen entsetzt zur Seite springen. Unten die Kapelle vor Häusern des Dorfes (vgl. Anm. 14). Die Schlittenrinne deutet darauf hin, daß man unter dem Stein Kies für den Bau der Kapelle grub[25]. Steifes, aber ergreifend naives Gemälde voll baugeschichtlicher Bezüge.

KAPELLENSCHATZ. KELCH. H. 22,2 cm. Silber, vergoldet. Schaft und Fuß größtenteils 14. Jh., Kupa 17. Jh. Keine Marken. Gekehlter, runder Standring. Am Fuß fallende lanzettförmige Blätter mit lilienartigen Motiven in den Zwickeln. Zwischen durchbrochenen Vierpaßfriesen abgeplatteter geriefter Achtpaßnodus. Glatte Kupa. – KÄNNCHEN (BOSSARD, Tf. XVII, Typ Nr. III). H. 11 cm. Zinn. Keine Marken. Rillen am Leib. Eichen als Krücken. – MESSGLOCKE. Dm. 7,5 cm. Bronze. 16. Jh.? In Relief Kruzifix mit Lilienenden und Rosetten rundum an der Flankenmitte. – KASELN. 1. Rot. 1. Hälfte 18. Jh. Gemusterter Samt mit großen Phantasieblüten und -blättern. Am Stab grüne Bandwerkmotive und rote Blüten. Stab des Vorderblatts ersetzt. – 2. Weiß. Mitte 19. Jh. Damast, bestickt mit Rosenranken in bunter Seide und Gold. Vorderblatt beschädigt.

GLOCKE. Dm. 43,5 cm. Sechs mit Maskarons gezierte Kronenbügel. An der Schulter, zwischen Schnurstäben, die Umschrift: «1567 CHRISTVS ALLEIN IST DER EGSTEIN STEPHEN AM BIIEL» (Stifter?). Am untersten Schnurstab der Schulter hängen Festons, Palmetten und Cherubine. Sorgfältiger Guß.

WOHNHÄUSER

1. Koord. 60/100. Kat.-Nr. 7/9/67. Erbengemeinschaft Bacher. «Heidehüs». «Heidechriz» an der zum Teil erneuerten Giebelfront. Mit einzelnen Gwättköpfen verzapfte Kammerwand. ⌐——¹ (Holzwerk vorn hinter Blendmauer bis zur Erde reichend). 1½. G. Keine Inschriften. – *Hauskruzifix.* H. 45 cm (Korpus 14,5 cm). Tanne. Originale Polychromie des Korpus, zum Teil überfaßt. 1. Hälfte 19. Jh. Vor dem Kreuzfuß Clipeus mit Jesusmonogramm in Lorbeerkranz. Etwas derb geschnitzter Korpus. – *Truhe.* Nußbaum. In Einlegearbeit: «P 1689 R». Geschuppte ionische Pilaster. In geohrten Füllungen Rundbogennischen, beschnitzt mit Blumenvasen. Über der Vase des Mittelfeldes in Wappenfeld unter den Initialen «W[26].P.R.L.K» nach links steigender Stab auf Dreiberg, gestützt von kleinerem Stab, umgeben von drei Fünfstrahlensternen. Deckel, Beine und ein Pilaster neu.

2. Koord. 80/175. Kat.-Nr. 26/7/28. Fridolin und Josef Imhof; Stefan Kreuzer. Entstehungszeit unbekannt. Wohl spätmittelalterlich. 1973 renoviert. Ehemals Heustall an der Rückseite. ⌐——¹. 2½. G und F. Keine Dielbaum-Inschrift.

3. Koord. 75/205. Kat.-Nr. 66/7/14. Rudolf Walther; René Zumofen. Entstehungszeit des eingebauten ältesten Häuschens unbekannt. Wohl spätmittelalterlich. Ehemals «Heidehüs»? Um 1604 mit neuem Haus im Westen unter neuem Giebel verbunden (vgl. Ofen). 1795 Anbau einer Kammerachse an der rechten Traufseite. Das Holzwerk aus der Zeit um 1604 lädt auf «Vorschutz»-Konsolen aus, die mit leeren Wappen, Doppelstäben, Kreuzen und einem Hauszeichen in der Form des Buchstabens Z (Huser?) geschmückt sind. Gerillte Fasen am Fußbalken. ⌐——¹. 2. Doppelhaus mit den Grundrissen E. *Inschrift.* 1. Stockwerk, östliche Kammer: «JM IAR 1795.JOHAN.BATDIST.WALTER/DEN.14.WEIN. MONAT/VND.SEIN.HVS.FRAV.MARIA.THRESIA.WALTER». *Ofen.* Eingeschossig, mit gekehlter Deckplatte. An der Stirn, im Wappenschild, die Jahreszahl 1605; an der Wange, in sehr plastischem Wappenschild, das Jesusmonogramm.

4. Koord. 110/225. Kat.-Nr. 55/7/16. Karl Erpen; Ulrich Walker. Entstehungszeit unbekannt. Nachmittelalterlich? ⌐——¹. Ehemals 1½. G.

---

25 Vgl. Walliser Sagen, hg. von J. GUNTERN, Olten u. Freiburg i. Br. 1963, S. 45, wo die Begebenheit in eine Schatzgräberepisode umgedeutet erscheint, ferner ANDEREGG, Inv.-Nr. 116-6.1.

26 Weibel?

Abb. 349 und 350. Selkingen. Dorfkapelle. Altarkreuz, 1648, H. 61 cm. Text S. 413. – «Fennerhüs» (Nr. 13). Maria von einer Kreuzigung. 1690–1695, Werkstatt des Johann Ritz, H. 26,5 cm (Privatbesitz). – Text S. 423.

5. Koord. 80/105 (Abb. 351). Kat.-Nr. 16/9/61. Amalia Andereggen. Erbaut 1512. Mit Andreaskreuz und Zickzackstäben beschnitzter Giebelbug. Getreppte Traufpfettenkonsolen. Fenster ersetzt in der 2. Hälfte des 18. Jh. 1972 Rückwand und Dach erneuert. Das behäbige Häuschen, dessen «Hinterhaus» bis 1972 auf niedriger mörtelloser Mauer aus Bachsteinen ruhte, beweist, daß schon das Spätmittelalter die breiten Proportionen des späteren Renaissancehauses kannte. Innen noch fast intakt erhalten mit «Trächa». ⌐⌐. 1¹/₂. F. Hausflur von Küche durch Wand getrennt. Treppe zum «Loibe»-Geschoß noch erhalten. *Inschrift.* Fünf schildförmige doppelt gerahmte Wappen: Schiner; Ernen; von gebogenem Balken überspannter Dreiberg, darauf breites gebüschartiges Gebilde; unter späterer(?) Inschrift «Walter»(?) kleines eingeschlossenes Wappenschild mit Hauszeichen der Familie Am Hengart(?) [Kreuz auf Stabfüßen mit schräg nach links fallendem Haken an der Spitze] (vgl. Haus Nr. 6); umgekehrte französische Lilie[27]. Hinter den Wappen die gotische Jahreszahl 1512.

Ofen. Eingeschossig, mit gekehlter Deckplatte. An der Stirn die Jahreszahlen 1513 und 1640 sowie ein Hauszeichen [Andreaskreuz mit Punkt im linken Zwickel]. – *Hauskruzifix.* H. 75 cm (Korpus 30,5 cm). Holz. Originale Polychromierung. 1. Viertel 18. Jh. Erdhügel als Sockel. Qualitätvoller Korpus mit bewegt drapiertem Lendentuch. – *Eckschränkchen.* Nußbaum. Mitte 18. Jh. Füllungen mit eingezogenem Bogen. Eingelegt ein Stern. – *Lehnstuhl.* Am Aufsatz der Lehne eingeschnitzt 1792, vorne an der Zarge: «I.I.W.[drei Tannen als Emblem der Familie Walther]MIW»[28]. Einheimische Arbeit. – *Betstuhl.* Bemalt. 2. Viertel 18. Jh. – Kleine *Truhe* (im Besitz von Dr. H. Wirthner, Münster). Nußbaum. In den drei eckgekehlten Feldern eingelegt rund um eine Tulpe: «PA 17», eine Phantasieblüte und wiederum rund um eine Tulpe: «IE(?)H 81».

6. Koord. 50/80. Kat.-Nr. 10/9/60. Elise, Oskar und Othmar Walther. Erbaut 1585. Rillenfriese. Wohlproportioniertes «Vorschutz»-Haus. An den vorn mit Kehle

27 Emblem der Familie Am Hengart (de Platea)?
28 Johann Joseph Walther, Zendenfenner († 1813) und Maria Josepha Walther († 1806). Heirat 1765 (PfA Biel, D 45, Stammregister A).

endenden «Vorschutz»-Konsolen eingeritzt die Wappenzeichen der sieben oberen
Zenden, bekrönt mit Kleeblatt, Herz oder Kreuz. Am Fußbalken glatte Fasen
(Abb. 13 *I*).⌐——⌐. 1 1/2. F. An der rechten Wange des Hinterhauses ehemals angebauter
Mauerkamin. *Inschrift:* «DISERS.HVS.HAT.GMACHT.HANS.VND.THOMAS.AMHENGART.
BRVODER[in schmetterlingsförmigem Feld zwischen der Inschrift ‹HA NS/AM H.N›
Hauszeichen ähnlich demjenigen auf dem Dielbaum von Haus Nr. 5, jedoch liegend
mit Schrägstrich statt der Füße; in ähnlichem Feld zwischen der Inschrift ‹THO MAS/
AM HEN› ähnliches Hauszeichen mit gegenständigen Haken an den Enden] IM.IAR.
ALS.MAN.ZALT.NACH.DER.GEBVRT.IHESV.CHRISTI. 1.5.8.5».

Truhe. Tanne. Zweiachsig, mit vorgeblendeten Profilleisten. Eingelegt: «IW/1673»[29].

7. Koord. 75/140. Kat.-Nr. 18/7/47. Alexander und Anna Hauser; Erben Maria
Hauser. Erbaut 1600. Rillenfriese. Renovation 1764. 1972 innen vollständig erneuert. «Vorschutz» auf Roßkopfkonsolen, die mit leeren Wappen und Doppelstäben verziert sind. An einer Konsole zwei eingekerbte Nullen; die entsprechende Konsole, die einst die beiden ersten Ziffern des Baujahres getragen haben
muß, ist beschädigt. Am Fußbalken die zeittypischen dreifach gestuften Kielbögen
der Jahrhundertwende (Abb. 13 *III*). Kreuzbehangenes Wappen mit vier quadratisch angeordneten Punkten an der Firstkonsole. Balkenkopfkamin unmittelbar
unter der Zwischenpfette der östlichen Dachflanke, darunter später angebauter
Mauerkamin. ⌐——⌐. 1 1/2. F. Beschriftete Dielbäume entfernt, aber noch erhalten:
1. «H.S.T.W.GEBT.VBER.VNS DEN SEGEN.ALZEIT.IESVS.MARIA.IOSEPH/[eingelegtes Jesus-
monogramm]NACH.DIESEM.DIE.EWIG.FREIT.AMEN»; 2. «[Wappen der Familie Wal-
ther]VNTER.EVEREM.SHVZ.STEHT.DIS.HVS.IESVS.MARIA.IOSEPH/IOHANES:IOSEPH.TODVLVS.
WALTER.IM.IAHR. 1764».

Wandbüfett (im Besitz von Dr. H. Wirthner, Münster). Nußbaum. In der Füllung der Kredenz-
nischen-Rückwand eingelegt: «I.IG.H[30]/[Hauszeichen wie auf Ofen in Haus Nr. 5, S. 415]/1753».
An der Kredenz zwei Türen unter Schubladen, geschmückt mit leeren Rechteckfüllungen. Dreitüriger
Aufsatz auf Balusterfüßen. In den Oktogonfüllungen der Aufsatztürchen eingelegt Jesusmonogramm
und Sterne. Mittlere Kredenznische, gerahmt von Kästchen mit Rundbogentürchen, an deren Stirn
eine Stichbogenfüllung mit eingelegtem Stern. Vorkragendes Profilsims.

8. «*Präfektehüs*» (Abb. 352)[31]. Koord. 95/70. Kat.-Nr. 14/9/64. Paul Andereggen.
Erbaut 1603. Am rückseitigen Giebel: «[Kreuz auf Stabfüßen] IN 1.6.0.3.». Rillenfriese. Renoviert 1765. 1973 steinerner Anbau an der Rückseite. Das großräumige,
behäbige Renaissance-«Vorschutz»-Haus lagert langgestreckt am sanften Hang.
Die Stirn der «Vorschutz»-Konsolen ist gefast, die Kehle mit leeren Wappen zwischen Doppelstäben geschmückt. Am Mauersockel der Stirnfassade gemalte Jahreszahl 1765. Die vorgeblendeten Fensterverkleidungen des 18. Jahrhunderts mit
Spuren von gemalten Ranken an der östlichen Traufwand sind die einzigen des
Goms neben denjenigen am «Fennerhüs» (S. 422). Inneres gut erhalten. In der
Rückwand des östlichen Stubji im ersten Stockwerk Backofenöffnung, 20. Jh., 1973
versetzt. In der östlichen Stube *Täfer* aus breiten Brettern mit gleichen Profilen wie
der Dielbaum von 1727, in der westlichen Stube prachtvolles zweizoniges Rokokotäfer mit eingekerbten Rhomben in der Oberzone. ⌐——⌐ (mit Ka). 2 1/2 (Giebel-
«Loibe»). Im ersten Stockwerk zwei Stuben im Vorderhaus, zwei getrennte Stubjini

---

29 Weibel Johann Walther? (ebenda).
30 Joseph Ignaz Huser (1725 ·1767)? (ebenda).   31 Vgl. Anm. 36.

Abb. 351 und 352. Selkingen. Haus Nr. 5, 1512, renoviert 2. Hälfte 18. Jh. und 1972. Text S. 415.
«Präfektehüs» (Nr. 8), 1603, renoviert 1765 und 1973. – Text S. 416.

im Hinterhaus, im zweiten Stockwerk, das durch eine «Stutzwand» im Hinterhaus in zwei Wohnungen unterteilt ist, beidseits je zwei Stubjini längs der Traufwand des Hinterhauses. *Inschriften.* 1. Stockwerk. Am mächtigen über beide Stuben hinstreichenden Dielbaum aus älterem Hause[32]: «J.SALVS.HVIC.DOMVI.ET.OMNIBVS. HABITANTIBVS.IN.EA.CASPARVS.HVSER.1.502.ANNO». Auf Dielbaumverkleidung in der östlichen Stube: «[Wappen: blattartiger Dreiberg, besetzt mit Blütenzweigen, darüber Dreieck (vgl. Ofen Nr. 1) zwischen den Initialen ‹C H›]IESVS.MARIA.VND. IOSEPH/1727». Im Stubji[33]: «[Wappen: Dreieck (vgl. Ofen Nr. 1) inmitten der Initialen ‹RD CH/I HC/II.H›]JESVS.MARIA.VND.IOSEPH/17[Jesusmonogramm]63».

Öfen. 1. Eingeschossig, mit gekehlter Deckplatte. An der Stirn Rosette und mächtiges Wappenschild mit der Jahreszahl 1606 und einem Dreieck als Hauszeichen(?) zwischen den Initialen «H V»; an der Wange Jesusmonogramm in Rhombenfeld und Meisterzeichen (Tab. II, Nr. 6). – 2. Eingeschossig, mit Karnies unter der Deckplatte. An der Stirn Wappenschild mit der Jahreszahl 1660, dem Dreieck (vgl. Ofen Nr. 1) und den Initialen «C H». – 3. Form wie Nr. 4. Ende(?) 17. Jh. An der Stirn in zierkonturiertem Wappenschild Dreieck (vgl. Ofen Nr. 1), umgeben von den Initialen «R D C H»[34]. – 4. Zweigeschossig, mit Kehle und Karnies am schweren Abschlußsims. An der Stirn, in zierlichem Wappenschild, bekröntes Haus in Blattkelch zwischen den Initialen «R D C H»[35], in seitlichem Vierpaß die Jahreszahl 1769. – 5. Eingeschossig, mit Fase und Rundstab unter dem geraden Deckplattenrand. An der Stirn in Zierfeld: «I W R H/18 34»[36]. *Türen.* 1. Tanne. Mit eckgekehlten Füllungen. Eingelegt Stern und Jesusmonogramm, in eigenen Zierfeldern die Jahreszahl 1762 und die Initialen «J H». – 2. Von 1795. Aus dem Hause Augustin Jost in Bodmen (Blitzingen). – Eine Reihe weiterer

---

32 In seiner Gesamterscheinung wirkt das Haus als Bau aus der Zeit um 1600. Vor 1530 fand sich kein datiertes Gommer Haus mit «Vorschutz» auf Konsolen (S. 17). Gegen eine Entstehung um 1600 könnte das Fehlen der damals üblichen Balkenkopfkamin-Anlage sprechen.

33 Erhaben geschnitzt.

34 Wenn es sich um Pfarrer Josef Clemens Huser handelte, wären die Initialen später eingehauen worden (vgl. Anm. 35).

35 Josef Clemens Huser (1735–1780), Pfarrer in Binn 1759–1768, hernach Kaplan in Mörel (SCHMID, LAUBER, Verzeichnis, 1901, S. 397). Nach Stammregister A, PfA Biel, D 45, gestorben 1781.

36 Johann Joseph Walther, Präfekt (daher «Präfektehüs»), gestorben 1880, und Rosa Huser († 1895). Heirat 1826 (PfA Biel, D 45, Stammregister A).

Barocktüren, darunter eine aus Lärchenholz mit eingelegten Sternen zwischen geohrten Füllungen. – *Hauskruzifix.* H. 66,5 cm (Korpus 21,5 cm). Holz. Originalfassung übermalt. Derber Korpus. Mitte 18. Jh. Sockeltyp der Werkstatt des PETER LAGGER (S. 46). – *Wandschrank.* Tanne. Am Fries gemalt: «17 I H 73». Unter profiliertem Abschlußsims zwei Türachsen, deren rechteckige Füllungen noch Fragmente von gemalten Rokokokartuschen aufweisen. – *Wandbüfett* von 1805 aus dem Haus Klemens Schmid, Bellwald. – *Truhe* von 1606 aus Binn. Verändert. – *Ausziehtisch* von 1730 aus dem Haus Nr. 12, Ulrichen (S. 230). – *Standuhr.* Am Zifferblatt beschriftet: «Hallenbarter Joseph/à Obergesteln». – *Abgewanderte Kunstgegenstände und Möbel* (außer der Kommode im Besitz von Dr. H. Wirthner, Münster). *Pietà unter dem Kreuz.* H. (Kreuz) 47,5 cm, (Pietà) 29,5 cm. Holz. Originale Fassung. Gold und Lüster. 3. Viertel 18. Jh. Aus einer Gommer Werkstatt. Schmale hohe Figurengruppe mit kleinem Leichnam. Sanft ausbiegende Kleidersäume. – Wertvolles zusammengehörendes Rokoko-*Stubenmobiliar*, bestehend aus Schrank, Kommode und Tisch. Nußbaum. Bemalte Alabastergipseinlagen. 1. *Schrank.* Zwei Türachsen über einer Schubladenzone. An den Türen je zwei Rechteckfüllungen mit zierkonturierten Spiegeln, darin eingelegt Blume in Rocaillemedaillon. In querrechteckigen Zwischen- und Stirnfüllungen eingelegt die Initialen «JIH» und «ACW»[37] sowie die Jahreszahl 1771. Kräftig vorkragendes Gesims. 2. *Kommode* (Hotel «Glacier du Rhône», Gletsch). Dreizoniger Schubladenblock mit risalitartig vorschwingenden Seitenachsen. Der flache, ebenfalls geschweifte Aufsatz endet in geschwungenem Bogen. An den Schubladenstirnen Bandwerkfelder, am Aufsatz Rocaillerahmen und à jour geschnittene Randranken, am Scheitel in Schriftband: «1/J.I.H/7/7/A.C.W/1». Originalbeschläge. 3. *Ausziehtisch.* Die Frontzarge ist durch Profilstäbe in drei Füllungen gegliedert. Darin eingelegt in der mittleren Rocaille-Kartusche die Initialen «JIH»[38], in den seitlichen Bandwerkfeldern die Ziffern der Jahreszahl 1771. – *Aufsatz von einem großen Wandschrank.* L. 265 cm. Lärche. Profilierte Baluster scheiden vier Türachsen und links eine kleine Schubladenachse. In den nußbaumgerahmten Rechteckfüllungen eingelegt von links nach rechts: «RD/IH IHS CH 17/28»[39], in der mittleren Schublade: «KH». Ausladendes Sims auf Konsölchen. – *Stuhl.* Nußbaum. An der Galgenlehne eingeritzt in punziertem Zierfeld: «RD ICH»[40].

9. Koord. 115/190. Kat.-Nr. 30/7/24. Peter Biderbost. Erbaut im Zeitraum 1530–1630. Gegen den Bach hin um 1930 erweitert, nachdem ein Speicherchen an dieser Stelle bei Hochwasser in den Bach gestürzt war. Rillenfriese. Angebauter Mauerkamin an der linken Traufseite. ⌐—⌐. 1½. F. Dielbaum verkleidet. – *Hauskruzifix.* H. 60 cm (Korpus 17,5 cm). Holz. Originalfassung, zum Teil übermalt. Letztes Viertel 18. Jh. Vor dem Kreuzfuß feingliedriges Ornament aus C-Bögen und Ranken. Rocaille- und Kleeblatt-Balkenenden.

10. Koord. 135/125. Kat.-Nr. 17/9/34. Geschwister Walther. Erbaut 1616/17? Rillenfriese. An der Firstkonsole der Stirnfassade leeres Wappen zwischen Doppelstäben, an derjenigen der Rückwand mit dem Jesusmonogramm bekröntes, kreuzbehangenes Wappen mit fünf wie auf den Spielwürfeln angeordneten Punkten. Schöner Giebel mit stark vorgezogenen Pfettenkonsolen. Die als Balkenkopfkamin ausgestaltete Zwischenpfette der östlichen Giebelhälfte ist typisch für das zweite Jahrzehnt des 17. Jahrhunderts. Die Flanken des sattelförmigen Rauchfangs waren in der östlichen Traufwand und in der Stubjiwand vernutet. Ehemals angebauter Mauerkamin in der östlichen Ecke der Rückwand. ⌐—⌐ (mit Ka). 2½. F.

Öfen. 1. Eingeschossig, mit Fase unter der geraden Deckplatte. An der Stirn in Wappenschild «M C/1617» über dem Dreiberg. – 2. Eingeschossig, mit gekehlter Deckplatte. 17. Jh.? – *Truhe.* Tanne. 16./17. Jh. Zweiachsig, mit vorgeblendeten Rahmenleisten. Eingelegt: «MARIA HVSER».

---

37 Johann Joseph Huser (1740–1808), Ammann, von Selkingen, und Anna Catharina Walther (1745–1804). Heirat 1766 (ebenda). Ammann 1779 u. ö. (J. LAUBER, Verzeichnis der Herren Ammänner, BWG III [1905], S. 382).

38 Vgl. Anm. 37.

39 Pfarrer Joseph Huser (1686–1728) und die Initialen seines 1715 verstorbenen Vaters Christian oder Pfarrer Johann Joseph Huser (1699–1754) und sein jüngster Bruder Christian (1702–1761) (PfA Biel, D 45, Stammregister A).

40 Wohl Pfarrer Josef Clemens Huser (1735–1780) (SCHMID, LAUBER, Verzeichnis, 1901, S. 397).

Abb. 353 und 354. Selkingen. Haus des Bildhauers Johann Ritz (Nr. 11). Pietà mit Kreuz, um 1700, von Johann Ritz (Privatbesitz). – Ansicht von S, erbaut vor 1630, erneuert 1681. – Text siehe unten.

11. *Haus*[41] *des Bildhauers* JOHANN RITZ (1666–1729). Koord. 110/205 (Abb. 354)[42]. Kat.-Nr. 29/7/17. Alfons und Viktor Walther. Erbaut im Zeitraum 1530–1630. Rillenfriese am ersten Stockwerk. 1681 vom gleichnamigen Vater des Künstlers erneuert. Jahreszahl 1681 am Giebel. Kleiner Würfelfries an den obern Geschossen. Anbau an der Rückseite. An der linken Traufseite ehemaliger Heustall, zu «Withüs» umgebaut. An der Stirnfassade Blendmauer bis auf Deckenhöhe des ersten Stockwerks. ⌐—⌐. 2½. F (quer zum First nach O gerichtet). Die verkleideten Dielbäume sollen nicht beschriftet sein.

Öfen. 1. Zweigeschossig, mit flachem Karnies an der Deckplatte. An der Stirn in Akanthusmedaillon später hinzugefügte Initialen «D I/H A»[43] rund um das Wappenzeichen der Familie Huser (wie W.Wb., Tf. 3, jedoch seitenverkehrt und nicht schräg). Die Wange wird von Vater oder Sohn JOHANN RITZ behauen sein: Zwei Putten halten ein blattgerahmtes querovales Medaillon (Abb. 355) mit der eingehauenen Inschrift «IESVS.MARIA./IOSEPH.SEIEN GELOB/TT IN EIWIGKEIT AM» und den Ziffern 1692 in den Ecken. Die Rechteckpolster an den Flanken und rundum an der untern Zone waren zu jener Zeit bereits ein altertümliches Zierelement an Öfen. Ofen mit außergewöhnlichem Dekor. – 2. Zweigeschossig, mit Kehle unter der abgerundeten Deckplatte. An der Stirn: «A[lexander]S[eiler]». Dieser Ofen aus dem Hotel «Glacier du Rhône» in Gletsch wurde eingetauscht gegen den runden Ofen, der im zweiten Stockwerk stand (S. 420). – Vom Stubjiofen des zweiten Stockwerks ist noch der Stein mit dem großen Wappenschild vorhanden. Inschrift: «IOHN/NES RIZ/1692». – *Wandschrank.* Tanne, polychromiert mit Kaseintempera, lackiert. 3. Viertel 18. Jh. Dreiachsig. Keine Kredenznische über dem geschweiften Schubladenteil. Ziergeschweifte Füllungen. Außergewöhnliches Möbelstück im Aufbau wie in der bläulichen und roten Marmorierung, die der Altarbauerfamilie entsprach. – *Truhe.* Tanne. Zweiachsig, mit vorgeblendeten Profilrahmen. Eingelegte Wappenschilder, links mit

---

41 Fassadenaufriß und Pläne von Erdgeschoß und erstem Stockwerk in Bürgerhaus, Tf. 101, Abb. Nr. 5 und 6.

42 Entgegen der Ansicht von LAUBER kann es sich sehr wohl um das Geburtshaus des Künstlers handeln (J. LAUBER, E. WYMANN [vgl. Anm. 7], S. 69/70).

43 Wohl «Dominus Johannes [Josephus] Huser Ammanus» (vgl. Anm. 37).

dem Jesusmonogramm unter zwei Sechsstrahlensternen, rechts mit der Jahreszahl 1716 über den Initialen «I H». – *Zinnteller*. Dm. 23 cm. Gießermarke ähnlich BOSSARD, Nr. 784, jedoch mit Zwischenblütchen im Kronenkranz und ohne Sterne. Feinzinnmarke. Eingraviert: «I.F.A.C[Guntern-Wappen zwischen Akanthus]C.M.C.S.».

Abgewanderte Kunstgegenstände[44]. Zwei *Reliefs mit Szenen aus dem Martyrium der hl. Katharina von Alexandrien:* die Heilige vor dem König (Museum Valeria, Sitten, Inv.-Nr. 161) (Abb. 356). 88 × 64,5 cm; Enthauptung (Inv.-Nr. 162) (Abb. 357). 90 × 62 cm. Rundbogiger Abschluß. Linde. Nicht gefaßt. Ohne Grundierung aufgesetzte Farbakzente: schwarze Augensterne und rote Münder; Rot und Olivgrau in der Landschaft. Im 2. Viertel des 16. Jh. von unbekanntem Bildhauer[45] unter dem Einfluß der Donauschule oder eher der oberrheinischen «barocken» Spätgotik geschaffen. Wie die 1888 aus dem Ritz-Haus an das Museum veräußerten[46] Reliefs in das Haus des Bildhauers JOHANN RITZ gelangt sind und ob es Fragmente von jenem Katharinenaltar in Münster sind, für den schon in den Jahren 1507/08 Schenkungen eingingen (S. 81), kann nicht mehr ermittelt werden.

Die einander als Pendants zugeordneten Reliefs geben die Szene mit kleiner, dramatisch geraffter Figurengruppe. Beim Schergen steigert sich die Dramatik im Satyrgesicht wie in den raubtierhaften Bewegungen zu animalischer Wildheit. Expressive Details wie das von Steinen getroffene Haupt zwischen den Schenkeln des Schergen. Die Tendenz animistischer Naturbelebung, die im Relief der Enthauptung die legendäre Begebenheit der Flammen und Steine speienden Wolken zum Anlaß nimmt, um den ganzen Naturhintergrund in spukhaften Bann zu schlagen, kann auf die Donauschule weisen, wie CLAUDE LAPAIRE vermutet[47], oder auf die «barocke» Spätgotik am Oberrhein. Die Ähnlichkeit mit einem allerdings sehr statisch aufgebauten Relief[48] der Heiligen Gallus und Othmar (1535) vom St. Galler Abt Diethelm Blarer von Wartensee in der Eigenart, den bis zum Bildabschluß reichenden Hintergrund[49] mit Tor- bzw. Stadtprospekten und szenischen Requisiten zu füllen, dürfte nur als Hinweis auf die Herkunft aus benachbarter Kunstlandschaft zu werten sein.

Pietà unter dem Kreuz (im Besitz von Dr. H. Wirthner, Münster) (Abb. 353). H. 37 cm (Pietà) 20 cm. Holz. Originale Polimentvergoldung von Mantel und Lendentuch; die versilberten Umschläge übermalt. Um 1700 von JOHANN RITZ, dem Besitzer des Hauses, geschnitzt. Die plastisch empfundene, ausdrucksstarke Gruppe wirkt durch den gebogenen Leichnam, die jäh zur Seite geneigten Beine der Muttergottes und die unruhig bewegte Drapierung. – *Ofen* (Hotel «Glacier du Rhône», Gletsch) (Abb. 37). Zylindrisch, zweigeschossig, mit reichprofiliertem Abschlußsims. Auf drei hohen profilierten Beinen. In der Oberzone polychromierte und vergoldete Reliefs. Im großen eckgekehlten Rechteckfeld der Mitte Vollwappen der Familie Ritz (W. Wb., Tf. 4) zwischen den Ziffern der Jahreszahl 1760, darüber in Inschriftband: «A.R.D.I.G.R.ST.D.N.A.V.F.» (S. 118). In den hochrechteckigen Seitenfeldern Blütenvasen. Wertvoller Ofen von außergewöhnlicher Form. – *Wiege* (Hotel «Glacier du Rhône», Gletsch). Nußbaum. An der Stirn zwei versenkt geschnitzte Herzen; das rankenumrahmte unter der Jahreszahl 1697 zeigt die hl. Namen «IESVS MA/RIA IOS», das andere die Inschrift «IOHNES. RIZ/MARIA.IOS/T». An den Wangen Felder mit Akanthus. – *Galgenstabellen-Lehne* (SLM Inv.-Nr. LM 6875) (Abb. 360). 1903 vom Museum erworben. Nußbaum. Beschnitzt mit der Inschrift «IOAN ESRIZ» und der Jahreszahl «16 84» beidseits von einem für die Familie Ritz bislang unbekannten Wappen: von drei Sechsstrahlensternen und den Initialen «I R» gerahmtes Hufeisen auf Dreiberg mit einem Punkt in der Mitte. Überladene Komposition aus Akanthusspiralen und Früchten. Früh-

Abb. 355. Selkingen. Haus des Bildhauers Johann Ritz (Nr. 11). Giltsteinofen. Feld mit Medaillon, 1692, gehauen von Vater oder Sohn Johann Ritz. – Text S. 419.

Abb. 356 und 357. Selkingen. Haus des Bildhauers Johann Ritz (Nr. 11). Reliefs mit Szenen aus dem Martyrium der hl. Katharina, 2. Viertel 16. Jh. Donau oder Oberrhein. Hl. Katharina vor dem König und Enthauptung, H. 88 und 90 cm (Museum Valeria Sitten). – Text S. 420.

44 LAUBER spricht 1905 und 1914 von weiteren Kunstgegenständen im Haus des Bildhauers: Türen mit Akanthusschnitzereien in den Füllungen; Truhe; Tische; beschnitzter Kopfladen eines Unterbettes; Kinderpuppen, darunter die Heiligen Georg und Martin; in Öl gemalte Kreuzabnahme (J. LAUBER, Bildhauerfamilie Ritz v. Selkingen, BWG III [1905], S. 334/35, sowie J. LAUBER, E. WYMANN [vgl. Anm. 7], S. 7). SEILER erwähnt einen Tisch mit eingeschnitzter Inschrift: «Joannes Riz Bildhawer Ao. 1717» (TH. SEILER, Dr. Johann Georg Garin Ritz, BWG I [1889/90], S. 29). Vgl. Gletsch, Walliser Ausziehtisch Nr. 3 (S. 154).

45 Ungenügend motivierte und irrtümliche Zuweisungen an den MONOGRAMMISTEN W.H.W[iniger von Bern?] (Kunst in der Schweiz. Die Schweiz im Spiegel der Landesausstellung 1939 III, S. 279, Nr. 62 und 63) und an den Ulmer CHRISTOPH LANGEISEN (H. REINERS, Zwei Werke von Christoph Langeisen im Museum zu Valeria in Sitten, ZAK 4 [1942], Heft 3, S. 155–159). Vgl. Anm. 49.

46 Vgl. S. 81, Anm. 140.

47 Vgl. Anm. 48. LUKAS CRANACH d. Ä. malte in seinem Martyrium der hl. Katharina der Dresdener Gemäldegalerie aus dem Jahre 1506 auch die Szene des Steinhagels, und zwar schon mit dem Motiv der liegenden oder hängenden Köpfe bei der Gruppe der knienden Heiligen (F. BURGER, H. SCHMITZ, J. BETH, Die deutsche Malerei der Renaissance III, Wildpark-Potsdam 1924, S. 668, Abb. 185). Da sich in den Selkinger Reliefs aber weder die elegische Stimmung mancher Donaumeister noch die schwerblütige Monumentalität des HANS LEINBERGER findet, weisen die Dynamik und die «surrealistische» Tendenz, die Grenzen zwischen der unbelebten Natur und dem Lebendigen zu verwischen, eher auf die «barocke» Spätgotik am Oberrhein.

48 C. LAPAIRE, Un relief daté de 1535 et la sculpture sur bois du second quart du XVIe siècle en Suisse alémanique, ZAK 28, Doppelheft 3/4 (1971), S. 194.

49 Die leisen Anklänge im Aufbau des Hintergrundes werden REINERS dazu verleitet haben, die Katharinenreliefs mit CHRISTOPH LANGEISEN in Verbindung zu bringen (vgl. Anm. 45), obwohl die Werke des Ulmers, verglichen mit der außerordentlichen Dynamik und dem Naturraumillusionismus der Selkinger Reliefs, mit schwäbisch träumerischen Marionetten vollgehängt erscheinen.

werk des JOHANN RITZ?[50]. – *Kommode mit Sekretär* (im Besitz von Viktor Guntern, Ritzingen, Haus Nr. 5). Biedermeier. Nußbaum. Die Schubladen der drei Zonen durch eingelegte Rähmchen in drei Achsen gegliedert. Viertelrunder Aufsatz. – *Truhe* (in gleichem Besitz). Nußbaum. Drei längliche Rechteckfüllungen mit Spiegeln. Eingelegt: «D.J.I.H [Jesusmonogramm] 1789». – *Truhe* (im Besitz von Ferdinand Schwery, Bitsch). Nußbaum. Drei geohrte Füllungen mit geflammten Profilen. Eingelegt links: «A.R.D/I.G.R/S.T.D», in der Mitte rund um ein versenktes Medaillon mit Ritz-Wappen: «N A ET V.F», rechts: «P[astore].M[onasterii]1.7/5.0» (S. 118). – *Lehnstuhl* (in gleichem Besitz). Barock, um 1700.

12. Koord. 150/205. Kat.-Nr. 50/8/18. Albert Heinen und Johann Walther. Erbaut 1681 (Jahreszahl am Giebel). Friese: am ersten Stockwerk große Zahnschnittzeile an vortretender Friesleiste, am zweiten Stockwerk kleiner, am Giebel großer Würfelfries. Doppelkielbögen über den Giebelfensterchen. ⌐⎯⌐. 2¹/₂. F. *Inschrift:* «ICH.MACHE.HIE.EIN.SCHLECHTES.HAVS.KEIN.WVNDER KOM ICH ZERSTEN.DRAVS. DAN.ICH.MEIN.WOHNVNG.IM.HIMMEL.HAB./16[Z-artiges Zeichen in Kreis]81/IOHANNES.BELWALDER.BAR-BARA.WALTHER.VND.MARGARETHA.IHR.KIND.IESVS.MARIA.VND.IOSEPH.». *Ofen* (im Besitz von Dr. H. Wirthner, Münster). Zweigeschossig, verändert. Am Karnies der von Zahnschnitt gesäumten Deck-platte, in Wappenschildern an der Stirn, die Namen der Heiligen Familie, an der Wange die Initiale «N» zwischen den Ziffern der Jahreszahl 1681. Vorn (ehemals) zwischen Polsterspiegeln Wappen, angefüllt mit den Initialen «I H B L/B W M G», an der Wange Rosette und Wappen mit einem Kreuz auf einem Herzen. Polsterspiegel an der untern Zone.

13. «*Fennerhüs*»[51]. Koord. 100/155. Kat.-Nr. 24/7/44. Amandus Walther. Jahres-zahl am Giebel: «1+6 8+1» (kleiner Würfelfries). 1973 zum Teil stilgerecht reno-viert. Das hohe stattliche «Vorschutz»-Haus mit hölzernem Kammergeschoß zählt zu den schönsten Häusern des Goms. An der Kehle der in Roßköpfen endenden «Vorschutz»-Konsolen von links nach rechts die Monogramme der Heiligen Familie und die Ziffern des Baujahrs. Im Kammergeschoß blieben die originalen Fenster-öffnungen erhalten. Die zierkonturierten Fensterverkleidungen aus dem 18. Jh.[52] an der westlichen Traufseite sind neben denjenigen am «Präfektehüs» (S. 416) noch die einzigen des Goms. ⌐⎯⌐. Ka. 2¹/₂. F (quer zum First nach W gerichtet). *In-schriften*[53]. 1. Stockwerk, im Stubji: «[Wappen der Familie Walther mit den Initialen ‹C W›]MARGRET BIDERBOSTEN MARGARETA IHR DOCHTER IOANES WALTHE DE IVNG 3. IAHR ALT[Hand und Marienmonogramm] 1681 NIL SOLIDVM NISI SOLVM». 2. Stock-werk, in der Stube: «MENTEM SANCTAM+SPONTANEAM+HONOREMDEO+ET PATRIAE LIBERATIONEM». Im Stubji: «[Wappen der Familie Walther mit den Initialen ‹I W›]HANT 43 STVCK HOLTZ VON RICHELSMAT AVS DEM DANWALT BRACHT/IOANI WALTHER 28 IAHR ALT CHRISTIAN WALTHER 24 IAHR ALT».

Ofen. Eingeschossig, mit Kehle unter der Deckplatte. An der Stirn Jesusmonogramm in Wappen-schild und zwei monstranzähnliche Rosetten, an der Wange zwei Wappenschilder, links mit dem Emblem der Familie Walther und den Initialen «I W/C W», rechts mit der Jahreszahl 1683 unter zwei Sechsstrahlensternen. – *Porträt* des Johann Franz Walther (* 1813)[54]. 36,5 × 28,5 cm. Öl auf Karton. Links oben Walther-Wappen über der Inschrift: «AETATIS/SVAE.20/1834». Derbes Porträt.

Abgewanderte Kunstgegenstände. Cherub (Abb. S. 54) (im Besitz von Dr. H. Wirthner, Münster)? 32,5 × 40 cm. Ahorn? Spuren von einer Fassung. 3. Viertel 17.Jh. Von den vier X-förmig angeord-

---

50 STEINMANN, Ritz, S. 95.

51 Nachkommen des Fenners Johann Joseph Walther († 1825) erhielten den Beinamen Fenner-... (PfA Biel, D45, Stammregister A). Abb. bei STEBLER (1903), S. 61, Fig. 37.

52 Da im Fenstersturz ein zierliches Blütenornament eingeschnitzt ist, waren die Fensterverklei-dungen ursprünglich nicht vorgesehen.

53 Dielbaum mit Inschriftfragment bei Jos. Jerjen im Restaurant «Bahnhof», Reckingen: «[Be-schädigtes Wappen der Familie Walther mit Initiale W]MEIN GOT VNDT HER.ZV DEĨN EHR.SEI DISES HAVS...».   54 PfA Biel, D40.

Abb. 358. Selkingen. Haus
Nr. 15, 1718 (Ausschnitt).
Keller- und Kammergeschoß.
Vgl. Abb. 23. – Text siehe unten.

neten Flügeln enden die obern in Rollwerk. Das von Leben sprühende Köpfchen mit den kunstvollen ornamentartigen Locken ist von kleinem Federkranz umrahmt. Schnitzwerk von hoher Qualität. – *Maria* von einer Kreuzigungsgruppe (im Besitz von Anton Imsand, Münster) (Abb. 350). H. 26,5 cm (inkl. Sockel). Holz. Reste der alten Fassung, übermalt. Die 1690–1695 in der Werkstatt von Johannes Ritz geschnitzte Statuette ist sehr ähnlich der Muttergottes von der kleinen Kreuzigungsgruppe der Kapelle von Wichel im Fieschertal [55]. – *Pietà* (im Besitz von Dr. H. Wirthner, Münster). Öl auf Leinwand. 43 × 31,5 cm. Mitte 18. Jh. Restauriert. Das qualitätvolle Gemälde wird vom Farbkontrast Blau-Zinnober beherrscht. – *Porträt* von Joseph Ignaz («Fenderjobnaz») Walther (* 1811, † in Südamerika) [56] (im Besitz von Josef Schnydrig-Walther, Visp). 39,5 × 29,5 cm. Öl auf Karton. Rechts oben Wappen über der Inschrift «aetatis/svae 23/1834/[Tulpe]». Brustbildnis. Naive Malerei.

14. Koord. 100/170. Kat.-Nr. 25/7/27. Alexander Wirthner. Entstanden im 17.Jh. (1682?). Da sich neben den Rillenfriesen an beiden Stockwerken auch ein Würfelfries am ersten(!) Stockwerk findet, muß das Haus nach der Mitte des 17.Jahrhunderts zum Teil aus älterem Bauholz aufgerichtet worden sein. Doppelkielbögen des 17.Jh. über den Giebelfenstern. Die freistehende nördliche Giebelfassade wirkt dank den Friesen als Schauseite gegen die platzähnliche Lichtung hin, mutet zum Teil aber als Rückwand an. ⌐¬1. 2½. G (quer zum First nach W gerichtet). Zusätzlich schmale Kammerachse im Zwischenraum zum anstoßenden «Fennerhüs» (Nr. 13). *Inschrift.* 1. Stockwerk, in der angebauten Kammer: «I.W 1682 CW». Inschrift des Stuben-Dielbaums verkittet. *Öfen.* 1. Eingeschossig, mit Karnies unter der Deckplatte. An der Stirn Hirsch, umrahmt von den Initialen «A W/M B» über der Jahreszahl 1822. – 2. Eingeschossig, mit Kehle unter der Deckplatte. An der Stirn: «AIB/RKS/ 1863». – *Hauskruzifix.* H. 66,5 cm (Korpus 30,5 cm). Holz. Originalfassung, häßlich übermalt. 2. Viertel 18. Jh. Von Jodok Ritz († 1747)? Der qualitätvolle Korpus gleicht demjenigen des Monumentalkruzifixes im Pfarrhaus von Biel (S. 399). – *Truhe.* Nußbaum. Vorgeblendete tuskische Pilaster scheiden die drei Achsen. In den Zierfeldern eingeschnitzt: «1 M 6 8 H 8», in der Mitte später eingeritzt: «A M M».

15. Koord. 55/145 [57]. Kat.-Nr. 19/7/52. Franz Chastonay; Viktor Walther. Erbaut 1718 (die Ziffern stehen senkrecht aufgereiht an der Firstkonsole). Das imposante Wohnhaus ist wohl das schönste Barockhaus des Goms, da kein anderes so ausgeprägt die straffen hochrechteckigen Proportionen aufweist (Abb. 23). Am Giebel die Initialen «i.w.c.w.i.w p.w.m.w.h.w». Auf den gestuften Mauersockel folgen die hölzernen Kammern (Abb. 358) und dann, über kräftigem «Vorschutz», zwei

55 Steinmann, Ritz, S. 100.   56 PfA Biel, D 45.
57 Abb. bei Stebler (1903), S. 27, Fig. 18, irrtümlicherweise als «Fähnderhaus» (vgl. Haus Nr. 13, S. 422) bezeichnet.

Wohnstockwerke, ein volles «Loibe»-Geschoß und eine Giebel-«Loibe». Das Mittelgwätt, das über den zugespitzten Trennpfosten der rundbogigen Kellertüren an-
setzt und ununterbrochen bis zum Giebel hochsteigt, betont noch die Vertikale.
Die wandartigen Giebelpfettenkonsolen schwingen kühn vor. Am Fuß der Firstkonsole hängt ein Cherub aus dem Ende des 17. Jahrhunderts; es ist der letzte an
angestammtem Platz von den recht zahlreichen Giebelamoretten, die durch die
Selkinger Bildhauerwerkstatt der Familie RITZ in der untern Grafschaft verbreitet
wurden. Reiche Würfelfriese unter Wolfszahn zieren gleich Strickborten die Blockwand, vor allem das noch intakte Kammergeschoß. An den in Roßköpfen endenden
«Vorschutz»-Konsolen in Wappen von links nach rechts: «[Jesusmonogramm];
MAR/IA; VN/D; IOSE/F;[Walther-Wappen]; 17/18». Die stichbogigen Zwillingstüren
zu den Kammern an beiden Traufseiten weisen neben den kräftigen Scherenpfosten
die gleichen Zickzacklinien an den Archivolten wie die Kellertüren der Giebelfront
auf[58]. Grundriß der Wohngeschosse F. *Inschriften.* 1. Stockwerk: «[Wappen der
Familie Walther mit Fünfstrahlensternen zwischen den Tannen] DISES.HAVS.STAT.IN.
GOTES . HAND . ES . HABENS . LASEN . BAVWEN . DIE . SIHN . DES . EHRENDE . IOHANNES . WALTERS .
IOHANNES . CHRISTEN . IOSEPHPETRVS . STVDENT . DER . THEOLEGI . VND . MARTINVS . VND . CLE-
MENTZ . ALE . BRIEDER / IN . GOTES . EHR . SEIN . LOB . ZV . VERMEREN . VNSER . BAVW . THVN . BE-
WAREN . FIR . ALEN . GFARDEN . O . MARIA . MVTER . GOTES . REIN . SANCT . IOSEPH . SOL . AVCH . MIT .
VNS . SEIN . IM . IAHR . 1718 . DEN . 24 . TAG . MEIIEN .». Im Stubji: «JESVS . MARIA . VND . IOSEPH .
SEI . VNSER . ANFANG . MITEE . VND . END . ZV . DEREN . EHR . SEI . UNSERE . ARBEIT . ANGEWEND / ES .
IST . KEIN . BAVW . OHN . HAS . VND . NEIT . SO . GEB . VNS . GOT . DER . FRID . IN . DISES . HAVS . ZV . IEDER .
ZEIT 1718». 2. Stockwerk: «CHRIST=IAN : WALT/ER : IHR/VATER[Wappen der Familie
Walther mit den Initialen I W]17.[Jesusmonogramm].MARIA . VND . IOSEPH . SEI . MEIN .
LETZES . WORT . O . HEILIGE . IVNGFAVW . MARIA . MVOTER . GOTES   ICH   ERWELE . DICH . HEITIGES .
TAGS . ZV . MEINER . FIRSPRECHRE / 18 . VND . BESCHITZRE . KVN . MIER . KREFTIGLICH . FIR . DV . WERS .
MICH . NIT . VOR . LASEN . DAS . NIT . ETWAS . WIDER . DIN . EHR . GEHANLET . WERD . NOCH . THVN . NOCH .
ZV . LASEN»[59]. Im Stubji: «[Wappen wie in der Stube]GELOBT . SEI . VND . GEBENEDEIT .
VON . NVN . AN . BIS . IN . EWIGKEIT . DIE . HEILIGE . IVNGFRAVW . AGATA / DIE . WOL . VNS . BEI . HIETEN .
VND . BEWAREN . FIR . FEIR . VND . ALEN . GEFARDEN . IM . IAHR . 1718».

Öfen. 1. Eingeschossig, mit nach vorn gestufter doppelter Kehlsimsplatte. An der Stirn, zwischen
rollwerkgerahmten querovalen Medaillons mit den Monogrammen von Maria und Josef, großes
Wappenschild; darin Emblem der Familie Walther, die Initialen «R D P W[60]/I K M C» über der Jahreszahl 1721, an der Wange auf fünf Zierspiegeln Tulpe, Lilie, Vierpaß mit Jesusmonogramm und Rosette. Prachtvoller Ofen. – 2. Eingeschossig, mit Karnies unter dünner Deckplatte. An der Stirn,
zwischen Sonne und Mond, Wappenschild der Familie Walther mit den Initialen «R D P W/IC IM C»
über der Jahreszahl 1721. – 3. Eingeschossig. An der Stirn schönes Wappen der Familie Huser wie
auf dem Ofen im Haus Nr. 8 mit den Initialen «I.I H./AC. W.»; an der Wange Wappen mit Blüte über
der Jahreszahl 1769. – 4. Eingeschossig, mit Karnies unter der Deckplatte. An der Stirn Wappenschild
der Familie Walther mit den Initialen «INW CIH» und der Jahreszahl 1737, an der Wange Blüte,
Monstranz und Spiegel mit Jesusmonogramm. – *Hauskruzifix.* H. 77 cm (Korpus 33 cm). Holz. Originalfassung, zum Teil übermalt. 2. Viertel 18. Jh. Wertvoller Kruzifixus der RITZ-Werkstatt, wohl
von JODOK RITZ († 1747), ähnlich dem Monumentalkruzifix im Pfarrhaus von Biel (S. 399). Der
giebelstumpfförmige Sockel mit Akanthuskartusche an der Stirn seitlich von Akanthusvoluten be-

---

58 Jene an der westlichen Traufseite 1973 verändert.
59 Text der Weihe der Marianischen Kongregation.
60 Peter Walther (1687–1740), Pfarrer in Bellwald 1720–1737 (SCHMID, LAUBER, Verzeichnis,
1934, S. 400).

grenzt. – (Giebel-)*Cherub.* 19 × 46 cm. Holz. Neue Fassung. Letztes Viertel 17.Jh. Die Stirnlocke ähnlich den frühbarocken Rollwerklocken der Putten und Amoretten. Der linke Flügel endet in einem Akanthuszweig. – *Truhe.* Tanne. Dreiachsig. Eingelegt: «17 11 IE». – *Truhe* (im Besitz von Hubert Walpen, Haus Nr. 16). Tanne. Drei Achsen mit versenkten Zierfeldern. In der Mitte, in geteiltem Medaillon, oben Pelikan mit Jungen, unten diagonal nach rechts steigender Stab zwischen Fünfstrahlensternen, im linken Feld die Initialen «I.IN[in Ligatur].W»[61], rechts die Jahreszahl 1820.

16. «*Pfisterhüs*». Koord. 125/180. Kat.-Nr. 31/7/26. Hubert Walpen; Geschwister Walther. Erbaut 1733. Backofen noch vorhanden. ⌐—⌐. 2½. F (quer zum First nach O gerichtet). *Inschriften.* 1. Stockwerk: «[Wappen der Familie Walther mit nur einer Tanne auf Dreiberg zwischen vier Sechsstrahlensternen]GELOBT.SEI.IESVS.CHRISTVS.R.AMEN.DIS.HAVS.DAS.STET.IN.GOTES.GEWALT.DER.ALES.ERSCHAFEN. VND.ERHALT.O.HECHSTER.GOT.ZV.DEIM.BELIEBEN/HAB.ICH.DIS.HVS.LASEN.AVF.FIEREN.NICOLAVS.WALTER. BIN.ICH.GENAMBT.MIT.ANNA.MARIA.RIZ.WIE.BEKANT.ANNO. 1733». Im Stubji: «ALLER GVOTENDINGEN SIND DREI.IESVS.MARIA VND IOSEPH». 2. Stockwerk: Kerbschnittrosette und Jesusmonogramm. Außen an der Stirnfassade über der Fensterzone des ersten Stockwerks: «ICH DANCKEN GOTT VON HERZEN... VND AVCH DESGLEICHEN IEDERMAN DIE..». *Öfen.* 1. Eingeschossig, mit schwerem Karnies unter der Deckplatte. An der Stirn in Wappenschild Emblem ähnlich demjenigen auf dem Dielbaum, die Initialen «WNW AMR»[62] und die Jahreszahl 1733. – 2. Stubjiofen. Eingeschossig, mit flauer Kehle an der Deckplatte. An der Stirn eigentümliches Wappenfeld mit den Initialen «N.W/A.R», an der Wange, in Zierfeld, Hauszeichen[Andreaskreuz mit je zwei senkrecht aufgereihten Punkten in beiden Seitenzwickeln] unter drei Blütenstengeln. – *Hinterglasgemälde.* «S. Maria». 23,8 × 19,7 cm. Von Reckingen. Qualitätvoll. – *Truhe* von 1820 aus dem Haus Nr. 15 (s. oben). – *Standuhr.* 19. Jh.?

17. Koord. 165/195. Kat.-Nr. 48/8/19. Karl und Viktor Walther. Erbaut 1. Hälfte 18.Jh. Pfeilschwanzfries unter Wolfszahn. Am Giebel die Jahreszahl 1793 (Spolie oder Datum einer Veränderung). Ehemals *Schulhaus* Zum Loch bei Ulrichen, soll das Haus um 1870 nach Selkingen versetzt worden sein. ⌐—⌐. 2½. E. *Inschriften.* 1. Stockwerk, wohl Spolie: «..SVPSAXO CONIVGIBVS A 1625...[übriger Text bis zur Unleserlichkeit zugekittet]». Im Stubji, Spolie: «HOC.OPVS.FIERI.FECIT/IOHAN.ADRIAN.DE.RIEDMATTEN 172.(?)». *Öfen.* 1. Zweigeschossig, mit Kehle unter der Deckplatte. An der Wange: «I I:H AM:H/1876», an der Stirn, unter der Jahreszahl 1937, die Initialen: «T[heodor]G[untern]/M[athilde] G[untern]». – 2. Ofen von 1937.

18. Koord. 50/170. Kat.-Nr. 74/7/12. Adolf Hauser. 1760 vom Besitzer, der selbst Zimmermann war[63], erbaut. Fries: Paar versenkter Rundstäbe. Qualitätvolles, innen noch wenig verändertes Haus. ⌐—⌐. 2½. G und F. *Inschriften.* 1. Stockwerk: «WELCHER.JESVS.MARIA.VND.JOSEPH.RECHT.WILL.MAHLLEN.MVS.VM.GEBEN.SEIN.MIT. STRALEN.DAN.SIE.WEIS.VON.KEINER.NACHT.SO.DIE.ERB.SIND.HAT.GEMACHT/DISES.HAVS. HAB.ICH.JOSEPH.WALTER.GEBAVWEN.VND.ANA.MARIA.HOLTZER.MEIN.HAVS.FRAV.VND. MEIN.SVHN.JNGNATIVS MEIN SVN/ANNO 1760 DEN 7 MEIEN». 2. Stockwerk: «[Walther-Wappen mit den Initialen ‹I V›]DISES.HAVS.HAB.ICH.JOSEPH.WALTER.GEBAVWEN.VND. MEIN.HAVS.FRAV.ANA.MARIA.HOLTZER.VND.MEIN.SVHN/JOSEPH.JNGNATIVS IM IAHR 1760/ JCH.FANGE.AN.ALL.MEIN.ARBEIT.IM.NAMEN.DER.HEILIGEN.3.FALTIGKEIT.DAN.DISES.IST. DAS.BESTE.ZILL.SO.GOT.VON.VNS.HABEN.WIL.».Im Stubji: Monogramme der hl. Namen.

Öfen. 1. Eingeschossig, mit Karnies und Kehle an der Deckplatte. An der Stirn die Jahreszahl 1763, an der Wange Wappenschild der Familie Walther mit den Initialen «I W/AM H». – 2. Form wie Nr. 1. An der Wange zierliches Wappenschild der Familie Walther mit der Jahreszahl 1767; darunter in Schriftband die Initialen «I.N.W. A.M.B.L»[64]. – Zwei tannene *Barocktüren* in Türrahmen, die eine mit Zierfüllungen zwischen nußbaumenen Zwickeln, mit alten Schlössern und Beschlägen; auf der einen Türe oben in Zierfüllung eingelegt die Jahreszahl 1763.

---

61 Joseph Ignaz Walther (*1771)? (PfA Biel, D45, Stammregister A).

62 Weibel Nikolaus Walther (†1742) und Anna Maria Ritz (ebenda und PfA Biel, D38).

63 PfA Biel, D45, Stammregister A.

64 Joseph Ignaz Walther, erstgeborener Sohn des Bauherrn, und Anna Maria Biederland von Bellwald, Heirat 1765 (PfA Biel, D45, Stammregister A).

Bei Koord. 70/165 stand ein «Heidehüs». – Als *Gemeindehaus* wird das ehemalige Backhaus benützt, das, in seinem Erdgeschoß noch spätmittelalterlich, wohl während des 17. Jahrhunderts im Obergeschoß erneuert wurde. Die vorn bis zur Erde herabreichende Blockwand der Stirnfassade ist mittels Nutstud mit der mörtellosen Bachsteinmauer der rechten Wange verbunden.

NUTZ- UND GEWERBEBAUTEN

Neben wenigen großen Stadeln besitzt Selkingen eine ganze Reihe zierlicher Speicher. Die *Stadel* Koord. 50/195 und 55/205, von denen der nördliche über den Türen des Unterbaus die Jahreszahl 1717 trägt, bilden eine prachtvolle Baugruppe am hangseitigen Dorfrand. Der mächtige Stadel Koord. 90/85 beherrscht die südwestliche Dorfpartie unter der Talstraße. An den «Vorschutz»-Konsolen seines Oberbaus in Wappenfeldern links «CH» über einem Dreieck (Hauszeichen?), rechts «IME» über zwei zu einem Stundenglas vereinigten Dreiecken, am Türsturz des Unterbaus die Jahreszahl 1722. An einem für die Siedlung bedeutenden Standort die schmucken *Speicher* Koord. 55/185, am Giebel datiert 1811, Koord. 45/105 aus der 2. Hälfte des 17. Jh. (Würfelfries), zum Teil erneuert, Koord. 125/165 aus derselben Zeit und Koord. 145/150, ein Miniaturspeicherchen am Bachrain. Die qualitätvollen Speicher Koord. 70/185 und 65/150, über den Türen des Oberbaus datiert 1708, verbergen sich zwischen den Wohnhäusern.

Zum alten, heute als Gemeindehaus verwendeten *Backhaus* siehe oben. *Säge* bei Koord. 165/145 mit südlich angebauter alter *Mühle*. Die am Türsturz auf das Jahr 1830 datierte Mühle (Koord. 145/175) steht noch in Betrieb. Verstummt sind hingegen die «von einem Waldwasser in Bewegung gesetzten ungeheuren Hämmer»[65] der *Schmieden*, von denen SIGISMUND FURRER noch im Jahre 1852 berichtet; in den Pfarrbüchern begegnet man tatsächlich immer wieder Schmiedemeistern namens Walther oder Biner, wie der Familienname auch hieß. Fragmente von einer Esse blieben im Erdgeschoß des Hauses Nr. 16 (Koord. 125/180) erhalten.

ANTONIUSKAPELLE AUF DEM BIEL

Stilistische Motive weisen die Kapelle (Abb. 359) in das dritte Viertel des 18. Jahrhunderts. Renovation 1944[66].

BESCHREIBUNG. Das dem Wüstenheiligen Antonius geweihte Kapellchen bewacht geostet auf dem Biel den Ausgang des Walitals, das mit Lawinen und Hochwasser öfters das Dorf verheert hat[67].

Auf ein fast quadratisches Schiff von 4 m Länge und 3,60 m Breite folgt ein dreiseitig schließendes eingezogenes Chor von 1,45 m Länge und 3 m Breite. Eigentümlich die schmale blinde Chorstirn, zu der das zusammenhängende Satteldach bloß mit einer Schräge überleitet, und die unmittelbar an die Schiffsstirn stoßenden Chorwangenfenster. Das nördliche Schiffsfenster ist leicht stichbogig wie der aus Gneis gefügte Portalrahmen der Giebelfront. Seit etwa 1920 hängt im Giebel über dem Okulus ein Glöcklein an Eisenwinkeln.

Innen schließt das flache, durch den eingezogenen Chorbogen deutlich abgesetzte Chor stichbogig. Schiff und Chor werden von Kreuzgratgewölben mit einer

---

65 FURRER II (1852), S. 56.   66 PfA Biel, Chronik in Usuale, o. Nr.

67 Am 17. Januar Prozession zur Kapelle in Erinnerung an die Lawine von 1827.

Abb. 359. Selkingen. Kapelle auf dem Biel, 3. Viertel 18. Jh. – Text S. 426.

Stuckrosette im Scheitel überspannt. Die Architekturgliederung ist recht aufwendig: Halbe Pilaster in den Ecken tragen kapitellos ein mit großer Kehle ausgestattetes Profilgebälk. Das sich herauslösende Kranzgesims überspannt nach dem Vorbild der Reckinger Pfarrkirche stichbogig die Fenster und umzieht das Chor. Die Kammer des Okulus ist innen achtseitig. Einfaches hölzernes Chorgitter mit rechteckiger Sprossung und symmetrischer Bekrönung aus Palmetten und Blüten.

Altar. Zur Zeit des Kapellenbaus (3. Viertel 18. Jh.?) in einer LAGGER-Werkstatt zu Reckingen geschaffen?

Das auf konsolenartigem Stipes ruhende einachsige Altärchen baut sich aus zwei Säulenarchitekturgeschossen auf. Quastenbesetzter Lambrequingiebel im Hauptgeschoß. Auf dem verkümmerten Gebälk der Oberzone bekrönter C-Bogen. In der Hauptnische vergoldete Statue des hl. Antonius Eremita. Die mit weißer Tempera gefaßten, ziervergoldeten und -versilberten Flankenstatuen, links der hl. Martin, rechts Johannes der Täufer, auf üppigen Phantasieblüten-Konsolen. Die Statue der Oberzone – eine Assunta – ist entwendet worden[68]. Eigentümliche, an wenigen Stellen überholte Originalmarmorierung in Kaseintempera: Altarrückwand rotbraun; Sockelzone, Säulen und Kapitelle blau mit Einschlüssen von bunten «Gesteinsgrüppchen».

Leuchterengel. Paar. H. 32 und 33 cm. Arve, massiv. Originale Fassung. Gold und Silber. Derbe Schnitzwerke. 1974 entwendet.

Aus dem Dorf abgewanderte Kunstgegenstände. Cherub von einer Hausfassade (heute am Haus von Dr. H. Wirthner, Münster). Etwa 41 × 92,5 cm. Lärche? Mit giebelförmig aufgesetztem Lorbeerkranz, von Muscheln bekrönt. Akanthusartig eingerollte Flügel. Größter erhaltener Fassadencherub. –

---

68 Weitere verschollene Skulpturen: 1. Sitzende Muttergottes mit (defekter) Lilienkrone. H. (inkl. Krone) 44,5 cm. Holz. Alte Polychromierung. Um 1400. Das Kind fehlte. – 2. Hl. Sebastian. H. 74 cm. Holz, original gefaßt. 1. Hälfte 17. Jh. – 3. Stehende Muttergottes mit Kind. Pendant zu Nr. 2. H. 66 cm. Holz, vergoldet. – Sehr kleine vergoldete Statue des Antonius Eremita, ehemals auf dem Altargiebel (A. CARLEN, Verzeichnis, und Chronik vgl. Anm. 66).

Selbstporträt[69] des Malers JOHANN FRANZ ANTON RITZ († 1768), Sohn des Bildhauers JODOK (Museum Valeria, Sitten; Leihgabe von Frl. Dr. Maja Ritz, Freiburg i.Ü.). 75 × 58 cm. Öl auf Leinwand. Rechts oben unter dem Vollwappen Ritz: «AETATIS SVAE 29/AÑO 1750». Der Maler hält in der Rechten den Pinsel, in der Linken die Palette. Am linken Bildrand überschnittene gewundene Säule. – *Trinkbecher* von Pfr. Christian Huser (1647–1701) (im Besitz von Karl In-Albon, Brig). H. 7,8 cm, Dm. 7,2 cm. Silber, ziervergoldet. Beschau Brig. Goldschmiedemarke von ANTON TUFFITSCHER (wie Tab. I, Nr. 13). Am runden Fuß gegossener Figurenfries: liegende Gestalten zwischen Cherubköpfen oder Maskarons. Niedriger, stark eingeschnürter Schaft mit Astragal. Unter dem geschweiften Lippenrand gravierter Fries: zwischen Rankenstollen in drei Medaillons die Jahreszahl 1673, eine Lilie und Wappen wie am Hl.-Familien-Altar der Ritzingerfeldkapelle (S. 372), jedoch seitenverkehrt, umgeben von den Initialen «R D C H».

AUS DEM OBERGOMS ABGEWANDERTE KUNSTGEGENSTÄNDE

Hauskruzifix (im Besitz von Dr. Wolfgang Loretan, Leukerbad). H. 75,8 cm (Korpus 27,5 cm) Holz. Originalfassung häßlich übermalt. Qualitätvolles LAGGER-Kreuz vom I. Reckinger Hauskruzifixtyp (S. 46). – *Hl. Michael* (im Besitz von Konrad Schmid-Loretan, Glis). 109 × 68,5 cm. Öl auf Leinwand. Ende 17.Jh. Der Erzengel steht, mit gelber Tunika und blauem Mantel bekleidet, auf dem Teufel. Nach unten gebogener Wolkensaum. Oben Dreieck Gottes. Inspiriert vom Relief der Münstiger Kirchentür (S. 68/69), jedoch seitenverkehrt. Stilistische Anklänge an die wohl dem Niedererner Maler JOHANNES HOLTZER († 1724) zuzuschreibenden Antependien in den Gotteshäusern von Willern und Imfeld (Binn). – *Truhen.* 1. (im Besitz von Frau Raymond Loretan- de Kalbermatten, Sitten). Nußbaum. Dreiachsig. Zwischen geschuppten Pilastern geohrte Füllungen mit Arkaden. In der mittleren Arkade erhaben geschnitztes Werlen-Wappen [fünf wie am Spielwürfel angeordnete Punkte]. Über den Feldern eingeritzt: «[Jesusmonogramm] M[a]R[i]A R[everendus]D[ominus] T[homas]W[erlen] 1681» (vgl. S. 305, Anm. 149). – 2. (im Besitz von Walter Bortis-Imhasly, Brig). Tanne. Symmetrisch angeordnete, verschieden breite Rechteckfüllungen in Lärchenholzrahmen. In der Mitte giebelige Füllung. In den drei mittleren Feldern applizierte Nußbaumspiegel, links beschnitzt: «M W[erlen] 1741», in der Mitte eingelegter Stern über Dreiberg, rechts Werlen-Wappen [gekreuzte Degen über Dreiberg]. – *Tisch* (im Besitz von B. Reinhart, Schloß Muzot, Siders). Nußbaum. Zierkonturierte Zarge, mit Blütenranken auf punziertem Grund beschnitzt. In der Mitte Werlen-Wappen wie Truhe Nr. 1, jedoch mit Kelch auf Dreiberg und gerahmt von den Initialen «T W/ C[apellanus?] M[onasterii]». In Wappenfeldern an den Zargenecken geschnitzt: «16 59». – *Kästchen.* 1. (SLM, Inv.-Nr. LM 7194) Buche. Am Deckel mit ornamentalen Medaillons bemalt. 15.Jh.? Reiches Eisenbeschläg. Bügelschloß. – 2. (SLM, Inv.-Nr. LM 8479) Blockkästchen. Arve. Oben drei Schiebedeckelchen. Vollständig mit Kerbschnittrosetten beschnitzt.

---

69 Eine Farbaufnahme des Porträts findet sich in Le portrait valaisan, Genf 1957, S. 6.

Abb. 360. Selkingen. Haus des Bildhauers Johann Ritz (Nr. 11). Galgenstabellenlehne, 1684, mit altem Ritz-Wappen und beschriftet «IOANESRIZ» (Schweizerisches Landesmuseum Zürich).
Text S. 420.

TABELLEN UND VERZEICHNISSE

TABELLE I: GOLDSCHMIEDEZEICHEN

MZ = Meisterzeichen

Nr.	Beschau/MZ	Meister	Zeit	Gegenstand	Standort	Seite
			AUGSBURG			
1		Johann David Saler	1. Viertel 18. Jh.	Monstranz	Münster. Pfarrkirche	91
2		Joseph Ignaz Saler	1741–1745	Kelch	Obergesteln. Pfarrkirche	206
3			1743–1745	Kelch	Oberwald. Pfarrkirche	175
4		Johann Georg Jaser	1747–1759	Kelch	Geschinen. Kapelle	250
5		Franz Anton Gutwein?	1765–1767	Rauchfaß	Münster. Pfarrkirche	92
6		Unbekannt	1767–1769	Vortragekreuz	Obergesteln. Pfarrkirche	206
7		Johann Ignaz Caspar Bertold?	1769–1771	Vortragekreuz	Reckingen. Pfarrkirche	287
8		Joseph Anton Seethaler	1769–1771	Rauchfaß	Reckingen. Pfarrkirche	286
9		Caspar Xaver Stippeldey	1769–1771	Chorampel	Reckingen. Pfarrkirche	286
10		Unbekannt	1769–1771	Reliquienarm	Biel. Pfarrkirche	398

BASEL

siehe «Übrige und unbekannte Orte», Nr. 26

BRIG

Nr.	Beschau/MZ	Meister	Zeit	Gegenstand	Standort	Seite
11		Anton Tuffitscher	1670–1682	Ziborium	Münster. Pfarrkirche	91
12			2. Hälfte 17. Jh.	Kelch	Münster. Pfarrkirche	92
13			2. Hälfte 17. Jh.	Kelch	Münster. Pfarrkirche	92
14			2. Hälfte 17. Jh.	Kelch	Obergesteln. Pfarrkirche	206
15		Marx (Markus) Jakob Bichel (Bickel, Biggel)	2. Hälfte 17. Jh.	Kelch	Obergesteln. Pfarrkirche	206

Nr.	Beschau/MZ		Meister	Zeit	Gegenstand	Standort	Seite

FREIBURG i. Ü.
siehe «Übrige und unbekannte Orte», Nr. 30

LEUK

16			Unbekannt	1. Hälfte 17. Jh.	Kelch	Obergesteln. Pfarrkirche	206
17			Matthias Willa	1683	Kelch	Biel. Pfarrkirche	397
18				Anfang 18. Jh.	Kelch	Münster. Pfarrkirche	92

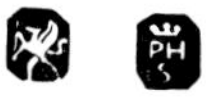

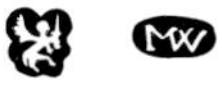

LUZERN
siehe «Übrige und unbekannte Orte», Nr. 28

SCHWYZ
siehe «Übrige und unbekannte Orte», Nr. 33

SITTEN

19			Unbekannt	Letztes Viertel 16. Jh.	Trinkbecher	Raron/Basel. Privatbesitz	124
20			Paul Dominique Schell	Mitte 17. Jh.	Kelch	Münster. Pfarrkirche	92
21			Christian de Torino*	2. Hälfte 17. Jh.	Kelch	Münster. Margaretenkapelle	112
22			Unbekannt	Ende 17. Jh.	Kelch	Gluringen. Pfarrkirche	338
23			Joachim Vicart?	1706?	Kelch	Münster. Pfarrkirche	92
24			Unbekannt	1. Hälfte 18. Jh.	Monstranz	Reckingen. Pfarrkirche	286
25			Pierre Jacques Ryß*	Mitte 18. Jh.	Kelch	Reckingen. Pfarrkirche	286

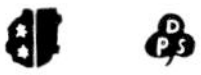

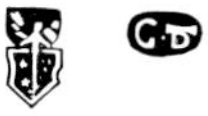

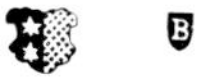

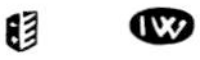

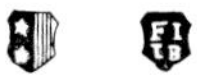

*Identifiziert von Albert de Wolff, Sitten.

ZUG
siehe «Übrige und unbekannte Orte», Nr. 29

Nr.	Beschau/MZ	Meister	Zeit	Gegenstand	Standort	Seite
		ÜBRIGE UND UNBEKANNTE ORTE				
26		BASEL Unbekannt (Biermann?)	1.Hälfte 17.Jh.	Kelch	Biel. Pfarrkirche	397
27		Unbekannt (ULM?)	1.Hälfte 17.Jh.	Kelch	Obergesteln. Pfarrkirche	206
28		LUZERN Unbekannt (Franz Niklaus Studer?)	2.Hälfte 17.Jh.	Kelch	Reckingen. Antonius- kapelle	329
29	ALBRECHT	ZUG Karl Martin Keiser?	1702	Ziborium	Reckingen. Pfarrkirche	286
30		FREIBURG I.Ü. Jakob David Müller	Mitte 18.Jh.	Kelch	Oberwald. Pfarrkirche	174
31		Unbekannt	Mitte 18.Jh.	Kelch	Münster. Pfarrkirche	92
32		Unbekannt	Mitte 18.Jh.	Kelch	Münster. Pfarrkirche	92
33		SCHWYZ D(?). Stedelin	2.Hälfte 18.Jh.	Vortrage- kreuz	Biel. Pfarrkirche	398
34		Unbekannt	2.Hälfte 18.Jh.	Kelch	Oberwald. Pfarrkirche	175
35		Unbekannt (LEIPZIG?)	2.Hälfte 18.Jh.	Kelch	Ulrichen. Pfarrkirche	224
36		Unbekannt	2.Hälfte 18.Jh.	Reliquienarm	Reckingen. Pfarrkirche	286
37		Unbekannt	2.Hälfte 18.Jh.	Kreuz- reliquiar	Reckingen. Pfarrkirche	286

TABELLE II: STEINMETZZEICHEN

Nr.	Zeichen	Meister	Standort	Zeit	Seite
1			Münster. Pfarrkirche. Sakramentshäuschen	1491	71
2			Münster. Pfarrkirche. Sakristeitürsturz	1491	70
3			Münster. Haus Nr. 33. Hausschild	1579	123
4			Geschinen. Kapelle. Sakramentshäuschen	Anfang 16. Jh.	248
5			Reckingen. Haus Nr. 25. Ofen	1620	296
6			Selkingen. Haus Nr. 8. Ofen	1606	417

SCHMIEDEMARKE

Zeichen	Meister	Standort	Zeit	Seite
		Obergesteln. Friedhofkapelle. Gitter des Sakramentshäuschens	16. Jh.?	211

WAPPEN

Zeichen	Standort	Zeit	Seite
	Obergesteln. Friedhofkapelle. Stifterwappen am Fresko der linken Kapellen- ehemals Chorwand. 1963 freigelegt, heute verschwunden.	2. Viertel 15. Jh.	210

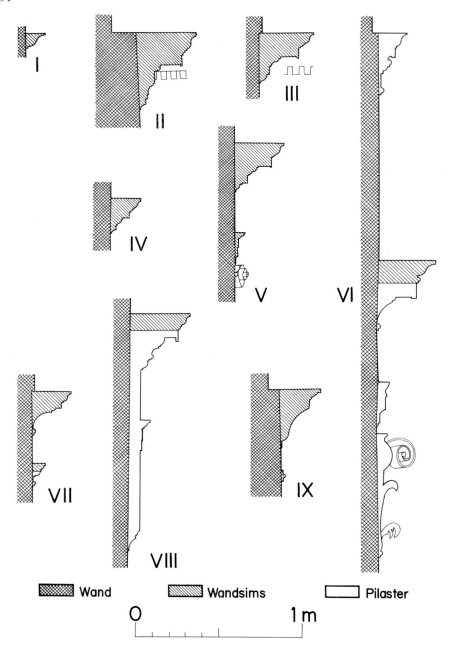

I. Münster, Johanneskapelle, 1637. – II. Münster, Pfarrkirche, 1464. – III. Ritzingerfeldkapelle (Chor), 1687. – IV. Selkingen, Dorfkapelle, 1678. – V. Ernerwaldkapelle, 1693. – VI. Reckingen, Pfarrkirche, 1743. – VII. Münster, Antoniuskapelle (Schiff), um 1772. – VIII. Ritzingerfeldkapelle (Schiff), 1807. – IX. Blitzingen, Pfarrkirche, 1843.

WANDGESIMSE IN KULTBAUTEN DES GOMS

Im zweiten Viertel und um die Mitte des 17. Jahrhunderts begnügte man sich mit dem Motiv des Karnieses (*I*). Die Pfarrkirche von Münster führte im Goms das häufig mit Zahnschnitt ausgestattete Profilbündelsims (*II*) ein, das in der zweiten Hälfte des Jahrhunderts meist ohne Faszien (flach getreppte Vorlagen) Verwendung fand (*III* und *IV*). Mit der Kapelle im Erner Wald kam das zusammengesetzte Gesims mit Fries (*V*) auf. Während in der Altararchitektur an der Wende vom 17. zum 18. Jahrhundert ausschließlich die korinthische Ordnung herrschte, erlebte die ionische in der Innenarchitektur der Kulträume eine eigentliche Blüte. Die Pfarrkirche von Reckingen brachte das Motiv der Kehle (*VI*), das für die zweite Jahrhunderthälfte bestimmend blieb (*VII*). Im Zuge jener großen Innenrenovationen während der zweiten Hälfte des 18. Jahrhunderts, bei denen man die Gewölbe mit Gemäldezyklen ausstattete, erneuerte man öfters auch die Gesimse. Im frühen 19. Jahrhundert verkümmerte die Kehle; statt dessen griff man auf Motive wie Karnies und Zahnschnitt zurück, die man jedoch verformte oder in ungewohnte Verbindung mit andern Profilen brachte (*VIII* und *IX*).

GLOSSAR

Zur Dialektschreibweise: Majuskeln = Betonung   Kursivbuchstaben = kurzer, offener Laut   Verdoppelte Vokale = langer, geschlossener Laut

«Abroscht» (Abrooscht)
Giebelwand (vgl. «Gibelroscht»)

Asbestzement
Unter dem Namen «Eternit» bekannt

Bachsteine
Rundlich abgeschliffene Steine aus dem Bachbett

Balkenkopfkamin
Hölzerne Kaminanlage mit unterkehltem Balkenvorstoß als Schlot (S. 34 und Abb. 31 und 32)

Besthaupt
Abgabe des besten Stückes Vieh beim Tod des Familienoberhauptes

«Biel»
Hügel, Anhöhe

«Büchhüs» (Büüchhüs)
Waschhaus

«Chrizgwätt» (Chrⁱⁱzgwätt)
Balkenvorstoß-Reihe (vgl. Gwätt) unmittelbar unter dem First, entstanden durch Verkämmung einer öfters nur rudimentären Mittelwand mit der Giebelwand (S. 13)

Cingulum
Kordel zum Umgürten der Albe (liturgisches Unterkleid)

Dielbaum
«Tilboim», Tragbalken der Decke, in dessen seitliche Nuten die Deckenbretter eingelassen sind (Abb. 30)

«Firgrüeba» (Fⁱⁱrgrüeba)
Aus Steinen erbaute Feuerstelle (vgl. «Härdstock»)

«Firhüs» (Fⁱⁱrhüs)
(Plur. «Fⁱⁱrhiischer».) Küche, bis zum Dach offene Rauchküche

Fischel

Hohlmaß (altes Gommer Fischel: 25 Liter, neues: 20 Liter)

Fries

Außenwandzier in der Gommer Hausarchitektur (S. 16/17 und Abb. 10, I–XII)

Giebel-«Loiba»

«Loiba» (vgl. «Loiba») im Giebelraum

«Gibelroscht» (G*i*belrooscht)

Giebelwand (vgl. «Abroscht»)

Giltstein

Lavez- oder Speckstein

Gommer

Gomser. (Die Form «Gomser» ist in der Region wie im ganzen Oberwallis unbekannt.)

Gommer Balkenenden

Von den spätgotischen Monumentalkruzifixen übernommener Balkenenden-Typ (S. 88)

Gwätt

Balkenvorstoß-Reihe bei verkämmten Blockwänden

Gwättkopf

Einzelner Balkenvorstoß

«Härdstock» (HÄÄrdscht*o*ck)

(Plur. «Härdsteck».) Prismenförmiger steinerner Anbau am Hinterhaus (vgl. Hinterhaus) mit den Herdnischen und Schloten der Stockwerke (S. 35 und Abb. 33 und 34) (vgl. «Firgrüeba»)

«Heidechriz» (HEIdechriiz)

Firstständer (S. 12 und Abb. 4)

«Heidehüs» (HEIdeh*ü*s)

(Plur. «Heidehischer».) Typus des ältesten (spätmittelalterlichen) Hauses (S. 12 und Abb. 22)

Hinterhaus

«Haushälfte» hinter der durchgehenden Querwand (vgl. Vorderhaus)

Hub

Hufe (ursprünglich Flächenmaßeinheit, später Bezeichnung für eine nicht mehr klar faßbare, lokal variierende rechtliche Stellung eines Grundstücks; im Oberwallis stets Kirchengut, vor allem bischöfliches Gut)

Jahrzeit

Verpflichtung zu einer jährlich einmal zu lesenden hl. Messe mit bestimmter Intention

Kammer (Ch*A*mmere)

1. Schmaler Raum neben der Stube, meist Schlafraum
2. Abstell- und Vorratsraum in einem eigenen Geschoß unter dem ersten Wohnstockwerk oder im Kellergeschoß (Obergommer Bezeichnung) (vgl. «Saal»)

Kilchöry, Kilchhöry, Kilcheri

Altertümliche Bezeichnungen für Pfarrei

Kirchenfabrik

Konto für den Unterhalt der Kirche

Kollatur

Kollationsrecht, Recht auf Übertragung eines kirchlichen Benefiziums

Kuratkaplanei

Filialkirchenpfründe, die bis in die neueste Zeit in einer gewissen Abhängigkeit von der Mutterkirche verblieb («Kurat» von curatus = Pfarrer)

«Loiba»

(Häufiger Plur. «Loibe».) Raum mit mehrfacher Zweckbestimmung (Abstell-, Vorrats- und Schlafraum), in der Regel im nicht ausgezimmerten obersten Voll- oder Kniestockwerk

Majorat

Meiertum, Verwaltungsbezirk des Meiers, ursprünglich eines bischöflichen Lehensmannes mit wirtschaftlichen, dann zunehmend richterlichen Befugnissen, der zum Zendenrichter wurde, als der Bischof die weltliche Macht an die Zenden (vgl. Zenden) verlor

Matze

Bis zum Beginn der Neuzeit im Wallis als Zeichen des Volkswiderstandes verwendeter hauptähnlicher Wurzelstrunk, in den man zum Zeichen der Teilnahme einen Nagel schlug

Mensa episcopalis

«Bischöflicher Tisch», d.h. bischöfliches Tafelgut

Mistralie

Verwaltungsbezirk des Mechtrals, eines herrschaftlichen, im Goms des bischöflichen Wirtschaftsbeamten

Mittelgwätt
Mitten durch die ganze Holzwand der Stirnfassade laufendes Gwätt (vgl. Gwätt)

Münstiger
Münsterer. (Die Form «Münsterer» ist in
der Region unbekannt.)

Nutstud
Ständer mit seitlichen Nuten

Patronat
Vorrechte und Pflichten eines Stifters, bei
Pfründen u. a. Präsentations- oder Besetz-
ungsrecht

Perizonium
Lendentuch des Gekreuzigten, vornehmlich
bei früh- oder hochmittelalterlichen Kruzifixen

Pietra rasa (rasa pietra)
Bewurf in der Ebene der Stirnflächen der
Mauersteine, die teilweise oder ganz sichtbar
bleiben

«Platine» (Platiine)
(Oder «Plantine».) Mit dem Stubenofen
verbundene giltsteinerne Küchenherd-Rück-
wand zur Heizung der Stube (S. 41 und
Abb. 185)

Roßkopf
Unten maulartig gespreizter Konsolenkopf
(Abb. 18)

Rotten
Einheimische (deutsche) Bezeichnung für
Rhone

«Saal»
(Diminutiv «Säälti», Plur. «Säältini».) Untergommer Bezeichnung. Siehe 2. Bedeutung
von Kammer (vgl. «Späntz»)

Schragen
Schlachttisch

«Späntz» (Schpänz)
Vorratsraum, in der Regel an der Stelle des
«getrennten Stubji» (vgl. «Stubji») aus
«Stutzwänden» (vgl. «Stutzwand»), im
Untergoms auch «Sälti» genannt

Spolie
Von früheren Bauten wiederverwendeter
Bestandteil

«Stadelplane» (Schtadelplaane)
Beine (Stützel) der Stadel und Speicher
(S. 49 und Abb. 50–55)

«Stubji» (Schtubji)
(Plur. «Stubjini».) Kleiner Schlaf-, seltener
Wohnraum im Hinterhaus (vgl. Hinterhaus), und zwar
«getrenntes Stubji», durch Quergang von
der Stube getrennt (Abb. 28, D, G und H),
«verbundenes Stubji», bei fehlendem Quergang an die Stube stoßend (Abb. 28, C und
F) (vom Autor geprägte Begriffe)

«Stutzwand» (Schtutzwand)
Mittels je eines Nutbalkens an Decke und
Boden versetzte Bretterwand

Suppedaneum
Standplatte des Gekreuzigten

Tätschdach
Satteldach mit wenig geneigten Flanken

Telle
Mittelalterliche Abgabe (Leibzins) an den
Bischof

«Trächa» (Trächa)
Offene Feuerstelle

Turmspeicherchen
Turmartig wirkender Speicher ohne «Stadelplane» (vgl. «Stadelplane») (vom Autor
geprägter Ausdruck)

Vizedom
(Auch Viztum.) Oberster Verwalter (Stell-
vertreter) des Bischofs im Hochmittelalter,
später vom Meier verdrängt

Vorderhaus
«Haushälfte» vor der mittleren Querwand
(vgl. Hinterhaus)

«Vorschutz» (Vorschutz)
Vorkragendes Holzwerk, meist an der Stirnfassade

«Wasserrüß» (Wasserrüüß)
Wasserleitung

«Withüs» (Withüs)
Der Eingangstür an der Rückwand vorge-
lagerter Raum (Untergommer Bezeichnung)
(S. 34)

Zenden
(Zehnden.) Ehemals mit großer Autonomie
ausgestattete politische Region des Wallis
(vgl. S. 4, Anm. 6)

Zwerchgiebel
Quer zum Hauptfirst gerichteter Giebel

REGISTER

Die Sachwörter sind im Register selektiv berücksichtigt.

Brig *(Fortsetzung)*

Hotel «Angleterre» 151, 152 – Kollegiumskirche 110, 282 – Sebastianskapelle 106 –
Stockalperpalast. Darstellung 19. Jh. 152 –
Wachschristkind 309 – Siehe auch Schützengabenstempel; (Zinngießer) Maciaco, Maciago L., Storno

Briw, Adolf, Pfarrer 297 – Oliva 294

Bronze. Teller 20. Jh. 141

Bruder Klaus, siehe Flüe, Nikolaus von

Bruder Scheuber, siehe Scheuber

Bruderschaft, siehe Joseph, hl.; Münster

Bruderschaftsstab 397

Brücke. 18. Jh. 241 (Abb.) – 20. Jh. 318

Brunner, Christian, Bildhauer, Siders 80

Brunz, Steinhauer 324 – Thomas, Steinhauer,
Bosco Gurin 220, 273

Büchergestell. 19. Jh. 141

Büchhüs (Waschhaus) 213, 350

Bückel, Philipp 275

Bühlmann, Joh. Rudolf, Zeichnung 193, 196, 241

Bürchen, Mauracker. Altar 83

Bürcher, Maria 159

Bürki, Fr., Kunstsammler 228

Bürli, J. M., Restaurator, Klingnau 282, 283,
285, 324

Bulenwilus, Peter, Glockengießer aus Lothringen
(Meisterzeichen) 97

Bundschuh, Johannes Horestes, Naters 66, 237,
246, 313

Burch-Korrodi, Meinrad, Goldschmied, Zürich
98

Burgener, Alexander, Ofenbauer 342 – Alphons,
Pfarrer 151 – Joh. Jodok, Landeshauptmann
152

Burgerhaus 16 (Abb.) – 17. Jh. 129

Buri & Zekel, Verlag 151

Burse. 17. Jh. 96

Cäcilia, hl. Darstellung 18. Jh. 148, 213, 395
(Abb.)

Caesar, Philipp, Klavierfabrikant, Solothurn 304

Calpini, Jakob, Sitten 140

Carlen 297 – Albert, Domherr 318 – Anna Maria
292 – Anton, Orgelbauer, Gluringen 376 –
Conrad, Orgelbauer, Glis 224, 249, 284, 297,
329, 394 – Emmanuel, Bildhauer, Reckingen 274, 294, 306, 333 – Felix, Orgelbauer,
Gluringen 204, 376, 394 – Heinrich (Henri),
Orgelbauer, Glis 172, 204, 205, 213, 224,
249, 284, 329 – Johann, Glockengießer,
Reckingen 288 – Joh. Baptist 315 – Julius
288 – Kaspar, Zimmermann 324 – Katharina 229 – Konrad 297 – Leo 365 – Ludwig
403 – Maria 98, 132, 133, 136, 276, 306 –
Max 297 – Peter, Zimmermann 395 –

Peter Joseph, Bildhauer, Reckingen 328 –
Theodor 299 – Theresia 288 – Siehe auch
Karlen

Castel, siehe Alvazzi

Castello, Cono de 330 – Perrod de 330

Cathrein, Katharina 152

Chantonai, siehe Chastonay

Charton, Jean-Antoine, Zinngießer, Genf 116,
154, 302, 304

Chastonay, Franz 406

Chor. Dreierschluß 8, 162; 15. Jh. 67 (Abb.);
17. Jh. 103 (Abb.), 412 (Abb.); 18. Jh. 110
(Abb.), 169 (Abb.), 184, 247, 320, 354 (Abb.),
426 (Abb.); 19. Jh. 221 (Abb.) – Rechteckchor 8; 13./14. Jh. 210 (Abb.); 17. Jh.
143 (Abb.), 201 (Abb.), 237 (Abb.)., 261, 325,
368 (Abb.), 389 (Abb.); 18. Jh. 344 (Abb.);
20. Jh. 156 – Zweierschluß 18. Jh. 381

Chorampel, siehe Ampel

Chorbogenkruzifix. 17. Jh. 186, 357, 413 – 18. Jh.
149, 249, 264 (Abb.)

Chorgestühl. 17. Jh. 84 – 18. Jh. 284 – 19. Jh.
204, 246

Chorgitter. 18. Jh. 111, 264, 322 (Abb.), 328,
381, 427

Christophorus, hl. Darstellung 173; 18. Jh. 177,
186, 223 (Abb.) – Patrozinium Altar 82,
186; Kapelle 151, 184

Christus. Darstellung 17. Jh. 90; 20. Jh. 389 –
Patrozinium Glocke 288, 414 – Abendmahl.
Darstellung 16. Jh. 76; 17. Jh. 108; 18. Jh.
109; 20. Jh. 250 – Abendmahl (Kommunionspendung mit drei Christusfiguren). Darstellung 14. Jh. 380 (Abb.) – Abschied von
seiner Mutter. Darstellung 18. Jh. 247 –
Ahnen. Darstellung 16. Jh. 76 – Anbetung
der Hirten. Darstellung 18. Jh. 395 – Anbetung der Könige. Darstellung 15. Jh. 210
(Abb.); 16. Jh. 76, 77, 227; 18. Jh. 247, 381,
395; 20. Jh. 202, 335 – Apokalyptisches
Lamm. Darstellung 19. Jh. 207, 287, 338,
358, 398 – Arma Christi. Darstellung 18. Jh.
91, 206. Siehe auch Leidenswerkzeuge –
Auferstandener 283. Darstellung 16. Jh. 94;
18. Jh. 170, 205, 262; 19. Jh. 250 – Auferstehung. Darstellung 18. Jh. 119, 264, 338;
19. Jh. 295; 20. Jh. 141, 202, 295 – Beweinung. Darstellung 18. Jh. 263 – Brustbild.
17. Jh. 101; 18. Jh. 322 – Dornenkrönung.
Darstellung 18. Jh. 174 – Ecce Homo 209.
Darstellung 139; 17. Jh. 205, 211; 18. Jh.
177, 328. Siehe auch Schmerzensmann – in
Emmaus. Darstellung 20. Jh. 202 – Flucht
nach Ägypten. Darstellung 17. Jh. 305;
18. Jh. 247, 305, 373 – Geburt. Darstellung
16. Jh. 76; 18. Jh. 85, 247; 20. Jh. 250.

Münster *(Fortsetzung)*
Gewerbebauten 139
Grymsla 66, 118
Häuser 114–138 – Hausarchitektur 33 – Haus
des Meiers Imoberdorf 59, 123–124; des
Peter Imsand 20, 26, 33, 132/33; des Meiers
Jergen 20, 26, 33, 35, 59, 129–132 – Hotel
«Croix d'Or et Poste» 118, 141 – Kaplanei
134 – Pfarrhaus 66, 117–120, 125
Kapellen. Hl. Antonius von Padua auf dem
Biel 141–150 (Abb.) – Hl. Johannes Ev.
99–101 (Abb.) – Hl. Margareta 110–112
(Abb.), 148
Kirchen. Pfarrkirche 7, 59, 60, 62–101 (Abb.),
169. Siehe auch Münster, Beinhaus; Mün-
ster, Kapellen, Hl. Johannes Ev. – Peters-
kirche 57, 59, 62, 77, 101–109 (Abb.)
Kloster 56, 57, 66
Maler, siehe Jerjen Joh. Joseph
Name 4, 56
Nutzbauten 139
Pfarreigeschichte 4, 57/58, 120 – Kaplanei 58,
92, 119. Siehe auch Münster, Häuser, Ka-
planei
Pfründen. Antoniuspfründe 272 – Katharinen-
pfründe 134, 260 – Michaelspfründe 128 –
Nikolauspfründe 215 – Rosenkranzpfründe
91, 119, 120/21, 153, 166
Pfarreimuseum 118, 119/20
Münzfund, römisch 194
Muff, Katharina 347
Mund. Kunstwerke 309
Murmann, Jakob, Franziskaner 379 – Johann,
Pfarrer 203 – Peter, Pfarrer 379
Murmann ab Wyler, Simon 133, 242
Musikinstrumente, siehe Hausorgel; Klavier;
Orgel; Portativ-Orgel
Mutter, Anton, Maler, Naters 151 – Ignaz,
Restaurator, Naters 205, 240 – Josef, Maler
und Restaurator, Naters 389, 392, 396, 397,
412 – Johann, Schreiner, Naters 317 – Otto,
Restaurator, Mörel 305 – Walter, Restaura-
tor, Naters 161, 168, 174, 202, 239, 240, 249,
274, 338

Nachttischchen. 18. Jh. 304
Nähkästchen. 19. Jh. 141, 313 – 20. Jh. 141
Nähtischchen 19. Jh. 254, 256, 313, 342
Nahum, Prophet. Darstellung 18. Jh. 70
Nanzer, Augustin 136 – Josef 136
Nater, Anna 219, 223, 227 – Maria Cäcilia 192 –
Zacharias 232
Naters. Glocke 97 – Monumentalkruzifix 109
Natter, siehe Nater
Nessier, Familie 242, 252, 258 – Anton 115, 132
– Anton, Priester 256 – Christian 100, 253,

263 – Johann, Priester 256 – Joh. Christian
253 – Jakob 256 – Joseph 137 – Ludwig 137
– Maria 136, 137, 344 – Peter 253, 256 –
Stephanie 136
Neuheim ZG. Pfarrkirche 70
Niederaar 384
Niederberger, Louis, Maler 129, 140
Niederernen. Haus Steffen 17 – Herren von 56 –
Kapelle 145
Niederwald. Feuerverordnung 35 – Hochaltar
149 – Pfarrhaus 118 – Schulhaus 13 – Siehe
auch (Maler) Ritz Anton; Ritz Lorenz
Justin
Nikolaus von Myra, hl. 218; 14. Jh. 226; 17. Jh.
240; 18. Jh. 78, 170, 219, 323; 19. Jh. 223,
301; 20. Jh. 193, 221, 301 – Patrozinium
Altar 57, 78, 81, 223; Glocke 226; Kapelle
113, 193, 241, 382; Kirche 218
Nikolaus von der Flüe, siehe Flüe
Nothelfer, siehe Vierzehn Nothelfer
Nufenenpaß 3
Nutzbauten 49–54 (Abb.), 139, 158, 166, 181
(Abb.), 182, 193, 197, 212 (Abb.), 235
(Abb.), 236, 244, 258/59 (Abb.), 270/71
(Abb.), 317/18 (Abb.), 331, 349/50 (Abb.),
351/52, 366 (Abb.), 386, 407 (Abb.), 410,
426 – Siehe auch Heustall; Käsekeller;
Kleinviehstall (im Haus); Stadel; Speicher

Oberdorfer, Anna Maria 292
Obergesteln 194–214 – Friedhofkapelle 208–211 –
Gemeinde 157 – Gemeindefahne 207 –
Geschichte 165, 194/95 – Häuser 211/12
(Abb.) – Hausarchitektur 159, 166 – Name
4 – Nutzbauten 212 (Abb.) – Pfarreige-
schichte 160, 161, 195/96 – Pfarrkirche 198–
208 (Abb.)
Oberstaeg, Martin, Maler 65
Obersteg, Georg, Maler 65 – Joh. Joseph, Maler
65
Oberwald 165–181, 368 – Annakapelle 166 –
Gemeinde 157, 159 – Geschichte 9, 165/66 –
Häuser 178–181 – Hausarchitektur 11, 190 –
Ofenbauer, siehe Hischier Josef; Imsand
Johann; Imsand Walter; Kreuzer Andreas;
Kreuzer Joh. Josef – Pfarreigeschichte 160,
161, 166 – Pfarrkirche 167–177 (Abb.) –
Siehe auch Elmi; Grimsel; Gletsch; Geren-
tal; Unterwassern
Oechslin, Stephan, Holzschneider, Einsiedeln
323
Ölberg. Darstellung 16. Jh. 86–88 (Abb.)
Öllämpchen 319
Ölpalme. Darstellung 20. Jh. 222
Österreich-Ungarn. Goldschmied, unbekannt
19. Jh. 250

HERKUNFT DER ABBILDUNGSVORLAGEN

Photographien. KLAUS ANDEREGG, Freiburg i. Ü.: Abb. 254, 255, 260, 261 – BERNHARD ANDERES, Rapperswil: Abb. 125, 159, 251 – BERNISCHES HISTORISCHES MUSEUM, Bern: Abb. 271 – R. BRUHIN-WILLERS, Basel: Abb. 259 – WALTER DRÄYER, Zürich: Abb. 61 – EIDG. TECHN. HOCHSCHULE, Zürich: Abb. 214, 319 – URIEL-HCH. FASSBENDER, Luzern: Abb. 181 – R. HIRT, Zürich: Abb. 198. Neg. im Archiv der Kdm Oberwallis, zurzeit in Brig – JAKOB KOBELT, Mitlödi: Abb. 329, 330 – G. KÜHLKEN: Abb. 100. Kopie von 1939 im Archiv der Kdm Oberwallis, zurzeit in Brig – HEINZ PREISIG, Sitten: Abb. 18, 19, 39, 40, 43, 56, 62, 64, 70, 76, 78, 79, 84, 97, 103, 110, 120, 122, 129, 130, 141, 156, 167, 168, 173, 185, 191, 192, 195, 203, 208, 209, 211, 212, 233, 236, 241, 244, 247, 262, 281, 287, 303, 309–311, 318, 320, 327, 333–335, 342, 348; Tafeln I, Ia, II. Neg., bzw. Diapositive im Archiv der Kdm Oberwallis, zurzeit in Brig – OSWALD RUPPEN, Sitten: Abb. 24, 269, 344, 356, 357. Neg. im Archiv der Kdm Oberwallis, zurzeit in Brig – WALTER RUPPEN, Brig: Abb. 59, 292, 298. Neg. im Archiv der Kdm Oberwallis, zurzeit in Brig – JOSEF SARBACH, Pfarrer, Visperterminen: Abb. 8–12, 14–17, 20, 22, 23, 25, 26, 29–31, 34, 35–38, 41, 44–46, 47–50, 53, 54, 67–69, 71–75, 77, 80–83, 91–94, 96, 98, 99, 101, 102, 104, 109, 111–113, 116–119, 121, 124, 126–128, 135–140, 142–144, 146–148, 151, 155, 162–166, 169, 170, 172, 177–180, 182–184, 186–190, 196, 197, 199–202a, 205–207, 210, 215, 216, 219–232, 234, 235, 237–239, 242, 243, 245, 246, 248–250, 252, 253, 264, 265, 267, 268, 270, 272, 275–280a, 283, 285, 286, 288, 290, 291, 293–297, 299, 301, 302, 304–308, 317, 325, 326, 328, 331, 332, 336–341, 345, 347, 349–355, 358, 359; Tafel III. Neg. bzw. Diapositiv im Archiv der Kdm Oberwallis, zurzeit in Brig – SCHWEIZERISCHES LANDESMUSEUM, Zürich: Abb. 211a, 273, 274, 312–316, 360 – STAATSARCHIV LUZERN: Abb. 2 – SWISSAIR-PHOTO AG, Zürich: Abb. 60 – OTHMAR WIEZEL, Münster VS: Abb. 3 – ZENTRALBIBLIOTHEK ZÜRICH: Abb. 85, 132, 158, 194, 204 – UNBEKANNT: Abb. 258.

Klischee. Archiv des GESCHICHTSFORSCHENDEN VEREINS VON OBERWALLIS: zu Abb. S. 10.

Übersichtskarten, Pläne, Strichzeichnungen. NORBERT JUNGSTEN, Erziehungsdepartement des Kantons Wallis, Abteilung für Archäologie und Denkmalpflege, Sitten. Originalpläne ebendort aufbewahrt.

Goldschmiede- und Steinmetzzeichen (Vorbereitung), Umzeichnung der Vorlagen zu den Einbandgravuren. ARTHUR BIEDERT in Fa. Steiner & Co., Klischieranstalt, Basel.

Vorsatzkarte. BRUNO BAUR, Geographisches Institut der Universität, Basel.

KORRIGENDA

S. 125, Abbildungslegende, Zeile 3: «*supra Ecclesia*» statt «super ecclesia».

S. 272, Zeile 8: *Franz Josef* statt Josef Franz.

S. 310, Haus 45, Zeile 14: *Brig* statt Visp.

S. 329, Zeile 17: *2.* Hälfte statt 1. Hälfte.

S. 342, Haus Nr. 5, Zeile 2: wohl irrtümliches Todesjahr nach SCHMID, LAUBER, Verzeichnis, 1894, S. 371.